国家社科基金重大项目“‘一带一路’佛教交流史”
（项目编号：19ZDA239）中期成果

思语之间

多语佛学研究论文集 2024

上册

程恭让 主编

尹邦志 夏德美 杨浩

赵文 李子捷 杨奇霖 副主编

中国社会科学出版社

图书在版编目(CIP)数据

思语之间：多语佛学研究论文集. 2024：全二册 / 程恭让主编. -- 北京：中国社会科学出版社，2025. 8.
ISBN 978-7-5227-5251-8

Ⅰ. B948-53

中国国家版本馆 CIP 数据核字第 20250C3P31 号

出 版 人　季为民
责任编辑　刘亚楠
责任校对　张爱华
责任印制　张雪娇

出　　版　中国社会科学出版社
社　　址　北京鼓楼西大街甲 158 号
邮　　编　100720
网　　址　http://www.csspw.cn
发 行 部　010-84083685
门 市 部　010-84029450
经　　销　新华书店及其他书店

印　　刷　北京明恒达印务有限公司
装　　订　廊坊市广阳区广增装订厂
版　　次　2025 年 8 月第 1 版
印　　次　2025 年 8 月第 1 次印刷

开　　本　710×1000　1/16
印　　张　76
插　　页　4
字　　数　1083 千字
定　　价　438.00 元（全二册）

凡购买中国社会科学出版社图书，如有质量问题请与本社营销中心联系调换
电话：010-84083683

编委会

主　　编： 程恭让

副 主 编： 尹邦志　夏德美　杨　浩
赵　文　李子捷　杨奇霖

编　　委： 程恭让　尹邦志　夏德美　杨　浩　赵　文
李子捷　杨奇霖　慧　观　隆　藏　周广荣
崔红芬　韩焕忠　宽　严　宗　志　净　智
汤铭钧　王俊淇　德　安　定　源　韩国茹
文志勇　茅宇凡　李　薇　慧　度　妙　乘
妙　宽　蒋永超　孙建生　悟　灯　常红星
丹　增　法　至　慧　净　胡明明　黄　凯
盛　宁　王若曦　华婷婷　张重艳　王慕飞
法　界　常　慧　常　凯　谷　龙　思　博
智　欣　杨志国　毕光美　纪　荧　徐文静
鲍梦蓉　张芳芳　庞　禹　李　震　于　腾

主办单位： 上海大学佛教思想史与人间佛教研究中心
上海大学道安佛学研究中心
上海大学文学院

协助单位： 宜兴大觉寺云湖书院

戒幢佛学研究所

杭州佛学院

峨眉山佛学院

法门寺佛学院

南开大学宗教文化研究中心

苏州大学宗教研究所

浙江工商大学东亚研究院东亚佛教文化研究中心

西北大学日本文化研究中心

扬州大学佛学研究所

上海大学哲学系

上册目录

序一　“敞开状态”：突破佛学研究“信息茧房” | 程恭让 | 1

序二　继往开来：佛教话语建设刍议 | 尹邦志 | 7

序三　佛教西来与汉传佛教走向世界 | 夏德美 | 12

序四　大语言模型时代与多语佛学研究 | 杨　浩 | 16

序五　无方便则难显智慧深广 | 赵　文 | 20

序六　佛教原典与先行研究的多语化 | 李子捷 | 24

序七　“遥闻众声，不坏耳根”：多语的可能性 | 杨奇霖 | 27

多语佛学经论研究

《回诤论颂》梵汉藏日英五种语本的互补互证考察 | 慧　观 | 3

《法句经·心品》佛陀唯心论思想研究

——涵巴利文本《心品》语文学分析及《心品·义注》汉译 | 程恭让 | 122

关于新发现的《大日经》梵文写本 | 王俊淇 | 177

法藏敦煌藏文写卷 P.t.824 号定名刍议 | 杨志国 | 189

天台智顗《小止观》版本新识

——基于新见敦煌遗书羽 650 号的考察 | 定　源 | 205

《观所缘论》第三颂汉藏译及注疏多语文献对读 | 茅宇凡 | 226

汉文本和西夏文本《十王经》研究 | 文志勇 | 243
《大乘修心利器轮》与菩萨自他相换法门 | 丹　增 | 271
《中论》《般若灯论》颂文与解释的异同
——以《观行品》1—4 颂为例 | 华婷婷 | 327

多语佛学概念研究

《真实义品》“事”“想事”相关概念浅析 | 隆　藏 | 345
“ངོ་བོ”“本来面目”的汉藏一味
——基于《坛经》《法界宝藏论》的比较 | 尹邦志 | 362
论能取所取的执着义
——以《辨中边论》为中心的考察 | 王若曦 | 375
《楞严经》中“得其方便”解
——利用梵语文献解读疑伪经中歧义词汇的尝试 | 胡明明 | 394
《巴利律》中的排列与矩形数
——佛教与数学的一个新案例 | 李　薇　陈映锦 | 417
“无我”还是“非我”
——基于南传尼柯耶的解析 | 释智欣 | 450
《杂集论》中五蕴与我执之略析 | 释法至 | 472
阿毗达磨“缘起”义辨析 | 法　界 | 492
汉译佛典“善根”译语考论 | 思　博 | 515
关于《成唯识论》中灭尽定的两处教证 | 释净智 | 532
关于“忍”
——以源语回溯和佛典汉译解读为中心 | 释妙乘 | 554
从缘起性空谈“如是我闻”的思想意涵 | 妙　宽 | 573

序一 “敞开状态”：突破佛学研究“信息茧房”

程恭让

上海大学教授

上海大学佛教思想史与人间佛教研究中心主任

最近十几年来，随着全球互联网信息技术的发展和普及，特别是随着大数据+算法推送使用户在互联网上只接触和消费符合自己兴趣、观点和价值的信息，而忽视或排斥与此不同的或相反的信息，从而形成一种自我封闭的信息环境，人们越来越将自己的生活桎梏于虚拟的信息空间，就像春蚕把自己的生命桎梏在“茧房”中一样，这种现象于是被称为“信息茧房”。

其实“茧房”的譬喻，应该说出自佛教。如汉译《法句经》：“以淫乐自裹，譬如蚕作茧。”（《法句经》卷下，第三十二品）《大宝积经》：“如蚕作茧，徒自缠缚。”（《大宝积经》卷第一百二十）《楞伽经》：“凡愚妄想，如蚕作茧；以妄想丝，自缠缠他。”（《楞伽阿跋多罗宝经》卷第三）类似上述这些“蚕茧”的譬喻，在汉译佛经中俯拾即是，显然它们也是成语“作茧自缚”的来源。蚕用自己吐出的丝缠绕自己的身体，让自己的生命过渡到下一个阶段，佛经用以表示人们被包裹、被缠绕在自己的欲望、妄想中，由此生生死死而不觉悟。所以如果剥离“信息茧房”这个词的当代语境，而只思维人把自己固化在自己主动营造的环境中这种存在状况，那么此种“信息茧房”的现象，就不只是大数据时代才特有的，而是在过去的时代早已发生，甚至可能是自古以来人的生存的普遍现象。

举一个我自己熟悉的佛学研究事例。二十年前，我启动了一个耗时悠长的研究项目，根据梵文佛典和梵汉对勘，通过对诸如梵文本《妙法莲华经》《八千颂般若》《十地经》，以及当时新出土梵文本《维摩经》等的解读，重新挖掘、梳理大乘佛教思想史上一个重要而晦昧的概念："善巧方便"。记得曾经有几次，当我在讲座中提出善巧方便是大乘佛法义理学的核心概念，而在早期佛教中则因为一些特殊的因缘，此概念甚至尚未上升为一个具有义理意义的概念时，便有学生率直地提出：汉译《阿含经》明明有大量"方便"的概念，老师为什么得出早期佛教缺乏善巧方便概念的奇怪结论呢？于是我就需要进一步说明：汉译《阿含经》的"方便"用语，很多的源语是对应梵语 prayoga（巴利语：payoga）、梵语 vyāyāma（巴利语：vāyāma）、梵语 paryāya（巴利语：pariyāya）、梵语 dhura（巴利语：dhura）、梵语 yoga（巴利语：yoga）、梵语 anuyoga（巴利语 anuyoga）、梵语 parikarma（巴利语：parikamma）等等，虽然偶尔也发现有对应梵巴语言 upāya（方法、方便）的这个用语，但是在这种情况下此字只是采用印度人日常生活中的普通用法，即表示方法、手段、技巧之义，完全不具备大乘经使用 upāya 或者 upāyakauśalya 表指佛菩萨圣德的义理意义。另外汉译《阿含经》以及其他佛教文献中，还有大量的"方便"用语，是译者随机添加所致，没有梵巴文献的对应源语。正是因此，所以我就常提及此话："此方便非彼方便"也！

多年以来反复谈论过同样的话题。不过也正是喋喋不休的解说，使得我逐渐明白了一个事实：原来很多对佛教经典思想有兴趣的人，都有可能把《阿含经》汉译文本中的"方便"，混同为大乘佛经汉译文本中表示佛菩萨圣德的"方便"，而当人们这样阅读和理解时，确实百分百有可能把其对《阿含经》的认识带入对大乘经的认识，同样也会把自己对于大乘经的理解，带入对《阿含经》的理解。在这样一个"闭环"的阅读和理解的过程中，大乘经尤其是初期大乘经特殊重要的义理概念方便或善巧方便的真实意义，不仅必然难以呈现出来，而且几乎必然引起真实意义的降格，甚至出现近乎谬误的解读（如“方便出下流”的说法即是）。佛教经典的解读、诠释，佛法思想义理的建构，当然并非仅仅是书斋工作或所谓学问的过程，这期间社会环境的变化，时代思潮的趋势，个人天才的凸显，诸多偶然复杂的因素，也都会起到这样、那样的制导作用。可是谁又能否认，经典解读在佛教释经学及佛法义理学的发展中确实起到那样一种特殊而无可替代的作用呢?

上面这个我所亲历的案例，可以理解为长期单语环境可能滋生理解问题的案例。这样的案例其实在佛教史上有很多，只是有些微不足道，有些则关系甚巨。不过这里不是罗列这些案例的场合。需要思考的是上面这个问题的本质：我们虽然是一些研究者，可是我们同样也会限制在我们所使用的语言中，我们会自限于我们娴熟的经典，当然也会自限于我们所娴熟的意义。每一位学者，其实同对大数据信息无反思思维的普通使用者一样，也都有自己的“舒适区”。我们在“舒适区”中学习、写作、研究、教学，就仿佛那个勤快的蚕儿，大家不停地作茧，以便自己的学术园地牢牢地建构起来。确实，我们每个人都有自己的“信息茧房”，那是一串串、一叠叠由深厚的“传统”与同样深厚的“现实”所堆积起来的问题，以及解决这些问题的方案、预期等等。凡是突破这些“茧房”的努力，都会让我们感到不舒服；即便自己试图突破这些“茧房”，也需要百般筹划，尤其是要考虑成本和收益。我们每天经历的这些司空见惯的学术生活，跟我们近年逐渐熟悉并开始谈论的“信息茧房”，有什么本质的差异吗?

一个沉湎于大数据信息生活的人，应该怎样突破虚幻性的“信息茧房”呢? 我们被告知：只有勇敢突破虚拟的网络空间，重新回归生活世界，重新建立我们与社群的真实交流，也重新建构我们与世界的真实关系时，这一任务才宣告完成。同样的道理，突破佛学研究“信息茧房”的唯一办法，也只有突破单语模式的佛学环境，重新面对多语佛教文化的历史与现实。正如去年发起这个多语佛学工作坊的计划时，我们在邀请函上所简略地书写的："梵巴藏汉及一些中亚古语是佛教的元典语言，而东亚、南亚各民族语言及当今世界的各种现代语文，则是佛教的运用语言。因此自古及今的多语性，以及植根于多语性的交流性，就构成佛教文化的重要特质。"工作坊邀请函的上述表述，并不一定周全，却体现了我们对佛教文化多语性、多元性的一个认真单纯的看法。

事实上佛教文化不同于其他宗教文化的一个显著表现，就是佛教对于自己经典语言及应用语言那种拒绝设限的多元性和开放性。早在佛陀时代，释迦牟尼对于自己所觉悟的智慧的传播，就有非常独特的见解，他不同意一些弟子建立特定、神圣、官方经典语言的建议，这一策略后来被学者称为佛陀开放的语言政策。早期佛教开放的语言智慧，也被此后发展兴盛起来的大乘佛教很好地继承下来。如著名的初期大乘经《维摩经》讲到这个问题时，留下著名颂文："佛以一音演说法，众生随类各得解；皆谓世尊同其语，斯则神力不共法。"（ekāṃ ca vācaṃ bhagavān pramuñcasenānārutaṃ ca pariṣad vijānati，yathāsvakaṃ cārtha vijānate janojinasya āveṇikabuddhalakṣaṇam.[①]）这里的 nānāruta，意思是"种种的语声"，指的就是种种的语言，或者如我们现在所说，就是"多语"。佛陀自己的"一音"（ekāṃ vācaṃ），与众生听闻时表现出来的"多语"，构成了一个吊诡的奇迹，而这个奇迹的谜底，被诉诸佛陀不共的（āveṇika）"神力"。其实，从义理的角度言，这里真正的谜底的托底者，还是我们前面所提到的那种"善巧方便"：清净的圣贤能够与普通人互动交流的特殊素质。不过不管如何解释这个佛法的语言的奇迹，有一点可以肯定：从早期佛教到大乘佛教，再发展到全球化时代的当代佛教，佛教从一开始就诞生于多语环境的文明体系，从一开始就遇到了一位思想极其开放包容的佛陀，从一开始就制定了适应多语文明的文化传播政策，乃至适应了人类历史的复杂与多变，直至今天似乎还保持着旺盛的生命力，有可能在后现代

① 《梵文维摩经》，大正大学出版社 2006 年版，第 7 页。

人类文明的发展中，起到更大的建构性作用。

因此以言，现在推动多语佛学研究，就不仅是试图突破佛学研究“信息茧房”的出路，也是多语性的佛教文化事实对研究者提出的要求，甚至更是作为交流性的当代佛教对我们发出的一种召唤。然而这是不是表示多语佛学研究一定能够有助于研究者突破佛学研究的“信息茧房”呢？到此我们恐怕已经遭遇一个哲学诠释学的难题。多语是突破“信息茧房”的手段或工具，但手段或工具并不必然表示结果或目标，因此多语虽然辛劳，却绝不意味着“信息茧房”的必然崩塌。从根底上来说，这一点似乎也是由人的本质决定的。人固然有突破意义固化的天性，可是人同样也有在舒适区安驻的本能。究竟我们发挥哪一种天分，究竟我们对当代的佛学研究要作出哪一种筹划，那是由我们自己的选择决定的。在这里，还是让我们倾听存在主义哲学家、哲学诠释学家后期海德格尔在《人道主义书信》中所说的那句名言：“语言是存在的家”，海德格尔在那里写道：

> 存在在思想中达乎语言。语言是存在的家。人居住在语言的寓所中。思想者和作诗者乃是这个寓所的看护者。只要这些看护者通过它们的道说把存在之敞开状态带向语言并且保持在语言中，则他们的看护就是对存在之敞开状态的完成。[①]
>
> 存在就是守护；存在之真理使绽出之实存寓居于语言中……因此一故，语言同时既是存在之家亦是人之本质的寓所。[②]

海德格尔这句“语言是存在的家”，可能是人类哲学史上把语言的意义上升到存在的意义的一句最精要的哲学论述。既然语言是存在的家，那么多语就是存在的多家，或者说多语为存在寓所的开启提供了更多的可能。既然如此，那么守护多语的佛教文献，展开对于多语佛教文献、历史

① 〔德〕海德格尔：《海德格尔文集：路标》，孙周兴译，商务印书馆2015年版，第313页。
② 〔德〕海德格尔：《海德格尔文集：路标》，第428页。

及思想的诚实研讨，岂不就是对于存在寓所的一种“看护”或“守护”，岂不就是把我们存在寓所带向真正“敞开状态”的必由之路？所以还是让我们好好履行这个守护的职责吧！

多语佛学工作坊的创意，得到宜兴大觉寺等十余家佛学研究机构的鼎力支持，在此也深表感谢！

2024 年 10 月 5 日

于上海锦秋花园寓所

序二　继往开来：佛教话语建设刍议

尹邦志

西南民族大学研究员

藏传佛教中有很多表示菩萨成就的话语，其中一组是“大自在、观自在、语自在”，我们可以对照“三般若”来理解——“实相般若、观照般若、文字般若”，三种自在表示菩萨修习三种般若所获得的成就。汉传佛教界长期受到“不立文字”的禅宗等宗风的影响，对于菩萨在语言方面的修行和成就不以为然。然而，历代大师天花乱坠般的说法，也彰显了这一成就中典型的例子，如天台智者大师九旬谈妙，后人一直津津乐道。

“语自在”是一种成就，太虚大师的自叙，给了我们一个直观的描述。大师有三次禅悟，1914 年那一次集中体现了语言力量的爆发，此后一发不可收拾：

> 一夜，在闻前寺开大静的一声钟下，……心空际断，心再觉而渐现身器，符《起信》《楞严》所说。乃从《楞严》提唐以后的中国佛学纲要，而《楞严摄论》即成于此时。……民四春，致力于嘉祥关于三论的各种玄疏，尤于《百论疏》契其妙辩的神用，故遇破斥、竟有无不可纵横如意之势。拟作《一切可破论》，曾创端绪。……民五，曾于阅《述记》至释“假智诠不得自相”一章，朗然玄悟，……从此后，真不离俗，俗皆彻真，就我所表现于理论的风格，为之一变，亦可按察。此期中的幽思风发，妙义泉涌，我的言辩文笔虽甚捷，而万

> 非逞辩纵笔之所可追捉，因此遂有许多肇端而不克终绪的论片，曾发表过的如《成大乘论》《法界论》《三明论》《王阳明格竹衍论》等，不过其一微份。尝有关于镕冶印度因明、西洋逻辑、中国名辩于一炉的论理学，以及心理学、文理学等创作，皆曾写出构思的系统纲领。[①]

太虚大师通过禅悟而获得了语言的自在，是体现佛教语言观的一个个案。印度佛教史上有关于禅教关系的论述。印顺法师说："从禅出教，本瑜伽师说，抉择而组织之者，则弥勒其人，萨婆多之学者也。"[②]可见，对这一关系的思考是一个历史悠久的传统。更为著名的则是《楞伽经》的"宗通说通"的命题，汉传佛教的历史上多解读为，"宗通"是直截根源的法门，说通则是不了义不究竟的，因而价值不高。殊不知经中说"说通为童蒙"，可解为智慧高超的菩萨以方言俚语为众生说法，其善巧方便并非意味着不究竟、不彻底。因而，"说通"的价值是不能贬抑的，否则菩萨就无法度人，佛教也无法传播了。

综合上面的意思，是说不应该轻视语言对佛教和佛学研究的意义。《金刚经》说"如来是真语者、实语者、如语者、不诳语者、不异语者"[③]，肯定了语言在真理层面的意义。上文所说的"从禅出教"，对于如何判断教言的真理性是有帮助的，但并不构成对于语言的意义的否定。实际上，"佛教"之为佛教，顾名思义，就是从语言的角度来定义的。菩萨从佛口而生，更说明了语言的真实性和它的功德。只是，历史上，汉传佛教长期过分严于真俗二谛之分，或者为了以极端的语言来凸显佛法的要义，对于语言的态度有点偏颇。语言是判定佛法真实性的标准之一。印度佛教史上有"教""证"二标准之说；因明学上有现量、比量、圣言量三量；藏传佛教界有班智达、瑜伽士共证文献和修法之例。上文所述"宗通说通"，从

---

① 《太虚大师全书·第十九编　文丛》，CBETA 2024.R2，TX29，No. 19，第 216 页上—217 页上。标点有改动。

② 释印顺：《印度之佛教》，CBETA 2024.R2，Y33，No. 31，第 241 页上—242 页上。

③ 《金刚般若波罗蜜经》卷 1，CBETA 2024.R2，T08，No. 235，第 750 页中。

“通”的意义上，也可以作为标准，即真谛的标准和俗谛的标准。总之，佛以“四谛”说法，最为看重的是真理。从解说真理的角度来看，佛教的语言建设是必需的。

《维摩经》中有一句话非常出名：“佛以一音演说法，众生随类各得解。”这表明了佛教所认识的真理和语言之间的关系——真理是一、语言是多。或许还有另外的一个说法：无法预测语言会把你带向何方，一切都是不可思议的，语言也是不可思议的。佛的一音，表示的是真实义，而众生之类，则说明语言的多样性。其实，佛教从一开始，就是以多语种的方式展开的。佛陀本人说法，就不局限于梵语，而不时随顺各地众生的语言，巧设譬喻，广为演绎。这可以说明，佛教的“多语”，可以有两种：一种是语义上的随类之解，一种则是语种上的多元选择。语义上的多元，可以佛灭后不久十八部派的出现为例。其实当时出现的派别，可能不止十八个，十八只是一种记录。十八个部派就是十八类解，这些部派在当时的高僧大德看来，都是佛教，并不因其教义教理阐释、修行路线差异而遭到贬斥。十八类解与三法印相辅相成，既保证了佛教的稳定性，又保证了其开放性。而语种上的多元，则不需要解释了。今天，梵语、巴利语、汉语、藏语、英语等语种所翻译的经典，统统都得到佛教界的承认，足以说明佛教在表达上的开放性。

正是因为向多语种开放，所以佛经能够通过翻译而得到传播与保存。即使梵语的佛经全部湮灭了，还可以从巴利语、汉语等语言中一窥佛教的本来面目。同时，佛教也借此多语言的翅膀，跨越了三千余年的时间阻隔，翱翔于五大洲的无尽空间，适应不同地域、不同民族、不同文化的因缘，无碍流通，为我们留下了海量的宝贵文献。

这些文献，不仅是佛法理论和实践的载体，可供人们借助多种语言深入探讨宗教上的真相，而且具有更为广泛的意义。例如，吐蕃时期佛教虽然辉煌，人们却没有在吐蕃的土地上找到相关的文献，吐蕃佛教可借助敦煌的汉藏文文献，以及西夏的部分资料得到呈现。这样的文献，在佛教之外，有保存民族记忆的作用，让后人看到当时吐蕃人的生命和气质。又如，那些记载着古代东方寺庙情况的片言只语，可能给今天或未来的西方人带来经济、生活等方面的启迪。这就是语言，它能够使一种宗教、一个民族的沉思和想象跨越千山万水，激荡另外一种宗教、一个民族的心灵。

诚然，多语种的佛教文献，以及相关的其他文献，今天是宗教和学术的宝库。但是，如何利用好这一宝库，同样是一个问题、一个挑战。笔者以为，现在的佛教面临着诸多的危机，其中一个巨大的危机就是佛教语言的危机。一方面，佛教面临着宗教文化的巨大变局，患上了失语症，这在中国佛教界特别明显；另一方面，“整个全球规模的、不给人类任何幻想的风暴性危机，正在地平线集结形成”[①]。如何建设当下契理契机的佛教语言？多语种的佛教文献和相关研究，或许是一个善缘。

就如同一个地域有一个地域的佛教，一个时代也有一个时代的佛教。每个时代的佛教都得益于多种语言的运用。佛陀时代是如此，佛陀圆寂后，他的弟子辈，摩诃迦旃延、富楼那尊者等，也是如此。在部派佛教时期，多种语言的激荡，使佛教的体系更加庞大、表述更加缜密。佛教进一步传播，受到希腊、伊朗及广大西域的影响，更以无比雄阔的大乘佛教的面目出现，开辟出了新的天地。佛教传入中原，经过格义、精确的翻译，为世界创造了一个汉语系佛教。从历史上看，中国佛教在魏晋时期、隋唐时期、元明清时期、民国时期，都有自己的语言建设。其中，禅宗的语言革命、“人生佛教”的语言革新，都是人们耳熟能详的。经历“文革”之后，尤其是经历了改革开放以来的中西文化大融合之后，民国时期的佛教话语成就似乎已经不能完全满足今天的需求了。如何消除佛教的失语症，可谓刻不容缓。

根据前面的“从禅出教”的观点，这似乎只是那些远离尘嚣、穴居岩处的清修者的事情。事实并非如此，因为佛教的语言建设，主要是阐释经

① 安乐哲：《中国的智慧·序言》，见楼宇烈《中国的智慧》，中国大百科全书出版社 2023 年版，第 4 页。

论，门庭颇广，并非只有禅修一途。历史上，鸠摩罗什的翻译、智者大师的阐发、吉藏大师的论著，乃至寒山的诗偈、小说家的虚构，都曾经作出过或大或小的贡献。如果深入藏传佛教的传统，可以看到，班智达专事著述，其业绩可以比肩古希腊以降的伟大的哲学家们。再从佛教的“五明”或“十明”体系来看，世间法和出世间法都有巨大的整合和阐释空间。

在这个知识爆炸、科学昌明的时代，佛教的话语建设已经无法离开人文学术和自然科学的成果。因此，这一建设任务不仅不能抛给那些人间罕见的禅师，甚至不能单纯抛给僧人，而必须是一个众缘和合的大事情。在这方面，学界能够作出的贡献，不需赘言。

佛教语言的建设，面临着宗教语言、历史语言、文献语言、思想语言、科学语言、人文语言等诸多领域的任务。其中任一具体任务，交给一种语言的专家，即使是顶级专家，都是不能想象的。笔者曾经认识一位藏族的堪布，藏语和汉语都好，修行成就也颇高。然而，当他发愿整理自己教派的一些文献时，仅仅是把文本录入电脑，就遇到了语言难题——它必须使用的软件只有英语说明书。因此，他又成为掌握了英语的专业人士。这个时候，我们可以回忆一下马祖道一，他面临的问题是，佛教要从城市佛教转型为乡村佛教，佛教语言要从经典语言转变成俚语村言。他成功了！他用新的语言解释了什么是禅、什么是禅宗、什么是佛教，并带动了中国文学、艺术领域的转型。我们今天面临着人工智能等新式语言的挑战，面临着世界上众多语种的挑战，尤其面临着毁灭人类全部幻想的力量的挑战，难度并不比马祖小啊！

祈祷多种语言研究的成果，以及它能够敞开的无量空间，能够为佛教插上翅膀，能够为人类的想象插上翅膀！

2024 年 10 月

于成都川大花园南苑

序三　佛教西来与汉传佛教走向世界

夏德美

中国社会科学院世界宗教研究所研究员

佛教是产生于古印度的文化体系，在长期历史发展过程中传播于南亚、东南亚、中亚、东亚等地区，形成汉传、南传、藏传三大系，成为一种具有深远影响的世界性宗教。汉传佛教作为影响地域最大、人口最多的一系，其形成和传播过程充分体现了文化交流的丰富多彩和曲折多元。

汉传佛教的最终形成经历了漫长的历史过程。古印度佛教经由中亚、西域，逐渐传入中国。大概在两汉之际，长安、洛阳等政治中心就有了佛教的踪影。早期的佛教主要在来华的使臣、商人和他们的后代中传播，帝王、贵族们仅将佛教看作一种方术，或多或少地借鉴其宗教技术，却没有将其放在重要位置。东汉末年，来自西域的一些僧人来到洛阳，开始大规模翻译佛经，佛教影响逐渐扩大。但直到西晋，汉人之中很少有出家者。东晋十六国时期，汉人政权南移，北方成为争夺角力的战场，战乱带来的生存危机和意义破灭为佛教在更大范围内传播创造了契机。佛教关于生老病死、轮回报应的一系列学说弥补了中国固有文化的不足，为个体生命提供了更为完备的意义系统；佛教非有非无的般若思想将谈无说有的玄学思潮推向了新的高度；佛教提倡的十善五戒伦理学说也为国家治理提供了思想资源。于是，一方面，佛教为适应中央集权的文化传统，开始“不依国主，则法事难立”，主动寻求统治者的支持和庇护；另一方面，统治者也逐渐认识到佛教伦理所可能带来的“坐致太平”的统治功效，有意提倡和发展佛教。到了南北朝时期，佛教思想成为当时社会上最有创造性的思想之一，成为帝王士大夫们热心思考、积极谈论的话题，很多人都提出了佛教高于儒家、道教的观点，萧子显在《南齐书》中甚至公开宣称佛教广博浩大，穷尽一切，儒家、阴阳家、法家、墨家、纵横家、杂家、农家、道家等都可以包含在佛教之中。[①] 佛教徒获得了前所未有的崇高地位，佛教在社会政治、经济、文化方面的影响达到前所未有的深度。但佛教的过度发展，在某种程度上侵害了国家的政治利益和经济利益，带来了几次灭佛的灾难。隋唐大一统时代的来临，结束了近四百年的分裂割据局面，在政府有效管理之下，佛教发展规模被控制在一定范围之内，佛教思想却进一步完备、深入，形成了众多有中国文化特色的宗派，天台、华严、禅宗代表了隋唐思想的高峰。南北朝隋唐佛学成为中国思想史上上接魏晋玄学，下启宋明理学的重要阶段。至此，佛教逐渐摆脱外来文化的面貌，成为中华文化的重要组成部分。与之相比，古印度地区的佛教逐渐密教化，逐渐衰落，汉传佛教在中国开始了独立发展的历程。

佛教从传入中国，到真正成为中国传统文化的一部分，经历了七八百年的艰难探索。佛经翻译是佛教中国化的第一步，来自各个地区、由不同语言记载的佛教经典被翻译成汉语，如何找到对应的词汇，如何适应中国文化的表达习惯，如何平衡准确表达和让中国人容易接受之间的矛盾，成为早期译经者们殚精竭虑思考的问题。最终，既不同于中国固有文献，又不同于梵语或其他语种佛经的汉语佛经成为佛教中国化的第一类重要成果。如何解读汉语佛经，如何将佛教思想与中国固有的思想紧密结合，创造一种新的文化体系，在中国社会真正发挥重要作用，成为佛教思想家们努力完成的任务，于是从努力理解佛教经典、大量注释佛教经典，到主动建言立说、创宗立派，佛教最终融入中华文化，并成为其中最有代表性的文化之一。佛教西来并逐渐中国化的历程，体现了佛教文化的丰富性和适

① （梁）萧子显:《南齐书》卷 54，中华书局 1972 年标点本，第 946—948 页。

应性，也体现了中华文化的开放性和包容性。

汉传佛教向世界各地的传播早在三国时期就已经开始。隋唐之后，中国逐渐成为世界佛教的中心，成为最大的佛教输出国，汉传佛教开始作为中华文化的重要内容不断传播到世界各地。日本派到中国的遣唐使大部分是学问僧，学习佛法是他们来中国的主要目的之一，日本的天台宗、三论宗、律宗、禅宗、净土宗、华严宗等宗派都将中国作为自己的祖庭。朝鲜半岛的佛教同样来自中国，隋唐时期，一大批来自朝鲜的高僧参与到宗派佛教的创立和发展过程中，为中国佛教的发展作出突出贡献，他们或者他们的弟子们又将这些宗派传播到朝鲜半岛。晚清以来，汉传佛教海外弘法的主要地区变成了东南亚地区，东南沿海地区很多寺院在东南亚建立了分院。近代以来，一些佛教徒将佛教作为中国文化中可以与西方文化接轨甚至抗衡的重要资源，积极挖掘佛教的现代价值，探索佛教在救国救民和应对世界性危机方面的途径和方式，杨文会、欧阳竟无、太虚等都在这些方面做出了积极的探索。新中国成立以来，以赵朴初为代表的大陆佛教界在促进中国同日本、东南亚等佛教国家外交关系的确立、民间文化的交流方面作出了多方面的成就。台湾星云、圣严、证严等领导的佛教团体在世界各地努力兴建道场，创办各种文化教育事业，为汉传佛教的世界传播作出了重要贡献。

汉传佛教作为中国文化的重要组成部分，在向世界各地传播的过程中不断使用当地语言、适应当地文化，在传播佛教的同时，搭建起了中国与世界各国友好往来的桥梁，促进了世界和平与人类的进步。

无论是佛教西来，还是汉传佛教传播于世界各地，都离不开各种语言经典的持续翻译，都离不开与各种文化传统的不断冲突与融合。研究不同语言的佛典，寻找它们之间的异同，凸显汉传佛教的特色；研究不同文化背景之下，汉传佛教的具体形态和社会影响，对于我们更全面、更深入地理解汉传佛教的发展历史，更积极主动地推动汉传佛教在更广阔的空间、更众多的人群中发挥作用都是极为重要的。

程恭让教授发起组织的“多语视角下的佛教文献、历史与思想”学术工作坊聚集了众多掌握多种语言工具的中青年优秀学者，用多种语言从多个角度对佛教的文献、历史和思想进行了深度研究，开创了学术研究的新方向。作为一直从事汉传佛教思想和历史研究的学者，笔者有幸参与这一工作，从中汲取了很多有价值的方法和素材，感谢之余，结合自己一直关注的问题，谈一点粗浅的认识。

2024 年 10 月

于东坝

序四　大语言模型时代与多语佛学研究

杨　浩

北京大学人工智能研究院副研究员

北京大学数字人文研究中心副主任

看到“多语”一词，可能首先让人关注到其中的“多”字。我们这一代很多人年轻的时候可能都为英语的学习而烦恼过。入门一种语言不很难，但是精通一种语言真的非常难。精通一种语言都不容易，还要精通多种，岂是易事！江湖上流传着很多前辈学者精通很多种语言的传说，我等后学听闻之后，只能觉得缺乏语言天赋，自惭形秽。那么，多少种才能算“多”呢？显然，只有一种，不能算“多”。两种大概也算不上“多”。就像三人成众一样，应该至少三种才能算得上多。

佛学研究是国际性的学问，基于巴利语、梵文的佛典文献研究蔚为大观，藏文由于被认为是梵语文献更为精准的翻译，也受到很多学者的青睐。然而因为汉文佛典不是更为原初的文献，加之汉语难学，所以在西方学界，其重要程度远不及巴利语、梵文文献，虽然汉译佛典在东亚佛教中无疑具有着圣典的意义。中国撰述、日本撰述的典籍，大多是用汉语撰写的，但在很多学者眼中，这些文献只能代表中国佛教或日本佛教，掌握汉语与日语两种语文并不能算国际性的学术研究。

强调从“多语”角度对佛学进行研究，不是奉巴利语、梵文文献为圭臬，贬低汉文文献的价值，而是突破只用汉文进行研究的视域的狭隘性，从佛教本来具有的世界性来审视佛教；不是只从印度来看佛教，或者只从中国来看佛教。“多语”的视角，不是说研究中必须使用到三种及以上佛教文献的语言，而是说走出从传统单一语言出发进行孤芳自赏式的喃喃自语。

对笔者来说，“多语”的内涵并不局限于运用多种语言展开佛学研究，它还意味着广泛参考其他学者的多语研究成果，严格遵守学术规范，在厚重的学术史的基础上继续前行。中国学者使用汉语文献研究古代汉语典籍，可以只在一种语言中完成学术研究任务。但西方学者研究佛教，起码要对佛教文献进行翻译，即便不使用多种语言的佛典文献，也有对原典文献的转译任务，自然能够体现出对原典文献的现代理解。显然中国学者面对梵文、藏文、巴利语、西夏文等文献，也需要面对这一问题。佛学研究作为世界性的学问，了解汉语学界以外的研究成果，在某种程度上无疑也是“多语”研究的一种方式。

约二十年前，笔者在程恭让老师门下学习，当时程老师不止一次教导我，让我有机会一定要学习好藏文、梵文等语言。印象特别深的是，程老师强调，藏文的文献更多，对于佛教研究比梵文更重要一些。我在北大求学期间，专门修习印度语的公选课，学完了一年的课程。也从张保胜老师学习过半年的基础梵语。博士毕业之后，又在北大向萨尔吉老师学习了一年的藏语课程。说来惭愧，因为后来工作更多聚焦在汉文古籍整理领域，所以语言的学习还很不够。由于语言水平十分有限，于是我特别希望计算机技术能够起到很大的帮助。

2022 年末，以 ChatGPT 为代表的大语言模型横空出世。大语言模型在语言领域的表现令人惊叹，在现代语言翻译方面几乎可以与专业翻译媲美。更令人惊讶的是其进步速度。ChatGPT 刚问世时，在梵文、藏文等小众语言的解读和翻译中经常胡言乱语。然而，如今的 ChatGPT4、Claude 等已经能够提供相对精准的翻译结果。这无疑为“多语”的佛学研究带来了前所未有的机遇。

大语言模型的出现使得参考日语、德语、法语等语言撰写的学术研究成果变得更为容易。以往，研究者可能需要花费大量时间和精力去练习这些语言以便能够用于学术研究。目前，梵文、藏文、巴利语等原始文献的利用也逐渐变得更加便捷。即便大语言模型现在的翻译与解读还远不如专家，但随着大模型的不断迭代，未来很有可能实现与专家接近的水平。

最近几年，笔者和学界同仁尝试将人工智能技术运用在传统的古籍整理上。基于古籍的 OCR 技术已经很方便地识别版刻古籍，抄本文献的释读水平也在提高。特别是对于古籍的自动标点，人工智能模型的准确率与专家的水平也越来越接近。为古籍加标点是读懂古籍的入门功夫。之前很多研究生入学考试把加标点、翻译作为一项考核内容。传统文献学专业的学生要经过长时间的训练才能达到较高的准确率。现如今，人工智能以它独有的方式，无须按照我们想象的那样理解文本，就能够实现较高的准确率。因此，加标点这件事已经不能再被视为一门学问。同样，梵文、藏文文献的释读、翻译在未来也可能不再被视作一种学问。随着人工智能在语言处理方面的不断进步，精准的翻译将变得越来越容易实现，多模态大模型在未来或许也会让写本释读的难度大大降低。

如果一些基础的文献释读、翻译、比勘等，人工智能能做得足够好，显然学者们应该将精力投入对佛学核心思想和深刻义理的挖掘与阐释中。可以说做出人工智能不可能做出的工作便显得更为珍贵。语言不再是佛学研究的关键障碍，具备深厚的学术素养、敏锐的洞察力和创新的思维能力，显然是比语言能力更重要的研究素养。

因此，在笔者看来，对于佛学研究者而言，在智能时代需要掌握人工智能的工具。在佛学研究中，已经不能因为不掌握某种语言而成为不使用“多语”研究方法的借口。学者们应积极学习和运用这些工具，将其作为研究的助力；应通过掌握人工智能工具，结合自身的专业知识和研究能力，在多语佛学研究中发挥更大的作用。

二十年前，笔者初入程老师门下学习的时候，亲见程老师花费了大量的时间解读各种梵文本。他所使用的梵文辞典经过无数次的翻阅，变得非常松软。多年以来，程老师从不放弃对各种语言的学习与运用，又熟练掌握了藏文、巴利文等语言。程老师的确花费了巨大的心血在语言的学习与研究上。现如今程老师组织的多语佛学工作坊，可以说是对他多年以来一直践行的方法的一种新尝试。在人工智能时代，也许学习语言不必再如程老师那样辛苦，但是程老师提倡的研究视域与研究方法，显然极为重要。

在人工智能时代，因为年轻一代学者努力学习各种佛学研究有关的语言，再加上智能工具的利用，也许在不久的将来“多语”研究方法就可以不必那么特别加以强调了。如果所有的研究都是“多语”的研究，也就没有研究是“多语”的研究了。这也许也是今天大力提倡“多语”研究方法的应有之义。

2024 年 10 月 18 日

于北京

序五　无方便则难显智慧深广

赵　文

南开大学副教授

19 世纪以来，从欧洲兴起的佛教语言文献学，奠定了现代意义上的国际佛教研究之基础。与佛教文化影响下的亚洲国家不同，欧洲学者对于佛教的了解，基本上仰赖于非母语文献的校勘与翻译，而其研究方法则是建立于文艺复兴以后的人文主义（humanism）学术传统之上的。可以说，大多欧洲学者主要致力于人文主义的“佛教研究”（Buddhist Studies），而非东方学术传统意义上的“佛学”（Buddhology）。

早期欧洲佛教研究的重点在于整理和翻译体量较大的梵巴佛教文献，包括斯里兰卡、缅甸等南传佛教国家的巴利语佛典，以及保存于尼泊尔的梵语佛典等。其中，英语学界的传统优势为巴利语佛典研究，1881 年成立的巴利圣典协会（Pali Text Society）在此方面功不可没。19 世纪的德语学界则对印度古典语言文献兴趣浓厚，其佛教研究是在底蕴深厚的印度古典学和印欧语言学基础之上开展的。而这一时期的法国学者，如布奴夫（Eugène Burnouf）、列维（Sylvain Lévi）等，可谓奠定了后来多语种佛教文献研究的范式，即熟练运用梵巴语言、藏语、汉语等，进行佛教义理和历史的研究。同时，欧洲学界在与日本学僧的交流中，也增进了对于大乘佛教的了解。19 世纪末、20 世纪初日本佛教界派遣了众多优秀学僧前往欧洲，学习现代的佛教研究方法。大谷大学的南条文雄（净土真宗），东京大学的高楠顺次郎（净土真宗）、木村泰贤（曹洞宗）、宇井伯寿（曹洞宗），大正大学的荻原云来（净土宗）等学者留学欧洲后，将西方研究方法与日本传统“宗学”相结合，建立起多语种佛教文献和思想研究的学术范式。

20世纪后半叶，欧洲学界佛教研究的视域得到了极大扩充，这首先得益于我国新疆、西藏以及吉尔吉特、犍陀罗等地发现的印度语言佛典文献校勘本的整理出版，多语佛典的对勘也成为佛教研究的重要方法。以此为基础，欧洲佛教研究逐渐深化和细化。以擅长印度佛教研究的德语学界为例，逐步形成了几个特色鲜明的学术传统：如瓦尔德施米特（Ernst Waldschmidt）建立的哥廷根大学与慕尼黑大学的佛教文献、艺术史研究传统，维也纳大学弗劳瓦尔那（Erich Frauwallner）建立的佛教哲学研究传统，汉堡大学施密特豪森（Lambert Schmithausen）建立的佛教思想史研究传统，以及马堡大学哈恩（Michael Hahn）的佛教文学研究，弗莱堡大学封兴伯（Oskar von Hinüber）的佛教语言文献研究，等等。

除印度佛教研究之外，欧洲学界对于亚洲各地佛教传统的典籍和历史的研究，也更为深入、细致。德国印度学家贝歇特（Heinz Bechert）的南传佛教研究，荷兰汉学家许理和（Erik Zürcher）的早期汉传佛教研究，意大利藏学家图齐（Giuseppe Tucci）的藏传佛教研究等，都堪称经典之作。西域佛教研究方面，随着出土文献的陆续发现，古代龟兹、焉耆、于阗、西夏、回鹘佛教的语言和文献研究都有了重要进展；而今，来自犍陀罗的佛教写本则成为学界关注的新热点。

留学欧洲的季羡林先生于20世纪40年代归国后，逐步推动建立起中国的梵巴佛典语言学科，开启了本土化的梵巴佛典语言文献的教学与研究。然而，在利用多语文献研究方法进行佛教义理研究方面，华语学界相较于西方和日本，还有很大的发展空间。卷帙浩繁的汉文佛典是历代名贤历经千载、千锤百炼而译出的。与各语种佛典比较，汉文佛典无论从体量、时间跨度、文献门类上讲都有优势，具有巨大的文献价值。可是，对于非母语的西方读者来说，任何佛教思想的获得都须基于精细的文献校勘和翻译。这一过程尽管缓慢，但读者从中获益良多。而母语读者在阅读文献时，习惯于略读，往往容易忽略重要的信息。加之汉文佛典语言已与现代汉语有较大差别——特别是佛经语言作为古代翻译语言，许多文字容易产生望文生义的误读。

如果我们将今日对古代先贤明哲之著作的研究比作一条生产线的话，古典文献的校勘和释读工作就如同采矿，有的矿物就在地表（传世文献），有的则深藏于地下（出土文献），而年代久远的则开采难度较大。我们须借助语言的工具，将矿产资源开采出来，并进行初步的加工整理，这便是语言文献学的工作。接下来，我们可以将这些校勘整理后的文献与其他文献进行比较研究，在思想史的领域中，针对某些重要概念进行历时性考察，考证源流，提炼思想，同时也使得文本意义更为明晰，这就如同对矿产资源进行深度的提炼加工，制成市场所需的产品。最后，我们要根据当下的语境，对提炼后的思想进行符合哲学、心理学、社会学等学科话语的现代诠释，使得先哲的思想得以纳入现代知识体系之中，这便如同将加工完成后的产品进一步形成商品，使其在市场之中流通。这三个步骤都是不可或缺的，也需要不同学科的相互配合。而前面的步骤如果出了问题，后面的产品也会掺入杂质，难以挽回。

近代以来，在欧阳竟无、吕澂居士等推动之下逐步构建起的中国本土佛学研究，也注意将传统佛学与现代研究方法相结合，搜集整理过去散佚的汉文佛典文献，考证佛教思想源流，如今已在中国佛教思想史领域结出累累硕果。同时华语学界对于多语佛典的研究也有了一定基础，印度中观、唯识、因明学等领域的华语研究专著不断涌现。

然而，华语学界的佛学研究在运用多语文献研究工具，构建自身经典阐释体系和话语体系方面，相较于西方和日本仍有一定距离。这并非少数学者能够独立完成的工作，而是需要多学科、多领域的相互磨合。程恭让教授近年来发表的关于“善巧方便”的系列研究，已为我们在利用多语文献进行佛教思想史研究的探索上提供了极好范例；而程教授发起的“多语视角下的佛教文献、历史与思想”学术工作坊，更聚集了不同学科、不同专长的优秀中青年学者，并运用多种佛典语言，就广泛的思想史议题进行了深度研讨。若我们未来能持续将传统佛学的“般若智慧”，与多语种佛典文献研究方法的“善巧方便”相结合，想必能更大程度上发掘汉译佛典的价值，进一步推进华语学界佛学研究的发展。

2024 年 10 月 11 日
于津南草原边

序六　佛教原典与先行研究的多语化

李子捷

西北大学副教授

西北大学日本文化研究中心主任

本论文集是2024年9月于上海大学召开的“多语视角下的佛教文献、历史与思想”学术工作坊的最终成果。正如各位读者所见，本次工作坊的一大特点就是充分利用汉文、梵文、藏文、巴利文、西夏文、英文、日文等多种语文对佛教的文献、历史和思想进行研究，而这也正是中国内地学界的佛教研究长期以来的短板之一。

众所周知，近代欧洲学界在东方学研究的大背景下，从语文学入手，对印度学佛教学展开诸种研究。然而，在西方学界，对古汉文文献的充分解读与利用始终是佛教学者的弱项。近代欧洲的佛教学者基本上以梵文、巴利文和藏文文献为主要研究对象，在印度佛教和藏传佛教研究领域取得了举世瞩目的成就。但在古汉文文献的使用方面，仅有穆勒（Müller）、列维（Lévi）、戴密微（Demiéville）和许理和（Zürcher）等少数学者有较多涉猎，而且是在日本和中国等东亚地区的学者的协助下展开的。这一时期，日本学者充分发挥自身汉文解读能力的优势，同时努力学习梵文、巴利文、藏文等古典语文，派遣留学生赴欧洲学习，与西方学者进行合作研究。通过这种方式，日本的佛教学研究后来居上，将以梵巴藏文献为首的印度佛教学、藏传佛教学与以汉文为首的东亚佛教学充分结合，取得了新的突破。第二次世界大战以后，这一传统又被北美学界吸收。

我们可以举一个更具体的例子。佛教研究通过梵文与汉文佛典的比较研究取得了显著进展。这一方法不仅能帮助学者更准确地理解佛教经典的原始思想，还揭示了不同文化背景下经典翻译和诠释的差异。此外，随着新的梵文本的发现，研究者得以校对过去的汉文译本，从而修正了一些过去的误读。例如，《法华经》的梵汉比较研究揭示了某些汉译词语的含义偏差，这促使学界对经典的理解进行重新审视。同时，这种比较方法也有助于解决一些长期存在的学术争议，如“真如”（tathatā）在印度佛教和东亚佛教中的发展和转变。总的来说，通过梵汉佛典的比较研究，现代学者不仅深化了对佛教思想的认识，还促进了佛教文献学和思想史的进一步发展，开辟了新的研究视角和方法论。

然而，在上述学术发展进程中，尽管陆续出现了不少兼通印度佛教、藏传佛教和东亚佛教的优秀学者，其中尤其以日本学者居多，但整体而言，大多数佛教学者仍然是以某一种语文的文献为研究基础，并没有做到兼顾多语种的佛教研究。这种情况在今天不但没有得到改善，反而似乎愈发明显，而且普遍存在于各国学界。换言之，从表面上看，各种语文的文献都有被学界使用，从印度佛教到日本佛教也都有相关的研究成果，但若分别单独研读这些研究成果就会发现，大多数研究在原典语文的使用和近现代各国研究论著的参考方面，实际上很单一，并没有呈现出真正意义上的多语种视角下的佛教研究。在某些情况下，立足于梵巴藏文献的印度佛教、藏传佛教研究者与立足于汉文文献的东亚佛教研究者之间甚至出现了学术上不相往来的局面；以某种语言为母语的学者几乎不引用以其他语言撰写的学术论著的情况在东西方各国也并不少见。真正能做到一定程度上将梵巴藏文献、汉文文献、欧文先行研究、中日文先行研究予以有机结合的研究仍属于少数派。

在这样的大背景下，倡导真正意义上的多语种视角下的佛教研究，就显得尤为重要。这一工作并不只是中国学界需要取长补短的任务，对当今各国的佛教学界都大有裨益。程恭让教授长期以来立志于推动汉语学界的多语种佛教研究，在个人的佛教学术研究中，也充分利用梵文、巴利文、中文、英文、日文等的原始资料与先行研究论著，从经典翻译、思想、历史等多角度推进佛典翻译与佛教思想史的研究，可谓中国大陆当今活跃在学界一线的佛教学者之翘楚。程老师在上海大学建立相关的佛教研究基地之后更是以鲜明的旗帜大力推进这一工作，可谓当今中国学界的佛教研究之幸。仅以本次学术工作坊所收到的论文来看，就令人欣喜。大多数提交的论文兼顾到了国内外不同语言的先行研究，一半以上的论文利用了至少两种原典语文的文献。关于这一点，相信每一位翻阅过本论文集的读者都会有同感。

衷心祝愿程恭让教授所创建的多语种佛教研究平台日益壮大，贡献于汉语学界的佛教研究。

2024 年 9 月 27 日

于西北大学南校区

序七 “遥闻众声，不坏耳根”：多语的可能性

杨奇霖

上海大学副教授

面对眼前这本由程恭让教授主编的如此厚重（无论是物理意义，还是精神意义）的论文集，有一个问题跃然脑中——这六十余篇话题各异、精彩纷呈的论文之间是否存在一种更深层次的整体性关系？借用互文性（或曰文本间性，Intertexuality）理论，所有文本都有互文性。这里的互文是指任何文本与赋予该文本意义的知识、代码和表意实践之总和的关系（程锡麟《互文性理论概述》）。换句话说，如果不把一篇篇论文视为物质性的具体的“作品”（work），而是看作一个个新批评话语下的“文本”（text），那么，我们应当如何描述其“文本间性”？

我想到三个文化符号，或可作为隐喻。

第一个是日本平安京朱雀大路最南端的城门——罗城门（Rajōmon）。这处如今只有一根现代石柱作为标识的历史遗迹，因黑泽明导演的电影《罗生门》而天下闻名。一起凶杀案，三个当事人和一个目击者却提供了四种大不一样的叙述。至于电影故事的文学来源——芥川龙之介的《竹林中》——更为夸张：一次堂审，七份供词。从此，“罗生门”便意味着众说纷纭、莫衷一是，难以廓清“真相”。在罗生门那朱漆斑驳的圆柱之下，唯一能确定的，是一件事情（从它开始直至结束），本就由多重视角展开，本就由多重曲调编织。唯有多重话语的碰撞，才让一个故事更加接近历史原来的样子。此外，电影与小说的不同，还在于增加了“平民”的角色，

这个人物没有讲述属于自己版本的故事，而是不断地质疑既有叙述，时刻提醒观众不要忘记还有其他的可能。

第二个是一块制作于公元前 196 年的花岗长闪岩残石——罗塞塔石碑（Rosetta Stone）。这块石碑原刻有托勒密五世的一份诏书，现存可见碑文分别以三种不同文字（32 行埃及草书、14 行埃及象形文字以及 54 行希腊文）记录了诏书的同一段落。正是这同一思想内容的不同语言文字形态，为已失传了 1400 多年的埃及古文字（圣书体）的解读带来了曙光。在石碑刚被发现不久后的 19 世纪初，学者们就开始从碑文上已知的希腊文着手，试图解读与之相对应的埃及象形文字。英国物理学家托马斯·杨（Thomas Young）首先指出罗塞塔碑文上有些象形文字示意了国王名字“托勒密”的读音。其后，法国学者商博良（Jean-François Champollion）进一步确认埃及象形文字用以表音的理论假设，这一假设成为解读所有埃及象形文的突破口。罗塞塔石碑也因此被后世视为研究古埃及语言、文化、历史的重要里程碑。如今，这块黑色的刻石伫立在大英博物馆埃及展厅的显要位置，向世人讲述着人类追索自身历史的故事，而为这场惊心动魄的历程提供关键线索的，正是那遥远时代的多重的声音。

第三个是一座存在于人类文化“记忆”或“期许”中的恢弘建筑——巴别塔（Migdal Bāḇēl）。大洪水之后，人类为了“传扬自己的名”，“要建造一座城和一座塔，塔顶通天”；就在通天巨塔快要建成时，上帝“变乱他们的语言，使他们彼此语言不通”，人们无法互相交流，于是停止建造，最终分散各地。在这个故事中，“巴别”意味着混乱，也被用来解释人类语言不同的原因。当然，我们也可以对“巴别塔”的传说作不一样的阐释。现代分子生物学、人类群体遗传学和语言学的研究表明，巴别塔故事的发生地（士拿），恰是语音多样性最为复杂之处（里海南岸），因此被认为是人类语言扩散的中心。不同于《旧约》故事中语言的“一变多”，历史上语言分化的“原点”本就意味着多元和复调。此外，根据一些学者的看法，巴别塔和已知的考古建筑之间存在联系（比如“埃特曼安吉神庙”——一座在巴比伦修建以供奉苏美尔神马尔杜克的金字形神塔）。无论两者之间是否可以对应，诸多“古代奇迹”都说明，人类曾通过协作完成了种种伟大事业。语言的多样，从未打破人类交流交往交融的步伐；相反，我们不断尝试“重建”巴别塔，用不同的语言“传扬我们的名”。

现在，让我们回到最初的问题。论文集中各文本之间在“互文”些什么？笔者认为，正如那三个文化符号所隐喻的，所有论文共同呈现出分径的学科、争鸣的观点、多样的语言、迥然的故事。如果将这些“多元”聚合，并不会陷入“混乱的真相”；相反，它将凝铸出佛教研究无尽的可能与永恒的生命。《法华经·法师功德品》在描述受持本经之功德时说：“三千大千世界中一切内外所有诸声，虽未得天耳，以父母所生清净常耳，皆悉闻知，如是分别种种音声而不坏耳根。”要听到众声，父母所生之耳足矣，唯需“以是清净耳”。

甲辰秋

于沪上人焉廋斋

多语佛学经论研究

《回诤论颂》梵汉藏日英五种语本的互补互证考察*

慧　观

浙江工商大学教授

摘要：《回诤论颂》，也称《回诤论偈》，是龙树著名六论之一《回诤论》的偈颂部分，由于其内容涉及因明、中观等不同领域，加之现存有梵汉藏等不同语文本，故而属于较早受到学界广泛关注的重要因明文献之一。考虑到过去研究往往专注于单一语本或单一领域的考察，故而导致不同语本或领域之间的横向比较成果明显不足，本文在各类先行研究的基础上，首先以梵汉藏日英语言为线索，从中选出在学界得到普遍认可的五个语本，然后采用分析语言学中较为常见的句段分析法，对这五个语本进行了互补互证性考察，由此大体呈现出五语本的特色，以及在内容取舍、译文风格等方面所存在的趋同性和差异性，希望为全面了解《回诤论》文本乃至龙树哲学思想等，提供一个有别于以往研究的不同视角。

关键词：龙树；回诤论；偈颂；因明；多语对照

* 此文为国家社科基金"冷门'绝学'和国别史等研究专项"项目"梵汉藏等多语因明文献的互补互证研究"（2018VJX037）的阶段成果之一。

一 前言

《回诤论颂》，也称《回诤论偈》，是龙树著名六论之一《回诤论》的偈颂部分，由于其内容涉及因明、中观等不同领域，加之现存有梵汉藏等不同语文本，故而属于较早受到学界广泛关注的重要因明文献之一。考虑到过去研究往往专注于单一语本或单一领域的考察，故而导致不同语本或领域之间的横向比较成果有所欠缺，本论将在各类先行研究的基础上，首先以梵汉藏日英语言为线索，从中选出在学界得到普遍认可的五个语本——由罗睺罗·桑克恰耶那（Rāhula Saṅkṛityāyana）于1936年发现并于1937年与加亚什瓦尔（Jāyasvāla）合作整理的梵语本①；由后魏毗目智仙和瞿昙流支合译于541年的汉译本②；由印度论师智藏和西藏译师迦巴·吉祥积初译，迦湿米罗论师扎雅·阿难陀及西藏译师枯。经祥修改完成于大约9世纪的藏译本③；由日本著名佛教学者梶山雄一翻译的日译本④；由著名印度学者巴塔恰利耶（Bhattacharya）翻译的英译本⑤——然后再采用分析语言学中较为常见的句段分析法，对这五个语本进行互补互证性的考察，旨在全面呈现出五语本的特色，以及在内容取舍、译文风格等方面所存在的趋同性和差异性，由此为全面了解《回诤论》文本乃至龙树哲学思想等，提供一个有别于以往研究的不同视角。

① Saṅkṛityāyana. "Second Search for Sanskritpalm-leafmss", in *Journal of the Bihar and Orissa Research Society*, 1937, pp.1–57. 山口益：《『廻諍論』について》,《密教文化》第8号，1949，第16页。

② 龙树著，毗目智仙、瞿昙流支共译：《回诤论》,《大正藏》第32册，No.1631，第13—23页。

③ རྩོད་པ་བཟློག་པའི་ཚིག་ལེའུར་བྱས་པ་ཞེས་བྱ་བ（诤迴颂），德格版《藏文大藏经》中观部ཙ卷（D3828），96–1–27a1~96–1–29a7。

④ 梶山雄一译：《廻諍論》(論争の超越),《大乘佛典》(第14卷)，中央公论社1974年版，第184—132页。

⑤ Bhattacharya Kamaleswar. "The Dialectical Method of Nāgārjuna" (translation of the 'Vigrahavyā-vartanī' from the Original Sanskrit with Introdution and Notes), *Journal of Indian Philosophy*, 1971/1972, No.1, pp. 217–261.

二　梵汉藏日英五种语本对照和考察

我们将采取语言分析中较为常用的“句段分析法”，依照梵、汉、藏、日、英的顺序对以上所选出的五种语本展开互补互证性考察。在此需要特别说明的是，这里提到的“互补互证”，有别于先设定某一版本为底本进而参照其他异本进行对勘乃至最终形成定本的传统方法，而是旨在通过不同版本之间所呈现信息的趋同性和差异性，去深度理解著作乃至作者通过文本欲表达的真实意图。换言之，用在本论中的各类文本，其在信息传递的价值上，是应得到同等重视的。

（一）论名与译记

1. 论名

Vigrahavyāvartanī

回诤论

རྩོད་པ་བཟློག་པའི་ཚིག་ལེའུར་བྱས་པ་ཞེས་བྱ་བ

廻諍論（論争の超越）

Dialectical Method of Nāgārjuna（Vigraha-vyāvartanī）

【考察】关于本论的论名，梵语表现为“Vigrahavyāvartanī”，即由“Vigraha”＋“vyāvartanī”构成，前者为阳性名词，意为“喧哗”“诤论”“争讼”等，后者为阴性名词，有“去除”“排除”“避开”“转”“舍”“离”“回转”等含义，二者合起来的意思是“排除论诤”或“回转诤论”。对此，汉译为“回诤论”，其中“回”字，准确的写法应为“迴”，表示“旋转”“回旋”，如《诗・大雅・云汉》：“倬彼云汉，昭回于天。”[①]“论”字为梵语所无，应是在汉译时根据原文性质增译的，这种情况在汉译经典中较为常见。

① 罗竹风主编：《汉语大词典》第3卷，上海古籍出版社1986年版，第607页。

藏译为“རྩོད་པ་བཟློག་པའི་ཚིག་ལེའུར་བྱས་པ་ཞེས་བྱ་བ”，其中“རྩོད་པ་”的意思是“论诤”，“བཟློག་པ་”的意思是“回避”，“ཚིག་ལེའུར་བྱས་པ་ཞེས་བྱ་བ”的意思是“被称为品类者”，整体的意思是“被称为回避论诤的品类”，即与梵文相比，汉译多出“论”，藏译则多出“品类”，二者都是用以特别说明该论性质的增译性表达。进而，根据藏语音译，其对应的梵语名称应为“vigraha vyāvartanī kārikā”，即较梵本多出了“kārikā”（品类）一词，相当于藏译中的“ཚིག་ལེའུར་བྱས་པ”。换言之，如果我们将罗睺罗·桑克恰耶那发现的梵本看作汉藏两译之原本的话，那么与汉译相比，藏译不仅增补了表示“品类”的藏语，同时也补充了相对应的梵语“kārikā”，由此令论的所指变得更为清晰。日译在参照汉译译为“廻諍論”的同时，又在括号中附带了一个作为解释说明的“論争の超越”（论诤的超越），或许是为了照顾汉梵两语之间的均衡。与以上汉藏日译等竭力追求忠实于原文相比，英译采取的则是较为大胆的意译手法，即将论名译为“Dialectical Method of Nāgārjuna”，意思是“龙树的辩证法”，其中不仅增译了作者龙树的名字，且将“回诤”译作了“辩证法”，即以西方哲学的相应概念来拟配佛教哲学的名词，显然充满着浓厚的“洋格义”味道。

2. 译记

除以上论名外，在此论翻译过程中，汉藏两译分别留有如下简略的译记。

序《回诤论》翻译之记

《回诤论》者，龙树菩萨之所作也。数舒卢迦三十二字，此论正本凡有六百。大魏都邺，兴和三年，岁次大梁建辰之月，朔次癸酉辛卯之日，乌苌国人刹利王种三藏法师毗目智仙，共天竺国婆罗门人瞿昙流支，在邺城内金华寺译。时日所费二十余功，大数凡有一万一千九十八字，对译沙门昙林之笔受，骠骑大将军开府仪同三司御史中尉勃海高仲密启请供养。且记时事以章以闻，令乐法者，若见若闻，同崇翻译矣。

རྒྱ་གར་སྐད་དུ། བི་གྲ་ཧ་བྱ་བརྟ་ནི་ཀཱ་རི་ཀཱ་ན་མ། བོད་སྐད་དུ། རྩོད་པ་བཟློག་པའི་ཚིག་ལེའུར་བྱས་པ་ཞེས་བྱ་བ། འཇམ་དཔལ་གཞོན་ནུར་གྱུར་པ་ལ་ཕྱག་འཚལ་ལོ།།

རྒྱ་གར་གྱི་མཁན་པོ་ཛྙ་ན་གརྦྷ་དང་། བོད་ཀྱི་ལོ་ཙྪ་བ་ཀ་བ་དཔལ་བརྩེགས་ཀྱིས་བསྒྱུར་བ་ལ། སླད་ཀྱིས་ཁ་ཆེའི་པཎྜི་ཏ་ཛ་ཡ་ཨ་ནནྟ་དང་། ལོ་ཙྪ་བ་ཁུ་མདོ་སྡེ་དཔལ་གྱིས་བསྒྱུར་བའོ།།

【考察】从以上汉译记可知，此论作者为龙树菩萨。我们知道，龙树为佛教中观派的创始者，著有《中论》《百论》《十二门论》等论著。梵文原文采取的是“数舒卢迦”体，“数舒卢迦”是梵语“śloka”的音译，意译一般为“偈”或“颂”。由于“śloka”一般要求由32个音节构成，故而此处提及“三十二字”。“此论正本凡有六百”说的是，此论原本由六百“śloka”即颂或偈构成，故而比现在我们看到的内容要多。“兴和”是东魏孝静帝使用的年号，始于539，结束于542，历时4年。“乌苌国”是西域古国，玄奘《大唐西域记》记为“乌仗那国”，梵语为“udyāna”。译者为乌苌国的三藏法师毗目智仙以及天竺国婆罗门瞿昙流支，翻译期间担任对译笔受即汉译执笔者的是沙门昙林。翻译地点为邺城的金华寺，其中邺城为曹魏古都，位于现在河北邯郸临漳县境内。骠骑大将军开府仪同三司御史中尉勃海高仲密为此次翻译活动在资金等方面的赞助者。

如上所示，藏译有两段译记，前段包含译名解说和礼敬文两部分。前者“རྒྱ་གར་སྐད་དུ། བི་གྲ་ཧ་བྱ་བརྟ་ནི་ཀཱ་རི་ཀཱ་ན་མ། བོད་སྐད་དུ། རྩོད་པ་བཟློག་པའི་ཚིག་ལེའུར་བྱས་པ་ཞེས་བྱ་བ”的大意是“印度语言中叫做‘Vigraha vyāvartanī kārikā’，藏语中叫做‘回诤品’”，而藏译经典的前记部分一般都会有类似的记录，为我们了解所对应的梵语提供了极大的便利。后者“འཇམ་དཔལ་གཞོན་ནུར་གྱུར་པ་ལ་ཕྱག་འཚལ་ལོ”为礼敬文，大意为“顶礼文殊师利菩萨”。后段“རྒྱ་གར་གྱི་མཁན་པོ་ཛྙ་ན་གརྦྷ་དང་། བོད་ཀྱི་ལོ་ཙྪ་བ་ཀ་བ་དཔལ་བརྩེགས་ཀྱིས་བསྒྱུར་བ་ལ། སླད་ཀྱིས་ཁ་ཆེའི་པཎྜི་ཏ་ཛ་ཡ་ཨ་ནནྟ་དང་། ལོ་ཙྪ་བ་ཁུ་མདོ་སྡེ་དཔལ་གྱིས་བསྒྱུར་བའོ།”是就译者和翻译过程的说明，从这段表述中我们可以得知，此论最初由印度堪布智藏及藏地译师迦巴·吉祥积共同翻译，之后又经迦湿弥罗论师扎雅·阿难陀和藏地译师枯·经祥修订完成。

（二）《回诤论偈》初分第一

第 1 颂

sarveṣāṁ bhāvānāṁ sarvatra na vidyate svabhāvaścet|

tvadvacanamasvabhāvaṁ na nivartayituṁ svabhāvamalam||1||

若一切无体，言语是一切；言语自无体，何能遮彼体？（1）

གལ་ཏེ་དངོས་པོ་ཐམས་ཅད་ཀྱི།།རང་བཞིན་ཀུན་ལ་ཡོད་མིན་ན།།ཁྱོད་ཀྱི་ཚིག་ཀྱང་རང་བཞིན་མེད།།རང་བཞིན་བཟློག་པར་མི་ནུས་སོ།།（1）

（中観者の言うように）もしどこにも、いかなるものにも本体（自性）がないとすれば、君（中観者）のことばも本体をもたいないが、それでは本体を否定することもできない。（1）

If an intrinsic nature（svabhāva）of the things（bhāva），whatever they may be，exists nowhere（sarvatra na vidyate），your（very）statement must be devoid of an intrinsic nature（asvabhāva）。It is not，therefore，in a position to deny the intrinsic nature［of the things］.（1）

【考察】本论由 70 颂构成，梵汉藏语本在颂文次序的编排上略有不同，本文以梵文次序为准，以其他文本做相应匹配，故而此颂是基于梵文次序的第 1 颂。

我们知道，梵文偈颂一般由上下两句构成，而两句之间通常存在着一定的逻辑关系。根据上句中“cet”（如果）一词可以断定，上句为下句的条件，而所对应的汉译为“若”，藏译为“གལ་ཏེ”，日译为“もし…とすれば”，英译为“if”，即四种译本均译为条件式，这与梵语“cet”在语义功能上是一致的。除去“cet”之外，上句中的梵语大体可分为两个词组，即“sarveṣāṁ bhāvānāṁ…svabhāvaś”（一切事物的自性）和“sarvatra na vidyate”（在任何地方都不存在）两句，二者合在一起可构成一个陈述句，意思是“一切事物的自性，在任何地方都不存在”。对此，汉译为“一切无体”，其中以“体”来翻译“svabhāva”（自性），而略去了“bhāvānāṁ”（事物），属于高度浓缩的意译。对二者的藏译分别为“དངོས་པོ་ཐམས་ཅད་ཀྱི།།རང་བཞིན”（一切事物的自性）和“ཀུན་ལ་ཡོད་མིན”（于一切处没有），属于依照梵语顺序的逐词直译。对于二者，日译采取的是拆分译法，即首先将梵语中出现的两处表示“一切”的词语“sarveṣāṁ”和“sarvatra”分别从“sarveṣāṁ bhāvānāṁ …svabhāvaś”和“sarvatra na vidyate”两句中拆分出来，先将后者译为“どこにも”（于任何处），将前者译为“いかなるものにも”（无论何者），这样一来，二者就都成了句子主干“本体（自性）がない”的处所，意思是“无论在何处，无论对于何者而言，本体（自性）都不存在”。英译的情况与日译类似，也是采取了拆分式的译法，而略微不同的是，在拆分的基础上又通过加括号的方式附加了所对应的梵语原文，由此使译文变得更为透明。

以上是针对上句的解析，我们接下来分析下句。下句也由前后两个句段构成，前者为“tvadvacanamasvabhāvaṁ”（你的言语是无自性的），对于“tvadvacanam”（你的语言），所对应的藏译为“ཁྱོད་ཀྱི་ཚིག”（你的语词），日译为“君（中観者）のことば”（你〈中观者〉的语言），英译为“your（very）statement”（你的声称），即均如实译出了其中“你的”的含义。与之相对，汉译的处理方式略有不同，即在汉译中虽说没有直接给出“汝言”之类的译词，但也通过句末“何能遮彼体”的疑问式，间接明示了双方的对话性质。与此同时，对于谓语部分的“asvabhāvaṁ”，藏译为“རང་བཞིན་མེད”（无自性），日译为“本体をもたいない”，英译为“be devoid of an intrinsic nature”（缺乏自性），即都是根据梵文的直译，而汉译的处理方式则是与上句中的“一切”联通起来，整体译为“言语是一切，言语自无体”，换个说法即是“处于一切中的言语，其自身是无体的”，由此为接下来的提问预设了前提。对于后者“na nivartayituṁ svabhāvamalam”（不能排除自性），汉译为“何能遮彼体”，即如前所述，采取的是疑问式。在此需要说明的是，所谓“疑问式”，也未必就是面向对方提问题，而常常是以疑问方式对论敌观点加以否定。对此，相应的藏译为“རང་བཞིན་བཟློག་པར་མི་ནུས་སོ”（不能排除自性），日译为“本体を否定することもできない”（不能否定本体），英译为“It is not，therefore，in a position to deny the intrinsic nature［of the things］”（因此，它不能否定〈事物的〉自性）。需要注意的是，汉译在“体”的前面加了一个限定词“彼”，而英译也在“the intrinsic nature”的后面以括号的形式加上了一个定语“of the things”，二者的意图都很明显，意在说明此处所说的“自性”，指的就是前面提到的“一切事物”的“自性”。此外需要特别说明的是，日译在上句的最前面和下句“君”之后分别以括号的形式附加了“中観者の言うように”和“中観者”，以明示论辩对手的具体所指。

【小结】本颂探讨的是言语与其自性（本体）以及由言语功能所引出的能遮与所遮的议题，即针对立论者（中观论者）所提出的一切无自性（asvabhāva）的立场，反对者（以正理派为代表）从言语以及作为言语核心功能的能遮开始提出反驳意见。反对者的核心论点是，如果说言语没有自性，那么没有自性的言语就不可能否定这个自性。

第 2 颂

atha sasvabhāvametadvākyaṁ śrutvā hatā pratijñā te|

vaiṣamikatvaṁ tasmin viśeṣahetuśca vaktavyaḥ||2||

若语有自体，前所立宗坏；如是则有过，应更说胜因。（2）

འོན་ཏེ་ཚིག་དེ་རང་བཞིན་བཅས།།ཁྱོད་ཀྱི་དམ་བཅའ་སྔ་མ་ཉམས།།མི་འདྲ་ཉིད་དེ་དེ་ཡིན་ན།།ཁྱད་པར་གཏན་ཚིགས་བརྗོད་པར་གྱིས།།（2）

これに反して、もしこのことばが本体をもつものであれば、君の先の主張は破れる。（君の二つの命題には）不一致があり、それに対する特別の理由が説明されねばならない。（2）

Now, if this sentence is endowed with an intrinsic nature, your former proposition is destroyed. There is a discordance, and you should state the special reason for it.（2）

【考察】此颂梵文的上句可拆解为“atha”“sasvabhāvametadvākyaṁ”“śrutvā hatā pratijñā te”三个句段分析。其中，“atha”为表示转折关系的副词，对此的藏译为“འོན་ཏེ”（然而），日译为“これに反して”（与此相反），英译为“Now”（这样一来），唯独汉译没有对应的译词。与

“sasvabhāvametadvākyaṁ”（此语有自性）所对应的汉译为“若语有自体”，藏译为“ཚིག་དེ་རང་བཞིན་བཅས”（此语有自性），日译为“このことばが本体をもつものであれば”（如果此语有本体的话），英译为“if this sentence is endowed with an intrinsic nature”（如果这句话被赋予了自性），即除了藏译外，其他三者均将此句译为以“若”或“如果”等为开端的条件句，由此与后面的句段构成条件关系。与“śrutvā hatā pratijñā te”（听到以后宗被摧毁）相对应的汉译为“前所立宗坏”，藏译为“ཁྱོད་ཀྱི་དམ་བཅའ་སྔ་མ་ཉམས”（你过去的宗损坏），日译为“君の先の主張は破れる”（你先前的主张被打破），英译为“your former proposition is destroyed”（你之前的命题被摧毁），几种译文没有大的差异，都是对梵语句段的逐词翻译。

下句可拆解为“vaiṣamikatvaṁ”“tasmin viśeṣahetuśca vaktavyaḥ”两个句段分析。

从后者动词中含有“vyaḥ”（应）语尾来看，前者“vaiṣamikatvaṁ”应是其理由，故而应将整个句子理解为一个因果句。对于“vaiṣamikatvaṁ”（不一致），汉译为“如是则有过”，即是基于论辩场景所做出的过失判定，属于意译。藏译为“མི་འདྲ་ཉིད་དེ་དེ་ཡིན་ན”（如果其不一致的话），日译为“（君の二つの命題には）不一致があり”（〈在你的两个命题之间〉存在不一致），英译为“There is a discordance”（存在不协调），与汉语采取意译不同，藏、日、英三者采取的都是直译的策略。对于后者“tasmin viśeṣahetuśca vaktavyaḥ”（对此也应该说差别因），汉译为“应更说胜因”，藏译为“ཁྱད་པར་གཏན་ཚིགས་བརྗོད་པར་གྱིས”（由此就要说明差别的因），日译为“それに対する特別の理由が説明されねばならない”（必须对其说明特别的理由），英译为“you should state the special reason for it”（你应该说明特别的理由），即对于其中表示对象的“tasmin”一词，除了日译外，其他则都没有特别译出。此外值得一提的是，根据梵语文本中的“viśeṣahetuś”以及藏、日、英等翻译，可将汉译中的“胜因”理解为“差别因”或“其他的原因”。

【小结】本颂是承续上一颂而针对自性问题所展开的反向提问，即反对者如果承许自性存在，那么之前所提出的立场就自然遭到破坏，如果继续不承认的话，那么就要给出进一步的理由。

第 3 颂

mā śabdavadityetat syātte buddhirna caitadupapannam|

śabdenātra satā bhaviṣyato vāraṇaṁ tasya ||3||

汝谓如“勿”声，是义则不然；声有能遮声，无声何能遮？（3）

དེ་སྒྲ་མ་འབྱིན་ལྟ་བུའོ་ཞེས།།ཁྱོད་བློ་སེམས་ན་དེ་མི་འཐད།།འདི་ལ་སྒྲ་ནི་ཡོད་པ་ཡིས།།འབྱུང་བར་འགྱུར་བ་དེ་བཟློག་ཡིན།།（3）

「…するな」という声が、（上述の不一致についての解決を）例証しうると君は考えるであろうが、それも妥当しない。というのは、そのばあいには（現に）実在している声によって、（将来）生じてくるであろう他の（声の）禁止がなされるのだから。（3）

Moreover：If you think that it is like ‘Do not make a sound’,［we reply：］this also is not valid. For here a sound that is existent prevents the other sound that will be.（3）

【考察】此颂上句可分解为“mā śabdavadityetat syātte buddhir”“na caitadupapannam”两个句段。对于前者中的“mā śabdavad ity”，汉译为“谓如‘勿’声”，藏译为“དེ་སྒྲ་མ་འབྱིན་ལྟ་བུའོ་ཞེས”(其谓如未出声[①])，日译为“「…するな」という声が”（“勿”这一声音），英译为“it is like ‘Do not make a sound’”（其如“不要发声”），从几种译本的情况不难看出，在处理梵语“mā śabda”的时候，藏译、日译二者将“mā”译为“śabda”的定语，而英译则将“mā”译为动词，进而将“śabda”译为其宾语。如此一来，针对汉译中的“勿声”就可能存在“不许发声”和“不许”这个声音，即两种不同的解读。进而，对于“etat syātte buddhir”，汉译只译出了其中的“te”（汝），藏译为“ཁྱོད་བློ་སེམས་ན”（你认为“…”的话），日译为“君は考

① 任杰译为“谓如声未出”。

えるであろうが”（你或许考虑），英译为“If you think that”（如果你认为“…”的话），即对于其中的“syāt”，藏译和英译都将其译为“如果”，日译用的则是“或许”，而从后面的“是义则不然”来看，汉译采取的也是条件句式。对于后者的“na caitadupapannam”汉译为“是义则不然”，藏译为“དེ་མི་འཐད”（此非道理），日译为“それも妥当しない”（其亦不妥当），英译为“this also is not valid”（这也是无效的），即日英二者都将梵语中“ca”（也）译出，以表示此句与前颂内容在意义上的连贯性。

以上是针对上句的解析，我们接下来分析下句。下句的梵文为“śabdenātra satā bhaviṣyato vāraṇaṁ tasya”，意思是“即将发生的那个（声音）为现存的声音所阻止”，对此，汉译为“声有能遮声，无声何能遮”，属于意译。藏译为“འདི་ལ་སྒྲ་ནི་ཡོད་པ་ཡིས།།འབྱུང་བར་འགྱུར་བ་དེ་བཟློག་ཡིན”（在此的声音是以现有遮止将生起的那个），日译为“というのは、そのばあいには（現に）実在している声によって、（将来）生じてくるであろう他の（声の）禁止がなされるのだから”（为何，是因为在此情况下，〈即将〉可能生起的其他的〈声〉为实在的声所禁止），英译为“For here a sound that is existent prevents the other sound that will be”（因为在此是用现有的声去阻止将要生起的其他声音）。

【小结】本颂以“勿”（mā）这个禁止对方发声的言语表现为例，试图阐明用语“禁止发声”这一语言表现本身也属于语言功能的一部分，而其之所以具有“能遮”这一功能，正是因为其具有能遮的“自性”。

第 4 颂

pratiṣedhaḥ pratiṣeddhyo’pyevamiti mataṁ bhavet tadasadeva|

evaṁ tava pratijñā lakṣaṇato duṣyate na mama||4||

汝谓遮所遮，如是亦不然；如是汝宗相，自坏则非我。（4）

འགོག་པའི་འགོག་པའང་དེ་ལྟ་ཞེས།།འདོད་ན་དེ་ཡང་བཟང་མིན་ཏེ།།ཁྱོད་ཀྱི་དམ་བཅའི་མཚན་ཉིད་ལས།།དེ་ལྟར་སྐྱོན་ཡོད་ངེད་ལ་མེད།།（4）

（中観者による本体の）否定に対する（われわれの）否定も同じように（誤っていると）考えるかもしれないが、それは正しくない。この

ように形式において成り立たなくなるのは君の主張であって、私の主張ではない。（4）

If you think that the same holds true of the negation of the negation also, that is false. It is your proposition which by virtue of its specific character is thus rendered defective, not mine.（4）

【考察】此颂的上句可分解为“pratiṣedhaḥ pratiṣeddhyo’pyevamiti mataṁ bhavet”和“tadasadeva”两个句段。前者的意思是“（你）或许认为遮和所遮也是如此”，与此相对应的汉译为“汝谓遮所遮”，即根据上下文增译出潜在的“汝”，而忽略了“mataṁ bhavet”（或许认为）。藏译为“འགོག་པའི་འགོག་པའང་དེ་ལྟ་ཞེས༎འདོད་ན”（如果认为对遮的遮也是如此的话），日译为“（中観者による本体の）否定に対する（われわれの）否定も同じように（誤っていると）考えるかもしれないが”（或许认为对于〈基于中观论者本体的〉否定〈我们〉之否定也是一样〈错误〉），英译为“If you think that the same holds true of the negation of the negation also”（如果你认为对否定的否定也是如此的话）。对照梵文以及几种译本可以发现，汉译与梵文中的“pratiṣedhaḥ pratiṣeddhyo”一致，而日英两种译文与藏译“འགོག་པའི་འགོག་པ”一致。关于为何会出现这种情况，王楠（2020）[①]在对罗睺罗、JK以及米泽等三本比较的基础上认为，梵语原本“pratiṣedhaḥ pratiṣeddhyo”应该没有问题，且为古汉译本所支持，而JK本根据藏译将梵文本修订为“pratiṣedhapratiṣedhyaḥ”，由此导致了上述情况的发生。对于后一句段的“tadasadeva”，汉译为“如是亦不然”，藏译为“དེ་ཡང་བཟང་མིན་ཏེ”（其也非善），日译为“それは正しくない”（其不正确），英译为“that is false”（那个是错误的），不存在大的差异。

下句可分解为“evaṁ tava pratijñā lakṣaṇato duṣyate”和“na mama”两个句段，前者的意思是“像这样，你的宗从相上被破坏”，汉译为“如是汝宗相，自坏”，藏译为“ཁྱོད་ཀྱི་དམ་བཅའི་མཚན་ཉིད་ལས༎དེ་ལྟར་སྐྱོན་ཡོད”（像这样于你的宗相上

① 王楠：《对于〈回诤论〉第四颂的再探讨》，《佛学研究》2020 第 1 期。

有过失)，日译为“このように形式において成り立たなくなるのは君の主張であって”(在形式中如此得不到成立的是你的主张)，英译为“It is your proposition which by virtue of its specific character is thus rendered defective”(正是由于你宗的特殊性，使其成为有缺陷)。后者的意思是“na mama”(不是我的)，所对应的汉译为“则非我”，藏译为“ངད་ལ་མེད”(于我没有)，日译为“私の主張ではない”(不是我的主张)，英译为“not mine”(不是我的)。

【小结】本颂探讨的是作为言语功能的能遮和所遮的议题。所谓“遮”，相当于现代学术话语中的“否定”，而基于因明分析法，“否定”又可以进一步分类为“能否定”和“所否定”两个侧面，而本颂要说的核心问题就是“能遮”对“所遮”的“遮”，即“能否定”对“所否定”的“否定”。

第5颂

pratyakṣeṇa hi tāvan yadyupalabhya vinivartayasi bhāvān|

tannāsti pratyakṣaṁ bhāvā yenopalabhyante||5||

若彼现是有，汝可得有回；彼现亦是无，云何得取回？（5）

རེ་ཞིག་གལ་ཏེ་མངོན་སུམ་གྱིས།།དངོས་རྣམས་དམིགས་ནས་ཟློག་བྱེད་པ།།གང་གིས་དངོས་རྣམས་དམིགས་འགྱུར་བ།།མངོན་སུམ་དེ་ནི་མེད་པ་ཡིན།།（5）

たとえ君が、まず知覚によってものを認識してから（その本体を）しりぞけるとしても、ものを認識する方法であるその知覚は、（君にとって）存在しない。（5）

Moreover：Now，if [you say that] you deny the things after having apprehended them through perception，[we reply：] that perception through which the things are apprehended does not exist.（5）

【考察】此颂的上句由“pratyakṣeṇa hi tāvan yadyupalabhya vinivartayasi bhāvān”一个句段构成，意思是“为什么这样说，是因为如果诸事物是通过现量一度认识之后再由你拒绝的话”，其中“yady”(yadi)属于关系代词，与下句中的“tan”(tad)一起构成条件关系。此句段所对应的汉译

为“若彼现是有，汝可得有回”，藏译为“རེ་ཞིག་གལ་ཏེ་མངོན་སུམ་གྱིས།།དངོས་རྣམས་དམིགས་ནས་ལྡོག་བྱེད་པ”（如果通过现量暂且认识事物之后再回遮的话），日译为“たとえ君が、まず知覚によってものを認識してから（その本体を）しりぞけるとしても”（即便你首先依据知觉认识事物后再拒绝〈其本体〉的话），英译为“Now，if［you say that］you deny the things after having apprehended them through perception”（然而，如果〈你这样说〉在通过知觉了解事物之后再否认它们的话）。对照以上梵文及几种译文可以发现一些问题，即无论是汉藏等古译，还是日英等现代译文，其中都用到了“如果”或“即使”之类的条件语气，但所强调的焦点[①]有所不同，换言之，汉译把焦点放在了“现”的或有或无上，而另外的藏、日、英三者所关注的焦点，则都在“拒绝”上，因此汉译的“若彼现是有”实际上是提出了一个虚拟的假设条件，应与后面的“彼现亦是无”一起考虑，而最终目的在于否定。

下句“tannāsti pratyakṣaṁ bhāvā yenopalabhyante”由“tannāsti pratyakṣaṁ”和“bhāvā yenopalabhyante”两个句段构成。如上所述，前者中的“tan”（tad）与上句中的“yady”（yadi）构成条件句式。“nāsti pratyakṣaṁ”的意思是“现量不存在”，对此的汉译为“彼现亦是无”，藏译为“མངོན་སུམ་དེ་ནི་མེད་པ་ཡིན”（现量是没有的），日译为“その知覚は、（君にとって）存在しない”（其知觉〈对于你来说〉不存在），英译为“that perception…does not exist”（那个…知觉是不存在的）。需要说明的是，此处的日译以括号的形式补译了“于你来说”，由此明确了这个“不存在”只限定于论敌一方，而立论者则不在限制之列。后者“bhāvā yenopalabhyante”的意思是“诸事物由其获得”，对此的汉译为“云何得取回”，藏译为“གང་གིས་དངོས་རྣམས་དམིགས་འགྱུར་བ”（诸事物由其产生），日译为“ものを認識する方法である”（作为认识事物方法的），英译为“through which the things are apprehended”（通过…被理解的诸事物），在意思上没有大的差异。

① 语言学术语，指一个句子中的语义核心。

【小结】此颂是反对者针对中观论者就“现量”（pratyakṣa）问题展开的反论，意思是说，假如你们中观论者所说的“空”或“无自性”成立的话，那么作为认识诸事物的现量也将为“空”，为“无自性”，由此诸事物将无法被认识。

第 6 颂

anumānaṁ pratyuktaṁ pratyakṣeṇāgamopamāne ca|

anumānāgamasādhyā ye'rthā dṛṣṭāntasādhyāśca||6||

说现比阿含、譬喻等四量；现比[①]阿含成，譬喻亦能成。（6）

རྗེས་དཔག་ལུང་དང་དཔེར་འཇལ་དང་།།རྗེས་དཔག་ལུང་གིས་བསྒྲུབ་བྱ་དང་།།དཔེས་བསྒྲུབ་བྱ་བའི་དོན་གང་ཡིན།།མངོན་སུམ་གྱིས་ནི་ལན་བཏབ་པོ།（6）

推理・証言・比定も、さらに推理や証言によって証明によって証明される対象や、比喻によって比定される対象も、知覚（の批判）によってすでに応えられている。（6）

In our refutation of perception, we have [already] refuted inference, verbal testimony and identification, as well as the objects to be established by inference, verbal testimony and identification.（6）

【考察】就句法而言，此颂上下二句的语义是贯通一体的，其中“pratyuktaṁ pratyakṣena”是全句的陈述部分，意思是“由现量所叙说”，汉译为“说”；藏译为“མངོན་སུམ་གྱིས་ནི་ལན་བཏབ་པོ”（由现量所回答），即把“pratyuktaṁ”译为“回答”；日译为“知覚（の批判）によってすでに応えられている”（由知觉〈的批判〉所应答）；英译为“In our refutation of perception we have [already]”（在我们的知觉反驳中，我们已经…）。上句中的其余部分，即“anumānaṁ…āgamopamāne ca”在结构上与下句相连接，意思是“比量、圣教和譬喻”。所对应的汉译为“现比阿含、譬喻

① 《大正藏》原文为“彼”，今根据上下文义改为“比”。

等四量”，即与梵语原文相比，不仅多译出一个“现量”，且以“等四量”对量的总数做出概括。藏译为“རྗེས་དཔག་ལུང་དང་དཔེར་འཛལ་དང”（比量、圣教和譬喻量）。日译为“推理・証言・比定も”（推理、证言、比定也），即对于因明中的量，日本学者常常借用西方逻辑或心理学中的概念加以翻译，其中针对四量即现量、比量、圣言、譬喻，一般翻译为知觉、推理、证言、比定。英译为“we have［already］refuted inference，verbal testimony and identification”（我们已经拒绝了推理、证词和鉴定），即与日译相比，英译则似乎更倾向于援引西方法律术语加以匹配对译。

下句“anumānāgamasādhyā ye’rthā dṛṣṭāntasādhyāśca”可拆解为“anumānāgamasādhyā dṛṣṭāntasādhyāś ca”和“ye’rthā”两个句段，前者的意思为“由比量、圣教所成立的和譬喻所成立的”，后者的意思是“彼义”，而二者合起来可以解为“由比量、圣教所成立的以及由譬喻所成立的彼义”。对此，汉译为“现比阿含成，譬喻亦能成”，藏译为“།རྗེས་དཔག་ལུང་གིས་བསྒྲུབ་བྱ་དང་ །།དཔེས་བསྒྲུབ་བྱ་བའི་དོན་གང་ཡིན”（由比量、圣教所成立以及由譬喻所成立的义），日译为“さらに推理や証言によって証明によって証明される対象や、比喩によって比定される対象も”（进而由推理、证言，由证明所证明的对象以及由比喻所比定的对象也），英译为“as well as the objects to be established by inference，verbal testimony and identification”（以及通过推理、口供和鉴定所确立的对象）。

【小结】此颂是接着前面“现量”而说的，即针对“现量”所说的问题，也同样适用于比量、圣教以及譬喻等。就译文而言，藏、日、英三者大体一致，即基本保持了与梵文相同的词汇乃至语法结构，而汉译则与梵文乃至其他几种译本之间都存在较大的偏差，换言之，若在没有其他文本参照的情况下，一般会将汉译理解为“在所说的现、比、圣教、譬喻中，前三者的现、比、圣教若能成立的话，那么譬喻也能成立”，即整句的重点在于解释最后的“譬喻量”。

第 7 颂

kuśalānāṁ dharmāṇāṁ dharmāvasthāvidaśca manyante|

kuśalaṁ janasvabhāvaṁ śeṣeṣvapyeṣa viniyogaḥ||7||

智人知说法，善法有自体；世人知有体，余法亦如是。（7）

སྐྱེ་བོ་ཆོས་ཀྱི་གནས་སྐབས་མཁས།།དགེ་བ་དག་གི་ཆོས་རྣམས་ལ།།དགེ་བའི་རང་བཞིན་ཡིན་པར་ནི།།སེམས་ཤིང་ལྷག་མ་རྣམས་ལ་ཡང་།།（7）

事物（法）の部位に通じた人々は、善である諸事物には善の本体があると考える。その他（の諸事物）に対してもそれぞれの（本体の）配分が成されている。（7）

Moreover：People conversant with the state of things think that the good things have a good intrinsic nature. The same distinction is made with regard to the rest［of the things］too（the bad things，and so on）.（7）

【考察】此颂上句“kuśalānāṁ dharmāṇāṁ dharmāvasthāvidaśca manyante”拆解为“kuśalānāṁ dharmāṇāṁ”“dharmāvasthāvidaś ca”和“manyante”三个句段。其中“dharmāvasthāvidaś ca”为主语，意思是“通晓法分位者”，对应的汉译为“智人”，藏译为“སྐྱེ་བོ་ཆོས་ཀྱི་གནས་སྐབས་མཁས”（精通法分位的人），日译为“事物（法）の部位に通じた人々は”（通晓事物〈法〉分位的人们），英译为“People conversant with the state of things”（熟悉事物现状的人）。“manyante”为谓语动词，意思是“思考”，对应的汉译为“知说法”，藏译为“སེམས་ཤིང”（心知），日译为“と考える”（思考），英译为“think that”（思考其）。

“kuśalānāṁ dharmāṇāṁ”是句子宾语的前半部分，意思是“诸善法的…”，即由于字数的限制等，后面的主词即“kuśalaṁ janasvabhāvaṁ”被移到了下句中。对此，汉译为“善法有”，藏译为“དགེ་བ་དག་གི་ཆོས་རྣམས་ལ”（于善法中），日译为“善である諸事物には”（对于善的诸事物而言），英译为“the good things have…”（好的诸事物有好的本性）。

下句“kuśalaṁ janasvabhāvaṁ śeṣeṣvapyeṣa viniyogaḥ”可分解为“kuśalaṁ janasvabhāvaṁ”“śeṣeṣvapyeṣa viniyogaḥ”两个句段分析。前者“kuśalaṁ janasvabhāvaṁ”为接续上句“kuśalānāṁ dharmāṇāṁ”定语的主词，意思是“善的所生性”，对此的汉译为“善法，世人知有体”，藏译为“དགེ་བའི་རང་བཞིན་ཡིན་པར་ནི”（有善的自性），日译为“善の本体がある”（有善的自性），英译为“a good intrinsic nature”（善的自性）。后者“śeṣeṣvapyeṣa viniyogaḥ”的意思是“对于其他而言，这也是配属”。对此，汉译为“余法亦如是”，藏译为“ལྷག་མ་རྣམས་ལ་ཡང”（所余等亦是），日译为“その他（の諸事物）に対してもそれぞれの（本体の）配分が成されている”（即便对于其他的〈诸事物〉来说，各自的〈自性的〉分配也是成立的），英译为“The same distinction is made with regard to the rest［of the things］too（the bad things, and so on）”（至于其余的〈事物〉〈坏的事物等〉，也有同样的区别）。

【小结】此颂将对诸事物的观察分为两类，一类是基于智者角度对事物本性或善性的观察，另一类是基于普通人对事物其他方面的观察，而立论者强调的是，二者在本质上没有区别，都需要有自性或自体作为先决条件。

第 8 颂

nairyāṇikasvabhāvo dharmo nairyāṇikāśca ye teṣām|

dharmāvasthoktānāmeva ca nairyāṇikādīnām||8||

出法出自体，是圣人所说；如是不出法，不出法自体。（8）

གང་དག་ངེས་པར་འབྱིན་པའི་ཆོས||ཆོས་ཀྱི་གནས་སྐབས་གསུངས་དེ་རྣམས||ངེས་པར་འབྱིན་པའི་རང་བཞིན་ཉིད||རང་བཞིན་ངེས་འབྱིན་མིན་ལ་སོགས||（8）

迷界からの出離に導くものとして定められた事物の部位にあるものには、出離に導く本体がある。出離に導かないもの、その他についても事情は同じである。（8）

And those things which lead to emancipation have an intrinsic nature that leads to emancipation. Similarly with the things which do not lead to emancipation, and so on, things which have been mentioned in connection with the state of things.（8）

【考察】此颂上句为“nairyāṇikasvabhāvo dharmo nairyāṇikāśca ye teṣām”，可拆解为“nairyāṇikasvabhāvo”和“dharmo nairyāṇikāśca ye teṣām”两个句段。其中“nairyāṇikasvabhāvo”是全颂的核心部分，意思是“以出离为自性”，对此的汉译为“出自性”，藏译为“ངེས་པར་འབྱིན་པའི་རང་བཞིན་ཉིད”（以出离之自性为性），日译为“出離に導く本体がある”（有引导至出离的自性），英译为“have an intrinsic nature that leads to emancipation”（有引导至解脱的自性）。对照上面的梵文和几种译文不难发现，对于“nairyāṇikasvabhāvo”这个核心成分，虽说在不同译本中的位置不同，但意思则大体一致。后者“dharmo nairyāṇikāśca ye teṣām”（那些事物是出离的和…），对此的汉译为“出法”；藏译为“གང་དག་ངེས་པར་འབྱིན་པའི་ཆོས”（一切出离法）；日译为“迷界からの出離に導くものとして定められた事物の部位にあるものには”（对于处在作为引导至从迷界走向出离所确定的事物的分位者而言），即日译将下句中的“dharmāvasthoktānām”合并在一起译出；英译为“those things which lead to emancipation”（那些引导至解脱的事物）。

下句的“dharmāvasthoktānāmeva ca nairyāṇikādīnām”可拆解为“dharmāvasthoktānāmeva ca”“nairyāṇikādīnām”两个句段。前者“dharmāvasthoktānāmeva ca”的意思是“所说的法分位等也…”，对此的汉译为“是圣人所说”，即没有直译，而是根据上下文所做的增补性意译；藏译为“ཆོས་ཀྱི་གནས་སྐབས་གསུངས་དེ་རྣམས”（说法的分位等）；日译如上所述将此归入了前句；英译为“in connection with the state of things”（与状态有关的事物等）。后者“nairyāṇikādīnām”的意思是“出离法以及其他的”。对此的汉译为“如是不出法，不出法自体”，藏译为“རང་བཞིན་ངེས་འབྱིན་མིན་ལ་སོགས”（非出离的自性等），日译为“出離に導かないもの、その他についても事情は同じである”（不引导至出离等其他的情况也是一样），英译为“and so on，things which have been mentioned”（等等，先前所提到的）。需要指出的是，针对此句段的翻译在不同语本中有所不同，问题应该出在对其中“ādīnām”的不同解读上，即“ādīnām”是“ādi”的复数属格形式，有“等”“原初”“先前”“其他”等多种含义，就几种译文而言，藏译取的是“等”，日译取的是“其他”，英译取的是“先前”，而如果从这个角度重新理解汉译的话，那么前述增译的“是圣人所说”或许就不是增译，而是取了“先前”的含义，具体指圣人“先前”所说的，其中包括“出法”和“不出法”，而二者都需要以“自体”作为先决条件，由此将整个句段译为“如是不出法，不出法自体”，意思是说，“像这样，无论是出法，还是不出法，其自性都是一样存在的”。

【小结】本颂探讨的是自性与出离法、不出离法之间关系的问题，即针对立论者提出的自性为空的立场，反对者以无论出离法或不出离法，其都必须依赖自性而建立，由此自性不能为空。

第 9 颂

yadi ca na bhavet svabhāvo dharmāṇāṁ niḥsvabhāva ityevam|

nāmāpi bhavennaivaṁ nāmāpi nirvastukaṁ nāsti||9||

诸法若无体，无体不得名；有自体有名，唯名云何名？（9）

གལ་ཏེ་ཆོས་རྣམས་རང་བཞིན་མེད༎རང་བཞིན་མེད་ཅེས་བྱ་བ་ཡིན༎མིང་ཡང་དེ་བཞིན་མེད་འགྱུར་ཞིང་༎གཞི་མེད་མིང་ནི་མེད་ཕྱིར་རོ༎（9）

もし、諸事物に本体がないならば、本体をもたないもの、というこの名称も同様に存在しないであろう。なんとなれば、（対応する）実在物をもたない名称はありえないからである。（9）

If the things had no intrinsic nature，then even the name‘absence of intrinsic nature’would not exist；for there is no name without an object［to be named］.（9）

【考察】此颂上句为“yadi ca na bhavet svabhāvo dharmāṇāṁ niḥsvabhāva ityevam”，可拆解为“yadi ca na bhavet svabhāvo”“dharmāṇāṁ niḥsvabhāva ityevam”两个句段。前者“yadi ca na bhavet svabhāvo”的意思是“如果自性不存在”，对此的汉译为“诸法若无体”，藏译为“གལ་ཏེ་ཆོས་རྣམས་རང་བཞིན་

མེད”（若诸法没有自性），日译为“もし、諸事物に本体がないならば”（如果诸事物没有自性），英译为“If the things had no intrinsic nature”（如果诸事物没有自性）。后者“dharmāṇāṁ niḥsvabhāva ityevam”的意思是“说诸法的无自性也是一样”，对此的汉译为“无体不得名”，藏译为“རང་བཞིན་མེད་ཅེས་བྱ་བ་ཡིན”（叫作无自性的即是），日译为“本体をもたないもの、というこの名称も同様に存在しないであろう”（所谓无自性的这个名称，同样也不存在吧），英译为“then even the name ‘absence of intrinsic nature’ would not exist”（这样一来，甚至“自性的缺席”这一名称也就不存在）。

下句“nāmāpi bhavennaivaṁ nāmāpi nirvastukaṁ nāsti”可拆解为“nāmāpi bhavennaivaṁ”“nāmāpi nirvastukaṁ nāsti”两个句段分析。前者“nāmāpi bhavennaivaṁ”的意思是“恰如名称的存在非如此”，对此的汉译为“有自体有名”，即把梵文的否定之否定的表现法改换成了直陈表现；藏译为“མིང་ཡང་དེ་བཞིན་མེད་འགྱུར་ཞིང”（名称也同样为无）；日译为“名称はありえないからである”（因为名称不能得到）；英译为“for there is no name”（因为那里没有名字）。后者“nāmāpi nirvastukaṁ nāsti”的意思是“没有事实的名称也不存在”，汉译为“唯名云何名”，藏译为“གཞི་མེད་མིང་ནི་མེད་ཕྱིར་རོ”（因为没有事实的名称不存在），日译为“なんとなれば、（対応する）実在物をもたない”（因为不存在〈所对应的〉事实），英译为“without an object [to be named]”（没有事实〈的名称不存在〉）。就下句整体而言，与藏、日、英译采取的都是否定形式相比，汉译则在句末用了反问的语气，由此使语句变成了直陈表达，这种情况在本论中较为常见。

【小结】本颂探讨的核心议题是自性与名称之间的关系，针对立论者自性为空的观点，反对者认为诸法如果没有自性的话，那么“无自性”这个名称必然也为空，因为不可能存在着没有事实支撑的名称（唯名）。

第 10 颂

atha vidyate svabhāvaḥ sa ca dharmāṇāṁ na vidyate tasmāt|

dharmairvinā svabhāvaḥ sa yasyāsti tad yuktamupadeṣṭum||10||

若离法有名，于彼法中无；说离法有名，彼人则可难。（10）

འོན་ཏེ་རང་བཞིན་ཡོད་མོད་ཀྱི།།དེ་ནི་ཆོས་རྣམས་ལ་མེད་ན།།དེ་ཕྱིར་ཆོས་རྣམས་སྤངས་པ་ཡི།།རང་བཞིན་གང་དེ་བསྟན་པར་རིགས།།（10）

また、本体はあるけれども、それは諸事物にはならないというのであれば、それならば、諸事物とは別にその本体が属しているものを説明せねばならない。（10）

Moreover：Now you may say：There is an intrinsic nature，but that does not belong to the things. There is，then，an intrinsic nature without the things，and you should explain to what it belongs.（10）

【考察】本颂上句“atha vidyate svabhāvaḥ sa ca dharmāṇāṁ na vidyate tasmāt”可拆解为“atha”“vidyate svabhāvaḥ”“sa ca dharmāṇāṁ na vidyate”“tasmāt”四个句段分析。其中，“atha”为不变辞，表示转折等语气。对此，汉译对应的译词为“若”，藏译为“འོན་ཏེ”（虽然），日译为“また…けれども”（然而…进而），英译为“Now you may say”（然而你或许要说），即除了汉译为“若”外，藏、日、英等几种译本都取了转折含义。“vidyate svabhāvaḥ”的意思是“有自性”，对此的汉译为“离法有名”，是紧接着上一颂而针对诸法和名称的关系作进一步阐述；藏译为“འོན་ཏེ་རང་བཞིན་ཡོད་མོད་ཀྱི”（有自性）；日译为“本体はある”（有本体）；英译为“There is an intrinsic nature”（有自性）。“sa ca dharmāṇāṁ na vidyate”的意思是“它也不作为诸法而存在”，对此的汉译为“于彼法中无”，藏译为“དེ་ནི་ཆོས་རྣམས་ལ་མེད་ན”（它若在诸法中不存在的话），日译为“それは諸事物にはならないというのであれば”（其若不构成诸事物的话），英译为“but that does not belong to the things”（而不属于诸事物）。“tasmāt”在句子中属于状语成分，意思是“通过它”或“从它那里”，对此的汉译或许为“若…则”，即被译成了假定的语气，藏译为“དེ་ཕྱིར”（是故），日译为“それならば”（如果是那样的话），英译为“There is，then”（这样一来）。

下句“dharmairvinā svabhāvaḥ sa yasyāsti tad yuktamupadeṣṭum”可拆解

为“dharmairvinā svabhāvaḥ sa yasyāsti”“tad yuktamupadeṣṭum”两个句段分析。前者“dharmairvinā svabhāvaḥ sa yasyāsti”的意思是“若离开诸法，那个自性为何而存在呢”，对此的汉译为“说离法有名”，藏译为“ཆོས་རྣམས་སྤངས་པ་ཡི།།རང་བཞིན་གང་དེ”（离开诸法的那个自性），日译为“諸事物とは別にその本体が属しているものを”（对于与诸事物相别异而其本体所属者），英译为“an intrinsic nature without the things”（离开诸事物的本性）。后者“tad yuktamupadeṣṭum”的意思是“其合理性应该得到说明”，对此的汉译为“彼人则可难”，藏译为“བསྟན་པར་རིགས”（应说理），日译为“説明せねばならない”（必须说），英译为“you should explain to what it belongs”（你需要解释其所属）。

【小结】本颂探讨的核心议题是诸法与自性之间的关系，针对立论者所提出的自性为空的观点，反对者提出质疑认为，如果一个自性脱离诸法能存在，那么就需要另外说明脱离诸法而存在的那个自性，其属于哪一范畴的问题。

第 11 颂

sata eva pratiṣedho nāsti ghaṭo geha ityayaṁ yasmāt|

dṛṣṭaḥ pratiṣedho'yaṁ sataḥ svabhāvasya te tasmāt||11||

法若有自体，可得遮诸法；诸法若无体，竟为何所遮？

如有瓶有泥，可得遮瓶泥；见有物则遮，见无物不遮。（11）

གང་ཕྱིར་ཁྱིམ་ན་བུམ་པ་མེད།།ཅེས་བྱའི་འགོག་པ་ཡོད་ཉིད་ལ།།མཐོང་བ་དེ་ཕྱིར་ཁྱོད་ཀྱི་ཡང་།།འགོག་འདི་ཡོད་ལ་རང་བཞིན་ཡིན།།（11）

家に壺はない、という形の否定は、（本来、壺というのが）存在しているときにこそ見られる。したがって、君にとっても本体があるときにだけその否定はありうるのである。（11）

Furthermore: Since the negation ‘There is no pot in the house’ is seen to be only of an existent, this negation of yours is that of an existent intrinsic nature. (11)

【考察】本颂上句“sata eva pratiṣedho nāsti ghaṭo geha ityayaṁ yasmāt”

可拆解为“sata eva”“pratiṣedho nāsti ghaṭo geha ityayaṁ”“yasmāt”三个句段分析。其中，“sata eva”的意思是“唯有存在的”，就句子的上下文而言，其作为定语修饰的应是下句中的“dṛṣṭaḥ”（见），整体可以理解为“唯有其存在的被看见”，是作为后面要说的“pratiṣedho nāsti ghaṭo geha ityayaṁ”的前提条件提出的。与此相对应的汉译应该是“见有物”，藏译为“ཡོད་ཉིད་ལ།།མཐོང་བ”（有性被看见），日译为“（本来、壺というのが）存在しているときにこそ”（〈本来，唯有当壶〉存在的时候），英译为“is seen to be only of an existent”（只有作为存在被看见时）。“pratiṣedho nāsti ghaṭo geha ityayaṁ”为句子的主干部分，意思是“说家中无瓶是遮”，对此的汉译为“如有瓶有泥，可得遮瓶泥”，这里用的显然是虚拟语气，暗指“若无瓶无泥”，则不能遮；藏译为“གང་ཕྱིར་ཁྱིམ་ན་བུམ་པ་མེད།།ཅེས་བྱའི་འགོག་པ”（无论如何，说家中没有瓶的遮时）；日译为“家に壺はない、という形の否定は”（说家中无瓶这一形式的否定）；英译为“Since the negation‘There is no pot in the house’”（当说“房间里没有瓶”时）。“yasmāt”是关系代词“yad”的从格形式，在此与下句的“tasmāt”构成连用，表示“若…，即是…”。对此的汉译为“如…”，藏译为“དེ་ཕྱིར”（是故），日译为“したがって”（于是），英译为“Furthermore”（进而）。

下句“dṛṣṭaḥ pratiṣedho’yaṁ sataḥ svabhāvasya te tasmāt”可拆解为“dṛṣṭaḥ”“pratiṣedho’yaṁ”“sataḥ svabhāvasya te”“tasmāt”四个句段分析。其中，最前面的“dṛṣṭaḥ”（见）是上句“sata eva”的被修饰词，意思是“看见”，就此已在上面的句段解释中做出说明。“pratiṣedho’yaṁ”的意思是“是遮”，即是对“遮”的强调，与此相对应的汉译为“则遮…不遮”，藏译为“འགོག་འདི་ཡོད་ལ”（于此有遮中），日译为“その否定はありうる”（其否定可得），英译为“this negation…is that”（此否定是其…）。进而，“sataḥ svabhāvasya te”的意思是“对你来说，当自性存在时”，是前面所说“pratiṣedho’yaṁ”（是遮）的条件。对此，汉译中虽说没有直接对应的译词，但“见有物则遮，见无物不遮”则从见的角度阐释了“见”的两个方面。藏译为“ཁྱོད་ཀྱི་ཡང་།།…ལ་རང་བཞིན་ཡིན”

（对于你来说也…是自性），日译为“君にとっても本体があるときにだけ”（即使对于你来说，唯有本体存在时才…），英译为“this negation of yours is that of an existent intrinsic nature”（你的这个否定是存在自性的）。

【小结】本颂探讨的是不在场者是否也应具有自性的问题。针对立论者认为诸法无自性或空的立场，反对者指出，当某物的在场性被加以否定时，那么这个否定本身也应建立在先前所见之上，故而也是具有自性的。例如，在否定房间里有“瓶”存在时，对于立论者而言，其否定也是在“瓶”自性存在时才能够获得的。另外需要注意的是，与梵藏日英等文本相比，汉译似乎多出了“法若有自体，可得遮诸法；诸法若无体，竟为何所遮”一句，而如果将此句视为此颂主干部分即立宗的话，那么也可以把“如”以下的部分看作宗的一个喻例。

第 12 颂

atha nāsti sa svabhāvaḥ kiṁ nu pratividhyate tvayānena|

vacanenarte vacanāt pratiṣedhaḥ sidhyate hyasataḥ||12||

若法无自体，言语何所遮？若无法得遮，无语亦成遮。（12）

ཅི་སྟེ་རང་བཞིན་དེ་མེད་ན།།ཁྱོད་ཀྱི་ཚིག་འདིས་ཅི་ཞིག་དགག།ཚིག་མེད་པར་ཡང་མེད་པ་ཡི།།འགོག་པ་རབ་ཏུ་གྲུབ་པ་ཡིན།།（12）

あるいは、その本体がないならば、君はそのことばによって何を否定するのか。というのは、存在しないものの否定は、ことさらにことばをまたないで成立しているのであるから。（12）

If that intrinsic nature does not exist，what，then，do you negate by this statement? The negation of a non-existent is established without words.（12）

【考察】上句“atha nāsti sa svabhāvaḥ kiṁ nu pratividhyate tvayānena”可拆解为“atha”“nāsti sa svabhāvaḥ”“kiṁ nu pratividhyate tvayānena”三个句段分析。作为先行词，“atha”在梵语中有“虽然”“此时”“如果”等含义，对此的汉译为“若”，藏译为“ཅི་སྟེ་…ན”（若…的话），日译为“あるいは、…ならば”（或者，如果…的话），英译为“if…”，即几种译本均采

取了梵语原文中“如果”或“若”的含义。“nāsti sa svabhāvaḥ”的意思是“其自性是无”，若将前面的“atha”一并考虑的话，那么其意思就可连贯为“若其自性是无”。与此相对应的汉译为“若法无自体”，藏译为“ཅི་སྟེ་རང་བཞིན་དེ་མེད་ན”（若其自性无的话），日译为“その本体がないならば”（其本体若无的话），英译为“If that intrinsic nature does not exist”（若本性不存在的话），即大体一致。“kiṁ nu pratividhyate tvayānena”是一句问话，意思是“你用那个的（语言）抵制什么呢”。对此的汉译为“言语何所遮”，藏译为“ཁྱོད་ཀྱི་ཚིག་འདིས་ཅི་ཞིག་དགག”（你用语言遮什么），日译为“君はそのことばによって何を否定するのか”（你用那个语言否定什么呢），英译为“what, then, do you negate by this statement”（那么，你用这个立论否定什么呢）。

下句“vacanenarte vacanāt pratiṣedhaḥ sidhyate hyasataḥ”可拆解为“vacanenarte vacanāt”“pratiṣedhaḥ sidhyate hyasataḥ”两个句段分析。前者“vacanenarte vacanāt”是句子中的条件，意思是“不用通过语言表达”，对此的汉译为“无语”，藏译为“ཚིག་མེད་པར་ཡང”（无语也），日译为“ことばをまたないで”（不用借助语言），英译为“without words”（不需要语言）。后者“pratiṣedhaḥ sidhyate hyasataḥ”是句子的主干部分，意思是“之所以这样说，是因为对于非存在的遮得到成立”，对此的汉译为“若无法得遮，…亦成遮”，这里用的还是表示假设的虚拟语气；藏译为“མེད་པ་ཡི།།འགོག་པ་རབ་ཏུ་གྲུབ་པ་ཡིན”（成立对无的遮）；日译为“というのは、存在しないものの否定は、…成立しているのであるから”（之所以这样说，是因为对非存在者的否定得以成立）；英译为“The negation of a non-existent is established”（对非存在者的否定得以成立）。

【小结】本颂探讨的是当外界事物的自性或本体不存在时，那么语言的否定表现究竟在否定什么的问题。针对立论者诸法无自性的立场，反对者提出质疑，即否定无需外界事物自性存在作为前提条件的话，那么对于没有自性的外界事物的否定，也就不需要通过语言来实现了。

第 13 颂

bālānāmiva mithyā[①] mṛgatṛṣṇāyāṁ[②] yathā jalagrāhaḥ|

evaṁ mithyāgrāhaḥ syātte pratiṣidhyato hyasataḥ||13||

如愚痴之人，妄取炎为水；若汝遮妄取，其事亦如是。（13）

བྱིས་པ་རྣམས་ཀྱིས་སྨིག་རྒྱུ་ལ།།ཇི་ལྟར་ཆུ་ཞེས་ལོག་འཛིན་ལྟར།།དེ་བཞིན་ཁྱོད་ཀྱིས་ཡོད་མིན་ལ།།ལོག་པར་འཛིན་པ་འགོག་བྱེད་ན།།（13）

たとえば、愚人は誤って陽炎を水であるかのように理解する。そのように存在しないものを誤って（存在するとする）理解が、君にとって否定されるものとしてある（と君は考える）であろう。（13）

Just as ignorant people wrongly perceive a mirage as water，[and that wrong perception is removed by some person who knows，in like manner you may think that] you negate a wrong perception of a non-entity.（13）

【考察】上句"bālānāmiva mithyā mṛgatṛṣṇāyāṁ yathā jalagrāhaḥ"可拆解为"bālānāmiva mithyā mṛgatṛṣṇāyāṁ···jalagrāhaḥ""yathā"两个句段分析。其中，"yathā"虽然处在句子中间，但属于先行成分，意思是"例如"，对此的汉译为"如…"，藏译为"ཇི་ལྟར"（比如），日译为"たとえば，…のように"（如…一样），英译为"Just as"（恰如）。"bālānāmiva mithyā mṛgatṛṣṇāyāṁ···jalagrāhaḥ"的意思是"愚人将鹿爱错误地抓取为水"，对此的汉译为"愚痴之人，妄取炎为水"，藏译为"愚者们对于阳炎颠倒执取为水"，日译为"愚人は誤って陽炎を水であるかのように理解する"（愚者错误地把阳炎理解为水），英译为"ignorant people wrongly perceive a mirage as water"（愚者们错误地把幻象觉知为水）。在此段之中，对于梵语"mṛgatṛṣṇāyāṁ"（鹿爱），汉藏日三者均将其译为"阳炎"，应属于基于佛教传统的改译，而英语将其译为"mirage"（幻象），或许是基于英语语言环境作出的归化处理。

下句"evaṁ mithyāgrāhaḥ syātte pratiṣidhyato hyasataḥ"可拆解为"evaṁ

① mithyā：妄，邪。

② mṛgatṛṣṇā（f.sg.loc）：鹿（对水）的渴爱；阳焰等。

mithyāgrāhaḥ”“syātte pratiṣidhyato hyasataḥ”两个句段分析。前者“evaṁ mithyāgrāhaḥ”的意思是“如此错误地执取”，对此的汉译为“其事亦如是”，藏译为“དེ་བཞིན་ཁྱོད་ཀྱིས”（像这样于你而言），日译为“そのように存在しないものを誤って（存在するとする）理解が”（像这样错误地将不存在者理解为〈存在者〉），英译为“in like manner you may think that”（就像你所想的那样）。“syātte pratiṣidhyato hyasataḥ”的意思是“对你来说，有对非存在的遮”，汉译为“若汝遮妄取”，藏译为“ཡོད་མིན་ལ་ལོག་པར་འཛིན་པ་འགོག་བྱེད་ན”（于非有执取遮），日译为“君にとって否定されるものとしてある（と君は考える）であろう”（对于你而言或许作为被否定者存在），英译为“you negate a wrong perception of a non-entity”（你否定了对非存在的错误认识）。

【小结】此颂之中，反对者使用因明乃至一般佛教中较为常用的阳炎譬喻作为实例，指出立论者所反对的对象其实并不是真实的存在，而是如“鹿爱”“阳炎”之类的“妄取”之物。

第 14 颂

nanvevaṁ satyasti grāho grāhyaṁ ca tagdṛhītaṁ ca|

pratiṣedhaḥ pratiṣedhyaṁ pratiṣeddhā ceti ṣaṭkaṁ tat||14||

取所取能取、遮所遮能遮；如是六种义，皆悉是有法。（14）

དེ་ལྟ་ན་ནི་འཛིན་པ་དང་།།གཟུང་དང་དེ་ཡི་འཛིན་པོ་དང་།།འགོག་དང་འགོག་བྱ་འགོག་པ་པོ།།དེ་དྲུག་ཡོད་པ་མ་ཡིན་ནམ།།（14）

たとえこのようなばあいにも、理解、理解されるもの、理解する人、否定、否定されるもの、否定する人、という六つのものは存在するではないか。（14）

But this being so，the aggregate of the six following things exists：the perception，the object to be perceived，the perceiver of that object，the negation，the object to be negated，and the negation.（14）

【考察】上句“nanvevaṁ satyasti grāho grāhyaṁ ca tagdṛhītaṁ ca”可拆解为“nanu”“evaṁ satyasti”“grāho grāhyaṁ ca tagdṛhītaṁ ca”三个句

段分析。“nanu”是引起疑问表达的先行词，意思是“谁”“是否”“难道不是”等。对此汉译没有译出，而是用了“皆悉”即强调的语气。藏译为“མ་ཡིན་ནམ”（难道不是吗）；日译为“ではないか”（难道不是）；英译为“But this being”（但是，此存在），也没有译出疑问，而是用了转折的语气。“evaṁ satyasti”是上下两句的谓语部分，意思是“如此存在”，若加上前面的“nanu”，则构成一个反问表达，即“难道不是如此存在吗”。对此的汉译为“如是”；藏译为“དེ་ལྟ་ན”（假设如此），即用了假定的语气；日译为“たとえこのようなばあいにも”（即便是这样的情况下也）；英译为“so”（如此）。“grāho grāhyaṁ ca tagdṛhītaṁ ca”是句子的主语部分，其中包括三个核心成分“取、所取、取者”，对此的汉译为“取所取能取”，藏译为“འཛིན་པ་དང་། །གཟུང་དང་དེ་ཡི་འཛིན་པོ་དང”（能取、所取、取者），日译为“理解、理解されるもの、理解する人”（理解、被理解者、理解的人），英译为“the perception，the object to be perceived，the perceiver of that object”（认识、被认识的客体、客体的认识者）。

下句“pratiṣedhaḥ pratiṣedhyaṁ pratiṣeddhā ceti ṣaṭkaṁ tat”可作为一个句段理解，意思是“所谓遮、所遮、遮者六者即是”，对此的汉译为“遮所遮能遮；…，是有法”，此处所说的“有法”，是指存在的法。藏译为“འགོག་དང་འགོག་བྱ་འགོག་པ་པོ། །དེ་དྲུག་ཡོད་པ”（有遮、所遮、能遮六种），日译为“否定、否定されるもの、否定する人、という六つのものは”（否定、被否定者、否定的人），英译为“the aggregate of the six following things exists：the negation，the object to be negated，and the negation”（以下总共存在六种情况：否定、被否定的客体以及否定），这里没有区分否定和否定者二者。

【小结】作为本颂的核心内容，首先由反对者提出认识过程所存在的六种范畴，即取、所取、取者以及遮、所遮、遮者，之后再针对立论者所提出的诸法无自性的立场，反以此六种范畴“难道不都是”加以反问，即指出这些认识过程都是存在自性的。

第 15 颂

atha naivāsti grāho na ca grāhyaṁ na ca grahītāraḥ|

pratiṣedhaḥ pratiṣedhyaṁ pratiṣeddhāro'sya tu na santi||15||

若无取所取，亦无有能取；则无遮所遮，亦无有能遮。（15）

ཅི་སྟེ་འཛིན་པ་ཡོད་མིན་ཞིང་།།གཟུང་མེད་འཛིན་པ་པོ་མེད་ན།།འོ་ན་འགོག་དང་དགག་བྱ་དང་།།འགོག་པ་པོ་ཡང་ཡོད་མ་ཡིན།།（15）

あるいはもし、理解も、理解されるものも、理解する人もないというならば、その否定も、否定されるべきものも、否定する人々もないことになるではないか。（15）

You may think that there is no perception，no object to be perceived，and no perceiver. But，in that case，there is no negation，no object to be negated，and no negator.（15）

【考察】上句“atha naivāsti grāho na ca grāhyaṁ na ca grahītāraḥ”可拆解为“atha”“naivāsti grāho na ca grāhyaṁ na ca grahītāraḥ”两个句段分析。前者“atha”与前面一样，是本句的先行成分，对此的汉译为“若”，藏译为“ཅི་སྟེ…ན”（如果…的话），日译为“あるいはもし、…ならば”（或者，如果…的话），英译为“may”（或许）。后者“naivāsti grāho na ca grāhyaṁ na ca grahītāraḥ”是个典型的存在句，意思是“不存在取、所取及取者”，其中“eva”有强调说明的含义，对此的汉译为“无”，藏译为“འཛིན་པ་ཡོད་མིན་ཞིང་།།གཟུང་མེད་འཛིན་པ་པོ་མེད་ན”（若无取、无所取、无取者），日译为“理解も、理解されるものも、理解する人もないという”（所谓无理解、被理解者、理解之人），英译为“there is no perception，no object to be perceived，and no perceiver”（没有认识、没有被认识的客体、没有认识者），即把否定分别置放在了三个主语名词上。

下句“pratiṣedhaḥ pratiṣedhyaṁ pratiṣeddhāro'sya tu na santi”可拆解为“pratiṣedhaḥ pratiṣedhyaṁ pratiṣeddhāro”“asya tu na santi”两个句段分析。前者“pratiṣedhaḥ pratiṣedhyaṁ pratiṣeddhāro”是句子的主语部分，意思是“遮、所遮、遮者们”，对此的汉译为“无遮所遮，亦无有能遮”，此处用

的是否定语气，是将后面否定成分“na santi”分解给“遮、所遮、遮者”的结果，藏译为“འགོག་དང་དགག་བྱ་དང་།།འགོག་པ་པོ”（遮、所遮、遮者），日译为“その否定も、否定されるべきものも、否定する人々も”（其否定、应被否定者、否定的人们也），英译为“there is no negation，no object to be negated，and no negator”（在那里没有否定、没有被否定的客体、没有否定者），与汉译的情况相同，英译也是将梵文中的“na”分解到了主语中的三个分段中。后者“asya tu na santi”是句子的谓语部分，意思是“于此也不存在”，对此的汉译、英译都采取了肯定句式，而将否定分解到了作为主语的三个分词上，藏译为“ཡོད་མ་ཡིན”（没有），日译为“ないことになる”（成为没有）。

【小结】此颂是针对上一颂中所提到取、所取、取者、遮、所遮、遮者即六种义中前三者和后三者关系的进一步论述，即反对者认为，若没有前三者即取、所取、取者，便不可能有后三者即遮、所遮、遮者的存在。就梵文和几种译文之间的对应关系看，藏、日、英三者与梵文之间在意义上大体一致，而略有不同的是汉译，即根据汉译，其重点在于探讨取、所取二者与能取之间，以及遮、所遮二者与能遮之间的关系，而并非梵语或其他几种译本所表示的前三者与后三者之间的关系。

第 16 颂

pratiṣedhaḥ pratiṣedhyaṁ pratiṣeddhāraśca yadyuta[①] na santi|

siddhā hi sarvabhāvā yeṣāmevaṁ svabhāvaśca||16||

若无遮所遮，亦无有能遮；则一切法成，彼自体亦成。（16）

གལ་ཏེ་འགོག་དང་དགག་བྱ་དང་།།འགོག་པ་པོ་ཡང་ཡོད་མིན་ན།།དངོས་པོ་ཀུན་དང་དེ་རྣམས་ཀྱི།།རང་བཞིན་ཉིད་ཀྱང་གྲུབ་པ་ཡིན།།（16）

もし、否定、否定されるものも、否定する人々もないならば、すべてのは否定されないで存在するし、すべてのものの本体も存在することになる。（16）

---

① yadyuta：如果…。

And if there is no negation，no object to be negated and no negator，then all things are established，as well as their intrinsic nature.（16）

【考察】上句“pratiṣedhaḥ pratiṣedhyaṁ pratiṣeddhāraśca yadyuta na santi”可拆解为“pratiṣedhaḥ pratiṣedhyaṁ pratiṣeddhāraśc”“yadyuta na santi”两者个句段分析。前者“pratiṣedhaḥ pratiṣedhyaṁ pratiṣeddhāraśc”是句子的主语部分，意思是“遮、所遮、遮者”，后者“yadyuta na santi”是句子的谓语部分，意思是“如果没有的话”，二者合起来的意思是“如果没有遮、所遮、遮者的话”，对此的汉译为“若无遮所遮，亦无有能遮”，即与梵文高度匹配，藏译为“གལ་ཏེ་འགོག་དང་དགག་བྱ་དང་།།འགོག་པ་པོ་ཡང་ཡོད་མིན་ན”（如果没有遮、所遮、能者的话），日译为“もし、否定、否定されるものも、否定する人々もないならば”（如果没有否定、被否定者、否定的人们的话），英译为“if there is no negation，no object to be negated and no negator”（如果没有否定，没有被否定的客体，没有否定者）。

下句“siddhā hi sarvabhāvā yeṣāmevaṁ svabhāvaśca”可拆解为“siddhā hi sarvabhāvā”“yeṣāmevaṁ svabhāvaśca”，前者“siddhā hi sarvabhāvā”的意思是“一切法成立”，所对应的汉译为“则一切法成”；藏译为“དངོས་པོ་ཀུན་དང་···གྲུབ་པ་ཡིན”（一切事物及其···成立），其中“གྲུབ་པ་ཡིན”为“དེ་རྣམས་ཀྱི།།རང་བཞིན་ཉིད་ཀྱང”（彼等自性性也）所共用；日译为“すべてのは否定されないで存在するし”（一切事物将不被否定地存在），其中“否定されないで”（不被否定）为译者基于前后文义的增译；英译为“then all things are established”（于是所有事物得以成立）。后者“yeṣāmevaṁ svabhāvaśca”是前句的一个类比，意思是“其自性也是如此”。对此的汉译为“彼自体亦成”，藏译为“དེ་རྣམས་ཀྱི།།རང་བཞིན་ཉིད་ཀྱང་གྲུབ་པ་ཡིན”（其自性的性质也成立），日译为“すべてのものの本体も存在することになる”（所有事物的本体也就构成存在），英译为“as well as their intrinsic nature”（以及它们的自性）。

【小结】本颂是在上一颂“若取、所取、能取”，则无“遮、所遮、能遮”基础上的进一步推理，即指出，若无“遮、所遮、能遮”，那么一切法就无有所遮地存在，进而其自性也就顺理成章地存在了。

第 17 颂

hetostato na siddhirnaiḥsvābhāvyāt kuto hi te hetuḥ|

nirhetukasya siddhirna copapannāsya te’rthasya||17||

汝因则不成，无体云何因？若法无因者，云何得言成？（17）

ཁྱེད་ལ་གཏན་ཚིགས་མི་འགྲུབ་སྟེ།།རང་བཞིན་མེད་ཕྱིར་ཁྱོད་ཀྱི་རྟགས།།གལ་ཏེ་ཡོད་དེ་ཁྱོད་དོན་དེ།།གཏན་ཚིགས་མེད་ཕྱིར་འགྲུབ་མི་འཐད།།（17）

君（の議論）には根拠がない。本体が否定されてしまうのだから、どうして根拠があるえようか。君の議論の内容に根拠がないときには、それが証明されるわけはない。（17）

Furthermore：Your ‘reason’［for establishing your thesis］cannot be established. How can there be，indeed，a ‘reason’ for you，when everything is devoid of an intrinsic nature? And this thesis of yours which is devoid of a ‘reason’，cannot be established.（17）

【考察】上句“hetostato na siddhirnaiḥsvābhāvyāt kuto hi te hetuḥ”可拆解为“hetostato na siddhir”“naiḥsvābhāvyāt”“kuto hi te hetuḥ”三个句段分析。“hetostato na siddhir”的意思是“因不成”，汉译为“汝因则不成”，藏译为“ཁྱེད་ལ་གཏན་ཚིགས་མི་འགྲུབ་སྟེ”（因于你不成立），日译为“君（の議論）には根拠がない”（于你〈的论议〉无根据），英译为“Furthermore：Your ‘reason’［for establishing your thesis］cannot be established”（此外，你的“因”〈为建立你的立场〉不能成立）。“naiḥsvābhāvyāt”是前面“hetostato na siddhir”的理由说明，意思是“无自性故”，对此的汉译为“无体”，与后面的“云何因”一起构成反问语气。藏译为“རང་བཞིན་མེད་ཕྱིར”（无自性故），日译为“本体が否定されてしまうのだから”（因为本体被否定了），英译为“cannot be established”（不能成立）。“kuto hi te hetuḥ”的意思是“你的理由是什么”，对此的汉译为“汝因…云何因”，即将“te”

（你的）放到了句首。藏译为“ཁྱོད་ཀྱི་རྟགས”（汝因），日译为“どうして根拠があるえようか”（如何能得到根据），英译为“How can there be，indeed，a‘reason’for you，when everything is devoid of an intrinsic nature”（当一切事物都缺乏自性的时候，你的理由又在那里呢）。

下句“nirhetukasya siddhirna copapannāsya te’rthasya”可拆解为“nirhetukasya siddhir”“na copapannāsyate’rthasya”两个句段分析。前者“nirhetukasya siddhir”是句子的主语部分，意思是“无因成立者”，对此的汉译为“若法无因者”，即将其译为假定语气。藏译为“གལ་ཏེ་ཡོད་དེ་ཁྱོད་དོན་དེ”（如果你的意义存在），日译为“君の議論の内容に根拠がないときには”（当你的议论内容没有根据时），英译为“this thesis of yours which is devoid of a‘reason’”（你的论点缺乏理由）。后者“na copapannāsyate’rthasya”是句子的谓语部分，意思是“那么对于你来说，将是无意义的”。对此的汉译为“云何得言成”，藏译为“གཏན་ཚིགས་མེད་ཕྱིར་འགྲུབ་མི་འཐད”（成就无因故，不合理），日译为“それが証明されるわけはない”（其自然不被证明），英译为“cannot be established”（不能成立）。

【小结】本颂探讨的是因与自性之间关系的议题，即针对立论者所持的诸法无自性的立场，反对者指出，诸法如果没有自性的话，那么就无法形成因即论证事物的理由，而在论证过程中若没有理由（因）的话，那么论证也就自然是不合理的。

第 18 颂

yadi cāhetoḥ siddhiḥ svabhāvavinivartanasya te bhavati|

svābhāvyasyāstitvaṁ mamāpi nirhetukaṁ siddham||18||

汝若无因成，诸法自体回；我亦无因成，诸法有自体。（18）

ཁྱོད་ལ་གཏན་ཚིགས་མེད་པར་ཡང་།།རང་བཞིན་བཟློག་པ་གྲུབ་ཡིན་ན།།ང་ལའང་གཏན་ཚིགས་མེད་པར་ནི།།རང་བཞིན་ཡོད་པ་ཉིད་དུ་འགྲུབ།།（18）

もし、君の本体の否認が根拠もなしに成立するというのなら、私の

ほうでも、根拠をまたないで本体のあることが成立しよう。(18)

Moreover: If your negation of the intrinsic nature is established without any reason, my affirmation of the things' being endowed with an intrinsic nature is also established without any reason. (18)

【考察】上句“yadi cāhetoḥ siddhiḥ svabhāvavinivartanasya te bhavati”可拆解为“yadica”“ahetoḥ siddhiḥ …te bhavati”“svabhāvavinivartanasya”三个句段分析。“yadica”是句子的先行成分，意思是“进而，如果…”，对此的汉译为“若”，藏译为“…ཡིན་ན”(如果…的话)，日译为“もし、…なら”(如果…的话)，英译为“Moreover: If…”(进而，如果…)，即几种译文中，只有英文译出了梵语中“ca”的意思。“ahetoḥ siddhiḥ …te bhavati”是句子的主干部分，意思是“对你而言无因成立”，对此的汉译为“汝…无因成”，藏译为“ཁྱོད་ལ་གཏན་ཚིགས་མེད་པར་ཡང”(于你无因也…)，日译为“君の…が根拠もなしに成立するという”(你的…无根据地成立)，英译为“your…is established without any reason”(你的…无原因成立)。“svabhāvavinivartanasya”是修饰主词“siddhiḥ”的定语成分，意思是“对自性的回”，对此的汉译为“诸法自体回”，藏译为“རང་བཞིན་བཟློག་པ་སྒྲུབ”(成立遮自性)，日译为“本体の否認”(本体的否定)，英译为“negation of the intrinsic nature”(自性的否定)。

下句“svābhāvyasyāstitvaṁ mamāpi nirhetukaṁ siddham”可拆解为“svābhāvyasyāstitvaṁ”“mamāpi nirhetukaṁ siddham”两个句段分析。前者“svābhāvyasyāstitvaṁ”是先行成分，意思是“自性存在”，对此的汉译为“诸法有自体”，藏译为“རང་བཞིན་ཡོད་པ་ཉིད་དུ་འགྲུབ”(有自性成立)，日译为“本体のあること”(有自性)，英译为“endowed with an intrinsic nature”(赋有自性)。后者“mamāpi nirhetukaṁ siddham”的意思是“我也无因成立”，其中“mamāpi”(我的也)是与上句“te”(你的)相对而言的。对此的汉译为“我亦无因成”，藏译为“ང་ལའང་གཏན་ཚིགས་མེད་པར་ནི”(我也无因成)，日译为“私のほうでも、根拠をまたないで…成立しよう”(我也无根据地成立)，英

译为“my affirmation of the things’ being…is also established without any reason”（我对事物存在的肯定，也是不需要任何理由地建立）。

【小结】本颂探讨的是对事物自性的否定是否需要理由（根据）的议题。针对立论者诸法无自性的立场，反对者以“如果你否定自性不需要理由的话，那么我也可以不需要理由地建立自性”，即二者的道理是一样的。

第 19 颂

atha hetorastitvaṁ bhāvanaiḥsvābhāvyamityanupapannam|

loke naiḥsvābhāvyānna hi kaścana vidyate bhāvaḥ||19||

若有因无体，是义不相应；世间无体法，则不得言有。（19）

ཅི་སྟེ་གཏན་ཚིགས་ཡོད་ན་དངོས༎རང་བཞིན་མེད་ཅེས་བྱ་མི་འཐད༎ གྲིད་ན་རང་བཞིན་མེད་པ་ཡི༎དངོས་འགའ་ཡོད་པ་མ་ཡིན་ནོ༎（19）

逆に、根拠があるならば、ものに本体がないということはうそになる。どこの世界にも本体をもたないものなどは何もありはしないからである。（19）

If you think that the fact that the things are devoid of an intrinsic nature is the existence of the reason,［we answer：］that argument is not valid.-Why?-Because there is nothing in the world that is existent，while being devoid of an intrinsic nature.（19）

【考察】上句“atha hetorastitvaṁ bhāvanaiḥsvābhāvyamityanupapannam”可拆解为“atha”“hetorastitvaṁ”“bhāvanaiḥsvābhāvyamity”“anupapannam”四个句段分析。其中，“atha”是本句的先行部分，有“如果”“然而”等含义，对此的汉译为“若”，藏译为“ཅི་སྟེ”（若…的话），日译为“逆に”（相反），英译为“If…”（如果…）。“hetorastitvaṁ”是条件成分，可理解为“有因的话”，对应的汉译为“有因”，藏译为“གཏན་ཚིགས་ཡོད་ན”（有因的话），日译为“根拠があるならば”（有根据的话），英译为“the existence of the reason”（原因的存在）。“bhāvanaiḥsvābhāvyamity”是前面条件的结果，意思是“事物无自性”，对此的汉译为“无体”，藏译为“དངོས༎རང་བཞིན་མེད་ཅེས་བྱ”

（事物无自性者），日译为“ものに本体がないということは”（事物无本体者），英译为“the fact that the things are devoid of an intrinsic nature”（事实上，事物缺乏自性）。“anupapannam”是句子的谓语部分，意思是“不生起”。对此的汉译为“是义不相应”，藏译为“མི་འཐད”（无道理），日译为“うそになる”（成为虚幻），英译为“argument is not valid”（论辩无根据）。

下句“loke naiḥsvābhāvyānna hi kaścana vidyate bhāvaḥ”可拆解为“loke naiḥsvābhāvyān”“na hi kaścana vidyate bhāvaḥ”两个句段分析。前者“loke naiḥsvābhāvyān”是句子的主语部分，意思是“无自性者在世上”，对此的汉译为“世间无体法”，藏译为“སྲིད་ན་རང་བཞིན་མེད་པ་ཡི།།དངོས”（世间无自性法），日译为“どこの世界にも本体をもたないものなどは”（无论在哪个世界，无本体的事物），英译为“Why?-Because there is nothing in the world that is existent”（为什么呢？因为在世界上并没有非存在）。后者“na hi kaścana vidyate bhāvaḥ”是句子的谓语部分，意思是“任何事物都不存在”，对此的汉译为“则不得言有”，藏译为“དངོས་འགའ་ཡོད་པ་མ་ཡིན་ནོ”（任何事物都不存在），日译为“何もありはしないからである”（什么都不存在），英译为“while being devoid of an intrinsic nature”（缺乏自性的事物）。

【小结】本颂是从相反的角度继续探讨上一颂中所谈到的议题，即针对立论者诸法无自性的立场，反对者指出，假如相反，有因或理由存在，而没有事物的自性，那么这种情况是不合理的，因为世界上哪里都不存在那些没有自性的事物。

第 20 颂

pūrvaṁ cet pratiṣedhaḥ paścāt pratiṣedhyamiti ca nopapannam|

paścādanupapanno yugapacca yataḥ svabhāvo’san||20||

前遮后所遮，如是不相应；若后遮及并，如是知有体。（20）

གང་ལ་རང་བཞིན་ཡོད་མིན་པའི།།འགོག་པ་གལ་ཏེ་སྔ་འགྱུར་ཞིང་།།དགག་བྱ་ཕྱི་ཞེས་འཐད་མིན་ལ།།ཕྱིས་དང་ཅིག་ཅར་ཡང་མི་འཐད།།（20）

否定が先にあって、否定されるものがあとにあるということはありえない。否定があとで（否定されるものが先で）あっても、（両者が）同時にあっても、（否定は）成り立たない。そういうわけで、本体はあくまであるのである。（20）

It is not possible to hold that the negation comes first and then the thing to be negated. Nor is it possible to hold that the negation comes after［the thing to be negated］, or that they are simultaneous.-The intrinsic nature of the things is, therefore, existent.（20）

【考察】上句“pūrvaṁ cet pratiṣedhaḥ paścāt pratiṣedhyamiti ca nopapannam”可拆解为“pūrvaṁ cet pratiṣedhaḥ paścāt pratiṣedhyamiti ca”“nopapannam”两个句段分析。前者“pūrvaṁ cet pratiṣedhaḥ paścāt pratiṣedhyamiti ca”是句子的主语部分，其中“cet”是插入成分，表示条件，由此整个句段的意思是“如果前面是遮，后面是所遮”，对此的汉译为“前遮后所遮”，即此处没有译出“cet”，而从后面的“若后遮及并”来看，显然是将“cet”移到下句翻译了。藏译为“གང་ལ་རང་བཞིན་ཡོད་མིན་པའི།།འགོག་པ་གལ་ཏེ་སྔ་འགྱུར་ཞིང་།།དགག་བྱ་ཕྱི་ཞེས་”（对于任何没有自性的遮，其在先成立，所遮在后），日译为“否定が先にあって、否定されるものがあとにあるということは”（否定在先，被否定在后者），英译为“the negation comes first and then the thing to be negated”（否定在先，以及之后是被否定的事物）。就以上几种译文而言，汉日英三者大体是依照梵文的直译，即都把能遮在先所遮在后的关系作为翻译的重点，藏译中则在能遮的前面增译了“无自性”，用以强调这个能遮是“无自性”的。后者“nopapannam”的意思是“不可能”或“不合理”，用以对前面所述的否定。对此的汉译为“如是不相应”，藏译为“འཐད་མིན”（无道理），日译为“ありえない”（不可能），英译为“It is not possible to hold that”（其不可能被认同）。

下句“paścādanupapanno yugapacca yataḥ svabhāvo’san”可拆解为“paścādanupapanno yugapacca”“yataḥ svabhāvo’san”两个句段分析。前者“paścādanupapanno yugapacca”是接续前面的表达，意思是“在后面以及（二者）并列也都是不可能的”。对此的汉译为“若后遮及并”，藏译为“ཕྱིས་དང་ཅིག་ཅར་ཡང་མི་འཐད”（在后和同时也都无道），日译为“否定があとで（否定されるものが先で）あっても、（両者が）同時にあっても”（无论是否定在后〈被否定者在先〉，或是〈两者〉同时），英译为“Nor is it possible to hold that the negation comes after［the thing to be negated］, or that they are simultaneous”（既不能说否定是在〈被否定事物〉之后发生的，也不能说两者是同时发生的）。后者“yataḥ svabhāvo’san”是个独立的成分，是对前面讨论所给出的结论，意思是“如此这样，自性是存在”。对此的汉译为“如是知有体”。藏译中虽说没有就此的直接翻译，但由于在前面的叙述中已经提到了“无自性”的无道理性，故而也暗指自性是应该存在的。日译为“そういうわけで、本体はあくまであるのである”（于是，本体是自然存在的），英译为“The intrinsic nature of the things is，therefore，existent”（因此，事物的自性是存在的）。

【小结】此颂探讨的是遮与所遮二者谁在先谁在后即次序的议题，即针对立论者所持有的诸法无自性的立场，反对者指出，若没有自性存在，那么遮和所遮无论哪个在先哪个在后，或者并列，都是不合理的，由此反过来证明，自性一定是存在的。考虑到此颂是反对者提出的最后一个论证，故而也可将最后一句即“yataḥ svabhāvo’san”（如此一来，自性是存在的），视为反对者立场的最后总结。

（三）《回诤论偈》上分第二

第 21 颂

hetupratyayasāmagryāṁ① pṛthagbhāve②’pi madvaco na yadi|
nanu śūnyatvaṁ siddhaṁ bhāvānāmasvabhāvatvāt||21||
我语言若离，因缘和合法；是则空义成，诸法无自体。（21）

① sāmagryāṁ（f.sg.loc）：和合。
② pṛthagbhāve（m.sg.loc）：异相。

གལ་ཏེ་ངའི་ཚིག་རྒྱུ་རྐྱེན་དང་། །ཚོགས་དང་སོ་སོ་ལ་ཡང་མེད། །འོ་ན་དངོས་རྣམས་སྟོང་གྲུབ་སྟེ། །རང་བཞིན་མེད་པ་ཉིད་ཕྱིར་རོ། །（21）

もし私のことばが、その資料因と補助因とを合わせた全体のなかにも、それらから独立なものとしても存在しないならば、本体がないことになるから、ものの空性は証明されるではないか。（21）

If my statement does not exist in the combination of the cause and the conditions，or independently of them，then the voidness of the things is established because of their being devoid of an intrinsic nature.（21）

【考察】上句“hetupratyayasāmagryāṁ pṛthagbhāve'pi madvaco na yadi”可拆解为“hetupratyayasāmagryāṁ pṛthagbhāve'pi”“madvaco”“na yadi”三个句段分析。其中，“na yadi”是句子的先行成分，表示条件，意思是“如果不（存在）…”。对此的汉译为“若离”，藏译为“གལ་ཏེ་…་མེད”（如果没有），日译为“もし…存在しないならば”（如果不存在），英译为“If…does not exist in”（如果…不存在于…）。“madvaco”是句子的主语，意为“我的语言”，对此的汉译为“我语言”，藏译为“ངའི་ཚིག”（我的语言），日译为“私のことばが”（我的语言），英译为“my statement”（我的表达）。“hetupratyayasāmagryāṁ pṛthagbhāve'pi”是句子的地点状语，意思是在“因缘和合以及异有二者中都…”。对此的汉译为“因缘和合法”，即只翻出了“hetupratyayasāmagryāṁ”的部分，而漏掉了“pṛthagbhāve”。藏译为“རྒྱུ་རྐྱེན་དང་། །ཚོགས་དང་སོ་སོ་ལ་ཡང”（因缘以及各异法等），日译为“その資料因と補助因とを合わせた全体のなかにも、それらから独立なものとしても”（无论是在其质料因和辅助因相结合的整体之中，还是作为其独立者），英译为“the combination of the cause and the conditions，or independently of them”（原因和条件的结合，或独立于原因和条件之外的那些）。

下句“nanu śūnyatvaṁ siddhaṁ bhāvānāmasvabhāvatvāt”可拆解为“nanu”“śūnyatvaṁ siddhaṁ”“bhāvānāmasvabhāvatvāt”三个句段分析。其中，“nanu”在梵语中是不变辞，意为“的确”“岂不是…吗”，在本句中起到先行作用。对此的汉译为“是则”，即把梵语中的反问语气改成了直陈。藏译为“འ

ན”（难道不是…），日译为“ではないか”（难道不是吗），英译为“then”（因此）。“śūnyatvaṁ siddhaṁ”是句子主语部分，意思是“空性成立”，对此的汉译为“空义成”，藏译为“སྟོང་གྲུབ་སྙེ”（空成立），日译为“ものの空性は証明される”（事物的空性被证明），英译为“the voidness of the things is established”（事物的空性成立）。“bhāvānāmasvabhāvatvāt”是句子的状语部分，意为“因为事物的无自性”，对此的汉译为“诸法无自体”，藏译为“རང་བཞིན་མེད་པ་ཉིད་ཕྱིར་རོ”（无自性故），英译为“because of their being devoid of an intrinsic nature”（因为那些事物缺乏自性）。

【小结】本颂是立论者（中观论者）针对反对者（正理派等）就语言性质为空所提疑问的回应。立论者指出，如果语言无论在因缘和合的法或各自别异的法中都不存在的话，那么就说明其没有自性，而空性难道不正是因为这一点而得到证明的吗？

第22颂

yaśca pratītya bhāvo bhāvānāṁ śūnyateti sā hyuktā|

yaśca pratītya bhāvo bhavati hi tasyāsvabhāvatvam||22||

若因缘法空，我今说此义；何人有因缘？彼因缘无体。（22）

རྟེན་རྣམས་འབྱུང་བའི་དངོས་རྣམས་གང་།།དེ་ནི་སྟོང་ཉིད་ཅེས་བརྗོད་དེ།།གང་ཞིག་རྟེན་ནས་འབྱུང་བ་དེ།།རང་བཞིན་མེད་པ་ཉིད་ཡིན་ནོ།།（22）

また、ものが他によって存在することが空性の意味である、とわれわれは言うのである。他による存在には本体はない。（22）

Furthermore：That nature of the things which is dependent is called voidness，for that nature which is dependent is devoid of an intrinsic nature.（22）

【考察】上句“yaśca pratītya bhāvo bhāvānāṁ śūnyateti sā hyuktā”可拆解为“yaśca pratītya bhāvo”“bhāvānāṁ śūnyateti”“sā hyuktā”三个句段分析，“yaśca pratītya bhāvo”是句子的主语部分，意为“那个因缘法”，对此的汉

译为“若因缘法”，这里的“若”应解读为指示代词“此”或“如此”，而不表示条件。藏译为“རྟེན་རྣམས་འབྱུང་བའི་དངོས་རྣམས་གང”（因缘所生的一切事物），日译为“ものが他によって存在すること”（事物依他而存在），英译为“the things which is dependent”（有依赖的事物）。“sā hyuktā”是谓语部分，意为“所说”，对此的汉译为“我今说此义”，藏译为“ཅེས་བརྗོད་དེ”（说），日译为“われわれは言うのである”（我们说），英译为“is called”（被称为）。“bhāvānāṁ śūnyateti”是谓语叙述的内容，意为“谓事物的空性”，对此的汉译为“空”，藏译为“དེ་ནི་སྟོང་ཉིད་ཅེས”（此被说为空性），日译为“空性の意味である、と”（是空性的意义），英译为“voidness”（无效）。

下句“yaśca pratītya bhāvo bhavati hi tasyāsvabhāvatvam”可拆解为“yaśca pratītya bhāvo bhavati hi”“tasyāsvabhāvatvam”两个句段分析。前者“yaśca pratītya bhāvo bhavati hi”是前面话题的延续，意为“那个因缘法之所以存在，是因为…”，对此的汉译为“何人有因缘”，藏译为“གང་ཞིག་རྟེན་ནས་འབྱུང་བ་དེ”（一切因缘所成的事物），日译为“他による存在には”（对于依他而存在者而言），英译为“which is dependent”(所依赖者）。后者“tasyāsvabhāvatvam”是前者的原因，意为“它的无自性”，对此的汉译为“彼因缘无体”，藏译为“རང་བཞིན་མེད་པ་ཉིད་ཡིན་ནོ”（是为无自性），日译为“本体はない”（无本体），英译为“for that nature…is devoid of an intrinsic nature”（因为那些事物是缺乏本质的）。

【小结】此颂是前颂话题的继续，为此日译和英译分别以“また”（以及）、“Furthermore”（进而）加以明示，说的是因缘和合所成立的诸法（各种事物），是依赖其他物而成立的，这正是其空性的意义所在，由此而说因缘所生之诸法，其不具有自性。由此我们不禁会想到龙树另一部著作《中论》中所提到的“因缘所生法，我说即是空，亦为是假名，亦是中道义。未曾有一法，不从因缘生，是故一切法，无不是空义”，此处阐明了“因缘法 = 空性”的道理，而本论则在此基础之上进一步说明了“因缘法”“空性”和“无自性”之间的关系，由此可以推出“因缘法 = 无自性 =

空性”的逻辑关系。

第 23 颂

nirmitako nirmitakaṁ māyāpuruṣaḥ svamāyayā sṛṣṭam|

pratiṣedhayase yadvat pratiṣedho’yaṁ tathaiva syāt||23||

化人于化人，幻人于幻人；如是遮所遮，其义亦如是。（23）

སྤྲུལ་པ་ཡིས་ནི་སྤྲུལ་པ་དང་།།སྒྱུ་མ་ཡིས་ནི་སྐྱེས་བུ་ཡི།།སྒྱུ་མས་བྱུང་ལ་འགོག་བྱེད་ལྟར།།འགོག་པ་འདི་ཡང་དེ་བཞིན་འགྱུར།།（23）

変化が他の変化を妨げ、幻人が自らの魔術によってつくり出した（他人の幻人）を妨げる。それと同じように、この否定もありえよう。（23）

Furthermore：Suppose that a person，artificially created，should prevent another artificial person，or that a magic man should prevent another man created by his own magic［from doing something］. Of the same nature would be this negation.（23）

【考察】上句“nirmitako nirmitakaṁ māyāpuruṣaḥ svamāyayā sṛṣṭam”可拆解为“nirmitako nirmitakaṁ”“māyāpuruṣaḥ svamāyayā sṛṣṭam”两个句段分析，二者为并列关系，是下句中“pratisedhayase”的主语和宾语，即两个句段共用一个谓语动词。前者“nirmitako nirmitakaṁ”意为“化者（遮）所化”，对此的汉译为“化人于化人”，藏译为“སྤྲུལ་པ་ཡིས་ནི་སྤྲུལ་པ”（化者〈遮〉所化），日译为“変化が他の変化を妨げ”（变化阻止其他的变化），英译为“Furthermore：Suppose that a person，artificially created，should prevent another artificial person”（此外，如一个为人所造的人，应该阻止另一个人造人）。后者“māyāpuruṣaḥ svamāyayā sṛṣṭam”意为“幻者（遮）由其自身所幻”。对此的汉译为“幻人于幻人”，藏译为“སྒྱུ་མ་ཡིས་ནི་སྐྱེས་བུ་ཡི”（幻者〈遮〉所幻），日译为“幻人が自らの魔術によってつくり出した（他人の幻人）を妨げる”（幻人阻止由自己的魔术所创造出的〈其他的幻人〉），英译为“or that a magic man should prevent another man created by his own magic［from doing something］”（或魔术师能够阻止另一个为其魔力所创造

出来的人〈做某事〉)。

下句“pratisedhayase yadvat pratiṣedho’yaṁ tathaiva syāt”可拆解为“pratisedhayase”“yadvat”“pratiṣedho’yaṁtathaiva syāt”三个句段分析。其中，“pratisedhayase”意为“遮”，是上句“nirmitakaṁ”和“svamāyayā sṛṣṭam”二者的谓语动词。对此的汉译为“遮”，藏译为“སྒྱུ་མས་སྤྲུང་ལ་འགོག་བྱེད”（能遮幻所成），日译为“妨げる”（阻止），英译为“should prevent”（应该阻止）。“yadvat”是接续词，起到承上启下的作用，译为“像这样”，对此的汉译为“如是…”，藏译为“ལྟར”（犹如），日译为“それと同じように”（与其相同），英译为“Of the same nature”(相同的情况)。“pratiṣedho’yaṁtathaiva syāt”是全颂的结论部分，意为“此遮也是应当如此存在”。对此的汉译为“(遮所遮)其义亦如是”，藏译为“འགོག་པ་འདི་ཡང་དེ་བཞིན་འགྱུར”（此遮亦如是），日译为“この否定もありえよう”（此否定也应存在吧），英译为“would be this negation”（应有此否定）。

【小结】本颂是针对本论 3–4 颂所提到的“遮”需要以自性为前提这一质疑的回应。在本颂中，立论者首先以化者与所化、幻者与所幻两种现象为喻例，阐释了其间不需要自性的道理，进而将其代入能遮与所遮的关系中，由此说明其间的同理性。

第 24 颂

na svābhāvikametad vākyaṁ tasmānna vādahānirme|

nāsti ca vaiṣamikatvaṁ viśeṣahetuśca na nigadyaḥ||24||

言语无自体，所说亦无体；我如是无过，不须说胜因。（24）

ང་ཡི་ཚིག་དེ་རང་བཞིན་མེད།།དེ་ཕྱིར་ང་ཡི་ཕྱོགས་མཉམ་ལ།།མི་འདྲ་ཉིད་ཀྱང་མེད་པས་ན།།གཏན་ཚིགས་ཁྱད་པར་བརྗོད་མི་བྱ།།（24）

このことばは本体をもつものではないから、私に議論の破綻はない。また不一致性もないのだし、特別の理由を述べる必要もない。（24）

This statement is not endowed with an intrinsic nature. There is therefore no abandonment of position on my part. There is no discordance，and［hence］

there is no special reason to be stated.（24）

【考察】上句“na svābhāvikametad vākyaṁ tasmānna vādahānirme”可拆解为“na svābhāvikametad vākyaṁ”“tasmānna vādahānirme”两个句段分析。前者“na svābhāvikametad vākyaṁ”是后者“tasmānna vādahānirme”的条件，意为“此言语是无自性者”，对此的汉译为“言语无自体”，藏译为“ང་ཡི་ཚིག་དེ་རང་བཞིན་མེད”（我的这个语言没有自性），日译为“このことばは本体をもつものではないから”（由于这个语言没有本体），英译为“This statement is not endowed with an intrinsic nature”（这个声明没有被赋予本质）。后者“tasmānna vādahānirme”是结果，意为“由此对我的立论没有被破坏”。对此的汉译为“所说亦无体”，即没有直接译出“被破坏”的意思，而是相反指出对方所说的也是无体。藏译为“དེ་ཕྱིར་ང་ཡི་ཕྱོགས་མཉམ་ལ”（故此与我宗相同），情况与汉译相同。日译为“私に議論の破綻はない”（对我来说没有论议的破坏），英译为“There is therefore no abandonment of position on my part”（因此，我没有放弃立场）。换言之，与日英两种现代译文相比，汉藏两种古译采取的或许是更加适合论辩场景的翻译，而不是单纯的逻辑。

下句“nāsti ca vaiṣamikatvaṁ viśeṣahetuśca na nigadyaḥ”可拆解为“nāsti ca vaiṣamikatvaṁ”“viśeṣahetuśca na nigadyaḥ”两个句段分析。前者“nāsti ca vaiṣamikatvaṁ”，意为“也不存在不一致性”，是对自身论点正确性的再度确认。对此的汉译为“我如是无过”，藏译为“མི་འདྲ་ཉིད་ཀྱང་མེད་པས་ན”（没有不同），日译为“また不一致性もないのだし”（也没有不一致性），英译为“There is no discordance”（没有不协调）。后者“viśeṣahetuśca na nigadyaḥ”是全颂的结语部分，意为“也不需要说差别因”。对此的汉译为“不须说胜因”，藏译为“གཏན་ཚིགས་ཁྱད་པར་བརྗོད་མི་བྱ”（不应说差别因），日译为“特別の理由を述べる必要もない”（不需要叙说特别的理由），英译为“there is no special reason to be stated”（没有必要阐释特殊的理由）。

【小结】本颂是针对本论第一节第 2 颂所论及“胜因”问题所展开的回应。在本颂中，立论者通过指出言语无自性与所说无自性二者之间的一致性，阐明不需要另外提出特别理由的立场和观点。

第 25 颂

mā śabdavaditi nāyaṁ dṛṣṭānto yastvayā mamārabdhaḥ|

śabdena hi tacca śabdasya vāraṇaṁ naiva me vacaḥ||25||

汝言勿声者，此非我譬喻；我非以此声，能遮彼声故。（25）

སྒྲ་མ་འབྱིན་བྱ་བཞིན་ཞེ་ན།།ཁྱོད་ཀྱིས་གང་བརྩམས་དཔེ་འདི་མིན།།དེ་ནི་སྒྲ་ཡིས་སྒྲ་བཟློག་ལ།།འདིར་ནི་དེ་ལྟ་མ་ཡིན་ནོ།།（25）

君が提示した、「…するな」という声、ということは、たとえとはならない。というのは、それは声によって声を禁止するのであるが、この（われわれの言う）ことはそれとはちがっているからである。（25）

The example given by you：‘It is like “Do not make a sound” is not appropriate.

There a sound is prevented by another sound，but the case here is not just the same.（25）

【考察】上句“mā śabdavaditi nāyaṁ dṛṣṭānto yastvayā mamārabdhaḥ”可拆解为“mā śabdavaditi”“nāyaṁ dṛṣṭāntoyastvayā mamārabdhaḥ”两个句段分析。前者“mā śabdavaditi”意为“所谓不要出声这句话”，对此的汉译为“言勿声者”，藏译为“སྒྲ་མ་འབྱིན་བྱ་བཞིན་ཞེ་ན”（如说不许出声），日译为“「…するな」という声”（“不许出声”这一声音），英译为“It is like‘Do not make a sound’”（如说“不许出声”）。后者“nāyaṁ dṛṣṭānto yastvayā mamārabdhaḥ”意为“（因为）它是来自你提出的譬喻，而不是我的”。对此的汉译为“汝言…，此非我譬喻”，藏译为“ཁྱོད་ཀྱིས་གང་བརྩམས་དཔེ་འདི་མིན”（你所创作的这个，不构成比喻），日译为“君が提示した…たとえとはならない”（你所提出的…不成为比喻），英译为“The example given by you…is not appropriate”（你所提出的这个比喻…是不恰当的）。

下句“śabdena hi tacca śabdasya vāraṇaṁ naiva me vacaḥ”可拆解为“śabdena hi tacca śabdasya vāraṇaṁ”“naiva me vacaḥ”两个句段分析。前者

“śabdena hi tacca śabdasya vāraṇaṁ” 意为“因为通过声音对其声音的抵抗”，对此的汉译为“以此声，能遮彼声”，藏译为“དེ་ནི་སྒྲ་ཡིས་སྒྲ་བཟློག་ལ”（对于此以声遮声而言），日译为“というのは、それは声によって声を禁止するのであるが”（这是因为，其以声音禁止声音），英译为“There a sound is prevented by another sound”（在那里，一个声音被另一个声音阻挡了）。后者“naiva me vacaḥ”意为“确实不是我的语言”，对此的汉译为“我非…故”，藏译为“འདིར་ནི་དེ་ལྟ་མ་ཡིན་ནོ”（这并非如此），日译为“この（われわれの言う）ことはそれとはちがっているからである”（此与其不同），英译为“but the case here is not just the same”（但这里的情况确实不同）。就后者而言，日英两种现代译文大体是沿着藏译展开的，而汉译则与梵文大体一致，这种情况在本论的多语译文比较中不是孤例。

【小结】本颂是针对本论初分第一第 3 颂中提出的“勿声”议题所做出的回应。针对反对者提出的“汝谓如‘勿’声，是义则不然；声有能遮声，无声何能遮”，立论者并没直接回答，而是指出你所说的“你所说的‘不许出声’，其实是你所创作的比喻，而不是我的，因此不能构成真正意义上的比喻”，而我所说的是与此不一样的内容。

第 26 颂

naiḥsvābhāvyānāṁ cennaiḥsvābhāvyena vāraṇaṁ yadi hi|

naiḥsvābhāvyanivṛttau svābhāvyaṁ hi prasiddhaṁ syāt||26||

同所成不然，响中无因故；我依于世谛，故作如是说。（26）

གལ་ཏེ་རང་བཞིན་མེད་ཉིད་ཀྱིས།།ཅི་སྟེ་རང་བཞིན་མེད་པ་བཟློག།རང་བཞིན་མེད་པ་ཉིད་ལོག་ན།།རང་བཞིན་ཉིད་དུ་རབ་འགྲུབ་འགྱུར།།（26）

というのは、もし本体をもっていないものによって、本体をもっていないものが禁止されるならば、本体をもたないものが否定されているのだから、本体をもつものこそが証明されてしまうだろう。（26）

Because, if things devoid of an intrinsic nature were prevented by something devoid of an intrinsic nature, with the cessation of [their] being devoid of an intrinsic nature would be established [their] being endowed with an intrinsic nature.（26）

【考察】上句“naiḥsvābhāvyānāṁ cennaiḥsvābhāvyena vāraṇaṁ yadi hi”可拆解为“naiḥsvābhāvyānāṁ …naiḥsvābhāvyena vāraṇaṁ”“ced… yadi”“hi”三个句段分析。其中，“hi”是不变辞，在句子中起到承上启下的作用，可译为“之所以…，是因为…”。对此的汉译为“故”，藏译中未见有直接对应的译词，日译为“というのは”（之所以这样说…是因为…），英译为“Because”（因为）。就译词而言，日英二者应该都是考虑到了“hi”的先行功能，而将其译在句首，汉译则依照了梵文的顺序。“ced… yadi”中的“ced”和“yadi”都是表示条件关系的不变辞，意为“如果…”。对此的汉译为“不然”，藏译为“གལ་ཏེ...ཅི་སྟེ”（如果…），日译为“もし…ならば”（如果…的话），英译为“if…”。“naiḥsvābhāvyānāṁ …naiḥsvābhāvyena vāraṇaṁ”是句子的核心部分，意为“无自性者为无自性者所阻止”，对此的汉译为“同所成”，这里的“同”，指的应该是“无自性者”，意思是说，无自性者与无自性者间的相互遮止。藏译为“རང་བཞིན་མེད་ཉིད་ཀྱིས།།ཅི་སྟེ་རང་བཞིན་མེད་པ་བཟློག”（如果因无自性而无自性被遮），日译为“もし本体をもっていないものによって、本体をもっていないものが禁止されるならば”（如果由于无本体者而无本体者被禁止），英译为“if things devoid of an intrinsic nature were prevented by something devoid of an intrinsic nature”（如果缺乏本质者为缺乏本质者所阻止）。

下句“naiḥsvābhāvyanivṛttau svābhāvyaṁ hi prasiddhaṁ syāt”可拆解为“naiḥsvābhāvyanivṛttau”“svābhāvyaṁ hi prasiddhaṁ syāt”两个句段分析。前者“naiḥsvābhāvyanivṛttau”在句中为状语成分，意为“当这个无自性消失的时候”或“因为无自性的消失”，对此的汉译为“响中无因〈故〉”，意思是指当语言中没有自性的时候，属于意译。藏译为“རང་བཞིན་མེད་པ་ཉིད་ལོག་ན”（若有自性遣返的话），即对于“nivṛttau”，取的是“回转”的含义，而

不是“消失”。日译为“本体をもたないものが否定されているのだから”（因为无本体者被否定），英译为“with the cessation of［their］being devoid of an intrinsic nature”（随着其缺乏内在本质的消失）。后者“svābhāvyaṁ hi prasiddhaṁ syāt”是前面条件的结果，意为“自性将获得成立”。对此的汉译为“我依于世谛，故作如是说”，属于意译。藏译为“རང་བཞིན་ཉིད་དུ་རབ་འགྲུབ་འགྱུར”（在自性中成立），日译为“本体をもつものこそが証明されてしまうだろう”（具有本质者将得到证明吧），英译为“would be established［their］being endowed with an intrinsic nature”（其被赋予的内在本质将获得成立）。

【小结】本颂是上一颂所谈“遮”问题的继续，即针对反对者提出的“遮”与“所遮”或“所遮”之“所遮”之间需要以自性存在为前提的论点，立论者在此颂中以“如果因一个无自性者为另一个无自性者所遮，那么正是因为这个无自性者被遮，或者说，当这个无自性者消失的时候，其自性反而会被证明”。

第 27 颂

athavā nirmitakāyāṁ yathā striyāṁ striyamityasaṁgrāham|

nirmitakaḥ pratihanyāt kasyacidevaṁ bhavedetat||27||

如或有丈夫，妄取化女身；而生于欲心，此义亦如是。（27）

ཡང་ན་ཁ་ཅིག་སྤྲུལ་པ་ཡི།།བུད་མེད་ལ་ནི་བུད་མེད་སྙམ།།ལོག་འཛིན་འབྱུང་ལ་སྤྲུལ་པ་ཡིས།།འགོག་བྱེད་དེ་ནི་དེ་ལྟ་ཡིན།།（27）

あるいは、ある人が変化の女人のことを、これは（ほんとうの）女だと誤認しているのを、（他の）変化の人が否認するとしよう。このばあいもそのようなものであろう。（27）

Somebody who with regard to an artificial woman thinks：‘This is a woman’. This would be like that.（27）

【考察】上句“athavā nirmitakāyāṁ yathā striyāṁ striyamityasaṁgrāham”可拆解为“athavā”“nirmitakāyāṁ…striyāṁ”“yathā…striyamityasaṁgrāham”三个句段分析。“athavā”是本句的先行成分，意为“进而，或者”，对此

的汉译为“或”，藏译为“ཡང་ན”（或者），日译为“あるいは”（或者），英译没有对应译词。“nirmitakāyāṁ···striyāṁ”是本句的状语成分，意为“对于化身的女子”，汉译为“化女身”，藏译为“སྤྲུལ་པ་ཡི།།བུད་མེད་ལ”（于化身女），日译为“变化の女人のことを”（将变化之女人），英译为“an artificial woman”（化身的妇女）。“yathā···striyamityasaṁgrāham”是句子的谓语部分，意为“像这样错误地执取为女人”，对此的汉译为“妄取化女身”，藏译为“བུད་མེད་སྙམ”（执取为女人），日译为“これは（ほんとうの）女だと誤認しているのを”（误认为此是女人），英译为“thinks：‘This is a woman’”（想：这是女人）。

下句“nirmitakaḥ pratihanyāt kasyacidevaṁ bhavedetat”可拆解为“nirmitakaḥ pratihanyāt”“kasyacidevaṁ bhavedetat”两个句段分析。就前者“nirmitakaḥ pratihanyāt”而言，其前面的“nirmitakaḥ”可看作全句的主语，意为“某化身者”，后面的“pratihanyāt”则是谓语动词，意为“否定”“消灭”等，而上句的全部内容可视为其宾语。对此的汉译为“有丈夫，而生于欲心”，属于根据上下文脉的意译。藏译为“ཁ་ཅིག···ལོག་འཛིན་འབྱུང་ལ་སྤྲུལ་པ་ཡིས”（某人由化身生起邪念），日译为“〈他の〉变化の人が否認するとしよう”（〈其他的〉化身者加以否定），英译为“somebody···thinks”（某人思考）。后者“kasyacidevaṁ bhavedetat”是本颂的结论，意为“此等亦如是”，对此的汉译为“此义亦如是”，藏译为“འགོག་བྱེད་དེ་ནི་དེ་ལྟ་ཡིན”（此能遮也是如此），日译为“このばあいもそのようなものであろう”（这种情况也是像那样吧），英译为“This would be like that”（这应该就像那样）。

【小结】从内容上看，此颂应是接续前面第 23 颂的进一步论证。在此需要特别说明的是，汉译中的“丈夫”译词，其所对应的应该是“nirmitakaḥ”，即是假立的人。换言之，立论者认为，即便假立的人，也可以消除对虚幻现象的妄执，而从结论部分的藏译来看，其中提到了“འགོག་བྱེད”（能遮），即说明此颂的核心仍是在讨论“遮”的问题。

第 28 颂

athavā sādhyasamo'yaṁ heturna hi vidyate dhvaneḥ sattā|

saṁvyavahāraṁ ca vayaṁ nānabhyupagamya kathayāmaḥ||28||

若不依世谛，不得证真谛；若不证真谛，不得涅槃证。（28）

ཡང་ན་རྟགས་འདི་བསྒྲུབ་བྱ་དང་།།མཚུངས་ཏེ་གང་ཕྱིར་སྒྲ་ཡོད་མིན།།ཐ་སྙད་ལས་ནི་མ་བླངས་པར།།དེད་ཅག་འཆད་པར་མི་བྱེད་དོ།།（28）

または、この理由は証明されねばならぬことに等しい。というのは、声に実在性はないのだから。またわれわれは、言語習慣を承認しないで議論するわけではない。（28）

Or this reason is similar in nature to the thesis to be established，for sound has no［real］existence. We do not speak，however，without having recourse to the conventional truth.（28）

【考察】上句“athavā sādhyasamo'yaṁ heturna hi vidyate dhvaneḥ sattā”可拆解为“athavā”“sādhyasamo'yaṁ hetur”“na hi vidyate dhvaneḥ sattā”三个句段分析。其中，“athavā”与前面一样，属于起到承上启下作用的接续词，意为“或者”等。对此，汉译中未见对应译词，藏译为“ཡང་ན”（或者），日译为“または”（或者），英译为“or”（或者）。“sādhyasamo'yaṁ hetur”是句子的主干部分，意为“此因是所证相似[①]”，对此的汉译为“不依世谛，不得证真谛”，属于意译，若结合下半句考虑，其实际上是在试图论证“世谛”“真谛”和“涅槃”三者之间的递进关系，由此证明世谛的必要性。藏译为“་རྟགས་འདི་བསྒྲུབ་བྱམ་ཚུངས་ཏེ་གང་ཕྱིར་”（此因是所成故），日译为“この理由は証明されねばならぬことに等しい”（这个理由与须证明者之间相等），英译为“this reason is similar in nature to the thesis to be established”（这个理由与要建立的论题在性质上是相似的）。“na hi vidyate dhvaneḥ sattā”是本句的理由项，意为“之所以这样说，只因为从声音中得不到实性”。汉译中没有直接的对译词，藏译为“སྒྲ་ཡོད་མིན”（不存在），日译为“と

① 因明术语，指要证明的主题与所提出的理由之间存在等同性，由此达不到论证效果，而必须提出另外的理由。

いうのは、声に実在性はないのだから”（是因为声音没有实在性），英译为“for sound has no［real］existence”（因为声音没有〈真实的〉存在性）。

下句“saṁvyavahāraṁ ca vayaṁ nānabhyupagamya kathayāmaḥ”可拆解为“ca”“vayaṁ”“saṁvyavahāraṁ anabhyupagamya”“na kathayāmaḥ” 四个句段分析。其中，“ca”是联系上下文的关系词，意为“又”等。对此虽说没有直接的汉译，但从汉译前后各有一个“若”字也不难看出，其中也暗含着并列关系。藏译中未见对应的译词，日译为“また”（进而），英译为“however”（然而）。“vayaṁ”是句子中的主语，意为“我们”。汉译中未见对应的译词，藏译为“ངེད་ཅག”（我们），日译为“われわれは”（我们），英译为“We”（我们）。本句中存在前后两个谓语，以不定式连接，其中“saṁvyavahāraṁ anabhyupagamya”是前面的谓语＋宾语，意为“若不随顺一般语言习惯，则…”，藏译为“ཐ་སྙད་ཁས་ནི་མ་བླངས་པར”（若不用假言论说），日译为“言語習慣を承認しないで”（不承认言语习惯），英译为“without having recourse to the conventional truth”（不用求助于传统的真理）。最后的“na kathayāmaḥ”是句子的第二个谓语，意为“（我们）不能说”，汉译为“不得涅”，藏译为“ངེད་ཅག་འཆད་པར་མི་བྱེད་དོ”（不能说），日译为“議論するわけではない”（无法展开论辩），英译为“do not speak”（不能说）。

【小结】此颂是前面“勿”声问题讨论的延续，这里用到了“sādhyasama”这一概念，意为“所证相似”，即立论的论据与要证明的主题之间存在等同关系的错误，具体而言，是因为声音中并不存在实在性。换言之，立论者首先否定反对者对包括语言在内的诸法无自性的质疑，之后再以“若不随顺世间语言习惯，则无法展开讨论”为理由，指出语言的必要性。若依据汉译者的翻译，其中不仅会影响到对“真谛”的理解，也无法到达最终“涅槃”的境界。

第 29 颂

yadi kācana pratijñā tatra syādeṣa me bhaveddoṣaḥ|

nāsti ca mama pratijñā tasmānnaivāsti me doṣaḥ||29||

若我宗有者，我则是有过；我宗无物故，如是不得过。（29）

གལ་ཏེ་ངས་དམ་བཅས་འགའ་ཡོད།།དེས་ན་ང་ལ་སྐྱོན་དེ་ཡོད།།ང་ལ་དམ་བཅའ་མེད་པས་ན།།ང་ལ་སྐྱོན་མེད་ཁོ་ན་ཡིན།།（29）

もし私が何らかの主張をしているならば、そのような誤りが私に起こるであろう。けれども、私には主張というものがないのだから、誤りも私にはない。（29）

If I had any proposition，then this defect would be mine.

I have，however，no proposition. Therefore，there is no defect that is mine.（29）

【考察】上句“yadi kācana pratijñā tatra syādeṣa me bhaveddoṣaḥ”可拆解为“yadi kācana pratijñā tatra syād”“eṣa me bhaveddoṣaḥ”两个句段分析。前者“yadi kācana pratijñā tatra syād”是一个由“yadi”引导的条件句段，意为“如果在此存在任何宗的话…”。对此的汉译为“若我宗有者”，藏译为“གལ་ཏེ་ངས་དམ་བཅས་འགའ་ཡོད”（若我有一些宗的话…），日译为“もし私が何らかの主張をしているならば”（如果我有任何主张的话…），英译为“If I had any proposition”（如果我有任何观点的话…）。后者“eṣa me bhaveddoṣaḥ”是表示判断的虚拟句段，意为“那就是我的过错”。对此的汉译为“我则是有过”，藏译为“དེས་ན་ང་ལ་སྐྱོན་དེ་ཡོད”（那么我就有这个过失），日译为“そのような誤りが私に起こるであろう”（于我就会产生那样的过失），英译为“then this defect would be mine”（那么这个缺陷就是我的）。

下句“nāsti ca mama pratijñā tasmānnaivāsti me doṣaḥ”可拆解为“nāsti ca mama pratijñā”“tasmānnaivāsti me doṣaḥ”两个句段分析，二者为因果关系。前者“nāsti ca mama pratijñā”是原因，意为“因为我的宗是无”，对此的汉译为“我宗无物故”；藏译为“ང་ལ་དམ་བཅའ་མེད་པས་ན”（如果于我无宗的话），即用的是假设的语气；日译为“けれども、私には主張というものがないのだから”（然而，由于我没有主张这样的东西）；英译为“I have，however，no proposition”（然而，我没有主张）。后者“tasmānnaivāsti me doṣaḥ”是结果，意为“因此确实不是我的过失”。对此的汉译为“如是不得过”，藏译为“ང་ལ་སྐྱོན་མེད་ཁོ་ན་ཡིན”（于我的确没有过失），日译为“誤りも私にはない”（错误也不在我这里），英译为“there is no defect that is mine”（也没有我的缺陷）。

【小结】本颂讨论的是立宗与过失之间关系的议题，所回应的应该是本论第 2 颂提到的坏宗和过失的质疑。针对反对者的质疑，立论者以“若是有宗，才可有过，而我无宗，故而亦无过”加以反驳，再次强调了“无自性”的立场。

第 30 颂

yadi kiṁcidupalabheyaṁ pravartayeyaṁ nivartayeyaṁ vā|

pratyakṣādibhirarthaistadabhāvānme’nupālambhaḥ||30||

若我取转回，则须用现等；取转回有过，不尔云何过？（30）

གལ་ཏེ་མངོན་སུམ་ལ་སོགས་པའི།།དོན་གྱིས་འགའ་ཞིག་དམིགས་ན་ནི།།བསྒྲུབ་པའམ་བཟློག་པར་བྱ་ན་དེ།།མེད་ཕྱིར་ང་ལ་ཀླན་ཀ་མེད།།（30）

もし私が、知覚その他（の認識方法）によって何かを認識するとしたら、私は肯定的に主張したり、否定的に主張したりするであろう。けれども、それがないのだから、（君の言うことは）私への非難にならない。（30）

If I apprehended something with the help of perception，etc.，then I would either affirm or deny.［But］since that thing does not exist，I am not to blame.（30）

【考察】上句“yadi kiṁcidupalabheyaṁ pravartayeyaṁ nivartayeyaṁ vā”可拆解为“yadi kiṁcidupalabheyaṁ”“pravartayeyaṁ nivartayeyaṁ vā”两个句段分析。前者“yadi kiṁcidupalabheyaṁ”是本句的条件，意为“如果有任何的理解”，对此的汉译为“若我取…”，藏译为“འགའ་ཞིག་དམིགས་ན”（有某些所得），日译为“もし私が、…何かを認識するとしたら”（如果我有任何认识的话），英译为“If I apprehended something”（如果我认识了某事）。后者“pravartayeyaṁ nivartayeyaṁ vā”是结果，意为将有转起或不转起。

对此的汉译为“转回”，意思应拆解为“转”或“回”。藏译为“བསྒྲུབ་པའམ་བཟློག་པར་བྱ་ན་དེ”（将有遮或所遮），日译为“私は肯定的に主張したり、否定的に主張したりするであろう”（我就会有肯定的或否定的主张吧），英译为“then I would either affirm or deny”（那么我将会有肯定或否定）。

下句“pratyakṣādibhirarthaistadabhāvānme’nupālambhaḥ”可拆解为“pratyakṣādibhirarthais”“tadabhāvānme’nupālambhaḥ”两个句段分析。前者“pratyakṣādibhirarthais”是接续上句的状语成分，意为“通过现量等义”，对此的汉译为“则须用现等”，藏译为“མངོན་སུམ་ལ་སོགས་པའི་དོན་གྱིས”（通过现量等义），日译为“知覚その他（の認識方法）によって”（通过知觉等〈认识方法〉），英译为“with the help of perception，etc.”（借助于知觉等的帮助）。后者“tadabhāvānme’nupālambhaḥ”是本颂的结论部分，意为“因为不存在，所以对于我不构成责难”。对此的汉译为“不尔云何过”，即采取的是否定的反问形式。藏译为“མེད་ཕྱིར་ང་ལ་ཀླན་ཀ་མེད”（因为没有，所以也没有责难），日译为“けれども、それがないのだから、（君の言うことは）私への非難にならない”（然而，由于其并不存在〈你所说的〉，所以不构成对我的非难），英译为“［But］since that thing does not exist，I am not to blame”（〈但是，〉由于事物不存在，所以不能责怪我）。

【小结】本颂是针对上文初分第一第 5 颂中所提出问题的回应，内容主要涉及事物的“转起”和“回遮”，即针对反对者提出的“遮”与“所遮”应以自性或自体或“有”为前提的质疑，立论者以“因为有对事物的执取，才会有遮或所遮的过失，然而在我这里没有对事物的执取，故而也不存在什么涉及遮或所遮之间的矛盾或过失”加以回应。

第 31 颂

yadi ca pramāṇatasteṣāṁ teṣāṁ prasiddhirarthānām|

teṣāṁ punaḥ prasiddhiṁ brūhi kathaṁ te pramāṇānām||31||

若量能成法，彼复有量成；汝说何处量，而能成此量？（31）

གལ་ཏེ་ཁྱོད་ཀྱི་དོན་དེ་རྣམས།།ཚད་མ་ཉིད་ཀྱིས་རབ་བསྒྲུབས་ན།།ཁྱོད་ཀྱིས་ཚད་མ་དེ་རྣམས་ཀྱང་།།ཇི་ལྟར་རབ་ཏུ་འགྲུབ་པ་སྨྲོས།།（31）

それと反対に、もし君にとって、あれこれの対象が認識にもとづいて確立されるとするならば、君にとってそれらの認識はいかにして確立されるかを語れ。（31）

Furthermore：If such and such objects are established for you through the pramāṇas，tell me how those pramāṇas are established for you.（31）

【考察】上句“yadi ca pramāṇatasteṣāṁ teṣāṁ prasiddhirarthānām”，可拆解为“yadi ca…teṣāṁ prasiddhirarthānām”“pramāṇatasteṣāṁ”两个句段分析。前者“yadi ca…teṣāṁ prasiddhirarthānām”是句子的主干部分，意为“如果那些成立的对象”，后者“pramāṇatasteṣāṁ”是状语成分，意为“是来自那些量”，汉译将此二者合译为一句“若量能成法”。对此的藏译为“གལ་ཏེ་ཁྱོད་ཀྱི་དོན་དེ་རྣམས།།ཚད་མ་ཉིད་ཀྱིས་རབ་བསྒྲུབས་ན”（如果你的此义等是由量成立的），日译为“それと反対に、もし君にとって、あれこれの対象が認識にもとづいて確立されるとするならば”（与之相反，如果对于你而言，那些对象是基于认识确立的），英译为“Furthermore：If such and such objects are established for you through the pramāṇas”（进而，如果为你建立的如此这般的主题，是通过量而来）。

下句“teṣāṁ punaḥ prasiddhiṁ brūhi kathaṁ te pramāṇānām”可拆解为“teṣāṁ prasiddhiṁ kathaṁ pramāṇānām”“punaḥ brūhi”“te”三个句段分析。其中，“teṣāṁ prasiddhiṁ kathaṁ pramāṇānām”是句子的宾语部分，意为“这些量是如何成立的”，“punaḥ brūhi”意为“进而要说”，“te”是“你”的意思。对此的汉译为“汝说何处量，而能成此量”，藏译为“ཚད་མ་དེ་རྣམས་ཀྱང་།།ཇི་ལྟར་རབ་ཏུ་འགྲུབ་པ་སྨྲོས”（你要说这些量又如何能成立），日译为“それらの認識はいかにして確立されるかを語れ”（请说那些量是如何成立的），英译为“tell me how those pramāṇas are established for you”（请告诉我，对于你来说，那些量又是怎样成立的）。

【小结】本颂是针对上文初分第一第 5、第 6 颂中所提出的现量等若为空的话，则诸法将如何成立问题的回应。就内容而言，本颂其实并没有直接给出答案，而是以量实际上无法成立任何法（诸事物），因为若量能够成立法（诸事物），那么那个成立法（诸事物）的量就需要另外的量来成立来予以反问，由此令论敌堕入无限溯及（无穷回归）的逻辑谬误中。

第 32 颂

anyairyadi pramāṇaiḥ pramāṇasiddhirbhavatyanavasthā|

nādeḥ siddhistatrāsti naiva madhyasya nāntasya||32||

若量离量成，汝诤义则失。（32-1）

གལ་ཏེ་ཚད་མ་གཞན་རྣམས་ཀྱིས།།གྲུབ་པོ་སྙམ་ན་ཐུག་པ་མེད།།དེ་ཡང་དང་པོ་འགྲུབ་མིན་ལ།།བར་མ་ཡིན་ཞིང་ཐ་མའང་མིན།།（32）

もし認識が他の認識によって成立するならば、その過程は無限にさかのぼることになる。あのばあい、最初のものが確認されない。中間のものも最後のものも成立しない。（32）

If the pramāṇas are established through other pramāṇas，then there is an infinite series（nāntasya）.Neither the beginning nor the middle nor the end can then be established.（32）

【考察】上句“anyairyadi pramāṇaiḥ pramāṇasiddhirbhavatyanavasthā”可拆解为“anyairyadi pramāṇaiḥ pramāṇasiddhirbhavaty”“anavasthā”两个句段分析。前者“anyairyadi pramāṇaiḥ pramāṇasiddhirbhavaty”是全句的条件，意为“如果量的成立需要来自其他的量”，对此的汉译为“若量离量成”，藏译为“གལ་ཏེ་ཚད་མ་གཞན་རྣམས་ཀྱིས།།གྲུབ་པོ་སྙམ་ན”（如果以其他的量），日译为“もし認識が他の認識によって成立するならば”（如果认识依赖其他的认识成立的话），英译为“If the pramāṇas are established through other pramāṇas”（如果量的成立需要其他的量…）。后者“anavasthā”是本句的结论部分，意为“则成为无穷过”。汉译为“汝诤义则失”，藏译为“ཐུག་པ་མེད”（没有遇见），日译为“その過程は無限にさかのぼることになる”（其过程将上溯至无限），英译为“then there is an infinite series”（那么将成为无穷系列）。

下句“nādeḥ siddhistatrāsti naiva madhyasya nāntasya”可拆解为“nādeḥ siddhistatrāsti”“naiva madhyasya nāntasya”两个句段分析。前者“nādeḥ siddhistatrāsti”，意为“在此没有初始的成立”。对此未见相应的汉译，藏译为“དེ་ཡང་དང་པོ་འགྲུབ་མིན་ལ”（其也不是初立），日译为“あのばあい、最初のものが確認されない”（这种情况下，最初者无法确立），英译为“Neither the beginning”（既不是开始）。后者“naiva madhyasya nāntasya”，意为“也不是中间、最后”。对此也未见对应的汉译，藏译为“བར་མ་ཡིན་ཞིང་ཐ་མའང་མིན”（不是中间，也不是最后），日译为“中間のものも最後のものも成立しない”（中间的、最后的都不成立），英译为“nor the middle nor the end can then be established”（于是，中间、结尾都不能成立）。

【小结】本颂是对上一颂中所论无限溯及问题的具体说明，即假设反对者承认量的成立需要以之前的量作为依据的话，就会陷入无限溯及的错误中，因为量没有初始，也没有中间乃至结束这三者。

第 33 颂

teṣāmatha pramāṇairvinā prasiddhirvihīyate vādaḥ|

vaiṣamikatvaṁ tasmin viśeṣahetuśca vaktavyaḥ||33||

如是则有过，应更说胜因。（32–2）

འོན་ཏེ་ཚད་མ་མེད་པར་ཡང་།།དེ་རྣམས་གྲུབ་ན་སྨྲ་བ་ཉམས།།མི་འདྲ་ཉིད་དེ་དེ་ཡིན་ན།།གཏན་ཚིགས་ཁྱད་པར་སྨྲ་བར་གྱིས།།（33）

あるいは、それらの（認識が他の）認識をまたないで確立されるならば、（君の議論は破綻する。そこには不一致がある。そして（それを説明する）特別の理由が述べらなければならない。（33）

Now, if [you think that] those pramāṇas are established without pramāṇas, then your philosophic position is abandoned. There is a discordance, and you should state the special reason for that.（33）

【考察】上句“teṣāmatha pramāṇairvinā prasiddhirvihīyate vādaḥ”可拆解为“atha”“teṣām pramāṇairvinā prasiddhir”“vihīyate vādaḥ”三个句段分

析。其中，“atha”是起先行作用的副词，意为“如是”“然而”“或者”等词义，对此汉译中未见对应译词，藏译为“འོན་ཏེ”（然而），日译为“あるいは”（或者），英译为“Now”（然而）。“teṣām pramāṇairvinā prasiddhir”是本句的条件部分，意为“它们不需要通过量来成立的话…”。汉译中亦未见对应的译词。藏译为“ཚད་མ་མེད་པར་ཡང་།།དེ་རྣམས་གྲུབ་ན”（无量也成彼等的话），日译为“それらの〈認識が他の〉認識をまたないで確立されるならば”（不需要那些〈认识它的〉认识而得到确立的话…），英译为“if [you think that] those pramāṇas are established without pramāṇas”（如果〈你认为〉那些认识不需要认识而成立）。“vihīyate vādaḥ”是本句的结果部分，意为“立论失败”。对此未见相应的汉译。藏译为“སྨྲ་བ་ཉམས”（论辩失败），日译为“（你的论辩）被破坏”，英译为“then your philosophic position is abandoned”（那么，你的哲学立场就被抛弃了）。

下句“vaiṣamikatvaṁ tasmin viśeṣahetuśca vaktavyaḥ”可拆解为“vaiṣamikatvaṁ tasmin”“viśeṣahetuśca vaktavyaḥ”两个句段分析。前者“vaiṣamikatvaṁ tasmin”在本颂中起到承上启下的作用，换言之，既是上句的结论，又是下句的前提条件，意为“〈故〉于此不一致〈的话〉”。对此的汉译为“如是则有过”，藏译为“མི་འདྲ་ཉིད་དེ་དེ་ཡིན་ན”（如果它不同的话），日译为“そこには不一致がある”（那里有不一致），英译为“There is a discordance”（有不协调）。后者“viśeṣahetuśca vaktavyaḥ”是结论，意为“需要进而说差别因”。对此的汉译为“应更说胜因”，藏译为“གཏན་ཚིགས་ཁྱད་པར་སྨྲ་བར་གྱིས”（应说差别因），日译为“そして（それを説明する）特別の理由が述べらなければならない”（而且，必须阐述特别的理由），英译为“and you should state the special reason for that”（你必须为其说明特别的因）。

【小结】此颂是上一颂“量是否需要另外的量来证明”议题的继续，前一颂重点在于说明“如果量需要另外的量来证明，那么就会导致无限溯及的过失”，而此颂则从相反的角度，即“如果你认为量不需要另外的量来证明，那么就与前面的论点不一致，由此构成过失”，来反驳反对者，换言之，二者合起来可形成一个归谬论证。

第 34 颂

viṣamopanyāso’yaṁ na hyātmānaṁ prakāśayatyagniḥ|

na hi tasyānupalabdhirdṛṣṭā tamasīva kumbhasya||34||

犹如火明故，能自照照他；彼量亦如是，自他二俱成。（33–1）

汝语言有过，非是火自照；以彼不相应，如见暗中瓶。（33–2）

ཇི་ལྟར་མེ་ཡིས་གཞན་བདག་ཉིད།།གསལ་བྱེད་དེ་བཞིན་རང་བདག་ལྟར།།དེ་བཞིན་ཚད་མ་རྣམས་ཀྱང་ནི།།རང་བཞིན་བདག་ཉིད་སྒྲུབ་ཅེ་ན།（34–1）

།སྨྲས་པ་དེ་ནི་མི་མཐུན་ཏེ།།མུན་ཁུང་ནང་གི་བུམ་པ་བཞིན།།དེ་ལ་མི་དམིགས་མ་མཐོང་བས།།མེ་ནི་རང་ཉིད་གསལ་བྱེད་མིན།།（34–2）

この（たとえ）は適用がふさわしくない。というのは、火は自らを照らしはしない。暗のなかで壷が見えないようには、火が見えないことは経験されないから。（34）

This is a defective proposition. Fire does not illuminate itself, for its non-perception is not seen to be comparable to that of a pot in darkness.（34）

【考察】上句“viṣamopanyāso’yaṁ na hyātmānaṁ prakāśayatyagniḥ”可拆解为“viṣamopanyāso’yaṁ”“na hyātmānaṁ prakāśayatyagniḥ”两个句段分析。前者“viṣamopanyāso’yaṁ”是针对反对者论点的直接反驳，意为“这个证据不成立”。对此的汉译为“汝语言有过”，藏译为“སྨྲས་པ་དེ་ནི་མི་མཐུན་ཏེ”（此颂不恰当），日译为“この〈たとえ〉は適用がふさわしくない”（这个〈譬喻〉应用不恰当），英译为“This is a defective proposition”（这是一个有缺陷的命题）。后者“na hyātmānaṁ prakāśayatyagniḥ”是对反驳理由的说明，意为“火不能使自己照亮”。对此的汉译为“非是火自照”，藏译为“མེ་ནི་རང་ཉིད་གསལ་བྱེད་མིན”（火不是自身照亮），日译为“というのは、火は自らを照らしはしない”（是因火不照亮自身），英译为“Fire does not illuminate itself”（火不照亮其自身）。

下句“na hi tasyānupalabdhirdṛṣṭā tamasīva kumbhasya”可拆解为“na hi…dṛṣṭā tamasīva kumbhasya”“tasyānupalabdhir”两个句段分析。前者“na hi…dṛṣṭā tamasīva kumbhasya”是条件，意为“如同壶在黑暗中不被看见”，对此的汉译为“如见暗中瓶”，藏译为“མུན་ཁུང་ནང་གི་བུམ་པ་བཞིན”（犹如暗室中的瓶子），日译为“暗のなかで壷が見えないようには”（如同在黑暗中见不到壶），英译为“for its non-perception is not seen to be comparable to that of a pot in darkness”（因为没有认知，所以不能与黑暗中的壶相比校）。后者“tasyānupalabdhir”是前面比喻论证的结论，意为“其不被认知”。对此的汉译为“以彼不相应”，属于意译。藏译为“དེ་ལ་མི་དམིགས་མ་མཐོང་བས”（不见非所缘），日译为“火が見えないことは経験されないから”（在经验中看不到不可见的火），英译未见对应的译文。

【小结】此颂汉藏两译中均包含着两颂，其中各自的第二颂分别与梵语存在对应关系，而各自的第一颂虽说与梵语之间不存在直接的对应关系，而汉藏两译之间却存在着较为一致的对应关系，由此可以初步判定或许存在着与二者相对应的古梵语文本。

就内容而言，此颂以“在黑暗中见不到瓶”为例，说明了“火自照”性的不成立。若从前后逻辑关系看，此颂应该是针对前面汉藏两译中提到的火“能自照照他”的回应，换言之，前面汉藏两译的颂文应该是由反对者提出的疑问。

第 35 颂

yadi svātmānamayaṁ tvadvacanena prakāśayatyagniḥ|

paramiva na tvātmānaṁ paridhakṣyatyapi hutāśaḥ||35||

又若汝说言，火能自他照；如火能烧他，何故不自烧？（34）

གལ་ཏེ་ཁྱོད་ཀྱི་ཚིག་གིས་ནི།།མེ་ཡིས་རང་བདག་གསལ་བྱེད་ན།།འོ་ན་མེ་ཡིས་གཞན་བཞིན་དུ།།རང་ཉིད་སྲེག་པའང་བྱེད་པར་འགྱུར།།（35）

さらに、君の言うように、もし火が自らをも照らすとすれば、火は他のものを焼くように、自らをも焼くことになろう。（35）

Furthermore：If，as you say，fire illuminates itself as it illuminates other things，then it will also burn itself.（35）

【考察】上句“yadi svātmānamayaṁ tvadvacanena prakāśayatyagniḥ”可拆解为“yadi svātmānamayaṁ…prakāśayatyagniḥ”“tvadvacanena”两个句段分析。前者“yadi svātmānamayaṁ…prakāśayatyagniḥ”是本句的条件部分，意为“如果火连自身也燃烧”，对此的汉译为“火能自他照”，藏译为“མེ་ཡིས་རང་བདག་གསལ་བྱེད་ན”（火能照自体），日译为“さらに、…もし火が自らをも照らすとすれば”（进而，如果火也能照自体），英译为“Furthermore：If，… fire illuminates itself”（进而，如果火也能照其自身）。后者“tvadvacanena”是句子的状语，意为“按照你所说的”，对此的汉译为“又若汝说言”，藏译为“གལ་ཏེ་ཁྱེད་ཀྱི་ཚིག་གིས་ནི”（如你所说），日译为“君の言うように”（像你所说的那样），英译为“as you say”（如你所说）。

下句“paramiva na tvātmānaṁ paridhakṣyatyapi hutāśaḥ”可拆解为“hutāśaḥ…paramiva…paridhakṣyatyapi”“na tvātmānaṁ …paridhakṣyatyapi”两个句段分析。前者“hutāśaḥ…paramiva…paridhakṣyatyapi”意为“祭火既然能烧他者”，即此处用了不同于前面“agniḥ”（火）的 hutāśa（祭火）。对此的汉译为“如火能烧他”，藏译为“འོ་ན་མེ་ཡིས་གཞན་བཞིན་དུ”（然而火就像其他一样），日译为“火は他のものを焼くように”（火就像燃烧其他物一样），英译为“as it illuminates other things”（就像燃烧其他物一样）。后者“na tvātmānaṁ …paridhakṣyatyapi”意为“难道不能烧自身吗”。对此的汉译为“何故不自烧”，藏译为“རང་ཉིད་སྲེག་པའང་བྱེད་པར་འགྱུར”（也能烧其自体），日译为“自らをも焼くことになろう”（也能烧自身吧），英译为“then it will also burn itself”（于是也将烧其自身）。

【小结】此颂是上面一颂的继续，说的是假如按照你说的火能够自照的话，那么火也将像烧其他物一样烧自身。值得注意的是，对应于汉译中的“火”，梵语使用了两个不同的语词，前者为“agni”即一般意义上的“火”，后者则用到了“hutāśa”，其含义中有一般意义上的“火”外，也有“接受火供者”“火神”即“祭火”的意义，而作为“祭火”或“火神”是不应该烧自身的，这或许是论者不用“agni”，而专门使用“hutāśa”的意图所在。

第36颂

yadi ca svaparātmānau tvadvacanena prakāśayatyagniḥ|

pracchādayiṣyati tamaḥ svaparātmānau hutāśa iva||36||

又若汝说言，火能自他照；暗亦应如是，自他二俱覆。（35）

གལ་ཏེ་ཁྱོད་ཀྱི་ཚིག་གིས་ནི།།མེ་ཡིས་རང་གཞན་གསལ་བྱེད་ན།།མེ་བཞིན་དུ་ནི་མུན་པ་ཡང་།།རང་གཞན་བདག་ཉིད་སྒྲིབ་པར་འགྱུར།།（36）

また、もし君の言うように、火が自他をともに照らすとすれば、火（が自他に対してはたらく）ように、暗も自他をともに隠すことになろう。（36）

Besides：If，as you say，fire illuminates both other things and itself，then darkness will cover both other things and itself.（36）

【考察】上句“yadi ca svaparātmānau tvadvacanena prakāśayatyagniḥ”可拆解为“ca”“yadi…tvadvacanena”“svaparātmānau…prakāśayatyagniḥ”三个句段分析。“ca”在梵语中是表示递进关系的不变辞，意为“进而”“又”等。对此的汉译为“又”，藏译未见对应译词，日译为“また”（进而），英译为“Besides”（此外）。“yadi…tvadvacanena”是句子的状语部分，意为“像你所说那样的话”，对此的汉译为“若汝说言”，藏译为“གལ་ཏེ་ཁྱོད་ཀྱི་ཚིག་གིས་ནི”（如果以你所说的），日译为“もし君の言うように”（如果像你所说的那样），英译为“If，as you say”（如果按照你所说）。“svaparātmānau…prakāśayatyagniḥ”是句子的主干部分，意为“如果火能照亮自他二者的话”，对此的汉译为“火能自他照”，藏译为“མེ་ཡིས་རང་གཞན་གསལ་བྱེད་ན”（火照亮自他），日译为“火が自他をともに照らすとすれば”（火如果照亮自他的话），英译为“fire illuminates both other things and itself”（火照亮其他和自身二者）。

下句“pracchādayiṣyati tamaḥ svaparātmānau hutāśa iva”可拆解为“pracchādayiṣyati tamaḥ svaparātmānau”“hutāśa iva”两个句段分析。前者“pracchādayiṣyati tamaḥ svaparātmānau”是句子的主干部分，意为“黑暗覆盖

自他二者”。对此的汉译为“暗亦…，自他二俱覆”，藏译为“མུན་པ་ཡང་།།རང་གཞན་བདག་ཉིད་སྒྲིབ་པར་འགྱུར”（黑暗也能够障碍自他体），日译为“暗も自他をともに隠すことになろう”（黑暗也能够同时隐藏自他吧），英译为“then darkness will cover both other things and itself”（那么，黑暗将覆盖其他事物和其自身二者）。后者“hutāśa iva”是本句的状语成分，意为“如祭火一样”。对此的汉译为“应如是”，指的是“火能自他照”；藏译为“མེ་བཞིན་དུ་ནི”（如火一样）；日译为“火〈が自他に対してはたらく〉ように”（如火〈对于自他发生效用〉一样）；英译中未见对应的译词。

【小结】此颂是上一颂问题的继续，说的是“假如火能够自照，又能照他的话”，那么黑暗的情况也将如此，即也能够自覆和覆他，而这样的道理显然是不存在的。

第 37 颂

nāsti tamaśca jvalane yatra ca tiṣṭhati sadātmani jvalanaḥ|

kurute kathaṁ prakāśaṁ sa hi prakāśo’ndhakāravadhaḥ||37||

于火中无暗，何处自他住？彼暗能杀明，火云何有明？（36）

འབར་བྱེད་དང་ནི་གང་གཞན་ན།།མི་འདུག་པ་ན་མུན་པ་མེད།།གསལ་བྱེད་དེ་ནི་མུན་སེལ་ན།།ཇི་ལྟར་གསལ་བར་བྱེད་པ་ཡིན།།（37）

暗は光そのもののなかにもないし、光がある他の場所にもない。そのとき、暗を取り除くものである灯火は、どうして照らすはたらきをしようか。（37）

There is no darkness in fire nor in something else in which fire stands. How can it [then] illuminate？ For illumination is destruction of darkness.（37）

【考察】上句“nāsti tamaśca jvalane yatra ca tiṣṭhati sadātmani jvalanaḥ”可拆解为“nāsti tamaśca jvalane···sadātmani”“yatra ca tiṣṭhati···jvalanaḥ”两个句段分析，二者属于并列关系。前者“nāsti tamaśca jvalane···sadātmani”意为“黑暗不存在于光本身中”。对此的汉译为“于火中无暗”，藏译为“མི་འདུག་པ་ན་མུན་པ་མེད”（若有火则无黑暗），日译为“暗は光そのもののなかにもないし”

（黑暗既不存在于光本身中…），英译为“There is no darkness in fire”（在火中不存在黑暗）。后者“yatra ca tiṣṭhati…jvalanaḥ”意为“光也不住立于那个地方”。对此的汉译为“何处自他住”，藏译为“འབར་བྱེད་དང་ནི་གང་གཞན་ན”（若能烧其他），日译为“光がある他の場所にもない”（光也不在其他的场所），英译为“nor in something else in which fire stands”（也不在其他火住立的地方）。

下句“kurute kathaṁ prakāśaṁ sa hi prakāśo’ndhakāravadhaḥ”可拆解为“kurute kathaṁ prakāśaṁ”“sa hi prakāśo’ndhakāravadhaḥ”两个句段分析，前者是提问，后者是回答。前者“kurute kathaṁ prakāśaṁ”意为“如何制造光”，对此的汉译为“火云何有明”，藏译为“ཇི་ལྟར་གསལ་བར་བྱེད་པ་ཡིན”（如何能照亮黑暗），日译为“どうして照らすはたらきをしようか”（为何有照亮的作用），英译为“How can it［then］illuminate”（如何能照亮）。后者“sa hi prakāśo’ndhakāravadhaḥ”意为“是因为它是黑暗构成的杀害者”，对此的汉译为“彼暗能杀明”，藏译为“གསལ་བྱེད་དེ་ནི་མུན་སེལ་ན”（这个光若能消除黑暗），日译为“そのとき、暗を取り除くものである灯火は”（那时，驱除黑暗的灯火），英译为“For illumination is destruction of darkness”（因为照亮是黑暗的毁灭者）。

【小结】此颂也是上一颂问题的继续，说的是黑暗和光照二者之间的非共存性。换言之，由于黑暗不存在于光照中，与此同时，光也不存在于黑暗中，因此光无法实现照亮黑暗的作用。

第 38 颂

utpadyamāna eva prakāśayatyagnirityasadvādaḥ|

utpadyamāna eva prāpnoti tamo na hi hutāśaḥ||38||

如是火生时，即生时能照；火生即到暗，义则不相应。（37）

མི་འབྱུང་ཉིད་ན་གསལ་བྱེད་པ།།ཡང་དག་མིན་པར་སྨྲ་བ་སྟེ།།མི་འབྱུང་ཉིད་ན་མུན་པ་དང་།།ཕྲད་པ་མེད་པ་ཁོ་ན་ཡིན།།（38）

光は生じてくるときに照らすのだ、ということは正しい議論ではない。というのは、火は生じてくるときに暗に到達しないから。（38）

It is wrong to say that fire illuminates in the very process of its origination. For，in the very process of its origination，fire does not come in contact with darkness.（38）

【考察】上句“utpadyamāna eva prakāśayatyagnirityasadvādaḥ”可拆解为“utpadyamāna eva prakāśayatyagnir”“ityasadvādaḥ”两个句段分析。前者“utpadyamāna eva prakāśayatyagnir”是本句的主干部分，意为“火生起的时候照亮”，对此的汉译为“如是火生时，即生时能照”，藏译为“མེ་འབྱུང་ཉིད་ན་གསལ་བྱེད་པ”（火生起时照亮），日译为“光は生じてくるときに照らすのだ”（火生起的时候照亮），英译为“fire illuminates in the very process of its origination”（火在其生起的过程中照亮）。后者“ityasadvādaḥ”是本颂的结论部分，意为“这种说法不存在”。对此的汉译为“义则不相应”，藏译为“说法是不正确的”，日译为“ということは正しい議論ではない”（所说的不是正确的论议），英译为“It is wrong to say that”（这个说法是错误的）。

下句“utpadyamāna eva prāpnoti tamo na hi hutāśaḥ”可拆解为“hi”“utpadyamāna eva prāpnoti tamo na…hutāśaḥ”两个句段分析。前者“hi”是关系词，表示原因，对此汉藏译中没有对应的译词。日译为“というのは”（这是因为），英译为“For”（因为）。后者“utpadyamāna eva prāpnoti tamo na…hutāśaḥ”是本句的主干部分，意为“火在生起时不到达黑暗”。对此的汉译为“火生即到暗，义则不相应”，与前面的情况类似，汉译中经常会用到反问语气，以表示否定，因此这句话可以理解为“火不能到达黑暗”，即与梵文一致。藏译为“མེ་འབྱུང་ཉིད་ན་མུན་པ་དང་། །ཕྲད་པ་མེད་པ་ཁོ་ན་ཡིན”（当火生起时，的确不与黑暗相遇），日译为“火は生じてくるときに暗に到達しないから”（因为火生起时不到达黑暗），英译为“in the very process of its origination，fire does not come in contact with darkness”（在火生起的过程中，它并不与黑暗相接触）。

【小结】此颂是前面两颂问题的继续，说的是“假如你认为当火正在生起时而能照亮黑暗”，这样的道理也是不存在的。因为“当火生起的时候”，还没有来得及到达黑暗，因此也无法照亮黑暗。

第39颂

aprāpto’pi jvalano yadi vā punarandhakāramupahanyāt|

sarveṣu lokadhātuṣu tamo’yamihasaṁsthita upahanyāt||39||

若火不到暗，而能破暗者；火在此处住，应破一切暗。（38）

ཡང་ན་མེ་དང་མ་ཕྲད་ཀྱང་།།མུན་པ་སེལ་བར་བྱེད་ན་ནི།།འདི་ན་ཡོད་པ་གང་ཡིན་པས།།འཇིག་རྟེན་ཀུན་གྱི་མུན་སེལ་འགྱུར།།（39）

もし光が（暗に）到達もしないで暗をしりぞけるならば、ここにある光がすべての世界の暗を取り除くことにもなろう。（39）

Or，if fire destroyed darkness even without coming in contact with it，then this fire，standing here，would destroy darkness in all the worlds.（39）

【考察】上句“aprāpto’pi jvalano yadi vā punarandhakāramupahanyāt”可拆解为“aprāpto’pi jvalano yadi”“vā”“punarandhakāramupahanyāt”三个句段分析。其中，“vā”是起承上启下的连接词，意为“或者”，对此汉日两译中未见对应的译词，藏译为“ཡང་ན”（或者），英译为“Or”（或者）。“aprāpto’pi jvalano yadi”是本句中条件成分的前项，意为“假如火即便不到达”，对此的汉译为“若火不到暗”，藏译为“མེ་དང་མ་ཕྲད་ཀྱང”（虽然火没有接触），日译为“もし光が（暗に）到達もしないで”（如果光即使不到达〈黑暗〉），英译为“fire…even without coming in contact with it”（火，即使你没有接触它）。“punarandhakāramupahanyāt”是本句条件的后项，意为“（火）也能够破除黑暗的话…”。对此的汉译为“而能破暗者”，藏译为“མུན་པ་སེལ་བར་བྱེད་ན་ནི”（而能去除黑暗的话），日译为“暗をしりぞけるならば”（如果能击退黑暗的话），英译为“destroyed darkness”（摧毁黑暗）。

下句“sarveṣu lokadhātuṣu tamo’yamihasaṁsthita upahanyāt”可拆解为“sarveṣu lokadhātuṣu tamaḥ…upahanyāt”“ayamihasaṁsthita”两个句段分析。前者“sarveṣu lokadhātuṣu tamaḥ…upahanyāt”是句子的主干部分，意为“消除于一切处的黑暗”。对此的汉译为“应破一切暗”，藏译为“འཇིག་རྟེན་ཀུན་

གྱི་མུན་སེལ་འགྱུར”（除去一切世间黑暗），日译为“すべての世界の暗を取り除くことにもなろう”（去除所有世界的黑暗），英译为“would destroy darkness in all the worlds”（能够摧毁所有世界的黑暗）。

【小结】本颂是在前面几颂基础上的总结，说的是假如以上几种情况都不存在的话，那么还有一种可能就是光照即使不到达黑暗也能够照亮黑暗，而论者认为这显然是更为荒唐的。

第 40 颂

yadi ca svataḥpramāṇasiddhiranapekṣya te prameyāṇi|

bhavati pramāṇasiddhirna parāpekṣā hi siddhiriti||40||

若量能自成，不待所量成；是则量自成，非待他能成。（39）

གལ་ཏེ་རང་ལས་ཚད་མ་གྲུབ།།གཞལ་བྱ་རྣམས་ལ་མ་ལྟོས་པར།།ཁྱོད་ཀྱི་ཚད་མ་གྲུབ་འགྱུར་འདི།།རང་གྲུབ་གཞན་ལ་ལྟོས་མ་ཡིན།།（40）

もし自らで認識が成立するならば、君にとって、認識の対象を必要とせずに認識は成立することになる。自ら成立するとは、他を要しないことであるから。（40）

Furthermore：If the pramāṇas are self-established，then the‘means of true cognition’are established for you independently of the‘objects of true cognition’. For self-establishment does not require another thing.（40）

【考察】上句“yadi ca svataḥpramāṇasiddhiranapekṣya te prameyāṇi”可拆解为“ca”“yadi…svataḥpramāṇasiddhir”“anapekṣya…prameyāṇi”“te”四个句段分析。其中，“ca”是起承上启下作用的连接词，意为“进而”等。对此，英译为“Furthermore”，其他译文中未见相应译词。“yadi…svataḥpramāṇasiddhir”是句中的条件成分，意为“如果量自己成立的话”，对此的汉译为“若量能自成”，藏译为“གལ་ཏེ་རང་ལས་ཚད་མ་གྲུབ”（若由自量成），日译为“もし自らで認識が成立するならば”（如果认识自己成立的话），英译为“If the pramāṇas are self-established”（如果量自己成立的话）。“anapekṣya…prameyāṇi”是前句的状态描述，意为“没有观待所量”，对

此的汉译为“不待所量成”，藏译为“གཞལ་བྱ་རྣམས་ལ་མ་ལྟོས་པར”（不观待诸所量），日译为“認識の対象を必要とせずに認識は成立することになる”（不需要认识的对象而认识成立），英译为“independently of the‘objects of true cognition’”（不依赖真实的认识对象）。“te”是本句的插入状语，意为“对你来说”，由此表明立敌二者的立场。对此未见直接对应的汉译词，藏译为“ཁྱོད་ཀྱི”（你的），日译为“君にとって”（对你来说），英译为“for you”（对你来说）。

下句“bhavati pramāṇasiddhirna parāpekṣā hi siddhiriti”可拆解为“bhavati pramāṇasiddhir”“na parāpekṣā hi siddhiriti”两个句段分析。前者“bhavati pramāṇasiddhir”是主语部分，意为“有量成立”。对此的汉译为“是则量自成”，藏译为“རང་གྲུབ”（自成），日译为“自ら成立するとは”（所谓自成），英译为“For self-establishment”（因为自我成立）。后者“na parāpekṣā hi siddhiriti”是谓语部分，意为“故而说不需要观待其他”。对此的汉译为“非待他能成”，藏译为“གཞན་ལ་ལྟོས་མ་ཡིན”（不观待其他），日译为“他を要しないことであるから”（因为不需要其他），英译为“does not require another thing”（不需要其他事物）。

【小结】从本颂开始至51颂为止，探讨的都是有关“量”是如何成立的议题。换言之，从多个角度否定了量成立的条件，由此阐明立论者（中观论者）诸法无自性的主张。本颂首先提出，量不是自我成立了，即否定了量的自成性。理由是，如果量能够自我成立的话，那么作为所量的外境就跟量没有关系了。

第41颂

anapekṣya hi prameyānarthān yadi te pramāṇasiddhiḥ|

bhavati na bhavati kasyacidevamimāni pramāṇāni||41||

若不待所量，而汝量得成；如是则无人，用量量诸法。（40）

གལ་ཏེ་གཞལ་བྱའི་དོན་རྣམས་ལ།།མ་ལྟོས་ཁྱོད་ཀྱི་ཚད་མ་གྲུབ།།དེ་ལྟར་ཚད་མ་འདི་རྣམས་ནི།།གང་གིའང་ཡིན་པར་མི་འགྱུར་རོ།།（41）

もし君にとって認識の対象を必要としないで認識が成立するというならば、そのときにはその認識はいかなるものの認識でもありえない。（41）

If you think that the‘means of true cognition’are established independently of the‘objects to be cognized’, then those are of nothing.（41）

【考察】上句“anapekṣya hi prameyānarthān yadi te pramāṇasiddhiḥ”可拆解为“yadi”“te”“anapekṣya hi prameyānarthān”“pramāṇasiddhiḥ”四个句段分析。其中，“yadi”是句子的条件先行词，意为“如果”“假如”，对此的汉译为“若”，藏译为“གལ་ཏེ”（如果），日译为“もし”（如果），英译为“If”（如果）。“te”是第二人称单数的为格形式，意为“对于你而言”。对此的汉译为“汝量”，藏译为“ཁྱོད་ཀྱི་ཚད་མ”（你的量），即汉藏二者均将其译为属格形态；日译为“君にとって”（对于你而言）；英译为“you think that”（你认为那样），即将其译为主格形态。“anapekṣya hi prameyānarthān”是句子的谓语部分，“hi”在其中起到原因提示作用，而整个句段意为“因为不观待所量义”。对此的汉译为“不待所量”，藏译为“གཞལ་བྱའི་དོན་རྣམས་ལ་མ་ལྟོས”（不观待所量义），日译为“認識の対象を必要としないで”（不以认识对象为必要），英译为“independently of the‘objects to be cognized’”（不依赖对客体的认识）。

下句“bhavati na bhavati kasyacidevamimāni pramāṇāni”可拆解为“bhavati”“evamimāni pramāṇāni”“na bhavati kasyacid”三个句段分析。其中，“bhavati”可视为上句的谓语，在此忽略。“evamimāni pramāṇāni”是本句的主语部分，意为“像这样的诸量”。对此的汉译为“用量量诸法”，属于意译，藏译为“དེ་ལྟར་ཚད་མ་འདི་རྣམས་ནི”（像这样的量等），日译为“そのときにはその認識は”（在那时候其认识），英译为“those are”（那些是…）。“na bhavati kasyacid”是本颂的结论部分，意为“任何的（量）都不存在”，对此的汉译为“如是则无人”，藏译为“གང་གིའང་ཡིན་པར་མི་འགྱུར་རོ”（任何的〈量〉都不成立），日译为“いかなるものの認識でもありえない”（任何的认识都得不到），英译为“are of nothing”（没有任何事物）。

【小结】与上一颂的情况相反，立论者认为，假如量需要依赖所量才能成立，那么这样的量也就不称其为任何量了。

第 42 颂

atha matamapekṣya siddhisteṣāmityatra ko doṣaḥ|

siddhasya sādhanaṁ syānnāsiddho’pekṣate hyanyat||42||

若所量之物，待量而得成；是则所量成，待量然后成。（41）

འོན་ཏེ་ལྟོས་ནས་དེ་རྣམས་འགྲུབ།།འདོད་ན་དེ་ལ་སྐྱོན་ཅིར་འགྱུར།།མ་གྲུབ་གཞན་ལ་མི་ལྟོས་པས།།གྲུབ་པ་སྒྲུབ་པར་བྱེད་པ་ཡིན།།（42）

それと反対に、それらが（対象に）依存して成立すると考えるならば、どういう誤りになるかというと、すでに成立しているものをさらに成立させることになる。というのは、存在していないものは他に依存することはないから。（42）

［The opponent may reply：］If it is admitted that they are established in relation［to the objects to be cognized］, what defect is there? –［The defect is that］what is［already］established is established［again］. For something that is not established does not require something else.（42）

【考察】上句“atha matamapekṣya siddhisteṣāmityatra ko doṣaḥ”可拆解为“atha”“matamapekṣya siddhisteṣāmity”“atra ko doṣaḥ”三个句段分析。其中，“atha”是表示转折关系的先行副词，意为“然而”。对此，汉译中没有相对应的译词，藏译为“འོན་ཏེ”（然而），日译为“それと反対に”（与之相反），英译为“The opponent may reply”（我回应的观点是）。“matamapekṣya siddhisteṣāmity”是本句的条件部分，意为“认为这些通过观待所说义而成立”，对此的汉译为“若所量之物，待量而得成”，藏译为“ལྟོས་ནས་དེ་རྣམས་འགྲུབ་འདོད་ན”（如果认为那些是通过观待而成），日译为“それらが（対象に）依存して成立すると考えるならば”（如果认为那些是依存〈于对象〉而成立的话…），英译为“If it is admitted that they are established in relation［to the objects to be cognized］”（如果承认那些是在〈与所认识的对象的〉关系中建立起来的话…）。“atra ko doṣaḥ”是本句的结果部分，由于是以提问方式出现的，所以也意味着本颂下句将就此问题做出回答，意为“于此有什么过失呢”。对此，汉译是将反问语气贯穿到了整句，故而无法找出具体的对应译词。藏译为“དེ་ལ་སྐྱོན་ཅིར་འགྱུར”（于彼成为何过呢），日译为“どういう誤りになるか”（成为怎样的过失呢），英译为“what defect is there”（有什么缺点呢）。

下句“siddhasya sādhanaṁ syānnāsiddho’pekṣate hyanyat”可拆解为“siddhasya sādhanaṁ syān”“nāsiddho’pekṣate…anyat”“hy”三个句段分析。其中，“hy”是不变辞，在句中起原因提示作用，意为“之所以…是因为…”。对此的汉译为“是则”，藏译中未见相应对译词，日译为“というと”（之所以这样说，是因为…），英译为“For”（因为）。“siddhasya sādhanaṁ syān”是本句的主语部分，意为“将有成立的成立存在”，对此的汉译为“所量成”，藏译为“མ་གྲུབ་གཞན་ལ་མི་ལྟོས་པས།།གྲུབ་པ་སྒྲུབ་པར་བྱེད་པ་ཡིན”（未成立的量不观待他，已成立的量是能成），日译为“すでに成立しているものをさらに成立させることになる”（令已经成立的量再次成立），英译为“[The defect is that] what is [already] established is established [again]”（〈其缺点在于〉将已经确立的认识做了〈再次的〉确定）。“nāsiddho’pekṣate…anyat”是本颂的结论，意为“非成立的量不观待其他的量”。对此的汉译为“待量然后成”，藏译为“གྲུབ་པ་སྒྲུབ་པར་བྱེད་པ་ཡིན”（所成是能成），日译为“というのは、存在していないものは他に依存することはないから”（这是因为，不存在的量不依赖其他的量），英译为“For something that is not established does not require something else”（因为没有确立的事物不要求有其他事物）。

【小结】此颂是在上一颂基础上的进一步阐述，说的是量依赖的不是所量，而是所量的所成立义，那么就会有一个矛盾存在，即想要证明的事项与将要提供的理由或证据是一致的，由此出现了重复论证。

第 43 颂

sidhyanti hi prameyāṇyapekṣya yadi sarvathā pramāṇāni|

bhavati prameyasiddhiranapekṣyaiva pramāṇāni||43||

若物无量成，是则不待量；汝何用量成？彼量何所成？（42）

གལ་ཏེ་ཡོང་ཡེ་གཞལ་བྱ་ལ།།ལྟོས་ནས་ཚད་མ་འགྲུབ་ཡིན་ན།།ཚད་མ་རྣམས་ལ་མ་ལྟོས་པར།།གཞལ་བར་བྱ་བ་འགྲུབ་པར་འགྱུར།།（43）

もしあらゆるばあいに、認識が認識の対象に依存して成立しているならば、認識の対象は認識に依存しないで成立することになる。（43）

Besides：If the pramāṇas are at all events established in relation to the prameyas，the prameyas are not established in relation to the pramāṇas.（43）

【考察】上句“sidhyanti hi prameyāṇyapekṣya yadi sarvathā pramāṇāni”可拆解为“yadi”“sarvathā”“sidhyanti hi…pramāṇāni”“prameyāṇyapekṣya”四个句段分析。其中，“yadi”是句子的条件先行词，意为“如果”“假如”，对此的汉译为“若”，藏译为“གལ་ཏེ”（如果），日译为“もし…ならば”（如果），英译为“If”（如果），即与前面段落相同。“sarvathā”是句子中的处所状语，意为“于一切处”。汉藏两译中都未见有相对应的译词。日译为“あらゆるばあいに”（在任何情况下），英译为“at all events”（无论如何都）。“prameyāṇyapekṣya”是修饰“sidhyanti”的不定式词组，意为“观待诸所量”。对此的汉译为“是则不待量”，藏译为“གཞལ་བྱ་ལ།།ལྟོས་ནས”（观待所量），日译为“認識の対象に依存して”（依存于认识的对象），英译为“in relation to the prameyas”（与所量相关联）。“sidhyanti hi…pramāṇāni”是句子的主干部分，意为“诸量成立”。对此的汉译为“物无量成”，藏译为“ཚད་མ་འགྲུབ་ཡིན”（量成立），日译为“認識が…成立している”（认识成立），英译为“the pramāṇas are…established”（量成立）。

下句“bhavati prameyasiddhiranapekṣyaiva pramāṇāni”可拆解为“bhavati prameyasiddhir”“anapekṣyaiva pramāṇāni”两个句段分析。前者“bhavati prameyasiddhir”是本句的主干部分，意为“所量成立”。对此的汉译为“汝何用量成，彼量何所成”，这里用了两个反问式，表示对不依赖量而所量成立的否定，即属于意译。藏译为“གཞལ་བར་བྱ་བ་འགྲུབ་པར་འགྱུར”（所量成立），日译为“認識の対象は…成立することになる”（认识对象成立），英译为“the prameyas are not established”（所量不成立）。后者“anapekṣyaiva pramāṇāni”是中顿式状语，意为“不观待诸量”。对此，汉译中如上采取的是意译策略，即没有直接的对应译词。藏译为“ཚད་མ་རྣམས་ལ་མ་ལྟོས་པར”（不观待诸量），日译为“認識に依存しないで”（不依存于认识），英译为“in relation to the pramāṇas”（在与量的关联中）。

【小结】本颂是在上一颂讨论基础上的继续，说的是如果在“任何情况下”，量都需要依赖所量而成立，那么由此引发的问题将是，所量将不受量的限制而任意成立。

第 44 颂

yadi ca prameyasiddhiranapekṣyaiva bhavati pramāṇāni|

kiṁ te pramāṇasiddhyā tāni yadarthaṁ prasiddhaṁ tat||44||

若汝彼量成，待所量成者；是则量所量，如是不相离。（43）

གལ་ཏེ་ཚད་མ་རྣམས་ལ་ནི།།མ་ལྟོས་པར་ཡང་གཞལ་བྱ་འགྲུབ།།གང་ཕྱིར་དེ་དག་དེ་འགྲུབ་ན།།ཁྱོད་ཀྱི་ཚད་མ་འགྲུབ་པས་ཅི།།（44）

しかし、もし認識の対象が認識に依存しないで成立しているならば、君にとって認識の存在は何の役にたつのか——認識にはある目標があるのに、その目標はすでに成立してしまっているのだから。（44）

And if the prameyas are established even independently of the pramāṇas, what do you gain by establishing the pramāṇas? That whose purpose they serve is［already］established.（44）

【考察】上句“yadi ca prameyasiddhiranapekṣyaiva bhavati pramāṇāni”可拆解为“ca”“yadi”“prameyasiddhir bhavati”“pramāṇāni anapekṣyaiva”四个句段分析。其中，“ca”是连接词，有“和”“进而”“然而”等意，在本颂中起到与上一颂相关联的作用。对此，汉藏两译中未见对应的译词。日译为“しかし”（然而），即译为转折语气；英译为“and”（进而），即译为递进语气。“yadi”的情况与前面偈颂的情况完全相同，在此不重复解释。“prameyasiddhir bhavati”是句子的主干部分，译为“所量成立”，对此的汉

译为“汝彼量成”，其中“汝”是将下句中的“te”移到了前面翻译，藏译为“་གཞལ་བྱ་འགྲུབ”（所量成立），日译为“認識の対象が…成立しているならば”（若认识的对象成立…），英译为“if the prameyas are established”（如果认识对象成立）。“pramāṇāni anapekṣyaiva”是本句的状语成分，意为“的确（以）不观待诸量”。对此的汉译为“待所量成者”，藏译为“ཚད་མ་རྣམས་ལ་ནི།།མ་ལྟོས་པར་ཡང”（也不观待诸量），日译为“認識に依存しないで”（不依存于认识），英译为“even independently of the pramāṇas”（甚至独立于诸量）。

下句“kiṁ te pramāṇasiddhyā tāni yadarthaṁ prasiddhaṁ tat”可拆解为“te”“tāni”“kiṁ pramāṇasiddhyā”“yadarthaṁ prasiddhaṁ tat”四个句段分析。其中，有关“te”的用法在前面的颂中解释过，故而在此不再重复。“tāni”是本句的插入成分，指的应该是前面所提到的“诸量”，意为“通过诸量”。对此，日译中的“認識にはある目標があるのに”（于认识中尽管已经存在着目标）似乎是对此的意译，而其他译文中均未见到直接对应的译词。“kiṁ pramāṇasiddhyā”是以反问形式对本颂给出的结论，意为“量的成立又意味着什么呢”。对此的汉译为“如是不相离”，即用的是肯定的语气，而没有依照梵文译为反问的语气。藏译为“ཁྱོད་ཀྱི་ཚད་མ་འགྲུབ་པས་ཅི”（成立你的量又为什么呢），日译为“認識の存在は何の役にたつのか”（认识的存在又有什么用呢），英译为“what do you gain by establishing the pramāṇas”（通过建立量又能获得什么好处呢）。最后的“yadarthaṁ prasiddhaṁ tat”是就前面疑问所给出的理由，意为“因为其目的就是所成立”。对此的汉译为“是则量所量”，藏译为“གང་ཕྱིར་དེ་དག་དེ་འགྲུབ་ན”（故而，那些量若是成立的话），日译为“その目標はすでに成立してしまっているのだから”（因为其目标已经实现了），英译为“That whose purpose they serve is ［already］ established”（他们所服务的目的〈已经〉确立了）。

【小结】此颂仍是接续上面就量与所量二者关系进行的探讨，本颂说的是，假如所量不依赖量而能够成立，那么就会有一个问题产生，即所量既然已经成立了，那么量又有何用呢？这种情况在因明中属于犯了“所证相似”（sadhyāsama），即所提供的证据被用于证明一个已经被证明的对象，因此是毫无意义的。

第 45 颂

atha tu pramāṇasiddhirbhavatyapekṣyaiva te prameyāṇi|

vyatyaya evaṁ sati te dhruvaṁ pramāṇaprameyāṇām||45||

若量成所量，若所量成量；汝若如是者，二种俱不成。（44）

ཅི་སྟེ་ཁྱོད་ཀྱི་ཚད་མ་རྣམས།།གཞལ་བྱ་རྣམས་ལ་ལྟོས་ནས་འགྲུབ་།།དེ་ལྟར་ཁྱོད་ཀྱི་ཚད་མ་དང་།།གཞལ་བྱ་ངེས་པར་ལྡོག་པར་འགྱུར།།（45）

けれども反対に、君にとって、認識は必ず認識の対象に依存して成立するのであるならば、そのようなばあいには、認識とその対象との関係は必ず逆転してしまう。（45）

Besides，if you establish the pramāṇas in relation to the prameyas，then there is certainly an interchange of pramāṇas and prameyas.（45）

【考察】上句“atha tu pramāṇasiddhirbhavatyapekṣyaiva te prameyāṇi”可拆解为“atha tu”“te”“pramāṇasiddhirbhavaty”“apekṣyaiva…prameyāṇi”四个句段分析。其中，“atha tu”是起承上启下作用的连接词组，意为“进而也”。对此，汉译中没有直接的对译词。藏译为“ཅི་སྟེ”（然而），日译为“けれども反対に”（然而相反），英译为“Besides”（此外）。“te”的用法和在各语本中的表现亦如前所述，在此省略。“pramāṇasiddhirbhavaty”是本句的主干部分，意为“有量成立”，对此的汉译为“量成所量”，藏译为“ཁྱོད་ཀྱི་ཚད་མ་རྣམས…འགྲུབ”（如果你的量成立），日译为“認識は…成立するのであるならば”（如果认识成立），英译为“if you establish the pramāṇas”（如果你成立诸量）。“apekṣyaiva…prameyāṇi”是修饰主干部分的状语成分，意为“不观待诸量”，对此的汉译为“若所量成量”，藏译为“གཞལ་བྱ་རྣམས་ལ་ལྟོས་ནས”（通过观待所量），日译为“必ず認識の対象に依存して”（一定要依存于对象），英译为“in the relation to the prameyas”（在与诸量的关联中）。

下句“vyatyaya evaṁ sati te dhruvaṁ pramāṇaprameyāṇām”可拆解为

“te”“evaṁ sati”“vyatyaya···dhruvaṁ pramāṇaprameyāṇām” 三个句段分析。“te”是“tvam”的属格或为格形式，意为“你的”或“对于你而言”。对此，汉译为“汝…”，即译为主格；藏译为“ཁྱོད་ཀྱི”（你的），即译为属格；日英两译没有直接的对译词。“evaṁ sati”是本句的条件状语，意为“当如此存在时”。对此的汉译为“若如是者”，藏译为“དེ་ལྟར”（像这样），日译为“そのようなばあいには”（在那种情况下），英译为“then”（于是）。“vyatyaya···dhruvaṁ pramāṇaprameyāṇām”是句子的主干部分，意为“量和所量的（关系）必然是颠倒的”。对此的汉译为“二种俱不成”，即不是对过程的描述，而是对结果的否定。藏译为“ཁྱོད་ཀྱི་ཚད་མ་དང་།།གཞལ་བྱ་ངེས་པར་ལྡོག་པར་འགྱུར”（你的量和所量，成为颠倒），日译为“認識とその対象との関係は必ず逆転してしまう”（认识与认识对象的关系必然翻转），英译为“there is certainly an interchange of pramāṇas and prameyas”（量和所量的互换是必然的）。

【小结】本颂仍是前面量与所量关系探讨的继续，本颂说的是，假如量的产生必然依赖所量，那么就与前面的情况相反，即道理上仍是说不通的。

第 46 颂

atha tai[①] pramāṇasiddhyā prameyasiddhiḥ prameyasiddhyā cā

bhavati pramāṇasiddhirnāstyubhayasyāpi te siddhiḥ||46||

未见对应汉译。

འོན་ཏེ་ཁྱོད་ཀྱིས་ཚད་གྲུབ་པས།།གཞལ་བར་བྱ་བ་འགྲུབ་འགྱུར་ལ།།གཞལ་བྱ་གྲུབ་པས་ཚད་བསྒྲུབས་ན།།ཁྱོད་ཀྱིས་གཉིས་ཀ་འགྲུབ་མི་འགྱུར།།（46）

また君にとって、認識の成立によって認識の対象が成立し、同時に、認識の対象の成立によって認識が成立するのであれば、その両者と

① 米泽本调整为“te”，但这解释不了为何古藏语将此译为“ཁྱོད་ཀྱིས”（由你）即作为工具格处理的疑点。

も成立しないことになる。（46）

Now，if you think that through the establishment of the pramāṇas are established the prameyas，and that through the establishment of the prameyas are established the pramāṇas，then neither the prameyas nor the pramāṇas are established for you.（46）

【考察】根据此颂上下文义的连通性，现首先将其分断为“atha tai pramāṇasiddhyā prameyasiddhiḥ prameyasiddhyā cā bhavati pramāṇasiddhr”和“nāstyubhayasyāpi te siddhiḥ”两个句子理解。

对于前句，可将前句拆解为“atha”“tai”“pramāṇasiddhyā prameyasiddhiḥ prameyasiddhyā cā bhavati pramāṇasiddhr”三个句段分析。其中，“atha”是表示递进或转折关系的副词，意为“进而”“然而”等。对此，汉译中未见直接对应的译词。藏译为“འོན་ཏེ”（然而），日译为“また”（此外），英译为“Now”（然而）。对于“tai”，根据现有语法，找不到相应的变化规则，故而米泽本将其调整为“te”，不过根据藏译将其译为“ཁྱོད་ཀྱིས”（由你）的情况来看，取的是工具格的用法，即与“te”所具有的属格和为格的用法不完全一致。日译为“君にとって”（对于你而言），即是按照为格翻译的，而米泽本的修改或许是参照了梶山的日语译文。英译为“you”，取的是主格或表示施动者的工具格形态，与前面几处保持一致。“pramāṇasiddhyā prameyasiddhiḥ prameyasiddhyā cā bhavati pramāṇasiddhr”由两个并列句段构成，中间以“cā”①连接，意为“（如果）通过量的成立而所量成立，以及通过所量的成立而量成立”。对此的藏译为“ཁྱོད་ཀྱིས་ཚད་གྲུབ་པས།།གཞལ་བར་བྱ་བ་འགྲུབ་འགྱུར་ལ།།གཞལ་བྱ་གྲུབ་པས་ཚད་བསྒྲུབས་ན”（如果你认为，对于由量成立所量者，需要以所量成立量的话），日译为“認識の成立によって認識の対象が成立し、同時に、認識の対象の成立によって認識が成立するのであれば”（如果认识对象的成立依赖认识的成立，同时，认识的成立依赖认识对象的成立），英译为

① 米泽本调整为“ca”，因为在梵文中找不到对应的词汇。

“if you think that through the establishment of the pramāṇas are established the prameyas，and that through the establishment of the prameyas are established the pramāṇas”（如果你认为，需要通过诸量建立所量，以及通过所量建立诸量）。

对于后句，可拆解为“te”“nāstyubhayasyāpi siddhiḥ”两个句段分析。前者“te”是“tvad”的为格或属格形式，意为“对于你而言”或“你的”。对此，汉译和日译中未见有直接的对译词。藏译为“ཁྱོད་ཀྱིས”（由你），即与上句一样，也是按照工具格来翻译的。英译为“for you”（对于你）。“nāstyubhayasyāpi siddhiḥ”是本句的主干部分，意为“二者都成立的情况是不存在的”。对此的藏译为“གཉིས་ཀའང་འགྲུབ་མི་འགྱུར”（二者都不成立），日译为“その両者とも成立しないことになる”（两者都不成立），英译为“then neither the prameyas nor the pramāṇas are established”（这样一来，所量和诸量都不成立）。

【小结】本颂仍是前面量与所量关系探讨的继续，本颂说的是，假若对方认为量的产生必须依赖所量，与此同时，所量的产生也必须依赖量，即二者相互依赖的话，那么就会导致二者都无法成立了，这样的道理同样是说不通的。

第 47 颂

sidhyanti hi pramāṇairyadi prameyāṇi tāni taireva|

sādhyāni ca prameyaistāni kathaṁ sādhayiṣyanti||47||

量能成所量，所量能成量；若义如是者，云何能相成？（45）

གལ་ཏེ་གཞལ་བྱས་ཚད་མ་གྲུབ།།ཚད་མ་དེ་དག་རྣམས་ཀྱིས་ཀྱང་།།དེ་དག་བསྒྲུབ་པར་བྱ་ཡིན་ན།།དེ་དག་ཇི་ལྟར་བསྒྲུབ་པར་འགྱུར།།（47）

すなわち、もし認識の対象は認識によって成立し、また後者は前者である対象によって成立させられるものだとすれば、認識はどうして（対象を）成立させようか。（47）

Because，if the prameyas owe their establishment to the pramāṇas，and if those pramāṇas are to be established by those very prameyas，how will the pramāṇas establish［the prameyas］?（47）

【考察】上句“sidhyanti hi pramāṇairyadi prameyāṇi tāni taireva”可拆解为“yadi”“hi”“sidhyanti…pramāṇair…prameyāṇi”“tāni taireva” 四个句段分析。其中，“yadi”是表示假定条件的先行词，意为“如果”“假如”，汉译中未见与此相对应的译词，藏译为“གལ་དེ…ན”（如果…的话），日译为“もし…とすれば”（如果…的话），英译为“if…”（如果…）。“hi”是表示原因的不变辞，意为“之所以…，是因为…”。对此，汉藏两译中未见直接对应的译词。日译为“すなわち”（即…），英译为“Because”（因为…）。“sidhyanti…pramāṇair… prameyāṇi” 意为“诸所量由诸量成立”，对此的汉译为“量能成所量”，藏译为“གཞལ་བྱས་ཚད་མ་སྒྲུབ”（由所量成立量），日译为“認識の対象は認識によって成立し”（认识对象由认识成立），英译为“the prameyas owe their establishment to the pramāṇas”（所量的建立归功于量）。“tāni taireva”是延续前面成分的置换论证，意为“那些也通过那些”，对此的汉译为“所量能成量”，藏译为“ཚད་མ་དེ་དག་རྣམས་ཀྱིས་ཀྱང”（也根据那些量），日译为“また後者は前者である対象によって”（进而，后者由作为前者的对象），英译为“if those pramāṇas are to be established by those very prameyas”（如果这些量的成立由这些所量…）。

下句“sādhyāni ca prameyaistāni kathaṁ sādhayiṣyanti”可拆解为“sādhyāni ca prameyais”“tāni kathaṁ sādhayiṣyanti”两个句段分析，前后二者构成条件和结果的关系。前者“sādhyāni ca prameyais”是本句的条件事项，意为“所立也由所量”。对此的汉译为“若义如是者”，藏译为“དེ་དག་བསྒྲུབ་པར་བྱ་ཡིན་ན”（如果这些由量所成立），日译为“成立させられるのだとすれば”（令所成立的话），英译为“are to be established”（得到成立）。后者“tāni kathaṁ sādhayiṣyanti”是本句的结果事项，意为“它们将如何成立”。对此的汉译为“云何能相成”，藏译为“དེ་དག་ཇི་ལྟར་བསྒྲུབ་པར་འགྱུར”（那些如何成立），日译为“認識はどうして（対象を）成立させようか”（认识如何令

〈对象〉成立），英译为“how will the pramāṇas establish［the prameyas］”（诸量将如何成立〈所量〉）。

【小结】本颂仍是承续前面有关量和所量关系的讨论，本颂说的是，假如所量是由量产生的，而且这些量的产生又要依赖于所量，那么就会存在一个量是如何成立所量的问题，故而在道理上是说不通的。

第 48 颂

sidhyanti ca prameyairyadi pramāṇāni tāni taireva|

sādhyāni ca prameyaistāni kathaṁ sādhayiṣyanti||48||

所量能成量，量能成所量；若义如是者，云何能相成？（46）

གལ་ཏེ་གཞལ་བྱས་ཚད་མ་གྲུབ།།ཚད་མ་དེ་དག་རྣམས་ཀྱིས་ཀྱང་།།དེ་དག་བསྒྲུབ་པར་བྱ་ཡིན་ན།།དེ་དག་ཇི་ལྟར་བསྒྲུབ་པར་འགྱུར།།（48）

もし認識が対象によって成立し、また後者は前者である認識によって成立させられるのだとすれば、対象はどうして（認識を）成立させようか。（48）

And if the pramāṇas owe their establishment to the prameyas, and if those prameyas are to be established by those very pramāṇas, how will the prameyas establish［the pramāṇas］?（48）

【考察】上句“sidhyanti ca prameyairyadi pramāṇāni tāni taireva”可拆解为“yadi”“ca”“sidhyanti…prameyair pramāṇāni”“tāni taireva”四个句段分析。其中，“yadi”是表示假定条件的先行词，意为“如果”“假如”，汉译中未见与此相对应的译词，藏译为“གལ་ཏེ…ན”（如果…的话），日译为“もし…とすれば”（如果…的话），英译为“if…”（如果…）。“ca”是表示并列或递进关系的接续词，在本句中与下句中的“ca”一起构成递进关系。对此，除英译以“and…and”加以表示外，其他几种译本都未见直接的对应译词。“sidhyanti…prameyair pramāṇāni”意为“诸量由所量成立”，对此的汉译为“所量能成量”，藏译为“གཞལ་བྱས་ཚད་མ་གྲུབ”（由所量成立量），日译为“認識が対象によって成立し”（认识由对象成立），英译为“the pramāṇas owe their establishment to the prameyas”（量的建立归功于所量）。“tāni taireva”是延续前面成分的置换论证，意为“那些也通过那些”，对此的汉译为“量能成所量”，藏译为“ཚད་མ་དེ་དག་རྣམས་ཀྱིས་ཀྱང་”（也根据那些量），日译为“また後者は前者である認識によって”（进而，后者由作为前者的认识），英译为“if those prameyas…by those very pramāṇas”（如果这些所量由这些量…）。

下句“sādhyāni ca prameyaistāni kathaṁ sādhayiṣyanti”可拆解为“sādhyāni ca prameyais”“tāni kathaṁ sādhayiṣyanti”两个句段分析，前后二者构成条件和结果的关系。前者“sādhyāni ca prameyais”是本句的条件事项，意为“所立也由所量”。对此的汉译为“若义如是者”，藏译为“དེ་དག་བསྒྲུབ་པར་བྱ་ཡིན་ན”（如果这些由量所成立），日译为“成立させられるのだとすれば”（令所成立的话），英译为“are to be established”（被成立）。后者“tāni kathaṁ sādhayiṣyanti”是本句的结果事项，意为“它们将如何成立”。对此的汉译为“云何能相成”，藏译为“དེ་དག་ཇི་ལྟར་བསྒྲུབ་པར་འགྱུར”（那些如何成立），日译为“対象はどうして（認識を）成立させようか”（对象如何令〈认识〉成立），英译为“how will the prameyas establish [the pramāṇas]”（所量将如何成立〈量〉）。

【小结】本颂仍是承续前面有关量和所量关系的探讨，情况与上一颂相反，即假如一个量是由所量产生的，而且这些所量的产生又依赖于量，那么就会存在一个所量是如何成立量的问题，故而在道理上也是说不通的。

第 49 颂

pitrā yadyutpādyaḥ putro yadi tena caiva putreṇa|

utpādyaḥ sa yadi pitā vada tatrotpādayati kaḥ kam||49||

为是父生子？为是子生父？何者是能生？何者是所生？（47）

གལ་ཏེ་ཕ་ཡིས་བུ་བསྐྱེད་བྱ། །གལ་ཏེ་བུ་དེ་ཉིད་ཀྱིས་ཀྱང་། །ཅི་སྟེ་ཕ་དེ་བསྐྱེད་བྱ་ན། །དེས་ན་གང་གིས་གང་བསྐྱེད་སྨོས། །（49）

もし父によって息子は生じさせられ、またその同じ息子によってそ

の父が生じさせられるのなら、その際、いずれがいずれを生じさせるかを言え。（49）

If the son is to be produced by the father，and if that father is to be produced by that very son，tell me which of these produces which other.（49）

【考察】上句“pitrā yadyutpādyaḥ putro yadi tena caiva putreṇa”可拆解为“pitrā yadyutpādyaḥ putro”“yadi tena caiva putreṇa”两个句段分析，二者各自由一个“yadi”引起，共同构成后面的条件，意为“如果子为父所生”“如果也像那样（父）为子所生”。对此的汉译为“为是父生子”“为是子生父”，藏译为“གལ་ཏེ་ཕ་ཡིས་བུ་བསྐྱེད་བྱ”（如果父生子）、“གལ་ཏེ་བུ་དེ་ཉིད་ཀྱིས་ཀྱང”（如果也由这个儿子），日译为“もし父によって息子は生じさせられ”（如果子为父所生）、“またその同じ息子によって”（进而，由此子所生），英译为“If the son is to be produced by the father”（如果儿子为父亲所生）、“and if···by that very son”（以及···又为那个儿子所生）。值得一提的是，日英两种现代译文在后面句段中都强调了“此子”，也就是前面为父亲所生的那个儿子，或许都是参照了藏译中的“བུ་དེ་ཉིད”（这个儿子）的译词，而这一点在汉译乃至梵语原文中都没有得到强调。

下句“utpādyaḥ sa yadi pitā vada tatrotpādayati kaḥ kam”可拆解为“utpādyaḥ sa yadi pitā”“vada tatrotpādayati kaḥ kam”两个句段分析。前者“utpādyaḥ sa yadi pitā”是本句的条件成分，意为“如果是由父生起的话”，对此的汉译为“何者是能生”，藏译为“ཅི་སྟེ་ཕ་དེ་བསྐྱེད་བྱ་ན”（如果此父是所生），日译为“その父が生じさせられるのなら”（其父亲为所生的话），英译为“that father is to be produced”（父亲为所生）。后者“vada tatrotpādayati kaḥ kam”是本颂提出的疑问，意为“在此需要说谁生谁”。对此的汉译为“何者是所生”，藏译为“དེས་ན་གང་གིས་གང་བསྐྱེད་སྨྲོས”（须说彼谁生谁），日译为“その際、いずれがいずれを生じさせるかを言え”（这个时候，请说谁生谁），英译为“tell me which of these produces which other”（请告诉我哪些产生另一些）。

【小结】此 49 颂以及下面的第 50 颂，都是就以上量和所量关系之探讨所给出的具体实例。本颂的实例是，假如某孩子是由某父亲所生的，与此同时，这位父亲又为这位孩子所生，那么就会出现到底谁生谁的问题。

第 50 颂

kaśca pitā kaḥ putrastatra tvaṁ brūhi tāvubhāvapi ca|

pitāputralakṣaṇadharau yato naḥ putrasaṁdehaḥ||50||

为何者是父？为何者是子？汝说此二种，父子相可疑。（48）

དེ་དག་གཉིས་ཀ་འང་པ་དང་བུའི།།མཚན་ཉིད་འཛིན་པས་དེ་ཡི་ཕྱིར།།དེ་ལ་ཕོ་བོ་ཐེ་ཚོམ་གྱུར།།དེ་ལས་པ་གང་བུ་གང་སྨྲོས།།（50）

その際に、だれが父であり、だれが息子であるかを君は言え。それらのふたりがともに父と息子との特徴をもっていることになるので、そこにわれわれの疑いが生じる。（50）

Tell me which of these is the father，and which other the son. Both of them bear，indeed，the marks of a father and that of a son，wherefore we have a doubt here.（50）

【考察】上句“kaśca pitā kaḥ putrastatra tvaṁ brūhi tāvubhāvapi ca”可拆解为“kaśca pitā kaḥ putras”“tvaṁ brūhi”“tatra…tāvubhāvapi ca”三个句段分析。其中，“tvaṁ brūhi”是句子的陈述部分，意思是“请你说”，对此的汉译为“汝说”，藏译为“སྨྲོས”（请你说），日译为“君は言え”（请你说），英译为“Tell me”（告诉我）。“kaśca pitā kaḥ putras”和“tatra…tāvubhāvapi ca”二者都是陈述的内容。其中，后者是主语部分，意为“二者于此”，对此的汉译为“此二种”，藏译为“དེ་དག་གཉིས་ཀའང”（彼等二者），日译为“それらのふたりがともに”（它们二者都…），英译为“Both of them bear”（它们二者都）。前者是宾语部分，意为“谁是谁”，汉译为“为何者是父？为何者是子”，藏译为“དེ་ལས་པ་གང་བུ་གང”（谁是父谁是子），日译为“その際に、だれが父であり、だれが息子であるかを”（此时，谁是父亲，谁是儿子），英译为“which of these is the father，and which other the son”（这些中谁是父亲，谁是另外的儿子）。

下句“pitāputralakṣaṇadharau yato naḥ putrasaṁdehaḥ”可拆解为“pitāputralakṣaṇadharau”“yato naḥ putrasaṁdehaḥ”两个句段分析，前后二者为因果关系。前者“pitāputralakṣaṇadharau”意为“因为具有父子二种相”，对此的汉译为“父子相”，藏译为“ཕ་དང་བུའི།།མཚན་ཉིད་འཛིན་པས”（通过取父子相），日译为“父と息子との特徴をもっていることになるので”（由于具有父与子的特征），英译为“indeed，the marks of a father and that of a son”（的确，有父亲和儿子的特征）。后者“yato naḥ putrasaṁdehaḥ”意为“我由此产生小的疑问”。对此的汉译为“可疑”，藏译为“དེ་ལ་ཁོ་བོ་ཐེ་ཚོམ་སྐྱུར”（对此有疑问），日译为“そこにわれわれの疑いが生じる”（我们由此产生疑问），英译为“wherefore we have a doubt here”（因此我们就此产生疑问）。

【小结】此颂是上一颂问题的继续，说的是，假如上面的说法能够成立，即可以相互生成的话，那么由于二者都具备父子二者的特征，因此谁是父，谁是子也就成了问题。

第 51 颂

naiva svataḥprasiddhirna parasparataḥ pramāṇairvā|

bhavati na ca prameyairna cāpyakasmāt pramāṇānām||51||

量非自能成，非是自他成；非是异量成，非无因缘成。（49）

ཚད་མ་རྣམས་ནི་རང་ཉིད་ཀྱིས།།འགྲུབ་མིན་ཕན་ཚུན་གྱིས་མིན་པའམ།།ཚད་མ་གཞན་གྱིས་མ་ཡིན་ལ།།གཞལ་བྱས་མ་ཡིན་རྒྱུ་མེད་མིན།།（51）

実に、（四種の）認識は独立に成立するのでもなく、一つが他にとってでもなく、（それ自身とは）別個な認識によってでもなく、対象によってでもなく、あるいは偶然に（原因なくして）成立するものでもない。（51）

The pramāṇas are not established by themselves or by one another or by other pramāṇas. Nor are they established by the prameyas，or accidentally.（51）

【考察】本颂由四个否定句构成，全句的主语“pramāṇānām”（诸量）和谓语动词“bhavati”（成为）都在下句。其余可拆解为“naiva svataḥprasiddhir”“na parasparataḥ pramāṇairvā”“na ca prameyair”“na cāpyakasmāt”四个句段分析。对于主语“pramāṇānām”，汉译为“量”；藏译为“ཚད་མ་རྣམས་ནི”（量等），其中“ནི”为表示主语的助词；日译为“（四種の）認識は”（〈四种的〉认识），其中“は”有提示主语的功能，同时强调了量的“四种”；英译为“The pramāṇas are”（诸量）。除了汉译外，其他译本都从不同角度强调了复数和主语这两个特征。

“bhavati”是全句的谓语动词，是构成判断句式的基础，因此各语本都会根据自身的语法功能加以体现，即很难做到直接对应。上句中的“naiva svataḥprasiddhir”是第一重否定，其中“eva”属于语气副词，即对本颂要表达的否定语气做了强调，日译将其放在颂首，译为“実に”（事实上），旨在强调其对全句起作用的功能。换言之，如果把“eva”（事实上）的功能扩大到全句，那么这个句段就可以理解为“不自我成立”。对此的汉译为“非自能成”，藏译为“རང་ཉིད་ཀྱིས།།འགྲུབ་མིན”（不由自我成立），日译为“独立に成立するのでもなく”（不独立成立），英译为“not established by themselves”（不依靠它们自己成立）。

“na parasparataḥ pramāṇairvā”是第二重否定，意为“或者不依赖其他那些量”，对此的汉译为“非是自他成”，藏译为“ཕན་ཚུན་གྱིས་མིན་པའམ།།ཚད་མ་གཞན་གྱིས་མ་ཡིན་ལ”（不是相互成立，或也不是由其他量），日译为“一つが他にとってでもなく、（それ自身とは）別個な認識によってでもなく”（既不是一对于其他，也不是〈其自身〉通过个别认识），英译为“or by one another or by other pramāṇas”（或由某其他或其他诸量）。

“na ca prameyair”是第三重否定，意为“也不依赖诸所量”，对此的汉译为“非是异量成”，藏译为“གཞལ་བྱས་མ་ཡིན”（不是由所量），日译为“対象によってでもなく”（也不由认识对象），英译为“Nor are they established by the prameyas”（它们既不由诸所量成立）。

“na cāpyakasmāt”是第四重否定，意为“也不无缘无故地”。对此的汉译为“非无因缘成”，藏译为“རྒྱུ་མེད་མིན”（不是由所量，不是无因），日译为“あるいは偶然に（原因なくして）成立するものでもない”（或者也不是

偶然〈无因〉成立的），英译为“or accidentally”（或者偶然地）。

【小结】本颂是针对前面40–50颂所论及的有关量如何成立问题的总结，即从“由量自我单独成立”“由所量单独成立”“由量和所量相互成立”“无缘无故地成立”四个方面否定了由反对者所提出的量成立的所有外在条件，由此重申了立论者历来主张的诸法“无自性”或“空性”的立场。

第52颂

kuśalānāṁ dharmāṇāṁ dharmāvasthāvidho brūvate yat|

kuśalasvabhāvamevaṁ pravibhāgenābhidheyaḥ syāt||52||

若法师所说，善法有自体；此善法自体，法应分分说。（50）

ཆོས་ཀྱི་གནས་སྐབས་རབ་མཁས་པ།།དགེ་བ་ཡིས་ནི་ཆོས་རྣམས་ཀྱི།།དགེ་བའི་ཆོས་རྣམས་རང་བཞིན་གང་།།དེ་ལྟར་རབ་ཕྱེ་བརྗོད་བྱ་ཡིན།།（52）

もし事物の部位に通じた人々が「善である諸事物には善の本体がある」と言うならば、（事物とその本体は）そのように別々に表現されるものとなろう。（52）

If people conversant with the state of things say that the good things have a good intrinsic nature，that has to be stated in detail.（52）

【考察】“kuśalānāṁ dharmāṇāṁ dharmāvasthāvidho brūvate yat”可拆解为“kuśalānāṁ dharmāṇāṁ”“dharmāvasthāvidho”“brūvate”“yat”四个句段分析。其中，“yat”是关系代词，在此表示“如果…”，对此的汉译为“若”，日译为“もし…ならば”（如果…的话），英译为“If…”（如果）。“dharmāvasthāvidho”是全句的主语部分，意为“知法分位者”，对此的汉译为“法师”，藏译为“ཆོས་ཀྱི་གནས་སྐབས་རབ་མཁས་པ”（善知法分位者），日译为“事物の部位に通じた人々が”（通晓事物部位的人们），英译为“people conversant with the state of things”（熟悉事物现状的人）。“brūvate”是全句的谓语，意为“说”，对此的汉译为“所说”，藏译为“བརྗོད་བྱ་ཡིན”（是所说），日译为“と言う”（所说），英译为“say that”（所说）。

“kuśalānāṁ dharmāṇāṁ”是下句“kuśalasvabhāvam”的定语，二者合起来意为“善法的善自性”，是本句“所说”的内容。对此的汉译为“善法有自体”，藏译为“དགེ་བ་ཡིས་ནི་ཆོས་རྣམས་ཀྱི།།དགེ་བའི་ཆོས་རྣམས་རང་བཞིན་གང་”（由善法所构成的善性是什么），日译为“善である諸事物には善の本体がある”（善的这种事物中有善的本体存在），英译为“the good things have a good intrinsic nature”（好的事物具有好的本质）。

下句“kuśalasvabhāvamevaṁ pravibhāgenābhidheyaḥ syāt”可拆解为“kuśalasvabhāvam”“evaṁ”“pravibhāgenābhidheyaḥ syāt”三个句段分析。其中，“kuśalasvabhāvam”在上句中已经解说过，故而在此省略。“evaṁ”是状语成分，在句中有承上启下的作用，意为“若是这样的话”，对此的汉译为“此善法自体”，即通过复述前面的表达，以便提出下面的问题。藏译为“དེ་སྐད་”（像这样），日译为“そのように”（像这样），英译为“that”（那样）。“pravibhāgenābhidheyaḥ syāt”是本颂的结论部分，意为“就应该有分别的解说吧”。对此的汉译为“法应分分说”，藏译为“རབ་ཕྱེ་བརྗོད་བྱ་ཡིན”（善分别所说），日译为“（事物とその本体は）…別々に表現されるものとなろう”（〈事物与其本体〉将成为分别加以表现的事物），英译为“has to be stated in detail”（必须详细说明）。

【小结】从本颂即 52 颂开始至 54 颂，说的是善法是否具有自性或自体以及如何生成的问题。根据立论者所述，如果按照反论者所说的善法有自性的话，那么就需要进一步说明诸法的分位，此处的分位可以理解为“差别”或“胜因”，而在论辩过程中一旦被要求说示“差别”或“胜因”，则可能令立论者陷入无限溯及的过失中。

第 53 颂

yadi ca pratītya kuśalaḥ svabhāva utpadyate sa kuśalānām|
dharmāṇāṁ parabhāvaḥ svabhāva evaṁ kathaṁ bhavati||53||
若善法自体，从于因缘生；善法是他体，云何是自体？（51）

གལ་ཏེ་དགེ་བའི་ཆོས་རྣམས་ཀྱི། །རང་བཞིན་འགའ་ཞིག་བརྟེན་སྐྱེ་བ། །དེ་ནི་གཞན་དོན་དེ་ལྟ་ན། །རང་གི་ངོ་བོར་ཇི་ལྟར་འགྱུར། །（53）

もし善である諸事物の善の本体が他によって生じてくるならば、それは他者的存在（他体）であるのに、どうして自己存在となりえようか。（53）

Furthermore：If the good intrinsic nature originates dependently it is an extrinsic nature of the good things.How can it be thus their intrinsic nature？（53）

【考察】上句“yadi ca pratītya kuśalaḥ svabhāva utpadyate sa kuśalānām”可拆解为“yadi ca”“pratītya kuśalaḥ svabhāva utpadyate…kuśalānām”“sa”三个句段分析。其中，“yadi ca”是句子的先行成分，意为“进而，如果…”，对此的汉译为“若”，藏译为“གལ་ཏེ”（如果），日译为“もし…ならば”（如果…的话），英译为“Furthermore：If…”（进而，如果…）。“pratītya kuśalaḥ svabhāva utpadyate…kuśalānām dharmāṇāṁ”是本句的主干部分，其中“dharmāṇāṁ”是根据语义的连通性而移到上句的，二者合在一起意为“诸善法的善自性依缘而生起”，对此的汉译为“善法自体，从于因缘生”，藏译为“འགའ་ཞིག་བརྟེན་སྐྱེ་བ”（依赖其他而生），日译为“善である諸事物の善の本体が他によって生じてくる”（诸善事物的善本体依靠其他而生起），英译为“the good intrinsic nature originates dependently it is an extrinsic nature of the good things”（好的本性依赖于好事物的善性）。“sa”是下句“parabhāvaḥ”的主语，将移在下句中解释，在此省略。

下句“dharmāṇāṁ parabhāvaḥ svabhāva evaṁ kathaṁ bhavati”可拆解为“dharmāṇāṁ”“parabhāvaḥ”“svabhāva evaṁ kathaṁ bhavati”三个句段分析。其中，“dharmāṇāṁ”已在上句中加以解释，故在此省略。“parabhāvaḥ”是上句“sa”的谓语部分，二者合起来意为“其是其他”。对此的汉译为“善法是他体”，藏译为“དེ་ནི་གཞན་དོན་དེ་ལྟ་ན”（其若像这样为他义的话），日译为“それは他者的存在（他体）であるのに”（其尽管是其他的存在〈他体〉），英译中未见直接对应的译词。“svabhāva evaṁ kathaṁ bhavati”是以反问形式提出的结论，意为“若是这样，那么自性将如何构成呢”，对此的汉译为

“云何是自体”，藏译为“རང་གི་ངོ་བོར་ཇི་ལྟར་འགྱུར”（那么如何成为自身的存在呢），日译为“どうして自己存在となりえようか”（为什么能够成为自我存在呢），英译为“How can it be thus their intrinsic nature”（其本质又怎么会如此呢）。

【小结】此颂是承续上一颂的论议，立论者在本颂中指出，如果诸善法的自性是从其他的因缘所生，那么这个自性就属于其他的善法，而与自身的善法不相关联，因此是不合乎道理的。

第 54 颂

atha na pratītya kiṁcit svabhāva utpadyate sa kuśalānām|

dharmāṇāmevaṁ syāda[①] vāso na brahmacaryasya||54||

若少有善法，不从因缘生；善法若如是，无住梵行处。（52）

འོན་ཏེ་དགེ་བའི་ཆོས་རྣམས་ཀྱིས༎རང་གི་ངོ་བོ་དེ་འགའ་ལའང་༎མ་བརྟེན་སྐྱེ་ན་དེ་ལྟ་ནའང་༎ཚངས་པར་སྤྱོད་པ་གནས་མི་འགྱུར༎（54）

あるいは、その善である諸事物の本体がいかなるものにもよらずに生じるならば、宗教的修行（梵行）の生活はありえないであろう。（54）

Now，if［you think］that intrinsic nature of the good things originates without depending on anything，then there would be no practice of religious life.（54）

【考察】上句“atha na pratītya kiṁcit svabhāva utpadyate sa kuśalānām”可拆解为“atha”“na pratītya kiṁcit svabhāva utpadyate…kuśalānām”“sa”三个句段分析。其中，“atha”是表示转折关系的副词，意为“然而”等。对此，汉译为“若”，藏译为“འོན་ཏེ”（然而），日译为“あるいは”（或者），英译为“Now”（此外）。“na pratītya kiṁcit svabhāva utpadyate…kuśalānām”是本句的主干部分，其中下句的“dharmāṇām”依照文义本应放在本句“kuśalānām”的后面，而由于颂之体例的要求被放在了下句，故而整体合起来意为“若诸善法的自性少许不依赖而生起”，对此的汉译为“若少有善

① 鉴于在梵文语法中未见有“syād”变为“syāda”的先例，故而米泽本将其调整为“syād”，本文暂且也是按照这一思路解读的。

法，不从因缘生”，藏译为“དགེ་བའི་ཆོས་རྣམས་ཀྱིས།།རང་གི་ངོ་བོ་དེ་འགའ་ཡང་།།མ་བརྟེན་སྐྱེ་ན”（如果通过善法的自性而有少许无缘生起的话），日译为“その善である諸事物の本体がいかなるものにもよらずに生じるならば”（如果那些善诸事物的本体不依靠任何生起的话…），英译为“if［you think］that intrinsic nature of the good things originates without depending on anything”（如果〈你认为〉好的事物的内在本质不依赖于任何东西而生起的话…）。“sa”是下句“evaṁ syāda vāso na brahmacaryasya”的主语，应是因颂之体例的要求而放在了上句。

下句“dharmāṇāmevaṁ syāda vāso na brahmacaryasya”可拆解为“dharmāṇām”“evaṁ syāda vāso na brahmacaryasya”两个句段分析。前者“dharmāṇām”是上句“kuśalānām”的定语中心词，二者合起来意为“诸善法”，整句的意思已在上句的解释中做过说明，在此不再复述。后者“evaṁ syāda vāso na brahmacaryasya”的主语为上句中的“sa”，二者合在一起意为“其若是这样存在的话，那么就没有梵行的生活了”。对此的汉译为“…若如是，无住梵行处”，藏译为“དེ་ལྟ་ནའང་།།ཚངས་པར་སྤྱོད་པ་གནས་མི་འགྱུར”（若是这样的话，就没有梵天的修行），日译为“宗教的修行（梵行）の生活はありえないであろう”（就没有宗教的修行〈梵行〉生活吧），英译为“then there would be no practice of religious life”（那么，便没有了宗教生活的实践）。

【小结】承续上一颂诸善法自性的议题，立论者在本颂中进而指出，如果诸善法不从因缘生即不来自其他，那么这个自性就只在自身范围内起作用，由此像所谓的梵行之类的外在努力就变得没有意义了，因为一切都来自事物的本身。

第 55 颂

nādharmo dharmo vā saṁvyavahārāśca laukikā na syuḥ|

nityāśca sarvabhāvāḥ syurnityatvādahetumataḥ||55||

非法非非法，世间法亦无；有自体则常，常则无因缘。（53）

རྒྱུ་མི་ལྡན་པ་རྟག་པའི་ཕྱིར།།ཆོས་རྣམས་ཐམས་ཅད་རྟག་པར་འགྱུར།།ཆོས་དང་ཆོས་མ་ཡིན་མེད་ཅིང་།།འཇིག་རྟེན་པ་ཡི་ཐ་སྙད་མེད།།（55）

道徳も非道徳もなくなるし、世間の慣行もありえない。原因をもたないものは恒常的であるから、本体をもっているものは恒常的となろう。（55）

Furthermore：There would be neither merit nor demerit nor the worldly conventions . All things，being endowed with an intrinsic nature，would be permanent-for that which has no cause is permanent.（55）

【考察】上句“nādharmo dharmo vā saṁvyavahārāśca laukikā na syuḥ”可拆解为“nādharmo dharmo vā”“saṁvyavahārāśca laukikā na syuḥ”两个句段分析，前后二者为并列关系。其中，前者“nādharmo dharmo vā”意为“没有非法或法”，对此的汉译为“非法非非法（是无）”，藏译为“ཆོས་དང་ཆོས་མ་ཡིན་མེད་ཅིང”（法和非法是无），日译为“道徳も非道徳もなくなるし”（道德和非道德皆无），英译为“Furthermore：There would be neither merit nor demerit”（进而，既没有优点，也没有缺点）。后者“saṁvyavahārāśca laukikā na syuḥ”意为“世间的假立也不存在”。对此，汉译为“世间法亦无”，藏译为“འཇིག་རྟེན་པ་ཡི་ཐ་སྙད་མེད”（世间名言亦是无），日译为“世間の慣行もありえない”（世间的习惯也不成立），英译为“nor the worldly conventions”（也没有世间的习俗）。

下句“nityāśca sarvabhāvāḥ syurnityatvādahetumataḥ”可拆解为“nityāśca sarvabhāvāḥ”“syur…ahetumataḥ”“nityatvād”三个句段分析。其中，“syur…ahetu mataḥ”是句子的条件状语，意为“假如是无因义”，对此的汉译为“无因缘”，藏译为“རྒྱུ་མི་ལྡན་པ”（无因），日译为“原因をもたないものは”（不具有因者），英译为“for that which has no cause”（因为无因）。“nityāśca sarvabhāvāḥ”是本句的判断性结论，即“宗”，意为“一切事物即为恒常”。对此，汉译为“有自体则常”，藏译为“ཆོས་རྣམས་ཐམས་ཅད་རྟག་པར་འགྱུར”（一切法为恒常），日译为“本体をもっているものは恒常的となろう”（有本体者成为恒常性），英译为“All things，being endowed with an intrinsic nature”（一切事物都被赋予内在本质）。“nityatvād”是针对前面宗论证所给出的结论，意为“恒常性故”。对此的汉译为“常则…”，藏译为“འཇིག་

རྟེན་པ་ཡི་ཐ་སྙད་མེད”（世间名言无），日译为“恒常的であるから”（因为恒常性），英译为“would be permanent”（将是恒常的）。

【小结】根据英译“Furthermore”（进而）我们可以知道，此颂是上一颂问题的延续回答，即上一颂否定了善法不从因缘生的可能性。继而，本颂在此基础上又指出“非法”“法”以及“世间法”等的无性，因为只有“无”才是恒常的，而若是恒常的话，则不依赖于任何因缘而生成。

第 56 颂

eṣa cākuśaleṣvavyākṛteṣu nairyāṇādiṣu ca doṣaḥ|

tasmāt sarvaṁ saṁskṛtamasaṁskṛtaṁ te bhavatyevam||56||

善不善无记，一切有为法；如汝说则常，汝有如是过。（54）

མི་དགེ་བ་དང་ལུང་མ་བསྟན།།ངེས་འབྱིན་སོགས་ལའང་སྐྱོན་དེ་བཞིན།།དེ་བས་ཁྱོད་ཀྱི་འདུས་བྱས་ཀུན།།འདུས་མ་བྱས་པ་ཉིད་དུ་འགྱུར།།（56）

こうして、悪いもの、善悪いずれとも決定していないもの、出離に導くものなどについても誤りがある。そして、君にとっては、すべての被制約者が無制約者となってしまうのだ。（56）

And the same defect exists also with regard to the bad things，the indeterminate things，those things which lead to emancipation，and so on. Thus，all that is conditioned certainly becomes for you unconditioned.（56）

【考察】上句“eṣa cākuśaleṣvavyākṛteṣu nairyāṇādiṣu ca doṣaḥ”可拆解为“eṣa ca…doṣaḥ”“akuśaleṣvavyākṛteṣu nairyāṇādiṣu ca”两个句段分析。前者“eṣa ca…doṣaḥ”是句子的主干部分，意为“此是过失”，对此的汉译为“有如是过”，藏译为“སྐྱོན་དེ་བཞིན”（如此过失），日译为“こうして、…誤りがある”（如是有过失），英译为“And the same defect exists also with regard to”（同样的缺点也存在于）。后者“akuśaleṣvavyākṛteṣu nairyāṇādiṣu ca”是本句的目的状语，意为“非善、无记以及出离”。对此，汉译为“善不善无记”，此处的“善”应该是梵语“出离”的对译词；藏译为“མི་དགེ་བ

དང་ལུང་མ་བསྟན།།ངེས་འབྱིན་སོགས”（非善、无记、出离等）；日译为“悪いもの、善悪いずれとも決定していないもの、出離に導くものなどについても”（就恶者、无法决定善恶者、导向出离者等而言也）；英译为“the bad things，the indeterminate things，those things which lead to emancipation，and so on”（坏的事情、不确定的事情、那些导致解脱的事情，等等）。

下句“tasmāt sarvaṁ saṁskṛtamasaṁskṛtaṁ te bhavatyevam”可拆解为“tasmāt”“sarvaṁ saṁskṛtamasaṁskṛtaṁ…bhavatyevam”“te”三个句段分析。其中，“tasmāt”是起接续作用的副词，意为“由此”，对此的汉译为“如…则…”，藏译为“དེ་བས”（因此），日译为“そして”（并且），英译为“Thus”（从而）。“te”是本句的目的状语，意为“对于你而言”，对此的汉译为“如汝”，藏译为“ཁྱོད་ཀྱི”（你的），日译为“君にとっては”（对于你来说），英译为“for you”（对于你）。“sarvaṁ saṁskṛtamasaṁskṛtaṁ…bhavatyevam”是句子的主干部分，意为“如此一切有为法成为无为法”，汉译为“一切有为法；如汝说则常”，其中“如汝说则常”应该是为了接续上一颂的文脉，即在此做了附带解释性的增译。藏译为“འདུས་བྱས་ཀུན།།འདུས་མ་བྱས་པ་ཉིད་དུ་འགྱུར”（一切有为法，将成立无为性），日译为“すべての被制約者が無制約者となってしまうのだ”（一切非制约者成为无制约者），英译为“all that is conditioned certainly becomes…unconditioned”（所有被制约的事物都必然变成无条件的）。

【小结】与上一颂提到的“非法”“非非法”“世间法”一样，此颂进而举出“善”“不善”“无记”三种有为法（限定法），指出对于这些法而言，如果不从因缘而生，那么就会转化为“无为法”（非限定法）。

第 57 颂

yaḥ sadbhūtaṁ nāma brūyāt sa svabhāva[①] ityevam|

① 米泽本调整为“sasvabhāva”。

bhavatā prativaktavyo nāma brūmaśca na vayaṁ sat||57||

若人说有名，语言有自体；彼人汝可难，语名我不实。（55）

གང་ཞིག་རང་བཞིན་བཅས་པ་ཞེས༎མི་དེ་ཡོད་པར་སྨྲ་བ་ལ༎དེ་ལྟར་ཁྱོད་ཀྱིས་ལན་བཏབ་ཀྱི༎ང་ཡི་མིང་ཡོད་མི་སྨྲའོ༎（57）

このばあい、「本体をもつもの、という名称が実在する」と主張する人をこそ、君はこのように批判すべきなのだ。しかし、われわれはそうは言わない。（57）

He who says that the name is existent，deserves indeed the answer from you：‘There is an intrinsic nature”. We，however，do not say that.（57）

【考察】上句“yaḥ sadbhūtaṁ nāma brūyāt sa svabhāva ityevam”可拆解为“yaḥ sadbhūtaṁ nāma brūyāt sa svabhāva iti”“evam”两个句段分析。前者“yaḥ sadbhūtaṁ nāma brūyāt sa svabhāva iti”是句子的陈述部分，意为“有人可能说‘名字是实有的’，那么就是有自性的”。对此，汉译为“若人说有名（实有），语言有自体”，藏译为“གང་ཞིག་རང་བཞིན་བཅས་པ་ཞེས༎མི་དེ་ཡོད་པར་སྨྲ་བ་ལ”（有人说“什么是有自性”），日译为“「本体をもつもの、という名称が実在する」と主張する人をこそ”（对于主张“具有本体者”这个名称是实有的人的确），英译为“He who says that the name is existent”（某人说“名字是实有的”）。“evam”可视为下句“bhavatā prativaktavyo”的修饰语，故在下句一并解说。

下句“bhavatā prativaktavyo nāma brūmaśca na vayaṁ sat”可拆解为“bhavatā prativaktavyo”“nāma brūmaśca na vayaṁ sat”两个句段分析。前者“bhavatā prativaktavyo”加上上句中的“evam”构成一个完整的表达，意为“你应如此责难”。对此，汉译为“彼人汝可难”，藏译为“དེ་ལྟར་ཁྱོད་ཀྱིས་ལན་བཏབ་ཀྱི”（如此由你回答），日译为“君はこのように批判すべきなのだ”（你应像这样批评），英译为“deserves indeed the answer from you：‘There is an intrinsic nature’”（确实应该得到你的回答：“有一种本质存在”）。“nāma brūmaśca na vayaṁ sat”是本句的结论部分，表明了立论者的立场，意为“我们不说名称是实有”。对此，汉译为“语名我不实”，藏译为“ང་ཡི་མིང་ཡོད་མི་སྨྲའོ”（我没有说名称是实有的），日译为“しかし、われわれはそうは言わない”（然而，我们不这样说），英译为“We，however，do not say that”（但是，我们不这样说）。

【小结】此颂和接下去的 58 颂都是就名称与实体之间关系话题的探讨。立论者在此颂中指出，或许有人说“有实体”（sadbhūtaṁ）这一名称是有自性的，那么，你可以去批评他们。但是我们（立论的中观论者）并不这样说，因此是没有过失的。

第 58 颂

nāmāsaditi ca yadidaṁ tatkiṁ nu sato bhavatyutāsataḥ|

yadi hi sato yadyasato dvidhāpi te hīyate vādaḥ||58||

若此名无者，则有亦是无；若言有言无，汝宗有二失。（56）

若此名有者，则无亦是有；若言无言有，汝诤有二失。（57）

མིང་མེད་ཅེས་བྱ་གང་ཡིན་འདི།།ཅི་དེ་ཡོད་པའམ་མེད་པ་ཡིན།།གལ་ཏེ་ཡོད་དམ་མེད་ཀྱང་རུང་།།ཁྱོད་ཀྱིས་སྨྲས་པའང་གཉིས་ཀའང་ཉམས།།（58）

存在しない、というその名称は、存在するものにつけられるのか、存在しないものにつけられるのか。存在するものにあるにせよ、存在しないものにあるにせよ、君の議論はいずれにしても、その主張は破れる。（58）

Furthermore：Does this name ‘non-existent’ designate something existent or non-existent. Be it the name of an existent or of a non-existent thing，in both ways your position is abandoned.（58）

【考察】上句“nāmāsaditi ca yadidaṁ tatkiṁ nu sato bhavatyutāsataḥ”可拆解为“nāmāsaditi”“ca”“yadidaṁ tatkiṁ nu sato bhavatyutāsataḥ”三个句段分析。其中，“ca”是起承上启下作用的接续词，有“进而”“然而”“或者”等意，对此，除了英译有“Furthermore”（然而）外，其他译本均未见有直接的对应译词。“nāmāsaditi”是句子的主语部分，意为“所谓名称不存在”。对此，汉译为“若此名无者”，藏译为“མིང་མེད་ཅེས་བྱ་གང་ཡིན་འདི”（谓无名者为何），日译为“存在しない、というその名称は”（“不存在”这个名称），

英译为“this name ‘non-existent’”（“不存在”这个名字）。“yadidaṁ tatkiṁ nu sato bhavatyutāsataḥ”是句子的谓语部分，意为“其是存在或是不存在”。对此，汉译为“则有亦是无”，藏译为“ཅི་དེ་ཡོད་པའམ་མེད་པ་ཡིན”（其有或是无），日译为“存在するものにつけられるのか、存在しないものにつけられるのか”（是与存在者相关，还是与不存在者相关），英译为“Does…designate something existent or non-existent”（是指存在的，还是不存在的）。

下句“yadi hi sato yadyasato dvidhāpi te hīyate vādaḥ”可拆解为“hi”“yadi…sato yadyasato”“dvidhāpi te hīyate vādaḥ”三个句段分析。其中，“hi”是表示原因的不变辞，意为“之所以…，是因为…”。对此几种译本均未见直接的译词。“yadi…sato yadyasato”是句子的条件状语，意为“无论是有，还是非有”。对此的汉译为“若言有言无”，藏译为“གལ་ཏེ་ཡོད་དམ་མེད་ཀྱང་རུང”（无论有或是无），日译为“存在するものにあるにせよ、存在しないものにあるにせよ”（无论是在存在者中，还是在不存在者中），英译为“Be it the name of an existent or of a non-existent thing”（无论是存在者还是不存在者的名字）。“dvidhāpi te hīyate vādaḥ”是句子的主干部分，意为“二者无论为何，你的言说都应被舍弃”。对此的汉译为“汝宗有二失”，藏译为“ཁྱོད་ཀྱིས་སྨྲས་པའང་གཉིས་ཀའང་ཉམས”（由你提出的主张在两方面都是失败的），日译为“君の議論はいずれにしても、その主張は破れる”（无论在哪方面，你的主张都将被打破），英译为“in both ways your position is abandoned”（在这两方面你的主张都是被舍弃的）。

【小结】此颂是上一颂议题的继续，说的是与前颂相反的情况，即假如对于“不存在”这个名称，那么是要归属到存在或不存在二者的哪个中呢？对于这个问题，质疑者无论采取哪个立场，都将导致过失。值得注意的是，与此颂梵文相对应的汉译由两颂构成，二者采取的是对仗的形式，即前颂若为“有”，后颂即以“无”相对，而作为结论，前颂用的是“宗”，后颂用的就是“诤”，故而可以将二者看作一颂的两个侧面。

第 59 颂

sarveṣāṁ bhāvānāṁ śūnyatvaṁ copapāditaṁ pūrvam|

sa upālambhastasmād bhavatyayaṁ ca ①pratijñāyāḥ||59||

如是我前说，一切法皆空；我义宗如是，则不得有过。（58）

དངོས་པོ་དག་ནི་ཐམས་ཅད་ཀྱི།།སྟོང་པ་ཉིད་ནི་སྔར་བསྟན་པས།།དེ་ཕྱིར་དམ་བཅས་མེད་པར་ཡང་།།ཀླན་ཀ་གང་ཡིན་དེ་ཚོལ་བྱེད།།（59）

すべてのものが空であることはすでに証明された。だから、この君の非難はその対象となる主張を欠いている。（59）

Furthermore：We have already established the voidness of all things. This criticism，therefore，turns out to be one of something which is not a proposition.（59）

【考察】上句“sarveṣāṁ bhāvānāṁ śūnyatvaṁ copapāditaṁ pūrvam”可拆解为“sarveṣāṁ bhāvānāṁ śūnyatvaṁ”“copapāditaṁ pūrvam”两个句段分析。前者“sarveṣāṁ bhāvānāṁ śūnyatvaṁ”是本句的主语部分，意为“一切法的空性”。对此的汉译为“一切法皆空”，藏译为“དངོས་པོ་དག་ནི་ཐམས་ཅད་ཀྱི།།སྟོང་པ་ཉིད་ནི”（一切事物皆是空性），日译为“すべてのものが空であることは”（一切事物是空性者），英译为“the voidness of all things”（一切事物的空性）。后者“copapāditaṁ pūrvam”是本句的一个状语，意为“前面已经说过”。对此的汉译为“如是我前说”，在此以及后面各提到一次“我”，即特别强调了“一切法皆空”是我方的立场这一点。藏译为“སྔར་བསྟན་པས”（由前面已经阐述过），日译为“すでに証明された”（已经被证明），英译为“Furthermore：We have already established”（此外，我们已经成立）。

下句“sa upālambhastasmād bhavatyayaṁ ca pratijñāyāḥ”可拆解为“sa upālambhastasmād bhavaty”“ayaṁ ca pratijñāyāḥ”两个句段分析。前者“sa upālambhastasmād bhavaty”是句子的主干部分，意为“其有受到来自那里

① 米泽本调整为“cāpratijñāyāḥ”，即意在拆分为“caapratijñāyāḥ”，由此使“pratijñāyāḥ”变为否定，似乎受了梶山日译以及巴塔恰利耶英译的影响，而梶山则似乎受到了藏译的影响。

的责难”，对此的汉译为“则不得有过”，藏译为“ཀླན་ཀ་གང་ཡིན་དེ་ཚོལ་བྱེད”（又有什么可责难的呢），日译为“だから、この君の非難は”（因此，你的这个责难），英译为“This criticism，therefore”（因此，这个责难）。后者“ayaṁ ca pratijñāyāḥ”是本句的条件状语，意为“此是来自宗”，若将前面的主句一起考虑的话，其表达的意思是“之所以存在来自那里（你）的责难，是因为（我）这里有宗的存在”，若将这句话反过来说，就是因为我这里不立宗，故而没有来自你的责难。对此的汉译为“我义宗如是”，这里所说的“我义宗”，指的应是“一切法无自体”的主张。藏译为“དེ་ཕྱིར་དམ་བཅས་མེད་པར་ཡང”（因为连宗都没有），若将前面的“ཀླན་ཀ་གང་ཡིན་དེ་ཚོལ་བྱེད”（又有什么可责难的呢）合并在一起，便构成了一个反问的句式，意为“我连宗都没有，你还有什么责难的呢？”日译为“その対象となる主張を欠いている”（缺少构成对象的主张），英译为“turns out to be one of something which is not a proposition”（结果不构成一个命题）。

【小结】本颂的核心词为“upālambha”（责难），即对于来自反对者的种种责难，立论者以一直以来坚持的“一切法皆空”的立场予以回击，由此表明了“因为有立宗，才有所谓针对立宗的责难，而我并没有立宗，因此你的责难也就不成立”的立场。

第 60 颂

atha vidyate svabhāvaḥ sa ca dharmāṇāṁ na vidyata iti|

idamāśaṅkitaṁ yaduktaṁ bhavatyanāśaṅkitaṁ tacca||60||

若别有自体，不在于法中；汝虑我故说，此则不须虑。（59）

འོན་ཏེ་རང་བཞིན་ཞིག་ཡོད་ལ།།དེ་ནི་ཆོས་ལ་མེད་དོ་ཞེས།།དོགས་འདི་རིགས་པ་མ་ཡིན་མོད།།དོགས་པ་དེ་ནི་ཁྱོད་ཀྱིས་བྱས།།（60）

また、本体はあるけれども、それは諸事物にはないということを前提として述べているが、そのようなことは前提とされていない。（60）

Now［you may say：］There is an intrinsic nature，but that does not belong to the things’-this suspicion of yours is not shared by us.（60）

【考察】上句“atha vidyate svabhāvaḥ sa ca dharmāṇāṁ na vidyata iti”可拆解为“atha”“vidyate svabhāvaḥ”“sa ca dharmāṇāṁ na vidyata iti”三个句段分析。其中，“atha”是表示转折关系的副词，意为“然而”“此外”等。对此，汉译中未见直接相对的译词，藏译为“འོན་ཏེ”（然而），日译为“また”（此外），英译为“Now”（然而）。“vidyate svabhāvaḥ”是本句的条件状语，意为“如果有自性”。对此，汉译为“若别有自体”，藏译为“རང་བཞིན་ཞིག་ཡོད་ལ”（有自性事），日译为“本体はあるけれども”（虽然有本体），英译为“[you may say：] There is an intrinsic nature”（〈你也许会说：〉有自性存在）。“sa ca dharmāṇāṁ na vidyata iti”是句子的主干部分，意为“说其于法等中不存在”。汉译为“不在于法中”，藏译为“དེ་ནི་ཆོས་ལ་མེད་དོ་ཞེས”（说彼于法中没有），日译为“それは諸事物にはないということを前提として述べているが”（其是以于诸事物中不存在为前提而叙述的），英译为“but that does not belong to the things”（但那不属于诸事物）。

下句“idamāśaṅkitaṁ yaduktaṁ bhavatyanāśaṅkitaṁ tacca”可拆解为“idamāśaṅkitaṁ yaduktaṁ”“bhavatyanāśaṅkitaṁ tacca”两个句段分析。前者“idamāśaṅkitaṁ yaduktaṁ”是句子的主干部分，意为“所说的此疑虑”。对此，汉译为“汝虑我故说”，藏译为“དོགས་འདི་རིགས་པ་མ་ཡིན་སོང”（此怀疑是非理性的），日译为“そのようなことは”（像这样的情况），英译为“this suspicion of yours”（你的此怀疑）。后者“bhavatyanāśaṅkitaṁ tacca”是本句的结论部分，意为“其是不被怀疑的”。对此，汉译为“此则不须虑”，藏译为“དོགས་པ་དེ་ནི་ཁྱོད་ཀྱིས་བྱས”（但此怀疑是由你造成的），日译为“前提とされていない”（没有被作为前提），英译为“is not shared by us”（不是由我们分享的）。

【小结】此颂是就前面所提到的“自性”或“自体”问题的进一步说明，这里说的是“自性”或“自体”不是在事物本身，而是事物之外即“别有”时的情况。对此立论者明确表示，这或许是来自你的猜测，而不是我的主张。

第 61 颂

sata eva pratiṣedho yadi śūnyatvaṁ nanvapratiṣiddhamidam|

pratiṣedhayate hi bhavān bhāvānāṁ niḥsvabhāvatvam||61||

若有体得遮，若空得言成；若无体无空，云何得遮成？（60）

གལ་ཏེ་ཡོད་ཉིད་འགོག་ཡིན་ན།།འོ་ན་སྟོང་ཉིད་རབ་འགྲུབ་སྟེ།།དངོས་རྣམས་རང་བཞིན་མེད་ཉིད་ལ།།ཁྱོད་ནི་འགོག་པར་བྱེད་པས་སོ།།（61）

もし否定は存在しているものについてだけ可能だというならば、空性は是認されていることになるではないか。というのは、君はものに本体がないということを否定するからである。（61）

If［it is true that］negation is only of an existent，then this voidness is established—for you negate the things’being devoid of an intrinsic nature.（61）

【考察】上句“sata eva pratiṣedho yadi śūnyatvaṁ nanvapratiṣiddhamidam”可拆解为“sata eva pratiṣedho yadi”“śūnyatvaṁ nanvapratiṣiddhamidam”两个句段分析。前者“sata eva pratiṣedho yadi”是句子的条件状语，意为“如果遮仅限于存在者”。对此，汉译为“若有体得遮”，藏译为“གལ་ཏེ་ཡོད་ཉིད་འགོག་ཡིན་ན”（如果有性为遮），日译为“もし否定は存在しているものについてだけ可能だというならば”（如果否定只对存在者可能的话），英译为“If［it is true that］negation is only of an existent”（如果〈其是真实的〉否定仅限于存在者）。后者“śūnyatvaṁ nanvapratiṣiddhamidam”是本句的主干部分，意为“那么，此空性岂不是没有被遮”。汉译为“若空得言成”，藏译为“འོ་ན་སྟོང་ཉིད་རབ་འགྲུབ་སྟེ”（那么空性就会顺利成立），日译为“空性は是認されていることになるではないか”（那么空性不就被认可了吗），英译为“then this voidness is established”（那么，此空性得以成立）。

下句“pratiṣedhayate hi bhavān bhāvānāṁ niḥsvabhāvatvam”可拆解为“hi”“pratiṣedhayate…bhavānbhāvānāṁ niḥsvabhāvatvam”两个句段分析。前者“hi”是表示原因说明的副词，意为“之所以…，是因为…”。对此，日译表述为“というのは”（之所以，是因为），其他译本都未见直接的对应译词。后者“pratiṣedhayate…bhavānbhāvānāṁ niḥsvabhāvatvam”是

本句的陈述部分，意为“是因为你遮止了事物无自性的性质”。对此，汉译为“若无体无空，云何得遮成”，属于意译。藏译为“དངོས་རྣམས་རང་བཞིན་མེད་ཉིད་ལ།།ཁྱོད་ནི་འགོག་པར་བྱེད་པས་སོ”（遮等无自性，你由什么来遮止呢），日译为“君はものに本体がないということを否定するからである”（因为你否定了事物之中存在本体这一点），英译为“for you negate the things’ being devoid of an intrinsic nature”（因为对你来说，否定了事物本质的非存在）。

【小结】从此 61 颂开始至 63 颂止，探讨的是遮与空性之间的关系问题。立论者在本颂中指出，由于你（反对者）不承认事物中没有自性（自体），而在这种情况下，假如你认为否定（遮）只针对存在者有效的话，那么也就意味着对非存在者无效，这样一来你实际上不就间接地承认了空性吗？

第 62 颂

pratiṣedhayase’tha tvaṁ śūnyatvaṁ tacca nāsti śūnyatvam|

pratiṣedhaḥ sata iti te nanvevaṁ hīyate vādaḥ||62||

汝为何所遮？汝所遮则空；法空而有遮，如是汝诤失。（61）

སྟོང་ཉིད་གང་ལ་ཁྱོད་འགོག་པའི།།སྟོང་ཉིད་དེ་ཡང་མེད་ཡིན་ན།།འོ་ན་ཡོད་པ་འགོག་ཡིན་ཞེས།།སྨྲས་པ་དེ་ཉམས་མ་ཡིན་ནམ།།（62）

あるいは、君が空性を否定し、しかもその空性が存在しないというならば、否定は存在しているものについてだけある、という君の理論はまさに破れる。（62）

Now，if you negate voidness，and if that voidness does not exist，then your position that negation is of an existent is abandoned.（62）

【考察】上句“pratiṣedhayase’tha tvaṁ śūnyatvaṁ tacca nāsti śūnyatvam”可拆解为“atha”“pratiṣedhayase… tvaṁ śūnyatvaṁ”“tacca nāsti śūnyatvam”三个句段分析。其中，“atha”属于接续词，一般位于句首，表示转折或递进，意为“然而”或“此外”等。对此，汉藏两译中均未见到直接对应的译词，日译为“あるいは”（或者），英译为“Now”（此外）。

“pratiṣedhayase… tvaṁ śūnyatvaṁ” 是句子的逻辑前陈，意为“你遮止空性”。对此，汉译为“汝为何所遮”，藏译为“སྟོང་ཉིད་གང་ལ་ཁྱོད་འགོག་པའི”（若你于全部空性中所遮止的…），日译为“君が空性を否定し”（你否定空性），英译为“if you negate voidness”（如果你否定空性）。“tacca nāsti śūnyatvam”是句子的条件状语，意为“而其空性为无”。对此，汉译为“汝所遮则空”，藏译为“སྟོང་ཉིད་དེ་ཡང་མེད་ཡིན་ན”（此空性也没有的话…），日译为“しかも、その空性が存在しないというならば”（而且其空性不存在的话），英译为“and if that voidness does not exist”（而且，而那个空性并不存在）。

下句“pratiṣedhaḥ sata iti te nanvevaṁ hīyate vādaḥ”可拆解为“pratiṣedhaḥ sata iti”“te nanvevaṁ hīyate vādaḥ”两个句段分析。前者“pratiṣedhaḥ sata iti”是句子的前提条件，意为“说存在是被否定的”。对此，汉译为“法空而有遮”，藏译为“འོ་ན་ཡོད་པ་འགོག་ཡིན་ཞེས”（那么，所谓遮止有），日译为“否定は存在しているものについてだけある、という”（否定是就存在者而演的），英译为“then your position that negation”（那么，你的否定立场）。后者“te nanvevaṁ hīyate vādaḥ”是本颂的结论部分，意为“这样一来，你的说法难道不是被舍弃的吗”，汉译为“如是汝诤失”，藏译为“སྨྲས་པ་དེ་ཉམས་མ་ཡིན་ནམ”（此说法难道不被舍弃吗），日译为“君の理論はまさに破れる”（你的理论确实被打破），英译为“is of an existent is abandoned”（就被抛弃了）。

【小结】本颂是接续上面同样问题而从相反角度的提问，即假如你否定（遮）这个实际上并不存在的空性，而这个否定又只对存在者有效，那么你的逻辑就不攻自破了。换言之，反对者否定了不在其否定范围内的事物。

第 63 颂

pratiṣedhayāmi nāhaṁ kiṁcit pratiṣedhyamasti na ca kiṁcit|

tasmāt pratiṣedhayasītyadhilaya eva tvayā kriyate||63||

我无有少物，是故我不遮；如是汝无理，枉横而难我。（62）

དགག་བྱ་ཅི་ཡང་མེད་པས་ན། །ང་ནི་ཅི་ཡང་མི་འགོག་གོ །དེ་ཕྱིར་འགོག་པ་བྱེད་དོ་ཞེས། །ཡང་དག་མིན་ཏེ་ཁྱོད་ཀྱིས་སྨྲས། །（63）

私は何かを否定するのではないし、また否定されるものが何かあるわけでもない。だから、私が否定する、というこの抗議は君の捏造である。（63）

Besides：I do not negate anything，nor is there anything to be negated. You，therefore，calumniate me when you say：‘You negate’.（63）

【考察】上句“pratiṣedhayāmi nāhaṁ kiṁcit pratiṣedhyamasti na ca kiṁcit”可拆解为“pratiṣedhayāmi nāhaṁ kiṁcit”“pratiṣedhyamasti na ca kiṁcit”两个句段分析，二者属于并列关系，前者“pratiṣedhayāmi nāhaṁ kiṁcit”意为“我不遮止任何”，后者“pratiṣedhyamasti na ca kiṁcit”意为“也不存在任何所遮”。对此，汉译为“我无有少物，是故我不遮”，藏译为“དགག་བྱ་ཅི་ཡང་མེད་པས་ན། །ང་ནི་ཅི་ཡང་མི་འགོག་གོ”（若没有所遮，我亦无所遮），日译为“私は何かを否定するのではないし、また否定されるものが何かあるわけでもない”（我不否定任何，而且也当然没有任何被否定者），英译为“Besides：I do not negate anything，nor is there anything to be negated”（此外，我不否定任何，那里也没有任何被否定）。

下句“tasmāt pratiṣedhayasītyadhilaya eva tvayā kriyate”可拆解为“tasmāt”“pratiṣedhayasītyadhilaya eva”“tvayā kriyate”三个句段分析。其中，“tasmāt”是“tad”的从格形态，意为“因此”，在本句中起到承上启下的作用。对此，汉译为“如是”，藏译为“དེ་ཕྱིར”（彼故），日译为“だから”（因此），英译为“therefore”（因此）。“pratiṣedhayasītyadhilaya eva”是句子的主语部分，意为“所谓‘你遮止’这一曲解”。对此，汉译为“汝无理”，藏译为“འགོག་པ་བྱེད་དོ་ཞེས།”（所谓“能遮止”），日译为“私が否定する、というこの抗議は”（说“我否定”这一抗议），英译为“when you say：‘You negate’”（当你说“你否定”的时候）。“tvayā kriyate”是句子的陈述部分，意为“由你所说的”。对此，汉译为“枉横而难我”，藏译为“ཡང་དག་མིན་ཏེ་ཁྱོད་ཀྱིས་སྨྲས། །”（你所说的〈能遮止〉是曲解），日译为“君の捏造である”

（是你的捏造），英译为“calumniate me”（是在诽谤我）。

【小结】此颂是针对以上遮与空性关系的总结。立论者指出，我没有遮（否定）任何，也就自然不为任何所遮（否定），而你所说的“你遮”，实际上是不存在的，是对我的歪曲（枉横）。

第 64 颂

yaccāhaṁ te vacanādasataḥ pratiṣedhavacanasiddhiriti|

atra jñāpayate vāgasaditi tanna pratinihanti||64||

汝言语法别，此义我今说；无法得说语，而我则无过。（63）

ཚིག་མེད་པར་ཡང་མེད་པ་ཡི།།འགོག་ཚིག་མི་འགྲུབ་མིན་ཞེ་ན།།དེ་ལ་ཚིག་ནི་མེད་ཅེས་པར།།གོ་བར་བྱེད་ཀྱི་སྨྲ་སེལ་མིན།།（64）

「存在しないものの否定（的表現）は、ことばをまたないで成立する」と（君は）言ったが、このばあい、ことばは、「存在しない」と知らせるのであって、その存在を消滅させるわけではない。（64）

Regarding your assertion that the statement of the negation of the non-existent is established without words, we observe: Here speech makes it known as non-existent, it does not deny it.（64）

【考察】上句“yaccāhaṁ te vacanādasataḥ pratiṣedhavacanasiddhiriti”可拆解为“yac ca”“ahaṁ”“te vacanādasataḥ pratiṣedhavacanasiddhiriti”三个句段分析。其中，“yac ca”是起承上启下作用的指示代词组合，意为“对于以上所说”。对此，几种译本都未见有相应的对译词。“ahaṁ”是句子的主语，这里应该是省略了谓语动词，故而可理解为“对于我来说”。对此，除了汉译中有“我今说”“而我”两处表现外，其他译本都未见专门译出。“te vacanādasataḥ pratiṣedhavacanasiddhiriti”是本句的主干部分，意为“你所说的对于非存在者的语言遮止”。对此，汉译为“汝言语法别”，藏译为“ཚིག་མེད་པར་ཡང་མེད་པ་ཡི།།འགོག”（没有语言，也就没有遮止），日译为“「存在しないものの否定（的表現）は、ことばをまたないで成立する」と（君は）言ったが”（〈你〉虽然说“对于非存在者的否定〈表现〉不依赖语言而成

立”），英译为“Regarding your assertion that the statement of the negation of the non-existent is established without words”（关于你的断言，即对于非存在者否定的表述，其不依赖于语言而成立）。

下句“atra jñāpayate vāgasaditi tanna pratinihanti”可拆解为“atra”“jñā-payate vāgasaditi”“tanna pratinihanti”三个句段分析。其中，“atra”是时间状语，意为“此时”“在此”等。对此，汉译为“我今说”，这里有对前面论敌所述论点给予否定的含义。藏译为“དེ་ལ”（在此），日译为“このばあい”（这种情况下），英译为“we observe：Here”（我们观察到：这里）。“jñāpayate vāgasaditi”是本句的条件状语，与后续成分构成转折关系，意为“(其）被理解为‘无语言’”。对此，汉译为“无法得说语”，属于意译。藏译为“ཚིག་ནི་མེད་ཅེས་པར།།གོ་བར་བྱེད་ཀྱི”（理解为没有语言的），日译为“ことばは、「存在しない」と知らせるのであって”（这种情况下，语言在于告知“不存在”），英译为“speech makes it known as non-existent”（语言被理解为非存在）。“tanna pratinihanti”是本颂的结论部分，意为“其（语言）不被消除”。对此，汉译为“而我则无过”，与前面的“无法得说语”一样，也是根据论辩场景而做出的大意翻译。藏译为“སྒྲ་སེལ་མིན”（没有遣离生起），日译为“その存在を消滅させるわけではない”（并不是令其存在消失），英译为“it does not deny it”（并不是消除它）。

【小结】此颂是基于语言功能角度针对“遮”（否定）这一语词与语词所表意义之间关系的探讨。说的是，如果按照你（反对者）的观点，对于非存在者的否定不需要通过语言而能够成立，但这在我看来，此处所说的“不存在”这一语言表达，其实现了传递的功能，而并非对语言所指对象的消除。

第 65 颂

mṛgatṛṣṇādṛṣṭānte yaḥ punaruktaṁ tvayā mahāṁścaryaḥ|

tatrāpi nirṇayaṁ śṛṇu yathā sa dṛṣṭānta upapannaḥ||65||

汝说鹿爱喻，以明于大义；汝听我能说，如譬喻相应。（64）

སྨིག་རྒྱ་དཔེ་ལ་ཁྱོད་ཀྱིས་ཀྱང་།།རྩོད་པ་ཆེན་པོ་སྨྲས་པ་གང་།།དེ་ཡང་ཇི་ནས་དཔེ་དེ་འཐད།།གཏན་ལ་དབབ་པ་མཉན་པར་གྱིས།།（65）

君はまた陽炎のたとえについて大議論を展開したが、それについても、このたとえがどのようにして正当に理解しうるものか、結論を聞け。（65）

You have introduced a great deliberation with the example of the mirage. Listen to the decision in that matter also，showing how that example is appropriate.（65）

【考察】上句“mṛgatṛṣṇādṛṣṭānte yaḥ punaruktaṁ tvayā mahāṁścaryaḥ”可拆解为“mṛgatṛṣṇādṛṣṭānte…punaruktaṁ tvayā”“yaḥ…mahāṁścaryaḥ”两个句段分析。前者“mṛgatṛṣṇādṛṣṭānte…punaruktaṁ tvayā”是句子的前置定语，意为“在前面鹿爱譬喻时由你所说的”。对此，汉译为“汝说鹿爱喻”，藏译为“སྨིག་རྒྱ་དཔེ་ལ་ཁྱོད་ཀྱིས་ཀྱང་”（你所说的鹿爱譬喻），日译为“君はまた陽炎のたとえについて…展開した”（以及你在阳炎譬喻中所展开的），英译为“You have introduced…with the example of the mirage”（你所介绍的海市蜃楼的譬喻）。后者“yaḥ…mahāṁścaryaḥ”是句子的主干部分，意为“其是大的讨论”。对此，汉译为“以明于大义”，藏译为“རྩོད་པ་ཆེན་པོ་སྨྲས་པ་གང་”（前面所说的大诤论），日译为“大議論を”（所…大议论），英译为“a great deliberation”（大的审议）。

下句“tatrāpi nirṇayaṁ śṛṇu yathā sa dṛṣṭānta upapannaḥ”可拆解为“tatrāpi nirṇayaṁ śṛṇu”“yathā sa dṛṣṭānta upapannaḥ”两个句段分析。前者“tatrāpi nirṇayaṁ śṛṇu”是以命令形式展开的主谓结构，意为“在此请听定论”。对此，汉译为“汝听我能说”，藏译为“གཏན་ལ་དབབ་པ་མཉན་པར་གྱིས”（请听抉择），日译为“それについても…結論を聞け”（对其也请听结论），英译为“Listen to the decision in that matter also”（也要听听这件事的结论）。后者“yathā sa dṛṣṭānta upapannaḥ”是前面叙述的具体内容，意为“其如何与譬喻相应”。对此，汉译为“如譬喻相应”，藏译为“དེ་ཡང་ཇི་ནས་དཔེ་དེ་འཐད”（彼亦如何与此譬喻相符），日译为“このたとえがどのようにして正当に理解しうるものか”（这个譬喻是如何正确理解的），英译为“showing how that example is appropriate”（展示这个譬喻是如何应用的）。

【小结】此颂以反对者前面用到的阳焰譬喻向对方提出反问，要求反对者解释其中的道理。换言之，所谓“阳焰”就是梵语文本中所说的“鹿爱喻”（mṛgatṛṣṇādṛṣṭānte），意思是说，当鹿行走在沙漠里感到口渴时将前面的阳焰误看作水，即是一种表示幻象的譬喻，但就因明而言，一般被用作只有语言或名称而没有实物对应的例证，同类的例证还有“空华”“舟行岸移”等。

第 66 颂

sa yadi svabhāvataḥ syāt bhāvo na syāt pratītyasamudbhūtaḥ|

yaśca pratītya bhavati grāho nanu śūnyatā saiva||66||

若彼有自体，不须因缘生；若须因缘者，如是得言空。（65）

གལ་ཏེ་འཛིན་དེ་རང་བཞིན་ཡོད།།བརྟེན་ནས་འབྱུང་བར་མི་འགྱུར་རོ།།འཛིན་པ་གང་ཞིག་བརྟེན་འབྱུང་བ།།དེ་ཉིད་སྟོང་ཉིད་མ་ཡིན་ནམ།།（66）

もしその誤解が本体としてあるならば、それは他によって生じたものではない。一方、その誤解が他によって生じるならば、それこそが空性ではないか。（66）

If that perception were by its own nature，it would not be dependently originated. That perception，however，which comes into existence dependently is voidness indeed.（66）

【考察】上句“sa yadi svabhāvataḥ syāt bhāvo na syāt pratītyasamudbhūtaḥ”可拆解为“yadi svabhāvataḥ syāt bhāvo”“sa…na syāt pratītyasamudbhūtaḥ”两个句段分析。前者“yadi svabhāvataḥ syāt bhāvo”是本句的条件状语，意为“如果事物作为自性存在”。对此，汉译为“若彼有自体”，藏译为“གལ་ཏེ་འཛིན་དེ་རང་བཞིན་ཡོད”（如果其执持有自性），日译为“もしその誤解が本体としてあるならば”（如果其误解作为本体存在），英译为“If that perception were by its own nature”（如果知觉是根据其本质产生的）。后者“sa…na syāt pratītyasamudbhūtaḥ”是由前面条件所推导出的结果，意为“其不依赖缘而生起”。对此，汉译为“不须因缘生”，藏译为“བརྟེན་ནས་འབྱུང་བར་མི་འགྱུར་རོ”（不成立因缘所生），日译为“それは他によって生じたものではない”（其不依赖其他而生起），英译为“it would not be dependently originated”（那么其将无依赖地产生）。

下句“yaśca pratītya bhavati grāho nanu śūnyatā saiva”可拆解为“yaśca pratītya bhavati grāho”“nanu śūnyatā saiva”两个句段分析。前者“yaśca pratītya bhavati grāho”是句子的条件成分，意为“如果其执着是依缘而有的”。对此，汉译为“若须因缘者”，藏译为“འཛིན་པ་གང་ཞིག་བརྟེན་འབྱུང་བ”（若执着因缘所生），日译为“一方、その誤解が他によって生じるならば”（另一方面，如果其误解由其他生起），英译为“That perception，however，which comes into existence dependently”（然而，如果那个知觉是独立存在的）。后者“nanu śūnyatā saiva”是以反问形式所给出的结论，意为“其难道不正是空性吗”。对此，汉译为“如是得言空”，藏译为“དེ་ཉིད་སྟོང་ཉིད་མ་ཡིན་ནམ”（其难道不是空性吗），日译为“それこそが空性ではないか”（其难道不正是空性吗），英译为“…is voidness indeed”（其的确是空性）。

【小结】此颂是基于事物自性与依他性二者关系的角度对空性所展开的论证。说的是，如果事物作为其自性而存在，那么它就不需要依赖其他。若是相反，即事物依赖其他而生起，那不恰好就证明空性的存在吗？

第 67 颂

yadi ca svabhāvataḥ syād grāhaḥ kastaṁ nivartayed grāhyam|

śeṣeṣvapyeṣa vidhistasmād doṣo’nupālambhaḥ||67||

若取自体实，何人能遮回？余者亦如是，是故我无过。（66）

གལ་ཏེ་འཛིན་པ་རང་བཞིན་ཡོད༎འཛིན་པ་དེ་ལ་སུ་ཡིས་བཟློག༎ལྷག་མ་རྣམས་ལའང་ཚུལ་དེ་བཞིན༎དེ་ཕྱིར་ཀླན་ཀ་དེ་མེད་དོ༎（67）

そして、もし誤解が本体としてあるならば、だれがその誤解を除き

えようか。残余のものについてもこの道理があてはまる。だから、それは非難にはならない。（67）

Furthermore：If that perception were by its own nature，who would remove that perception? The same method applies to the rest［of the things］too. Hence this is a non-criticism.（67）

【考察】上句“yadi ca svabhāvataḥ syād grāhaḥ kastaṁ nivartayed grāhyam”可拆解为“yadi ca svabhāvataḥ syād grāhaḥ”“kastaṁ nivartayed grāhyam”两个句段分析。前者“yadi ca svabhāvataḥ syād grāhaḥ”是句子的条件事项，意为“进而，如果所执作为自性存在”。对此，汉译为“若取自体实”，藏译为“གལ་ཏེ་འཛིན་པ་རང་བཞིན་ཡོད”（如果所执有自性），日译为“そして、もし誤解が本体としてあるならば”（而且，如果误解作为本体存在的话），英译为“Furthermore：If that perception were by its own nature”（此外，如果知觉来自其本质）。需要说明的是，“ca”在本句中起到承上启下的作用，对此日英两种现代译文分别译为“そして”和“Furthermore”，而汉藏两种古译文则没有直接译出。后者“kastaṁ nivartayed grāhyam”是以反问形式所给出的结论，意为“谁来回遮那个所执呢”。对此，汉译为“何人能遮回”，藏译为“འཛིན་པ་དེ་ལ་སུ་ཡིས་བཟློག”（对于彼所执由谁来遮回呢），日译为“だれがその誤解を除きえようか”（谁来消除那个误解呢），英译为“who would remove that perception”（谁来除去那个知觉呢）。

下句“śeṣeṣvapyeṣa vidhistasmād doṣo’nupālambhaḥ”可拆解为“śeṣeṣvapyeṣa vidhis”“tasmād doṣo’nupālambhaḥ”两个句段分析。前者“śeṣeṣvapyeṣa vidhis”是句子的陈述部分，意为“此规则在其他事项上也是如此”。对此，汉译为“余者亦如是”，藏译为“ལྷག་མ་རྣམས་ལའང་ཚུལ་དེ་བཞིན”（对于其余的来说，也是一样），日译为“残余のものについてもこの道理があてはまる”（对于其余的事项，道理也是相符的），英译为“The same method applies to the rest［of the things］too”（相同的方法也适用于其他的〈事物〉）。后者“tasmād doṣo’nupālambhaḥ”是本颂的结论，意为“因此，不生起过失”。

对此，汉译为“是故我无过”，藏译为“དེ་ཕྱིར་ཀླན་ཀ་དེ་མེད་དོ”（因此没有过失），日译为“だから、それは非難にはならない”（因此，其不成为非难），英译为“Hence this is a non-criticism”（因此，此不构成批评）。

【小结】此颂是上面66颂回答的继续，作为前提条件，上一颂提到的是“事物”（有），在此颂中则进一步假设这些“事物”（有）即使得到“执取”（grāhaḥ），那么如何去“遮”（否定）也是个问题。进而，对于其他类似的情况，也会如此遇到同样的问题。作为结论，最后指出，基于以上理由，你的责难不成立。

第68颂

etena hetvabhāvaḥ pratyuktaḥ pūrvameva sa samatvāt|

mṛgatṛṣṇādṛṣṭāntavyāvṛttividhau ya uktaḥ prāk||68||

此无因说者，义前已说竟；三时中说因，彼平等而说。（67）

སྨིག་རྒྱུའི་དཔེས་བཟློག་བསྒྲུབ་པའི་ཚེ།།སྔར་སྨྲས་གང་ཡིན་དེ་དང་ནི།།སྔ་མས་གཏན་ཚིགས་མེད་པ་ཡི།།ལན་བཏབ་སྒྲུར་ཏེ་མཚུངས་ཕྱིར་རོ།།（68）

先に陽炎のたとえをしりぞける理屈のなかで（君が）説いた、「根拠がない」という（非難）に対して、われわれはすでに上述したことによって答えている——事情は同じなのだから。（68）

The case being the same，we have already answered by what precedes［the objection of］absence of reason，which was stated in［your］refutation of the example of the mirage.（68）

【考察】上句“etena hetvabhāvaḥ pratyuktaḥ pūrvameva sa samatvāt”可拆解为“etena hetvabhāvaḥ pratyuktaḥ pūrvameva”“sa samatvāt”两个句段分析。前者“etena hetvabhāvaḥ pratyuktaḥ pūrvameva”是句子的主语部分，意为“如前面一样，由其所回答的无因”。对此，汉译为“此无因说者，义前已说竟”，藏译为“སྔ་མས་གཏན་ཚིགས་མེད་པ་ཡི”（前面已经说了无因），日译为“「根拠がない」という（非難）に対して、われわれはすでに上述したことによって答えて

いる”（对于“无根据”〈的责难〉，我们已经依上述所说做了回答），英译为“we have already answered by what precedes［the objection of］absence of reason”（我们已经在前面〈所反对〉的无理由论证中做了回答）。后者“sa samatvāt”是就前面所说的理由论证，意为“其平等性故”。对此，汉译为“彼平等而说”，藏译为“སྔར་སྨྲས་གང་ཡིན་དེ་དང་ནི”（如前所回答的），日译为“事情は同じなのだから”（因为情况相同），英译为“The case being the same”（情况相同）。

下句“mṛgatṛṣṇādṛṣṭāntavyāvṛttividhau ya uktaḥ prāk”可拆解为“mṛgatṛṣṇādṛṣṭāntavyāvṛttividhau”“ya uktaḥ prāk”两个句段分析。前者为“mṛgatṛṣṇādṛṣṭāntavyāvṛttividhau”是本句的条件状语，意为“在讲解鹿爱喻遮止方法时”。对此，汉译为“三时中”，藏译为“སྨིག་རྒྱུའི་དཔེས་བཟློག་བསྒྲུབ་པའི་ཚེ”（由阳炎比喻中所遮止时），日译为“先に陽炎のたとえをしりぞける理屈のなかで（在先前阳炎比喻所遮止理由中”，英译为“which was stated in［your］refutation of the example of the mirage”（如在海市蜃楼譬喻中）。后者“ya uktaḥ prāk”是句子的主干部分，意为“其过去所说的”。对此，汉译为“说因”，藏译为“ལན་བཏབ་ཕྱུར་ཏེ་མཚུངས་ཕྱིར་རོ”（如回答所说相同故），日译为“〈君が〉説いた”（〈你所〉说的），英译为“was stated in［your］refutation of”（〈你〉所反对的那样）。

【小结】此颂和接下去的 69 颂都是就空性在不同语境中得以成立的论说。此颂中说的是，来自你在“鹿爱喻”中所提到的有关“无因”（没有根据）的问难，我已经在前面说过，在此就不再重复了。

第 69 颂

yastraikālye hetuḥ pratyuktaḥ pūrvameva sa samatvāt|

traikālyapratihetuśca śūnyatāvādināṁ prāptaḥ||69||

若说三时因，前如是平等；如是三时因，与说空相应。（68）

དུས་གསུམ་གཏན་ཚིགས་གང་ཡིན་སྔར། །ལན་བཏབ་ཉིད་དེ་མཚུངས་ཕྱིར་རོ། །དུས་གསུམ་ཆེད་ཀྱི་གཏན་ཚིགས་ནི། །སྟོང་ཉིད་སྨྲ་བ་རྣམས་ལ་ཐུང་། །（69）

三種の時間的関係に対する論拠はすでに答えられている——事情が同じであるから。しかも、三種の時間的関係を否定する論拠は、空性を論じる者にあてはまるのである。（69）

We have already answered［the question relating to］the reason［for a negation］in the three times，for the case is the same. And a counter-reason for the three times is obtained for the upholders of the doctrine of voidness.（69）

【考察】上句“yastraikālye hetuḥ pratyuktaḥ pūrvameva sa samatvāt”可拆解为“yastraikālye hetuḥ pratyuktaḥ pūrvameva”“sa samatvāt”两个句段分析。前者“yastraikālye hetuḥ pratyuktaḥ pūrvameva”是句子的主干部分，意为“如前就三时所回答的因”。对此，汉译为“若说三时因，前如是”，藏译为“དུས་གསུམ་གཏན་ཚིགས་གང་ཡིན་སྔར།།ལན་བཏབ་ཉིད་དེ”（彼如前面所回答的三时一切因），日译为“三種の時間的関係に対する論拠はすでに答えられている”（对于三种时间关系的论据，已经回答了），英译为“We have already answered［the question relating to］the reason［for a negation］in the three times”（对于三时的〈否定〉因，我们已经回答了〈相关提问〉）。后者“sa samatvāt”是本句的理由状语，意为“其平等故”。对此，汉译为“平等”，藏译为“མཚུངས་ཕྱིར་རོ”（平等故），日译为“事情が同じであるから”（情况相同），英译为“for the case is the same”（因为情况是一样）。

下句“traikālyapratihetuśca śūnyatāvādināṁ prāptaḥ”可拆解为“traikālyapratihetuśca”“śūnyatāvādināṁ prāptaḥ”两个句段分析。前者“traikālyapratihetuśca”是句子的主语部分，意为“对于三时的因”。对此，汉译为“如是三时因”，藏译为“དུས་གསུམ་ཆེད་ཀྱི་གཏན་ཚིགས་ནི”（没有三时的因是），日译为“しかも、三種の時間的関係を否定する論拠は”（然而，否定三种时间关系的论据），英译为“And a counter-reason for the three times”（此外，否定三时的理由）。后者“śūnyatāvādināṁ prāptaḥ”是句子的主干部分，意为“成为空性论者”。对此，汉译为“与说空相应”，藏译为“སྟོང་ཉིད་སྨྲ་བ་རྣམས་ལ་ཙང”（与说空性等相符合），日译为“空性を論じる者にあてはまるのである”

（与空论者相符合），英译为“is obtained for the upholders of the doctrine of voidness”（是获得空性教义的拥有者）。

【小结】此颂与上一颂一样，都是就空性在不同语境下得以成立的论说。此颂说的是在三时关系中的情况，即在以三时关系论证事物的存在性时，空性的道理也是一样的。

第 70 颂

prabhavati ca śūnyateyaṁ yasya prabhavanti tasya sarvārthāḥ|

prabhavati na tasya kiṁ na bhavati śūnyatā yasyeti||70||

若人信于空，彼人信一切；若人不信空，彼不信一切。（69）

གང་ལ་སྟོང་པ་ཉིད་སྲིད་པ། །དེ་ལ་དོན་རྣམས་ཐམས་ཅད་སྲིད། །གང་ལ་སྟོང་ཉིད་མི་སྲིད་པ། །དེ་ལ་ཅི་ཡང་མི་སྲིད་དོ། ། （70）

この空性を会得する人には、すべてのものが会得される。空性を会得しない人には、いかなるものも会得させない。（70）

All things prevail for him，for whom prevails this voidness. Nothing prevails for him for whom voidness does not prevail.（70）

【考察】上句“prabhavati ca śūnyateyaṁ yasya prabhavanti tasya sarvārthāḥ”可拆解为“prabhavati ca śūnyateyaṁ”“yasya prabhavanti tasya sarvārthāḥ”两个句段分析。前者“prabhavati ca śūnyateyaṁ”是句子的条件状语，意为“理解空性者”，对此的汉译为“若人信于空”，藏译为“གང་ལ་སྟོང་པ་ཉིད་སྲིད་པ”（得有空性者），日译为“この空性を会得する人には”（领会此空性者），英译为“for whom prevails this voidness”（获得此空性者）。后者“yasya prabhavanti tasya sarvārthāḥ”是句子的主干部分，意为“即是理解一切义”。对此的汉译为“彼人信一切”，藏译为“དེ་ལ་དོན་རྣམས་ཐམས་ཅད་སྲིད”（其得有一切义），日译为“すべてのものが会得される”（一切得领悟），英译为“All things prevail for him”（对他来说，将获得一切事物）。

下句“prabhavati na tasya kiṁ na bhavati śūnyatā yasyeti”是与上句相反的论证，可拆解为“prabhavati na tasya”“kiṁ na bhavati śūnyatā yasyeti”两个句段分析。前者“prabhavati na tasya”是句子的结论部分，意为“其不理解（一切）”。对此的汉译为“彼不信一切”，藏译为“དེ་ལ་ཅི་ཡང་མི་སྲིད་དོ”（彼无得任何），日译为“いかなるものも会得させない”（不领悟任何），英译为“Nothing prevails for him”（对他来说，没有任何获得任何）。后者“kiṁ na bhavati śūnyatā yasyeti”是句子的条件状语，意为“谓若不理解空性者”。对此的汉译为“若人不信空”，藏译为“གང་ལ་སྟོང་ཉིད་མི་སྲིད་པ”（所有不得空性的人），日译为“空性を会得しない人には”（对于不领悟空性的人来说），英译为“for whom voidness does not prevail”（对他来说，若得不到空性）。

【小结】此是本论梵本的最后一颂，说的是，对于理解空性的人来说，其他的一切道理都会迎刃而解，而对于不理解空性的人，那么也就无法理解一切道理，可谓是本论的画龙点睛之笔。

（四）回向文

根据佛教经论的一般格式，在正文叙述结束后通常会有一个回向文，《回诤论颂》亦不例外。

yaḥ śūnyatāṁ pratītyasamutpādaṁ madhyamāṁ pratipadamanekārthām|

nijagāda praṇamāmi tamapratimasaṁbuddham|| iti||

空自体因缘，三一中道说；我归命礼彼，无上大智慧！（70）

གང་ཞིག་སྟོང་དང་རྟེན་འབྱུང་དག།དབུ་མའི་ལམ་དུ་དོན་གཅིག་པར།།གསུང་མཆོག་མཚུངས་པ་མེད་པ་ཡི།།སངས་རྒྱས་དེ་ལ་ཕྱག་འཚལ་ལོ།།

རྩོད་པ་བཟློག་པའི་ཚིག་ལེའུར་བྱས་པ་ཞེས་བྱ་བ་སློབ་དཔོན་འཕགས་པ་ཀླུ་སྒྲུབ་ཀྱི་ཞལ་སྔ་ནས་མཛད་པ་རྫོགས་སོ།།

空性と他による生起と中道とは意味の等しいものである、と言われた、たぐいない人（仏陀）を私も礼拝する。

I adore that incomparable Buddha who taught Voidness，Dependent Origination and the Middle Way as equivalent.

【考察】此回向文的梵文亦分为上下两句，其中，上句“yaḥ śūnyatāṁ pratītyasamutpādaṁ madhyamāṁ pratipadamanekārthām”意为“彼说示了有

关空性、缘起、中道的多种含义”。对此，汉译为“空自体因缘，三一中道说”，这里的“自体”应该是根据论中内容的增译。藏译为“གང་ཞིག་སྟོང་དང་རྟེན་འབྱུང་དག །དབུ་མའི་ལམ་དུ་དོན་གཅིག་པར་གསུང་”（彼讲述了有关空、缘起、中道的第一义），日译为“空性と他による生起と中道とは意味の等しいものである、と言われた”（说示了所谓空性、依他起和中道，为意义等同的道理），英译为“who taught Voidness，Dependent Origination and the Middle Way as equivalent”（那位说示了有关空性、缘起和中道的平等义）。

下句“nijagāda praṇamāmi tamapratimasaṁbuddham ||iti||”由两个句段构成，其中“iti”表示全论的完结。“nijagāda praṇamāmi tamapratimasaṁbuddham”是回向中的称赞文，意为“我顶礼那位无上正等觉者”。对此，汉译为“我归命礼彼，无上大智慧”，藏译为“མཆོག་མཚུངས་པ་མེད་པ་ཡི། །སངས་རྒྱས་དེ་ལ་ཕྱག་འཚལ་ལོ”（礼敬彼最胜无等的佛陀），日译为“たぐいない人（仏陀）を私も礼拝する”（我礼敬无与比肩之人〈佛陀〉），英译为“I adore that incomparable Buddha”（我崇拜那位…无与比肩的佛陀）。

【小结】此颂包含两个部分，一是就全论的总结，其中提到“空性”“缘起”“中道”三个重要概念，而佛陀从多方面阐述了其中的胜义；二是正是基于这一点，我们要礼敬这位世间无可比肩者、正等觉者。

三　结语

以上基于语言学中常用的句段分析法就《回诤论》所涉及的五个语种的版本做了平行对照和互补互证考察，有鉴于具体内容在每一颂的考察分析和小结中都已经做了必要的分析和解说，故而作为最后的结语，接下来将围绕句段分析法以及在迄今为止的先行研究中常见的一些问题做若干说明。

第一，涉及《回诤论》文本的研究成果虽说不在少数，但大体可以依照罗睺罗・桑克恰耶那 1936 年在我国西藏夏鲁寺发现梵文写本并于次年与加亚什瓦尔（Jāyasvāla）共同完成整理和发表划出一条分界线，前期主要有日本学者宇井伯寿关于《回诤论》与《正理经》之间在思想上的一致性[①]的探讨，意大利学者杜芝（Tucci）根据汉译《回诤论》并参照藏译本的英译和相关注释[②]，以及日本学者山口益（susumuyamaguchi）根据藏译同时参照汉译本用法文完成的注释[③]，即主要是基于汉藏两译所展开的分析或注释性研究。后期主要有日本学者山口益在之前研究的基础上，又将梵文纳入比较范围而用日语完成的基于梵汉藏语本的注释性研究[④]，印度学者巴塔恰利耶基于梵语文本完成的文本整理和英译[⑤]，最近则有日本学者米泽嘉康基于梵藏两种版本完成的梵藏两本平行比较和相应注释[⑥]。若单纯从先行研究的继承性而言，本文大体可被视为在这些研究基础上的延续，只是将语本范围从传统的梵汉藏进一步扩大到日英等现代语言。不过，若从首次导入了语言学中常用的“句段分析法”而言，则属于考察模式或方法论方面的改变，由此为文本比较和解读带来了一个新的动力。

第二，在语言学中，有关“句段”有不同的理解和解释，不过本文不拟在这个问题上做过多的延伸，而大体采取主谓、条件、修饰等作为划分标准，通过拆解的方式找出其中所蕴含的语义链锁，进而根据需要对其

① 宇井伯寿:《正理学派の成立並びに正理経の編纂年代》,《印度哲学研究》第一卷，1924。［日］宇井伯寿著，邱旭辉译:《正理学派的成立及〈正理经〉的编纂年代》，载《因明》2023 年第 14 辑（海外因明文献研究资料译介专辑），第 54—75 页。

② Tucci，*Pre-Diṅnāga Texte Buddhist Texst on Logic from Chinese Sources*，Gaekward’s Oriental series，Vol.XLIX，1929，Barsda.

③ Traite，*de Nāgārjuna*，Pour ècater les vaines discussions［Vigraha-vyāvartanī］，traduit et annatè. par Susumu yamaguchi，*Journal Asiatique*，1929.

④ 山口益:《『廻諍論』の注釈的研究》(一),《密教文化》第 8 号，1950，第 1—17 页；山口益:《『廻諍論』の注釈的研究》(二),《密教文化》第 9—10 号，1950，第 1—20 页；山口益:《『廻諍論』の注釈的研究》(三),《密教文化》第 12 号，1950，第 23—31 页。

⑤ Bhattacharya Kamaleswar.“The Dialectical Method of Nāgārjuna”(translation of the‘Vigrahavyāvartanī’from the Original Sanskrit with Introdution and Notes), *Journal of Indian Philosophy*, 1（1971/1972), pp.217-261.Kamaleswar Bhattacharya. *The Dialectical Method of Nāgārjuna*（*Vigrahavyāvartanī*)，*translation from the Original Sanskrit with Introdution and Notes*，Motilal Banarsidass，Delhi，1978.

⑥ Yoshiyasu Yonezawa.“Vigrahavyāvartanī Sanskrit Transliteration and Tibetan Translation”，《成田山佛教研究所纪要》第 31 号，2008 年。

中的语词进行比较和分析。有鉴于《回诤论》的源语文本为梵语，故而本论的“句段”拆解和分析都是以梵语为基础展开的，之后再依次对汉、藏、日、英四个译本中的对应句段或语词进行对照和分析，由此实现多语之间相互证明的效果。例如，梵文第 56 颂上句“eṣa cākuśaleṣvavyākṛteṣu nairyāṇādiṣu ca doṣaḥ”中提到了“ākuśaleṣu”（不善）、“avyākṛteṣu”（无记）、“nairyāṇādiṣu”（出离）三个事项，而在相应的汉译中却只能找到“不善”“无记”两个，另外一个“nairyāṇādiṣu”与汉译中的“善”是否能构成对应，即成为需要探讨的问题。在这种情况下，借助藏、日、英等平行的译本就显得格外重要，藏译中的对应词为“ངེས་འབྱིན་སོགས་ལ་”（出离），日译中的对应词为“出離に導くもの”（引导至出离者），英译中的对应词为“those things which lead to emancipation”（那些导致解脱的事情），通过这些译本我们首先可以确定的是，梵语作者龙树欲表达的应该就是“不善”“无记”“出离”三个事项，而汉译者为何要将其中的“出离”译为“善”，或许是考虑到了其间的逻辑结构，即首先是“善”与“不善”的对应，之后是对于“善”与“不善”二者的“出离”，这种叙述结构在因明文献乃至更广泛的佛教文献中都是极为常见的。总之，通过梵语原文和不同译本的比较我们不妨将汉译中的“善”理解为“出离”或“作为善法的出离”。

第三，所谓翻译，其实存在两种形态，一种是追求语词乃至语法结构逐一对应即传统意义上的翻译（translation），另一种则是重视原本与译本之间语义信息传递的解释（interpretion）性翻译，由于本次考察所选的文本无论在时间上还是在文化上都存在着极大的跨越性，故而在比较分析过程中也导入了“解释”的方法论视角。例如，在针对梵语第 11 颂上句“sata eva pratiṣedho nāsti ghaṭo geha ityayaṁ yasmāt”中提到的“瓶家”关系譬喻时，梵语原文的说法是“pratiṣedho nāsti ghaṭo geha ity ayaṁ”（此遮谓“家中没有用瓶”），对此，无论是古藏译，或是现代日英两译，都将原文中的“geha”译成了“家”或“房子”，即“瓶”具体存在的场所空间，而唯独汉译将其译为“如有瓶有泥，可得遮瓶泥”，即“家”在此被替换成了“泥”，这是一个极具深层意义的解释性翻译，因为在古代印度人的认知系统中，“瓶”来源于“泥”是大家所熟知的，因此对于“瓶”而言，“泥”大体可以被理解为逻辑意义上的“家”（来源）。换言之，与“瓶家”只体现出某物存在或不存在于某处的关系相比，“瓶泥”之间暗示的不只是存在或不存在的关系，而是同一物体在不同时空所表现出的可见与不可见的两种状态，若将其与此颂要表达的“遮”联系在一起考虑的话，那么汉语译者将“瓶家”譬喻转换为“瓶泥”譬喻，或许有着更深层面的考量吧。

总之，基于语言学中常用的句段分析法针对某一特定语本及相关译本展开互补互证考察，就因明文献研究而言，属于一种全新视角的尝试性探索，其中必然存在着观待不至或不为常轨所许之处，故在此恳请方家批评指正，以促进因明文献研究的不断进步和发展。

《法句经·心品》佛陀唯心论思想研究

——涵巴利文本《心品》语文学分析及《心品·义注》汉译

程恭让

上海大学教授

上海大学佛教思想史与人间佛教研究中心主任

摘要：《法句经》是早期佛教的一部著名经典，也是南传、汉传、藏传三系佛教都公认共许的一部重要佛教经典。《法句经·心品》是《法句经》中的一品，其主旨是记录并整理佛陀的心论思想。本文基于《心品》特别提出佛陀唯心论的概念，并通过对巴利文本《法句经·心品》文字内容的深入分析，提出佛陀唯心论所具有的六个方面的重要理论特质。为了这个研究的完整性，本文后面的部分还对巴利文《法句经·心品》提供了一个详细的语文学分析，并且全文译出传为觉音尊者所著《法句经义注》心品注疏的相关内容。

关键词：佛陀唯心论；《法句经》；《心品》；觉音尊者；社会生活理解与解释的工具

一 《法句经·心品》的佛陀唯心论思想

《法句经》是早期佛教的一部著名经典，也是南传、汉传、藏传三系佛教都公认共许的一部重要佛教经典。《法句经·心品》是《法句经》中的一品。在巴利文本南传《法句经》的26品中，它是第3品。在北传汉译《法句经》的几个译本中，虽然所在的品次不一，文字及内容有所差异，但也都包含这个《心品》。[①]《法句经·心品》在《法句经》中的特殊意义，是在于它具足以佛陀心论为中心的一系佛教思想，而这系佛陀心论思想，从其智慧与理论特质的角度，本文概括为是一种“佛陀唯心论”。

本文提出“佛陀唯心论”的议题，是作者考量近代以来佛教思想史研究问题的结果。如印顺法师（1906—2005）在研究唯识思想起源史问题时，曾把大乘唯识思想概括为“五类”：“‘由心所造’的唯识”“‘即心所现’的唯识”“‘因心所生’的唯识”“‘映心所显’的唯识”，以及“‘随心所变’的唯识”，认为这五类唯识思想在“原始佛教”中，都有孕育的因缘。[②]不过印顺所坚持的方法，是“从‘四阿含’里，抉出唯识的先驱思想”[③]，这种方法导致其有意无意忽视《法句经》等早期佛教经典所记载的佛陀心论思想的价值。另外一位20世纪中国佛教的重要学者吕澂先生（1896—1989）曾注意参考巴利文本《法句经》，对《法句经》予以科判与诠释。如判《法句经》二十六品为“二组”，认为初七品是“标立教之本源”，教由心立，而心即“本净尘染之心”；次十九品，则是“明入道之由致”。[④]吕先生这种诠解，以“本净尘染之心”作为《法句经》佛法义理的根本，可以说他是中国佛教学术思想史上少有的一位重视彰显《法句经》心论思想理论意义的学者。然而吕先生的诠释方法涉嫌过度偏向部派佛教及大乘教理的先行性，不无让人感到先入为主的遗憾。

因而，如何准确解读《法句经》佛陀心论思想的真实面目及其义理价值，也就是本文提出从唯心论视角解读佛陀心论的理论关切所在。本文以

---

① 参见：《法句经·心意品第十一》《法句譬喻经·心意品第十一》《出曜经·心意品第三十二》《法集要颂经·护心品第三十一》

② 《唯识学探源》卷1，CBETA 2019.Q3，Y10，No. 10，第28页上。

③ 《唯识学探源》卷1，CBETA 2019.Q3，Y10，No. 10，第4页上。

④ 吕澂：《法句经讲要》，《吕澂佛学论著选集》卷二，齐鲁书社1991年版，第646页。

下的部分，主要基于巴利圣典协会所出版《法句经·心品》[①] 文字及义理的解读，拟从六个方面对所谓佛陀唯心论具有的理论特质问题予以简要说明。

1. 佛陀唯心论是佛教思想史上第一个系统的唯心论

首先，我们知道《法句经》被认为是真正的“佛语”——包含《心品》在内的《法句经》，乃是真正意义上的早期佛说。如三国时期最早参与传译《法句经》的译家之一支谦，曾经这样写道：“昙钵偈者，众经之要义。昙之言法，钵者句也。而《法句经》别有数部：有九百偈，或七百偈，及五百偈。偈者结语，犹诗颂也。是佛见事而作，非一时言，各有本末，布在众经。佛一切智，厥性大仁，愍伤天下，出兴于世，开现道义，所以解人。凡十二部经总括其要，别有四部阿含。至去世后，阿难所传，卷无大小，皆称闻如是处佛所究畅其说。是后五部沙门，各自钞采经中四句六句之偈，比次其义，条别为品。于十二部经，靡不斟酌，无所适名，故曰《法句》。”[②] 支谦这段话留下中国佛教早期译经学者关于《法句经》本源、历史及其思想价值的权威性表述。如他这里说《法句经》“是佛见事而作，非一时言，各有本末，布在众经”，也就是认为以颂文形式出现的《法句经》，是佛陀根据各种具体情况所作，所以“法句”并非同时所作，也并非针对一人一事而撰，《法句经》中的具体颂文都有具体的事实因缘，这些事实因缘记载在“众经”中。支谦此说表达了中国早期佛教史家的共识：《法句经》确实是“佛见事而作”的“佛语”，或以现代学者的说法，《法句经》的“佛语”为“当年佛说之实录可无疑”[③]，或者“是释尊无问自说的‘法句’”[④]，因此，《法句经》在卷帙浩繁的早期佛教经典中，确实具

① Dhammapada, Edited by O.von Hinuber and K. R. Norman, With a complete Word Index compiled by Shoko Tabata and Tetsuya Tabata, Published by The Pali Text Society, Oxford, 1995, pp. 10–12.

② 《出三藏记集》卷 7，CBETA 2019.Q3，T55，No. 2145，第 49 页下—50 页上。

③ 吕澂：《法句经讲要》，《吕澂佛学论著选集》卷二，第 643 页。

④ ［日］高楠顺次郎、［日］平川彰：《南传大藏经解题》，释显如、李凤媚译，《世界佛学名著译丛》24，华宇出版社 1984 年版，第 153 页。

有独特而不可替代的历史地位。

其次，支谦这段话还说“是后五部沙门，各自钞采经中四句六句之偈，比次其义，条别为品”，说明在佛陀去世之后，“五部沙门”采集经中佛陀所作这些“法句”，将其分类整理为具体的品次。这说明《法句经》采录的这些“佛语”，并不是被随意地杂乱无章地集合在了一起，而是经过了“五部沙门”各自系统的整理。惟其如此，因而思想理论的系统性，也就自然成为《法句经》一个重要的特色。以本文重点关注的《法句经·心品》而言，《心品》不仅记录了佛陀关于人类心灵问题、认识问题的一些教诫，而且这些教诫已经经过早期佛教学者相当系统的理论整理，所以《心品》的思想内容不仅可以解读为是一种佛陀的心论，更可以解读为是一种系统化的佛陀心论，事实上它可以说是佛教思想史上的第一个系统的唯心论，也就是我们称之为“佛陀唯心论”的佛陀心论。

2. 佛陀唯心论是重视人类心灵特殊性、重要性的唯心论

我们把佛陀的心论思想称为“佛陀唯心论”，这里所使用的“唯心论”这一术语，是在强调人类心灵特殊性、重要性的意义上所言的。而这种意义，其实应该视为哲学意义上所言“唯心论”的基本价值旨趣。印顺法师曾从人类哲学的角度，分析“唯心论”的起源，他说：“有情为了解决痛苦，所以不断的运用思想，思想本是为人类解决问题的。在种种思想中，穷究根本的思想理路，即是哲学。但世间的哲学，或从客观存在的立场出发：客观的存在，对于他们是毫无疑问的；如印度的顺世论者，以世界甚至精神，都是地水火风四大所组成；又如中国的五行说等。他们都忽略本身，直从外界去把握真实。这一倾向的结果，不是落于唯物论，即落于神秘的客观实在论。另一些人，重视内心，以此为一切的根本；或重视认识，想从认识问题的解决中去把握真理。这种倾向，即会产生唯心论及认识论。”①

如印顺这里所论，“世间的哲学”，无外乎两种探讨存在或真理的立场：

① 《佛法概论》卷3，CBETA 2019.Q3，Y08，No. 8，第47页上。

或者是从“客观存在的立场”出发，直接从外界把握真实；或者是“重视内心”，“重视认识”，是从“内心”或“认识”的角度出发，以图把握真理。由前一种哲学立场起源的就是哲学的“唯物论”，由后一种立场起源的就是哲学的“唯心论”。基于对人类哲学性质的这种认识，在探讨大乘佛教唯识学的起源问题时，印顺就顺理成章地提出如下的佛教思想史图景：原始佛教的基本理论是缘起论，而缘起论的思维确有重心的倾向，所处理的问题又本来与心识有关。后代的佛弟子顺着这种倾向，讨论有关心识的问题，这才有意无意地走上唯识论。[①] 我们从上述印顺佛教思想史理念可以学习到的是：在早期佛教中佛陀所提出的佛法哲学——缘起论及其相关的理论，确有明显的“重视内心”“重视认识”的倾向，因此佛陀所提出的佛法哲学，如果从人类哲学的根源性立场而言，当然也就是一种唯心论。

这种“重心”的理论旨趣，在《法句经·心品》中表现得尤其明显。如《法句经·心品》下面这个颂文（**41**.“Aciraṃ vatayaṃ kāyo，pathaviṃ adhisessati；Chuddho apetaviññāṇo，niratthaṃva kaliṅgara”nti.），我们新译为：“确实此身不长久，它会倚卧大地上；已被舍弃无意识，好比朽木无用处！”此颂中包含两个主要概念：一个是“身体”的概念（kāyo），一个是心识的概念（viññāṇo）。当“身体”不离于“心识”时，人的生命是一个鲜活的生命，于是这个身体就是“有用”的身体；而当“身体”离于“心识”时，也即当身体被“心识”抛弃之时，此时的身体就成了类似“朽木”的东西，它不久之后就会被抛弃于大地，变得毫无意义，很快化为黄土。所以此颂文彰显了“心识”在人的生命构成中的特殊本质意义，这里“心识”与“身体”两个概念对举，很生动地凸显了佛陀重视心识价值的智慧：是心识而不是身体，代表着生命体中本质的和本真的部分。

佛陀对于心识这种特殊性、重要性的看重，还可以由本品最后两个颂文反映出来。这两个颂文（**42**.“Diso disaṃ yaṃ taṃ kayirā，verī vā pana

① 《唯识学探源》卷 1，CBETA 2019.Q3，Y10，No. 10，第 32 页上。

verinaṃ；Micchāpaṇihitaṃ cittaṃ，pāpiyo naṃ tato kare” ti；**43**. “Na taṃ mātā pitā kayirā，aññe vāpi ca ñātakā；Sammāpaṇihitaṃ cittaṃ，seyyaso naṃ tato kare” ti.）的前一颂，我们新译为：“若是敌对敌能作，又或怨对怨能作；当心错误志向时，能作比其罪恶事！”后一颂，我们新译为：“若为父母不能作，其他亲戚也同样；当心正确志向时，能作比其更善事。”两个颂文的意思，大体上可以这样解说：当人心被错误地志向、被错误地引导时，它可以作出比敌人对于敌人、冤仇对于冤仇所作的恶事更加罪恶的恶事；而当人心被正确地志向、被正确地引导时，它则能够作出比父母、亲戚能够为子女所做的善事更加良善的善事。善和恶，是人类实践尤其是人类道德实践的两个基本价值方向。在人类道德实践的这两个价值方向上，人心（cittaṃ）都具有特殊的作用：它可以使人们成就极致的罪恶，也可以使人们成就极致的良善。由此可见：在人类实践尤其是道德实践的展开过程中，人心具有绝对唯一、独一无二的意义。这样，《心品》第41颂，是佛陀从生命构成的角度凸显人心的特殊、重要及殊胜；《心品》第42–43两颂，则是佛陀从人类道德实践的角度凸显人心的特殊、重要及殊胜。这种对于人心特殊性、重要性、殊胜性的理解和肯定，是本文提出把佛陀心论界说为佛陀唯心论的基本理论依据。

3. 佛陀唯心论是深刻阐发人心功能作用特质的唯心论

与对人心特殊重要本质的这种深切认识相关，《法句经・心品》对人心功能作用的特质，也进行了丰富的描写和阐发。如第33颂的前半颂（**33**. “Phandanaṃ capalaṃ cittaṃ，dūrakkhaṃ dunnivārayaṃ；”），新译为：“人心颤栗不稳定，难以守护难抑制。”这里“颤栗”，是描述人心那种易感的特征，尤其是当人的生命状态或生活场景发生重要改变时，人们就更能体会到人心这种易感性的功能特质；这里“不稳定”，是描述人心那种容易动摇、容易改变的功能特征；这里“难以守护”，是指人心好欲，容易被各种欲望所主导，因此难以对于它的活动方式进行有效节制的功能特征；这里“难抑制”，是指人心具有趣向不同种类的对象的可能，因而难以对于它的活动范围进行控制与管理的功能特征。

如第 35 颂的前半颂（**35**. “Dunniggahassa lahuno，yatthakāmanipātino；”），新译为：“此心轻便难控制，随其所欲而落入。”这里“轻便”，是指人心具有轻便、轻快、轻捷、轻率的功能特征；这里“难控制”，是指人心具有难以予以抑制的功能特征；这里“随其所欲而落入”，是指人心随欲而行，具有极其强烈的自发性的功能特征。

再如第 36 颂的前半颂（**36**. “Sududdasaṃ sunipuṇaṃ，yatthakāmanipātinaṃ；”），新译为：“心极难见极聪明，随其所欲而落入。”这里“极难见”，是指人心有极其难以显示出来的功能特征，是描述人心所具有的隐微性的特质；这里“极聪明”，是指人心不是冥顽之物，它具有灵巧、聪明的功能特征；这里“随其所欲而落入”，同前引颂文中的解释。

最后如《心品》第 37 颂的前半颂（**37**. “Dūraṅgamaṃ ekacaraṃ，asarīraṃ guhāsayaṃ；”），新译为：“心能远行能独行，无有形体住洞穴。”这里“能远行”，是指人心能够突破空间、时间的限制，可以将其功能作用投射到遥远的距离，或者遥远的时间；这里“能独行”，是指不同种类的心各自发起功能作用的唯一性、孤独性的特质；这里“无有形体”，是指人心没有具体的颜色、形状，这是显示人心的存在的精神性特征；这里“住洞穴”，是指人心具有潜伏、潜能的功能特质。

可以看出，《法句经 · 心品》对人心这些功能特质的描写十分丰富、细腻，《心品》中的几乎每一个颂文，也都注意对于不同人心功能特质的刻画和描摹。因此佛陀唯心论对于人心丰富、复杂功能特质的认识是细腻的，是深刻的，从人类哲学思想史而言，它对人心功能特质的这些认识，在很多方面都是具有重大首创意义的。因此，佛陀唯心论确实是人类哲学、心理学心论智慧的宝贵遗产。

4. 佛陀唯心论是高度重视人心修持作用的唯心论

正因为人心具有如此本质上的特殊性和殊胜性，人心的功能作用又具有它的丰富、复杂特质，所以在《法句经 · 心品》的佛陀唯心论中，也就特别强调了人心在修持生活中的特别作用。如《法句经·心品》第35颂的后半颂（**35**. “Cittassa damatho sādhu，cittaṃ dantaṃ sukhāvaha” nti.），可以新译为：“最好还是调伏心，心调伏时引安乐。”说明对于变动不居、轻躁不安的心予以调伏，是最重要的修行的功夫，如果人心得以善巧地调伏，也就能为人带来生命的安乐。

第36颂的后半颂（**36**. “Cittaṃ rakkhetha medhāvī，cittaṃ guttaṃ sukhāvaha” nti.），可以新译为：“聪明人要保护心，心若保护引安乐。”这里强调要“保护心”，认为当人心得到保护时，就能为人带来安乐。此处“保护心”的主张，与前引颂文“调伏心”的主张，意义都一致，其重点都是强调人心的修持，是佛陀所认为的修行实践的关键。

同样意义的说法，还见于第37颂的后半颂（**37**. “Ye cittaṃ saṃyamessanti，mokkhanti mārabandhanā” ti.），可以新译为：“凡能调伏其心者，解脱魔罗之系缚。”这里“魔罗”，是指四种魔罗，是指束缚生命、导致生命受限的种种黑暗势力；从四种魔罗的种种黑暗势力中脱离出来，是生命的解脱，也就是获得人生的安乐。解脱魔缚的系缚、获得自由自在的解脱安乐，是佛教最高的修行理想，所以这里的颂文实际上是把对于人心的“调伏”，视为获得解脱、实证安乐最重要的修行手段予以提倡。

5. 佛陀唯心论是理论与实践融合、统一的唯心论

《法句经·心品》包含佛陀唯心论的思想体系，不过佛陀唯心论的有关思想不仅见于《心品》，在《法句经》的其他部分，在《法句经》以外的其他早期佛教经典中，也有大量关于佛陀唯心论思想的阐述。此处仅举《法句经·双品》开头部分的两个颂文为例，说明这一点。这里把这两个颂文的巴利文本[①]，三国时期维祇难、支谦等人的译文，[②]以及我们的新译，都排列在下面，以便读者浏览及理解。

---

① Dhammapada，Edited by O.von Hinuber and K. R. Norman，With a complete Word Index compiled by Shoko Tabata and Tetsuya Tabata，Published by The Pali Text Society，Oxford，1995, p.1.

② 《法句经》卷1，CBETA 2019.Q3，T04，No. 210，第562页上。

【巴利文】

1.

Manopubbaṅgamā dhammā，manoseṭṭhā manomayā；

Manasā ce paduṭṭhena，bhāsati vā karoti vā；

Tato naṃ dukkhamanveti，cakkaṃva vahato padaṃ.

【维祇难】

心为法本，心尊心使，中心念恶，即言即行，罪苦自追，车轹于辙。

【新译】

诸法心意为先行，心意殊胜心意成；

人以腐败之心意，或者言说或作为；

痛苦就追随此人，如轮追随运者脚！

【巴利文】

2.

Manopubbaṅgamā dhammā，manoseṭṭhā manomayā；

Manasā ce pasannena，bhāsati vā karoti vā；

Tato naṃ sukhamanveti，chāyāva anapāyinī［anupāyinī（ka.）］.

【维祇难】

心为法本，心尊心使，中心念善，即言即行，福乐自追，如影随形。

【新译】

诸法心意为先行，心意殊胜心意成；

人以洁净之心意，或者言说或作为；

安乐就追随此人，如阴影不相分离！

可以看出：首先，《双品》这两个颂文中都有“诸法心意为先行，心意殊胜心意成”这两句，两句的思想内容是提出“诸法”（dhammā）与“心意”（Mano）二者之间的理论关系问题。这里“诸法”，是指一切的人生万事；“心意”，是指生命里面代表精神、心理的部分。关于诸法和心意的关系，这里可以分析为三个层次：（1）诸法是以心意作为先行的，也就是说人生万事（诸法）都离不开心意，心意具有在人生一切事为之先而行的特质；（2）诸法作为人生万事的概念，其中既包含心意的成分，也包含物质性的成分，还包含介于心意与物质二者之间的因素，在形成诸法的这些因素中，心意占据特殊的角色，具有特殊的意义，这一点通过“心意殊胜”的说法表现出来：心意在构成诸法的诸种元素中，是具有特殊重要作用的元素；（3）诸法是由心意所成的，这种表述更加强调在诸法形成的过程中，心意是具有建构性的意义和地位的。从《法句经·双品》这两个颂文关于“诸法”与“心意”理论关系的上述命题中，可以明确看出：佛陀的心论，本质上确实是一种高度重视心灵特殊性、主动性、建构性特质的理论唯心论。其次，《双品》上述两个颂文的后半段，强调人心有两个发展方向：一个是“腐败之心意”的发展方向，一个是“洁净之心意”的发展方向，这两个人心发展方向与人生苦乐两种结果之间，存在着明确的对应关系。《双品》的这种理论模式，显示佛陀心论重视人心选择与觉解在道德实践及修行实践中的重要作用，这使得佛陀心论确实具有实践唯心论的价值旨趣。进一步而言，以上两个方面的思想特征——理论唯心论与实践唯心论——的辩证统一，可以说是《法句经·双品》佛陀唯心论的核心理论精神。而这样一种理论精神，如前已论，也正是《法句经·心品》佛陀唯心论的精神。所以，通过把《法句经·心品》的心论与《法句经》其他部分的心论相互参证，不仅可以再次确证《法句经·心品》的佛陀心论是一种佛陀唯心论，也可以确证这种佛陀唯心论具有理论唯心论与实践唯心论融和、统一的理论及价值的方向。而正是这样底色的佛陀唯心论，不仅成为此后佛教唯心思想的基调，也成为此后佛教唯心论、唯识论无论如何继续发展都不可以脱离也不应该脱离的一个理论原型。

6. 佛陀唯心论是作为社会生活一种理解、解释工具的唯心论

本文开头提到，支谦认为收录在《法句经》中的这些佛陀颂文，原本是“各有本末”，即各有因缘的。支谦此说应该有确切的证据，但是这些颂文的本末、因缘究竟如何，后世佛教其实很难理解其中的实情。汉译《法句经》文献系统中，保留了一部由晋代译经师法炬、法立共译的《法句譬喻经》，其中收录《心品》“譬喻”文字如下：“昔佛在世，时有一道人，在河边树下学道，十二年中贪想不除，走心散意，但念六欲目色耳声鼻香口味身更心法，身静意游曾无宁息，十二年中不能得道。佛知可度，化作沙门往至其所，树下共宿。须臾月明，有龟从河中出来至树下，复有一水狗饥行求食，与龟相逢便欲啖龟。龟缩其头尾及其四脚，藏于甲中，不能得啖。水狗小远，复出头足行步如故，不能奈何，遂便得脱。于是道人问化沙门：‘此龟有护命之铠，水狗不能得其便。’化沙门答曰：‘吾念世人不如此龟，不知无常，放恣六情，外魔得便，形坏神去，生死无端，轮转五道，苦恼百千，皆意所造，宜自勉励，求灭度安。’于是化沙门即说偈言。”①这段文字讲述佛陀变成一个“化沙门”，教导一个在十二年中用功修学、却不能“得道”的“道人”，让我们得以稍窥所谓《法句经》颂文“本末”因缘的真实面目。不过《法句譬喻经》中《心品》譬喻所解释的，一共只有四个颂文②，这个“譬喻”故事只是对于这四个颂文的解释，并不代表《法句经·心品》完整的“本末”因缘。南传佛教巴利文三藏的《法句经》，其中的《心品》共收录有 11 个颂文。而在巴利文三藏《义注》中，还保存有署名为觉音尊者所著的《法句经义注》，虽然这部《法句经》的《义注》是否确为 5 世纪的觉音尊者所著，在现代国际学术界存有争议，③但是《义注》

① 《法句譬喻经》卷 1，CBETA 2019.Q3，T04，No. 211，第 584 页中。

② 《法句譬喻经》卷 1：“有身不久，皆当归土，形坏神去，寄住何贪？心豫造处，往来无端，念多邪僻，自为招患。是意自造，非父母为，可勉向正，为福勿回。藏六如龟，防意如城，慧与魔战，胜则无患。”（CBETA 2019.Q3，T04，No. 211，第 584 页中—下）

③ 参见以下的研究：叶均：《〈清净道论〉汉译前言》，《叶均佛学译著集》上册，中西书局 2023 年版，第 68 页；马拉拉色克拉著，黄夏年译：《伟大的佛教学者觉音评传》，载黄夏年《中外佛教人物论》，宗教文化出版社 2005 年版，第 82 页；〔日〕森祖道：《パーリ仏教註释文献の研究》，东京：山喜房佛书林 1984 年版；森祖道：ブッダゴーサ著作の問題点——ピン論文をめぐって，《印度学佛教学研究》第四十一卷第一号，1992 年；*Buddhist Legends, Dhammapada Commentary by Eugene Watson Burlinggame*，Kessinger Publishing，2010，finally proof-read and prepared for digital publication by Anandajoti Bhikkhu（Ver. 1.5，April，2020），Introduction-lxxxii。

被视为5世纪时编撰的释经学著作，并且是在南传上座部佛教历史上及现实中最有影响的释经学著作之一，这一点则无异议。这部《法句经·心品》的《义注》记录有九个故事，佛陀正是为了教诫相关的人物，在不同的历史时期，在不同的弘化场所，分别诵出这11个颂文。吕澂先生曾经认为署名觉音尊者著的《法句经·义注》"偏说因缘，不详理致。且于品次关联之故，亦未解说。今实无所取材"[①]，对于《义注》的思想理论价值不无微词。然而剋实而言，《义注》记载的这些"因缘"，可以帮助我们更好地理解《法句经》佛语所针对的具体历史情境，可以补充汉译早期佛典释经学文献译传之严重不足；《义注》中佛典语文学与佛教义理学相结合的释经范式，还可以为我们深入认识早期佛教的释经学范式问题，提供绝佳的佛教思想史资料。所以本文后面的部分，笔者不仅提供了巴利文本《法句经·心品》的一个语文学分析，也完整汉译了巴利文《法句经·心品》的《义注》部分。[②]这个工作深深得益诸多前贤的研究，[③]在此谨致谢意！希望通过这些努力，可以深化我们今天对于《心品》文字及义理——尤其是佛陀唯心论思想理念——准确及系统的理解。

这里特别介绍一下《法句经·心品》之《义注》中九个故事的最后一个故事。此故事的主人翁，是梭罗耶长老（soreyyatthera），故事是佛陀住在沙瓦提（sāvatthi）战胜林中时所说。梭罗耶长老本是梭罗耶城一位长

① 吕澂：《法句经讲要》，《吕澂佛学论著选集》卷二，第645页。

② *The Commentary on the Dhammapada*，Edited by H. C. Norman，M.A. Professor of English Literature at Queen's College，Benares.Vol. I. Part I. London，Published For The Pali Text Society, 1970, pp. 287–332.

③ 特别要提到下面这些著作：（1）*Buddhist Legends*，*Dhammapada Commentary by Eugene Watson Burlingame*，This Collected Edition of the *Dhammapada Commentary* Translation Budhist Legends contains the complete translation that was originally published in three separate volumes. Finally proof-read and prepared for digital publication by Anandajoti Bhikkhu（Ver.1.5，April，2020）.（2）*The Dhamma Verse Commentary*，A Revised Translation fo the Dhammapada Awwhakathq，together with a New translation of All the Verse Texts，E. W. Burlingame，Qnandajoti Bhikkhu（August，2024）. Originally Translated from the Pali by Eugene Watson Burlingame，Harvard University Press（Cambrige，Msaa.，1921）.（3）*Treasury of Truth*，*Illsstrated Dhammapada*，Author：Ven. Weragoda Sarada Maha Thero，Editor：Mr. Edwin Ariyadasa.

者之子，他已经结婚，有两个儿子。有一天，他与一个要好的同伴出城，准备去河中沐浴。恰逢一位准备进入梭罗耶城乞食的马哈咖吒亚那长老（mahākaccāyanatthero）。这位长老年轻俊美，所以梭罗耶一见之下，心中产生想法："呜呼！或者希望这位长老能够成为我的妻子，或者希望我妻子身体的颜色能够像这位长老身体的颜色一样。"这种念头刚刚出现，梭罗耶就由一个男人，变成了一个女人。他因为身体上出现性器官的巨变而羞愧、尴尬，没有告诉任何人，悄悄下车，逃逸而去。此后辗转往来，这个已经变成女性的梭罗耶，到达德迦尸罗城（takkasilanagara），并成为这个城市一位长者之子的夫人。已经是女性的梭罗耶，甚至还生下两个儿子。有一天，当年的同伴也来到德迦尸罗城，并与梭罗耶相遇。梭罗耶告知当年发生的事。于是同伴引来当年那位马哈咖吒亚那长老，说明当时的实际情况。马哈咖吒亚那长老原谅了梭罗耶曾经的冒犯，当长老刚刚说出"原谅"的字眼时，梭罗耶的女性器官消失，男性器官恢复，他又变成了一个男人。在这个故事最后，梭罗耶舍弃家庭生活，追随马哈咖吒亚那长老出家，在去往沙瓦提佛陀住处的路上，梭罗耶最终摆脱情感欲念的影响，证成了阿罗汉果。根据《义注》的叙述，《法句经・心品》的最后一颂，即第 43 颂，正是佛陀在战胜林因为梭罗耶长老所诵出的颂文。也就是说，佛陀在这里是基于其唯心论的智慧，从人心特殊的不可思议的殊胜功能的角度，解释性别变异（vippakārappatto）的问题。《义注》此段文字中，还特别包含一段重要的说法：

> 男人们就是女人们，或者，女人们就是男人们。确实没有往昔不成为（女人的男人）。这是因为，当男人们把他人的很多妻子都侵犯了，自己死去了，在地狱中煎熬了几十万年，然后趋向人类中的出生之时，都要在一百回的人格中，经历女性的身份。[①]

① 参见后文笔者所译的《法句经・心品・义注》。

值得注意的是，这段话中提出“男人们就是女人们，或者，女人们就是男人们”的理念，这个说法让人想起《维摩经》中一句名言“是故佛说一切诸法非男、非女”[①]，或者是《大宝积经》中类似的说法“一切法非男非女”[②]。不难联想：初期大乘经涉及性别平等问题这个议题，其根源确实蕴涵在早期佛教的经典中，尤其是在佛陀本人的智慧中。梭罗耶长老的故事，显示早期佛教教团可能确实遇到过并且处理过所谓“变性”的问题，正是佛陀唯心论成为教团理解与解释这类现象的一个重要思想工具。而且从这个故事叙述的基调和故事最终结果的安排，可以看出早期佛教对于性别相关的话题，其实充满了深厚的同情和智慧的理解，这一点尤其超乎我们的预料。总之，《义注》此处的记录，彰显《法句经·心品》的佛陀唯心论，不是出自佛陀头脑想象的东西，也不仅仅是其禅定修行的产物（如后来的很多人所理解），而是作为社会生活一种理解、解释工具的唯心论，而且是充满深刻社会关怀和充满智慧前瞻意识的伟大觉者的唯心论。正是这一点，特别可以体现佛陀唯心论的社会性及深刻性，也可以把佛陀唯心论与任何心灵鸡汤式的唯心思维绝对严格地区分开来。

二　巴利文本《法句经·心品》语文学分析

【巴利文】

3. Cittavaggo

【语文分析】

Citta，名、中、复合、依主、属，心；vaggo，名、阳、单、主，品、章节、品类。

【新译】

心品

① 《维摩诘所说经》卷 2，CBETA 2019.Q3，T14，No. 475，第 548 页下。
② 《大宝积经》卷 99，CBETA 2019.Q3，T11，No. 310，第 555 页上。

【巴利文】

33.

Phandanaṃ capalaṃ cittaṃ，dūrakkhaṃ dunnivārayaṃ；

Ujuṃ karoti medhāvī，usukārova tejanaṃ.

【语文分析】

Phandanaṃ，形、中、单、对，颤栗的、震动的；capalaṃ，形、中、单、对，动摇的、浮动的、轻躁的、不稳定的；cittaṃ，名、中、单、对，心；dūrakkhaṃ，形、中、单、对，难以保护的、难以守卫的；dunnivārayaṃ，形、中、单、对，难以阻止的、难以阻遏的、难以禁制的；Ujuṃ，形、中、单、对，端直的、正直的、直率的；karoti，动、现在语基、三、单，作成、修持；medhāvī，名、阳、单、主，聪明人、贤良之人；usukāro，名、阳、单、主，制造弓箭者；iva，不变化，好比、正如；tejanaṃ，名、中、单、对，弓箭、矢。

【新译】

人心颤栗不稳定，难以守护难抑制；

聪明人使心直率，如制箭者造箭矢。

【巴利文】

34.

“Vārijova thale khitto，okamokataubbhato；

Paripphandatidaṃ cittaṃ，māradheyyaṃ pahātave” ti.

【语文分析】

Vārijo，名、阳、单、主，水生的、鱼；iva，不变化，好像、正如；thale，名、中、单、位，陆地、高原；khitto，过分、阳、单、主，放置、投放；okam，名、中、单、用作副词，家、水、住处；okata，名、中、单、副词化，家、水、住处；ubbhato，过分、阳、单、主，被举起，被取出；Paripphandati，动、现在语基、单、三，颤栗、震动；idaṃ，代、中、单、主，这个、此种；cittaṃ，名、中、单、主，心；māra，名、阳、复合、依主、属，魔罗、魔、死魔、死神；dheyyaṃ，形－名、阳、单、对，领域、领地；pahātave，动、不定式，断除、舍弃。

【新译】

如水生鱼置陆地，从水住处被拔出；

如是此心在颤栗，以便舍弃魔领域。

【巴利文】

35.

"Dunniggahassa lahuno，yatthakāmanipātino；

Cittassa damatho sādhu，cittaṃ dantaṃ sukhāvaha" nti.

【语文分析】

Dunniggahassa，形、中、单、属，难以控制的、难以阻止的；lahuno，形、中、单、属，轻捷、轻便、快速、浮躁；yattha，不变化、副、复合、持业、副词关系，按照、根据；kāma，名、阳－中、复合、依主、位，愿望、爱好；nipātino，形、中、单、属，落入、就寝；Cittassa，名、中、单、属，心；damatho，名、阳、单、主，调伏、训练；sādhu，形、阳、单、主，善好、良好；cittaṃ，名、中、单、主，心；dantaṃ，过分、中、单、主，调伏、训练；sukhāvahaṃ，形、中、单、主，带来快乐的。

【新译】

此心轻便难控制，随其所欲而落入；

最好还是调伏心，心调伏时引安乐！

【巴利文】

36.

"Sududdasaṃ sunipuṇaṃ，yatthakāmanipātinaṃ；

Cittaṃ rakkhetha medhāvī，cittaṃ guttaṃ sukhāvaha”nti.

【语文分析】

Sududdasaṃ，形、中、单、对，非常难见的、极其难见的；su 不变化、副、复合、持业、副词关系，非常、极为；nipuṇaṃ，形、中、单、对，聪明的、灵巧的、有才干的、有技术的；yattha，不变化、副、复合、持业、副词关系，按照、根据；kāma，名、阳 – 中、复合、依主、位，愿望、爱好；nipātinaṃ，形、中、单、对，落入、就寝；Cittaṃ，名、中、单、对，心；rakkhetha，动、意愿、单、三，保护、守护；medhāvī，名、阳、单、主，聪明人、贤良之人；cittaṃ，名、中、单、主，心；guttaṃ，过分、中、单、主，被保护、被守卫；sukhāvaha，形、中、单、主，带来快乐的。

【新译】

心极难见极聪明，随其所欲而落入；

聪明人要保护心，心若保护引安乐！

【巴利文】

37.

“Dūraṅgamaṃ ekacaraṃ，asarīraṃ guhāsayaṃ；

Ye cittaṃ saṃyamessanti，mokkhanti mārabandhanā”ti.

【语文分析】

Dūraṅgamaṃ，形、中、单、对，远行的；ekacaraṃ，形、中、单、对，独行的、独自一人生活的；a，前缀、形、复合、持业、形容词关系；sarīraṃ，名、中、单、对，转有财释，身体；guhā，名、阴、复合、依主、位，洞窟、洞穴；āsayaṃ，名、中、单、对，转有财释，居住、依止；Ye，关系代名词，凡是；cittaṃ，名、中、单、对，心；saṃyamessanti，动、未、三、复，抑制、调伏；mokkhanti，动、现、三、复，解救、脱离；māra，名、阳、复合、依主、属，魔罗、死神；

bandhanā，名、中、单、从，束缚、系缚、拘束。

【新译】

心能远行能独行，无有形体住洞穴；

凡能调伏其心者，解脱魔罗之系缚！

【巴利文】

38.

"Anavaṭṭhitacittassa，saddhammaṃ avijānato；

Pariplavapasādassa，paññā na paripūra" ti.

【语文分析】

Anavaṭṭhita，形、中、复合、持业，不稳定的、未处理的、不确定的；cittassa，名、中、单、属，转有财释，心；saddhammaṃ，名、阳、单、对，正法；a，前缀、形、复合、持业、形容词关系，不；vijānato，现分、阳、单、属，转有财释，了知、懂得；Pariplava，形、阳、复合、持业、形容词关系，动摇的、不稳定的；pasādassa，名、阳、单、属，转有财释，净信；paññā，名、阴、单、主，般若、智慧；na，不变化，不；paripūrati，动、现、三、单、变得圆满、完成。

【新译】

若是其心不安稳，尚未了知于正法；

其人净信有动摇，则其智慧未圆满！

【巴利文】

39.

"Anavassutacittassa，ananvāhatacetaso；

Puññapāpapahīnassa，natthi jāgarato bhaya" nti.

【语文分析】

Anavassuta，形、中、复合、持业、形容词关系，无有漏泄的；cittassa，名、中、单、属，转有财释，心；ananvāhata，形、阳－中、复合、持业，并非扰乱的、不被打击的；cetaso，名、阳－中、单、属，转有财释，意念、心意、意图；Puñña，名、中、复合、相违，功德；pāpa，名、中、复合、依主、对，罪恶；pahīnassa，过分、阳、单、属，转有财释，断除、舍弃；na，不变化，不；atthi，动、现、三、单，存在；jāgarato，现分、阳、单、属，觉醒者；bhayaṃ，名、中、单、主，害怕、畏惧。

【新译】

若是其心不漏泄，若其意念不混乱；

断除功德及过失，是觉醒者无畏惧！

【巴利文】

40.

“Kumbhūpamaṃ kāyamimṃma viditvā，nagarūpamaṃ cittamidaṃ ṭhapetvā；

Yodhetha māraṃ paññāvudhena，jitañca rakkhe anivesano siyā” ti.

【语文分析】

Kumbha，名、阳、复合、依主、具，壶、水瓶；upamaṃ，形、阳、单、对，与…相似的、如；kāyam，名、阳、单、对，身体；imaṃ，代、阴、单、对，这个；viditvā，动、连续体，知晓、了知；nagara，名、中、复合、依主、具，都市、城市；upamaṃ，名、中、单、对，与…相似的、如；cittam，名、中、单、对，心；idaṃ，代、中、单、对，这个；ṭhapetvā，动、连续体，建立、建置、除外；Yodhetha，动、意愿、三、单，作战、战斗；māraṃ，名、阳、单、对，魔罗、恶魔、死神；paññā，名、阴、复合、持业，般若、智慧；āvudhena，名、中、单、具，武器；jitañ，过分、中、单、对，已经战胜的；ca，不变化，而；rakkhe，动、意愿、单、三，保护、守卫；anivesano，形、阳、单、主，无有依恋的、不依靠的；siyā，动、意愿、三、单，是、存在。

【新译】

了知此身如水瓶，建立此心如城市；

当以智剑战魔罗，守护已胜不依恋！

【巴利文】

41.

“Aciraṃ vatayaṃ kāyo，pathaviṃ adhisessati；

Chuddho apetaviññāṇo，niratthaṃva kaliṅgara” nti.

【语文分析】

Aciraṃ，不变化、副词，不久；vata，不变化，确实；ayaṃ，代、阳、单、主，这个；kāyo，名、阳、单、主，身体；pathaviṃ，名、阴、单、对，地、大地；adhisessati，动、未、三、单，横卧、躺卧；Chuddho，形、阳、单、主，被舍弃的、被抛弃的；apeta，形、中、复合、持业、形容词关系，舍离、摆脱；viññāṇo，名、中转阳、单、主，转有财释，识；nirattham，形、阳－中、单、主，无利益的、无益的、无用的；iva，不变化，如同、好像；kaliṅgaram，名、阳－中、单、主，木片、树木。

【新译】

确实此身不长久，它会倚卧大地上；

已被舍弃无意识，好比朽木无用处！

【巴利文】

42.

“Diso disaṃ yaṃ taṃ kayirā，verī vā pana verinaṃ；

Micchāpaṇihitaṃ cittaṃ，pāpiyo naṃ tato kare” ti.

【语文分析】

Diso，名、阳、单、主，敌人；disaṃ，名、阳、单、对，敌人；

yaṃ，关系代名词、中、单、对；taṃ，代、中、单、对，它、那种事情；kayirā，动、意愿、三、单，作为；verī，名、阳、单、主，怨敌；vā，不变化，或者；pana，不变化，又；verinaṃ，形、阳、单、对，怨敌；Micchā，不变化、副、复合、持业、副词关系，虚妄地；paṇihitaṃ，过分、中、单、主，建置、志向、意愿；cittaṃ，名、中、单、主，心；pāpiyaṃ，形、中、单、对，有罪的、罪恶的；naṃ，代，阳、单、对，它、那种事情；tato，不变化、表比较对象，与其相比；kare，动、意愿、三、单，造作、作出。

【新译】

若是敌对敌能作，又或怨对怨能作；

当心错误志向时，能作比其罪恶事！

【巴利文】

43.

“Na taṃ mātā pitā kayirā，aññe vāpi ca ñātakā；

Sammāpaṇihitaṃ cittaṃ，seyyaso naṃ tato kare”ti.

【语文分析】

Na，不变化，不；taṃ，代、阳、单、对，它、那种事情；mātā，名、阴、复合、并列，母亲；pitā，名、阳、单、主，父亲；kayirā，动、意愿、三、单，作出、造作；aññe，形、阳、复、主，其他的；vā，不变化，或者；api，不变化，也、亦然；ca，不变化，而；ñātakā，名、阳、复、主，亲戚们、亲属们；Sammā，不变化、副词、复合、持业、副词关系，正确；paṇihitaṃ，过分、中、单、主，建置、志向、意愿；cittaṃ，名、中、单、主，心；seyya，形、阳、单，更善的、更好的；so，表示副词化；naṃ，代、阳、单、主，它、那种事情；tato，不变化、表比较对象，与其相比；kare，动、意愿、三、单，造作、作出。

【新译】

若为父母不能作，其他亲戚也同样；
当心正确志向时，能作比其更善事。

三 《法句经·心品·义注》汉译

心品

1. 弥醯长老的故事

所谓“人心颤栗不稳定”云云的这个说法，是当导师在迦里伽山（cālikāya pabbate）安住之时，因为大德弥醯所说的。

为了显示这位大德的故事，整个《弥醯经》（udā. 31）都应当被详解。[①] 而导师，则召唤由于执着于三种寻思，没有能力在那片芒果林中投入精力，因而前来的弥醯长老：“弥醯！汝所造成的作业极其严重！‘弥醯！请你过来！因为我是一个人——只要有任何其他的一位比丘前来！’而你却舍弃了独自一人、这样请求的我离去。确实，如果一位比丘成为如此这般由心所主导的比丘，那是不合适的。此种心，确实是轻便的。把它控制在自己的主导中，则是合适的。”说完这些话后，导师诵出了下面这两个伽他。

33.

人心颤栗不稳定，难以守护难抑制；
聪明人使心直率，如制箭者造箭矢。

34

如水生鱼置陆地，从水住处被拔出；
如是此心在颤栗，以便舍弃魔领域。

在这里，所谓“颤栗”，是指它在色相等等的很多对象中，是正在颤

① 参见《自说经》，CBETA 2019.Q3，N26，No. 10，第 96 页上；PTS.Ud.34–37。另外也可参考《中阿含经》卷 10《习相应品弥醯经第十五》，CBETA 2019.Q3，T01，No. 26，第 491 页上。

栗的。所谓“不稳定”，是指就好比不能以一种身体的姿势站立不动的村庄中的男孩一样，它是不能在一个对象中予以保持的，所以是“不稳定的”。所谓“心”，是指识，由于有田地、位置、对象、作用等等的多种多样性，所以此种识，又被称说为所谓“心”。所谓“难以保护”，就好比在一个谷物繁多的场合，一只能吃谷物的公牛（难以被守护）一样，它即使是在每一个合适的对象中，也都是难以予以保持的，所以它是“难以守护”的。所谓“难抑制”，因为它有难以阻止去往不同种类对象的性质，所以是“难抑制”的。所谓“如制箭者造箭矢”，是指正如一个制造弓箭的人，先从森林中取来一根弯曲的树枝，然后把它去皮，用酸粥、油予以涂抹，放在装有炭火的大锅上进行灼热，放在两片树木中加以挤压，然后把它作成利于弯曲、端直，适合于刺破毛发的东西。而且在作成它之后，又要把技能展现给国王、国王的大臣们，从而获得巨大的尊重和荣誉。正是同样，一个聪明人，即一个智者，一个睿智的人士，要把具有颤栗等等的本质的此种心，通过头陀支分、在森林中居住的势力，作成舍去树皮的即摆脱粗糙的杂染的心，然后以信仰的热爱把它予以调伏，以隶属于身体、隶属于心灵的精进把它进行灼热，以奢摩他、毗婆舍那这二种木片把它加以挤压，这样就把它造就成端直的、不弯曲的、不任性的心，而且在造就成这样的心之后，又接触诸行，摧破巨大的无明的蕴聚，在把所谓“三种明、六种神通、九种出世间法”云云的这些特殊造诣，都作成确实被把握的东西之后，就获得最值得供养的特质。

所谓“如水生”，是指就好比是一条鱼。所谓“置陆地”，是指当它被人们或者用手，或者用脚，或者用罗网等等，或者用其他任何工具，弃置于陆地之时。所谓“从水住处被拔出”，指在所谓“以充满水的很多衣服”云云的此处说法（mahāva. 306）中，水是所谓“oka”；在所谓“舍弃了住处，无所依恋地漫游”云云的此处说法（su. ni. 850）中，阿赖耶（住处）是所谓“oka”。在这里，这个字（oka）二种意义都得到。这是因为：在所谓“从水住处被拔出”云云的此处说法中，“从水住处”（okamokato），是指这个意义："称名为水的住处。"所谓"被拔出"，是指当它被举起之时。所谓"如是此心在颤栗"，是指正如这种从水的住处被拔出，被放置在陆地上的鱼，因为得不到水，所以它就在颤栗；同样，此种乐于五种欲望品德住处的心，当它从这些欲望品德的住处被拔出，为了攻击被称为是魔罗的领域的圆圈（轮回），因而被放置在毗婆舍那的作业之处，通过隶属于身体、隶属于心灵的精进被予以灼热之时，它就在颤栗，不能够使它保持静止。意思是说："虽然是这样，一个尚未放下负担的聪明的补特伽罗，也根据上述已经说过的规则，把此心造就成为端直的，是适合工作的。"有另外一种旨趣：因为此种心是尚未舍弃作为杂染的圆圈的魔罗领域而住立的心，所以就好比那只水生鱼一样，它在颤栗着。因此，"以便舍弃魔领域"，是说此种东西是应当被断除的东西——如果因为称名为杂染的圆圈的上述那种魔罗领域，此心在颤栗的话。

当这个伽他结束之时，弥醯长老已经在预流果中坚固地住立。也还有其他的很多人，都显示为是预流者等等的人。

弥醯长老的故事，是第一个故事。

2. 某个比丘的故事

所谓"此心轻便难控制"云云的这个说法，是当导师在沙瓦提，住在战胜园林之时，因为某个比丘所说的。

据说，在憍萨罗国王的王国，在一处山脚处，有一个村庄，名为"母村"，这是一个居民密集的村庄。有一天，有六十位比丘在导师的面前，当使导师谈论直至阿罗汉性的作业之处后，就去到那个村庄，进入村庄施行乞食。当时，这个村庄的村长，名字叫玛迪迦，这个玛迪迦的母亲，看见了这些比丘，就请他们在家中坐下，用种种上味的稀粥的食物，予以款待。然后她向他们提问："大德！咱们这是要去往哪里呢？""大优婆夷！哪里是合适的地方（，我们就去往哪里！）"她知晓："我认为：这些尊者是要寻求雨季安住的场所！"她就顶礼他们的足下："假使诸位尊者这三个月在这里安住，我就会接受三种皈依、五种戒律，然后可以作出布萨的作业。”比丘们心想：“我们依赖这个人，就不因为乞食而身心疲倦，我们就能够造就对于存有的厌离。”因而表示同意。她检查了作为这些比丘居住之处的精舍，然后把它提供给了他们。

这些比丘就在那里安住。有一天，比丘们聚集起来，彼此建议：“兄弟！这是不合适的——我们要去践行放逸之行。因为就好比是我们自己的家一样，八大地狱都打开了门户。从能够活着的佛陀的身边，获得了作业之处，然后我们才前来此地。而且，诸佛确实都不能够去成就一个虚假的哪怕是亦步亦趋地践行的人；诸佛确实能够成就的是只根据上等的意念而践行的人。你们都要成为不放逸的人！不要两个人站在同一个地方，不要两个人坐在同一个地方！在傍晚照顾长老的时间，在清早进行比丘之行的时间，我们可以在一起；而在其余的时间，我们都不要两个人在一起。进而言之，如果一个比丘患病了，那么当他来到精舍中，敲响铃铛之后，我们感知到铃声，就前来为患病比丘提供治疗。”

当这些比丘，在这样交谈后安住之时，在一天，这位优婆夷，让人带着酥油、油、蜜糖等等，为男仆、女仆及雇工等等所围绕，在傍晚的时候，去到那个精舍，却没有看见在精舍中的比丘们。她就询问仆人：“尊者们都去了哪里？”当被回答“夫人！这些尊者应该都在各自夜晚所在处、白昼所在处坐着”时，她提问：“那么我要怎样做，才能够进行施与呢？”于是，了解比丘僧团那个规约之事的人们，就回答她：“夫人！在敲响铃铛之后，尊者们就会聚集起来。”于是她就派人敲响了铃铛。比丘们听闻了铃铛的声音，思维：“哪个人会有疾病呢？”便离开了各自的地方，聚集到了精舍中。确实，都没有两个人由同一条道路前来。优婆夷看见了一个一个的比丘，都是从一个一个的地方前来。她心中思维：“我的儿子们可能会相互争论。”她敬礼了比丘僧团，向他们提问：“大德们！你们争论了吧？”“大优婆夷！我们不作争论。”“大德们！假使你们没有争论，那么，为什么当你们前来我们家的时候，是所有的你们都那样一起前来，而（现在）你们则并非这样前来，而是只是一个个的你们，从一个个的地方前来呢？”“大优婆夷！我们是在一个个的地方坐下，修行沙门法。”“大德们！这个所谓‘沙门法’，是指什么呢？”“大优婆夷！我们是在三十二种行相中进行学习，我们是在着手在人格中的消灭、减损。”“大德！在三十二种行相中进行学习，以及着手在人格中的消灭、减损，是只适合于你们呢？还是对于我们也适合呢？”“大优婆夷！这个法在任何一个人那里也都是不被阻隔的。”“那么，大德们！请你们也施与我三十二种行相吧，而且请你们告知我（如何）着手在人格中的消灭、减损吧。”“大优婆夷！那么就请你接受吧！”他们就使这个优婆夷接受了所有的（这三十二种行相）。

这位优婆夷，从此开始，就对三十二种行相进行学习，着手在自己中的消灭、减损，然后她尚在这些比丘之前，证得了三种道，以及三种果。而且正是通过这些道，这个优婆夷迫近了四种无碍明解，以及很多世间的神通。她从道果之乐中出来，以天眼进行观察：“我的诸子什么时候证得这个法呢？”她发现所有的这些比丘，都带有贪欲，都带有嗔恨，都带有愚痴，他们甚至都没有少量的禅定和观照。她进行反思：“我的诸子的阿罗汉性的潜能，是存在还是不存在呢？”她看见：“它存在。”她进行反思：“他们的床铺是合适的，还是不合适的？”她发现：他们的这种床铺也是合适的。她进行反思：“他们获得合适的补特伽罗，还是并未获得合适的补特伽罗？”她发现：他们也都获得合适的补特伽罗。她进行反思：“他们获得合适的食物，还是并未获得合适的食物？”她发现：这些比丘没有合适的食物。从那以后，她就准备种种种类的稀粥，很多品类的硬的食物，以及种种上味的食物。她让这些比丘在家中安座，给他们供应南方的水：“大德们！你们喜欢什么，就取走什么，请你们享用吧！”这些比丘，就根据喜好，取走稀粥等等的食物，予以食用。当这些比丘都获得了合适的食物时，他们的心就都成为专注的心。

这些比丘以专注的心使毗婆舍那增长，然后不久，他们就达成了与四种无碍明解一起的阿罗汉性。他们心中思维：“呜呼！是大优婆夷成了我们的支持！假使我们没有获得合适的食物，我们就不会通达道果。如今，我们已经满度过了雨季，应该去往导师的身边。”他们就向大优婆夷请求：“我们都想要看见导师。”大优婆夷回答：“尊者们！太好了！”她陪伴这些比丘行走，又说言：“大德们！希望你们可以检查我们。”就这样说了很多可爱的语言，然后她才回转。这些比丘也去到沙瓦提，向导师敬礼后，站在了一边。当导师说言“诸位比丘！希望你们可以忍耐，希望你们可以滋养，还希望你们不会因为食团感到厌烦”时，他们就回答：“大德！我们可以忍耐，我们可以滋养，大德！再者，我们确实并不会因为食团而感到厌烦。这是因为：有一位优婆夷，名字叫玛迪迦之母，她知晓我们心中的活动。当我们思维‘呜呼！希望如此这般的食物可以被提供给我们’时，她就按照我们所想，给我们准备了食物，把它提供给了我们。”他们就这样谈论了这位优婆夷的品德的故事。

有某位比丘，听闻了这位优婆夷的品德的故事，成为想要前往那里的一位比丘。他从导师的身边取得了作业之处，然后向导师请求：“大德！我想要去往那个村庄。”然后他就离开了战胜园林，渐次到达了那个村庄。就在进入那个精舍的日子，此人心中思维：“据说，这个优婆夷了知（别人）所有的想法，而我因为在道路上辛苦，所以不能够照看那个精舍。呜呼！希望她会派遣一个男人，为我照看精舍。”这位优婆夷因为正坐在家中观察，所以她知晓了这个需求，就派遣了一个男人：“请你前去，在照看精舍之后，你再过来。”此比丘还有另外一个想要喝饮料的（想法）：“呜呼！希望她可以派遣一个人，为我制作甜的饮料。”优婆夷也就安排一个人，为他制作这种饮料。第二天，此人心中思维：“希望在清早时，她会派人给我准备软烂的稀粥，带有一些日常小吃。”优婆夷就这样安排了。此人喝下了稀粥，心中思维：“呜呼！希望她可以派人给我准备如此这般的硬的食物。”优婆夷也就派人准备了这些食物。此人心中思维：“这位优婆夷派人给我准备了我所思所想的所有东西。我想要见到这个人。呜呼！希望她让人带上种种上味的食物，能够自己前来。”优婆夷心想：“我的儿子想要见到我，他希望我前去。”她就让人带上食物，去往了精舍，提供给此人。当此人完成饮食工作之后，就向她提问：“你名为玛迪迦之母吗？大优婆夷！”“是的！孩子！”“你懂得他人之心？”“孩子！你为什么这样问我呢？”“因为你提供了我所有所想的东西，所以我提出这个问题。”“能够了知他人之心的比丘有很多。孩子！”“我并非在提问其他的比丘。我是在向您提问。优婆夷！”即便确实是这样，这位优婆夷也没有说言“我知晓他人之心”，而是说言：“当诸子确实知晓他人之心时，他们就这样做。”此人心中思维：“呜呼！这种作业是严重的！异生们都确实既思维纯净的东西，也思维不纯净的东西。同样我也会思维一些不合适的东西。她就好比是一个抓住盗贼顶髻以及他的作案工具的女人，使得我陷入困境中。我还是从这里逃走更合适。”于是就对她说道：“优婆夷！我将要离去。”“尊者！你要去哪儿呢？”“优婆夷！我要去到导师的身边。”“大德！你就居住在此处吧。”“我不想居住在这里。优婆夷！我确实要离去。”他从这个精舍出去，然后去到了导师的身边。于是，导师就向此人提问：“比丘！你为什么不居住在那里？”“是的！大德！我不能够居住在那里。”“比丘！这是为什么？”“大德！这位优婆夷懂得所有一切我所想的东西。而异生们既思维纯净的东西，也思维不纯净的东西。我同样也会思维一些不合适的东西。她就好比是抓住盗贼的顶髻和他的作案工具的一个女人，使得我陷入困境中。这样思考之后，我就前来了。”“比丘！你去居住在那里合适。”“大德！我不能够居住在那里，我不想要居住在那里。”“那么，比丘！你应当能够保护的只是一样东西。”“大德！那是什么东西？”“你要保护的只是你的心！此种心确实难以保护。你应当控制的只是自己的心，你不应当思考其他的任何东西。此种心确实难以控制。”导师说完这些话，诵出了下面这个伽他：

35.

此心轻便难控制，随其所欲而落入；

最好还是调伏心，心调伏时引安乐！

在这里，所谓“此种心，确实，很难被控制”，是“难控制”的；所谓“它轻便地出现，并且轻便地消失”，是“轻便”的，是指对于这种难以控制的轻便的心而言。所谓“随其所欲而落入”，是指无论在任何场合，此种心都是具有落入的品德的。这是因为：此种心，无论是在应该被得到的场合，还是在不应该被得到的场合，无论是在合适的场合，还是在不合适的场合，它都并不了知，也就是说它并不观察种类，并不观察种姓，并不观察年龄。所谓“它想要在哪里落入，就在哪里落入”，是“随其所欲而落入”。对于如此这般的此种心的调伏，是善好的事情，是指怎样以四种圣道，使心拥有已经调伏的本质，是不任性的，就怎样拥有已经修持的本质的心，它是善好的。为什么这样说呢？这是因为这一点：“心调伏时引安乐”，是指当此心被修持为是不任性的心之时，它就能够引发道果之乐，以及胜义的涅槃之乐。

当这个说法结束之时，在前来与会的大众中，有很多人成为预流者等等的人。对于大众而言，这个说法显示为是有利益的说法。

导师给这位比丘授予教诫之后，对他说：“比丘！你要前去！不要思维任何其他的东西！你要居住在那里！”这位比丘，从导师的身边获得了那种教诫，就去到了那里。他确实并不思维任何外在的思虑。大优婆夷也在以天眼观照之时，看见了长老，“如今，获得了能够施与教诫的教师后，我的儿子再度前来了”。就在以自己的智慧分析后，她为这位比丘准备了合适的食物，并且提供给了他。这位比丘亲近了合适的食物后，只有几天，就达成了阿罗汉性。当他在以道果之乐打发时光时，他心中思维：“呜呼！这位大优婆夷显示为是我的支持！我是依赖此人，才达成对于存有的出离。”“在我这么长的人格中，她显示为是支持。然而当我在轮回中流转之时，在其他的人格中，这个人都曾是支持，还是不然呢？”当他这样反思时，他记起了九十九世的人格。她，虽然在九十九世的人格中，都是这个人的脚的侍奉者，然而却因为对于很多的他人心有系属，所以都曾剥夺此人的性命。长老看见这位优婆夷这么多的非德后，心中思维：“呜呼！这位大优婆夷对于我们造作了严重的作业。”

大优婆夷也在家中坐下。“我的儿子少量的出家的职责已经实现了，还是没有实现呢？”当她这样反思之时，了知这位长老达成了阿罗汉性。然后她更加进行反思：“当我的儿子达成了阿罗汉性之后，他进行了思维：‘呜呼！这位优婆夷显示为是我的伟大的支持。’然后当他进行反思‘在过去这个优婆夷也曾经成为我的支持呢，还是不然’时，他记起了九十九世的人格。我在九十九世当中，都与很多的他人一起，成为一方，剥夺了此人的生命。此人在看见我这么多的非德之后，就在心中思维：‘呜呼！这位优婆夷造作了严重的作业。’”当她这样进行反思“在如此这般的轮回中流转的我，对于儿子曾经作过恩惠吗”之时，她记起了由此更加往上第一百世的人格，在第一百世的人格中，“我成为这个人的脚的侍奉者之后，在这个剥夺其生命的场合，我则施与了他性命。呜呼！我曾经作出对于我的儿子的伟大的恩惠。”当她在家中坐下之时，在越来越清晰化之后，她就说道：“你应该反思！”这位长老则以天上的耳界，听闻了她的这种声音，在清晰化之后，记起了第一百世的人格。在那里，他看见了这个女人施与自己性命的本质。“呜呼！这位大优婆夷往昔对我作过恩惠！”因为高兴，所以他就在这里给这个女人谈论关于四种道果的问题，然后他就以无有残余的涅槃之界入于涅槃。

某个比丘的故事，是第二个故事。

3. 某个不满意比丘的故事

所谓“极难见”云云的这个说法，是当导师在沙瓦提安住之时，因为某一个不满意比丘所说的。

据说，当导师在沙瓦提安住之时，有一个长者之子，走向一位来到自己家中的长老：“大德！我想要从诸苦中解脱。请您给我说一个能够使我从诸苦中解脱的方法吧。”“太好了！兄弟！假使你想要从诸苦中解脱，你就要把食物施与你妻子的兄弟，你就要把食物施与你的族人，你就要把食物施与雨季安住者。你要提供衣服等等生活必需品。你要把自己的财产分作三份：以一份财产安排事业，以一份财产养育子女、妻子，把一份财产施与佛陀的教团。”此人说道：“太好了！大德！”就按照（那位比丘）所说的先后顺序，把所有这一切都完成了。然后此人又向长老提问：“大德！我还要由此往上，做些其他什么事情吗？”“兄弟！你要取得三种皈依，你要取得五种戒律。”他也接受了这些皈依及戒律，然后提问还要做由此往上的哪些事情。长老回答：“那么，你要取得十种戒律。”他回答：“太好了！大德！”就接受了十种戒律。当此人这样渐次作成（这些）功德作业时，他就逐步显示为是一位所谓“长者之子”。此人又提问：“大德！还存在由此往上应当被做出的事情吗？”长老回答：“那么，你就应当出家。”当被这样告知时，他就离开家庭生活，出家了。这个人有一位阿阇梨，是一位研究阿毗达摩的比丘；有一位戒律师，是一位持有毗耐耶的比丘。尽管此人已经获得具足，当阿阇梨来到自己身边时，他还是谈论关于阿毗达摩的问题：“在佛陀的教法中，做此事合适，做彼事不合适。”当戒律师来到自己的身边时，他也还是谈论关于毗耐耶的问题：“在佛陀的教法中，做此事合适，做彼事不合适。”此人就在心中思维：“呜呼！这种作业是严重的作业！我因为想要从诸苦中解脱，所以出家了。可是，在这里，就连让我伸展胳膊的场所都没有。人们待在家里就能够解脱诸苦，我还是适合成为一个在家人！”此人从此以后，就觉得不满意，就觉得不快乐，所以他不在三十二种行相中进行学习，他不掌握说戒，他变得憔悴、粗糙，肢体上遍布着静脉血管，被懈怠所折服，为疥癣所包围。

于是，年轻的比丘们和沙弥们就问此人：“兄弟！为什么当你在所站立的地方站立，在所坐的地方坐下时，你都被黄疸疾病所折服，你憔悴、粗糙，肢体上遍布静脉血管，为懈怠所折服，为疥癣所包围。你究竟做了什么呢？”“兄弟！我感到不满意。”“为什么呢？”他就说出这些事情。于是这些年轻的比丘和沙弥就把此事报告给此人的阿阇梨和戒律师。阿阇梨和戒律师就带着此人，去到导师的身边。导师问道：“诸位比丘！你们为什么前来呢？”“大德！这位比丘对于你们的教法感到不满意。”“比丘！事情是这样吗？”“是的，大德！”“为什么呢？”“大德！我确实想要解脱诸苦，所以我出家了。阿阇梨给这个我言说关于阿毗达摩的说法，戒律师给这个我言说关于毗耐耶的说法。这样我就得出了结论：‘在这里，我就连伸展胳膊的场所都没有，成为一个在家人，就能够解脱诸苦，我应当成为一个在家人。’大德！”“比丘！假使你能够保护一样东西，你就没有保护其余很多东西的职责。”“大德！那是什么东西呢？”“你要能够保护的只是你的心。”“大德！我能够保护心。”“那么，如果你能够保护自己的心，你就能够解脱诸苦。”在授予这个教诫之后，导师诵出了下面这个伽他：

36.

心极难见极聪明，随其所欲而落入；

聪明人要保护心，心若保护引安乐！

在这里，所谓“极难见”，是指难以很好地看见它。所谓“极聪明”，是指它非常聪明，即它是最为柔和的。所谓“随其所欲而落入”，是指它并不顾及出生等等，在应得、不应得、相应、不相应的很多场合，无论是在哪种场合，它都是具有落入其中的品德的。所谓“聪明人要保护心”，是指一个盲目的、幼稚的人，是一个不聪明的人，这样的人确实没有能力去保护自己的心；如果一个人成为由心所主导的人，就会获得不幸和灾厄。而一个“聪明人”，就是指一个“智者”，他能够保护自己的心。因此，你也要保护心。这是因为这一点：当心被保护之时，它就能够带来安乐。这是说：“它就能够引发道果的安乐、涅槃的安乐。”

当这个说法结束之时，这个比丘证得了预流之果。其他很多人也都成为预流者等等的人。对于大众而言，这个说法是有利益的说法。

某个不满意比丘的故事，是第三个故事。

4. 外甥僧护长老的故事

所谓“远行”云云的这个说法，是当导师在沙瓦提安住之时，因为一个名为僧护的比丘所说的。

据说，在沙瓦提，有一个善男子，在听闻导师的说法之后，他就离开了家庭生活，出家了，获得了具足，成为名为僧护长老的一位比丘。然后只有几天，他就证得了阿罗汉性。这个比丘最小的姊妹，得到了一个儿子，给他取了长老的名字。此人得名“外甥僧护”，当他到了年纪时，在长老的面前出家，获得了具足，然后在某一个乡村寺院中度过雨季。此人获得了两件雨季安住的衣服：一件衣服是七肘的，一件衣服是八肘的。他心中考虑：“八肘的衣服，应当成为我的亲教师的衣服。”他心中思维：“七肘的衣服，应当成为我的衣服。”然后他度过了雨季，心想：“我要看见亲教师。”他就这样前来，在道路上游行乞食。当他来到长老那里后，因为长老尚未来到精舍，所以他就先进入精舍，擦拭长老每天洗浴之处，为其准备了洗脚水，安排好了座位，一边看着前来的道路，一边坐了下来。而在看见这位长老前来之后，他就出去迎接。他接过了长老的饭钵和衣服，说言：“大德！请您坐下！”他让长老坐下，然后拿来一个棕榈树的树茎，为长老扇风，奉上了饮料，为长老洗脚。然后他取出了衣服，把它铺在长老的脚上，说道：“大德啊！请你享用这件衣服吧！”说完之后，他站在了一边，为长老扇风。

可是，长老却对此人说道：“僧护！我的衣服足够，你还是自己享用它吧。”“大德！从我获得这件衣服的时间开始，这件衣服就被考虑为您的衣服。请您享用它吧！”“僧护！我的衣服确实已经足够，你还是自己享用它吧。”“大德！您不能这样做！当这件衣服被您享用时，对我而言伟大的结果就会成就。”可是，尽管这个比丘一再地谈论此事，长老还是没有同意。

就这样，当这个比丘为长老扇着风，站在那里时，心中在思维：“当长老在家之时，我是其外甥；当长老出家之时，我是和其一起生活的人。即便如此，与我一起生活的这位亲教师，都不想要受用这件衣服。如果与我一起生活的此人都不受用这件衣服，那么我的沙门的身份还有什么用处呢？我应当成为一个在家人！”于是，此人就产生这个想法：“居家生活很难被建立。我要怎么做，才能够成为一个在家人，然后进行生活呢？”于是，他心中思维：“我要卖掉这件八肘的衣服，买回来一只母山羊。这只母山羊确实要迅速地生产，我就把所有生产出来的羊羔都卖掉，这样积累本金。在积累了很多的本金后，我要迎娶一位夫人，这位夫人将会生出一个儿子。接着，我要给我这个儿子取舅父的名字。我要让他坐在小车上，要带着我的儿子和妻子，前去敬拜舅父。当我们正行走在道路上时，我要对我妻子这样说：‘你暂时把儿子交给我！我要带着他。’她这样回答：‘你要儿子干什么呢？你过来！你应该驾驶这个车子！’然后她抱着儿子，心中思维：‘我要带着这个儿子。’她带着他，可是她却没有能力保持住，所以把儿子抛弃在车轮走过的道路上。于是，车轮压过了儿子的身体，还在往前走。当时，我要对她说：‘你既不把我儿子交给我，又没有能力保持住儿子，我被你毁了！’说完后，我就用马鞭的杆子击打她的背部。”

此人就这样边思维边站在那里扇着风，（不小心）用棕榈树的树茎击打了长老的头颅。长老心中思维：“为什么我被僧护击打头部呢？”了知此人一切所思的事情，然后长老说道：“僧护！你没有能力攻击一个妇女，在这里，一个衰老的长老有什么过失呢？”此人心中思维：“哎呀！我完了，亲教师已经知晓我所有的想法。我的沙门身份有什么作用呢？”他就抛弃了棕榈树的树茎，准备逃走。

当时年轻的比丘们和沙弥们，把这个人捆绑起来，带着他，去到导师的身边。导师看见这些比丘后，问道：“诸位比丘！你们为什么前来呢？一个比丘被你们抓来了？”“是的！大德！我们不满意这个年轻人，所以抓住了正在逃走的他，来到您的面前。”“诸位比丘！事情是这样吗？”“是的！大德！”“比丘！你的目的是什么呢？以致你作出如此严重的作业？你不是发起了精进的一位佛陀的儿子，在像我这样的一位佛陀的教法中出家，调伏自己，然后没有能力让人们谈论或者‘预流’，或者‘一来’，或者‘不来’，或者‘阿罗汉性’吗？您为什么造作了如此严重的作业呢？”“大德！我不满意。”“您为什么不满意呢？”这个比丘就把如此这般所有的这些事情——从他获得雨季安住衣服的日子开始，一直到用棕榈树的树茎击打长老——都报告了。然后他说道：“大德！因为这个理由，所以我逃走了。”当时，导师对这个人说道：“比丘！你过来！你不要思维！此种所谓‘心’，是属于能够领受即使在远处的实在的对象这一类的东西，为了解脱贪欲、嗔恨、愚痴的系缚，去进行努力，是合适的。”说完这些话后，导师诵出了下面这个伽他：

37.

心能远行能独行，无有形体住洞穴；

凡能调伏其心者，解脱魔罗之系缚！

在这里，所谓“远行”，确实，心虽然没有哪怕是蜘蛛丝的体量的，以东方等等方向而言的，所谓“去往与前来”，然而它却能够领受即使是在远处的实在的对象，所以心被显示为是所谓“远行”的。再者，当七种心、八种心被绑成一束时，它们确实都没有能力在同一个刹那中生起。当心生起之时，只是一个一个的心在生起；当心消灭之时，又只是一个一个的心在消灭，所以心被显示为是所谓“独行”的。对于心而言，或者如同身体的形状，或者青色等等种类的不同的颜色，都不存在，所以心被显示为是所谓“无有形体”的。所谓“洞穴”，是指四种大种所成的洞穴，而且，这种心，基于心脏的形状予以转现，所以心被显示为是所谓“住洞穴”的。所谓“凡…心”，是指凡是一些人们，或者是男人们，或者是女人们，或者是在家人，或者是出家人，当其等对于尚未出生的杂染则不施与其产生，对于由于正念忘记而出生的杂染则予以舍弃之时，就是“能调伏其心者”，也就是其等能够把心修养成为节制的、不乱的。所谓“解脱魔罗之系缚”，是指所有的这些人，通过杂染系缚并不形成，则得以解脱被称为是“魔罗之系缚”的三地的圆圈（轮回）。

当这个说法结束之时，外甥僧护长老，证得了预流之果；也还有其他很多人，显示为是预流者等等的人。对于大众而言，这个说法是有利益的说法。

僧护外甥长老的故事，是第四个故事。

5. 心手长老的故事

所谓“若是其心不安稳”云云的这个说法，是当导师在沙瓦提安住之时，因为心手长老所说的。

据说，有一个居住在沙瓦提的良家之子，因为寻找一头走失的公牛，进入了一片森林。在中午时，他看见了这头公牛，并把它赶入了牛群中，然后心想：“希望我肯定可以从尊者们那里，获得一点点食物。”他因为为饥渴所逼迫，所以进入了一个精舍，走到了比丘们的身边，在敬礼之后，坐在了一边。而在这个时刻，比丘们还有一些所食之余的食物，剩在盆子中。他们看见此人被饥饿所逼迫，就对他说道：“你从这里把食物取去，吃了吧。”（而且，在佛陀的时代，又出现了很多菜肴、咖喱饭菜一类的食物。）此人就从那里取得一些滋养物品，吃了下去，喝下了饮料，清洗了手。然后他向比丘们恭敬行礼，提问：“大德！尊者们今天前去了款待的场所吧？”“优婆塞！并非如此。比丘们一直是以这种方式获得食物。”此人心中思维：“我们从起床以后开始，虽然白天、夜晚一直工作，也并不获得如此甜美的咖喱饭菜这样的食物。据说，这些比丘经常吃到这样的食物。那么我的在家人身份还有什么意义呢？我应当成为一个比丘！”他就走近比丘们，请求出家。比丘们对那个人说道：“好的！居士！”让他出家了。

此人获得了具足，完成了一切种类的出家人的种种戒律。他通过对于诸佛生起的所得、尊敬，在几天之后，就成为一个身体肥胖的比丘。于是他心中思维：“那么我实行施食为生有什么意义呢？我应当成为一个居家人！”此人误入了歧途，然后进入了家中。当这个人在家里工作之时，只有几天，身体就瘦削下来。于是，他心中思维：“我这种辛苦有什么意义呢？我应当成为一个沙门。”他又前去出家了。消磨了几天的时光，然后他又觉得不满意，就又误入了歧途。（而在出家的时间，他则成为对于比丘们有所帮助的人。）只是过了几天，此人也就再度觉得不满意："我居家人的身份有什么意义呢？我应当出家。"他就前去，敬礼比丘们，请求出家。而比丘们则因为有所帮助的主导，又让这个人出家。这样，此人就以这种方式，成为在六回出家之后的一个出家人。对于这个人，比丘们都说言："这个人成为一个由心所主导的人，然后在游荡。"给他取名为"心手长老"（**cittahatthatthero，以心为腕尺、以心为权柄的长老**）。

当这个人这样反复游荡之时，妻子成了一个孕妇。于是这个人就第七回带着从事农业的工具，从森林中去到了家里。他放下了农具，心中想着："我要取自己的袈裟。"这样就进入了里面的屋子。在那个时刻，这个人的妻子正躺在床上睡觉。女人所穿的衣服都被脱下了，唾液从其嘴巴里流出，鼻子发出呼噜呼噜的声音，嘴巴是张开的，牙齿在摩擦着，这个人的妻子处在这样的状态，就好比是一个肿胀的尸体那样。此人获得了这样的想法："这是无常，这是诸苦"，"我在这么多时间出家，却就因为这个东西，因而没有能力保持比丘的身份"。他抓住袈裟的一边，把它系缚在肚子上，然后就从家里离开了。

而在作为此人邻居的家中站立的岳母，看见此人这样离去，心中思维："这个人将会成为一个相反地不满意者，就在刚刚，他从森林中前来，却把袈裟系缚在肚子上，从家中离开，面向精舍而行。这又是为什么呢？"于是她进入这人的家中，看见了正在睡觉的女儿，明白了："这个人看见了这种状态的妻子，然后成了一个后悔的人，所以离去了。"她就拍打女儿："起来！巫婆！你丈夫看见了正在睡觉的你，他后悔了，他离去了。从现在开始，这个人对你而言就不存在了！"女儿说道："母亲！你等等！你等等！这个人从哪里离去，只要过几天，还会再度前来！"而当这个人在说了"无常、诸苦"之后，正在离去之时，就证得了预流之果。他前去之后，敬礼了比丘们，请求出家。比丘们说言："我们都不能够让这个人出家，你哪里还有沙门的身份呢，你的头颅同磨刀石的石头相似。”“大德们！请你们现在怜悯我，请你们（再）让我出家一回。”这些人因为有所帮助的主导，就允许这个人出家。只有几天，这个人就证得与四种无碍明解一起的阿罗汉性。

他们也对此人说道：“兄弟！心手！只有你才会知晓你离去的时间，这一回，你离去的时间被推迟了。”“大德！在交接现前的时间，我离去了；如今，对我而言，此种交接已经被切断，不离去的诸法已经产生。”比丘们就去到导师身边，向他报告：“大德！当这个比丘被我们这样说及时，他这样说话。他回答矛盾，他所说不真实。”导师说道：“是的！诸位比丘！我的儿子，在自己的心尚不安稳的时刻，在他还不懂得正法的时刻，造成了离去与前来。如今，这个人的功德与过失，则都已经断除。”说完这些话后，导师诵出了下面这两个伽他：

38.

若是其心不安稳，尚未了知于正法；

其人净信有动摇，则其智慧未圆满。

39.

若是其心不漏泄，若其意念不混乱；

断除功德及过失，是觉醒者无畏惧！

在这里，所谓“若是其心不安稳”，是指对于任何人而言，此种心确实都并非或者固定，或者不动。而若其是一个补特伽罗，则——就好比是在马背上放置的一个冬瓜，其次，就好比是在谷壳堆中被捣碎的残株，再次就好比是在秃子头上所放置的一朵迦兰波树花那样——无论在何处，他都并不保持，例如，有些时候他是佛陀的一个声闻弟子，有些时候他是一个活命外道，有些时候他是一个裸行外道，有些时候他是一个苦行者，如此这般的这个补特伽罗，就是所谓“其心不安稳者”：是对于这个其心不安稳者而言。所谓“尚未了知于正法”，是指若是对于以三十七种菩提分法相区分的这种正法，是并不识知者；若是或者由于狭小的信仰，或者由于漂浮的信仰，是“其人净信有动摇”者，（对于上述这些补特伽罗而言，）则以欲界领域、色界领域等等予以区分的智慧，就尚未得以满足。这是在显示：“连欲界领域的智慧都尚未圆满，那么色界领域、无色界领域，以及出世间的智慧，又何从将会圆满呢？”所谓“若是其心不漏泄”，是指“不因为贪欲心被湿润的人”。所谓“若其意念不混乱”，是指在所谓“心被损害，荒芜已生”（dī. ni. 3.319；vibha. 941；ma. ni. 1.185）这样传来的场合，损害心的状态是通过嗔恨而被称说的，所以在这里，意思是指“不因为嗔恨心被损害的人”。所谓“断除功德及过失”，是指“以第四种道，已经断除功德及已经断除过失的一个销尽漏泄的补特伽罗”。所谓“是觉醒者无畏惧”，是指只是对于一个已经销尽漏泄的觉醒者而言，无有畏惧的状态，才应该是被称说的。而这种以具足信仰等等五种觉醒法作为本质的，才是所谓“觉醒的”。因此，这个人是一个觉醒者也罢，是一个尚未觉醒者也罢，都不存在对于杂染的畏惧，这是由于很多杂染后来都不回转。确实，很多杂染都并不随着此人予以系缚，这是因为通过这种、那种道已经断除的很多杂染，都不再度予以迫近。正是由此，契经中说过：“若有些杂染通过预流之道而被断除，那么这些杂染就不再来，就不回来，就不返回；若有些杂染通过一来、不来、阿罗汉性之道而被断除，那么这些杂染就不再来，就不回来，就不返回。”（cūḷani. mettagūmāṇavapucchāniddesa 27）

对于大众而言，这个说法是有利益、有结果的说法。

于是，有一天，比丘们就在法堂开始谈论：“兄弟！这些所谓‘杂染’，确实都是严重的。具足如此这般阿罗汉性的潜能的一个善男子，因为被很多的杂染所污染，所以他七回成为一个在家人，七回成为一个出家人。”导师听闻他们在谈论这个话题，就以同这个刹那相应一致的前去，去到了法堂，在佛陀的座位上坐下，请求：“诸位比丘！不要动身，现在你们就一起坐着谈话。”当比丘们回答“好的”之后，导师说道：“正是如此，诸位比丘！诸种杂染确实是严重的，假使这些杂染成为具有色相的杂染，那么它们就会成为有能力被投入任何场所的杂染，以致轮围因为极其紧迫，梵天的世间因为极其低矮，所以都不能够成为这些杂染的空间。这些杂染，尚且能够搞乱像我一样具足智慧的高贵的人，何谈对于很多其余的人们呢？确实，我也曾因为半管之量豆角的谷物，以及一个弯曲的锄头，六回出家又还俗。”“大德！那是在何时？善逝！那是在何时？”“那么你们就好好听闻吧！诸位比丘！”“是的，大德！”“那么，你们请谛听！”导师就引出了过去的事情：①

过去，在波罗奈斯，当梵授统治王国的时候，有个人名为古达拉（kudāla，锄头）智者，作为外道的出家人出家。他在八个月中，都住在雪山中，然后在一个雨季的夜晚，当大地是潮湿的，他心中思维：“在我的家中，还有半管之量的豆角的谷物，还有一个弯曲的锄头，希望豆角谷物的种子不会毁掉。”所以他就还俗，在一处地方，用锄头进行耕作，播下了这些种子，做好一个篱笆，当谷物成熟时，他就把它们都拔出，除了一管之量的种子之外，他把其余的谷物都吃掉。他心中思维：“我如今作为一个在家人有什么用呢？我还要在八个月中出家。”就离开家庭生活，出家了。就是以这种方式，因为一管之量的豆角谷物，以及一把弯曲的锄头，他七回成为一个在家人，七回成为一个出家人。而在第七回，此人心中思维：“我有六回因为这把弯曲的锄头，先成为一个在家人，然后出家。我应当把这把锄头抛弃到某个地方。”他去到恒河的岸边，心中思维：“如果我看见它落下的地方，我就会下去寻找它。那么怎样做我将看不到这把锄头落下的地方，我就应当怎样把它抛弃掉！”他用一块旧布把一管之量的种子包裹起来，然后把这块旧布缠绕在锄头之柄上，再用一个棍棒的顶部拿住锄头，站在恒河岸边，闭上眼睛，把它在头上方旋转三圈，然后把它抛掷到恒河中。再然后他转过身来，四下观察，不见它落下的地方。他三次发出了这样的声音：“我战胜了，我战胜了！”

在这个时刻，波罗奈斯之国王，平息了边境之地，然后前来此地，在

① 参见《本生经》七〇《锄贤人本生谭》，CBETA 2019.Q3，N32，No. 18，第 63 页上；PTS. Ja.1.311。

河岸边扎下营寨。当他为了洗浴进入河流之时，他听到了这个声音。而且，对于国王们来说，所谓“我战胜了”云云的这个声音，确实是其不喜欢的声音。所以国王就走到此人的身边，问他：“我如今在对于敌人予以践踏之后，才形成这样的观念：‘我战胜了。’而你却发出了喊声：‘我战胜了，我战胜了。’为什么这样说话呢？”古达拉智者回答：“你战胜了外部的盗贼，你的战胜又成为被战胜的。然而，我战胜了内在的贪欲的盗贼，而这种内在的贪欲的盗贼不会再度战胜我。所以只有对于它的战胜是最好的战胜。”说完这些话后，此人诵出了下面这个伽他：

战胜不是好战胜，若能胜过彼战胜；

战胜乃是好战胜，若不胜过彼战胜。（jā. 1.1.70）

而且，就是在这个刹那，当此人观察恒河时，他生起了普遍的水，证得了殊胜，因而他就在虚空中跏趺而坐。这位国王听闻了大人的说法，尊敬他，请求跟他出家，就与军队一起出家了。随从之人是一个由寻之量的随从。还有另外一个附近的国王，他听说了这位国王出家的事情，心中思维：“我要取得这个人的王国。”他就前来，看见那样繁荣的城市却是空虚的。然后他心中思维：“舍弃如此这般的城市，然后出家的一个国王，不会是在低等的层次出家。我也去出家才是合适的。”去到这里后，他走到大人那里，请求出家，然后他也带着眷属出家了。就是以这种方式，有七位国王都出家了，寺院都有七个由寻。这七位国王都舍弃了享受，带着这么多的人出家了。大人安住在梵行的住处，然后托生到了梵天的世界。

导师引出这个说法之后，说言：“诸位比丘！我就是那时的古达拉智者。这些杂染确实是如此严重的杂染！”

心手长老的故事，是第五个故事。

6. 五百比丘的故事

所谓“如水瓶”云云的这个说法，是当导师在沙瓦提安住之时，为发起毗婆舍那的比丘们所说的。

据说，在沙瓦提，有五百位比丘，在从导师身边取得一直到阿罗汉性的作业之处后，说言“我们都要修学沙门法”，就离开导师一百由寻的道路，到达一个有很多居民的村子。村民们看见这些比丘后，就请他们坐在安排好的座位上，以精致的乳粥等等的食物进行款待。然后问道：“大德们！你们想要去哪里啊？”当被比丘们这样回答“哪里是合适的地方（，我们就去往哪里）”时，村民们就请求：“大德们！希望你们这三个月就住在这里，我们也可以在你们的身边，在三种皈依中坚固地住立后，遵守五种戒律。”知道这些比丘已经同意，村民们就说言：“在不远的地方，有一个大树林，你们可以住在那里，大德们！”说完这些话后，就送这些比丘前去。比丘们进入了那个大树林。在那个大树林中居住的天神们认为：“这些具备戒律的尊长们，来到了这个大树林。可是对于我们而言，则不合适。当尊长们在这里居住时，我们就要带着子女、妻子，攀登到树上，以便居住。”这些天神从树上下来，坐在地上，心中思维：“这些尊长（只是）今天一个晚上居住在这里，他们明天肯定会离去。”第二天，比丘们在进入村庄内游行乞食之后，再度来到了这个大树林。天神们心中思维：“我认为：比丘僧团明天会被某个人所款待，所以他们今天又前来。虽然他们今天不会离去，明天则（肯定）会离去。”以这种方式，有半个月的时间，他们都坐在上面那块地上（思维）。

在此之后，天神们心中思维：“我想：这些大德在这三个月中都会居住在这里。而当这些人在此处居住时，我们就要爬到树上去坐着，这也不合适！在这三个月中，我们都要带着子女、妻子，坐在地上的这些地方，也都是痛苦的地方！还是要做点什么，驱赶这些比丘，才是合适的！”这些天神就在所有那些比丘们白天所在的地方、夜晚所在的地方，以及经行之处的边际，都着手去显示切断了头颅的很多无头的身体，并且着手去形成那些非人的声音。呕吐、咳嗽等等的疾病，在比丘们那里出现了。这些比丘彼此提问：“兄弟！你有什么不适？”他们彼此回答：“我们都出现了呕吐的疾病，我们都出现了咳嗽的疾病。”“兄弟！我今天在经行之处的边际看见了一个切断的头颅，我在夜晚所在的地方看见了一个没有头颅的身体，我在白天所在的地方听见了非人的声音。这种场所是那种应当被回避的不合适的场所，所以我们都在这里出现了疾病。我们还是应该去到导师的身边！”比丘们就离开大树林，渐渐去到导师的身边。他们向导师敬礼，然后站在了一边。

于是，导师就对这些比丘说道：“诸位比丘！你们不能居住在那个地方吗？”“是的！大德！当我们在那个地方居住时，就有如此这般特征的令人恐怖的很多对象出现，还出现如此这般的疾病。所以，我们认为‘这种场所是应当被回避的不合适的场所’，就舍弃了那个地方，来到您的身边。”“诸位比丘！去往那里对于你们而言是合适的。”“大德！我们没有能力去往那里。”“诸位比丘！你们都还没有取得武器，就去往了那里。你们现在应当取得武器，然后去往那里。”“大德啊！是指哪一种武器呢？”导师说言：“我要提供给你们武器，你们取得我所提供的武器后，可以去往那里。”说完这些话，导师就说出全部的《慈经》：

“善巧福利者应为：现观那种寂静地；

堪能直率且正派，善语温和不骄傲。”是这样等等。（khu. pā. 9.1；su. ni. 143）[①]

然后佛陀打发他们：“诸位比丘！你们从精舍外面的大树林开始，诵读这部《慈经》，就能够进入精舍中。”这些比丘向导师敬礼，离开此处，渐次到达了那个场所。他们在精舍的外面，进行了集体排练，然后诵读这部契经，进入了大树林。全部大树林中的天神们都获得了慈心，出来迎接这些比丘，请求为其拿饭钵与衣服，请求为其按摩手脚，在这里、那里都给这些比丘提供保护，就好比成熟的熏香与香油（混在一起），这些天神和比丘们在一起共坐。无论在何处，确实都不存在非人的声音。这些比丘的心，都专注一境。当他们在白天所在的地方及夜晚所在的地方静坐之时，都使心接近毗婆舍那，建立对于自己的消灭、减损，使所谓“这个

① 参见《小诵经》：“完全了解寂静境，善利乃为智人之所为，彼堪能、率直、正直、善感，柔和无高慢。”CBETA 2019.Q3，N26，No. 8，第 11 页上；PTS.Khp.8。

是所谓‘身体’，以能够破碎的意义，以不固定的意义，它与陶工的容器相似”这样云云的毗婆舍那增长。正等觉者，虽然只是坐在芳香茅棚中，但他知晓这些比丘已经发起毗婆舍那的情况，就召唤这些比丘：“诸位比丘！正是这样，这个所谓‘身体’，以能够破碎的意义，以不固定的意义，确实同陶工的容器相似。”说完这些话，导师就使光明充满，虽然是在一百由寻处站立，却也像是当面坐下一样。导师释放了六种色泽的光线，以显现的形体，诵出了下面这个伽他：

40.

了知此身如水瓶，建立此心如城市；

当以智剑战魔罗，守护已胜不依恋！

在这里，所谓“如水瓶”，是指无力、乏力的意义，也指不系结、不确定、暂时性的意义。这个被称为是头发等等的集合的身体，在了知为“同陶工的容器相似”这一前提下，是如同水瓶的东西。所谓“建立此心如城市”，这里所谓“城市”，是指那种外部坚固——它拥有深邃的沟渠，由墙垣周遍围绕，城门则与瞭望楼相连——内部成就了被很好地安排的街道、广场、十字路口，中间则有市场这种东西。“我们要掠夺这个城市。”城市外面的盗贼们这样说，可是前来之后，他们却没有能力进入，就好比接近了一座山却遭到攻击的人们一样，因而他们离去了。正是同样，一个智者，一个良家之子，先把自己的毗婆舍那的心，作成即建立为同城市相似的坚固的心，然后就好比一个在城市中站立的人，用同一边的利刃等等种种品类的武器，就可以同这些强盗之众进行战斗那样，当以毗婆舍那所成及圣道所成的智慧的武器，抵抗在所有这些道中应当被杀死的烦恼的魔罗之时，就可以同所有这些烦恼的魔罗进行战斗。意思是：“可以进行攻击。”所谓“守护已胜”，是指当他以适当的居住、适当的时节、适当的食物、适当的补特伽罗、适当的听闻教法等等，正在训练之时，当他偶尔进入了三摩钵地，在由此出来，然后以净化之心与诸行接触之时，则可以保护已经战胜的即已经产生的幼小的毗婆舍那。

所谓“不依恋”，是指他应当成为一个无有依止者。确实，正如一个军人，在战斗的前沿，先要建造一个军队的堡垒，然后当他与敌人互相战斗之时，或者当他饥饿之时，或者当他口渴之时，或者当他的甲胄松散之时，或者当他的武器坠落之时，他就进入军队的堡垒，恢复力气，吃些食物，喝些饮料，紧固甲胄，取得武器，再度离开，前去战斗，然后他就能够践踏他人的军队，战胜尚未被战胜的，保护已经被战胜的。确实，假使当这个军人站在军队的堡垒中，这样正在休息时，却不能享受那些，不能焕发活力，那么他就会把王国变成置于他人之手的。正是同样，当一位比丘在一再地进入三摩钵地，然后由此出来，再以清净的心接触诸行之时，他就有能力去保护已经被获得的幼小的毗婆舍那，而通过更上的道果，他就能够战胜烦恼的魔罗。而假使这位比丘不能享受上述三摩钵地，不能以清净的心一再地接触诸行，那么他就没有能力去作出对于道果的通达。因此，当一个比丘正在保护适合为应当被保护的东西的时候，他就应当是一位无所依止的比丘。意思是：“他不会在把三摩钵地作成住处之后，在那里停住，即不会把它作成依止之处。”说言：“确实，你们也应当这样做。”导师就这样为这些比丘开示了教法。

当这个说法结束之时，五百位比丘刚刚在所坐的地方坐下，就证得了与四种无碍明解一起的阿罗汉性。他们称颂、赞叹如来金色的身体，在敬礼之后，他们前来了。

五百位比丘的故事，是第六个故事。

7. 腐身提沙长老的故事

所谓“确实此身不长久”云云的这个说法，是当导师在沙瓦提安住之时，因为腐身提沙长老所说的。

据说，有一个在沙瓦提居住的善男子，在导师身边听闻教法之后，对于教法满怀热忱，然后就出家了。此人获得了具足，名字是提沙长老。随着时间不断前行，在这位提沙长老的身体中，出现了疾病。在他的身体上，出现了芥菜籽大小的水泡。这些水泡逐渐地变成了青豆般大小、豌豆般大小、枣核般大小、庵摩罗果般大小、未成熟的孟加拉苹果般大小、已成熟的孟加拉苹果般大小，然后就破裂了。此人整个的身体，都变成了洞连着洞的身体。而此人就有了这样的名称：“腐身长老。”接着，此人身上的很多骨头后来也都破碎了。他成为一个不可以被照顾的人。他的内衣和外衣都被脓血所涂抹，成了同薄烤饼相似的东西。在一起生活的其他比丘们，都没有能力去照顾他，所以大家把他抛弃了。他，成了一个没有依祜的人，躺在那里。

而确实，每天两回观察世间，是不被诸佛所放弃的。其一是在黎明观照世间的时候，诸佛是从轮围的边缘开始，面向芳香茅篷，予以了知，然后进行观察；其二是在夜晚观照世间的时候，诸佛是从芳香茅篷开始，面向外部，予以了知，然后进行观察。而在这个时间，在薄伽梵知网的内部，腐身提沙长老出现了。导师看见了这个比丘阿罗汉性的潜能，心中思维：“这个比丘被一起生活的其他比丘们抛弃了。如今，除我之外，这个人没有其他的皈依之所。”就从芳香茅篷出来，如同是在作出精舍之漫游那样，去往一个温暖的房屋。他在那里清洗了一个水壶，把它装满水，然后放在一个炉灶上。因为要等待壶中的水变热，所以他就待在那个温暖的房屋中。知道水已经变热，他就前去寮房，握住这个比丘所躺卧的床铺的边缘。此时比丘们说道：“大德！你停下吧！我们来做。”比丘们握住床铺，把它搬进了那间温暖的房屋。导师叫人取来一个庵摩罗果，把它浸入热水中，让那些比丘脱下这个比丘的外衣，把它浸泡在热水中，然后放在阳光下，慢慢地予以晾晒。而导师则站在这个比丘的身边，以热水润湿他的身体，给他擦拭，给他沐浴。当此人的洗浴结束时，上衣已经晒干了。接着，导师就让人给他穿上那件外衣，把他所穿的内衣浸泡在水中，然后放在阳光下晾晒。而当此人的肢体刚刚被覆盖在水中时，那件衣服也晒干了。这个比丘穿上了一件内衣，裹上了一件外衣，成为一个身体轻盈而心灵专注的比丘，躺卧在床铺上。导师在此人的枕头旁边站立，对他说：“比丘！当你的这个身体成为没有意识、离于功用的身体时，它就好比是一块朽木一样，将会卧躺在大地上。”说完这些话，导师诵出了下面这个伽他：

41.

确实此身不长久，它会倚卧大地上；

已被舍弃无意识，好比朽木无用处！

在这里，所谓“确实…不长久”是指：比丘！不久之后，这个身体将会躺卧在大地上。即指以那种自然状态的睡眠予以睡眠后，将会躺卧在大地之上。所谓“被舍弃”，是指被丢弃，是要显示：“由于没有了意识，在已经成为空虚无有的东西之后，它将会躺卧。”怎样予以譬喻呢？回答：“好比朽木无用处”，是指它就好比没有好处、没有利益的一块木材一样。确实，求取适当的材料的人们，先进入一个森林，然后把正直的木材以正直的形状予以切割，把弯曲的木材以弯曲的形状予以切割，就取得适当的材料。而把剩余那些有孔眼、腐烂、不坚实以及产生了结节的木材，在予以切割之后，都舍弃在那里。其他求取适当的材料的人们，在前来之后，确实并不成为拿走这些木材的人，而是在观察之后，只执取对于自己有用的木材，其他的木材都只是置于地上的木材。而这些人应当是也都有能力以这种、那种方式，把这些执取的木材，或者作成床铺的支撑物，或者作成洗足布，或者作成木制的椅子。再者，在此身体当中，在三十二个部分，即便一个部分，以或者床铺支撑物等等的势力，或者以其他用途的方式，也都确实不被经验为可以被拿走的东西，也就是说它们是全然没有用处的东西，就如同是朽木一般。这是说：“这个身体没有了意识，只要几天，它就会躺卧在大地上。”

在这个说法结束之时，腐身提沙长老达成与四种无碍明解一起的阿罗汉性，其他很多人也都成了预流者等等的人。长老，也在达成阿罗汉性之后，入灭了。导师让人给此人做了身体的职责，取得很多遗体，让人们建置了塔庙。于是比丘们就向导师提问：“大德！腐身提沙长老出生在了哪里？”“诸位比丘！他涅槃了。”“大德！如此这般具足阿罗汉性潜能的一位比丘，为什么却有腐败的肢体显示出来？为什么这个人的很多骨头都显示为是碎裂的呢？为什么这个比丘实现了阿罗汉性的潜能？”“诸位比丘！所有的这些都正是由于此人自己所造的作业形成的。”“那么，大德啊！此人又造作了什么作业呢？”“诸位比丘！那么就请你们好好谛听吧。”导师叙述了过去的事情：

此人在迦叶波（kassapa）正等觉者的时代，曾经是一位捕鸟人。他杀死了很多的鸟，养育那些富贵的人们。而在提供给这些富贵的人们之余，他就把它们卖掉。考虑到“如果把卖掉之余的那些鸟都杀死，放在那里，那么它们就会变成身体腐败的鸟”，所以怎样做这些鸟将没有能力飞起来，他就怎样把这些鸟腿部的骨头及翅膀的骨头，都予以打碎，然后把它们堆成堆，放在那里，第二天，则把它们卖掉。而在极多地获得这些鸟的时候，他也为了自己的享受，把它们煮熟。有一天，当这个人的美味的食物被煮熟的时候，一个销尽诸漏的阿罗汉，因为游行乞食，站在了他家的门口。此人看见这位长老之后，心中产生了净信，想道：“很多生物被我杀死后，吃掉了。这位尊长站在了我家的门口，而在我家里现在有美味的食物。我要把一钵食物施与此人。”他就拿了这位阿罗汉的饭钵，把它盛满，施与他美味的一钵食物。他还以五体投地的姿势，向这位长老表达敬意。他说道：“大德！希望由于您，我可以达成现法之顶点。”这位长老予以随喜：“希望你可以那样成就！”诸位比丘！由于当时所造作的作业的势力，这些结果在提沙那里都已经形成：作为破坏很多鸟骨头的结果，提沙的肢体显示为是腐败的，而且提沙的很多骨头显示为是破碎的；作为对于一位销尽诸漏的阿罗汉施与一钵美味食物的结果，提沙实现了阿罗汉性。

腐身提沙长老的故事，是第七个故事。

8. 难陀牧牛者的故事

所谓“敌对敌”云云的这个说法，是当导师在憍萨罗国土中（安住之时），因为难陀牧牛者所说的。

据说，在沙瓦提，给孤独家主（anāthapiṇḍika）有一个牧牛者，名字叫难陀（Nanda）。他保护着一个牛群，是一个富有的人，有很大的财富，有很大的享受。据说，就如同一个该拟亚（keṇiyo）编发外道，拥有出家人的外貌，此人就这样，以一个牧牛人的身份，避免国王的税收，保护自己的资产。他时不时地带着五种牛味，来到给孤独长者的身边，然后看见导师，听闻教法，请求导师前往自己所住的场所。导师，因为期待此人智慧之成熟，所以了知了（自己）前来（此人之智慧）成熟的情况之后，当有一天，为巨大的比丘僧团所围绕、进行漫游之时，就避开道路，在临近此人居住处所的某一棵树下坐了下来。难陀去到了导师的身边，向导师敬礼，欢迎导师，邀请导师，把精致的五种牛味的施与，在七天当中，都提供给佛陀为首的比丘僧团。在第七天，导师给与随喜，渐次谈论了以布施说等等予以区分的说法。当这些说法结束之时，难陀牧牛者，已经在预流果中坚固地住立，然后拿着导师的饭钵，伴随着导师，走了很远。佛陀对他说："优婆塞！请你停下吧。"因为要回转家去，所以难陀敬礼了导师，然后回转家去。然而，有一个猎人射击了这位难陀，把他杀死了。从后面前来的比丘们，看见了那件事。他们前来之后，就对导师说："大德！难陀牧牛者来到了您这儿，当他施与了巨大的布施，伴随您行走，然后回转之时，被人杀死了。假使您不前来，这个人的死亡就不会形成！"导师说道："诸位比丘！此人前来我这儿也罢，不前来我这儿也罢，无论此人去到四方以及四维，都确实没有从死亡摆脱的方法。这是因为：若是盗贼们所不做的那种事，是怨敌们所不做的那种事，那么正是这些众生内在污浊的虚妄志向的心，做出那种事。"说完这些话之后，导师诵出了下面这个伽他：

42.

若是敌对敌能作，又或怨对怨能作；

当心错误志向时，能作比其罪恶事！

在这里，所谓"敌对敌"，是指一个盗贼对一个盗贼。"敌人"（diso）是所谓"看见"（Disvā）云云的诵读之残余。所谓"若是…能作"，是指

（一个敌人）能够对另一个敌人作出的那些事情，即指不幸、灾厄。在第二句中，也正是上述这种旨趣。这样此种说法就被称说："一个以不冒犯子女、妻子、田地之事、公牛、母牛等等，不冒犯某个人，而是谋害一个人的朋友的盗贼，见到了也正是这样并不冒犯自己的这个盗贼之后；或者一个怨敌，见到以某一种理由，被敌意所系缚的一个怨敌之后，都会用自己的酷烈的粗暴性，对于这个盗贼或者怨敌，作出那种不幸和灾厄，指或者是会虐待其子女、妻子，或者是会毁灭其田地等等，或者又会剥夺此人之性命。以在十种不善的作业道路中，被虚妄地建置作为本质的虚妄志向的心，则能够作出与这些恶事相比更加罪恶的那些事情，也就是它能够造成与这些恶事相比更加罪恶的那种人。通过已经说过的诸多的品类，或者一个敌人对于一个敌人，或者一个怨敌对于一个怨敌，都是在此一人格中，或者能够使其产生诸苦，或者能够终结其性命。而此种在诸多不善的作业道路中被虚妄地建置的心，则也能够使其达成在现法中的不幸及灾厄，也能够在十万的人格中，都将其弃置于四种恶趣之中，而不授予其托举头颅出离四种恶趣。"

当这个说法结束之时，很多人都达成了预流果等等的诸种结果。对于大众而言，这个说法显示为是有利益的说法。而此优婆塞在不同的生存中已经造作的作业，并未被比丘们所提问，因此导师（在这里）也就没有谈论。

难陀牧牛者的故事，是第八个故事。

9. 梭罗耶长老的故事

所谓"若为父母不能作"云云的这个说法，是当导师在沙瓦提战胜林中安住之时，因为梭罗耶长老所说的。

这个故事起源于梭罗耶城，完成则是在沙瓦提。当正等觉者在沙瓦提安住之时，在梭罗耶城，梭罗耶长者之子，与一个同伴一起，坐上一辆容易前行的车子，带着众多的眷属，从城里出来，以便进行洗浴。就在那个刹那，马哈咖吒亚那长老（mahākaccāyanatthero）成为想要进入梭罗耶城施行乞食的长老。所以他在城外，穿着一件僧伽梨衣。而且，这位长老的身体是金色的。梭罗耶长者之子看见了这位长老，心想：“呜呼！或者希望这位长老能够成为我的妻子，或者希望我妻子身体的颜色能够像这位长老身体的颜色一样。”当梭罗耶刚刚这样起心动念，他的男根就消失了，而女根则出现了。因为感到羞愧，所以他就从车上跳下来，逃逸而去。跟从的仆人因为都不知晓此事，所以大家都在问：“发生了什么事？”她也进入了通往德迦尸罗的道路。这个女人的那些同伴，虽然也在那里到处寻找，却也都没有看见此人。所有的人洗浴之后都回到了家里，当被问到“长者之子在哪里呀”时，大家都回答：“我们都认为：他在洗浴之后，肯定会回来的。”而此人的母亲、父亲，在到处寻找之后，因为看不见儿子，就哭喊、悲戚，认为“儿子应该已经死去了”，就给他施与了死者的食物。她，看见了一辆去往德迦尸罗的商人的车子，就总是跟随在那个车辆的后面前行。

于是，很多人都看见了这个人，他们就讨论：“她总是跟随在我们车子的后面前行，而我们都不知道这一点：‘这个姑娘是哪个人的女儿呢？’”她对他们说道：“请你们驾驶自己的车子，我可以用脚行走。”当她这样行走之时，就施与一个戒指，给自己在一辆车子上弄到一个空位。这些人心中思考：“在德迦尸罗城，我们的长者之子还没有妻子，我们要报告他，他将会给与我们巨大的礼物。”他们到达了长者之子的家中，报告说：“主人！我们给您带来了一个如同珠宝的女人！”这位长者之子听到此话，就叫人召唤来此人。看见此人与自己年岁相仿，长相俊俏，令人爱怜，就产生了爱情，把她娶到了家里。男人们就是女人们，或者，女人们就是男人们。确实没有往昔不成为（女人的男人）。这是因为，当男人们把他人的很多妻子都侵犯了，自己死去后，在地狱中煎熬了几十万年，然后趋向人类中的出生之时，都要在一百回的人格中，经历女性的身份。

就连阿难陀长老，在十万劫波中圆满波罗蜜多的一位圣弟子，当他在轮回中流转之时，也在一回人格中，出生在了一个锻工的家庭。在跟他人之妻子作业之后，他在地狱中受到煎熬，而煎熬结束后，在十四回的人格中，都是伺候男人的脚的女人；在七回人格中，得为拔除阴囊的人。[①] 而女人们，则在造作了布施等等的诸多功德之后，抛弃了对于女性身份的意欲，使自己的心意坚固："但愿我们的这种功德可以成就，以便我们获得男人的人格！"于是在死亡之后，这些女人就会获得男人的人格。在成为丈夫的女主人之后，她们也通过对于丈夫正确的行为的示例，而确实获得男人的人格。

而这位长者之子，则是在对长老产生不合理的心意之后，就在这个人格中，获得了女性的身份。在德迦尸罗，经过与长者之子一起交媾，在这个女人的腹部，受孕又被建立起来了。她，在十个月结束时，得到了一个儿子。当这个儿子用脚行走之时，她得到了另外一个儿子。这样，住在这个女人腹部的，是两个儿子；在梭罗耶城中，依赖于他，有两个儿子被生出。所以此人就有了四个儿子。在这个时间，这个女人的某位同伴，一位长者之子，从梭罗耶城，带着五百辆车，去到了德迦尸罗。此人坐在容易行进的车子中，进入了这个城市。当时，这个女人在楼上的一层，打开了一扇窗户，正在观看城市内部的街道，因为她是站着的，所以她看见了那个同伴，并且认出了他。于是她就派出一个女仆，让她召唤此人，让他坐在一个宫殿的最高层，给与他巨大的尊重和礼遇。于是那个人就对这个女人说道："大德啊！在此以前，您不曾见过我，然而您却对我给与盛大的款待！请问您认识我吗？""是的！主人！我认识您！您不是住在梭罗耶城吗？""是的，大德！"这个女人就询问了母亲、父亲，以及妻子、儿子的健康状况。另外那个人回答了"是的，大德！这些人都没有疾病"之后，提问："您认识这些人吗？""是的，主人！我认识这些人。他们有一

① 参考《本生经》五四四《大那罗陀迦叶梵天本生谭》。其中叙述王女卢佳的故事："吾忆昔日吾轮回，吾尝七次转生世；又由此处死去后，将赴未来之七生。国之统主！吾七生，距今七生之昔年，摩揭陀之罗阅祇，于彼都市铁工职。因吾接近诸恶友，数多恶业吾曾为，吾使他人之妻苦，行为如成不死身。其业收置且不论，身被灰烬如炭火，然因其他业之故，跋嗟国土吾转生。"经中这个故事的结尾说"卢佳王女今阿难"，所以这是一个关于阿难陀本生的故事。（CBETA 2019.Q3，N41，No. 18，第 206 页上；PTS.Ja.6.219）

个儿子，主人！这个儿子在哪里呢？”“大德！请您不要谈论这个人！我与这个人一起，有一天坐在容易行进的车子中，出了城，要去沐浴。我们确实都不知道此人的去向。而且，在从那里四处寻找之后，我们也都没有看见此人，所以报告了他的母亲、父亲。这两人也都为此人哭泣，悲戚，然后为他做过了对于死人的义务。”“我就是他，主人！”“大德！请不要这样说！您是在谈论我的同伴——如同天神男童的一个男人吗？”“主人，我确实是他！”“既然这样，那么这是怎么回事呢？”“那一天，您见过尊长——马哈咖吒亚那长老——吗？”“是的，我见过！”“我观见马哈咖吒亚那长老之后，就在心中思维：‘呜呼！或者希望这位长老能够成为我的妻子，或者希望我妻子身体的颜色能够像这位长老身体的颜色一样。’就在思维的刹那，我的男根就消失了，女根出现了。当时，我因为觉得羞耻，所以没有能力对任何人谈及任何事情，而是从那里逃走，来到了这里。主人！”

“呜呼！你造成了严重的作业！你为什么不告诉我呢？进而言之，你请求长老宽恕了吗？”“主人！我没有请求长老宽恕。再者，你知晓长老在哪里吗？”“长老现在正依赖这个城市安住。”“假使当长老施行乞食时，能够来到这个地方，我会把作为施食的食物施与我的尊长。主人！”“那么，你就速速作出供养吧！我们都应该使尊长宽恕我们。”此人就去往这位长老居住的地方，敬礼之后，站在了一边，对长老说道：“大德！请你明天接受我的施食吧。”“长者之子！你难道不是一个客人吗？”“大德！请您不要问我们客人的身份，就请您明天接受我的施食吧。”长老表示同意。（那个女人）也就在家中为长老准备盛大的款待。第二天，这位长老进入了那个家门。于是，此人先让长老坐下，以精致的食物给与服务，然后这位长者之子带着这个女人，让其拜倒在长老的脚下。长者之子说言：“大德！希望您能宽恕我的同伴！”长老问道：“这是怎么回事呢？”“大德！这个人过去是我可爱的同伴。他在观见您之后，确实如此这般地起心动念了，于是，这个人的男根就消失了，女根出现了。大德！希望你能宽恕他！”“那么，请你起来吧！我宽恕你！”就在长老说出“我宽恕”时，这个人的女根就消失了，男根出现了。

当这个人的男根刚刚出现的时候，她的丈夫德迦尸罗城的长者之子，对此人说道：“亲爱的伴侣！这两个孩子都曾住在你的肚子中，也都依赖于我出生，因而确实是我们两个的儿子！我们都要住在这里，请你不要感到痛苦！”“亲爱的！我，因为以一个人格，先成为一个男人，然后获得女人的身份，然后又显示为一个男人，是这样地获得变异的人，所以起先依赖于我，有两个儿子被生出；如今，则从我的肚子，出来了两个儿子。这个我，是以一个人格而获得变异的，而你还说：‘希望他可以住在家中。’请你不要这样想！我要到我尊者的身边出家。这两个孩子是你的所谓‘负担’，希望你不要疏忽这两个孩子！”说完这些话后，亲吻了儿子的头，抚摸了他们，把他们靠在自己的胸部，把他们交给了父亲，然后此人离开了，请求在长老的身边出家。长老也就让此人出家，在此人具足之后，带着此人，进行漫游，渐次去到了沙瓦提。此人也有了名称：“梭罗耶长老。”住在集镇上的人们，知道了这件事情，都很兴奋，都产生了好奇，就都前来拜访他，向他提问：“据说（事情）是如此这般？大德！”“是的，朋友！”“大德！确实也存在如此这般的理由。据说，从你的肚子，有两个儿子被生出；而依赖于你，有两个儿子被生出。那么对于这些儿子中的哪些儿子，你有很强烈的亲爱之情呢？”“对于曾住在肚子中的两个儿子，朋友！”所有前来的人们，都持续地这样提问。

长老，因为一再地说言“正是对于曾住在肚子中的两个儿子，亲爱之情很强烈”，所以感到焦躁，就独自一人坐下。当他这样处于独自一人的状态时，他就产生了人格中的消灭和减损，然后证得与四种无碍明解一起的阿罗汉性。而所有前来的人们都还在提问此人：“大德！据说（事情）确实是这样？”“朋友！是的！”“对于哪些儿子，您的亲爱之情很强烈？”“对于无论哪一个，我都没有亲爱之情。”比丘们就报告说：“这人所谈不实。在前些天，此人说过：‘对于曾住在肚子中的儿子们，亲爱之情很强烈。’如今，他却说：‘我对无论哪一个都没有亲爱之情。’大德！此人矛盾地回答！”导师说道：“诸位比丘！并非我的儿子矛盾地回答。通过正确志向的心，从见道的时刻开始，我的儿子对于无论哪一个都不产生亲爱之情了。若是母亲确实没有能力作出的那种成功，若是父亲确实没有能力作出的那种成功，那么只有那些众生在内部转现出来的正确志向的心，才有能力施与那种成功。”说完这些话后，导师诵出了下面这个伽他：

43.

若为父母不能作，其他亲戚也同样；

当心正确志向时，能作比其更善事。

在这里，所谓“若为不能”，是指并非母亲能够作出这种能作，并非父亲，并非其他的亲戚能够作出这种能作。所谓“正确志向”，是指在十种良善的作业道路中被正确地建立的。所谓“能作比其更善事”，是指与此种能作相比，它能更好地作出更为殊胜、更加往上的那种能作。“能作”意思是“作成”。确实，当母亲、父亲为子女提供财富的时候，其等有能力授予（子女）的，是只在一个人格中虽不工作而能舒适地安排生活的财富。即使是毗舍佉（Visākhā）的父亲、母亲，虽然他们有那么巨大的财富，有那么巨大的享受，其等有能力授予（子女）的，也是只在这位毗舍佉的一个人格中，能舒适地安排生活的财富。而在四个洲渚中，有能力施与子女们以转轮王之荣耀的母亲、父亲，确实并不存在。更何况有能力施与子女们或者天堂的成功，或者初禅等等的成功的母亲、父亲呢。不存在关于施与出世间的成功的说法。而正确志向的心，则有能力施与所有上述这些成功。因此说言“能作比其更善事”。

当这个说法结束之时，很多人都达成了预流果等等的结果。对于大众而言，这个说法显示为是有利益的说法。

梭罗耶长老的故事，是第九个故事。

心品之解释已经结束。

这是第三品

关于新发现的《大日经》梵文写本*

王俊淇

中国人民大学副教授

摘要：《大日经》是汉传真言乘佛教与日本真言宗的根本经典之一。现代学界一般认为《大日经》成立于7世纪中叶，并将它与《真实摄经》一并视为印度真言乘佛教正式成立的标志。然而，《大日经》的梵文写本此前从未被发现。本文将介绍新发现的《大日经》梵文写本，考察其书写字体，并对写本进行初步的转写。

关键词：《大日经》；真言乘；梵文写本

一　介绍

《大日经》，或《大毗卢遮那成佛神变加持经》（*Mahāvairocanābhisaṃbodhi-vikurvitādhiṣṭhānavaipulyasūtrendrarājā-nāma-dharmaparyāya*）是汉传真言乘佛教与日本真言宗的根本经典之一。现代学界一般认为《大日经》成立于7世纪中叶，并将它与《真实摄经》（*Tattvasaṃgraha*）一并视为印度真言乘佛教正式成立的标志。然而，随着印度真言乘佛教的快速发展，

* 本文系中国人民大学年度项目面上项目（202330022）的阶段性研究成果。本文英文稿发表相关信息请参见：WANG Junqi，"A Preliminary Study of a Newly Discovered Sanskrit Manuscript of the *Mahāvairocanābhisaṃbodhi*"，*Journal of Indian and Buddhist Studies* 70（3），2022。中文稿在英文稿基础上已做较大篇幅调整和修订。

《大日经》并没有获得与《真实摄经》同等的重视，在后来的真言乘文献的分类中，它仅仅被归在了较低的“行坦特罗”中。越少的关注，就越少梵文写本留存的可能。这或许可以解释为何迄今为止《大日经》的梵文本从未被发现。

在最近由张美芳教授主持的西藏自治区写本调研活动中，一些新的梵文写本被发现并识别出来。这些梵文写本既没有被罗炤目录所记录，也没有被 2006 年开始的西藏自治区贝叶经普查项目所发现。在这些写本中，我们发现了一叶《大日经》的梵文写本。

本篇论文旨在对该叶写本进行初步的研究，包括其字体、断代、转写以及与藏译本的对照。

1.《大日经》的梵文写本

尽管本次我们只发现了一叶《大日经》的梵文写本，但这次的发现无疑激发了我们有朝一日能够找到更多《大日经》梵文写本的信心。此写本以城体书写，叶面长 53.5 厘米，宽 4.3 厘米。叶片四周边缘有严重的破损、变形与纤维化，但幸运的是这些都没有影响到我们对写本内容的识别。

叶片每面有六行文字。左右两个穿孔将每面的文字分成了两栏。右侧穿孔位于右栏的中央，而没有将文字再分成两栏。也就是说，右栏的文字围绕着右侧穿孔。叶码书写在反面的左侧边缘。由于叶片本身的破损，我们只能够看到数字 23，不能够确定这就是准确的叶码，还是原叶码 123 或 223 的残存部分。

《大日经》的汉译本由善无畏（Śubhakarasiṃha，637—735）翻译于 724 年，其所用的梵文底本来自著名的求法僧无行。无行曾在印度求法 8 年，直到 674 年于印度去世。[①] 善无畏的翻译（T848）由 31 章构成，并且附带有一个由善无畏所编译的 5 章构成的附录。《大日经》的藏译本由 dPal brtsegs 与戒主觉（Śīlendrabodhi）翻译于 812 年《丹噶目录》编纂之

① 《贞元新定释教目录》卷 14，《大正藏》第 55 册，No. 2157，第 874 页下。

前[①]。此藏译本（D494；P126；N447；C129；H462）包含了由29章构成的根本坦特罗（*Mūlatantra*）与由 7 章构成的续坦特罗（*Uttaratantra*）。

在善无畏的汉译本中，没有与藏译本中的续坦特罗相对应的内容。这一事实暗示了《大日经》的续坦特罗至少在无行去世的 674 年尚未成立。另外，善无畏亲自编译了汉译《大日经》的附录，暗示了善无畏在 724 年时已经了知《大日经》续坦特罗的存在，只是苦于无行所求得的梵文写本缺少这一部分新的内容，而不得不亲自编译一份与续坦特罗相当的附录。Hodge 曾推定《大日经》的续坦特罗成立于 711 年，其根据是续坦特罗提到的木星运动。[②]关于《大日经》续坦特罗的身份，Hodge 说：

> 《大日经》续坦特罗在一开始是被当作一份简短的手册，用来总结《大日经》的重要仪轨，这或许是为了阿阇梨的方便使用……那么，它可能曾被当作一份临时性的东西，尽管后来获得了经典的地位。[③]

我们新发现的《大日经》写本属于续坦特罗的最后一章《所谓如来出现的大曼荼罗加持》（*de bzhin gshegs pa'byung ba zhes bya ba'i dkyil'khor chen po byin gyis rlob pa*），解释了“真言门菩萨行”（mantramukhabodhisattvacaryā）与“菩提心”（bodhicitta）的主题。由于《大日经》汉译本没有续坦特罗，因此本文在后文的转写与对照部分中只提供藏译本作为梵文本的参考。

---

① Stephen Hodge, *The Mahā-vairocana-abhisaṃbodhi Tantra with Buddhaguhya's Commentary*, Oxon: Routledge Curzon, 2003, p.17.

② Stephen Hodge, "Considerations on the Dating and Geographical Origins of the Mahāvairocanābhisaṃbodhi-sūtra." In *The Buddhist Forum Volume III: Papers in Honour and Appreciation of Professor David Seyfort Ruegg's Contribution to Indological, Buddhist and Tibetan Studies*, edited by Tadeusz Skorupski and Ulrich Pagel, pp. 57–83. Tring: The Institute of Buddhist Studies, 2012, p.72.

③ "the Vairocanābhisaṃbodhi Uttaratantra was intended originally as a short manual summarising the main rituals of the Vairocanābhisaṃbodhi, perhaps for the convenience of the ācāryas…then it was probably intended to be somewhat ephemeral although it has now achieved canonical status." Ibid. p.71.

在内容上，本次新发现的《大日经》梵文写本对应于藏译本的 D255b6–257b2 或 P220b6–222a8。由于在藏译本中续坦特罗的最后一章结束于 D260a7 或 P226b2，因此我们可以推测此梵文写本是原整部梵文写本的倒数第二或第三页。现在，我们还无法确定其余叶面的所在。

2. 字体表（Table of Scripts）

绝大多数字符，例如 pa，ma，ya 等，都拥有一个水平线作为顶部。然而，在写本中，这些水平线并没有彼此连接在一起。关于写本的年代，通过比对“Indoskript”数据库中的城体样例，本文将其暂定为 10 世纪左右。因为只有一叶梵文写本留存，因此下面的字母表缺少了若干字符。字母表如下：

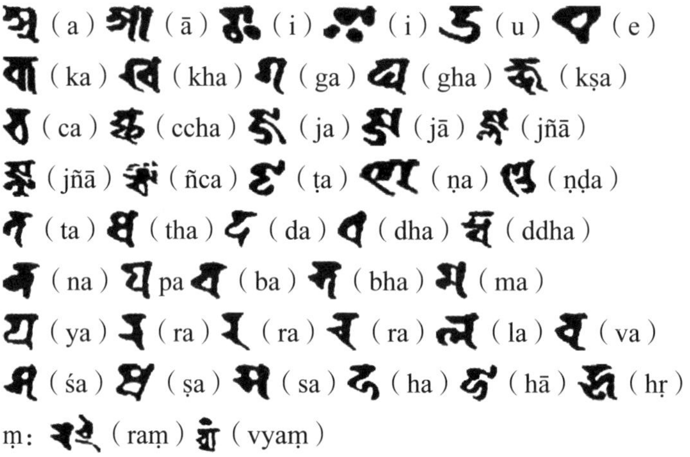

3. 转写本中的符号

*	*virāma*
⊙	square space for binding hole
·	a round circle used as an empty space
（nn）	content omitted
[nn]	content difficult to read
〈nn〉	content emended

¦　filling sign

|　*daṇḍa*

||　double *daṇḍa*

二　转写、对照与翻译

? 23a1：manvāharatv ācāryaḥ aham amukanāmā imā（ṃ）velām upādāya yāvad ā bodhimaṇḍaniṣadanāt* | dadā⊙tu me ācāryo mahāsamayāvatārasamvaraṃ mūrdhnā dhārayiṣye sāstur ājñām iti | tata ācāryeṇāpi vaktavyaṃ | samanvāhara kulaputra yāvad ā bodhimaṇḍaniṣadanāt* | sarvabuddhabodhisatvebhyaḥ tvayā〈ā〉tmā niryātayita

MVA$_{Tib}$：slob dpon dgongs su gsol | bdag ming'di zhes bgyi ba deng gi dus'di nas bzung（P220b7）ste | nam byang chub kyi snying po la mchis kyi bar du slob dpon gyis bdag la dam tshig chen po la（D255b7）' jug pa'i sdom pa bdag la stsal du gsol | ston pa'i bka'spyi bos nod par'tshal lo zhes smra bar bya'o || de nas slob dpon gyis（P220b8）kyang'di skad du rigs kyi bu dgongs shig | bla na med pa yang dag par rdzogs pa'i byang chub'dod pa khyod kyis byang chub kyi snying po la（D256a1）' dug gi bar du lhag pa'i bsam pas sangs rgyas dang | byang chub sems dpa'rnams（P221a1）la bdag dbul

"……阿阇梨请记住我。我有某某名，从此时，乃至坐于菩提道场，阿阇梨请赐予我入于大誓言的律仪，我将要以头顶接受本师的命令。"之后，阿阇梨也应该说："你要记住！善男子啊！乃至坐于菩提道场，你应该将自我奉献于一切佛菩萨。

? 23a2：yivyaḥ | adhyā〈śa〉yenānuttarāṃ samyaksaṃbodhim ākā（ṃ）kṣayeti | etad guhyakādhipate mahāsamayā⊙vatāro nāma samvaraḥ | asmin samvare vyavasthitā mantramukhabodhisatvacaryācāriṇo bodhisatvāḥ susa（ṃ）vṛtaśīlā bhavanti | anuttaratāthāgataśīlapratiṣṭhitā bhavanti | tasmā tarhi guhyakādhipate iha mantramukhabodhi

MVA$_{Tib}$：bar bya'o ‖ gsang ba pa'i bdag po'di ni dam tshig chen po la'jug pa zhes bya ba'i sdom pa yin te | sdom pa'di la gnas（D256a2）pa'i byang chub sems dpa'gsang sngags kyi sgo nas | byang chub（P221a2）sems dpa'i spyad pa spyod pa rnams ni tshul khrims shin tu bsdams shing | de bzhin gshegs pa'i tshul khrims bla na med pa la rab tu gnas pa yin no ‖ gsang ba pa'i bdag po de lta bas（D256a3）na gsang sngags kyi sgo nas | byang（P221a3）chub

"凭借由誓愿带来的对无上正等觉的欣求。"秘密主啊！这是所谓的"入大誓言"律仪。立足于此誓言的，于真言门菩萨行中修行着的诸菩萨们，是有着被很好地守护着戒律之人，是立足于无上如来戒之人。因此，秘密主啊！在这里，于真言门菩

? 23a3：satvacaryāmukhe śikṣitukāmena bodhisatvena iha mahāsamayāvatāre（'）bhiyogaḥ karaṇīya⊙iti ‖ śṛṇu guhyakādhipate bodhicittaṃ yena cittena samanvāgatā bodhisatvā jātā bhavanti tathāgatakule pra⊙tiṣṭhitā bhavanty atītānāgatapratyutpannānāṃ buddhānāṃ bhagavatāṃ jñāne | atha vajrapāṇi bhagavantam etad a

MVA$_{Tib}$：sems dpa'i spyad pa'i sgo'di la slob par'dod pa'i byang chub sems dpas（*byang chub sems dpas*］*D*；*byang chub sems dpa P*）dam tshig chen po la'jug pa'di la mngon par brtson par bya'o ‖ gsang ba pa'i bdag po byang chub sems dpa'sems gang dang ldan na de（P221a4）bzhin（D256a4）gshegs pa'i rigs su skyes shing'das pa dang ma byon pa dang | da ltar byung ba'i sangs rgyas bcom ldan'das rnams kyi ye shes rab tu gnas par'gyur ba'i byang chub kyi sems de yang nyon cig | de nas bcom ldan（P221a5）'das la phyag na rdo rjes'di skad

萨行这一门之中，想要学习的菩萨，应该努力于此"入大誓言"。秘密主啊！关于菩提心，听着！具备此心的菩萨出生于如来家，立足于过去、未来、现在诸佛世尊的智之中。这时，金刚手对世尊

? 23a4：vocat* | deśayatu bhagavān asmākam anukampām upādāya tad bodhicittaṃ | evam ukte bhagavān vajra¦⊙pāṇiguhyakādhipatim etad avocat* | tatra guhyakādhipate bodhiḥ katamā | bodhir ākāśam ākāśaṃ cārūpyāni⊙darśanam agrāhyaṃ yallakṣaṇā ca bodhiḥ tallakṣaṇaṃ ca cittaṃ iti hi guhyakādhipate cittaṃ cākāśaṃ ca

MVA$_{Tib}$: gsol (D256a5) to || bcom ldan'das bdag cag la thugs brtse ba'i slad du byang chub kyi sems de bshad du gsol | de skad ces gsol pa dang | bcom ldan'das kyis gsang ba pa'i bdag po phyag (P221a6) na rdo rje la'di skad ces bka'stsal to || gsang ba pa'i bdag po de (D256a6) la byang chub gang zhe na | byang chub ni nam mkha'i ngo bo nyid do || nam mkha'yang gzugs med bstan du med gzung du med pa'o || byang chub kyi mtshan nyid gang yin (P221a7) pa sems kyi mtshan nyid kyang de yin no || gsang ba pa'i bdag po de lta bas na sems dang (D256a7) nam mkha'dang

说："世尊啊！出于对我们的怜悯，请讲解此菩提心！" 在这样被告知时，世尊对金刚手秘密主说：在这里，秘密主啊！菩提是什么？菩提是虚空[①]，并且，虚空是无色无见的，无法被把握的。菩提以此为特征的话，心就以此为特征。因此，秘密主啊！心、虚空、

? 23a5: bo〈dhi〉m cādvayam e（ta）t* | yā cātra samatānubodhā dharmāṇāṃ dharmadhātor adhigamaḥ sānuttarā samyaksaṃ⊙bodhiḥ | tasmin ya（c）citta（m u）tpadyate（'）〈nu〉tpādayogenānupalambhayo（ge）na idam ucyate guhyakādhipate bodhicittaṃ | api tu guhyakādhipate paṃcabhir avasthānapadair bodhisatvā bodhim abhisaṃbudhyante | katameḥ[②] paṃcabhiḥ |

MVA$_{Tib}$: byang chub'di dag ni gnyis su med do ||'di la chos rnams mnyam pa nyid du rtogs pa chos kyi dbyings khong du chud pa gang (P221a8) yin pa de ni bla na med pa yang dag par rdzogs pa'i byang chub yin no || de la mi（*mi*］*D*;

① 藏译本作"菩提以虚空为自性"。

② katameḥ］ms.；katamaiḥ em.

om. P）skye ba'i tshul dang mi（*mi*］*D*；*om. P*）dmigs pa'i tshul gyis（D256b1）sems skye ba gang yin pa de ni | gsang ba pa'i bdag po byang chub kyi sems zhes bya'o || gsang ba pa'i（P221b1）bdag po gzhan yang byang chub sems dpa'gnas kyi gzhi lngas byang chub mngon par rtogs par'gyur te | lnga gang zhe na |
菩提是不二的。并且，在这里，无上正等觉就是对诸法平等性的觉知，即对法界的证知。在此之中，若某个心通过不生，通过无认识而生起了的话，那么，秘密主啊，它被称为菩提心。进一步，秘密主啊，诸菩萨通过五住处的阶段觉知菩提。五者是什么呢？

? 23a6：iha guhyakādhipate bodhisatvāḥ sarvabhāvavigataṃ abhisaṃbudhyante | kecit punaḥ skandhadhātvāyata⊙nagrāhyagrāhakavigataṃ śūnyaṃ māyopamam ity abhisaṃbudhyante | kecid dharmālaṃbanatayā | api tu guhyakādhipate mantramukhabodhisatvacaryācāriṇā bodhisatvenaivam abhisambodhavyaṃ || sarvabhāvavigataṃ skandhadhātvāyatanagrāhyagrā

MVA$_{Tib}$：gsang ba pa'i bdag（D256b2）po'di la byang chub sems dpa'rnams dngos po thams cad dang bral bar mngon（P221b2）par rtogs par'gyur ro || kha cig ni phung po dang | khams dang | skye mched dang | gzung ba dang |'dzin pa rnam par spangs pa stong pa sgyu ma lta bur mngon par rtogs（D256b3）par'gyur ro || kha cig ni chos la dmigs pas so || gsang ba pa'i（P221b3）bdag po'on kyang byang chub sems dpa'gsang sngags kyi sgo nas | byang chub sems dpa'i spyad pa spyod pas |'di ltar dngos po thams cad dang bral ba phung po dang khams（D256b4）dang | skye mched dang | gzung ba dang |

（1）在这里，秘密主啊，诸菩萨觉知远离了一切事物的［菩提］。（2）又有些人觉知“远离了蕴、处、界、所执、能执的，空的，像幻一样的”。（3）有些人凭借法所缘性［觉知菩提］。（4）进一步，秘密主啊，于真言门菩萨行中修行着的菩萨应该如是觉知远离于一切事物，远离于蕴、处、界、所执、能执的，

? 23b1：havivarjitaṃ・dharmanairātmyasa［mata］yā svacittam ādyanutpanna［ṃ］śūnyatāsvabhāvam iti ||[①] tatra guhyakādhipa⊙te sarvabhāvavigatam iti laukikamārgaparityāga eva tathāgatena sandarśitaḥ | na punar atrātmā satvo jantur vā manujo vā saṃvidyate | api tu skandhadhātvāyatanādīni | skandhadhātvāyatanagrāhyagrāhavivarjitam iti |［śrāvaka］

MVA$_{Tib}$：'dzin pa rnam par (P221b4) spangs pa chos bdag med pa mnyam pa nyid kyis rang gi sems thog ma nas ma skyes pa stong pa nyid kyi ngo bo nyid du rtogs par bya'o || gsang ba pa'i bdag po de la dngos po thams cad (D256b5) dang bral ba zhes bya ba de ni de bzhin gshegs (P221b5) pas'di la bdag gam | sems can nam | skye ba'am | shed las skyes pa yod pa ma yin gyi phung po dang | khams dang | skye mched tsam du zad do zhes'jig rten pa'i lam yongs su spang par（*spang par*］*D*；*spangs par P*）bstan (D256b6) pa yin no || phung po khams dang | (P221b6) skye mched dang | gzung ba dang |'dzin pa rnam par spangs pa zhes bya ba ni nyan thos kyi
本不生的，以空性为自性的自心，通过法无我上的平等性。其中，秘密主啊，所谓“远离于一切事物”被如来显示为对世间道的抛弃。在其中，绝不存在我、众生、生命、人，而［只有］蕴处界等。所谓“远离了蕴、处、界、所执、能执的”，指的是

? 23b2：mārgābhisamayaparijñāmukhena bodhisatvānāṃ mahāyānābhisamayo vyavasthāpitaḥ | dharmanairā⊙tmyasamatayā tu mantramukhabodhisatvacaryācāriṇo bodhisatvāḥ svacittam ādyanutpannaṃ paśyantaḥ śūnyatāsvabhāvam adravyam alakṣaṇam abhisaṃbudhyante | tasmā tarhi guhyakādhipate bodhisatvenānālayānāvaraṇasarvapra［pa］

---

① cf. GSS：sarvabhāvavigataṃ skandhadhātvāyatanagrāhyagrāhakavarjitam | dharmanairātmyasamatayā svacittaṃ ādyanutpannaṃ śūnyatābhāvam | 见松長有慶《秘密集会タントラ校訂梵本》，大阪：東方出版株式会社 1973 年版，第 10 页。
“是中增加句言。菩提心、离一切物。谓蕴界处能执所执舍故法无有我自心平等本来不生如大空自性如佛世尊及诸菩萨发菩提心乃至菩提道场我亦如是发菩提心。”《大毗卢遮那成佛神变加持经》卷 7,《大正藏》第 18 册，No. 848，第 46 页中。

MVA$_{Tib}$：lam mngon par rtogs pa yongs su shes pa'i sgo nas | byang chub sems dpa'rnams kyi theg pa chen po mngon par（D256b7）rtogs pa rnam par gzhag pa（P221b7）yin no || chos bdag med pa mnyam pa nyid kyis ni byang chub sems dpa'gsang sngags kyi sgo nas | byang chub sems dpa'i spyad pa spyod pa rnams rang gi sems thog ma nas ma skyes par mthong zhing stong pa nyid kyi（D257a1）ngo bo nyid rdzas med（P221b8）pa mtshan nyid med par mngon par rtogs par'gyur ro || gsang ba pa'i bdag po de lta bas na | byang chub sems dpas（*sems dpas*］*D*；*sems dpa'P*）gnas med pa sgrib pa med pa spros pa thams cad

通过对声闻道现观的遍知，所建立的诸菩萨的大乘现观。然而，通过法无我上的平等性，于真言门菩萨行中修行的诸菩萨看到本不生的自心时，觉知以空性为自性的，非实在物的，无特征的［自心］。因此，秘密主啊，菩萨应该生起无基础的，无障碍的，远离了一切戏论

? 23b3：ñcarahitaṃ cittam utpārayivyaṃ[①] | tad anenāpi te guhyakādhipate paryāyeṇaiva veditavyaṃ | ⊙ yathā nāsti mahāyānābhisaṃprasthitānāṃ bodhisatvānāṃ mantracaryānayanirhāravimokṣamukhaṃ muktvā anuttarāyāḥ ⊙ samyaksaṃbodher upakārī veditavyaḥ tat kasmād dhetoḥ yad anekān ka〈lpā〉n bodhisatvā ghaṭanto vyāyacchanto

MVA$_{Tib}$：dang（D；om. P）bral ba'i sems bskyed bar bya'o ||（D257a2）gsang ba pa'i bdag po rnam（P222a1）grangs'dis kyang'di ltar theg pa chen po la yang dag par gnas pa'i byang chub sems dpa'rnams la gsang sngags spyad pa'i tshul sgrub pa rnam par thar pa'i sgo ma gtogs par bla na med pa yang dag（P222a2）par rdzogs pa'i byang chub（D257a3）la phan'dogs pa med par rig par bya'o || de ci'i phyir zhe na | byang chub sems dpa'rnams bskal pa du mar'bad cing brtsal te |

的心。因此，秘密主啊，正是通过此方法，你应该知道，立足于大乘的诸菩萨们，若离开了作为真言行理趣的完成的解脱门，没有能带来无上正等

① utpārayivyaṃ］ms.；utpādayitavyaṃ em.

觉的事物。为何呢？因为，在数劫之中，努力策勤着的诸菩萨

? 23b4：duṣkaraparityāgāni kurvvanto na[①] bodhim abhisaṃbudhyante | ta〈d i〉haiva janmani mantramukhabodhi⊙satvacaryācāriṇo bodhisatvā anuttarāṃ samyaksaṃbodhim abhisaṃbu（dhya）nte | tat kasmād dhetor janma iti guhya⊙kādhipate utpādasyeṣā[②] sa（ṃ）j［ñ］ā kṛtā tathāgatena | tan teṣāṃ bodhisatvānāṃ sā saṃjñā prathamataram eva

MVA$_{Tib}$：gtang dka'ba rnams kyang byas pas byang chub mngon par rdzogs（P222a3）par'tshang rgya bar'gyur ba de byang chub sems（D257a4）dpa'gsang sngags kyi sgo nas | byang chub sems dpa'i spyad pa spyod pa rnams kyis tshe'di nyid la bla na med pa yang dag par rdzogs pa'i byang chub mngon par rdzogs par'tshang（P222a4）rgya bar'gyur ro || de yang ci'i phyir zhe na | gsang ba pa'i bdag po tshe（D257a5）zhes bya ba de ni de bzhin gshegs pas skye ba la'du shes su bya bar zad do || byang chub sems dpa'de rnams kyi'du shes de yang

进行了难行的舍，没有觉知菩提。正是在此生之中，于真言门菩萨行中修行着的诸菩萨觉知无上正等觉。为何呢？秘密主啊，所谓的“生”，被如来当作生起的名称。对于这些菩萨来说，此名称在一开始，

? 23b5：niruddhā sarvadharmasvabhāve（'）〈dhi〉gamāyāḥ samādheḥ pratilambhād iti || ○ || atha bhagavān vairo⊙canaḥ punar api vajrapāṇiṃ guhyakādhipatim āmantrayate sma | iha guhyakādhipate guhyasāramudrāmaṇḍalasamayam avatartukāmena bodhisatvena paṃcadharmāḥ dūrataḥ parivarjayitavyāḥ | katame paṃca | mātsaryaṃ satveṣv ā

MVA$_{Tib}$：chos thams cad kyi ngo bo（P222a5）nyid khong du chud pa'i ting nge'dzin thob pa'i sngon rol nyid du'gags（*'gags*］*D*；*'gag P*）pa'i phyir ro || de nas yang bcom ldan（D257a6）'das rnam par snang mdzad kyis gsang ba pa'i bdag po phyag na rdo rje la bka'stsal pa | gsang ba pa'i bdag po gsang（P222a6）ba'i

① *na* is unwitnessed in MVA$_{Tib}$.

② utpādasyeṣā］ms.；utpādasyaiṣā em.

snying po’i dkyil’khor dang | phyag rgya’i dam tshig’di la’jug par’dod pa’i byang chub sems dpa’chos lnga rgyang ring du spang bar bya’o || (D257a7) lnga gang zhe na | ser sna dang sems can la

是灭的。因为获得了能证知一切法自性的等持。这时，世尊毗卢遮那又对金刚手秘密主说：在这里，秘密主啊，想要进入作为秘密核心的手印、坛城与誓言的菩萨[①]，应该从远处舍弃五法。五者是什么呢？嫉妒、对诸众生的

? 23b6：ghātaḥ vicikitsā | ālasya | m agauravatā mantrādiṣu || ete dharmā guhyakādhipate ihai⊙va janmani lokottarāṃ pratipadam avatartukāmair bodhisatvair ete dūrataḥ parivarjayitavyāḥ | nāhaṃ guhyakādhipate tasya bodhisatvasya eṣu dharmeṣu sthitasya svalpām api bodhisatvacaryāparipūrim vadāmi | tat kasmād dhetor ma

MVA$_{\mathrm{Tib}}$：gnod pa dang| the tsom dang le lo dang (P222a7) gsang sngags la sogs pa la ma gus pa ste | gsang ba pa’i bdag po chos’di lnga ni byang chub sems dpa’tshe’di nyid la’jig rten las’das pa’i lam du’jug par (D257b1) ’dod pa rnams kyis rgyang ring du spang par (P222a8) bya’o || gsang ba pa’i bdag po chos’di rnams la gnas pa’i byang chub sems dpa’de la | byang chub kyi spyad pa cung zad kyang yongs su rdzogs par nga mi smra’o || gsang ba pa’i bdag po | de ci’i phyir (D257b2) zhe na |

嗔恨、怀疑、懒惰、对诸真言等的不尊重。秘密主啊，在此世之中，想要进入出世间道的诸菩萨们应该从远处舍弃这些法。秘密主啊，我不说住于这些法之中的此菩萨有丝毫的对菩萨行的完成。为何呢？

① 藏译本作“作为秘密核心的坛城与手印的誓言”。

法藏敦煌藏文写卷 P.t.824 号定名刍议

杨志国

复旦大学博士研究生

摘要：学界就法藏敦煌藏文写卷 P.t.824 号的命名素有争议，自拉露开始就被识别为藏译本《宝云经》（དཀོན་མཆོག་སྤྲིན།）写卷。本文基于对写卷的录文、识读、翻译、对勘，发现该写卷内容实际上与《宝云经》无涉，确定其形制、书法为标准的敦煌藏文写经文书，内容正文与德格版藏译本《二颂疏》第 168a-169b 叶重合，在文法和部分词汇上呈现出典型的敦煌写经特征，行间夹注小字为写经者对正文的注疏。综合以上考虑，该写卷当定名为“《二颂疏》及注释”（ཚིགས་སུ་བཅད་པ་གཉིས་པའི་འགྲེལ་པ་འགྲེལ།）。

关键词：P.t.824；对勘；识读；定名

一　写卷概述与命名争议

法藏敦煌藏文文献 P.t.824 号写卷，梵夹装，存 2 叶，计 4 页，首尾完整，叶中部分损毁，未标注页码。页面尺寸：9.5cm × 45.3cm，双面书写，页书正文 6 行，共计 24 行，行间夹有小字注疏。藏文楷体书写，字迹清晰，正文有黑、红两种颜色文字。每页均画有灰色乌丝栏，在第 3、4 行中间画有红色圆圈，圆圈中心打有穿线小孔，有磨损痕迹。全文有反写元音“ྀ”等敦煌藏文写卷特殊的书写现象，个别词汇与现行藏文亦有出入。

1939年，拉露所著《国立图书馆所藏敦煌藏文写本注记目录（第一册）》收录P.t.824号写卷，命名为“我们从一段出自《宝云经》的引文中看到的残片［Fragments où on lit une citition du’*phags-pa dkon-mčhog sprin-gyi mdo*（*Ratnamegha-sūtra*）］”①。1999年，王尧等人命名其为“佛说《宝云经》”②。2006年起，西北民族大学联合上海古籍出版社、法国国家图书馆出版《法国国家图书馆藏敦煌藏文文献》系列图册，其中第8册收录该写卷，并命名为“佛经注疏”(དམ་ཆོས་དགོངས་འགྲེལ།）③，显然编者已发现该写卷并非《宝云经》，但未明确其具体信息。此外，IDP、Gallica亦刊布了该写卷，在定名时均采用了拉露的命名。④

二　写卷录文、翻译、对勘

经本文识读比对，发现该写卷正文部分并非《宝云经》，而是出自妙严（Sundaravyūha，མཛེས་བཀོད，约8—9世纪）所造《二颂疏》（*Gāthādvayavyākhyāna*）的藏译本（ཚིགས་སུ་བཅད་པ་གཉིས་པའི་བཤད་པ།）。⑤现将P.t.824号写卷正文部

① Lalou，Marcelle. *Inventaierl des Manuscrits tibétains de Touen-hounag Conservés à la Bibliothéque Nationale*（*Fonds Pelliot tibétain*）*nos |–849’I*. Paris：Librairie d’Amérique et d’Orient，1939，p. 181.《宝云经》即《圣宝云大乘经》（འཕགས་པ་དཀོན་མཆོག་སྤྲིན་ཞེས་བྱ་བ་ཐེག་པ་ཆེན་པོའི་མདོ，一般简称 དཀོན་མཆོག་སྤྲིན།），各版《甘珠尔》（བཀའ་འགྱུར）均有收录，存七卷二千五百颂。对《宝云经》的介绍请见拙文《敦煌藏文写本〈宝云经〉的初步考察——兼论P.T.824、ITJ 163号写卷的内容》，《中国藏学》2021年第4期。

② 王尧主编：《法藏敦煌藏文文献解题目录》，民族出版社1999年版，第109页。

③ 西北民族大学、上海古籍出版社、法国国家图书馆编纂：《法国国家图书馆藏敦煌藏文文献⑧》，上海古籍出版社2009年版，第286—287页。

④ http://idp.bl.uk/database/oo_scroll_v.a4d?uid=1424936955；recnum=86169；index=1；https://gallica.bnf.fr/ark:/12148/btv1b8302955h.r=Pelliot%20tib%C3%A9tain%20824?rk=21459；2. 2024年9月18日访问。

⑤ 2002年日本学者腾田祥道曾日译该经疏全文，2004年作了修订。2018年李学竹在北京大学梵文贝叶经与佛教文献研究所和中国藏学研究中心宗教研究所联合主办的贝叶经与佛教文献研究论坛上作了《关于新出*Gāthādvayavyākhyāna*等梵文写本的初步报告》，介绍了《二颂疏》的藏、梵文本的总体情况，但遗憾的是此文并未正式发表。2020年，李学竹发文介绍新出梵本*Madhyamakayogācārabalābalaparīkṣ*时提及《二颂疏》梵本今藏于罗布林卡，中国藏学研究中心有其影印本。该梵本首尾俱全，尾题中有作者信息。藤田祥道：《インドに（转下页注）

分与德格版《二颂疏》（以下简写作 D^T4002）对应内容录文、转写、对勘、翻译如下[①]。

本文以【 】作文句校补；（ ）作词句夹注；［ ］据 D^T4002 补充缺文；□表缺文；⊙表绳孔。

{P.t.8241a.1}༄། །དང།བྲལ་བའི་བར་དུ་མཛད་པ་ལྟ་བུའོ། །དཔེར་ན་སྦྲུལ་གྱི་ཟིན་པ་ལ་སྔགས་མཁན་གྱིས་དུག་འདིས་འགྲོ་བའི་དུག་འདི་ངེས་པར་བསྩལ་ནས།དུག་དེ་ཉིད་ཀྱང་མྱེད་པར་འགྱུར་རོ་སྙམ་དུ་རྡེང་བཅད་དེ་□□□ར་བཅུག་པ་ལྟ་བུ་སྟེ།དེ་བཞིན་{1a.2}གཤེགས་པ་རྣམས་ཀྱང་དེ་དང་འདྲའོ། །

转写：{P.t.824 1a.1}$//dang/bral b’I bar du mdzad pa lta bu’o//dper na sbrul gyI zin pa la sngags mkhan gyIs dug’dIs’gro ba’I dug’dI nges par bstsal nas/dug de nyId kyang myed par’gyur ro snyam du rdeng bcad de［dug za］r bcug pa lta bu ste/de bzhin {1a.2} gshegs pa rnams kyang de dang’dra’o//

试译：……如作于……与离系之间。譬如执蛇颂咒者之毒定【能】祛除众生之毒，如使食毒，确想“彼毒性亦为无”，诸如来亦如是。

={D^T4002.168a.3}དང་བྲལ་བའི་བར་དུ་མཛད་པ་ལྟ་བུའོ།། དཔེར་ན་སྦྲུལ་གྱིས་ཟིན་པ་ལ་སྔགས་མཁན་གྱི་དུག་འདིས་འགྲོ་བའི་དུག་འདི་ངེས་པར་བསལ་ནས།དུག་དེ་ཉིད་ཀྱང་མེད་པར་འགྱུར་རོ་སྙམ་དུ་གདེང་བཅས་དུག་ཟར་བཅུག་པ་ལྟ་བུ་སྟེ།དེ་བཞིན་གཤེགས་པ་རྣམས་ཀྱང་དེ་དང་{168a.4}འདྲའོ།།

དེ་བཞིན་དུ་འཕགས་པ་དཀོན་མཆོག་སྤྲིན་གྱི་མདོ་ལས་ཀྱང་སེམས་ཅན་གང་མཚམས་མྱེད་པ་བྱེད་དེ།ཤིན་དུ་སྡུག་བསྔལ་བ་བྱང་ཆུབ་སེམས་དཔའས་མཐོང་ནས།དེ་ལ་འདི་སྐད་དུ་མ་བཤད་{1a.3}འདིས་ཐམས་ཅད་ངེས་པར་ངན་སོང་དུ་སྐྱེ་བ་མ་ཡིན་ནོ་ཞེས་ཟེར་བ་ལ་སྩོགས་པ་གསུངས་པ་ལྟ་བུའོ། །

转写：de bzhIn du’phags pa dkon mchog sprIn gyi mdo las kyang sems can

（接上页注⑤）おける大乘経典解釈の——伝承 Gāthādvayavyākhyāna 和訳——》，载光華会编《光華会宗教研究論集：親鸞と人間》，京都：永田文昌堂 2002 年版，第 23—42 页；藤田祥道：《インドにおける大乘経典解釈の——伝承 Gāthādvayavyākhyāna 和訳承前——》，载神子上恵生教授頌寿記念論集刊行会编《インド哲学仏教思想論集：神子上恵生教授頌寿記念論集》，京都：永田文昌堂 2004 年版，第 721—745 页；李学竹：《关于新出 *Gāthādvayavyākhyāna* 等梵文写本的初步报告》，贝叶经与佛教文献研究论坛 2018 年版；李学竹：《新出梵本 *Madhyamakayogācārabalābalaparīkṣā について》，《印度學佛教學研究》第 69 卷第 1 号，2020 年，第 401—406 页。

① 所用对勘本采自：མཛེས་བཀོད། ཚིགས་སུ་བཅད་པ་གཉིས་པའི་བཤད་པ། ADARSHA，https://adarsha.dharma-treasure.org/kdbs/degetengyur？ pbId=2912416，ff.168a-169b.

gang mtshams myed pa byed de/shin du sdug bsngal ba byang cub sems dpa's mthong nas/de la'dI skad du ma bsad {1a.3}'dIs thams cad nges par ngan song du skye ba ma yIn no zhes zer ba la stsogs pa gsungs pa lta bu'o//

试译：如是《圣宝云经》【云】："菩萨若见众生造无间【罪】者苦甚，为彼说此："【虽】因此弑母【之恶业】，众生定不得生于恶趣。"①

=དེ་བཞིན་དུ་འཕགས་པ་དཀོན་མཆོག་སྤྲིན་གྱི་མདོ་ལས་ཀྱང་།སེམས་ཅན་གང་མཚམས་མེད་པ་བྱེད་པ་དེ་ཤིན་ཏུ་སྡུག་བསྔལ་བ་བྱང་ཆུབ་སེམས་དཔས་མཐོང་ན།དེ་ལ་འདི་སྐད་དུ་མ་བསད་པ་འདིས་ཐམས་ཅད་ངེས་པར་ངན་སོང་དུ་སྐྱེ་བ་མ་ཡིན་ནོ་ཞེས་ཟེར་བ་ལ་སོགས་པ་{168a.5}གསུངས་པ་ལྟ་བུའོ།།

མ་ངེས⊙་པར་འབྱེད་པ། ཞེས□་བ་ནི་མ་ངེས་པ་རྣམས་འབྱེད་བ་སྟེ་ཟློག་པའོ། །ག་ལས་ཤེ་ན། བྱང་ཆུབ་ཆེན་པོ་ལས་{1a.4}སྔེ།མ་ངེས་པའི་བྱང་ཆུབ་སེམས་དཔའ་གང་དག་ཕ་རོལ་དུ་ཕྱིན་པ་རྣམས་ལ་བརྩོན་བ་བསམ་པ་སྨི་བརྟེན་བ་།སྐད་ཅིག་⊙སྐད་ཅིག་ལ་སེམས་ཅན་གྱི་ལོག་པར་སྒྲུབ་པའི་སྡུག་བསྔལ་དྲག་པོས་བསྐྱོད་པས་ཉན་ཐོས་ལས་{1a.5}སྐྱོགས་པའི་སྒྱུ་ངན་ལས་འདས་པ་འདོད་པར་བྱེད་པ་རྣམས་དང་།ཉན་ཐོས་ལ□་སྐྱོགས་པ་ི་གས་སུ་མ་ངེས་པ་གང་དག་ཐེག་པ་འབབ་པ་དེ་ནི།དེ་དག་གི་འགྲོ་བ་ཐམས་ཅད་དུ་ཐོགས་པ་མེད་པའི་དབང་དང་ལྡན་པའི་བྱང་{1a.6}ཆུབ་ཆེན་པོའི་སེང་གེའི་ཁྲི་ལ་འདུག་པ་ལ་སློབ་པ་ཡིན་ནོ། །དེ་□□□□□བརྣད+་པའདྲིའི་གཉེན་□□□□་ཆེན་པོ་རྣམས་

---

① 《宝云经》中有载通达除住懊悔意方便，以弑杀父母事教化众生。ཇི་ལྟར་ན་བྱང་ཆུབ་སེམས་དཔའ་འགྱོད་པ་ཡིད་ལ་གཅགས་པ་སེལ་བའི་ཐབས་མཁས་པ་ཡིན་ཞེ་ན།འདི་ལ་བྱང་ཆུབ་སེམས་དཔའ་སེམས་ཅན་སུ་མཚམས་མེད་པའི་ལས་བྱེད་པའམ།མི་དགེ་བའི་ལས་བྱེད་པ་མཐོང་ན།དེའི་གན་དུ་སོང་སྟེ།ཀྱེ་སྐྱེས་བུ་ཁྱོད་ཅིའི་ཕྱིར་ཡིད་མི་བདེ་ཞིང་མི་དགའ་བར་གནས་ཞེས་དེ་སྐད་ཟེར་རོ།། དེས་ཀྱང་སྨྲས་པ།རིགས་ཀྱི་བུ་བདག་གིས་མཚམས་མེད་པའི་ལས་བྱས་པས་དེའི་ཕྱིར་བདག་ལ་ཡུན་རིང་པོར་གནོད་པ་དང་།ཕན་པ་མེད་པ་དང་།སྡུག་བསྔལ་བར་མི་འགྱུར་གྲང་ཞེས་ཡིད་མི་བདེ་ཞིང་མི་དགའ་བར་གནས་སོ།། དེའི་ཕྱིར་དེ་ལ་བྱང་ཆུབ་སེམས་དཔའ་སྡོམ་པ་འཛིན་དུ་འཇུག་གོ།། ཉེས་པ་ཡང་འཆགས་སུ་འཇུག་གོ།། དེ་ལ་ཆོས་བསྟན་པ་ཟབ་མོ་ཟབ་མོ་ཡང་བྱེད་དོ།། དེ་སྟེ་འགྱོད་པ་མི་གཏོང་ན་དེའི་ཕྱིར་དེ་ལ་བྱང་ཆུབ་སེམས་དཔའ་ཐོག་མར་འདི་ལྟ་སྟེ།རྫུ་འཕྲུལ་ལམ།སེམས་ཀུན་རྟོང་པས་ཡང་དག་པར་ཡིད་ཆེས་པ་སྐྱེད་དོ།། དེ་ནས་སེམས་ཅན་དེ་ཡང་དག་པར་ཡིད་ཆེས་པ་སྐྱེས་ནས་བྱང་ཆུབ་སེམས་དཔའ་དེ་ལ་དགའ་བ་དང་།མོས་པ་དང་།རངས་པ་སྐྱེད་པར་འགྱུར་རོ།། དེ་དགའ་བ་དང་།མོས་པ་དང་།རངས་པ་སྐྱེད་པས་དེ་ཆོས་བསྟན་དུ་རུང་བར་འགྱུར།བྱང་ཆུབ་སེམས་དཔའ་དེ་དང་འགྲུན་པར་འཛིན་པར་འགྱུར་རོ།། དེ་ནས་བྱང་ཆུབ་སེམས་དཔའ་དེས་དེའི་མདུན་དུ་འདི་ལྟ་སྟེ།ཕ་མར་སྤྲུལ་པ་མངོན་པར་སྤྲུལ་ཏེ་འདི་སྐད་ཟེར་རོ།། ཀྱེ་སྐྱེས་བུ་ཁྱོད་ལྟོས་ལ་འགྱོད་པ་ཚོད་ཅིག། ང་ཡང་ཁྱོད་ཀྱི་གྲོགས་ཏེ།ལས་འདི་ལྟ་བུས་སུའང་ཤིན་ཏུ་སེམས་ཅན་དམྱལ་བར་འགྲོ་བའམ།དོན་ཐམས་ཅད་ལས་ཉམས་པར་འགྱུར་བ་མེད་དོ།། ལས་དེ་ཡེ་ཤེས་ཀྱིས་བསལ་དུ་མི་ནུས་པ་ཡང་མ་ཡིན་ནོ།། ཞེས་དེ་སྐད་སྨྲས་ནས་ཕ་མ་སྲོག་དང་ཕྲལ་ལོ།། སྲོག་དང་ཕྲལ་ནས་ཀྱང་རྫུ་འཕྲུལ་དེ་སྟོན་ཏོ།། དེ་ནས་སེམས་ཅན་དེ་འདི་སྙམ་དུ་སེམས་ཏེ།རྫུ་འཕྲུལ་དང་ལྡན་པས་ཀྱང་ཕ་མ་སྲོག་དང་ཕྲལ་ན།བདག་འདྲ་བ་ལྟ་ཅི་ཞིག་སྨོས་སྙམ་མོ།། བྱང་ཆུབ་སེམས་དཔའ་དེ་ཡང་དེའི་ཚེ་སེམས་ཅན་དེ་ལ་ཇི་ནས་ཀྱང་དེའི་ལས་དེ་སྦྲང་མའི་འདབ་མ་འདྲ་བར་འགྱུར་བ་དེ་ལྟ་བུའི་ཆོས་སྟོན་པར་བྱེད་དོ།། དེ་ལྟར་ན་བྱང་ཆུབ་སེམས་དཔའ་འགྱོད་པ་ཡིད་ལ་གཅགས་པ་སེལ་བའི་ཐབས་མཁས་པ་ཡིན་ནོ།།（云何菩萨通达除住懊悔意方便？菩萨若见众生造无边业、恶业者，行至彼前，【曰】"何故心思不净？"彼亦答曰："彼因吾等造无边业，由彼缘故，当永不得苦痛乎？心不安则不喜也。"令彼持戒，使悔罪过。但若不忏悔，先为彼【作】如是神通，以宣讲诸心，生信于正意，由是彼诸众生得欢喜信乐，菩萨与彼乃相谐执之。尔后诸菩萨于【彼】前化作父母，幻化显现。"吁！丈夫！汝且观之，懊悔勿做。我乃汝友，众生造如是业者孰堕地狱乎？亦不退于诸利也！彼业以智慧不能用亦无所用。"如是答已，即害父母【之】命，命既害已，示彼神变。由是彼诸众生心于此想："若以具神变故，而害父母【之】命，似吾更何消说？"尔时，于彼诸众生，务令彼业得如蜜蜂之薄翼，宣说法教如是。若如是则菩萨通达除住懊悔意方便。）以上见 ཐུབ་ཙ་ནེ་ཀྱིས་མཛད་པ།ཡེ་རིན་ཆེན་འཚོ་དང་ཆོས་ཉིད་ཚུལ་ཁྲིམས་ཡིག་སྐར།འཕགས་པ་དཀོན་མཆོག་སྤྲིན་ཅེས་བྱ་བ་ཐེག་པ་ཆེན་པོའི་མདོ། ADARSHA.https://adarsha.dharma-treasure.org/kdbs/degekangyur?pbId=3019286. ff.29b3–30a3.

ས□□□ས་སུ་ལུང་བསྟན་པ་བཤད་པ་དང།ཐེག་པ་གཅིག་བཤད་པའི་ཐེག་པ་{1b.1}མཆོག་འདི་བསྟན་ཏོ། ། །དེ་དག་གིས་དེ་ཐོས་ན་འདི་སྙམ་དུ་སེམ□□□□□ང་དུ་སོང་ཡ□་ཐེག་པ་□□ོ་ན་ལ་འཇུག་དགོས་ན།ཉི□་ལས་འདི་ཇི་དགོས། ཐོག་མ་ཉིད་ནས་འདིར་ཞུགས་བླ་འོ་སྙམ་སྟེ།{1b.2}འདི་སྐད་དུ། །ཁ་ཅིག་དྲང་བའི་ཕྱིར་དང་ནི། །ཁ་ཅིག་ཡོངས་སུ་ག□□□□□འི་སངས་རྒྱས་རྣམས་ཀྱིས་ནི། །མ་ངེས་རྣམས་ལ་ཐེག་ +གཅིག་བསྟན།།ཅེས་གསུངས་པ་ལྟ་བུའོ། །

转写：ma nges⊙ par'byed pa/zhes［bya］ba nI ma nges pa rnams'bye ba ste zlog pa'o//ga las she na/byang cub chen po las {1a.4}ste/ma nges pa'I byang cub sems dpa'gang dag pha rol du phyIn pa rnams la brtson ba bsam myI brten ba/skad cig⊙skad cIg la sems can gyI log par sgrub pa'I sdug bsngal drag pos bskyod pas nyan thos las {1a.5}stsogs pa'I mya ngan las'das pa'dod par byed pa rnams dang/nyan thos la［s］stsogs pa［'］I［r］igs su ma nges pa gang dag theg pa'bad pa de nI/de dag gi'gro ba thams cad du thogs pa myed pa'I dbang dang ldan pa'I byang {1a.6}cub chen po'I seng ge'I khrI la'dug pa la sgrIb pa yin no//de［bas na bar du gcod pa'i nyes pa］brgyad +ba'dI'i gnyen［p］o［r nyan th］o［s］chen po rnams s［ngas rgya］s su lung bstan pa bshad pa dang/theg pa gcIg bshad pa'I theg pa {1b.1}mchog'dI bstan to///de dag g［i］s de thos na'dI snyam du sem［s te/nyan thos kyi theg pas thag ri］ng du song ya［ng］theg pa［ch］e［n po kh］o na la'jug dgos na/nyI［s］las'dI ji dgos/thog ma nyId nas'dir zhugs bla'o snyam ste/{1b.2}'dI skad du//kha cIg drang ba'I phyir dang nI//kha cIg yongs su g［jung ba'I phyir//rdzogs pa］'I sangs rgyas rnams kyIs ni//ma nges rnams la theg +gcIg bstan//ces gsungs pa lta bu'o///

试译：所谓不定【种姓】者[①]，【即】不定众【与】决定众。若问【二者区别】自何处？【当】自大菩提！不定种姓菩萨不勤于诸波罗蜜多（Skt.

① 梵语 aniyataikatara gotra。又作不定性、三乘不定性。法相宗所立五种性之一。指由本有无漏种子之差别，而于声闻、独觉、菩萨等三乘种性尚未决定之机类。即具有声闻、独觉、菩萨三乘之种子，可为阿罗汉、辟支佛乃至成佛，以其性向不定，故称不定种性。简言之，即指具有三乘本有种子，遇缘熏习，修行不定。若近声闻，就修习声闻法，若近缘觉，则修习缘觉法，若近菩萨，又修习菩萨法，究竟达到何种果位，不能肯定。慈怡法师主编：《佛光大辞典》，高雄：佛光出版社 1989 年版，第 794 页。

Pāramitā）者，为众生错修之剧痛使心思时时不定而欲求声闻等之涅槃者，不定声闻等种姓勤于彼乘者，障蔽于坐具彼众生【处】无碍权势之大菩提狮子座也。由是【作为】此八障罪（即以上诸罪）之对治①，诸大声闻于佛【处】宣说教诫，宣讲此一乘论之最胜乘②。彼等（以上三种人）闻此，心于此想："声闻乘亦【能】远行，若仅入大乘【则】需此倍功，唯先于此【声闻乘】后【入大乘】则【更】易也。"如《庄严经》（即《大乘庄严经论》）【云】："或接引之缘故、或护持一切之缘故，诸等觉佛为不定众宣说一乘【法】。"③

=མ་ངེས་འབྱེད་པ་ཞེས་བྱ་བ་ནི་མ་ངེས་པ་རྣམས་འབྱེད་པ་རྣམས་ལྡོག་པའོ།།གང་ལས་ཤེ་ན། བྱང་ཆུབ་ཆེན་པོ་ལས་ཏེ། རིགས་མ་ངེས་པའི་བྱང་ཆུབ་སེམས་དཔའ་གང་དག་པ་རོལ་ཏུ་ཕྱིན་པ་རྣམས་ལ་མི་བརྩོན་པ། བསམ་པ་མི་བརྟེན་པ་སྐད་ཅིག་རེ་རེ་ལ་{168a.6}སེམས་ཅན་གྱིས་ལོག་པར་སྒྲུབ་པའི་སྡུག་བསྔལ་དྲག་པོས་བསྐྱོད་པས་ཉན་ཐོས་ལ་ སོགས་པའི་མྱ་ངན་ལས་འདས་པ་འདོད་པར་བྱེད་པ་རྣམས་དང་། ཉན་ཐོས་ལ་སོགས་པའི་རིགས་སུ་མ་ངེས་པ་གང་དག་ཐེག་པ་དེ་ལ་འབད་པ་དེ་ནི་དེ་དག་གི་འགྲོ་བ་ཐམས་ཅད་དུ་ཐོགས་པ་མེད་པའི་{168a.7}དབང་དང་ལྡན་པའི་བྱང་ཆུབ་ཆེན་པོའི་སེང་གེའི་ཁྲི་ལ་འདུག་པ་ལ་སྒྲིབ་པ་ཡིན་ནོ།།དེ་བས་ན་བར་དུ་གཅོད་པའི་ཉེས་པ་བརྒྱད་པ་འདིའི་གཉེན་པོར་ཉན་ཐོས་ཆེན་པོ་རྣམས་སངས་རྒྱས་ཀྱིས་ལུང་བསྟན་པ་བཤད་པ་དང་། ཐེག་པ་གཅིག་བཤད་པའི་ཐེག་པ་མཆོག་འདི་བསྟན་ཏེ། དེ་དག་{168b.1}གིས་དེ་ཐོས་ནས་འདི་སྙམ་དུ་སེམས་ཏེ། ཉན་ཐོས་ཀྱི་ཐེག་པས་ཐག་རིང་དུ་སོང་ཡང་ཐེག་པ་ཆེན་པོ་ཁོ་ན་ལ་འཇུག་དགོས་ན་ཉིས་ལས་འདི་ཅི་དགོས་ཐོག་མ་ཉིད་ནས་འདིར་ཞུགས་པ་སླའོ་སྙམ་སྟེ།འདི་སྐད་དུ་མདོ་སྡེའི་རྒྱན་ལས། ཁ་ཅིག་དྲང་བའི་ཕྱིར་དང་ནི།།ཁ་ཅིག་ཡོངས་སུ་གཟུང་{168b.2}བའི་ཕྱིར།།རྫོགས་པའི་སངས་རྒྱས་རྣམས་ཀྱིས་ནི།།མ་ངེས་རྣམས་ལ་ཐེག་གཅིག་བསྟན།།ཞེས་གསུངས་པ་ལྟ་བུའོ།།

འདི་ལ་བརྒྱན་དུ་སྨྲ་བའི་{1b.3}ཉེས་པར་ཡང་སྒྱུ་འགྱུར་ཏེ།སྙིང་རྗེ་ཆེན་པོས་འགྲོ་བའ་དོན་སྒྲུབ་པ་དང།གནོད་པ་བསྲུལ་བ་དང་ལྡན་ན་བའི་བསམ་བ⊙་ཅན་ཡིན་པའི་ཕྱིར་རོ། །འདི་ལ་སུ□ཡང་ཕྱིད་པ་ཡང་མེད་དེ།གནས་བརྟན་དེ་དག་གིས་ཀྱང་བདག་{1b.4}ཅག་ནི་སངས་རྒྱས་སུ་སྒྱུ་འགྱུར་མོད་ཀྱི།འོན་ཀྱང་བཅོམ་ལྡན་འདས་ཀྱིས་དེ་ལ་དགོངས་ནས་སྟོང་པར་མཛད་དོ།⊙སྙམ་དུ་སེམས་ཏེ་དེ་དག་ཐམས་ཅད་ནི་ཐེ□གར་མཁན་གྱིས་

① 灭除对立面的方法，佛书译为治、对治。张怡荪主编：《藏汉大辞典》，民族出版社 2016 年版，第 984 页。

② 《佛光大辞典》中总结《法华经》所载："于一乘道分别说三，后至法华时，会三乘之小行，归广大之一乘。"见慈怡法师主编《佛光大辞典》，第 59 页。

③ 《大乘庄严经论》（*Mahāyānasūtrālaṃkāra*）求法品（*dharmaparyeṣṭyadhikāra*）第 54 偈载："Ākarṣaṇārtham ekeṣām anyasaṃdhāraṇāya ca/deśitāniyatānāṃ hi saṃbuddhair ekayānatā ‖（一些为了接引，其余的为了护持，诸佛给不定众宣讲一乘论。）"见：Lévi，Sylvain. *Asaṅga*，*Mahāyānasūtrālāṁkāra*，*Exposé de la Doctrine du Grand Véhicule.* Tome Ⅰ. Paris：Honore Champion. 1907. p.69.

འགྲོ་བ་དགའ་བར་བྱེད་པ་བཞིན་དུ་བརྡར་{1b.5}བྱས་པ་ཡིན་ལ།བརྫུན་དུ་སྨྲ་བ་ནི་འདྲིད་པའི་བདག་ཉིད་ཡིན་པའི་ཕྱིར་རོ། །

转写：’dI la brdzun du ba’I{1b.3}nyes par yang myI’gyur te/snyIng rje chen pos’gro ba’［i］don sgrub pa dang/gnod pa bstsal ba dang ldan na ba’I bsam ba⊙ can yIn pa’I phyir ro//’dI la su［ ］yang brId pa yang myed de/gnas brtan de dag gIs kyang bdag {1b.4}can nI sangs rgyas su myI’gyur mod kyI/’on kyang bcom ldan’das kyis de la dgongs nas stong par mdzad do/⊙snyam du sems te de dag thams cad nI jlo［s］gar mkhan gyIs’gro ba dga’bar byed pa bzhIn du brdar {1b.5}byas pa yIn la/brdzun du smra ba nI’drId pa’I bdag nyId yin pa’I phyir ro//

试译：此亦非妄语之罪也，乃因以大悲心成就众生利益、具祛害思维之缘故。于此【处】人皆无欺诳，彼等上座（即上文之诸大声闻）【思维】：“我等虽不得成佛，然世尊为彼（未定种姓者）【仍】开释宣说之。”此等所有（即诸大声闻为不定众宣说、世尊为大声闻宣说之事）【正】如伶人愉悦众生，乃作姿态，因妄语即欺骗也。

=འདི་ལ་བརྫུན་དུ་སྨྲ་བའི་ཉེས་པར་ཡང་མི་འགྱུར་ཏེ། སྙིང་རྗེ་ཆེན་པོས་འགྲོ་བའི་དོན་སྒྲུབ་པ་དང་། གནོད་པ་བསལ་བའི་བསམ་པ་ཅན་ཡིན{168b.3}པའི་ཕྱིར་རོ།།འདི་ལ་སུ་ཡང་བྲིད་པ་ཡང་མེད་དེ། གནས་བརྟན་དེ་དག་གིས་ཀྱང་། བདག་ཅག་ནི་སངས་རྒྱས་སུ་མི་འགྱུར་མོད་ཀྱི། འོན་ཀྱང་བཅོམ་ལྡན་འདས་ཀྱིས་དེ་ལ་དགོངས་ནས་སྟོན་པར་མཛད་དོ་སྙམ་དུ་སེམས་ཏེ། དེ་དག་ཐམས་ཅད་གློས་གར་མཁན་གྱིས་འགྲོ་བ་{168b.4}དགའ་བར་བྱེད་པ་བཞིན་དུ་བརྡ་བྱས་པ་ཡིན་ལ། བརྫུན་དུ་སྨྲ་བ་ནི་འདྲིད་པའི་བདག་ཉིད་ཡིན་པའི་ཕྱིར་རོ།།

གཅིག་ཏུ་ན་དེ་དག་ནི་བྱང་ཆུབ་སེམས་དཔའ་ཉིད་ཡིན་ཏེ།ཉན་ཐོས་ཀྱིས་གདུལ་བའི་སེམས་ཅན་རྣམས་ལ་ཕན་པའི་ཕྱིར།དེའི་ཆ་ལུགས་བྱས་པར་ཟད་དེ།{1b.6}དེ་ནི་དེ་ཁོ་ནའི་ཕྱིར་དེ་ལས་གཞན་བའི་དེ་བཞིན་གཤེགས་པ་རྣམས་འཇིག་རྟེན་གྱི་ཁམས་དག་ནས་+བསྐུལ་ཏེ།དེ་ལྟ་བུའི་ཆ་ལུགས་ཅན་གྱི་བྱང་ཆུབ་སེམས་དཔའ་འོངས་པ་ཡིན་ནོ། །

转写：gcIg du na de dag nI byang cub sems dpa’nyId yIn te/nyan thos kyIs gdul ba’I sems can rnams la phan ba’I phyir/de’I cha lugs byas par zad de/{1b.6} de nI de kho na’I phyir de las gzhan ba’I de bzhIn gshegs pa rnams’jIg rten gyI khamsdag nas +bskul te/de lta bu’I cha lugs can gyI byang cub sems dpa’’ongs pa yIn no//

试译：彼等皆菩萨也，为利益声闻所调服之众生故，尽作彼（声闻）

之装扮。由是缘故，余诸如来自余诸界使【往】之，如是装扮之菩萨众即来也。

=གཅིག་ཏུ་ནི་དེ་དག་ནི་བྱང་ཆུབ་སེམས་དཔའ་ཉིད་ཡིན་ཏེ། ཉན་ཐོས་ཀྱིས་གདུལ་བར་བྱ་བའི་སེམས་ཅན་རྣམས་ལ་ཕན་པར་བྱ་བའི་ཕྱིར་དེའི་ཆ་ལུགས་བྱས་པར་ཟད་དེ།དོན་དེ་{168b.5}ཁོ་ནའི་ཕྱིར་དེ་ལས་གཞན་པའི་དེ་བཞིན་གཤེགས་པ་རྣམས་ཀྱིས་འཇིག་རྟེན་གྱི་ཁམས་གཞན་དག་ནས་བསྐུལ་ནས། དེ་ལྟ་བུའི་ཆ་ལུགས་ཅན་གྱི་བྱང་ཆུབ་སེམས་དཔའ་རྣམས་འོངས་པ་ཡིན་ནོ། །

ཉན་ཐོས་དང་བྱང་□□སེམས་དཔའ་རྣམས་ནི།{2a.1}༄། །བདག་མྱེད་པར་མ□□་པ་ཉིད་ཀྱིས་ཐ་མྱི་དད་པའི་ཕྱིར་ཡང་ཐེག་པ་གཅིག་པར་བསྟན་ཏོ། །དཔེར་ན་ལ་ལ་ནར་རྒྱལ་པོ་ནི་འདི་ལྟ་སྟེ། འཁོར་ལོས་སྒྱུར་བ་གཅིག་པུར་ཟད་དེ།ཕུན་སུམ་ཚོགས་པ་ཐམས་ཅད་ཀྱིས་མཐར་ཕྱིན་པ་དང།{2a.2}དེའི་གོད་ན་རྗེ་དཔོན་མྱེད་བ□ྱོ་ཞེད་ཟེར་ན།འོན་ཀྱང་རྒྱལ་ཕྲན་ལ་སྩོགས་པ་མྱེད་པ་མ་ཡིན་ནོ། །དེ་བཞིན་དུ་ཐེག་པ་ནི་འདི་ལྟ་སྟེ།ཐེག་པ་ཆེན་པོ་གཅིག་པུར་ཟད་དེ།བགྲོད་པར་བྱ་བ་ཐམས་ཅད་ཀྱི་ཕུན་སུམ་ཚོག□□□{2a.3}མཐར་ཕྱིན་དང་།དེའི་གང་ན་ཁྱད་བར་དུ་འཕགས་པ་མྱེད་པའི་ཕྱིར་རོ། །ཐེག་པ་གཞན་ནི་ཡོད་དུ་ཟིན་ཀྱང་བགྲོད་པར་⊙བྱ་བ་ལྷག་མ་ཡོད་པ་དང།གོང་ན་ཡོད་པ་ལྟ་ཇི་དགོས་ཤེས་བསྟན་ཟིན་ཏོ་ཞེས་ཟེར་བའོ།

转写：nyan thos dang byang［cub］sems dpa'rnams nI/{2a.1}@//bdag myed par m［nyam］pa nyId kyis tha myI dad pa'I phyir yang theg pa gcIg par bstan to//dper na la la nar rgyal po nI'dI lta ste/'khor los sgyur ba gcIg pur zad de/phun sum tshogs pa thams cad kyis mthar phyIn pa dang/{2a.2}de'I god na rje dpon myed ba［'i］［ph］y［ir r］o zhes zer na/'on kyang rgyal phran la stsogs pa myed pa ma yIn no//de bzhIn du theg pa nI'di lta ste/thegpa chen po gcIg pur zad de/bgrod par bya ba thams cad kyI phun sum tshog［s pa'i］{2a.3}mthar phyIn dang/de'I gang na khyad bar dy'phags pa myed pa'I phyir ro//theg pa gzhan nI yod du zIn kyang bgrod par ⊙bya ba lhag ma yod pa dang/gong na yod pa lta jI dgos shes bstan zIn to zhes zer ba'o/［/］

试译：因声闻与诸菩萨于无我平等无差故、究竟圆满故，亦宣说一乘【论】。譬如或云及王者，【因】圆满一切故、其中无王臣故，皆【云】转轮王一【人】，然【其中】并非无小王。乘【亦】唯一，因圆满一切行故，其中无更胜【乘】故，皆【云】大乘一【乘】。【是故】有它乘，何况其余行、更上行？

=ཉན་ཐོས་དང་བྱང་ཆུབ་སེམས་དཔའ་རྣམས་ནི་བདག་མེད་པར་མཉམ་པ་ཉིད་ཀྱིས་ཐ་མི་168b.6{D^{T}4002.168b.7}ཟེར་ན།

འོན་ཀྱངདད་པའི་ཕྱིར་དང་། མཐར་ཕྱིན་པ་ཡིན་པའི་ཕྱིར་ཡང་ཐེག་པ་གཅིག་པར་བསྟན་ཏོ་དཔེར་ན་ལ་ལ་ན་རེ་རྒྱལ་པོ་ནི་འདི་ལྟ་སྟེ། འཁོར་ལོས་སྒྱུར་བ་གཅིག་ཕུར་ཟད་དེ། ཕུན་སུམ་ཚོགས་པ་ཐམས་ཅད་ཀྱིས་མཐར་ཕྱིན་པའི་ཕྱིར་དང་། དེའི་གང་ན་རྗེ་དཔོན་མེད་པའི་ཕྱིར་རོ་ཞེས་་རྒྱལ་ཕྲན་ལ་སོགས་པ་མེད་པ་ནི་མ་ཡིན་ནོ།།དེ་བཞིན་དུ་ཐེག་པ་ནི་གཅིག་པོ་ན་སྟེ། འདི་ལྟ་སྟེ། ཐེག་པ་ཆེན་པོ་གཅིག་ཕུ་ཟད་དེ། བགྲོད་པར་བྱ་བ་ཐམས་ཅད་ཀྱིས་ཕུན་སུམ་ཚོགས་པའི་མཐར་ཕྱིན་པའི་ཕྱིར་དང་། དེའི་གང་ན་ཁྱད་པར་དུ་འཕགས་པ་{169a.1}མེད་པའི་ཕྱིར་རོ།།ཐེག་པ་གཞན་ནི་ཡོད་དུ་ཟིན་ཀྱང་བགྲོད་པར་བྱ་བ་ལྷག་མ་ཡོད་པ་དང་གོང་ན་ཡོད་པ་ལྟ་ཅི་དགོས་ཞེས་བསྟན་ཏོ།།

སེ□ས{2a.4}ཅན་རྣམས་ཀྱྀ་སྒྲིབ་པ་ཞེས་བྱ་བ་ནྀ་ཇི་སྐད་བཤན་པའྀ□སངས་རྒྱས་ལ་བརྙས་པ་ལ་སྩོགས་པ་རྣམ་པ་བརྒྱད་དོ།⊙།དེའྀ་གཉེན་པོ།ཞེས་བྱ་བ་ནྀ་སྒྲིབ་པ་དེ་ཉྀད་ཀྱི་གཉེན་པོ་སྟེ།དེ་གང་ཞེ་ན།ཐེག་པ་མཆོག་བསྟན་པའོ། : །ཐེག་{2a.5}པ་མཆོག་ནྀ་ཐེག་པ་མཆོག་སྟེ།ཕ་རོལ་དུ་ཕྱིན་པ་དྲུག་དང་།བྱང་ཆུབ་བོ། །དེ་བསྟན་པ་ནྀ་བསྟན་ཅེས་བྱ་བའྀ་ཚིག་གསལ་བ་ཡྀན་ནོ་ཞེས་འབྱུང་བའྀ་ཕྱིར་ཡང་དག་པ་དང་ཐམས་ཅད་བཤད་པ་སྟེ་།ཐེག་པ་ཆེན་པོའྀ་མདོ་སྡེ་རྣམས་སོ།{2a.6}དེའྀ□གཉེན་པོར་འགྱུར་བའྀ་གཏན་ཚྀགས་སུ་ག□་གྀ་ཕྱིར་། །དེ་ཡྀས་བར་དུ་གཅོད་པ་དེ་དག་གྀ། །ཉེས་པ་ཐམས་ཅད་རབ་དུ་སྤང་བར་འགྱུར། །ཞེས་གསུངས་པ་དེའྀ་ཕྱིར་ཐེག་པ་མཆོག་བསྟན་པ་ནྀ།དེའྀ་གཉེན་པོ་ཡྀན་ནོ་ཞེས་བྱ་བ{2b.1}འྀ་ཐ་ཚྀག་གོ། །བར་དུ་གཅོད་པ་ནྀ་བ་ག□□་བྱེད་པའོ། །བར་དུ་□་གཅོད་པ་ཉྀད་ཉེས་པ་ཡྀན་པས་ན་བར་དུ་གཅོད་པའྀ་ཉེས་པའོ། །དེ་དག་ནྀ་ཐམས་ཅད་ཀྱང་ཡྀན་ལ།བར་དུ་གཅོད་པའྀ་ཉེས་པ་ཡང་ཡྀན་པའི་ཕྱྀར་ཞེས་ཚྀག་རྣམ་པར་{2b.2}སྦྱར་ཏེ།བར་དུ་གཅོད་པའྀ་ཉེས་པ་ཐམས་ཅད་ཅེས་བྱའོ། །སྤོང་བ་ནྀ་ཟད་པའོ། །གང་དག་གྀ་ཞེ་ན།ཛྀ་སྐད་བསྟན་པ་དེ་དག་ཉྀད་ཀྱྀའོ། །གཅྀག་དུ་ན།དེ་དག་གྀ་ཞེས་བྱ་བ་ནྀ་འདོད་ཆགས་ལས་སྩོགས་པ་སྤྱོད་རྣམས་ཀྱྀ་སྒྲྀ{2b.3}བར་དུ་གཅོད་པའྀ་ཉེས་པ་བརྒྱད་པོ་བསྟན་པ་གང་ཡྀན་བའོ་ཞེས་སྦྱར་བར་བྱའོ།། ཿ ||

转写：se［m］s {2a.4}can rnams kyI sgrib pa zhes bya ba nI ji skad bshan pa’I［ ］sangs rgyas la brnyas pa la stsogs pa rnam pa brgyad do/⊙/de’I gnyen po/zhes bys ba nI sgrib pa de nyId kyi gnyen po ste/de gang zhe na/theg pa mchog bstan pa’o/:/theg {2a.5}pa mchog nI theg pa mchog ste/pha rol du phyin pa drug dang/byang chub bo//de bstan pa nI bstan ces bya ba’I tshig gsal ba yIn no zhes’byung ba’I phyir yang dag pa dang thams cad bshad pa ste/theg pa chen po’I mdo sde rnams so/{2a.6}de’I［ ］gnyen por’gyur ba’I gtan tshIgs su gang gI phyir//de yIs bar du gcod pa de dag gI//nyes pa thams cad rab du spang bar’gyur//zhes gsungs pa de’I phyir theg pa mchog bstan pa nI/de’I gnyen po yIn no zhes bya ba{2b.1}’I tha tshIg go//bar du gcod pa nI g［gas］byed pa’o//bar du gcod pa nyId nyes yIn pas na bar du gcod pa’I nyes pa’o//de dag nI thams cad kyang yin la/bar du gcod pa’I nyes pa yang yIn pa’i phyIr zhes tsIg rnam par {2b.2}sbyar te/bar du gcod pa’I nyes pa thams cad ces bya’o//spong ba nI zas pa'o//gang dag gI zhes na/jI skad bstan pa de dag nyId kyi'o//gcIg du na/de dag gI zhes bya ba nI'dod chags las stsogs pa spyod rnams kyI ste/{2b.3}bar du gcod pa'I nyes pa brgyad po bstan pa gang yIn ba'o zhes sbyar bar bya'o zhes sbyar bar by'o//：://

试译：所谓众生遮障，即【上】述谤佛等八【障罪】。所谓彼之对治即障害本身之对治，所说彼等是何？所宣说【之】最胜乘。最胜乘之最胜乘，【即】六波罗蜜与菩提。彼所说者，即所说一切大乘经藏正确【无差】，所说言语清晰明了之缘故。何为【所说之最胜乘】为彼之对治之理由？云以其（最胜乘）中诸决巴[①]善断一切过失，由是，所谓所说【之】最胜乘，即彼之对治之定义是也。其中决巴即作障碍。【因】其中决巴本身即是过失，故【云】其中决巴之过失。彼等亦是一切，因其中决巴之过失亦是，合乎一切其中决巴之过失。何者？【即上】述所说。所谓彼等一切，即诸欲等等，合乎所说其中决巴之八障【罪】也。

=སེམས་{169a.1}ཅན་རྣམས་ཀྱི་སྒྲིབ་པ་ཞེས་བྱ་བ་ནི། ཇི་སྐད་བསྟན་པའི་སངས་རྒྱས་ལ་བཀྲུས་པ་ལ་སོགས་པ་རྣམ་པ་བརྒྱད་དོ།།དེའི་{169a.2}གཉེན་པོ་ཞེས་བྱ་བ་ནི་སྒྲིབ་པ་དེ་ཉིད་ཀྱི་གཉེན་པོ་སྟེ། དེ་དག་ཀྱང་གང་ཞེ་ན་ཐེག་པ་མཆོག་བསྟན་པའོ།།ཐེག་པ་མཆོག་གི་ཐེག་པ་མཆོག་སྟེ། ཕ་རོལ་ཏུ་ཕྱིན་པ་དྲུག་དང་། བྱང་ཆུབ་བོ།།དེ་བསྟན་པ་ནི་ཐེག་པ་ཆེན་པོའི་མདོ་སྡེ་རྣམས་ཡང་དག་པ་དང་ཐམས་ཅད་བསྟན་པ་སྟེ་{169a.3}བསྟན་ཞེས་བྱ་བའི་ཚིག་གསལ་བ་ཡིན་ནོ་ཞེས་འབྱུང་བའི་ཕྱིར་རོ།།དེའི་གཉེན་པོར་འགྱུར་བའི་གཏན་ཚིགས་སུ་གང་གི་ཕྱིར། དེའི་བར་དུ་གཅོད་པ་དེ་དག་གིས་ཉེས་པ་ཐམས་ཅད་རབ་ཏུ་སྤང་བར་འགྱུར་ཞེས་གསུངས་པ་དེའི་ཕྱིར་ཐེག་པ་མཆོག་བསྟན་པ་ནི། དེའི་གཉེན་པོ་ཡིན་ནོ་ཞེས་{169a.4}བྱ་བའི་ཐ་ཚིག་གོ།།བར་དུ་གཅོད་པ་ནི་གགས་བྱེད་པའོ།།བར་དུ་གཅོད་པ་ཉིད་ཉེས་པ་ཡིན་པས་བར་དུ་གཅོད་པའི་ཉེས་པའོ།།དེ་དག་ནི་ཐམས་ཅད་ཀྱང་ཡིན་ལ། བར་དུ་གཅོད་པའི་ཉེས་པ་ཡང་ཡིན་པའི་ཕྱིར།བར་དུ་གཅོད་པའི་ཉེས་པ་ཐམས་ཅད་ཅེས་ཚིག་རྣམ་པར་སྦྱར་བར་བྱའོ།།སྔོང་བ་ནི་ཟད་{169a.5}པའོ།།གང་དག་གི་ཞེ་ན། ཇི་སྐད་བསྟན་པ་དེ་དག་ཉིད་ཀྱིའོ།།གཅིག་ཏུ་ན་དེ་དག་གི་ཞེས་བྱ་བ་ནི་འདོད་པ་ལ་སོགས་པ་རྣམས་ཀྱི་སྟེ།བར་དུ་གཅོད་པའི་ཉེས་པ་བརྒྱད་པོ་བསྟན་པ་གང་ཡིན་པའོ་ཞེས་སྦྱར་བར་བྱའོ།།

དེ་མ་ཡིན་པའི་ཚིགས་སུ་པ་གྱི་བཅད་པ་གསུམ་གྱི་ཚིགས་སུ་བཅད་པ་འདི་གཉིས་ཀྱི་ཕན་ཡོན་བསྟན་ཏོ། །

转写：de ma yIn ba'I tshigs su pa gyI bcad pa gsuam gyI tshigs su bcad

① གཅོད་པ：作动词有多意，如砍伐、杀戮、中止、断绝、阻塞、决断、处理、寻找、分析、跨越，作名词意为藏传佛教各派共同奉行的断我执的行者，亦称决巴。本文尚无法确定何译为正确，仅保留其音译“决巴”。以上见张怡荪主编《藏汉大辞典》，第 747 页。

pa’dI gnyis kyI phan yon bstan te//

试译：其余三颂乃说此二颂功德。

=དེ་མ་ཡིན་པའི་ཚིགས་སུ་བཅད་པ་གསུམ་གྱིས་ནི་ཚིགས་སུ་བཅད་པ་འདི་{169a.6}གཉིས་ཀྱི་ཕན་ཡོན་བསྟན་ཏེ།

ཚྀགས་སུ་བཅད་པ་གཉིས་{2b.4}པ་བཟུང་ལ། །ཚྀག་གྀ་དོན□□་སྒོ་ནས་སྦྱར་གང་། །སེམས་ཅན་དམ་པ་བློ་དང་ལྡན་བ་དེས། །ཕན་ཡོ⊙ན་རྣམ་པ་བཅུ་རྣམས་ཐོབ་པར་འགྱུར། །ཁཾས་རྣམས་ཐམས་ཅད་རྒྱས་པར་འགྱུར་བ་དང་། །{2b.5}འཆྀ་བའི་ཚེ་ན་མཆོག་དགའ་□□པ་འཐོབ། །ཇི་ལྟར་འདོད་པ་བཞིན་དུ་སྐྱེ་བ་དང་། །ཐམས་ཅད་དུ་ནྀ་ཚེ་རབས་ཏྲན་བར་འགྱུར། །སངས་རྒྱས་རྣམས་དང་ཕྲད་པར་འགྱུར་བ་དང་། །དེ་བཞྀན་དེ་དག་ལས་ནྀ་ཐེག་མཆོག{2b.6}ཐོས། །མོས་པར□□□□□ང་བཅས་པ་དང་། །སྒོ་གཉིས་དང་ནྀ་བྱང་ཅུབ་མྱུར་དུ་འཐོབ། །

转写：tshIgs su bcad pa gnyis {2b.4}pa bzung la//tshIg gI don［gyi］sgo nas sbyar gang//sems can dam pa blo dang ldan ba des//phan yo⊙n rnam pa bcu rnams thob par’gyur//khMas rnams thams cad rgyas par’gyur ba dang//{2b.5}’chI ba’i tshe na mchog dga’［dam］pa’thob//ji ltar’dod pa bzhin du skye ba dang//thams cad du nI tshe rabs tran bar’gyur//sangs rgyas rnams dang phrad par’gyur ba dang//de bzhIn de dag las nI theg mchog{2b.6}thos//mos par［’gyur ba blo da］ng bcas pa dang//sgo gnyis dang nI byang cub myur du’thob//

试译：受持二颂。自章句、意旨之门行，众生具最胜智者，得获十功德，将传诸界，死时得殊胜欢喜，如所欲而生，诸世【皆】忆所有，得亲近诸佛，自如是此等闻最胜乘，得胜解而具觉慧，【具】二门速证菩提。

=ཚིགས་སུ་བཅད་པ་གཉིས་ ཀྱི་གཟུངས་ལ་ནི།།ཚིག་གམ་དོན་གྱི་སྒོ་ནས་གང་སྦྱར་བ།།སེམས་ཅན་དམ་པ་བློ་དང་ལྡན་པ་དེ།།ཕན་ཡོན་རྣམ་པ་བཅུ་དག་ཐོབ་པར་འགྱུར།།ཁམས་རྣམས་མཐའ་དག་རྒྱས་པར་འགྱུར་བ་དང་།།འཆི་བའི་ཚེ་ན་མཆོག་དགའ་{169a.7}དམ་པ་འཐོབ།།ཇི་ལྟར་འདོད་པ་བཞིན་དུ་སྐྱེ་བ་དང་།།ཐམས་ཅད་དུ་ནི་ཚེ་རབས་དྲན་པར་འགྱུར།།སངས་རྒྱས་རྣམས་དང་ཕྲད་པར་འགྱུར་བ་དང་།།དེ་བཞིན་དེ་དག་ལས་ནི་ཐེག་མཆོག་ཐོས།།མོས་པར་འགྱུར་བ་བློ་དང་བཅས་པ་དང་།།སྒོ་གཉིས་དང་ནི་བྱང་ཆུབ་མྱུར་དུ་འཐོབ།།

ཚྀགས་སུ་བཅད་པ་དང་པོའི་དོན་ནྀ་ཚིགས་སུ་བཅད་པ་གཉྀས་པོ་འདྀ་ཉིད་ཀྱྀ་དོན་མ་རྟོགས་ཀྱང་ཚྀག་ཙམ་ཤེས་པ་དང་།ཚྀག

转写：tshIgs su bcad pa dang po’i don nI tshigs su bcad pa gnyIs po’dI nyid kyI don ma rtogs kyang tshIg tsam shes pa dang/tsIg

试译：虽不解第一、二颂之意旨亦知章句……

={169b.1}ཚིགས་སུ་བཅད་པ་དང་པོའི་དོན་ནི་ཚིགས་སུ་བཅད་པ་གཉིས་པ་འདི་ཉིད་ཀྱི་དོན་མ་རྟོགས་ཀྱང་ཚིག་ཙམ་ཤེས་པ་དང་། ཚིག

三　注释的考察

以上，基本可以确定 P.t.824 正文为《二颂疏》抄写无疑，至于行间夹注小字部分，因 IDP、Gallica 均未公布该写卷高清大图（Large image），无法完全解读，但从能辨认的部分词句判断，小字部分当属抄写者对该经疏的注疏无疑。本文仅将部分较易辨认的注疏与正文关系做分析并表列如下。

行号	正文	注疏	说明
1a.2	མཚམས་མེད་པ（无间【罪】）	མ་བསད་ལ་སྩོགས་པའི（弑母等之）	弑母等之无间罪，与下文“【虽】因此弑母【之恶业】，众生定不得生于恶趣。”相合。
1a.2	ན་ཏུ་སྡུག་བསྔལ་བ（苦甚）	འགྱོད་ཅིང་མྱ་ངན་གྱི་ཟུག（懊悔、愁苦之痛）	即指众生造无间罪后产生的懊悔、愁苦之痛。
1a.2	དེ་ལ་འདི་སྐད（为彼说此）	ཟུག་རྔུའི་མྱ་ངན་བསལ་བའི་ཕྱིར（祛除剧痛愁苦之缘由）	即菩萨为祛除众生剧痛愁苦的缘故而为众生说此。
1a.4	མས་ཅན（众生）	འདུལ་བའི（调伏）	指此众生为诸大声闻调伏之众生。
1a.5	ཐེག་པ་འབད་པ（登临乘）	ཉན་ཐོས་ལ་སྩོགས་པའི་ཐེག་པ་ལ་ཞུགས་ཕྱོས་འདོད།（欲入声闻等之乘）	释“彼乘”为“声闻等之乘”。
1a.5	བྱང་ཆུབ་ཆེན་པོ（大菩提）	སངས་རྒྱས（佛）	释“大菩提”为佛之大菩提。
1a.6	སྒྲིབ་པ（蒙蔽）	ཅིང་ཆོས་ཀྱི་འཁོར་ལོ་བསྐོར་བ།།（……转法轮）	补充“亦蒙蔽于转法轮。”
1b.1	ཉིས（二）	ཉན་ཐོས་ཀྱི་ཐེག་པ（声闻乘）	即指仅入大乘需声闻乘二倍之功。
1b.1	འདི（此）	ཐེག་ཆེན་པོ（大乘）	此即大乘。
1b.4	དེ（彼）	མ་ངེས་པའི་རིགས་ཅན（具未定种姓者）	即世尊为具未定种姓者开释宣说。
2a.1	དཔེར་ན（譬如）	ཡང་རྣམ་གྲངས་གཞན།（又有差别）	前文提及无差别，此处又有差别，表转折。

续表

行号	正文	注疏	说明
2a.3	ཐེག་གཞན （其余乘）	ཉན་ཐོས་ལ་སོགས་པའི （声闻等之）	即声闻等之乘。

四　写卷定名考述

《旁塘目录》未收此经。《登噶目录》在其“大乘经藏之注疏”（ཐེག་པ་ཆེན་པོའི་མདོ་སྡེའི་ཊཱི་ཀ་ལ།）条下收“《圣二颂疏》（འཕགས་པ་ཚིགས་སུ་བཅད་པ་གཉིས་པའི་འགྲེལ་པ）二百颂”，未载其相关信息。[①] 拉露、原田觉均将此条与今《丹珠尔》所收《二颂疏》同定。[②]

法国国家图书馆、英国国家图书馆另藏有部分《二颂疏》敦煌藏文写卷，分别编号为 P.t.793、ITJ 65、ITJ 67。这些写卷尾题处均载其名称与作者，即“阿阇黎妙严造《二颂疏》终！”但其藏文命名各有不同，按上述编号分别为 ཚིགསུ་བཅད་པ་གཉིས་པ་བཤད་པ།、ཚིགསུ་བཅད་པ་གཉིས་པའི་བཤད་པ།、ཚིགསུ་བཅད་པ་གཉིས་པའི་བཤད་པའ།。以今藏文文法修正其中反写元音ྀ、缩体字、不送气清音ཙ替换不送气清音ཅ、再后加字འ等敦煌藏文写卷特征后，可知其早期名为“ཚིགས་སུ་བཅད་པ་གཉིས་པ་བཤད་པ།”或“ཚིགས་སུ་བཅད་པ་གཉིས་པའི་བཤད་པ།”。

《日光目录》于“经注”（Sūtra commentary）条下收“《二颂疏》（ཚིགས་སུ་བཅད་པ་གཉིས་ཀྱི་འགྲེལ་པ།），阿阇黎妙严造，二百颂”[③]。迥丹热炽弟子卫巴洛赛（དབུས་པ་བློ་གསལ、སངས་རྒྱས་འབུམ）在其师《日光目录》基础上撰成《论典目录》（བསྟན་འགྱུར་

① ཕོ་བྲང་སྟོང་ཐང་ལྡན་དཀར་གྱི་ཆོས་འགྱུར་རོ་ཅོག་གི་དཀར་ཆག་བཞུགས། ADARSHA，https://adarsha.dharma-treasure.org/kdbs/degetengyur？ pbId=2962667，f.306b1.

② Lalou，M. “Les textes bouddhiques au temps du roi Khri-srong-lde-brtsan”，*Journal Asiatique*，Vol. 241 No. 102，1953，p.332；原田覺：《*dkar chag lDan dkar ma* 考（IV）》，《教育學論叢》Vol.13，1995 年，第 188 页。

③ Kurtis R. Schaeffer and Leonard W.J. van der Kuijp，*An Eary Tibetan Suvey of Buddhist Literature*：*The bsTan pa rgyas pa rgyan gyi nyi'od of bCom ldan ral gri*，Boston：Harvard University Press，2009，p.158.

དཀར་ཆག），该书收“《二颂疏》（ཚིགས་སུ་བཅད་པ་གཉིས་པའི་གཟུངས་ཀྱི་འགྲེལ་པ།），阿阇黎妙严造，二百颂”①。《布顿佛教史》于“三转法轮的诸经释论著目录”（གསུམ་པ་བཀའ་མཐའ་མའི་དགོངས་འགྲེལ་མདོ་སྡེ་སྣ་ཚོགས་ཀྱི་འགྲེལ་པ་ནི།）条下收“《二颂疏》（ཚིགས་སུ་བཅད་པ་གཉིས་པའི་འགྲེལ་པ），阿阇黎妙严造，二百颂”②。几乎与布顿同时，三世噶玛巴·让迥多杰（རང་འབྱུང་རྡོ་རྗེ，1284—1339）也写作了两部《丹珠尔目录》。③其中《所愿丹珠尔目录》（ཐུགས་དམ་བསྟན་འགྱུར་གྱི་དཀར་ཆག།）收“《二颂疏》（ཚིགས་སུ་བཅད་པ་གཉིས་པའི་འགྲེལ་པ།），阿阇黎妙严造”④。此后诸本《丹珠尔》（བསྟན་འགྱུར）所收皆以《二颂疏》（ཚིགས་སུ་བཅད་པ་གཉིས་པའི་འགྲེལ་པ།）为名，如北京版《丹珠尔》经疏部（མདོ་ཚོགས་འགྲེལ་པ）ཇེ 函 5503 号、德格版《丹珠尔》经疏部（མདོ་ཚོགས་འགྲེལ་པ）ཇེ 函 4002 号⑤。

下表为该经疏命名变化及其出处。

命名	出处
འཕགས་པ་ཚིགས་སུ་བཅད་པ་གཉིས་པའི་འགྲེལ་པ།	《登噶目录》
ཚིགས་སུ་བཅད་པ་གཉིས་པ་བཤད་པ།	P.t.793
ཚིགས་སུ་བཅད་པ་གཉིས་པའི་བཤད་པ།	ITJ 65、ITJ 67
ཚིགས་སུ་བཅད་པ་གཉིས་ཀྱི་འགྲེལ་པ།	《日光目录》
ཚིགས་སུ་བཅད་པ་གཉིས་པའི་གཟུངས་ཀྱི་འགྲེལ་པ།	《论典目录》

① 该写本现藏于西藏某地，北京民族文化宫图书馆缩微胶卷可供阅览，文献编号 002376（1），微缩胶卷编号 ZWP00508，今扫描版已上传至 BDRC 网站，编号为 W2CZ7507。2015 年由西藏人民出版社整理出版。详见：སངས་རྒྱས་འབུམ།བསྟན་འགྱུར་དཀར་ཆག།BDRC. https://www.tbrc.org/?locale=zh#library_work_ViewInWIndowW2CZ7507%7CI1KG2062%7C1%7C1%7C1%7C166；དཔྱད་པ་བློ་གསལ་རྩོད་པའི་སེང་གེས་བསྒྲིགས། བྱམས་པ་བསམ་གཏན་གྱིས་ཞུས་སྒྲིག་དང་མཆན་བུ་བཏབ། བསྟན་བཅོས་ཀྱི་དཀར་ཆག། ལྷ་ས། བོད་ཀྱི་དཔེ་མཛོད་ཁང་། ༢༠༡༥ལོ། ཤོག་གྲངས་༦༣།།

② བུ་སྟོན་རིན་ཆེན་གྲུབ།བུ་སྟོན་ཆོས་འབྱུང་གསུང་རབ་རིན་པོ་ཆེའི་མཛོད།པེ་ཅིན།ཀྲུང་གོའི་བོད་ཀྱི་ཤེས་རིག་དཔེ་སྐྲུན་ཁང་།༡༩༨༨ལོ།ཤོག་གྲངས་༢༣༥—༢༣༦།།

③ 对让迥多杰所造两部《丹珠尔目录》的调查可见：Dan Martin. “On the Canonical Catalogs of Rangjung Dorjé”，2018，https://www.academia.edu/9767836/On_the_Canonical_Catalogs_of_Rangjung_Dorj%C3%A9；沈卫荣、侯浩然《文本与历史、藏传佛教历史叙事的形成和汉藏佛学研究的建构》，中国藏学出版社、北京大学出版社 2016 年版，第 208—209 页。

④ རང་བྱུང་རྡོ་རྗེ།ཐུགས་དམ་བསྟན་འགྱུར་གྱི་དཀར་ཆག།རང་བྱུང་རྡོ་རྗེ།ཀརྨ་པ་རང་བྱུང་རྡོ་རྗེའི་གསུང་འབུམ།པོད་བཞི་པ།ཟི་ལིང་།མཚུར་ཕུ་མཁན་པོ་ལོ་ཡག་བཀྲ་ཤིས།༢༠༠༦ལོ།BDRC. https://www.tbrc.org/？ locale=zh#library_work_ViewInWIndow-W30541%7C6481%7C4%7C1%7C1%7C730. ff.572-573.

⑤ 大谷大学監修，西藏大蔵経研究会编：《大谷大学図書館藏：影印北京版〈西藏大蔵経〉総目録·索引》，京都：臨川書店 1985 年版，第 681 页；東北帝國大學法文學部編：《西藏大藏経總目錄（東北帝國大學藏版）》，東京：名著出版株式會社 1970 年版，第 604 页。

续表

命名	出处
ཚིགས་སུ་བཅད་པ་གཉིས་པའི་འགྲེལ་པ།	《布顿佛教史》、《所愿丹珠尔目录》、诸本《丹珠尔》

参照《法国国家图书馆藏藏文文献》以内容命名写卷的原则[①]，针对该写卷无首、尾题的情况，本文以为当取今人所熟知的“ཚིགས་སུ་བཅད་པ་གཉིས་པའི་འགྲེལ་པ།”命名为宜。且该写卷正文间夹有抄写者注疏，参照该书对 P.t.225 号（རིགས་པ་དྲུག་ཅུ་བ་རྣ་འགྲེལ།《六十正理论》及注释）等抄写者夹注类写卷的命名[②]，当命名为“ཚིགས་སུ་བཅད་པ་གཉིས་པའི་འགྲེལ་པ་འགྲེལ།”。

另“ཚིགས་སུ་བཅད་པ་གཉིས་པའི་འགྲེལ་པ།”一名当如何汉译？因该经疏无汉译本，故各家汉译各不相同。黄显铭在编纂藏汉大藏经对照目录时称之为《二颂疏》，王尧等人命名 P.t.793 时从之[③]；金雅声等人在编纂法藏、英藏敦煌写卷图册时，将相关写卷汉译为《二偈颂解说》[④]；李学竹称之为《二偈疏》[⑤]；郭和卿、浦文成汉译《布顿佛教史》时均译为《二伽陀注》[⑥]。查阅相关词典，“ཚིགས་སུ་བཅད་པ”即梵文“ślokaḥ”之藏译，译为“颂”“偈”皆可[⑦]，“伽陀”系出自该经梵文名“*Gāthādvayavyākhyān*”，为“gāthā”音译，此处汉译

① 西北民族大学、上海古籍出版社、法国国家图书馆编纂：《法国国家图书馆藏藏文文献①》编例，上海古籍出版社 2006 年版，第 9 页。

② 西北民族大学、上海古籍出版社、法国国家图书馆编纂：《法国国家图书馆藏藏文文献④》，上海古籍出版社 2007 年版，第 138—139 页。

③ 黄显铭编译：《藏汉对照西藏大藏经总目录》，青海民族出版社 1993 年版，第 238 页；王尧主编：《法藏敦煌藏文文献解题目录》，第 103 页。

④ 西北民族大学、上海古籍出版社、法国国家图书馆编纂：《法国国家图书馆藏藏文文献⑧》，第 203 页；西北民族大学、上海古籍出版社、英国国家图书馆编纂：《英国国家图书馆藏敦煌西域藏文文献①》，上海古籍出版社 2011 年版，第 3—18 页；西北民族大学、上海古籍出版社、英国国家图书馆编纂：《英国国家图书馆藏敦煌西域藏文文献④》，上海古籍出版社 2012 年版，第 59—62 页。

⑤ 李学竹：《关于新出 *Gāthādvayavyākhyāna* 等梵文写本的初步报告》。

⑥ （元）布顿：《布顿佛教史》，浦文成译，青海人民出版社 2017 年版，第 237 页；（元）布顿：《布顿佛教史》，郭和卿，贵州大学出版社 2016 年版，第 265 页。

⑦ 榊亮三郎：《梵藏漢和四譯對校「飜譯名義大集」（京都文科大學藏版）》，東京：鈴木学術財団 1962 年版，第 111 页。

“ཚིགས་སུ་བཅད་པ”为“颂”或“偈”更为妥当。查检 CEBTA 电子佛典，以“颂”为名之经典共计 94 部，以“偈”为名者计 21 部，“颂”应用更广，更为人所知。“འགྲེལ་པ”有注释、注解、注疏之意[①]，“疏”或“解说”均正确，但“疏”更简更雅。故汉译当取“《二颂疏》”为宜。

综上，P.t.824 号写卷当命名为“《二颂疏》及注释（ཚིགས་སུ་བཅད་པ་གཉིས་པའི་འགྲེལ་པ་འགྲེལ།）”。

① 张怡荪主编：《藏汉大辞典》，第 514 页。

天台智顗《小止观》版本新识*

——基于新见敦煌遗书羽650号的考察

定　源

上海师范大学副教授

摘要：敦煌遗书羽650号，是隋代智顗所述的《小止观》残卷，其所存内容与《大正藏》第46册所收、据明刻本录文的《小止观》差异较大，而与20世纪50年代在日本发现的《小止观》写本内容相近。此前学界研究指出，日本写本反映的内容更接近原著面貌，而通行的大正藏本，即刻本系统则是经过后人改编的一种略本。敦煌遗书《小止观》的存世，不仅可以证成此说，而且通过与现存诸本的比较，可以看出其文本内容比日本写本保留的形态更早，真实反映了唐代流传的《小止观》旧貌。此外，敦煌遗书《小止观》与《释禅波罗蜜次第法门》前四卷内容的关系尤为密切，或许是记录者法慎的笔录本。智顗的作品，大多由其弟子们记录成书。《小止观》文本间的差异，除了后世抄写手误及对校改订外，也有可能因智顗弟子们“同闻异记”而分流出不同文本。《小止观》成书后，东传至日本及朝鲜半岛，西传入敦煌，甚至被译成西夏语和高昌语在西域地区广泛传播，对我们今后考察天台思想在东亚乃至中亚的展开无疑具有一定的意义。

关键词：敦煌遗书；日本写本；智顗；《小止观》；关口真大

*　本文为2021年度国家社科基金一般项目“日本古写经所见中国古逸佛教文献编目、整理与研究”（21BZJ006）的阶段性成果。

《小止观》是隋代天台智顗（538—597）所述的作品，仅一卷（或作两卷），它相对于智顗的十卷本《摩诃止观》而言，同时又有《修习止观坐禅法要》和《童蒙止观》之称。此书共有十章，依次通过具缘、诃欲、弃盖、调和、方便、正修、善发、觉魔、治病、证果等，简要阐述了修习止观坐禅的条件和方法，具有修习止观法门入门书的性质。此书成稿后，不仅在天台宗内部受到重视，也被华严宗、禅宗等僧人著作广泛引述，对后世影响极大。

近代以来，国际学界围绕《小止观》的成书、版本、内容以及影响等方面，已作了不少研究。就版本研究而言，日本学者关口真大博士的贡献可谓最为突出。1954 年，他出版《天台小止观の研究》一书，详细梳理了《小止观》现存的各种版本及其流传、影响等情况，同时初次介绍了他发现的分别藏于日本日光轮王寺、上野宽永寺以及金泽文库的三种《小止观》写本，并指出日本写本与我们常见的收在《大正藏》第 46 册（以明万历十年刊本为底本录文）中的通行本，不仅书名有别，而且内容差异较大，属于另一种从来不为人所知的文本。甚至他研究认为，日本写本更接近原作旧貌，而通行本则是经过后人改窜的一种略本，而且存在错简。[①]

关口博士的发现及上述看法，对我们重新认识《小止观》文本意义重大，故在日本学界反响颇巨，有一些后续研究[②]，但在中国却未能引起足够关注。1988 年，中华书局出版李安先生整理的《童蒙止观校释》一书，其所依据的底本是为大正藏本，没有参考日本写本及其相关研究成果。迄今

① 参见关口真大《天台小止观の研究》，东京：山喜房佛书林 1961 年版。定源按：因为关口认为以《大正藏》第 46 册收录本为代表的传统通行本不足以反映《小止观》的原貌，所以他以日本写本为依据，重新整理作出定本，并收入《天台小止观の研究》一书中。此外，他将定本翻译成日语，收入《国译一切经》和汉撰述部十八（东京：大东出版社 1959 年版），同时他还有译注《天台小止观——坐禅の作法》（东京：岩波书店 1988 年版）。至于错简情况，关口博士在书中指出，通行刻本“调和第四”之前有一篇相当于序言的文字，实际上与调和没有什么关系，这部分原来应该属于“正修行第六”，只因错简而被移到了“调和第四”。

② 日本随后关于《小止观》的所有研究，比如大野荣人主导的《天台小止观》读书班，冈仓觉三英译的《天台小止观》，都是依据关口博士整理的定本。

所知，中国大陆学界对日本写本《小止观》予以关注的应该是北京大学李四龙教授，他近年发表《六气治病法与〈小止观〉关系考》一文①，其中吸收了关口博士的观点，认同历史上《小止观》文本有两个传承系统，一是北宋以来附有元照序的刻本系统，如今常见的大正藏本即为此系统；二是在日本发现的题有“净弁私记”的写本系统。随后，李教授进一步指出，宗密《圆觉经道场修证仪》所引的《小止观》文字，有些不见于日本写本，日本写本尚不足以反映《小止观》的最早形态，应该还有比此更早的广本存在。李教授这一推测颇具洞见，但因资料所限，尚未作出进一步论证。可以说，关于《小止观》文本的研究，至今仍然停留在关口博士所作研究的阶段上而难有实质性的突破。

几年前，我在为日本杏雨书屋藏敦煌遗书编目，从中确认了一件《小止观》的唐代写本。通过比较，其内容与通行的刻本系统差异较大，而与日本写本相近。这件写本的面世，既能检证关口博士提出的日本写本更多保留《小止观》文本面貌的观点，还可以为探讨唐代是否流传过一种比日本写本更早的广本提供实物性的资料。有鉴于此，本文首先介绍这件写本的概况，其次通过它与通行的刻本系统和日本写本的比较，判定其内容谱系，进而分析其内容特色，借此说明《小止观》早期的文本面貌。最后，附带论及包括《小止观》在内的天台学著作在敦煌及西域地区的流传。不妥之处，希望博雅之士给予匡正。

一　羽 650 号写本概况

敦煌遗书现得以确认的《小止观》写本，仅有日本大阪杏雨书屋藏敦煌遗书羽 650 号。② 其为卷轴装，首尾均残，现已修整，并接出护首及拖

① 李四龙:《六气治病法与〈小止观〉关系考》，载洪修平主编《佛教文化研究》第 9 辑，南京大学出版社 2022 年版，第 247—273 页。

② 图版见《敦煌秘籍》第 8 册，大阪：大阪武田科学振兴财团杏雨书屋 2019 年版，第 445—450 页。

尾。存 7 纸，每纸高约 28.5 厘米，共长 270 厘米。两面抄写，正面文字存 170行，每行22—25字不等。有墨栏，抄写字体工整，有武则天新创“国”字。从字体、行款等整体风格看，当为 8 世纪前后的唐写本。卷面行间有校加字、删除符、涂改符及重文号。审其笔迹，这些符号未必全是抄写者所为，也有其他研习者标示添加上去的可能。

正面抄写的文献，因首残而没有留下书名。日本学者古泉圆顺先生编纂的《敦煌秘籍目录》，曾依写本现存内容所见“修正观法门治病患第九”和“修正观法门证果第十”两章标题，拟其名曰“修正观法门治病患第九、证果第十”。经笔者复核，此写本正面所存文字从“化作男女剩可为夫妻也”起，至“如是皆是约修止观二心辨果故□…□偈说”止，内容实为《小止观》，存文相当于原著十章中的第八章觉魔末尾部分，及第九治病、第十证果两章。文末“偈说”二字后另有一首二十八字的七言偈颂，与《小止观》原著相比，此写本正面文末所残部分最多也就一至两行左右。

背面内容每行抄在正面文字的行与行之间，前后共抄两个文献。先抄《大乘四法经论》，共有 24 行，首残尾全，尾题作“大乘四法经论一卷”。随后间隔几行再抄《大乘四法经论广释》，共有 133 行，首尾完整，有首题“□（大）乘四法经论广释尊者智威造”，尾题作“大乘四法经论广释一卷”。尾题前有朱笔“勘了”二字，说明抄完后经过某人校勘。卷面有留下在研读、校勘过程中使用的各种朱笔科分、句读，以及用朱、墨笔所标示的校加字、重文、倒乙等符号。

背面两个文献均用楷书抄写，笔迹风格差异不大，当为同一人所抄。抄写时间约在 8—9 世纪吐蕃统治敦煌时期。第一个文献是论典本文，第二个文献是它的注释书，两者关系极为密切。但与正面文献相比，两面内容看不出有任何关联。

我们知道，杏雨书屋藏敦煌遗书共有 775 号，主体是李盛铎（1858—1937）旧藏的 430 号，其余遗书来源比较复杂。根据日本学者高田时雄的考察[①]，其中羽591号至羽736号是江藤涛雄从中国商人及日本人手中收集而来，后转卖给时任京都大学的校长羽田亨（1882—1955），再经羽田氏之手，最后归杏雨书屋所藏。由此可知，羽650号乃是江藤氏当年所获的敦煌遗书之一。

需要指出，羽650号背面卷末尾题下方钤有一枚“木斋审定”的阳文朱印，相同印章也见于此写本正面卷末。不过，该印章的左半边，因写本残损而不见踪影，仅剩下右半边“木斋”二字。“木斋”乃李盛铎之号，可知此写本在被江藤氏收购之前，原为李盛铎旧藏。从正面卷末所钤印章留下的半边“木斋”二字来看，它在李盛铎手里，即流入日本之前，印章的另外半边“审定”二字应未残损，说明此写本在辗转流传过程中遭受破损。

李盛铎是最早接触敦煌藏经洞被劫余后运回北京的这批敦煌遗书学者之一，因其当时窃取了不少写本，而后又陆续收藏敦煌遗书，故而成为敦煌遗书流散史上的焦点人物。杏雨书屋现藏羽430号之前的部分，实际就是他当年伙同其亲家何彦升等人监守自盗所得。因其所藏敦煌遗书来源比较可靠，故而长期受到收藏者和拍卖者的青睐，成为市场上的抢手货。在经济利益的驱动下，李盛铎生前及去世以后，随着他的藏品及其印章的外流，市面上便开始出现真真假假钤有李盛铎印章的敦煌遗书。日本学者藤枝晃曾对钤有李盛铎印章的敦煌遗书作过考察，指出有些李盛铎印章并非真品，甚至钤有他印章的敦煌遗书也是伪造的。[②]

如此看来，钤有两方李盛铎印章的羽650号，其真伪情况如何？坦白说，此件写本至今未及目验，无法从纸质角度加以鉴别，目前只能从它的内容、文字、行款以及各种符号等方面加以综合分析和判断。

羽650号为两面书写，特意伪造这类两面书写的遗书以碍人视听，一

① 高田时雄：《李滂白坚——李盛铎旧藏敦煌写本流入日本背景》，载高田时雄主编《敦煌写本研究年报》（创刊号），京都大学人文科学研究所2007年版，第1—27页。

② 藤枝晃：《“德化李氏凡將閣珍藏”印について》，载《京都国立博物馆学丛》第7号，1985年。

般情况下，既无必要，也有难度。如果是伪造，伪造者应会设定市场需求，以获高价售出，而这件写本两面抄写的内容均为佛教论疏作品，显然没有什么市场需求，尤其抄在正面的《小止观》，通过下文论述可知，其内容与通行的刻本系统差异较大，而与日本写本相近，说明它与日本写本存在一定的亲缘关系。类似这种内容上既有独特性而又有关联的写本，一般是很难伪造的。此外，卷面上经过校勘和改订留下的各种符号，亦符合时代特点，并非后世者所能轻易添加。综合看来，姑且不论钤在羽 650 号上的两方李盛铎印章是真是假，仅就这件写本本身而言，其内容之真实性当无可质疑。

二　羽 650 号《小止观》内容谱系分析

此前我们了解到的《小止观》文本，在中国最早的则有《永乐南藏》本[①]，以及后来万历十年（1582）和光绪二十九年（1903）等刻本。日本方面，根据关口博士的研究，也有多种复刻自宋版或明版的和刻本，以及依据刻本转抄而成的写本（其中一种抄写于文永十年〈1273〉，金泽文库藏）。这些中日现存的刻本或写本《小止观》，虽然各版本之间的文字稍有差异，但总体内容相同，可视为同一系统。其实，这些刻本及其转抄本，卷首普遍附有北宋元照撰写的序文，这是元照当年校订《小止观》后留下的一篇文字。可见这些刻本的源头，皆可追溯到元照的校勘本。也就是说，北宋以来在中国流传的《小止观》均出自元照校勘的刻本系统。这一刻本系统后来被《大正藏》所承袭，之后再通过电子佛典集成（CBETA）的收入，成为长期以来学术界引用的标准本。

从历史角度观察，这些宋元以后刊刻或抄写的文本，距《小止观》成书时间至少已有几百年，它们多大程度上反映了《小止观》的原作面貌，无疑是一个问题。20 世纪 50 年代，关口博士以日本写本《小止观》与元

① 现存中国国家图书馆的《赵城金藏》有收入《小止观》，是据明版的补抄本。

照校勘的刻本系统相比较，发现两者文字的差异至少达1300多处，故而提出历史上有两种不同系统的《小止观》文本存在。

关口博士的这一发现，对《小止观》研究而言，是一个很大突破。然而，他发现的日本写本，抄写年代最早的是日光轮王寺藏庆长十四年（1609）写本。关口博士虽然通过目录学考察，以及利用宗密《圆觉经道场修证仪》和法进《沙弥十戒并威仪经疏》中引用的《小止观》文字，论述了日本写本内容的可靠性，以及指出其内容更加接近《小止观》原作的旧貌，但从文献学角度来看，这种晚至17世纪且是异国他邦的写本，能否真实反映唐代文献的面貌，不免让人有些不安。面对这种疑虑，羽650号《小止观》的出现，无疑具有重要意义。

那么，迄今未被学术界关注的羽650号《小止观》，与通行的刻本和日本写本两系统相比，到底有何异同？为方便起见，下文仅就羽650号《小止观》现存的文字部分，与代表刻本系统的大正藏本，以及经关口博士校合的日本写本进行比较，以见三者文字异同之一斑。

首先是章节名称。大正藏本十章名称统一采用“具缘第一”“诃欲第二”至“治病第九”“证果第十”。日本写本在大正藏本基础上，每章标题前多出“修止观法门”五字，即作“修止观法门具缘第一”至“修止观法门证果第十”。羽650号《小止观》在章节名称上，仅存“修正观法门治病第九”和“修正观法门证果第十”两章标题①。由此可知，其标题名称与大正藏本不同，而与日本写本一致。《小止观》作为一部讲述止观法门的著作，每章标题原有“修止观法门”五字，可谓名实相符。相比之下，大正藏本的章节标题略去此五字，显然与日本写本、羽650号《小止观》的体例有别。

其次是正文文字。通过详细比较，羽650号《小止观》与大正藏本文字差异较大，而与日本写本比较接近。兹举数例，以见一斑。

① 这两个标题中的“正观”，应是“止观”之误。

表 1

	羽 650 号	日本写本	大正藏本
1	化作男女剩可为夫妻也。当知皆是幻化，愚人不了，心生惊怖，及起贪着，因是心乱失定，发狂致患，皆是行人，无智致患，非魔所为。	化作男女剩可为夫妻也。当知皆是幻化，愚人不了，心生惊怖，及起贪着，因是心乱失定，发狂致患，皆是行人，无智致患，非魔所为。	化作男女来为夫妇。当其幻化，愚人不了，心生惊怖，及起贪着，因是心乱失定，发狂自致其患，皆是行人，无智受患，非魔所为。
2	若于坐时，寒时应呵，热时应呼。若以治病，吹以去寒，呼以去(热)，嘻以去痛，吸以治风，呵以去烦。又以下气，嘘以治肝，呵以治肺，嘻以治脾，呬以治肾。	若于坐中，寒时应吹，热时应呼。若以治病，吹以去寒，呼以去热，嘻以去痛，吸以治风，呵以去烦。又以下气，嘘以散痰。又以消满，呬以补劳。若治五脏，呼吹二气，可以治心，嘘以治肝，呵以治肺，嘻以治脾，呬以治肾。	若于坐时，绵微而用，颂曰：心配属呵肾属吹，脾呼肺呬圣皆知。肝藏热来嘘字至，三焦壅处但言嘻。
3	当知止观二法，若人善得其意，则无病而不治也。若是鬼魔病，当用强心加咒以助治之。	当知止观二法，若人善得其意，则无病而不治也。若是鬼病，当用强心加咒以助治之。	当知止观二法，若人善得其意，则无病不治也。但今时人根机浅钝，作此观想，多不成就，世不流传。又不得于此更学气术休粮，恐生异见。金石草木之药，与病相应，亦可服饵。若是鬼病，当用强心加咒以助治之。
4	何谓知将护？谓善识异缘犯触触。何谓识遮障？谓得益不向外说，未损不疑谤。若依此十经法，所治必定有效不虚者也。	何谓知将护？谓善识异缘犯触。何谓识遮障？谓得益不向外人论说，未益不生疑谤。若依此十经法，所治必定有效不虚者也。	何为持护？谓善识异缘触犯。何为遮障？谓得益不向外说，未损不生疑谤。若依此十法，所治必定有效不虚者也。
5	行步平正，其疾如风。若行疾如风，即是自然流入萨婆若海。若自然流入萨婆若海，即是行如来行。若行如来行，即是入如来室。若入如来室，即着如来衣。若着如来衣，即是坐如来座。若坐如来座，即是以如来庄严而自庄严。	行步平正，其疾如风。若行疾如风，即是自然流入萨婆若海。若自然流入萨婆若海，即是行如来行。若行如来行，即是入如来室。若入如来室，即是着如来衣。若着如来衣，即是坐如来座。若坐如来座，即是以如来庄严而自庄严。	行步平正，其疾如风，自然流入萨婆若海。行如来行，入如来室，着如来衣，坐如来座，则以如来庄严而自庄严。

续表

	羽 650 号	日本写本	大正藏本
6	若庄严兜率天道，即能示现降伏大力魔怨。若示现降伏大力魔怨，即能示现成等正觉。若示现成等正觉，即能示现转正法轮。若示现转正法轮，即能示现入般涅槃。若能示现入般涅槃，即是于十方国究竟一切佛事。若能究竟一切佛事，即是具足真应二身。若具足真应二身者，即是初发心住菩萨也。	庄严兜率天道，即能示现降神母胎。若示现降神母胎，即能示现出家行诣道树。若能示现行诣道树，即能示现降伏大力魔怨。若示现降伏大力魔怨，即能示现成等正觉。若能示现成等正觉，即能示现转正法轮。若能示现转正法轮，即能示现入般涅槃。若能示现入般涅槃，即是于十方国究竟一切佛事。若能究竟一切佛事，即是具足真应二身。若具足真应二身，即是初发心住菩萨也。	示现降神母胎、出家、诣道场、降魔怨、成正觉，转法轮、入涅槃。于十方国土究竟一切佛事，具足真应二身，则是初发心菩萨也。
7	亦云：初发心菩萨，得如来一身无量身。亦云：初发心菩萨具八相成道。亦云：初发心菩萨即是佛。	亦云：初发心菩萨，得如来一身无量身。亦云：初发心菩萨具八相成道。亦云：初发心菩萨即是佛。	亦云：初发心菩萨，得如来一身作无量身。亦云：初发心菩萨即是佛。

针对表 1 中 2、6 两例，如日本写本一栏下线部分所示，它与羽 650 号的文字差异虽然明显，但可能是羽 650 号抄写者因看错行而导致漏抄的结果。类似现象在大正藏本中亦有所见，如大正藏本第 7 例，它与羽 650 号、日本写本相比，唯独少了“亦云：初发心菩萨具八相成道”一句。查此句，其前后均有“亦云”二字，这种涉前后文而漏抄的现象，在文献转抄过程中并不罕见。排除这种无意造成的差异因素，将羽 650 号、日本写本、大正藏本进行比较，如表 1 中 1、2、4、5、6 例所示，大正藏本文字的独特性一目了然。这种独特表述不可能因无意误失而造成，相反明显有人为改动的痕迹，而且改动后的文字更加简洁。

至于第 3 例，三者皆有“当知止观二法，若人善得其意，则无病而不治也”一文，此文是对修习止观二法的总结。随后大正藏本又有“但今时人根机浅钝，作此观想，多不成就，世不流传。又不得于此更学气术休粮，恐生异见。金石草木之药，与病相应，亦可服饵”一段，与此相应内容亦可见于羽 650 号，其原文如下：

> 次有师言：善用假想观，能治病众。如人患冷，想身中火气而起，即能治冷，如《杂阿含》、《治禅病秘法》七十二法中广说。但今人神根既钝，作此观想，多不成就，故世不流传。次有师言：但用止观检析身四大中病不可得，心中病不可得，众病自差。如是等种种说，用观治病，应用不同，善得其意，皆能治病。当知修观治病，此有义理。当知止观二法，若人善得其意，则无病而不治也。若是鬼魔病，当用强心加咒以助治之。

由上可知，所谓“今人神根既钝，作此观想”，原来是针对治疗身冷而观身中有火气的假想观而言。这里只强调今人因根性愚钝，作此观想者多不成就而已。检视羽 650 号这段文字，实际出自《释禅波罗蜜次第法门》卷四，如下文云：

> 二明假想治病者，具如《杂阿含》《治禅病秘法》七十二法中广说。但今人神根既钝，作此观想，多不成就。或不得其意，非唯治病不差，更增众患。故诸师善得意者，若有秘要，假想用之，无往不愈。但不可具以文载。①

两相对照，羽 650 号“但今人神根既钝，作此观想，多不成就，故世不流传”一句的所在位置，完全与《释禅波罗蜜次第法门》相同，而大正藏本将其插入“则无病而不治也”之后，结果导致与前后文意不相符合。

① 《大正藏》第 46 册，No.1916，第 506 页上。

再看第3例仅见于大正藏本的“又不得于此更学气术休粮，恐生异见。金石草木之药，与病相应，亦可服饵”一句。关口博士业已指出，它与《摩诃止观》卷八“夫世间医药，费财用工。又苦涩难服，多诸禁忌，将养惜命者，死计将饵”[①]一句可以勉强对应，只是两者文意稍有不同。大正藏本为何插入此文，原因不明。如果结合“但今人神根既钝，作此观想，多不成就，故世不流传”一句所在位置的不合理现象来看，不排除因错简或后世窜入的可能。

综上来看，与大正藏本相比，羽650号《小止观》与日本写本内容更为接近。当然，两者也有一些显著差异，比如以下四例。

表2

羽650号	日本写本
从肺生患者，多无喜心，忧愁不乐。	从肺生患者，多身体胀满，四支烦疼，心闷塞鼻等，肺主鼻故。从肝生患者，多无喜心，忧愁不乐。
又以下气，嘘以治肝，呵以治肺，嘻以治脾，呬以治肾。	又以下气，嘘以散痰。又以消满，呬以补劳。若治五脏，呼吹二气，可以治心，嘘以治肝，呵以治肺，嘻以治脾，呬以治肾。
若庄严兜率天道，即能示现降伏大力魔怨。若示现降伏大力魔怨，即能示现成等正觉。	庄严兜率天道，即能示现降神母胎。若示现降神母胎，即能示现出家行诣道树。若能示现行诣道树，即能示现降伏大力魔怨。若示现降伏大力魔怨，即能示现成等正觉。
即是约观以明果也。故云大般涅槃名常寂定，定者即是止义。	此即是约观以明果也。《涅槃经》中广辩百句解脱，以释大涅槃者，即是约止明果也。故云大般涅槃名常寂定，定者即是止义。

详审以上四例差异情况，不难看出，日本写本下线标出的文字前后均有相同文字，如第1例前后有“患者多”三字，第2例前后有“嘘以”二字，第3例前后有“即能示现”四字，第4例前后有“明果也”三字。巧合的是，除第3例羽650号漏脱了34字之外，其余三例均漏脱23或24字左右，正好相当于羽650号写本的约一行字数。由此不难推测，羽650

① 《大正藏》第46册，No.1911，第109页中。

号这些脱文并非偶然，当是抄写者因所据底本行头起首文字相同，因而导致看漏一行。由于这种脱文现象是抄写者疏忽而无意造成的，故不能作为判定形成不同系统文本的依据。

通过以上举例分析，可知羽 650 号除了几处因疏忽而导致脱文之外，其内容与日本写本极为密切，而与大正藏本等刻本系统的关系则较为疏远。从这一点来看，日本写本所反映的内容可以上溯至唐代，而且的确保留了更早的文本形态。

关口博士曾经指出，《小止观》原来的书名并非刻本系统通称的“修习止观坐禅法要”，而是日本写本题作的“略明开蒙初学坐禅止观要门”。关于《小止观》的书名，最早可见于灌顶所撰的《隋天台智者大师别传》，此后道宣的《大唐内典录》、真人元开的《唐大和上东征传》以及入唐僧最澄、圆行等请求目录中均著录作“小止观”。至于“略明开蒙初学坐禅止观要门”之名，目录资料上可见于入唐僧圆珍的《智证大师请来目录》和入宋僧义天的《新编诸宗教藏总录》，这说明在唐宋流传的《小止观》的确有题作“略明开蒙初学坐禅止观要门”者，而且传入了日本和高丽。如此看来，与刻本系统不同的日本写本《小止观》，应该就是承袭圆珍携回的文本系统而来，其文本来源是可靠的。

其实，日本写本书名题作“略明开蒙初学坐禅止观要门”，这在《小止观》开篇序文中可以找到依据，如其文云：“止观法门实非浅，故欲接引始学之流辈，开蒙冥而进道，说易行难，岂可广论深妙！今略明十意，以示初心行人，登正道之阶梯，入泥洹之等级。”[①] 显然，该书的撰述目的是接引初学者修习止观、开蒙进道。日本写本题作“略明开蒙初学坐禅止观要门”，它所表达的意思，完全与此序文相符。

羽 650 号首尾残缺，故无法了解其原来书名，基于它与日本写本的章节名称相同及文字内容相近，其书名应该也作“略明开蒙初学坐禅止观要

① 《大正藏》第 46 册，No.1915，第 462 页中。

门”。然而，羽650号与日本写本相比，到底有哪些特点？除了能证明日本写本的来源可靠外，又能为我们提供哪些新的认识？接下来不妨再作些分析。

三　羽650号《小止观》的内容特色及相关问题

羽650号是目前所知《小止观》存世的最早文本，真实反映了唐代流传《小止观》的文本面貌。它作为一种唐代写本，除了有必要与大正藏本等刻本系统及日本写本进行比较以确认其内容谱系外，其文献和研究价值，主要取决于它是否有独特内容。通过比较，仅见于羽650号《小止观》的文字亦有不少，最为明显的有以下几例。

表3

	羽650号
1	或时令得邪圣，无相无作因，是不见善恶，是作诸耶（邪）行，或时令诸耶（邪），禅定、智慧、神通陀罗尼，现希有事，说法教化，人皆信伏。
2	如是等诸过患，种种异相，破坏行人非一，不可说尽。今略示其要，为令行者，于坐禅中，所见若有若空，不妄受诸境界。
3	若分别忆想，即是魔罗网。不动不分别，是则为法印。常念常空理，是人非行道。不生不灭中，而起分别想。
4	善得其意，皆能治病。当知修观治病，此有义理。
5	若欲习知，当更寻访。上来所出，正是示其大意，若不得意，直依此用之，恐未可承案。善得意者，只上未（来）所明，亦无所而不治也。
6	虽知一切诸法毕竟空寂，亦不得空，如空非空，故不住空。能于空中修种种行，如空中种树。
7	若能成就无量辩才，即能善用正悉檀利益九道众生。
8	谛观心性，非空非假，亦不住非空非假，亦不坏空假之法。
9	了了见于佛性。唯见佛性，次住大涅槃三点秘藏，即是真实发菩提心，三身显现，具足一体三宝，善解如是，即是安住大乘。

表 3 中下线标示部分的文字，均不见于日本写本和大正藏本等刻本系统。从这些仅见于羽 650 号的文字来看，文通句顺，理无滞碍。相反如果缺少了羽 650 号的语句，前后文意则难以通畅，比如第 2 例“如是等诸过患，种种异相，破坏行人非一，不可说尽”一句，日本写本作“如是等诸异非一，不可说尽”，大正藏本作“如是等诸异非一，说不可尽”。此中所谓的“诸异”，文意上并不好理解，而羽 650 号的表述则文顺意畅。需要指出，前揭日本写本这句话，曾被宗密《圆觉经道场修证仪》引用，同时该书还引用此句之前的“或持令得诸邪，禅定、智慧、神通陀罗尼，说法教化，人皆信伏”[①]内容。这说明宗密当年看到的《小止观》文本与羽 650 号内容有所不同，羽 650 号更能反映宗密之前的《小止观》文本面貌。

详审上举诸例仅见于羽 650 号的文字，基本可以排除后人擅加或妄改的可能。因为其中大部分文字都可以从智顗撰述的《释禅波罗蜜次第法门》找到出处。首先，上表第 1 例“或时令得邪圣，无相无作因，是不见善恶，是作诸耶（邪）行，或时令诸耶（邪），禅定、智慧、神通陀罗尼，现希有事，说法教化，人皆信伏”，显然是从《释禅波罗蜜次第法门》卷三“或发诸深邪定，及智慧辩才，知世吉凶，神通奇异，现希有事，感动众生，广行邪化”[②]一句转述而来。其次，第3例八句五言偈颂，全文见于《释禅波罗蜜次第法门》卷四，而日本写本与大正藏本仅有前四句，《圆觉经道场修证仪》的引用与此相同。再次，第 4 例“善得其意，皆能治病。当知修观治病，此有义理”，此处意在强调修观治病，这一表述实际与《释禅波罗蜜次第法门》卷四所载“故诸师善得意者，若有秘要，假想用之，无往不愈”[③]一句大体相同，表明羽650号这部分乃化用此文而来。此外第 5 例文字，大正藏本等刻本系统全然未见，而日本写本相应作“若欲

① 《续藏经》第 74 册，No.1475，第 502 页中。
② 《大正藏》第 46 册，No.1916，第 497 页中。
③ 《大正藏》第 46 册，No.1916，第 506 页上。

习知，当更寻访。上来所出，止是示其大意，正依此用之，恐未可承案”。可见日本写本与羽 650 号的文字比较相近。若再详察，此文同样可以在《释禅波罗蜜次第法门》卷四中找到它的出处，如下文云：

> 若欲习知，当更寻访，上来所出是旨，是示其大意。若但依此文，文既阙略，恐未可定怙。智者善得其意，方便回转，无善知识之处，亦足权以救急。①

比较可知，仅见于羽 650 号的“善得意者，只上未（来）所明，亦无所而不治也”一句，实际与前揭所引“智者善得其意，方便回转，无善知识之处，亦足权以救急”的文意基本相同。至于前揭羽 650 号中的第 6 至第 9 例文字，虽然目前还找不出各自的明确出处，但通过上述诸例可以了解到两点重要信息：一是相较于日本写本，羽 650 号与《释禅波罗蜜次第法门》的关系更加密切；二是羽 650 号与《释禅波罗蜜次第法门》的对应文字，无一例外均集中在《释禅波罗蜜次第法门》的前四卷。

众所周知，现存智顗天台止观方面的著述，普遍不是智顗亲自撰写的，而是由他口述，再经弟子们记录并编辑成书。具体到《小止观》一书，它到底是智顗亲撰，还是智顗说，由其弟子们记录而成，这是一个至今尚未定论的问题。在目录学著作中，如义天《新编诸宗教藏总录》、玄日《天台宗章疏》等分别著录《小止观》是“天台说”或“智者说”，但《隋天台智者大师别传》和《续高僧传》则记载作“著”，而湛然《止观辅行传弘决》记载说是“对俗兄出”②，即认为《小止观》是智顗为其俗兄陈针所述的作品。若就现存《小止观》文本来看，大正藏本等刻本系统《小止观》大部分题作“天台山修禅寺沙门智顗述”，而未标明有记录者，唯独《永乐北藏》所收本题为“隋天台智者大师说，听法

① 《大正藏》第 46 册，No.1916，第 506 页中。
② 《大正藏》第 46 册，No.1912，第 142 页上。

者陈针记”。此外，日本写本则题作“天台山顗禅师说，齐国沙门净弁私记”。

实际上，《小止观》的讲述或撰作，不可能单独为了陈针，因为其开篇“止观法门实非浅，故欲接引始学之流辈，开蒙冥而进道。……以示初心行人，登正道之阶梯，入泥洹之等缘”[①]云云已讲得非常清楚，它是为了一般初学止观者而撰述的。智顗一生致力于弘扬止观思想，他用“止观”代替此前小乘“禅”的概念，并在“禅”的思想基础上有所发展。智顗的止观思想大体是沿着《方等三昧行法》《释禅波罗蜜次第法门》《法界次第初门》《六妙法门》《小止观》《摩诃止观》等止观著作的成书顺序而展开的，可见《小止观》在整个智顗止观思想发展中具有承上启下的地位。智顗在讲述止观法门时，很难想象他只为某一个人讲述，或者说他只讲一次。他的著述既可能是自己讲述后自己整理成书，也可能是自己讲述后由弟子们整理成书。

仅见于日本写本的《小止观》私记者“净弁”，在日本所传《天台宗章疏》与《东域传灯目录》等目录中均题作“净辨”。此人与《续高僧传》卷二十六所收“隋京师净影寺释净辩”当是同一人。据该传记称，他曾跟随慧远、昙迁学习，之后在衡州岳寺建塔供养智顗曾经拥有的一粒舍利，并感得瑞迹。为此他后来编了一部十卷本《感应传》。[②]《隋天台智者大师别传》亦载“净辩强记，有泻瓶之德”[③]。这一评价至少透露出两层意思：一是净辩后来可能成为智顗的门人；二是他作为一名记录者，善于传达智顗的意思。传入日本而辗转抄写的《小止观》，正是净弁记录本系统的遗存。

根据上述可知，羽 650 号《小止观》绝非刻本系统，而是与日本写本内容较为接近，但它与日本写本又有一定的区别，难以将其径直归为

① 《大正藏》第 46 册，No.1916，第 462 页中。
② 《大正藏》第 50 册，No.2060，第 676 页下—677 页上。
③ 《大正藏》第 50 册，No.2050，第 197 页中。

净弁记录本的系统。尤其是仅见于羽 650 号的文字，普遍在《释禅波罗蜜次第法门》前四卷中可以找到出处。因此，可以说，相比于日本写本《小止观》，羽 650 号的文字显然与《释禅波罗蜜次第法门》的关系更加密切。

《释禅波罗蜜次第法门》共十卷，现署名是“智者大师说，弟子法慎记，弟子灌顶再治”。关于此书，法慎写过一段说明，文云：“预听学辄依说采记，法门深广难可委悉，若取具足有三十卷。今略出前卷，要用流通，此本于天台更得治改，前诸同学所写之者。”[①] 由此可知，《释禅波罗蜜次第法门》原来至少有三十卷，现存十卷仅仅是一种略本。从法慎所言“前诸同学所写之者”一句来看，当时记录智顗所说内容者不仅法慎一人，还有其他智顗的门人。也就是说，智顗所述作品，同一著作如果出现明显的文字差异，由其弟子们“同闻异记”所造成的结果是不能排除的。依此类推，日本所传净弁私记的写本，或许只是代表其中一种文本而已，而羽 650 号保留下来的《小止观》，或许就是净弁以外智顗其他门人所记述的作品。若果真如此，那么其记录者又是谁呢？

长期以来，学界也许受元照《小止观》序言所称“寔大部之梗概，入道之枢机”的评价影响，一直认为《小止观》是《摩诃止观》的略出本，如今这一看法基本无人认同。相反，正如李四龙教授所指出的“若据实际内容而言，《小止观》更像《次第禅门》的节本”[②]。如果《小止观》是《释禅波罗蜜次第法门》的节本，那么，通过我们以上所述，与日本写本相比，羽 650 号内容更符合这一标准和特质。如此看来，羽 650 号所存的《小止观》内容，可能还有由《释禅波罗蜜次第法门》的记录者法慎笔录而成的。无论如何，相较于大正藏本等刻本系统以及日本写本，羽 650 号现存的内容更接近《小止观》的原著面貌，这是可以

① 《大正藏》第 46 册，No.1916，第 475 页下。

② 李四龙：《六气治病法与〈小止观〉关系考》，载洪修平主编《佛教文化研究》第 9 辑，第 272 页。

肯定的。

应该指出，想了解唐代流传《小止观》的文本面貌，成书于 8 世纪末 9 世纪初的慧琳《一切经音义》是颇值得关注的材料。慧琳当年看到的《小止观》为上下两卷，共采录音释词汇三十条。通过考察其中所采录的词汇，可以肯定慧琳当年见到的《小止观》绝不是刻本系统，而是与羽 650 号、日本写本相近系统的文本。就羽 650 号现存文字来看，慧琳《一切经音义》采录了其中三个词汇，有两个词汇因同样见于日本写本和刻本系统，所以不能说明问题，唯独从“剩食其人，下文又云：剩可为夫妻”[①] 一句可知，慧琳当年见到的《小止观》有“剩可为夫妻”五字。这五字均见于日本写本与羽 650 号，而大正藏本等刻本系统的相应文字是作“来为夫妇”。由此进一步证明，慧琳当年所据的《小止观》并非刻本系统，而是写本系统。

有趣的是，接在“剩食其人，下文又云：剩可为夫妻”一文之后，慧琳对其中的“剩”字作了解释：“剩音承证反，俗字也，亦楚郢之间语辞也。言剩如此者，意云岂能，便如此是此意也，盖亦大师乡音楚语也。”[②] 慧琳指出，“剩”字乃是流行于楚郢地方的口语。智顗出生于湖北荆州，此“剩”字的用法正是智者乡音的遗存，它有“岂能”之意。其实，智顗这一方言的口语化表达，在法慎记录的《释禅波罗蜜次第法门》中仍有保留，即针对上文相应有“见魔作虎来剩食此人”[③]。然而，随着时代的变迁，后人已不清楚智顗这一方言的原来意思，如宗密《圆觉经道场修证仪》所引《小止观》文字已改作“能食其人”和“能作夫妻”，大正藏本等刻本系统则径改为“来食人”和“来为夫妇”，即将“剩”字分别改成了“能”和“来”，这已经完全失去了原著的口语化因素。

① 《大正藏》第 54 册，No.2128，第 929 页下。
② 《大正藏》第 54 册，No.2128，第 929 页下。
③ 《大正藏》第 46 册，No.1916，第 507 页中。

羽650号和日本写本均保留了智顗的口语化方言，这一方面说明了《小止观》并非智顗亲撰，而是他的口述作品；另一方面羽650号和日本写本所反映的内容的确比较原始，没有经过后世改订。与日本写本相比，羽650号内容所保留的这种《小止观》，无论是不是法慎所记，对于我们了解《小止观》的早期文本面貌，无疑具有非常重要的文献价值。

四　结语

长期以来，刻本系统《小止观》“一统天下”，成为许多读诵者和研究者的依据。直至关口博士在日本发现写本以来，世人才初次了解到历史上还存在过另一种文本，并且得知日本写本更接近原著面貌，而刻本系统则是经过后世改窜的一种略本，且存在错简。本文研究不仅印证了关口博士提出的这一看法，同时通过羽650号《小止观》与日本写本的比较，指出羽650号才是更加接近《小止观》的原著旧貌，更忠实地反映了唐代流传的文本特点，尤其从羽650号与《释禅波罗蜜次第法门》的密切关系来看，它与净弁所记的日本写本系统并不相同，可能是由智顗门人法慎记录并修订的一种文本，反映出智顗止观著作在形成过程中存在一种“同闻异记”的情景。

关于敦煌遗书中的智顗著作，关口真大博士此前根据敦煌遗书《澄心论》（又名《证心论》）[①]与永明延寿《宗镜录》卷一百所引“智者大师与陈宣帝书”内容一致，认为该论为智顗所述。若此说可信，羽650号则属于敦煌遗书现存智顗的第二部作品。智顗出生在南方，终其一生的活动足迹也在南方，由其开创的天台宗也是以浙江天台山为据点的。基于这一地域背景，历史上流传的天台学著作则主要集中在南方。总体而言，敦煌遗书现存天台学的著作不多，除以上两部之外，目前得以确认

① 敦煌遗书现存《澄心论》写本有七号，分别是斯02669号背、斯03558号、斯04064号、伯3434号、伯3777号、BD08475号以及日本龙谷大学图书馆藏122《观门法大乘法论》。

的有《天台分门图》《天台智者大师发愿文》《天台法华玄义科文》，以及用“天台五义”疏释经文的《维摩诘所说经释》（拟）、天台宗僧人道液所撰的《净名经集解关中疏》、《维摩经天台五义分门记》（拟）和天台湛然撰《授菩萨戒仪》等。①

《小止观》作为智顗中晚期的作品，是在天台山成书的。之后具体何时，通过什么渠道传入北方，并西传至敦煌，详情并不清楚。陈尚君曾在《唐末在敦煌的江南诗人》②一文中提到，唐末有不少江南官员和文人流寓敦煌地区，给敦煌本地文化带来不少影响。《小止观》是否由晚唐文人带入敦煌，今难以确考。若从羽 650 号的背面文献属于吐蕃统治敦煌时期的作品来看，其传入敦煌的时间当不会晚于 9 世纪。

其实，《小止观》在敦煌和西北地区的传播，并不限于汉文本。孙飞鹏曾在中国国家图书馆藏西夏文文献中，比定出多件用西夏文抄写的《小止观》残片，文字存“善根发第七”和“证果第十”部分③。有趣的是，根据孙飞鹏自西夏文回译的汉文内容来看，此西夏文所据的《小止观》并非刻本系统，而是与日本写本、羽 650 号相近的文本。由此看出，《小止观》自唐代西传以后，直至党项人建立西夏王朝的 11 世纪，在西北地区依然有着一定的影响。

不仅如此，笔者在《大明高僧传》卷二“杭州普福寺沙门释弘济传”末尾还看到有高昌僧人般若室利曾请弘济“用高昌语译《小止观》”④的记

① 关于敦煌遗书现存之天台学著作，可以参见方广锠《从敦煌遗书看隋唐敦煌汉传佛教的宗派》，载方广锠主编《佛教文献研究》第 3 辑，广西师范大学出版社 2020 年版，第 13—14 页。此外，马德曾撰《敦煌与天台的佛源》（载《吴越佛教》第 8 卷，九州岛出版社 2013 年版，第 501—504 页）一文指出，敦研 0314 号为灌顶笔录的《国清百录》广本，据笔者确认，其所存内容当为一种礼忏文，与《国清百录》无关。此外，《法国国家图书馆藏敦煌西域文献》第 34 册收入一号被定名为《国清百录》的伯 5588 号 P6 写本，经笔者确认，其内容与《大正藏》第 85 册所收中村不折藏敦煌本《礼忏文》相同，而非《国清百录》。

② 陈尚君：《唐末在敦煌的江南诗人》，《文史知识》2017 年第 8 期。

③ 孙飞鹏：《中国国家图书馆藏西夏文〈修习止观坐禅法要〉残件考释》，载《西夏学辑刊》第一集，第 102—107 页。

④ 《大正藏》第 50 册，No.2062，第 905 页下。

载。弘济为宋末元初僧人，至元十六年（1279）去世，他身前精通高昌语（回鹘语），其《小止观》高昌语译本水平之高，连高昌僧人也自叹不如。目前虽不了解当年弘济据以翻译的《小止观》底本为哪一系统文本，但由此可知《小止观》在后世除汉文本外，还有西夏语译本和高昌语译本，充分反映出《小止观》在西域地区的传播和影响，这对我们今后考察天台思想在东亚乃至中亚的展开无疑具有一定的意义。

《观所缘论》第三颂汉藏译及注疏多语文献对读

茅宇凡

上海大学副教授

摘要：《观所缘论》第三颂所表现的极微论立场受到国际佛教学者的关注和研究。基于前人研究的启示和问题意识，本文将仿照吕澂、释印沧编《观所缘释论会译》之方法，在对读玄奘译、真谛译、藏译本以及护法释之外，再附加上藏译调伏天《观所缘论疏》，尝试指出玄奘译本有别于其他诸家。玄奘的翻译并非忠实的直译而是改译。玄奘的翻译增加了对第三颂的解释，并将原来论敌的论证改写为陈那对原子论的驳论证。真谛的译文由于语言模糊，似乎介于两者之间，但仍更趋近于藏译。另外，玄奘的改译或源自他对陈那另一著作《集量论》的理解。在方法论上，通过多语文献和不同译本的对比，有助于我们更深入、准确地理解文本的原意，也有助于我们从多视角理解不同译家的翻译。这也正是当今研究多语文献的意义所在。

关键词：《观所缘论》；极微论；玄奘；佛经翻译

一　引言

在《观所缘论》这部精心撰写的重要著作中，陈那（Dignāga，约480—540）审视了“所缘”（ālambana）的概念，并分析了在何种条件下对象可被视为“认识对象（所缘）”。在该论的前半部分，他批评了三种主张外在对象（外境）存在的“外境论者”，这些论者认为对象是由微小的原子（paramāṇu，亦称极微）所构成。他指出，所有这些原子论都无法同时满足作为“所缘”的条件，因此他们所声称的由原子构成的外境并非真正的认识对象。

根据对现有《观所缘论》汉、藏诸译本及相关注释的研究，有学者已经指出，玄奘的汉译与藏译本及调伏天（Vinītadeva）《观所缘论疏》的内容有所不同。最近的研究也认为，第三种原子论可能只是第一种原子论的变体，或是综合了第一、第二种原子论特征的版本。[①]但是，由于受到玄奘译本的深厚影响，汉传唯识研究往往未能注意到这些问题，甚至即使在汉藏对读时也未发现这些差异。

基于前人研究成果，笔者去年曾撰写《玄奘对〈观所缘论〉第三颂的改译及其对论证式之重构》一文，受到师友等之关注与垂问，在此基础上，本文将仿照吕澂、释印沧编《观所缘释论会译》之方法，在对读玄奘译、真谛译、藏译本以及护法释之外，再附加上藏译调伏天《观所缘论疏》，尝试指出玄奘译本有别于其他诸家。这主要表现在：（1）奘译增加了对第三种原子论的阐释；（2）将原来论敌自我辩护的论证式改写为陈那对原子论的驳论证。另外，玄奘的这些改动很可能源自他对陈那《集量论》及其注释传统的理解，而非单纯的误读。

二　汉藏三译本对《观所缘论》第三颂之对读

目前存世《观所缘论》主要有三个译本，即两个汉译本——玄奘译《观所缘缘论》和真谛译《无相思尘论》，以及一个藏译本。在对读第三颂之前，首先介绍一下陈那在《观所缘论》第一和第二颂中批评的两类外境

① Duckworth，D. et al.，*Dignāna's Investigation of the Percept*，Oxford University Press，2006，pp.7，20.

论者（也是原子论），支持第一种原子论（简称为 A1）的人认为，原子聚集成的外在对象能生起认识，因此是所缘；支持第二种原子论（简称 A2）的人则认为，原子的聚集是所缘，因为聚集能在认识中呈现形，故是所缘。对此，基于陈那和论敌都认可的作为“认识对象（所缘）”应满足的两个必要条件，即（1）认识对象必须在认识中有对象形象的显现；（2）认识对象（作为实体）必须是引发认识产生的原因，陈那指出 A1 和 A2 都无法同时满足这两个条件。对于 A1，尽管原子是识生起的因，但它们自身在识中却无所显现，不符合条件（1）；对于 A2，虽然原子聚集作为对象在识中有所呈现，但聚集物并非真实的实体，不能作为原因，不符合条件（2）。

换言之，陈那利用“所缘”的两个必要条件，分别驳斥了 A1 和 A2，即（1）若在识中无所显现，则非所缘；（2）若非实体，则非所缘。[①]然后，陈那预设对手提出了第三种原子“聚集相”说，这似乎可以同时满足作为“所缘”的两个条件。以下是《观所缘论》三个译本的对读。

玄奘译《观所缘缘论》

有执色等各有多相，于中一分是现量境故，诸极微相资各有一和集相。此相实有，各能发生似己相识，故与五识作所缘缘。此亦非理。所以者何?

［颂：］和集如坚等，设于眼等识，是缘非所缘，许极微相故。

［长行：］如坚等相虽是实有，于眼等识容有缘义，而非所缘。眼等识上无彼相故。色等极微诸和集相，理亦应尔，彼俱执为极微相故。执眼等识能缘极微诸和集相复有别失……[②]

① 对于第一、第二颂论证式的重构可参考林镇国“观所缘缘论”词条，见王一奇主编《华文哲学百科》（2020 年版），网址：http://mephilosophy.ccu.edu.tw/entry.php?entry_name= 观所缘缘论。

② 陈那造，（唐）玄奘译：《观所缘缘论》，CBETA 2018，T31，No.1624，第 888 页中—下。

真谛译《无相思尘论》

［颂：］有说邻虚，聚成万物，识似彼起，故立为尘。……

［长行：］有诸师说，是邻虚聚集成万物，有多种相具足，立此为境界。何以故？有别相能生证智，非但邻虚及邻虚聚，是故于邻虚及邻虚聚中有相为六识作境。邻虚相者非尘，譬如坚等。邻虚中有坚湿热动触，此物实有，非眼识境界，眼识不如其起故。【邻虚中万物亦如此。何以故？邻虚者于万物中若生识，是识则无差别，以万物中邻虚无有异故。】①

藏译《观所缘论》现代语译：

［颂：］又有些人认为聚集相（'dus pa'i rnam pa，*sañcitākāra）是能成立［的因］。（3ab）

［长行：］由于一切对象都具有不［只］一种相，于中一些相是知觉的［对象］。诸原子中亦有生起显现为聚集［相］之认识的因性。

［颂：］诸原子（＝微）相不是认识之对象，比如坚性等［不是眼识之对象］。（3cd）

［长行：］如坚性等虽然存在也不是眼识的对象，原子微粒［之相］也类似于它们。②

由于《观所缘论》没有梵文本存世，我们先依据藏译本理解陈那的意思，在下面对读护法释和调伏天疏时，我们也会发现藏译本很可能更接近梵文本。陈那在颂 3ab 中提出了另外一些人有“聚集相”的说法：“聚集

① 陈那造，（陈）真谛译：《无相思尘论》，CBETA2018，T31，No.1619，第 883 页上。

② ĀPV，p.177，2–10：kha cig'dus pa'i rnam pa dag || sgrub pa yin par'dod par byed || 3ab|| don thams cad ni rnam pa du ma can yin pas de la rnam pa'ga'zhig gis mngon sum nyid du''dod do || rdul phra rab rnams la yang'dus par snang ba'i shes pa bskyed pa'i rgyu'i dngos po yod do || rdul phran rnam pa rnam pa rnam rig gi || don min sra nyid la sogs bzhin ||3cd|| ji ltar sra nyid la sogs pa ni yod bzhin du yang mig gi blo'i yul ma yin pa ltar rdul phra mo nyid kyang'dra'o ||

相”能够满足作为认识对象的两个条件，即（1）此聚集相作为一个宏观对象能在认识中显现；以及（2）它是诸原子的聚集，此聚集（或由此聚集而产生的聚集相）有因性能生起认识。因此，这个“聚集相”可以作为所缘。当然，颂 3ab 偏重于解释条件（2），很可能是由于它紧接着第二颂而说，为了进一步补充说明原子的聚集同样也是实体性的存在。

接下来，对照玄奘的汉译本，我们不难发现玄奘在形式和内容上比之藏译本都做了大幅的调整。首先，比较容易看出的是，他将第三种原子论的主要立场抽离出来作为独立的内容放在颂文之前进行论述，并且特别添加了“诸极微相资”“此相实有”“似己相识”“与五识”等一系列解释性的文字，这些都是藏译本没有的。其次，他将第三颂的 ab 句和 cd 句合并在一起，重构成一个反对上述原子论的论证式；同样地，他对于 cd 句的长行也进行了改译。从他在前后添加的提示句“此亦非理。所以者何？”“……复有别失”等可明确地看出，他将这一段论述解释为针对第三种原子论的反驳。最后，比照真谛译，虽然他也将 ab 句和 cd 句合成一颂，但他在长行中并没有像玄奘一样很明显地加字从而将这一颂解释为对论敌的反驳，而只是在解释“诸师说”。（引文中【 】内句子似是对此师说的反驳，但又紧连下文或是开始第 4—5 颂反驳原子论的解释。）

玄奘对于第三颂 cd 句及其长行的改译并不易辨析。这一方面是因为陈那此处的论述十分简洁晦涩，也因为 ab 句和 cd 句看似前后相反对的表述确实令人费解。例如，著名美国佛教学者艾克尔（M. D. Eckel）在翻译此段时就曾疑惑，第三颂 cd 句的论述究竟是陈那的反驳，还是属于对手的立场？最后，还是依赖调伏天的注疏，艾克尔认为第四颂起才是陈那自己的反驳，而第三颂属于对手的观点。[①] 可见，若脱离调伏天注疏的明确指引，这段论述的归属很难确定。另一个佐证是，吕澂和释印沧在《观所缘释论会译》中仅仅使用《观所缘论》的藏译本（没有参考调伏天的注疏）对照

① Duckworth，D. et al.，*Dignāna's Investigation of the Percept*，Oxford University Press，2006，p.68.

汉译三译（玄奘译、真谛译和义净译护法释），并没有发现玄奘的翻译与藏译表达是两个相对的立场，只是认为玄奘的翻译“据文敷演”，是“同本意译之一式”。[①] 换言之，他们认为玄奘的翻译是对于同一立场在理解上的进一步发挥而已。[②]

最早指出玄奘译文存在问题的应该是日本学者山口益。他同样依据调伏天的注疏，认为玄奘误将第三颂视为对论敌的“能破”，而实际上是陈述论敌的宗义（所破），持同样立场的还有真谛译；相对地，护法释和调伏天释则都认为第三颂 cd 句是敌论者的宗义。[③] 不过，如上所述，真谛的翻译有很大的模糊性，不能明确地看出他的立场。比如，他并没有像玄奘那样明确地说“和集相”非所缘，而是说“邻虚相者非尘，譬如坚等”。这和藏译是一致的。又比如，他说：“邻虚中有坚、湿、热、动、触，此物实有，非眼识境界。”调伏天的注疏也提到相似的例子，即坚、湿、暖等对象不能成为眼识的对象；当然，后者明确指出了因为这是由于各自感官功能决定的缘故。

三　护法释和调伏天疏对读

既然对读原文的不同译本很难确定陈那的原意，为了进一步确认第三种原子论的立场，我们还需要对读汉译的护法释和藏译调伏天疏。

义净译《观所缘论释》

“有说集相”者，［谓］于诸极微处各［微］有［聚］集相，即此

① 吕澂、释印沧编：《观所缘释论会译》，载《内学》第四辑，支那内学院刊行 1928 年版，第 35 页。

② 或许，对于懂得古汉语又深谙玄奘唯识学和窥基解释的学者而言，奘译早已潜移默化地影响了他们对《观所缘论》的理解，即使对读汉藏诸译时，也已经存在先入之见，当处理原本含糊的原文时不能辨明其中的差别。

③ ［日］山口益、野澤靜證，《世親唯識の原典解明》，京都：法藏館 1953 年版，第 452 页。

集尘［中］而有［聚集］相现。随其所有多少极微，此［相］皆实有。［如是］在极微处有总聚相，［复能］生自相识，［以是］实有性故，应是所缘，斯乃［能生相现］双支皆是有故。

此［说］即于前所有成立［已被破斥］求进无由，［故转计也。］为集聚相即是极微，为不尔耶？［故说］“由诸境义有众多相”［等］。即此诸微许有微状，亦有集相。［问：］如何得令两相共居一事为应理乎？

“有众多相”［者］，凡诸有色合聚之物皆以地等四大为性。彼［四大］皆自性有胜功能，［如色］青、［声］美等相。随事随根而为［识所］了别。即此于其［有］众多相处极微之处“有总集相”。即将此相为眼等识所行境故，［许］“是现量性。”

［问：］若如是者，于诸微处识［上亦］有聚相何不言之？［既说］尘有聚相，何不［亦］言识有聚相耶？

［答：］所以复云“然于微处［乃至］有总聚相”，即以此言为其方便，亦显识［上］有极微总相。

［问：］若尔，一一极微有此相者，何故复云总集相也？色聚众多极微分别是论所许，此［集相］即是其总聚性故，不是实有，如前已陈，何劳重述？

［答：］有别意趣。纵令［极微］实事别别体殊，然此相状但于［诸微］集处更相借故而可了知，［以是］说观集相更无余矣。又复设使诸有极微合聚为性［有众多相］。然而一事［于诸相中］有其胜劣，随事观之。且如［观为］苍色［即］是其地界。如是等说诚为应理。纵许如是，如极赤物初生起时多事［诸相］皆强，遂无容矣。［今但］依容有处作此诗议。

［问：］若尔，如何说诸极微非根所见？又复如何唯有如［实］知能见极微？

［答：故颂云］“由其［微］尘相非是识义。”非是依根识之境界，

故曰非根，非根之义独是如［实］知之所观察。

［问：］复如何理，现见极微［微］尘形不睹？

［答：故颂云］“如坚性等。”“如坚润等”于彼青等“纵有其事，非是眼等识之境界”，根之功能各决定故；［微］尘亦如是。无违共许，岂非显微无其坚性，由别体故。①

藏译调伏天《观所缘论疏》现代语译

如是反驳两种观点之后，［陈那］展示了第三种观点。“此中，又有些人”云云，就是说这些外境论者中，有 Vāgbhaṭa（pha khol）等人认为诸原子的聚集相是感官识［生起］的原因。他们主张于诸原子中有聚集相存在。诸原子中的些许存在，它们全都是实在的。由于聚集相是实在的缘故，它是认识［生起］的原因；由于粗大（*sthūla，rags pa）的缘故，［它能］在认识中呈现（’jog pa）［对象的］自体，所以，诸原子以其他形式［成为］对象。助词“又”（ni，*tu）应视为助词“还”（yang，*ca）的意思。聚集相即粗大相，“能成立”是原因［的意思］。

［若问：］诸原子的相［难道］不是被共许为极其细微吗？如此，在它们中怎么会有聚集（=粗大）相呢？纵然同意这是可能的，在一个［实体］中怎么会有两种相呢？

故说：“一切对象都具有不［只］一种相”云云，［为了解释］没有上述的过失。所以，一切物质事物（dngos po gzugs，*rūpa-vastu）都具有不［只］一种相。如是，一切事物以四大种为自性。它们都有［诸如］青［色］、芳香、甘味、涩［触］等相而非一相。同样，原子中也不只存在一种相，如此它们中也存在聚集相。

［若问：］如果一切对象都具有不只一种相，那为什么认识不到

① 护法造，（唐）义净译：《观所缘论释》，CBETA 2018，T31，No.1625，第 890 页下—891 页上。［ ］内加字亦多参考吕澂、释印沧编《观所缘释论会译》，载《内学》第四辑，第 14—17 页。

所有的相呢？

故说“于中一些相”云云。这些［对象］虽然不只一种相，但仅有一些相“被认为是知觉的［对象］”，而非所有的相。这是追随大德觉天（btsun pa sangs rgyas lha，Bhadanta Buddhadeva）的宗义（gzhung lugs，*mata）而说的，即十处（āyatana）唯是大种。如此，为成立［对象］具有非一相［作为原因］，且与本然状态相一致，故说“于诸原子中亦有”云云。“于诸原子中亦有生起显现为聚集［相］之认识的因性”的意思是说令具有原子之聚集相的认识生起。

［若问：］通过成立诸原子中存在聚集相，［难道］不是解释了于诸原子中存在聚集相吗？为什么却说“于诸原子中亦有生起显现为聚集［相］之认识的因性”？

［外境论者］这样说是为了显示［满足］所缘的二分。其中，所谓“生起认识的因性”是用“自身”的语词来显示“作为原因”；所谓“显现为聚集”是通过呈现（’jog pa）形相来成立也存在聚集相。因为，对象在认识中存在自己的体性，［其］形相并非没有呈现。

［若问：］如果诸原子中存在粗大相的话，它们为何被称为“微粒”？为何无法如实地认识其细微相？

［设想外境论者］故说“原子（=微）相”（3c）云云；为解释其相，故说“比如坚等”（3d）。比如坚、湿、暖等对象虽然存在，但由于感官功能各各决定，因此［它们］也不能成为眼识的对象。同样，原子微粒也无法成为［对象］。依据此［不可见之］相，它们就被施设为“微粒”。助词“ni（hi、tu）”是“nyid（eva）”加强语气的意思。在展示了第三种观点之后，［陈那］批评道……[①]

① ĀPṬ，pp.239–242. 由于篇幅较长，恐繁不引。

如前所述，调伏天在解释第三颂的开头与结尾都提示了这是第三种观点，如说“如是反驳两种观点之后，［陈那］展示了第三种观点”，以及“在展示了第三种观点之后，［陈那］批评道……”显然，调伏天认为第三颂是对手的观点，而接下来的第 4—5 颂才是陈那对此的反驳。他进一步解释说，第三颂所提出的“聚集相”说比起之前两种观点“是为了显示［满足］所缘的二分”。换言之，“聚集相”说试图满足作为“所缘”的两个条件，他说：“由于聚集相是实在的缘故，它是认识［生起］的原因；由于粗大的缘故，［它能］在认识中呈现［对象的］自体，所以，诸原子以其他形式［成为］对象。”相似的说法也见于护法释：“［如是］在极微处有总聚相，［复能］生自相识，［以是］实有性故，应是所缘，斯乃［能生相现］双支皆是有故。”

关于《观所缘论》护法释和调伏天疏之间的相似之处，此前已有 Yong Tsun Nyen 的研究。比如，护法在解释 cd 句中“如坚性等”说，“‘如坚润等’于彼青等‘纵有其事，非是眼等识之境界’，根之功能各决定故”；对照调伏天的解释，“比如坚、湿、暖等对象虽然存在，但由于感官功能各各决定，因此［它们］也不能成为眼识的对象”，两者十分接近，可知护法应如调伏天一样认为 cd 句是阐述对手的立场，而不是陈那的反驳。[①] 此外，在解释某一色法具有众多相时，护法和调伏天都提及色法等以四大种为自性，都有色、香等相而非一相。只是，调伏天还特别提到大德觉天“十处唯是大种”的说法。护法释和调伏天疏可能有些渊源也说不定。

如此，对于 cd 句的解释，两者也是一致的，在此我们就用调伏天疏对 cd 句进行解读。如前述，“聚集相”被解释为原子聚集在一起形成了宏观对象（粗大相），它在认识中显现。问题是原子本来是微细不可见

① Yong Tsun Nyen，“Re-examining the Value of Dharmapāla’s Commentary on the Third Verse of the Ālambanaparīkṣā”，*Journal of Indian and Buddhist Studies*，Vol.68，No.3，2020，pp.106–109.

的，如何聚集在一起之后就能产生出“粗大相”呢？[①]对此，调伏天设想了反对原子论者的质疑：“如果诸原子中存在粗大相的话，它们为何被称为‘微粒’？为何无法如实地认识其细微相？”而第三颂 cd 句则被视为原子论者为自己的辩护。辩护的思路是：诸原子虽然是实有的，但不是眼识的认识对象；就像坚固性等也是实有的，但它们也不是眼识的对象。如前述，调伏天疏的措辞与护法释有相似之处，但和玄奘的翻译不同。严格来说，这 cd 句其实是一个类比论证，而玄奘重构的是一个批判论式。

另外，通过护法释和调伏天注疏，我们发现从汉译的护法释中完全可以提炼出与藏译本意思相一致的《观所缘论》本文，即护法释文本中引号内的内容。由于义净是根据梵文本翻译的，这说明藏译本可能更接近于第三颂（包括长行）的梵文原文。[②]基于这些文献证据，我们大致可以推断：玄奘的翻译，从文献上说，至少改动了第三颂的原意，对长行也做了相应调整；他的改译在调伏天和护法处都得不到支持。无怪山口益感叹说，就这一点来看，若谓玄奘的学脉属于护法直系是有可疑的。[③]

四　玄奘的改译或受到陈那《集量论》的影响

既然玄奘的翻译不同于其他译本和注疏，那么他的翻译是误译吗？在阅读陈那的另一部作品《集量论》时，笔者发现一些与玄奘译《观所缘

① 此问难在阿毗达磨佛教原子论中屡屡出现。《顺正理论》中众贤和上座就原子的和合、和集有过争论。参见 Dhammajoti，*Abhidharma Doctrines and Controversies on Perception*，Hong Kong：Centre of Buddhist Studies，University of Hong Kong，pp.142–144。

② 若问，是否有可能玄奘所依据的梵文本与义净等后来的译者不同？笔者的看法是，尽管不能完全排除这种可能性，但相比于玄奘，更接近陈那时代的真谛翻译，其第三颂 c 句的译文实际上也更接近于藏译本。这说明玄奘另有所据的梵文本可能性较小。另外，据玄奘所译而构建的比量在同喻上存在瑕疵，这似乎更合理地解释为是玄奘改译时留下的痕迹。否则，我们就需要认为陈那在立量时就存在问题，这似乎不太合理。

③ ［日］山口益、野澤靜證，《世親唯識の原典解明》，第 452 页。

论》第三颂相似的线索，或许我们可以猜测玄奘在翻译时对第三颂的理解是受到了《集量论》的影响。

吕澂曾评价奘译《观所缘论》是取注释家言之改译，其中一条理由是玄奘将“眼等识”改为“眼等五识”[①]，而真谛译解作“六识”，故推测盖本无明文，玄奘乃是据护法释而改译。如果我们考察《集量论》就会发现，玄奘“五识”的改译与其说本于护法的解释，倒不如说直接源于陈那。

在《集量论·现量品》第十四颂 cd 句长行中，当陈那解释就物质（色，rūpa）而言，什么是“所缘”的意义时，他举出了两种原子论者的说法。其一，“所缘”是［对象］显现，于彼显现有认识生起；其二，“所缘”是如实的存在，虽然以其他［的相状］显现（anyābhāsa），却仍能作为认识的原因。[②] 对于这两种原子论，陈那进一步解释说：

> 若如是［对象］显现，于彼［显现］有认识生起；是则，由于以［原子］聚集为所缘，［这会产生对方也不愿意承认的结果，］即五识以世俗有（saṃvṛti-sat）为所缘。［**P1**］[③]
>
> ［又，有说：］青等显现的识应是现量，因为［此］识从彼对象生起的缘故；如是于彼［青等显现识 / 青等原子］中，虽然［原子］聚集是假设的存在（假有，prajñapti-sat），但却有真实存在相状（实有相，dravyasadākāra）可得；又［真实的］实体、数字等相状亦可

---

① 参见上文引文“与五识作所缘缘”云云。

② PS，pp.6，7–9. 英译参考 Hattori，M.，*Dignāna on Perception*，Cambridge，Massachusetts：Harvard University Press，1968，p.33。

③ 为方便后文的讨论将此二种说法分别标为 P1 和 P2。陈那后半句反驳的前提是认为“聚集”为“世俗有”，即不是真实的存在（假有），而感官五识只认知实有，这是论敌也承认的事实；胜主觉和 Mallavādin 的注释都支持如此解读，参见 Hattori，M.，*Dignāna on Perception*，Cambridge，Massachusetts：Harvard University Press，1968，pp.118–119。又，服部正明依据“五识身以积聚为所缘”的梵、汉文献，将“五识”与“聚集所缘（sañcitālambanatva）”连读，但整体理解上与本文并无差别，参见 Hattori，M.，*Dignāna on Perception*，Cambridge，Massachusetts：Harvard University Press，1968，pp.33–34，88–89。

得，因为它们显现为实体等。［**P2**］[①]

在 P1 中，陈那批评“聚集”不是“五识”的认识对象，因为对方也承认五识的对象必定是实有，而“聚集”只是世俗有。显然，接下来的 P2 提出“实有相”的说法，正是为了弥补 P1 条件上的不足；所以，P2 的前提同样是“五识”。由此可见，玄奘对于 A3 增译的“五识”一词符合陈那的意思。

此外，玄奘添加的“此相实有”,《观所缘论》藏译中没有，而《集量论》P2 中有。对于 P2 中的“聚集”说,《集量论》的注释者胜主觉称他们为“非一相对象论者（anekākārārtha-vādin）”，服部正明指出，调伏天注疏将此说归属于 Vāgbhaṭa（服部认为等同 A3），稍后期的输婆毱多（Śubhagupta）也是该说的支持者。[②]

玄奘译添加的另一个短语“极微相资”同样值得注意。胜主觉解释 P2 时提到“非一相对象论者”认为诸原子由“相互摄持”（*paras-parānugṛhīta*）而显现[③]，“相互持摄”是“相资”的同义词。褚俊杰依据窥基将 A3 归于众贤新毗婆沙部之说，指出 P2 属于说一切有部，并比照了众贤的原子“和集”说。[④] 显然，正是通过 A3 将 P2 与众贤的“和集”说联系在了一起。但是，严格来说，众贤的《顺正理论》里并没有直接出现过诸原子“相资”的明文，尽管他的“和集”说很可能蕴含了这层意思；同

---

① PS，pp.6，10–14：yadi yathābhāsaṃ teṣu jñānam utpadyate，tathā sañcitālambanatvāt pañcānāṃ vijñānakāyānāṃ saṃvṛtisad evālambanam iti.kāmaṃ nīlādyābhāseṣu vijñāneṣu tato ’rthād utpannaṃ vijñānaṃ pratyakṣaṃ syāt.tathā hi teṣu tatsamudāye prajñaptisaty api dravyasadākāro labhyate. dravyasaṅkhyādyākāreṣvapi tu prāpnoti. ta eva hi dravyāditvena ābhāsante. 英译可参考 Hattori，M.，*Dignāna on Perception*，Cambridge，Massachusetts：Harvard University Press，1968，pp.33–34。

② Hattori，M.，*Dignāna on Perception*，Cambridge，Massachusetts：Harvard University Press，1968，p.119.

③ Cf. PSṬ，pp.92，3.

④ Chu，J.，“On Dignāga’s Theory of the Object of Cognition as Presented in PS（V）1”，*Journal of the International Association of Buddhist Studies*，29，2006，pp.211–235.

样，也没有出现将"和集"与"相"连用的明文。众贤所承认的是诸原子的"和集"实有，而没有明确提出"和集相"。若我们排除传统上窥基解释的影响，将 A3 与众贤"和集"说脱钩，而将 A3 与 P2 视为有直接的联系不是更为合理吗？换言之，若我们认为玄奘对 A3 的释译是有所依据的话，或许它不是（如窥基所解释的那样）来源于《顺正理论》文本；而应是出于《集量论》或与胜主觉注释同一来源的对于陈那文献的印度注释传统。[①]

另外，陈那在《集量论》中对于P2的反驳也很可能影响了玄奘对《观所缘论》A3 的理解。[②] 按照调伏天和护法的解释，本来陈那第三颂 cd 句是设想论敌对 A3 的辩护。也就是说，"诸原子（= 微）相不是认识对象"只是论敌陈述的一个主张，而"如坚性等"或可看成类比项，不是比量的喻例。所以，cd 句最多只是设想对方提出了一个类比论证，其中类比项是"诸原子（微）相"和"坚""湿""暖"等对象，类比属性是"实体（在）"或是"存在"，结论是"不是眼识的对象"。按照现代类比论证的格式，该论证可以写作：

> 诸原子（= 微）相是实在的；
> 坚性也是实在的，且坚性不是眼识的对象；
> 结论：所以，诸原子（= 微）相也不是眼识的对象。

虽然这勉强可算一个类比论证，但不是一个好的论证。或许因为这个论证过于简单，以至于深谙陈那因明论式的玄奘无法将其理解为来自敌方

---

① 另外，此诸原子"相资"的特征描述见于护法释，却不见于调伏天疏，参上文引文"然此相状，但于集处，更相藉故而可了知，说观集相。"（唐）义净译：《观所缘论释》，CBETA 2018，T31，No.1625，第 891 页上。但净译此句意思模糊，吕澂于"集处"前补"诸微"二字，参见吕澂、释印沧编《观所缘释论会译》，载《内学》第四辑，第 15 页。另外，此原子说及"相资"（parasparāpekṣa）一词也见于安慧《唯识三十释》的引述，以及后期输婆毱多的《成外境论》中。

② 对此的详细分析可参考茅宇凡《玄奘对〈观所缘论〉第三颂的改译及其对论证式之重构》，《哲学与文化》2023 年第 6 期。

的一个标准因明论式，而是按照所熟悉的 A1 和 P2 等内容将其视为自宗的驳论证，故玄奘在改译中重构了论证式，这样的猜测也是在情理之中。在奘译《观所缘缘论》中第三颂 ab 句的“聚集相（奘译和集相）”一变成为宗支的有法（主词），而不再作为能立因；cd 句中“不是认识的对象”被理解为宗支的法（谓词），“原子（= 微）相（奘译极微相故）”作为因支，玄奘在长行中又补充了“眼等识上无彼相故”作为对因支的解释，这很可能是援用了陈那对 A1 和 P2 的反驳理由。玄奘对第三颂比量的重构可写作以下论式：

宗：诸原子的聚集相不是眼等识的认识对象（所缘）；

因：因为［即便是聚集相也被认为］是极微相故，［既然是极微则］眼等识上无彼相故；

喻：比如坚性（相）等。

比照藏译本我们发现 cd 句的主语是“诸原子（= 微）相”而不是“聚集相”，玄奘用 ab 句中的“聚集相（= 和集相）”替换了 cd 句的主语，使得整个命题变成自宗反驳的论题，即“聚集相不是眼识的所缘”，而陈那原文想说的其实是“诸原子（微）相不是眼识的所缘”。对照真谛译也是作“邻虚相者非尘”，更接近藏译。从论辩的角度而言，玄奘重构论式的主要问题在于：论敌是否会承认说诸原子的聚集相也是微相，也即在识上没有显现呢？若是同意的话，那么他们根本没有必要提出“聚集相”这条理由。正是因为对方认为“聚集相”不同于微相而能够显现，才将它视为“能立因”；他们说，物质对象不只有一种相，虽然原子的微细相不被眼识所见，但它们的“聚集相”则并非不可见。当然，陈那会反驳说，当诸原子聚集时，它们的微相并没有改变；所以，即使诸原子聚集在一块儿，也不可见。但无论如何，“聚集相”能否显现正是双方争论的焦点，而在玄奘改写的论式中把聚集相等同于微相视为反驳的主要理由了。

五 结语

基于前人研究的启示和问题意识，本文首先对《观所缘论》三个不同的译本进行了阅读，发现在三个译本中，玄奘的译文确实对第三颂及其长行有所增加和改写。然而，单凭这三个译本尚无法确定哪一版本更贴近陈那的原意，以及不同翻译背后的原因。因此，本文进一步研究了护法的《观所缘论释》和调伏天的《观所缘论疏》。

在对比这两部作品时，我们发现它们在文本内容上有许多相似之处，而调伏天的注疏又较贴近藏译。护法释则是义净根据梵文本所翻译的汉译。由此推测，藏译以及相应的调伏天疏和护法释对第三颂的理解更接近陈那的原意，而玄奘的翻译则具有一定程度的改动。真谛的译文由于其语言模糊，似乎介于两者之间，但仍更趋近于藏译。

此外，为了探讨玄奘改译的原因，本文参考了陈那的另一部著作《集量论》，并发现其中的一些内容以及胜主觉对其的注释与玄奘对第三颂的增译有相应之处。因此，我们推测玄奘的改译并非是随意的变动，而是源自他对陈那著作的理解或是对相应的印度注释传统的遵循。

在方法论上，一方面，通过多语文献和不同译本的对比，有助于我们更深入、准确地理解文本的原意，有时甚至需要借助后期不同注释家的解释和翻译进行深入解读；另一方面，译者和注释者在翻译和阐释时，并不是简单的重复，他们往往注入自己的理解，使文献呈现新的生命力。这也正是当今研究多语文献的意义所在。

引文所使用梵、藏文文献缩略语

ĀPṬ　*Ālambanaparīkṣā-ṭīkā*：Edited by Eckel，M. D.，et al，*Subcommentary on Investigation of the Percept*：*The Tibetan Text*， in Duckworth, D., et al.（2016）, *Dignāna's Investigation of the Percept*, Oxford University Press, pp.225-258.

ĀPV　*Ālambanaparīkṣāvṛtti*: Frauwallner, E.（1930）. "Dignāgas Ālambanaparīkṣā", *Wiener Zeitschrift für die Kunde Morgenlandes*, 37, pp.174-194.

PS　*Pramāṇasamuccaya-vṛtti*: Edited by Steinkellner, E.（2005）. *Dignāga's Pramāṇasamuccaya, Chapter 1. A hypothetical reconstruction with thehelp of the two Tibetan translations on the basis of the hitherto known Sanskritfragments and the linguistic materials gained from Jinendrabuddhi's Ṭīkā*. Availableonline http://ikga.oeaw.ac.at/Mat/dignaga_PS_1.pdf.

PSṬ　*Pramāṇasamuccaya*-*ṭīkā*: Edited by Steinkellner, E., et al.（2005）. *Jinendrabuddhi's Viśālāmalavatī Pramāṇasamuccayaṭīkā, Chapter 1, Part I: Critical Edition*. Beijing-Vienna.

汉文本和西夏文本《十王经》研究

文志勇

上海师范大学副教授

摘要:《十王经》是一部公认的伪经，从中唐开始广泛流行，一直到近现代，其影响遍及中国乃至整个东亚。它借佛说之名，讲述中国的鬼故事，情节生动形象，图文并茂，语言通俗，很能打动观听者的心灵，劝诫世人要知晓因果报应，不作恶事，敬奉三宝，抄经造像，读诵流通，预修斋仪，积累功德，知道敬畏和供斋地藏菩萨和阎罗诸王，使其欢喜，以免命终身坏之后，堕地狱受苦，向国人传播“中阴”、三魂七魄理念和特殊的斋供、丧葬仪式。本文对2种传世汉文本和3种西夏文本《十王经》进行译释、分析、比对，得出若干结论，认为汉文2种版本均出自成都府大圣慈寺沙门藏川口述流传，然后分别发挥创作，形成不同版本，完成时间大致在756年。3个西夏文本，也可分为两类，但不能像汉文本一样按图赞本和纯文本来区分。俄藏本应当是一个为作功德而抄写的文本；拍卖本和定州本，均为近代翻刻，属同一版本，两者有1/3的内容完全相同，另外2/3是拍卖本所缺少的，却又与俄藏本内容相近，但语言表达更简捷。

关键词:《十王经》；汉文本；西夏文本；中阴；斋仪

《十王经》是中国乃至东亚都广泛流传的一部疑伪经。它借佛说之名，讲述中国的鬼故事，情节生动形象，图文并茂，语言通俗，很能打动观听者的心灵，劝诫世人要知晓因果报应，不作恶事，敬奉三宝，预修斋仪，积累功德，供斋阎罗诸王使其欢喜，以免命终身坏之后，堕地狱受苦。它承诺若有人造此经，受持读诵，舍命之后，不生三涂，不入一切诸大地狱：若造此经，画尊像，读诵一偈。我当免其一切苦楚，送出地狱，往生天道，不令稽滞，隔宿受苦。十斋具足，免十恶罪，放其生天。经文向观听者普及特殊的中阴、三魂七魄之说和斋仪、葬仪观念。

本文对汉文、西夏文本《十王经》进行对比研究和译释缀合，认为汉文两种版本均出自成都府大圣慈寺沙门藏川口述流传，然后分别发挥创作，形成不同版本，完成时间大致在 756 年。敦煌卷子中标有年款者为 926、958 年，《大正藏》收录的其中一个版本标明年款为 1469 年。西夏文刻本中的两个文本，即拍卖本和定州本，均为近代翻刻，说明此经从唐至近现代，均有抄写、刻版印刷流通。在思想上，两个版本都包含法、报、应三身与体、相、用三大之说，融摄人天因果、中观、唯识、如来藏、净土、密教和民间宗教等思想，还有天尊、寄库等词，表明撰造加工此经者，将各种佛教思想和儒、道及其他思想陆续掺入此经，说明疑伪经的复杂属性及其与社会联系的密切性。

目前所见三个西夏文本，也可分为两类，但不能像汉文本一样按图赞本和纯文本来区分。俄藏本应当是一个为作功德而抄写的文本，语言啰嗦，将参与作斋的亲朋友邻之称谓都一一列举出来，表示功德回向。定州本和拍卖本系属同一版本，两者有 1/3 的内容完全相同，另外 2/3 是拍卖本所缺少的，却又与俄藏本内容相近，但语言表达更简洁。可惜拍卖本和定州本都是残件，无法窥知全貌。

一 《十王经》文献概述

（一）疑伪经概述

早在南北朝时期，释僧祐撰《出三藏记集》，其中下卷第四“新集续撰失译杂经录第一”中就记录有《阎罗王经》一卷、《盐王五天使者经》一卷（旧录云《盐王五使者经》），并将其列为失译杂经类。但唐代道宣所撰《大唐内典录》中，又将沙门慧简译《佛说阎罗王五天使者经》，归为小乘经典，而不是列入失译杂经或伪妄类经目，其内容应当与上述《盐王五天使者经》相同或相近。唐代沙门明佺等撰《大周刊定众经目录》卷第十五伪经目录，已明确指出《阎罗王东太山经》一卷、《阎罗王经》一卷、《阎罗王说免地狱经》一卷，皆是伪经。注疏曰：“右件经，古来相传皆云伪谬。观其文言冗杂，理义浇浮，虽偷佛说之名，终露人谟（模）之状。迷坠群品，罔不由斯。”[①] 此后，道宣《大唐内典录》、智昇《开元释教录》等，也莫不认定以上名目诸经皆属疑惑伪妄乱真之经。

稍具佛学常识之人都知道，疑伪经皆非佛说，它们“或凭真以构伪，或饰虚以乱真”[②]，“或首掠金言，或末申谣谶，或前论世术，后托法词，或引阴阳吉凶，或明神鬼祸福”[③]，虽撰自本土，却假冒佛说，歪曲义理，会令法味淡薄，误导群生。因此，历代经录家们对疑伪经均持严厉批判的态度，尽可能阻止疑伪经混入藏经，以免败坏佛法。隋朝、元代甚至动用政府强力，没收焚毁所认定的疑伪经。因此，历代大藏经中，基本上只见疑伪经条目而看不到具体内容。但是，疑伪经是中国翻译佛经并流通于世的漫长历史过程中，因各种原因而出现的有意无意的对正统佛教的一种偏离，具体情况非常复杂，判断标准难以精确，部分判定结论也很难取得共识。它往往与中国社会的文化相融合，并与民俗信仰密切相关，诸如因果报应、祈福消灾、延寿祛病、生死轮回、观音崇拜、地藏信仰和地狱传说等等甚为流行。尤其是它所宣扬的解脱方法简单易行，只要坚信不疑，捐施财物给寺院僧众或做法事之人，依照教导请僧人做

① （唐）明佺等撰：《大周刊定众经目录》卷 15，《大正藏》第 55 册，第 2153 号，第 474 页下。
② （梁）僧祐：《出三藏记集》卷 5，《大正藏》第 55 册，第 38 页下。
③ （隋）法经等：《众经目录》卷 2，《大正藏》第 55 册，第 127 页下。

法事，就能获得无量福德，消除无量业障。故而在民间，仍然有相当的吸引力和广泛的传播力，特别是它的俗讲形式，宛若说书一般，尤为底层社会民众喜闻乐见，故屡禁而不绝，且愈发增多。例如在敦煌卷子、黑水城文献、陕西耀州神德寺塔、浙江台州灵石寺塔、河北定州城南某寺，以及民间拍卖品中，都发现有不同版本、内容各异的《十王经》文本。近二十年来，随着佛学研究的深入，人们对疑伪经的态度也有所转变，认为它对教义传播、社会民众信仰有特殊的意义。所以现在使用频率最高的《大正藏》和《中华大藏经》，皆收录有部分疑伪经，以供研究和阅读。

（二）《十王经》文献概述

我们可以在敦煌文书中看到45种完整或残缺的名目各异的《十王经》。大正藏续编中可搜检到2种版本的汉文《十王经》，分别题名为《佛说预修十王生七经》和《佛说地藏菩萨发心因缘十王经》。西夏文文献中发现有4种不同版本的《十王经》：俄藏2种，拍卖本1种，定州本1种，与后两种汉文本都有相似或重合的内容，只不过是与《佛说预修十王生七经》的内容相近、重合程度更大、更多一些。

据《俄藏黑水城西夏文佛经叙录》记载，《十王经》在俄藏黑水城文献中有2个版本。其一是“西夏特藏 Танг.№.362号，馆册 Инв.№.4976号，题名《十王经》，译自汉文，西田龙雄把它和敦煌写本 S.3961 及 P.2970 相类比，写本，卷子装，29×600厘米，首残，每行22个字，上边距2厘米，下边距2厘米，结尾处重复经题。题记为：番本译者赐绯座主穿绯衣沙门法海。卷子下端被撕坏”。其二是“西夏特藏 Танг.№.405号，馆册 Инв. №.819号，题名为《阎魔成佛授记经》，译自汉文，西田龙雄把它和敦煌写本 S.2815、5450、5585 相类比。写本小册子，21×135厘米，62页，全文保存，每页7行，每行17个字。墨线勾栏，上边距2厘米，下边距2厘米。结尾处重复经题，题记为：番本译者赐绯座主穿绯衣沙门法海译传校同”[①]。

近年来在民间拍卖品当中新发现一件西夏文《十王经》，来历不明，好像是近代翻刻本。黄色纸刊印，原本可能是折本装，因为折页中间有汉字，后来被整理成册子装，共 43 页。前后包有蓝色布面封皮，已经严重褪色稀疏，前封皮上贴有长方形纸制题签，黑色粗细线方框内竖写题名：《金刚般若经》，这与内容不相符合。封皮内另有两张牛皮纸作前后装订扉页，前面的扉页上用毛笔书写《（阎魔 / 阎王）成佛授记经》，这个才是文献内容的名称。也就是说，封皮是后来拼凑上去的。正文前有 2 页卷首版画，非常粗糙，毫无美感，描绘如来在大众围绕中说法的场面。画面右上角还刻有某某刊印之汉文榜题，惜模糊不清，无法辨认。文字部分 37 页，上下有粗黑栏线，左右不知有否。序言 4 页，前 3 页每页 5 行，后 1 页 6 行，每满行 15 字；正文连同经题、副标题、西夏语译者共 33 页，每页 6 行，每满行 15 字。整个文本上半部分普遍残缺 1—2 字，个别残缺 3—4 字者，但也偶有字数完整之行。前面有封皮、扉页，卷首画共 4 页；第 5—8 页是序言，讲灵验感应记，讲述的是唐代某人敬奉三宝，供养观世音菩萨和阎罗王名号，得免地狱剧苦，转而复生的灵验故事；第 9—41 页是此经正文，从起首偈颂开始，至“如是我闻”一直到“普救众生苦，降伏摄诸魔，四王行国界，（传佛修多罗）”为止，缺少劝人奉持书写此经，可免地狱痛苦之付嘱文，以及斋检十阎罗每一王之分别描述及其偈颂。可惜此版本只有一半内容，另一半不知去向。作者题名：译者赐绯座主弥宁慧海造。通过对比研究，我们认为，这个拍卖本的内容与俄藏本 Инв.№.819 号的主要内容是基本一致的，但它的语言表达更为简洁，也就是说，它可能并非依据原雕板翻印的，但它的内容应该是真实的。因此拍卖本中缺损的字句，可以依据俄藏本予以补充。

---

① ［俄］叶·伊·克恰诺夫：《俄藏黑水城西夏文佛经叙录》，崔红芬、文志勇译，甘肃文化出版社 2021 年版，第 436、437 页。［日］西田龙雄：《西夏文华严经》，京都大学文学部 1977 年版，第 3 册，第 31、59 页。

定州本也是一件来历不明的残经文献，据说是20世纪初由罗振玉先生购自坊间，但何时、何处，从何人手中购得，以及文本制造时间的确定，都不清楚。最有发言权的罗先生对此也保持沉默。1932年《国立北平图书馆馆刊》第4卷第3号出版西夏文专号时，在扉页图录中，刊载了4张由罗先生提供的西夏文佛经残页照片。王静如先生经初步研究，定名为“定州佛像腹中所出西夏佛经残卷”。他根据残页上的插图和简略释读的内容发现，此经属《十王经》之流，印造粗劣，笔墨不似夏元，颇似近代，有可能是套用原来雕板的晚近印造品，且原雕板有剥蚀、破损、断裂现象。2014年4月20日，高山杉在《南方都市报·阅读周刊》上刊发《旧纸片上的西夏学史料》称，他看到了王静如为专号撰写的序言某个抽印本中的纸条和《罗振玉先生评传》中的某些叙述，因此认为这些残件可能出自定州城南某寺的几块旧藏印板，好事者重加印制数页。罗所购者，概系此中之数纸，时间大约在民国九、十年间（1920—1921）。[①] 这与王先生的判断基

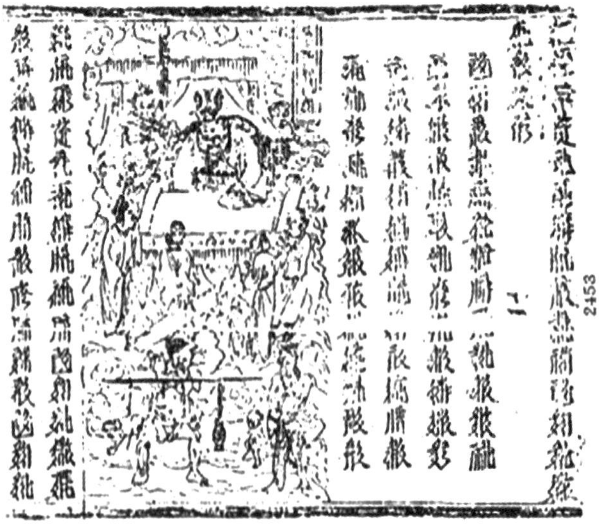

图1　定州本残页与插图

① 高山杉：《旧纸片上的西夏学史料》，《南方都市报·阅读周刊》2014年4月20日。

本吻合。通过对比研究，我们可以肯定地说，定州本与拍卖本和俄藏本在内容和表达方式上都基本一致，而且它与拍卖本系属同一系统，因为它的一部分（30 行），也就是 1/3 的内容，与拍卖本第 28、29、30、31、32 页完全相同，另一部分内容是拍卖本中所缺失的，但又与俄藏本相关内容相近。

关于《十王经》的研究成果非常丰富，主要有牧田谛亮《疑经研究》[①]，萧登福《敦煌俗文学论丛》[②]，杜斗城《敦煌本佛说十王经校录研究》[③]，太史文《〈十王经〉与中国中世纪佛教冥界的形成》[④]，侯冲《中国佛教仪式研究》[⑤]，松本荣一《敦煌画研究》，[⑥]张总《十王经信仰：经本成变、图画像雕与东亚葬俗》[⑦]，其他还有党燕妮[⑧]、伍小劼[⑨]、王娟[⑩]、杨富学等[⑪]人的研究成果。

西夏文《十王经》研究成果，主要有蔡莉[⑫]、张九玲[⑬]等人的论文。但他们忽略了西田龙雄和克恰诺夫认为此经译自汉文佛经的论断，依据个别

① ［日］牧田谛亮：《疑经研究》，杨白衣译，载《中国佛教史论集》，华宇出版社 1975 年版。

② 萧登福：《敦煌俗文学论丛》，台湾商务印书馆 1988 年版。

③ 杜斗城：《敦煌本佛说十王经校录研究》，甘肃教育出版社 1989 年版。

④ ［美］太史文：《〈十王经〉与中国中世纪佛教冥界的形成》，张煜译，张总校，上海古籍出版社 2016 年版。

⑤ 侯冲：《中国佛教仪式研究》，上海古籍出版社 2018 年版。

⑥ ［日］松本荣一：《敦煌画研究》，林保尧等译，浙江大学出版社 2019 年版。

⑦ 张总：《十王经信仰：经本成变、图画像雕与东亚葬俗》，上海书店出版社 2024 年版。其论文有《依敦煌本缀理耀州〈十王经〉新得》，《敦煌研究》2022 年第 5 期；《敦煌吐鲁番等诸民族间丧仪葬俗之交流——以汉藏回鹘西夏〈十王经〉存本谈起》，《敦煌研究》2024 年第 2 期；与张小燕合写《〈出相地狱还报经〉与盘瑶〈十王科〉考论》，《世界宗教文化》2023 年第 3 期。

⑧ 党燕妮：《俄藏敦煌文献中〈阎罗王授记经〉缀合研究》，《敦煌研究》2007 年第 2 期。

⑨ 伍小劼：《韩国藏〈十王经〉异本初探》，《文献》2019 年第 2 期。

⑩ 王娟：《敦煌本〈十王经〉文本系统再考察——以经中长行为中心》，《世界宗教研究》2020 年第 1 期。

⑪ 杨富学、杨琛：《华化摩尼教冥界观与敦煌本〈十王经〉关系索隐》，《敦煌研究》2021 年第 5 期。

⑫ 蔡莉：《西夏文佛教伪经考》，宁夏大学硕士学位论文，2019 年。

⑬ 张九玲：《俄藏西夏本〈佛说十王经〉述略》，《首都师范大学学报》2019 年第 2 期；《疑伪经文本构成的复杂和奇特——以〈十王经〉为中心的考察》，《宝鸡文理学院学报》2023 年第 1 期；《荣宝斋征集西夏文〈十王经〉述略》，《世界宗教文化》2023 年第 3 期。

特殊词汇坚称，此西夏文本深受藏文佛经影响，并把西夏文本中与汉文词汇稍不相同的因素，如出（度）有坏、明满、菩提勇识、善生（起）、近善、金刚王、狱帝等，都统统归结为来自藏文佛经，还经常引述藏文佛经转写，似乎在与西夏文本进行比较，实际上没有真正的比较，他们不能回答的问题有：它们究竟在音义上有何异同，有什么继承关系？在经典年代上是谁影响谁？藏传佛经文本又来自何处？甚至，他们竟然把“佛”“世尊”“调御丈夫”都当成藏文词汇，还一本正经地还原成藏文转写。笔者从不否认西夏佛教受到藏传佛教的影响，但得有可靠证据论证。而仅靠若干词汇就断定它受到藏传佛教影响的观点，未免过于草率牵强。笔者对这种无可靠证据的“泛藏传化”的研究方法深表怀疑。如果不具备基本的佛学基础，也不具备藏传佛经的阅读能力，更不熟悉党项和藏族的民族文化，就贸然论断、总结宗教文化，未免有些滑稽可笑。要知道，目前我们对西夏文字的认识，远没有达到充分了解的程度，很多语言表达和语法逻辑都还需要摸索整理，轻易论断哪些词汇直接来源于藏语，是否妥当？有没有确凿的民族学、语言学证据？焉知它不是西夏语言本有的表达？佛教文献研究，应当是在具备基本的佛学基础之上，从文献本身的解读译释出发，具体问题，具体分析，然后才能纵横比较，归纳总结出若干结论。没弄清楚的，可以先搁置起来，以待他人继续研究。不应当先入为主，单为追求创新而新词迭出，结论武断，缺乏证据，实在是难以令人信服，不知所云。

二　汉文本《十王经》研究

（一）文本类型、撰造时间、作者及主旨

这是一部公认的伪经，它套用佛经的形式来讲述中国的鬼故事，非常有趣而又不那么恐怖血腥。目前发现的佛教文献中有两种相关类型。一种叫《佛说地藏菩萨发心因缘十王经》，撰造者题为“成都府大圣慈恩寺沙

门藏川述”。学者认为这是1100年最终完成于日本的一个文本。[①]经文中引述或提及《涅槃经》《孔雀明王经》《地藏菩萨本愿经》《大乘起信论》《大随求陀罗尼经》《药师经》《金光明经》《四天王经》《来生经》《阿弥陀经》《大无量寿经》《法华经》等，以及法、报、应三身与体、相、用三大之说，融摄人天因果、中观、唯识、如来藏、密教和民间宗教等思想，并有“阎罗王根本密咒”一首，经文中还有“天尊”“寄库”等词，表明撰造加工此经者，将各种佛教思想和儒、道及其他思想陆续掺入此经。某些内容，比如斋仪，还有不相融摄的情况，将在下文详述。经末记曰：

> 严佛调三藏云：此经梵本，非多罗文。三昧之内，真佛示现，授此经梵文。从三昧起，先书竹帛，然后修习。从北天竺到支那国，大圣文殊于照耀殿，为许流通。时天圣十年（即明道元年，1032）十一月也。小比丘原孚，普化众信之缘，广开消罪之路，因以入梓，永为流通。[②]

这很清晰地显示出此经特征：其一，借严佛调之口，以示古老；其二，非译自贝叶，梵文最多也只属于冥授；其三，此经为文殊菩萨印可，北宋比丘原孚刻板募化印制流通。

另一种题名《佛说预修十王生七经》，副标题为：谨启讽《阎罗王预修生七往生净土经》，提醒众生“誓劝有缘以五会启经入赞，念阿弥陀佛”。五会念佛是净土宗五祖法照法师依据《大无量寿经》创立的一套念佛法门，意在末法时期将佛力与自力相结合，走圣道门修行，念佛成佛。这表明此文本与净土宗、四川保唐宗和净众宗都有某种联系。撰造者同样题为“成都府大圣慈寺沙门藏川述”。

这意味着两种类型的文本，均由成都府大圣慈寺沙门藏川口述流传。

① ［美］太史文：《〈十王经〉与中国中世纪佛教冥界的形成》，第217页。
② 《佛说地藏菩萨发心因缘十工经》，《卍新续藏》第1册，第20号，第407页下。

藏川其人在佛教史上罕有记载。据《元和郡县志》卷三十一记载："天宝元年，改蜀郡大都督府；十五年，玄宗幸蜀，改为成都府。"就是说，从756年起，才有成都府之称。大圣慈寺，也是玄宗为避安史之乱，逃到成都后，才敕额兴建的寺院。《佛祖统纪·法运通塞志》曰：

> 至德（756）元载，正月，范阳节度使安禄山反。五月，玄宗、太子、百官，发长安将幸蜀……上皇驻跸成都。内侍高力士奏，城南市有僧英干，于广衢施粥，以救贫馁，愿国运再清，克复疆土，欲于府东立寺，为国崇福。上皇说（悦），御书大圣慈寺额，赐田一千亩，敕新罗全禅师为立规制，凡九十六院，八千五百区。①

此即成为文本形成时间的参考。经末尾题：

> 道人某广劝缁素，敬成供养仪典，妆横披阅，愿蒙冥佑，现增福寿，历代幽魂，超登乐奉。祝国祚灵长，民游富城，何幸如斯。成化五年（1469）六月日志。

说明这是明代刻本。敦煌卷子中，有明确纪年者，共有4件，但多为干支纪年，只有1件S.6230年款完整：同光四年（926）丙戌岁六月六日。五代时期敦煌官员翟奉达于958—960年为纪念亡妻，于十斋日请人抄写《十王经》等经作功德。这清楚表明现存两种《十王经》，完成和流行时间从唐代至德元年（756）至明代成化五年（1469）者都有。在内容上，前者包含两大并行主题，一是地藏信仰，二是十斋仪，讲十殿阎罗管辖的幽冥世界，实际意在警示世人；后者只强调十王、十斋供仪。但二者在讲到十斋和十阎罗时，绝大部分内容和情节完全相同，这说明

① （宋）志磐撰：《佛祖统纪》第40卷，《大正藏》第49册，第2035号，第375页上—376页上。

它们是依据同样的底本进行创作发挥，只不过前一种故事更生动，情节更丰富，并讲述三魂七魄之说；后一种更聚焦，情节更紧凑，并有经末偈颂两首。后一种又分为带插图和赞偈的文本与不带插图和赞偈的纯文字本两种类型。张总甚至发现，带插图和赞偈的文本，前题“授记预修生七经”，后题“十王经”；不带插图和赞偈的文本，前题不变，后题“授记经”。[①]侯冲甚至把前者称作“道场科仪”，强调预修斋供仪；后者称作“经”，主要用于荐亡。[②]

此经长期在民间广受欢迎，引起现代学界极大兴趣和关注。首先，它的故事情节形象生动，图文并茂，令人着迷，极易引发观听者的共鸣。经中讲，佛将入灭时，向人天神鬼说《十王经》，授记阎罗王因缘已满，果报已熟，当来成佛，教众生依佛经教，预修十斋仪，即可兴福善，消业罪，使自己或至亲免遭命终身故后堕地狱受苦。文中以极富想象力和文学创造力的描述向大家展示人死之后，亡魂于地狱十王殿上依次受审的画面，劝诫众生活着的时候，要戒恶行善，敬奉三宝，供养地藏菩萨和十殿阎罗，抄佛经，画佛像，将施作十斋会作为每个人为自己和父母长辈等积累福德、消解罪业的义务责任，完成自己的孝行。

其次，此经以地藏菩萨和阎罗十王的斋供仪式为主线，将佛教和民俗、佛法和世法、生者和死者、阳世和阴间、转世轮回和贫富夭寿都串联起来，既满足国人对生死事大、生从何来、死往何去的好奇疑惑，提出对中国人来讲非常陌生又新颖的“中阴”（antarabhava）概念；又迎合了主流文化对孝道的极端追求，认为亡魂在阴间的处境与来世转生好坏的关键取决于本人前世善恶，以及他和家人是否信奉佛教，是否以十斋仪供养地藏菩萨和十殿阎王，其中对亡者的葬仪和纪念与儒家守孝三年之说相一致。总之，读诵抄写此经，塑画佛像及斋供的目的，是要取悦地藏菩萨和十殿

---

① 张总：《阎罗王授记经缀补研考》，载季羡林等主编《敦煌吐鲁番研究》第5卷，北京大学出版社2001年版，第82页。

② 侯冲：《中国佛教仪式研究》，第386—388页。

阎罗，好让亡魂在地狱的待遇能够好点，并早日超脱。偈颂以亲情感动众人：

待七七个日，不饮食逼寒，男女以遗财，早造善扶我。
设亲禁入狱，子静居家哉？何恐阎狱苦，头燃犹非喻。

经中反复强调并承诺：

若复有人造此经，受持读诵，舍命之后，不生三涂，不入一切诸大地狱。

在生之日，杀父害母，破斋破戒，杀猪牛羊、鸡狗毒蛇，一切重罪，应入地狱十劫、五劫。若造此经，及诸尊像，记在业镜。阎王欢喜，判放其人，生富贵家，免其罪过。

若有善男子、善女人、比丘、比丘尼、优婆塞、优婆夷，预修生七斋者，每月二时，供养三宝，祈设十王，修名纳状，奏上六曹。善业童子，奏上天曹地府官等，记在名案。身到之日，便得配生快乐之处，不住中阴四十九日，不待男女追救，命过十王。若阙一斋，滞在一王，留连受苦，不得出生，迟滞一年（劫）。是故劝汝作此要事，祈往生报。

尔时，二十八重一切狱主，阎罗天子、六道冥官，礼拜发愿：若有四众，比丘、比丘尼、优婆塞、优婆夷，若造此经，读诵一偈。我当免其一切苦楚，送出地狱，往生天道，不令稽滞，隔宿受苦。

护世四王同发愿，常传经典广流通。持经免地狱，书写免（过）灾疴，超度三界难，永不见药叉。生处登高位，富贵寿延遐。欲求富乐家长命，书写经文听受持。

至心诵此经，天王恒记录。欲得无罪咎，莫杀祀神灵，为此入地狱。念佛礼真经，应当自诫勖。

欲得命延长，当修造此经，能除地狱苦，往生豪贵家，善神恒守护。造经读诵人，忽尔谢报龄，天王恒引接，菩萨捧花迎，随心往净土，八百亿千生，修行满证入，金刚三昧城。

一年过此转苦辛，男女修斋福业因，六道轮回仍未定，造经造佛出迷津。[1]

也就是说，造经造像，受持读诵，书写供养和流通，并预修生七斋，每月二时，供养三宝，祈设十王，修名纳状，天王善神及十殿阎罗就会恒常守护其人，即使犯十恶五逆重罪，命终之后，也不堕三恶道。阎罗大王免其罪过，判放其人，生富贵家，寿命延长，命终之后往生天道，天王、菩萨亲自接引。

在这样的斋仪过程中，濒死之人三魂七魄被无常小鬼抓到地狱鬼门关接受审判，开始其漫长的地狱苦难历程，这一历程可分为前后两个阶段，前一阶段是每过七天算一个斋期，依次要经受前面七个阎王——秦广王、初江王、宋帝（林）王、五官王、阎罗王、变成王、泰山王的审判和惩罚，直到七个斋期结束。这七七四十九天的时间里，亡魂的存在状态在佛教中称作“中阴”，也叫“中有”，意思是众生魂识依照因缘果报，结束上一周期的生老病死后，经过地狱阎王的审判，即将投胎转世到下一周期的生老病死，二者之间亡魂奇特而脆弱的生存状态，就叫中阴。实际上佛教各宗派对中阴是否存在有很大争议。

《地藏菩萨本愿经》云：

此是阎浮提造恶众生新死之者，经四十九日后，无人继嗣为作功德，救拔苦难，生时又无善因，当据本业所感地狱，自然先渡此海。海东十万由旬，又有一海，其苦倍此。彼海之东，又有一海，其苦复

① 《佛说预修十王生七经》，《卍新续藏》第 1 册，第 21 号，第 408 页中—下。

倍。三业恶因之所招感，共号业海，其处是也。[①]

《佛说灌顶随愿往生十方净土经》云："命终之人，在中阴中，身如小儿，罪福未定，应为修福。"[②] 它正好与灵魂出离原来躯壳、父母交媾、怀孕的时间相吻合。

后一阶段是百日斋、一年斋、三年斋，亡魂依次还要接受后面三个阎王——平等（正）王、都市王、五道转轮王的审判惩罚，不过斋仪间隔逐渐拉长，不再像七七斋那般频繁。这也与人在母胎中成形、出生、脱离父母襁褓稳定成长的时间相吻合。后三个斋期，据说是受儒家思想的影响而设立。《论语·阳货》中孔子曰"子生三年，然后免于父母之怀"，故报以三年之丧。志磐援引佛经说："人死七七，然后免于中阴之趣，故备乎斋七之法。至于今人百日、小祥、大祥，有举行佛事者，虽因儒家丧制之文，而能修释门奉严之福，可不信哉！"[③]

如此十斋，所有参与者都会获得各自的利益，佛教寺院和僧人获得法事和供养，宣扬他们真伪参半的教义；亡者得到尊重和祭奠超度；出资施斋者则获得心灵的安宁、忠实教徒和世间孝子的好名声，以及来世幸福的承诺；观听此经者也获得通俗形象的文学熏陶，得到弃恶从善的警示教育。

经文中说，阎罗王奉佛祖指示，率领大小阎魔、狱司鬼卒等，住在南阎浮提洲地下不见光明的黑暗深处，掌管阎魔王国，对人死后魂识进行公正严明的审判，并对其转世投胎的去向有很大的处置决定权。

佛言：于彼冥途为诸王者，有二因缘：一是住不思议解脱不动

① （唐）于阗国三藏沙门实叉难陀译：《地藏菩萨本愿经》卷上，《大正藏》第 13 册，第 412 号，第 779 页上。

② （东晋）天竺三藏帛尸梨蜜多罗译：《佛说灌顶经》卷 11，《大正藏》第 21 册，第 1331 号，第 529 页下。

③ （宋）志磐撰：《佛祖统纪》卷 33，《大正藏》第 49 册，第 2035 号，第 320 页下。

地菩萨，为欲摄化极苦众生，示现作彼琰魔等王；二为多生习善，犯戒故，退落琰魔天中作大魔王，管摄诸鬼，科断阎浮提内十恶五逆。一切罪人，系闭牢狱，日夜受苦，轮转其中，随业报身，定生注死。①

故事当中，把阎罗十王塑造成公正严明的法官，他们运用多种多样的方式反复核实确定亡魂在阳间所犯的一切罪恶，依此审断判决，然后交付狱卒小鬼去执行惩处，同时也对信奉佛法者网开一面，显得有情有义。比如，亡魂在通过鬼门关后，被牛头、马面驱赶着，沿块（快）死天山路径深行五百逾缮那，路途艰险，两茎相逼，破膝割肤，析骨漏髓，如同重死一回。因此，为减轻亡人在这段冥途的痛苦，家属需要在葬礼上为其准备三尺柱杖，上面书写地藏状和随求陀罗尼，以及愿鞋一双，放在墓旁，供亡者取用。山路尽头，奈河之前归第一秦广王管辖，他会“召于亡人坐门关，死天山门集鬼神，杀生之类先推问，铁杖打体难通申”。第二初江王管辖奈河与三个渡口，亡人至此，先有夺衣婆、悬衣翁宣布其罪。偈颂中把牛头、马面押解亡人的原因归结为其生前虐待牲畜，警诫世人牢记因果，善待众生：“引路牛头肩挟棒，催行马头腰擎叉。苦牛食牛牛头来，乘马苦马马头多。无衣寒苦逼自身，翁鬼恶眼出利牙。”在三江间驻守着第四五官王。官厅左右，有秤量舍和勘录舍，勘验并记录亡人罪业轻重。高台之上，七秤排列，能自动低昂，显示斤、两、分，分别对应重、中、轻三罪，预示亡人将会随其所造罪业，堕入地狱、饿鬼、畜生三恶道遭受惩罚。若有亡人对业秤自动称量提出疑问，负责业秤的访罗会再将亡人置于秤盘复验，由勘录舍赤紫冥官勘验无误，光禄司侯记录盖章，形成公文，上奏阎王。

地狱中心的阎魔王国又名无佛世界，也叫预弥国。国如大城，大城四

① （唐）成都府大圣慈寺沙门藏川述：《佛说预修十王生七经》，《卍新续藏》第1册，第21号，第408页下。

面，铁墙围绕，中开铁门。左右两边有檀恭幢，上安人头形人，能见人间，了如指掌。左为太山府君幢，右为黑暗天女幢。太（泰）山原为东夷埋葬死者的坟地，后演变为亡魂所归之处。传说太山上有神灵栖息，下有幽冥世界，掌管羁押鬼魂。在此经当中，泰山王又由管理全部鬼魂的神灵降级为阎罗王下属的十王之一。黑暗天女，原本是婆罗门教的神灵，后被收入佛教当中。二檀恭幢将人间所见所闻悉数报告阎罗大王。这是阎罗王除正常的十王审问流程生死簿记之外的第二种勘验手段。另外，众生自降生以来，就有同生、同名二神，形如童子，总名双童，始终伴随其左右，须臾不离，左神记善，右神记恶，所有行业，皆记在簿，毫无隐遁，上呈给阎罗大王，这成为审断亡人善恶的第三种情报手段。

阎魔王国中心有两大院落，一名光明王院，二名善名称院。阎罗王住光明王院，大殿中央悬光明王镜，也叫大业镜，能照见三世一切。阎罗大王常对镜自鉴心事。大业镜周围八方，各悬业镜。亡人被押解至阎罗大王处受审时，皆令至业镜前右绕一圈，自观其前世所作一切善恶业行，如重临其境，显照无遗，无有差别。至此，愚昧亡人才知道因果报应，果然不爽。早知如此，何敢当初。这是阎罗王审判时所运用的第四种方式。

善名称院住着地藏菩萨。这位菩萨在因地修行时，为救母难，发大誓愿，要度脱一切罪苦众生，然后自身方成佛道。释迦如来临涅槃时，又将娑婆世界难化众生付嘱地藏菩萨度化，直至弥勒佛出世。因此，这位菩萨于二佛之间无佛世界，度化六道众生。又因其安忍不动如大地，静虑深密如秘藏，故名地藏。他和阎罗十王的关系，犹如释迦如来与世间诸王的关系。他超然于幽冥而又能于幽冥世界大悲救度一切苦恶众生。诸阎罗王对地藏菩萨的救度行为，唯有尊敬和赞叹，不会有任何反对和阻拦。

阎王还有第五种方式查明众生善恶。《地藏十王经》中说：

我以阎浮日月所行，正、五、九月，长月十斋，殊向阎浮，于人众同分。为作善福人遣监福监醮使，乘飞面白马至，须臾之顷，见所作业即还，须臾向我说所见福；为作恶罪人遣通奏通府使，至如上使。[①]

这就是说，在三长月十斋日时，阎罗王会派遣使者到人间调查众生善恶。也许是不断修改的结果，到《十王经》经中又说：

我等诸王，皆当发使，乘黑马，把黑幡，着黑衣，捡亡人家造何功德，准名放牒，抽出罪人，不违誓愿。[②]

这就是说，阎罗诸王都有权力派遣使者，骑马打幡，到世间去调查众生善恶，是否修十斋法仪等。使者也由两种变成为一种。

（二）各种斋日

经文中还有第六种勘察众生善恶的方法。四天王巡行国界时，随时记录众生在世间是否受持经典，敬奉三宝，守斋施贫，并报告给帝释天主。从而将天上、地下和人间联系成一个整体。四天王广传流通此经，愿众人受持书写，不杀生害命，祭祀神灵，免除地狱和灾祸，生登高位，富贵长寿，往生豪贵之家，善神守护；命终之后，天王、菩萨接引至净土往生，在那里修行成佛。《佛说四天王经》曰：

斋日责心、慎身、守口，诸天斋日伺人善恶。须弥山上即第二忉利天，天帝名因，福德巍巍，典主四天。四天神王即因四镇王也，各理一方，常以月八日遣使者下，案行天下，伺察帝王、臣民、龙鬼、蜎蜚、蚑行、蠕动之类心念、口言、身行善恶；十四日遣太子下；

① （唐）成都府大圣慈恩寺沙门藏川述：《佛说地藏菩萨发心因缘十王经》，《卍新续藏》第 1 册，No.20，第 405 页中。

② （唐）成都府大圣慈恩寺沙门藏川述：《佛说预修十王生七经》，《卍新续藏》第 1 册，第 No.21，第 409 页中。

> 十五日四天王自下；二十三日使者复下；二十九日太子复下；三十日四王复自下。四王下者，日月五星、二十八宿，其中诸天，佥然俱下。四王命曰：勤伺众生，施行吉凶。若于斯日归佛、归法、归比丘僧；清心守斋，布施贫乏；持戒，忍辱，精进，禅定；玩经散说，开化盲冥；孝顺二亲，奉事三尊；稽首受法，行四等心，慈育众生者，具分别之，以启帝释。①

就是说，每月六日：八、十四、十五、二十三、二十九、三十，天王、使者、天子会轮番出巡，勘察人间善恶。如果在这几日敬奉佛、法、僧，守戒施斋，天王知见，即予善记，报告天帝，再通过相应渠道通知阎罗王。与此相类，《提谓波利经》和《大乘四斋日》称：

> 四时交代，岁终三覆以校，一月六奏。诸天帝释、太子使者、阎罗鬼神，俱用正月、五月、九月，旦日案行王民、龙鬼鸟兽，为善恶者，与四王一月六奏，使无枉错，覆校众生罪福多少。福多者，敕司命下阎罗、五官，除罪增禄。故使持是三长斋。

> 所谓六斋，帝释敕四王各治一方。白月八日，遣使者案察众生善恶；十四日遣太子；十五日王亲临；黑月三日亦如是。若王亲下，星宿鬼神俱时随从。如遇修行斋戒，诸天相庆，即为注禄增算。若国王大臣，于六斋日，敕诸境内，令行不杀。②

《十王经》提到三旬两供，即每月二斋。《地藏十王经》又提到每月十斋，并承诺十斋具足，念佛菩萨名号，免十恶罪，放其生天：

---

①（南北朝）凉州沙门智严共宝云译：《佛说四天王经》，《大正藏》第 15 册，第 590 号，第 118 页中。

②（宋）志磐撰：《佛祖统纪》卷 33，《大正藏》第 49 册，No.2035，第 320 页中—下。

善福众生于十斋日，受持十戒，存当苦悲。一日至心进念定光佛，八日至心进念药师瑠璃光如来，十四日至心进念贤劫千佛，十五日至心进念阿弥陀佛，十八日至心进念地藏菩萨，从旦至食，供养称名，必定不受四恶道苦；二十三日至心进念势至菩萨，二十四日至心进念观世音菩萨，二十八日至心进念毗卢遮那如来，二十九日至心进念药王菩萨，三十日至心进念释迦牟尼佛。如是十斋，修习一年，能持十戒，能念十尊，能除疫病、五病鬼使，得寿百年，得福百秋。命终之后，生诸佛国。①

《大乘四斋日》与此相类，但也有不同，并列出称念佛菩萨名号及所获福德：

一日童子下，念定光如来佛，除斋除罪，四十劫不堕刀枪地狱。八日太子下，念药师琉璃光佛，除斋除罪，三十劫不堕粉草地狱。十四日察命下，念贤劫千佛，除斋除罪，一千劫不堕镬汤地狱。十五日五道大将军下，念阿弥陀佛，除斋除罪，二百劫不堕寒冰地狱。十八日阎罗王下，念观世音菩萨，除斋除罪，九十劫不堕剑树地狱。二十三日天大将军下，念卢舍那佛，除斋除罪，一千劫不堕饿鬼地狱。二十四日太山府君下，念地藏菩萨，除斋除罪，九十劫不堕裁截地狱。二十八日天帝释下，念阿弥陀佛，除斋除罪，一千劫不堕铁锯地狱。二十九日四天王下，念药王、药上菩萨，除斋除罪，七千劫不堕硙磨地狱。三十日大梵天王下，念释迦牟尼佛，除斋除罪，八千劫不堕寒冰。②

① （唐）成都府大圣慈恩寺沙门藏川述：《佛说地藏菩萨发心因缘十王经》，《卍新续藏》第1册，No.20，第405页下。

② 《大乘四斋日》，《大正藏》第85册，第2849号，第1299页下—1300页上。

《地藏十王经》又提出黑白月七日供斋阎罗鬼卒，即能获得无量福德，还有具体供养方法：

> （众生）复能于我及夺魂神名拏吉尼（dakini）众，并传尸鬼名起死鬼（krtya，kicca，vetāla），正月、五月、九月，于白黑七日，至黄昏时，供养我等，所谓香花、金米银钱、银幡银弊、仙果二种（石榴枣果）、清茶，正向北方，皆备诸供，一心顶礼，至心请念大神咒一百八遍。我阎魔王并诸眷属，哀愍纳受供养已后，钱幡弊（币）等，皆是醮之。当尔之时，以本誓力，虽著死簿，反著生书。横死非命，必转延寿。受持不绮语戒之人，必定不受横死非命。

阎罗王教众生受持根本陀罗尼，承诺只要众生日日持念一百零八遍，阎王鬼卒必会护卫此人，若有所求，速疾圆满，若有苦痛，与阿伽陀药，若求园林，若愿浴池，种种众愿，皆令满足。

经文中还提供了另一套称念供养之法：第一秦广王（不动明王），第二初江王宫（释迦如来），第三宋帝王宫（文殊菩萨），第四五官王（普贤菩萨），第五阎魔王（地藏菩萨），第六变成王（弥勒菩萨），第七太山王（药师如来），第八平等王（观世音菩萨），第九都市王（阿閦如来），第十五道转轮王（阿弥陀佛）。

显而易见，经文中月二斋、三长月六斋、月十斋皆有，相互关系也不是很明晰。当然一月二斋最简单易行，三长月斋、月十斋就有些繁多，即使对虔诚的佛教徒来说，也是一种考验；对普通百姓来讲，恐怕更加难以持久。于是折中，就有月六斋、八关斋之说。斋仪为生者和死者所作皆可。众生在生之时为积累功德所设的斋供，可称作预修，以便命终身坏，到冥间受审时，能凭此免除或减轻痛苦，有个好的往生结果。若人死后，亲人为其追福所修七七斋或十斋，可称作逆修。张总、侯冲认为，预修和逆修意义相同。

敦煌卷子中，如S.2489为安国寺患尼弟子妙福发心敬写，S.3147乃界比丘道真受持，S.4805、S.5544为老耕牛超度，国图藏8254、8255号等，这一类《十王经》，题名与其他同类文献有点区别。《佛说阎罗王授记四众逆修生七斋往生净土经》中还有强调了必作十斋及无财事忙无法作斋的替代方案等：

> 预修生七斋，每月二时：十五日、卅日。若是新死，从死依一七计，至七七、百日、一年、三年，并须请此十王名字。每七有一王下检察，必须作斋，功德有无，即报天曹地府。供养三宝，祈设十王，唱名纳状，状上六曹官。善恶童子，奏上天曹、地府冥官等，记在名案，身到日时，当使配生快乐之处，不住中阴四十九日。身死已后，若待男女六亲眷属追救，命过十王；若阙一斋，乖在一王，并新死亡人，留连受苦，不得出生，迟滞一劫。是故劝汝，作此斋事。如至斋日到，无财物及有事忙，不得作斋请佛、延僧荐福，应其斋日，下食两盘，纸钱喂饲，新亡之人，并归在一王，得免冥间业报、饥饿之苦，若是生在之日作此斋者，名为预修生七斋，七分功德，尽皆得之；若亡殁已后，男女六亲眷属为作斋者，七分功德，亡人惟得一分，六分生人将去，自种自得，非关他人与之。

经中明确表示，若为自己预修斋仪，七份功德，全部归己；若人死后，亲属为追福作斋，七份功德，亡人只得一份，六份生人得去。因其亡人前生不信因果，不信佛说，不修功德之故。在《地藏菩萨本愿经》中也有相同的说法：

> 若有男子女人，在生不修善因，多造众罪，命终之后，眷属小大

为造福利一切圣事，七分之中，而乃获一，六分功德，生者自利。以是之故，未来现在善男女等，闻健自修，分分已获。[①]

实际上还是劝诫众生信奉佛法，敬畏因果，莫待身坏命终，由儿女亲属再去逆修追救，功效大减。

三　西夏文《十王经》研究

（一）西夏文本与汉文本比较

目前已经公布的西夏文《十王经》，有三个版本，即俄藏 Инв.№.819、民间拍卖本、定州残页。从译释内容和比对分析看，三个版本的内容都应当是真实的，没有离开原本之义，彼此之间有很多相同或相近之处，完全可以相互印证和补缀。但可以肯定地说，拍卖本和定州本不是西夏或元代的原本，而是近现代有人用旧版重新翻刻的，在价值上远不如俄藏本。

从内容上看，俄藏本最完整，起首偈颂、授记、十斋、十殿阎罗、供善三宝、六菩萨赞叹、读诵抄写流通供养此经、塑画尊像、偈颂、无财有事不能作斋的替代方案、经末两首赞偈，一应俱全，但语言啰嗦，尤其是讲到作斋者身份时，几乎会把所有亲朋好友的称谓都列举出来，目的是要把斋仪功德都回向给众人，可见这是一个为积累功德而抄写读诵的版本。定州本只有 4 页残件，带有插图，有偈颂。拍卖本虽有卷首版画，也有偈颂，但由于缺少后一半内容，而缺少的内容正好是十王名号及审判过程，有无插图亦不得而知。值得注意的是，西夏文本虽然也可分为两种类型，但不能以汉文本依图赞本和纯文本的分类方式来区别。从残存内容看，拍卖本和定州本似属同一体系，二者有 1/3 的内容完全相同，其他部分，拍卖本有的，定州本缺，定州本有的，拍卖本缺，故无法比对。而定州本的

① （唐）于阗国三藏沙门实叉难陀译：《地藏菩萨本愿经》，《大正藏》第 13 册，第 412 号，第 784 页中。

后一部分内容又与俄藏本内容相近，表达方式也基本类似。

在西夏文本中，统统没有五道大神和中阴这样的明确概念，也没有三魂七魄之说。中阴，用四十九日中暂住来代替。但是西夏文本掺入了《阎罗王五天使经》中的部分内容，俄藏本还有阎罗王不受地狱惩戒之内容，这在经典中找不到依据，不知出处何在？《佛说长阿含经·地狱品》云：

> 阎浮提南大金刚山内，有阎罗王宫，王所治处纵广六千由旬，其城七重，七重栏楯、七重罗网、七重行树，乃至无数众鸟相和悲鸣，亦复如是。然彼阎罗王昼夜三时，有大铜镬自然在前。若镬出宫内，王见畏怖，舍出宫外；若镬出宫外，王见畏怖，舍入宫内。有大狱卒，捉阎罗王卧热铁上，以铁钩擗口使开，洋铜灌之，烧其唇舌，从咽至腹，通彻下过，无不燋烂。受罪讫已，复与诸婇女共相娱乐。彼诸大臣同受福者，亦复如是。

也就是说，阎罗王自己在地狱，也要受到苦刑惩处的。只是后来，将阎罗王比拟为世间君王，因此将他的权力和威严尽量扩大，苦罚之事也就消隐不提了。

俄藏本中还有一些内容，是大正藏本所缺少的，但在敦煌卷子中也曾出现。敦煌本 S.2815、S.3147、S.4805 等《十王经》：

> 如至斋日到，无财物及有事忙，不得作斋请佛，延僧建福，应其斋日，下食两盘，纸钱喂饲，新亡之人，并归在一王，得免冥间业报，饥饿之苦。若是在生之日作此斋者，名为预修生七斋，七分功德，尽皆得之；若亡殁已后，男女六亲眷属为作斋者，七分功德，亡人惟得一分，六分生人将去，自种自得，非关他人与之。

《地藏菩萨本愿经·利益存亡品》也如此云：

> 若有男子、女人，在生不修善因，多造众罪，命终之后，眷属小大为造福利、一切圣事，七分之中，而乃获一，六分功德，生者自利。以是之故，未来、现在，善男女等，闻健自修，分分已获。

而西夏文本将此意改作：

> 若有人于七斋会时，应作而未作，或不得办，或无闲暇置办斋会。尔时，此人于作七（斋）会日时，恭请明满佛像及生善（比丘僧）一位至家，于佛像前烧香供养，于斋会时，二份食器中，纸钱并列供养，将此食物依七斋会之日，按仪式相应放置，烧香，应以寿尽者之名义一边放置。若如此作，尔时，先前若有福德，寿尽者之魂识因自利益曾作福善事，阎王见彼之时，心中喜欢，于明满像身及比丘僧读诵经典，于诵经声中感到喜悦，殊胜信乐。依此因缘，亡魂能从地狱饥渴中解脱。若人在阳世时，能作七斋会，则以造作者之名字，依此法行，则作者得七分福。若子，若父母，若兄弟，若姑表姐妹，若孙曾孙辈，若甥舅，若僧，若友朋及乐于相助者，若弟子，若周围之人等，造作善福，七分之中，寿尽者只得一分，造作者得六分也。云何也？犹如种谷，谁种谁收，不种者则不应得。福乃有地所依，享福者自所作也，他人不有也。

换言之，如此情况下作斋，也须请僧人参加，才能奏效。

在名词翻译上，阿弥陀佛、如来、世尊译作明满、度有坏和出有坏。菩萨摩诃萨译作菩提勇识或大勇识。拘尸那伽罗城（Kuśinagara）的阿维跋提河又译作上茅城宫城（生喜）河，这明显是采用意译。拘尸那伽罗城是世尊入灭之处，又叫上茅城、角城，以出产上等茅草而闻名。阿难译作具寿庆喜。地藏菩萨译作地中菩提勇识。阎罗王（Yama-rāja）译作阎魔、狱帝、狱主。夜叉、罗刹译作百施、害施。比丘、比丘尼译作善起、善起女，居士男女译作善近、善近女。檀恭幢译作地事观听舍，秤量舍译作时罗荒野神石盐化舍。

十阎王名号，有音译有意译，有音意合译，尚无法确定其语源。秦广王，西夏文作[illegible]（tshinikhu），意译为“要等碧”；初江王，西夏文作[illegible]（wəwan），意译为“享赶”；宋帝王，西夏文作[illegible]（tsiewəwan），意译为“礼享赶”；五官王，西夏文作[illegible]（khukiwan），意译为“碧卷赶畜”；阎罗王，西夏文作[illegible]，意译为“狱帝”；变成王，西夏文作[illegible]（phisiewan），意译为“平（毗）施王”；泰山王，西夏文作[illegible]（thinsiawan），意译为“泰山府公”；平等王，西夏文作[illegible]（phinisiwowan），意译为“平等正赶畜群”；都市王，西夏文作[illegible]（thonsiewan），意译“都市赶畜”；五道转轮王，西夏文作[illegible]（tsioniliuwan），意译则“五趣道主悟者转等攻击赶畜”。

另外，俄藏本对阎罗王的解释，不单纯是采用《十王经》，同时也采用了《地藏十王经》，例如《十王经》中说：

> 佛言：于彼冥途为诸王者，有二因缘：一是住不思议解脱不动地菩萨（第八不动地），为欲摄化极苦众生，示现作彼琰魔等王；二为多生习善，犯戒故，退落琰魔天中作大魔王，管摄诸鬼，科断阎浮提内十恶五逆。今此琰魔天子，因缘已熟，是故我记来世宝圆，证大菩提。汝等人天不应疑惑。

俄藏本在承认两种说法的同时，又说：

> 所谓做阎王者，因毁犯戒律，依业所成。应知此阎王，于此地底下五百逾缮那处，有白色地宫，住于其中大宝城中。

此处解释与《地藏十王经》的说法相同，实际上否定了前述八地菩萨大悲降生地府，摄化极苦众生之说：

> 尔时十王、诸罗刹娑、冥官司候从座而起，合掌向佛而白佛言："世尊！我等诸王，或权或实，如实类等，受苦难忍，何离苦宫，归无为家？"尔时世尊告诸王言："汝等先世，见他恶苦，悦为自乐，劝他造恶，闻他善憎，闻有得死，以为欢乐，贪心惜财，瞋恚失理。如是等众生，得生阎魔国。"

《十王经》及敦煌本 S.2003、P.2870 等皆曰：若阙一斋，滞在一王，留连受苦，不得出生，迟滞一年。而西夏文本及敦煌本 S.4890、S.5544、S.5585、北 8254 等，将"一年"改作"一劫"。可见，这两种说法在流传之诸版本中都有存在。

西夏文本所举六大菩萨，与汉文本略有不同，汉文本有"龙树菩萨"，西夏文本没有；而西夏文本有"慈氏菩提勇识"，汉文本却没有。其他，汉文本译作陀罗尼菩萨、常悲菩萨、金刚藏菩萨，西夏文本译作总持主菩提勇识、常慈悲菩提勇识、金刚王菩提勇识，意义完全相同。

（二）三种西夏文本之比较

拍卖本中有序言，讲述了一个灵验故事。正文内容相当于俄藏本的 30–1 张左面第 1 行至 30–14 张左面第 6 行的内容。

俄藏本有起首偈和"上报皇帝国恩，在地府中住者，处大多盐盘中者，先令读诵思惟此偈句"。拍卖本无。俄藏本题名中有明满佛，拍卖本写作地藏菩萨，但也有地藏菩提勇识。除个别表达和词语不同以外，其他内容基本一致。

就定州本而言，其 4 纸残页顺序错乱，需重新调整排列。为便于研究，笔者把它们按页细分成六部分。

第一部分，第 4–3 页第 11–22 行，即从“应令十斋会具足无缺”至“依此一一斋供，供养三宝等，则福德不可思议”。重点讲十斋会具足供奉，功德不可思议。

第二部分，第 4–4 页整个页面，即第 1–18 行，全是残行。它上接 4–3 页第 22 行，下至“下食两盘”，(纸钱喂饲。) 告诫人生在世时，必须为自己或亡人修十斋仪，不得有缺失遗漏。否则将依业受报，遭受地狱苦罚。

以上两部分，共 30 行，与上一节所说的拍卖本第 28、29、30、31、32 页内容完全相同，也就是说，有 1/3 多的内容是相同的，因此它们可以互相补充。但其中有 11 行内容在行款排列上相差 2 个字符，大概是因为地狱府司小字双行排列占位不等所导致。

第三部分，第 4–2 页第 7–24 行，共计 18 行。从此以下的内容，都是拍卖品所缺少的。它正好上承第 2 部分，中间似缺似不缺，直接从恶业凡夫颠倒信邪，死入阿鼻地狱开始，“行妖法占察观星以现魔语中”至“若人书写此经，或令他人书写等，命终后一念须臾刹那之间，即生天上”，下面正好承接第 4 部分“天王恒接引”。主要讲述凡夫在世，恶多善少，死后要下地狱受苦。若是持经念佛，供养三宝，能作十斋会，则命终后不受地狱苦罚，超生天上，享受安乐。它与汉文本的意义虽很相似，但在文字表述上却无法一一对应。而且，顺带一提的是，此经汉文本表述本身也很混乱，并不准确，很多说法也违背佛教基本教义。

第四部分，第 4–3 页第 1–10 行，共计 10 行。它上接 4–2 页第 24 行，从“天王恒引接，菩萨捧花迎”开始，至“我等诸王，皆当发使，乘黑马把黑幡，着黑衣，捡亡人家，造何功德，准名放牒，抽出罪人，不违誓愿”。再次向世人强调，修造此经能免除地狱之苦，超生天界，天王善神守护，并能依其所愿，至诸佛净土世界修行，直至证果成佛。下面与 4–1 页不相连贯，中间缺少斋检十王中的前三王之长行与偈颂。

第五部分，第 4–1 页第 1–18 行，中间配有插图，并有榜题，但无法辨识，一望即知是十王、地狱类经典。图左有 6 行文字，其中 2 行为长行叙述，4行是偈颂，讲第四五官王和他的业秤能称量人间罪恶。图右12行，讲第五阎罗王威严审判亡魂及亡魂惊恐畏惧之情景，其中提到同生神或俱生神，始终记录人的善恶，并悉数报与阎罗王，以此警告世人莫作恶事，多供养三宝，多修十斋仪，以免此生命终之后，地狱受苦。

第六部分，4–2 页第 1–6 行，总计 6 行。其内容上接 4–1 页第 18 行，继续讲第五阎罗王审问亡魂之恐怖场景，亡魂诈言推卸罪过，夜叉罗刹驱赶亡魂至业镜前自观其所作罪过及即将遭受的地狱苦刑，亡魂惊怖，以致昏厥。残页到此结束，后面缺少第六至第十王，以及两首结颂。

定州本第 4–3 页第 11–22 行，共计 12 行，与拍卖本 43–28、43–29 页，内容和行款都完全一致。因此，根据拍卖本，可补充定州本此一部分残缺的内容。同理，根据定州本此一部分残存的内容，也可补充拍卖本上部残缺之内容，可谓是相得益彰。

四　结语

综上所述，《十王经》汉文两种版本均出自成都府大圣慈寺沙门藏川口述流传，然后分别发挥创作，形成不同版本，完成时间大致在 756 年。三种西夏文本，也可分为两类，但不能像汉文本一样按图赞本和纯文本来区分。俄藏本应当是一个为作功德而抄写的文本，语言啰嗦。拍卖本和定州本，均为近代翻刻，但系属同一版本，两者有 1/3 的内容完全相同，定州本另外 2/3 的内容是拍卖本所缺少的，且与俄藏本内容相近，只是语言表达更简洁。在思想上，两种文本都包含法、报、应三身与体、相、用三大之说，融摄人天因果、中观、唯识、如来藏、净土、密教和民间宗教等思想，还包括天尊、寄库等词，表明撰造加工此经者，将各种佛教思想和儒、道及其他思想陆续掺入此经，说明疑伪经的复杂属性及其与社会联系的密切性。

《大乘修心利器轮》与菩萨自他相换法门

丹　增

上海大学道安佛学研究中心荣誉研究员

摘要：本文提供了噶当派重要修心法门《大乘修心利器轮》的汉译本，以及当代佛教界富有教理学识与修证经验的大德桑杰年巴仁波切的讲解汉译本，并在开头简要介绍了自他相换法门的源流和理论依据、重要性和修持特点。

关键词：修心利器轮；自他相换；噶当派；菩提心

《大乘修心利器轮》是具足稀有修心证量的古印度瑜伽师达玛拉器怛（法护）所造修持大乘二种菩提心的精华要义的殊胜法本，法护尊者传于阿底峡尊者，阿底峡尊者极为珍视，精进修持，生起菩提心的真实证德。由阿底峡尊者传入西藏，最初授予仲敦巴大师，并由仲敦巴译出藏文本，成为噶当派中自他相换法门与中观空性正见结合实修的重要原典。

噶当派对西藏后弘期佛教的最重要贡献之一即是菩提心的实修教授和传承，菩提心的修持按宗喀巴大师在《菩提道次第广论》中的总结，主要有两种：源自弥勒、无著传承的七重因果教授以及由文殊、寂天传承的自他相换法门。寂天菩萨在那烂陀寺修行时广阅大乘佛经，编录了《集菩萨学论》，并自撰偈颂体的《入菩萨行论》十品，该论以如何发菩提心以及如何修菩萨六波罗蜜行作为主题，成为噶当派着力修持和弘扬的大乘论典，被列为噶当六论之一，风靡藏区各教派。

《入菩萨行论》中修持菩提心的方法即是静虑品中所阐发的自他相换法门，如说：“所有世间乐，悉从利他生，一切世间苦，咸由自利成。何须更繁叙，凡愚求自利，牟尼唯利他，且观此二别！若不以自乐，真实换他苦，非仅不成佛，生死亦无乐。”把自他相换的法门上升为成佛必经之门径。又说：“若人欲速疾，救护自与他，当修自他换，胜妙秘密诀。”认为自他相换是令自他成就的殊胜心要密诀。

寂天菩萨的《入菩萨行论》也成为后世修习自他相换法门的圭臬，那么此法有哪些佛经依据呢？依据宗喀巴大师的大弟子贾曹杰在《入行论释佛子正道》中所述，《入菩萨行论》主要依据《华严经》，尤其自他相换的法门在《华严经》中多有宣说。如四十卷本《大方广佛华严经·入不思议解脱境界普贤行愿品第四十卷》：“若诸众生，因其积集诸恶业故，所感一切极重苦果，我皆代受，令彼众生悉得解脱，究竟成就无上菩提。”在该经第二十五卷，善财童子于菩提道场亲近守护一切众生大愿精进力光明主夜神，其神讲述自己于古世过世界海极微尘数劫，宝光明世界，曾为太子，名为能胜性，见国中牢狱，多有罪人，受于刑罚，号叫苦剧。太子心生大悲愍，愿以自身受戮，而救众狱囚之罪苦。在《入菩萨行论》中讲以自乐真实换取他人之苦时，提到《月灯三昧经》中菩萨比丘妙花月的公案：“一苦若能除，众多他人苦，为利自他故，慈者乐彼苦。妙花月虽知，国王有害意，然为尽众苦，不惜殉自命。”而在《大宝积经·不动如来会》中，不动菩萨往昔于广目如来会中最初发菩提心，立大誓愿，披甲精进，其中有一愿说：“世尊！我今发一切智心，乃至无上菩提，若见诸罪人将被刑罚，不舍身命而救护彼，则为欺诳一切诸佛。”而且这一不可思议的誓愿，如言成就，经中佛说：“舍利弗！时彼菩萨修此大行，乃至未证无上菩提，无一众生将被刑罚不救护者。”

从上所引经论可知，菩萨以自乐真实换他苦的修持，是令人震撼的菩萨行，所以在《华严经》中，善财童子已发菩提心，而为了学菩萨行，在文殊菩萨指引下参访诸多大乘善知识时，开示自他相换的菩萨修行，属于常人所难行。虽然在道次第的传承中重视将《入菩萨行论》中自他相换的思维理路作为发菩提心的方便,《入菩萨行论》中却是放在精进品后的静虑品中。

《入菩萨行论》在阐发自他相换法门时，主要考察观修自他平等、自他相换的可行性和理趣、思维修习自他相换的方法以对治我执、在实际中修持自他相换的方法这几个方面。以上内容皆不出大乘显教的范围。《大乘修心利器轮》显然是结合了密法来观修自他相换，比如论首礼敬文言“敬礼忿怒阎魔敌！”以及以孔雀驯服毒素转为羽毛的庄严比喻勇猛的菩萨能够取烦恼转为道用，在中间祈请诸佛智慧法身的化现护法阎魔敌以象征无我事业利器的颅杖摧灭众苦的根源我执。

《大乘修心利器轮》结合种种详细的业果——从“身患难忍病痛时”起下文 39 个偈子，发挥“所有世间乐，悉从利他生，一切世间苦，咸由自利成”偈颂的含义，可以说非常契合初学者的根基，也是对寂天《入菩萨行论》的补充。修持利他菩提心的障碍品即是我执或者说爱我执，即较于他人而偏爱自己的自私心。《入菩萨行论》说：“世间诸灾害，怖畏及众苦，悉由我执生，留彼何所为？我执未尽舍，苦必不能除。”《大乘修心利器轮》说：“如是真敌我抓获，潜匿诳贼我抓获，伪装成己之骗子，欸玛无疑是我执。”认为我执才是造成轮回众苦的根源，是我们真正的敌人，是善于伪装的骗子，是潜匿在我们心中的恶贼。从“虽能遣至三恶趣受苦，不知畏惧奔驱于彼因，肇祸分别头上锵锵打，真敌屠剑之心令消灭”这一偈开始，一共 36 偈，将凡夫平常种种过失，归结为祸首我执分别引发之过，从而祈请本尊以智慧法器击打消灭之，文句用词威猛有力，极为精彩深刻。在消灭我执修持后，策励起自他相换菩萨行的修持，如：“一切过错归于一,一切有情修大恩，众所不欲吾心取，善根回向遍有情。”“如是众生由三门，三世造恶吾取受，愿如孔雀毒翎羽，烦恼转助大菩提。吾之善根施众生，如药疗治食毒鸦，愿悉获持解脱命，速证善逝正觉位。”皆与大乘经论相对应。

直至“彼时善趣一切诸众生，极善修习无我愿同吾”之前的偈文皆可归为道次第的方便分所摄，为修持世俗菩提心的支分。在此偈之后，转入胜义菩提心即缘起无自性的中观空正见的修持。“喂此一切皆缘起，了悟缘起无自立，往来妄相乃幻事，如旋火轮现影像。”由缘起之门了悟诸法无自性。“如是彼虽无自性，水满碗中月影现，业果虽妄纷然显，唯显当行取舍啊。”业力因果虽无自性，但纷然显现丝毫不谬，所以仍应如理取舍因果。“业与因果若遍察，亦无一与异自性，似显于法起生灭，似有领受诸生灭，唯显当行取舍啊！”“境与有境法性不可得，尽离取舍亦离诸戏论，心于本来性中无造作，空朗朗住当成大士夫。”显示空性根本定中二现泯灭，无一法可得。这样阐释了修持空性的方法。

《大乘修心利器轮》具足世俗和胜义两种菩提心的殊胜实修口诀，属于噶当口诀派早期秘密传承的修心法本，十分珍贵。为了让读者更好理解其要义，译者翻译了当代著名实修成就者第十世桑杰年巴仁波切的讲记作为参考。

第十世桑杰年巴仁波切于 1964 年出生在不丹，由十六世噶玛巴认证，也得到顶果钦则仁波切的悉心栽培，精通宁玛派和噶举派显密教法，是噶玛噶举派中享有盛誉的大学者和持戒精严的成就者，经常应僧众和信众祈请传授大藏经《甘珠尔》和《丹珠尔》的口诵传承，以及《大宝伏藏》等密法灌顶和教授。仁波切目前常驻锡于尼泊尔加德满都圣地的边钦寺，摄受僧众和信众，讲经传法不断。

比丘丹增宗炬撰于加德满都 Pharping 塔立禅院，2024 年 8 月

《大乘修心利器轮》汉译本

古印度法护尊者造

仲敦巴尊者藏译

丹增宗炬汉译

敬礼三宝！

《命中怨敌要害的利器轮》

敬礼忿怒阎魔敌！

孔雀游步剧毒林，药草芳园虽妙美，
诸孔雀群不喜彼，摄取毒汁以生活。
菩萨趣入生死林，安乐祥园虽美妙，
诸菩萨众不爱彼，菩萨生活于苦林。
是故受取安乐者，怯懦力故转苦恼，
受取诸苦之菩萨，英勇力故常安乐。

在此贪欲如毒林，菩萨驯服如孔雀，
懦夫丧命如乌鸦，爱自岂能服此毒，
如是若食余烦恼，如鸦失坏解脱命。
是故菩萨如孔雀，于如毒林诸烦恼，
转为精华入生死，取而摧坏彼诸毒。

今无自在而轮转，执我此乃魔仆使，

当弃爱自贪适乐，为他利故取苦行。
业所驱逼烦恼常串习，一切同分众生诸苦恼，
今当堆聚贪乐之我上。
倘若发起爱自私心时，遮之尽施吾乐于众生。
轮回恶报成熟于我时，散乱自招当奉庆称快。

身患难忍病痛时，乃是伤害众生身，
恶业利器转回我，一切病痛我取受。1
自心生起苦恼时，必是恼乱他人心，
恶业利器转回我，一切苦恼我取受。2
遭受猛烈饥渴时，课税劫盗及悭吝，
恶业利器转回我，一切饥渴我取受。3
王公役使迫害时，嗔害奴役下弱者，
恶业利器转回我，当役身命行利他。4
耳闻不悦言辞时，谗言离间等语罪，
恶业利器转回我，当自呵责诸语过。5
若生任何不净境，不净显现常串习，
恶业利器转回我，当唯修习清净观。6
有恩亲友分离时，他人眷属作离间，
恶业利器转回我，他人亲眷莫离间。7
大德胜士不喜我，弃舍正士依恶友，
恶业利器转回我，今当远离诸恶友。8
他人诬谤过恶时，自昔讥毁诸正士，
恶业利器转回我，莫再诬蔑毁谤他。9
必需物资虚耗时，侵损他人诸资具，
恶业利器转回我，今当成办他物资。10
心不明了不悦时，是曾令他造罪恶，

恶业利器转回我，当为他除罪恶缘。11
所作不成心闷乱，胜士善业作中断，
恶业利器转回我，一切障碍应断除。12
任何所作上师悉不悦，曾于正法阳奉而阴违，
恶业利器如今转回我，今当表里如一修正法。13
众人言语反对时，是极无惭又无愧，
恶业利器转回我，于不防护当羞惕。14
眷属无间怨恨时，是昔投向劣心行，
恶业利器转回我，当断劣行修善行。15
所有亲眷变成怨敌时，是昔心怀不善恶毒意，
恶业利器轮转回自己，今当灭除狡诈奸诳心。16
痰痨瘤癌水肿恶疾时，无戒放逸虚受信施财，
恶业利器轮转回自己，盗取三宝物等应断除。17
忽被疫疠染身时，衰损誓戒之所作，
恶业利器转回我，诸不善业应断除。18
于诸所知慧愚蒙，乃行应弃诸恶法，
恶业利器转回我，今当修习闻等慧。19
行法时被睡眠盖，是集障碍正法业，
恶业利器转回我，当为正法行难行。20
欣乐烦恼散乱粗大时，未修无常轮回诸过患，
恶业利器轮转回自己，今于轮回应起大厌离。21
任何修作皆退堕，乃是损害业因果，
恶业利器转回我，当于集福勤奋力。22
法事作而成颠倒，乃是寄望黑恶类，
恶业利器转回我，今当远离黑恶类。23
祈祷三宝未如愿，乃于佛教未真信，
恶业利器转回我，今当唯依止三宝。24

念晦魔祟发生时，造罪于本尊密咒，
恶业利器转回我，一切恶念当摧毁。25
流浪奔波无自由，驱赶师等离住处，
恶业利器转回我，莫再驱他离自境。26
霜雹等灾发生时，未能如理护誓戒，
恶业利器转回我，誓言戒律当净持。27
欲求大而财用乏，不修布施供三宝，
恶业利器转回我，应当精勤修供施。28
色貌丑陋眷轻贱，造劣圣像嗔怒扰，
恶业利器转回我，今后造像应耐心。29
凡事贪嗔悉动恼，固执暴恶劣性情，
恶业利器转回我，今后必当根除之。30
任何修行不契入，下劣见解所附身，
恶业利器转回我，任何当为利他作。31
虽修善行心不调，现世骄慢热心取，
恶业利器转回我，今当致力求解脱。32
观察心态欲求生懊悔，喜新厌旧无耻攀高位，
恶业利器轮转回自身，今后交友轨则应恭谨。33
被人狡惑欺诳时，自爱我慢太贪婪，
恶业利器转回我，任何我相当谦小。34
闻讲却随贪嗔动，至心不思惑魔过，
恶业利器转回我，应观违缘令断除。35
诸贤善行转恶报，乃是恩将仇报之，
恶业利器转回我，今当总起报恩行。36
总之苦事临头时，犹如铁匠自剑杀，
恶业利器转回我，于诸恶业应谨防。37
处三恶趣受剧苦，亦如箭士自箭杀，

恶业利器转回我，故于恶业应慎防。38
在家之苦临头时，如养子孙杀父母，
恶业利器转回我，今后理应常出家。39

如是真敌我抓获，潜匿诳贼我抓获，
伪装成己之骗子，欸玛无疑是我执。
今以业之利器旋头顶，忿怒相状颅顶转三次，
张二谛足睁开权智眼，四力獠牙龇咧刺真敌。
威伏真敌明咒王，轮回森林不自由，持事业杖迅奔驰，
钩召剧毒我执魔，祸害自他背信者。
召之召之忿怒阎魔敌，击之击之摧击我执心，
肇祸分别头上锵锵打，真敌屠剑之心令消灭，
吽吽大本尊汝起神变，喳喳降伏此敌令守誓，
呸呸一切系缚请救脱，嗡嗡实执诸结祈断除，
祈请本尊忿怒阎魔敌，流转轮回充满业污泥，
业与烦恼五毒此皮囊，今时即请呷呷撕裂之。

虽能遣至三恶趣受苦，不知畏惧奔驱于彼因，
肇祸分别头上锵锵打，真敌屠剑之心令消灭。1
贪乐大而未集彼因聚，坚忍小而贪图恶欲大，
肇祸分别头上锵锵打，真敌屠剑之心令消灭。2
欲求急而修行精进小，作务多而无一达完竟，
肇祸分别头上锵锵打，真敌屠剑之心令消灭。3
喜新厌旧无羞情谊短，饕餮大而劫盗嗔怒寻，
肇祸分别头上锵锵打，真敌屠剑之心令消灭。4
巧言拐说谄曲心狡诈，勤于聚敛却被吝啬缚，
肇祸分别头上锵锵打，真敌屠剑之心令消灭。5

功劳小而吹嘘大表功，成绩无而骄傲展威风，
肇祸分别头上锵锵打，真敌屠剑之心令消灭。6
依师多而不知誓言担，弟子多而饶益将护小，
肇祸分别头上锵锵打，真敌屠剑之心令消灭！ 7
承诺大而有益修行小，名声大而察之鬼神耻，
肇祸分别头上锵锵打，真敌屠剑之心令消灭！ 8
听闻少而夸夸其谈多，学教寡而未解妄言解，
肇祸分别头上锵锵打，真敌屠剑之心令消灭！ 9
眷属多却无一能听从，官长多却无一可依靠，
肇祸分别头上锵锵打，真敌屠剑之心令消灭！ 10
地位高而功德比鬼小，称号大而贪嗔比魔粗，
肇祸分别头上锵锵打，真敌屠剑之心令消灭！ 11
见解高而行为比犬劣，功德多而根基随风去，
肇祸分别头上锵锵打，真敌屠剑之心令消灭！ 12
所有意图悉堕于自利，一切行绕无义成笑柄，
肇祸分别头上锵锵打，真敌屠剑之心令消灭！ 13
着袈裟却向鬼求救护，受戒律却行持取媚魔，
肇祸分别头上锵锵打，真敌屠剑之心令消灭！ 14
天赐之安乐却奉恶鬼，法为引导许而欺三宝，
肇祸分别头上锵锵打，真敌屠剑之心令消灭！ 15
常住佛寺心却散乱跑，求正法典却行卜筮苯，
肇祸分别头上锵锵打，真敌屠剑之心令消灭！ 16
弃解脱道舍戒著居家，离安乐河奔趋入苦海，
肇祸分别头上锵锵打，真敌屠剑之心令消灭！ 17
弃解脱门径而游边地，得宝贵人身已修地狱，
肇祸分别头上锵锵打，真敌屠剑之心令消灭！ 18
正法善利舍而营商利，上师道场离而游俗邑，

肇祸分别头上锵锵打，真敌屠剑之心令消灭！ 19
弃自正命转而夺他财，舍自父食反而盗他食，
肇祸分别头上锵锵打，真敌屠剑之心令消灭！ 20
修行耐心小而神通利，道未入而无义奔忙疾，
肇祸分别头上锵锵打，真敌屠剑之心令消灭！ 21
学善益而执取嗔心敌，被欺诳却无知报答彼，
肇祸分别头上锵锵打，真敌屠剑之心令消灭！ 22
依为自众密语向敌说，交为亲好无耻盗心肺，
肇祸分别头上锵锵打，真敌屠剑之心令消灭！ 23
气量狭小分别念粗大，难以相处常发恶脾气，
肇祸分别头上锵锵打，真敌屠剑之心令消灭！ 24
劝而不听暗里反加害，顺则不恭远之则抱怨，
肇祸分别头上锵锵打，真敌屠剑之心令消灭！ 25
不乐劝教恒常难交往，易多触怒恒常执不舍，
肇祸分别头上锵锵打，真敌屠剑之心令消灭！ 26
高下大而胜德执为怨，贪欲大而意欲娶少女，
肇祸分别头上锵锵打，真敌屠剑之心令消灭！ 27
情谊短而故友远抛弃，重新交而言谈甚温甜，
肇祸分别头上锵锵打，真敌屠剑之心令消灭！ 28
无神通而自取妄语过，无悲愍而击摧信者心，
肇祸分别头上锵锵打，真敌屠剑之心令消灭！ 29
听闻少而处处瞎指点，学教少而普遍生邪见，
肇祸分别头上锵锵打，真敌屠剑之心令消灭！ 30
串习爱憎他方遍讥毁，串习嫉妒他人加诬谤。
肇祸分别头上锵锵打，真敌屠剑之心令消灭！ 31
不学教而毁谤广大法，不依师而轻毁诸法教，
肇祸分别头上锵锵打，真敌屠剑之心令消灭！ 32

三藏不宣臆造妄编撰，净相不修评议妄毁訾，
肇祸分别头上锵锵打，真敌屠刽之心令消灭！ 33
非法之业却不作呵责，善说正法却种种毁破，
肇祸分别头上锵锵打，真敌屠刽之心令消灭！ 34
应羞耻处却不觉羞耻，非可羞处倒执为羞耻，
肇祸分别头上锵锵打，真敌屠刽之心令消灭！ 35
可应作事一件也不作，非理之事一切皆造作，
肇祸分别头上锵锵打，真敌屠刽之心令消灭！ 36

苦哉我见恶魔能摧灭，善逝法身具足大能力，
无我事业利器持颅杖，毫不犹豫头上旋三次，
大威猛势消灭此怨敌！大般若智摧灭恶分别！
大悲愍心祈救脱恶业！定将我见粉碎无遗余！
轮回忧苦痛恼尽所有，祈请决定堆集我执上！
众生烦恼五毒尽所有，亦请定集于此我执上！
如是一切罪恶本，如理认定已无疑，
却仍被彼所捉执，祈粉碎彼能执魔！

一切过错归于一，一切有情修大恩，
众所不欲吾心取，善根回向遍有情。
如是众生由三门，三世造恶吾取受，
愿如孔雀毒翎羽，烦恼转助大菩提。
吾之善根施众生，如药疗治食毒鸦，
愿悉获持解脱命，速证善逝正觉位。
乃至吾与曾为父母众，未于色究竟天证菩提，
彼时虽于六道随业转，愿悉一心一一相摄受。
彼时为利一有情，纵吾遍历三涂苦，

大菩萨行永不退，恶趣诸苦我度脱！
愿彼地狱诸守卒，于吾即生尊重想，
刑器刀戈化花雨，无伤无害安乐增。
愿诸恶趣获神通总持，得人天身发起菩提心，
吾以正法报答彼等恩，持吾为师尊重而依止。

彼时善趣一切诸众生，极善修习无我愿同吾，
悉不分别有相与寂相，平等性中愿修三摩地，
平等性中见自本来面。
若尔必将摧灭彼怨敌，若尔必将灭除妄分别，
修习无分别智无我故，云何不获色身妙因果。

喂此一切皆缘起，了悟缘起无自立，
往来妄相乃幻事，如旋火轮现影像。
命如芭蕉无坚实，聚即坏灭如朝露，
远观为美如阳焰，如镜中像似真实，
又如云烟假停留。
真敌死主亦如是，似有任何时非有，
似真任何处非真，似显远离增损境，
于此业轮乃何有？

如是彼虽无自性，水满碗中月影现，
业果虽妄纷然显，唯显当行取舍啊。
梦中劫火炽燃时，无自性仍怖灼热，
地狱等虽无自性，烧煮等怖应断除。
中暑昏迷虽无暗，如游深洞遍蒙蔽，
无明等虽无自性，应以三慧除迷乱。

乐师唱起喜悦歌，细察彼声无自性，
不察聚合妙声起，能消闻者心苦恼，
业与因果若遍察，亦无一与异自性，
似显于法起生灭，似有领受诸生灭，
唯显当行取舍啊！
如以水滴装满瓶，非第一滴能满瓶，
亦非最后等诸滴，缘起聚合满其瓶，
如是领受苦乐果，非是因之初刹那，
亦非最后刹那等，缘起合聚受苦乐，
唯显当行取舍啊！

哎玛不察独一喜，此诸显现无心实，
然仍似有而显现，劣慧难见此深法。
若即平等安住此，虽唯定显又何有？
有亦何有无何有？立言是非又何有？
境与有境法性不可得，尽离取舍亦离诸戏论，
心于本来性中无造作，空朗朗住当成大士夫。
如是世俗菩提心，胜义菩提心修行，
无碍究竟二资粮，愿得二利极圆满。

所谓《命中怨敌要害的利器轮》，于可怖之野兽出没之森林岩穴中，具足教证之瑜伽大士达玛拉器怛（法护）汇集殊胜上师之语教，于浊世恐怖之森林中作修持。彼传予阿底峡，阿底峡亦为了度化难调伏之众有情故，无偏地作修持，生起证德之偈作如是云：

吾弃王政修习苦行时，集福德已值遇胜上师，
依此正法甘露受法灌，今已自能对治得独立。

于诸宗派不堕其偏党，智慧广延普门修学时，
奇妙无量我时多见证，于此浊世是法生饶益。

于印藏中不可思数之弟子内，得薄伽梵母度母等无量本尊受记且具器之弟子乌巴希嘎仲敦巴胜生，及与藏域边隅粗暴之所化机，赐此调伏法，传译者亦即胜者父子二人也。

觉沃具德阿底峡，传仲敦巴胜生，传博朵瓦，传夏热瓦，传伽喀巴，传季普巴，传拉钦波，传拉众生怙，传额觉巴，传堪布玛敦，传堪布智金刚，传堪布佛宝，传名称吉祥，传胜贤，传努确隆巴福宝，彼传迅奴嘉乔贡却梆，此为法护上师修心卷。

《大乘修心利器轮》讲释

法护尊者造

桑杰年巴仁波切讲释

敬礼三宝！

《命中怨敌要害的利器轮》

首先于敬礼之境三宝，三门以大虔敬作顶礼。敬礼的必要性，即由敬礼最胜皈处三宝之力，修心者能将修心之深妙要义结合进自己之心流而作修炼，从而获得三宝的加持。

敬礼的果实，清净的修心若与自心结合，能够广大利益无边的有情，以修心的力量根本拔除六道的轮回，令一切于三宝相应的境界得自在，为此缘故敬礼三宝。

所谓“命中怨敌要害的利器轮”者，譬如战斗时，诸善巧兵器战术者

善能摧伏怨敌，对于饶益与挚爱之亲友、怨嫌和嗔恨之仇敌，以及非怨非亲之中庸者如是等一切有情，皆能成办广大利益，特别是修持甚深之修心要义能摧毁我执之心，即此也。

总地说，消灭我执之心的方法分为：下部宗义传承之法门、共乘之法门以及口诀派之法门三种，在此说的是最后一种。从小乘宗义来说，必须依靠对治法来断除所断品，譬如小乘经论中说贪欲之对治须修不净、嗔恚之对治须修慈心、愚痴之对治须修缘起。

而从口诀派的传规来说，属于苦因的分别心、恶业、违缘障碍等以及属于苦果的疾疫和痛苦等，不是由寻求对治而断除，而是依止甚深方便而能转为道用，这即是甚深的修心关键。若有此方便，以彼之力能够不必消灭我执而自性寂灭，并且由了知所断之实相而不必区分所断与对治二者、即所断自地寂静，此是从甚深口诀之法门所出。

譬如，嗔恚之自性为何呢？若了知本来即胜义实相及无合无离，不须追求断除所断，即彼所断本身能转为对治之道，此乃修心之甚深要义。若能如此转为道用，即说名为犹如利器之轮。

敬礼忿怒阎魔敌！

总之，文殊师利是般若智慧之本尊，若要成就极为深细之智慧则必须示现威猛忿怒文殊阎魔敌，是故“敬礼忿怒阎魔敌”。当知不必依止对治而知将所断本身转为对治道，此乃胜义阎魔敌，彼之显相即是忿怒本尊阎魔敌，在此敬礼彼也。

1.

孔雀游步剧毒林，药草芳园虽妙美，
诸孔雀群不喜彼，摄取毒汁以生活。
菩萨趣入生死林，安乐祥园虽美妙，

诸菩萨众不爱彼，菩萨生活于苦林。

是故受取安乐者，怯懦力故转苦恼，

受取诸苦之菩萨，英勇力故常安乐。

孔雀群游步于剧毒树林时，药草的芳园再如何美丽、悦意、芳香等具足圆满，诸孔雀悉不生欢喜，因为彼等非以花园生活，乃是以有毒汁液而生活。如此比喻许诺修心的诸大菩萨摄取外内之恶缘等并修习遮除、了知转为道用，彼等趣入轮回生死之丛林时，再如何名声美妙以及眷属受用等圆满之人天安乐，悉不生爱著，彼等乃是生活于苦林故。

那么是如何生活？为其他有情之义利而行无量难行，乃至为一有情之利益而需要趣入无间地狱时，亦如鹅雁跃入莲花池塘般欢欣跃入故也。其余唯求自乐并且不能取受他苦、心力弱小之懦夫——诸声闻独觉是自赎自苦者，以彼等之道不能获得究竟安乐之遍智果位故。

若尔，必须自愿取受他苦，摄取方法为何？首先修习自他平等，其后修持自他相换，具有此等修心之菩萨，彼等由英勇之力而恒常安乐。英勇之力为何？

“菩提萨埵住平等，修习之力若圆满，

于实执魔所摄者，尤其特别生悲愍。”

修习与证悟空性之智慧不二之大悲之力能取他苦，以及依彼而圆满资粮净除诸障之力能获得遍智佛果，是以智慧之力受取他苦。

2.

在此贪欲如毒林，菩萨驯服如孔雀，

懦夫丧命如乌鸦，爱自岂能服此毒，

如是若食余烦恼，如鸦失坏解脱命。

是故菩萨如孔雀，于如毒林诸烦恼，

转为精华入生死，取而摧坏彼诸毒。

就共乘而言，应视贪欲等烦恼为过患而修遮止之对治法以断除之，而在此诸菩萨大勇士由了知贪等五毒烦恼之自性本来即五智以及无合无离之力，犹如孔雀巡游或受用剧毒森林般，如实了知贪等烦恼之自性之诸大勇士能够服化烦恼五毒而转为道用。乌鸦食毒则死之譬喻是显示若不如实了知贪等烦恼自性，虽视贪等为过患并依止部分对治法努力断除却不能断之。

“那些唯为自利而希求解脱与一切智之果位者如何能驯服贪等烦恼！”此义乃说以错误之方式不能受用贪等烦恼。若观烦恼为过患则不能获得一切智之果位也。以贪欲为例，嗔等其余诸烦恼亦同理，如乌鸦者则失坏解脱之命根，如孔雀受用毒林般，诸菩提萨埵由智慧之力圆满，将贪等烦恼转为精华养分，是为关键。

如何转化耶？若五毒烦恼转变为五智之体性，则虽趣入轮回苦林亦不染轮回之过患。有境错乱所遍摄之轮回与有境颠倒为相之轮回二者之自性是贪等烦恼，若知彼等烦恼之自性本来清净，则不被轮回过患所染着。是故，以般若慧力虽不观烦恼为过患，摄取烦恼，而以自性不成立、本来清净之智，摧毁此耽著烦恼为自相有的对境迷乱之毒。

3.

今无自在而轮转，执我此乃魔仆使，
当弃爱自贪适乐，为他利故取苦行。

被无明与能所分别所主宰而不由自主地流转即轮回，能流转之因是于无我而执我之心，安立此我执心谓为魔之仆使。此仆使须令弃舍爱自贪求适乐之心，其因为何？若已趣入大乘道，此道的主要障碍是贪求自乐和贪求舒适之心，故须弃舍！

在断法中布施供养自己的身肉和血时，为了弃舍贪爱自乐和舒适等心而观想切碎自身血肉骨头而请（本尊护法及六道众生）享用，有这样的回向做法。那么要取何种行为呢？为了其他一切有情之义利，身语意三门决定应于正法摄取三行：难行苦行、下定决心、精勤刻苦。

4.
业所驱逼烦恼常串习，
一切同分众生诸苦恼，
今当堆聚贪乐之我上。

由生起并串习烦恼之力而积累诸业，因此无自在地流转轮回，是谓驱逼或流浪。所谓众同分，比如所有人类是互相同分或同类，诸地狱有情互相为同分，总的来说可以这么理解，但在此处，一切六道众生是同分，因为是依于因无明和二取而首先生起烦恼，中间串习烦恼之力而积集业，最后流转轮回，所以说是同类的。同分流转之一切有情之因业烦恼与彼所生果诸苦恼，当堆积在菩提萨埵吾所有之贪爱适乐与美好之我执上。

这样的修持是极具大能力的，比如说我们头痛时思维：愿其他一切有情的头痛都成熟于我身上，这仅是缘苦果而修，所以能力小；而此口诀之传规不须观其他有情之苦而修取，而是思维将苦因本身——任何贪爱安乐适悦等之我执心，愿皆成熟于吾自之我执心上，这是能力极大的，能以遮因之力而遮果故。

5.
倘若发起爱自私心时，
遮之尽施吾乐于众生。

倘若在这么修持的时候，由于（无始以来）串习我执的势力而又再生起“应该息除我的痛苦”“我要获得人天的乐果”“我要获得解脱与遍智的果位”等自私自利之心时，必须修持“吾之乐与乐因尽施他人，他人的苦与苦因我取受”以遮遣之。

6.
轮回恶报成熟于我时，
散乱自招当奉庆称快。

比如当自己如何饶益眷属弟子众却反过来得到与所愿相违的回报，这里眷属可作直接与间接之化解。对于任何众生作了饶益，却得到相反的伤害的回报时，应奉庆称快自心曰：“心啊，你无始轮回以来，就是这么串习，散乱造恶，从而不由自主地招此报应。你这样的我执之心，不正需要这样的回报吗？”“奉庆”一词指须生起气概而想：“我执的你正需要这样的回报呀！”这正是修心口诀之主要及最难修持的。

正如说“最好的老师是击中过错者，最殊胜的教言是命中过错者”。当利益对方却被回报以伤害时，若能自己思维“我执啊，你正需要这样的回报”，这就是“最好的老师是击中过错者”，比如箭命中要害，一切教言要命中自己的过失与罪恶。

7.
身患难忍病痛时，乃是伤害众生身，
恶业利器转回我，一切病痛我取受。

当自己身患难忍的病痛时，是今生及过去诸世中造作无量伤害众生身体的恶业之利器转回于我（的报应），那现在就将其他众生的所有病苦都取到我身上吧！就像过去的果仓巴大师在地上挖一坑坐于其内，让一切虫蚁都聚到他的身上吸食其血；以及第八世噶玛巴米觉多杰在舌头肿痛时发愿一切众生舌肿痛等所有病苦都成熟于我身上，由此解脱舌疾的历史公案，应作修持。

8.

自心生起苦恼时，必是恼乱他人心，

恶业利器转回我，一切苦恼我取受。

自己心生苦恼时，必定是自己往昔恶口伤害其他有情等恼乱对方心情之恶业利器返回自己，现在应将其他有情之所有苦恼都取到我心中。

9.

遭受猛烈饥渴时，课税劫盗及悭吝，

恶业利器转回我，一切饥渴我取受。

当自己遭受猛烈的饥饿与干渴之苦时，是往昔自己向他人课税差役、抢劫与偷盗，以及悭吝财食之恶业利器轮转报应于自身，现在应无余地取受其他众生的饥渴之苦到自己身上。

10.

王公役使迫害时，嗔害奴役下弱者，

恶业利器转回我，当役身命行利他。

被国王、大臣、军官与法官等王公所役使和迫害受苦时，是往昔自己拥有权力时嗔害与奴役下位弱小者之恶业利器轮转报应于自己，今当役使自己的身命去行利他。

11.

耳闻不悦言辞时，谗言离间等语罪，

恶业利器转回我，当自呵责诸语过。

当自己的耳朵听到嗔恚语、粗暴语和辱骂语等不悦之言辞时，是往昔自己造集谗言离间等语恶业之利器回报于自己，今当呵责自己的语过失。

12.
若生任何不净境，不净显现常串习，
恶业利器转回我，当唯修习清净观。

有些人到任何地方去，总是只看到不美好、听到不悦耳等不清净的部分，而清净的部分却不会现起，如果发生这种情形，乃是自己常时只注意不净显现的恶业利器转回到自身的果报，今当唯修习清净观也。

13.
有恩亲友分离时，他人眷属作离间，
恶业利器转回我，他人亲眷莫离间。

饶益自己的好友和近亲等长时分离而不能和睦共处的因缘发生时，是往昔自己离间拆散他人本来和睦相处的眷属之恶业利器转回自己身上了，今后更莫离间他人亲眷。

14.
大德胜士不喜我，弃舍正士依恶友，
恶业利器转回我，今当远离诸恶友。

如理开示善道之善知识和诸菩萨于我起不欢喜时，是自己往昔舍弃殊胜善士而亲近依止邪师恶友之恶业利器转回自己，现在起应当远离颠倒开示见、修、行三法的邪师和诸恶友！

15.

他人诬谤过恶时，自昔讥毁诸正士，

恶业利器转回我，莫再诬蔑毁谤他。

无说为有是增益，有说为无是损减，自无过恶而他人作种种诬蔑毁谤发生时，是自己往昔讥毁善知识为主的其他补特伽罗之恶业利器转回自己也。增损诬谤是修行之魔，今后应于一切修持清净观而莫再讥毁他者。

16.

必需物资虚耗时，侵损他人诸资具，

恶业利器转回我，今当成办他物资。

世间里来说，为自利而使用和消费物资不算虚耗，修菩萨行时，任何物品若不是为利他而使用而是自利享受的话，则是虚耗了。现在自己的必需物品和资具无义虚耗时，是往昔自己侵损消耗他人物资之恶业利器转回自身，那么今后当毫无吝啬地布施物资用具给其他有情。

17.

心不明了不悦时，是曾令他造罪恶，

恶业利器转回我，当为他除罪恶缘。

听闻时不能如实理解文义，虽理解而于修习时不能于所修义心生定解等，是谓心不明了。耳闻如何修习慈悲菩提心与空性之道理等殊胜口诀时，以及如彼修持时心生不喜。这是往昔令其他士夫作罪恶与嗔恨等之恶业利器转回自身，今后应自修善业，并安置他人于善行中也。

18.
所作不成心闷乱，胜士善业作中断，
恶业利器转回我，一切障碍应断除。

自己闻思修三种所作，以及为利他所作的事业，开了头却不能毕竟完成，看到他人获得头衔地位、受用、名誉以及善行等时，内心闷乱，这是往昔障碍殊胜士夫的善业而造的恶业利器转回自我，今后必须于他人成办闻思修等善业而深生欢喜随喜之。

19.
任何所作上师悉不悦，曾于正法阳奉而阴违，
恶业利器如今转回我，今当表里如一修正法。

上师本身不论有何功德过失，依止自己的上师后须起真佛想，在此想之摄持下无论作任何供养与承侍，而上师却心不喜悦时，是往昔言行不一于正法阳奉阴违之恶业转回我自身的缘故，今后应该表里如一地修行正法！

20.
众人言语反对时，是极无惭又无愧，
恶业利器转回我，于不防护当羞惕。

不依于他而自于不善业感到羞耻是知惭，心想三宝已经见知而于不善业感到羞耻是有愧。自己做了贤善的事，其他人却都说没有做，发生这样的言语反对报复时，是往昔极无惭无愧之恶业利器转回自身矣，那么今后

应对于在他人面前行善断恶而自己独处时却不行善不断恶这样的不防护行为感到羞耻警惕！

21.
眷属无间怨恨时，是昔投向劣心行，
恶业利器转回我，当断劣行修善行。

有些人无间快速地不和睦而分裂离异，是自己往昔对他人心怀恶意、作出恶劣的行为之恶业利器轮转回自己，今后无论作何事皆应断除不吉祥的恶业并成办善妙的所作。

22.
所有亲眷变成怨敌时，是昔心怀不善恶毒意，
恶业利器轮转回自己，今当灭除狡诈奸诳心。

有些人与自己关系亲近却变成了怨敌，乃是外现美善行为而内怀恶劣动机与心思之恶业利器轮回自己，今后应当对自己狡诈恶劣的思想和行为感到猛力愧悔而努力守护自心。

23.
痰痨瘤癌水肿恶疾时，无戒放逸虚受信施财，
恶业利器轮转回自己，盗取三宝物等应断除。

自身染患痰湿、肿瘤癌症、痨疾、水肿等恶病时，乃是自己的修行未达扼要、未作清净回向而放逸地受用信施之恶业利器轮转回自身矣，今后应断除盗取他人之供品等恶行。他人为作回向故供奉任何实物，若未为彼作回向，亦说等同盗取。

24.

忽被疫疠染身时，衰损誓戒之所作，

恶业利器转回我，诸不善业应断除。

忽然被瘟疫疠病（有很多种类）感染命中自身，乃是衰损誓言戒律之所作——身语意三门之不善行为之恶业利器轮回自身，今后应当断除诸不善业。

25.

于诸所知慧愚蒙，乃行应弃诸恶法，

恶业利器转回我，今当修习闻等慧。

对于世间与出世间的知识，无论怎么作闻思修却发生不解、不知、不闻等心智愚蒙时，彼等心智被蒙蔽之现象乃是修行应弃之法暨应断之业烦恼却不断除之恶业利器转回自己，今后应依止闻思修三慧以尽诸过失。

26.

行法时被睡眠盖，是集障碍正法业，

恶业利器转回我，当为正法行难行。

于殊胜正法作闻思修时被睡眠所压伏，是于正法无殊胜法想、无信解、无恭敬，以及诽谤正法等恶业之利器轮回自身，今后应当像至尊米拉日巴与胜者果仓巴那样于正法修行难行苦行。

27.

欣乐烦恼散乱粗大时，未修无常轮回诸过患，

恶业利器轮转回自己，今于轮回应起大厌离。

在此，烦恼不是仅仅指贪等烦恼，应知令心不堪能和令心无自在之一切分别，以及由彼之力所起一切颠倒的身语之行为皆是。于彼等烦恼生欣乐，以及耽著并散乱于作为轮回与恶趣之因的不善业，前者是由于未念轮回过患而起，后者是未念一切有为是无常而起。今后为了遮止欣乐烦恼及散乱二者故，必须于轮回之因业和烦恼以及彼之苦果心生厌离。

28.
任何修作皆退堕，乃是损害业因果，
恶业利器转回我，当于集福勤奋力。

由闻思修等门令身语意三趣向正法之方便无论如何依止修作，都不能遮止现世之烦恼散乱，反而成为生起烦恼散乱之助伴；无论作何集资净障都不能相应，无论作何闻思修行也不能相应时，噶当派上师们说任何甚深的法也没有比业果更深，修行不能取得成效，乃是损害轮回之因果与涅槃之因果二者之恶业利器转回自己故，今后应当由了知业因果而发奋努力积集福德。

29.
法事作而成颠倒，乃是寄望黑恶类，
恶业利器转回我，今当远离黑恶类。

30.
祈祷三宝未如愿，乃于佛教未真信，
恶业利器转回我，今当唯依止三宝。

法事分为二种，世间之法事是为消除今世的热病炎症及违缘障碍等以及为长寿健康富裕等而作之方便法门，出世间之法事是灭除以我执为主的业和烦恼之方便法门——修习证悟无我之智慧等。作了此二种法事却不成清净反成颠倒的原因，是见修行颠倒寄望于黑恶类之恶业利器转回自身。今后当唯依止三宝，亦即上师总集、本尊总集、空行护法总集之如意宝王是三宝，其功德与加持未周遍处是没有的。

31.

念晦魔祟发生时，造罪于本尊密咒，

恶业利器转回我，一切恶念当摧毁。

比如在修法时生起不安乐感而怀疑是龙、妖怪和鬼魅等伤害，这是念晦魔祟发生。再者，烦恼现前即是念魔发生，由彼所生业之一切所作即是晦魔发生，业和烦恼所生一切遍计分别与彼等之迷乱显象即是发生念晦魔祟，梦中见到像文殊者而心想已经成就本尊了，这也是发生念晦魔祟。

总之，一切期望与疑虑之念头都是发生念晦与魔祟，据说断法与修心这两种修持最大的障碍就是期望与疑虑的分别念。觉沃噶当派之传承中说到，上不期望天、下不怀疑鬼。为了降伏鬼神魑魅等而修本尊和持咒，这是于本尊和密咒造集罪业。因此当发生分别念晦与魔祟时，是这样的恶业利器转回自身，今后应当摧毁一切恶分别念。

32.

流浪奔波无自由，驱赶师等离住处，

恶业利器转回我，莫再驱他离自境。

犹如无权势无能力之人般，无有自由地流浪奔波时，是驱赶上师等善知识离于住处之恶劣之业转回自己。这里直接开示不应驱离善知识等，间接开示了不可恩将仇报。

33.

霜雹等灾发生时，未能如理护誓戒，

恶业利器转回我，誓言戒律当净持。

地水火风之怖畏灾害等诸不欲事降临自身时，是不遵循业果而造作违背正法之身语意行之恶业利器转回自身。然而如《吉祥天母祈祷文》曰：

“五浊恶世至末时，僧人衰坏师誓戒，

世人弃舍惭与愧，彼时天母心发忿，

饥病战乱如云动，彼等乃汝之神变。”

说衰坏誓言，弃舍惭愧，由于天母示现神变而出现饥荒、疾病、争乱等是天母所作。但本品颂文却非此义，而是自己不守誓戒之恶业果报成熟于自身也。今后，皈依三宝而随得之誓言学处应当如理守护，同样地，受菩萨戒后应当修持彼诸誓言学处，依止密咒与坛城之诸誓言应当真实守护。誓言的意思即显示应须令作正直和真实。

34.

欲求大而财用乏，不修布施供三宝，

恶业利器转回我，应当精勤修供施。

虽然有想成为转轮王般的大欲求，却不能如愿成办的贫乏之苦发生时，乃是下不施乞丐、上不供三宝之恶业利器转回自己，今后自己所拥有的物资等，为了成就义利故，应当勤造供养和布施之业。

35.

色貌丑陋眷轻贱，造劣圣像嗔怒扰，

恶业利器转回我，今后造像应耐心。

总之如果色貌丑恶，特别是他人仅仅见其面容即起不悦意和恚怒，成为被周围眷属轻贱者，乃是往昔自心嗔忿暴怒，以及造佛菩萨圣像时面容手臂等歪斜不正，造像之量不均衡对称等之恶业利器转回自己矣，今后造像和建造坛城，应令庄严悦意，须能无吝啬地布施金银等材质来建造。

36.
凡事贪嗔悉动恼，固执暴恶劣性情，
恶业利器转回我，今后必当根除之。

无论做什么都会发动贪嗔分别，这是暴恶的劣性情——轮回的根本我执分别附身而令发起贪嗔之分别念，固执的害处是虽修法但法不能调伏自心而随恶缘而走，固执这样的暴恶劣性之恶业利器转回自身也，今后无论如何应当把我执之分别断除之！

37.
任何修行不契入，下劣见解所附身，
恶业利器转回我，任何当为利他作。

无论做什么修行都不达扼要或不正确的原因是什么呢？是与菩萨之见修行三者相违之下劣见解附体或说自心执著之恶业利器轮回自身，今后身语意无论如何行为皆应唯是为了利他而作！

38.
虽修善行心不调，现世骄慢热心取，
恶业利器转回我，今当致力求解脱。

虽做闻思修等善行，却不能调伏自心，其因乃是总即动机错误，别则修法为了获得现世骄慢——缘取头衔地位、美名称谓、物质享受等而修行，这样的恶业利器轮回自己，今后应当专心致力于希求解脱、从诸苦中解脱。

39.

观察心态欲求生懊悔，喜新厌旧无耻攀高位，

恶业利器轮转回自身，今后交友轨则应恭谨。

修法前观察心态欲求或动机时，心生懊悔，是不知羞耻，喜新厌旧，有些人才见面刚认识，就变得像熟络故旧般，不能守护自相续。攀高位，比如不善修皈依、业果和四谛，只爱谈说大手印、大圆满、无上密续等，这样的恶业利器轮转回自身也。今后对于身的行仪、语的言谈等威仪路，与任何人结交时的交友轨则礼范应当殷重恭谨而行。

40.

被人狡惑欺诳时，自爱我慢太贪婪，

恶业利器转回我，任何我相当谦小。

由于他人的行为而成为自己迷惑或懊恼的因，在此，他人对自己欺诳以美言令色等的原因是往昔自己太过自爱、我慢贡高、太贪婪即不知足的恶业利器转回自己，今后身语意任修何法，我相当令谦下变小，应居于他人不见不闻之隐身山峦中，少言谈而唯一心修持菩提心。

41.

闻讲却随贪嗔动，至心不思惑魔过，

恶业利器转回我，应观违缘令断除。

听闻、讲说以及修习正法时，不能成为摧伏贪嗔烦恼的因反而被贪嗔动摇，亦即成为生起贪嗔之因，乃是未能至心思维贪等烦恼魔之诸过患的恶业利器转回我自己，今后对于修行正法之违缘不顺品（有时会视为顺缘）应当以智慧观察分析而断除之。

42.
诸贤善行转恶报，乃是恩将仇报之，
恶业利器转回我，今当总起报恩行。

做了饶益了对方以及赞美对方等善行，却得到伤害与诽谤过失等恶之回报，发生这样的情况时，是往昔世中自己恩将仇报于他人的恶业利器转回自身，今后无论他人如何伤害自己都应该思维是修法的顺缘，绝不做恶行报复，而要总起报恩的善行。总之当自己圆满安乐时，由乐乘中不失正法，生起难忍之苦时，由苦乘中不失正法，以乐乘苦乘悉令法行究竟圆满。

43.
总之苦事临头时，犹如铁匠自剑杀，
恶业利器转回我，于诸恶业应谨防。

无论自己做或未做恶事，以及无论自己有或没有彼过失，当被他人极端诬陷诽谤等一切不乐苦事降临时，譬如造剑的铁匠被自己造的剑所杀害，乃是恶业利器轮转回自己，今后应该舍命防护、断除一切罪恶之业。

44.
处三恶趣受剧苦，亦如箭士自箭杀，

恶业利器转回我，故于恶业应慎防。

处在三恶趣中须长时无间领受猛烈剧苦，也是犹如自造之箭杀害了自己的比喻，乃是恶业利器转回自己，因此像不想要苦果般，应当完全断除苦因恶业。

45.
在家之苦临头时，如养子孙杀父母，
恶业利器转回我，今后理应常出家。

虽不欲求生老病死诸苦仍降临头顶，此亦如所养育的子孙等杀害父母般，是恶业利器转回自己，今后应常出离其家至于非家。又虽未行剃发与染衣等，若能真正修行薄伽梵所说见修行之正法，即是胜义比丘。总之，对于任何世物皆不爱执不耽著者，即所谓少欲知足者，亦即彼出家。

46.
如是真敌我抓获，潜匿诳贼我抓获，
伪装成己之骗子，欸玛无疑是我执。

47.
今以业之利器旋头顶，忿怒相状颅顶转三次，
张二谛足睁开权智眼，四力獠牙龇咧刺真敌。

如是前文所说之因相，以自智之力认出我执是真敌，贪等烦恼犹如骗子般伪装成自己而行欺骗，如今获得具八暇十满之人身，值遇佛陀正法，听闻了善知识的教授口诀，此烦恼之仇敌我亦能抓获之，此伪装成自己而显示与我相似之面貌、行仪、姿势、相状从而行欺骗之骗子毫无疑问即是

我执，在实修时业之利器转于头颅上，意即自己所造的一切恶业为了不在未来世领受而必须令其于今世成熟。

此亦皆以忿怒本尊为喻故，智慧以忿怒之状三次旋转于我执头上。张开二足是表二谛，双眼是方便和智慧二者，四獠牙龇咧着表四力，此说须以彼刺入我执真敌身中。

48.

威伏真敌明咒王，轮回森林不自由，持事业杖迅奔驰，

钩召剧毒我执魔，祸害自他背信者。

威伏我执仇敌的明咒之王亦须于轮回的森林中不自由地奔走，并须令一切恶业之利器皆成熟于自己，那么由谁来承受呢？由名为魔鬼的我执剧毒鬼来承受，故说钩召祸害自他的此我执背信弃义者。

49.

召之召之忿怒阎魔敌，击之击之摧击我执心，

肇祸分别头上锵锵打，真敌屠刽之心令消灭，

吽吽大本尊汝起神变，喳喳降伏此敌令守誓，

呸呸一切系缚请救脱，嗦嗦实执诸结祈断除，

祈请本尊忿怒阎魔敌，流转轮回充满业污泥，

业与烦恼五毒此皮囊，今时即请呷呷撕裂之。

通常说到忿怒尊之仪轨时，有制作魔怨之俑体为所缘境，并以铁钩、绳索、锁链、铃等做捆缚和击刺等事业，在此是做击刺我执分别之怨敌之头等。

“召之召之”是钩召我执仇敌，通达空性之智慧与无缘大悲双运而显现为文殊忿怒阎魔敌。“击之击之”，击打我执真敌之心脏，于肇祸分别之

我执怨敌之头上锵锵揍打，仇敌死主我执之心令消灭，胜义大本尊以通达心性实相之智慧降伏我执怨敌令安住誓言。“呸呸”祈请救脱一切系缚，“嗦嗦”祈断除坚固之我执，祈请忿怒本尊——通达空性之智慧与无缘大悲双运而显现为文殊忿怒阎魔敌降临，祈今时现在就呷呷地撕裂流转轮回——此充满业之污泥的业与烦恼五毒之皮囊！

50.

虽能遣至三恶趣受苦，不知畏惧奔驱于彼因，
肇祸分别头上锵锵打，真敌屠刽之心令消灭。

我执能令招受三恶趣之苦却不知怖畏，并且虽然从无始轮回至今已极多次堕入三恶趣中，却不生怖畏，仍然将业烦恼执为胜妙，此乃串习我执邪魔之力而引起。因此要在肇祸之我执分别的头上锵锵打之，令真敌屠刽我执之心消灭也！

51.

贪乐大而未集彼因聚，坚忍小而贪图恶欲大，
肇祸分别头上锵锵打，真敌屠刽之心令消灭。

无论是谁都欲求幸福快乐并且没有人追求痛苦，虽希求安乐幸福却不知必须造集彼因善资粮、净除障碍，于修习解脱与一切智之因正法，缺乏坚忍，不能行诸难行，于恶趣之因业烦恼之串习却大能坚忍和刻苦。要在这样的我执分别的头上锵锵揍打之，令此真敌屠刽我执之心速消灭也！

52.

欲求急而修行精进小，作务多而无一达完竟，
肇祸分别头上锵锵打，真敌屠刽之心令消灭。

欲求急者，比如心想今生要证悟，或今年、这个月及今天就要证悟，这样的想法即非常急欲，但是对于能成彼欲之因即修行善法却被懈怠和散乱所转即为精进小。无戏论之修持做不到，有戏论之作务很多且欢喜为之，且做这些有戏论之修行时也不能完竟所做。于这样的肇祸分别之头上要锵锵打，真敌屠剑我执之心要令消灭！

53.

喜新厌旧无羞情谊短，饕餮大而劫盗嗔怒寻，
肇祸分别头上锵锵打，真敌屠剑之心令消灭。

非常喜新厌旧、无羞愧心、情谊短暂，则不能修炼纯熟，譬如结伴交友才一个月即变成怨敌，修行也是一个月也坚持不了。有很大的饕餮之心，对于寻求盗窃和抢掠他人财宝以及嗔怒等则很有能耐和努力。在这样的我执分别头上锵锵打之，真敌屠剑我执之心令消灭也！

54.

巧言拐说谄曲心狡诈，勤于聚敛却被吝啬缚，
肇祸分别头上锵锵打，真敌屠剑之心令消灭。

巧言是指说好听的话以获取别人的钱财，拐说是指拐弯抹角地说话以骗取他人的钱财，狡诈的心思很大！根本不知满足，对于积聚财富受用物资等很有能力，而对于布施他人却被吝啬缚住自心。在这样的我执分别头上锵锵打之，这样的真敌屠剑我执之心令消灭也！

55.

功劳小而吹嘘大表功，成绩无而骄傲展威风，

肇祸分别头上锵锵打，真敌屠刽之心令消灭。

功劳小指不能利益他人，甚至仅布施百元就手臂发抖。吹嘘表功是指对自己所做的事在在宣说表功。自己无成绩是指自己所做的事并没有显示出贤善的好结果，却贪心地想着已经完全成功而展示出骄傲和威风的样子。在这样的我执分别头上锵锵打之，这样的真敌屠刽我执之心令消灭也！

56.
依师多而不知誓言担，弟子多而饶益将护小，
肇祸分别头上锵锵打，真敌屠刽之心令消灭！

曾依止众多上师善知识却不能守护三昧耶誓言，比如很多人说过去曾依止彼为我之上师但我与他二人已经不和合，同样地，自己有很多弟子但饶益将护之恩惠却很小，比如上师须为弟子宣说应机度化之正法而调伏弟子的相续，以及令彼心中之功德增长等作多门之饶益，却不能如是饶益之。在这样的肇祸分别我执之头上锵锵打，真敌屠刽我执分别之心令消灭也！

57.
承诺大而有益修行小，名声大而察之鬼神耻，
肇祸分别头上锵锵打，真敌屠刽之心令消灭！

在三律仪的修行上做了众多数量的承诺，却于实修上不能如其做到。名声很大指“他做了广大的闻思修”这样的名声很大，但若考察之，鬼神都感到羞耻，原因是什么呢？没有做真正有义利的实修故。这样的肇祸分别我执之头上锵锵打，真敌屠刽我执分别之心令消灭也！

58.

听闻少而夸夸其谈多，学教寡而未解妄言解，

肇祸分别头上锵锵打，真敌屠剑之心令消灭！

有的人于正法的听闻很少却夸夸其谈，表现的大藏经《甘珠尔》在头脑中转动（满腹经纶）的神色；学教寡指心中对一切教理毫无定解，却未解妄言悟解而乱作一通解释。在这样的肇祸分别我执之头上锵锵打，真敌屠剑我执分别之心令消灭也！

59.

眷属多却无一能听从，官长多却无一可依靠，

肇祸分别头上锵锵打，真敌屠剑之心令消灭！

自己有很多眷属，在说需要酥油时却一个听的人都没有；自己有很多官长，在遇到困难时却一个能依靠的也没有。发生这样结果的原因乃是自己的我执分别，于彼头上锵锵打之，于真敌屠剑我执分别之心令消灭也！

60.

地位高而功德比鬼小，称号大而贪嗔比魔粗，

肇祸分别头上锵锵打，真敌屠剑之心令消灭！

自己地位高、敬重承侍者众，但毫无功德乃至比鬼还小；自己有着上师、堪布、祖古与仁波切等大称号，但心续中贪嗔却比魔还粗大。在这样的肇祸分别头上锵锵打，真敌屠剑我执分别之心令消灭。

61.

见解高而行为比犬劣，功德多而根基随风去，

肇祸分别头上锵锵打，真敌屠刽之心令消灭！

对诸法的见解并非真的很高，而是在宣称有很高的见地时，见行二者不能一致，行为比犬还恶劣；以及宣称在大手印大圆满和大中观等的修行上很有功德而功德之根基四谛的修持却被风刮走无影无踪了。在这样的肇祸分别头上锵锵打之，真敌屠刽我执分别之心脏里击灭之！

62.
所有意图悉堕于自利，一切行绕无义成笑柄，
肇祸分别头上锵锵打，真敌屠刽之心令消灭！

嘴里说着利他和慈悲等这些意愿言辞，但一切都仅仅是作为牟取自利的方便，转绕念诵等一切利他之修行表相都成为无义，在具慧与观察力的补特伽罗看来，只是沦为笑柄。在这样的肇祸分别之头上应锵锵打，真敌屠刽我执分别之心要令消灭！

63.
着袈裟却向鬼求救护，受戒律却行持取媚魔，
肇祸分别头上锵锵打，真敌屠刽之心令消灭！

身上穿着法衣等着袈裟已，应向三宝寻求救护，却向住在江河山岩大树里的地神等求救护。受持了三律仪而不能实修彼等之取舍学处，行持犹如在取悦恶魔般。在这样的肇祸分别之头上应锵锵打，真敌屠刽我执分别之心要令消灭！

64.
天赐之安乐却奉恶鬼，法为引导许而欺三宝，

肇祸分别头上锵锵打，真敌屠剑之心令消灭！

安乐、幸福及富足乃是天尊三宝所赐予，却把这些供品供奉给恶鬼。曾誓言许诺在轮回中要以正法为引导，却造作不善业而欺诳三宝。在这样的我执分别头上锵锵打，真敌屠剑我执分别之心令消灭！

65.
常住佛寺心却散乱跑，求正法典却行卜筮苿，
肇祸分别头上锵锵打，真敌屠剑之心令消灭！

虽常时身住于佛寺寂静之地，心却想着如何方便能获得高位、名誉、利养受用等，被这些散乱卷跑了。为了调伏烦恼故请求了正法宝典，在要帮助众生时却不依正法而作，却行卜筮打卦等外道法术。在这样的肇祸分别头上要锵锵打之，真敌屠剑我执之心要令消灭！

66.
弃解脱道舍戒著居家，离安乐河奔趋入苦海，
肇祸分别头上锵锵打，真敌屠剑之心令消灭。

制止恶行之戒律、摄集善法之戒律以及饶益有情之戒律，此三律仪是解脱道，却舍弃之而执著居家轮回法；安乐之河即是唯一修正法，却舍离彼河去修作伏怨护亲等事。在这样的肇祸分别头上要锵锵打之，真敌屠剑我执之心要令消灭！

67.
弃解脱门径而游边地，得宝贵人身已修地狱，
肇祸分别头上锵锵打，真敌屠剑之心令消灭。

心托付于三宝并修持皈依学处乃是解脱之门径，弃舍彼而唯修作今生之事业故说游走边地；获得宝贵人身时应当为自他义利而修行解脱与一切遍智的果位，不修行彼而发起三毒烦恼造集无量不善业，而修地狱。在这样的我执分别头上锵锵打，真敌屠剑我执之心要令消灭！

68.

正法善利舍而营商利，上师道场离而游俗邑，

肇祸分别头上锵锵打，真敌屠剑之心令消灭。

正法的殊胜善利即是自他相换的修持，舍弃此转而为了自利与自乐故对他人起恶劣之意乐加行，此即是营作商利。在上师座前请求了灌顶、口传、引导和教授等，理应修行汲取心要，舍离实修而游走于乡邑城市。在自己之修证未达坚固之前而游走城乡则贪嗔分别将增长，善法之修证也会前有后衰、前无难生，于此肇祸的我执分别头上锵锵打，真敌屠剑我执之心要令消灭！

69.

弃自正命转而夺他财，舍自父食反而盗他食，

肇祸分别头上锵锵打，真敌屠剑之心令消灭。

自之正命者谓依止乞食，放弃此转而夺他财者，谓以种种方便夺取他人之地位、名誉及物质受用等。同理依靠强行劫夺等手段，或以巧言赞美等门盗取他人之财宝，非沙门与正士之行为。在这样的我执分别头上锵锵打之，真敌屠剑我执之心要令消灭！

70.

修行耐心小而神通利，道未入而无义奔忙疾，

肇祸分别头上锵锵打，真敌屠刽之心令消灭。

在山岩洞穴中修行时，出现外、内、密的征相以及秘密之分别念等时，不能忍耐修行，因此而发生疾病、中断，以及心之凶兆等，这是修行耐心少的过患。同理有漏的神通很锐利，解脱与一切智之道基还未摄入，而无义之奔波忙碌东走西走而浪费时间。在这样的我执分别头上要锵锵打，真敌屠刽我执之心要令消灭！

71.

学善益而执取嗔心敌，被欺诳却无知报答彼，

肇祸分别头上锵锵打，真敌屠刽之心令消灭。

由动机贤善而给予利益之学处，反过来却执取嗔心怨敌，被欺骗却无知或无心似的反而去报答彼。在这样的我执分别头上要锵锵打，真敌屠刽我执之心要令消灭！

72.

依为自众密语向敌说，交为亲好无耻盗心肺，

肇祸分别头上锵锵打，真敌屠刽之心令消灭。

互相以爱心与信赖而当作自家人来依靠时，却把一切心里话向怨敌宣说，心意欣悦而结交为友，却无耻地盗彼心肺者谓盗取一切秘密而向他人宣说。在这样的我执分别头上要锵锵打，真敌屠刽我执之心要令消灭！

73.

气量狭小分别念粗大，难以相处常发恶脾气。

肇祸分别头上锵锵打，真敌屠刽之心令消灭。

气量狭小指由地位、名誉、物质受用等引发嫉妒，同样由学法上也会引起嫉妒，比如想到他比我在闻思修上做得更多更好而引发强烈的嫉妒。分别念却比谁都粗，比如为一两元钱的缘故也要动很多心思。难以相处者，不管说好话坏话都会引起嗔怒故很难亲近，以及自己常发坏脾气与恶劣行为。在这样的我执分别头上要锵锵打，真敌屠剑我执之心要令消灭！

74.

劝而不听暗里反加害，顺则不恭远之则抱怨。

肇祸分别头上锵锵打，真敌屠剑之心令消灭。

于贤善方面劝勉其行善等却不听，不仅不念劝善之恩反而作加害。在来往时，若对方随顺之彼却心执不乐而不恭敬，或意执不信而走；若远离之则起纠诤抱怨。要在造成这样的我执分别头上锵锵打，真敌屠剑我执之心要令消灭！

75.

不乐劝教恒常难交往，易多触怒恒常执不舍。

肇祸分别头上锵锵打，真敌屠剑之心令消灭。

对善法之利益与恶业之过患无有信心故不乐劝教，恒常难交往者，比如上午时还微笑着到了下午就脸皮皱着了，又如请汝用斋则生气动怒、不请则抱怨，这样叫难以交往。同样地，笑不笑都易触怒之，对于物质财食等紧紧地执著不舍。在这样的我执分别头上要锵锵打，真敌屠剑我执之心要令消灭！

总之，所谓修行人，心胸宽宏舒适时，内心安乐却不会跑到散乱之道上，这是乐乘；猛烈痛苦产生时，心也不会忘失正法，这叫苦乘，应当如此。

76.

高下大而胜德执为怨，贪欲大而意欲娶少女。

肇祸分别头上锵锵打，真敌屠刽之心令消灭。

心不坚稳高下起伏大，无误了知取舍要义之胜德之士对彼开示取舍之处，却执为怨仇。贪欲极大甚至想要娶年轻少女。在这样的我执分别头上要锵锵打，真敌屠刽我执之心要令消灭！

77.

情谊短而故友远抛弃，重新交而言谈甚温甜。

肇祸分别头上锵锵打，真敌屠刽之心令消灭。

不能长久陪伴、情谊短暂，遇到新人时就把故友远远抛弃。比如有一类弟子在依止善知识时，遇到新上师时就舍弃先前的上师。同样地，重新交者，才见面就表现得很熟识的样子，对彼深信地说着暖心甜蜜的话，甚至把心里话都说出去了。在这样的我执分别头上要锵锵打，真敌屠刽我执之心要令消灭！

78.

无神通而自取妄语过，无悲愍而击摧信者心，

肇祸分别头上锵锵打，真敌屠刽之心令消灭！

自无现智神通而向他人说狂妄之语，心无悲愍而伤害对自己信赖托付之人。在这样的我执分别头上应锵锵打，真敌屠刽我执之心应消灭！

79.

听闻少而处处瞎指点，学教少而普遍生邪见，

肇祸分别头上锵锵打，真敌屠剑之心令消灭！

对于佛语及随行智者的释论听闻寡少却到处瞎指点，不仅如此，自慧之观察决择之能力无却遍生邪见。在这样的我执分别头上要锵锵打，真敌屠剑我执分别之心要消灭之！就像蒋贡罗卓泰耶这样对不分派的圣教宝毫无邪见与怀疑并能修习净信和净观者是从广大慧力、广大多闻、能证悟大教典而生。

80.

串习爱憎他方遍讥毁，串习嫉妒他人加诬谤。

肇祸分别头上锵锵打，真敌屠剑之心令消灭！

串习爱憎从而赞美自己及自方，讥毁他人及他方。串习嫉妒从而对比自己功德和种姓等高胜者施加诬蔑和诽谤。在这样的我执分别头上要锵锵打，真敌屠剑我执分别之心要消灭之！

81.

不学教而毁谤广大法，不依师而轻毁诸法教，

肇祸分别头上锵锵打，真敌屠剑之心令消灭！

于全部圣教不作学习，由是毁谤广大经教佛语，若依止上师于彼座前听闻教授则能断除疑惑增益，否则因为不依止上师则在听闻广大教法时轻毁法教。在这样的我执分别头上要锵锵打，真敌屠剑我执分别之心要消灭之！

82.

三藏不宣臆造妄编撰，净相不修评议妄毁訾，
肇祸分别头上锵锵打，真敌屠剑之心令消灭！

不为他人宣讲佛语三藏，却以自之分别心编撰新造之伪法，于一切佛教不修清净观，却执著自派贤善他派低劣之恶分别，对他派妄加评议毁訾者宣说增损讥讽之粗恶言辞也。在这样的我执分别头上要锵锵打，真敌屠剑我执分别之心要消灭之！

83.

非法之业却不作呵责，善说正法却种种毁破，
肇祸分别头上锵锵打，真敌屠剑之心令消灭！

对于非法之身语意业不作呵责反加赞叹，对于佛陀与随行智者之善说法语却杜撰宣说种种过失，在彼因我执分别头上要锵锵打，真敌屠剑我执分别之心要消灭之！

84.

应羞耻处却不觉羞耻，非可羞处倒执为羞耻，
肇祸分别头上锵锵打，真敌屠剑之心令消灭！

于应羞耻处见修颠倒不觉羞耻，非可羞耻处即清净见修行却倒执为可羞耻处。在这样的我执分别头上要锵锵打，真敌屠剑我执分别之心要消灭之！

85.

可应作事一件也不作，非理之事一切皆造作，

肇祸分别头上锵锵打，真敌屠剑之心令消灭！

以闻思修调伏自心乃是可应作事，却不作。以三毒为动机的一切业即非理之事，却造作之。在彼因我执分别头上要锵锵打，真敌屠剑我执分别之心要消灭之！

86.

苦哉我见恶魔能摧灭，善逝法身具足大能力，
无我事业利器持颅杖，毫不犹豫头上旋三次，
大威猛势消灭此怨敌！大般若智摧灭恶分别！
大悲愍心祈救脱恶业！定将我见粉碎无遗余！
轮回忧苦痛恼尽所有，祈请决定堆集我执上！
众生烦恼五毒尽所有，亦请定集于此我执上！

欸玛（苦哉）是显示怜悯之词，能摧灭执我之我执恶魔者，即善逝法身。证悟空性之般若智慧之事业之利器即颅杖，此毫不犹豫地于我执头上旋转三次。大威猛者，祈请由大心志力以及大苦行门消灭我执怨敌，祈请以通达实相大般若智摧灭我执分别，祈请以无缘大悲愍心救脱一切有情离恶业，祈请粉碎执我之心，轮回中六道众生的所有苦恼祈皆堆集于自己心中所住之我执恶魔上，任谁所有五毒烦恼祈皆堆集于此同类之我执上。

87.

如是一切罪恶本，如理认定已无疑，
却仍被彼所捉执，祈粉碎彼能执魔！

一切罪恶之根本或肇祸之根本即是我执大恶魔，虽已无疑地如理认定

之，却仍然被我执所控制、随彼而转，祈请本尊无论如何要将此我执心粉碎！

88.

一切过错归于一,一切有情修大恩，
众所不欲吾心取，善根回向遍有情。

从今天起，全部的过失错咎，他人悉无有，皆归于一：我执大魔。依于一切有情众生而能真正修习大乘之见修行三者，由彼能得妙果正觉佛位，应于一切众生修念大恩德。

89.

如是众生由三门，三世造恶吾取受，
愿如孔雀毒翎羽，烦恼转助大菩提。

犹如孔雀依毒素而成就美丽鲜艳之翎羽，诸余众生由三毒等起身语意三所造诸恶业，吾以修心之力一切皆取受于吾身心上，不断烦恼而将烦恼转为菩提道，愿依烦恼而获得大菩提！

90.

吾之善根施众生，如药疗治食毒鸦，
愿悉获持解脱命，速证善逝正觉位。

如误食毒物之乌鸦以药疗治之，以吾所有善根回施一切众生之力，愿一切有情士夫获持解脱之命根——菩提心和大乘修心，从而迅速证得善逝佛果位。

91.

乃至吾与曾为父母众，未于色究竟天证菩提，
彼时虽于六道随业转，愿悉一心一一相摄受。

乃至何时吾与曾为父母之一切有情未于色究竟天处同成正觉之间，而流转于六道中时，愿能相互间一一以慈悲菩提心作饶益。

92.

彼时为利一有情，纵吾遍历三涂苦，
大菩萨行永不退，恶趣诸苦我度脱！

在我未得菩提间，随业或大悲而转，流转于六道中时，为一位众生之义利故，若须生于三涂则亦愿生！愿以投生三恶趣之苦承担一切众生之苦。愿己投生三涂之承担而令诸余有情不须再历三涂，并愿吾之大菩萨勇士之修行永不衰退而能度脱有情众生永离恶趣之苦！

93.

愿彼地狱诸守卒，于吾即生尊重想，
刑器刀戈化花雨，无伤无害安乐增。

自心若有着清净之等起菩提心及由无聚无散而有着见修行三者之修持之甚深关要，则愿地狱诸守护狱卒见为尊重已，一切刑器如刀、矛、斧等悉化为花雨，无有伤害地安住于安乐中。

94.

愿诸恶趣获神通总持，得人天身发起菩提心，
吾以正法报答彼等恩，持吾为师尊重而依止。

愿恶趣诸有情亦获得五神通和陀罗尼、辩才等已，取得彼之果报人天圆满之身，从而发起菩提心。造作损害者，愿吾亦能以正法回报彼等。自与我执二者分割开，思维说：我执啊，你从过去至今唯令我受诸苦恼，如今他人对我粗言毁辱贬低等一切所做，皆是针对我执而说，我执啊，你就需要被这样对待！有此修为则能令他人生起上师之想。

95.
彼时善趣一切诸众生，极善修习无我愿同吾，
悉不分别有相与寂相，平等性中愿修三摩地，
平等性中见自本来面。

自如何于诸法之实相，不离八解脱之功德而安住之彼瑜伽师以慧力决定明了时，发愿享受着增上生之人天乐报之一切众生亦能同于瑜伽师吾一样，依于中观五论而首先观见无我性，极善串习所见义而修习究竟，则不分别有寂之相，内心修习《十地经》所说十平等性及趣彼之三摩地，于平等性中会见自己之本来面目。作此祈愿。

96.
若尔必将摧灭彼怨敌，若尔必将灭除妄分别，
修习无分别智无我故，云何不获色身妙因果。

若能如是作正修行，必将摧灭我执分别之怨敌，若如是行必将灭除我执分别，善巧修习无分别智及无我之理故，必将证得佛果二种色身也。

97.
喂此一切皆缘起，了悟缘起无自立，

往来妄相乃幻事，如旋火轮现影像。
命如芭蕉无坚实，聚即坏灭如朝露，
远观为美如阳焰，如镜中像似真实，
又如云烟假停留。

喂是呼唤词，显现的诸法之成立方式是由缘起（观待）而生，缘起之义即是无自立，唯是一者依赖一者地随他法所自在，从而显现无边所知诸法的道理。前后因果之关联现似往来变化之假相犹如幻事。犹如错乱的根识将速转之火棍显现为一个火轮之影像。如芭蕉空心，命无坚实。如朝露次第一个汇入一个而消亡，又如沙漠中阳焰错显为水般美丽，如镜中的影像般显得真实，如云和烟一般假停留而骤然不住。应如是了知。

98.

真敌死主亦如是，似有任何时非有，
似真任何处非真，似显远离增损境，
于此业轮乃何有？

迷误于耽著境之颠倒知从无始来长时中普门执念之仇敌即我也，若作观察则不可得，但在不观察不分析之时造集唯苦之此死主屠剑，二执之结所紧缚者，现似有的样子，于最极伺察之觉慧前从本以来悉不可得为有；于错乱之心前现似谛实存在的样子，于遍察之大缘起理智前任何时处皆非真；于远离观察之寻常众生之顽固心智前似已显现，离唯显现外，所显现之法远离宗派所成立之增益与损减之境，断除根本烦恼则于此中，业轮之续流乃何有耶？无也！

99.

如是彼虽无自性，水满碗中月影现，

业果虽妄纷然显，唯显当行取舍啊。

初转四谛法轮遮破邪道建立正道，次第心智以道善为修治，对利根者随后即以三解脱门令于诸法无自性而得决定。水碗之譬喻，盛满水的碗或器皿各个都有月影，此非由于器皿等原因，而是与碗内之水不可分别而显现或现起。以无自性之方式非谛实、虚妄、幻化之业果不可阻挡地各皆展现出来，轮回涅槃之显现方式与业果之系缚解脱，皆唯显现而无谛实，应当作取舍之修持。

啊字乃劝说之声。再说一下，业果虽然是无谛实、虚妄的，但对业果执实之执著未破除前，业果是真实。又如对于善业执为谛实善业之心存在之时，彼善业非仅是善业，且不可说彼非善业。对于恶业执为谛实恶业之心想为有时彼恶业不仅成立为恶业，说恶业是空也是不合适的。修行取舍皆是唯世俗，因缘缘起虽自性不成立，但世俗中无欺诳，错乱与正量有其共事也，比如业果虽自性不成，但乃至未证得业果无自性前，于业果有实执之时业果是量，感受与所造业相顺之果报为无欺故。

100.

梦中劫火炽燃时，无自性仍怖灼热，

地狱等虽无自性，烧煮等怖应断除。

如同梦见大火炽燃时，灼热虽自性不成立，由于有害怕灼热之习气则当生怖畏。地狱饿鬼旁生等虽然自性不成立，仍应当断除地狱中烧煮等的怖畏。

101.

中暑昏迷虽无暗，如游深洞遍蒙蔽，

无明等虽无自性，应以三慧除迷乱。

受到强大暑热而昏迷时，虽无外在黑暗来临，却如游经黯黑深邃的洞穴并被蒙蔽于其中，无明等虽自性不成立，由不知如是而迷乱所转游走于轮回深洞，应以三慧消除此迷乱。

102.

乐师唱起喜悦歌，细察彼声无自性，
不察聚合妙声起，能消闻者心苦恼，
业与因果若遍察，亦无一与异自性，
似显于法起生灭，似有领受诸生灭，
唯显当行取舍啊！

擅长歌舞者唱起歌曲跳起舞时，若作观察，于彼声音与舞步自性不成立，但不观察分析时产生悦耳的妙声消除听众内心的苦恼，如是，业与因果若作普遍观察，一与异之实体悉无自性，但似显现之业果能起生灭，似存有之苦乐种种作领受，虽唯显现而业果无欺诳也！

103.

如以水滴装满瓶，非第一滴能满瓶，
亦非最后等诸滴，缘起聚合满其瓶，
如是领受苦乐果，非是因之初刹那，
亦非最后刹那等，缘起合聚受苦乐，
唯显当行取舍啊！

譬如，水滴装满瓶中，第一滴以及最后滴等一一滴皆不能满瓶，要依靠许多水滴聚集而装满瓶般，苦乐之果报亦如是，彼因之第一刹那与最后刹那等一一刹那不能令领受，因缘缘起聚合才能领受苦乐果报。

104.

哎玛不察独一喜，此诸显现无心实，

然仍似有而显现，劣慧难见此深法。

哎玛是表达奇妙的感叹词，如理观察之心中，以唯显现之方式而出现于心境上，而实体性不成立。言“不察独一喜”者，显现为所取境之诸法本来不成立，或说于实相中究竟不成立，耽著于唯显现之无事如何也不成立，无心实也。

至尊米拉日巴说：

“哎玛三界轮回法，

无而显现太神奇。”

本来不可得有，却于有境上似有而显现之诸法如何生起以及无却现有之道理是为甚深之理，诸觉慧及观慧下劣者极难如理见之。

105.

若即平等安住此，虽唯定显又何有？

有亦何有无何有？立言是非又何有？

观察慧之能力圆满的诸瑜伽师，若无造作地平等安住于真实性，对于唯二执之增益品，如实决定之义如何也没有，于究竟唯显现而止息其心。如彼显现其境之自性除唯显现而何有？施设有、施设无以及施设是非等，此一切之边际悉归灭尽，所取与能取之立言于何处有其自性成立呢？无也！

106.

境与有境法性不可得，尽离取舍亦离诸戏论，心于本来性中无造作，空朗朗住当成大士夫。

所取境与能取有境二者无论于何处现起，其本来之法性于基道果中悉不可得。所证涅槃与所断轮回亦不可得，是故造作之具戏论之取舍亦不成立，尽离一切边际相，亦离宗派之增益与修行之觉受相等戏论，本来解脱、无生、因果不染之本来性中，如实证悟实相之智慧若能安住无有造作、远离破立之空朗朗——坦荡明朗（内证境界），无疑当成为大士夫。

107.

如是世俗菩提心，胜义菩提心修行，
无碍究竟二资粮，愿得二利极圆满。

如是如理修行世俗之愿行菩提心与明晰了知诸法不杂二现之胜义菩提心，无碍地究竟集聚福智二资粮已，圆满自他二利到彼岸之断证，现证实相妙智之果位，如是发愿！

所谓《命中怨敌要害的利器轮》，于可怖之野兽出没之森林岩穴中，具足教证之瑜伽大士达玛拉器怛（法护）汇集殊胜上师之语教，于浊世恐怖之森林中作修持。彼传予阿底峡，阿底峡亦为了度化难调伏之众有情故，无偏地作修持，生起证德之偈作如是云：

吾弃王政修习苦行时，集福德已值遇胜上师，
依此正法甘露受法灌，今已自能对治得独立。
于诸宗派不堕其偏党，智慧广延普门修学时，
奇妙无量我时多见证，于此浊世是法生饶益。

此偈简略之义，阿底峡自己于上师尊前听闻教授口诀，闻已非唯词句与了解遍足，乃于一切品类无遗漏地作修持也。

我弃舍萨霍国王国政而修行正法之难行时，集聚福报值遇上师法护，依止此正法甘露而内心得受法灌顶，如今已自能对治而不须依赖外缘，已成自之足能独立者矣。于诸宗派不堕偏党之智慧增长广大而普门遍学一切佛教时，于一一词偈内亦有无量奇妙

之法义并且能生无量奇妙之证相，我已见证之。法义能饶益内心者，于此五浊恶世时，唯此法矣。

于印藏中不可思数之弟子内，得薄伽梵母度母等无量本尊受记且具器之弟子乌巴希嘎仲敦巴胜生，及与藏域边隅粗暴之所化机，赐此调伏法，传译者亦即胜者父子二人也。

觉沃具德阿底峡，传仲敦巴胜生，传博朵瓦，传夏热瓦，传伽喀巴，传季普巴，传拉钦波，传拉众生怙，传额觉巴，传堪布玛敦，传堪布智金刚，传堪布佛宝，传名称吉祥，传胜贤，传努确隆巴福宝，彼传迅奴嘉乔贡却梆，此为法护上师修心卷。

汉比丘丹增宗炬癸卯年译于尼泊尔 Pharping 萨迦塔立闭关禅院

《中论》《般若灯论》颂文与解释的异同

——以《观行品》1—4颂为例

华婷婷

浙江大学博士后

摘要：《中论》《般若灯论》分别是青目与清辨对龙树所作《根本中观颂》的注释，但是这两个汉译释论内嵌的颂文在译语及意义上皆不完全一致，对比今时学者校订所得《中观颂》梵本与藏译，大多数情况下，两个汉译皆与梵藏相符，两个汉译本之间有时译语不同但意味相差不大，有时译语的不同则指向注释家阐释的差异。《中论》与《般若灯论》偈颂的差异在较大程度上不是由所据梵本不同导致的，而是译者们在翻译颂文时分别依据青目与清辨注疏中的阐释选择了相应的译语。

关键词：《中论》；《般若灯论》；《观行品》；虚妄；变异

一　引言

龙树（Nāgārjuna，150—250）汲取《般若经》中阐发的性空之说，系统地宣说了“诸法无自性”的思想，奠定了大乘佛教的学说基础。《中观颂》作为其最重要的著作，记载了他的核心教说，这部论典在印度大乘佛教与汉地佛教中皆影响深远，这一点从历史上对之注释的数量之多即可窥一斑，吉藏之《中观论疏》中说："其染翰申释者，甚亦不少者，此出注论者，非复一师，影公云凡数十家，河西云凡七十家。"[①]在藏译文献观誓（Avalokitavrata）的《般若灯广注》（*Prajñāpradīpa-ṭīkā*）中记载，印度曾有注释《根本中观颂》（*Mūlamadhyamaka-kārikā*）的八大家。但是目前已发现的保存下来的八大家注释书仅有藏译《根本中观无畏疏》（*Mūlamadhyamaka-vṛtty-akutobhayā*，简称《无畏疏》）、藏译及梵文残本《根本中观佛陀波罗巴利达释》（*Buddhapālita-mūlamadhyamaka-vṛtti*，简称《佛护释》）、清辨（Bhāviveka，约 500—570）的藏译及汉译《根本中观智慧灯注》（*Prajñapradīpa-mūlamadhyamaka-vṛtti*，古汉译称《般若灯论释》）、月称（Candrakīrti，约 570—650）的梵文及藏译《根本中观明句论》（*Mūlamadhyamaka-vṛtti-prasannapadā*，简称《明句论》）、汉译安慧（Sthiramati，6 世纪左右）的《大乘中观释论》。我们通常以《中论》指称龙树所作《根本中观颂》，但是实质上《中论》既包含龙树所作偈颂，也包括青目的注释，关于《青目注》是否即传为龙树自注的《无畏疏》，学者们有专门研究，如日本学者真冈阳明通过仔细对比《无畏疏》与《青目释》，认为《青目释》与《无畏疏》具有高度相似性，其中差异之处很可能是来自译者鸠摩罗什的编纂。[②]《般若灯论》的梵文本现已不存，所以我们无法得见其梵文原貌，所幸其仍存藏译和汉译本。根据学者们的研究，清辨在《般若灯论》中批判了佛护的注释，月称在《明句论》中批判了清辨的注释，由此形成中观派的两大分支：自立论证派（རང་རྒྱུད་པ，即使用自立推论式的中观派）和归谬论证派（ཐལ་འགྱུར་བ，即使用归谬论式的中观派）。

学派分野问题往往引起学者们的研究兴趣，但是在此之前，各注释之间的文本关系更应该得到细致的梳理。叶少勇在《〈中论佛护释〉译

① （隋）吉藏：《中观论疏》卷 1，CBETA 2024，T42，No. 1824，第 5 页上。

② 眞岡陽明：《『無畏論』と青目釈『中論』の比較研究》，《龍谷大学大学院文学研究科紀要》通号 37，龍谷大学大学院文学研究科紀要編集委員会，2015，第 20—43 页。

注》中列出《佛护释》《明句论》《无畏疏》《般若灯论》《青目注》以及《安慧注》针对同一偈颂注释的异同，为观察各注释之间的关系提供了重要参考。[①] 程恭让也已发表多篇论文讨论《明句论》、《中论》、汉译《般若灯论》、《大乘中观释论》偈颂传本之间的关系以及《明句论》、吉藏的《中观论疏》等注疏之间的差异。[②] 但是诸注释文本复杂，对文本各方面的考察仍留有研究空间。笔者对比梵本、《中论》、汉藏译《般若灯论》的颂文之后，发现它们之间有时呈现出诸多差异，产生了这一疑问：为什么汉译《般若灯论》没有直接采用《中论》中的颂文，而是选择重新翻译？本文以第十三品《观行品》（或梵藏诸本品名《观真实品》）的第1—4颂为案例，梳理梵本、《中论》、汉藏译《般若灯论》的颂文差异，并结合颂文相应的注释考察这一问题。[③]

二　梵本、《中论》、汉藏译《般若灯论》偈颂对比

（一）第一偈

【梵本】

tan mṛṣā moṣadharmaṃyad bhagavān ity abhāṣata |

sarve ca moṣadharmāṇaḥ saṃskārās tena te mṛṣā || 13.1

① 叶少勇：《〈中论佛护释〉译注》，中西书局 2021 年版。

② 程恭让：《月称对〈中论〉第 24 品第 18 颂的解释》，《世界宗教研究》2005 年第 1 期；《龙树的〈中论〉与月称的〈清净句〉——尤其以第 27 品〈见之审察〉注疏为例》，《中国哲学史》2011 年第 2 期；《月称〈清净句〉龙树〈中论〉第 22 品注疏研究》，《世界宗教研究》2011 年第 2 期；《月称〈清净句〉龙树〈中论〉第 20 品注疏研究》，《世界哲学》2011 年第 6 期；《月称〈清净句〉龙树〈中论〉第 25 品注疏研究》，《世界宗教文化》2011 年第 6 期；《吉藏“八不偈”释新解》，《哲学研究》2012 年第 1 期。

③ 本文梵本采用叶少勇校订本《中论颂》，见叶少勇《〈中论颂〉：梵藏汉合校・导读・译注》，中西书局 2011 版；鸠摩罗什所译《中论》来自 CBETA 2024，T30，no. 1564，第 17 页上—18 页中；波罗颇密多罗等所译《般若灯论》来自 CBETA 2024，T30，no. 1566，第 90 页上—91 页上；藏译《般若灯论》来自《德格版（sde dge）藏文大藏经》no. 3853，tsha 147b2–153b1，现代汉译由笔者译出，与班班多杰、周拉、萨尔吉等译注的《中观根本慧论释・般若灯论》（中国藏学出版社 2023 年版）略有不同。

【《中论》】

如佛经所说，虚诳妄取相，诸行妄取故，是名为虚诳。

【汉译《般若灯论》】

婆伽婆说彼，虚妄劫夺法。（诸行是虚妄法，彼诸行等法是虚妄。）

【藏译《般若灯论》】

ཆོས་གང་སླུ་བ་དེ་བརྫུན་ཞེས།བཅོམ་ལྡན་འདས་ཀྱིས་དེ་སྐད་གསུངས།

འདུས་བྱས་ཐམས་ཅད་སླུ་བའི་ཆོས།དེས་ན་དེ་དག་བརྫུན་པ་ཡིན།།

【笔者藏译汉】

世尊已宣说：具欺诳性者即虚妄。一切行皆具欺诳性，因此彼等皆是虚妄。

《中论》与《般若灯论》第一颂即显示出了较大差异。首先，较为明显的是《般若灯论》的汉译本似乎缺失下半偈颂，但藏译中的下半偈颂是完整的，汉译省略了下半偈吗？其次，《中论》与《般若灯论》中 moṣadharma 分别对应“妄取相”与“劫夺法”/“虚妄法”。

（二）第二偈

【梵本】

tan mṛṣā moṣadharmaṃ yad yadi kiṃ tatra muṣyate |

etat tūktaṃ bhagavatā śunyatāparidīpakam || 13.2

【《中论》】

虚诳妄取者，是中何所取？佛说如是事，欲以示空义。

【汉译《般若灯论》】

若妄夺法无，有何名劫夺？婆伽婆说此，为显示空义。[①]

① “空义”应当对应梵语原文 śūnyatārtha，但是梵文本及其他藏译都是 śunyatā 或者 སྟོང་ཉིད。汉译《般若灯论释》未译作“空性”，可能也是受到《中论》影响，释文中没有针对“空义”的特别说明。

【藏译《般若灯论》】

གལ་ཏེ་སླུ་ཆོས་གང་ཡིན་པ།།དེ་བརྫུན་འདི་ལ་ཅི་ཞིག་སླུ།།

བཅོམ་ལྡན་འདས་ཀྱིས་དེ་གསུངས་པ།།སྟོང་ཉིད་ཡོངས་སུ་སྟོན་པ་ཡིན།།

【笔者藏译汉】若是具有欺诳性者，即为虚妄，[那么]此中谁欺诳？世尊说彼，是显明空性。

在这一颂中，《中论》与汉译《般若灯论》前半颂的颂文分别为“虚诳妄取者”“若妄夺法无”，二者可谓全然不同，《中论》与梵本、藏译较为一致，汉译《般若灯论》的颂文与梵本无法对应上，其中“妄取法”与“妄夺法”译语稍有不同，皆与梵本的moṣadharma对应，汉译《般若灯论》偈颂中的“无”则与其余版本不能相符。

（三）第三偈

【梵本】

bhāvānāṃ niḥsvabhāvatvam anyathābhāvadarśanāt |

nāsvabhāvaś ca bhāvo’sti bhāvānāṃ śūnyatā yataḥ || 13.3

【《中论》】

诸法后[①]异故，知皆是无性；无性法亦无，一切法空故。

【汉译《般若灯论》】

见法变异故，诸法无自体。有体非无体，由诸法空故。

【藏译《般若灯论》】

དངོས་རྣམས་ངོ་བོ་ཉིད་མེད་དེ།།གཞན་དུ་འགྱུར་བ་སྣང་ཕྱིར་རོ།།

ངོ་བོ་ཉིད་མེད་དངོས་མེད་དེ།།གང་ཕྱིར་དངོས་རྣམས་སྟོང་པ་ཉིད།།

【笔者藏译汉】诸法无自性，现变异之故。无自性的事物不存在，因为诸事物是空。

① 后：《石》、《中》、敦研014、《丽》、《正》、《要》：有；笔者据《中观论疏》“诸法后时变异，故知无性”选“后异”。另参叶少勇《中论颂》，第213页。

汉译《般若灯论》与《中论》、藏译《般若灯论》下半颂的意义相差甚远，汉译是“有体非无体”，笔者根据藏译“ངོ་བོ་ཉིད་མེད་དངོས་མེད་དེ”译为“无自性的事物不存在”。结合这句偈颂的梵语“nāsvabhāvaś ca bhāvo’sti”，可知汉译“有体非无体”，即“（是）有体，（而）非无体”[①]，并非完全偏离梵语的译文，“（是）有体”对应 bhāva asti，“无体”对应 asvabhāva，“非”对应“na（asti）”，动词 asti 既可以表示“是”，也可以表示“存在”，汉译此处重复使用，分别对应“是”（asti）与“非”（na asti）的含义，并且以 ca 为界断开，相当于“（是）有体，（而）非无体”，而不是“‘有体’不是‘无体’”这种无意义的表达。下文将说明这种理解与翻译的方式实际上受到了注释的影响。

（四）第四偈

【梵本】

kasya syād anyathābhāvaḥ svabhāvaś cen na vidyate |

kasya syād anyathābhāvaḥ svabhāvo yadi vidyate || 13.4

【《中论》】

诸法若无性，云何说婴儿，乃至于老年，而有种种异？（第 4 颂）

若诸法有性，云何而得异？若诸法无性，云何而有异？（第 5 颂）

【汉译《般若灯论》】

自体若非有，何法为变异？若法有自体，云何有变异？

【藏译《般若灯论》】

གལ་ཏེ་ངོ་བོ་ཉིད་མེད་ན།།གཞན་དུ་འགྱུར་བ་གང་གི་ཡིན།།

གལ་ཏེ་ངོ་བོ་ཉིད་ཡོད་ན།།ཇི་ལྟ་བུར་ན་གཞན་དུ་འགྱུར།།

【笔者藏译汉】

若无自性，谁有变异？若有自性，如何变异？

① 括号中内容由笔者根据文意补充。

《中论》与梵本、汉藏译《般若灯论》等诸本在偈颂内容上皆不同，《中论》第 4 颂在“诸法若无性……而有种种异”中附加了一种具体的变异现象“从婴儿到老年”，《中论》第 5 颂的上半句相当于其他释论中的第 4 颂下半句颂文，下半句偈颂“**若诸法无性，云何而有异？**”则不见于其他诸本。

三 《中论》、汉藏译《般若灯论》颂文差异原因探析

（一）由汉译结构安排导致的《中论》、汉译《般若灯论》颂文差异

1. 行文结构差异

诸注释译本在第一偈的颂文中显示的差异，主要是汉译《般若灯论》缺下半颂，但是藏译《般若灯论》中是完整的。为解释导致差异的原因，须观察《般若灯论》释文部分的汉藏译文差异。

汉译：

此中外人引经立义，如偈曰：

婆伽婆说彼，虚妄劫夺法。

释曰：云何知**彼诸行等法是虚妄**耶？彼诸行等自体无故，诳凡夫故，邪智分别谓为可得故，是“虚妄”。又能为彼第一义谛境界念等妄失因故，是“虚妄法”。“婆伽婆说”者，谓于诸经中告诸比丘作如是说：“彼虚妄劫夺法者，谓一切有为法。最上实者，谓涅槃真法。如是诸行，是劫夺法，是灭坏法”，声闻法中，作如是说；[①]大乘经中，亦作是说：“诸有为法，皆是虚妄；诸无为法，皆非虚妄。”

此二阿含皆明：**诸行是虚妄法**。此义得成。

论者言：“此中立验，第一义中，内诸法空；何以故？劫夺法故；如幻化人。”[②]

① 此处引语出自《阿含经》，汉文及巴利文相应。
② 叶少勇：《〈中论佛护释〉译注》，第 178 页注 1。

藏译：

“具欺诳性者即虚妄”（13.1a），等等。

其中因为是被虚妄分别所缘，又因为以“我”等之理欺骗凡夫，所以谓“虚妄”（བརྫུན་པ，mṛṣā）；因为是夺走（*pramoṣa）以胜义为所行境（ཡུལ，*gocara）的念（དྲན་པ，*smṛti）等之原因，所以谓“欺诳”（བསླུ་བ，moṣa）。其中“虚妄”是陈述词（*uddeśapada）；“欺诳”是解释词（*nirdeśapada）。

于经中**“世尊已宣说（此语）”**（13.1b）。

“此语”（iti，实际上指示上半偈所说的内容，此处不得已译为“此语”）这个词即说明的内容。若谓世尊于经中说了什么，则在声闻经中这样说，“凡有为法皆具有虚妄欺诳性。诸比丘，如是，彼涅槃，不具有欺诳性者，是最胜真实”以及“有为法亦是具有欺诳性者，彼亦是具有坏灭性者”；大乘经中也说：“须菩提，凡有为法必皆虚妄，凡无为法皆非虚妄。”因此，如是双方共许的圣教存在之故，**“一切行皆具欺诳性”**（13.1c）此说明了行具有的性是欺诳性。**“因此彼等皆是虚妄”**（13.1d），即无自性之故，这是结语（*nigamanavākya）。

此处推论式是：

【宗】胜义中，内诸法自性空；

【因】具欺诳性之故；

【喻】喻如幻术师幻化的女子的身体。[①]

---

① ཆོས་གང་བསླུ་བ་དེ་བརྫུན་ཞེས།།ཞེས་བྱ་བ་ལ་སོགས་པ་དེ་ལ་བརྫུན་པ་ཞེས་བྱ་བ་ནི་ལོག་པའི་ཤེས་པས་དམིགས་པར་བྱ་བ་ཡིན་པའི་ཕྱིར་དང།བྱིས་པའི་བློ་བོ་བདག་ལ་སོགས་པའི་ཚུལ་གྱིས་འདྲིད་པའི་ཕྱིར་རོ།།བསླུ་བ་ཞེས་བྱ་བ་ནི་དྲན་པ་ལ་སོགས་པ་དོན་དམ་པའི་ཡུལ་ཅན་དག་རབ་ཏུ་བསླུ་བའི་རྒྱུ་ཡིན་པའི་ཕྱིར་རོ།།དེ་ལ་བརྫུན་པ་ཞེས་བྱ་བ་ནི་བསྟན་པའི་ཚིག་ཡིན་ལ།བསླུ་བ་ཞེས་བྱ་བ་ནི་བཤད་པའི་ཚིག་གི་ཡིན་ནོ།།བཅོམ་ལྡན་འདས་ཀྱིས་དེ་སྐད་གསུངས་ཞེས་བྱ་བ་ནི་མདོ་སྡེ་ལས་སོ།།དེ་སྐད་ཅེས་བྱ་བའི་སྒྲ་ནི་ཉེ་བར་བསྟན་པའི་དོན་ཏོ།།བཅོམ་ལྡན་འདས་ཀྱིས་མདོ་སྡེ་ལས་ཇི་སྐད་གསུངས་ཤེ་ན།ཉན་ཐོས་ཀྱི་ཐེག་པ་ལས་ཀྱང་འདི་ལྟ་སྟེ།འདུས་བྱས་གང་ཡིན་པ་དེ་ནི་བརྫུན་པ་བསླུ་བའི་ཆོས་སོ།།དགེ་སློང་དག་འདི་ལྟ་སྟེ།མི་བསླུ་བའི་ཆོས་མྱ་ངན་ལས་འདས་པ་དེ་ནི་བདེན་པའི་མཆོག་གོ།།འདུས་བྱས་དེ་ནི་བསླུ་བའི་ཆོས་ཀྱང་ཡིན།དེ་ནི་རབ་ཏུ་འཇིག་པའི་ཆོས་ཀྱང་ཡིན་ནོ་ཞེས་ཀྱང་གསུངས་ལ།ཐེག་པ་ཆེན་པོ་ལས་ཀྱང་རབ་འབྱོར་ཅི་ཙམ་དུ་འདུས་བྱས་པ་དེ་ཙམ་དུ་བརྫུན་ལ།ཇི་ཙམ་དུ་འདུས་མ་བྱས་པ་དེ་ཙམ་དུ་མི་བརྫུན་ནོ་ཞེས་གསུངས་སོ།།དེའི་ཕྱིར་དེ་ལྟར་ཕྱོགས་གཉི་ག་ལ་གྲགས་པའི་ལུང་དག་ཡོད་པའི་ཕྱིར།འདུས་བྱས་ཐམས་ཅད་བསླུ་བའི་ཆོས།།འདི་ནི་འདུ་བྱེད་ཀྱི་ཆོས་ནི་བསླུ་བའི་ཆོས་ཉིད་ཡིན་པར་བསྟན་ཏོ།།དེས་ན་དེ་དག་བརྫུན་པ་ཡིན།ཞེས་བྱ་བ་ནི་ངོ་བོ་ཉིད་མེད་པའི་ཕྱིར་ཏེ།དེ་ནི་མཇུག་བསྡུ་བའི་ཚིག་ཡིན་ནོ།།འདིར་སྦྱོར་བའི་ཚིག་ནི་དོན་དམ་པར་ནང་གི་དངོས་པོ་རྣམས་ནི་ངོ་བོ་ཉིད་སྟོང་པ་ཉིད་ཡིན་ཏེ།བསླུ་བའི་ཆོས་ཡིན་པའི་ཕྱིར།དཔེར་ན།སྒྱུ་མ་མཁན་གྱིས་སྤྲུལ་པའི་བུད་མེད་ཀྱི་ལུས་བཞིན་ནོ།།

对比可知，汉藏译在行文组织结构上有异，汉译中偈颂和释文之间的区隔较为明显，偈颂总体上是连贯的，偈颂之后列出释文；藏译中偈颂散落于释文之中，与释文混合，在意义与逻辑结构上互相融合，有时偈颂部分以“ཞེས་བྱ་བ”（译为汉语时以引号表示）为标记。藏译一般与梵文原文保持高度相似性，那么相较之下可知，汉译在翻译时作出了较大的改动处理。此处由于汉译以偈颂加释文的结构组织行文，即不得不改变原本的行文结构。

据藏译，清辨的注释具有较为严密的逻辑结构，即第一颂的上半颂举出分别来自声闻乘承许的《阿含经》与大乘承许的大乘经的引文作为圣言量，得出相当于大前提的“凡是具有欺诳性者即虚妄”；下半颂的前半颂相当于小前提“一切行皆具有欺诳性”，继而得出结语：“**彼等（即一切行）皆虚妄，**”即无自性。据此，清辨建立推论式：

宗：胜义中，内诸法（即眼耳鼻舌身意六内入）自性空；⇐诸行皆虚妄；

因：具欺诳性之故；

喻：如幻术师幻化的女子的身体。

汉译作出的改动是：将原本作为结语的下半颂的后半颂提前至释文的开头，以设问的形式提示主题，再以总结式的“此义得成”代替原本结语，与释文开头呼应。

2. 论议结构差异

关于某段论议归属于立论者还是对论者的异读情况可能也与行文结构安排相关。藏译《般若灯论》没有明确区分出立论者与对论者的观点；而汉译《般若灯论》对论述的归属作出了明显、清晰的区分，即“论者言”代表了立论者的论述，“外人言”或者部派名称代表了对论者的论述。关于第一颂应该归为对论者还是立论者，汉藏译《般若灯论》即显示出差异。汉译《般若灯论释》以“此中外人引经立义，如偈曰”为标志，明确将这部分归为对论者的观点。[①] 藏译《般若灯论释》本身虽并没有明显体现出这是哪一方的观点，但不管从下文的文脉上看，还是依据藏译《般若灯论广注》表明这是龙树为了从诸行无自性的角度开示诸法无自性，引经文作为能立因，第一颂归属于立论者的立场更加合理。[②]《中论》以“问曰”“答曰”为标志，区分对论者与立论者的立场，在《中论》中第一颂位于“问曰”的部分，因而属于对论者的阐述，依照吉藏《中观论疏》，对论者在第一颂中“上半引经、下半立义”[③]。这一结构划分不得不说与汉译《般若灯论》具有高度相似性，因而极有可能汉译《般若灯论》以“外人”“论者”为标志的问答往复的结构安排受到了《中论》与《中观论疏》的影响，在论议归属上也受到了它们的影响。

（二）阐释不同导致译词差异

以“妄取”与“劫夺”为例。

关于 moṣadharma 的意义或译语问题，涉及长行中的解释。首先需要说明的是汉译《般若灯论》对它的译语有“劫夺法”“虚妄法”两种。颂文中“虚妄劫夺法”，“虚妄”对应梵文 mṛṣā，“劫夺法”对应梵文 moṣadharma。清辨在长行注释中分别对“虚妄”“劫夺法”这两个词进行了解释说明，mṛṣā 的译语仍然是“虚妄”，但是 moṣa（dharma）的译语却不是“劫夺法”，而变成了“虚妄法”，而藏译 སླུ་བའི་ཆོས 在用语上与之保持了一致，即“具有欺骗性”。汉译译语的转变使颂文“**诸行是虚妄法**”难以与上一句偈颂“**虚妄劫夺法**”连贯，形成逻辑推进。但是汉译译语“劫夺法”“虚妄法”并非错误，moṣadharma 一词的词义本身就具有含混

---

① “《青目》将该颂理解为敌方观点，其他诸家均作论主陈述”这一论断并不完全恰当，见叶少勇《〈中论佛护释〉译注》，第 177 页注 2 及叶少勇《〈中论颂〉：梵藏汉合校 · 导读 · 译注》，第 202 页注 3。

② 观誓《般若灯论广注》：“སློབ་དཔོན་གྱིས་འདུ་བྱེད་རྣམས་རྣམ་པ་ལས་ངོ་བོ་ཉིད་མེད་པ་ཉིད་དུ་བསྟན་པའི་དོན་དེ་ཉིད་སྒྲུབ་པའི་ཐབས་སུ་ཆོས་གང་སླུ་བ་དེ་བརྫུན་ཞེས༑༑བཅོམ་ལྡན་འདས་ཀྱིས་དེ་སྐད་གསུངས༑༑འདུ་བྱེད་ཐམས་ཅད་སླུ་བའི་ཆོས༑༑དེས་ན་དེ་དག་བརྫུན་པ་ཡིན༑༑ཞེས་བྱ་བ་ཚིག་ལེའུར་བྱས་པ་འདི་གསུངས་སོ་ཞེས་བྱ་བར་སྦྱར་ཏེ”，德格版 Tohoku no. 3853，*tsha* 277b5–6。

③ （隋）吉藏：《中观论疏》卷 7，CBETA 2024，T42，No. 1824，第 104 页中。

性，它一方面可能来源于梵语词根√muṣ（夺取）；另一方面，根据沙耶（Schayer）等学者的研究，moṣa 的巴利语 mosa 是 musā（即梵语 mṛṣā）的 Guṇa 形式，在此意义上，moṣa 与梵语词根√muṣ（夺取）没有直接的关系，但是佛教梵语中√muṣ 与√mṛṣ（迷惑）两词混用。[①]可能这种混用的情况让波颇译经团队在翻译时既使用"劫夺法"，也使用"虚妄法"的译语。然而，根据清辨的解释，moṣa 的意义为："是夺走（*pramoṣa）以胜义为所行境（ཡུལ，*gocara）的念（དྲན་པ，*smṛti）等之原因"（即古汉译"能为彼第一义谛境界念等妄失因"），因而偈颂中"劫夺法"的译语应当是与清辨的注释相对应的。

《般若灯论》针对第一颂注释中成立的推论式"第一义中，内诸法空；何以故？劫夺法故；如幻化人"，对论者责难清辨所立论式中的所立法（sādhyadharma）与因（hetu）的内涵皆是"无"，故而有缺失因的过失，论证不成立。因而第二颂是论者针对此责难的反驳，说明因（hetu）即"劫（妄）夺法"的意义并非"无"，因为如果"劫夺法"的意义是如兔角般的不存在之"无"，那么诸行将不可能使人丧失以胜义为所行境的念等状态，兔角般的不存在不具有引诱、迷惑人的性质，即不存在可称之为"具有欺诳性 / 劫夺法"之物。"若妄夺法无"的意义是若"妄夺法"即"无"，颂文译语受到注释的影响。

外人言："立义、出因无差别故，汝言第一义中诸法空者，是无所有；劫夺法者，亦无所有，出因阙故，立义不成，有过失故。"

论者偈曰：

若妄夺法无，有何名劫夺？

释曰：汝谓立义、出因皆"无所有"。若尔，此既是"无"，竟有何物，可名劫夺？以无体故，譬如兔角。是故，"虚妄""劫夺"，此

① 见斋藤明《『中論頌』解釈の異同をめぐって—第 13 章「真実の考察」を中心として》，《佛教學》第 14 号，1982 年，第 85 页注 13。也见叶少勇《〈中论佛护释〉译注》，第 177 页注 2。

之二语，非是“无”义。复有何义？分别境界，彼自体空，是“虚妄”义；不如实有，喻若光影，是“劫夺”义。因与立义，此二不同，是故，我无立义、阙因过失。无二过故，所欲义成。

《中论》依前“moṣadharma”为“妄取相法”，“muṣyate”为“所取”，“所取”的被动意义当与梵文的被动语态对应，“何所取”的意义可以是“（既然具有错误认识、意向性的存在即虚妄）针对这样的存在，谁被妄取？”然而青目的解释是“若妄取相法即是虚诳者，是诸行中为何所取？”其意义似乎指向了“取”的主体，即对诸行作妄取的人。吉藏并没有如此理解，他对“所取”的理解是“可取”，即不存在真实存在的人与法，人与法只是虚妄，并且这不意味着有虚妄的存在，如果有虚妄的存在可以被执取，则是有，则非虚妄，虚妄意味着任何可被执取的对象皆不存在，任何可被执取的对象皆不存在即是空。

初偈申经者，明佛为破实有人法之见，故明无有实，但是虚妄相，谓有耳。此意在无实，不在有虚，汝云何不领无实反存有虚耶？若言有一豪可取者，则道理是有，云何为虚妄？以其名为虚妄故无一豪可取，既无一豪可取是则为空。[①]

吉藏与清辨解释的差异由此可见。清辨在此处的解释着重强调的是“空”不是对论者安立在中观学者身上的、如兔角般在事实与逻辑层面皆不可能的绝对的虚无，而是承认诸行作为引发人错误认识、意向的存在，否则佛不必开示有关诸行虚妄的教说，佛说诸行虚妄即是说诸行是空，诸行没有被分别的自性。而吉藏的解释看似与此相反，他将虚妄等同于任何执取对象的非存在。笔者认为此处实际上发生了由用语差异带

① （隋）吉藏：《中观论疏》卷 7，CBETA 2024，T42，No. 1824，第 104 页下。

来的意义的转移，其关键在于“取”，吉藏在使用“无一豪可取”时，没有仔细分别“妄取”与“取”，“妄取”是错误的认识乃至产生不正当的心理意向，它正是现实存在的、修行所要规避和断除的，因而佛教徒不可否认，否则一切佛说则无任何意义。但是“取”是对事物作出区分辨别的认识活动，这种认识活动不可避免地会赋予事物以某种本质或者自身同一性，这种本质或自身同一性正是吉藏所要否定的，当然这种“取”即“妄取”，但是吉藏的阐释是就事物之真实而言，而清辨的解释显然是从现实修行而言，也更具澄清声闻乘指责中观学说是虚无论的理论意义。吉藏采用的将“空”绝对化的方法是阐释“空”为“空”“不存空”“非但不存空，亦不存非空有”。①

（三）注释中对颂文立场归属判定不同及相应阐释导致颂文差异

汉藏译《般若灯论》皆以第 3 颂与第 4 颂的上半颂“**自体若非有，何法为变异？**”为对论者立场的论述，而非论者。与《般若灯论》不同，《中论》将第 3 颂作为论者的阐述，将第 4 颂“**诸法若无性，云何说婴儿，乃至于老年，而有种种异？**”作为对论者立场的论述。

汉译《般若灯论》中“**见法变异故，诸法无自体**”，是对论者表明“虚妄”的意义不是“诸法无我”，而是“无自体”，且此“无自体”指的是“诸法具有不恒常安住的自性”，原因在于我们观察到诸法变异。② 由具有不安住的自性，诸法是有，而非“asvabhāva”的“无自体”，相应地，“由诸法空故”被解释为“诸法无我与我所”。藏译中下半颂“无自性的事

---

① “论主申佛意云，既言虚诳，何所有耶？佛说此者欲示空；三者佛说虚诳，既不存空；四者非但不存空有，亦不存非空有，一切无所依得，令悟实相。”（隋）吉藏：《中观论疏》卷 7，CBETA 2024，T42，No. 1824，第 104 页下。

② 叶少勇认为此处梵语使用 niḥsvabhāvatva 意味着“离自性性”，niḥ- 前缀表“出离”，参见叶少勇《中观论颂》，第 205 页。清辨的注释既与《无畏注》中此处是对论者说“虚妄”不意味“诸法无我”类似，也与《佛护释》中此处对论者表明诸法具有不安住的自性类似。关于此处《中论》各注释解释的差异，见斋藤明『「中論頌」解釈の異同をめぐって—第 13 章「真実の考察」を中心として』，《佛教學》第 14 号，1982 年，第 74—78 页；亦见叶少勇《〈中论佛护释〉译注》，第 180—181 页注 1。

物不存在”应当是归谬式论述，即如果事物虚妄，即无所分别的自性，则事物成无自性性，而无自性的事物不存在，这是不合理的，因而，诸事物是有自性的，诸事物无我与我所，因而是空，而非“无”。这段论述的关键在于：对于持实体论者来说，“存在”即等同于有自性，无自性即等同于“不存在”。

《中论》将这颂注释作为对论者阐述自己的观点，即上半颂是说由诸法显现出变异之相，而说见诸法变异，因而诸法不住自性，因此无自性。下半颂则回应对论者说“由诸法具有变异为无之性，因而存在无性法”的过失，说明无自性只是为了破斥有自性，并不存在以“无”为本质的法的“无性法”，因为如果法以无为本质，则它不可能有表征，不可能存在，而中观师的立场是一切法空，包括“无性法”在内。[①]正如吉藏所说，此颂“上半借异相破性，下半借性破无性”。青目的注释是以事物变异无常为理由，否定事物有自性。吉藏的解释是“若有性者，有性是本有，体即是常，不应变异”[②]。事物如果有自性，则自性是其固有的、不可变异的，则它自始至终应保持同一的、恒常的形式存在，而不应变异。《中论》之“不住自性”不是“具有不安住的自性”，而是无法安住于固有不变的自性，因而由观察到事物现象的变异推论出事物无自性。

第 4 颂上半颂在清辨的注释中仍属于对论者的立场，表明如果事物无自性，则不可能有经历现象变异的承载者，即主体。而下半颂“若有自性，如何变异？”才是中观论师的反驳，即有自性者反而不可能经历变异，因为它所具有的自性不可能变坏、消失，现象的变异必然伴随的只能是无自性，而非自性。《中论》第 4 颂（相当于其他释论中的第 4 颂上半

① 诸法无有性。何以故？诸法虽生，不住自性，是故无性。如婴儿定住自性者，终不作匍匐乃至老年。而婴儿次第相续有异相现，匍匐乃至老年，是故说见诸法异相故知无性。问曰：若诸法异相无性，即有无性法，有何咎？答曰：若无性，云何有法？云何有相？何以故？无有根本故。但为破性，故说无性。是无性法若有者，不名一切法空；若一切法空，云何有无性法？

② （隋）吉藏：《中观论疏》卷 7，CBETA 2024，T42，No. 1824，第 107 页上。

颂）在“诸法若无性……而有种种异”中附加了一种具体的变异现象“从婴儿到老年”，将其归为对论者的责难，此处责难与《般若灯论》等类似，即认为诸法若无自性，如何会显现出种种现象的变异。《中论》第 5 颂的上半句相当于其他释论的第 4 颂下半句，被视为表达中观论者的反驳，反驳的方式也类似，也即以自性有意味着诸法不可能变异，因为“自性”必须是恒常的。而青目的注释本身没有对下半句“若有自性，如何变异？”作进一步的说明与解释，吉藏认为此句意在破斥变异，因为既然诸法无自性，也就不可能有某存在物在真正意义上发生变异。这与第 6、7 颂讨论是变异前的存在物还是变异后的存在物作为承载变异的主体相关，诸释论对这两颂的意义与立场归属的说明上并无不同，此不赘述。

四　结论

汉译《中论》《般若灯论》关于《观行品》第 1—4 颂译法的差异中主要来自三个原因：（1）汉译《般若灯论》在翻译过程中为了在文体结构上与《中论》靠近，改变了《般若灯论》本身的文脉，有时会忽略将原本释论中嵌入的偈颂提取出来。（2）《中论》与《般若灯论》对偈颂中某些用词的解释并不相同，由解释不同，译词也相应地体现出差异。（3）《中论》与《般若灯论》对偈颂表现的立场归属的看法不同，理解偈颂的内涵亦体现出分歧，《中论》的偈颂无法适配《般若灯论》的文脉。总之，颂文差异的原因多数情况下在于各注释家解释分歧的影响，尽管各注释家有时甚至在偈颂归属的看法上大相径庭，却能够在迂回之后，导向类似的结论，究其原因，中观论者在事物“无自性”立场上是一致的，但是在导向这一立场的过程与方式的阐释上，《中论》《般若灯论》显示了诸多差异。经由以上颂文及注释对比的梳理与解析，两个释论文本的意义更加明晰，体现出使用对勘方法阅读汉译文献的价值，也更体现出古代译师们在翻译佛典上的主体性。

多语佛学概念研究

《真实义品》“事”“想事”相关概念浅析

隆　藏

峨眉山佛学院副院长

摘要：《瑜伽师地论·本地分·菩萨地·真实义品》以“假说自性”和“离言自性”的安立，继承了大乘佛教自《般若经》以来的二谛思想的认识论传统。但在《本地分·真实义品》中，已经开始显现出二谛向三性解释模式转变的雏形。其中最关键处在于，“事”（vastu）和“想事”（saṃjña vastu）作为其后发展为“依他起性”的核心概念被确立。在众多的研究文献中，对“事”和“想事”的理解暧昧不明，对其三性摄属的界定也各执其说。本文尝试结合《本地分·真实义品》的两个梵本，对其中与vastu相关的概念进行解说，以澄清对“事”和“想事”模糊不清的理解，并对“事”或“想事”作为依他起性，与“假说自性”和“离言自性”的关系，提出从“彼二分”到“熏习种子所生”模式的转变的观点，由此影响到三者三性的归属。

关键词：vastu；想事；唯事；唯真如；假说自性；离言自性；三自性

关于《真实义品》中色等“想事”相关概念的诠释，已有多篇论文及专书进行了研究。[①]但在笔者看来，其中对“事”“想事”的理解，尚多

① 如源正法师《假说与离言：论〈瑜伽师地论·真实义品〉中“二种自性”与“想事”之关系》，《佛学研究》2022年第2期；林国良《瑜伽师地论真实义品直解》，上海古籍出版社2022年版；林国良《〈真实义品〉“唯事”研究》，载释光泉编《唯识研究》第9辑，宗教文化出版社2021年版；刘威《空性与法性：〈真实义品〉为中心》，《世界哲学》（转下页注）

概念模糊和表述不清之处，导致对瑜伽行派核心文献《真实义品》产生误读，直接影响瑜伽行派的禅修实践。故此不揣浅陋，结合梵[①]汉文本和唐贤注疏，对此品所涉及的相关概念进行澄清。

一 “事”的相关概念的梵汉对照理解

“事”，对应的梵文是 vastu，vastu 有 object（对象）、thing（事物）之义，其动词词根为√vas，意思是 tolive（成为）、dwell（使能居住）、remain（保持着）、abide（持续存在）。[②]因此，vastu作为“事”，是一种生起并持续存在的，在认识中被认识的显现现象（manifest phenomena）。《真实义品》中，有多处谈及 vastu。

1. 事（vastu）

（1）《梵本菩萨地 Wogi》卷 2：“tatra laukikānāṃ sarveṣāṃ yasmiṃ

（接上页注①）2020 年第 3 期；赵东明《从〈瑜伽论记〉析论〈真实义品〉“离言自性”的语言哲学及对“说一切有部”语言观的批判》，《佛学研究中心学报》第 10 期，2005 年；［日］高桥晃一（2005）：《从〈菩萨地・真实义品〉到〈摄决择分・菩萨地〉的思想发展：以 vastu 概念为中心》，李凤媚译，高雄：弥勒讲堂 2011 年版；［日］袴谷宪昭：《离言（nirabhilapya）の思想背景》，《驹沢大学仏教学部研究纪要》第 49 期，1991 年；［日］相马一意：《〈菩萨地〉真实义章试译》，《南都佛教》第 55 号，奈良东大寺：南都佛教研究会，1986 年；Janice Dean Willis，*On Knowing Reality*：*The Tattvārtha Chapter of Asaṅga's Bodhisattvabhūmi*. New York：Columbia University Press，1979；以及韩清净《瑜伽师地论科句披寻记汇编》中关于《真实义品》的部分，太虚大师《瑜伽真实义品讲要》《瑜伽师地论菩萨地真实义品亲闻记》，韩镜清译藏为汉《瑜伽师地论本地分菩萨地真实义品释》，大胜《瑜伽师地论菩萨地真实义品提要》，唐大圆《瑜伽师地论真实义品讲录》，万钧《瑜伽师地论真实义品提要》，巨赞《瑜伽真实义品述记》等。

① 此处依据的梵文本是荻原云来根据英国和日本在印度收集到的两部《菩萨地》梵文写本的合校转写本，原本脱落部分被荻原氏依藏译本补足。（*Bodhisattvabhūmi*，edited by Unrai Wogihara，5th Year of Showa，1930–1936；repr. Sankibo Buddhist Book Store，1971），另有杜特根据罗睺罗早年在西藏拍摄到的梵文贝叶经照片整理出版的《菩萨地》天城体校订本。（*Bodhisattvabhūmi*，edited by Nalinaksha Dutt，K. P. Jayaswal Research Institute，1966）

② John Crimes. *A Concise Dictionary of Indian Philosophy*：*Sanskrit Terms in Defined in English*. NY，State University of New York Press，1948.

vastuni saṃketa-saṃvṛti-saṃstavan'āgama-praviṣṭayā buddhyā darśana-tulyatā bhavati." [①]

奘译:(云何世间极成真实?)谓一切世间,于彼彼事,随顺假立、世俗串习、悟入觉慧,所见同性。[②]

其中,yasmiṃ vastuni 即"于彼彼事",中性、单数、依格。Vastu 指代的是在其上进行世俗假立串习共同概念的现象。

(2)《梵本菩萨地 Wogi》卷 2:"kṣetr'āpaṇagṛha-vastuni." [③]

奘译:田园、邸店、宅舍等事。[④]

其中,kṣetr'āpaṇagṛha,为 kṣetra-āpaṇa-gṛha。Vastuni,事,中性、单数、依格。故此句可译为:在……田园、邸店、宅舍等事上。应当注意,这里的 vastu,不是指田园、邸店、宅舍等本身是"事",而是进行世俗假立串习共同概念所依的现象是事。此处的"事"与前段的"事"同义,是建立世俗概念和世俗认知所依基础的现象。

2.(所行)境事(vastu)

《梵本菩萨地 Wogi》卷 2:"niścitādhimuktigocaro yadvastu." [⑤]

奘译:决定胜解所行境事。[⑥]

niścitādhimuktigocaro yadvastu 应为:niścita-adhimukti-gocaraḥyat vastu. 其

① YBh,Bo-SW,p. 37.8–10.

② 《瑜伽师地论》卷 36,YBh,T30,No. 1579,p. 486b16–17。

③ YBh,Bo-SW,p. 37.15.

④ 《瑜伽师地论》卷 36,YBh,T30,No. 1579,p. 486b20–21。

⑤ YBh,Bo-SW,p. 37.17–18.

⑥ 《瑜伽师地论》卷 36,YBh,T30,No. 1579,p. 486b23–24。

中，niścita（决定）属于过去被动分词（ppp），修饰其后的名词；adhimukti（胜解）阴性名词；gocara（所行），阳性、单数、体格；yat 是关系代词。当 gocara 与 vastu 组成复合词时，表示“所行的（境）事”。gocara 与 yat、vastu 三词都是体格、单数。因此，复合词的关系是持业释，“所行”即“事”。这里的“事”被玄奘法师译为“境事”，是一种意译，因为此“事”是所行，故称为“境事”。“境事”等同于“事”，强调它被所行的特征。

3. 所知事（jñeyaṃvastu）

> 《梵本菩萨地 Wogi》卷 2：“su-viniścita-jñāna-gocaro jñeyaṃ vastu.”①
> 奘译：极善思择决定智所行、所知事。②

Dutt Nalinaksha 1966 年所编 Bodhisattvabhumih 中此句为：“suvidita-su-viniścita-jñāna-gocara-jñeyaṃ vastu.”与玄奘法师译本对应。jñeyaṃ vastu 译为“所知事”，作为复合词，二词同属中性、体格、单数，属持业释，“所知”即“事”。与“所行事”一样，此处说明“事”被了知的特性，能了知则为“suvidita-suviniścita-jñāna”（善思择 – 善决定 – 智）。

4. 法相所摄真实性 – 事（vastu）

> 《梵本菩萨地 Wogi》卷 2：“dharma-lakṣaṇa-saṃgṛhītaṃ vastu.”③
> 奘译：法相所摄真实性事。④

梵本直译应为“法相（dharma-lakṣaṇa）所摄（saṃgṛhītaṃ）事（vastu）”，玄奘法师的翻译增加了“事”的修饰词“真实性”。在玄奘法师的理解中，

① YBh，Bo-SW，p. 37.26–27.
② 《瑜伽师地论》卷 36，YBh，T30，No. 1579，p. 486c1–2。
③ YBh，Bo-SW，p. 39.24–25.
④ 《瑜伽师地论》卷 36，YBh，T30，No. 1579，p. 487a10。

“法相所摄”即是“真实性”的“事”，依照语言学理论，“法相”作为佛所施设的概念是能指，所指称的即是“真实性”的“事”。“性”，在玄奘法师一般性的翻译中，对应 bhava 一词，表示“存在”。由此可见玄奘法师认为，“事”是佛陀智慧亲证的真实存在，并用所施设的法相概念对其进行指称。

“法相”的另一种解释是法所呈现的“自相”，依据瑜伽行派的理解，“法”的存在依据其“自相”来定义，因此“自相”和“自性”可以等同。如此“法相所摄真实性事”则可理解为：“法”所呈现的“自相”，即是真实存在的“事”本身。反之，如无事，则无相。如《真实义品》中说：“诸色假说自性（rūpam iti prajñapti-vādasya，假说的‘色’），乃至涅槃假说自性（nirvāṇam iti prajñapti-vādasya，假说的‘涅槃’），无事、无相（nirvastukatā nirnimittatā）。”

5. 唯事（vastu-mātra）

《梵本菩萨地 Wogi》卷 2：“nir-abhilāpya-svabhāvatāṃ sarva-dharmāṇāṃ yathābhūtaṃ viditvā na kaṃcid dharmaṃ kathaṃcit kalpayati nānyatra vastu-mātraṃ gṛhṇāti tathatā-mātraṃ.［Tib. 23b］na cāsyaivaṃ bhavati. vastu-mātraṃ tat tathatā-mātraṃ ceti.”①

奘译：于一切法离言自性如实知已，达无少法及少品类可起分别。唯取其事，唯取真如。不作是念，此是唯事，是唯真如。②

根据梵本，对于“一切法的”（sarva-dharmāṇāṃ）“离言自性”（nir-abhilāpya-svabhāvatāṃ）“如实了知”（yathā-bhūtaṃ viditvā），其结果有两方面：一是“无少法及少品类可起分别”（na kaṃcid dharmaṃ kathaṃcit

① YBh，Bo-SW，p. 41.16–20.

② 《瑜伽师地论》卷 36，YBh，T30，No. 1579，p. 487b18–21。

kalpayati[①]）；另一方面是“唯取其事，唯取真如”（nānyatra vastu-mātraṃ gṛhṇāti tathatā-mātraṃ）。kaṃcit，阳性、单数、宾格。vikalpayati，使役式。“na kaṃcid dharmaṃ kathaṃcit vikalpayati”：没有使被分别的任何法。此处玄奘法师所称的“少法”“少品类”，应即是与“离言自性”相对的“假说自性”（prajñapti-vāda-svabhāva），唯“分别”为有，实际并无任何真实存在，所以这是从反面否定“假说自性”的存在。“唯取其事，唯取真如”，则是从正面肯定“离言自性”的存在。nānyatra vastu-mātraṃ gṛhṇāti tathatā-mātraṃ，直译为：“照取除了（nothing other than）唯事没有其余，照取唯真如性”。玄奘法师翻译时，将“事”和“真如”都作为“取”的对象，这是因为 vastu-mātraṃ（唯事）和 tathatā-mātraṃ（唯真如）都是宾格。他这样译的逻辑在于“取”是“如实知”的智慧，其中根本智照取真如共相，而后得智缘取事的自相，将“事”和“真如”理解为事、理两面，或自、共二相，同为“离言自性”所摄。另外也可理解为：“只有事，事上没有分别所知的‘假说自性’，智慧如实知的唯是‘真如性’。”“事”是“假说自性”和“真如性”二分所依，“假说自性”是“事”的虚妄相，为遍计所执著；而“真如性”是“事”的真实相，为智慧所照了。这种理解，更近于《摄大乘论》中依他起自性是“彼二分”的解释。[②]“唯事”和“唯真如”，正好对应了《辩中边论》中的一颂：“虚妄分别有，于此二都无”（唯事）；“此中唯有空”（唯真如）。

在“唯取其事，唯取真如”的过程中，同样还需要“不作是念”：“此是唯事，是唯真如。”在唯事上，唯了知真如；但了知真如时，不分别“唯事”“唯真如”的概念。这种观行，后文称为“行胜义”（arthe parame caraṃ），并解释说：“sarva-dharmāṃs tayā tathatayā sama-samān yathābhūtaṃ

---

① Kalpayati，应作 vikalpayati。据 Takahashi K.（2005）. *Philosophical Developments from the Bodhisattvabhūmi to the Bodhisattvabhūmiviniścaya*：*With Special Refercnce to the Concept of Vastu as Used in the*“*Tattvārtha*”*Chapter*. Tokyo：The Sankibo Press, pp .85–117.

② 《摄大乘论本》卷 2：“于依他起自性中，遍计所执自性是杂染分，圆成实自性是清净分，即依他起是彼二分。”（CBETA，T31，No. 1594，p. 140c9–11） prajñayā paśyati."[①]（直译：于一切法以真如平等平等如实慧观察。）"如实慧"（yathābhūta prajña）用"真如"（tathatayā，阴性、单数、具格）观察的是"平等平等"的"一切法"（sama-samān，平等平等，形容词，阳性、复数、宾格。sarva-dharmāṃ，阳性、复数、宾格）。这里，慧观察的一切法，没有分别所取著的各种不同的"假说自性"，故是平等平等；因此一切法就是"唯事"，只有事本身存在而已。《真实义品》中，"法"和"事"可以等同理解，例如后文中说："若于诸法诸事随起言说，即于彼法彼事有自性者，如是一法一事应有众多自性。"[②]"法"和"事"就是等同使用的。窥基法师也从法、事非一非异的关系上来解释。如《瑜伽师地论略纂》说："彼法者，谓能诠教法等。彼事者，谓所诠体事等。有体者，总指法之自体。有分者，别解法之差别分。"[③]窥基认为：法与事是能诠、所诠，亦即不一、不异的关系。"假说"起于能诠的法，"体、分、自性"归于所诠的事，是不一。能诠法、所诠事同一"体、分、自性"，是不异。此处的法与事实际上也是同指关系。

6.（色）（等）想事（rūpa-saṃjña vastu）

《梵本菩萨地 Wogi》卷 2："sacetpunaḥ pūrvam eva prajñapti-vādopacārād（akṛte prajñapti-vādopacāre sa dharmas tad vastu tad-ātmakaṃ syāt.）evaṃ sati vinā tena rūpam iti prajñapti-vādopacāreṇa rūpa-saṃjñake dharme rūpe-saṃjñake vastuni rūpa-buddhiḥ pravarteta. na ca pravartate."[④]

奘译：又若诸色未立假说诠表已前，先有色性，后依色性制立假说摄取色者，是则离色假说诠表，于色想法、于色想事，应起色觉，而实不起。[⑤]

---

① YBh，Bo-SW，p. 41.21–22.

② 《瑜伽师地论》卷 36《4 真实义品》，CBETA，T30，No. 1579，p. 488a20–22。

③ 《瑜伽师地论略纂》卷 10，CBETA，T43，p. 137a18–20。

④ YBh，Bo-SW，p. 45.4–8.

⑤ 《瑜伽师地论》卷 36，YBh，T30，No. 1579，p. 488b4–7。

根据此段文意，为论主辩破外人执名前有色自性的过失，即《摄大乘论》所说："由名前觉无，称体相违故。"[①]如果像外人执著的那样，认为在还没有安立"色"名之前，就已经有（如色名所定义的）"色"的存在了，其后再根据"色"的存在来安立"色"的名称，用以指称"色"的存在。那么，离开所安立的"色"名，我们也应当在之前起色想的事上，生起它是"色"的觉知。但是实际上，如果没有安立"色"的名称，我们根本不会生起这是"色"的想法。无性菩萨解释说："如不可说自所领受现量所得依他起中，不待于名而生其觉，既无此事。故依他起遍计所执，其体相称与理相违。"[②]

色想法（rūpa-saṃjñake dharme）、色想事（rūpe-saṃjñake vastuni）并列等同使用。其中"色想事"（rūpe-saṃjñake vastuni）的 saṃjñake（想），中性、单数、位格；vastuni（事），中性、单数、位格。二者组成复合词，属于六离合释中的"持业释"（karmadhāraya），即"描述（descriptive）限定复合词"。持业释要求构成复合词的前词与后词在语法上为同位语，二者在性、数、格上保持一致，前词描述后者，且二者多指同一对象。[③]所以，"色想－事"表示既是"色想"且是"事"(的东西)，"色想"描述"事"，起"色想"即"事"。

此处的"色想事"，就是指我们所谓的"色法"本身。"想"谓："于境取像为性，施设种种名言为业，谓要安立境分齐相，方能随起种种名言。"[④]"色想"，即于境上意识取色像。意识缘名为境，安立名言概念，再按照"色"名称的定义，对色境进行分别取像的理解。如《真实义品》后文说："谓于一切地等想事，诸地等名施设假立，名地等想。"[⑤]所以"色想

① 《摄大乘论本》卷 2，CBETA，T31，No. 1594，p. 140a15。

② 《摄大乘论释》卷 5，CBETA，T31，No. 1598，p. 406a7–10。

③ 《相宗纲要》说："持业释者，凡义虽有二，而体则仍是一者，则即持业释也。持者，能持之体；业者，所持之义也。盖二义同依一体也，故此亦名为同依释焉。"

④ 《成唯识论》卷 3，CBETA，T31，No. 1585，p. 11c22–24。

⑤ 《瑜伽师地论》卷 36，CBETA，T30，No. 1579，p. 489b24–25。

事”，就是“起色想的事”，或“依色想名之为色的事”，起色想的即是事本身，依色想名之为色的即是事本身，故是持业释。

但是想作为遍行心所，不仅为意识所有，也为眼等五识所有。眼等不缘色名，但其可以分别辨识色上青黄赤白的区别相，或声等上的高低屈曲差别相等，也是想的作用。在此广义的想上，色想事也指虽不用色名言，但起色声香味触等（等取五根及法处所摄色）分齐界限差别的觉知，此色想的觉知本身即是事，同样也是持业释。同时，这样的解释，也善顺瑜伽行派唯识的理解，因为色想所觉知的内容，并非离开色想之外而有，它既是色想所依，也是色想所缘，与色想能所不二，成为彼此观待互为缘起的整体。在色想的觉知认识整体上安立色法，故色法之事实即色想，唯是其识。所以，在唯识思想的维度下，唯识、唯事、唯法、唯相，都被统一起来，都指向有为缘生法本身。

色想事本身并没有色名所定义的自性，因此不可分别有色等自性，色等想事上色等自性不可言说。如《瑜伽论记》卷 9 景泰云：“如初生小儿未解柱青黄长短等色名，故当尔见柱不起青黄长短等觉。后由依柱青黄长短等假名故，方起此觉。若未立名前见柱时，于柱青黄等色法之柱等色事，应起青黄长短等觉，而实不起。故知眼识见柱依他性，不可言说。”[①]

二　事与二谛、三性的关系

综合以上对“事”“（所行）境事”“所知事”“法相所摄真实性 - 事”“唯事”“（色）（等）想事”的梵汉对照的概念分析，可知实际上此诸概念都是对 vastu 的不同层面的诠释说明，皆指因缘而生、当下正显现生起的依他起法。“（所行）境事”“所知事”，说明事是所行所知的法；“法相所摄真实性 - 事”，说明事是佛陀法相施设所指称的真实存在的法，或有真实法相呈现的法；“（色）（等）想事”，说明事是色想乃至一切法想之认识的

① 《瑜伽论记》卷 9《真实义品》，CBETA，T42，No. 1828，p. 507b26-c2。

所依所缘，与认识成为不可分割的统一整体，在此基础上一切世俗假立串习建立种种概念。最后，“唯事”是对以上概念基于真理的阐明：事只是事，没有所安立的“假说自性”，事的真实相是“离言自性”。有谓“事”包含“唯事”和“想事”两重意蕴：作为“唯事”，是离言真如；作为“想事”，是名言所依。这种说法，有两重混淆：一是“唯事”和“想事”并非可以并列的两重意蕴，“唯事”是“事”的存在本质，“想事”是“事”世俗表相，二者不是同一层面的意蕴；二是“唯事”并非即是真如。事，可分为两种：从世俗名想认识角度，作为安立名言的所依（假说所依），可称为“想事”；从胜义智慧亲证角度，作为无分别智所证，可称为“智事”。而无论“想事”还是“智事”，都没有“假说所指”的“假说自性”（即《解深密经》所谓“名假安立自性差别”），只有分别取像的“想”或如理亲证的“智”的事本身存在，所以是“唯事”。同时，在“想事”和“智事”上，有由“假说自性”空所显真实性，即“唯真如”。

因此，“事”是具有法相的真实存在，既是世俗认识安立名言概念的基础，也是证得胜义实相的离言自性的基础。高桥晃一所谓：“〈菩萨地 · 真实义品〉中，vastu 具备了语言表达基础的面向，以及语言无法表达的真实的面向。”[①] 大概也可以从这个角度来理解。这种理解其实是对中观学坚持的二谛思想的继承，也是早期瑜伽行派的基本立场。在此意义上，“事”实际是隐于依名取相执著“假说自性”和证得胜义“离言自性”的背后的，“事”具有所知的特性，但错误认识只能执取“假说自性”的虚妄相，正确认识的无分别智才能证得“离言自性”的真实相。“事”总是或以“假说自性”的虚妄相相似显现，虽显现而非称体；或以“离言自性”的真实相真实显现，此显现善顺真实。离开“假说自性”执取的错误认识或“离言自性”证得的正确智慧之外，并无另外的事的存在，由此传统认识论唯建立世俗、胜义二谛。但《真实义品》对“事”的揭示，显示了虚妄相和

① ［日］高桥晃一：《从〈菩萨地 · 真实义品〉到〈摄决择分 · 菩萨地〉的思想发展：以 vastu 概念为中心》，第 29 页。

真实相背后的所依的基础，由此在《摄决择分 · 真实义品》及之后的瑜伽行派文本中，“事”以“依他起性”的名义出现，将“假说自性”说为“遍计所执性”，将“离言自性”说为“圆成实性”，成为三自性的定说，此为瑜伽行派认识论的新说。

但三性与二谛之说并无本质的不同。甚至在早期瑜伽文献中，依他起性的事，与遍计所执性和圆成实性的关系，一直并非平行并列的关系，而是作为“彼二分”存在。如《摄大乘论本》解释佛说三种法：

> 《阿毗达磨大乘经》中薄伽梵说：“法有三种：一、杂染分，二、清净分，三、彼二分。”依何密意作如是说？于依他起自性中，遍计所执自性是杂染分，圆成实自性是清净分，即依他起是彼二分；依此密意作如是说。[①]

《摄论》用“金土藏”为譬喻说明三种法。如地界中，土非实有，而显现似土，金是实有而不可得见；于猛火烧炼时，土相不现，金相显现。此地界在显现似土之时，为虚妄显现，在金显现时，是真实显现。因此地界是虚妄显现和真实显现二分所依的基础。同样道理，“识亦如是，无分别智火未烧时，于此识中所有虚妄遍计所执自性显现，所有真实圆成实自性不显现。此识若为无分别智火所烧时，于此识中所有真实圆成实自性显现，所有虚妄遍计所执自性不显现；是故此虚妄分别识依他起自性有彼二分”[②]。

“彼二分”的依他起性，重点强调“依他杂染清净性不成故”[③]的一面，不强调“依他熏习种子而生起故”[④]的一面，所以《真实义品》中将其直称为“事”。其本身是非有非无，远离一切分别的：不可分别为有，由

① 《摄大乘论本》卷 2，CBETA，T31，No. 1594，p. 140c7–11。
② 《摄大乘论本》卷 2，CBETA，T31，No. 1594，p. 140c17–22。
③ 《摄大乘论本》卷 2，CBETA，T31，No. 1594，p. 139c4–5。
④ 《摄大乘论本》卷 2，CBETA，T31，No. 1594，p. 139c4。

遍计所执“假说自性”空无所有故；又不可分别为无，由圆成实性“离言自性”真实有故。或由“假说自性”非定清净，由“离言自性”非定杂染，依他起事不可定说一性。所以依他起“事”的一切法上，是“假说自性”“离言自性”非有非无、非清净非杂染、“平等平等”的。（参考前文对“sarva-dharmāṃs tayā tathatayā sama-samān yathābhūtaṃ prajñayā paśyati”的解释。）

依照随顺二谛的“彼二分”模式来理解依他起的“事”，其“圆成实性”“离言自性”必然包括“唯事”“唯真如”事理两方面。如《摄大乘论》从四清净来解释圆成实性，就同时包含了清净的理、事。从遮诠义说，“唯事”否定“假说自性”的有，“唯真如”否定“离言自性”的无。从表诠义说，“唯事”显示缘生事，“唯真如”显示缘起理；“唯事”显示诸行自相，“唯真如”显示诸行共相。而“彼二分”的事，同时具有“唯事”“唯真如”两个维度的真实，非有非无，非事非理，远离一切分别。

在《菩萨地》之后，无论是《瑜伽师地论》其余诸分，还是《摄大乘论》，对依他起的事的解释，都逐渐过渡到“依他熏习种子而生起故”的定义。三性的关系，平行展开为依他起“事”的三个解说维度。比如无著菩萨在《摄大乘论》中解释三性关系：

> 此三自性为异为不异？应言非异非不异。谓依他起自性，由异门故成依他起；即此自性由异门故成遍计所执，即此自性由异门故成圆成实。由何异门此依他起成依他起？依他熏习种子起故。由何异门即此自性成遍计所执？由是遍计所缘相故，又是遍计所遍计故。由何异门即此自性成圆成实？如所遍计毕竟不如是有故。[①]

实际上存在的只是依他起性的“事”，但从不同的角度，施设安立为

① 《摄大乘论本》卷 2，CBETA，T31，No. 1594，p. 139b24-c2。

三自性。从错误认识的所缘和引发错误认识的基础的角度，依他起性以似遍计所执性显现，所似即遍计所执。从虽似遍计所执相显现，而非真实的角度，依他起性以圆成实性显现，圆成实性即遍计所执毕竟空所显。从依赖耶缘起种现熏生为因缘所生起的角度，显示依他起的事为依他起性。在此解说模式下，依他起性是"唯事"，圆成实性的"离言自性"就只是"唯真如"了！这时，就要将依他起性的"事"，与圆成实性的真如"理"，合起来说为有，和遍计所执的无相对立。

依他起"事"，在三性的框架下，虽然有解说的演变，导致开合不同，强调的法义有别，却都是施设安立的差异，并无根本的对错之分。但如果将"色等想事"解释为"色等种种假说"，认为想事就是第六识及其相应想心所认识的一切法，是进入世人认识领域的一切法，是"名言一切法"。无疑有观念论的嫌疑，将意识及想心所安立名言的认识行为的事（属依他起性），与名言安立的一切法（属遍计所执性）相混淆。同样的错误还表现在把名言"色等法名"（能指）及其指涉的"色等想法"（所指）都摄属于"一切唯假"的"假说自性"。这些问题都在于将依他起的想事与遍计所执的假说自性混淆。虽然，在世俗名言安立层面，"想事"等同于"分别所起行相"，故《真实义品》说"八种分别能生三事"[①]，使得依他起的"事"总是和染污遍计执联系在一起，或即是遍计执，或是遍计所遍计，表现为有漏性，但是有漏依他起也毕竟不是遍计所执。

"事"在《摄决择分·真实义品》中，引入了《楞伽经》所说的"五法"来进行说明。《楞伽》"五法"在《摄决择分》中称为"五事"，意谓此五是真实存在。五事为：相、名、分别、真如、正智。前三是世间法的存在，后二是出世间法的存在。相、名、分别三者，共同构成所谓世间"想事"：依"名"取"相"的"分别"即是"想"，即此"想"的整体行为即是"事"，故名"想事"。"真如"为所证，"正智"唯能证，二者构成

① 《瑜伽师地论》卷36《4 真实义品》："又诸愚夫由于如是所显真如不了知故，从是因缘八分别转能生三事，能起一切有情世间及器世间。"CBETA，T30，No. 1579，p. 489c9-11。

出世间“智证事”。《摄决择分》对五事的定义为：

何等为相？谓若略说所有言谈安足处事。何等为名？谓即于相所有增语。何等为分别？谓三界行中所有心心所。何等为真如？谓法无我所显圣智所行非一切言谈安足处事。何等为正智？谓略有二种：一唯出世间正智，二世间出世间正智。[①]

“相”是安立名言的所依基础，“名”是所安立的名言工具，“分别”是能安立名言的心心所的活动。虽依《成唯识论》有相唯识说，非一切皆能起言说分别，所以此处分别重点指能依名取相的意识分别与相应心所，但包含三界所有心心所的其余诸识及其心所，也是意识依名取相的分别过程中，随无始来对“相、名、分别”的言说戏论熏成的习气为因所生起，故也与依名取相有关。“真如”是离言的基础，是正智所缘，“正智”是能缘。《摄决择分·真实义品》解释五事与三自性相摄说：

问三种自性相等五法，初自性五法中几所摄？答：都非所摄。问第二自性几所摄？答：四所摄。问第三自性几所摄？答一所摄。问若依他起自性亦正智所摄。何故前说依他起自性缘遍计所执自性执应可了知。答彼意唯说依他起自性杂染分非清净分。若清净分当知缘彼无执应可了知。[②]

此处非常明确地说明，五法都不是遍计所执，依他起自性包括相、名、分别、正智四法，圆成实自性即是真如。这里的依他起自性包含染净两方面，圆成实自性却只包括真如，这是近于《成唯识论》有相唯识学的后期说法，与《摄大乘论》《辩中边论》等代表的早期学说有差别。如《辩

① 《瑜伽师地论》卷 72，CBETA，T30，No. 1579，p. 696a2–7。
② 《瑜伽师地论》卷 74，CBETA，T30，No. 1579，p. 704c23–29。

中边论》解说五法三性相摄：

> 相等五事随其所应，摄在根本三种真实。谓名摄在遍计所执，相及分别摄在依他，圆成实摄真如、正智。[①]

《辩中边论》将出世间法的"真如、正智"都摄在圆成实性，这和《摄大乘论》圆成实性摄四清净法的意趣一致。"相"，作为分别的所依所缘，与"分别"一起归属于依他起性，亦是应有之义。值得注意的是，《辩中边论》将"名"归属于遍计所执性；而《真实义品决择》既说"名唯心不相应行"[②]，说明"名"是有为缘生法，所以归属于依他起性。造成两种理解差异的原因，在于"名"从随"补特伽罗欲所生"、"于相中假施设故"、是"杂染起故、施设器故、言说所依故"的角度看，属依他缘生的假法；但从名言"如自性差别假立不成就义"的角度看，则属于遍计所执的无法。在《真实义品决择》及其以后的文献中，"名"都被确定为依他起性。"相、名、分别"三者世间染污依他起构成的"想事"，也依此可以被确认为是依他起性，而不能与遍计所执理解下的名言混淆。

三　结论

《真实义品》作为《瑜伽师地论·本地分·菩萨地》的核心一品，对大乘法义的正确理解至关重要。《摄大乘论·入所知相分》说悟入实相的途径和媒介是"多闻熏习所依，非阿赖耶识所摄，如阿赖耶识成种子；如理作意所摄，似法似义而生，似所取事，有见意言"[③]。换言之，依闻思大乘佛法法义而熏成清净正见种子，由此正闻熏习种子在定心中现起相似于所

① 《辩中边论》卷2《辩真实品3》，CBETA，T31，No. 1600，pp. 469c29-470a2。
② 《瑜伽师地论》卷72，CBETA，T30，No. 1579，p. 697c6-7。
③ 《摄大乘论本》卷2，CBETA，T31，No. 1594，p. 142b6-9。

闻思的内在法义境，此法义境在无著菩萨《六门教授习定论》中为三种所缘的“内缘”，是修习毗钵舍那获得观智的所缘境。在瑜伽观行中，通过对核心法义的正确把握，来对一切法进行“如法”而观。所以，是否正确理解《真实义品》所说“想事”“假说自性”“离言自性”等概念，以及三者的三性归属，关系到是否能进行正确的观行实践。因为，三性归属涉及“有”“无”的判定，直接影响到毗钵舍那中对法存在与否的简择。

瑜伽行派毗钵舍那，继承了自声闻《小空经》以来一致的观行方法。这种观行方法，在表述上体现为一种类似的定型句：

《小空经》：

> 若此中无者，以此故，我见是空；若此有余者，我见真实有。①

《大乘阿毗达磨集论》：

> 若于是处，此非有，由此理正观为空；若于是处，余是有，由此理如实知有。②

《辩中边论》：

> 若于此非有，由彼观为空；所余非无故，如实知为有。③

《真实义品》：

> 谓由于此，彼无所有，即由彼故，正观为空；

① 《中阿含经》卷 49《双品 1 小空经》，CBETA，T01，No. 26，p. 737a10–11。
② 《大乘阿毗达磨集论》卷 3《谛品 1》，CBETA，T31，No. 1605，p. 675a21–22。
③ 《辩中边论》卷 1《辩相品 1》，CBETA，T31，No. 1600，p. 464b22–23。

复由于此，余实是有，即由余故，如实知有。[①]

《梵本菩萨地 Wogi》：

kathaṃ ca punaḥ su-gṛhītā śūnyatā bhavati.（云何复名善取空者？）yataś ca（由）yad yatra na bhavati.（于此，彼无所有。）tat tena śūnyam iti samanupaśyati.（即由彼故正观为空。）yat punar atrāvaśiṣṭaṃ bhavati.（复由于此，余实是有。）tat sad ihāstīti yathābhūtaṃ prajānāti.（即由余故，如实知有。）[②]

这种观行方法，是"有，如实知有；无，如实知无"的"如实观"，因其远离增益、损减，又名为"中道观"。《真实义品》的"于此"，就是"于色等想事"上，"彼无所有"的"彼"即是"假说自性"，"余实是有"的"余"是包括了"唯事"和"唯真如"在内的"离言自性"。只有通过毗钵舍那的观行，如实了知"色等想事"上"假说自性"的空无所有，"离言自性"（"唯事""唯真如"）的如实实有，才能对当下存在的色等想法、色等想事正确了知，不生增益、损减二执。因此，瑜伽行派的观行方法是和它的认知紧密联系在一起的。只有通过闻思法义，假立其起正确的所缘境，才能在瑜伽观行层层剥离执著、还原实相的修行过程中，取得真实的成绩。这也正是我们不遗余力研究《真实义品》的意义所在。

---

① 《瑜伽师地论》卷 36《4 真实义品》，CBETA，T30，No. 1579，pp. 488c28-489a1。

② YBh，Bo-SW，p. 47.16–19.

“ངོ་བོ”“本来面目”的汉藏一味

——基于《坛经》《法界宝藏论》的比较

尹邦志

西南民族大学研究员

摘要： 汉藏佛教之间的亲缘关系，可以通过汉藏语言之间的相通进行观察。汉藏语言同属一个语系，已经是语言学界的常识。宗教学的研究可以在此基础上进一步确定其用语在宗教内涵上的相通。藏传佛教四大派中，宁玛派与禅宗的渊源最深，因此这里借助于禅宗六祖惠能大师的《坛经》和宁玛派隆钦巴的《法界宝藏论》中的一个词语进行比较。这两位大师虽然所处的时代不同、地域有异，但作品却显得心心相印。汉语的“本来面目”和藏语的“ངོ་བོ”可谓形契神合，充分印证了两位大师、两派教法的圆通一味。

关键词： 禅宗；大圆满；惠能；隆钦巴；汉藏佛教

《法界宝藏论》（ཆོས་དབྱིངས་རིན་པོ་ཆེའི་མཛོད་ཅེས་བྱ་བའི་འགྲེལ་པ）是隆钦饶绛巴（ཀློང་ཆེན་རབ་འབྱམས་པ，1308—1363，或1364）的代表作，也是藏传佛教史上最重要的一部本土撰著的论典。作者隆钦巴是宁玛派卓越的祖师，集班智达和瑜伽士的成就于一身，开创了隆钦宁提的宏大法流，流布于全世界。他5岁开始学习藏文，7岁随父修习密法，9岁便能背诵《般若二万颂》和《般若八千颂》等经典，12岁在桑耶寺出家。他深入经藏，广学各派显密教法，遍访我国西藏和印度、不丹的佛教圣地，在岩洞中苦修多年，获得了大圆满法的究竟证悟，发掘了多部伏藏，著作等身，因此被尊为“一切遍知语自在”，与萨迦班智达、宗喀巴大师并称藏传佛教界的三大文殊菩萨化身。

这三大文殊菩萨化身中，萨迦班智达、宗喀巴大师都对汉传佛教多所批判，都将他们那个时代不合他们判教中的“正统”的法门、见解称为汉地的大乘和尚（摩诃衍）的遗教，而隆钦巴则截然相反，明确地歌颂了摩诃衍的高妙，批判了他的对手的下劣。因此，他和禅宗的关系，是一个非常有价值的课题。无论批判还是歌颂，都有各自的教理体系背景，同时也有振兴藏传佛教的具体因缘，本文不拟就此作出评判和结论，仅就隆钦巴大师《法界宝藏论》所用“ངོ་བོ”略作分析，窥探其融通汉藏佛学思想的一个细节。有兴趣的读者，可就此深入，探讨语言对于佛教教义阐释的具体影响，乃至文明之间的错综复杂的关系。

“ངོ་བོ”是一个重要的佛学术语，在《法界宝藏论》中出现了23次，在《法界宝藏论疏》中则出现了400多次。如何加以翻译，是一个颇费思量的问题。笔者在此提出来，并从汉藏佛学关系的角度来进行解析，希望得到各位专业人士的指正和帮助。

一 “ངོ་བོ”的基本含义是“自性”

“ངོ་བོ”是由“ངོ”和“བོ”组成的。其中，“བོ”是一个词尾，是实词的一个组成部分。[①]“ངོ”是一个名词，意思是脸、面孔、容貌等，可以用于人脸、猫脸等。[②]此外，“ངོ”也可以做助词。“ངོ་བོ”,《藏汉大辞典》中解释为：

> 名词。本体，本质。佛书译为自性，真性，体相。[③]

① 张怡荪主编：《藏汉大辞典》，民族出版社1998版，第1482页。
② 张怡荪主编：《藏汉大辞典》，第859页。
③ 张怡荪主编：《藏汉大辞典》，第663页。

由此可见，“ངོ་བོ”的基本意思是“自性”。例如，“ངོ་བོ་ཀ་དག”这个短语，准确的翻译是“自性本净”，表示的是“心识本体之性空分”①。一般情况下，笔者都这样来翻译。例如，《法界宝藏论疏》中出现第一个“ངོ་བོ”的句子：

དེར་ཡང་མ་ཟད་སངས་རྒྱས་ཐམས་ཅད་ཀུན་ཏུ་བཟང་པོའི་ངོ་བོར་སངས་རྒྱས་པས་དེ་དག་དང་། གཞི་དང་། ལམ་དང་། འབྲས་བུའི་ཆོས་ཐམས་ཅད་ཀུན་ཏུ་བཟང་པོ་ལྔར་གནས་པ་ཀུན་ལ་བརྗོད་བྱ་རྫོགས་པའི་ཡན་ལག་ཏུ་ཕྱག་འཚལ་བ་སྟེ།②

更以证悟支分之心，顶礼于普贤王如来自性流出之无尽一切如来，及诸如来安住于五普贤境界而圆满之一切清净基、道、果法。

有时候也根据上下文的语境，翻译为“本相”：

ཡང་དག་དོན་གྱི་ངོ་བོ་ལ། །སངས་རྒྱས་དང་ནི་སེམས་ཅན་མེད། །
རིག་པ་འཛིན་པ་མེད་པས་སྟོང་། །སྟོང་པ་ཉིད་ལ་མི་གནས་ན། །
རང་གི་བདེ་ཆེན་ས་ལ་གནས། །སངས་རྒྱས་ཀུན་གྱི་རྗེ་བཙན་ནི། །
རང་གི་རིག་པར་ཤེས་པར་བྱ། །རང་སྣང་རིག་པའི་རྒྱལ་པོ་འདི། །
ཀུན་ལ་ཡོད་དེ་རྟོགས་པ་མེད། །

真净实义之本相：从无佛陀无众生。

空性不执着光明，空性亦无所住处，自住广大安乐境。

一切至尊诸佛陀，当知即为自光明。

此自显之光明王，人人皆有未悟证。

此处的“ངོ་བོ”，的确是用来揭示“自性”的，但是，如果翻译成“自性”或“本性”，就会与句中的“真”“净”“实”的语义重复，结合“从

① 张怡荪主编：《藏汉大辞典》，第 663 页。

② 本文所用《法界宝藏论》和《法界宝藏论疏》，都由西南民族大学的巴多教授提供，出自《隆钦巴全集》木刻本。

无佛陀无众生”来看，笔者以为翻译为“本相”更能突出偈语所表达的意思。

本相，在小乘佛法中指生、住、异、灭四相。在大乘佛法中则有四种含义：（1）自性相，即有为法的自性之相，皆瞬息幻灭。（2）所住、所味相，皆因颠倒之境而起，其相如幻。（3）随顺过失相，毕竟如朝露、水泡。（4）随顺出离相，观过去、现在、未来三世无所有，如梦、如电、如云，当随顺出离之道。

有的时候，则不需要翻译出来：

> རིག་པའི་ངང་འདི་ན་སྣང་སྲིད་སྣོད་བཅུད་འཁོར་འདས་སུ་སྣང་ངོ་ཅོག་རང་སྣང་རང་ཤར་རྨི་ལམ་གྱི་ངོ་བོ་ཉིད་དམ་ཆུ་ཟླའི་རང་བཞིན་ཙམ་དུ་གཟུགས་སྣང་ཐམས་ཅད་ནི་རང་བྱུང་ཡེ་ཤེས་ཀྱི་སྙིའི་དཀྱིལ་འཁོར་རོལ་པ།
>
> 光明所显此有寂情器轮涅之相，一切均是自现自显，如梦中花，如水中月，唯是色相，一切皆于自然智慧坛城游戏舞蹈而现。

此处若按原文直译，应译成“梦境之性”，但这样一来，就显得有些机械，不如不直接译出，意译为“如梦中花”，作者自可体会其性空之意。

综上，“ངོ་བོ”的含义虽然很明确，不复杂，但是，根据上下文的语境，根据汉语的表达习惯，应当有不同的译法。笔者在翻译《法界宝藏论》和《法界宝藏论疏》时，均很少直译为“自性”，或者类似的词语。其译法较多，此处不再一一列举。

二 “本来面目”

上面是有关《法界宝藏论》和《法界宝藏论疏》“ངོ་བོ”翻译的一般情况。这里想要特别说明，笔者并非在翻译时没有倾向，而是倾向于将其翻译为“本来面目”。

（一）“ངོ”的本义和引申义在“本来面目”中统一

笔者倾向于将“ངོ་བོ”译成“本来面目”的理由，主要源于作者隆钦巴对于这个词的用法。跟“ངོ་བོ”相关的，隆钦巴还有“ངོ”“རང་ངོ”等用例。来看一个有关“ངོ”的例子：

དོན་དམ་དང་ནི་ཀུན་རྫོབ་གཉིས། །ཐ་དད་མ་ཡིན་གཅིག་གི་ངང་། །ཡེ་ནས་རྟོགས་པའི་ངོ་གང་ལ། །མཚན་མའི་རྣམ་རྟོག་ཅི་འབྱུང་བ། །ཐམས་ཅད་ཡེ་ཤེས་རོལ་པ་ཙམ། །རིག་པ་གཅིག་ལ་དོན་བརྗོད་པ། །སྐུ་གསུམ་རྒྱལ་བའི་ངོ་བོར་སྣང་། །སྐུ་ལས་ཡེ་ཤེས་ཆོ་འཕྲུལ་འབྱུང་། །སྣང་དང་མི་སྣང་ཆོས་མ་ཡིན། །རྟོགས་དང་མ་རྟོགས་མཐའ་ལས་གྲོལ། །སྣང་བའི་ཡེ་ཤེས་ངོ་བོར་གནས། །འབྱུང་བ་རྡོ་རྗེ་རྐྱེན་གྱི་བདག །

胜义世俗之二谛，本际非异亦非一。已然证悟其本面，何生诸相分别念？一切唯是智慧舞，光明一味实义诠。佛陀三身本面显，身乃智慧生神变，显即非显亦非法，超脱证与未证边。显相智慧住本面，金刚法缘之源泉。

“ངོ”在这里单独出现。这个句子“ཡེ་ནས་རྟོགས་པའི་ངོ་གང་ལ”中，“ཡེ་ནས”是“本来”“最初”“开始”的意思，整句可直译为“不管证悟的本来面目是什么”，或“不管本来证悟的面貌是怎样的”，“ངོ”回到了它的本义——“脸”或“面目”，在这里它所表达的，就是“本来面目”的意思。

当然，这里“ངོ”的主要意思还是它的引申义。如果问“ངོ”指的是谁的本来面目，答案应该是，“ངང”（心性）的本来面目。稍做分析，可以说，“脸”是比喻，“自性”是实义。在这里，比喻和实义是在“本来面目”的组合中统一的。藏语和汉语同源，这已经是学术界的共识。从这里的用法，我们看到，“本来面目”这个词汇在藏汉两种语言中具有表述上的一致性。

（二）“རང་ངོ”指法界自性

རིག་པའི་རང་ངོ་ལྷ་སྒོམ་རྩོལ་སྒྲུབ་ལས་འདས་པ་ནི་རྡོ་རྗེ་སྙིང་པོའི་གདུང་སྐྱེ། འདུ་འབྲལ་མེད་པའི་དབྱིངས་མཚོན་བརྗོད་ལས་འདས་པའི་རང་བཞིན་ནི། སོ་སོ་རང་རིག་ཡེ་ཤེས་ཀྱི་ཡུལ་ལས་བསམ་བརྗོད་སྤྲོས་པའི་ཡུལ་མ་ཡིན་ཏེ། ཀུན་བྱེད་རྒྱལ་པོ་ལས། བསམ་དུ་མེད་པའི་ཆོས་ཉིད་

བྱང་ཆུབ་སེམས། །བསམ་དང་བརྗོད་པས་གཏན་ལ་ཕེབས་པ་མེད། །ཅེས་པ་དང་། རྡོ་རྗེ་གཅོད་པ་ལས། ཆོས་ཉིད་ཤེས་བྱ་མ་ཡིན་ཏེ། །དེ་ནི་ཤེས་པར་ནུས་མ་ཡིན།།

光明本面超越见、修、精行、成就，即为金刚藏舍利，亦即无离无合、不可名状之法界自性。此乃各各自明智慧所证境界，非言思戏论所及。《稀有王续》曰：“无致思处法界菩提心，毋以名言思虑来抉择。”《能断金刚经》曰：“法性非所知，彼非可知者。”①

在这段话中，值得注意的是作者所作的一个解释，即把“རང་ངོ”界定为“无离无合、不可名状之法界自性”（་དབྱིངས་མཚན་བརྗོད་ལས་འདས་པའི་རང་བཞིན）。根据上文，“ངོ་བོ”有“自性”之义。结合这一段，“རང་ངོ”“ངོ་བོ”就成了同义词。

但是，“རང་ངོ”单从字面上看，意思其实很简单。“རང”的意思是“本人”“自己”“我”，“ངོ”的意思也仅仅是“脸”，合起来是“自己的脸”的意思，翻译成“本来面目”，也非常合适。

就像上面所作的比喻和实义的分析，“རང་ངོ”这个组合远远超越了它的字面含义而取得了深奥的内涵，再一次印证了汉藏语言的相通，甚至可以说相同。

简而言之，“ངོ”“རང་ངོ”“ངོ་བོ”三个词，都用简洁而生动的语言，表达了深刻而丰富的内涵，并在大圆满的教法中成为核心词汇。出于兼顾比喻和实义的考虑，笔者在翻译时，多处将其译作“本来面目”。粗略统计，不下 100 处。相比于原文仅“ངོ་བོ”就出现了 400 余次，100 来处的翻译不算太多，也还是非常突出的了。

三　与禅宗的比较

（一）汉传佛教“本来面目”的源流

一提到“本来面目”这个词语，熟悉汉传佛教的人不假思索就会联想

① 罗什所译《金刚经》中无“法性”二字，亦不谈“所知”“可知”。

到禅宗，因为它几乎可以说就是“禅”的同义词。所谓“参禅”，无非就是见自家本来面目，除此之外，无法谈禅。另外一个词“本地风光”似乎有同样的内涵影响力，但是，人们更熟悉、更亲切的还是“本来面目”。《六祖坛经》中的下面这个公案，不仅脍炙人口，而且吸引着一代又一代的智者殚精竭虑地参悟：

> 惠能辞违祖已，发足南行。两月中间，至大庾岭。五祖归，数日不上堂。众疑，诣问曰：“和尚少病少恼否？”曰：“病即无，衣法已南矣！”问：“谁人传授？”曰：“能者得之。”众乃知焉。逐[①]后数百人来，欲夺衣钵。一僧俗姓陈，名惠明，先是四品将军，性行粗慥，极意参寻。为众人先，趁及惠能。惠能掷下衣钵于石上，云：“此衣表信，可力争耶？”能隐草莽中。惠明至，提掇不动，乃唤云：“行者！行者！我为法来，不为衣来！”惠能遂出，坐盘石[②]上。惠明作礼云：“望行者为我说法！”惠能云：“汝既为法而来，可屏息诸缘，勿生一念。吾为汝说。”明良久。惠能云：“不思善，不思恶，正与么时，那个是明上座本来面目。”惠明言下大悟。复问云：“上来密语密意外，还更有密意否？”惠能云：“与汝说者，即非密也。汝若返照，密在汝边。”明曰：“惠明虽在黄梅，实未省自己面目。今蒙指示，如人饮水，冷暖自知。今行者即惠明师也。”惠能曰：“汝若如是，吾与汝同师黄梅，善自护持。”明又问：“惠明今后向甚处去？”惠能曰：“逢袁则止，遇蒙则居。”明礼辞。[③]

“不思善，不思恶”，就如同《维摩诘经》和《华严经》等大乘经典中所说的“不可思议解脱”。从思虑当中解脱，则智慧现前。智慧现前，则

① 疑为“遂”。
② 疑为“磐石”。
③ （唐）惠能：《六祖大师法宝坛经》卷 1，CBETA 2024，T48，No. 2008，第 349 页中。

照见自性。实相、智慧不从外来，不须找寻，最好的解说，就是“本来面目”。从这几个字，可以看到，六祖惠能是一个语言大师，将深不可测的佛法修证成果和盘托出，让人当下领悟，犹如饮水，冷暖自知，平实简单，毫无隔阂。

六祖之后，“本来面目”一词频繁出现于禅宗的典籍中，历代禅师言必称之。除了禅宗，其他宗派祖师的经论注疏，也非常自然地使用这一词汇，似乎不需要做更多的解释，其含义已经约定俗成。唐、宋、元、明、清、民国、当代，出现的次数无法统计。

（二）“ངོ་བོ”在大圆满教法中的地位

隆钦巴称“ངོ་བོ”为大圆满的“见地”（ལྟ་བ）：

> འདིར་ངོ་སྤྲད་ལ་མ་འཕྲོད་པ་ཀུན་ཤར་ཚོག་དེར་སློད་པ་ལ་ལྟ་བར་ངོས་འཛིན་ཏེ། རྟོག་པ་ཉིད་འཁྲུལ་ཞེས་བྱ་བས་གནད་མ་གོ་བ་ཡིན་ནོ།།
>
> 有不相应于交付本面者，执着放松时诸相显现之境为本面之见地，实乃迷惑分别之念，非智者心要。

“见地”一词，在印度佛教的经论中，较早出现于《大智度论》，用于解释声闻、缘觉、菩萨三乘修行证悟的阶次，“见地”即是其中一地。修行者于此地位中，以出世间智能断三界见惑，通达真、俗二谛，故名见地。在禅宗的用法中，“阶次”的内涵淡去，以智慧领悟实相的内涵凸显，“见地”遂成为进入禅门的最重要的一环。可以说，禅宗的“见地”，就是对于“本来面目”（诸法自性、实相）的完整领悟。但是，禅宗特别重视智慧领悟和一般的知识、见解的区别，即“见地”必须是对于实相的证得，而不能仅仅是有了一定的了解。通过读经、禅修而形成的知识性的了解，只是“学解”，不能称为“悟解”，二者有天壤之别，其区别就在于是否还在思虑之中，是否达到了“无念”，是否亲见了“本来面目”。在藏传佛教里面，“见地”被称为“见宗”，与“宗见”有别，也是指真正有所证悟，达到了真实智慧的境界。

禅宗对于“见地”非常重视，可以说到了无以复加的地步。六祖惠能最初出山弘法时，深得印宗法师的敬仰，他们有一段对话，表明了“见地”的重要性：

> 宗复问曰：“黄梅付嘱，如何指授？”惠能曰：“指授即无，惟论见性，不论禅定解脱。”宗曰：“何不论禅定解脱？”能曰：“为是二法，不是佛法。佛法是不二之法。……无二之性即是佛性。”①

受此影响，后来的禅师有“只贵眼正、不说行履”②的观点，历代禅师击节赞叹。这句话不是说禅宗否定佛法实践的重要性，而是指明了“见地”的先在性，与《般若经》中强调“般若为导”的观点是一致的。禅师得到高度评价，往往也是因为他的见地。如圆悟克勤评价云门大师：“见地明白，机境迅速，大凡垂语别语代语，直下孤峻。”③

隆钦巴这一段话中对于“见地”的甄别，跟禅宗的宗风是相同的。首先，他重视“见地”，以之为“智者心要”。实际上，《法界宝藏论》中多处提到“见、修、行、果”的要义，“见地”也是列在第一位的。其次，他的“见地”的具体内涵就是“本面”，这与禅宗无论字还是义上面，都是一样的。再次，他的这句话中强调了“无念”，指出“执着放松时诸相显现之境为本面”不是真实的“见地”，而是“迷惑分别之念”，这是在实证的境界上说的。最后，他表达了对于“心印”的准确、细致、毫不含糊的鉴定，与禅师手提法印而横行四海的作风一样。

在大圆满修法上，“本来面目”所指的，也是顿悟成佛之法：

---

① （唐）惠能：《六祖大师法宝坛经》，CBETA 2024，T48，No. 2008，第 349 页下。
② （宋）道原：《景德传灯录》，CBETA 2024，T51，No. 2076，第 265 页中。
③ （宋）圆悟克勤：《佛果圜悟禅师碧岩录》，CBETA 2024，T48，No. 2003，第 209 页上。

དབྱིངས་རང་བྱུང་གི་ཡེ་ཤེས་རང་ངོ་ཤེས་པས་སངས་རྒྱས་དང་མ་ཤེས་པས་སེམས་ཅན་ལྟར་སྣང་ཡང་། གཉིས་ཀ་རིག་པའི་ངང་དུ་རོ་གཅིག་པས་རྒྱ་ཆད་དང་ཕྱོགས་ལྷུང་མེད་པ་སྟེ། ཀུན་བྱེད་ལས། སྣང་སྲིད་སྣོད་བཅུད་བསྡུས་པ་ཐམས་ཅད་དང་། །སངས་རྒྱས་སེམས་ཅན་བསྡུས་པ་ཐམས་ཅད་ཀུན། །ཀུན་བྱེད་བྱང་ཆུབ་ང་ཡིས་བྱས་པའི་ཕྱིར། །ཐམས་ཅད་བྱང་ཆུབ་སེམས་ལས་མ་གཏོགས་པ། །གཞན་ཞེས་བྱ་བ་ཡེ་ནས་མེད་པའི་ཕྱིར། །ཀུན་ཀྱང་བྱང་ཆུབ་སེམས་སུ་བསྟན་པ་ཡིན།། ཞེས་སོ།།

虽明了法界自然智慧本面而成佛、不明了即是众生，二者于光明本际实是一味，无偏无堕。《普作续》曰：“摄集一切现有与情器，摄集一切佛陀与众生，普作菩提心我之所作故，一切无不摄于菩提心。此外所谓作为本无故，演说一切摄于菩提心。”

六祖大师曾经说：“即烦恼是菩提。前念迷即凡，后念悟即佛。”①对比隆钦巴尊者对于“法界自然智慧”的解释，可以说是同一鼻孔出气。六祖说“不论禅定解脱”，阐明禅是无修之法，尊者说“作为本无”，也是说的无修之法。禅与大圆满一味——都主张明了本来面目而成佛，所谓佛佛道同，由此可见。

禅与大圆满主张明了本面则三身齐备，在《法界宝藏论》中表达得更为清晰。笔者在下面一段的翻译中，将同一个“ངང”译成了不同的汉语，为的是显示其多重的内涵：

མི་ཤོང་གཡའ་དག་པའི་ངོ་བོ་ལས་འཆར་ཚུལ་མ་འགགས་པར་གསལ་ཡང་། དེ་ལ་གོས་པ་མེད་པ་ལྟར། རིག་པའི་འཆར་ཚུལ་གང་ལྟར་ཤར་ཡང་། ངོ་བོ་ལ་གོས་པ་མེད་པ་རྩལ་མ་འགགས་པར་འཆར་བ་ནི་སྤྲུལ་པའི་སྐུ་སྟེ། སྐུ་གསུམ་རིག་པའི་ངང་ལ་རྫོགས་པ་ནི། ཀུན་བྱེད་ལས། ཀུན་བྱེད་བྱང་ཆུབ་ང་ཡི་རང་བཞིན་ལས། །མ་བཅོས་རང་བཞིན་ལྷུན་གྱིས་གྲུབ་པ་ནི། །རྒྱལ་བ་ཀུན་གྱི་སྙིང་པོ་སྐུ་གསུམ་སྟེ། །ང་ཡི་རང་བཞིན་མ་བཅོས་ཆོས་སྐུར་གྲུབ། །ང་ཡི་ངོ་བོ་མ་བཅོས་ལོངས་སྤྱོད་རྫོགས། ང་ཡི་ཐུགས་རྗེ་མངོན་བྱུང་སྤྲུལ་སྐུ་གསུམ། །བཙལ་ནས་གྲུབ་པའི་འབྲས་བུ་བསྟན་པ་མིན། །སྐུ་གསུམ་ཀུན་བྱེད་ང་རུ་བསྡུས་པ་སྟེ། །ཇི་ལྟར་སྣང་བའི་ཆོས་རྣམས་ཐམས་ཅད་ཀུན། །རང་བཞིན་ངོ་བོ་ཐུགས་རྗེ་མ་བཅོས་གསུམ། །སྐུ་གསུམ་ང་ཡི་དེ་བཞིན་ཉིད་དུ་བསྟན།།

① （唐）惠能：《南宗顿教最上大乘摩诃般若波罗蜜经六祖惠能大师于韶州大梵寺施法坛经》，CBETA 2024，T48，No. 2007，第 340 页上。

镜面洁净无染，则本面不灭映照了了分明，光明所现任一物象亦复如是，自然呈现，本来无染。此光明妙力不灭现相，即是化身。三身皆于光明中圆满。《普作续》曰："普作我之菩提自性中，自性任运成就无所寻。一切佛陀津藏之三身，我之无改自性成法身，我之本然不易圆报身，我之大悲炯现生化身。三身非是苦求力成果，三身实乃普作我所摄。如是显现一切种法相，自性、本际、大悲三无改，三身说为我真如之性。"

"རང་བཞིན"（自性）、"ངོ་བོ"（本际）、"ཐུགས་རྗེ"（大悲）构成了三身齐备的表述，这三个词也可以说是大圆满教理的基石。一般的大圆满的皈依颂会这样念诵：

真实三宝善逝三根本，风脉明点自性菩提心，
本体自性大悲坛城中，直至菩提果间永皈依。
南无布达雅，
南无达玛雅，
南无桑嘎雅。

自性、本际、大悲是大圆满的皈依境，所依是脉气明点，能依是自性菩提心光明智慧。光明智慧，也可以称为"如来藏""自然智慧""唯一明点""法界"等，这是"一法"的表述；若用"二法"，则是"本净空"和"任运成"；若用"三法"，即是自性空、本际明、大悲遍三种智慧，三者无别。

"本来面目"不仅解释了大圆满的教理结构，有时候也被称为"唯一"的教法，因而是居于最核心的地位的：

སེང་གེ་རྩལ་རྫོགས་ལས། རིག་པ་གཅིག་ལ་དོན་བརྗོད་པས། །སྐུ་གསུམ་རྒྱལ་བའི་ངོ་བོར་སྣང་། །སྐུ་ལས་ཡེ་ཤེས་ཆོ་འཕྲུལ་འབྱུང་། །སྣང་

དང་མི་སྣང་ཆོས་མ་ཡིན། །རྟོགས་དང་མ་རྟོགས་མཐའ་ལས་གྲོལ། །སྣང་བའི་ཡེ་ཤེས་ངོ་བོ་གནས། །འབྱུང་བ་རྐྱེན་གྱིས་མ་གོས་བདག །སྣང་བའི་ཡེ་ཤེས་ཀུན་ཏུ་རོལ། །མཐའ་ཡས་ལམ་ལས་རྣམ་པར་གྲོལ། །

《狮子力圆续》曰：“唯一光明所诠义，显佛三身本面目。身中智慧幻化出，所现未现皆非法。悟与未悟两边人，显相智慧住本面，生缘叵染之主人，显相智慧遍游舞，无量道上获解脱。”

修行的目标，是证悟本来面目。而众生的轮回，也是仅仅是因为丧失了对于自己面目的认知：

དེ་ཡང་སོ་སོ་རང་གི་རིག་པ་ལྷུན་གྲུབ་ཆོས་སྐུའི་ངོ་བོ་སྟོང་གསལ་ནམ་མཁའ་ལྟར་དངོས་པོ་དང་མཚན་མར་མེད་ཀྱང་། རང་ངོ་མ་ཤེས་པ་ལྷན་ཅིག་སྐྱེས་པའི་མ་རིག་པ་དང་། དེ་མ་ཡིན་ལ་དེར་འཛིན་པ་ཀུན་ཏུ་བརྟགས་པའི་མ་རིག་པ་གཉིས་དུས་མཚུངས་པས། གཟུང་འཛིན་འཁྲུལ་པའི་ཆར་སོང་ནས། འཁོར་བའི་འཁྲུལ་སྣང་སྣ་ཚོགས་སུ་ཤར་ཏེ། རྨི་ལམ་གྱི་ཡུལ་དང་སྣང་བ་ལ་བདག་ཏུ་འཛིན་པ་ལྟར། སྣང་སྲིད་སྣོད་བཅུད་ཀྱི་འཁྲུལ་པ་ལ་མངོན་པར་ཞེན་པ་འདི་དག །མེད་པ་གསལ་སྣང་གི་ཆོས་ལ་དོན་དུ་འཛིན་པའི་ཕྱིར། སྒྱུ་མའི་སྣང་བ་ལ་བདེན་པར་ཞེན་པ་ལྟ་བུ་སྟེ། མཚར་ཆེའོ་ཞེས་ཤེས་པར་བྱ་སྟེ།

各各自明任运成就之法身，本来空明犹如太虚，安住实际，不可名状，由不识本面之俱生无明、执非为是之遍计无明二者同时作用，出现能取所取之迷乱，进而生起纷纭复杂之轮回之相。如梦之境，执为我所。众生耽着有寂情器之迷乱相，执着实有之法从无中光显，魔幻之相，贪执为真，智者叹为稀奇！

“本来面目”跟禅宗相契合的地方，还在于它与“心性”的关系。禅宗以“明心见性”为旗帜，学界将其说法称为“心性论”。《法界宝藏论》也说“心性论”。所谓“本面”，不是三身之中任何一身的本面，而是心性的本面：

སེམས་ཉིད་སྟོང་པའི་ཆ་ནས་ཆོས་ཀྱི་སྐུ་དང་། གསལ་བའི་ཆ་ནས་ལོངས་སྤྱོད་རྫོགས་པའི་སྐུ་དང་། འཆར་བའི་ཆ་ནས་སྤྲུལ་པའི་སྐུ་ཞེས་མིང་དུ་བརྗོད་ཀྱང་། ངོ་བོ་ངོས་གཟུང་གི་ཆོས་སུ་གྲུབ་པ་ནི་ཅུང་ཟད་ཀྱང་མེད་ལ། དགོངས་པ་དེ་ཉིད་དུས་གསུམ་འཕོ་འགྱུར་མེད་པར་ལྷུན་གྱིས་

གྲུབ་སྟེ། འཁོར་འདས་ཀུན་ལ་སྙིང་པོའི་ཚུལ་དུ་ཁྱབ་པའི་ཕྱིར། བདེ་གཤེགས་སྙིང་པོས་འགྲོ་ཀུན་ཡོངས་ལ་ཁྱབ།།

心性，以其空而称法身，以其光明而称受用圆满之报身，以其显现而称化身，虽有名词安立，究其本面，实无可辨明之法尘，纤毫亦不能成立。此性三世不变、任运成就之意趣，超越一切轮涅，以其为普遍显理之心藏故。

结　语

禅与大圆满，不一不异，从《坛经》和《法界宝藏论》共享的“本来面目”一词，可见二者同一意趣之一面。

论能取所取的执着义*

——以《辨中边论》为中心的考察

王若曦

扬州大学讲师

摘要：说明能取所取作为执着的含义，对于说明梁漱溟对能所二取的解读有重要意义。《辨中边论》对虚妄分别和能取所取的区别，说明二取是在认知对象上的种种执着而非认知对象本身。虚妄分别之幻有，与能取所取的实无，构成了《辨中边论》的有无、非空非不空的两面。《成唯识论》以离能取所取为无分别智的特性，其"知所取非有，次能取亦无"的思想与《辨中边论》"此境实非有，境无故识无"的思想具有逻辑上的一致性：从"所取""境"的幻有实无，可知"能取无""识无"亦应解释为幻有实无。对能取无与识无的理解，亦应参考《摄大乘论》对无分别智不是无心状态的论述。此说明能取之无不是认识主体之无，此在真谛旧论亦同。梁漱溟以能取所取为见分相分，其解读忽略了二取作为"取执"的特殊性。

关键词：能取；所取；二取；取执；梁漱溟

陈来于2023年年初撰写的《熊十力的见体论》《梁漱溟论"见体"与"一体"》两篇论文，聚焦于第一代现代新儒家的见体问题，是对现代新儒

* 本文系国家社会科学基金青年项目"梁漱溟思想的儒佛交融形态研究"（21CZX036）的阶段性成果。

学研究的切实推进，同时也使新儒家视域中的能所问题呈现在学界面前。现代新儒学中的见体功夫，在梁漱溟、熊十力和牟宗三处，总是以离能所为其重要特征。梁漱溟在《东西文化及其哲学》（1921）中对《成唯识论》根本无分别智离能取所取的引述，是现代新儒家文献中对离能所的最早使用。在梁漱溟的使用中，能取所取的含义等同于见分相分，这在很大程度上是由于他忽略了能取所取作为种种执着的含义。考虑到梁漱溟同时受到摄论学派和玄奘唯识学的影响，兹举真谛与玄奘皆有译本的《辨中边论》，来说明能取所取在唯识学中作为取执的基本含义。

一　能取所取即能执所执

《辨中边论》是印度瑜伽行派根本论典之一，弥勒造颂、世亲造论，玄奘汉译前有真谛旧译《中边分别论》。论文共五品，其中第一品前十颂对应的讨论与能取所取密切相关。从《辨中边论》第二颂的长行解释中，“能取所取”开始出现：

> **abhūta parikalpo'sti dvayaṃ tatra na vidyate|**
> **śūnyatā vidyate tvatra tasyām api sa vidyate||2||**[①]
> 真谛译：虚妄分别有，彼处无有二；彼中唯有空，于此亦有彼。
> 玄奘译：虚妄分别有，于此二都无；此中唯有空，于彼亦有此。

此中涉及之梵文词，整理如下：abhūta 虚妄、不真实；parikalpa 分别；āsti 有；dvayaṃ 二；tatra 此中、于此；na 不；vidyate 可得、可知；śūnyatā 空；tvatra 此中；tasyām 是故；api 亦、也；sa 彼。此颂长行部分如下：

① 梵本根据 Madhyāntavibhāga kārikāḥ，见西来大学数字梵文佛教典籍（Digital Sanskrit Buddhist Canon，简称 DSBC。）本文所引真谛译、玄奘译本均出自此版本，见世亲造，（梁）真谛译：《中边分别论》，CBETA，T31，No. 1599，第 451 页上—中。世亲造，（唐）玄奘译：《辨中边论》，CBETA，T31，No. 1600，第 464 页中—下，不再一一出注。

tatrābhūtaparikalpo **grāhyagrāhaka**vikalpaḥ| dvayaṃ **grāhyaṃ grāhakañ** ca| śūnyatā tasyābhūtaparikalpasya **grāhyagrāhaka**bhāvena virahitatā| tasyām api sa vidyata ity abhūtaparikalpaḥ| [1]

真谛译：此中“虚妄分别”者，谓分别能执、所执。“有”者，但有分别。“彼处”者，谓虚妄分别。“无有二”者，谓**能执、所执**此二永无。“彼中”者，谓分别中。“唯有空”者，谓**但此分别，离能执所执，**故唯有空。“于此”者，谓**能所**空中。“亦有彼”者，谓有**虚妄分别**。

玄奘译：论曰：**“虚妄分别有”者，谓有所取、能取分别**。于此二都无者，谓即于此虚妄分别，**永无所取、能取二性**。“此中唯有空”者，谓虚妄分别中，但有离所取及能取空性。“于彼亦有此”者，**谓即于彼二空性中，亦但有此虚妄分别**。若于此非有，由彼观为空；所余非无故，如实知为有。若如是者，则能无倒显示空相。

《辨中边论》开篇即讨论“能执所执”。“能执所执”即玄奘所译“能取所取”。“取”即“执”，其动词词根为√grah[2]，有取、执、摄、抓握等意。有“虚妄分别”而无“能取”“所取”，就是“唯有空”“能所空”。此空之境界不是对现象存在的否定，现象离“能执所执”的“虚妄分别”依然是存在的。依此虚妄分别与能取所取二空性的关系可知，二取并非认知主体与认知对象的现象存在，而是附于现象存在之上的，认为主体、对象实有的种种执着。由二取空性，说执着之无；由虚妄分别，说有为法之有；由有为法及无为空性，说为非空；由二执远离，说为非不空。此中边之辨，即是《辨中边论》下一颂的讨论内容：

① 梵本根据 Madhyāntavibhāgakārikābhāṣya，见哥廷根印度语言电子文本库（Göttingen Register of Electronic Texts in Indian Languages，简称 GRETIL。）

② √grah〔古〕捉，揽，取，摄，摄取，收取，正照取，摄，持，摄受，受持，执，执着，得，获得，扼，举，称，了，知，了别，审观。参考北京大学梵文贝叶经与佛教文献研究所梵佛词典。本文对于梵文词汇的理解均参考此梵佛词典，后文不一一注明。

na śūnyaṃ nā'pi cā'śūnyaṃ tasmāt sarvaṃ vidhīyate|

sattvādasattvāt sattvācca madhyamā pratipacca sā ||3||

真谛：故说一切法，非空非不空；有无及有故，是名中道义。

玄奘：故说一切法，非空非不空；有无及有故，是则契中道。

此中涉及之梵文词，整理如下：śūnya 空；ca 不变词；aśūnya 不空；tasmāt 是故；sarva 一切；vidhīyate 确定、做、制作、创造，vi- √ dhā 的被动语态，ā 与 ya 改写为 īya[①]；sattva 有[②]；asattva 不有；madhyamā 中道；pratipa 契、修行。《辨中边论》此颂解释部分如下：

论曰：一切法者，谓诸有为及无为法。虚妄分别名有为，**二取空性**名无为。依前理故，说此一切法非空非不空，由有空性、虚妄分别，故说非空，**由无能取所取性，故说非不空**。有故者，谓有空性、虚妄分别故。**无故者，谓无能取所取二性故**。及有故者，谓虚妄分别中有空性故，及空性中有虚妄分别故。是则契中道者，谓一切法非一向空亦非一向不空，如是理趣妙契中道，亦善符顺般若等经说一切法非空非有。

《辨中边论》认为一切法是“非空非不空”。其“非空”的一面，根据空性之非空与虚妄分别之非空；“虚妄分别”之“非空”，即有为法的幻有。其“非不空”的一面，即在此幻有上，去掉能取所取这两种执着性。《辨中边论》中，能所二取作为执着的意味是明显的。那么为何梁漱溟会忽略了这种意味而将能所二取解读为见相二分呢？[③] 此一方面是因为，玄

① vi- √ dhā：1. 做，实施。2. 安排，安放，委任。3. 确定，决定。4. 制作，创造。

② Sattva：1. 存在，真实，实有，本质，本性，真性。2. 神识，精神。3. 生命，命息，力量，勇气。〔古〕刚决。4.〔数论〕喜。三德之一，具有轻快、光明的特性。

③ 梁漱溟：《人心与人生》：“所感一方面，谓之相分；能感一方面谓之见分，合相见二分为识自体……**相分为所取，见分为能取**，二取固是一体，即此之谓也。”《梁漱溟全集》卷三，山东人民出版社 2005 年版，第 719 页。

奘以前的安慧、真谛等无相唯识传统中，是在纯粹执着性的意义上理解心识所变现象的；对应到玄奘唯识学中，即表现为以执着性的能所二取理解依他性的见相二分。另一方面则与无分别智的特性以及梁漱溟对无分别智境界的关注有关。《成唯识论》所论根本无分别智境界，是没有认知对象（相分）的心智状态。认知对象不显现，其上的所取执着自然也处于潜伏状态。无分别智是无相分亦无所取的，这就为梁漱溟释能所二取为见相二分提供了契机。

二　“境无故识无”研究

无分别智境界中，既没有认识的对象，也没有附着于对象之上的执着。在既无对象亦无执着的意义上，唯识学的有相无相传统是一致的。关于无分别智语境下的能取所取，有相无相传统的区别主要在于对能取的不同理解。此在《辨中边论》的相关义理问题中，表现得尤为明显。具体而言，《辨中边论》以似义、似有情、似我、似了四者为所取，以变出此四者的心识为能取。能取之无，在无相唯识传统中是存在意义上的心识之无，在玄奘唯识中则指执着之无。

（一）“境无故识无”与“知所取非有，此能取亦无”的逻辑同构

如前所述，梁漱溟离能取所取之思想的直接来源是《成唯识论》。以离能取所取作为无分别智之特征的文本，见于《唯识三十颂》第26—28颂。其中第26颂说明，修行者未住真唯识性时，未能伏灭“二取随眠”。

yāvadvijñaptimātratve vijñānam nāvatisthati|

grāhadvayānušayastāvn na vinivartate ‖26‖

玄奘译：乃至未起识，求住唯识性，于二取随眠，犹未能伏灭。

所谓随眠者，指二取相应的习气，亦即烦恼障、所知障种子。如《成唯识论》所释：

> 此二取言显二取取，执取能取所取性故。
>
> **二取习气名彼随眠**，随逐有情眠伏藏识，或随增过**故名随眠，即是所知烦恼障种**。
>
> 烦恼障者，谓执**遍计所执实我萨迦耶见**而为上首百二十八根本烦恼，及彼等流诸随烦恼，此皆扰恼有情身心，能障涅槃，名烦恼障。所知障者，谓执**遍计所执实法萨迦耶见**而为上首见疑无明爱恚慢等，覆所知境无颠倒性，能障菩提，名所知障。[①]

此段“二取随眠”以“所知烦恼障种”为具体内容，亦即以种种“实我萨迦耶见”“实法萨迦耶见”[②]为内容。此与上文所论，二取是遍计所执的实有我法之性的论点互为印证。第 26 颂《成唯识论》解说为唯识修行五位的资粮位，第 27、28 颂则对应于加行位与通达位。其中，第 27 颂的颂文虽未直接论及“能取”“所取”或“二取”[③],《成唯识论》对此的解说却是紧密围绕“能取”“所取”这“二取”而展开的。具体而言，即以暖、顶、忍、世第一法四阶段，分别说明“无能取”“无所取”及“二取空”：

> 依明得定发下寻思，**观无所取**立为煖位。谓此位中创观**所取名等四法皆自心变，假施设有，实不可得**。初获慧日前行相故立明得名，

---

① （唐）玄奘：《成唯识论》，CBETA，T31，No. 1585，第 48 页下。

② 无著造，（唐）玄奘译：《瑜伽师地论》卷 58：“萨迦耶见者，于五取蕴，心执增益，见我、我所，名萨迦耶见。此复二种。一者、俱生，二、分别起。”CBETA，T30，No. 1579，第 621 页中。

③ Vijñaptimtramevedamityapi hyupalambhatah | Sthãpayannagratah kimcit tanmãtre nãvatisthate ‖27‖ 玄奘《成唯识论》：现在立少物，谓是唯识性，以有所行故，非实住唯识。真谛《转识论》：若谓但唯有识现前起此执者，若未离此执，不得入唯识中。

即此所获道火前相，故亦名煖。

依明增定发上寻思，**观无所取**立为顶位。谓此位中重观**所取名等四法皆自心变，假施设有，实不可得**，明相转盛故名明增，寻思位极故复名顶。

依印顺定发下如实智，于无所取决定印持，无能取中亦顺乐忍。既无实境离能取识，宁有实识离所取境？能取所取相待立故。印顺忍时总立为忍，印前顺后立印顺名，忍境识空故亦名忍。**依无间定**发上如实智，印二取空，立世第一法。谓前上忍唯印能取空，今世第一法二空双印。①

依《成唯识论》，第 27 颂相应的加行位，在暖、顶二位的修行内容是"观所取名等四法皆自心变，假施设有，实不可得"。所谓"所取名等四法"，指"所取"的名、义、自性、差别四个方面，所取的此四方面皆是自心所变，是依赖于施设的假有幻有，而非实有其本质的自体自性之有。经此暖、顶二位的观修，行者在忍位"于无所取决定印持"、于"无能取亦顺乐忍"，乃至在世第一法位"印二取空"。此段讨论说明，"无所取"之无，是"所取"的自体、自性之无，而非所取的假有、幻有之无，此是"二取空"的正义。

《成唯识论》在正式讨论无分别智的第 28 颂②之前，在第 27、28 颂之间，补入一颂：

菩萨于定位，观影唯是心；义相既灭除，审观唯自想。

① （唐）玄奘：《成唯识论》，CBETA，T31，No. 1585，第 49 页中。

② 第 28 颂："若时于所缘，智都无所得，尔时住唯识，**离二取相故**。论曰：若时菩萨，于所缘境、无分别智，都无所得，不取种种戏论相故。尔时乃名实住唯识真胜义性，即证真如智与真如平等平等，**俱离能取所取相故。能所取相俱是分别**，有所得心戏论现故。"（唐）玄奘：《成唯识论》，CBETA，T31，No. 1585，第 49 页下。

如是住内心，知所取非有；次能取亦无，后触无所得。①

此颂汉译见于《摄大乘论》所引《分别瑜伽论》，该论无汉译，内容与《瑜伽师地论·真实义品》相当。②《成唯识论》于此补入此颂，作为对上述暖等四寻思的佐证和总结。值得注意的是，此颂所论“知所取非有，次能取亦无”的逻辑，正与《辨中边论》所论“境无故识无”的逻辑相一致：

artha sattvātma vijñapti pratibhāsaṃ prajāyate|
vijñānaṃ nāsti cāsyārthastadabhāvāt tad apyasat||4||
真谛译：尘根我及识，本识生似彼；**但识有无彼，彼无故识无。**
玄奘译：识生变似义，有情我及了；**此境实非有，境无故识无。**

此中涉及之梵文词，整理如下：artha 对象；sattva 众生、有情；atma 我；vijñapti 了别、识；pratibhāsa 显现③；prajāyate 被生，动词 prajā 生育的被动语态；cāsya 表强调；artha 对象；tad 彼；abhāva 不有；tad 彼；apy 也、亦、复；asat 不存在。

《成唯识论》所引颂与《辨中边论》“此境实非有，境无故识无”一颂的逻辑同构，为二者在能取所取概念上的互相参照提供了可能。《成唯识论》在加行位相应修行中，对“观无所取”的内容有明确的解释：“观无所取”即观“所取名等四法皆自心变，假施设有，实不可得”。自心变、假施设有、实不可得均说明所取是幻有假有，无所取并非无此幻有假有，

① （唐）玄奘：《成唯识论》，CBETA，T31，No. 1585，第 49 页中。

② 太虚：《法相唯识学》：“菩萨于定位等颂者，出弥勒菩萨所造分别瑜伽论中。此论未译，摄论引之。故此亦引四种寻思及四种如实智，详瑜伽真实义品。”CBETA，TX09，No. 6，第 1002 页上。

③ pratibhāsa 由 bhāsa 和前缀 prati 组成。bhāsa 表“显现”，词根 √bhā 表“发光”。前缀 prati 表反向，对立，相对。与此“反向”之意思相近，prati 还表示：回来，再次。与此相近，prati 还表示：完全，充分。

而是无其错误执着而实不可得的自体自性。同理,《辨中边论》中主张,境实非有所以识亦实非有。此是说境与识皆无自体自性作为存在根据:境并不是彻底的无,而是幻有而无其自体自性;“境无故识无”的逻辑下,“识无”亦是无其自体自性。认识到境与识无其自体自性,此即对所取执着与能取执着[①]的远离。

(二)“识无”是自体自性执着之无

玄奘唯识学认为“无所取”是远离认识对象上的对于自体自性的执着,同理,“无能取”“识无”是指远离认识主体上的对于自体自性的执着。此如《辨中边论》第四颂长行所说:

> 论曰:“变似义”者,谓似色等诸境性现。“变似有情”者,谓似自他身五根性现。“变似我”者,谓染末那与我痴等恒相应故。“变似了”者,谓余六识,了相粗故。
>
> “此境实非有”者,谓似义似根无行相故,**似我似了非真现**故,皆非实有。
>
> **“境无故识无”者,谓所取义等四境无故,能取诸识亦非实有。**[②]

“似”是幻有实无的意思,“似义”即幻有实无的对象,与“似有情”“似我”“似了”等同理。从认识对象“似义”、认识能力“似根”、认识主体“似我”和认识过程“似了”均非实有的角度[③],《辨中边论》认为

① 能所作为执着的情况,可以参考《现观庄严论》对见道位所断能取的种种境的解说。CBETA,B09,No. 31,第 25 页上。亦参考覃江《论〈现观庄严论〉对藏传佛教中观学止观理论与实践的影响——以对能取、所取的分析为例》,《西南民族大学学报》(人文社科版)2016 年第 4 期。

② 世亲造,(唐)玄奘译:《辨中边论》,CBETA,T31,No. 1600,第 464 页下。

③ 似义似根“非能缘法故无行相”,这是说“似义”与“似根”不具有缘取的能力;“似我”与“似法”是非真实的显现,所以俱非实有。参考(唐)窥基《辨中边论述记》:“‘无行相故。’以此二体非能缘法,故无行相。”CBETA,T44,No. 1835,第 3 页下。

“此境实非有”。“境无故识无”，是由境之幻有非实有，推论识之幻有非实有。“非实有”者，是非自体自性而有，亦是不如幻而有。此如窥基《辨中边论述记》所说：

> 论曰：“境无故识无”者至“亦非实有”。
>
> 述曰：前成境非有，此成心无。旧论文意，先遣所执，后遣依他，皆不□□。**此中亦是遣所执**。[①]

“此中亦是遣所执”，充分说明玄奘唯识学所解“境无故识无”，其所无者是错误执着的自体自性。窥基所说旧论“后遣依他”，涉及玄奘唯识与真谛唯识的差异。真谛系统中，执着性对应的是所取四者，依他性对应的是能取心识，此心识亦是需要被遣除的；玄奘系统中，能取所取附着于见分相分之上，心识渐次离开种种执着，向无分别智的境界转化；至无分别智的呈露时节，玄奘唯识学中依然有脱离了执着的心体自证分与见分存在，二者在没有相分转变显现的情况下，呈现为最基本的心智结构。

需要补充的是，窥基所说“旧论文意，先遣所执，后遣依他”与“此中亦是遣所执”两句之间，是补充而非否定的关系。[②]三性三无性思想中，依他起自性是缘生性，依他起性无性是生无性、无生性——生由缘力所成，而非自体自然而生；缘复由缘所成，故其真实是无生性，亦即生的不可成立之性。[③]遍计所执自性（分别性）与依他起自性“相等而互相涉

① （唐）窥基：《辨中边论述记》，CBETA，T44，No. 1835，第 3 页下。

② 李光起讨论了《辨中边论》中能取所取分别作为心识所显外境、能取心识所取外境和心识二分的三种情况。参考李光起《两类唯识观的并行》，《西南民族大学学报》（人文社会科学版）2003 年第 4 期。

③ 参考梅光羲《相宗新旧两译不同论》：“生无性义，在真谛译者则曰：约依他性者，由生无性说名无性。何以故？此生由缘力成，不由自成。缘力即是分别性，分别性体既无，以无缘力故，生不得立，是故依他性以无生为性。而在玄奘译则曰：生无性谓依他起自性，由此自性缘力所生，非自然生故。按此不同之处，在真谛则谓**依他不由自成即是分别体无**，而玄奘则但谓依他非自然生，不谓其无，此不同之处三也。”《梅光羲文集》，商务印书馆 2018 年版，第 30 页。

入”[①]——遍计所执自性之空，如龟毛兔角无有；依他性之空，是“如妄所执不如是有”“此相虽有而不如彼遍计所执”。摄论学派与玄奘唯识学在依他性的解释上存在微妙差别。但在前二性的相涉关系，与依他性不如而空的性质上，两家并无差异。

回到第四颂长行，《中边分别论》其对应部分如下：

> 尘根我及识，本识生似彼，但识有无彼，彼无故识无。
>
> 似尘者，谓本识显现相似色等。似根者，谓识似五根于自他相续中显现。似我者，谓意识与我见无明等相应故。似识者，谓六种识。本识者，谓阿黎耶识。生似彼者，谓似尘等四物。但识有者，谓但有乱识。无彼者，谓无四物。何以故？似尘似根非实形识故，似我似识显现不如境故。彼无故识无者，谓尘既是无，识亦是无。**是识所取四种境界，谓尘、根、我及识，所摄实无体相。所取既无，能取乱识亦复是无。**

“尘、根、我及识”四者由本识显现而出，此四者之无是自体自性之无，即所谓“尘、根、我及识，所摄实无体相”。此四者之自体自性是实无的，此是窥基所说“先遣所执”。进一步，《中边分别论》推论：“所取既无，能取乱识亦复是无。”如前所述，在义理上，分别性与依他性本来

① 世亲造，（唐）玄奘译：《辨中边论》：“空有三者，**一无性空，谓遍计所执**，此无理趣可说为有，由此非有说为空故；二异性空，**谓依他起，如妄所执不如是有**，非一切种性全无故；三自性空，谓圆成实，二空所显为自性故。无我三者，**一无相无我，谓遍计所执**，此相本无故名无相，即此无相说为无我；二异相无我，**谓依他起，此相虽有而不如彼遍计所执故名异相**，即此异相说为无我；三自相无我，谓圆实成，无我所显以为自相，即此自相说为无我。”CBETA，T31，No. 1600，第469页上。世亲造，（梁）真谛译：《中边分别论》：“‘无空不如空，性空合三种。’分别性者，无别道理令有无有物是其空。**依他性相者，无有如所分别**，不一向无此法，不如有是空。真实性相者，二空自性，是故说名自性空。‘无相及异相、自相三无我。’分别性者，相体无有，是故此无相是其无我。**依他性者，有相不如所分别**，不如相者是其无我。真实性者，是二无我，是故自体是其无我。”CBETA，T31，No. 1599，第455页下。亦参考圣凯《摄论学派研究》，宗教文化出版社2006年版，第267、271、276页。

即相等而互涉，遣依他（而说无生）即遣所执；在文本上，真谛所译作为能取的“乱识”，实际上亦对应于玄奘所译“遍计所执自性”。如果可以确认此点，那么真谛所译“能取乱识，亦复是无”在遣除执着上的意义就将得到进一步的显明。

“乱识”与“分别性”“遍计所执自性”的关系[①]，见于《中边分别论》《唯识三十颂》《摄大乘论》等。《中边分别论》中，相关讨论，在颂文 5 及其长行解释中继续进行：

> abhūta **parikalpatvaṃ** siddhamasya bhavaty ataḥ|
> na tathā sarvathā'bhāvāt tat kṣayān muktiriṣyate||5||
> 真谛译：**乱识**虚妄性，由此义得成，非实有、无故，灭彼故解脱。
> 玄奘译：虚妄**分别性**，由此义得成，非实有、全无，许灭解脱故。

此中涉及之梵文词，整理如下：abhūta 不真实、虚妄；parikalpa 分别、遍计所执；-tva 性；siddhamasya 许、成立；asya 表强调；bhavaty 有、存在；ataḥ 因此；na 非、不；tathā 如、如是，实有；sarvathā 完全；bhāvāt 有；tat 彼，代词 tad 的双数形式；kṣayān 消灭、尽，未来时态；muktiriṣyate 解脱，迂回未来时态。《中边分别论》此颂解释部分如下：

> “乱识虚妄性，由此义得成”者，谓一切世间但唯**乱识**。此**乱识**云何名**虚妄**？由境不实故、由体散乱故。“非实有”者，谓显现似四

① 作为基础，“乱识”首先是与依他性相关，此如（梁）真谛《三无性论》所说：“分别性者，谓名言所显自性，即是尘识性；**依他性者**，谓依因依缘显法自性，**即乱识分**，依因内根缘内尘分起故。真实性者，法如如。法者，即是分别、依他两性；如如者，即是两性无所有。分别性以无体相，故无所有；依他性以无生，故无所有。此二无所有，皆无变异，故言如如。”CBETA，T31，No. 1617，第 867 页中。

物，四物永无故。“非实无故”者，谓非一切永无，由乱识生故。**云何不许乱识永无？**故偈言：灭彼故解脱。**若执永无**，系缚、解脱皆不成就，则起邪见，拨净不净品。①

长行中设问“云何不许乱识永无？”此问之答，为“若执永无”，此已暗示“乱识”即“执”。进一步从词的角度考察：长行中提出的“乱识云何名虚妄”之问题，是针对颂文第一句“乱识虚妄性”（abhūta parikalpatvaṃ）而设问。abhūta 即虚妄、不真实的，是“乱识云何名虚妄”这一问题发起的直接源头。parikalpatvaṃ 由 parikalpa（“分别”）+tva（“性”）共同构成。对应《唯识三十颂》即“分别性”（“遍计所执自性”）parikalpita：

Yena yena vikalpena yadyad vastu vikalpyate ｜

parikalpita evāsau svabhāvo na sa vidyate ‖ 20 ‖

真谛译：如是如是分别，若分别如是如是类，此类类名**分别性**。此但唯有名，名所显体实无。

玄奘译：由彼彼遍计，遍计种种物；此**遍计所执**，自性无所有。

由此颂可以确定，真谛译本《中边分别论》中“乱识虚妄性”之“乱识”，实即 parikalpa，亦即分别。“分别”parikalpa 进一步抽象化 –tva、–ta 即分别性、遍计所执（玄奘译）。② 此外，“乱识”与“分别”的同一性，还可以由真谛译《摄大乘论释》进一步验证：“乱识及乱识变异，即是虚

① 世亲造，玄奘译《辨中边论》：“论曰：虚妄分别，由此义故成：‘非实有’，如所现起，非真有故；‘亦非全无’，于中少有乱识生故。如何不许此性全无？以许此灭得解脱故。若异此者，系缚解脱则应皆无，如是便成拨无杂染及清净失。已显虚妄分别自相，此摄相今当说。但有如是虚妄分别，即能具摄三种自性。”CBETA，T31，No. 1600，第 464 页下。

② 与此相关，《辨中边论》第 6 颂 kalpita，真谛译本为“分别”处，玄奘译本作“所执”。由此观之，玄奘译 parikalpita 为遍计所执，取 pari 前缀“到处”的意思，译为遍计。

妄分别。分别即是乱识，虚妄即是乱识变异。”[①] 回到《中边分别论》，“能取乱识”实际上指的正是分别性所相应之执着，“境无故识无”正是从认识对象一面的无自体自性、无可执着，进一步推说心识一面的无自体自性、无可执着。

（三）《摄大乘论》：无分别智并非无心

“境无故识无”的“识无”指自体自性之无，而非心识存续状态之无，此可由无分别智并非无心状态得到佐证。

无分别智是远离能取所取的心智状态。如果依梁漱溟的解读，能取、所取即见分、相分，那么《成唯识论》与《辨中边论》的相关论述就指向了对象与主体俱无的境界——此“无”即成见分、相分在存在意义上的无。但这种解读是不合于唯识学视域中无分别智之特征的。《摄大乘论》以离五种相作为五分别智的特征，其中“离无作意”“离想受灭寂静”二种特征，正说明五分别智并不是一种无心状态。《摄论》相关论述如下：

> 玄奘译：论曰：此中无分别智，离五种相以为自性：一离无作意故、二离过有寻有伺地故、三离想受灭寂静故、四离色自性故、五离于真义异计度故。离此五相应知是名无分别智。释曰：且应先说无分别智所有自性，此中体相说名自性。谓诸菩萨无分别智，离五种相以为自性。离五相者，若无作意是无分别智，睡醉闷等应成无分别智。若过**有寻有伺**地是无分别智，第二静虑已上诸地应成无分别智，若如是者，世间应得无分别智。若想受灭等位中，心心法不转是无分别智，灭定等位无有心故，智应不成。
>
> 真谛译：论曰：无分别智自性，应知离五种相。释曰：若具离五相则是无分别智，若不具离五相则非无分别智。论曰：五相者，一离

① 无著论，世亲释，（梁）真谛译：《摄大乘论释》，CBETA，T31，No. 1595，第 181 页下。

非思惟故、二离非觉观地故、三离灭想受定寂静故、四离色自性故、五于真实义离异分别故。释曰：此智若由离思惟故，名无分别智。熟眠、放逸、狂醉，同离思惟，应得无分别智？若由过觉观地故，名无分别智。从二定以上已过**觉观**地，应得无分别智。若依此二义，凡夫应得无分别智。是处能离心及心法，应说名无分别智，谓想受灭定等。若人在此位中得无分别智，此则不成智。何以故？于灭定等位，无心及心法故。[①]

《摄论》此处意在说明：如果“无作意”“过有寻有伺地”[②]是无分别智，那么熟眠、闷绝、狂醉等状态一样是离思维的，二禅以上的禅定已无寻、伺两种心理活动，此中应得无分别智，而事实上并非如此。乃至于，若以离心、心法规定无分别智，则“想受灭定”应得无分别智，而事实上并非如此。以上种种，或无思维，或无觉观，或无心、心法，此种种都不是“无分别智”的特征。“无分别智”的特性，恰恰是要离开这些误解，而成其特质。所谓“若具离五相，则是无分别智。若不具离五相，则非无分别智”。

所以，《成唯识论》所论“知所取非有，次能取亦无”，以及《辨中边论》所论“境无故识无”，并不是在存有意义上说无认识对象亦无认识主体。其所论之无，是自体自性之无。所谓自体自性者，即事物之所以为事

① 无著论，世亲释，（唐）玄奘译：《摄大乘论释》，CBETA，T31，No. 1597，第 363 页下—364 页上。无著论，世亲释，（梁）真谛译：《摄大乘论释》，CBETA，T31，No. 1595，第 239 页中。

② “觉观”与“寻伺”是前后两译不同。圆测《解深密经疏》曾有讨论：“问：《解节》《深密》，皆作是言。‘过觉观境’，此本即云‘过寻思境’。如何会释？答：有两释。一云，旧诸经论，皆云觉观。大唐三藏翻为寻伺。寻谓寻求，伺即伺察，如瑜伽论等。一一皆用思慧为体。而此经言名寻思者，通说寻伺，皆名寻思。皆有推求、思量义故。然此寻伺，诸说不同。萨婆多宗，离心以外别有心所。实有体性。始从欲界至初静虑，一切心中，皆有寻伺。中间静虑，无寻有伺。第二静虑以上诸地，皆名无寻无伺。”亦参考周贵华《唯识学中无分别智之亲证真如义》，《西南民族大学学报》（人文社科版）2007 年第 3 期；周贵华《唯识通论——瑜伽行学义诠》，中国社会科学出版社 2009 年版，第 609 页。

物之根据，例如：事物以独立实有之物质为其根据，或以理念为其根据等等。大乘佛教认为，无论是有离开认识独立存在的物质，还是有纯粹的形式与理念，都是没有根据的错误观点。认识对象并不存在其独立不变的根据与本质，此即自体自性之无。自体自性之无，无碍于显现之幻有；它是于幻有上，无掉实有自体自性之执着。

三　结语

玄奘、真谛唯识学中无能所取，无掉的是认识中的执着而非认识本身。梁漱溟以能取、所取为见分相分，是以能所关系理解能取所取，其解读忽略了能取所取作为“取执”的特殊性。以梁漱溟对《成唯识论》无分别智的释读为中介，现代新儒家普遍以“无能所”“离能所”“泯绝能所”等词语论述其证见心体的境界。这其中蕴含着一种迷思：若无能所指的是没有认识主体和认识对象，那么如何说证见心体？心体难道不是所认识的对象，认识心体者难道不是认识的主体？此迷思之形成，在于新儒学与唯识学的交互之中。以根本无分别智无相分亦无所取为契机，梁漱溟以见相二分解释能所二取。此迷思之解答，亦在于唯识学中。《成唯识论》所论无分别智境界，有见分而无相分，有觉知主体而无觉知对象，见分之独存状态由自证分记录，由此在后得智中被追忆而知。此是见体迷思之正解。严格来说，现代新儒家的无能所，所无的是能所之间的对待关系——此由认识对象之无，即已破坏；而非主体与对象二者俱无——若如此则心体迷思遂不可解。说明所取、能取作为取执的基本含义，有助于澄清现代新儒学语境中关于离能所的迷思。

附录：《辨中边论·辨相品》颂 1—7 整理

lakṣaṇaṃ hyāvṛtistattvaṃ pratipakṣasya bhāvanā |

tatrāvasthā phalaprāptiryānānuttaryameva ca ||1||

真谛译：相障及真实，研习对治道，修住而得果，无上乘唯尔。

玄奘译：唯相障真实，及修诸对治，即此修分位，得果无上乘。

此中涉及之梵文词，整理如下：lakṣaṇaṃ 相；hi 即是；āvrti 隐藏；tattvaṃ 真实。此句可直译为：相即是真实的隐藏。Pratipakṣasya：对治；bhāvanā 修习；tatrā 这里；āvasthā 分位；phala 果；prāpti：获得，证得；yānānuttaryam：无上乘；eva ca 如是。

abhūta parikalpo'sti dvayaṃ tatra na vidyate|

śūnyatā vidyate tvatra tasyām api sa vidyate||2||

真谛译：虚妄分别有，彼处无有二，彼中唯有空，于此亦有彼。

玄奘译：虚妄分别有，于此二都无，此中唯有空，于彼亦有此。

此中涉及之梵文词，整理如下：abhūta 虚妄、不真实；parikalpa 分别；āsti 有；dvayaṃ 二；tatra 此中、于此；na 不；vidyate 可得、可知；śūnyatā 空；tvatra 此中；tasyām 是故；api 亦，也；sa 彼。

na śūnyaṃ nā'pi cā'śūnyaṃ tasmāt sarvaṃ vidhīyate|

sattvādasattvāt sattvācca madhyamā pratipacca sā ||3||

真谛译：故说一切法，非空非不空，有无及有故，是名中道义。

玄奘译：故说一切法，非空非不空，有无及有故，是则契中道。

此中涉及之梵文词，整理如下：śūnya 空；ca 不变词；aśūnya 不空；tasmāt 是故；sarva 一切；vidhīyate 确定、做、制作、创造，vi- √ dhā 的被动语态，ā 与 ya 改写为 īya；sattva 有；asattva 不有；madhyamā 中道；pratipa 契、修行。

artha sattvātma vijñapti pratibhāsaṃ prajāyate|

vijñānaṃ nāsti cāsyārthastadabhāvāt tad apyasat||4||

真谛译：尘根我及识，本识生似彼，但识有无彼，彼无故识无。

玄奘译：识生变似义，有情我及了，**此境实非有**，境无故识无。

此中涉及之梵文词，整理如下：artha 对象；sattva 众生、有情；atma 我；vijñapti 了别、识；pratibhāsa 显现；prajāyate 被生，动词 prajā 生育的被动语态；cāsya 表强调；artha 对象；tad 彼；a-bhāva 不有；tad 彼；apy 也、亦、复；asat 不存在。

abhūta **parikalpatvaṃ** siddhamasya bhavaty ataḥ|

na tathā sarvathā'bhāvāt tat kṣayān muktiriṣyate||5||

真谛译：**乱识**虚妄性，由此义得成，非实有、无故，灭彼故解脱。

玄奘译：虚妄**分别性**，由此义得成，非实有、全无，许灭解脱故。

此中涉及之梵文词，整理如下：abhūta 不真实、虚妄；parikalpa 分别、遍计所执；-tva 性；siddhamasya 许、成立；asya 表强调；bhavaty 有、存在；ataḥ 因此；na 非、不；tathā 如、如是，实有；sarvathā 完全；bhāvāt 有；tat 彼，代词 tad 的双数形式；kṣayān 消灭、尽，未来时态；muktiriṣyate 解脱，迂回未来时态。

kalpitaḥ paratantraśca parinişpanna eva ca|

arthādabhūtakalpācca dvayā'bhāvācca deśitaḥ||6||

真谛译：分别及依他、真实唯三性，由尘与**乱识**，及二无故说。

玄奘译：唯所执、依他，及圆成实性，境故**分别**故，及二空故说。

此中涉及之梵文词，整理如下：kalpita 分别；paratantra 依他；parinişpanna真实；eva如是；ca不变词，与后文共同使用表原因；artha义、尘；abhūta 不真实；kalpa 分别；dvaya 二；abhāva 空、无；deśita 说。

Upalabdhiṃ samāśritya nopalabdhiḥ prajāyate|

nopalabdhiṃ samāśritya nopalabdhiḥ prajāyate||7||

真谛译：由依唯识故，境无体义成，以尘无有体，本识即不生。

玄奘译：依识有所得，境无所得生；依境无所得，识无所得生。

此中涉及之梵文词，整理如下：upalabdhi 可得；samāśri 依靠；nopalabdhi 不可得，a 与 u 连写为 o；prajā 生。

《楞严经》中“得其方便”解

——利用梵语文献解读疑伪经中歧义词汇的尝试

胡明明

上海大学道安佛学研究中心荣誉研究员

摘要：词汇歧义是指一个词语具有两个及以上含义的语言现象，这种情况容易使解读者做出违背使用者意愿的解读。而疑伪经是古代佛教徒为促进佛教思想在中国传播、发展而发挥善巧方便智慧的重要产物之一。疑伪经是基于翻译经典的佛教词汇与思想进行再创造，故其二者存在联结与张力，也为利用梵文文献研究疑伪经中相关词汇提供了可能。《楞严经》作为中国佛教史中最受争议的佛教文献，内容丰富、影响较大，其中“得其方便”一词便在历代注疏家中有多种含义诠释。本文主要从语言学角度对梵文《法华经》中涉及“得其便”“得便”的内容及含义进行分析，从汉语角度讨论“得其方便”中核心词汇“方便”的含义，同时得出结论“得其方便”与“得其便”“得便”为同义词，意为“获得机会”，随后将之代入相关语境并结合其他佛教文献，从义理学角度对于《楞严经》中“得其方便”叙事进行介绍。

关键词：疑伪经；《楞严经》；词汇歧义；得其方便；梵汉对勘

引　言

（一）疑伪经

疑伪经是中国古代经录学家在实践中对于佛教典籍划分的一个重要门类，其由“疑经”与“伪经”两个概念组成。疑经指因为对于来源或内容存在争议，仍待进一步勘验的经典；至于伪经，简单而言是指并非翻译而是由本国人假托佛说而仿照翻译佛典的形式编撰的经典。[①]由于在实践中人们往往将“疑经”与“伪经”合称为“疑伪经”，可以说从某方面讲人们已将疑经视为伪经。

在中国佛教中最早记录疑伪经的是东晋道安（312—385），他在357年编撰的《综理众经目录》的“疑经录”中记载了26部30卷疑经，自此以后中国经录学家正式关注疑伪经现象。而隋开皇十三年（593）由法经等人编撰的《众经目录》（即《法经录》）正式将疑伪经分为“疑惑”及“伪妄”两类，自此中国经录学家在经录中将“疑经”与“伪经”分别收录。唐代智昇于开元十八年（730）编撰的《开元释教录》被誉为中国佛教目录成就的最高峰，他在其中收录了“疑经”14部19卷、“伪经”392部1055卷。从道安到智昇的近四百年间疑伪经数量增长了近13倍，可见其强大的生命力。但是，由于人们担心它们会对佛教思想的“纯洁性”造成冲击，因此便对它们持严厉的批判态度，如僧祐称其“诳误后学”[②]，智昇也批评它们为瓦石及铅铁[③]，同时在编纂“大藏经”时也会将其排除在外。

① 关于疑伪经的判定标准，方广錩教授在《从“文化汇流”谈中国佛教的疑伪经现象》（载氏著《疑伪经研究与“文化汇流”》，广西师范大学出版社2018年版）一文中将其归纳为身份标准、内容标准、翻译标准、作者标准及文体标准，他认为其中最为重要的便是翻译标准。

② （梁）僧祐：《出三藏记集》卷，CBETA 2022.R2，T55，No. 2145，第39页上。

③ 详见《开元释教录》卷18：“别录中伪妄乱真录”，原文为：“今恐真伪相参是非一概。譬夫昆山宝玉与瓦石而同流，赡部真金共铅铁而齐价。今为件别真伪可分，庶泾渭殊流无贻后患”。

但是，如果我们从作为实践智慧的善巧方便角度出发观察疑伪经，便会发现它们并未如古代经录学家所批评的那样毫无价值。

善巧方便（upāyakauśalya）是以一定方法、手段达到度脱众生之目标的智慧[①]，而这种实践智慧与作为静观智慧的般若智慧辩证融合的思想原则，是初期大乘佛教智慧最基本、最重要的一个思想原则[②]。在善巧方便智慧的实践中，一定是以适应众生根性为契机，以引导众生趣向解脱为目标，采取种种方法、手段、形式及其他措施对于众生进行引导。具体于佛教传播而言，佛教产生于近两千六百年前的古印度地区，当其传入中国后作为客体文化在文化交流中自然与作为主体文化的中国文化存在隔阂，这便需要佛教通过自身进行一些改变以获得更好的传播、发展条件，而这种不断调整佛教进行改变的过程便是中国佛教徒方便智慧的实践过程。

佛教在传播过程中最重要的便是其经典的传播，如前所述翻译而来的经典与中国本土文化存在隔阂，这时由具有中国思维和文化背景的人所撰写的疑伪经，在实际传播中便成为引导中国人理解、接受、信仰佛教的重要桥梁。[③]如著名的伪经《父母恩重经》，虽然全经重点讲述孝道思想，但是其中要求孝顺之子“以七月十五日能造《佛般盂兰盆》，献佛及僧得果无量”[④]，“为父母作福造，经烧香请，佛礼拜供养三宝，或饮食众僧”[⑤]，这些内容便直接引导受众参与到佛教活动中，为后续进一步引导众生接受佛教思想、趣向解脱创造了条件。

因此，任继愈说：“疑经的出现标志着佛教在中国的传播已进入一个新的阶段，一些佛教徒已不满足于仅仅翻译外来的佛教，而是把自己

① 程恭让：《佛典汉译、理解与诠释研究——以善巧方便一系概念思想为中心》，中国社会科学出版社 2017 年版，第 348 页。

② 程恭让：《被低估、被误解的“善巧方便”——关于大乘佛教义理学思想实质的一种新诠释》，《传统文化研究》2023 年第 1 期（总第 1 期）。

③ 本文所说疑伪经不包含历史上由中国人编撰的涉及政治、欺诈及其他等特殊目的的佛教文献。

④ 佚名：《父母恩重经》卷 1，CBETA 2022.R2，T85，No. 2887，第 1403 页下。

⑤ 佚名：《父母恩重经》卷 1，CBETA 2022.R2，T85，No. 2887，第 1404 页下。

所掌握的佛教教义与中国传统的文化思想、宗教习俗结合起来，使用便于民众理解的语句，假借佛经的形式编撰出来进行传教。”[①] 所以“疑伪经”是中国佛教发展到一定阶段的产物，是中国佛教徒运用善巧方便进行实践的手段，是佛教中国化过程中的文化现象。它的出现标志着中国人对于佛教义理有了自主意识，甚至有些理论性较强的中国撰述的“疑伪经”对于传来的佛教思想进行了进一步丰富与发展，如被当代学者认为是在中国撰述的《梵网经》，其基本继承了大乘佛教的进路，完成了大乘佛教在戒律方面的改革，在戒律发展史上具有重要意义。[②]因此，“疑伪经”的出现至少具有促进佛教在中国社会的传播、促进中国化佛教的形成、促进中国三教合一思想的形成等积极作用，这些都应当被我们所正视。

在众多“疑伪经”中，《楞严经》（全称《大佛顶如来密因修证了义诸菩萨万行首楞严经》）无疑是争议及影响最大的一部，它最早记载于智昇所著《开元释教录》及《续古今译经图纪》中，据他记载该经是由中印度僧人般刺蜜谛于神龙元年（705）五月二十三日在广州制旨寺诵出，乌苌国沙门弥迦释迦译语，房融笔受，循州罗浮山南楼寺沙门怀迪证译。在中国佛教史中未见关于本经真伪的争论，反而是传入日本后在日本对其“真伪”产生了讨论[③]，近代学术界对其是否为中国撰述经典产生了更热烈的讨论，其中多认

---

① 任继愈主编：《中国佛教史》第 3 卷，中国社会科学出版社 1988 年版，第 564—565 页。

② 夏德美：《晋隋之际佛教戒律的两次变革》，中国社会科学出版社 2015 年版，第 131 页。

③ 日本学者小野玄妙在《佛教经典总论》中说：“（对于《楞严经》真伪问题的讨论）乃译成后不久既已产生。奈良时代末入唐之戒明曾见闻：于代宗大历年中，既有嚣嚣议论，且一时欲将之烧弃等纷议之事。”［日］小野玄妙：《佛教经典总论》，杨白衣译，台北：新文丰出版公司 1983 年版，第 135 页。日本僧人玄叡于《大乘三论大义钞》卷三中的记载则更为详细：“此经本（指《楞严经》），是先入唐沙门普照法师所奉请也。经本东流，众师竞诤，则于奈乐宫御宇胜宝感神圣武皇帝御代仲臣等，请集三论、法相法师等，而使捡考。两宗法师相勘云，是真佛经。……然宝龟年中，使德清法师等，遣唐检之。德清法师，承大唐法详居士云，《大佛顶经》是房融之伪造，非真佛经也。智昇未详，谬编正录。然彼法详所出伪经之由，甚可笑也，恐繁不述。德清法师，效详士妄，而泥犁语亦传本朝，可伤之深矣。”［日］玄叡集：《大乘三论大义钞》，《大正藏》第 70 册，第 151 页中—下。

为其是中国撰述的伪经[①]，因此本文中也暂将其作为“疑伪经”。但尽管如此，任何人却都无法否认《楞严经》对于中国佛教产生的巨大影响。

而《楞严经》中最具特色的内容之一便是“五十阴魔”，其中介绍了禅修者在禅修过程中经常出现的五十种障碍，而这些障碍被认为是天魔对于禅修者的侵扰，本文则主要针对其中常出现的“得其方便”一词的含义进行研究。

（二）词汇歧义

之所以选择“得其方便”一词进行研究，是因为本词在历代注疏中出现词汇歧义现象。所谓词汇歧义是语言歧义现象的一种，所谓语言歧义是指由于两种或两种以上语言单位重叠导致一个语言片段可以作两种以上的语义理解。[②]语言歧义是自然语言中普遍存在的语言现象，也较早被学者关注，如古希腊哲学家亚里士多德（Aristotle，前 384—前 322）在《工具论・辩谬篇》中就曾从逻辑学角度对于语言歧义进行系统论述，我国《左传》等古籍中也曾关注到歧义现象，我国学者吕叔湘（1904—1998）、朱德熙（1920—1992）曾于 1952 年发表的《语法修辞讲话》中列举了五种汉语歧义现象，赵元任（1892—1982）1959 年于国外发表的《汉语歧义问题》是第一篇从理论上探讨汉语歧义的学术文章。

根据语言三要素，汉语语言歧义通常可分为语音歧义、语法歧义、词汇歧义三种。[③]语音歧义是指由于同一词汇发音不同导致的词义歧义[④]；语

---

① 近代以来中国佛教研究受日本影响，对于《楞严经》的怀疑之风日渐增多，如梁启超在《古书真伪及其年代》中对《楞严经》涉伪有数点讨论，李翊灼在《佛家典籍校勘记》中列举五点内容认为其为中国伪作，欧阳竟无也曾从内容旨趣角度分析其为中国人伪作，杨白衣于《关于楞严的真伪辩》中提出十个疑点，吕澂所作《楞严百伪》更是列举出 101 条内容论证《楞严经》属于伪经，此外何恩格、罗香林、望月信亨、大村西崖等人也都曾指出疑点，认为该经为中国人伪作。

② 彭诚：《关于汉语歧义现象的探讨与研究》，《时代文学》（双月版）2007 年第 4 期。

③ 陈珂：《汉语歧义的类型及分化》，《赤峰学院学报》（汉文哲学社会科学版）2009 年第 5 期。

④ 如“朝阳”一词当其发音为 zhāo yáng 时意为早晨初升的太阳，当其发音为 cháo yáng 时意为向着太阳。

法歧义是指在句子中由于逻辑、成分等划分不同而产生的歧义[①]；词汇歧义是指一个词语由于拥有多重含义在解读时产生的歧义——如“水分”一词本义为物体内所含的水，也可比喻某一情况中夹杂不真实的成分[②]。特别是当汉语词汇落实于书面之时，其载体由声音变为书面材料也容易使读者产生语音歧义，因此在阅读具体文献时一定要结合具体语境，才能消除语音歧义、词汇歧义。

而“疑伪经”中的用词存在词汇歧义，主要在于其编撰方式。僧祐认为在编撰疑伪经的过程中，其重要手段之一便是“凭真以构伪”[③]。笔者认为可从两方面对其进行理解：其一是从思想角度看，撰述者在原有佛教思想、经典基础上进行新经典的创作，如《十王经》便是在传统佛教地狱、地藏思想的基础上进行了创作；其二是从构建疑伪经的用语看，撰述者一定是利用已经广泛使用的佛教概念进行新经典的创作，如部分疑伪经中对于“忏悔”“无上正等觉”“净土”概念的使用，正是这些概念的使用保证了被撰述经典鲜明的佛教特征，也保证了疑伪经阅读者对于经典拥有了理解的基础。而在思想及用语基础上的“构伪”，也是中国撰述经典与翻译经典的联系纽带，是后人在理解、研究疑伪经时的基础。

由于疑伪经“凭真以构伪”的编撰方式，其与翻译佛经既有联系，同时也有不同。因此，它们所使用的词汇既具有佛典文献词汇的普遍性，又具有独特性[④]，如偏好使用佛典文献、中土文献中的冷僻生词[⑤]，即文献中出现率、使用率较低的词语，或者参考佛典中的原有词汇构建新词汇。其中，有一些疑伪经中的佛教词语本身拥有多种含义，或者既有佛教含义又有世俗含义，从而使诠释者作出违背使用者原意的解释，造成词汇歧义、

① 如“张三的书”既可以理解为这本书属于张三，也可以理解为张三写的书。

② 中国社会科学院语言研究所词典编辑室编：《现代汉语词典》（2002 年增补本），商务印书馆 2002 年版，第 1182 页。

③ （梁）僧祐：《出三藏记集》卷 5，CBETA 2022.R2，T55，No. 2145，第 38 页下。

④ 熊娟：《汉文佛典疑伪经研究》，上海古籍出版社 2015 年版，第 103 页。

⑤ 熊娟在《汉文佛典疑伪经研究》中列举了疑伪经词汇的特点：1. 口俗语词众多；2. 偏好使用佛典文献、中土文献中的冷僻生词；3. 拥有一批身份标志词；4. 三字分式三音组合鲜少使用。

误读。

目前学术界对于梵文资料的使用主要在于梵汉对勘，即利用多个梵本与汉译本、梵本与多个汉译本，乃至梵本与汉、藏、蒙等多个语种译本进行对勘和研究，即都是利用梵本对于翻译经典进行的研究，但由于疑伪经并非翻译经典，并无梵文原文，故将梵文资料用于疑伪经研究则较为少见。本文便是使用梵汉对勘资料，对疑伪经中与其他翻译经典中对应词语的语境、含义等有关联且在注释中具有歧义词语的尝试性研究。

一 《楞严经》中“得其方便”及相关词语、诠释

“得其方便”一词最早出自传为三国时期支谦译的《弊魔试目连经》：“魔心念：‘我宁可化于此国土长者梵志，取诸持戒沙门道人，挝捶骂詈、裂衣破钵破头，令起瞋恚，吾因是缘得其方便。’”[①] 自此经后直至《楞严经》出现的近三百年间，本词再没有出现在任何佛教文献之中，因此自然属于熊娟所说的冷僻生词。当然，也有可能是《楞严经》的编撰者参考其他经典中的翻译词汇“得其便”[②]而构建的新词汇。并且，在 CBETA 中检索我们可以发现，本词在后世佛教文献中的使用也多与《楞严经》的内容有关[③]。

（一）“得其方便”与相关词语

《楞严经》中的“得其方便”散见于该经后三卷中，与之类似的还有“候得其便”“不得其便”与“不得便”，三者核心含义与“得其方便”相同，因此便于此处一并讨论。

“得其方便”在《楞严经》中共出现 4 次，其相关内容如下：

① （吴）支谦译：《弊魔试目连经》卷 1，CBETA 2022.R2，T01，No. 67，第 867 页中。

② 巧合的是，与“得其方便”一样，在有明确译者的经典中，“得其便”一词最早也出现在题为支谦所译的《弊魔试目连经》中。但在后世所译经典中，“得其便”一词的使用频率更高。

③ 当然民国时期太虚大师、吕澂等人也都在与《楞严经》无关的文章中用过本词。

1. 是食辛人修三摩地，菩萨、天仙、十方善神不来守护，大力魔王得其方便，现作佛身来为说法，非毁禁戒赞淫怒痴，命终自为魔王眷属，受魔福尽堕无间狱。①

2. 如是十种禅那现境，皆是色阴、用心交互故现斯事，众生顽迷不自忖量，逢此因缘迷不自识谓言登圣，大妄语成堕无间狱。汝等当依如来灭后，于末法中宣示斯义，无令天魔得其方便，保持覆护成无上道。②

3. 如是十种禅那现境，皆是受阴、用心交互故现斯事，众生顽迷不自忖量，逢此因缘迷不自识谓言登圣，大妄语成堕无间狱。汝等亦当将如来语，于我灭后传示末法，遍令众生开悟斯义，无令天魔得其方便，保持覆护成无上道。③

4. 如是十种禅那现境，皆是想阴、用心交互故现斯事，众生顽迷不自忖量，逢此因缘迷不自识谓言登圣，大妄语成堕无间狱。汝等必须将如来语，于我灭后传示末法，遍令众生开悟斯义，无令天魔得其方便，保持覆护成无上道。④

从上所引可以发现，除第一次出现于佛陀说明食辛的过患之中，其余几次都出现在“五十阴魔”的色阴、受阴、想阴三大禅修境界的总结内容之中，后者也是佛陀在殷勤劝说禅修者在这三大阶段中不要耽着境界、迷失方向而使天魔“得其方便”。

“候得其便”在《楞严经》中共出现10次，并且皆在“受阴十境”当

① （唐）般剌蜜帝译：《大佛顶如来密因修证了义诸菩萨万行首楞严经》卷8，CBETA 2022.Q3，T19，No. 945，第141页下。

② （唐）般剌蜜帝译：《大佛顶如来密因修证了义诸菩萨万行首楞严经》卷9，CBETA 2022.Q3，T19，No. 945，第148页上—中。

③ （唐）般剌蜜帝译：《大佛顶如来密因修证了义诸菩萨万行首楞严经》卷9，CBETA 2022.Q3，T19，No. 945，第149页中。

④ （唐）般剌蜜帝译：《大佛顶如来密因修证了义诸菩萨万行首楞严经》卷9，CBETA 2022.Q3，T19，No. 945，第151页中。

中，其中除三摩地中心爱的内容与贪求的内容有异外，其他内容都同于："彼善男子，受阴虚妙不遭邪虑圆定发明，三摩地中心爱圆明，锐其精思贪求善巧。尔时天魔候得其便，飞精附人口说经法，其人不觉是其魔著，自言谓得无上涅槃，来彼求巧善男子处敷座说法"[①]，故不一一列举。这些内容都是佛陀对于"受阴十境"中各种魔境的叙述式说明。

而"不得其便"在《楞严经》中出现 1 次，即"是得正知奢摩他中，诸善男子凝明正心，十类天魔不得其便"[②]。"不得便"在《楞严经》中共出现 9 次，其中除堕入的邪见名称不同，其他都同于"是三摩中诸善男子，凝明正心魔不得便，穷生类本观彼幽清常扰动元，于圆常中起计度者，是人坠入四遍常论"[③]，故不一一列举。从上可以看到"不得其便"与"不得便"都出自《楞严经》卷 10 的"行阴十境"之中，是佛陀对于"行阴十境"中各种魔境的叙述式说明。

（二）历代注疏中的相关解释

以上列出"得其方便""候得其便""不得其便"与"不得便"四个词的各自出处，可见其主要是围绕"五十阴魔"而使用。其出现率虽然较高，出现位置虽然不同，但是由于核心内容相同，因此在了解了其中一个词语的含义后，其他词汇也可以作相应解释，故笔者于本文中选择"得其方便"进行讨论。笔者将历代注疏中具有代表性的关于上述词汇的诠释整理如下。其中由于"得其方便"一词的核心在于"方便"，因此以下多围绕其进行。

第一，将其作"引魔、著魔"解释。持这类观点者，如宋代子璿

① （唐）般剌蜜帝译：《大佛顶如来密因修证了义诸菩萨万行首楞严经》卷 9，CBETA 2022. Q3，T19，No. 945，第 149 页中。

② （唐）般剌蜜帝译：《大佛顶如来密因修证了义诸菩萨万行首楞严经》卷 10，CBETA 2022. Q3，T19，No. 945，第 151 页下。

③ （唐）般剌蜜帝译：《大佛顶如来密因修证了义诸菩萨万行首楞严经》卷 10，CBETA 2022. R2，T19，No. 945，第 151 页下—152 页上。

（965—1038）说：“希求既起，魔伺便来”①；明代真鉴说：“此引魔王”②；传灯（1554—1628）说：“令不著魔”③等，这类诠释虽然解释了相关内容的大意，但是对于其中“方便”或“便”的含义没有进行直接解释。

第二，将其作“方法”解释。持这类观点者，如明代函昰说：“南岳思大师云：‘是四念处……真假俱寂，是时即破阴界入魔，观心无常……如此观已，即无死魔……’此大师慈悲方便，欲诸禅者假此方便，降伏自惑、以免他惑。”④他将方便解释成四念处，即一种修行方法，认为持此修行方法便可破魔境。

第三，将其作“善巧方便”解释。如前文所述，善巧方便是以一定方法、手段达到度脱众生之目标的智慧⑤，如戒环认为“天魔候得其便”是：“（天魔）变现教化示沤和善巧也。”⑥就是解释为天魔展现教化众生的善巧方便智慧。也有仅使用其字面意思即善巧的方法，如宋代可度认为“大力魔王得其方便”是：“他化自在天魔，得其行人方法巧便。”⑦在这类诠释中，或是认为禅修者失去了修行之法及专注之境；或是认为天魔得到善巧方便以示现于禅修者，使其修行得到破坏。

第四，将其作“特定事情”解释。如明代观衡（1579—1646）《楞严经四依解》即说：“方便即因缘，若不识心境因缘，即魔得方便；若识心境因缘不着，即魔不得方便。”⑧对于何为“因缘”，他曾在前一段中解释：“因即最初动念，缘即魔来现境。”⑨如此便知观衡想要表达的是：如果不清楚自己心的起心动念及魔来显现这件事，便是魔得方便，反之

① （宋）子璿：《首楞严义疏注经》卷 9，CBETA 2022.Q3，T39，No. 1799，第 954 页中。
② （明）真鉴：《楞严经正脉疏》卷 8，CBETA 2022.Q3，X12，No. 275，第 400 页下。
③ （明）传灯：《楞严经圆通疏》卷 9，CBETA 2022.Q3，X12，No. 281，第 445 页下。
④ （明）函昰：《楞严经直指》卷 9，CBETA 2022.Q3，X14，No. 291，第 453 页下。
⑤ 对于善巧方便智慧的相关研究，程恭让教授著有专著《佛典汉译、理解与诠释研究——以善巧方便一系概念思想为中心》及相关论文可供参考。
⑥ （宋）戒环：《楞严经要解》卷 18，CBETA 2022.Q3，X11，No. 270，第 439 页上。
⑦ （宋）可度：《楞严经笺》卷 8，CBETA 2022.Q3，X11，No. 271，第 111 页中。
⑧ （明）观衡：《楞严经四依解》卷 9，CBETA 2022.R2，D17，No. 8862，第 1093 页中。
⑨ （明）观衡：《楞严经四依解》卷 9，CBETA 2022.R2，D17，No. 8862，第 1093 页上—中。

则是魔不得方便。观衡的解释独具个人特色，也是历代注疏中唯一如此解释的。

第五，将其作“空隙，间隙”解释。持这类观点者，如明代钟惺（1574—1624）说：“此魔之所以乘间而入也”[①]；传灯说：“若修禅者食之，善神嫌秽不护，魔王乘便说法”[②]；清代刘道开（1601—1681）说：“此魔之所以乘间而入也”[③]；溥畹说：“得其方便，乘其空隙”[④]；近代圆瑛（1878—1953）亦持此观点。他们认为是天魔利用禅修者在修行之中的空隙、漏洞而对其修行进行破坏，从而使禅修者堕入邪道之中。

确实，在佛典中“方便”一词本身便含有方法、善巧方便及空隙等含义，因此从客观上讲它本身便是一个具有歧义的词汇。而注疏家在进行诠释之时，从各自理解的角度在主观上造成了可能违背本词使用者本意的解释。而“得其方便”“候得其便”“不得其便”与“不得便”四个词在《楞严经》最后三卷中虽然使用频率较高，但如前所述由于它们的使用语境及核心含义相同，因此在本处即以以上解释为代表。

二　梵文《法华经》中相关词汇及诠释

以上整理了在《楞严经》历代注疏中对于“得其方便”“候得其便”“不得其便”与“不得便”的诠释，同时笔者发现在《法华经》中亦存在与之类似词汇的运用，这些词汇的核心含义及使用语境与《楞严经》中“得其方便”的情况相同，如果知道了这些词汇在《法华经》中的含义，那么我们也可以知道前述词汇在《楞严经》中的使用。在此，笔者从《法华经》中选取了三例涉“方便”词汇，并将梵本、相应诸译本及笔者新译移录于下。

① （明）钟惺：《楞严经如说》卷 9，CBETA 2022.Q3，X13，No. 286，第 20 页上。
② （明）传灯：《楞严经圆通疏》卷 8，CBETA 2022.Q3，X12，No. 281，第 390 页上。
③ （清）刘道开：《楞严经贯摄》卷 9，CBETA 2022.Q3，X15，No. 303，第 237 页中。
④ （清）溥畹：《楞严经宝镜疏》卷 9，CBETA 2022.Q3，X16，No. 316，第 447 页上。

例 1

【梵本】tasmāt tarhi nakṣatrarājasaṃkusumitābhijñānuparindāmya-ham imaṃ sarvasattvapriyadarśanasya bodhisattvasya mahāsattvasya pūrvayogaparivartaṃ yathā paścime kāle paścime samaye paścimāyāṃ pañcāśatyāṃ vartamānāyām asmiñjambudvīpe pracarennantardhānaṃ gacchen na ca māraḥ pāpīyānavatāraṃ labhen na mārakāyikā devatā na nāgā na yakṣā na gandharvā na kumbhāṇḍā avatāraṃ labheyuḥ |[①]

【竺法护】吾以是经嘱累汝等，众生喜见《往古法品》，最后末俗五浊之世，流布天下阎浮利内，无能中坏，其魔波旬不能得便，及魔官属邪神鬼魅，无能害者，天、龙、罗刹、鸠洹厌鬼，无敢当者。[②]

【鸠摩罗什】是故，宿王华！以此《药王菩萨本事品》嘱累于汝。我灭度后后五百岁中，广宣流布于阎浮提，无令断绝，恶魔、魔民、诸天、龙、夜叉、鸠槃荼等，得其便也。[③]

【阇、笈译】是故宿王华！以此《药王菩萨本事品》嘱累于汝，我灭度后，后五百岁中，广宣流布于阎浮提，无令断绝，恶魔、魔民、诸天、龙、夜叉、鸠槃荼等，得其便也。[④]

【新译】因此，星宿聚满王，我将这个《一切众生所乐见菩萨摩诃萨[⑤]的往昔因缘品》付嘱（你），以至于希望（使它）在现在这个最后（充满）五欲的赡部洲的最后世、最后时中能够进行传播而不走向断绝，不让魔王波旬获得机会，不让魔王徒众、不让天、龙、药叉、乾闼婆获得机会。

---

① Kern, H. and Nanjio, B., *SaddharmapuNDarIka*, *Bibliotheca Buddhica* X, St.-petersbourg 1908-12, p. 420, 12~421, 02（http://sdp.chibs.edu.tw/ui.html ? whichArea=&toDoc=SD-KND03_026&keyword=samantabhadr&viewMode=search，上网时间 2022 年 10 月 22 日）。

②（西晋）竺法护译:《正法华经》卷 9，CBETA 2022.Q3，T09，No. 263，第 126 页下—127 页上。

③（姚秦）鸠摩罗什译:《妙法莲华经》卷 6，CBETA 2022.Q3，T09，No. 262，第 54 页下。

④（隋）阇那掘多共笈多译:《添品妙法莲华经》卷 6，CBETA 2022.Q3，T09，No. 264，第 189 页中。

⑤ 梵文原文如此，另根据佛陀介绍一切众生所乐见菩萨即是药王菩萨的前世。

例 1 出自《法华经·药王菩萨本事品》，在本品中宿王华菩萨请问佛陀药王菩萨的往昔本事故事，佛陀告诉他药王菩萨前世名为一切众生喜见菩萨，他曾精进修习佛法，证得“现一切身色三昧”并燃身供佛，他在命终后又生于净德王家并受日月净明如来嘱托在佛灭度后造塔，亦曾燃臂供养其塔，因此药王菩萨（即一切众生喜见菩萨）是一位以身体实践《法华经》的代表。随即佛陀向宿王华菩萨付嘱，让他在末法时代护持、传播《药王菩萨本事品》以使后人可以学习药王菩萨的精神，不让魔王等邪众“得其便”而恼害众生。

例 2

【梵本】atha khalu pradānaśūro bodhisattvo mahāsattvo bhagavantam etad avocat | aham api bhagavann e-vaṃrūpāṇāṃ dharmabhāṇakānām arthāya dhāraṇīpadāni dāsyāmi yat teṣām evaṃrūpāṇāṃ dharmabhāṇakānāṃ na kaścid avatāraprekṣyavatāragaveṣyavatāraṃ lapsyate/tadyathā yakṣo vā rākṣaso vā pūtano vā kṛtyo vā kumbhāṇḍo vā preto vāvatāraprekṣyavatāragaveṣyavatāraṃ na lapsyata iti |①

【竺法护】于时妙勇菩萨前白佛言：“唯然世尊，我身亦为众生之故，欲令永安。若有奉持此经典者，授总持句，将护如此诸法师等，令无伺求得其便者，鬼神诸魅、溷厕众鬼、突鬼厌鬼、饿鬼反足，虽欲来扰，无能得便。”②

【鸠摩罗什】尔时勇施菩萨白佛言：“世尊！我亦为拥护读诵受持《法华经》者，说陀罗尼。若此法师得是陀罗尼，若夜叉、若罗刹、若富单那、若吉遮、若鸠槃荼、若饿鬼等，伺求其短，无能得便。”③

---

① Kern，H. and Nanjio，B., *SaddharmapuNDarIka*，*Bibliotheca Buddhica* X，St.-petersbourg 1908–12，p. 397，08~398，04（http://sdp.chibs.edu.tw/ui.html?whichArea=&toDoc=SD-KND07_142&keyword=avat%C4%81raprek%E1%B9%A3yavat&viewMode=search，上网时间：2022 年 10 月 22 日）。

② （西晋）竺法护译：《正法华经》卷 10，CBETA 2022.Q3，T09，No. 263，第 130 页上—中。

③ （姚秦）鸠摩罗什译：《妙法莲华经》卷 7，CBETA 2022.Q3，T09，No. 262，第 58 页下。

【阇、笈译】尔时勇施菩萨白佛言：“世尊！我亦为拥护、读诵、受持《法华经》者，说陀罗尼；若此法师得是陀罗尼，若夜叉、若罗刹、若富单那、若吉蔗、若鸠槃荼、若饿鬼等，伺求其短无能得便。”①

【新译】于是，英勇奉献菩萨摩诃萨对薄伽梵说：“薄伽梵啊！我也像这样为了赞叹法的利益，而想宣说陀罗尼句，凡是那些像这样赞叹法者，譬如或者药叉，或者罗刹，或者富单那鬼，或者吉遮鬼，或者鸠槃荼，或者饿鬼（对其）意欲机会、伺求机会、欲言机会，将不会让任何人（对其）意欲机会、伺求机会、欲言机会。”

例 2 是妙勇菩萨向佛陀禀告自己为护持《法华经》而宣说陀罗尼句，以使得受持、赞叹《法华经》者不被魔王等邪众“得便”恼害，进而使其可以顺利弘扬《法华经》。

例 3

【梵本】atha khalu samantabhadro bodhisattvo mahāsattvo bhagavantametadavocat-ahaṃ bhagavan paścime kāle paścime samaye paścimāyāṃ pañcaśatyāṃ vartamānāyāmevaṃrūpāṇāṃ sūtrāntadhārakāṇāṃ bhikṣūṇāṃ rakṣāṃ kariṣyāmi，svastyayanaṃ kariṣyāmi，daṇḍaparihāraṃ kariṣyāmi，viṣadūṣaṇaṃ kariṣyāmi，yathā na kaścitteṣāṃ dharmabhāṇakānāmavatāraprekṣī avatāragaveṣī avatāraṃ lapsyate| na māraḥ pāpīyānavatāraprekṣī avatāragaveṣī avatāraṃ lapsyate，na māraputrā na mārakāyikā devaputrā na mārakanyā na mārapārṣadyā yāvanna bhūyo māraparyutthito bhaviṣyati| na devaputrā na yakṣā na pretā na pūtanā na kṛtyā na vetālāstasya dharmabhāṇakasyāvatāraprekṣiṇo ‘vatāragaveṣiṇo’ vatāraṃ lapsyante|②

【竺法护】时普贤菩萨前白佛言：“最后末俗五浊之世，若有比丘受是

① （隋）阇那掘多共笈多译：《添品妙法莲华经》卷 6，CBETA 2022.Q3，T09，No. 264，第 187 页上。

② Kern，H. and Nanjio，B., *SaddharmapuNDarIka*，*Bibliotheca Buddhica* X，St.-petersbourg 1908–12（http://www.dsbcproject.org/canon-text/content/54/483，上网时间 2022 年 10 月 22 日）。

经典，长拥护之令得吉祥，除众抂横毒亦不行，令无伺求得其便者。有受是经，咸共宿卫，令魔波旬不能扰乱，及诸官属诸鬼神龙，沟边溷鬼蛊道符咒，令不得行躬身自往，常以一心拥护法师，常使安隐。”①

【鸠摩罗什】尔时普贤菩萨白佛言：“世尊！于后五百岁、浊恶世中，其有受持是经典者，我当守护，除其衰患，令得安隐，使无伺求得其便者，若魔、若魔子、若魔女、若魔民、若为魔所著者、若夜叉、若罗刹、若鸠槃荼、若毗舍阇、若吉遮、若富单那、若韦陀罗等，诸恼人者，皆不得便。”②

【阇、笈译】尔时普贤菩萨白佛言：“世尊！于后五百岁浊恶世中，其有受持是经典者，我当守护除其衰患令得安隐，使无伺求得其便者，若魔、若魔子，若魔女、若魔民、若为魔所著者、若夜叉、若罗刹、若鸠槃荼、若毗舍阇、若吉遮、若富单那、若韦陀罗等诸恼人者，皆不得便。”③

【新译】于是，普贤菩萨摩诃萨对薄伽梵说：“薄伽梵啊！在最后世、最后时，在现在（这）最后五欲（充满的瞻部洲）中受持如是经典的比丘们，譬如有人对赞叹（此）法者欲求机会、伺求机会，欲言机会，我（对其）进行保护、实现安稳，（使其）能避免责罚，能实现解毒。不使魔王波旬欲求机会、伺得机会、欲言机会，不使魔王之子、魔民天子、魔王之女、魔王徒众，乃至不使大量的被魔王所障碍者、天神之子、药叉、饿鬼、富单那、邪恶的妖精、起尸鬼对赞叹此法者欲求机会、伺得机会，欲言机会。”

例 3 是普贤菩萨向佛陀禀告，自己发愿在末世时护持受持《法华经》者，使其不被魔王等邪众“得便”而受恼害，进而使其可以顺利弘扬《法华经》。

① （西晋）竺法护译：《正法华经》卷 10，CBETA 2022.Q3，T09，No. 263，第 133 页上。
② （姚秦）鸠摩罗什译：《妙法莲华经》卷 7，CBETA 2022.Q3，T09，No. 262，第 61 页上。
③ （隋）阇那掘多共笈多译：《添品妙法莲华经》卷 7，CBETA 2022.Q3，T09，No. 264，第 194 页下。

之所以选择上述3个例句进行讨论，首先由于其中的“得其便”“得便”与《楞严经》中“得其方便”的词语形式类似、核心含义相同，这一点将在后文中详细讨论；其次由于其使用语境与《楞严经》中相关词语使用语境相同。关于后者，具体而言从上举3例对勘可以看出，同一梵文段落的诸异译本部分内容虽然有异，但是其主要内容没有变化。它们都是在讲述某位菩萨发愿护持受持《法华经》者，而护持的目的都是不使魔王等邪众“得其便”（或“得便”）恼害受持本经者，从而使其顺利弘扬该经——例1虽然并未直接说明护持《法华经》者，但是“法赖人弘”，如果有魔王等邪众“得其便”（或“得便”）而恼害众生，那么此《药王菩萨本事品》也不能传播、流布。而《楞严经》中相关词语的使用语境也是与魔王等邪众对于人的侵扰、恼害有关。从上述3例的梵汉对勘中可以发现，“得便”一词所对应的是梵语词“avatāra √labh”，其中avatāra具有降下（尤指诸神降至地上）、显示、便、得、令入、得便、得其便、方便[①]的含义，又有进入、出现、下凡之意[②]。√labh是第一类、第一种动词，具有下列含义：（1）获得，抓住；（2）接受，理解；〔古〕得，获，获得，感得，受，值遇，遭[③]。其中上述例子中使用的labheyuḥ是其意愿式第三人称复数为己形式，lapsyante是其齿擦音未来第三人称复数为己形式。而“avatāra √labh”则具有“便，鬼神附体所乘之隙”[④]及“掌握机会”[⑤]的含义。结合例句中的使用语境，笔者认为这里由于是魔王等邪众恼害众生，故此处为“鬼神附体所乘之隙”的含义，因而将例句中“avatāra √labh”翻译为“机会”，与漏洞、空隙同义，即魔王等邪众抓住众生的可乘之机而对其进

① 林光明、林怡馨、林怡廷编著：《梵汉大辞典》，台北：嘉丰出版社2005年版，第216页。

② 《梵汉词汇表》，北京大学梵文贝叶经与佛教文献研究所。（https://dict.fanfoyan.com/#/?word-ByName=avat%C4%81ra，上网时间：2024年8月20日）

③ 《梵汉词汇表》，北京大学梵文贝叶经与佛教文献研究所。（https://dict.fanfoyan.com/#/?word-ByName=labh，上网时间：2024年8月20日）

④ 《梵汉词汇表》，北京大学梵文贝叶经与佛教文献研究所。（https://dict.fanfoyan.com/#/?word-ByName=avat%C4%81ra，上网时间：2024年8月20日）

⑤ 林光明、林怡馨、林怡廷编著：《梵汉大辞典》，第216页。

行恼害。同时，也可发现例句中的 avatāragaveṣin 含有求其短、欲求其短、伺得其便的含义[①]。

本文所要探讨的“得其方便”“不得便”与“候得其便”等词其核心词汇为“方便”（或“便”），对于古代汉语中“方便”一词已有诸多学者进行研究[②]。其中《辞源》（第三版）对于“方便”一词的解释亦包含“机会”的含义[③]，如《北史·孟业传》中：“（孟）业为典签，州中要职，诸人欲相贿赡，止患无方便耳”[④]，便是说孟业担任州中典签这一重要的职务，很多人想要对其进行贿赂，只是担心没有机会罢了。这一解释也与项楚在《敦煌变文语辞札记》中对于《搜神记》（田昆仑条）、《祇园因由记》等资料中“方便”一词作名词使用的研究结果相同。[⑤]而古代汉语中的“便”字也有“有利的时机”之意[⑥]，如贾谊《过秦论》中说“因利乘便”[⑦]，便是指利用有利的时机。故从这个角度讲，“方便”与“便”为同义词，因此《楞严经》中“得其方便”与《法华经》中“得其便”“得便”也为同义词。另外，古代汉语中“候”字有“守望，观察；等候，等待”之意[⑧]，而“伺”字亦有“窥探，探望；等待，等候”之意[⑨]，“求”字有“寻找，寻求”之意[⑩]，因此《楞严经》中的“候得其便”与《法华经》中“伺求得其便”含义大致相同。

---

① 林光明、林怡馨、林怡廷编著：《梵汉大辞典》，第 216 页。

② 蒋礼鸿《敦煌变文字义通释（第四次增订本）》、项楚《敦煌变文语辞札记》、周光庆《敦煌变文释词》、郭在贻《〈游仙窟〉释词》、江蓝生《魏晋南北朝小说词语汇释》、梁晓红《口语研究的宝贵材料》中都有关于本词的研究，而徐梦葵《释“方便”》、王渊《“方便”考》更是对于本词进行研究的专文。

③ 在《辞源》（第三版）中对于“方便”一词的解释有：1. 佛教语，犹言善巧、权宜，指随时设教、随机应变，诱导之使领悟佛法真义；2. 随机乘变；3. 便利、机会；4. 合适方式的或方法；5. 解手、大小便。详见《辞源》（第三版），商务印书馆 2015 年版，第 1816 页。

④ 转引自《古代汉语词典》（第 2 版），商务印书馆 2016 年版，第 355 页。

⑤ 项楚：《敦煌变文语辞札记》，《四川大学学报》（哲学社会科学版）1981 年第 2 期。

⑥ 《古代汉语词典》（第 2 版），第 72 页。

⑦ 转引自《古代汉语词典》（第 2 版），第 72 页。

⑧ 《古代汉语词典》（第 2 版），第 558 页。

⑨ 《古代汉语词典》（第 2 版），第 1404—1405 页。

⑩ 《古代汉语词典》（第 2 版），第 1197 页。

综上根据笔者对于《法华经》中“得其便”与其对应梵文“avatāra √labh”及对于“得其方便”“得其便”进行的语文学分析可知,《楞严经》中的“得其方便”是魔王邪众“获得(恼害众生的)机会”的含义。同时，通过对于“候得其便”与“伺求得其便”的语文学分析也可知，其含义为“等待获得(恼害众生的)机会”。

三 《楞严经》中天魔“得其方便”

前文已经从语文学角度分析出“得其方便”是“获得(恼害众生的)机会”的含义，在本处笔者将此意代入《楞严经》相关语境，并结合其他佛教文献从义理学角度介绍其中的“得其方便”叙事。

《楞严经》中恼害众生的主要人物是天魔(魔王)，其在佛教文献中一般指佛陀在世时的魔王波旬(Pāpīyas)，亦为他化自在天的天主。据《大智度论》载:“(天魔)怀诸邪见，以欲界众生是己人民……(当菩萨度化众生)拔生死根，入无余涅槃，永不复还，空我境界，是故起恨仇嫉。”①即天魔视欲界众生为其眷属，当有欲界众生想要出离三界时，他便心生嫉恨并加以阻挠。这种现象尤其常见于禅修者之中，如智顗(538—597)说:“行者于正心中发诸禅定，恶魔恐其道高，为作恼乱，入其禅中。”②恶魔担心禅修者道力增长而逃离自己的掌控，因此对其进行恼乱。

但从《楞严经》中“一切魔王”“诸天魔”的表述看，其中的天魔(魔王)并非只有一位，但是他们都与波旬一样视欲界众生为其眷属并害怕他们从自己的掌控中逃离。当有众生想要出离三界时，所有魔王、鬼神便看到“宫殿无故崩裂，大地振坼，水陆飞腾”③，于是便开始积极寻找机会破坏修行者的修行活动。

① (姚秦)鸠摩罗什译:《大智度论》卷56，CBETA 2022.R2，T25，No. 1509，第458页中。
② (隋)智顗:《释禅波罗蜜次第法门》卷3，CBETA 2022.R2，T46，No. 1916，第498页中。
③ (唐)般剌蜜帝译:《大佛顶如来密因修证了义诸菩萨万行首楞严经》卷9，CBETA 2022.R2，T19，No. 945，第147页中。

这种破坏活动并非无条件便可实现，佛教认为“鬼祟害人随短处入，稍有所长不能为害”[①]，故在佛教文献中天魔、鬼神等非人侵扰众生有一个叙事语境，那便是首先由于众生本身出现了可使他们侵扰的机会（漏洞）才使得天魔、鬼神等非人进行侵扰。其中最典型的例子便是《慈悲水忏序》中人面疮对于悟达国师所说：“（晁错的冤魂）累世求报于公，而公十世为高僧，戒律精严报不得其便。今汝受人主宠遇过奢，名利心起，于德有损，故能害之。”[②]晁错的冤魂在十世中都想对袁昂的转世者进行报复，但是由于转世者每世都是持戒精严的高僧，使其没有获得侵扰的机会。当到悟达国师这一世时，由于悟达受到皇帝赏赐而产生贪爱名利之心，才使得晁错的冤魂有了报复的机会。这种叙事也出现于非佛教文献中，如清代纪昀曾记载其父纪容舒于乾隆十五年（1750）所审的一桩杀人案，本案中凶手常明杀害十四岁的被害人二格，在官府查案时二格的冤魂附于凶手身上进行伸冤，其中他曾说：“我魂恒随常明行，但相去四五尺，即觉炽如烈焰，不得近。后热稍减，渐近至二三尺，又渐近至尺许，昨乃都不觉热，始得附之。”[③]在这则故事中，二格之魂与前文中晁错之魂类似，也是需要寻找机会才可附于他人的身体之上，所异之处仅在于悟达国师由于产生骄慢之心，而常明则是由于身体热量减弱才给他人提供了可乘之机。

同样，《楞严经》中的叙事也是如此，前文所举天魔“得其方便”的4个出处中，根据情况不同可分为两大类：

第一类是缺少“善神守护”而使天魔“得便”。如前所举“是食辛人修三摩地，菩萨、天仙、十方善神不来守护，大力魔王得其方便，现作佛身来为说法”，这种情况与前举《法华经》例3情况正相反，在例3中由于普贤菩萨担心受持《法华经》者受到魔王波旬等众侵扰，于是便对其进行保护，从而使魔王等找不到可乘之机；而前举《法华经》例2中勇施菩

① （宋）闻达：《法华经句解》卷8，CBETA 2022.R2，X30，No. 604，第622页上。
② 佚名：《慈悲道场水忏序》卷1，CBETA 2022.R2，T45，No. 1910，第968页中。
③ （清）纪昀：《阅微草堂笔记》，中华书局2013年版，第19页。

萨则给与受持、读诵《法华经》者陀罗尼，使其凭此咒力即可避免暴露被魔王波旬等众侵扰的机会。而《楞严经》针对的是想要出离三界但尚未深入禅定者，由于这些禅修者食用含有菩萨、天仙、十方善神所厌恶气味的五种蔬菜，因此他们纷纷远离禅修者从而导致其缺少善神保护，故大力魔王便获得了接近禅修者的机会，从而变化身形为其宣说邪法，引导这些人不能趣入解脱之路。

第二类是由于修行者在禅修过程中失于正见，而使天魔“得便”。《大般若经》中说：“若菩萨摩诃萨常能安住甚深般若波罗蜜多最胜行住，世间天、人、阿素洛等伺求其短无能得便，亦复不能令生忧恼。”[①]即是说菩萨若与般若智慧相应，则他人意欲侵扰亦无可乘之机。而前所举“如是十种禅那现境……众生顽迷不自忖量，逢此因缘迷不自识谓言登圣，大妄语成堕无间狱……遍令众生开悟斯义，无令天魔得其方便，保持覆护成无上道”，便是禅修者在修行过程中由于失于正见、产生邪见，就会使天魔获得引诱他进入邪道的机会，从而使其远离正确的修行道路，故需要他人开示正见，不给天魔可乘之机。这类例子在《楞严经》中还有：（1）“彼善男子，受阴虚妙不遭邪虑圆定发明，三摩地中心爱圆明，锐其精思贪求善巧，尔时天魔‘候得其便’。”[②]这是说明禅修者在修行过程中由于心生邪见，天魔便得到了接近禅修者的机会并附着于其身上，从而使禅修者以为自己已经证得无上涅槃，以此来引诱禅修者。（2）“是三摩中诸善男子，凝明正心魔‘不得便’。”[③]这是说在禅定中的禅修者，由于心中正见坚固且凝然不动、觉照常明，因此天魔没有进行侵扰的机会。

在以上两类天魔得便的情况中，以“机会”诠释“方便”，带入“得

① （唐）玄奘译：《大般若波罗蜜多经》卷348，CBETA 2022.R2，T06，No. 220，第791页上。

② （唐）般剌蜜帝译：《大佛顶如来密因修证了义诸菩萨万行首楞严经》卷9，CBETA 2022.R2，T19，No. 945，第149页中。

③ （唐）般剌蜜帝译：《大佛顶如来密因修证了义诸菩萨万行首楞严经》卷10，CBETA 2022.R2，T19，No. 945，第151页下。

其方便”“候得其便”与“不得便”的具体语境之中，会发现这个含义在其中不但符合文义，且与其他佛典的内容相符，因此我们便可从义理角度认定《楞严经》“得其方便”“候得其便”与“不得便”中的“方便”与“便”都是机会的意思，只不过由于其修饰语不同而组成的词组含义不同，而在历代注疏中钟惺、刘道开、溥畹、圆瑛等人也是持此观点。

前文已经论述《楞严经》中天魔所得“方便”即为机会，同时《楞严经》中也有关于天魔（含其他邪众）得到机会后对众生进行具体侵扰的三种形式：

第一种是化现的形式。采用这种形式恼害众生的天魔并不要进入禅修者身体内部对禅修者进行引导，而是采用化现的形式成为与禅修者相对的形态出现。如前文所引“是食辛人修三摩地，菩萨、天仙、十方善神不来守护，大力魔王得其方便，现作佛身来为说法，非毁禁戒赞淫怒痴，命终自为魔王眷属，受魔福尽堕无间狱”，便是天魔得到与禅修者接触的机会，自己化现为佛陀的形象来为禅修者“说法”，进而引诱禅修者产生邪见堕入魔道。

第二种是附体于禅修者的形式。这种形式常见于“色、受阴十境”中，采用进入禅修者身体的天魔会直接进入其体内从而对众生进行恼害，如“色阴十境”中“或遭天魔入其心腹”[①]、“行阴十境”中“则有悲魔入其心腹”[②]便是这种状况。

第三种是附体于第三人的形式。这种形式常见于“行阴十境”中，采用这种形式的天魔会进入其他众生体内而来到禅修者面前对其进行引诱。如“尔时天魔候得其便，飞精附人口说经法，其人不觉是其魔著，自言谓得无上涅槃，来彼求巧善男子处敷座说法……是人愚迷惑为菩萨，信其教

① （唐）般刺蜜帝译：《大佛顶如来密因修证了义诸菩萨万行首楞严经》卷 9，CBETA 2022.Q3，T19，No. 945，第 148 页上。

② （唐）般刺蜜帝译：《大佛顶如来密因修证了义诸菩萨万行首楞严经》卷 9，CBETA 2022.Q3，T19，No. 945，第 148 页中。

化摇荡其心”①，像这种便是天魔看到禅修者心有邪见便得到了接触他的机会，于是天魔附体于第三人身上，此时第三人并未察觉自己被天魔附着，便来为禅修者说法，而禅修者由于邪见的缘故便认为来为其说法的第三人是菩萨化身，因此便接受他的“引导”而堕入魔道。

总之，一如佛陀所说“主人若迷，客得其便”，“五十阴魔”的种种状况都是由于禅修者自己在修行中产生邪见而使天魔得到机会，反之则“坚凝正心，魔不得便”。

结　　语

疑伪经是中国佛教徒为促进佛教思想在中国传播、发展，发挥善巧方便智慧的重要产物。在创作疑伪经的过程中，创作者多会利用翻译文献中的词语、概念重新进行内容构建，在这个过程中，由于词语本身在佛典中具有多重含义或者其中又叠加了新的语言单位，因此在语言学上构成了词语歧义。特别是在释经过程中，由于词语歧义而导致注疏者对于文献的理解形成了主观歧义。

古代经录学家认定疑伪经的首要标准便是翻译标准，这表示这些经典并无梵文本可供对勘。但是无梵本并非意味着不可参考其他佛典及其梵本进行研究，如前文所述疑伪经本身便是基于那些翻译而来的经典的再创造，在其创作过程中也必定受其影响，故二者之间存在联结与张力。由于前辈学者多利用梵汉对勘方式对于翻译经典进行研究，受其启发，笔者尝试使用梵文文献对于疑伪经中的歧义词汇进行研究。因此在本文中，笔者首先从语文学角度，利用梵文《法华经》中相关内容确认了“得其便”“得便”与“伺求得其便”中的“便”为机会之意。其次从汉语语义出发确认了《楞严经》中“得其方便”与“得便”是同义词，即都是获得机会之

① （唐）般剌蜜帝译：《大佛顶如来密因修证了义诸菩萨万行首楞严经》卷 9，CBETA 2022.Q3，T19，No. 945，第 149 页中。

意；“候得其便”与“伺求得其便”也是同义词，都是等待机会之意。最后又从义理学角度将上述词意进行代入，发现《楞严经》中天魔“得其方便”是修行者由于持戒不精严从而导致善神远离或者是在禅修中失于正见，从而使魔王等众获得对其侵扰的机会——如此解释即符合经意也符合其他文献中的相关记载，再次证明《楞严经》中“得其方便”是获得机会之意。这说明利用梵文文献确定疑伪经中的歧义词汇的具体含义具有可行性。

《巴利律》中的排列与矩形数

——佛教与数学的一个新案例 *

李　薇　陈映锦

苏州大学哲学系副教授　北京语言大学助理研究员

摘要： 在印度宗教的背景下，耆那教因广泛运用排列组合而闻名。然而，学术界对于佛教经典中的数学应用却较少关注。本文介绍了一个在佛教经典中具体应用排列组合的新例子。重点探讨上座部《巴利律》（Theravāda-vinaya）第一僧残法（saṅghādisesa）中出现的一个元素的集合，这一集合中的元素遵循了根（mūla）、分断循环（khaṇḍcakka）与结合循环（baddhacakka）的规则进行新的组合，进而呈现出排列的计算规律。而且我们还发现，这些排列的计算结果形成了一个数字序列，即矩形数（oblong numbers）。此外，我们在第四条波罗夷（pārājika）和第五条僧残法中也发现了类似的不同数量的排列模式。这表明，《巴利律》的编纂者并非无依据地使用了这些数学知识。有趣的是，我们还在《巴克沙利手稿》（*Bakhshālī Manuscript*）以及关于毕达哥拉斯的记载中发现了这一数列的痕迹。因此，本文在总结并验证《巴利律》的排列规则之后，进一步讨论了《巴利律》中出现的矩形数是否受到了希腊数学的影响这

* 本文英文稿发表信息请参见：Li，Wei，and Yingjin Chen. 2024. "Permutations and Oblong Numbers in the *Theravāda-vinaya*：A New Intersection of Buddhism and Indian Mathematics"，*Religions* 15，no. 10：1156. https://doi.org/10.3390/rel15101156. 中文稿在英文稿基础上做了一定的调整和修订。

一问题。

关键词： 佛教与数学；《巴利律》；排列；组合；矩形数

一 序

关于印度数学的起源，学界一直都存在争论。在长达几百年的欧洲中心论的支配下，一些学者认为希腊是现代科学的源头所在，欧洲是希腊文化的继承者[①]，这一想法促使了他们认为印度数学很大程度上受到希腊数学的影响，如 Kaye 在《巴克沙利手稿》（*Bakhshālī Manuscript*）中找寻希腊数学的影响痕迹，并因此坚持手稿的成立时间晚于 12 世纪，他还列举了一些希腊数学影响印度数学的例子，但也被一些学者所否定。[②]

另外，Heeffer 在论文中指出，早在 19 世纪末，德国学者康托尔（1894，II）在他影响深远的四卷本《数学史》中，就曾说“印度人通过希腊几何中的代数痕迹学习了代数”（the Indians learned algebra through traces of algebra within Greek geometry），“婆罗摩笈多对二次方程的解法源自希腊”（Brahmagupta’s solution to quadratic equations has Greek origins）。[③]不过他的这一观点也遭到 Herman Hankel（1839—1873）强烈的反驳：

> That by humanist education deeply inculcated prejudice that all higher

① George Gheverghese Joseph, *The Crest of the Peacock*: *NonEuropean Roots of Mathematics*, 3rd ed., Princeton: Princeton University Press, 2010, pp.4–8. 书中详细介绍了数学领域的欧洲中心论。

② Hayashi Takao, *The Bakhshālī Manuscript*: *An Ancient Indian Mathmatical Treatise*, Groningen: Egbert Forsten, 1995, pp.132–133.

③ Albrecht Heeffer, “The Reception of Ancient Indian Mathematics by Western Historians”, In *Ancient Indian Leaps in the Advent of Mathematics*, Edited by B. S. Yadev, Basel: Birkhauser, 2010, pp.138–139. 这里使用的是 Heeffer 的译文，包括 Paul Tannery（1843—1904）在内的许多学者也持有相同的看法。

intellectual culture in the Orient, in particular all science, is risen from Greek soil and that the only mentally truly productive people have been the Greek, makes it difficult for us to turn around the direction of influence for one instant.①

由于人文主义教育所灌输的偏见，一种观点认为东方所有较高层次的智力文化，尤其是所有科学，皆源自希腊，且唯一真正富有创造力的民族是希腊人，这使我们难以在一瞬间扭转影响的方向。

另外，许多学者持有“非欧洲中心主义”的立场。也就是说，他们开始承认印度数学的独立性和原创性。他们认为，印度数学的起源可以追溯到公元前第三千年的哈拉帕文明，因为考古学家在该文明的遗址中发现了包括一些大小和重量相同的铅锤、用于测量长度的秤和仪器。②之后的漫长时期，印度数学在宗教、音乐、医学、建筑和天文学等领域取得了显著的发展。

关于佛教与印度数学，也有很多学者讨论过，但大多局限于佛经中对于大额数字的运用及单位换算③，以及佛教中“虚空”与零的关系④等方面，当然这些特征也是印度教和耆那教经典所拥有的特征⑤。更多的学者则聚焦

① Albrecht Heeffer, “Albrecht. The Reception of Ancient Indian Mathematics by Western Historians”, In *Ancient Indian Leaps in the Advent of Mathematics*, Edited by B. S. Yadev, Basel: Birkhauser, 2010, p.139. 这里使用的仍然是 Heeffer 的译文。

② George Gheverghese Joseph, *The Crest of the Peacock: NonEuropean Roots of Mathematics*, 3rd ed., Princeton: Princeton University Press, 2010, pp.317–321.Uta C. Merzbach and Carl B. Boyer, *A History of Mathematics*, 3rd ed., New Jersey: John Wiley & Sons, Inc., [1968] 2011, p.186. Victor J. Katz, *A History of Mathematics*, 3rd ed., Boston: Addison Wesley, 2009, p.231.

③ 如钮卫星《西望梵天：汉译佛经中的天文学源流》，上海交通大学出版社 2004 年版，第 22—32 页。

④ George Gheverghese Joseph, *The Crest of the Peacock: NonEuropean Roots of Mathematics*, 3rd ed., Princeton: Princeton University Press, 2010, p. 345.

⑤ George Gheverghese Joseph, *The Crest of the Peacock: NonEuropean Roots of Mathematics*, 3rd ed., Princeton: Princeton University Press, 2010, pp.338–347.

于讨论佛典中的天文学。总之，很少有学者讨论佛典中运用数学知识的具体案例。

本文所使用的佛教文献为律藏。律藏是佛教出家众所遵循的规定集合，同时也包含了僧团的运营准则，常被认为是佛陀亲自制定的。[①]《巴利律》是南传上座部所持有的律藏，根据斯里兰卡编年史《大史》的记载，《巴利律》在公元前一世纪被记录成文，随后产生了相关的注释，可能早于其他律藏。[②]

本文首先聚焦于《巴利律》第一僧残法中的一个要素集合，探寻这些要素组合的规则，并在第四波罗夷法中验证这些规则是否正确。其次，本文将在印度古代数学的背景下，追溯《巴利律》中使用的排列组合究竟受何影响。最后，本文还将讨论《巴利律》排列结果所呈现的矩形数是否受到希腊影响这一问题。

二 《巴利律》第一僧残法中的排列计算

《巴利律》第一僧残法是禁止比丘故意泄精的规定。在关于这个规则的解释中，《巴利律》列出了十种泄精的手段及原因，十种泄精的目的，精液的十种颜色。关于泄精的十种目的，《巴利律》则展示了一种从一根到十根的特殊的排列方式，分别是：

ārogyatthāya 为健康
sukhatthāya 为受乐
bhesajjatthāya 为药
dānatthāya 为布施

① Shayne Clarke, "Vinayas", In *Brill's Encyclopedia of Buddhism 1*, edited by Jonathan A. Silk, Oskar von Hinüber and Vincent Eltschinger, Leiden: Brill, 2015, p.60.

② Petra Kieffer Pülz, "What the Vinayas Can Tell Us about Law", In *Buddhism and Law: An Introduction*, New York: Cambridge University Press, 2014, pp.50–52.

puññatthāya 为福德

yaññatthāya 为祭祀

saggatthāya 为生天

bījatthāya 为种子

vīmaṃsatthāya 自试

davatthāya 为戏乐[①]

在这之后,《巴利律》列举了一根到十根的排列方法,但都以省略的形式列出,本文中将尽量还原出完整的一根到十根的组合方式。

1. 一根(ekamūlaka)

首先我们来看一根(ekamūlaka)的 khaṇḍacakka[②],这是两个要素的顺序组合,比如①为健康与其他要素按顺序进行组合,有 9 种:

① Ārogyatthañca ② sukhatthañca

① Ārogyatthañca ③ bhesajjatthañca

① ārogyatthañca ④ dānatthañca

① ārogyatthañca ⑤ puññatthañca

① ārogyatthañca ⑥ yaññatthañca

① ārogyatthañca ⑦ saggatthañca

① ārogyatthañca ⑧ bījatthañca

① ārogyatthañca ⑨ vīmaṃsatthañca

① ārogyatthañca ⑩ davatthañca

之后是 ekamūlakassa baddhacakkaṃ[③](一根结合章)。这类也有 9 种,

① 因 PTS 版的《巴利律》省略内容过多,所以本文所使用的《巴利律》皆引自 VRI 网站,https://tipitaka.org/romn/。

② khaṇḍa 为分断、打破之意。cakka 为圆环、循环之意。

③ baddha 为捆绑、结合之意。

比如②为受乐（sukhatthāya）与③为药（bhesajjatthāya）直到 10 进行组合之后，再与①为健康（ārogyatthāya）组合。

② Sukhatthañca ③ bhesajjatthañca
② Sukhatthañca ④ dānatthañca
② sukhatthañca ⑤ puññatthañca
② sukhatthañca ⑥ yaññatthañca
② sukhatthañca ⑦ saggatthañca
② sukhatthañca ⑧ bījatthañca
② sukhatthañca ⑨ vīmaṃsatthañca
② sukhatthañca ⑩ davatthañca
② Sukhatthañca ① ārogyatthañca

之后是③为药（bhesajjatthāya）的组合：

③ Bhesajjatthañca ④ dānatthañca……
③ bhesajjatthañca ⑤ puññatthañca⋯
③ bhesajjatthañca ⑥ yaññatthañca⋯
③ bhesajjatthañca ⑦ saggatthañca⋯
③ bhesajjatthañca ⑧ bījatthañca⋯
③ bhesajjatthañca ⑨ vīmaṃsatthañca⋯
③ bhesajjatthañca ⑩ davatthañca
③ Bhesajjatthañca ① ārogyatthañca……
③ bhesajjatthañca ② sukhatthañca

之后是同样的组合方式，这些是一根的情况，共计有 90 种。也可以看作十个要素中取两个要素、考虑顺序的排列计算，我们可以使用排列公式来计算，P（10，2）=90。

{④，⑤}，{④，⑥}，{④，⑦}，{④，⑧}，{④，⑨}，{④，⑩}，{④，①}，{④，②}，{④，③}

……

{⑩，①}，{⑩，②}，{⑩，③}，{⑩，④}，{⑩，⑤}，{⑩，⑥}，{⑩，⑦}，{⑩，⑧}，{⑩，⑨}

2. 二根（dumūlaka）

① Ārogyatthañca ② sukhatthañca ③ bhesajjatthañca ceteti upakkamati muccati，āpatti saṅghādisesassa…pe… ① ārogyatthañca ② sukhatthañca ⑩ davatthañca ceteti upakkamati muccati，āpatti saṅghādisesassa.

Dumūlakassa khaṇḍacakkaṃ.

② Sukhatthañca ③ bhesajjatthañca ④ dānatthañca ceteti upakkamati muccati，āpatti saṅghādisesassa…pe… ② sukhatthañca ③ bhesajjatthañca ⑩ davatthañca…pe… ② sukhatthañca ③ bhesajjatthañca ① ārogyatthañca ceteti upakkamati muccati，āpatti saṅghādisesassa.

Dumūlakassa baddhacakkaṃ saṃkhittaṃ.

⑨ Vīmaṃsatthañca ⑩ davatthañca ① ārogyatthañca ceteti upakkamati muccati，āpatti saṅghādisesassa. ⑨ Vīmaṃsatthañca ⑩ davatthañca ⑧ bījatthañca ceteti upakkamati muccati，āpatti saṅghādisesassa.

Dumūlakaṃ niṭṭhitaṃ.

若为了①健康的目的、②快乐的目的及③药物的目的而起意、采取行动并完成，则犯僧残罪。……若为了①健康的目的、②快乐的目的及⑩戏乐的目的而起意、采取行动并完成，则犯僧残罪。

这是关于二根的分断循环。

若为了②快乐的目的、③药物的目的、④布施的目的而起意、采取行动并完成，则犯僧残罪。……若为了②快乐的目的、③药物的目的及⑩戏乐的目的……若为了②快乐的目的、③药物的目的及①健康的目的而起意、采取行动并完成，则犯僧残罪。

关于二根的结合循环被简化。

若为了⑨自试、⑩戏乐的目的及①健康的目的而起意、采取行动并完成，则犯僧残罪。若为了⑨自试、⑩戏乐的目的及⑧种子的目的而起意、采取行动并完成，则犯僧残罪。

关于二根已结束。

在二根的组合中，首先将两个元素配对成一组，然后再按顺序与其他任一元素进行组合。①和②配对，形成①②的单位。之后，依次与③至⑩的每一个元素组合，总共有 8 种不同的组合。这种方式叫作 baddhacakka。

接下来，②和③配对，形成②③的单位。然后，再依次与④至⑩以及①每一个元素组合，也是总共 8 种不同的组合。

最后是⑨和⑩配对，形成⑨⑩的单位。之后，依次与①至⑧的每一个元素配对（baddhacakka），同样是 8 种组合。

在两根的情况下，有 9 种类型，每种类型都有 8 种不同的组合。总计有 72 种不同的组合。这与一根不同，并非 10 种要素中取三个要素的组合或排列计算，即 C（10，3）=120，或 P（10，3）=720。

不过我们仍可以从中找到规律，首先，排列方式可以分为前后两个部分，前要素可以是单一元素或多个元素，如二根中的①和②组成了前要素，而“后要素”只能有一个。

其次，前要素遵循 1 到 10 的顺序。例如，①和②、②和③可以配对，但⑩和①不会进行配对。

最后，一个排列中数字不会重复。比如，二根中，⑨⑩配对组成前要素之后，与其他要素进行组合，但不会再与⑨或⑩组合。

基于这些特点，我们可以将二根的规则看作在十个要素的集合之中，先依次取两个连续要素组成“前要素”，再与其他要素结合的排列计算，也就是说集合中要素总数从十变为了九，形成了新的集合数，进而从新的集合中取两个要素进行排列计算。这样的话，就是 P（9，2）=72，与之前我们手动计算的数量相同。所以我们可以推测，《巴利律》的这种 r 根的计算可以看作 P（10-r+1，2），r 为根数。

3. 三根（Timūlaka）到全根（Sabbamūlaka）的猜想

《巴利律》中没有详细叙述三根到十根的组合方式，但我们可以基于上面一根与二根的特点以及排列公式来推测计算。笔者提供了一个可视化的排列计算过程，如：

{①，②，③；④}，{①，②，③；⑤}，…，{①，②，③；⑩}（总计 7 种）

{②，③，④；⑤}，…，{②，③，④；⑩}，{②，③，④；①}

{③，④，⑤；⑥}，…，{③，④，⑤；⑩}，{③，④，⑤；①}，{③，④，⑤；②}

{④，⑤，⑥；⑦}，…，{④，⑤，⑥；⑩}，{④，⑤，⑥；①}，…，{④，⑤，⑥；③}

{⑤，⑥，⑦；⑧}，…，{⑤，⑥，⑦；⑩}，{⑤，⑥，⑦；①}，…，{⑤，⑥，⑦；④}

{⑥，⑦，⑧；⑨}，{⑥，⑦，⑧；⑩}，{⑥，⑦，⑧；①}，…，{⑥，⑦，⑧；⑤}

{⑦，⑧，⑨；⑩}，{⑦，⑧，⑨；①}，…，{⑦，⑧，⑨；⑥}

{⑧，⑨，⑩；①}，{⑧，⑨，⑩；②}，…，{⑧，⑨，⑩；⑦}

三根有 56 种（7*8）不同的排列，基于排列公式计算：P（10–3+1，2）=P（8，2）=56，两个结果是一致的。

四根有 42 种排列，计算公式为 P（7，2）=42，表示为以下排列：

{①，②，③，④；⑤}，{①，②，③，④；⑥}，…，{①，②，③，④；⑩}（6 种）

{②，③，④，⑤；⑥}，…，{②，③，④，⑤；⑩}，{②，③，④，⑤；①}

{③，④，⑤，⑥；⑦}，…，{③，④，⑤，⑥；⑩}，{③，④，⑤，⑥；①}，{③，④，⑤，⑥；②}

{④，⑤，⑥，⑦；⑧}，…，{④，⑤，⑥，⑦；⑩}，{④，⑤，⑥，⑦；①}，…，{④，⑤，⑥，⑦；③}

{⑤，⑥，⑦，⑧；⑨}，{⑤，⑥，⑦，⑧；⑩}，{⑤，⑥，⑦，⑧；①}，…，{⑤，⑥，⑦，⑧；④}

{⑥，⑦，⑧，⑨；⑩}，{⑥，⑦，⑧，⑨；①}，…，{⑥，⑦，⑧，⑨；⑤}

{⑦，⑧，⑨，⑩；①}，…，{⑦，⑧，⑨，⑩；⑥}

五根共有 30 种，计算结果为 P（6，2）=30。

{①，②，③，④，⑤；⑥}，…，{①，②，③，④，⑤；⑩}（5 种）

{②，③，④，⑤，⑥；⑦}，…，{②，③，④，⑤，⑥；⑩}，{②，③，④，⑤，⑥；①}

{③，④，⑤，⑥，⑦；⑧}，…，{③，④，⑤，⑥，⑦；⑩}，{③，④，⑤，⑥，⑦；①}，{③，④，⑤，⑥，⑦；②}

{④，⑤，⑥，⑦，⑧；⑨}，…，{④，⑤，⑥，⑦，⑧；⑩}，{④，⑤，⑥，⑦，⑧；①}，…，{④，⑤，⑥，⑦，⑧；③}

{⑤，⑥，⑦，⑧，⑨；⑩}，{⑤，⑥，⑦，⑧，⑨；①}，…，

{⑤，⑥，⑦，⑧，⑨；④}

{⑥，⑦，⑧，⑨，⑩；①}，…，{⑥，⑦，⑧，⑨，⑩；⑤}

六根共有 20 种，计算结果为 P（5，2）=20。

{①，②，③，④，⑤，⑥；⑦}，…，{①，②，③，④，⑤，⑥；⑩}（4 种）

{②，③，④，⑤，⑥，⑦；⑧}，…，{②，③，④，⑤，⑥，⑦；⑩}，{②，③，④，⑤，⑥，⑦；①}

{③，④，⑤，⑥，⑦，⑧；⑨}，…，{③，④，⑤，⑥，⑦，⑧；①}，{③，④，⑤，⑥，⑦，⑧；②}

{④，⑤，⑥，⑦，⑧，⑨；⑩}，…，{④，⑤，⑥，⑦，⑧，⑨；①}，…，{④，⑤，⑥，⑦，⑧，⑨；③}

{⑤，⑥，⑦，⑧，⑨，⑩；①}，…，{⑤，⑥，⑦，⑧，⑨，⑩；④}

七根共有 12 种，计算结果为 P（4，2）=12。

{①，②，③，④，⑤，⑥，⑦；⑧}，{①，②，③，④，⑤，⑥，⑦；⑨}，{①，②，③，④，⑤，⑥，⑦；⑩}（3 种）

{②，③，④，⑤，⑥，⑦，⑧；⑨}，{②，③，④，⑤，⑥，⑦，⑧；⑩}，{②，③，④，⑤，⑥，⑦，⑧；①}

{③，④，⑤，⑥，⑦，⑧，⑨；⑩}，{③，④，⑤，⑥，⑦，⑧，⑨；①}，{③，④，⑤，⑥，⑦，⑧，⑨；②}

{④，⑤，⑥，⑦，⑧，⑨，⑩；①}，{④，⑤，⑥，⑦，⑧，⑨，⑩；②}，{④，⑤，⑥，⑦，⑧，⑨，⑩；③}

八根共有 6 种，计算结果为 P（3，2）=6。

{①，②，③，④，⑤，⑥，⑦，⑧；⑨}，{①，②，③，④，⑤，⑥，⑦，⑧；⑩}（2 种）

{②，③，④，⑤，⑥，⑦，⑧，⑨；⑩}，{②，③，④，⑤，⑥，⑦，⑧，⑨；①}

{③，④，⑤，⑥，⑦，⑧，⑨，⑩；①}，{③，④，⑤，⑥，⑦，⑧，⑨，⑩；②}

九根共有 2 种，计算结果为 P（2，2）=2。

{①，②，③，④，⑤，⑥，⑦，⑧，⑨；⑩}（1 种）

{②，③，④，⑤，⑥，⑦，⑧，⑨，⑩；①}

最后，全根只有一种，这是一个例外：

{①，②，③，④，⑤，⑥，⑦，⑧，⑨，⑩}

综上我们发现《巴利律》排列的一些规律：

（1）《巴利律》中出现了 khaṇḍacakka 和 baddhacakka 的规则。前者指的是从 1 到 10 这样从头到尾的顺序排列；后者则是 2 到 10 再重新回到与 1 进行循环组合的情况，再如 3 与 4–10 一一组合，之后再回去与 1 和 2 组合，形成一个循环，这样回到数列开头重新组合的情况是 baddhacakka。

（2）《巴利律》中的二根到九根，是改变集合中要素数量的规则。这一规则就导致了《巴利律》中排列的计算是从不同集合中取两个要素的排列计算，所以二根可以看作 9 个要素中取 2 个的排列，以此类推。从一根到九根的排列总数的公式可表示为 P（10-r+1，2），n 为根数，具体如表 1 所示：

表 1　　　　第一僧残一根到十根的计算

r-root	和	公式 P（10-r+1，2）
一根	90	P（10–1+1，2）
二根	72	P（9，2）
三根	56	P（8，2）
四根	42	P（7，2）
五根	30	P（6，2）
六根	20	P（5，2）
七根	12	P（4，2）
八根	6	P（3，2）
九根	2	P（2，2）
十根（全根）	1	例外

（3）比较有趣的是这些排列数呈现了一个规律，数列中的数字都可看作两个连续非负整数积，即 n*（n+1），如 2=1*2，6=2*3，12=3*4，20=4*5，这一数列被称为矩形数（oblong numbers）。接下来我们看注释书的注释。

4.《巴利律》注释书 *Samantapāsādikā* 中的记载

Samantapāsādikā 是《巴利律》的注释书，被认为为觉音（Buddhaghosa）所著，成书于5世纪，可与汉译《善见律毗婆沙》相对应，是研究《巴利律》重要的参考资料。

首先，对于 khaṇḍacakka 和 baddhacakka，*Samantapāsādikā* 的解释如下：

Tattha ārogyatthañca sukhatthañca ārogyatthañca bhesajjatthañcā ti evaṃ ārogyapadaṃ sabbapadehi yojetvā vuttamekaṃ khaṇḍacakkaṃ.

Sukhapadādīni sabbapadehi yojetvā yāva attano attano atītānantarapadaṃ tāva ānetvā vuttāni nava baddhacakkānīti evaṃ ekekamūlakāni dasa cakkāni honti.[①]

其中“为健康和为受乐，为健康和为药”，如此将为健康与其他所有的要素结合，这种是一根的 khaṇḍacakka。而乐等要素，与所有的要素结合，直到自己之前的要素，这就是所谓的九种 baddhacakkaṃ。这些就是关于一根的十种 cakka。[②]

其次，关于结合方式，*Samantapāsādikā* 如下解释：

Idāni ārogyatthāyātiādīsu tāva dasasu padesu paṭipāṭiyā vā uppaṭipāṭiyā vā heṭṭhā vā gahetvā upari gaṇhantassa，upari vā gahetvā heṭṭhā gaṇhantassa，ubhato vā gahetvā majjhe ṭhapentassa，majjhe vā gahetvā ubhato harantassa，sabbamūlaṃ vā katvā gaṇhantassa cetanūpakkamamocane sati visaṅketo nāma natthīti dassetuṃ“ārogyatthañca sukhatthañcā”ti khaṇḍacakkabaddhacakkādibhedavicittaṃ pāḷimāha.[③]

律中说健康的目的（arogyattha）等，关于前述的十种短语，可以（1）按顺序（patipatiya），（2）按逆序（uppatipatiya），或者（3）从下面开始并逐步向上（hettha gahetva upari ganhanta），或者（4）从上面开始并逐步向下（upari gahetva hettha ganhanta），也可以（5）从两端开始并放在中间（ṭhapentassa：ganhantassad 的表述可能更好），或者（6）从中间开始并向两端进行，或者（7）取全根本，如果有人“思考、行动并且泄出”，则不存在“犯

① Takakusu Junjirō and Makoto Nagai ed., *Samantapāsādikā*，Vol. 3，London：Pāli Text Society，［1930］1968，p.525.

② 这里参考了佐佐木闲和山极伸之未出版的 *Samantapāsādikā* 的日译。

③ Takakusu Junjirō and Makoto Nagai ed., *Samantapāsādikā*，Vol. 3，London：Pāli Text Society，［1930］1968，p.525.

罪的例外”（visanketa）。为了说明这一点，文中提到了为健康和享受，叙述将各种系列（pāli）划分为 khandacakka 和 baddhacakka 等不同的类别。[①]

这一解释可能指的是从一根到十根的所有组合方式，其中的顺序和逆顺、取全根是很好理解的，“（3）从下面开始并逐步向上，（4）从上面开始并逐步向下”，有可能也是类似于顺序、逆序的组合方式，但是“（5）从两端开始并放在中间”和“（6）从中间开始并向两端进行”，其中的两端和中间指的是什么，似乎并不明确。不过我们可以假设，如果两端指的是集合的头（如 1，2）与尾（如 9，10）的话，那么中间有可能就是 4，5，6，7，这样的话，“取两端放中间”，就有可能指的是数列的开头与结尾先结合（可能是组成前要素），再与中间结合的意思，有可能成为 {1，10，5}。但依据我们上面推测的规律来排列的话，似乎并不存在这种情况。

总之，*Samantapāsādikā* 为我们提供了一些计算规律，由于缺乏详细的解释，我们并不能很准确地理解其中的含义。不过可以明确的是，*Samantapāsādikā* 并未提供一个准确的计算结果。

三 《巴利律》第四波罗夷法的排列计算

《巴利律》第四波罗夷法为妄说得上人法戒，其中举了 31 种上人法，也出现了类似的排列，较第一僧残法更为复杂。[②]

① 这里参考了佐佐木闲和山极伸之未出版的关于 *Samantapāsādikā* 的日译。

② 其实第四波罗夷法中还有另一种类型的组合，称为 Vatthuvisāraka，这是基于 khaṇḍacakka 及 baddhacakka 转化而来的，同时，第五僧残法中也出现了 khaṇḍacakka 和 baddhacakka 的组合，也是基于 khaṇḍacakka 和 baddhacakka 转化而来的更为复杂的组合方式，由于篇幅的原因，笔者计划在其他论文中详细介绍。

31 种上人法分别为：

① 初禅（paṭhamaṃ jhānaṃ）
② 二禅（dutiyaṃ jhānaṃ）
③ 三禅（tatiyaṃ jhānaṃ）
④ 四禅（catutthaṃ jhānaṃ）
⑤ 空解脱（suññato vimokkho）
⑥ 无相解脱（animitto vimokkho）
⑦ 无愿解脱（appaṇihito vimokkho）
⑧ 空三昧（suññato samādhi）
⑨ 无相三昧（animitto samādhi）
⑩ 无愿三昧（appaṇihito samādhi）
⑪ 空正受（suññatā samāpatti）
⑫ 无相正受（animittā samāpatti）
⑬ 无愿正受（appaṇihitā samāpatti）
⑭ 三明（tisso vijjā）
⑮ 四念处（cattāro satipaṭṭhānā）
⑯ 四正断（cattāro sammappadhānā）
⑰ 四如意足（cattāro iddhipādā）
⑱ 五根（pañcindriyāni）
⑲ 五力（pañca balāni）
⑳ 七觉支（satta bojjhaṅgā）
㉑ 八正道（ariyo aṭṭhaṅgiko maggo）
㉒ 预流果证（sotāpattiphalassa sacchikiriyā）
㉓ 一来果证（sakadāgāmiphalassa sacchikiriyā）
㉔ 不还果证（anāgāmiphalassa sacchikiriyā）
㉕ 阿罗汉果证（arahattassa sacchikiriyā）

㉖ 离贪（rāgassa pahānaṃ）

㉗ 离嗔（dosassa pahānaṃ）

㉘ 离痴（mohassa pahānaṃ）

㉙ 贪离盖心（rāgā cittaṃ vinīvaraṇatā）

㉚ 嗔离盖心（dosā cittaṃ vinīvaraṇatā）

㉛ 痴离盖心（mohā cittaṃ vinīvaraṇatā）

1. R 根的 khaṇḍacakka 与 baddhacakka

第四波罗夷法中，一根的 khaṇḍacakka 为①与其余 30 项分别组合，共 30 种。同时，一根的 baddhacakkaṃ 则为②与其余 30 项的组合，依此类推，直到第 31 项与其余 30 项进行组合，所以一根共有 30*31=930，运用前面我们推测的排列公式计算结果为 P（31−1+1，2）=930，两者相吻合。

但之后《巴利律》省略了二根至三十根的情况，不过根据一根的描述，我们可知第四波罗夷法一根的 khaṇḍacakka 和 baddhacakka 与第一僧残法的规律相同，所以我们可以根据第一僧残法的规律，进行推算，具体排列数如表 2 所示。

表 2　　　　第四波罗夷法一根到十根的计算

r-root	和	公式 P（31-r+1，2）
一根	930	P（31，2）
二根	870	P（30，2）
三根	812	P（29，2）
四根	756	P（28，2）
五根	702	P（27，2）
六根	650	P（26，2）
七根	600	P（25，2）
八根	552	P（24，2）
九根	506	P（23，2）

续表

r-root	和	公式 P（31-r+1，2）
十根	462	P（22，2）
十一根之后	没有言及	
全根	1	例外

值得注意的是，930，870，812，756 等这一数列，同样出现了 oblong number 的特征。也就是说，两法的排列皆可以看作从不同数量的集合中取两个，而这样的计算方式最后都呈现出了 oblong number 的规律。我们再来看 *Samantapāsādikā* 的解释。

2. *Samantapāsādikā* 的注释

首先，关于 khaṇḍacakka 和 baddhacakka，*Samantapāsādikā* 的解释与第一僧残法相同，khaṇḍacakkaṃ 为①初禅与之后的 30 个要素分别结合，baddhacakkaṃ 则是②二禅先按顺序与③－㉛结合，之后又回到开头与①初禅结合。而且，一根中除了①初禅的 khaṇḍacakka 和②二禅的 baddhacakka，还有"aññānipi ekūnatiṃsa baddhacakkāni"（其他的二十九种 baddhacakka），共有 31 类。①

其次，关于二根、三根直到全根的算法，*Samantapāsādikā* 认为与一根的算法相同，并且列出了每根对应的组合数量，二根有 29 种，三根有 28 种，四根有 27 种，随着根数的增加，组合的数量依次递减，最后到三十根有 1 种，从二根到三十根的总数为 435。②

最后，需要明确的是，*Samantapāsādikā* 中提到的 29 种"类型"或 28 种"类型"究竟指的是什么？以"二根有 29 种'类型'"为例，首先可以确定这些"类型"并不是指排列的总数。根据根、khaṇḍacakka 和

① Takakusu Junjirō and Makoto Nagai ed., *Samantapāsādikā*，Vol. 3，London：Pāli Text Society，［1930］1968，p.497.

② Takakusu Junjirō and Makoto Nagai ed., *Samantapāsādikā*，Vol. 3，London：Pāli Text Society，［1930］1968，p.525.

baddhacakka 的规则，二根的情况意味着①和②首先组成前要素，然后依次与剩下的 29 个要素组合。这相当于从 30 个元素中选择两个元素的排列计算，得出 29*30 = 870 种排列。因此，*Samantapāsādikā* 所说的二根情况只有 29 种“类型”显然不能代表排列的总数。其次，从数量的一致性的角度来看，这 29 种“类型”所指有两种可能性，一是二根中每组 khaṇḍacakka 或 baddhacakka 的“小组合”的数量（这个可能性来自佐佐木闲教授的提示，为下图**黑体**所指数量）；二可能指的是二根中 baddhacakka 的数量，因为此处之前 *Samantapāsādikā* 刚好解释了一根情况中的 khaṇḍacakka 和 baddhacakka 的种类数量（aññānipi ekūnatiṃsa baddhacakkāni），所以此处也有可能指的是 baddhacakka 的类的数量（下图中斜体数字）。

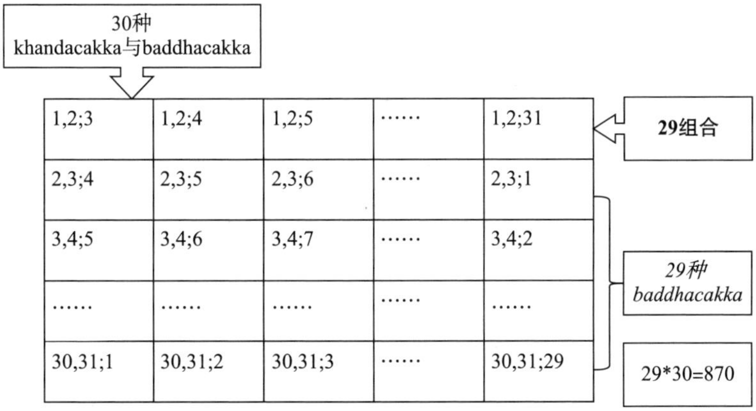
30种
khandacakka与baddhacakka
1,2;3
1,2;4
1,2;5
……
1,2;31
29组合
2,3;4
2,3;5
2,3;6
……
2,3;1
3,4;5
3,4;6
3,4;7
……
3,4;2
29种
baddhacakka
……
……
……
……
……
30,31;1
30,31;2
30,31;3
……
30,31;29
29*30=870

图 1 《巴利律》二根排列组合示意图

虽然我们不能明确 *Samantapāsādikā* 的这些数字所指为何，但可以明确的是 *Samantapāsādikā* 此处的解释依然没有为我们提供 r 根具体的排列组合的数量。

四 《十诵律》中不完整的组合方式

纵观其他广律，我们仅在《十诵律》中发现与《巴利律》类似的用例，出现在《十诵律》的第四僧残法中。《十诵律》第四僧残法禁止的是比丘向女人索求淫欲为最上供养的行为。关于供养，《十诵律》列举了九种比丘夸赞供养的说辞，即 1 上、2 大、3 胜、4 巧、5 善、6 妙、7 福、8 好、9 快，之后便是三种不同类型的组合方式。

第一类组合是“1 上”与之后的八种要素相结合，之后是 2 大与后七种要素结合，依次类推，这类组合与《巴利律》一根的 khaṇḍacakka 相似，相异之处在于，顺次与后面的要素一一结合，但不会再回到集合的开头，如：

{1，2}，{1，3}，{1，4}，…，{1，9}，8 种；
{2，3}，{2，4}，{2，5}，…，{2，9}，7 种；
{3，4}，{3，5}，{3，6}，…，{3，9}，6 种；
……{8，9}，1 种；总计 36 种组合。[①]

第二类组合类似于《巴利律》二根的 khaṇḍacakka，将 1 和 2 先组合起来，成为前要素，之后按照第一类组合方式，分别与之后的 7 类要素结合：

{1，2；3}，{1，2；4}，{1，2；5}，{1，2；6}，…，{1，2；9}，7 种；

{2，3；4}，{2，3；5}，{2，3；6}，{2，3；7}，…，{2，3，9}，6 种；

{3，4；5}，{3，4；6}，{3，4；7}，{3，4；8}，…，{3，4；9}，

① 若比丘语女人言：汝能以身作淫欲供养持戒人者，是上大供养。僧伽婆尸沙。若言：上胜、上巧、上善、上妙、上福、上好、上快供养。僧伽婆尸沙。若言：大胜、大巧、大善、大妙、大福、大好、大快供养。僧伽婆尸沙。若言：胜巧、胜善、胜妙、胜福、胜好、胜快供养。僧伽婆尸沙。若言：巧善、巧妙、巧福、巧好、巧快供养。僧伽婆尸沙。若言：善妙、善福、善好、善快供养。僧伽婆尸沙。若言：妙福、妙好、妙快供养。僧伽婆尸沙。若言：福好、福快供养。僧伽婆尸沙。若言：好快供养。僧伽婆尸沙。见（后秦）弗若多罗共罗什译《十诵律》，CBETA 2024.R2，T23，No.1435，第 17 页中—下。

5 种；

……{7，8；9}，1 种；总计 28 种组合。①

第三类，由 {1，2，3} 组合成前要素，再与后面的 4–9 要素一一组合，但这一组合方式与上面的两种 khaṇḍacakka 不同，此处的组合方式的前要素都是由 1 开始，并依次增加要素的数量，如 {1，2，3}{1，2，3，4}{1，2，3，4，5}，之后再与其他要素进行 khaṇḍacakka 组合。

{1，2，3；4}，{1，2，3；5}，{1，2，3；6}，　…，{1，2，3；9}，6 种；

{1，2，3，4；5}，{1，2，3，4；6}，{1，2，3，4；7}，…，{1，2，3，4；9}，5 种；

{1，2，3，4，5；6}，{1，2，3，4，5；7}，{1，2，3，4，5；8}，{1，2，3，4，5；9}，4 种；

{1，2，3，4，5，6；7}，{1，2，3，4，5，6；8}{1，2，3，4，5，6；9}，3 种；

{1，2，3，4，5，6，7；8}{1，2，3，4，5，6，7；9}，2 种；总计 20 种。②

---

① 若言：上大胜、上大巧、上大善、上大妙、上大福、上大好、上大快供养。僧伽婆尸沙。若言：大胜巧、大胜善、大胜妙、大胜福、大胜好、大胜快供养。僧伽婆尸沙。若言：胜巧善、胜巧妙、胜巧福、胜巧好、胜巧快供养。僧伽婆尸沙。若言：巧善妙、巧善福、巧善好、巧善快供养。僧伽婆尸沙。若言：善妙福、善妙好、善妙快供。僧伽婆尸沙。若言：妙福好妙福快供养。僧伽婆尸沙。若言：福好快供养。僧伽婆尸沙。见（后秦）弗若多罗共罗什译《十诵律》，CBETA 2024.R2，T23，No.1435，第 17 页下。

② 若言：上大胜巧、上大胜善、上大胜妙、上大胜福、上大胜好、上大胜快供养。僧伽婆尸沙。若言：上大胜巧善、上大胜巧妙、上大胜巧福、上大胜巧好、上大胜巧快供养。僧伽婆尸沙。若言：上大胜巧善妙、上大胜巧善福、上大胜巧善好、上大胜巧善快供养。僧伽婆尸沙。若言：上大胜巧善妙福、上大胜巧善妙好、上大胜巧善妙快供养。僧伽婆尸沙。若言：上大胜巧善妙福好、上大胜巧善妙福快供养。僧伽婆尸沙。见（后秦）弗若多罗共罗什译《十诵律》，CBETA 2024.R2，T23，No.1435，第 17 页下。

总的来说，《十诵律》虽然没有提出 r 根的组合规则，但仍有与《巴利律》相似的部分，比如《十诵律》的组合仍可以分为前后两个部分，前要素可以是一个要素或一组要素，如上述的 {1，2，3}，而后要素只能有一个。

再如，《十诵律》的前要素也有按 1 到 9 顺序依次增加的情况，与《巴利律》的 r 根相同，并且符合 khaṇḍacakkaṃ 的规则。因为没有涉及 baddhacakka 的规则，所以《十诵律》的组合数可以按照组合公式 C（n，2）来计算，如第一种类型为 9 个要素集合中取两个要素组合，C（9，2）=36，第二种类型因为前要素是 1&2，所以是在 8 个要素集合中求两个要素的组合，C（8，2）=28。

不过《十诵律》的第三类组合并不符合这一组合的计算逻辑。因为第一类和第二类的组合中，前要素可以以“非 1 要素”开始，如 {2，3} 或 {3，4}，但《十诵律》的第三类组合中，前要素都是从 1 开始。例如 {1，2，3，4；5} 或 {1，2，3，4，5；6}，并没有举出 {2，3，4；5} 或 {3，4，5，6；7} 这类以“非 1 要素”开始的组合类型。显然第三类的组合规律并不完整。但我们并不确定这种矛盾是来源于译者的翻译，还是梵语原本。

另外，《十诵律》三种类型中的各种情况的组合数，如第一种类型的组合数分别为 8 种，7 种，6 种，5 种，4 种，3 种，2 种，1 种，依次递减，最后的总和适用于等差数列的求和公式，即 S= n（n+1）/2。如第一种组合情况，为 8 到 1 的数列和，即 S=36；第二种为 7–1 的数列和，S=28；第三类则为 6–2 的数列和，S=20。有趣的是，这与 *Samantapāsādikā* 第四波罗夷法的解释中出现的“29，28，27，26…2”数列求和计算相同。

总之，《十诵律》这三类组合与《巴利律》中的 khaṇḍacakka 最为相似，同时，前两个类型完全符合组合计算公式。而且《十诵律》也呈现出了与 *Samantapāsādikā* 相似的特征。

另外，在《大毗婆沙论》中我们也找到了与《十诵律》相似的组合方式：

有作是说色法虽有同类因。而在此身非余身相似为因亦不相似。

如此身1羯刺蓝位与此身1羯刺蓝位，乃至10老位为同类因。

此身2頞部昙位与此身2頞部昙位，乃至10老位为同类因，与羯刺蓝位作缘非因。

乃至此身10老位与此身10老位为同类因。与前诸位作缘非因。若作是说羯刺蓝位初色无因。老位后色无果。①

其中羯刺蓝位等指的是胎内五位（1羯刺蓝、2頞部昙、3闭尸、4键南、5钵罗奢佉）与胎外五位（6初生、7婴孩、8童子、9少壮、10衰老）的人生十个阶段。用数字来表述的话，上引的同类因组合可如下所示，下划线之处与《十诵律》的第一类组合方式相同：

{1，1}，{1，2}，{1，3}，{1，4}，…，{1，10}，

{2，2}，{2，3}，{2，4}，{2，5}，…，{2，10}，

{3，3}，{3，4}，{3，5}，{3，6}，…，{3，10}，

……

{9，9}，{9，10}

{10，10}.

总之，《大毗婆沙论》的案例说明了佛教经典中排列组合的应用并不局限于律藏之中。对比三文献，我们可以发现，《巴利律》为排列计算，《十诵律》和《大毗婆沙论》则是组合的计算。《十诵律》和《巴利律》都涉及了r根的规则，但是《十诵律》呈现的r根规则并不完整。

① T27，第88页上。

五　古印度数学中的排列与组合

《巴利律》中呈现的组合方式按照两套规则来计算，首先是按次序从头排列到尾的 khaṇḍacakka，以及从起始位置开始组合到结尾，之后再回到集合的开头进行组合的 baddhacakka。

其次，还要考虑根的情况，但需要注意的是，无论几根，都可以看作从 n 集合中取 2 个要素的排列计算，我们用 r 来表示根数，那么就会得出 P（n-r+1，2）这样的算式，这个是《巴利律》中的通用公式。

再次，《巴利律》中对于 r 根的计算结果呈现出了有规律的数列，即矩形数（oblong numbers），它是两个连续非负整数积的规律数列。

最后，《十诵律》与《大毗婆沙论》中也能找到类似于《巴利律》khaṇḍacakka 的组合方式。另外，《巴利律》的注释书 *Samantapāsādikā* 中解释了 khaṇḍacakka 和 baddhacakka，但是关于不同集合要素的排列数量，*Samantapāsādikā* 并不能提供具体的参考信息。

接下来，我们不得不思考的问题就是《巴利律》的这种排列是受什么影响而产生的？另外，印度文献中还有使用 oblong numbers 的例子吗？

Suśruta-saṃhitā 中就出现了六种味道中的组合：甜味、酸味、咸味、辛辣味、苦味和涩味，并计算了六种味道的各种组合数，分别为 C（6，1）=6，C（6，2）=15，C（6，3）=20，C（6，4）=15，C（6，5）=6，C（6，6）=1，共计为 63 种。[①] 这种计算与《十诵律》等相同。

① Gurugovinda Chakravarti, "Growth and Development of Permutations and Combinations in India", *Bulletin of the Calcutta Mathematical Society*, Vol.24，1932, p.81. Bibhutibhusan Datta and Awadhesh Narayan Singh, "Use of Permutations and Combinations in India", *Indian Journal of History of Science*, Vol. 27，1992，p.232.

另外，韵律学是吠陀的重要组成部分，Pingala 的 *Chandaḥ Sūtra* 为我们呈现了有趣的关于音节的组合运算，我们可以参考 Halāyudha（10 世纪时人）的注释进行解读。首先，Pingala 设置了长音节（guru，省略为 g）与短音节（laghu，省略为 l）；其次，他还设置了一些规则以组成不同数量的音节组合，比如单音节为 g 或 l，二音节则为 gg、lg、gl、ll 四种组合。三音节有八种：ggg，lgg，glg，llg，ggl，lgl，gll，lll。四音节有 16 种，五音节有 32 种，之后的复数音节组合都可以依次类推。①

关于组合方式的计算，三音节是前面的二音节组合（4 种）分别再与 g 和 l 进行新的组合（4*2=8）而成，四音节也是三音节的八种组合分别再与 g 或 l 组合而成。所以可以认为这些组合也是由前要素和后要素构成，前要素为之前音节（n-1）的组合，可以为复数的音节组合，后要素仅为一个音节（g 或 l）。这种前要素与后要素的不同特征与我们归纳的《巴利律》的组合方式类似。

另外，*Chandaḥ Sūtra* 这种组合计算可以按照 2^n 来计算，并且可以理解为 n 音节的 g 或 l 的不同组合数之和。比如 4 音节（对应下图第 5 排）的总组合数为 16（2^4），可以是全为 g 的一种组合（C（4，4）），只有一个 g 的组合（C（4，3）），有两个 g 的组合（C（4，2）），有三个 g 的组合（C（4，1）），以及没有 g 的组合（C（4，0）），这些不同的组合最后相加总数为 16，将这一过程用图形表示就能组成 Staircase of Mount Meru，也被称为杨辉三角或 Pascal's triangle。具体如图 2②：

① Kapil Dev Dvivedi and Shyam Lal Singh, *The Prosody of Pingala*，Varanasi：Vishwavidyalaya Prakashan，2013，p.247.

② Bibhutibhusan Datta and Awadhesh Narayan Singh, "Use of Permutations and Combinations in India"，*Indian Journal of History of Science*, Vol. 27，1992，p.244.

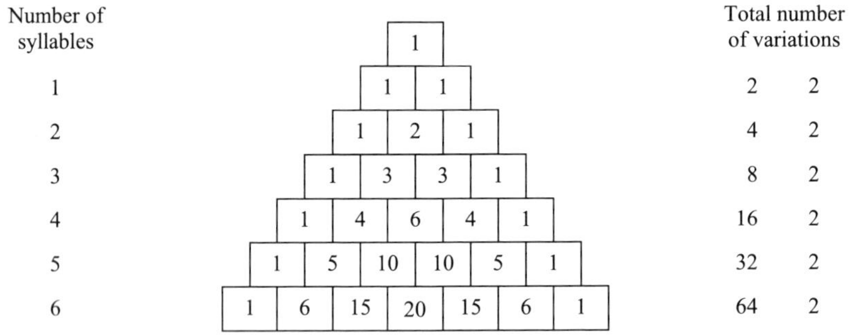

图 2　杨辉三角

排列与组合也是耆那教擅长的领域。*Bhagavati-sūtra*①中充斥着大量的排列组合例，学者们考证这些计算结果符合现代数学公式。比如在谈到三人灵魂进入了七大地狱的时候，列举了如下的情况：

> When lodged in one hell—7 forms
>
> When distributed in two—42 forms
>
> When in three—35 forms，total 84 forms.②
>
> 当他们在一个地狱时——有 7 种形式；
>
> 当他们在两个地狱时——有 42 种形式；
>
> 当他们在三个地狱时——有 35 种形式；总计 84 种形式。

正如学者们所言，这里可以用现代的排列组合公式来解决。其中进入两个地狱的计算就可以解读为首先是七个地狱中取两个地狱的组合情况，即 C（7，2）=21，七个地狱中，三个人同时进入两个地狱，如果不考虑三个人的顺序的话，只有两种情况——第一个地狱有两个人，第二个

① 根据 Ohira Suzuko 的研究。转引自 Wu Juan "Comparing Buddhist and Jaina Attitudes towards Warfare：Some Notes on Stories of King Ajātaśatru's/Kūṇika's War Against the Vṛjis and Related Material"，*Aririab* XVIII，2015，p.102。根据 Ohira Suzuko 的研究，Bhagavati-sūtra 的成书年代跨度较大，他推测为从公元前 1 世纪到公元 1 世纪，以及 3 世纪。

② Kastur Chand Lalwani trans., *Bhagavatī Sūtra*：*4th vol*（*Śatakas 9-11*）, Calcutta：Jain Bhawan，1985，pp.37–38.

地狱有一个人和第一个地狱有一个人，第二个地狱有两个人，所以最后为21*2=42种。同时，这也可以看作不考虑三个人顺序，却考虑两个地狱顺序（因为要分配三个人）的排列计算，即P（7，2）=42，而三个人进入三个地狱的话，则是C（7，3）=35.

另外，此处还举了两个灵魂进入七大地狱的组合情况，[①]简单地用数字来表示的话，如下所示：

{1，1}，{2，2}，{3，3}，…，{7，7}，7种；
{1，2}，{1，3}，{1，4}，…，{1，7}，6种；
{2，3}，{2，4}，…，{2，7} 5种；
{3，4 }，…，{3，7}，4种；
……
{6，7}，1种；总计为28种。

这种情况是与《十诵律》和 *Samantapāsādikā* 同样适用于等差数列的求和公式，S= n（n+1）/2，n=7，S=7*8/2=28。

总的来说，印度教和耆那教的文献为我们提供了很多组合排列的案例，有些案例甚至可以追溯到公元前。这些都说明了或许在《巴利律》的时代，古代印度对于排列组合的运用已经成熟，但我们仍没有发现关于矩形数（oblong number）的线索。

不过，有趣的是我们在《巴克沙利手稿》中发现了矩形数的线索，出现在一个关于黄金杂质的计算之中：

Example（3 for Sūtra 27）.

Listen to me. There are（nine）gold pieces，the quantities of which

① Kastur Chand Lalwani trans., *Bhagavatī Sūtra*：*4th vol*（*Śatakas 9-11*）, Calcutta：Jain Bhawan, 1985，p.36.

are（severally）one，two，three，four，five，six，seven，eight，and nine suvarnas.（Their）impurities begin with two māsas and decreases one by one in order. When you have mixed up those gold pieces into one，let（the impurity of the alloy）be told. O best of calculator！

1	2	3	4	5	6	7	8	9
–2	–3	–4	–5	–6	–7	–8	–9	–10

‘Having multiplied by the impurities’（Sūtra 27）. The result is：2，6，12，20，30，42，56，72，and 90. The sum of these is 330. The sum of（the weights of）the gold pieces is 45. When one has divided（the 330）by this，the quotient is 330/45. one fifteenth part（or the numerato as well as of the denominator）being taken，22/3，the quotient is 7，and the reaminder 1/3. This is the loss（of gold）in māṣas per one（suvarna）.①

例（经文中第 27）

请听我说，有（九块）金块，它们的重量分别为一、二、三、四、五、六、七、八和九个 **suvarna**。（它们的）杂质从二 **māṣa** 开始，依次递减一单位。当你将这些金块混合成一块时，请告诉（合金的杂质）。最优秀的计算者！

重量	1	2	3	4	5	6	7	8	9
杂质	–2	–3	–4	–5	–6	–7	–8	–9	–10

“乘以杂质”（经文第 27）。结果是：2、6、12、20、30、42、56、72 和 90。这些数的总和是 330。金块的总重量是 45。当你将（330）除以这个（45）时，取分子和分母的一部分，22/3，商为 7，余数为 1。这是每个 **suvarna** 中损失的 **māṣa**（杂质）。

① Hayashi Takao, *The Bakhshālī Manuscript*：*An Ancient Indian Mathmatical Treatise*, Groningen：Egbert Forsten，1995，p.312.

这个案例中出现了与《巴利律》相同的矩形数列（oblong number）。据 Hayashi 考证，《巴克沙利手稿》主要有原始规则案例与注释两大部分，而注释部分大概为 7 世纪，[①] 那么原始规则案例的内容要远早于 7 世纪。

虽然此用例不能解决《巴利律》数列的由来问题，却能说明印度对这个数列有着一定的认识，并且在不同场合都有所使用。基于此，我们可以认为《巴利律》的编撰者并非随机地使用排列公式，因为《巴利律》中的排列方式与我们所举的吠陀文献与耆那教的排列组合的计算并不相同，后者都是从相同的集合取不同的要素进行排列组合的计算，而《巴利律》则是将排列设定为从不同数量的集合中取两个要素进行的计算方式。而之所以使用这种改变集合的方式来计算排列，笔者认为其目的是得出矩形数这一数列。那么问题就变成了《巴利律》所使用的矩形数的源头在哪呢？我们似乎可以在古希腊数学中找到一些线索。

六　古希腊的形数（Figurate Numbers）

矩形数（也称为 pronic number）通常与三角数、多边形数和平方数一起归类为形数（figurate numbers）。一些学者将形数的起源归因于毕达哥拉斯（约前 570—前 495）或毕达哥拉斯学派。这一观点得到了诸如 Burnet[②]，Dickson[③]，Zhmud[④]，Heath[⑤] 以及 D'Ooge，Robbins，Karpinski[⑥] 等

① Hayashi Takao, *The Bakhshālī Manuscript*, *An Ancient Indian Mathmatical Treatise*, Groningen: Egbert Forsten, 1995, pp.148–149.

② John Burnet, *Greek Philosophy*, *Part 1 Thales to Plato*, London: Macmillan, 1914, pp. 52–54.

③ Leonard Eugene Dickson, *History of the Theory of Numbers Vol II*, New York: Chelsea Publishing Company, 1952, p.1.

④ Leonid Zhmud, "Pythagoras as a Mathematician", *Historia Mathematica*, Vol.16, 1989, pp.249-268.

⑤ Thomas Little Heath, *A History of Greek Mathematics*, London: Oxford University Press, 1921, pp. 82–84.

⑥ Martil Luther D'Ooge, Frank Egleston Robbins, and Louis Charles Karpinski, *Nicomachus of Gerasa*, *Introduction to Arithmetic*, London: Macmillan, 1926, p.254, Note 3.

学者的支持。

这些学者的观点主要基于以下证据。

（1）亚里士多德的《形而上学》1092b 中记载，毕达哥拉斯学派成员、菲洛劳斯（Philolaus）的弟子欧吕托（Eurytus）通过三角形和正方形的形状来表示数字。①

（2）还可以参考卡利马科斯（Callimachus）（前 3 世纪）或斯珀西波斯（Speusippus）的相关记载。②

（3）最重要的证据来自尼科马库斯（Nicomachus）（约 60—120）在其《算术导论》（*Introduction to Arithmetic*）中明确提到，毕达哥拉斯学派使用了矩形数，并介绍了一种特定类型的矩形数，称为异构数（heteromecic numbers），如下所示：

> 异构数：2，6，12，20，30，42 等等。
> 矩形数：8，18，32，50，72，98 等等。③

然而，W.R. Knorr 提出了不同的观点，他认为形数并非起源于毕达哥拉斯。他将形数的发展分为四个阶段：

> （1）The first mathematical appearance of figured numbers arose through the arrangement of pebble-units as squares and rectangles to illustrate the operation of multiplication of integers.……（2）The study of these configurations，in the light of practices already familiar in the

① Aristotle, *Metaphysics*，Translated by Joe Sachs，Santa Fe：Green Lion Press，1999，p. 293.

② Leonid Zhmud, "Pythagoras as a Mathematician"，*Historia Mathematica*，Vol.16，1989，pp. 261–262.

③ Martil Luther D'Ooge，Frank Egleston Robbins，and Louis Charles Karpinski, *Nicomachus of Gerasa*，*Introduction to Arithmetic*，London：Macmillan，1926，pp.254-55. Theon 与 Nicomachus 同样提到了异构数 "describes the heteromecic numbers in a manner that agrees in the main with Nicomachus"。Ibid., p. 254，Note 3.

decorative arts would lead to the mathematical analysis of other patterns, in particularly triangular arrays. From this came the discovery of the summation-generation of square and oblong numbers and the formulation of the concept of ‘gnomon’ as the foundation of the further study of figured plane and solid numbers. (3) During Plato’s lifetime mathematicians like Theaetetus formalized parts of the theory of numbers by means of a modified representation of number, that is, the geometric representation by continuous quantities, lines, plane figures, and solids, rather than by discrete arrays.……However, substantial portions of the older arithmetic, ……overlaid with Pythagorean and Platonic metaphysical speculations on the power and significance of numbers, were continued in a separate tradition of treatises by such authors as Philolaus, Speusippus, and Hypsicles, before definitive compilations were made by Nicomachus and the later neo-Pythagoreans.①

(1)**图形数的首次数学表现形式**是通过将小石子单元排列成正方形和矩形，以此来展示整数的乘法运算。……(2)**对这些图形的研究，**结合装饰艺术中已有的实践，引发了其他图案的数学分析，尤其是三角形阵列。由此发现了平方数和矩形数的求和生成规律，并提出了 gnomon 的概念，作为进一步研究平面和立体图形数的基础。(3)**在柏拉图的时代，**像泰阿泰德（Theaetetus）这样的数学家通过改进数的表示方法——即用连续的几何量（如线段、平面图形和立体图形）而非离散的阵列来表示数——形式化了部分数论理论。……然而，**大部分古老的算术内容，**……在毕达哥拉斯和柏拉图关于数的力量与意义的形而上学思辨的影响下，被菲洛劳斯（Philolaus）、斯珀西波斯（Speusippus）和希普西克利斯（Hypsicles）等作者以独立的

① Wilbur Richard Knorr, *The Evolution of the Euclidean Elements*, Boston: D. Reidel Publishing Co., 1975, p.145.

论文传统延续下来，直到尼科马库斯（Nicomachus）和后来的新毕达哥拉斯学派完成了决定性的汇编。

总之，虽然目前还不能确定形数或矩形数的真正起源，但是我们不能忽视古希腊数学中的矩形数与《巴利律》一致这一事实。这种一致性昭示着一种可能性，即《巴利律》中的矩形数——取不同集合中两个元素进行排列计算得出的结果——可能是古希腊与古印度之间文化交流的结果。

七　结论

印度各宗教中，耆那教一向以排列组合著称，鲜少有学者提及佛教经典中对于排列组合的应用，但本文提供了一个佛教律藏中具体运用排列组合的新案例。

本文通过分析《巴利律》中的 r 根及 khaṇḍacakka，baddhacakka 规则，发现其可以对应到现代数学中的排列公式，即 P（n-r+1，2），并且这些排列计算的结果呈现出了矩形数的特征，这相较于一般的排列计算更为复杂。

然而，我们并没有在古印度文献中找到类似于《巴利律》这种用 r 根来改变集合中要素的数量，以计算不同集合中取两个要素的排列数量的用例。但吠陀文献和耆那教对于排列组合的大量使用，说明古代印度对于排列组合的认知已经得到了充分的发展，这些都可以作为《巴利律》排列用例的滋生土壤。我们也没有发现古代印度数学中，有早于《巴利律》的、关于矩形数的使用。不过在之后的《巴克沙利手稿》中，我们发现了关于矩形数的使用，而且是应用于计算黄金杂质的用例之中，这具有实用性和世俗性，体现了这一数列的使用范围之广，已经不再局限于早期与宗教密切相关的数学应用。

同时，我们还可以在希腊数学中找到一些早于《巴利律》的矩形数的记载，如那些关于毕达哥拉斯学派的记载等，基于此，我们可以提出一种可能性，《巴利律》所呈现出的矩形数可能是希腊与印度文化交流的结果。

另外，需要明确的是，《巴利律》《十诵律》中虽然呈现了排列组合的计算，但这些对于律藏判罪并没有实际的影响，也就是说无论几个要素的组合，其判罪并未叠加，仍然是一个要素所对应的罪。比如《巴利律》第一僧残法，①为健康的泄精犯僧残罪，为{①健康②受乐③药}的泄精仍是犯僧残罪，而不是犯三个僧残罪或更重的罪。因为这些仅仅是泄精目的的叠加，而不是行为的叠加。

不过，这些排列组合的用例展现了佛教文献研究的多样性，可以想象《巴利律》《十诵律》的编撰者有着相当成熟的数学知识，而且不同文献中所呈现的排列组合并不相同，意味着各律藏有着不同的发展过程。虽然我们目前还不能从这些信息中提炼出更为具体的律藏文献发展的线索，但相信随着今后律藏文献多样化研究的发展，我们能够挖掘出更多的相关信息。

“无我”还是“非我”

——基于南传尼柯耶的解析

释智欣

苏州戒幢佛学研究所博士生

摘要：本文讨论了佛教中关于“无我”与“非我”可能的误解，指出中国佛教徒大多将“无我”理解为“没有我”，而实际上南传尼柯耶中佛陀宣说的是“非我”，即一切法都不是我。本文通过分析 SN 44:10 经等经典，阐明佛陀认为“有我”和“无我”都不可取，要避免陷入常见（恒常论）或断见（断灭论）的极端。而“非我”想才是佛教的中道正观。此外，本文还探讨了佛陀说法的目的是帮助众生离苦得乐，而正确理解“非我”想对于佛教的修行至关重要。

关键词：有我；无我；非我；尼柯耶

中国人在学习佛教的过程中往往把“无我”当作一种很高的境界，认为“诸法无我”是三法印之一，指的就是没有一个自我，或我根本不存在。但如果我们仔细阅读南传尼柯耶，就会发现佛陀其实认为“有我”和“无我”都不可取，正确的观念应该是“非我”，意思是包括五蕴在内的一切法都不是我。

围绕佛教教义主张的到底是“无我”还是“非我”，迄今为止学术界已经积累了大量的研究。早在 20 世纪 30 年代，就有学者认为“有我和无我的观点都是错误的”①。日本学者在这方面也做了大量的研究。比较有代表性的如櫻部建主张“无我说”②，而中村元则支持“非我说”③。所有研究都有文献学的根据，但得出了不同的结论，故目前这仍然是一个有争议的话题。当代著名西方禅师坦尼沙罗比丘（Thānissaro Bhikkhu）从实修的角度出发，认为“非我说”才符合佛教的教义。④笔者在阅读南传尼柯耶和众多学者著作后认为，“非我说”才是佛陀为灭苦而说法的本怀，并以经典为依据简要梳理“非我”想导向涅槃的逻辑过程。

一　佛陀宣说的是“非我”而不是“无我”

首先，我们可以对 SN 44:10 经进行分析。这是尼柯耶中唯一一部直接提到“有我”还是“无我”问题的经典，其中佛陀认为探讨“有我”还是“无我”没有意义，应该搁置这个问题。

> 这时候，婆蹉种游方者前往世尊那里，和世尊互相问候，作了一番悦意的交谈，坐在一边，然后对世尊说：
>
> “乔达摩贤者，这是‘有我’的吗？”
>
> 婆蹉种游方者说了这番话后，世尊沉默不语。“乔达摩贤者，这是‘没有我’的吗？”
>
> 世尊第二次沉默不语。
>
> 于是，婆蹉种游方者起座离去。

---

① Mrs. Rhys Davids，*A Manual of Buddhism*，London，1932，pp.152-153.

② 櫻部建：《S・コリンズ「我」なき人間—テーラヴァーダ仏教における心象と思想 -1》，《仏教学セミナー》45 号，1987 年，第 63—69 页。

③ 中村元：《中村元選集》[決定版] 第且 5 巻《原始仏教の思想 1》，东京：春秋社 1993 年版，第 570—576 页。

④ Thānissaro Bhikkhu，*Selves & Not-self：The Buddhist Teaching on Anatta*，2021，https://www.dhammatalks.org/Archive/Writings/Ebooks/SelvesNot-self210518.pdf，访问时间：2024 年 10 月 1 日。

婆蹉种游方者离去不久，阿难尊者对世尊说："大德，世尊为什么不解说婆蹉种游方者所提的问题呢？"

"阿难，婆蹉种游方者问是否'有我'，如果我解说'有我'的话，我便会和那些主张常见的沙门婆罗门一起了。

"阿难，婆蹉种游方者问是否'没有我'，如果我解说'没有我'的话，我便会和那些主张断见的沙门婆罗门一起了。

"阿难，婆蹉种游方者问是否'有我'，如果我解说'有我'的话，这跟我所生起的观智'一切法无我'符合吗？"

"大德，不符合。"

"阿难，婆蹉种游方者问是否'没有我'，如果我解说'没有我'的话，迷痴的婆蹉种游方者便会更加迷痴，心想：'之前还有一个我的，现在这个我没有了！'"—SN 44:10①

这段经文的翻译总体而言比较流畅，基本能还原巴利文的原意。经文大意是一位游方者婆蹉问佛陀"有我"还是"无我"，佛沉默不语。婆蹉走后，阿难问佛为何不答，佛给出了四个理由：（1）回答"有我"等同恒常论者的常见。（2）回答"无我"等同断灭论者的断见。（3）回答"有我"与"一切法无我"的观智不符。（4）回答"无我"会让婆蹉更加困惑。译文中最大的问题出在"一切法无我"这个翻译。更好的翻译可以是"一切法非我"。为清楚起见，我们现在将该经对应的巴利文本对勘如下：

Atha kho vacchagotto paribbājako yena bhagavā tenupasaṅkami；upasaṅkamitvā bhagavatā saddhiṃ sammodi. Sammodanīyaṃ kathaṃ sāraṇīyaṃ vītisāretvā ekamantaṃ nisīdi. Ekamantaṃ nisinno kho vacchagotto paribbājako bhagavantaṃ etadavoca-"kiṃ nu kho，bho gotama，**at-**

① 萧式球译。

thattā” ti? Evaṃ vutte，bhagavā tuṇhī ahosi. “Kiṃ pana，bho gotama，**natthattā**” ti? Dutiyampi kho bhagavā tuṇhī ahosi. Atha kho vacchagotto paribbājako uṭṭhāyāsanā pakkāmi.

Atha kho āyasmā ānando acirapakkante vacchagotte paribbājake bhagavantaṃ etadavoca- “kiṃ nu kho，bhante，bhagavā vacchagottassa paribbājakassa pañhaṃ puṭṭho na byākāsī” ti? “Ahañcānanda，vacchagottassa paribbājakassa ‘atthattā’ ti puṭṭho samāno ‘atthattā’ ti byākareyyaṃ，ye te，ānanda，samaṇabrāhmaṇā sassatavādā tesametaṃ saddhiṃ abhavissa. Ahañcānanda，vacchagottassa paribbājakassa ‘natthattā’ ti puṭṭhosamāno ‘natthattā’ ti byākareyyaṃ，yete，ānanda，samaṇabrāhmaṇā ucchedavādā tesametaṃ saddhiṃ abhavissa. Ahañcānanda，vacchagottassa paribbājakassa ‘atthattā’ ti puṭṭho samāno ‘atthattā’ ti byākareyyaṃ，api nu me taṃ，ānanda，anulomaṃ abhavissa ñāṇassa uppādāya- ‘sabbe dhammā **anattā**’” ti? “No hetaṃ，bhante”. “Ahañcānanda，vacchagottassa paribbājakassa ‘natthattā’ ti puṭṭho samāno ‘natthattā’ ti byākareyyaṃ sammūḷhassa，ānanda，vacchagottassa paribbājakassa bhiyyo sammohāya abhavissa- ‘ahuvā me nūna pubbe attā，so etarahi natthī’” ti. Dasamaṃ.①

同时，我们可以将坦尼沙罗尊者的英文译文对勘如下：

Then the wanderer Vacchagotta went to the Blessed One and，on arrival，exchanged courteous greetings with him. After an exchange of friendly greetings & courtesies，he sat to one side. As he was sitting there he asked the Blessed One：“Now then，Master Gotama，is there a self?”

① 庄春江工作站：https://www.agama.buddhason.org/SN/SN1194.htm，访问日期：2024年10月1日。

When this was said，the Blessed One was silent.

“Then is there no self?”

A second time，the Blessed One was silent.

Then Vacchagotta the wanderer got up from his seat and left.

Then，not long after Vacchagotta the wanderer had left，Ven. Ānanda said to the Blessed One，“Why，lord，did the Blessed One not answer when asked a question by Vacchagotta the wanderer?”

“Ānanda，if I—being asked by Vacchagotta the wanderer if there is a self—were to answer that there is a self，that would be conforming with those contemplatives & brahmans who are exponents of eternalism［the view that there is an eternal，unchanging soul］. If I—being asked by Vacchagotta the wanderer if there is no self—were to answer that there is no self，that would be conforming with those contemplatives & brahmans who are exponents of annihilationism［the view that death is the annihilation of consciousness］. If I—being asked by Vacchagotta the wanderer if there is a self—were to answer that there is a self，would that be in keeping with the arising of knowledge that all phenomena are not-self?”

“No，lord.”

“And if I—being asked by Vacchagotta the wanderer if there is no self—were to answer that there is no self，the bewildered Vacchagotta would become even more bewildered：‘Does the self I used to have now not exist?’”

通过比较不难发现，在萧式球译本中“一切法无我”（sabbe dhammā **anattā**）中的“无我”对应的巴利文是“anattā”，而之前游方者提问中的“有我”和“无我”分别对应“atthattā”和“natthattā”。这明显是三个不同的巴利语表达。再将之与坦尼沙罗尊者和菩提比丘的英文译本进行对比，可以得到以下表格：

表 1　　“有我”“无我”“非我”四种文本对比表

巴利文	中文译文	英文（坦尼沙罗尊者）	英文（菩提比丘）
atthattā	有我	There is a self	There is a self
natthattā	无我（没有我）	There is no self	There is no self
anattā	非我（不是我）	Not-self	Nonself

通过上述表格，我们可以认为佛给出自己沉默的第三个理由的真实含义是：如果回答“有我”，就会与“一切法非我（不是我）”的观智不符。佛真正要宣说的是“anattā”(非我)，而“atthattā”(有我)和“natthattā”(无我)都是不可取的。SN 44:10 出自相应部的无记相应，显然婆蹉的问题是属于无记的问题，是无法断言的、不可论究明确的问题。

在庄春江工作站检索这三个巴利文表达的结果如下表 2。

表 2　　巴利文出处表

	相应部	中部	长部	增支部
atthattā	1 个经有	NA	NA	NA
natthattā	1 个经有	NA	NA	NA
anattā	57 个经有	4 个经有	NA	7 个经有

“anattā”在尼柯耶中多次出现，它对应的其实就是中译的“无我”。下面是 SN 35:52 中的一句经文的中巴对照，对应关系一目了然。

> 无常、苦、无我，应该被证知、应该被遍知。
>
> Aniccaṃ dukkhaṃ **anattā**，abhiññeyyaṃ pariññeyyaṃ.

事实上，南传尼柯耶只有在 SN 44:10 这一部经中直接而明确地提到

"有我"还是"无我"的问题。所以可以推断，除了 SN 44:10 经，其他所有尼柯耶的中译本中出现的"无我"，对应的巴利文是"anattā"，是"非我"（不是我）的意思。如果我们翻阅现有的几个南传尼柯耶的译本（庄春江译本、萧式球译本、CBETA 南传大藏经部类译本），不难发现情况也确实如此。

除了 SN 44:10 经以外，其他相关的经文内容也可以表明佛陀宣说的是"非我"。包括 MN 35 在内的 50 多部经中都有这样一段话：

> 凡任何色：过去、未来、现在，或内、或外，或粗、或细，或下劣、或胜妙，或凡在远处、在近处，所有色："这不是我的，我不是这个，这不是我的真我。"比丘以正确之慧这样如实看见这个后，不执取后成为解脱者。
>
> 受……想……行……识……— MN 35[①]

经文中没有说五蕴中没有我，而是明确说明五蕴不是我的，我不是五蕴，五蕴不是我的真我。这些经文可以看作对"非我"（anattā）这个词的补充说明。

此外，在北传的阿含经中也有类似的经文：

> 色者无常，无常者即是苦，苦者是无我，无我者即是空，空者非有、非不有，亦复无我。[②]

这段经文引入了"空"的概念，但不影响对"无我"的解释，就是"非有、非不有"，显然佛并没有说"无我"就是"没有我"，而是用非有

① 庄春江工作站：https://www.agama.buddhason.org/MN/MN035.htm，访问时间：2024 年 10 月 1 日。

② 《增壹阿含经》卷 24，CBETA 2024.R2，T02，No. 125，第 678 页下。

非无的解释来回避“我”是否存在。

如果中国的佛教徒能够知道，绝大多数情况下中译本中“无我”的意思是“非我”或“不是我”，这样的翻译倒是不至于对读者产生误导。而实际情况可能是多数佛教徒容易望文生义，认为“无我”指的是“没有我”，这就会对修学产生困扰。如果“没有我”，那么谁在轮回？谁在造业？谁在受报？如果我们仔细阅读尼柯耶中的相关经典，从佛教的根本教义出发，就会发现佛一直是搁置了“有我”还是“无我”这类的问题。

回到 SN 44:10，即便经文没有后半段佛陀与阿难尊者的对话，仅仅从佛陀回答问题的方式来看，佛陀的沉默其实已经表明了婆蹉的问题应该被搁置。佛陀针对不同的问题会采取不同的回应方式，共有四种：

> 比丘们！有这四种问题的回答，哪四种？比丘们！有应该被一向回答的问题，比丘们！有应该被分别后回答的问题，比丘们！有应该被以反问回答的问题，比丘们！有应该被搁置的问题，比丘们！这是四种问题的回答。— AN 4:42[①]

结合巴利文和英文的译本，将这四种不同的问题回答方式归纳如表 3：

表 3　　四种回答方式的文本对比表

庄春江汉译	巴利文	英文（菩提比丘）	英文（坦尼沙罗尊者）
应该被一向回答	ekaṃsabyākaraṇīyaṃ	should be answered categorically	should be answered categorically
应该被分别后回答	vibhajjabyākaraṇīyaṃ	should be answered after making a distinction	should be answered with an analytical answer
应该被以反问回答	paṭipucchābyākaraṇīyaṃ	should be answered with a counter-question	should be answered with a counter-question
应该被搁置	ṭhapanīyaṃ	should be set aside	should be put aside

① 庄春江工作站：https://www.agama.buddhason.org/AN/AN0624.htm，访问时间：2024 年 10 月 1 日。

根据尼柯耶相关经文的具体内容，佛陀对第一类问题回答“是”“不是”或直接给出其他明确的答案；第二类问题佛会先对问题做出分析，而后回答；第三类问题佛会先反问提问者，而后回答；第四类问题是无意义或障碍修行的问题。佛对第四类问题的应对方式比较复杂，在一些经文中会保持沉默，在另一些经文中佛会解释他不回答的原因，乃至转用第三类应对问题的方式，如 MN 109。但无论如何，只有一种情况佛会对提问者保持沉默，就是问题无意义或障碍修行。在 SN 44:10 中，佛陀对婆蹉的沉默已经表明了他对“有我”“无我”问题的态度。婆蹉的提问是不如理作意，把注意力放在了与解脱不相关的问题上，是应该被搁置的问题，所以佛陀拒绝回答。

二　佛为何宣说“非我”

（一）佛说法的目的是灭苦

为了正本清源，我们不妨先厘清佛说法的内容和本怀。

> 从以前到现在，我只告知苦，连同苦的灭。— SN 22:86[①]

由此可见，佛法是围绕苦和苦的止息展开的，所有的教理都是为灭苦服务的。佛说法是有选择的，并不是把自己所知道的都说给弟子听，如以下经文所述：

> 有一次，世尊住在拘睒弥的身沙波树园。
>
> 这时候，世尊用手拿起少许身沙波叶，然后对比丘说：“比丘们，你们认为怎样，我手上拿着的树叶多，还是身沙波树园内树上的叶

① 庄春江工作站：https://www.agama.buddhason.org/SN/SN0604.htm，访问时间：2024年10月1日。

多呢？”

“大德，世尊手上拿着的树叶很少，身沙波树园内树上的叶很多。”

“比丘们，同样地，我从无比智所知道的东西，有很多都没有对你们讲说，只有很少对你们讲说。

“比丘们，为什么我不讲说那些东西呢？那些东西没有意义，不是梵行的基础，不能带来厌离、无欲、寂灭、宁静、无比智、正觉、涅槃，因此我不讲说那些东西。

“比丘们，我讲说的是什么呢？我讲说什么是苦，我讲说什么是苦集，我讲说什么是苦灭，我讲说什么是苦灭之道。

“比丘们，为什么我讲说这些东西呢？这些东西有意义，是梵行的基础，能带来厌离、无欲、寂灭、宁静、无比智、正觉、涅槃，因此我讲说这些东西。

“比丘们，因此，你们应要熟习：如实知道什么是苦，如实知道什么是苦集，如实知道什么是苦灭，如实知道什么是苦灭之道。”

— SN 56:31（萧式球译）

佛只说那些能够帮助众生离苦得乐的内容，佛陀把它比作掌中之叶。佛知道的法浩如烟海，如林中之叶，如果不加区分全部说出，众生恐怕终其一生也无法全部掌握，反而错失修行解脱的契机。

佛不会回答那些与解脱无关的问题，回答这些问题没有意义。如MN 63经所述的那样，有一次，佛陀的一位弟子来拜访他，并向他提出了十个问题，这些问题都是当时哲学界关注的重大问题。其中一些问题涉及世界的本质，世界是否永恒，是否有限；另一些问题则涉及自我的本质和存在。佛陀拒绝回答这些问题，并用中箭的譬喻解释了他拒绝回答的原因。他说，这就像一个人被箭射中，被带到医生那里，在医生取出箭之前，这个人坚持要先知道是谁射的箭，是谁制造了箭，箭是由什么制成的，是什么木头，是什么羽毛。正如佛陀所说，如果医生试图回答所有这些问题，这个人会死掉。而首要任务是将箭取出。

佛陀只会回答那些有助于终结痛苦的问题。那些会障碍在解脱道上前进的问题，他会搁置一旁，因为苦和苦的止息才是迫在眉睫的根本问题。佛陀认为“有我”还是“无我”不值得回答，这点还可以从一些涉及类似问题的经文中得到佐证。

> 他这样不如理作意：“我过去世曾存在吗？我过去世不曾存在吗？我过去世曾是什么（谁）呢？我过去世曾是怎样呢？成为什么后我过去世曾是什么？我未来世将存在吗？我未来世将不存在吗？我未来世将是什么？我未来世将是怎样呢？成为什么后我未来世将是什么？”或者，现在他自身内有现在世的疑惑：“我存在吗？我不存在吗？我是什么？我是怎样呢？这众生从哪里来的，他将去哪里呢？”— MN 2[①]

显然，佛陀教导的“非我”，旨在帮助众生灭苦，并不是为了回答上述这些当时哲学界热议的问题。

这里有必要对如理作意的含义稍加解释。“如理作意”的巴利语为 yoniso manasikāra，manasikāra，由 manas 和 kāra 组合而成。Manas 的意思是念头或想法，kāra 意为作、造作。Manasikāra 一般翻译为作意，可以理解为思维活动的对象。Yoniso 的词根是 yoni，在巴利文中 yoni 的原意是子宫，代表生命之源，也可以翻译为根源。Yoniso 是一个副词，暗含有“从根源上”的意思，一般翻译为明智地、恰当地。所以如理作意指的是明智地选择自己思维活动的对象，把关注的焦点集中在根本问题上。具体而言，佛教的根本问题就是灭苦。而如上述 MN 2 所示，不如理作意就是去

① 庄春江工作站：https://www.agama.buddhason.org/MN/MN002.htm，访问时间：2024 年 10 月 1 日。

关注那些不能导向解脱的问题。MN 2 之后还谈到，不如理作意会让人生起恶见，受到结缚，无法解脱。

换句话说，任何试图回答这些问题的尝试都偏离了正确修行的道路。任何问题只有在与解决灭苦这个核心问题相关时佛才会处理。任何与此核心问题无关或可能妨碍解决该问题的因素都不在他所愿意处理的范畴之内。所有的倾听与探讨也都应该以解脱为目的。如下述经文所述：

> 比丘们！这是谈论的目的，这是讨论的目的，这是近因的目的，这是倾听的目的，即：不执取后有心的解脱。— AN 3:68[①]

（二）执取五蕴产生苦

为了向众生传授灭苦之道，佛陀首先告诉我们什么是苦，以及苦是如何产生的。

> 比丘们！又，这是苦圣谛：生是苦，老也是苦，病也是苦，死也是苦，与不爱的结合也是苦，与所爱的别离也是苦，凡没得到想要的，那也是苦。以简要：五取蕴是苦。— SN 56:11[②]

我们的苦归根到底就是五取蕴，就是对五蕴的执取。在 SN 22:48 中，佛教导了五蕴与五取蕴，其区别就在于是否“与执取有关的”。而这种对五蕴的执取就是苦的根源。这种执取也成为我们的负担。如 SN 22:22 所述：“五蕴确实是负担，而个人是负担的载荷者，负担的拿起是世间的苦。”

如果只看上述经文，难免让人产生疑惑，既然五取蕴是苦，众生为何

① 庄春江工作站：https://www.agama.buddhason.org/AN/AN0491.htm，访问时间：2024 年 10 月 1 日。

② 庄春江工作站：https://www.agama.buddhason.org/SN/SN1708.htm，访问时间：2024 年 10 月 1 日。

要去抓取五蕴？毕竟趋利避害是人类的本能，为何我们要做这样违背常识的事。其实佛完全洞悉我们行为背后的动机。

> 比丘们！如果没有色的乐味，众生不在色上贪着。比丘们！但因为有色的乐味，因此众生在色上贪着。
>
> 受……想……行……识……— SN 22:28[①]

> 摩诃里！而如果这个色是一向苦的，已掉入苦的，已进入苦的，不被乐进入的，众生们不在这个色上染着，摩诃里！但因为色是乐的，已掉入乐的，已进入乐的，不被苦进入的，因此众生在色上染着；从贪染被结缚；从结缚被污染，摩诃里！对众生的污染，这是因，这是缘，众生们这样有因有缘地被污染。
>
> 受……想……行……识……— SN 22:60[②]

出于趋利避害的本能，人们自然会追求快乐。正因为可以从五蕴中获得快乐，所以众生迷恋于五蕴。但对于绝大多数凡夫而言，除了从五蕴中求取快乐，也别无他法。凡夫更是难以看到五取蕴的过患，被五蕴迷惑而紧抓不放，最终结果只能是无尽的生死轮回，循环往复的苦难。

在 SN 22:85 经中有一个譬喻。有杀手想要谋害富翁或富翁的儿子，却害怕富翁家的护卫。于是杀手乔装成仆人潜入富翁家，起早贪黑，对主人唯命是从。在取得主人的信任后，杀手乘主人疏于防范在僻静处将主人杀死。这个譬喻中的杀手就代表五蕴，富翁就是没有听闻佛法的凡夫。凡夫被五蕴带来的虚妄的快乐所迷惑，执取五蕴为我，最终的结果就是长久的苦。

---

① 庄春江工作站：https://www.agama.buddhason.org/SN/SN0546.htm，访问时间：2024 年 10 月 1 日。

② 庄春江工作站：https://www.agama.buddhason.org/SN/SN0578.htm，访问时间：2024 年 10 月 1 日。

类似的譬喻还出现在 SN 22:93 中。湍急的河流两岸有苇草、茅草、灯心草、香草和树木，一个掉入河流的人想要抓住这些草木来自救。但即使抓住了这些草木，它们也会断裂，最终给落水者带来灾难。这个譬喻中两岸的草木代表五蕴，落水者就是没有听闻佛法的凡夫，执取五蕴为我的结果只会是灾祸。

我们在执取五蕴的同时，自然而然地会产生自我感，所有的自我感也都是围绕五蕴的执取而展开的。在 SN 22:81 和 MN 44 等多部经中，佛告诸比丘众生的自我感的架构各不相同，但都无一例外地围绕着对五蕴中的一个或多个的执着展开。自我可以被定义为蕴是我，我拥有蕴，蕴在我中，或者我在蕴中。这样总共给出了二十种身份观。

表 4　　二十种身份观一览表

色是我	受是我	想是我	行是我	识是我
我拥有色	我拥有受	我拥有想	我拥有行	我拥有识
色在我中	受在我中	想在我中	行在我中	识在我中
我在色中	我在受中	我在想中	我在行中	我在识中

我们的自我感依五蕴而生，并享受执取五蕴带来的快乐，但这种快乐都伴随着苦，并且是长远的苦。

> 他攀取、紧握、固持色为“我的真我”……受……想……诸行……攀取、紧握、固持识为“我的真我”。这些五取蕴被攀取、被紧握，对他转起长久的不利、苦。— SN 22:81[①]

事实上，粗重的痛苦是非常容易被感知到的，无论学不学佛，修不修禅定，都能感到“生是苦，老也是苦，病也是苦，死也是苦，愁、悲、

① 庄春江工作站：https://www.agama.buddhason.org/SN/SN0599.htm，访问时间：2024 年 10 月 1 日。

苦、忧、绝望也是苦，凡没得到想要的，那也是苦”（AN 6:63）。面对这些痛苦时，人们或是困惑，或是寻找方法解决问题。

> 比丘们！而什么是苦的果报？比丘们！某些人被该苦征服，心被占据，忧愁、疲累、悲泣、捶胸地号哭，来到迷乱，又或，被该苦征服，心被占据，来到从外部遍求："谁知道为了这个苦灭的一句、两句？"比丘们！我说苦有迷乱的果报，或遍求的果报，比丘们！这被称为苦的果报。— AN 6:63[①]

众生或是执迷于五蕴中无常的快乐，或是对世间的苦无能为力。佛陀的慈悲就是面对众生的呼唤，教授众生离苦得乐之道，而“非我”想是教法中非常重要的一环。如上所述，我们为了快乐而执取五蕴，同时产生了自我感。所以只要通过“非我”想来舍弃围绕五蕴的自我感，舍弃对五蕴的执着，就能灭苦。灭苦的策略必须是一种完全不同的价值判断。世间的快乐根本不值得付出努力，因为还有一个更好的选择，即不执取五蕴获得究竟解脱。

（三）通过“非我”想舍弃对五蕴的执着

在 SN 22:59 中佛陀从两个角度阐述生起五蕴非我的思维方式。一个最耳熟能详的教义就是“五蕴无常，无常故苦，苦故非我”。一切无常的、苦的事物都不应当被执取为我。

> 比丘们！你们怎么想它："色是常的，或是无常的？"
> "无常的，大德！"
> "那么，凡为无常的，那是苦的或乐的？"

① 庄春江工作站：https://www.agama.buddhason.org/AN/AN1194.htm，访问时间：2024 年 10 月 1 日。

“苦的，大德！”

“那么，凡为无常的、苦的、变易法，适合认为它：‘这是我的，我是这个，这是我的真我’吗？”

“大德！这确实不是。”

受……想……行……识……— SN 22:59[①]

另一个是从能否控制的角度来分析。显然我们无法完全控制我们的五蕴，这种五蕴的不受控制可以帮助我们建立“非我”想。

比丘们！色是无我。比丘们！因为，如果这个色是我，这个色不转起疾病，以及在色上被得到：“令我的色是这样；令我的色不是这样。”比丘们！但因为色是无我，因此，色转起疾病，也在色上不被得到：“令我的色是这样；令我的色不是这样。”

受……想……行……识……— SN 22:59

值得注意的是佛陀并没有对自我进行定义，避免了在本体上讨论我是什么。佛陀只是说不应该把那些无常、苦和不能完全控制的五蕴当作我。

不把五蕴当作我或我的，就不会执取五蕴，就自然能够舍断它，从而获得长久的利益与安乐。就如你看到有人在烧树叶和树枝，而你知道那些树叶和树枝不属于你，你就不会起烦恼。

凡在这祇树林中的草、薪木、枝条、树叶，如果［某］人带走它，或燃烧，或如需要做，是否你们这么想：“［某］人带走我们，或燃烧，或如需要做”呢？

“大德！这确实不是，那是什么原因？大德！因为对我们这不是

① 庄春江工作站：https://www.agama.buddhason.org/SN/SN0577.htm，访问时间：2024 年 10 月 1 日。

自己，或自己的。”

同样的，比丘们！凡非你们的，你们要舍断它！它被舍断，对你们将有长久的利益、安乐。比丘们！而什么是非你们的？比丘们！色是非你们的，你们要舍断它！它被舍断，对你们将有长久的利益、安乐；比丘们！受……比丘们！想……比丘们！诸行……比丘们！识是非你们的，你们要舍断它！它被舍断，对你们将有长久的利益、安乐。— MN 22:22①

放下对五蕴的执取，就是放下负担，就能究竟涅槃。表达这一义理的经文在尼柯耶中还有很多。

五蕴确实是负担，而个人是荷负担者，
负担的拿起是世间中的苦，负担的放下是乐。
放下重的负担后，不拿起另一个负担后，
连根拔出渴爱后，成为无饥渴者、般涅盘者。—SN 22:22②

凡任何色：过去、未来、现在……或凡在远处、在近处，所有色：“这不是我的，我不是这个，这不是我的真我。”以正确之慧这样如实看见这个后，不执取后成为解脱者

受……想……行……识……—SN 22:72③

从上述的分析我们可以看到，“非我”想能够灭苦的基本逻辑是这样

① 庄春江工作站：https://www.agama.buddhason.org/MN/MN022.htm，访问时间：2024 年 10 月 1 日。

② 庄春江工作站：https://www.agama.buddhason.org/SN/SN0540.htm，访问时间：2024 年 10 月 1 日。

③ 庄春江工作站：https://www.agama.buddhason.org/SN/SN0590.htm，访问时间：2024 年 10 月 1 日。

的：苦是由对五蕴的执取产生的，执取五蕴是因为众生追求快乐，却看不到五蕴伴随的苦；在执取五蕴的同时，我们又围绕五蕴产生了自我感，所以，破除这种自我感就能舍弃对五蕴的执着，进而离苦得乐。舍断对五蕴的执取需要拥有正确的价值判断，五蕴是无常的、苦的、不能完全控制的、不应当被视为我或我的。最终要放下五蕴的负担，究竟涅槃。佛宣说“非我”的目的就是因为它能够帮助众生舍弃对五蕴的执取而得到解脱。

三　佛为何不宣说“无我”

如上所述，舍弃自我感就能灭苦，那佛为何不直接宣说“无我”，即我根本不存在呢？从相关经文来看，佛虽然宣说“非我”，但也没有否定自我感对修行的重要性。自我感是每个人与生俱来的感觉，是自然而又真切的，而且健康的自我感对修行十分重要。佛认为每个人应该成为自己的支柱，为自己的行为负责，应该观察自己，防止自己误入歧途，并且需要学习如何不伤害自己。以下是《法句经》（叶均居士译）中一些积极肯定“自我”在修行道路上作用的段落：

若人知自爱，须善自保护。三时中一时，智者应醒觉。— Dhp 157

自为自依怙，他人何可依？自己善调御，证难得所依。— Dhp 160

恶业实由自己作，从自己生而自起。（恶业）摧坏于愚者，犹如金刚破宝石。— Dhp 161

恶实由己作，染污亦由己；由己不作恶，清净亦由己。净不净依己，他何能净他？ — Dhp 165

汝当自警策，汝应自反省！自护与正念，比丘住安乐。—Dhp 379

类似的经文还出现在 SN 22:43 中，佛陀要求比丘靠自己的力量修习佛法而获得解脱。

> 比丘们！你们要住于以自己为岛、以自己为归依，不以其他为归依；以法为岛、以法为归依，不以其他为归依。—SN 22:43[①]

这些经文段落表明，自我意识是修行中很重要的一个部分，尤其是那种能够鼓励责任感、不放逸和自我关怀的自我意识。修行的道路包括积极地培养好的品质和放下坏的品质，修行人必须有巨大的意志力才能走完全程。为了激发修行人的意志，就需要一个健康的自我意识，意识到自己将从修行道路中受益，这是修行道路上最关键的内在动力。只有在道路的尽头，当你不再需要这些形式的激励时，修行人才能放下每一种可能的自我感觉。

> “姊妹！这个身体依止渴爱后，是渴爱生成的，渴爱能被舍断。”而像这样这个被说，缘于什么这个被说？姊妹！这里，比丘听闻：“听说像这样名字的比丘，以诸漏的灭尽，以证智自作证后，在当生中进入后住于无漏心解脱、慧解脱。”他这么想：“什么时候我也将以诸漏的灭尽，以证智自作证后，在当生中进入后住于无漏心解脱、慧解脱！”他过些时候依止渴爱后，舍断渴爱。“姊妹！这个身体依止渴爱后，是渴爱生成的，渴爱能被舍断。”像这样，凡那个被说，这是缘于这个被说。
>
> “姊妹！这个身体依止慢后，是慢生成的，慢能被舍断。”而像这样这个被说，缘于什么这个被说？姊妹！这里，比丘听闻：“听说像这样名字的比丘，以诸漏的灭尽，以证智自作证后，在当生中进入后住于无漏心解脱、慧解脱。”他这么想：“那位尊者确实以诸漏的灭尽，以证智自作证后，在当生中进入后住于无漏心解脱、慧解脱，又

① 庄春江工作站：https://www.agama.buddhason.org/SN/SN0561.htm，访问时间：2024 年 10 月 1 日。

更何况我？”他过些时候依止慢后，舍断慢。“这个身体依止慢后，是慢生成的，慢能被舍断。”像这样，凡那个被说，这是缘于这个被说。—AN 4:159[①]

上述经文表明修行人可以运用“渴爱”和“慢”来鼓励自己修行。看到别的比丘证得涅槃，我也想要证得涅槃，这就是“渴爱”。看到别的比丘能证得涅槃，心想别人能做到我也能做到，这就是“慢”。这些都是在一种健康的自我感上建立起的善法欲，是修行过程中重要的助力。但经文同时提醒大家“渴爱”和“慢”都是可以被舍断的，这也与佛法中关于舍弃自我感而获得涅槃的教义相契合。

佛不宣说“无我”，因为这种观念会障碍修行人建立健康的自我感，而健康的自我感对修行又至关重要。“无我”和“有我”一样，都是边见，都是一种障碍修行的执取。在佛陀生活的那个时代，至少有十几种关于自我的定义。各派论师为此也展开了激烈的辩论，但最终仍然莫衷一是。如果佛要确定“有我”还是“无我”，必然先要对什么是我加以定义，也就自然会陷入这种关于自我定义的论战。这就明显偏离了佛说法的本怀，因为探讨这个问题本身对灭苦也没有意义。

四　结语

综上所述，佛认为无论“有我”还是“无我”都不可取。如 MN2 所述：“此谓世间之谬见、见之丛林、见之难路、见之混浊、见之闷斗、见之结缚。诸比丘！被见结之所缚，而无闻凡夫不得从生、老、死、愁、

① 庄春江工作站：https://www.agama.buddhason.org/AN/AN0741.htm，访问时间：2024 年 10 月 1 日。

悲、苦、忧、恼而解脱。”[①] 经文将恶见比作丛林等，是非常贴切的。一个人如果步入了丛林，他就是偏离了正确的道路，难以到达终点。佛为了避免众生在修行上走弯路，所以回避一切与解脱无关的问题。

佛宣说“非我”，巧妙地绕开了关于什么是自我定义的哲学论战，从苦是如何产生的角度出发探索灭苦之道。“非我”想不堕两边，是为中道正法。

> 迦旃延！“一切存在”，这是一边（极端）；“一切不存在”，这是第二边，迦旃延！不走入这些那些两个边后，如来以中间教导法。——SN 12:15[②]

经典在多处提到“非我”想对修行具有巨大的利益。根据 AN 6:104，一位比丘看见六种利益，足以令他毫无保留地对一切法持“非我”想。这六种利益是：（1）在任何世间没有对自我身份的执着；（2）破除“我”见；（3）破除“我所”见；（4）拥有非凡的智；（5）能善见因；（6）能善见由因生起的诸法。

不仅如此，“非我”想是证得圣果的必要条件。在 AN 6:100 中，佛宣说一个视任何法为我的比丘不可能随顺佛法，不能入正道，继而不能证得圣果。一个视任何法非我的比丘，能随顺佛法，能入正道，继而能证得圣果。

“非我”想并非权宜之计，而是贯穿修行直至证果始终的正见。SN 22:122 中，舍利弗告诉拘絺罗，无论是具足戒行的比丘，还是须陀洹、斯陀含、阿那含乃至阿罗汉，都应该如理作意，视五取蕴为无常、苦、病、癌、箭、痛、折磨、敌人、败坏、空、非我。即便是达到无学境界的

① 《中部经典》第二经，CBETA 2024.R2，N09，No. 5，第 9 页上。

② 庄春江工作站：https://www.agama.buddhason.org/SN/SN0286.htm，访问时间：2024 年 10 月 1 日。

阿罗汉也会秉持这些观念以获得现法乐住。这意味着“非我”想超越了个人修行的需求。即使阿罗汉不再需要培养正见，其所固有的正见依然会认为一切法皆为“非我”。

缩略语表

SN：相应部

MN：中部

DN：长部

AN：增支部

Dhp：南传法句经

《杂集论》中五蕴与我执之略析

释法至

苏州戒幢佛学研究所教师

摘要： 有情未体人法二空，将五种蕴执著为实我。有情对五蕴的执著存在差异性，简而言之，即将识蕴执为“我”，而将其余四蕴执为“我所”。若详加辨析，有情所执著的“我”在五蕴中有不同体现，且是一个较复杂的问题。今以《集论》《杂集论》（玄奘译本、梵文本）为例，结合窥基《杂集论述记》的释义，来辨析五蕴与我执的内在关系。并且，基于大乘佛教二执的理论，讨论《杂集论》中人无我与法无我的差别。

关键词：《杂集论》；五蕴；我执；人无我；法无我

一 引言

《杂集论》描述了五种取蕴的性质与作用，本文即以此为基础展开论述。“五蕴”是一个极其重要的概念，从印度早期佛教到部派佛教、大乘瑜伽行派，都作了不断的阐释，使这一佛法概念变得愈加审细。由于对五蕴的执著，有情产生了我执、我见，这种根本的不正见，是佛法需要破除的对象。因为五蕴、我执等观念在佛教发展中经历了延续和演变，故梳理这些变化的过程以及内容，对于准确理解其内涵显得十分重要。

本文从两个途径来厘清五蕴、我执的含义。首先，运用文本分析法，比如通过经典翻译中梵、汉文本的对比，体会不同语言背景下著作者与译者的意旨；又如从不同论著文本的比较，观察同一概念发生了何种变化。其次，通过义理分析的方法，可以更加细致地了解产生这些变化的原因。在解释相关概念时，以窥基《杂集论述记》作为重要依据；同时参照《杂阿含经》《俱舍论》《成唯识论》等经论，来提供其他有益的线索。

因此，下文即围绕五蕴与我执的关系展开讨论，并特别关注以下话题：

其一、通过对比玄奘所译《集论》《杂集论》与现存梵本的相关段落，了解在经典翻译过程中出现哪些值得注意的语言学问题。

其二、在瑜伽行派之前，“五蕴”如何被定义？部派佛教的论书《俱舍论》是世亲转向唯识之前的著作，因此将《俱舍论》作为参照，来了解从部派佛教到瑜伽行派，五蕴的概念经过了怎样的演变。

其三、“我执”在大乘思想中是指“二执”，包括了人我执和法我执。人我执又称补特伽罗我执，是有情执五蕴等为我；法我执是由于有情的妄见，执著诸法为实有。《杂集论》作为一部大乘阿毗达磨论典，既谈到人我执也谈到了法我执，那么论中如何看待二执和二无我呢？

二 《集论》《杂集论》梵文与奘译文本对照

关于五种蕴，《集论》有一段重要论述，《杂集论》依此作了解释，明确提出了五蕴中“我”与“我所”的区别。对于这两段文字，以下列出玄奘译本与梵文本，并将梵文本作了今译，以便于汉梵文本之间的比较。

（一）《集论》梵文与汉译

【梵文本】

kim upādāya skandhāḥ pañcaiva|

paṃcākārātmavastūdbhāvanatām upādāya|

saparigrahadehātmavastu upabhogātmavastu abhilāpātmavastu sarvadharmādharmābhisaṃskārātmavastu tadāśrayātmavastu copādāya||[①]

【玄奘译】

何因蕴唯有五？为显五种我事故，谓身具我事、受用我事、言说我事、造作一切法非法我事、彼所依止我自体事。[②]

【今译】

因为什么蕴只有五种？

由显五种我事的缘故。

即是身具我事、受用我事、言说我事、造作一切法诸行我事和彼所依止我事。

第一句语法分析：kim（什么）是不变词，后接 upādāya（因）表示“因为什么”。skandha（蕴）的阳性复数主格是 skandhās。pañca 是数词“五”，iva 意为“只”，用在句尾表示强调。

第二句语法分析：paṃcākārās 由数词 pañca（五）和名词 kāra（事）组成，阳性复数主格。ātma（自我）与 vastu（事）形成复合词 ātmavastu，译为“我事”。

第三句语法分析：此句讲五种我事。saparigraha（所有）和 deha（身体）形成复合词，意为“身具”，加上 ātmavastu 意为身具我事。upabhoga（受用）、abhilāpa（言说）与 ātmavastu 连接，形成受用我事和言说我事两个复合词。saṃskāras（诸行）、sarvadharmās（一切法），都是阳性复数主格。dharmābhis，这里使用了阴性复数具格。tadāśraya 意为“彼所依止”，代词 tad（彼）指前四我事，意为第五我事是前四我事所依止的。copādāya 由 ca 和 upādāya 组成。

① 日本瑜伽行思想研究会：*Abhidharmasamuccaya*，2A-2C，Shiga，Japan：Private Issue，2003，p.16。

② 无著菩萨造，（唐）玄奘译：《大乘阿毗达磨集论》卷一，《大正藏》第 31 册，No.1605，第 663 页上。

（二）《杂集论》梵文与汉译

【梵文本】

pañcākārātmavastūdbhāvanatām upādāyety

atra caturākāram ātmano vastv ity ātmavastu pañcamaṃ tv ātmalakṣaṇam eva vastv ity ātmavastv iti veditavyam

saparigrahadehagrahaṇena bāhyasyādhyātmikasya ca rūpaskandhasya grahaṇaṃ veditavyam

vedanādīnām upabhogāditvaṃ tallakṣaṇanirdeśe jñāpayiṣyate

tadāśrayātmavastu vijñānam teṣāṃ saparigrahadehādīnām āśrayam ātmalakṣaṇaṃ vastv ity arthaḥ

tathā hi loke prāyeṇa vijñāne ātmagrāhaḥśeṣeṣv ātmīyagraha iti [①]

【玄奘译】

问：何因蕴唯有五？答：为显五种我事故，谓为显身具我事、受用我事、言说我事、造作一切法非法我事、彼所依止我自体事。于此五中前四是我所事，第五即我相事。言身具者，谓内外色蕴所摄。受等诸蕴受用等义，相中当说。彼所依止我自体事者，谓识蕴是身具等所依我相事义。所以者何？世间有情多于识蕴计执为我，于余蕴计执我所。[②]

【今译】

如是由显五种我事。

此中有四种是我所事，唯第五我事是自相事，如是应知。

身具所执，应知是内在和外在的色蕴。

若受蕴等的受用等义，本相中当广说。

对识蕴来说，彼所依止我事，即是彼身具等所依的自相事。

如今世人多在识蕴那里执为我，在所余法那里执为我所。

---

① 日本瑜伽行思想研究会：*Abhidharmasamuccayabhāṣya & vyākhyā*，2A-2C，Shiga，Japan：Private Issue，2003，p.17。

② 安慧菩萨糅，（唐）玄奘译：《大乘阿毗达磨杂集论》卷一，《大正藏》第 31 册，No.1606，第 695 页上。

第一句语法分析：与上文《集论》第二句基本相同。upādāya 接 ity，构成 upādāyety。

第二句语法分析：catur（四）是数词。pañcama（第五），阳性单数对格是 pañcamam。tv……eva 表示“唯”。ātma（自我）加 lakṣaṇa（相），意为“自相”，lakṣaṇam 是中性单数主格。

第三句语法分析：grahaṇa 接语尾 ina 形成过去被动分词 grahaṇena，意为所执。rūpaskandhasya（色蕴）是阳性单数属格，bāhya（外）、ādhyātmika（内）是形容词，修饰 rūpaskandhasya 变为属格。

第四句语法分析：vedanā（受蕴）接复合词语尾 ādi（等等），指受想行三蕴，用了属格。upabhoga（受用）接复合词语尾 ādi（等等），用了主格。tal-lakṣaṇa 意为“本相”，nirdeśa 意为“具说，分别”，阳性单数位格为 nirdeśe。

第五句语法分析：tad（彼），代词。āśrayātmavastu（所依止我事）。vijñānam（识蕴），阳性单数对格。āśrayam（所依），阳性单数对格。saparigrahadeha（身具）接 ādi（等等），ādi 用复数属格。ātmalakṣaṇam（自相），中性单数主格。

第六句语法分析：loka（世人），阳性单数位格是 loke，在此总指世间有情而非个体，用单数不用复数。prāyeṇa 意为多分。vijñāne（识蕴），阳性单数位格。śeṣeṣu（所余法），阳性复数位格。ātma（我）、ātmīya（我所）与 grāha（执）组成两个复合词，意为我执、我所执。

（三）《集论》《杂集论》相关梵文略析

针对上述《集论》《杂集论》的梵文本与玄奘译本，可以进行以下的分析。在《集论》梵文中，五种我事都用到“ātmavastu”一词，而《杂集论》出现的 ātmagrāha（我执）也含有相同的字“ātma”（自我）。五种我事与五蕴一一对应，即身具我事指色蕴，受用我事指受蕴，言说我事指想蕴，造作一切法非法我事指行蕴，彼所依止我自体事指识蕴。因此，《集论》将取蕴分为五种我事，就暗含了五蕴是五种我执之意。

《集论》以“tadāśrayātmavastu”（彼所依止我事）一词对应识蕴，玄奘译作“彼所依止我自体事”，其中“自体”的语意在梵文中并不明显。若论其来源，或是参考了《杂集论》“识蕴是身具等所依我相事”一句，窥基解释“我相”是“我体”义。至于为何将“我相”释为“我体”，窥基并未作进一步说明。无论如何，关键的“自体”一词加入译文，令此段文字的语意变得明朗起来。

再者，《杂集论》“何因蕴唯有五”及“谓为显身具我事”等，也没有对应的梵文，或是从《集论》的梵文本增补而来。由此可以推想，玄奘对照了《集论》《杂集论》两个梵本，作了二者互补的翻译。据吕澂《印度佛学源流略讲》，安慧糅合世亲《阿毗达磨集论》和觉师子的释，著成《阿毗达磨杂集论》，该书对世亲的学说已有所发展。[①]经过玄奘的翻译，使二论趋于一致，思想逐渐演化的特征变得模糊了。有一点需要说明的是，上述观点只是一种推想，原因在于，现今所见的《集论》《杂集论》梵本，并不能认为就是玄奘当时所依的梵本。

三 《俱舍论》与《集论》《杂集论》五蕴的比较

《集论》《杂集论》开篇即是“三法品第一”，“三法”是指蕴、界、处。窥基又称“三法”为“三科”，认为其是一切法的总纲，而“五蕴”位于三科之首。在部派佛教与瑜伽行派那里，五蕴都是有为法所摄，无为法则摄入界、处之中。为何蕴唯有五种？因为有五个方面能显“我事”。《集论》：“何因蕴唯有五？为显五种我事故，谓身具我事、受用我事、言说我事、造作一切法非法我事、彼所依止我自体事。”[②]这五种“我事”，代表了

① 吕澂：《印度佛学源流略讲》，上海人民出版社 2005 年版，第 181 页。

② 无著菩萨造，（唐）玄奘译：《大乘阿毗达磨集论》卷一，《大正藏》第 31 册，No.1605，第 663 页上。

色、受、想、行、识五种蕴。“蕴”为“积聚”意，即五种属性法的集合。

《俱舍论》解说五蕴的部分，主要是在卷首“分别界品第一”。《俱舍论》解释“何谓对法”说，胜义阿毗达磨、世俗阿毗达磨两者都能名为阿毗达磨。从胜义阿毗达磨而论，“无漏五蕴名为对法”；从世俗阿毗达磨而论，对法是世间有漏的闻思修慧等。[①] 众贤论师认为，由无漏慧能现观诸法相，故说“无漏五蕴名为对法”。世间慧是获得无漏慧的方便，因此与无漏慧并称“对法”。[②] 意即在胜义阿毗达磨里，以五蕴指代了诸法。可见，此论对“五蕴”一法十分重视。

五蕴如何组成，其中包括了哪些法类，这在《俱舍论》和《集论》《杂集论》中有明确的说明。为了方便比较，现列表如下：

<table>
<tr><th></th><th colspan="2">《俱舍论》</th><th colspan="3">《集论》《杂集论》</th></tr>
<tr><td rowspan="5">色蕴</td><td colspan="2"></td><td colspan="3">四大种：地、水、火、风</td></tr>
<tr><td>五根</td><td>眼、耳、鼻、舌、身根</td><td rowspan="4">四大种所造</td><td>五根</td><td>眼、耳、鼻、舌、身根</td></tr>
<tr><td rowspan="3">五尘</td><td>色（20）：青、黄、赤、白、长、短、方、圆、高、下、正、不正、云、烟、尘、雾、影、光、明、暗</td><td rowspan="3">五尘</td><td>色，眼根所行（25）：青、黄、赤、白、长、短、方、圆、粗、细、高、下、正、不正、光、影、明、暗、云、烟、尘、雾、迥色、表色、空一显色</td></tr>
<tr><td>声（8）：执受大种为因、无执受大种为因、有情名、非有情名（可意及不可意）</td><td>声，耳根所取（11）：若可意、若不可意、若俱相违、若因受大种、若因不受大种、若因俱大种、若世所共成、若成所引、若遍计所起、若圣言所摄、若非圣言所摄</td></tr>
<tr><td>香（4）：好香、恶香、平等香、不平等香</td><td>香，鼻根所取（6）：好香、恶香、平等香、俱生香、和合香、变异香</td></tr>
</table>

① 尊者世亲造，（唐）玄奘译：《阿毗达磨俱舍论》卷一，《大正藏》第 29 册，No.1558，第 1 页中。

② 尊者众贤造，（唐）玄奘译：《阿毗达磨顺正理论》卷一，《大正藏》第 29 册，No.1562，第 329 页中。

续表

<table>
<tr><th></th><th colspan="2">《俱舍论》</th><th colspan="3">《集论》《杂集论》</th></tr>
<tr><td rowspan="3">色蕴</td><td rowspan="2">五尘</td><td>味（6）：甘、醋、咸、辛、苦、淡</td><td rowspan="3">四大种所造</td><td rowspan="2">五尘</td><td>味，舌根所取（12）：苦、酢、甘、辛、咸、淡，若可意、若不可意、若俱相违，若俱生、若和合、若变异</td></tr>
<tr><td>所触（11）：四大种、滑性、涩性、重性、轻性及冷、饥、渴</td><td>所触一分，身根所取（22）：滑、涩、轻、重、软、缓、急、冷、饥、渴、饱、力、劣、闷、痒、黏、病、老、死、疲、息、勇</td></tr>
<tr><td>无表色</td><td>无表业及定所生善不善色</td><td>法处所摄色</td><td>极略色、极迥色、受所引色、遍计所起色、定自在所生色</td></tr>
<tr><td rowspan="2">受蕴</td><td colspan="2">三受：乐、苦、不苦不乐</td><td colspan="3">三受：乐、苦、不苦不乐</td></tr>
<tr><td colspan="2">六受身：眼触所生受乃至意触所生受</td><td colspan="3">六受身：眼触所生受乃至意触所生受</td></tr>
<tr><td>想蕴</td><td colspan="2">六想身（如六受身）</td><td colspan="3">六想身：眼触所生想乃至意触所生想</td></tr>
<tr><td rowspan="2">行蕴</td><td colspan="2">除四蕴余有为行</td><td colspan="3">除受想，一切心所有法及心不相应行</td></tr>
<tr><td colspan="2">六思身为行蕴</td><td colspan="3">六思身</td></tr>
<tr><td rowspan="3">识蕴</td><td colspan="2" rowspan="3">六识身：眼识身乃至意识身</td><td colspan="3">心：阿赖耶识</td></tr>
<tr><td colspan="3">意：末那识</td></tr>
<tr><td colspan="3">六识身：眼识乃至意识</td></tr>
</table>

由上表可见，《俱舍论》与《集论》《杂集论》差别较大之处，是在色蕴和识蕴方面。后者对色蕴的内容有所扩充，比如《俱舍论》的色尘有二十种，《集论》《杂集论》色尘增加到二十五种；《俱舍论》"所触"包括了"四大种"，而《集论》《杂集论》将色蕴二分为四大种和四大种所造，"所触"之中不再包含"四大种"。如《杂集论》："云何建立色蕴？谓诸所有色，若四大种及四大种所造。"[①]可以大致认为，《俱舍论》突出了感知四

① 安慧菩萨糅，（唐）玄奘译：《大乘阿毗达磨杂集论》卷一，《大正藏》第 31 册，No.1606，第 696 页上。

大种的途径，而《集论》《杂集论》却将四大种的概念抽象出来。从识蕴来说，瑜伽行派从六识扩充到八识，已经是众所周知了。从《俱舍论》与《集论》《杂集论》五蕴的对比，既能看到瑜伽行派对部派佛教的继承，又能看到大乘阿毗达磨在此基础上的发展。

（一）色蕴

《俱舍论》的色蕴，包括五根、五境和无表色。五根是指眼根等五种净色根，依据来自说一切有部的《品类足论》。五境是眼等五根所缘之境，包含了色（显色、形色，共有二十种）、声（八种）、味（六种）、香（四种）、触（十一种）。无表色是指由无表业及定所生的色法，唯有善和不善业能生起无表色。受蕴意为"领纳"，是由根尘接触产生的，从领纳的结果分别，有乐、苦、不苦不乐三种；从生触的方式分别，有从眼触所生受乃至从意触所生受六种。想蕴意为"能取像"，有眼触所生想乃至意触所生想等六种。[①]

《俱舍论》中，四大种为什么归于触界所摄？五根是内处四大种所造净色，五境是外处四大种所造。五境中的"触"是个特例，通于大种及大种所造。《俱舍论》："触界通二，谓大种及所造。大种有四，谓坚性等。所造有七，谓滑性等，依大种生故名所造。余九色界唯是所造，谓五色根、色等四境。法界一分无表业色亦唯所造。余七心界法界一分，除无表色俱非二种。"[②]《俱舍论》常译为"所触"，来表示是五境之一。"四大种唯触摄"，也许缘于坚湿暖动是由身根感知，而非眼等四根的所知境。

与《俱舍论》的二十色法相比，《杂集论》增加了五种：粗、细、迥色、表色、空一显色。二十五色法有六种建立的因，《杂集论》："此青等二十五色建立，由六种因，谓相故、安立故、损益故、作所依故、作相

① 尊者世亲造，（唐）玄奘译：《阿毗达磨俱舍论》卷一，《大正藏》第 29 册，No.1558，第 2 页中。
② 尊者世亲造，（唐）玄奘译：《阿毗达磨俱舍论》卷二，《大正藏》第 29 册，No.1558，第 8 页下。

故、庄严故。如其次第四、十、八、一、一、一。迥色者，谓离余碍触方所可得。空一显色者，谓上所见青等显色。”[①]六种因与二十五色法对应：（1）“相故”，“青、黄、赤、白”四种显色有相可得，是基本的色法，其余色法则依显色假立；（2）“安立故”，“长、短、方、圆、粗、细、高、下、正、不正”十种形色，是由相互比较得出，本身没有固定的相；（3）“损益故”，“光、影、明、暗、云、烟、尘、雾”八种，是依显色的损益位所立；（4）“作所依故”建立迥色，迥色意为远处色，不能障碍和碰触，却又有方向和处所；（5）“作相故”建立表色，行、住、坐、卧、取、舍、屈、伸等动作，显现于外能令人见；（6）“庄严故”建立空一显色，指天空的颜色，“庄严”意为能庄严虚空界。

诸唯识论典对色法的描述略有差别，如《瑜伽师地论》无“迥色”，《瑜伽论记》解释说：“空一显色之与迥色，约体是同，故是合说。对法中，空一显色与迥色不同。所以然者？体虽是一，而约处别，是故别说。谓在上空现者，名空一显色。若近下迥处现者，名为迥色。”[②]空一显色，指上方天空显现出的色。迥色，指下方远处显现出的色。迥色与空一显色，因体同故《瑜伽师地论》合其为一，因处所不同故《集论》分之为二。

《俱舍论》法处有七法，除了无表色是色法以外，其余都是心法。《俱舍论》：“即此所说受、想、行蕴，及无表色、三种无为，如是七法于处门中立为法处，于界门中立为法界。”[③]可知，《俱舍论》的法处所摄色即是无表色，而无表色是由禅定所生。《杂集论》将“法处所摄色”扩展到五种：极略色、极迥色、受所引色、遍计所起色、自在所生色。“极略色”是指极微，极其微细故超出眼根能见的范围。“极迥色”不同于迥色，迥色眼根能见属于色蕴，极迥色眼根已不能见，归入法处之中。

---

① 安慧菩萨糅，（唐）玄奘译：《大乘阿毗达磨杂集论》卷一，《大正藏》第31册，No.1606，第696页上。

② （唐）遁伦集撰：《瑜伽论记》卷一，《大正藏》第42册，No.1828，第316页中。

③ 尊者世亲造，（唐）玄奘译：《阿毗达磨俱舍论》卷一，《大正藏》第29册，No.1558，第4页上。

（二）受、想、行蕴

将《集论》《杂集论》与《俱舍论》对比，从内容上来看，受、想、行蕴几乎没有发生改变。如受蕴都说到三种受与六受身，想蕴都解释为六想身。下文以行蕴为例，来说明从契经开始，到说一切有部、世亲的《俱舍论》，再到《瑜伽师地论》《集论》《杂集论》，皆沿用了以“六思身”为行蕴的概念。

以“六思身”归属行蕴，最早见于契经，如《杂阿含经·四一》：“云何行如实知？谓六思身——眼触生思，耳、鼻、舌、身、意触生思，是名为行，如是行如实知。”[①]这在说一切有部论典中得到延续，如《大毗婆沙论》《法蕴足论》。而后，《俱舍论》也说：“行名造作，思是业性造作义强，故为最胜。是故佛说若能造作有漏有为，名行取蕴。”[②]

《杂集论》以“六思身”为行蕴，因为在这些心所法和心不相应行法里，思心所最胜，“与一切行为导首”，故说行蕴是眼触等所生的“思”。[③]思“于心造作意业为体”，指由思心所能造作意业。《杂集论》说思有三种作用，“思作诸善、思作杂染、思作分位差别”，能造作善、不善业，并能发起心不相应行。[④]《瑜伽师地论》与《杂集论》不同，说由“五相”建立行蕴：一、境界；二、分位；三、杂染；四、清净；五、造作。其中，由境界故建立六思身；由分位故建立“生等不相应行”；由杂染诸行建立了烦恼和随烦恼；由清净诸行建立了“信等”善法；造作有五相，略说有善行、不善行、无记行。[⑤]相比而言，《杂集论》略去了境界、造作二相，避

① （刘宋）求那跋陀罗译：《杂阿含经》卷二，《大正藏》第 2 册，No.99，第 9 页下。

② 尊者世亲造，（唐）玄奘译：《阿毗达磨俱舍论》卷一，《大正藏》第 29 册，No.1558，第 4 页上。

③ 安慧菩萨糅，（唐）玄奘译：《大乘阿毗达磨杂集论》卷一，《大正藏》第 31 册，No.1606，第 697 页上。

④ 安慧菩萨糅，（唐）玄奘译：《大乘阿毗达磨杂集论》卷一，《大正藏》第 31 册，No.1606，第 697 页上。

⑤ 弥勒菩萨说，（唐）玄奘译：《瑜伽师地论》卷五三，《大正藏》第 30 册，No.1579，第 594 页下。

免了义相的重叠，显得更加简明扼要。

（三）识蕴

相对于《俱舍论》,《集论》《杂集论》的识蕴有了显著变化。《杂集论》:“云何建立识蕴？谓心、意、识差别。”[①]部派佛教唯许可六识，瑜伽行派的识蕴除六识外，还安立了第七末那识（又名为“意”)、第八阿赖耶识（又名为“心”)。

《集论》说“心”是“蕴界处习气所熏一切种子阿赖耶识”[②]。按《杂集论》的解释，阿赖耶识含藏一切法种子，这些种子是由现行的蕴界处等熏习而成。习气，意为因现行的不断熏习，令种子得到增益。阿赖耶识是大乘唯识独到的见解，可用八义证成有阿赖耶识：执受、初、明了、种子、业、身受、无心定、命终无。[③]八义在唯识论典中多有解说，此处不再赘述。

“意”是第七末那识，一切时中恒缘阿赖耶识。末那识与我见、我爱、我慢、无明四种烦恼恒常相应，与我执的产生有重要关系。末那识遍行于一切善、不善、无记心中，但要除去三种情形：圣道现前、灭尽定、无学地。圣道现前，指见道时的无漏智是不被染污的，此心中无末那识，见道后末那识又从阿赖耶识中现起，因为有学位还未能永断烦恼。灭尽定中，一切心、心所法不现起，故无此染污意。[④]无学地烦恼已经断尽，也没有此染污意。

---

① 安慧菩萨糅，（唐）玄奘译:《大乘阿毗达磨杂集论》卷二,《大正藏》第 31 册，No.1606，第 701 页上。

② 无著菩萨造，（唐）玄奘译:《大乘阿毗达磨集论》卷一,《大正藏》第 31 册，No.1605，第 666 页上。

③ 安慧菩萨糅，（唐）玄奘译:《大乘阿毗达磨杂集论》卷二,《大正藏》第 31 册，No.1606，第 701 页上。

④ 安慧菩萨糅，（唐）玄奘译:《大乘阿毗达磨杂集论》卷二,《大正藏》第 31 册，No.1606，第 702 页上。

四 《杂集论》五蕴与我执的关系

（一）有情所执萨迦耶见

蕴处界三科中的“蕴”，可以说等同于五蕴，因为蕴唯有五种，五种蕴即是“蕴”的全体。欲、色二界有情具五种蕴，无色界有情唯四种蕴，除色蕴。《杂集论》说，五种蕴是为了显示五种我事。窥基对五种我事的释义，见《杂集论述记》：“身具者，色我依产故。受用者，受我领纳故。言说者，想我取像故。造作者，行我作行故。我体者，识能体别故。事者，体义。”①按窥基对这段文字的解释，五种我事与五蕴有对应的关系。与前四蕴对应，有色我、受我、想我、行我，与识蕴对应的是“我体”。然而，这里说的“我体”意为“识能体别”。“体别”意为“体察分别”，“体”指五识能缘境不能分别，“别”指唯意识能分别，此就六识说明了识蕴的作用。但是在此处，还没有对识蕴与其余四蕴的体性进行判定。然后窥基说“事者，体义”，此处“事”不只说识蕴，应总含五蕴，五种我事都以“我”为体。窥基把“我事”的“事”释义为“体”，就是说五种我事都是有情执著的自我。

在列出五种我事后，《杂集论》说：“于此五中前四是我所事，第五即我相事。”②前四种蕴为“我所”，第五识蕴为“我相”。窥基解释“我所”“我相”说：“所因我所有故，名为我所。我自体故，名即我相。”③识蕴是“我”的自相，称为“我相”；其余四蕴依止识蕴，为“我”之所有，名为“我所”，这就将五蕴分成了两类。依《杂集论述记》，“受等”包括受、想、行三蕴，因此“受等”所指除了与识相应的心所，还应有心不相应行。

《杂集论》的身具我事，是包括内色、外色的色蕴，即根身和器

① （唐）窥基撰：《杂集论述记》卷一，《卍续藏》第 48 册，No.796，第 16 页下。

② 安慧菩萨糅，（唐）玄奘译：《大乘阿毗达磨杂集论》卷一，《大正藏》第 31 册，No.1606，第 695 页上。

③ （唐）窥基撰：《杂集论述记》卷一，《卍续藏》第 48 册，No.796，第 16 页下。

界。《杂集论述记》："内根色蕴，我所依止，说名为身。所境色蕴，我之资什，名之为具。"[①]窥基将"身具"分为身、具二义。从梵文来看，saparigrahadehātmavastu 一词中，"具"是从 saparigraha（所有）译出，意为"所有、具有"。因此，不能从中文字义来拆分"身具"。所有关于身体的我事，包括内色的我身和外色的我能受用，故"身具"分为内色、外色，应该是从义理而作的分别。

受、想、行三蕴在"问答体相门"中详说，此处略过了。然后就识蕴说："彼所依止我自体事者，谓识蕴是身具等所依我相事义。所以者何？世间有情多于识蕴计执为我，于余蕴计执我所。"[②]窥基将这段解释识蕴的文字分为三个层次：总释、征因、显意。

在"总释"中，窥基引入了"体用"的概念。《杂集论述记》："此总释言，谓识蕴是彼所依四蕴之我相，身具及三蕴我所我之用，说识为所依，识为我体相。"[③]如果将五蕴大致分为两类，就有我与我所的不同，或者体与用的不同。

认为识蕴是"我体"的原因何在？总释之后，《杂集论》有一个设问"所以者何"，这一句即"征因"，即窥基所说的"征识蕴为我体因"。以下为"显意"，顺上文可理解为"显识蕴为我体意"。"显意"一句，《杂集论述记》释言：

> 以诸世间多分于识计执为我，能了别故，有所知故；于余四蕴计为我所，识所依故，如舍宅等。诸计我中，有二十句，六十五等，遍于五蕴，计执为我，今宁但说识为我耶？此说多分计识为我，然二十句等，或是一一蕴差别之计，非余蕴计，故此不说，非余蕴中都无计我。[④]

① （唐）窥基撰：《杂集论述记》卷一，《卍续藏》第 48 册，No.796，第 16 页下。
② 安慧菩萨糅，（唐）玄奘译：《大乘阿毗达磨杂集论》卷一，《大正藏》第 31 册，No.1606，第 695 页上。
③ （唐）窥基撰：《杂集论述记》卷一，《卍续藏》第 48 册，No.796，第 17 页上。
④ （唐）窥基撰：《杂集论述记》卷一，《卍续藏》第 48 册，No.796，第 17 页上。

世间有情多将识蕴计执为我，这种执著是遍计所执性。“能了别故，有所知故”指六识而言，意识的作用为“能了别”，五识的作用为“有所知”。有情将色等四蕴计执为我所，因为四蕴依止识蕴，就像房屋舍宅为我所有而非我的自体。

“有二十句”，是指二十种见，如《杂阿含经》“第 109 经”，舍利弗为比丘说法，讲到五蕴与我：“诸比丘！何等为见谛圣弟子断上众邪，于未来世永不复起？愚痴无闻凡夫见色是我、异我、我在色、色在我；见受、想、行、识，是我、异我、我在识、识在我。”[①] 如是每一蕴中生四见，五蕴共二十种见。

二十种见之中，有我见也有我所见。如《杂集论》：

> 问：“于五取蕴有二十句萨迦耶见，谓计色是我、我有诸色，色属于我、我在色中。如是计受想行识是我、我有识等，识等属我、我在识等中。于此诸见，几是我见？几我所见？”答：“五是我见，十五是我所见。谓计色是我、计受想行识是我，此五是我见；余十五是我所见。”[②]

论中明言二十种见是萨迦耶见，即五见中的身见，是在五蕴之中执著有我、我所的见解。二十句中，计色是我乃至受想行识是我等五句为我见，其余计我有诸色等十五句是我所见。

若要列举二十句，计识蕴为我只是其中一句。但从有情计执的频次来看，以计识蕴为我、计其余四蕴为我所的情形为多。这二十种见，是因为不明了实相而生起的妄见。二十见属于分别我执，见谛时断。据《成唯识论述记》，六十五见义准二十见，也是分别我执。[③]

① （刘宋）求那跋陀罗译：《杂阿含经》卷五，《大正藏》第 2 册，No.99，第 34 页中。

② 安慧菩萨糅，（唐）玄奘译：《大乘阿毗达磨杂集论》卷一，《大正藏》第 31 册，No.1606，第 698 页下。

③ （唐）窥基撰：《成唯识论述记》卷六，《大正藏》第 43 册，No.1830，第 446 页上。

此外，关于萨迦耶见的体，《杂集论》说："萨迦耶见者，于五取蕴等随观执我及我所，诸忍欲觉观见为体。"[①] 萨迦耶见以五取蕴等为所缘境，随所缘境思维观察，将其执为我及我所。据《杂集论述记》，"五取蕴等"，包含了蕴界处以及离蕴等。"忍欲觉观见"是见的五种行相，即是说萨迦耶见以见为体。"五取蕴等"是所遍计，"忍欲觉观见"是能遍计，因此说我及我所是遍计所执性。[②] 窥基通过对能、所的分析，明确了我与我所在三性中是遍计所执性的论断。

（二）人无我与法无我

补特伽罗无我，又称"人无我"。部派佛教时期，就有补特伽罗是否实有的争论。《俱舍论》的"破执我品"，破斥了犊子部、数论师、胜论师"补特伽罗有我"的观点。与外道的神我论不同，犊子部认为补特伽罗实有，"其体与蕴不一不异"。因犊子部是内道，数论师、胜论师为外道，故先破犊子部的实我。世亲认为，如果聚合诸蕴成补特伽罗，补特伽罗应非实有。再者，犊子部"因诸蕴立补特伽罗"，非执离蕴我，故世亲分别从色蕴、识蕴体非补特伽罗，来破"补特伽罗与蕴一异"的论点。由此，世亲认为"非实有补特伽罗"，即说补特伽罗是假有。[③]

补特伽罗无我，是大小乘共许的概念。《杂集论》说有情非实有，是依色等差别而建立的有情。补特伽罗非实有，即说为假有；"建立"意指名言安立为有，也意味着是假有。为何要安立补特伽罗之名，论中说有四种缘：第一、言说易，有情是于无量色等差别之上总合建立的，立有情之名便于称呼召唤，若无此假立，须描述众多差别才能明了。第二、顺世间，世间多依实法有情而起言说，为了行化世间，圣者应当随顺世间方便

① 安慧菩萨糅，（唐）玄奘译：《大乘阿毗达磨杂集论》卷一，《大正藏》第 31 册，No.1606，第 698 页上。

② （唐）窥基撰：《杂集论述记》卷三，《卍续藏》第 48 册，No.796，第 48 页下。

③ 尊者世亲造，（唐）玄奘译：《阿毗达磨俱舍论》卷二九，《大正藏》第 29 册，No.1558，第 152 页下。

建立有情的假名。第三、离怖畏，世间有情未解甚深缘起法性，如果听说“一切有情无我”便生怖畏心，不能受到正法教化。第四、显示自他具德失，“德失”意为功德和过失，如果离开了有情，就不能言说过失断与未断，功德证与未证。[①]认为补特伽罗有我，就是萨迦耶见，是在无我相之上增益有我、我所。若能了悟色等诸法的实相，就不会生起虚妄的我见。

《杂集论》“三法品”以蕴界处为纲目，说到五蕴中的识蕴，多依六识来解释。窥基解说识蕴为“识能体别”，是据六识而非八识，因为第七、第八识没有分别的功用。依八识来解说识蕴，在《杂集论》中也有所体现。如“三法品”说“心、意、识差别”，讲到了阿赖耶识、末那识，如上文所引。又如关于有情对阿赖耶识的执取，《杂集论》说：“阿赖耶识者，谓能摄藏诸法种子故，又诸有情取为我故。”[②]据窥基《瑜伽师地论略纂》：“此如《对法》第二云：‘阿赖耶者，谓能摄藏诸法种子，又诸有情取为我故。’即我爱所取处，名阿赖耶。”[③]有四烦恼恒与末那识相应：我见、我爱、我慢、无明，“我爱”是四根本烦恼之一。“我爱所取处”，指末那识执取阿赖耶识，以之为自我。这里明确讲到了，有情是以末那识来执取阿赖耶识，并且也是属于我执。

关于法无我，《杂阿含经》有“一切行无常，一切法无我，涅槃寂灭”[④]之语。《大毗婆沙论》引用了这段经文：“如说：‘一切行无常，一切法无我，涅槃寂静。’彼行声说一切有为法。”[⑤]契经中的“一切行”表示一切有为法，“一切法”指有为法与无为法。也有以五蕴表示有为法，无为法不在五蕴中，所以五蕴不能尽摄一切法。从“蕴”的含义来说，蕴

---

① 安慧菩萨糅，（唐）玄奘译：《大乘阿毗达磨杂集论》卷一三，《大正藏》第 31 册，No.1606，第 753 页上。

② 安慧菩萨糅，（唐）玄奘译：《大乘阿毗达磨杂集论》卷二，《大正藏》第 31 册，No.1606，第 701 页上。

③ （唐）窥基撰：《瑜伽师地论略纂》卷一三，《大正藏》第 43 册，No.1829，第 178 页下。

④ （刘宋）求那跋陀罗译：《杂阿含经》卷十，《大正藏》第 2 册，No.99，第 66 页中。

⑤ 五百大阿罗汉等造，（唐）玄奘译：《阿毗达磨大毗婆沙论》卷二五，《大正藏》第 27 册，No.1545，第 127 页中。

有“聚集”义，无为法的体性与蕴不相应。有为、无为法如何对应蕴界处三科,《杂集论》说：“一切皆是缘生，唯除法界法处一分诸无为法。”[①]无为法是法处、法界一分，意为法界、法处摄所有无为法，其余还包括一部分有为法。因此以蕴处界总摄一切法，即是说三科包含一切有为、无为法。

“诸行无常，诸法无我，涅槃寂灭”是佛教中极为重视的三法印，加上“诸行是苦”成为四法印。诸行是指有为法，诸法则包括一切有为法和无为法。若将有为法、无为法与四法印对应，可以说有为法是苦、无常、无我，缘于有为法有生灭，无常是最易观察到的特征，故多说诸行无常。但是对于一切法，可以说寂灭、无我，却不能说苦、无常，因为一切法包含有为法、无为法，无为法属灭谛不能说苦，再者无为法没有生灭也不能说无常。对于有为法，多数是先说无常，如经中说无常故苦、苦故无我，其中含有递增的意味。可知在四法印中，唯有“无我”印通于一切有为无为法。

在早期佛教中已经有法无我的观念，但小乘佛教多说人无我，大乘佛教才将法无我的深意开显出来。其缘由如《杂集论》所说：

> 无我相者，谓如我论者所立我相，蕴界处非此相，由蕴界处我相无故，名无我相。我论外道计度诸行为我，彼诸行非此相故名无我。故薄伽梵密意说言：一切法皆无我。[②]

显说是指显了说，非显了说称为“密意”。“无我相”所对的是“蕴界处”，而蕴界处能总揽一切法，就是说“无我相”含有一切法无我的意思。我论外道计著的诸行为我，只是针对有为法，大致可以用人无我与其对

① 安慧菩萨糅，（唐）玄奘译：《大乘阿毗达磨杂集论》卷四，《大正藏》第31册，No.1606，第713页上。

② 安慧菩萨糅，（唐）玄奘译：《大乘阿毗达磨杂集论》卷六，《大正藏》第31册，No.1606，第721页上。

应。因此，“无我相”通常以人无我来解释，实则隐含了一切法无我的密意。从缘起观来说，一切法不能离开心识的认知作用而存在，不论五蕴或是蕴界处，皆是有情心识的显现。

大乘有七种特性故有别于小乘，《杂集论》称为“七种大性”。七种大性为：境大性、行大性、智大性、精进大性、方便善巧大性、证得大性、业大性。其中第三智大性，意为“了知广大补特伽罗、法无我”[①]。“智大性”含摄了大乘的二无我义。小乘多说人无我，大乘广说二无我。既然法无我是大乘智慧所了知，法我执一定要大乘之智才能断除。因此，从大小乘来说，法无我显示了大乘不共于小乘之智。站在大乘的立场来说，法无我又是一切大乘的共识。

五　结论

有情迷于五蕴而产生我执，若能明了五蕴的本质即能遣除我执。因此，辨析五蕴与我执的关系，对于破除我执来说有重要意义。

基于以上对五蕴与我执的辨析，可以大致得出以下结论。

其一、通过梵汉文本的对比可以发现，从《集论》到《杂集论》，五蕴与我执的概念变得清晰和详细。玄奘的译文整体来看是十分准确的，但由于将《集论》和《杂集论》两个梵本内容作了互补，一方面使这两个汉译本的思想趋于一致，另一方面则淡化了二者释义逐渐深细的特征。

其二、经由不同论典“五蕴”概念的比较，可以看出从《俱舍论》到《集论》《杂集论》，五蕴的内容有了较大的变化，这些不同在色蕴和识蕴上表现得格外显著。由此可以说，大乘阿毗达磨对部派佛教既有继承又有新的发展。《集论》《杂集论》对瑜伽行派的法义作了较为系统的集解，显示出其在大乘佛教思想中的重要性。

① 安慧菩萨糅，（唐）玄奘译：《大乘阿毗达磨杂集论》卷十一，《大正藏》第 31 册，No.1606，第 743 页下。

其三、在唯识学中，五蕴是假名安立的概念，有情将假有的五蕴执著为我产生了我执。一般来说，有情将识蕴执著为我，将其余四蕴执为我所。人我执对应的范畴是五蕴，因为五蕴属于有为法的部分，故证得人无我并非究竟。法我执对应的范畴是蕴界处，一切法包括有为法和无为法，而无为法摄在法界、法处中，故证得法无我，实与蕴、界、处所包含的一切法相关。

在大乘佛法中，我执是指“二执”，既有人我执也有法我执，与之对应就有人无我与法无我。人无我是大小乘共许的，法无我的含义在大乘佛教中才深刻揭示出来。因为蕴界处能总摄一切法，说蕴界处无我实际上含有法无我之意，若将无我相解释为人无我即是“显说”，若将其解释为法无我即是“密意”。《杂集论》所说的这种“密意”，是由大乘特有的、超越小乘的智慧才得以开显。

阿毗达磨“缘起”义辨析

法　界

峨眉山佛学院研究生

摘要：本文从梵语词源学的角度，梳理了《俱舍》正义、《俱舍》异说、《正理》正说三家关于“缘起”义的不同理解，即《俱舍》正义：“有法至于缘已，和合升起，是缘起义”；《俱舍》异说：“种种缘和合已，令诸行法聚集升起，是缘起义”；《正理》正义：“缘现已合，有法升起，是缘起义。”并剖析挖掘了产生诠释差异的两个根本潜在原因：梵语字界字缘的多种含义、部派佛教各宗派的根本宗见迥异。同时，阐释了六家关于缘起与经文“依此有故彼有，此生故彼生”之间的甚深联系，归纳了缘起的类别，以便读者全面系统地多角度地理解阿毗达磨体系中的缘起义。

关键词：字界；字缘；缘起；此有故彼有；此生故彼生

前　　言

“缘起”是佛法的核心，佛法与外道所不共之一便是缘起。然而，能够精准、深入地理解其内涵，的确并非易事，如佛陀说“缘起甚深”。在阿毗达磨、唯识、中观、华严（宗）中，对于缘起的解释各有异同之处。本文仅限于探究阿毗达磨体系下的缘起义。现代佛学研究中，关于缘起的相关论文颇多，但笔者发现有些论文存在下列问题：或以偏概全，或任摘一处，或诠释乏义，或法相混淆……因此，笔者尝试通过本文的梳理，让读者能够较为全面、系统地理解这一重要法相概念。在参考资料方面，本文以《俱舍》《正理》《婆沙》等原典为主，其中，《俱舍》注疏参考了汉传注疏和日系注疏；同时，也参考了近代杨仁山居士、欧阳竟无先生、印顺法师、法光法师等的相关著作。

下文中，笔者首先从梵语词源学的角度，梳理《俱舍》正义、《俱舍》异说、《正理》正义三家的诠释，并引述《婆沙》五说。其次，阐释六家关于缘起与经文“依此有故彼有，此生故彼生”之间的关联。最后，为了便于读者多角度理解缘起义，引述了缘起的四大类别。

一 何谓缘起

（一）字界、字缘的解释

1. 字界、字缘的定义

字界，梵语 dhātu；字缘，梵语 pratyaya。依据《光记》注疏，字界、字缘的说法来源于印度《声明论》（波你尼仙造[①]）。其中，字界需要有字缘的相助，才能产生种种义，譬如米、面等（字界），需要盐等（字缘）相助才能有味。如《光记》卷九文：

> 依《声明论》有字界、字缘，其字界有字缘来助，即有种种义出，如米、面等，盐等助时，即有种种味出。[②]

《宝疏》为了便于汉地读者理解，引用《说文解字》中字形和字声来类比作喻。《宝疏》将“字界”类比为汉字中的“字形”，“字缘”类比

---

① （唐）玄奘口述，辩机编纂：《大唐西域记》卷二，《大藏经补编》第 31 册，No.80，第 608 页上。

② （唐）普光：《俱舍论记》卷九，《大正藏》第 41 册，No.1821，第 169 页下。

为汉字中的“字声”，由“声”来助“形”，可以产生种种的意思。比如“水”是字形，以字声“可”来助“水”，就成为“河”，以“每”助就成为“海”。如文：

> 西方字法有字界、字缘，略如此方字有形、有声，（喻）如一形上声助不同目种种法，如“水”形上若以“可”助，即目其“河”；若以“每”助，即目“海”也……梵字亦尔。①

例如，梵语缘起 pratītyasamutpāda，是由“pratītya”（缘）和“samutpāda”（起）组合变格而成。pratītya（缘），字界为“√ i”，字缘为“prati”；samutpāda（起），字界为“√ pad”，字缘为“sam”“ut”。如表 1 所示。

表 1　　缘起（pratītyasamutpāda）字界、字缘分析

字	字界	字缘
pratītya（缘）	√ i	prati
samutpāda（起）	√ pad	① sam ② ut

又如《俱舍》在卷三诠释“根”义，卷五诠释“文身”义，卷九诠释“健达缚”义，卷二十八诠释“静虑”义等处，都从梵语字缘、字界的角度来阐释其甚深法相含义，此处恐繁不录。

同时，笔者也注意到，近代有些研究者和翻译者，通常把字界比作词根，字缘比作词缀，如《梵语入门》中所述：“根据印度传统梵语语法理论，所有的词都是由词根धातु（dhātu，一般含义是‘界’）加上一系列的词缀构成的。词根都是动词性的。词根加上词缀构成语干，语干上还可以继续加词缀。这些词缀除了加在词根或语干上之外，可能还会使词根或语

① （唐）法宝：《俱舍论疏》卷九，《大正藏》第 41 册，No.1822，第 602 页下。

干本身发生一些形态变化。”[①]又如《波你尼语法入门》中诠释字缘：“‘缘’即 pratyaya，作为语法术语，‘缘’就是词缀。《波你尼经》说明，凡是词缀都发生在词后，比如加在动词后的标志人称、时态的词缀等。在波你尼眼中，梵语的‘缘’或词缀是有意图的，意图在于要表达一个明确的意义，例如动词的人称变化，其意义在于指示行为的主体或客体。表示时态的词缀表现的是行为发生的时间等等。当词缀加在词后时，往往引起词干发生音变，追根溯源，引起变化的原因正是词缀，因此，词缀得名‘缘’。”[②]其中，词缀又分为前缀和后缀，后缀一共有六大类型：语尾、格尾、直接词缀、派生词缀、词根词缀、阴性词缀。[③]

2. 字界、字缘各有多义

印度《声明论》中的字界、字缘是否有多种含义？笔者未找到相关的解释，故只能爬梳《俱舍》及其注疏中的蛛丝马迹，梳理如下。

《俱舍》卷九在“明所食”时，解释说：“谓唯香气，由斯故得健达缚名。诸字界中义非一故，而音短者如设建途及羯建途，略故无过。”[④]由此可知，字界有多种意思。但遗憾的是，《俱舍》全文中，未明确提及字缘字样。而《光记》卷九中有明确说明：“字界、字缘各含多义。”[⑤]

但是，《颂疏》和《麟记》的解释，在文字表述上似乎与《光记》不同。如《颂疏》卷五中：“西方声明，造字有字界、字缘。界是本义，以字缘助成种种义。”[⑥]此解释，可以理解为一个梵语字只能有一个字界，但可以有多个字缘。若同一个字界上加不同的字缘，其组合后的字也会具有不同的含义。《麟记》用譬喻的方式解释，但也容易让读者理解为与《颂疏》的解释相同。如《麟记》卷五中：“字界、缘者，且如此方‘江’‘河’

① Johann Georg Bühler，Edward Perry 等：《梵语入门》，北塔藏文班编译，2021 年，第 26 页。
② 段晴：《波你尼语法入门》，北京大学出版社 2001 年版，第 9 页。
③ Johann Georg Bühler，Edward Perry 等：《梵语入门》，北塔藏文班编译，2021 年，第 26 页。
④ （唐）玄奘译：《阿毗达磨俱舍论》卷九，《大正藏》第 29 册，No.1558，第 46 页中。
⑤ （唐）普光：《俱舍论记》卷九，《大正藏》第 41 册，No.1821，第 171 页上。
⑥ （唐）圆晖：《俱舍论颂疏论本》卷五，《大正藏》第 41 册，No.1823，第 852 页上。

等字，皆从其‘水’。‘水’即是界，‘工’‘可’是缘，以‘工’助‘水’成‘江’，以‘可’助‘水’成‘河’也。”[①] 如表 2 所示。

表 2　　字界、字缘举例

字界	字缘	字体
水	工	江
	可	河

经笔者研究发现，实际上，每一个字界和字缘的确如《光记》所言，都有多种含义。近代印顺法师在《净土与禅》中也是这样认为的：“关于语文（依佛法说，文是依音声流变，表达情意或认识而成立；有音声上的文，而后有形色的文）……在印度，即使是‘字界’，也有不同的意义。‘字界’与‘字缘’相合而成字，由于字界、字缘的解说不同，和合而成的字义，解说也可作多样的解说。语文的音义，只是约定俗成，一直在演化中。”[②]

若对同一个梵字中字界、字缘的解读不同，便会对同一个梵字产生不同的理解。阿毗达磨论典中，对缘起（pratītyasamutpāda）字义理解的分歧便产生于此。那么，缘起究竟是何义呢？下文将从《俱舍》正义、《俱舍》异说、《正理》正义、《婆沙》五说四个方面诠释。其中，前三者侧重于从梵语词源学字界、字缘的角度来诠释。

（二）《俱舍》正义

《俱舍》卷九云：

> 有法，至于缘已，和合升起，是缘起义。[③]

① （唐）遁麟：《俱舍论颂疏记》卷五，《新纂卍续藏》第 53 册，No.841，第 423 页下。
② 印顺：《净土与禅》，CBETA2022，Y17，No.17，第 149 页上—150 页上。
③ （唐）玄奘译：《阿毗达磨俱舍论》卷九，《大正藏》第 29 册，No.1558，第 50 页中。

此缘起义在《俱舍》中是初说，也是论主认可的正义。初说对缘起（pratītyasamutpāda）中字界、字缘的解读为：

pratītya（缘）中，字界√i 是“行”义，字缘 prati 是“至”义，√i 由 prati 转变成 pratītya，即“行”由“至”助转变成“缘”。

samutpāda（起）中，字界√pad 是“有”义，字缘 sam 是“和合”义，ut 是“上升”义，√pad 由 sam 和 ut 转变成 samutpāda，即“有”由“和合”“上升”助转变成“起”。

故初说缘起义为：“有法，至于缘已，和合升起。”如表 3 所示：

表 3　《俱舍》正义

字	字界	字缘
pratītya（缘）	√i（行）	prati（至）
samutpāda（起）	√pad（有）	① sam（和合） ② ut（上升）
pratītyasamutpāda（缘起）	有法，至于缘已，和合升起。	

此外，据《光记》，此观点是“经部答，或说一切有部答”。《宝疏》依据《正理》认为是“论主依经部宗释”。《法义》中评定为“约经部为胜”。

（三）《俱舍》异说

1. 经部上座解释

《俱舍》卷九云：

> 有执，……种种缘和合已，令诸行法聚集升起，是缘起义。[①]

根据《光记》《宝疏》，此说为经部上座解，根据山口益（1955）的研

① （唐）玄奘译：《阿毗达磨俱舍论》卷九，《大正藏》第 29 册，No.1558，第 50 页下。

究，称友、安慧、满增三人在各自的《俱舍论》注释中都认为持有上述观点之人是大德室利逻多（Śrīlāta）。其对缘起（pratītyasamutpāda）中字界、字缘的解读为：

pratītya（缘）中，字界√i 是“不住”义，字缘 prati 是“种种”义，√i 由 prati 转变成 pratītya，即“不住”由“种种”助转变成“缘”。

samutpāda（起）中，字界√pad 是“行”义，字缘 sam 是“聚集”义，ut 是“上升”义，√pad 由 sam 和 ut 转变成 samutpāda，即“行”由“聚集”“上升”助转变成“起”。

故经部上座对缘起义解释为：“种种缘和合已，令诸行法聚集升起。”如表 4。

表 4　《俱舍》解释缘起异说

字	字界	字缘
pratītya（缘）	√i（不住）	prati（种种）
samutpāda（起）	√pad（行）	① sam（聚集） ② ut（上升）
pratītyasamutpāda（缘起）	种种缘和合已，令诸行法聚集升起。	

以上经部上座对缘起义的解释，论主并不认可，故予以破斥。

2. 论主破

《俱舍》卷九云：

如是所释，于此可然；眼、色各为缘起于眼识等，此中种种聚集岂成？①

上座对缘起义的解释对十二缘起来说是成立的，因为无明等支各有五蕴众多法组成，可以说是种种聚集。但对于眼根缘色境生起眼识来说，

① （唐）玄奘译：《阿毗达磨俱舍论》卷九，《大正藏》第 29 册，No.1558，第 50 页下。

眼识并非多法聚集而成，上座所释则不成立。如《宝疏》中提道：“如眼在此，色在远方，如是亦是缘起，岂是聚集？”[①]《光记》中也认为，眼、色各为一缘，种种聚集不能成立。或者眼、色各别为缘，眼识体是一个，并非由众多法聚集而成。如《光记》中：“眼、色各为缘，起于眼识等，眼、色各为一缘，此中种种聚集岂成？又解：眼、色别成缘，即非种种和合，眼识一体，复非聚集。”[②]故上座所解，理非圆满，不能成立。

（四）《正理》正义

《正理》卷二十五云：

> 此总义者，缘现已合，有法升起，是缘起义。[③]

众贤论师在《正理》中对缘起（pratītyasamutpāda）之字界、字缘的解读为：

pratītya（缘）中，字界√i 是“有”义，字缘 prati 是“现前”义，√i 由 prati 转变成 pratītya，即“有”由“现前”助转变成“缘”。

samutpāda（起）中，字界√pad 是“有”义，字缘 sam 是“和合”义，ut 是“上升”义，√pad 由 sam 和 ut 转变成 pratītya，即“有”由“和合”“上升”助转变成“起”。

故众贤论师将缘起义解释为：“缘现已合，有法升起。”如表 5。

表 5　《正理》解释缘起

字	字界	字缘
pratītya（缘）	√i（有）	prati（现前）

① （唐）法宝：《俱舍论疏》卷九，《大正藏》第 41 册，No.1822，第 603 页中。
② （唐）普光：《俱舍论记》卷九，《大正藏》第 41 册，No.1821，第 171 页中。
③ （唐）玄奘译：《阿毗达磨顺正理论》卷二十五，《大正藏》第 29 册，No.1562，第 481 页上。

续表

字	字界	字缘
samutpāda（起）	√pad（有）	① sam（和合） ② ut（上升）
pratītyasamutpāda（缘起）	缘现已合，有法升起。	

缘现前时即可说缘和合时，众贤论师的缘起义中为什么在“缘现已”重复说“和合”？为什么不直接说“缘现前已，有法升起”？

原因有二：一、为了说明没有一个法只从一个缘产生，故说“和合”。二、为证成经中所说缘起义“依此有故彼有，此生故彼生”。缘现前时可说是俱生缘，缘现起故有法升起，对应于“依此有故彼有”；缘和合时可说前生缘，缘和合故有法升起，对应于“依此有故彼有”。如《正理》中说：“为成无法唯一缘生。或显俱生、前生缘故。缘现前者显俱生缘，缘和合者显前生缘。此则显成‘依此有故彼有，此生故彼生’，是缘起义。”①

对于《俱舍》正义，众贤论师在《正理》中也提到“如是所释，越彼所宗”②，此不繁述。

为什么以上三家关于“缘起”义的诠释不同？笔者认为根本原因有以下两个方面。

第一方面，从词源学的角度而言，梵语字界、字缘各自有多种含义，故给予了诸大论师充分的诠释发挥空间。如《正理》卷二十五所解释：“今见此中差别义者，谓钵剌底是现前义，壹女界是有义，一字界中有多义故。”③又如《光记》卷九云：“字界、字缘各含多义，故通异释。”④又如《宝疏》卷九云：“所以诸释不同，依声明一一字皆有十义，取意不同，释

① （唐）玄奘译：《阿毗达磨顺正理论》卷二十五，《大正藏》第 29 册，No.1562，第 481 页中。
② （唐）玄奘译：《阿毗达磨顺正理论》卷二十五，《大正藏》第 29 册，No.1562，第 481 页中。
③ （唐）玄奘译：《阿毗达磨顺正理论》卷二十五，《大正藏》第 29 册，No.1562，第 481 页上。
④ （唐）普光：《俱舍论记》卷九，《大正藏》第 41 册，No.1821，第 171 页上。

各异也。”[①]即《宝疏》认为，之所以所释不同，是因为在《声明论》中字界与字缘皆各有十义，亦即是说字界、字缘可有十种不同的解释。另外，此处的“十义”究竟是指哪十种含义？日系注疏《校正宝疏》也未作注释，故尚待继续研究。还有一种理解，认为此处十义是指十罗声，十罗声的解释如《南海寄归内法传》卷 4：“驮睹者，则意明七例、晓十罗声……十罗声者，有十种罗字，显一声时便明三世之异。”[②]

针对以上三家关于缘起的字界、字缘的不同诠释，笔者归纳如下表 6、表 7。

表 6　三家“字界”解释之异同

诠释 / 字界	《俱舍》正义	《俱舍》异说	《正理》正义
√i	行	不住	有
√pad	有	行	有

表 7　三家“字缘”解释之异同

诠释 / 字缘	《俱舍》正义	《俱舍》异说	《正理》正义
prati	至	种种	现前
① sam	和合	聚集	和合
② ut	上升	上升	上升

如上表所示，因为三家对于“缘”“起”字界、字缘的诠释不同，所以对于“缘起”的诠释也不同。《俱舍》正义解释为：“有法，至于缘已，和合升起。”《俱舍》异说解释为：“种种缘和合已，令诸行法聚集升起。”《正理》正义解释为：“缘现已合，有法升起。”

第二方面，从哲学义理而言，部派佛教各宗派及印度外道的根本宗见

① （唐）法宝：《俱舍论疏》卷九，《大正藏》第 41 册，No.1822，第 603 页中。
② （唐）义净：《南海寄归内法传》卷四，《大正藏》第 54 册，No.2125，第 228 页下。

迥异。声论师之所以不同意经部（俱舍正义）对于“缘起”的解释：一方面，在于声论师站在自己的宗义上认为“至缘”和“起”是两个作用，且须依作者才能现起，如《光记》卷九所述：“又声论师妄所安立‘真实作者、真实作用’。”[①]另一方面，在于声论师执取论主所说“至于缘已和合升起”中的“已”字是表达“前后”的意思。基于这样的前提，便必然存在一个矛盾就是“至缘”既要是“起”之前，同时又需要作者，但是法在“起”之前又是没有作者的。所以，声论师会认为论主的解释不合理。而论主站在经部的宗义上，虽然和声论师一样认为未来无体，但一方面经部认为“至缘”和“起”并不需要依赖作者，而且二者都无自体；另一方面论主所说的“已”也并非表达“前后”的意思。基于这样的前提，“至缘”和“起”既可以是在未来，而且是非有实体的法；同时，两者也是一齐现起的。

对于缘起的诠释，世亲菩萨舍有部义取经部义，如欧阳竟无先生《阿毗达磨俱舍论叙》中所说：“缘起，非若有部，起而非生，谓未来法，生而非起，后心过现。要知生唯过现，便违经说，生死非未，便坏三际。”[②]对于世亲菩萨的解释，众贤论师在《正理》中评曰：“如是所释，越彼所宗。”[③]两位论师的诠释差异，其背后的根本宗见是：世亲菩萨支持经部的“过未无体”，而众贤论师维护有部的“法体恒存，三世实有”。

（五）《婆沙》五说

关于“缘起是何义”，在《婆沙》中并没有在缘起字界、字缘上去详细辨析，只提到五说，但未评定哪家是正义[④]：

> ①待缘而起，故名缘起。待何等缘？谓因缘等。

---

① （唐）普光：《俱舍论记》卷九，《大正藏》第 41 册，No.1821，第 170 页中。

② 欧阳竟无：《阿毗达磨俱舍论叙》，载《欧阳竟无内外学》，商务印书馆 2015 年版，第 213 页。

③ （唐）玄奘译：《阿毗达磨顺正理论》卷二十五，《大正藏》第 29 册，No.1562，第 481 页中。

④ 吕凯文：《“缘起”与“缘已生法”之差别》，《揭谛》第十四期，2008 年。

②或有说者：有缘可起，故名缘起。谓有性相可从缘起，非无性相非不可起。

③复有说者：从有缘起，故名缘起。谓必有缘此方得起。

④有作是说：别别缘起，故名缘起。谓别别物从别别缘和合而起。

⑤或复有说：等从缘起，故名缘起。①

二　经文“依此有故彼有，此生故彼生”的诠释

《俱舍》卷九中，世亲菩萨不惜笔墨，对于《缘起经》中“依此有故彼有，此生故彼生”两句经文，引述了包括其在内的六家诠释。其中，除了大德逻摩和经部轨范师二者之外，其他观点论主均有破斥。如此反复的论辩，足见此二句与十二缘起之甚深联系。

为了便于读者对此六家观点有初步的了解，笔者归纳了诸家观点之间的差异，梳理如表8。

表8　诠释经文的六家观点

<table>
<tr><th rowspan="2">诸家</th><th rowspan="2">缘起类别</th><th rowspan="2">所属部派</th><th colspan="2">观点</th><th rowspan="2">论主破</th></tr>
<tr><th>依此有彼有</th><th>此生故彼生</th></tr>
<tr><td>1. 论主</td><td>十二缘起</td><td>经部</td><td colspan="2">为显十二缘起之间的决定关系。</td><td>—</td></tr>
<tr><td>2. 大德逻摩解</td><td>十二缘起</td><td>经部</td><td colspan="2">1. 诸支传生。
2. 三际传生。
3. 亲传二缘。</td><td>未破</td></tr>
<tr><td>3. 尊者世曹解</td><td>广义缘起</td><td>经部</td><td>破无因外道。</td><td>破常因外道。</td><td>仅一句“此生故彼生”即可破此二因，则经文前句便成无用。</td></tr>
</table>

① （唐）玄奘译：《阿毗达磨大毗婆沙论》卷二十三，《大正藏》第27册，No.1545，第118页上。

续表

<table>
<tr><th rowspan="2">诸家</th><th rowspan="2">缘起类别</th><th rowspan="2">所属部派</th><th colspan="2">观点</th><th rowspan="2">论主破</th></tr>
<tr><th>依此有彼有</th><th>此生故彼生</th></tr>
<tr><td>4. 轨范诸师解</td><td>十二缘起</td><td>经部</td><td colspan="2">依无明不断，诸行不断；
由无明生故，诸行得生。</td><td>未破</td></tr>
<tr><td>5. 上坐同学解</td><td>广义缘起</td><td>经部</td><td>因相续有，果相续亦有。</td><td>因分生故，诸果分亦生。</td><td>1. 缘起，本是说生，为什么说住。
2. 即使说住，按四相次第也应先说生。</td></tr>
<tr><td>6 宝利逻多解</td><td>广义缘起</td><td>经部</td><td>果出现时，因便消失。</td><td>破无因生</td><td>1. 违经文内涵。
2. 违经文次第。</td></tr>
</table>

下文中，将对以上六家诠释，进行详细阐述。需要说明的是，此六家具体是指哪些部派，《俱舍》原文中并未全部标明，故各家注疏理解有异。本文将以《光记》为准。

（一）论主解释

《俱舍》卷九云：

> 如余处说："依无明有，诸行得有；非离无明可有诸行。[①]

论主解释：之所以在讲十二缘起前先讲"依此有故彼有，此生故彼生"，是为令众生了知十二缘起的相生关系是决定的。《光记》认为"依无明有，诸行得有"是对应"依此有故彼有"，"非离无明可有诸行"是对应"此生故彼生"，所以按《光记》的理解，《俱舍》的前后两句与经文是配对关系。如文：

> 如余经论所说"依无明有，诸行得有"是"依此有故彼有"，复

① （唐）玄奘译：《阿毗达磨俱舍论》卷九，《大正藏》第 29 册，No.1558，第 50 页下。

审定言“非离无明可有诸行”是“此生故彼生”。[①]

（二）大德逻摩解释

《俱舍》卷九云：

> 又为显示诸支传生，谓：依此支有，彼支得有；由彼支生，故余支得生。又为显示三际传生，谓：依前际有，中际得有；由中际生，故后际得生。又为显示亲传二缘，谓：有无明无间生行，或展转力诸行方生。[②]

依《光记》判，是大德逻摩的观点：“准《正理》二十五，三际传生及亲传缘，是上坐弟子大德逻摩解；诸支传生，义准同三际，亦是逻摩解。”

大德逻摩初解认为“此有故彼有，此生故彼生”是为了显示十二支之间的相互传生，即无明生行……乃至生老死，十二支辗转传生。如《光记》：

> 第一解云：又为显示诸支传生，谓：依此无明支有，彼行支得有；由彼行支生故，余识支得生。即十二支展转传生。[③]

第二解认为“此有故彼有，此生故彼生”是为了显示前际、中际、后际之间的传生关系。

第三解认为“此有故彼有”为了说明十二支中前后两支之间的直接关系；“此生故彼生”则为了说明十二缘起中两支之间的间接关系。如

① （唐）普光：《俱舍论记》卷九，《大正藏》第 41 册，No.1821，第 171 页中。
② （唐）普光：《俱舍论记》卷九，《大正藏》第 41 册，No.1821，第 171 页中。
③ （唐）普光：《俱舍论记》卷九，《大正藏》第 41 册，No.1821，第 171 页中。

《光记》：

> 第三解：又为显示亲传二缘。谓：有无明若无间亲生行，是“依此有故彼有”；若有无明展转力故诸行方生，非是亲生，如起无明次起无记心及后起行，是“此生故彼生”。[①]

（三）经部异师尊者世曹解释

《俱舍》卷九云：

> 有余师释：如是二句为破无因、常因二论，谓：非无因诸行可有，亦非由常、自性、我等无生因故诸行得生。[②]

此师认为佛之所以先说这两句之后再说十二缘起，是因为这两句能破无因和常因两种外道，即非无因诸法可生，亦非常因诸法可生。数论外道立自性谛能够造作诸法，但不认为造作者为我。胜论等外道立的是我、空、方、时等为常住法，认为我就是作者。所以普光法师《光记》中将执常分为数论和胜论两种，前者执自性为常，后者执我为常。

那么，这里的“余师”是指谁？《光记》认为余师是经部异师尊者世曹，《正理》将其称为上座徒党，《宝疏》却认为是上座。《指要》否定了《宝疏》的观点，并引《正理》说明此处是上座徒党。关于上座徒党，《正理》有两释，虽然其中一释与《光记》的观点一致，但《正理》中却并未提到“尊者世曹”这个名字，所以《指要》疑惑光师说的“尊者世曹”依据来自哪里。《法义》《冠导》同《指要》,《藤井校注》同《光记》。

---

① （唐）普光：《俱舍论记》卷九，《大正藏》第 41 册，No.1821，第 171 页中。

② （唐）普光：《俱舍论记》卷九，《大正藏》第 41 册，No.1821，第 171 页中。

（四）经部轨范师解释

《俱舍》卷九云：

> 轨范诸师释：此二句为显因果不断及生，谓：依无明不断，诸行不断；即由无明生，故诸行得生。如是展转皆应广说。①

轨范师，即论主世亲菩萨的师长。其认为佛在经中先说此二句的原因分别是为显示因果不断及十二缘起的相生关系，其根本上都是由于无明系缚：只要无明不断，诸行就不会断；由无明生，诸行就会生，乃至辗转相生至老死。如《光记》文：

> 言“不断”者，显同一系缚，谓依无明不断，诸行不断，故言“依此有故彼有”；即由无明生，故诸行得生，故言“此生故彼生”，展转广说十二缘起。②

对于此师的观点，论主虽不认可却并没有破斥。众贤论师《正理》中说明不破的原因是由于世亲菩萨是其弟子，这里是论主对阿阇黎行的仁义孝道。如《正理》卷二十五云：“经主述自轨范师释二句义，显己仁孝，彼虽有失而不彰显，师资之道理固应然。”③

（五）上座同学解释

《俱舍》卷九云：

> 有释：为显因果住、生，谓：乃至因相续有，果相续亦有；及即

① （唐）普光：《俱舍论记》卷九，《大正藏》第 41 册，No.1821，第 171 页中。
② （唐）普光：《俱舍论记》卷九，《大正藏》第 41 册，No.1821，第 171 页下。
③ （唐）玄奘译：《阿毗达磨顺正理论》卷二十五，《大正藏》第 29 册，No.1562，第 483 页上。

由因分生，故诸果分亦生。[①]

此师的观点认为佛在经中先说此二句的原因是为了显示因果的住和生：因相续住，果才会相续住，即“依此有故彼有”显示的是住相；而由因分生，果分才会生，即“此生故彼生”显示的是生相。如《光记》释：

> “住”，谓相续住。“乃至因相续有，果相续亦有”，故言“依此有故彼有”；“及即由因分生，故诸果分亦生”，故言“此生故彼生”。[②]

（六）经部中室利逻多解释

《俱舍》卷九云：

> 复有释言：“依此有故彼有”者，依果有，因有灭；“此生故彼生”者，恐疑果无因生，是故复言“由因生故，果方得起”，非谓无因。[③]

关于此师的所指，各家注疏均认为是经部上座“室利逻多”。此师对“依此有故彼有”的解释是：“依果有，因有灭。”而对“此生故彼生”的解释是：“恐疑果无因生，是故复言‘由因生故，果方得起’，非谓无因。”

《光记》解释：“灭，谓灭无。”[④]《宝疏》进一步解释：此师意“由果有

① （唐）普光：《俱舍论记》卷九，《大正藏》第 41 册，No.1821，第 171 页中。
② （唐）普光：《俱舍论记》卷九，《大正藏》第 41 册，No.1821，第 171 页中。
③ （唐）普光：《俱舍论记》卷九，《大正藏》第 41 册，No.1821，第 171 页中。
④ （唐）普光：《俱舍论记》卷九，《大正藏》第 41 册，No.1821，第 172 页上。

故，因有灭无”[①]。即此师认为经文的前半句是说果有的时候，因就消失了；而后半句仅是为了避免无因生的误解。

由此可知，室利逻多的观点是：“依此有故彼有”的意思是说一个果法现起之时，因法即谢灭没有了。

三　四种缘起

缘起是通情与非情的；而十二缘起则是说明众生轮回生死、因果相续的缘起。十二缘起可以有四种不同的认识角度，即《俱舍》中提到的四种缘起：“又诸缘起差别说四：一者，刹那；二者，连缚；三者，分位；四者，远续。”[②]

（一）刹那缘起

一刹那中具足十二支缘起，即刹那缘起。《光记》中提到此处“刹那”是“据四相作用究竟名一刹那”[③]；《宝疏》中提到刹那缘起是“于一念中说缘起义”[④]。

刹那缘起并不是很好理解，举一个例子，如一个人起贪心行杀时，于一刹那中便具足十二支。此十二支各支所含摄的法，详如表 9。

表 9　十二支各支所含摄的法

十二支	内容
无明	贪相应无明（大烦恼地法 – 痴）
行	贪相应思（大地法 – 思）
识	贪相应识（心王）

① （唐）法宝：《俱舍论疏》卷九，《大正藏》第 41 册，No.1822，第 604 页上。
② （唐）玄奘译：《阿毗达磨俱舍论》卷九，《大正藏》第 29 册，No.1558，第 48 页下。
③ （唐）普光：《俱舍论记》卷九，《大正藏》第 41 册，No.1821，第 166 页中。
④ （唐）法宝：《俱舍论疏》卷九，《大正藏》第 41 册，No.1822，第 599 页下。

续表

<table>
<tr><th>十二支</th><th colspan="2">内容</th></tr>
<tr><td rowspan="6">名色</td><td colspan="2">色蕴（4）：扶尘根、四境（色、香、味、触）</td></tr>
<tr><td colspan="2">想蕴（1）</td></tr>
<tr><td rowspan="4">行蕴</td><td>大地法（6）：欲、慧、念、作意、胜解、三摩地</td></tr>
<tr><td>大烦恼地法（3）：放逸、懈怠、不信</td></tr>
<tr><td>不定地法（2）：寻、伺</td></tr>
<tr><td>不相应行（8）：得、非得、同分、命根、住、名身、句身、文身</td></tr>
<tr><td>六入</td><td colspan="2">眼等五根（色蕴－五根）</td></tr>
<tr><td>触</td><td colspan="2">根、境、识和合（大地法－触）</td></tr>
<tr><td>受</td><td colspan="2">贪相应受（大地法－受）</td></tr>
<tr><td>爱</td><td colspan="2">贪心行杀，贪即是爱（不定地法－贪）</td></tr>
<tr><td>取</td><td colspan="2">贪相应烦恼：无惭、无愧（大不善地法）；惛沈、掉举（大烦恼地法）</td></tr>
<tr><td>……有</td><td colspan="2">行杀时所起的身语表、无表业（色蕴－形色、声；无表色）</td></tr>
<tr><td>生</td><td colspan="2">以上诸法未来正在生起时（不相应行－生）</td></tr>
<tr><td>老死</td><td colspan="2">以上诸法变异时为老，坏灭时叫死（不相应行－异、灭）</td></tr>
</table>

（二）连缚缘起

因果无间相连生起，名连缚缘起。体现在十二因缘中，就是十二缘起支无间连续生起。

另外，还有一种说法，连缚缘起、刹那缘起是通情、非情，遍一切有为法的，如《俱舍》中提到“复有说者，刹那、连缚如《品类足》，俱遍有为”[①]。《颂疏》中解释为：“若情非情，皆有生灭，念念相续。故刹那、连缚，遍一切有为也。”[②]

对于非情来说，并不圆满具备十二支缘起，应只有生、老死两支。如

① （唐）玄奘译：《阿毗达磨俱舍论》卷九，《大正藏》第 29 册，No.1558，第 48 页下。

② （唐）圆晖：《俱舍论颂疏论本》卷九，《大正藏》第 41 册，No.1823，第 872 页上。

《晖钞》中说：“俱遍有为者，于非情不说有无明等。”[①]

（三）远续缘起

远续缘起，《俱舍》中说：“即此（案：‘此’，即分位缘起）悬远相续无始，说名远续。”[②]分位缘起只是将十二支进行了三世的划分，而远续缘起是将十二支划分到过去无量世、现在世、未来无量世中，是约顺后受业及不定受业说。如《颂疏》所说：“远续者，即前分位，约顺后受业，及不定受业，隔越多生，无始远续之因果也。”[③]

据《麟记》记载：“远续与分位有差别者，即三世邻近取果、与果名为分位。隔越多生取果、与果名为远续。”[④]又《宝疏》中提到远续、连缚缘起的差别：“远续唯隔越，连缚唯无间；远续是异熟因，若兼无情亦通同类因，若有情亦遍行因；连缚定非异熟因，通同类、遍行及能作，除相应、俱有、异熟因。异熟因非连缚故，相应、俱有非前后故，不名相缚。”[⑤]

由上所述，也可以看出四种缘起之间的差别，总结如表 10。

表 10　　四种缘起之差别（一）

缘起	时间	前后关系	据何业说	六因
刹那缘起	一刹那	—	—	—
连缚缘起	—	无间相续	—	同类、遍行及能作
分位缘起	三生	无间相续	顺生受业、不定受业	—
远续缘起	多生	隔越多生	顺后受业、不定受业	异熟、同类、遍行

① （唐）慧晖：《俱舍论颂疏义钞》卷二，《新纂卍续藏》第 53 册，No.839，第 163 页中。
② （唐）玄奘译：《阿毗达磨俱舍论》卷九，《大正藏》第 29 册，No.1558，第 48 页下。
③ （唐）圆晖：《俱舍论颂疏论本》卷九，《大正藏》第 41 册，No.1823，第 872 页上。
④ （唐）遁麟：《俱舍论颂疏记》卷九，《新纂卍续藏》第 53 册，No.841，第 439 页上。
⑤ （唐）法宝：《俱舍论疏》卷九，《大正藏》第 41 册，No.1822，第 600 页上。

表 10 中，笔者认为刹那缘起应为据顺现受业说，连缚缘起虽没有时间的限制，但应顺现、生、后及不定业说都可以有。四种缘起中应该都有能作因，刹那缘起中还应有俱有因、相应因；分位缘起中应有异熟、同类和遍行因。

此外，《光记》中对四种缘起的差别有进一步的总结阐释。“四种缘起差别者，刹那缘起，谓同一刹那相望而说，若据前解唯是有情、有漏；若据后师亦通非情、无漏；余三缘起皆据前后相望说也。就中连缚通情、非情，有漏、无漏；分位、远续唯是有情、有漏。若连缚，前后刹那无间相邻连缚相续；若分位，据十二分位无间相续生及不定说也；若远续，据分位中后及不定说也。”[①] 如表 11。

表 11　　四种缘起之差别（二）

四种缘起		有情	非情	有漏	无漏
分位、远续		√		√	
刹那	前解	√		√	
	后解	√	√	√	√
连缚		√	√	√	√

（四）分位缘起

最早在迦多衍尼子的《发智论》中有讲分位缘起，其中将十二支缘起划分到过去、现在、未来三世中。《发智论》卷一云：

> 一补特伽罗，于此生十二支缘起，几过去？几未来？几现在耶？
>
> 答：二过去，谓无明、行；二未来，谓生、老死；八现在，谓识、名色、六处、触、受、爱、取、有。[②]

① （唐）普光：《俱舍论记》卷九，《大正藏》第 41 册，No.1821，第 166 页中。

② （唐）玄奘译：《阿毗达磨发智论》卷，一《大正藏》第 26 册，No.1544，第 921 页中。

有部认为，分位缘起十二支中每一支都是五蕴为体。如《俱舍》：“十二支位所有五蕴皆分位摄。”[①]《正理》中提道：“分位缘起，谓三生中，十二五蕴无间相续，显法功能，谓如经说，业为生因，爱为起因。”[②]由此可知，分位缘起与连缚缘起相比，只是多了一个时间的限定。

此外，《颂疏》中提道：“分位缘起，约顺生受业及不定受业，三世十二支五蕴分位也。”[③]即分位缘起据顺生受业、不定受业说。

小　　结

笔者在梳理阿毗达磨缘起是何义时，先从词源学的角度，结合印度论师、汉传祖师，及近代学者、翻译者几家的解读，诠释了字界、字缘的定义。然后分别对《俱舍》《正理》《婆沙》提到的各种观点进行了梳理说明，重点梳理了对缘起字义的三种解读，即《俱舍》正义：“有法，至于缘已，和合升起是缘起义”；《俱舍》异说：“种种缘和合已，令诸行法聚集升起，是缘起义”；《正理》正义：“此总义者，缘现已合，有法升起，是缘起义。”产生此三种诠释差异的根本原因是：梵语字界字缘的多种含义、部派佛教各宗派的根本宗见迥异。其次，对于《缘起经》中“依此有故彼有，此生故彼生”两句经文，梳理了世亲菩萨的解读：是为令众生了知十二缘起的相生关系是决定的。同时，阐释了其他五家诠释。此五家诠释中，除了大德逻摩和经部轨范师二者之外，其他观点世亲菩萨均有破斥。如此反复的论辩，足见此二句与缘起之甚深联系，如《要解》评曰：“盖此二句乃缘起之纲要，入理之玄门也，含摄无边之深义也。”最后，归纳了缘起的四种类别，以便读者全面、系统地多角度理解阿毗达磨体系中的缘起义。四种缘起是：刹那缘起，即一刹那中具足十二支缘起；连缚缘

① （唐）玄奘译：《阿毗达磨俱舍论》卷九，《大正藏》第 29 册，No.1558，第 48 页下。
② （唐）玄奘译：《阿毗达磨顺正理论》卷二十七，《大正藏》第 29 册，No.1562，第 494 页中。
③ （唐）圆晖：《俱舍论颂疏论本》卷九，《大正藏》第 41 册，No.1823，第 872 页上。

起，即因果无间相连生起；远续缘起，即此（案：“此”，即分位缘起）悬远相续无始；分位缘起，即在远续缘起的基础上，加上了时间限定，将十二支缘起划分到过去、现在、未来三世中。其中，前两者不但通有情，而且通非情；后两者仅限于有情。

另外，笔者在研读佛教义理时发现，作为义理研究者须具备两种基本素质。其一是梵语基础知识的储备，梵语的重要性如《杨仁山居士遗书》所言：“弟闻文法之精密，梵语为最……其教语言之用法，与发音之定则，最详。婆罗门教徒，到今背诵全部，讲习不已。”① 其二是扎实的原典义理解读能力。由于梵语的字界字、缘各有多义，故须熟谙诸宗派、诸论师的根本宗见，以便能够精准地解读和把握同一法相在不同语境时空因缘下的真实含义。

① 杨文会：《杨仁山居士遗书》卷二十二，《大藏经补编》第 28 册，No.157，第 682 页上。

汉译佛典“善根”译语考论

思　博

陕西法门寺佛学院副教务长

摘要：鸠摩罗什所译的《佛说阿弥陀经》是一部为人所熟知的大乘经典，是净业行人所依据的主要经典之一。其中“不可以少善根福德因缘得生彼国”中“少善根”一词上千年来有着许多不同的解释，而解释的不统一容易造成净业行人的自我怀疑和否定。本文重点考察了“善根”一词所代表的含义在佛经传译过程中的演变。本文通过语言和义理两个层面推出以下三个结论：一是“善根”本义为“无贪、无嗔、无痴”，之所以称之为善根，是指其为出生诸善法的根本；二是“善根”指于佛、法、僧三宝处做诸“功德”，此三种善根为不可穷尽之福；三是“善根”指“菩提正道”，发菩提心行六度从而成就佛道。《佛说阿弥陀经》中的“少善根”就是指于大乘佛法不能信，不能发菩提心的劣根者。

关键词：《佛说阿弥陀经》；少善根；种善根；kuśalamūla

引　　言

“善根”又叫“善本”“德本”，是人们日常生活中很常见的一个词语，现代语义指一个人积累于心中的慈悲善良的本质，这种本质源于个人行为以及对他人的善行。其经常被人们用来赞叹一个人“有善根或是善根深厚”。“善根”的巴利语为“kusalamūla”，梵语为“kuśalamūla”。在汉译佛经中与其相关的词汇有“少善根”“种善根”“善根力”等，而明确“善根”的含义及演变对于正确理解相关词语的含义、准确把握经典的义理要义至关重要。鸠摩罗什大师所译《佛说阿弥陀经》中“不可以少善根福德因缘得生彼国”这一语句，从字面上理解，一般都认为往生是要多善根多福德因缘，那么如何才算多？多少才算多？千年以来有着许多不同的诠释，而诠释的不统一，容易造成净业行人的自我怀疑和自我否定。本文基于梵、巴、汉三种语言对“kuśalamūla”及相关词语进行考察，以期厘清“善根”一词在此句经文中所代表的深刻义涵。

一　巴利语佛典中的“善根”与“非善根”

“善根”一词的巴利语“kusalamūla”，与其梵语“kuśalamūla”略有不同。

有关“善”（kusalaṃ）及“善根”（kusalamūla）的描述如下。

巴利原典：中部第 1 品 Mūlapariyāyavaggo 第 9《正见经》（Sammādihisutta）：

> Katamañcāvuso，kusalaṃ? Pāṇātipātā veramaṇī kusalaṃ，adinnādānā veramaṇī kusalaṃ，kāmesumicchācārā veramaṇī kusalaṃ，musāvādā veramaṇī kusalaṃ，pisuṇāya vācāya veramaṇī kusalaṃ，pharusāya vācāya veramaṇī kusalaṃ，samphappalāpā veramaṇī kusalaṃ，anabhijjhā kusalaṃ，abyāpādo kusalaṃ，sammādiṭṭhi kusalaṃ - idaṃ vuccatāvuso，kusalaṃ。Katamañcāvuso，kusalamūlaṃ? Alobho kusalamūlaṃ，adoso kusalamūlaṃ，amoho kusalamūlaṃ-idaṃ vuccatāvuso，kusalamūlaṃ。[①]

① https://agama.buddhason.org/MN/MN009.htm. https://next.wikipali.cc/pcd/article/para/164-242?book=164&par=241,242,243&focus=242.

直译为：诸比丘，什么是善呢？远离杀生是善，远离偷盗是善，远离邪淫是善，远离妄语是善，远离两舌是善，远离恶口是善，远离绮语是善，不贪是善，不嗔是善，正见是善——诸比丘，这被称为善。诸比丘，什么是善根呢？无贪是善根，无嗔是善根，无痴是善根——诸比丘，这被称为善根。

在这段经文中，佛陀对善做了细致的讲述，即从身口意三个方面的远离到不贪、不嗔及具有正见。紧接着对“善根”（kusalamūlaṃ）加以阐述。由“kusalamūla”对译的“善根”是指“无贪”（alobho）、“无嗔”（adoso）、“无痴”（amoho），简称为三“善根”。与之相反的就是“三非善根”：

tīṇi akusalamūlānīti lobho akusalamūlaṃ，doso akusalamūlaṃ，moho akusalamūlaṃ。①

直译为：三非善根：贪是非善根，嗔是非善根，痴是非善根。

善根的善，并不完全与我们世俗共识里的善完全一致，弥勒菩萨在《瑜伽师地论》里对善的定义是：“能感当来乐果报义，及烦恼苦永断对治义。一切一分是善。”②“能为此世他世顺益，故名为善。”③即能够带动今世顺益或是来世顺益，才能称之为善，因为它能够成就可乐的果报。由此可见，善的主要含义是能够“趋乐避苦”。善根的根，鸠摩罗什大师给出的定义是：“坚固善心深不可动，乃名根也。”④所以善根的定义应该是趋乐避苦的心坚如磐石，不可动摇。

当然，按照佛教的因果律来说，如果想要实现趋乐避苦的果，必须种

① https://tipitaka.org/romn/cscd/s0103m.mul9.xml。
② （唐）玄奘译：《瑜伽师地论》，CBETA 2024，T30，No. 1579，第 608 页上。
③ （唐）玄奘译：《成唯识论》，CBETA 2024，T31，No. 1585，第 26 页上。
④ （后秦）释僧肇：《注维摩诘经》，CBETA 2024，T38，No.1775，第 406 页下。

植相应的因，所以善根的精确定义则是无贪、无嗔、无痴。也就是说对于“善根”的定义是就众生对“贪嗔痴”的舍离而言的。

二 “善根”在汉译佛典中的译介

通过 CBETA 检索“善根”一词，我们可以发现“善根”在各类大小乘经典中都有分布。

在《阿含经》类经典中，对“善根”有明确的定义。

> 复有三法，谓三善根：一者不贪，二者不恚，三者不痴。[①]
>
> 所谓三善根。何等善根？所谓不贪善根、不恚善根、不痴善根。[②]

佛法的根本教义告诉我们“诸恶莫作，众善奉行”，也就是要断除一切恶，修一切善。一切善行、善法的根本在哪里呢？就在“三善根”，就是人们于内心具足不贪、不嗔、不痴三种优良的品质。

《入阿毗达磨论》中对“善根”作了如下解读：

> 善根有三种：一、无贪，是违贪法；二、无瞋，是违瞋法；三、无痴，是违痴法，即前所说慧为自性。如是三法是善自性，亦能为根生余善法，故名善根。[③]

顾名思义，根具有生发的意思，把此三善比喻为根，表明其能够长养善法的枝干，故称之为善根。所以善根即指能出生诸善法的根本。无贪、无瞋、无痴三法以善为体，由此可出生诸善法及至涅槃。

① （后秦）佛陀耶舍、竺佛念译：《佛说长阿含经》，CBETA 2024，T01，No. 1，第 50 页上。
② （东晋）僧伽提婆译：《增一阿含经》，CBETA 2024，T02，No. 125，第 614 下。
③ （唐）玄奘译：《入阿毗达磨论》，CBETA 2024，T28，No. 1554，第 982 页上。

三 “少善根”在汉译佛典中的表现

（1）是善男子、善女人等非少善根能成此事，必于先世无量佛所多集善根、多发正愿、多供养佛、多事善友，乃能于此甚深般若波罗蜜多，至心听闻、受持、读诵、精勤修学、如理思惟、书写、解说、广令流布。①

（2）世尊！诸愚痴人不勤精进，具诸恶行薄少善根，暗钝无求少闻劣慧，为恶知识之所摄受，不事善友，不乐请问，于诸胜善不勤修学，闻佛所说甚深般若波罗蜜多实难信解。②

（3）我终不说薄少善根诸有情类，能于此法深生信解；薄少善根诸有情类，非于此法有所容受，如是法财非彼能用。又，舍利子！薄少善根诸有情类，于如是法尚不闻名，况能受持、思惟、修习！若有得闻如是法者，我定记彼当得佛法，彼当来世于诸佛法能师子吼，如我今者于大众中作师子吼、无所畏吼、大丈夫吼、自然智吼。③

（4）若复有人闻此经典，信受爱乐生欢喜心，如是等人即得净命获大利益，其人一生为不唐捐，已修善行已得真实，离三恶道当成佛子，已得深信堪受供养，于诸圣贤心生清净，亦当决除一切魔网，而能出于生死旷野，拔忧恼箭，善知归依获胜妙乐。如是等人甚为希有，堪作世间无上福田。何以故？诸佛之法甚深难信而能信故。阿难当知！是人非少善根而得成就如是之信。④

（5）其中众生求无上大乘者，我当为彼广说六波罗蜜法，广说檀

① （唐）玄奘译：《大般若波罗蜜多经》，CBETA 2024，T07，No. 220，第157页下。
② （唐）玄奘译：《大般若波罗蜜多经》，CBETA 2024，T07，No. 220，第801页下。
③ （唐）玄奘译：《大般若波罗蜜多经》，CBETA 2024，T07，No. 220，第1088页上。
④ （唐）地婆诃罗译：《方广大庄严经》，CBETA 2024，T03，No. 187，第554页上。

波罗蜜，乃至广说般若波罗蜜；其中众生有求声闻、辟支佛乘，未种善根求度世者，我当令彼住三归依，后乃令住波罗蜜。[①]

（1）（2）（3）皆出自《大般若波罗蜜多经》，意思是说薄少善根众生于甚深般若波罗蜜多法名字都难以听闻，何谈受持、读诵、修习呢！（4）出自《方广大庄严经》，（5）出自《大乘悲分陀利经》，这两部经典均属于大乘经典，经中说对那些求声闻乘、辟支佛乘等未种善根而求度脱的众生，先让其于佛法中三皈依，后令其住波罗蜜。为何不直接就让其住波罗蜜呢？因为对这些希求声闻、辟支佛乘的人来说，善根不具足，非少善根而得成就如是之信。所以先要在佛法中通过三皈依“种善根”，当“善根”具足时，方可为其开演大乘法教。因此少善根者就是指那些暗钝无求，少闻劣慧者。这些人对大乘佛法不能闻、不能信解。

四　语言学角度“少善根”的分析

梵本《大般若经》（*Mahāprajñāpāramitāsūtra*）中关于“少善根”的表达如下：

na tebhagavan sattvāavarakeṇa kuśala-mūlenasam-anv-ā-gatābhaviṣyanti.[②]

玄奘译：世尊！……是善男子、善女人等，非为成就少分善根。可于是中，能办斯事。

经文中“avarakeṇa kuśala-mūlena”译为“少分善根”。“avara+ka”表

① 《大乘悲分陀利经》，CBETA 2024，T03，No. 158，第 269 页下。

② Edward Conze（tr.），*The Large Sutra on Perfect Wisdom with the Divisions of the Abhisamayāla Kāra*，Berkeley：University of California Press，1975，p.447. Takayasu Kimura（ed.），*Pañca-viṃśati-sāhasrikā Prajñāpāramitā V*，Tokyo：Sankibo Busshorin Publishing，1992，p.19.

示“劣小、微少”。

梵本 *Sukhāvatīvyūha*（《极乐庄严经》）中有与汉译《佛说阿弥陀经》相似的一段经文：

nāvaramātrakeṇaśāriputra kuśalamūlenāmitāyuṣastathāgatasya buddhakṣetre sattvā upapadyante.[①]

鸠摩罗什译：舍利弗！不可以少善根福德因缘，得生彼国。

玄奘译：舍利子！生彼佛土诸有情类成就无量无边功德，非少善根诸有情类当得往生无量寿佛极乐世界清净佛土。

鸠摩罗什大师译本中的“福德、因缘”，梵文本里没有对应的单词。玄奘译本与梵本意思基本一致，主要区别在于“nāvaramātrakeṇa”“kuśalamūlena”两词的翻译，“kuśalamūlena”的直译是“善根”；“nāvaramātrakeṇa”的原型是“nāvaramātraka”，是复合词，由“na+avara+mātraka”构成，na意思是“不”或“非”，avara意思是“低下的、下劣的、少”，mātraka意思是“少、少分”，avaramātrakeṇa是avaramātraka的具格，所以avaramātraka翻译为“少”是正常的。

二位译师把“avaramātraka kuśalamūla”译为“少善根”，那么这里的“少善根”应作何解呢？若依鸠摩罗什译本“不可以少善根福德因缘得生彼国”，“少”作为形容词修饰“善根”“福德”“因缘”，用来形容数量少。但“avaramātraka”这个梵语单词有双重含义，即数量少且性质低劣。因此，“avaramātrakakuśalamūla”也可以理解为“劣小善根”。

梵语和巴利语的关联非常密切，二者之间具有很大的互通性，很多单词都可以互相转换，梵语的“avaramātraka”在巴利语中的对应单词是“oramattaka”（世间的、世俗的）。因此，“avaramātraka kuśalamūla”也可

① *Sukhāvatīvyūha*（《极乐庄严经》），Edited by Max Müller and Bunyiu Nanjio，Anecdota Oconiensia Arya Series，Vol.I，part II，Oxford，1883.

以理解为“世俗善根”。

我们再看梵本《妙法莲华经》关于“kuśalamūla”的一段经文：

> yathāpīdam abhimānikā akuśalamūlena aprāpte prāpta-saṃjñinaḥ anadhigate adhigata-saṃjñinaḥ.①
>
> 鸠摩罗什译：所以者何？此辈罪根深重及增上慢，未得谓得、未证谓证。

此处“罪根”对应“akuśalamūlena”，即“非善根”。经中描述在佛陀欲宣讲大乘经典《妙法莲华经》时，有 5000 声闻等众离席而去。这 5000 声闻等众于甚深法义不能闻、不能信、不能行、不能发菩提愿，佛陀称其为“罪根深重”。明代高僧智旭就曾说：“声闻独觉菩提名少善根。”②在《法华经》后面的经文中，佛也称这类众生为“焦芽败种”——劣根。“若焦芽败种，永不发菩提心，永无成佛之事。”③相反，那些能于此法听闻受持的众生也就是善根深厚者——利根。

综上，从语言学角度来看，“akuśalamūlena”“avarakeṇa kuśala-mūlena”“avaramātrakeṇakuśalamūlena”所代表的意思渐渐趋同，即虽具有“善根”，但是此“善根”并不圆满——“非善根”=“少善根”=“劣根”。

五 义理角度“少善根”的分析

“不可以少善根福德因缘得生彼国”从字面上理解，一般都认为往生是要多善根福德因缘，那么如何才算多？多少才算多？千年来有着许多不

① Wogihara，U . and Tsuchida，C.，*Saddharmapundarikasutram*（改订梵文法华经），Romanized and Revised Text of the Bibliotheca Buddhica Publication by Consulting a Sanskrit MS and Tibetan and Cinese Translation，Tokyo，1934–5.

② （明）智旭：《阿弥陀经要解》，CBETA 2024，T37，No. 1762，第 37 页上。

③ （明）通润：《法华经大窾》，CBETA 2024，X31，No. 614，第 707 页上。

同的诠释，而诠释的不统一，容易造成净业行人的自我怀疑和否定，以疑心求生净土，依净土教理，只会有两个结果：一是不能往生，二是往生到边地疑城。下面笔者尝试从佛学义理角度对“善根”加以阐释。

畺良耶舍译《佛说观无量寿佛经》将往生分为三辈九品。笔者根据研究发现，“上品上生”至“中品中生”者，其生时已对净土法门有所了知，其往生与否取决于愿力是否坚定，其品位高低取决于福德的多寡。（参看表1）

表1　生时对极乐净土已了知，已发愿

	往生的条件	品位的条件
	愿力	福德
上品上生	一者至诚心，二者深心，三者回向发愿心。	一者慈心不杀，具诸戒行；二者读诵大乘方等经典；三者修行六念，回向发愿，愿生彼国。
上品中生	以此功德，回向愿求生极乐国。	不必受持读诵方等经典。善解义趣，于第一义，心不惊动，深信因果，不谤大乘。
上品下生	以此功德，回向愿求生极乐国。	亦信因果，不谤大乘。但发无上道心。
中品上生	以此善根，回向愿求生于西方极乐世界。	受持五戒，持八戒斋，修行诸戒，不造五逆，无众过患。
中品中生	以此功德，回向愿求生极乐国。	若一日一夜持八戒斋，若一日一夜持沙弥戒，若一日一夜持具足戒，威仪无缺。

而从“中品下生”至“下品下生”者，其生时对净土法门并未有所了知或者知之甚少，其往生与否取决于是否遇善知识，即强调“因缘”的作用，而其品位的高低仍取决于善恶的多寡。（参看表2）

表2　生时对极乐净土未了知，未发愿

	往生的条件	品位的条件
	因缘	福德
中品下生	遇善知识，为其广说阿弥陀佛国土乐事，亦说法藏比丘四十八愿，闻此事已，寻即命终。	孝养父母，行世仁慈。

续表

	往生的条件	品位的条件
	因缘	福德
下品上生	遇善知识，为说大乘十二部经首题名字。以闻如是诸经名故，除却千劫极重恶业。智者复教合掌叉手，称南无阿弥陀佛。称佛名故，除五十亿劫生死之罪。	作众恶业，虽不诽谤方等经典，如此愚人，多造恶法，无有惭愧。
下品中生	遇善知识以大慈悲，即为赞说阿弥陀佛十力威德，广赞彼佛光明神力，亦赞戒、定、慧、解脱、解脱知见。此人闻已，除八十亿劫生死之罪。地狱猛火化为凉风，吹诸天华。华上皆有化佛菩萨，迎接此人。	或有众生，毁犯五戒、八戒及具足戒，如此愚人，偷僧祇物，盗现前僧物，不净说法，无有惭愧，以诸恶法而自庄严，如此罪人，以恶业故应堕地狱。命欲终时，地狱众火一时俱至。
下品下生	遇善知识，种种安慰，为说妙法，教令念佛，彼人苦逼不遑念佛。善友告言："汝若不能念彼佛者，应称归命无量寿佛。"如是至心令声不绝，具足十念，称南无阿弥陀佛。称佛名故，于念念中，除八十亿劫生死之罪。	或有众生作不善业，五逆、十恶，具诸不善。如此愚人以恶业故，应堕恶道，经历多劫，受苦无穷。

从上面的分析来看，经中并没有体现出"善根"的重要性。只在"中品中生"时说到"以此善根，回向愿求生于西方极乐世界"，此"善根"所对应的是"受持五戒，持八戒斋，修行诸戒，不造五逆，无众过患"，而"五戒""八戒斋"只是出世间戒法的前方便，由持戒功德所得为人天福报。若依前文，于佛法中三皈依为"种善根"的一种行为的话，那么于佛法中能持守"五戒""八戒斋"当然就是增长"善根"的方式之一。但此"善根"功德只能决定品位的高低，并不是决定往生的必要条件。因此，从上面的描述来看，根据品位的不同，其所强调的往生条件主要有两个：一是愿力，二是善因缘。

在康僧铠所译的《佛说无量寿经》[①]中，将往生略分为上、中、下三辈。（参看表 3）

① （曹魏）康僧铠译：《佛说无量寿经》，CBETA 2024，T12，No. 360，第 272 上。

表 3　　《佛说无量寿经》中的往生三辈

	往生的条件	品位的条件	往生特点
	愿力	福德	
上辈者	舍家弃欲而作沙门，发菩提心，一向专念无量寿佛。	修诸功德愿生彼国。	此等众生临寿终时，无量寿佛与诸大众现其人前。
中辈者	十方世界诸天人民，其有至心愿生彼国，虽不能行作沙门大修功德，当发无上菩提之心，一向专念无量寿佛。	多少修善、奉持斋戒、起立塔像、饭食沙门、悬缯然灯、散华烧香，以此回向愿生彼国。	其人临终，无量寿佛化现其身，光明相好，具如真佛。
下辈者	十方世界诸天人民，其有至心欲生彼国，假使不能作诸功德，当发无上菩提之心，一向专意乃至十念，念无量寿佛，愿生其国。若闻深法欢喜信乐，不生疑惑，乃至一念念于彼佛，以至诚心愿生其国。	假使不能作诸功德。	此人临终梦见彼佛。

在往生的条件中，往生与否主要取决于是否发菩提心及念佛回向心。此中亦未提及“善根”。因此我们从上述两部经典中终究还是无法推定《佛说阿弥陀经》中“少善根”的义涵。所以我们只能另辟蹊径。

在《大宝积经》中有一段关于往生弥陀净土的描述：

若有众生于他佛刹发菩提心，专念无量寿佛，及恒种殖众多善根，发心回向愿生彼国。是人临命终时，无量寿佛与比丘众前后围绕现其人前，即随如来往生彼国得不退转，当证无上正等菩提。是故阿难！若有善男子、善女人，愿生极乐世界、欲见无量寿佛者，应发无上菩提心，复当专念极乐国土，积集善根应持回向，由此见佛生彼国中，得不退转乃至无上菩提。阿难！若他国众生发菩提心，虽不专念无量寿佛，亦非恒种众多善根，随已修行诸善功德，回向彼佛愿欲往生。此人临命终时，无量寿佛即遣化身，与比丘众

> 前后围绕，其所化佛光明相好与真无异，现其人前摄受导引。即随化佛往生其国，得不退转无上菩提。阿难！若有众生住大乘者，以清净心向无量寿如来，乃至十念念无量寿佛愿生其国，闻甚深法即生信解，心无疑惑。乃至获得一念净心，发一念心念无量寿佛，此人临命终时，如在梦中见无量寿佛，定生彼国得不退转无上菩提。①

在这段经文中，将往生极乐净土也分为三种情况，为了方便观察我们依然将其制成表格：

表 4　　《大宝积经》中的三种往生

	往生的条件	往生特点
一	若有众生于他佛刹发菩提心，专念无量寿佛，及恒种殖众多善根发心回向愿生彼国。	此等众生临寿终时，无量寿佛与诸大众现其人前。
二	若他国众生发菩提心，虽不专念无量寿佛，亦非恒种众多善根，随己修行诸善功德，回向彼佛愿欲往生。	此人临命终时，无量寿佛即遣化身，与比丘众前后围绕，其所化佛光明相好与真无异。
三	若有众生住大乘者，以清净心向无量寿如来，乃至十念念无量寿佛愿生其国，闻甚深法即生信解，心无疑惑。乃至获得一念净心，发一念心念无量寿佛。	此人临命终时，如在梦中见无量寿佛。

通过表 3 和表 4 的对比，我们可以看出二经中往生的特点几乎完全一致，由此我们可以推出《大宝积经》中所说的这段内容就是三辈往生。在下辈者的往生条件中，《佛说无量经》说的是“十方世界诸天人民……若闻深法欢喜信乐，不生疑惑”，《大宝积经》说的是“有众生住大乘者……闻甚深法即生信解，心无疑惑”。可见“十方世界诸天人民”指的就是“住大乘者”，这也与《佛说观无量寿佛经》在下辈往生者中先“为说大乘十二部经首题名字”的意义遥相呼应。而《佛说阿弥陀经》中“不可以少

① （唐）菩提流志译：《大宝积经》，CBETA 2024，T11，No. 310，第 97 页下。

善根福德因缘得生彼国”正是对三辈往生的精确概括，所以这句经文当然就得以三辈往生的最低条件作为标准。因此我们可以推测，这里的“少善根”指的就是“非住大乘者”。

六　如何培植“善根”

既然“少善根”，当然就需要培植“善根”。“善根”并非有情生来本具，而是要自己主动地去“种植”。我们通过下面大量的经典中的对话，可以发现其中的一些端倪。

> 于彼佛所，弥勒菩萨，最初发心，种诸善根，求阿耨多罗三藐三菩提。①
>
> 亦以是法教诫教授，令其乃至得入菩萨正性离生，常不离佛，于诸佛所种诸善根，复由善根所摄受故，常生菩萨摩诃萨家，乃至无上正等菩提于诸善根常不远离。②
>
> 庆喜！当知，若善男子、善女人等，闻说般若波罗蜜多甚深义趣，生净信解，不毁、不谤，不可沮坏，是善男子、善女人等，已曾供养无量诸佛，于诸佛所，发弘誓愿，殖多善根，亦为无量真善知识之所摄受。③

通过上面经文义理的分析，我们可以发现，“善根”的含义已经不仅仅

---

① （隋）阇那崛多译：《佛本行集经》，CBETA 2024，T03，No. 190，第 656 页上。

② （唐）玄奘译：《大般若波罗蜜多经》，CBETA 2024，T07，No. 220，第 572 页上。

③ “yaḥkaś-cidānanda kula-putro vākula-duhitāvāimāṃgambhīrāṃprajñāpāramitāṃbhāṣyamānāṃśrutvāna prati-krokṣyati，na prati-vahiṣyati，pra-sādaṃprati-lapsyatepūrva-jina-kṛtâdhi-kāraḥsaānandakula-putrovākula-duhitāvāveditavyaḥ，ava-ropita-kuśala-mūlaḥ，kalyāṇa-mitra-pari-gṛhītaḥ.” Cf. Kimura，V，p. 69；Conze 1975，p. 483. Takayasu Kimura（ed.），*Pañca-viṃśa-ti-sāhasrikā Prajñāpāramitā V*，Tokyo：Sankibo Busshorin Publishing，1992，p.143. Edward Conze（tr.），*The Large Sutra on Perfect Wisdom with the Divisions of the Abhisamayāla Kāra*，Berkeley：University of California Press，1975，p.533.

局限于众生对“贪、嗔、痴”的舍离，因为这种对“贪、嗔、痴”的舍离带有一种消极的意味。那么人们于日常间与人广行十善、助人为乐等事宜是不是叫“种善根”呢？从积极的意义上来说，虽然已从消极地舍离转到积极地去行持，但这些充其量只能叫善业。什么是“种善根”（kuśalamūlam avaropitaṃ）呢？通过上面的描述来看，“善根”如种子，并非众生本自具足，而是需要像种子一样由人们主动地去种植。所谓“种善根”是指众生见佛或余诸圣众，并于佛及圣众中虔心承事供养，或者是听闻说法、得闻正法并信受奉行，发菩提心等。这样才能称为“种善根”。

关于“种善根”还有一个如下的典故[①]，通过这个典故我们似乎可以更好地理解这个词的意思。这个故事是说：有一人找佛陀的弟子舍利弗要求出家，舍利弗用神通观察他的宿命，发现他八万大劫不曾种过善根，因此不度化他。佛即苛责舍利弗，说他智慧不够，妄轻贱此人。佛赞叹此人“善来比丘”，此人须发自落，佛为说法后立刻证得了阿罗汉果。舍利弗疑惑，因而问佛：“此人什么时候种的解脱善根啊？”佛回答说：此人在遇到危险时见佛从空中飞过，因而一称“南无佛”，以此善根，现在得以解脱。

依此可知，一称“南无佛”就是“种善根”的一种行为，以此“善根”未来世就可以获得解脱的大因缘。对于如何“种善根”，“种善根”的区别及其功德利益我们可以看下面的几段描述：

> 佛子！若欲证得此三昧者，先应修福，集诸善根，谓常供养佛、法、僧众，及以父母，所有一切贫穷苦恼、无救无归、可悲愍者，摄取不舍，乃至身肉无所悋惜。何以故？供养佛者，得大福德，速成阿

---

① 有一人到舍利弗处求出家，舍利弗观其宿命，八万大劫不种善根，弃而不度。往五百弟子所，尽皆不受。于是到祇洹门下，悲泣懊恼。佛从外还，见而问之。其人具以事答。佛即种种责舍利弗：“汝智慧不深不见人根，妄轻贱人耶？”佛即受其人，赞言：“善来比丘”，须发自落、法衣著身便成沙门，佛为说法即得阿罗汉。舍利弗问佛：“此人何时种泥洹善根？”佛言：“乃往昔过去无央数劫，有佛名人可。时有一人入林取薪，虎从林出欲食其人。其人上树，虎在树下，其人极大恐怖。时佛从空中飞过，其人见已称南无佛，心生信乐极厌生死，深心誓愿愿离此苦。因此善根，今得解脱。

耨多罗三藐三菩提，令诸众生，皆获安乐；供养法者，增长智慧，证法自在，能正了知诸法实性；供养僧者，增长无量福智资粮，致成佛道。供养父母和上尊师，及世间中曾致饶益赖其恩者，应念倍增报恩供养。何以故？以知恩者，虽在生死，不坏善根；不知恩者，善根断灭，作诸恶业。故诸如来，称赞知恩，毁背恩者。又常愍济诸苦众生，菩萨由此广大善根，永不退失。若人有能勤修福德，常念报恩，悲愍众生，则为菩提已在其手。应知佛说，能随供养此三种田，一一成就无量善根。[①]

世尊告阿难：有三善根，不可穷尽，渐至涅槃界。云何为三？所谓于如来所而种功德，此善根不可穷尽。于正法而种功德，此善根不可穷尽。于圣众而种功德，此善根不可穷尽。是谓，阿难！此三善根不可穷尽，得至涅槃界。[②]

庆喜！当知，是善男子、善女人等，曾于过去，无量佛所，种诸善根故，于今生，能办斯事。是善男子、善女人等，应作是念：“我先不从声闻、独觉闻说如是甚深般若波罗蜜多；定从如来、应正等觉闻说如是甚深般若波罗蜜多。我先不于声闻、独觉种诸善根；定于如来、应正等觉种诸善根。由是因缘，今得闻此甚深般若波罗蜜多，爱乐、受持、读诵通利、精勤修学、如理思惟、广为他说，能无厌倦。[③]

在这三段描述中，我们可以肯定，于佛、法、僧或圣众等处所做的供

① （唐）实叉难陀译：《大方广如来不思议境界经》，CBETA 2024，T10，No. 301，第 910 页下。

② （东晋）僧伽提婆译：《增一阿含经》，CBETA 2024，T09，No. 278，第 629 上。

③ teṣu ca tathāgateṣv arhatsu samyak-saṃ-buddheṣukuśala-mūlam ava-ropitam abhūtnaśrāvakāṇām antike kuśala-mūlam ava-ropitaṃ，nâpiśrāvakāṇām antikādiyaṃgambhīrāprajñāpāramitāśrutvêti. Cf. Kimura，V，p. 69；Conze 1975，p. 483. Edward Conze（tr.），*The Large Sutra on Perfect Wisdom with the Divisions of the Abhisamayāla Kāra*，Berkeley：University of California Press，1975，p.483. Takayasu Kimura（ed.），*Pañca-viṃśati-sāhasrikā Prajñāpāramitā V*，Tokyo：Sankibo Busshorin Publishing，1992，p.69.

养珍宝乃至饮食等及对“正法”的信受奉行等行为就可称为“种善根”。并且此三种善根为不可穷尽之福。虽然此三种善根都为不可穷尽之福，但是仍有区别，如引文中所说：“我先不于声闻、独觉种诸善根；定于如来、应正等觉种诸善根。由是因缘，今得闻此甚深般若波罗蜜多。”何以故？“于如来所种诸善根性究竟故。”[①]

综上所述，《佛说阿弥陀经》中的“善根”特指信，这里的信包含了两个层面，其一是指于佛生信，其二是指于大乘佛法生信。《佛说阿弥陀经》本身为大乘经典，对净土行人而言就是要对净土法门能信、能行才可以成就。对那些“少善根”的众生而言，对大乘佛法从内心就难以接受，难发菩提心。“菩提正道名善根”[②]，由信而发菩提心修持名正行。这才是真善根，这是成佛亲因缘。相比之下的福德，诸如布施、持戒、禅定等修行，只是“助缘”。仅依靠个人修为，如藏教声闻与通教缘觉所展现的有限善根，或是人天乘通过持守五戒、十善及培养四无量心所积累的有漏福德，实则难以跨越往生极乐净土的门槛。这是因为，这些行人或缺乏发起菩提心的宏愿，或其福德受限，不足以成为解脱的关键。

那么对净土行人而言往生西方极乐世界的条件是什么呢？就是信愿执持名号，以一称“南无佛”的善根都可以获得解脱机缘。因此对于净土行人而言，通过信愿执持“阿弥陀佛”名号，就可以积集自己的善根，成为多善根、多福德、多因缘者。

结　语

鸠摩罗什大师所译《佛说阿弥陀经》是净业行人所依据的主要经典之一。作为寺院僧众晚课修行内容之一，其以篇幅短小、语言流畅，易于人们日常诵读，而广为传播。其内容乃是对净土思想的高度概括和总

---

① （东晋）佛陀跋陀罗译：《大方广佛华严经》，CBETA 2024，T09，No. 278，第 629 页上。

② （明）智旭：《阿弥陀经要解》，CBETA 2024，B07，No. 24，第 779 页上。

结。在“不可以少善根福德因缘得生彼国”一句中，“少善根”一词因其高度的概括性很容易让人产生种种误解。本文从语言和义理两个角度对“善根”一词进行了系统的梳理和论证。从语言学角度来看，“avara-mātrakeṇakuśalamūlena”“avarakeṇa kuśala-mūlena”与“akuśalamūlena”都具有“劣根”的含义。从义理的角度来看，《佛说阿弥陀经》中“不可以少善根福德因缘得生彼国”正是对《佛说观无量寿佛经》中“三辈九品”往生的高度概括和总结。在般若等大乘经典中明确指出“少善根”众生于甚深大乘经典难闻、难信、难解。因而《佛说阿弥陀经》中的“少善根”正是在于强调那些于大乘佛法——净土法门不能信的“劣根”者，不以信为前提则难发成佛之正因“菩提心”。

关于《成唯识论》中灭尽定的两处教证

释净智

苏州戒幢佛学研究所法师

摘要:《成唯识论》中关于灭尽定的两处教证，与现存汉传《阿含经》及南传巴利经典中的对应经文存在差异。本文通过对比汉译及巴利文的平行文本，并参照部派论典中的经典引文和注释，大致还原出两个教证可能的初始样貌。在此基础上，本文进一步探讨了瑜伽行派与南传上座部、说一切有部等部派对此二段经文的诠释差异及背后原因，指出《成唯识论》对上述二篇声闻经典的重构和重释，既是部派阿毗达磨论述风格的延续，也是瑜伽行派阿赖耶识立场使然。

关键词：成唯识论；灭尽定；识不离身；意成天；邬陀夷经

灭尽定（nirodha-samāpatti），又称灭受想定（saṃjñā-vedayita-nirodha-samāpatti），是佛教八解脱（aṣṭau vimokṣās）与九次第定（nava-anupūrva-samāpattayas）之一，通常被视为佛教定学的最高成就。虽然拥有此定经验的人极为稀少，但不妨碍众多佛教学者对其中所涉义理的热烈探讨。在当代研究灭尽定的文献中，比较重要的话题包括：（1）早期契经（Sūtra）中所述的灭尽定相当于漏尽解脱，而不似阿毗达磨（Abhidharma）中所说的有漏状态。[①]（2）灭尽定中有心无心的讨论，刺激了瑜伽行派（Yogācāra）

① 長崎法潤：《滅尽定について》,《大谷學報》39 卷 2 号，1959 年，第 64—76 页。（转下页注）

阿赖耶识（Ālaya-vijñāna）学说的最初产生。[①]（3）月称（Candrakīrti）《入中论》（*Madhyamakāvatāra*）中对《十地经》所述大乘菩萨入灭尽定的解读，反映了中观应成派的独特思想。[②] 这些论著或多或少都涉及不同时期、不同宗派关于灭尽定的差异性描述。本文也是如此，但重点是以《成唯识论》中关于灭尽定的教证为出发点，借此回顾相关经文在不同典籍中的文本和诠释变化。

之所以选择这个题目，是因为《成唯识论》中的这两个教证，与现存汉译《阿含经》（*Āgama*）中的相关经文不能完全对应，或是缺少关键句，或是文义相违，必须借助南传尼柯耶（Nikāya）对应的平行文本，以及诸部论典中的引用和注解，才能大致了解经文的原貌。又由于相关经文涉及复杂的义理，不同部派会站在自宗立场，对原经文进行重构和新诠，故只有通过充分的比对和研究，才能弄清经文和经义的发展变化，以及瑜伽行派的立场所在。

一　关于灭尽定中识不离身的教证

《成唯识论》为证明阿赖耶识的存在，共列举了十个理由。这些理由都是基于契经中某段经文所作的诠释，其中第九个理由与灭尽定有关，如云：

（接上页注①）Lambert Schmithausen，"On Some Aspects of Descriptions or Theories of Liberating Insight and Enlightenment in Early Buddhism"，*Studien zum Jainismus und Buddhismus*：*Gedenkschrift Ludwig Alsdorf*，Franz Steiner：1981，pp.199–250.

① Paul J. Griffiths，*On Being Mindless*：*Buddhist Meditation and the Mind*-Body *Problem*. Delhi：Sri Satguru Publication，1986. Lambert Schmithausen，*Ālayavijñāna*：*On the Origin and Early Development of a Central Concept of Yogācāra Philosophy*，Tokyo：The International Institute for Buddhist Studies，1987.

② 太田路子：《菩薩は滅を現証しない——〈入中論〉の十地思想における菩薩と声聞・独覚との差異をめぐって》，《印度學佛教學研究》60 卷 1 号，2011 年，第 461—456 页。太田路子：《〈入中論〉の菩薩階梯における滅尽定》，《佛教学セミナー》通号 96，2012 年，第 51—80 页。

> 又契经说："住灭定者，身、语、心行无不皆灭，而寿不灭，亦不离暖，根无变坏，识不离身。"若无此识，住灭定者，不离身识，不应有故。[①]

此处所引经文说，住于灭尽定时，以呼吸为代表的身行（kāya-saṃskāra），以寻（vitarka）、伺（vicāra）为代表的语行（vāk-saṃskāra），以受（vedanā）、想（saṃjñā）为代表的心行（manaḥ-saṃskāra）皆无，但寿（āyus）、暖（ūṣman）、识（vijñāna）还在，眼等诸根亦不败坏。又由于灭尽定是传统所谓六识皆无的状态，故不离身的识，只能是六转识以外，潜藏于身的阿赖耶识。与此类似的经文和解释，在《成唯识论》之前的瑜伽行派典籍中并不少见，详见下表：

表 1　《成唯识论》之前的瑜伽行派典籍中有关灭尽定中识不离身的描述

A	《瑜伽师地论》（*Yogācārabhūmi*）	问：灭尽定中，诸心心法并皆灭尽，云何说识不离于身？答：由不变坏诸色根中，有能执持转识种子阿赖耶识不灭尽故，后时彼法从此得生。[①]
B	《瑜伽师地论》	何故若无阿赖耶识，处无心定不应道理？谓入无想定或灭尽定，应如舍命，识离于身，非不离身。如世尊说：当于尔时识不离身故。[②]
C	《摄大乘论》（*Mahāyānasaṃgraha*）	又入灭定，识不离身，圣所说故。此中异熟识应成不离身，非为治此，灭定生故。[③]
D	《显扬圣教论》	问：何故若无阿赖耶识，诸无心定不可得耶？答：如薄伽梵说，入无想定及灭尽定，当知尔时识不离身。若无此识，尔时识应离身，识若离身，便应舍命，非谓在定。[④]
E	《阿毗达磨杂集论》（*Abhidharmasamuc-cayavyākhyā*）	云何处无心定不可得耶？如世尊说：入无想定及灭尽定，当知尔时识不离身。若无阿赖耶识，尔时识应离身，识若离身便应舍命，非谓处定。[⑤]

①弥勒说，（唐）玄奘译：《瑜伽师地论》卷十二，CBETA 2022，T30，No.1579，第 340 页下—341 页上。

②弥勒说，（唐）玄奘译：《瑜伽师地论》卷五十一，CBETA 2022，T30，No.1579，

① 护法等造，（唐）玄奘译：《成唯识论》卷四，CBETA 2022，T31，No.1585，第 17 页下。

第 579 页下。

③无著造,(唐)玄奘译:《摄大乘论》卷一,CBETA 2022,T31,No.1594,第 137 页上。

④无著造,(唐)玄奘译:《显扬圣教论》卷十七，CBETA 2022，T31，No.1602，第 565 页下。

⑤安慧糅,(唐)玄奘译:《阿毗达磨杂集论》卷二，CBETA 2022，T31，No.1605，第 701 页下。

从表 1 中，我们可以得出如下判断：

（1）表 1-A →表 1-E 所引经文中都提到了“识不离身”（vijñānaṃ cāsya kāyād anapakrāntaṃ bhavati）一句，可知它是证明阿赖耶识存在的关键经文，而其余经文多被省略。

（2）从表 1-C 可知，修灭尽定所欲息灭之识是六转识（pravṛtti-vijnāna），而非阿赖耶识（异熟识），故灭尽定中“识不离身”与其无心定的传统称谓并不相违。

（3）从表 1-BDE 可知，灭尽定中“识不离身”的理由是，识若离身，便应死亡；而灭尽定不同于死亡，故识不离身。

（4）从表 1-A 可知，灭尽定中“识不离身”的另一理由是，入灭尽定心心所中断，而出定后心心所复起，为了对这一现象给予合理的因果解释，故说灭尽定中阿赖耶识相续不断。另外，从文中“不变坏诸色根”一句来看，暗示着阿赖耶识也是眼等诸根不坏的原因，此与表 1-BDE 中所述灭尽定不是死亡的原理一致。

为了应对小乘部派的问难，以上观点在《成唯识论》中都或多或少被提及。但笔者好奇的是，如果契经中已明确主张在六识皆无的灭尽定中，尚有不离身的心识存在，那么小乘部派何以不早早发现藏识的存在，而非要到佛灭八九百年后，方由瑜伽行派引此为证，提出阿赖耶识说呢？

据 Schmithausen 的研究，①与此契经相关的汉语原典有三处，巴利语平行文本有两处，汉译本的内容列表如下：

① Lambert Schmithausen，*Ālayavijñāna*：*On the Origin and Early Development of a Central Concept of Yogācāra Philosophy*，Tokyo：The International Institute for Buddhist Studies，1987，p.280.

表 2　汉译《阿含经》中有关灭尽定与死亡差别的描述

A	《杂阿含》（*Saṃyuktāgama*）第 568 经	复问："尊者！若死、若入灭尽正受，有差别不?"答："舍于寿暖，诸根悉坏，身命分离，是名为死。灭尽定者，身、口、意行灭，不舍寿命，不离于暖，诸根不坏，身命相属，此则命终、入灭正受差别之相。"①
B	《中阿含》（*Madhyamāgama*）第 210 经	复问曰："贤圣！若死及入灭尽定者，有何差别?"法乐比丘尼答曰："死者寿命灭讫，温暖已去，诸根败坏。比丘入灭尽定者，寿不灭讫，暖亦不去，诸根不败坏，若死及入灭尽定者，是谓差别。"②
C	《中阿含》第 211 经	复问曰："贤者拘絺罗！若死及入灭尽定者，有何差别?"尊者大拘絺罗答曰："死者寿命灭讫，温暖已去，诸根败坏。比丘入灭尽定者，寿不灭讫，暖亦不去，诸根不败坏。死及入灭尽定者，是谓差别。"③

①（刘宋）求那跋陀罗译:《杂阿含经》卷二十一，CBETA 2022，T2，No.99，第 150 页中。

②（东晋）僧伽提婆译:《中阿含经》卷五十八，CBETA 2022，T1，No.26，第 789 页上。

③（东晋）僧伽提婆译:《中阿含经》卷五十八，CBETA 2022，T1，No.26，第 791 页下。

表 2 中所引三部经典的内容大体一致，都是解释死亡与灭尽定的差别，而问答者分别是长者质多罗（Citta）与比丘伽摩（Kāmabhū），优婆夷毗舍佉与比丘尼法乐，[①]尊者舍利子（Śāriputra）与尊者大拘絺罗（Mahākauṣṭhila）。[②]巴利本中除与表 2-B 对应的 MN.44*Cūḷavedalla-sutta* 中没有相关内容外，与表 2-A 对应的 SN.41.6 *Dutiyakāmabhū-sutta*，及与表 2-C 对应的 MN.43 *Mahāvedalla-sutta* 的内容，除了多了死亡与灭尽定中身行、语行、意行皆灭（niruddha）、止息（paṭippassaddha）的共同点描述外，其他意思与汉译本大体一致，唯一的区别是汉译本的"诸根不（败）坏"，在巴利

① 巴利本作优婆塞毗舍佉（Visākho upāsakas）与比丘尼法施（Dhammadinnā bhikkhunī）。前者是后者未出家前的丈夫，汉译可能误将法乐比丘尼出家前的丈夫毗舍佉，当作住在舍卫城中的一位乐善好施的同名优婆夷了。详见无著比丘著，苏锦坤译《谁说的法、谁说的话——巴利与汉译经典关于说者的差异》,《正观》2008 年第 47 期。

② 巴利本与汉译本的问答双方身份互换，且类似的情况屡屡出现。详见无著比丘著，苏锦坤译《谁说的法、谁说的话——巴利与汉译经典关于说者的差异》,《正观》2008 年第 47 期。

本中皆作“诸根明净”（indriyāni vippasannāni）。

无论如何，以上现存的契经，都只说到灭尽定中，寿、暖尚存，诸根不坏（或诸根明净），却未说到对证成阿赖耶识最关键的一句“识不离身”。虽然表 2-A 中“诸根不坏”之后，有“身命相属”一句，但命（jīva）与识（vijñāna）在阿毗达磨的体系中，并非同类之法，故很难说“身命相属”就是“识不离身”说法的原型。况且，《成唯识论》主张阿赖耶识执受诸根，是灭尽定中诸根不坏的缘由，但在巴利本中，此句却被“诸根明净”取代。依觉音（Buddhaghoṣa）的注释所云，平时触及外境的眼等诸根，就如同置于十字街头的镜子，被风等激起的灰尘染污。而进入灭尽定的比丘，其眼等五根就如同置于袋中、放于箱中的镜子，变得异常明亮澄净，故说“诸根明净”。（Yathā pana thavikāyaṃ pakkhipitvā mañjūsādīsu ṭhapito ādāso antoyeva virocati，evaṃ nirodhaṃ samāpannassa bhikkhuno antonirodhe pañca pasādā ativirocanti. Tena vuttaṃ“indriyāni vippasannānī”ti.[①]）这样的解释，显然与唯识宗所说的阿赖耶识执受诸根，令其不坏，完全无关，因此也就无法构成灭尽定中必须有阿赖耶识的理由。

Schmithausen 虽然认定灭尽定中识不离身的教证，是阿赖耶识说起源的关键，但同时他也指出，早期说一切有部（Sarvāstivādin）与南传上座部（Theravāda）对此教证完全没有反应的原因，正在于他们的契经中皆没有最关键的“识不离身”一句。《瑜伽师地论》等之所以在原经的基础上，添加了“识不离身”一句，可能是因为在比较死亡与灭尽定差异的经文中，往往都有一段前行的经文，该经文指出寿、暖、识是生命的基本要素，三者舍离身体则意味着死亡，如《杂阿含》第 568 经云：“寿暖及与识，舍身时俱舍。”[②]故若将两段经文的内容进行融合，则很容易得出与死亡有别的灭尽定中，识与寿、暖一样，皆不离身的结

① PTS：2.351.

② （刘宋）求那跋陀罗译：《杂阿含经》卷二十一，CBETA 2022，T2，No.99，第 150 页中。

论，[1]尽管这段经文尚存在其他解读的可能性。

笔者基本同意 Schmithausen 的判断，但还想补充他所未提及的一些汉传佛教的资料。[2]其一，从汉译《成实论》所引契经来看，该经的原型确实没有“识不离身”一句，如云：

> 汝言无无心众生，虽同无心而异于死。如经中问：“入灭尽定者，与死有何差别？”答曰：“死者命、热、识三事都灭，入灭尽定者但心灭，而命、热不离于身。”故知应有无心众生。又是人心得常在，以得力故亦名有心，不同木石。汝言三事不相离者，为欲、色界众生故说，无色界中有命有识而无热；又入灭尽定者，有命有热而无识，即此经中亦说“识离于身”，是故若言三事不相离者，随有处说。[3]

此处所引契经只说灭尽定中寿（命）、暖（热）不离于身，而“识离于身”，并且解释说寿、暖、识三者对于有情存活而言，并非完全不可缺失，比如无色定中可以无暖，灭尽定中可以无识，故契经所谓的寿、暖、识三者不离身，只是针对寿、暖、识三者俱有的一般情况而言的。换句话说，命根灭，或命根离身才是判断死亡的唯一条件，而暖或识的不在场并不一定意味死亡。尽管《成实论》中“识离于身”一句，亦不明确地见于现存契经，但已足以说明“识不离身”的说法并非诸部共许的经文。

其二，正如 Griffiths 和 Schmithausen 所指出的，早在瑜伽行派典

---

① 详见 Lambert Schmithausen, *Ālayavijñāna: On the Origin and Early Development of a Central Concept of Yogācāra Philosophy*, Tokyo: The International Institute for Buddhist Studies, 1987, pp.19–20。

② 笔者在完成本文初稿后，发现傅新毅《识体与识变——玄奘唯识学的基本问题》（中西书局 2024 年版，第 42—43 页）也已提到了部分与笔者下文引用相同的汉译材料，如《成实论》《顺正理论》中的相关内容。

③ 诃梨跋摩造，（姚秦）鸠摩罗什译：《成实论》卷十三，CBETA 2022，T32，No.1646，第 345 页中下。

籍频繁使用“灭尽定中识不离身”的教证之前，世友（Vasumitra）[①]在《问论》（*Paripṛcchā*）中就已经使用同样的契经来论证“灭尽定中犹有细心”[②]。只是他并不是从“识若离身，等同死亡”的角度，而是从心续若断，则无法保证先业感果的立场，来引经论证灭尽定中犹有细心。如《大乘成业论》云：

> 如尊者世友所造《问论》中言：若执灭定全无有心，可有此过，我说灭定犹有细心，故无此失。彼复引经证成此义，如契经言：处灭定者，身行皆灭，广说乃至根无变坏，识不离身。[③]

从《俱舍论》中妙音（Ghoṣaka）对世友的反驳来看，[④]正统的毗婆沙师（Vaibhāṣika）显然不同意灭尽定犹有微细心识的说法。但奇怪的是，妙音只是“说此非理”，而并不否定世友所引契经有误。安止天（Śamathadeva）的《阿毗达磨俱舍论注杂录》（*Abhidharmakośopāyikā*）同样引用了“识不离身”（rnam par shes pa lus las’da’bar mi’gyur ro）的经文；[⑤]众贤在《顺正理论》中也认可譬喻师“识不离身”的教证，只是将其另作会通，如云：

---

① 此世友是说一切有部的著名论师，抑或是某一同名的经部异师，从古至今学者多有争论，详见袴谷憲昭：*Nirodhasamāpatti——Its Historical Meaning in the Vijñaptimātratā System*，《印度學佛教學研究》23 卷，1975 年，第 1083 页；Paul J. Griffiths，*On Being Mindless*：*Buddhist Meditation and the Mind-Body Problem*. Delhi：Sri Satguru Publication，1986，p.126；傅新毅：《识体与识变——玄奘唯识学的基本问题》，第 44—45 页。

② Paul J. Griffiths，*On Being Mindless*：*Buddhist Meditation and the Mind-Body Problem*. Delhi：Sri Satguru Publication，1986，pp.125-126.Lambert Schmithausen，*Ālayavijñāna*：*On the Origin and Early Development of a Central Concept of Yogācāra Philosophy*，Tokyo：The International Institute for Buddhist Studies，1987，p.19.

③ 世亲造，（唐）玄奘译：《大乘成业论》卷一，CBETA 2022，T31，No.1609，第 784 页上。

④ 世亲造，（唐）玄奘译：《阿毗达磨俱舍论》卷五，CBETA 2022，T29，No.1558，第 25 页下—26 页上。

⑤ 详见 Lambert Schmithausen，*Ālayavijñāna*：*On the Origin and Early Development of a Central Concept of Yogācāra Philosophy*，Tokyo：The International Institute for Buddhist Studies，1987，p.280。

> 譬喻论者作如是言：灭尽定中，唯灭受、想，以定无有无心有情，灭定、命终，有差别故。经说入灭定，识不离身故；又言寿、暖、识互不相离故。……引契经说识不离身，于定无心亦无违害，以即于此所依身中识必还生，故言不离，谓一相续众同分中，识相续流，非毕竟断，譬如鬼病暂不发时，由未永除，仍名不离。引寿、暖、识不相离言，于定无心亦无违害，唯于少分说此言故，以无色中都无有暖，非无寿、识，故此定中，都无有识，非无寿、暖。[①]

由此可见，说一切有部的主流是将“灭尽定中识不离身”理解为识虽暂断，但必还生，故说不离。而“寿暖识不离”的说法也只是适用于部分场合，并不包括灭尽定等特殊状态。值得注意的是，这些讨论都是在世友论师之后发生的，在说一切有部的根本七论中，我们并没有发现任何关于“灭尽定中识不离身”的议论。甚至，《大毗婆沙论》中还明确说到无心定中，眼等诸根离心而有。如云：

> 欲色界有情不住无想、灭尽定者，诸根大种与心俱起不离心，与心俱住、俱灭不离心。若住无想、灭尽定者，彼便离心。问：云何离心？答：彼离心而起，离心而住，离心而灭，心心所断，彼相续故。[②]

又该论在解释无色界久已离色，如何殁已复生色时云：

> 离有二种：一暂时离，二究竟离。暂时离者，复可还生；究竟离

① 众贤造，（唐）玄奘译：《顺正理论》卷十三，CBETA 2022，T29，No.1562，第 403 页下。

② 五百大阿罗汉等造，（唐）玄奘译：《阿毗达磨大毗婆沙论》卷一百五十五，CBETA 2022，T27，No.1545，第 788 页上。

者，必不复起。[①]

若将此说法运用于类似的无心定时，我们应也可以说，灭尽定中识离于身是暂时离，非究竟离。总之，早期说一切有部并没有关于"灭尽定中识不离身"的讨论，或者说他们更倾向于主张"灭尽定中身识相离"，只是世友论师之后的说一切有部，不知为何全然接受了"灭尽定中识不离身"的教证。但本质而言，说一切有部的"识离"或"识不离"并无差别，"识离"是暂时离，"识不离"是不究竟离，这与寿、暖的不（暂时）离，并不一样。

不过，尽管"识不离身"的经文在现存契经中并不存在，但通过世友论师的引述，及后期说一切有部论师的背书，传至瑜伽行派手中，就成了论证阿赖耶识存在的一大利器。"灭尽定中识不离身"的含义不再是说一切有部所谓的"识不究竟离于身"，而是与寿、暖等生命要素一样，连暂时离身也不可能。由是之故，这个最初为了证明"灭尽定中犹有细心"的教证，尽管被说一切有部的主流重新诠释，以否认灭尽定中有细心存在，最后却在瑜伽行派手中完成了它的使命。

二　关于灭尽定者转生意成天的教证

《成唯识论》在描述六识不转的五种情况时，详细介绍了灭尽定。其中说道：

> 此定初起唯在人中，佛及弟子说力起故，人中慧解极猛利故，后上二界亦得现前，《邬陀夷经》是此诚证，无色亦名意成天故。于藏识教未信受者，若生无色不起此定，恐无色、心，成断灭故。已信生

① 五百大阿罗汉等造，（唐）玄奘译：《阿毗达磨大毗婆沙论》卷八十三，CBETA 2022，T27，No.1545，第 432 页上。

彼亦得现前，知有藏识不断灭故。[①]

此处提到的《邬陀夷经》（*Udāyisūtra*），在坊间流行的许多《成唯识论》的现代注解中，都只是略提其名，没有探寻原经。有些注解甚至说此经无汉译本[②]；有些注解虽然提及该经在说一切有部的论著中被引用，但因受制于《成唯识论》的解读，没有注意到该经诠释上的变迁[③]。以下为了更好地说明此点，笔者将首先介绍该经的大致内容。

据《中阿含》第 22 经所载，舍利子（Śāriputra，舍梨子）某次与其他比丘说：

若比丘成就戒，成就定，成就慧者，便于现法出入想知灭定，必有此处；若于现法不得究竟智，身坏命终，过抟食天，生余意生天中，于彼出入想知灭定，必有此处。[④]

然而他的说法遭到了邬陀夷（Udāyi，乌陀夷）的再三反对，且无一比丘表态赞同舍利子所说。即使舍利子来到世尊面前，如是重复三次，依然是同样的结果。于是舍利子只好保持沉默，幸赖此时佛陀出面，斥责了邬陀夷的说法。其文云：

于是，世尊问曰："乌陀夷！汝说意生天为是色耶？"尊者乌陀夷白世尊曰："是也。世尊！"世尊面诃乌陀夷曰："汝愚痴人！盲无有目，以何等故，论甚深阿毗昙？"[⑤]

---

① 护法等造，（唐）玄奘译：《成唯识论》卷七，CBETA 2022，T31，No.1585，第 37 页下。
② 详见韩廷杰《成唯识论校释》，中华书局 1998 年版，第 478 页。
③ 详见演培《成唯识论讲记》（四），新加坡：灵峰般若讲堂 1978 年版，第 110 页。
④ （东晋）僧伽提婆译：《中阿含经》卷五，CBETA 2022，T1，No.26，第 449 页下。
⑤ （东晋）僧伽提婆译：《中阿含经》卷五，CBETA 2022，T1，No.26，第 450 页上。

通过上文，我们可以知道，阿那含中的身证（kāya-sākṣin）死后生于何处，以及是否能继续出入灭尽定，是一般比丘无法了知的甚深阿毗达磨。这个问题的答案与其说是来自禅修经验，不如说来自大神通或对佛教义理的通达。

故事的主角邬陀夷，并非是为了触恼上座而故兴争论，据《大毗婆沙论》记载，他也是一位令人尊敬的阿罗汉，只是当时尚未证得无学果位。[①]但由于经文过于简短，而所论议题又太过深邃，故我们一时无法知道邬陀夷到底错在何处？而更令人棘手的是，与本经对应的巴利文增支部第5集第166经《灭经》（*Nirodhasutta*）中记载，当佛陀询问邬陀夷其所理解的意成身（manomayaṃ kāya）是何含义时，邬陀夷的回复与汉译本恰恰相反，如云：

> Ye te bhantedevā arūpino saññāmayā.（大德！那些是想所成的诸无色天。）[②]

在汉译本中，邬陀夷将"意成天"理解为色界（rūpa-dhātu），而在巴利本中，则被理解为无色界（ārūpya-dhātu），到底哪个版本正确，我们只能求助于其他文献中的引文和注释。如《俱舍论》云：

> 此灭尽定亦有退耶？应言亦有。若不尔者，即便违害《邬陀夷经》。经言："具寿！有诸苾刍先于此处具净尸罗，具三摩地，具般罗若，能数入出灭受想定，斯有是处，应如实知。彼于现法或临终位，不能勤修令解满足，从此身坏超段食天，随受一处意成天身，于彼生已，复数入出灭受想定，亦有是处，应如实知。"此意成天身，佛说是

① 五百大阿罗汉等造，（唐）玄奘译：《阿毗达磨大毗婆沙论》卷十六，CBETA 2022，T27，No.1545，第78页中。

② PTS：3.194.

色界，灭受想定唯在有顶，若得此定必无退者，如何得往色界受生？[①]

此处指出，《邬陀夷经》所谓的“意成天身”是色界，那么邬陀夷肯定是因为将其错解为无色界（或有顶天），才受到了佛陀的批评。换句话说，巴利本的经文可能是正确的，而汉译本有误。如《俱舍论稽古》云：

按“是色”当作“无色”，盖草误。[②]

《大毗婆沙论》转述的版本，更将邬陀夷所谓的“意成天”精确到了无色界的非想非非想处（naivasaṃjñānāsaṃjñāyatana），如云：

尔时，佛告邬陀夷曰：“汝以何等为意成身天？岂不欲说非想非非想处耶？”彼答：“如是。”[③]

论中还对邬陀夷反对舍利子的原因进行了两点分析，如云：

彼作是念：得此定者，必已离无所有处染，命终应生非想非非想处，于彼，必无起此定理。又彼不了舍利子意，是故现前再三违逆。问：舍利子有何意趣？彼具寿云何不了？答：舍利子说生色界者，邬陀夷说生无色界者；舍利子说退者，邬陀夷说不退者；由此不了，故三违之。[④]

① 世亲造，（唐）玄奘译：《阿毗达磨俱舍论》卷五，CBETA 2022，T29，No.1558，第 25 页中下。

② ［日］法幢：《阿毗达磨俱舍论稽古》卷上，CBETA 2022，T64，No.2252，第 444 页中。

③ 五百大阿罗汉等造，（唐）玄奘译：《阿毗达磨大毗婆沙论》卷一百五十三，CBETA 2022，T27，No.1545，第 779 页上。

④ 五百大阿罗汉等造，（唐）玄奘译：《阿毗达磨大毗婆沙论》卷一百五十三，CBETA 2022，T27，No.1545，第 778 页下。

由上可知，就无色界天不能出入灭尽定而言，邬陀夷与舍利子的立场其实是一致的，邬陀夷的错误只是在于他将舍利子所说的“意成天”理解为无色界了。但若这样一来，《成唯识论》引此经证明“后上二界亦得现前”岂不是与经意不符！以下，我们将考察瑜伽行派对“意成天”含义的重新诠释是否合理，以及其背后的逻辑。

首先、在不考虑具体语境的前提下，“意成天”既可以指色界天，也可以指无色界天。如《俱舍论稽古》云：

> 若泛言意生天，通上二界。《中含》四十三《意行经》，初静虑至有顶，名意行生。不尔邬陀夷可谓无色乎？①

《顺正理论》也说，“意成”在契经中至少有五种所指，分别是劫初之人、色界天人、无色界天人、神通变化人、中有有情。如云：

> 此“意成”声，乃目多义，如何定执诠无色耶？谓于劫初、色、无色界、变化、中有，皆见此声。如其次第，略当显示。1）如说彼位有色意成，一切支体无不具足。2）又说超越食段食天，随生一类意成天处。3）又世尊告邬陀夷言：“意成天身，汝谓何等？岂不汝谓是无色名？”4）又说从此身起，意别化作余身种类有色意成。5）又说此身无间坏已，起如是蕴，有色意成。故意成声，乃目多义。②

由此之故，《成唯识论》将“意成天”解释为超段食天的上二界天，就词义本身而言，并没有过失。

其次、说一切有部之所以不许无色界能出入灭尽定，是因为担心有情色心俱灭，但瑜伽行派在六识体系之外，另立有相续不断的阿赖耶识，故

---

① ［日］法幢：《阿毗达磨俱舍论稽古》卷上，CBETA 2022，T64，No.2252，第 444 页中。
② 众贤造，（唐）玄奘译：《顺正理论》卷二十四，CBETA 2022，T29，No.1562，第 475 页下。

即使是于无色界进入灭尽定，也没有断灭的风险。而且为了维护阿赖耶识的立场，瑜伽行派反而须强调意成天包含无色界。他们主张，佛陀只是因为考虑到声闻种姓未听闻阿赖耶识的教法，故于声闻契经中不说无色界能出入灭尽定。但对于已经接受阿赖耶识说的大乘行者，既然上述担心色心俱灭的理由已经失效，故必须承许《邬陀夷经》中的意成天包括上二界。

究实而言，真正造成《邬陀夷经》中“意成天”理解困难的原因在于，已证灭尽定的圣者如何会下生于色界的问题。因为灭尽定的异熟果报是非想非非想处天，若不退失此定，则人间的阿那含死殁后，断然不会投生于较低的色界。先前《大毗婆沙论》分析邬陀夷误解的第二个理由也正是在此。

在一些佛教徒眼中，灭尽定不同于与外道共通的四禅八定，是唯极少数圣者方能证得的最高阶禅定，此定绝不会退失。因为他们认为“必无圣者以世俗道断烦恼义”，[①] 而出世间的无漏道断惑是不会退失的，当有学圣者通过无漏道一步一步地从低阶禅定证得最高的灭尽定时，怎么可能会退起下界烦恼而投生于色界呢？但《邬陀夷经》中舍利子却偏偏说有这种可能。故说一切有部据此认为，不仅有漏道断惑会退失，无漏道断惑也会退失，如《顺正理论》云：

> 又余无漏果亦见有退故。谓彼所宗，必无圣者烦恼断果世道所得，以彼论言：“圣者惑断是世道果，理不成故。”《邬陀夷经》说有圣者，先得有顶定，后生色界中，离退上断无生下义，彼宗不许圣以世道伏惑，……由此但依无漏道断。经说先得灭受想定，后还退故生色界中，是故极成余无漏道所得断果亦有退义。[②]

不过，据称友（Yaśomitra）的《俱舍论疏》（*Abhidharmakośa-vyākhyā*）

① 五百大阿罗汉等造，（唐）玄奘译：《阿毗达磨大毗婆沙论》卷五十一，CBETA 2022，T27，No.1545，第 264 页下。

② 众贤造，（唐）玄奘译：《顺正理论》卷六十九，CBETA 2022，T29，No.1562，第 716 页中。

中记载，经部宗认为，《邬陀夷经》的说法与彼宗无漏道断惑不退的立场并不矛盾。如云：

yo hi kaścid bhavāgralābhī niyāmam avakrāmati. so 'nāgāmī san nirodhasamāpattim utpādayet. sa bhavāgrān nirodhasamāpatteś ca parihīyeta. na tu mārgāt. ūrdhvabhūmikasyāryamārgasya kadācid anutpāditatvāt. sa parihīṇo bhūtvā dhyānam utpādya rūpadhātāv upapadyet. tasmād asty ataḥ parihāṇir na cāryamārgāt parihāṇir. ①

直译：若获有顶，趣入决定，此不还者，可得灭定。设从有顶及灭定退，非圣道退，上地圣道未曾起故。彼退之后，起静虑已，生于色界。故从此退，非圣道退。

意即行者在见道之前已伏下惑证得非想非非想定，那么彼见道后，就有可能证得灭尽定。但由于彼断惑所依的禅定都是无漏的色界定，而从未生起过无漏的无色界定，故当彼后时退失非想非非想处等有漏定时，虽然必然导致灭尽定的退失，但并非退失无漏道。

另外，也有人认为，灭尽定与无想定一样，只需以色界第四禅为基础就可生起，故生于色界的灭尽定圣者并非退失。但这与契经所说的四禅、四无色之后才能修习灭尽定的顺序不符，故世亲否定了这种草率的解释。如《俱舍论》云：

有余部执，第四静虑亦有灭定，依彼所执，灭定无退，此义亦成。第四静虑有灭尽定，义必不成。所以者何？九次第定，契经说故。②

① Unrai Wogihara（ed.），*Abhidharmakośavyākhyā by Yaśomitra*，vol.1，Tokyo：The Publishing Association of Abhidharmakośavyākhyā，1932，p.166.

② 世亲造，（唐）玄奘译：《阿毗达磨俱舍论》卷五，CBETA 2022，T29，No.1558，第 25 页下。

《阿毗达磨杂集论》则提到了另外一种依第四静虑渐修灭尽定的可能，如云：

> 云何圣弟子已得无色定，已离色界欲，复生色界耶？不必永离色界欲，方入无色定。……谓诸圣者已得第四静虑，不求生无色界而起厌背，第四静虑行恒现在前，舍断结道依胜进道，渐次能入无色界寂静解脱定。①

意即阿那含在证得第四静虑后，为了避免往生到无色界，刻意不去用无漏道（断结道）断尽残余的色界烦恼，而是通过有漏道（胜进道）伏除第四静虑及以上烦恼，渐次证得无色诸定（乃至最后证得灭尽定）。由于其并未断尽色界烦恼，故其命终之后，仍然只能投生于色界。

关于得灭尽定的有学圣者所断烦恼，及所生诸天的情况，《成唯识论》提出了二种观点，并分别说明了理由，如云：

> 有义：下八地修所断惑中，要全断欲，余伏或断，然后方能初起此定，欲界惑种二性繁杂障定强故，唯说不还、三乘无学，及诸菩萨得此定故。彼随所应，生上八地皆得后起。
>
> 有义：要断下之四地修所断惑，余伏或断，然后方能初起此定，变异受俱烦恼种子障定强故。彼随所应，生上五地皆得后起。②

第一说谓证得灭尽定者，必须断尽欲界烦恼种子，因为欲界的烦恼种子，通不善及有覆无记性，障定力强，如果不断尽，则无法证得灭尽定这种极微细的禅定。而上二界的有覆无记烦恼，或已断或未断，若未断者，

① 安慧糅，（唐）玄奘译：《阿毗达磨杂集论》卷九，CBETA 2022，T31，No.1605，第 737 页中。

② 护法等造，（唐）玄奘译：《成唯识论》卷七，CBETA 2022，T31，No.1585，第 38 页上。

则命终生于彼烦恼所系之地，初静虑乃至非想非非想处八地皆有可能。

第二说则是基于上述《杂集论》的说法，主张证得灭尽定者，必须断尽欲界、初静虑、第二静虑、第三静虑的烦恼，因为此等诸地的受存在变异（指乐受、舍受的变化），与这些受伴随的烦恼种子，障定力强，如果不将其断尽，则无法证得灭尽定这种极微细的禅定。而第四静虑及以上唯与舍受相应的烦恼种子或已断或未断，若未断者，则命终生于彼烦恼所系之地，第四静虑至非想非非想处五地皆有可能。此第二说为《成唯识论》的正义，它将《邬陀夷经》中所说的灭尽定者转生的色界，缩小到唯第四静虑。

不过，无论如何，经部与瑜伽行派都是站在无漏断道不退的立场，会通《邬陀夷经》中灭尽定者转生色界的问题，而这必然导致持相反立场的说一切有部的质疑。彼部认为，如果仅依暂伏而非永断上地烦恼的方式就能证得灭尽定，那么万一此圣者命终生于上地，岂非圣者身处上地却要断除下地的烦恼？譬如外道凡夫通过暂伏烦恼的方式就可以投生于上二界，那么未断尽色界烦恼，却已伏无所有处烦恼的灭尽定圣者，不也可以转生到非想非非想处天吗？又由于阿那含绝不会转生于先前所生之地（更不用说低于先前所生之地），那么彼等圣者只能身处上地断除下地烦恼，这显然有违阿毗达磨“生于上地不断下地烦恼”的教义！《成唯识论》对此问难的回答如下：

> 若伏下惑能起此定，后不断退生上地者，岂生上已却断下惑？断亦无失，如生上者，断下末那俱生惑故。然不还者对治力强，正润生位不起烦恼，但由惑种润上地生，虽所伏惑有退不退，而无伏下生上地义，故无生上却断下失。[①]

① 护法等造，（唐）玄奘译：《成唯识论》卷七，CBETA 2022，T31，No.1585，第 38 页上。

论中的回答有二番：首先，论主以生于上地的圣者，在证得无学果位前一刹那的金刚喻定（vajropama-samādhi），也要断除末那识中所含的下地烦恼为例，强硬地回复说，即使如此主张，也没有过失。不过，考虑到说一切有部不承许有末那识，故这个回答很难令说一切有部满意。接着，瑜伽行派给出了另外的解释，即圣者与凡夫不同，凡夫虽可以伏下惑以生上地，但圣者不可伏下惑以生上地，若上地烦恼种子未断，阿那含临终时便会以此未断的烦恼种子润生，而生于彼地，绝不会出现圣者未断第四静虑烦恼种子，却投生于无色界的情况。由此可以推知，《邬陀夷经》中的灭尽定者，之所以转生于色、无色界的某处，是因为彼地的烦恼种子未被无漏道断尽，后于临终润生时彼便发挥作用，这与他是否退失灭尽定，以及所伏烦恼是否退起并没有关系。

最后顺便说一句，欧美学者受制于中文的理解能力，及此处稍显复杂的义理，对于《成唯识论》中“而无伏下生上地义，故无生上却断下失”一句误解颇多。如 Wei Tat 或许是将句中的“义”理解为梵文的 artha（此词既可表示意义，也可表示目的），故将“而无伏下生上地义”英译为：

> it is irrelevant that, in order to subdue these anusayas (that is to say, to prevent them from growing into manifestation), that person must be reborn in a higher world.[①]
>
> 中译：这无关于“为了伏除下地惑种（即防止它们成为现行），彼人必须生于上地”。

Lusthaus 则以为“无”所否定的对象是“伏”字（其实否定的对象是“……义”整句），故他将“而无‘伏下生上地’义”误译为：

---

① 韦达（Wei Tat）：《成唯识论汉英对照》，香港：成唯识论出版委员会 1973 年版，第 489—491 页。

the non-repressed（anuśayas）from the lower（realms led to）birth in higher realms.[①]

中译：未伏的下地惑种导致生于上地。

Francis H. Cook 不知此处的意思是说“我瑜伽行派因为不许圣者生上断下，故无过失”，而将“故无生上却断下失”误译为：

Therefore there is no error（in maintaining）that one born in the upper（stages）eliminates the（propensities of the）lower.[②]

中译：故主张“生上断下”没有过失。

三 结语

教证通常是论师们为了证明自己观点的合理性，引用佛陀等权威的言论以说服读者。但由于时过境迁，许多经文因为底本、翻译、理解、传抄过程中的变化，以致现存契经与论典引文有时不尽相同，《成唯识论》中与灭尽定有关的两处经文即是如此。

第一处教证谓契经曾说“灭尽定中识不离身”。这段引文，除了《成唯识论》外，不少瑜伽行派典籍皆有此说。但在现存的原始经典中，相关的经文并无此句，而《成实论》中的引文更是持相反的论调——“灭尽定中识离于身”。就现存资料来看，最早引用“灭尽定中识不离身”的是世友论师，在他之前的说一切有部似乎更倾向“灭尽定中身识相离”，而在他之后的说一切有部，虽然反对世友论师“灭尽定中犹有细心”的

① Lusthaus，D.，*Buddhist Phenomenology*：*A Philosophical Investigation of Yogācāra Buddhism and the Ch'eng Wei-shih lun*，London：Routledge Curzon，2002，p.151.

② Francis H. Cook，*Three Texts on Consciousness Only*，California：Numata Center for Buddhist Translation and Research，1999，p.226.

主张，但或许是为了调和契经中“寿暖识不相分离”的说法，似乎已全然接受了这个教证的权威性。不过，说一切有部所谓的“识不离身”是指识不究竟离身，但可于灭尽定中暂时离身，故不同于灭尽定中寿、暖的无暂时离。但瑜伽行派则认为“识不离身”是指识与寿、暖三者一样，皆不可暂时离身。由此之故，该教证成为瑜伽行派论证阿赖耶识存在的关键证据。

第二处教证谓《邬陀夷经》中说“得灭尽定的有学圣者死后生于意成天”，此“意成天”是指上二界。但现存的阿含经中，佛陀批评了邬陀夷将“意成天”理解为色界天的想法，而平行的巴利文本中，佛陀批评的则是将“意成天”理解为无色界天的想法，这些经文皆不符合《成唯识论》将“意成天”理解为上二界天的说法。从《大毗婆沙论》《俱舍论》所引的经文及其注解来看，巴利文本应更符合本经的原貌，即证灭尽定的有学圣者死后容转生于色界天。但《成唯识论》坚持认为，《邬陀夷经》所说的“意成天”也包括无色界天，声闻弟子由于未接受阿赖耶识的教法，恐于无色界修无心定导致身心俱灭，故原始契经中不说生于无色界的圣者能出入灭尽定。但对于已接受阿赖耶识的大乘行者，上述理由便已经失效，故应许无色界亦能出入灭尽定。

另外，就得灭尽定的不还圣者转生色界的情况，说一切有部认为，此圣者虽先已依有漏道或无漏道断无所有处惑，但后因退起色界烦恼，故生于色界天。经部认为，圣者依无漏道断惑，不容有退。若某人先得非想非非想处定，于见道后证得灭尽定，后虽退失灭尽定及无色诸定，但并不会退失无漏断道，彼之所以生于色界，是因为彼之色界烦恼未依无漏道断尽，故绝非先断后退。瑜伽行派的护法则认为，已断第三静虑烦恼的圣者，若伏而不断上地诸惑，亦可渐次证得灭尽定，无论彼后时退或不退，由于其第四静虑烦恼种子未断，故死后必将生于彼处。圣者生于无色界的道理，也与此类似。

通过对以上教证所涉文本及诠释的对比，不难发现，同一契经在不同时期、不同宗派所呈现的样貌和含义存在着微妙的差异。《成唯识论》作为中期大乘瑜伽行派思想的大成之作，其对上述两篇声闻经典的重构或重释，一方面表现了瑜伽行派对部派阿毗达磨论述风格的延续，一方面表明了自宗不同于早期佛教的阿赖耶识立场。

关于“忍”

——以源语回溯和佛典汉译解读为中心

释妙乘

苏州戒幢佛学研究所博士生

摘要：忍或忍辱（kṣānti）在佛教中是一个非常重要的概念，但想要完全搞清楚它的含义其实并不容易。本文就关于如何理解佛教中“忍”这一概念的相关问题，在前辈学者研究成果的基础上，通过语言学和诠释学等方法，尝试做一个初步的梳理及探讨。笔者首先分析了佛教经论中“忍”字的多重含义，认为其理解上的困难主要源于记忆和口传的差异、传译的讹误以及语言文字本身的流变性。通过对梵语文献的源语回溯和汉译解读，讨论了“忍”在佛教经典中的原始含义及其发展变化。其次，进一步梳理了部派佛教和大乘佛教中“忍”的分类，这些分类体现了佛教对“忍”的不同层面和深度的理解。最后，结合星云大师的“五和”理念，思考了“忍”在现代社会中的积极意义，指出“忍”不仅是个人修养的重要内容，也是社会和谐与世界和平的重要基石。

关键词：佛教；忍；kṣānti；现代意义

引　　言

当我们阅读佛教经论的时候，佛典当中的很多概念都会给人琢磨不定的感觉，究其原因，大致可以归结为以下三点：

（1）记忆和口传的差异。佛陀时代的佛法是没有文字记录的，一切都凭个人记忆和口耳相传，即便后来经过几次结集，也难免会产生不同程度的个体差异。

（2）传译的讹误。佛灭后经过历代僧侣的弘传，佛法流布甚广，在各个国家地区语言文字之间的传译过程中，也难免产生误译和讹传。

（3）语言文字本身的流变性。佛法流传到今天已经有两千多年的历史，很多词汇、语音、语义，以及使用习惯都会在历史长河中逐渐发展变化。

众所周知，“忍（忍辱）”在佛教中是一个非常重要的概念，不仅在大乘佛教中是菩萨必须践行的六波罗蜜或十波罗蜜之一，而且在早期佛教中也作为心所或修行阶位等名相常常被提及讨论，所涉的范畴相当繁杂，所以想要把这个词的含义完全讲清楚其实并不容易。本文就关于如何理解佛教中“忍”这一概念的相关问题，在前辈学者研究成果的基础上，尝试通过语言学和诠释学等研究方法，做一个初步的解读和梳理。

此外，为了让我们对佛典经论的研究在当今时代产生更积极的影响，本文还将尝试探讨“忍”在现代社会中的意义和应用。笔者希望通过思考“忍”的现代意义，启发佛教徒重新审视这一传统概念，并将其积极地融入现代生活和修行实践当中，最终实现个人和社会的和谐发展。

一　源语回溯

尽管在佛教梵语文献中有很多对应于汉译“忍”字的梵文词，比如：kṣānti、kṣamā、titikṣate、titikṣā 等，但使用最广泛最有代表性的还是 kṣānti。在汉译佛典中 kṣānti 也往往被翻译为“忍”“能忍”“忍辱”“堪忍”“安忍”等多种同义词。它在梵文中是一个阴性名词，有耐心等待、宽容、忍耐、耐力、神圣的超脱状态等含义。①

日本大谷大学教授佐佐木现顺在 20 世纪 60 年代曾发表过一篇论文，专门讨论过 kṣānti 这个词的早期讹变问题，他提出大乘佛教梵语文献的解释中存在的某些尴尬含义，有时是由于对中期印度雅利安语言的错误梵文化造成的。因此，首要任务应该是追溯源语。

他认为在佛教梵文中，kṣānti 这个词当然能够包含两种解释：接受和忍耐。实际上对应这个词的翻译也多种多样，比如汉译中的“忍”“忍辱”和藏译中的“bzod pas”等，这不仅对于佛教术语，而且对于大乘佛教的哲学思想都产生了不小的影响。这个词无疑是佛教梵语对巴利语 khanti 的发展，khanti 来自词根 kam，意味着感到高兴地、愿意地。如：

《经集》（Suttanipāta）897 中：anupāya so upayam kim eyya diṭṭhe sute khantim akubbamāno. 从上下文看，khanti 是关于无执着（akubbamāna）的状态，对应汉译的《佛说义足经》（Padārtha-sutra）将其译为“直取”，意思是“愿意”。②

《相应部》（Samyutta Nikaya）944 中：purānaṁ nābhinandeyya，nave khantim na hiyamāne na soceyya ākāsaṁ na sito siyā. 这个句子中，khanti 这个词也出现在 abhinandeyya 的对应位置，意思是“愿意”或“喜欢”。

《长部》（Dighanikaya）i. 187［《中部》（Majjhima）i. 487］中：dujjānaṁ kho etaṁ potthapāda tayā añña-ditthikena añña-khantikena añña-rucikena aññatrāyogena aññatthācariyakena：saññā purisassa attā ti vā，añña saññā añño attā ti vā. Rhys Davids 将 khantika 这个词翻译为“默许接受”，即愿意接受外道思想。

以上巴利佛典的例证表明，khanti 这个词应该被解释为“愿意”，而不

① patient waiting for anything；patience，forbearance，endurance，indulgence；the state of saintly abstraction. M. Monier-Williams ed.，Sanskrit-English Dictionary，Oxford：The Clarendon Press，1899，p.326.

②（三国吴）支谦译：《佛说义足经》卷 1，《大正藏》第 4 册，No. 198，第 178 页。

是次要含义“忍耐”，khanti 的原始含义来自词根 kam，意为愿意或喜欢。但 khanti 被梵语化为源自词根 kṣam 的 kṣānti，意为忍耐；而正确的梵文应该是代表 khanti 的原始含义的 kānti。

在部派文献中，尽管 khanti（愿意）被错误梵语化为 kṣānti（忍耐），其原义“愿意”依然被保留下来。如在《阿毗达磨顺正理论》（Abhidharma-nyāyānusāra śāstra）中，众贤（Saṅghabhadraḥ）明确提出过愿意的含义，他说：“kṣānti”赋予了“推度意乐”[①]，意味着与忍耐区分开来的一种倾向。另外在梵语部派文献 Abhidharmakośa-vyākhyā（《阿毗达磨俱舍论注》）（Yaśomitra 著）、上座部的《法句经》（Dhammapada）和《法集论》（Dhammasanganī）等文献中也都能找到例证；甚至在《入楞伽经》（Laṅkāvatāra-sūtra）、《阿弥陀经》（Sukhāvatīvyūha）、《十地经》（Daśabhūmikasūtra）等初期大乘文献中也可以找到证明。

以上这些例子都佐证了佐佐木教授的观点：巴利语“khanti”（词根 kam）错误地梵语化为“kṣānti”（词根 kṣam），而正确的应为 kānti（词根 kam）。这就使我们有时难以理解梵语佛教文本中一些概念的确切含义，如以 kam 为词根的原始巴利佛典中的“khanti”这个词应该被解释为“愿意”，并且有明确的积极色彩；而梵文的“kṣānti”这个词明显暗示了消极的心智状态。然而，在几乎所有对这个词的汉译——忍（辱）和藏译——bzod（ba）中，也都遵循了“kṣānti”（忍耐）的含义。[②]

二　汉译解读

接下来我们来用诠释学的方法，从传统汉译解读的角度再来重新审视和考察一下。

① 众贤著，（唐）玄奘译：《阿毗达磨顺正理论》卷 73：“诸忍正起推度意乐加行猛利故非智摄，而名见者推度性故。”《大正藏》第 29 册，No. 1562，第 735 页。

② Genjun H. Sasaki，*Khanti*，*Kanti*，*Ksanti*，《印度学佛教学研究》1958 年第 7 卷第 1 号。

1. 通过汉字本身的意义来考察

《说文解字注》中对“忍”的解释为：“能也，……贤者称能。……凡敢于行曰能，今俗所谓能干也；敢于止亦曰能，今俗所谓能耐也。能耐本一字，俗殊其音。忍之义亦兼行止，……其为能一也。”[①] 也就是说，汉语传统中对“忍”字的理解是包含正反两方面的义项的，既有积极主动的勘能一面，表示愿意、能够、含容；也有消极被动的压抑一面，表示承受、抑制。但因为汉字是象形文字，仅从字面上看更容易让人关注其消极的一面，而忽略其积极的一面。

为说明其积极的义项，再举几个古文中表示“愿意”的例子如下：

> 不忍为之下。（《史记·廉颇蔺相如列传》）
>
> 宁见朽贯千万，而不忍赐人一钱；宁积粟腐仓，而不忍贷人一斗。（汉·王符《潜夫论·忠贵》）
>
> 久游不忍还，迫迮冠盖场。（宋·王安石《昆山慧聚寺次孟郊韵》）[②]

2. 通过梵文汉译来考察

梵本 Aṣṭasāhasrikā Prajñāpāramitā（《般若八千颂》）对应的汉译《道行般若经》中，译者支娄迦谶将梵文“kṣānti”一词根据不同的语境翻译为“羼提”“忍辱”和“乐”至少三种不同的表达。[③] 如：

【梵本】

atha khalvāyuṣmānānando bhagavantametadavocat-na bhagavan dānapāramitāyā varṇaṃ bhāṣate，na nāmadheyaṃ parikīrtayati | na śīlapāramitāyāḥ na kṣāntipāramitāyāḥ，na vīryapāramitāyāḥ | na bhagavan dhyānapāramitāyā

① （东汉）许慎撰，（清）段玉裁注：《说文解字注》，上海古籍出版社 1981 年版，第 515 页。

② 汉语大字典编辑委员会：《汉语大字典》（第二版），崇文书局、四川辞书出版社 2010 年版，第 2431 页；《重编国语辞典》（修订本）台湾学术网络第六版，2021 年。

③ 鈴木健太：《般若経における忍辱波羅蜜》，《印度學佛教學研究》2019 年第 68 卷第 1 号。

varṇaṃ bhāṣate，na nāmadheyaṃ parikīrtayati | api tu prajñāpāramitāyā evaikasyā bhagavān varṇaṃ bhāṣate，nāmadheyaṃ ca parikīrtayati ||①

【汉译】

阿难白佛言："无有说檀波罗蜜者，亦不说尸波罗蜜，亦不说羼提波罗蜜，亦不说惟逮波罗蜜，亦不说禅波罗蜜，亦无有说是名者，但共说般若波罗蜜者。何以故？天中天！"②

【梵本】

bhagavānāha……bodhisattvasya mahāsattvasya dānaṃ vā dadataḥ，śīlaṃ vā rakṣataḥ，kṣāntyā vā saṃpādayamānasya，vīryaṃ vā ārabhamāṇasya，dhyānaṃ vā samāpadyamānasya，dharmān vā vipaśyataḥ bodhisattvasya mahāsattvasya prajñāpāramitaivātra pūrvaṃgamā ||9

【汉译】

佛言："……菩萨摩诃萨般若波罗蜜，于菩萨摩诃萨最尊，菩萨与布施，般若波罗蜜出上持戒、忍辱、精进、一心，分布诸经教人，不及菩萨摩诃萨行般若波罗蜜也。"③

【梵本】

pūrvaparikarmakṛtairanutpattikeṣu dharmeṣu kṣāntiḥ pratilabdhā，ṣaṣṭeś ca bodhisattvānāmanupādāyāsravebhyaścittāni vimuktāni ||9

【汉译】

……五百诸天人皆逮无所从生法乐，于中立六十新学菩萨皆得阿罗汉道。④

从上面三个例子可以看到：支娄迦谶在翻译 kṣānti-pāramitā 时，把“kṣānti”译为“羼提”；单独使用时，译为“忍辱”；而 anutpattikeṣu

① P. L. Vaidya，*Aṣṭasāhasrikā Prajñāpāramitā*，Darbhanga：The Mithila Institute，1960，P. 40.
② （东汉）支娄迦谶译：《道行般若经》卷 2，《大正藏》第 8 册，No. 224，第 434 页。
③ （东汉）支娄迦谶译：《道行般若经》卷 2，《大正藏》第 8 册，No. 224，第 436 页。
④ （东汉）支娄迦谶译：《道行般若经》卷 5，《大正藏》第 8 册，No. 224，第 453 页。

dharmeṣu kṣāntiḥ 这个佛教术语，则译为“无所从生法乐”。这不仅仅体现了译者在翻译工作中的细致和深思熟虑，也表明该词根据是否构成复合词，以及前后文特定语境可以表达不同的意义。这种对“kṣānti”的翻译方法在后代的不同译本中也出现了类似的情况：例如在《摩诃般若钞经》中，也将“kṣānti-pāramitā”“kṣānti”“anutpattikeṣu dharmeṣu kṣāntiḥ”分别翻译为“羼波罗蜜”“忍辱”“无所从生法乐忍”；而在《小品般若经》中，则分别翻译为“羼提波罗蜜”“忍辱”“无生法忍”①。

通过以上初步对比分析，笔者想阐述一下自己的看法。一方面，对于佐佐木教授提出的观点——只有使用语言学方法，才能准确理解佛教梵文文本，才能对概念进行深入的基本分析，进而理解佛教哲学的形成发展，这一点笔者是非常赞同的。但另一方面，笔者认为佛教哲学体系的形成发展是非线性且复杂多元的，牵扯的因素也非常多。“忍”这个佛教概念的含义，如果全部归结为由错误梵语化导致的，还是有点绝对。至少还应考虑到其他两方面的问题：

（1）kṣānti 这个梵语词本身含义的发展流变。一方面，由于古印度语言的特殊性质，在从俗语向雅语的梵语化过渡的时期，该词可能逐渐或已经包含了 khanti（愿意）的义项；另一方面，这个词在成为佛教理论中特有的固定术语和概念后，后期的佛教论师和学者通过诠释和演绎，也可能会不断赋予其更多含义。

（2）“忍”这个对应梵语 kṣānti 的汉译词也具有多个义项，并且一直在发展变化。由于自然环境、生活习惯和历史文化等不同，异域源语言与本土语言之间广泛存在内涵和外延无法完全对应的问题，这通常被称为“不可译性”（untranslatability）。② 面对这些挑战，一般需要翻译者采用多种策略来应对。中国古代的优秀译经师及其团队都是当时的知

① 参考《摩诃般若钞经》,《小品般若波罗蜜经》(《大正藏》第 8 册，No. 226，No.227)。

② James Nolan. *Interpretation*：*Techniques and Exercises*（*Series*：*Professional Interpreting in the Real World*），Clevedon，Multilingual Matters，2005，p.57.

识分子精英，从前文对比分析可以看出，他们不仅在斟酌比较的基础上，最终把 kṣānti 对应的常规汉译词确定为义项涵括最为接近的“忍”字，而且还通过观察前后义理内容的逻辑连贯性，在有需要时采用其他含义更接近的汉译词来翻译，如果实在无法找到合适的，就干脆直接以音译的方式翻译。

所以，笔者认为正是因为有以上提到的多种复杂的不确定因素，大乘佛教梵文及汉藏译文文献在语义概念上的难解和尴尬绝不是某个单一原因造成的。因此在解决这个问题的时候，既需要采用语言学、文献学、诠释学、思想史等多种现代研究方法，也需要我们从语言差异、历史时期、文化背景、翻译诠释、思想深度等多方面进行考虑。

三 “忍”的分类

（一）部派佛教——以说一切有部为代表

1. 忍慧和忍位

作为部派主流的说一切有部，其修行体系以对四谛的观察为中心展开。在此过程中，“忍”（kṣānti）是作为十大地心所法的慧（prajñā）的一种而存在的。[①] 如《俱舍论·智品》开头的偈颂说：“圣慧忍非智，尽无生非见。”[②] 意思就是在圣慧（无漏慧）中，“忍”不属于智（属于见），而尽智和无生智不属于见（属于智）。另外，“忍”用作表示修行阶段的术语，在顺决择分，即四善根第三阶段也有所使用，如《俱舍论·圣贤品》说：“此暖、顶、忍、世第一法四殊胜善根名顺决择分。”[③] 尽管此二者存在联系，但它们实际上是不同的概念。为了区分这两种“忍”，可以把前者称为“忍慧”，后者称为“忍位”。后面谈到的“有漏忍”和“无漏忍”，都

① 田中裕成：《〈ウダーナヴァルガ・ヴィヴァラナ〉における有漏の忍》，《印度學佛教學研究》2016 年第 64 卷第 2 号。

② 世亲著，（唐）玄奘译：《阿毗达磨俱舍论》卷 26，《大正藏》第 29 册，No. 1558，第 134 页。

③ 世亲著，（唐）玄奘译：《阿毗达磨俱舍论》卷 23，《大正藏》第 29 册，No. 1558，第 120 页。

属于前者的范畴。

2. 有漏忍和无漏忍

作为慧心所一种的“忍”大致可以分为与顺决择分有关的有漏忍和现观之后出现的无漏忍两种。

1）有漏忍

A. 关于“有漏忍”，日本学者田中裕成通过深入分析相关文本，归纳整理出以下主要结论[①]：

B. 在《俱舍论》等有部论书中，显示“有漏忍”与“欲乐”（√ruc）有着密切的联系，但其具体内涵并没有得到清晰的阐述。

C. 在《俱舍论·智品》中，通过是否具有“智”的性质来区别“有漏忍”与“无漏忍”。田中援引《大毗婆沙论》的描述，认为“有漏忍”即是“世间正见”，所以也有“见”的性质。

D. 在 Udānavarga-vivaraṇa[②] 中，对“优秀的世间正见”进行了解释，将“优秀”解释为“顺决择分忍位”，而把“世间正见”解释为对四圣谛的“忍得（有漏忍）”。这表明 Prajñāvārman 将“有漏忍”视为“世间正见”，并认为它具有“见”的性质。而且这种理解（结论 B）与《大毗婆沙论》一致。

E. Udānavarga-vivaraṇa 中规定“世间正见”是对四圣谛、三宝、业及其果的存在持有确信、胜解和欲乐。基于结论 C，此规定也可以视为对“有漏忍”的定义。

结论 D 的定义对应《俱舍论》中信和胜解的定义，而且与《俱舍论》所定义的“世间正见”不冲突。此外，这也与结论 B 中《大毗婆沙论》的规定一致。

如结论 E 所述，结论 D 中定义的一部分与《俱舍论》中对胜解的定义对应，可以看到“有漏忍”与胜解和欲乐之间的联系。因此可以说，在

① 田中裕成：《有部系アビダルマにおける有漏の忍と世間的な正見》，《佛教大学仏教学会紀要》，2016 年。

② 对 Udānavarga 的注释书，Prajñāvārman 所著，目前只有藏译本。

《俱舍论》等文献中将“有漏忍”解释为“欲乐”，是因为它包括了“胜解”的含义。

2）无漏忍

关于“无漏忍”，日本学者樱部建教授已经在其著作中有了确定的结论，即无漏忍是“以推度（saṃtīraṇa）为本性的”①。田中裕成博士在其论文中对得出此结论的过程做了简略的汇总：樱部建的研究是在佐佐木现顺研究②的基础上发展起来的。如前文所引佐佐木教授认为“kṣānti”起源于“kṣam”（能够、忍受），但在巴利语向梵语转化时，源自“kam”（喜欢、渴望）的“khanti”没有转化为与之对应的梵语“kānti”，而是被梵语化为“kṣānti”，结果“kṣānti”这个词就包含了“忍受”和“喜欢”两种语根的含义。他指出，“无生法忍”中的“忍”应该来源于“kam”。③

与此相反，樱部教授指出，在《俱舍论·智品》中，“忍”（kṣānti）被解释为“推度”（saṃtīraṇa），在《俱舍释论》（Abhidharmakośavyākhyā）中被解释为“审虑”（upanidhyāna）。而且，这与巴利语里常见到的“dhammanijjhānakkhanti”中使用的“nijjhāna”是同义的，自古以来“忍”（kṣānti）就是用来表达知性作用的词汇。④

之后，周柔含在上述两种观点的基础上，提出（无漏忍）作为“推度”作用时还有“意乐”的含义，“审虑”（upanidhyāna）是包括“意乐”的。⑤此外，在翻译研究《俱舍论·智品》和《俱舍释论》的著作《俱舍论の原典研究·智品·定品》⑥，以及翻译研究Tattvārtha的论文《俱舍论注

---

① 樱部建：《増補·仏教語の研究》，文栄堂書店 1997 年版，第 54—57 页。

② 佐佐木现顺：《阿毗达摩思想研究》，弘文堂 1958 年版，第 580—593 页。

③ 田中裕成：《有部系アビダルマにおける有漏の忍と世間的な正見》，《佛教大学仏教学会紀要》，2016 年。

④ 最初见于樱部建 1969 年《俱舍論の研究：界·根品》（法藏館），后来在 1975《仏教語の研究》（文栄堂書店）中做了整理，并最终在 1997 年《増補·仏教語の研究》（文栄堂書店）进行了修正。

⑤ 周柔含：《順決択分の研究》，山喜房仏書林 2009 年版，第 56 页。

⑥ 樱部建、小谷信千代、本庄良文：《俱舎論の原典研究 智品·定品》，大蔵出版 2004 年版。

释书 Tattvārtha の试訳》[①]中，关于“无漏的忍”的观点都与樱部建 1997 年著作中的观点相同。

（二）大乘佛教般若中观系——以《大般若经》《大智度论》为代表

大乘佛教般若中观系中主要有三个与“忍”相关的概念：生忍、法忍和无生法忍。

众所周知，《大智度论》是解释《大般若经》的解经论书。论中引用了《摩诃般若波罗蜜经》中这样一句：“复有菩萨摩诃萨，皆得陀罗尼及诸三昧行，空、无相、无作，已得等忍……”[②]《大智度论》在对其中“已得等忍”这句作解释时，引出了生忍和法忍的概念，并于后文逐步展开。“‘已得等忍’者。问曰：云何等？云何忍？答曰：有二种等：众生等、法等。忍亦二种：众生忍、法忍。”[③]根据梵文《二万五千颂般若经》（Pañcaviṃśatisāhasrikā Prajñāpāramitā），可以找到“已得等忍”对应的梵文词是 kṣānti-samatā-pratilabdha[④]，笔者认为此处 kṣānti-samatā 关系为第七格（locative case）依主释，二者共同与 pratilabdha 构成第二格（accusative）依主释。因此可以说：“已得等忍”（kṣānti-samatā-pratilabdha）就是：得到了对于“等”(samatā）的“忍”(kṣānti)。根据梵文辞典的解释[⑤]，以及《大智度论》后文的论述，“等”（samatā）即是指平等性。而“等”有众生等和法等两种，那么“忍”（kṣānti）也就有两种，即对于众生平等性的忍（众生等忍）和对于法平等性的忍（法等忍）。略引原文如下：

---

① 宫下晴輝：《倶舎論註釈書 Tattv ā rtha の試訳——第七章第一偈より第六偈まで》，《佛教学セミナー》38，1983 年。

② （后秦）鸠摩罗什译：《摩诃般若波罗蜜经》卷 1，《大正藏》第 8 册，No. 223，第 217 页。

③ 龙树著，（后秦）鸠摩罗什译：《大智度论》卷 5，《大正藏》第 25 册，No. 1509，第 97 页。

④ Edited by Takayasu Kimura，*Pañcaviṃśatisāhasrikā Prajñāpāramitā*-|-1，Sankibo Busshorin，2007，p. 1.

⑤ sama-tā，f.（samá-）sameness of level；equality，sameness，identity with.——M. Monier-Williams，*Sanskrit-English Dictionary*，1899，p.1125.

一切众生中，不着种种相，众生相、空相，一等无异。如是观，是名众生等。……于一切众生不瞋不恼，如慈母爱子，……是名众生等忍。……善法、不善法，有漏、无漏，有为、无为等法，如是诸法入不二入法门，入实法相门，如是入竟。是中深入诸法实相时，心忍直入，无诤无碍，是名法等忍。①

由此可知，所谓生忍和法忍即是“众生等忍”和“法等忍”的简略说法，所以生忍也可以说为众生忍。《大智度论》后文对这两种忍又做了很多扩展性的解释，如：

有二种忍：生忍、法忍。生忍名众生中忍，如恒河沙劫等众生种种加恶，心不瞋恚；种种恭敬供养，心不欢喜。……甚深法中心无罣碍，是名法忍。②

又如：

忍诸恭敬、供养众生及诸瞋恼、淫欲之人，是名生忍。忍其供养、恭敬法及瞋恼、淫欲法，是为法忍。③

再如：

是二法中：一、处众生不可得故，名众生忍；二、于法不可得故，名为法忍。法忍者不妨众生忍，众生忍不妨法忍，但以深浅为别。④

---

① 龙树著，（后秦）鸠摩罗什译：《大智度论》卷5，《大正藏》第25册，No. 1509，第97页。
② 龙树著，（后秦）鸠摩罗什译：《大智度论》卷6，《大正藏》第25册，No. 1509，第107页。
③ 龙树著，（后秦）鸠摩罗什译：《大智度论》卷15，《大正藏》第25册，No. 1509，第168页。
④ 龙树著，（后秦）鸠摩罗什译：《大智度论》卷81，《大正藏》第25册，No. 1509，第630页。

至于无生法忍（anutpattika-dharma-kṣānti），或无生忍（anutpāda-kṣānti），《大智度论》中在提出众生等忍和法等忍后，这样定义它：“已得解脱，空、非空，是等悉舍，灭诸戏论，言语道断，深入佛法，心通无碍，不动不退，名无生忍，是助佛道初门。”① 接下来，又在解释《般若经》中的“大忍成就”时，说明了怎样获得无生忍：“先已说等忍、法忍，今何以故复说‘大忍成就’？答曰：此二忍增长，名为大忍。复次，等忍在众生中一切能忍；柔顺法忍于深法中忍。此二忍增长作证，得无生忍。”②

也就是说，“无生法忍”其实就是在前面两种忍之上的进一步升华，达到了圆满的佛地。此后《大智度论》也在诸多方面对此概念的外延进行了扩展，如在解释阿鞞跋致地的时候说：

> 若菩萨能观一切法不生不灭、不不生不不灭、不共、非不共。如是观诸法，于三界得脱，不以空，不以非空；一心信忍十方诸佛所用实相智慧，无能坏、无能动者，是名无生忍法。无生忍法，即是阿鞞跋致地。③

又如：

> 顶增长坚固，名为菩萨位。入是位中，一保证使、一切魔民不能动摇，亦名无生法忍。④

再如：

> 无生法忍者，于无生灭诸法实相中，信受、通达、无碍、不

① 龙树著，（后秦）鸠摩罗什译：《大智度论》卷 5，《大正藏》第 25 册，No. 1509，第 97 页。
② 龙树著，（后秦）鸠摩罗什译：《大智度论》卷 6，《大正藏》第 25 册，No. 1509，第 106 页。
③ 龙树著，（后秦）鸠摩罗什译：《大智度论》卷 27，《大正藏》第 25 册，No. 1509，第 263 页。
④ 龙树著，（后秦）鸠摩罗什译：《大智度论》卷 41，《大正藏》第 25 册，No. 1509，第 362 页。

> 退，是名无生忍。[①]

（三）大乘佛教瑜伽行系——以《解深密经》《摄大乘论》《瑜伽师地论》为代表

1. 九忍

《瑜伽师地论·菩萨地》的《忍品》（Kṣānti-paṭala）中，在阐述作为大乘菩萨六波罗蜜第三的忍波罗蜜时，专门对“忍”做了非常详细的阐述，总体可以分为九种，每种中又分若干细项。这九种忍应该涵盖了瑜伽行派一切忍波罗蜜的修习内容：

> 云何菩萨忍波罗蜜多？……谓九种相忍，名为菩萨忍波罗蜜多。一、自性忍，二、一切忍，三、难行忍，四、一切门忍，五、善士忍，六、一切种忍，七、遂求忍，八、此世他世乐忍，九、清净忍。[②]

日本大正大学矢板秀臣在2019年发表的一篇论文中，参考梵藏汉多种文本对本品做了日文翻译和梵文校勘，其中对“九忍”做了归纳梳理，现简录如下：

A. 自性忍（kṣānti-svabhāva）：菩萨的本性是菩萨忍耐的基础，即使面对他人的恶意和伤害，也能保持内心的平静和慈爱；

B. 一切忍（sarva-kṣānti）：对一切情况的忍耐，在菩萨的修行中占据重要位置，包括对他人的恶意和伤害的忍耐，以及在苦难中的忍耐；

C. 难行忍（duṣkara-kṣānti）：对极端困难和痛苦挑战的忍耐，即使在最艰难的情况下也能保持忍耐；

D. 一切门忍（sarvatomukha-kṣānti）：对来自不同方面——无论是朋友、敌人还是中立者的挑战的忍耐；

---

① 龙树著，（后秦）鸠摩罗什译：《大智度论》卷50，《大正藏》第25册，No. 1509，第417页。

② 无著著，（唐）玄奘译：《瑜伽师地论》卷42，《大正藏》第30册，No. 1579，第523页。

E. 善士忍（satpuruṣa-kṣānti）：对那些追求菩萨道的善良人士的忍耐，包括对成功的忍耐和对未来的忍耐；

F. 一切种忍（sarvākāra-kṣānti）：对各种行为和状况的忍耐，包括对生活中的各种挑战的忍耐；

G. 遂求忍（vighātārathika-kṣānti）：对有求者的忍耐，指对于有求于你的人，即使他们可能提出不合理的要求，你也要展现出忍耐；

H. 此世他世乐忍（ihāmutrasukha-kṣānti）：对现世和来世福报的忍耐，意味着在现世中为了未来的幸福而忍受困难；

I. 清净忍（viśuddha-kṣānti）：指在面对恶行和不善行为时，能够保持内心的清净和忍耐，这是非常重要的。[①]

2. 三忍

《瑜伽师地论》的“九忍”在其他经论中未见，但其中解释“菩萨自性忍”的时候提出的“三忍”，在《解深密经》和《摄大乘论》等经论中都可以见到[②]，即耐怨害忍（耐他怨害忍，parāpakāram arpaṇā-kṣānti）、安受苦忍（安受众苦忍，duḥkhādhivāsanā-kṣānti）、谛察法忍（法思胜解忍，dharma-nidhyānādhimokṣa-kṣānti/dharmanidhyānādhimukti-kṣānti）[③]。

《摄大乘论释》中，世亲菩萨对这三种忍做了具体解释：

① 矢板秀臣：《菩薩の忍：菩薩地〈忍品〉の研究》，载大本山成田山新勝寺成田山仏教研究所编《成田山仏教研究所紀要》，2019，第 31—34 页。

② （唐）玄奘译：《解深密经》卷 4：“忍三种者：一者、耐怨害忍；二者、安受苦忍；三者、谛察法忍。”（《大正藏》第 16 册，No. 676，第 705 页）《摄大乘论本》卷 2：“忍三品者，一、耐怨害忍，二、安受苦忍，三、谛察法忍。”（《大正藏》第 31 册，No. 1594，第 145 页）《瑜伽师地论》卷 78：“忍三种者，一者、耐怨害忍，二者、安受苦忍，三者、谛察法忍。”（《大正藏》第 30 册，No. 1579，第 731 页）

③ （）内的汉字出自汉译《瑜伽师地论》中的同语异译：“忍各有三种。一、耐他怨害忍，二、安受你苦忍，三、法思胜解忍。”（无著：《瑜伽师地论》卷 42，《大正藏》第 30 册，No. 1579，第 523 页）；梵文出自其梵文本 Yogācārabhūmau Bodhisattvabhūmiḥ：“sā punarubhayapakṣāśritāpi trividhā veditavyā| parāpakāramarpaṇā-kṣāntiḥ| duḥkhādhivāsanā-kṣāntiḥ| dharmanidhyānādhimokṣa kṣāntiñca |”（Nalinaksha Dutt：*Bodhisattvabhumi*，Patna：K.P. Jayaswal Research Institute，1966，p. 230。

三种忍中，耐怨害忍，能忍受他所作怨害，勤修饶益有情事时，由此忍力遭生死苦而不退转；安受苦忍，能正忍受所遭众苦，由此忍力于生死中虽受众苦而不退转；谛察法忍，堪能审谛观察诸法，由此忍力建立次前所说二忍。……耐怨害忍，是诸有情成熟转因；安受苦忍，是成佛因，寒热饥渴种种苦事皆能忍受无退转故；谛察法忍，是前二忍所依止处，堪忍甚深广大法故。①

《瑜伽师地论》中对三忍的解释更为详细，并且扩展解说了更多细分门类，以及菩萨修习此忍的具体方法：

云何菩萨耐他怨害忍？……是名菩萨耐他怨害忍；云何菩萨安受众苦忍？……是名菩萨安受众苦忍；云何菩萨法思胜解忍？……是名菩萨法思胜解忍。②

四 “忍”的现代意义

在汉地，传统世俗意义上的“忍辱”，通常被理解为在面对强大对手时，由于无力抗衡而不得不忍受屈辱，或者为了长远的目标而暂时忍受痛苦和不公，更多是消极的、短期的，有时甚至是出于无奈的选择。如果我们仅仅将忍辱理解为忍受外部因素，那么在现代社会中，忍辱的实践可能会让所有人都成为失败者，或者变成穿着盔甲的机器人。换句话说，如果只是强迫自己忍受那些无法承受的情况，可能会导致自我毁灭的状态，或者仅仅只是一种假装不在乎的心态。

---

① 世亲著，（南朝陈）真谛译：《摄大乘论释》卷7，《大正藏》第31册，No. 1597-1598，第356—422页。

② 无著著，（唐）玄奘译：《瑜伽师地论》卷42，《大正藏》第30册，No. 1579，第523—524页。

然而，如前所述，在佛教中的“忍”（ksanti），不论在早期还是大乘阶段，都是具有着更丰富内涵的深奥智慧。它基于对佛法的深刻理解，不仅包括对他人行为的忍耐，还包括对内心烦恼的对治，以及对一切法（现象）的洞察和对修行阶位的提升。它不但是一种坦然接纳的行为，更是一种智慧和慈悲的体现。

与古代相比，在现代社会中，一些人在享受科技和经济带来的福利的同时，迷失在这种高速发展的物质文明中，情绪的冲突和精神的空虚使越来越多的人意识到，幸福的人生并非完全取决于外在的物质财富，心理健康和灵性成长开始受到更多的关注。“忍”对于现代社会的意义完全可以超越传统宗教的范畴，成为一种现代人心理调适的机制和提升社会群体道德修养的方法。

一生倡导人间佛教的星云大师在其著作《佛法真义》中曾经提出过“五和”理念，即“自心和悦、家庭和顺、人我和敬、社会和谐、世界和平”[①]，笔者认为完全可以从这几个方面来认识“忍”的现代意义。

首先，“忍”是个人成长和自我实现的重要途径。通过“忍”，人们可以学会在逆境中坚持和努力，培养坚韧不拔的意志。“忍”也是一种自我超越的过程，有助于个人在精神和道德层面的提升。现代社会充满了各种挑战，如环境问题、社会不公、经济压力等。“忍”能够帮助人们在面对这些挑战时保持积极的态度，寻找解决问题的方法，而不是被困难所压垮。

其次，不仅在家庭生活中，“忍”能够帮助家庭成员之间建立和谐的关系，通过理解和包容，家庭成员可以减少冲突，增强彼此之间的爱和信任；而且在快节奏、高压力的职场生活中，“忍”也能够帮助人们更好地管理自己的情绪，在面对挫折、冲突和不公时保持冷静和理智，减少冲动行为。提升自我控制能力可以更好地应对工作中的挑战，提升工作

① 星云大师：《五和》，《星云大师全集 · 佛法真义》，佛光出版社 2017 年版，第 54 页。

效率。

最后，“忍”不仅是个人修养的重要内容，也是人我和敬、社会和谐与世界和平的重要基石。“忍”作为维护人际关系和社会和谐的重要手段，通过更好地理解和包容他人，有助于建立和谐的社会关系，减少冲突，促进社会稳定；在国际关系中，“忍”能够帮助国家之间建立和平的关系，通过理解和尊重不同国家的文化和价值观，国家之间可以减少冲突，促进世界和平。

结　语

以上，笔者首先运用原语回溯和汉译解读的方法，在前辈学者研究成果的基础上，对佛教经典中“忍”这个概念的含义做了分析。早在20世纪60年代，就有日本学者提出：“忍”（kṣānti）对应的巴利语源词khanti，在巴利文献中的原始含义单纯为“愿意”或“喜欢”，但在梵文化为kṣānti，乃至汉译为“忍辱”之后，其含义产生了带有消极倾向的变化，容易让人产生误解。但笔者通过对汉译词的传统意义和大乘经典的翻译实例做了解读对比之后认为：这种观点失之偏颇，至少是不够全面的。佛教经典在被梵语化前后，一部分语言和词汇在佛教文化长河的流传和发展过程中，随着时间和地域的影响改变和增加含义是可能的；汉字“忍”在传统中本身就有“愿意、能够”这种积极含义，只是现在很少被使用了。所以，很难绝对地说“忍”被误解完全都是由于被错误梵文化导致的。

其次，笔者从部派和大乘佛教两方面，对“忍”的代表性分类做了梳理。在目前研究成果的基础上，基本厘清了有部的“忍慧和忍位”“有漏忍和无漏忍”，以及般若中观派代表经典《大智度论》中的“生忍、法忍和无生法忍”、瑜伽行派代表经典《瑜伽师地论》等中的“九忍和三忍”这些分类的意义和区别。

最后，结合星云大师提出的“五和”理念，对“忍”在现代社会中的积极意义做了初步思考和探索。从个人成长和自我实现途径、家庭和职场中的尊重和信任，以及社会和谐与世界和平等方面阐述了自己的理解。

在写作过程中，笔者意识到关于“忍”的研究，其实是一个涉及相当广泛而且深奥的课题。本文难免会有很多疏漏和不足，但如果能为关注此课题的学习研究者提供些许参考，也算一点微薄的贡献。

从缘起性空谈“如是我闻”的思想意涵

妙　宽

苏州戒幢佛学研究所博士生

摘要：本文结合“缘起性空”的思想意涵，通过一切客观表象所具有的“相对相依性”“系统性”“局限性”“无常性”和“虚妄性”来对置于一切经首的“如是我闻”四字的深层含义进行解析，从而论证了“如是我闻”实际所代表的就是众生闻法的一个总原则、总说明，其核心内涵就是闻法的善巧方便，具体归纳起来则包括了“善正其心”“善依其修”“善择其法”“善随其变”和“善空其得”五个基本原则，若能以此五种原则来指导众生的闻法行为，即可确保众生能够不偏不倚地听闻佛法、理解法义，从而清晰界定诸法的作用边界，厘清诸法相对意义与绝对意义间的关系，实现用而不有、空而不无、融通二谛、无违佛意的闻法目标，保证佛法传递的有效性。

关键词：缘起性空；如是我闻；善巧方便；原则；有效性

一　前言

当我们翻开一本佛经，首先映入眼帘的便是“如是我闻”[①]四字。

① 东晋晚期之前译经，经首一语一般作“闻如是”或“我闻如是”，鸠摩罗什之后“如是我闻”译法方得到广泛应用。李欣：《“如是我闻”首译时代与早期汉译佛经辨误、辨伪》，《史林》2014年第1期。

据《大般涅槃经后分》记载，释迦牟尼佛将入涅槃之时，阿那律陀教阿难问佛四事，其中便有一问是在佛陀涅槃之后，僧团如果结集经藏，应在一切经首，安放何语？佛陀嘱咐，应在一切经首安放“如是我闻，一时，佛在某处，与某某大众俱”等语。[①] 这便是“如是我闻”的由来。

然而，为何要在一切经首安放“如是我闻”四字？此“如是我闻”又是否别具更深层之哲理，隐含更究竟之密意？目前综合各家观点，主要认为有如下四方面的含义：一是断众疑，即因为阿难相好如佛，所以，在结集经藏之时说“如是我闻”四字，可以避免大家产生“疑佛再来”“疑阿难成佛”或“疑他方佛来”等疑惑；二是秉佛嘱，也就是根据佛陀涅槃前的嘱咐，将“如是我闻”四字放在一切经首；三是息诤论，即因为阿难是在结集经藏的前一天才刚刚证得阿罗汉的果位[②]，是所有结集经藏的阿罗汉中最晚证得无学位者，如果不说“如是我闻”，表明所诵经文皆来自佛，是从佛所闻，其他阿罗汉会误认为阿难在讲经说法，并对阿难是否具有相应的资格产生怀疑，从而引发诤论；四是异外教，即外道一般执著于“有”“无”，会在经首安以“有”“无”二字，而佛经以“如是我闻”开篇则可与外道经典区别开来。[③]

① 《大般涅槃经后分》卷 1：“阿难！如汝所问，如来灭后，结集法藏，一切经初，安何等语者？阿难！如来灭后，结集法藏，一切经初，当安‘如是我闻：一时佛住某方、某处，与诸四众，而说是经。’”（《大正藏》第 12 册，东京：大藏出版株式会社 1988 年版，第 901 页）

② 《妙经文句私志记》卷 3：“《大品经》云，阿难在学地，得初果，大论明将结集，时方证无学。”（河村照孝编集：《卍新纂大日本续藏经》第 29 册，东京：株式会社国书刊行会 1989 年版，第 383 页）

③ 《金刚般若经疏论纂要》卷 1：“意有三焉：一、断疑故。谓结集时，阿难升座欲宣佛法，感得自身相好如佛，众起三疑：1、疑佛重起说法，2、疑他方佛来，3、疑阿难成佛，故说此言，三疑顿断。二、息诤故。若不推从佛闻，言自制作，则诤论起。三、异邪故。不同外道经初云‘阿忧’等。”（《大正藏》第 33 册，第 155 页）《大方广佛华严经疏》卷 4：“一为异外道故……二为息诤论故……三为离增减过故……四为断众疑故……五为生信故……六为顺同三世佛故。”（《大正藏》第 35 册，第 528 页）《佛遗教经论疏节要》：“〔补注〕问：诸经结集俱云如是我闻，为断三疑。此何不尔？答：首称释迦牟尼佛，佛不自称则非佛重起，一疑断；言释迦则非他方佛来，二疑断；言释迦则非阿难成佛，三疑断。盖变格而合常者也。”（《大正藏》第 4 册，第 845 页）太虚大师：《第七编　法界圆觉学》：“如是我（转下页注）

那么，显然以上对于“如是我闻”的解读主要是基于经藏的结集与流传，是从阿罗汉们的角度出发的，然而，我们应该认识到，经首语的设置固然可能对参与经藏结集的阿罗汉们具有一定意义，但更为重要的还是面向经藏的阅读者，即那些未曾参与经藏结集的后来修学者们，而如果转换到修学者的视角，这种仅关乎经藏结集的“如是我闻”，似乎便没有必要一定置于一切经典之首了。而至于所谓的以“如是我闻”来区别于以“有”“无”开篇的外道经典，则显得更为牵强，因为，毕竟外道的经典是否以“有”“无”来开篇①，自古似乎并无定论，更何况如果仅仅依靠一个“如是我闻”就能轻易区别于外道经典，这世上又何来伪经之说？所以，“如是我闻”到底具有什么更深层次的含义？又有何必要安放于一切经典之首？在这里，我们就有必要从修学者的角度再来做一个更加深入的分析。

二　如是我闻与善巧方便之关系

事实上，如果想要厘清“如是我闻”的含义，明确其为何要置于一切经典之首，首先我们则应明确经藏结集的目的，因为毕竟作为佛陀对于一切经典的开篇布局，“如是我闻”肯定要为经藏结集的总目标服务，唯有在明确了总目标后，这种布局的意义才能凸显出来。而在佛陀涅槃之后，

（接上页注③）闻，一切经首多置此语，兹释其义：一曰、遵遗教：因佛临涅槃时，酬优波离、阿㝹楼陀、阿难等之请，特命置此四字于经首，故经首用此遵遗教也。二曰、断三疑：众生之疑有三：一疑，佛因大悲从涅槃起，更说妙法。二疑，更有佛从他方来，住此说法。三疑，阿难转身成佛为众说法。今标明如是所说之法，为我昔日侍佛亲闻，则非佛更起及他方佛至与自己转身成佛所说之法矣。三曰、生信心：‘信为道源功德母，长养一切诸善根。’首述如是我闻，则先确然自信，因以起大众之信顺矣。四曰、离过失：如是之法，由我亲闻，则我于此经初无增减之过失也。”（《太虚大师全书》第10册，台北：善导寺佛经流通处1970年版，第45页）

① 《法华经玄赞决择记》卷2：“外道经初，先标两字，所谓阿忧。然劫初之时，本无文字，后梵王下来而施设，有七十二字，以训于世，教化众生。后时众生转薄，梵王因兹吞啖，在口两角，各有一字：一是其阿，阿之言无；二是其呕，呕之云有。以此二字，置于广主经首。”（河村照孝编集：《卍新纂大日本续藏经》第34册，第309页）

阿罗汉们结集经藏的目的又是什么呢？答案当然显而易见，即为了佛陀的教法能够传递出去，达到正法久住的目的。[①]然而，如何才能把佛陀的教法传递出去？是不是仅须结集经藏，佛陀的教法就必定能够传递出去？答案又是否定的。因为，在一切佛法传递的过程中，衡量这个过程的有效性，至少应包含四个关键要素，一是说法者，二是所说的法，三是闻法者，四是所闻的法，整个过程即是一个信息的传出与解读过程，唯有保证闻法者对于所闻法的理解与说法者所说的法义是一致的，才能保证整个佛法信息传递的过程是有效的。而如果闻法者对于所闻法的理解不能与说法者所说的法义保持一致，那么，即便说法者表达的方式再完美，所说的法义再完善，就整个佛法的传递过程而言，都必然是失败的。所以，基于这个原因，在以传递佛法为目的而结集的一切经藏中，闻法者能否正确地解读出诸佛的法义，则必然是决定这个（经藏）传法过程成功与否的关键所在。故而，在一切众生阅读经藏之前，为了众生能够正确地解读经典，设立一个基本的闻法原则，显然，就如药物的使用说明一般是不可或缺的，那么，“如是我闻”即是佛陀安于一切经藏之前的，为了所有闻法众生能够正确解读经典，所提供的“使用说明”。其中“如是”即如实、如理，无异于佛的意思[②]，就是说只有在闻法的过程中采取正确的解读方式，才能正确领悟诸佛的法义，才是有效的闻法，方可称之为“如是我闻”；不能

① 《大方广佛华严经》卷 38：“如来灭后，大众普会，结集经藏，护持正法，令久住世。”（《大正藏》第 9 册，第 644 页）《大智度论》卷 2：“佛法欲灭，佛从三阿僧祇劫种种勤苦，慈愍众生，学得是法。佛般涅槃已，诸弟子知法、持法、诵法者，皆亦随佛灭度；法今欲灭，未来众生甚可怜愍，失智慧眼，愚痴盲冥；佛大慈悲愍伤众生，我曹应当承用佛教，须待结集经藏竟，随意灭度。”（《大正藏》第 25 册，第 67 页）

② 《大方广佛华严经疏钞会本》卷 1：“说理如理，说事如事，说因如因，说果如果，如法之言，是当道理，故曰如是。”（《乾隆大藏经》第 130 册，台北：新文丰 1991 年版，第 7 页）《三弥勒经疏》：“如实义者，经云如是。”（《大正藏》第 38 册，第 306 页）《七俱胝佛母所说准提陀罗尼经会释》卷 1：“谓如来如实相理，说是准提陀罗尼法，故云如是。”（河村照孝编集：《卍新纂大日本续藏经》第 23 册，第 430 页）《御注金刚般若波罗蜜经宣演》卷 1：“以阿难闻望佛本教所传不异为如，永离过非为是。”（《大正藏》第 85 册，第 20 页）《大般若波罗蜜多经般若理趣分述赞》卷 1：“所言顺理曰如，遮其虚妄为是。”（《大正藏》第 33 册，第 27 页）

采取正确的解读方式，于诸佛法义不能领悟的，则是无效的闻法，不能称之为“如是我闻”。

然而，如何才是对于佛法正确的解读方式呢？其关键就在于善巧方便。因为所有的诸佛菩萨都是住于二谛，依善巧方便来为众生演说法义的，所以，在说法的过程中，他们往往会为著“有”的众生说“空”，又为著“空”的众生说“有”[①]，从而在语言文字上就如同“编码”一般，落于一种时而偏“有”时而偏“空”的文字相，而闻法众生对于这种已经“编码”的若“有”若“空”的文字相，要想厘清其中关系，把握其中脉络，自然亦须用善巧方便来进行“解码”，故而《大般若波罗蜜多经》云：

> 复次，善现！能说法者于六波罗蜜多有方便善巧，能听法者于六波罗蜜多无方便善巧，两不和合，不获说听、书写、受持、读诵、修习甚深般若波罗蜜多，当知是为菩萨魔事。[②]

意思就是说，即便说法者具足善巧方便，能够因机应病来为众生演说法义，但如果听法者不具善巧方便，依然会于所听之法颠倒混淆，不仅不能获得任何利益，甚至还会导致修行的障碍。[③]而宗喀巴大师在《菩提道次第广论》中则更直接表明：

---

① 《大智度论》卷 91：“菩萨摩诃萨住二谛中为众生说法：世谛、第一义谛。”（《大正藏》第 25 册，第 700 页）《空之探究》卷 4：“菩萨住二谛中，为众生说法。不但说空，不但说有；为爱着众生故说空，为取相着空众生故说有，有无中二处不染。”（《印顺法师佛学著作集》第 38 册，台北：正闻出版社 2016 年版，第 259 页）《中观今论》卷 1：“此是释尊开示‘正见’的教授，说明世人不依于有则依于无，佛离有无二边而说中道法。”（《印顺法师佛学著作集》第 9 册，第 8 页）

② 《大般若波罗蜜多经》，《大正藏》第 6 册，第 547 页。

③ 《大般若波罗蜜多经》卷 560：“善现！住菩萨乘善男子等，于深般若波罗蜜多书写等时所有障碍，菩萨当知皆是魔事。”（《大正藏》第 7 册，第 892 页）

> 唯具深细贤明广大观慧中观智者，善巧方便通达二谛，决择令无相违气息，能得诸佛究竟密意。[①]

意即指出，只有那些具足善巧方便的中观者，才能于所闻之法合理简择，真正领悟诸佛所说之法义，实现佛法有效的传递；不具善巧方便者，由于不能通达二谛，不仅于所闻之法不能合理简择，反而还可能因为颠倒错乱，与佛意相违，故不能实现佛法的有效传递。可见，善巧方便在佛法解读上所具有的作用可谓是独一无二的。

那么，既然善巧方便才是众生正确解读佛法的不二法门，亦即是“如是我闻”所要表达的核心内涵，从实践角度出发，要能够读懂“如是我闻”这张“使用说明”，显然还要确定善巧方便的具体内容，而就闻法来看，善巧方便所涵盖的具体内容又应包括哪些呢？事实上，根据程恭让教授在《从般若、方便融合的佛法义理学视角看星云大师对佛法实践理性的特殊贡献》一文中所指出的：“大乘佛法的教法义理学是以般若智慧与善巧方便的融合作为核心义理原则，而且大乘佛法的般若智慧，其实就是佛法的纯粹理论理性；而大乘佛法的善巧方便，其实就是佛法的纯粹实践理性。”[②] 所以，对于善巧方便的研究，则应从“般若智慧与善巧方便融合”的角度出发，以般若思想为基础，并结合其中的“缘起性空”理论来对（闻法过程中的）善巧方便进行解析，而在这个过程中，不仅可以使我们因为“理论”与“实践”的结合逐渐融通二谛思想，厘清诸法相对意义与绝对意义间的关系，界定诸法的作用边界，同时还可以令我们在此基础之上确立（闻法过程中）善巧方便的基本原则，从而促使我们能够正确地来解读佛法，保证佛法传递的有效性。

---

① 《菩提道次第广论》卷 17：“唯具深细贤明广大观慧中观智者，善巧方便通达二谛，决择令无相违气息能得诸佛究竟密意。”（蓝吉富主编：《大藏经补编》第 10 册，台北：华宇出版社 1985 年版，第 735 页）

② 程恭让：《从般若、方便融合的佛法义理学视角看星云大师对佛法实践理性的特殊贡献》，《人间佛教学报 · 艺文》2023 年第 47 期。

三　缘起性空的思想意涵

“缘起性空”是大乘佛学的根本理论之一[①]，它的核心思想包括两部分：一是缘起，即世间的一切事物都不可能单一、独立地存在，都必然要相对于其他事物[②]，在一定的关系条件下方能生起和存在[③]；二是性空，即如果脱离了相对性，从绝对的角度出发，一切事物皆不可能孤立地体现出任何自在、自成之性[④]。从而通过这种相对的有特性[⑤]和绝对的无自性，构成了一种缘起与性空一体的，缘起不碍性空，性空亦不坏缘起，缘起与性空不二

① 吕澂:《中国佛学源流略讲》卷 15:“这因为大乘学说本来以般若的缘起性空思想为基础。”(《吕澂佛学著作集》第 2 册，台北：大千出版社 2003—2012 年版，第 441 页)

② 姚爱琴:《略论佛教哲学观》:“‘缘起’一是指事物之间的因果关系，二是指相对关系，如大和小、好和坏、是和非、有和无、相对和绝对、生和死、物质和精神、对立和统一、部分和整体等等。中观哲学认为任何事物的存在、变化、作用都离不开对条件关系的依赖。处于相对关系中的任何一方不存在，另一方也就不复存在。”(《甘肃高师学报》2006 年第 3 期)

③ 太虚大师:《第十三编　宗用论》卷 101:“然宇宙的一切事物又怎样生起存在的呢？佛学都认为是‘缘起的’。缘、就是普通所谓的关系条件；一事一物能够生长存在，都须具备它的关系条件，也就是佛学所谓因缘和合。即一切自然生物亦莫不如是；它们必须要有一个中心主要的条件，佛学谓之因；而所余必需具备的条件，谓之缘；如是一切齐备，方能生长而存在。所以说一切的事事物物都是缘起的。”(《太虚大师全书》第 22 册，第 1044 页)

④ 印顺法师:《中观今论》卷 5:“所谓自性，以实在性为本而含摄得不变性与自成性。”(《印顺法师佛学著作集》第 9 册，第 70 页)《空之探究》卷 4:“自性(svabhāva)，是‘自有’自成的，与众缘和合而有，恰好相反。所以，凡是众缘有的，就没有自性。”(《印顺法师佛学著作集》第 38 册，第 244 页)

⑤ 印顺法师:《无诤之辩》卷 1:“中观者仅认有相对特性的自性——说为体。”(《印顺法师佛学著作集》第 20 册，第 35 页)《中观今论》卷 8:“但中观者在世俗谛中，非不承认有相对的特性。如根、尘、识三法(主要的因缘)合时有见事，缺一则不成为见，见是缘起的作用。然而，从主要的、特胜的观点说：见后而分别，这是识的——其实分别也是缘起的自性；所见所了的山水人物所以如此，可以说是对象——色的自性。能见色而能引起了别，这可以说眼的自性。这样的相对的自性，是缘起的，是极无自性的。自性既指一一法的特性，共相即指一一法上所共通的。”(《印顺法师佛学著作集》第 9 册，第 153 页)《佛法概论》卷 20:“缘起是有相对的特性的。”(《印顺法师佛学著作集》第 8 册，第 270 页)

的对于世间万事万物的中道认识。[①]

然而，为何我们说脱离了相对性，从绝对的角度出发，世间万物就不可能体现出任何的自在、自成之性呢？原因在于，如果事物在绝对的情况下能够体现出任何自在、自成之性，那么，这种无需任何条件就绝对存在的自在、自成之性必然就会否定其他一切特性存在的可能，从而导致事物呈现出一种恒定不变的状态，即有者恒有，无者永无，否定事物的一切变化，而这显然与不断生灭变化的事物本身并不相符。所以，宗喀巴大师在《菩提道次第广论》中说：

> 诸缘起法即是空性，何以故？是无自性故。诸缘起法其性非有，无自性故。何故无性？待因缘故。若法有性，则无因缘，亦应恒有，然非如是，故无自性，故说为空。[②]

一切缘起法都是即空而有的，为什么这样说呢？因为世间的一切事物在绝对的情况下都必然是无自性的，由于这种绝对的无自性，也就决定了世间一切事物所能够体现出的特性都必然是相对的。[③] 所以，绝对的无自性和相对的有特性则构成了一体之两面，在事物相对体现出某种特性的同时，绝对意义上的无自性亦是不可分离的。[④] 而为什么说世间的一切事物在绝对意义

① 印顺法师：《中观今论》卷 1："依中观者说：缘起法是相依相成而无自性的，极无自性而又因果宛然的。所以，依即空的缘起有，安立世间事相；也依即有的缘起空，显示出世。得这真俗相依的无碍解，才能起真俗相成的无碍行。"（《印顺法师佛学著作集》第 9 册，第 6 页）索南才让：《略论宗喀巴的缘起思想》："成立诸法必须有观待，如果不依待事物也不可能有，如果承认缘起自性空，一切能作、所作、能生、所生、行走、行者、能见、所见、能相、所相、能量、所量、因果、取舍等一切皆无自性，唯是互相观待而立，能知性空及无自性作用都能成立，所以性空义即是离自在之性，不是说全无作用之事，缘起因能破自性。"［《青海民族学院学报》（社会科学版）1993 年第 2 期］

② 《菩提道次第广论》，蓝吉富主编：《大藏经补编》第 10 册，第 736 页。

③ 《中论》卷 4："以有空义故，一切法得成；若无空义者，一切则不成。"（《大正藏》第 30 册，第 33 页）

④ 印顺法师：《无诤之辩》卷 6："因为无自性，所以从缘而起；如有自性，即不成缘起，这是中观者所常说的。缘起是没有自性（空）的缘起，也就是假名的缘起。"（《印顺法师佛学著作集》第 20 册，第 128 页）

上必然都是无自性的呢？因为如果事物在绝对的情况下能够存在某种自在、自成之性，那么，这种绝对存在的自性，就会否定一切相对而有的因缘和合的现象，同时也会导致事物呈现出一种恒有不变的状态，而这显然与世间万物生灭变化刹那迁流的事实不符，所以说，一切事物在绝对的情况下必然只可能是无自性的，而这种在绝对意义上的无自性，也就是所谓的性空。①

那么，结合“缘起性空”理论，如果我们再来对世间万象进行一个系统、全面的分析，我们就会发现，我们所认识到的世间的一切客观表象实际都应包含以下五个基本特征。②

第一、一切客观表象皆具有相对相依性。③所谓的相对相依性就是指世间的一切客观表象都不可能独自生起，都必然是相对于某个特定的参照系而体现出来的，在客观表象与参照系之间不仅会存在着一一对应的关系，而且客观表象的相对体现还会随着参照系的变化而变化，客观表象与参照系之间既彼此相互影响又彼此相互依存。④如当我们认识到“长”的时候，必然就有“短”在，认识到“彼”的时候，必然就有“此”在，如果“短”没有了，则必然无“长”，如果“此”消失了，则不可言“彼”。⑤

---

① 太虚大师：《第十二编　宗体论》：“若法各有决定不变性，永是如此，如纸、笔、牛、马等各各永为纸、笔、牛、马等；果如是者，即无须待众缘而有。但事实上诸法实无固定不变性，须待缘有，故无不空之法。此即空故一定法成之论据，此中教证、理证悉皆具足。若简言之，即法法皆无固定不变之各个自性，此自性无故空。以无自性故空，法法皆待缘生起，得以变成。”（《太虚大师全书》第 20 册，第 188 页）

② 印顺法师认为一切法具有相对相依性、无常性和虚妄性。印顺法师：《中观今论》卷 11：“蕴、处、界一切是虚妄的、无常的、待他的。”（《印顺法师佛学著作集》第 9 册，第 244 页）

③ 印顺法师：《中观论颂讲记》卷 2：“缘起相待，是有相对的矛盾性的；相对非孤立，而又不相离的，假名一切都成立。”（《印顺法师佛学著作集》第 5 册，第 387 页）《中观今论》卷 1：“世间的一切事物，都是在相依相缘的关系下存在的；相依相缘的存在与生起，称为‘缘起’。”（《印顺法师佛学著作集》第 9 册，第 1 页）《中观今论》卷 1：“缘起法是相依相成而无自性的，极无自性而又因果宛然的。”（《印顺法师佛学著作集》第 9 册，第 6 页）

④ 印顺法师：《佛法概论》卷 11：“在这‘此故彼’的定义中，没有一些绝对的东西，一切要在相对的关系下才能存在，这是佛陀观察宇宙人生所得的结论。”（《印顺法师佛学著作集》第 8 册，第 148 页）《中观今论》卷 11：“观一切法如束芦、如芭蕉：束芦，此依彼立、彼依此立，彼此相依不离，无独存性。”（《印顺法师佛学著作集》第 9 册，第 251 页）

⑤ 《入中论善显密意疏》卷 11：“宝鬘论云：‘此有故彼有，如有长说短，此生故彼生，如灯燃发光。’”（蓝吉富主编：《大藏经补编》第 9 册，第 685 页）

所以，佛典有云："此有故彼有，此生故彼生；此无故彼无，此灭故彼灭。"[①]而太虚大师在《宗体论》中亦这样说道：

> 凡可以分彼此、别是非者，皆曰对待；故诸名相皆是对待假相：如于是此非彼等相上立种种名，一面表其是此，另一面即遮其非彼。如色之一名表于色，同时即遮非非色也。复次，从对待上，可于反面推立另一相，如对有以立无，对生灭的有为以立非生灭的无为，乃至对对待以立绝对、绝待。[②]

一切能够分别彼此、判断是非的，都可以说是相对而有的[③]，所以，我们所能够认识、分别的一切客观表象[④]，也都必然是以相对为前提，唯是体现这种相对关系的作用，而不具有任何实质意义的假相而已[⑤]。比如我们在非此即彼的基础上所建立的种种名言概念，这些名言概念在表面上看来仅限于诠"此"，但其实际内涵却必然包括整个相对关系中的两方面，即一方面诠"此"，同时另一方面还须遮"彼"，因为，如不遮"彼"，不相对于"彼"，则不足以诠"此"。这就如同我们在安立"色法"中的"青"这一概念时，我们并不能直接地诠释什么是"青"的实质，而必须要通过否

① 印顺法师：《中观论颂讲记》卷 1，《印顺法师佛学著作集》第 5 册，第 7 页。

② 太虚大师：《第十二编　宗体论》，《太虚大师全书》第 20 册，第 20 页。

③ 太虚大师：《第一编　佛法总学》卷 5："平常思想是相对的分别的，就是非彼此互相对待而言的。"（《太虚大师全书》第 1 册，第 254 页）印顺法师：《华雨集（四）》卷 2："凡是认识上的存在，是必然相待的，相待就是二，就是这个、那个（这是缘起的差别、缘起的彼此）。"（《印顺法师佛学著作集》第 28 册，第 73 页）

④ 太虚大师：《第七编　法界圆觉学》卷 4："名指名言，相指法相。有名必依于相，名之实体即是法相故，故名即为相。"（《太虚大师全书》第 11 册，第 726 页）

⑤ 印顺法师：《中观今论》卷 6："缘起法本是有无量差别的，虽有差别而非自性的差别。《中论》为建立中道缘起，故（〈观合品〉）说：'异因异有异，异离异无异，若法所因出，是法不异因。'异，即是差别，但差别不应是自成自有的（自己对自己）差别。如油灯观待电灯而称差别，则油灯的所以差别，是由电灯而有的；离了电灯，此油灯的别相即无从说起。故油灯的别相，不是自性有的，是不离于电灯的关系；既不离所因待的电灯，即不能说绝对异于电灯，而不过是相待的差别。所以，诸法的不同——差别相，不离所观待的诸法；观待诸法相而显诸法的差别，即决没有独存的差别——异相。"（《印顺法师佛学著作集》第 9 册，第 109 页）

定其他一切的“非青”，通过这种相对性，最后才能来诠释什么是“青”一样。所以，基于这种相依相成的相对关系，我们则应知道，世间的一切客观表象都必然是相对而体现的，是不可脱离于其所相对的参照系的，故而通过反推的方式，我们亦可在客观表象的基础上，确定其背后所同时存在的，与其具有一一对应关系的参照系[①]，这就如同我们相对于“有”可以确定“无”的存在，相对于生灭的“有为”可以确定非生灭的“无为”的存在，乃至相对于“相对”可以确定“绝对”的存在一样，从而避免我们对于客观表象形成过于单一、绝对的认识。

第二、一切客观表象的存在皆具有系统性。所谓的系统性指的就是我们所认识到的一切客观表象都只能作为一个更大的作用整体中的局部现象而存在，在这个客观表象与作用整体之间会形成一个特定的相互依存、相互影响、相互制约的相对关系，有局部（个体）则必然具整体，存整体亦不可离局部（个体），而一旦客观表象脱离了这个原有的相对关系和作用整体，客观表象的相对体现亦会随之发生变化，从而失去原有的意义。[②]那么，为什么说一切客观表象必然存在这种系统性呢？因为，既然一切客观表象皆不可能孤立而存在，必然是以相对关系为前提的，在客观表象产生的同时也就必然意味着与其具有相对关系的参照系的产生，那么，结合“此生故彼生，此灭故彼灭”的原理，在客观表象与其所相对的参照系之间就必然会形成一个同生同灭的作用整体，而客观表象的本身则只能作为这个作用整体中的部分（个体）现象而存在。如《入中论讲记》所云：“能有所有，相待而立，若说支分，必有整体。”[③]整体的存在为“能有”，局部（个体）的存在为“所有”，“能

① 《肇论新疏游刃》卷1：“相待则俱生。不待则俱灭。”（河村照孝编集：《卍新纂大日本续藏经》第54册，第496页）

② 万金川：《缘起性空的中道哲学》：“因此，中观学派所讲的缘起，其实便是指‘关系’而言，不论是时间上前因后果的关系，或是逻辑上条件之间的关系，乃至存在上全体与部分的关系，皆是缘起。”（《香光庄严》1997年总第52期）

③ 《入中论讲记》，蓝吉富主编：《大藏经补编》第9册，第742页。

有”与“所有”是相对而存在的，有“能有”则必然存“所有”，谈“所有”亦不可离“能有”。[①]这就如同我们在讨论“长”的时候，这个所谓的“长”不仅是相对于“短”而有的，同时还必定是存在于这个由“长”“短”双方所构成的特定的“长短关系”之中的，是不可离于这个特定的“长短关系”的，因为一旦脱离了这个特定的“长短关系”，如参照系变为“更长者”，原有的“长”反而会成为“短”，从而失去原有的意义一样。所以，基于局部（个体）与整体间的这种相对关系，我们就应该知道，世间任何客观表象的存在，都意味着其背后必然还同时存在着一个更深层次的特定的作用整体（事实上，任何客观表象的产生都是众多关系的集合，所体现的亦不仅仅是一种相对关系，而且是多种关系的复合，如一切客观表象必然具备人（有情）法相对、因果相对等等）[②]，而客观表象的本身则不过是作为这个特定的作用整体中的局部现象而存在，不仅会与作用整体中的其他部分彼此关联、相互影响，同时还会受到作用整体的制约，是不可脱离这个作用整体的。故而，印顺法师在《佛在人间》中说：

> 说到缘起，意思是“为缘能起”。人生宇宙的任何一种现象之生起，绝非孤立的，突然的，而是依种种关系条件（佛法中名为因缘）的和合，循着必然的法则而生起与散灭的。所以任何现象，都不可作为孤立的去理解。不可抓住一点，以为一切由此而生，而忽略整体的，延续的与相关的观察。[③]

---

① 《入中论讲记》：“有支谓整体，有贪谓起贪之有情。如是德与有德，支与有支，贪与有贪，能相与所相，能烧与所烧，皆观待假立。”（蓝吉富主编：《大藏经补编》第 9 册，第 744 页）

② 印顺法师：《中观今论》卷 8：“当知缘起法是依存于众多关系的，它和合似一，而有极其复杂的内容。不过为了记别，在众多的关系性质中，把那主要的、明显的特征，随从世俗立名，标立为某法的自性，那里可以想象为自性存在的。”（《印顺法师佛学著作集》第 9 册，第 152 页）

③ 印顺法师：《佛在人间》卷 8，《印顺法师佛学著作集》第 14 册，第 195 页。

同时，吕澂在谈到人类的个体时亦如是说：

> 这是从缘起的认识出发的。他们（中观学派）认为世界一切都是互相依持、互相联系的，人与人，人与生物也是互相联系的，人不能看成是个体，而应看成是整体。①

第三、一切客观表象的相对体现皆具有局限性。通过前面的讨论，我们已经知道，一切客观表象的产生都必定是以相对关系为基础的，那么，既然存在“相对关系”这个前提条件，客观表象的本身自然亦会受到这个条件的制约，从而决定了一切客观表象的相对体现必然具有一定的局限性。②而这种局限性则主要体现在以下三方面：首先，根据“相对相依性”的特点，由于一切客观表象都是相对于某个特定的参照系而体现的，在客观表象与参照系之间不仅存在着一一对应的关系，客观表象的相对体现还会随着参照系的变化而变化，所以，根据参照系对于客观表象的相对体现所具有的决定作用，世间的一切客观表象则必然对其自身的相对体现不具有任何的自主性，这种“无自主性”③即决定了客观表象的局限性。其次，根据“缘起性空”的原理，由于世间的一切客观表象皆是即空而有的，即在相对地体现出某种特性的时候，从绝对的角度出发，这种客观表象的实质仍是无自性的，

① 吕澂：《印度佛学源流略讲》卷 5，《吕澂佛学著作集》第 1 册，第 182 页。

② 印顺法师：《中观今论》卷 1：“凡是缘起的，没有不是受着种种关系的局限与决定。”（《印顺法师佛学著作集》第 9 册，第 1 页）太虚大师：《第五编　法性空慧学》卷 10：“因为平常所见闻思想到的种种法，都有所对待，有所限制，不能成立为普遍无限永久不变性。”（《太虚大师全书》第 7 册，第 766 页）程婧、段鑫星：《缘起性空与“人”之建构》：“世间万法无不处于一定的相对关系中，无不受其他事物现象的直接或间接条件的限定制约。一旦因缘散失，事物本身也就归于乌有，亦即‘诸法因缘生，诸法因缘灭’。大到宇宙，小到人的念头，都经历‘成、住、坏、空’。当条件具备时，成、住，当条件不具备时，坏、空。”（《法音》2016 年第 8 期）

③ 印顺法师：《佛法是救世之光》卷 13：“在缘起现象可有可无可生可灭中，破除了绝对的独存自主性，固定不变性，体验本性的空寂，即得解脱。”（《印顺法师佛学著作集》第 24 册，第 153 页）

因为“性空”是“缘起”存在的前提，“缘起”与“性空”是不二的。所以，基于这种不二的“无自性”，世间的一切客观表象则必然仅具相对意义，不具绝对意义，这种“不具任何的绝对意义”[①]亦决定了客观表象的局限性。最后，根据“系统性”的原理，由于世间的一切客观表象在相对于参照系产生之后，必定会与其所相对的参照系之间形成一个作用的整体，而客观表象的本身则只能作为这个整体中的局部现象而存在，是不可脱离这个整体作用的，所以，这也就决定了一切客观表象的相对体现必然会局限在一个特定的系统之内，唯有特定（个别）意义，不具普遍意义[②]，如在有情与法所构成的这对相对关系中，一切法都是相对于有情这个参照系来体现的[③]，所以，随着有情具体细化为六道众生、根性利钝等不同的个体，其所相对体现出的法亦有所不同。如相对于人类体现为水的清泉，相对于天人会体现为琉璃，相对于阿修罗会体现为刀杖，相对于鱼鳖会体现为宅舍，相对于饿鬼又会体现为脓血[④]，其中，人类、天人、阿修罗、鱼鳖和饿鬼是有情的具体体现，水、琉璃、刀杖、宅舍和脓血是法相对于不同有情的不同体现，显然，在法的相对体现与有情之间存在着一一对应的关系，而法的相对体现则仅能局限在各自对应的关系之中，不具任何的普遍意义，

① 印顺法师：《佛法是救世之光》卷 27：“佛法对于人生，否定其绝对意义，而说是苦，是空。然而人生不是没有相对的意义。”（《印顺法师佛学著作集》第 24 册，第 277 页）

② 太虚大师：《第五编　法性空慧学》卷 10：“因为平常所见闻思想到的种种法，都有所对待，有所限制，不能成立为普遍无限永久不变性。”（《太虚大师全书》第 7 册，第 766 页）

③ 《大般若波罗蜜多经》卷 473：“有情离故，法不可得，法及有情相待立故。”（《大正藏》第 7 册，第 395 页）

④ 《金刚经破空论》：“譬如一恒河水，鱼龙视为窟宅，修罗视为刀杖，人间视为清泉，饿鬼视为脓血。”（河村照孝编集：《卍新纂大日本续藏经》第 25 册，第 145 页）《入中论善显密意疏》卷 8：“如是于一河处，河之一分，由鬼昔业增上力故，见为脓血。河余一分，由人昔业增上力故，不现脓血，现为可饮可浴之水。彼二俱是河之一分，由饿鬼眼识量所成立义与人眼识所成立义，事体各别。故非一量所成立义，余量即成立为彼相违事，亲友书云：‘诸饿鬼趣于夏季，觉月亦热冬日寒。’亦说饿鬼由昔业力，夏季觉月光触尘为极烧热，冬季觉日光触尘亦极寒冷。人则觉日光为热相，月光为凉相，全不相违。此二亦非一量所量之热触，即余量所量之寒触。此二亦俱可立为日月光之触故。”（蓝吉富主编：《大藏经补编》第 9 册，第 672 页）

因为，一旦脱离了这种关系，那么，水则不成为水，琉璃亦不成为琉璃，法的相对体现也就无从谈起了。故而，由这种“不具任何的普遍意义”则又决定了客观表象的局限性。

第四、一切客观表象皆具有无常性。无常性指的就是一切客观表象从生起直至消亡的整个过程都会处于不断地变化、流转之中，不会存在刹那的停留，亦不会具有任何固有的体性[①]。因为根据前面的讨论我们已经知道，一切客观表象的产生都是相对而有的，而客观表象的存在却又必定是相对于作用双方所共同构成的这个作用整体而言的，所以，任何客观表象在产生的同时，都必定会具有两种相对关系，其中一种相对关系代表的是客观表象的生起，由客观表象与其所相对的参照系构成，另一种相对关系代表的是客观表象的存在，则由客观表象与其相对的作用整体构成。如果我们把客观表象假设为“A”，客观表象所相对的参照系假设为“B”，那么这两种相对关系分别就是，“A”相对于“B”以及“A”相对于“AB”，显然在这两种相对的关系中，作为客观表象的“A”所相对的对象是不同的。而根据“此有故彼有，此无故彼无”的原理，我们知道，在相对系统中，相对的两者之间是存在着一一对应的关系的，客观表象的相对体现会随着其所相对的参照系的变化而变化。所以，虽然客观表象最初的生起是相对于“B”而体现为“A”的，但“A”与“B”的这种关系并不能恒定，因为，在“A”“B”产生的同时，作为客观表象的“A”与作用整体的“AB”也形成了相对关系，而“AB”则必将导致原客观表象“A”的相对体现发生变化，并进而形成一个“AB”导致“A”的相对体现发生变化，“A”的变化又导致整个“AB”系统的变化，“AB”系统的变化又导致“A”的变化的一个循环，从而决定了一切客观表象自生起之时便不会具有任何的固有性，必然是刹那迁流恒时变化的。所以，吕澂在《印度佛学源流略讲》中也这样说：

① 印顺法师：《中观论颂讲记》卷1：“一切法无时不在变化的，佛陀说诸行无常，就是在一刹那（最短的时间）中，也是生灭演变的。”（《印顺法师佛学著作集》第1册，第21页）

> 所谓“缘起”，就是说，任何事物都不是单一的、独立的存在，而是和其他事物相依相待的。从这种理论出发，必然会得出“无常”的结论来；因为事象只要有一点变化，那么与此相连，其他事象也就随之变化。所有事物，永远在变，时时在变，这就成为“无常”的了。①

第五、一切客观表象皆具有虚妄性。虚妄性指的就是一切客观表象皆是相对而有，不具备任何的客观实在性，犹如虚幻。主要有以下三方面原因：首先，根据“缘起性空”的原理，虽然一切客观表象能够相对而体现出某种特性，但从绝对的角度出发，一切客观表象的实质是无自性的②，“无自性”是“缘起有”的前提，“缘起有”不可离于“无自性”，所以，鉴于一切客观表象的相对体现皆不可离于“无自性”，这客观表象的本身自然便犹如在“无自性”的虚空之上幻化出的城堡一般，看似美丽但却并不真实。③其次，结合一切客观表象“无常性”的特点，由于一切客观表象在产生的同时，其内在的相对关系就决定了其必然会刹那生灭恒时迁流，所以，这也就决定了一切客观表象的相对体现都必然会处于不断的变化之中，不会存在任何的固有体性，既不存固有体性，客观表象的本身自然便如乍现的闪电一般转瞬即逝，看似宛然而有，实则虚妄不真。④最后，再结合“系统性”的原理，由于一切客观表象的相对体现都必然受到其所相对的参照系的制约，都会与其所相对的参照系之间

---

① 吕澂：《印度佛学源流略讲》卷 9，《吕澂佛学著作集》第 1 册，第 416 页。

② 太虚大师：《第二编　五乘共学》卷 7：“唯此‘无性的空理’是遍于一切事物，本来如此、永久如此的，故‘唯此无性的空理’是‘一切事物’的真性。”（《太虚大师全书》第 3 册，第 125—126 页）

③ 《菩提道次第广论》卷 22：“如幻之义，略有二说，一、说胜义谛如幻，谓唯可言有而破谛实，二、说色等幻，谓自性虽空，现有色等现境如幻。”（蓝吉富主编：《大藏经补编》第 10 册，第 763 页）

④ 《维摩诘所说经》卷 1：“一切法生灭不住，如幻如电。”（《大正藏》第 14 册，第 541 页）

形成一个一一对应的关系，所以，如果仅局限在这种特定的相对关系之内，客观表象的相对体现似乎还带有一定的真实性，但如果脱离这种特定的相对关系，从更广义的角度讲，这种真实性必然就会荡然无存，犹如虚幻。这就如同我们在前面所讨论的，清泉相对于人会体现为水，这对于人类而言似乎是真实不虚的，但如果我们超越人类的范畴，比如将天人和阿修罗也一起集中于当下，此时相对于人体现为水的清泉，同时相对于天人和阿修罗又会分别体现为琉璃和刀杖，那么，此时的水、琉璃和刀杖就变得如同幻象一样，如果说是水，相对于天人和阿修罗分明是琉璃和刀杖，如果说是琉璃和刀杖，相对于人类又分明是水。所以，印顺法师在《中观今论》中亦如是说：

> 人的认识与旁生等的认识不必同，因众生的业力不同，所感果报不同，形成一类一类的众生。从各类业感六根而发识，所幻见而了知的法相，也就不能相同。在各自类中，可以安立为各各的真实；而总论众生所见，即不过是相对的真实。①

故而，基于这种虚幻性，龙树菩萨在《中论》中对世间万象作出了进一步的阐述：“众因缘生法，我说即是空，亦为是假名，亦是中道义。”②意即指出世间一切由因缘和合所生起的万象，就其绝对意义而言，都是“无自性”的，而就其相对意义而言，虽然能体现出某些“缘起有”的特性，但这些特性亦不具备任何的固有性和普遍意义，是不能被把握和依托的，只是世人为了分别彼此，勉强安立了相应的名言概念，但实际这些名言概念基于“无常性”的特点，亦必是名不符实的，不具有任何正确性的（仅为相似正确）。所以，究其根本，世间所谓之万象，也不过皆是假立的名

① 印顺法师：《中观今论》卷 8，《印顺法师佛学著作集》第 9 册，第 161 页。

② 《中论》卷 4：“众因缘生法，我说即是无，亦为是假名，亦是中道义。”（《大正藏》第 30 册，第 33 页）《中观论疏》卷 3：“因缘所生法，我说即是空，亦为是假名，亦是中道义。”（《大正藏》第 42 册，第 41 页）

言而已[①]，如是，能知缘起之假，能知自性本空[②]，便是缘起性空的中道之义。故而，《大般若波罗蜜多经》亦云："善现！是一切法但有假名、但有假相而无真实，圣者于中亦不住着，但假名相。"[③]这世间所谓的一切法不过是一些假名、假相的聚合而已，其中不具有任何的固有性和真实性，因而圣者们并不会于这些假名假相中有所取著，只是随顺世俗方便施设而已。

四　对于闻法善巧方便之解析

在明确了"缘起性空"的思想意涵后，结合世间万象的基本特点来反观我们所闻的佛法，我们就会发现，于一切经首安放"如是我闻"四字，是有其必要性与合理性的。因为众生所闻的一切佛法，从语言文字上究其根本是不具有任何绝对意义的，只是圣者们为了引导众生而假名施设罢了，但基于一切缘起法所具有的局限性，众生在诸法之上并不能直接地认识到诸法的空性与虚幻性，所以，在闻法之时，众生便易迷于诸法的缘起相，从而为相所转于诸法生起自性见，即不仅不能受持正法，反而还会对于佛法产生边见、邪见等错误认知，乃至引发诤竞、谤法等过患。故而，在一切众生闻法之前，告知众生闻法所须具备的善巧方便，说明解读佛典的正确方法，则显得尤为重要。而结合"缘起性空"理论与缘起法的基本特点，在对众生所闻的佛法进行解析之后，我们则可以发现听闻佛法之善巧方便，概括而言可包

① 《肇论》："夫以名求物，物无当名之实；以物求名，名无得物之功。物无当名之实，非物也；名无得物之功，非名也。是以名不当实，实不当名。名实无当，万物安在？故《中观》云：'物无彼此。'而人以此为此，以彼为彼。彼亦以此为彼，以彼为此。此、彼莫定乎一名，而惑者怀必然之志。然则彼此初非有，惑者初非无，既悟彼此之非有，有何物而可有哉？故知万物非真，假号久矣！"（《大正藏》第 45 册，第 152 页）

② 印顺法师：《中观论颂讲记》卷 1："世俗谛中唯假名，胜义谛中毕竟空。（《印顺法师佛学著作集》第 5 册，第 10 页）

③ 《大般若波罗蜜多经》卷 363，《大正藏》第 6 册，第 871 页。

含以下几方面内容。

第一、欲闻佛法者，需须正其心。什么是善正其心呢？根据“缘起性空”的原理，由于一切语言文字皆属于缘起法的范畴，所以，一切建立在语言文字基础上的佛法则必然都是不具有任何绝对意义的，而我们对于佛法的理解亦不可避免地需要相对于一定的参照系来体现，而如果这个相对的参照系出现了问题，根据参照系对于客观表象的决定作用，必然就会导致我们对于佛法的理解出现扭曲。所以，在听闻佛法之前，我们首先就应该先正其心，即放下我们心中所有的傲慢、怀疑与成见，避免这些傲慢、怀疑与成见成为参照系而影响我们对于佛法的理解，如是才能保证听闻佛法的客观性，做到真正的“如是我闻”。故而，《大般涅槃经》云：

> 心若有疑，则所见不正。①

《菩提道次第广论》亦云：

> 若器倒覆，及纵向上然不净洁，并虽净洁若底穿漏，天虽于彼降以雨泽，然不入内；及虽入内，或为不净之所染污，不能成办余须用事；或虽不为不净染污，然不住内，当泻漏之。如是虽住说法之场，然不属耳；或虽属耳然有邪执，或等起心有过失等；虽无上说彼等众过，然听闻时，所受文义不能坚持，由忘念等之所失坏，则其闻法全无大益，故须离彼等。②

那么，在这里宗喀巴大师借瓶喻人，直接指出了有三种人听闻佛法会因为其心不正而得不到任何益处：其中第一种人称之为“器倒

① 《大般涅槃经》卷21，《大正藏》第12册，第487页。

② 《菩提道次第广论》卷1，蓝吉富主编：《大藏经补编》第10册，第627页。

覆”，实际所指的是法不入心者，这种人虽然表面上看起来像在闻法，但实际却对佛法充耳不闻，所以，闻法没有丝毫益处；第二种人称之为“不净所污”，这种人所指的就是心有偏见者，那么，由于这种人带有傲慢、成见和怀疑，并会以这些傲慢、成见和怀疑为参照来认识佛法，所以，他们对于佛法的理解不仅不会带有任何的客观性，还会扭曲对于佛法的认识，故而，宗喀巴大师也认为这种人虽然看似在听闻佛法，但实际却是在歪曲佛法，对于佛法只会产生某种“偏见邪执”，不仅没有丝毫益处，更是所有闻法者皆应远离的；而第三种人则称之为“底穿漏”，这种人对于佛法没有殷重爱敬之心，虽然能够闻法，但不能受持奉行，所听的文义也会随之忘念失坏，所以，闻法同样没有益处。

第二、欲闻佛法者，须善依其修。如果说前面的“善正其心”，是为了我们避免以怀疑、成见等为参照来认识佛法、扭曲佛法，“善依其修”就是要求我们必须以修行为参照来认识佛法。因为，诸佛出世皆为一大事因缘，即令众生离苦得乐[①]，而众生若要离苦得乐则必依于实修[②]，所以，诸佛所说一切法义，最终的归属必然是实修，众生对于佛法的理解，亦必应从实修出发。而若众生但闻佛法不为实修，或不能以实修为参照来认识佛法，则必远离佛陀说法的初衷，不能了知佛法真义，不仅不能有所获益，

① 《妙法莲华经》卷 1：“呜呼！如来愍诸众生有种种性、种种欲、种种行、种种忆想分别，历劫缠绕无有出期，乃为此大事因缘现世，敷畅妙旨，作殊胜方便，俾皆得度脱超登正觉，此诚济海之津梁而烛幽之慧炬也。善男子、善女人，一切众生，能秉心至诚持诵佩服顶礼供养，即离一切苦恼，除一切业障，解一切生死之厄。不啻如饥之得食，如渴之得饮，如寒之得火，如热之得凉，如贫之得宝，如病之得医，如子之得母，如渡之得舟，其为快适欣慰，有不可言。”（《大正藏》第 9 册，第 1 页）太虚大师：《第四编　大乘通学》卷 5：“佛大慈悲，即赞佛能方便善巧而使众生离苦得乐也。”（《太虚大师全书》第 4 册，第 411 页）

② 《般若心经解义》：“菩萨照五蕴空寂，离生死海。复悯众生颠倒妄想，受诸苦恼，故说此般若法门，令其修习，离苦得乐也。”（河村照孝编集：《卍新纂大日本续藏经》第 26 册，第 940 页）

反而增添无明邪见[①]，故闻而不修者不可谓之真闻法，亦不可称之为“如是我闻”。所以，《大方广佛华严经》云：

> 非但以多闻，能入如来法。如人水所漂，惧溺而渴死，于法不修行，多闻亦如是。如人设美膳，自饿而不食，于法不修行，多闻亦如是。如人善方药，自疾不能救，于法不修行，多闻亦如是。如人数他宝，自无半钱分，于法不修行，多闻亦如是。如有生王宫，而受喂与寒，于法不修行，多闻亦如是。如聋奏音乐，悦彼不自闻，于法不修行，多闻亦如是。如盲缋众像，示彼不自见，于法不修行，多闻亦如是。譬如海船师，而于海中死，于法不修行，多闻亦如是。如在四衢道，广说众好事，内自无实德，不行亦如是。[②]

而《首楞严经》则更直接表明：

> 虽有多闻，若不修行，与不闻等，如人说食，终不能饱。[③]

意思就是说，众生并不能仅仅依靠听闻佛法、多闻佛法，就悟入诸佛知见明了诸法义理，因为毕竟“缘起性空”中的实相空性是离言绝待不可言说不可思议的，若要证得实相非实修而不可。所以，如果有人仅仅沉溺于听闻佛法，而不能将佛法落实于修行之中，这种人就相当于明明身处水中，却因为耽心溺水而把自己渴死的人一样愚不可及。又如设食自饿、医不自救等这些典故中的人一样自相矛盾，看似广学多闻，实则一无是处，与未闻佛法者并无差别，不仅不能明了佛法的真义，甚至可以说与佛陀的教法是完全背道而驰的。

---

① 太虚大师：《第九编　制议》卷 2：“佛法摄于教理行果，其要唯在于行；以信教解理，功在能策令起行，如信解而不行，则教理胥等于无用。”（《太虚大师全书》第 17 册，第 187 页）

② 《大方广佛华严经》卷 13，《大正藏》第 10 册，第 68 页。

③ 《大佛顶如来密因修证了义诸菩萨万行首楞严经》卷 1，《大正藏》第 19 册，第 109 页。

第三、欲闻佛法者，须善择其法。什么是善择其法？事实上，根据系统性和局限性的特点，由于一切法都是相对而体现，且是唯存于特定的相对关系之内的，只具相对意义，不具绝对意义，所以，要确定诸法的作用，首先就要确定其所对应的相对关系，从而通过相对关系来界定诸法的作用边界，以便于能够把不具普遍意义的诸法放入其各自特定的相对系统中，使诸法凛然不乱，各归其位各得其用。那么，能够如此以相对关系来衡量诸法的作用，界定其边界的，就是所谓的善择其法，方可称之为“如是我闻”。而对于诸法不知简择，不能界定诸法的作用边界，把不具普遍意义的诸法普遍意义化的，就会于诸佛所说之法是非混淆，颠倒曲解，如是则不能称之为闻法，亦不可称之为“如是我闻”。所以，《大智度论》云：

> 对治悉檀者，有法，对治则有，实性则无。
>
> 譬如重、热、腻、酢、醎药草饮食等，于风病中名为药，于余病非药；若轻、冷、甘、苦、涩药草饮食等，于热病名为药，于余病非药；若轻、辛、苦、涩、热药草饮食等，于冷病中名为药，于余病非药。

佛法中治心病亦如是：

> 不净观思惟，于贪欲病中，名为善对治法；于瞋恚病中，不名为善，非对治法。所以者何？观身过失，名不净观；若瞋恚人观过失者，则增益瞋恚火故。
>
> 思惟慈心，于瞋恚病中，名为善对治法；于贪欲病中，不名为善，非对治法。所以者何？慈心于众生中求好事、观功德；若贪欲人求好事、观功德者，则增益贪欲故。
>
> 因缘观法，于愚痴病中，名为善对治法；于贪欲、瞋恚病中，不

名为善，非对治法。所以者何？先邪观故生邪见，邪见即是愚痴。[①]

意思就是说，所谓的佛法并不具有绝对的意义，只是在相对的情况下才会体现出不同的功效与作用。这就如同重、热、腻、酢、醎这些药草饮食，只有在对治风病时方可称之为药，对于其他的疾病就不能称之为药一样，所以，众生在修学佛法的过程中，首先就要能够清晰地来界定诸法的作用边界，在对治不同的烦恼时须使用不同的对治法门，如不净观能对治贪欲，故其相对于贪欲就是善法，但对于嗔恚，不净观不仅不能对治，反而会令其增盛，所以，相对嗔恚而言不净观就会成为恶法。而如果我们不知诸法的作用边界，不能根据相对关系来梳理、界定诸法的作用范畴，把这种相对的作用绝对化，把特定的作用普遍化，认为能治一病者即能治一切病，那么，这种对于佛法的理解必然就是一种是非混淆的颠倒歪曲，所谓的闻法，也就不能称之为真闻法了。

第四、欲闻佛法者，须善随其变。如果说前面的“善择其法”是根据一个固定的相对关系来确定诸法的作用边界，使诸法各归其位各得其用，“善随其变”就是从一个动态的角度出发，来确定诸法在不同的相对关系中所体现出的不同作用，使这些不同的作用亦可以各归其位各得其用。因为，根据无常性的特点，诸法本身就是不断变化的，相对的关系亦在不断变化，所以，相对于这种处于不断变化中的一切法和一切关系，如果我们对于诸法的任何认识被加以固化，都会因为相对关系的变化，而引起对于诸法的界定发生偏差，从而导致是非混淆不得其法。故而，能够结合相对关系的变化，尊重、承认并接纳佛法相对于不同的众生会存在不同的理解，彼此之间能够相互接纳、相互学习、相互吸收，这样才符合佛法的真义，才能真正使处于各种不同关系中的不断变化的诸法各归其位各得其用。而不能根据相对关系的变化而变化，执着于一种关系一种角度来认

① 《大智度论》卷 1,《大正藏》第 25 册，第 60 页。

识、理解佛法，并把这种对于佛法的理解认识加以固化，拒绝接受任何不同的，这种情况看似是在守护真理，实则完全是对于诸法的作用边界的颠倒混淆，与佛法的真义背道而驰，故而，则不可称之为闻法，亦不可称之为“如是我闻”。所以《维摩诘所说经》说：

> 佛以一音演说法，众生随类各得解，皆谓世尊同其语，斯则神力不共法；佛以一音演说法，众生各各随所解，普得受行获其利，斯则神力不共法；佛以一音演说法，或有恐畏或欢喜，或生厌离或断疑，斯则神力不共法。①

《众义经》又说：

> 各各自依见，戏论起诤竞，若能知彼非，是为知正见；不肯受他法，是名愚痴人，作是论议者，真是愚痴人；若依自是见，而生诸戏论，若此是净智，无非净智者。②

意思就是说，佛陀虽以“一音”来演说妙法，但由于众生缘有深浅根有利钝，因此，于“一音”之中可同听而异闻，即生起不同的理解。其中，如果是人天根器的，则闻佛说五戒十善之法；如果是声闻根器的，则闻佛说四谛之法；如果是缘觉根器的，则闻佛说十二因缘之法；如果是菩萨根器的，则闻佛说六度等法；众生虽各有所闻，亦各有所得，但缘觉的十二因缘之法，并不碍声闻的四谛之法，亦不碍于佛陀的“一音”实相。而如果我们每个人都不能转换角度，仅能从自己出发，认为自己的见解是正确的，自己掌握的才是真理大道，不肯接受他法，并相互诋毁、相互贬

① 《维摩诘所说经》卷 1,《大正藏》第 14 册，第 538 页。
② 《大智度论》卷 1,《大正藏》第 25 册，第 60—61 页。

低，这就会把佛法变成了戏论，会远离了佛陀的教诲。[①]所以，各执己见的僵化认识不是真正的佛法，能够包容变化和不同的才是真正的佛法。而在诸多的佛法中，法亦无高下之分，我们有我们对机的法门，他人有他人对机的法门，大家在各自修行的同时，又相互学习，相互借鉴，就像阿难那样，虽听妙法而不执于我见，在结集经藏时，不添加自己一丝一毫的见解，并没有将自己的见解当作真理大道，这才算是真正的闻法、真正的修行、真正的正知正见。

第五、欲闻佛法者，须善空其得。善空其得即是不住于一切文字相、名言相。因为，世间的一切诸佛都是依“缘起性空”的中道思想来演说佛法的，其中“缘起有”的世俗谛部分是可以安立名言概念加以言说，并能够令众生相对产生个人的理解的，而“无自性”的第一义谛部分则是离言绝待不可言说亦不可理解的。因此，如果我们仅仅将安立了名言概念的世俗谛部分当作佛法的全部，并住于这些名言概念的文字相上，则显然如盲人摸象一般会曲解佛法的真义，如是，则不能称之为闻法，亦不可称之为“如是我闻”。所以，《楞伽经》说：

> 大慧！如来不说堕文字法，文字有无不可得故，除不堕文字！大慧！若有说言如来说堕文字法者，此则妄说！法离文字故。是故大慧！我等诸佛及诸菩萨，不说一字，不答一字。所以者何？法离文字故。非不饶益义说。言说者，众生妄想故。[②]

① 《菩提道次第直讲》卷1：“如（《法华经》）及（《宝积经·谛者品》），皆诠一切佛语，以权实二意示成佛之方便。倘不解此，妄分胜劣，谓某也大乘所当学，某也成佛之障碍所当弃，如斯邪谬，当成谤法。”（蓝吉富主编：《大藏经补编》第10册，第581页）印顺法师：《华雨集（一）》卷1：“佛法要我们无诤，事实上究竟的真理，是超越了分别戏论的，不在诤执之中，所以究竟的智慧或证悟，不是依靠争论得来的。就佛法的缘起现象来说，是有相对性的；只要不强调、不夸大，不走极端，则就某些意义来说，这仍然是有相对正确性的。”（《印顺法师佛学著作集》第25册，第98—99页）

② 《楞伽阿跋多罗宝经》卷4，《大正藏》第16册，第506页。

《中论》又云：

> 诸佛依二谛，为众生说法：一以世俗谛，二第一义谛。若人不能知，分别于二谛，则于深佛法，不知真实义。若不依俗谛，不得第一义；不得第一义，则不得涅槃。[①]

意思就是说，诸佛所说的一切法实际包括了世俗谛和第一义谛两部分，其中，世俗谛部分是可以言说，且众生能够相对理解的，第一义谛部分则是不可以言说，众生亦不能相对理解的。如果众生不知道佛法包含了这两个部分，那么对于佛法的甚深含义就不能领悟。因为，诸佛说法是为了众生能够离苦得乐，而众生离苦得乐则须证得涅槃，而由于证得涅槃的前提是证得第一义谛，但第一义谛又是不可言说、不可思议的，所以，为了能让众生明了需要证得这个第一义谛，就不得不依靠众生所能够相对理解的世俗谛的语言文字来表达这种对于第一义谛的需求和指向。所以，在明了了二者之间的关系之后，我们就应该知道，如果我们仅仅执着于世俗谛的语言文字，住于文字相上，却不能明了这些语言文字是为了指向第一义谛，是为了众生能够证得第一义谛的，显然就会曲解诸佛演说世俗谛法的目的，自然就会与佛陀的思想南辕北辙。更何况从缘起法的角度来讲，由于佛陀所说的一切法也是不具有任何绝对意义的，佛陀提供的仅是一个外缘，而我们对于佛法的一切理解，其实也无非我们相对于某些特定的参照系所产生的对于佛法的一些片面认识而已，这些片面的认识既不具备固有性，也不具有普遍意义，犹如梦幻泡影，无非假名安立，所以，如果我们将这些假名安立的片面认识强加于佛，认为这就是诸佛所说的佛法真义，显然，这种对于佛法的错误理解，也只不过是我们的颠倒妄想罢了。

① 《中论》卷 4，《大正藏》第 30 册，第 32—33 页。

五　结语

最后，综上所述，我们可以发现，“如是我闻”实际所代表的就是众生对于闻法的一个总原则、总说明，其核心内涵就是闻法的善巧方便，具体归纳起来则包括“善正其心”“善依其修”“善择其法”“善随其变”和“善空其得”五个基本的原则，若能以此五种原则来指导众生的闻法行为，就可确保众生能够不偏不倚地听闻佛法、理解法义，从而清晰界定诸法的作用边界，厘清诸法相对意义与绝对意义间的关系，实现用而不有、空而不无、融通二谛、无违佛意的闻法目标，保证佛法传递的有效性。

思语之间

多语佛学研究论文集 2024

下册

程恭让 主编
尹邦志 夏德美 杨浩
赵文 李子捷 杨奇霖 副主编

中国社会科学出版社

下册目录

多语佛学思想研究

印度早期中观学的涅槃思想研究 | 宗　志 | 603

说一切有部瑜伽师观五蕴禅法的特色 | 赵　文 | 638

真谛译《金光明经·三身分别品》佛身论再考 | 李子捷 | 656

东亚因明的现量学说 | 汤铭钧 | 672

云南景谷傣族佛迹文献《帕召抵混》研究 | 黄　凯 | 684

南传上座部关于“轮回主体”问题的立论
——以《摄阿毗达磨义论》与《清净道论》为中心 | 纪　荧 | 699

从梵藏汉对勘视角探讨《金光明经·四天王品》的佛教护国思想 | 毕光美 | 724

基于“方便论”视角对《维摩经·佛道品》梵汉对勘的再思考 | 于　腾 | 743

对早期佛教禅修标准模型的再思考
——以“禅那”为中心 | 释慧净 | 768

一行禅师禅法的经典依据与多面观 | 慧　度 | 810

多语佛学交流研究

文明互鉴 文化交流 和合盛世 义净长安
——唐三藏义净大师与长安佛教 | 释宽严 | 825
元代慧印法师弘法活动考 | 崔红芬 | 839
释迦也失与汉藏佛教交流 | 杨 浩 | 856
佛教神圣传记的“史源”
——以二世哲布尊丹巴传记文本为中心 | 杨奇霖 | 876
贤首法藏对大小空有的融摄 | 韩焕忠 | 899
从会通到发微
——从方法论视角论晋水净源对华严原人思想的传承 | 德 安 | 913
南岳慧思的禅学思想 | 夏德美 | 930
从《四教义》看天台教学思想之构建 | 悟 灯 | 939
论池田大作的天台思想与生命关怀 | 谷 龙 | 955
义净的“讹译”论 | 常红星 | 980
情理贯通
——竺道生的语言观与解经思想析论 | 盛 宁 | 999
安贝德卡尔的社会变革理论
——佛教与马克思主义的批判性交涉 | 孙建生 | 1016
道安法师的“宅心本无”思想诠释 | 常 慧 | 1036
盛唐时期的儒佛交涉
——以唐玄宗为中心 | 韩国茹 | 1047

论僧伽罗刹的《修行道地经》
——汉传藏经中最古老、最完整的说一切有部声闻禅经 | 蒋永超 | 1083

《西夏译经图》新探 | 张重艳 | 1125

异域回音
——日僧鹈饲彻定对在华传教士辟佛文献的回应 | 常　凯 | 1161

多语佛学思想研究

印度早期中观学的涅槃思想研究

宗　志

苏州戒幢佛学研究所法师

摘要：本文通过对重点文本的系统性解读，并在与《阿含经》涅槃思想比较的过程中，全面梳理了早期中观学涅槃思想中有余涅槃与无余涅槃相关问题的内在逻辑。认为《阿含经》中的涅槃思想是基于我空思想而形成的生灭语境下的涅槃，其对涅槃之后的情景，即无余涅槃的描述归于不可施设。而印度早期中观学的涅槃思想则是基于彻底的法空观而形成的不生不灭语境下的涅槃。结合相应的大乘经之解读，早期中观学对涅槃之后情景之描述渐趋明显，本文指出涅槃可以假说，即非由蕴灭方是涅槃，阿罗汉灭后仍有其身。同时，早期中观学也重新解读了声闻乘的有余涅槃与无余涅槃之思想。

关键词：中观；涅槃；可以言说；无余涅槃

一　问题的提出：涅槃后如来之有或是无？

涅槃梵文为 nirvāṇa，巴利文为 nibbāna。这两个词虽然拼写略有不同，但都来源于同一个梵文词根√ vā，表示“吹灭”或“熄灭”，象征着烦恼和无明的彻底熄灭，从而达到解脱的状态。[①] 其含义共许的是断除烦恼、

① 郭良鋆：《佛教涅槃论》，《南亚研究》1994 年第 4 期。

熄灭诸苦后的一种境界，与大小乘所立法相的择灭同义。[①]声闻乘的涅槃又分有余涅槃（Sopadhishesa Nirvana）及无余涅槃（Anupadhikā Nirvana）两种，常通有余依涅槃及无余依涅槃。有余指虽已断尽一切烦恼，寿命仍存[②]，此时虽无烦恼，但有微苦所依之身心，故仍是有余；无余则指旧有之身心永灭之状态。但也有将有余涅槃说为不还果，无余涅槃说为阿罗汉者。[③]本文取前一种说法。

仅断除烦恼在有余涅槃的阶段就可以达到，此时行者于一切法无执无取；而无余涅槃所说的旧有之身心永灭，通常被认为是灰身灭智，乃至如来灭后亦是如此。阿罗汉及如来灭后之情况，《杂阿含经》之105经《焰摩迦》曾经谈到，经中否定其灭后全无所有之说法，但最终仍有语焉不详之感。总体而言，对这个问题《阿含经》（本文说《阿含经》时，也包括相应的南传《五尼柯耶》及相当于这些内容的零散经文，下同）是归于十四无记的。原因是此类问题是基于我而提出的，而无我是佛教共许之义，既然无我，何谈依我所在之种种施设。根据十二缘起之法则，无明灭则行灭等，最终是此蕴灭已，余蕴不起，从而得出无余

① 塞建陀罗阿罗汉造，（唐）玄奘译：《入阿毗达磨论》卷2："择灭有多异名，谓名尽、离、灭、涅槃等……获此灭已众苦皆息，故名为灭。证此灭已一切灾患烦恼火灭，故名涅槃。"（《大正藏》第28册，No. 1554，第988页下—989页上）

② 尊者迦多衍尼子造，（唐）玄奘译：《阿毗达磨发智论》卷2《1 杂蕴·4 爱敬纳息》："云何有余依涅槃界？答：若阿罗汉诸漏永尽，寿命犹存。大种造色，相续未断。依五根身，心相续转。有余依故，诸结永尽。得获触证。名有余依涅槃界。云何无余依涅槃界？答：即阿罗汉诸漏永尽，寿命已灭。大种造色，相续已断。依五根身，心不复转。无余依故，诸结永尽。名无余依涅槃界。"（《大正藏》第26册，No. 1544，第923页中）又尊者迦多衍尼子造，（唐）玄奘译《阿毗达磨大毗婆沙论》卷32《1 杂蕴·4 爱敬纳息》："有余依故者。依有二种：一烦恼依，二生身依。此阿罗汉虽无烦恼依而有生身依。复次依有二种：一染污依，二不染污依。此阿罗汉虽无染污依而有不染污依故。"（《大正藏》，第27册，No. 1545，第168页上）

③ （东晋）罽宾三藏瞿昙僧伽提婆译：《增壹阿含经》卷7《16 火灭品2》："彼云何名为有余涅槃界？于是，比丘灭五下分结，即彼般涅槃，不还来此世，是谓名为有余涅槃界。彼云何名为无余涅槃界？于是，比丘尽有漏成无漏，意解脱、智慧解脱，自身作证而自游戏：生死已尽，梵行已立，更不受有，如实知之，是谓为无余涅槃界。"（《大正藏》第2册，No. 125，第579页上）

涅槃类似灰身灭智的说法，如《阿毗达磨俱舍论》卷 6《2 分别根品》：**“如灯涅槃，唯灯焰谢，无别有物。如是世尊心得解脱，唯诸蕴灭，更无所有。”**[①]

关于涅槃，印度早期中观学与《阿含经》相比，论述方面有很强的相似性与同构性。相似性指的是所讨论的内容相似，而同构性指的是有些文本非但内容，结构也具有相似性。印度早期中观学的代表人物为龙树（Nāgārjuna，约 2 世纪至 3 世纪）、提婆（Āryadeva，约 2 世纪至 3 世纪）；龙树的作品是本文主要的论据。龙树的作品据其后的实际流传可分两支，即以《龙树五论》和《宝鬘论》（略有存疑，可能略晚而出，与前合称为《龙树六论》）、《四赞》（多有存疑）、《经集》（略有存疑）[②] 为代表的一系；以及以《大智度论》等为代表的另外一系。

《中论・观法品》讲了依无我而入涅槃，其中也提到了无常乃至类似无余涅槃的身灭[③]，这与通常《阿含经》中涅槃灭后之一般性解读极为类似。但论中“业烦恼灭故，名之为解脱；业烦恼非实，入空戏论灭（18-05）”，“无我无非我（18-06d）”及“一切实非实，亦实亦非实；非实非非实，是名诸佛法（18-08）”等颂，使其可以进一步符合中观学的解读，而且“身灭”也可如《大智度论》所说指的是因业烦恼而生之生身，而非此外之法身。[④]

《中论・观如来品》与《焰摩迦》的结构相似，都由类似五求无我[⑤]而得出如来灭后不可言说有无等类似十四无记之结论。但是对不可言说，则从二谛的角度给予了区分，即凡是指向空性的言说是不可取的，但假名而无自性的言说则具有合法性，如“空则不可说，非空不可说；共不共叵

① 尊者世亲造，（唐）玄奘译：《阿毗达磨俱舍论》卷 6，《大正藏》第 29 册，No. 1558，第 35 页上。

② 或存疑，但据考证月称（Candrakīrti，约 600 年至 650 年）的引经亦多选自此《经集》，汉译为《大乘宝要义论》（宋法护译），《大正藏》第 32 册，No. 1635，第 49 页下。

③ 《中论》：内外我我所，尽灭无有故；诸受即为灭，受灭则身灭。（18-04）

④ 《大智度论》（龙树菩萨造，后秦鸠摩罗什译）中的法身与其他处所说之法身不同。后当释之。

⑤ 我非蕴，非离蕴，我不在蕴中，蕴不在我中，我非有蕴。

说，但以假名说（22–11）”，为灭后之无余涅槃的世俗施设提供了依据。同时，本品还提出如来与世间的平等性，即“如来所有性，即是世间性；如来无有性，世间亦无性（22–16）”。

《中论·观涅槃品》则体现了涅槃无有执受，故也讲四句不可说乃至十四无记等，并表明了涅槃与世间平等之思想。在《阿含经》中也有类似的表述。

这三品在处理这些相似同构的内容时都基于性空思想对涅槃进行了深化，在论述这些问题时有一定的整体性，本文也将尽量完整地考察之。

除此之外，《中论》其他品也有表明涅槃非断灭之思想，另外，《龙树五论》中的《六十正理论》虽然也集中处理了这个问题，但限于篇幅，本文将不作整体性的引用与讨论，而是选取其中的相关内容，主要是强化的“涅槃非蕴灭，现法可涅槃”之观点——似是回到声闻有余涅槃的立场，进行讨论。

《大智度论》生身灭、法身不灭等观点可以进一步补充说明，这是龙树作品实际流行的另一系。《龙树五论》中之《中论》加上《十二门论》《大智度论》《十住毗婆论》主要经由罗什传至汉地并影响了东亚佛教，虽然除《中论》外，其他几论的作者是否龙树目前还有所争议，但考虑到其实际影响，本文也将其作为论据来处理。

同时，同期流传的相关大乘经也对涅槃之后的问题作了更为明确的说明，特别是《法华经》提到了阿罗汉灭后去往净土的思想。上述作品中还可以得出一些呼之欲出而没有更明确说出的观点，如对二种涅槃的重新诠释，早期中观学稍后流行的《楞伽经》与《金光明经》中有相关的明确表述，它们影响了后期中观学的表述，本文亦引为佐证。本文处理的是佛教内部的涅槃观，故而对提婆两种《百论》①中针对外道而破立之涅槃思想未加关注。

① 提婆著有三种《百论》，分别是《百字论》、罗什所译《百论》、玄奘所译《四百论》，后二种都只译了一半，其中玄奘所译之《百论》，所缺的部分近代由法尊法师译出。

二 《阿含经》中的解读

（一）我空语境下的无有取着

1. 无常无我故无执

如前所说涅槃首先应是一种无有取着之状态，如《杂阿含经》卷 2《第 36 经》：

> 佛告比丘："善哉！善哉！比丘！色是无常。若善男子知色是无常、苦、变易，离欲、灭、寂静、没，从本以来，一切色无常、苦、变易法知已，若色因缘生忧悲恼苦断，彼断已无所着，不着故安隐乐住，安隐乐住已，名为涅槃。受、想、行、识亦复如是。"①

这里的着与不着，对应于南传相应部 22 相应 43 经，其中着的巴利文是 paritassati，意为"被刺激，或是烦忧；表现出想要"，不着的巴利文是 aparitassa。

36 经中所说的"色是无常、苦、变易"也是《阿含经》观察无我的方式，如《焰摩迦》。此中"名为涅槃"依字面解，似乎就是涅槃，但亦有不同之看法，如据庄春江对比平行文本后注释：

> "名为涅槃"，南传作"被称为'那部分到达涅槃者'"（'tadaṅga-nibbuto' ti vuccati），菩提比丘长老英译为"被说成在那方面熄冷"（is said to be quenched in that respect），并解说，nibbuto 一般是用来形容解脱者的，但冠上 tadaṅga 表示尚未真正达涅槃，只是接近而已。水野弘元的《巴利语辞典》解说 tadaṅga 有两个意思，一个是"确实"，另一个是"彼分（部分）"，前者就举"tadaṅganibbuta"为例而解说为

① （宋）求那跋陀罗译：《杂阿含经》，《大正藏》第 2 册，No. 99，第 8 页中。

“确实寂止”，后者则举“彼分空”（tadaṅgasuñña）为例。[①]

注释中 tadaṅga 这个词的不同解读，即对应前面所说有余涅槃与无余涅槃之差别。

2. 涅槃不可施设有无

对于无余依涅槃，《本事经》卷 3《2 二法品（三 – 五）》说其是：

> 如是清净无戏论体，不可谓有，不可谓无，不可谓彼亦有亦无，不可谓彼非有非无，惟可说为不可施设究竟涅槃。是名无余依涅槃界。[②]

但是不可施设究竟是什么意思呢？

（二）生灭语境下的涅槃

1. 不执我我执，无所着故，不受后有

又因无取着，而不受后有，这在《阿含经》中有明确的表述，如《杂阿含经》卷 2《第 33 经》：

> 比丘！多闻圣弟子于此五受阴非我、非我所，如实观察。如实观察已，于诸世间都无所取，无所取故无所着，无所着故自觉涅槃：“我生已尽，梵行已立，所作已作，自知不受后有。”[③]

本经无南传对应之文本，其中“我生已尽”，意味着生死或轮回之“生”的灭尽，“不受后有”意味着无余涅槃的证得，于是《阿含经》中所表述的涅槃观即生灭语境下的涅槃观。究其根源，声闻对《阿含经》的理

① https://agama.buddhason.org/SA/SA0036.htm.
② （唐）玄奘译：《本事经》，《大正藏》第 17 册，No. 765，第 678 页上。
③ （宋）求那跋陀罗译：《杂阿含经》，《大正藏》第 2 册，No. 99，第 7 页下。

解是建立在不彻底空观基础之上的。从多分而言，通常说声闻乘的空观是人空法有，这样生与灭自然就是自性化的生与自性化的灭了，如《六十正理论》中所说“于求真性者，初说一切有；通达义无贪，然后说寂灭（30）”，纵使承许一切法空的声闻乘，面对生死（轮回）与涅槃也在事实上认为生死（轮回）是自性化之生，而涅槃是自性化之灭的。[①]

2. 十二缘起中无明灭故行灭等而不受后有

如何能不受后有，这与十二缘起有关，如《杂阿含经》卷10《第262经》：

> 迦旃延！如来离于二边，说于中道，所谓此有故彼有，此生故彼生，谓缘无明有行，乃至生、老、病、死、忧、悲、恼、苦集；所谓此无故彼无，此灭故彼灭，谓无明灭则行灭，乃至生、老、病、死、忧、悲、恼、苦灭。[②]

虽然《阿含经》也讲远离二边，但在因了知无我而断除了无明之后，依对无明灭则行灭的基于声闻特色之理解的情况下，必然会得出旧蕴已灭而新蕴不生的结论，如《杂阿含经》卷3《第61经》所说：

> 云何色受阴？所有色，彼一切四大，及四大所造色，是名为色受阴。复次，彼色是无常、苦、变易之法。若彼色受阴，永断无余，究竟舍离、灭尽、离欲、寂、没，余色受阴更不相续、不起、不出，是

① 对此《龙树六论》系统中并无讨论，但如果不是如文中所说而理解，则《阿含经》中的涅槃观应与大乘一致，而不是本文中基于中观学立场所要批评的声闻涅槃观。又《大智度论》（龙树造，后秦鸠摩罗什译）卷44《11幻人无作品》：“须菩提以空智慧，观三界五众皆空，心生厌离；诸烦恼习故，虽能总相知诸佛法空，犹有所贵，不能观佛法如幻无所有。”（《大正藏》第25册，No. 1509，第376页中）又《大智度论》卷35《3习相应品》：“声闻、辟支佛智慧但观诸法空，不能观世间、涅槃为一。”（《大正藏》第25册，No. 1509，第320页上）

② （宋）求那跋陀罗译：《杂阿含经》，《大正藏》第2册，No. 99，第67页上。

名为妙，是名寂静，是名舍离一切有余爱尽、无欲、灭尽、涅槃。①

总结以上诸经中所说，《阿含经》中所说的声闻涅槃即通过观察色是“无常、苦、变易之法”而了知无我，由了知无我而断除无明等诸惑，最终依十二缘起无明灭则行等灭之还灭规律而“若彼色受阴，永断无余，究竟舍离、灭尽、离欲、寂、没”后，“余色受阴更不相续、不起、不出”等，呈现一种此蕴灭已、余蕴不起的类似灰身灭智的境界。

61 经没有对应的南传巴利文经典，这里所说的色蕴等是指“受”蕴，依惯例受是古译，新译为取。梵巴为 upādāna，表明的是一种执着状态下的蕴，不相续的也是这种蕴。涅槃之后是否完全没有蕴的存在呢？涅槃真的是全无所有吗？在此类经典的语境下，是存疑的。

（三）涅槃非全无所有之不可施设

但是有经明确反对涅槃之后全无所有的说法，如汉译《杂阿含经》卷 5《第 104 经》② 中记载：有位比丘叫焰摩迦，起恶邪见，认为佛所说的法就是：“漏尽（khīnāsava）阿罗汉身坏命终更无所有（na hoti paraṃ maraṇāti 不存在）。”众比丘都认为这是错解了佛经，是诽谤世尊，但是不能说服焰摩迦，最终向舍利弗求助。然而舍利弗并没有直接回答这个问题，即涅槃之后的阿罗汉具体为何，而是为其开示了“无常故苦，苦故无我”之理。《杂阿含经》卷 5《第 104 经》，文分三段，是连在一起的，先看第一段：

舍利弗言：“我今问汝，随意答我。云何，焰摩迦！色为常耶？为非常耶？”

答言：“尊者舍利弗！无常。”

---

① （宋）求那跋陀罗译：《杂阿含经》，《大正藏》第 2 册，No. 99，第 15 页下。

② S. 22. 85. Yamaka（焰摩迦），即南传《相应部》中《第 22 相应》的《第 85 经》，下同。

复问："若无常者，是苦不？"

答言："是苦。"

复问："若无常、苦，是变易法，多闻圣弟子宁于中见我、异我、相在不？"

答言："不也，尊者舍利弗！"

"受、想、行、识亦复如是。"①

这段经文是《阿含经》论证无我的一个经典逻辑示例，即"无常故苦，苦故无我"，并由无我进一步推出"无异我"，乃至"我在蕴中""蕴在我中"的相在关系也不存在。《阿含经》中的论证一般都比较简洁，综合余经，可加"苦故不自在"。在后续经文中将"我"转换为如来，进行了一般问答。

复问："云何，焰摩迦！色是如来耶？"

答言："不也，尊者舍利弗！"

"受、想、行、识是如来耶？"

答言："不也，尊者舍利弗！"

复问："云何，焰摩迦！异色有如来耶？异受、想、行、识有如来耶？"

答言："不也，尊者舍利弗！"

复问："色中有如来耶？受、想、行、识中有如来耶？"

答言："不也，尊者舍利弗！"

复问："如来中有色耶？如来中有受、想、行、识耶？"

答言："不也，尊者舍利弗！"

复问："非色、受、想、行、识有如来耶？"

---

① （宋）求那跋陀罗译：《杂阿含经》，《大正藏》第 2 册，No. 99，第 31 页上。

答言："不也，尊者舍利弗！"[①]

如来和我有时是同义，有时如来亦指佛世尊，此处之如来同有二义，既指自他关系中与凡夫等不同的佛世尊，也指可以称为我的佛世尊自身。此段经文将前面的"相在关系"改为"拥有关系"，即"如来有色"与"色有如来"。接着的经文是：

"如是，焰摩迦！如来见法真实、如住，无所得、无所施设，汝云何言：'我解知世尊所说，漏尽阿罗汉身坏命终无所有。'为时说耶？"

答言："不也，尊者舍利弗！"[②]

至此，焰摩迦比丘就不去认定"**漏尽阿罗汉身坏命终无所有**"，即不再认为漏尽阿罗汉身坏命终之后还是有的。经中提到了"无所得""无所施设"，对比南传的文本，引录庄春江注释如下：

"如来见法真实如，住无所得，无所施设"，南传作"当在此生中真实的、实际的如来未被你得到时"（diṭṭheva-dhamme saccato thetato tathāgate anupalabbhiyamāne，逐字译为"见－法－真实－如（坚固、永住）－如来－不－被得到"），菩提比丘长老英译为"这里，就在这一生中，当如来不被你理解为真实的与实际的"（When the Tathāgata is not apprehended by you as real and actual here in this very life）。按：从巴利语经文逐字译的内容来看，本段北传经文的译文是否已完成，是很可疑的。[③]

① （宋）求那跋陀罗译：《杂阿含经》，《大正藏》第 2 册，No. 99，第 31 页上—中。
② （宋）求那跋陀罗译：《杂阿含经》，《大正藏》第 2 册，No. 99，第 31 页中。
③ https://agama.buddhason.org/SA/SA0104.htm.

“如来见法真实、如住，无所得、无所施设”可以有两种理解：

a 如来见到了法的真实，而在如来的角度，对涅槃相关之事，如灭后有无等，是“无所得、无所施设”的。

b 如来见到法的真实之如真实，这样的如来是不可以被得的，当然也无法被施设。

后一种解读与 104 经通过无我而解决这一问题的逻辑更相符顺，指向的是如来，包括涅槃前与涅槃后两种情况；也更符合南传经文之义。当然若直接理解为前者，指向的既是涅槃本身之不可施设，也是涅槃后之如来，其意义也能自圆其说。两种解读的意思是可以相通的。

无所施设之义，就是既不能说“**漏尽阿罗汉身坏命终无所有**”，也不能说是有，而不可施设。[①]若直解之，则或多或少具有神秘之色彩，如《杂阿含经》卷 32《第 905 经》：

> 舍利弗！若说如来有后生死者，是则为受、为想、为行、为识、为动、为虑、为虚诳、为有为、为爱，乃至非有非无后有亦如是说。如来者，爱已尽，心善解脱，是故说后有者不然，后无、后有无、后非有非无者不然。如来者，爱已尽，心善解脱，甚深广大，无量无数，寂灭涅槃。舍利弗！如是因、如是缘，故有问世尊：“如来若有、若无、若有无、若非有非无后生死？”不可记说。[②]

焰摩迦比丘相关的经文，就此问题没有再做更多义理上的讨论，只说焰摩迦比丘最终“**远尘离垢，得法眼净**”。“不可记说”，进一步的更大范

① 复如《本事经》（唐玄奘译）卷 3《2 二法品（三 – 五）》：“云何名为无余依涅槃界？谓诸苾刍得阿罗汉，诸漏已尽，梵行已立，所作已办，已舍重担，已证自义，已尽有结，已正解了，已善解脱，已得遍知。彼于今时一切所受无引因故，不复希望，皆永尽灭，毕竟寂静，究竟清凉，隐没不现，惟由清净无戏论体。如是清净无戏论体，不可谓有，不可谓无，不可谓彼亦有亦无，不可谓彼非有非无，惟可说为不可施设究竟涅槃。是名无余依涅槃界。”（《大正藏》第 17 册，No. 765，第 678 页上）

② （宋）求那跋陀罗译：《杂阿含经》，《大正藏》第 2 册，No. 99，第 226 页中。

围的表述是十四无记，此如《杂阿含经》卷 34《第 962 经》：

> 婆蹉种出家！若作是见，世间无常、常无常、非常非无常，有边、无边、边无边、非有边非无边，是命是身、命异身异，如来有后死、无后死、有无后死、非有非无后死。此是倒见，乃至忧、悲、恼、苦生。[①]

三　早期中观学的解读

（一）法空语境下无有取着，乃至不执涅槃

1. 不执于我，以及我所依之蕴有自性

无有取着即涅槃的状态也正是中观学所主张的，要达到此状态在中观学中依然采取了观无我的方式，如《中论·观有无品》之前五颂云：

> 若我是五阴，我即为生灭；若我异五阴，则非五阴相。（18-01）
> 若无有我者，何得有我所；灭我我所故，名得无我智。（18-02）
> 得无我智者，是则名实观；得无我智者，是人为希有。（18-03）
> 内外我我所，尽灭无有故；诸受即为灭，受灭则身灭。（18-04）
> 业烦恼灭故，名之为解脱；业烦恼非实，入空戏论灭。（18-05）
> 诸佛或说我，或说于无我；诸法实相中，无我无非我。（18-06）

其中第三颂依梵本：

> nirmamo nirahaṃkāro yaśca so ’pi na vidyate |
> nirmamaṃ nirahaṃkāraṃ yaḥ paśyati na paśyati || 18.3 ||

① （宋）求那跋陀罗译：《杂阿含经》，《大正藏》第 2 册，No. 99，第 245 页下。

【叶】无我所执无我执，之人亦是不可得。若见无我所我执，彼即不见［真实性］。①

意为：那个无我执无我所执的人，他也不可得。那个见无我执无我所执的人，他也不见真实性。这五颂讲述了通过修习无我而灭除诸受（upādāna），由灭除受而得解脱，解脱即涅槃。修习无我的方法，散见于《中论》各品，其中也包括无常，如第一颂所说。②

2. 若有蕴执，必有我执

第五颂提到了入于空性故戏论灭，所以虽是我空，可以理解成是以法空为基础者③，结合《中论·观如品》，此义则更为明确（详后）。《宝鬘论》中说明了若执蕴实有，而产生蕴执，则必定会产生我执，如：

【真】阴执乃至在，我见亦恒存。（1.34ab）

【光】何时有蕴执，尔时有我执。（1.35ab）

《六十正理论》中也表达了同样的意见，④如：

【任】许诸法实有，当起贪瞋见；受剧苦暴恶，从彼起诤端。（46）

【任】彼为诸见因，无彼惑不起；故若遍知者，见惑皆蠲除。（47）

【任】若计有所住，曲惑毒蛇缠；谁之心无住，不为彼等缠。（51）

【任】诸有住心者，惑毒何不生；何时住中间，亦被惑蛇缠。（52）

① 叶少勇：《中论颂梵藏汉合校导读译注》，中西书局2022年版，第300—301页。本文关于《中论颂》之内容及颂号皆引自此。18-3代表18品第3颂，【叶】代表叶少勇所译，【什】代表鸠摩罗什的原译。其余所引之《中论颂》只标明颂号。

② 通常中观学会将空无我所破之自性放入两难等语境中作考察，如此处我与五蕴之同异，是在我与五蕴相同的情况下，作无常之考察。

③ 不同的注家有不同的理解。

④ 《龙树六论梵藏汉对照》，沈阳北塔寺内部读本。【任】代表任杰翻译，本文凡涉及《六十正理论》《七十空性论》《宝鬘论》之颂者，皆出自本书，只标明颂号，不再另行标注。

【任】如童执实有，于影像起贪；世间愚昧故，系缚境笼中。（53）

【任】圣者于诸法，智见如影像；于彼色等境，不堕事泥中。（54）

前五颂一致表明若执法实有自性，则一定会生起贪嗔等而不能解脱轮回；第六颂则表明圣者是见到了诸法如影像般空无自性，方才解脱。

3. 不执涅槃之四句

非但不执诸法，同时对涅槃本身也不应产生执着。涅槃是一种特殊的空（详后），《观法品》的第四至第六三颂，既说到了依十二缘起受灭则身灭，也间接说到了涅槃相应之空，即无我本身不是自性化的无我。[①]

内外我我所，尽灭无有故；诸受即为灭，受灭则身灭。（18-04）

业烦恼灭故，名之为解脱；业烦恼非实，入空戏论灭。（18-05）

诸佛或说我，或说于无我；诸法实相中，无我无非我。（18-06）

ātmetyapi prajñapitamanātmetyapi deśitam |

buddhairnātmā na cānātmā kaścidityapi deśitam || 18–6 ||

【叶】亦有有我之施设，亦有无我之解说，佛陀也曾宣说过，我无我皆无所有。

更进一步，乃至不对其产生自性化的有无等四句之执着，如《中论·观涅槃品》第六至第十六颂：

若涅槃是有，云何名无受；无有不从受，而名为有法。（25-06）

有尚非涅槃，何况于无耶；涅槃无有有，何处当有无。（25-07）

若无是涅槃，云何名不受；未曾有不受，而名为无法。（25-08）

① 龙树菩萨造颂，梵志青目释，（姚秦）鸠摩罗什译：《中论》卷 3《18 观法品》：“问曰：若无我是实，但以世俗故说有我，有何咎？答曰：因破我法有无我，我决定不可得，何有无我。若决定有无我，则是断灭生于贪着。如《般若》中说菩萨有我亦非行、无我亦非行。”《大正藏》第 30 册，No. 1564，第 24 页下。

受诸因缘故，轮转生死中；不受诸因缘，是名为涅槃。（25-09）
如佛经中说，断有断非有；是故知涅槃，非有亦非无。（25-10）
若谓于有无，合为涅槃者；有无即解脱，是事则不然。（25-11）
若谓于有无，合为涅槃者；涅槃非无受，是二从受生。（25-12）
有无共合成，云何名涅槃；涅槃名无为，有无是有为。[①]（25-13）
有无二事共，云何是涅槃；是二不同处，如明暗不俱。（25-14）
若非有非无，名之为涅槃；此非有非无，以何而分别。（25-15）
分别非有无，如是名涅槃；若有无成者，非有非无成。（25-16）

此中第九颂标明了涅槃是无有取着的状态，如相应的梵文及汉译为：

ya ājavaṃjavībhāva upādāya pratītya va |
so 'pratītyānupādāya nirvāṇamupadiśyate || 25-9 ||

【什】受诸因缘故，轮转生死中；不受诸因缘，是名为涅槃。（25–09）

【叶】彼或依取或依缘，而为生死往来者，彼［实］无取且无缘，是即说之为涅槃。

罗什译文中的受即 upādāya，可译为依或取，其余九颂（除第 13 颂）对涅槃之四种可能存在的状态——有、无、亦有亦无及非有非无进行了否定，依中观学之惯例，此四种状态对应的显然是自性化的有、自性化的无等四句。与《中论》中通常的破除自性的内容不同，这十一偈除了对自性化前提下“亦有亦无”“非有非无”的内在矛盾作出说明外，又以涅槃不应有受为前提破除涅槃的自性。由此可见，与前说《阿含经》以无我，也就是通常所说的人空为基础的无有取着略有不同的是，此处中观学对无有

① 本颂较邻近的诸颂而言，略显突兀，似不是在破自性化的亦有亦无，而是在破涅槃是有为法，强调涅槃是无为法。

取着的解读是基于一切法自性空而进行的。

（二）不生不灭语境下的涅槃

1. 涅槃不生不灭，特别是不灭

如果坚持一切法空无自性之原则，那么涅槃亦应无自性，故而亦应离自性化的有无等四句，乃至远离自性化的生灭断常等，《观涅槃品》前三颂表明了这一点。此三颂的内容实际上是对声闻涅槃观的一种回应，声闻乘的涅槃是生灭语境下的涅槃，如前所说“若彼色受阴，永断无余，究竟舍离、灭尽、离欲、寂、没”后，“余色受阴更不相续、不起、不出”，是“生已尽，梵行已立，所作已作，自知不受后有”。纵使承许一切法空的声闻乘，在面对生死（轮回）与涅槃时也是认为生死（轮回）是生，而涅槃是灭，二者是截然不同的相异。对此，《观涅槃品》前三颂云：

> 若一切法空，无生无灭者；何断何所灭，而称为涅槃。（25-01）
> 若诸法不空，则无生无灭；何断何所灭，而称为涅槃。（25-02）
> 无得亦无至，不断亦不常；不生亦不灭，是说名涅槃。（25-03）

其中第三颂之梵文及叶少勇汉译为：

> aprahīṇam-asaṃprāptam-anucchinnam-aśāśvatam |
> aniruddham-anutpannam-etan-nirvāṇam-ucyate || 25.3 ||
> 【叶】无所断离无所得，无有断亦无有常，无有灭亦无有生，此即说为是涅槃。

因此，对于声闻乘生死观中的涅槃，本品是基于彻底的法空观予以批判。中观学在一切法自性空，故非自性之生与非自性之灭的基础上解释涅槃，强调涅槃不是自性化的“断离”（prahīṇa）、“断”（saṃprāpta）与“灭”

（anirudha）。由此实际上也回应了前述《阿含经》中所说之问题，即涅槃绝不是一种什么都没有的自性的断灭。如果涅槃之灭代表无的话，那么轮回之生就代表有，二者的关系在中观学看来是相互观待的，由相互观待而无有自性，如《中论·观有无品》说：

有若不成者，无云何可成；因有有法故，有坏名为无。（15-05）

《六十正理论》中以同样的道理说明了涅槃之灭与尽并非自性化之灭与尽，如：

【任】有为生已坏，安立彼为灭；如是诸正士，说如幻事灭。（7）
【任】由因尽息灭，乃说名为尽；非有自性尽，如何说性尽。（20）

据藏文月称释[①]，第七颂之灭指的是涅槃，这是说依有为法的灭而称为涅槃，故涅槃无有自性，是一种如幻的灭。第二十颂重复了这一观点。涅槃定非蕴之尽灭，对此，《六十正理论》特别说明了蕴若灭有何过失，如颂云：

【任】由毁坏成灭，非遍知有为；彼于谁现起，如何说证灭。（8）

---

① 《丹珠尔》：slob dpon zla ba grags pas mdzad | rigs pa drug cu pa'i 'grel pa | D3864：103–8b ji ltar dngos po skyes pa'i mi rtag pa nyid de med par gyur pas rnam par gzhag pas rang gi ngo bor grub pa med do || yod pa zhig yin na ni dngos po la mi ltos par rang gi ngo{8b3}bo mthong bar 'gyur ro || de bzhin du 'phags pa yang 'gog pa zhes bya ba rang gi ngo bor grub pa gang yang mi dmigs te/shes rab kyis rnam par dpyad na | sgyu ma byas pa'i glang po che ltar ngo bo nyid med pa rang bzhin gyis ma skyes pa gang yin pa de mya ngan las 'das pa'o ||{8b4} de yang sgyu ma byas pa lta bu zhes bya ba de nyid la brten nas mya ngan las 'das par rnam par gzhag［pe snar bzhog］pa na | 'jig rten gyi tha snyad kyis mi rtag pa nyid rnam par 'jog go || des na 'khor ba dang mya ngan las 'das pa zhes bya ba ngo bo nyid med par grub po || de ltar na dngos po'i{8b5}ngo bo nyid yongs su shes nas mi dmigs pa gang yin pa de nyid mya ngan las 'das par gdon mi za bar shes par bya'o ||

本句之义，依月称释：

gal te sgyu ma byas pa bzhin du chos thams cad mi dmigs pa'i dus na skye ba med pa gang yin pa{8b7} de mya ngan las' das pa ma yin gyi. gzugs la sogs pa'i rang gi ngo bo'i mtshan nyid dngos po'i rang bzhin rgyu rkyen las dang nyon mongs pa dang mi ldan pas phyis mi skye ba gang yin pa de mya ngan las 'das pa snyam du sems na gal te de ltar gyur na dngos po'i rang gi ngo bo'i mtshan nyid zhig nas rgyun chad pa'i tshul gyis mya ngan las 'das par gyur te. 'dus byas yongs su shes pas ni ma yin par 'gyur ro. || gal te 'di nyid 'dod pa yin pas na nye pa{9a1} med do zhe na yang 'di 'thad pa ma yin te. 'di ltar de kho na mthong bas 'gog pa mngon sum du bya dgos na 'gog pa de lta bu de ni phung po ma 'gags pa'i tshe ni med pa. 'gags nas ni su yang med na 'gog pa de su la mngon sum du 'gyur ||

笔者自译：若谓一切法如幻不可得时，彼无生者非是涅槃；而是色等自相，事之自性，由因缘业惑不具足后于后不生，方是涅槃。若尔，则成事之自相以相续中断之理而涅槃，而非遍知有为；若谓许此无过，然亦不成，若须见真实故现证灭谛，若是之灭，于蕴未灭时，则无，蕴若灭已，［见者，］亦无，谁可证彼［涅槃］。

这里明确地说明了涅槃如果是蕴灭的话，则在蕴没有灭时，就不存在涅槃，而蕴灭了之后，则没有证涅槃的人。故而蕴决定不灭。

依前所说，“**不受后有**”之原因是《阿含经》所说的“无明灭则行灭”，乃至“纯大苦聚灭”[①]，在以诸支皆有自性，故各支为自性化之生灭为前提

① （宋）求那跋陀罗译，《杂阿含经》卷 12《第 292 经》：“无明灭则行灭，行灭则识灭，如是乃至生、老、病、死、忧、悲、恼、苦灭，如是如是纯大苦聚灭。”《大正藏》第 2 册，No. 99，第 83 页中。

的解读模式中，灭自然是自性化的灭，也就是全灭，故而可以得出相续中断之结论。

2. 涅槃之因：十二因缘之不灭

然若十二缘起灭非自性化之灭，则上述结论显然不成立。十二缘起的还灭，不必理解为相续中断。《中论》中总体上有此意趣，散于各品而说十二缘起无有自性。但具体将十二因缘集中于一处，于文中明确表述的有《七十空性论》及《六十正理论》。《七十空性论》有云：

【任】缘起十二支，有苦即不生，于一心多心，是皆不应理。(8)

该论有诸多颂表明诸支皆无自性。《六十正理论》如下两颂表明十二缘起支无有自性，其灭亦无自性：

【任】无明若灭时，行等亦当灭；无明妄分别，如何不了知。(38)

【任】诸法因缘生，无缘则不住；无缘故即灭，如何计彼有。(39)

这也符合《般若经》中对于十二缘起的解读，如《大智度论》卷80中所引之《摩诃般若波罗蜜多经·67无尽方便品》：

佛言："色不可尽故……痴空不可尽故，菩萨摩诃萨般若波罗蜜应生；行空不可尽故，菩萨般若波罗蜜应生；识空不可尽故，……生空不可尽故，菩萨般若波罗蜜应生；老死忧悲苦恼空不可尽故，菩萨般若波罗蜜应生。如是，须菩提！菩萨摩诃萨般若波罗蜜应生。须菩提！是十二因缘，是独菩萨法，能除诸边、颠倒。坐道场时，应如是观，当得一切种智。须菩提！若有菩萨摩诃萨以虚空不可尽法，行般若波罗蜜，观十二因缘，不堕声闻、辟支佛地，住阿耨多罗三藐三菩提。”[①]

十二缘起也译为十二因缘。经文中显示了与《阿含经》中无明灭等不同的表达方法，即色乃至无明等十二支因为空无自性故，虽于生灭中有灭而实不可完全绝对地灭尽，故而能以此而成为“独菩萨法”，能“不堕声闻、辟支佛地，住阿耨多罗三藐三菩提”，也就是不证入声闻灰身灭智之涅槃。虽然此处通过中观学的解读表明，涅槃是无有自性的，不应是灰身灭智，但据大乘共说，由声闻等无有大悲为前提之菩提心故，实际上他们对佛法中之四谛是有所耽着的，会因此而长期居于涅槃之中，就利生之用而言，相当于灰身灭智，纵使佛劝请回小向大，亦无勇猛之意乐。就此十二缘起，《大智度论》中也讨论了不同人的三种解读模式，如《大智度论》卷 80《67 无尽方便品》：

> 说十二因缘有三种：
>
> 一者、凡夫肉眼所见，颠倒、着我心，起诸烦恼、业，往来生死中。
>
> 二者、贤圣以法眼分别诸法，老、病、死，心厌，欲出世间……
>
> 三者、诸菩萨摩诃萨，大智人利根故，但求究尽十二因缘根本相，不以忧怖自没。求时不得定相，老法毕竟空，但从虚诳假名有……[②]

这三种模式分别对应凡夫、声闻独觉及菩萨，读文可知其义。

① （姚秦）鸠摩罗什译：《摩诃般若波罗蜜多经》，《大正藏》第 25 册，No. 1509，第 620 页下—621 页上；以及（唐）玄奘译《大般若波罗蜜多经》卷 458《2 会．66 无尽品》：“佛言：“善现！诸菩萨摩诃萨应观色无尽故……诸菩萨摩诃萨应观无明缘行如虚空无尽故……不堕声闻及独觉地，疾证无上正等菩提。”《大正藏》第 7 册，No. 220，第 315 页上—下。

② 龙树造，（姚秦）鸠摩罗什译：《大智度论》，《大正藏》第 25 册，No. 1509，第 622 页上—中。

3. 生死涅槃平等无别

如前所说，在中观学看来，生死与涅槃二者皆无有自性，世间是轮回而处于生死之中，涅槃是超越于世间的，二者虽表面不同，但是究其实际（koṭi）即本质属性之空无自性是相同的，在这个意义上讲，二者是无有差别的，如颂云：

na saṃsārasya nirvāṇātkiṃcidasti viśeṣaṇam |

na nirvāṇasya saṃsārātkiṃcidasti viśeṣaṇam ||25.19 ||

【什】涅槃与世间，无有少分别；世间与涅槃，亦无少分别。（25–19）

【叶】轮回较之于涅槃，无有任何之差别，涅槃较之于轮回，无有任何之差别。

nirvāṇasya ca yā koṭiḥ koṭiḥ saṃsaraṇasya ca |

na tayorantaraṃ kiṃcitsumūkṣmamapi vidyate || 25–20 |

【什】涅槃之实际，及与世间际；如是二际者，无毫厘差别。（25–20）

【叶】彼涅槃之终际者，亦即轮回之终际，二者之间不可得，最极微细之差别。

既然二者皆无自性，故二者之关系，非自性化之异，所以如《中论·观缚解品》所说：涅槃不是离开生死之别体之法。如：

na nirvāṇasamāropo na saṃsārāpakarṣaṇam |

yatra kastatra saṃsāro nirvāṇaṃ kiṃ vikalpyate || 16–10 ||

【什】不离于生死，而别有涅槃；实相义如是，云何有分别？

【叶】此处无涅槃之立，亦无轮回之除遣，何者执为是轮回，何者执为是涅槃。（16–10）

通常认为除去了轮回，就可以得到涅槃，但这里认为并不是这样的，并没有一个自性化的轮回可以被自性化地去除，也没有一个自性化的涅槃可以得到。罗什的译文虽是意译，却更符合青目之义，如《中论》卷 3《16 观缚解品》：

诸法实相第一义中，不说离生死别有涅槃。如经说，涅槃即生死、生死即涅槃。如是诸法实相中，云何言是生死、是涅槃？[①]

此颂月称《显句论》中相关处所引《佛说圣降魔经》之义，也差不多。

api tu khalu punaḥ pāpīyan yastvaṃ mokṣyase kuto mokṣyase || āha | nāhaṃ jāne kutaś cin mokṣye || āha | evam eva pāpīyan ye'pi mokṣyante, nate kutaś cid vimokṣyante，anyatra yāsāvasadbhūtasaṃjñā tāṃ parijānanti tāṃ parijñāya vimuktā ity ucyate ||[②]

"复次，波旬，你若解脱，则从何处解脱？"波旬答言："我从何处也不解脱。"［文殊］言："波旬，如是彼等将解脱也是非真实之想，除遍知如是之理外无从解脱，遍知此理名谓解脱。"[③]

解脱即涅槃，涅槃并不存在于某一个特殊之地，而是由于完全了解了某种道理而解脱。这与涅槃不是舍离生死而单独存在的另外一法是同义。

① 龙树菩萨造颂，梵志青目释，（姚秦）鸠摩罗什译：《中论》卷 3，《大正藏》第 30 册，No. 1564，第 21 页中。

② https://www.dsbcproject.org/canon-text/content/247/1064.

③ 月称著，索达吉译：《中论释 · 显句论》，西藏藏文古籍出版社 2020 年版，第 169 页。

（三）涅槃之不可施设与可以施设

1. 法空故，不可作自性化之施设

非但涅槃本身是法空语境下的无有执着，即使通常所说声闻所证的由修习我空而趣入涅槃之道也是基于法空的，此如前所说之《焰摩迦》因无我而不可记别说漏尽阿罗汉灭后更无所有的内容，这一点在《中论·观如来品》中有完整的体现，其中前十颂主要讲法空基础上的人空：

非阴不离阴，此彼不相在；如来不有阴，何处有如来。（22-01）

阴合有如来，则无有自性；若无有自性，云何因他有。（22-02）

法若因他生，是即为非我；若法非我者，云何是如来。（22-03）

若无有自性，云何有他性；离自性他性，何名为如来。（22-04）

若不因五阴，先有如来者；以今受阴故，则说为如来。（22-05）

今实不受阴，更无如来法；若以不受无，今当云何受。（22-06）

若其未有受，所受不名受；无有无受法，而名为如来。（22-07）

若于一异中，如来不可得；五种求亦无，云何受中有。（22-08）

又所受五阴，不从自性有；若无自性者，云何有他性。（22-09）

以如是义故，受空受者空；云何当以空，而说空如来。（22-10）

以上诸颂中，第一颂“非阴不离阴，此彼不相在；如来不有阴，何处有如来”就是前面《焰摩迦》中所说的“如来或我非即蕴，非离蕴，蕴不在我中，我不在蕴中，我非有蕴”五句，另外，前经还多了“蕴非有我”一句。简化而言就是一异两句之“我非即蕴，我非离蕴”（如第 8 颂）。第 6、7 两颂之义为：如果你认为在五蕴之前先有如来，但不为我们所知，现在因为受取了这五蕴，所以才说其是如来；那么我现在以理智观察告诉你，在依五蕴施设前，并没有如来，如果没有如来，怎么可以说如来受五蕴呢？

在这里不同的是，突出了所破的是自性化的我（如第 9、10 颂所说），

不但能受者之我是无自性之空，所受之蕴也是无自性之空，将受与受者皆置于诸法性空义之下。由修无我而得涅槃，也是《中论》之义，如《观法品》之颂：

内外我我所，尽灭无有故；诸受即为灭，受灭则身灭。（18–04）

业烦恼灭故，名之为解脱；业烦恼非实，入空戏论灭。（18–05）

由此，涅槃后的如来是不可以有无等四句来说，如《观如来品》所说：

寂灭相中无，常无常等四；寂灭相中无，边无边等四。（22–12）

yena grāho gṛhītastu ghano ’stīti tathāgataḥ |
nāstīti sa vikalpayan（**分别**）nirvṛtasyāpi kalpayet || Mś_22.13 ||

【什】邪见深厚者，则说无如来；如来寂灭相，分别有亦非。（22–13）

【叶】而彼执着深厚者，于已涅槃［之如来］，则执如此妄分别，说如来是有或无。

svabhāvataśca śūnye ’smiṃścintā naivopapadyate |
paraṃ nirodhādbhavati buddho na bhavatīti vā || Mś_22.14 ||

【什】如是性空中，思惟亦不可；如来灭度后，分别于有无。（22–14）

【叶】彼［如来］既自性空，于彼不容有是思，谓于入灭度之后，佛陀是有或是无。

prapañcayanti ye buddhaṃ prapañcātītamavyayam |
te prapañcahatāḥ sarve na paśyanti tathāgatam || Mś_22.15 ||

【什】如来过戏论，而人生戏论；戏论破慧眼，是皆不见佛。（22–15）

【叶】佛本不灭超越戏论，有人于佛作戏论，彼等皆为戏论害，而不观见于如来。

这里与《焰摩迦》的内容是一致的，也强调了涅槃之后的如来之不可分别（vi-√klp）其是有或无，在这里分别可视为与施设同义。其原因是如来是自性空之故。这也是中观学不同于《焰摩迦》的地方，这里更为强调以法空为基础，结合本品前面诸颂，则知是以明确了以法空为基础之我空后所得之结论，而《焰摩迦》则未强调这一点，部派多作人空法有解。

2. 假名故可以言说

结合《观如来品》则可知，非但灭度后的如来不可以自性化的语言去说四句言说（vah），现在未灭度的如来也应是不可以自性化的语言去言说的。如：

paraṃ nirodhādbhagavān bhavatītyeva nohyate |
na bhavatyubhayaṃ ceti nobhayaṃ ceti nohyate ||
如来灭度后，不言有与无；亦不言有无，非有及非无。（25–17）
tiṣṭhamāno 'pi bhagavān bhavatītyeva nohyate |
na bhavatyubhayaṃ ceti nobhayaṃ ceti nohyate ||
如来现在时，不言有与无；亦不言有无，非有及非无。（25–18）

这里的言说与分别、施设等同义，以上《中论》两品的内容与《阿含经》对涅槃的处理有相似之处，都表明了涅槃及涅槃之后的如来不可施设。这种不可施设到底意味着什么呢？虽然灭度后的如来与未灭度之如来同样不可以四句言说，但是现在的如来的存在性是可以言说的，那么是否意味着灭后之如来也可以言说呢？说与不说的界限是什么？这些问题可由《观如来品》的如下偈颂来加以说明。

evaṃ śūnyam-upādānam-upādātā ca sarvaśaḥ |
prajñapyate ca śūnyena kathaṃ śūnyas-tathāgataḥ ||

【什】以如是义故，受空受者空；云何当以空，而说空如来。（22–10）

【叶】如是一切之形式，所取［蕴］空、取者空，如何还以空之［蕴］，施设是空之如来。

śūnyamiti na vaktavyamaśūnyamiti vā bhavet |
ubhayaṃ nobhayaṃ ceti prajñaptyarthaṃ tu kathyate ||

【什】空则不可说，非空不可说；共不共叵说，但以假名说。（22–11）

【叶】既不可以说是空，也不可说是非空，合二、非二亦不可说，但为施设（prajñaptyartha）故言说（kathyate）。

第 10 颂是接着前一颂在说了知五蕴无自性的情况下，在一切情况下，所取的五蕴及能取五蕴之受者皆是空，如何还因为空无自性的五蕴，而要施设一个本来空无自性之如来？[①] 意思是既然五蕴无自性，依五蕴而立的受者如来等也是空无自性的，既然如来是空无自性的，又如何可以施设其有无等四句？

第 11 颂中的"空"对应"无"，"非空"对应"有"，于是"空非空"等四句也就成了"有无"等四句，于是依字面而言，整句的内容就是如来不可以用"四句"去施设言说，但可以"为施设（prajñaptyartha）故言说（kathyate）"。

① 龙树菩萨造颂，梵志青目释，（姚秦）鸠摩罗什译：《中论》卷 4《22 观如来品》："受及受者皆空。若受空者，云何以空受而说空如来？"《大正藏》第 30 册，No. 1564，第 30 页中。

众所周知，中观学所破的是自性化之存在形式，并不破假名施设（prajñapti），汉译常用的假名其实就是施设之义。无自性化的存在是胜义谛视角的观察结果，假名施设中的存在是世俗谛视角的观察结果。这是中观的二谛理论，于是四句所要否定的其实是自性化的四种存有方式；不以四句施设，是指不用代表自性化语义的四句去指称无自性之对象。但是可以用假名去指称存在对象，甚至是空性。这种可说与不可说实则不限于涅槃与涅槃后之如来阿罗汉，也适用于一切法。所以本品最后说，如来与世间一样都是无有自性。

tathāgato yatsvabhāvastatsvabhāvamidaṃ jagat |

tathāgato niḥsvabhāvo niḥsvabhāvamidaṃ jagat ||

【什】如来所有性，即是世间性；如来无有性，世间亦无性。（22–16）

【叶】彼如来之自性者，即此世间之自性，如来既是无自性，此世间亦无自性。

（四）涅槃如何施设

1. 现法即涅槃，惑尽可成办

如前已说在中观语境下生死涅槃非自性化之异，故不相离，但这种不相分离，究竟意味着什么呢？更为明确的说法可以参见《六十正理论》，其中特别说明了现法即可以成为涅槃。如：

dṛṣṭe dharme ca nirvāṇaṃ kṛtakṛtyaṃ tadeva cal |

【任】现法即涅槃，亦所作已办。（11-ab）

意为：诸蕴所在之现法即可以是涅槃，亦可以是所作已办。今世，瑜伽师［有得见］一切法不可得之智时，此现法即涅槃，于［得］生灭不可得之智时，现法应称为涅槃及所作已办。

现法即涅槃，究竟是以什么样的方式实现的呢？《六十正理论》说：

【任】遍知三有性，即说为涅槃。（6-cd）

此一颂，表明如果彻底地了知三有之特性，那么就是涅槃。“遍知三有性”，由前面及余处可知是遍知三有空无自性，而灭诸烦恼之义。反之见涅槃为实有，则生执。月称释云：

si pa de nyid kyi ngo bo nyid skye ba med pa yongs su mi shes pa'i tshul gyi yongs su shes pa gang yin pa de nyid mtshan ma thams cad rab tu zhi ba'i ngo bo yin pas tha {8a7} nyid kyi bden pa dang sbyar nas myang ngan las 'das pa zhes bya ba ||[①]

笔者自译：三有的体性就是无生，由不知而知之者，一切相寂灭，这和名言谛相配，就叫作涅槃。

其义很明显了，涅槃就是了知三有一切是无自性化的生，也就是“无生”，这是空性的一种表达方式。由了知空而断除戏论，使一切因为相之分而产生之烦恼障与所知障皆消除，这种情况就叫作涅槃。本论第四颂表达了同样的意思，如：

【任】由有不解脱，由无住三有。遍知有无事，圣者得解脱。（4）

“遍知有无事”，即了知若有若无之事皆空无自性，因此彻底断除烦恼障乃至所知障。此义如《宝鬘论》所说：

① rigs pa drug chu pa‘i’grel pa D3864：103-8b.

na cābhāvo ’pi nirvāṇaṃ kuta evāsya bhāvatā |

bhāvābhāvaparamaramrkśayo nirvāṇamucyate ||

【真】无尚非涅槃，何况当是有；有无执净尽，佛说名涅槃。（1.41）

【光】涅槃尚非无，何当是有法；有无执俱尽，当知名涅槃。（1.42）

2. 涅槃是无为，指的是特殊状态下的空性

涅槃是什么？依前所述声闻阿毗达磨中的说法，涅槃是择灭无为。《中论·观涅槃品》有颂，亦表明涅槃应是一种无为法，如云：

bhāvastāvanna nirvāṇaṃ jarāmaraṇalakṣaṇam |

prasajyetāsti bhāvo hi na jarāmaraṇaṃ vinā || Mś_25.4 ||

涅槃不名有，有则老死相；终无有有法，离于老死相。（25–04）

bhāvaśca yadi nirvāṇaṃ nirvāṇaṃ saṃskṛtaṃ bhavet |

nāsaṃskṛto hi vidyate bhāvaḥ kvacana kaścana || Mś_25.5 ||

若涅槃是有，涅槃即有为；终无有一法，而是无为者。（25–05）

那择灭又是什么呢？《龙树六论》中并无明确的说明，罗什所译之《摩诃般若波罗蜜经》卷 17《57 深奥品》中说涅槃是空性：

深奥处者，空是其义。无相、无作、无起、无生、无染、寂灭、离、如、法性、实际、涅槃，须菩提！如是等法是为深奥义。①

① 龙树造，（姚秦）鸠摩罗什译：《大智度论》，《大正藏》第 8 册，No. 223，第 344 页上。

玄奘的译文，意思没有这么直接，但据《大智度论》的解读，涅槃确实是空性的异名，如《大智度论》卷 74《57 灯炷品》：

是空有种种名字，所谓无相、无作、寂灭、离、涅槃等。[①]

该如何理解涅槃是空性呢？如上所说，中观学既然认为不须蕴灭就可以达到究竟之涅槃，那么对于处在涅槃状态之有情而言，其所缘境从二谛的角度则有缘起与性空两种：若处在涅槃状态之有情以有为之缘起法为所缘，此时其状态也是涅槃，但所缘是有为之缘起，那么就不是无为法；若是无为法，此时所缘则是空性，这或许是涅槃立名为空性之原因。

涅槃是空性，当然不能这么简单地说，因为一切法皆空，并不表明一切法皆涅槃，而需要于一切法上断尽烦恼才能说为涅槃。所以如果说涅槃是空，不妨说涅槃是一种特殊的空，至少是断尽烦恼障时的空。缘此而言的涅槃就是约无为而言的涅槃。对大乘来说，涅槃则是断除烦恼所知二障的空性，由此也可以得知大乘常说的诸法本来自性涅槃也是约诸法之空性而说，由修习空性而断除二障，因为存二障则会障碍对空性之实际现观，若除二障，则于观空无碍，此时最极圆满，毕竟清净，故于空性亦名自性清净。[②]

① 龙树造，（姚秦）鸠摩罗什译：《大智度论》，《大正藏》第 25 册，No. 1509，第 581 页下。

② 本段内容可参看龙树造，（姚秦）鸠摩罗什译《大智度论》卷 27《1 序品》："一心中得一切智、一切种智，断一切烦恼习；今云何言'以一切智具足得一切种智，以一切种智断烦恼习？'答曰：实一切一时得。此中为令人信般若波罗蜜故，次第差品说；欲令众生得清净心，是故如是说。复次，虽一心中得，亦有初、中、后次第。如一心有三相，生因缘住，住因缘灭。又如心、心数法、不相应诸行及身业、口业。以道智具足一切智，以一切智具足一切种智，以一切种智断烦恼习亦如是。先说一切种智即是一切智，道智名金刚三昧；佛初心即是一切智、一切种智，是时烦恼习断。"（《大正藏》第 25 册，No. 1509，第 260 页中）（唐）玄奘译《成唯识论》卷 10："一本来自性清净涅槃，谓一切法相真如理，虽有客染而本性净，具无数量微妙功德，无生无灭湛若虚空，一切有情平等共有，与一切法不一不异，离一切相一切分别，寻思路绝名言道断，唯真圣者自内所证，其性本寂，故名涅槃。"（《大正藏》第 31 册，No.1585，第 55 页中）

3. 有余涅槃与无余涅槃之讨论

至此，若约涅槃是惑尽而蕴不灭而言，似乎又回到了声闻通常所说的有余涅槃。此时依声闻乘之教义，仍有微苦未除，故应依十二因缘还灭之理断尽诸蕴，而入无余涅槃，方为究竟。然据前说则知实则无法断尽诸蕴而入彼等所说之涅槃，但是依中观学二谛的理论，可以依十二缘起之无明灭则行灭等灭除由业力所推动的生死轮回，此时由惑业所感之取蕴已灭，这点中观学也是承许的，如前《观法品》所引之第四颂所说。

内外我我所，尽灭无有故；诸受即为灭，受灭则身灭。（18-04）

颂中说，涅槃则身灭，如果是这样的话，岂不与声闻所说之涅槃观一致？本品的偈颂并没有直接回应这个问题，或者可以在一切法空的基础上，总体性地回答这个问题，即纵使是身灭，也是一处非自性化的假名之灭。如本品颂中所说：

若法从缘生，不即不异因；是故名实相，不断亦不常。（18-10）
不一亦不异，不常亦不断；是名诸世尊，教化甘露味。（18-11）

总之，在《龙树六论》的系统内字面上没有仔细讨论过这个问题，只是如前说涅槃非蕴灭，现法可涅槃；对此，另一系的《大智度论》中说菩萨有二种身：结业生身与法身[①]。这里所灭的应是结业生身。又蕴不灭意味着什么呢？如《大智度论》依《法华经》认为有余涅槃之后入无余涅槃之阿罗汉并非全无所有，而是居于净土，且最终也会成佛，如

① 龙树造，（姚秦）鸠摩罗什译：《大智度论》卷 12《1 序品》："菩萨有二种身：一者结业生身，二者法身。"（《大正藏》第 25 册，No. 1509，第 146 页上）又《大智度论》卷 38《4 往生品》："菩萨有二种：一者、生身菩萨，二者、法身菩萨。一者、断结使，二者、不断结使。"（《大正藏》第 25 册，No. 1509，第 342 页上）又论中亦说佛亦有此二身，如《大智度论》卷 88《78 四摄品》："佛有二种身：法身、生身。"（《大正藏》第 25 册，No. 1509，第 683 页上）

卷 93《83 毕定品》：

问曰：阿罗汉先世因缘所受身必应当灭，住在何处而具足佛道？

答曰：得阿罗汉时，三界诸漏因缘尽，更不复生三界。有净佛土，出于三界，乃至无烦恼之名，于是国土佛所，闻《法华经》，具足佛道。如《法华经》说："有阿罗汉，若不闻《法华经》，自谓得灭度；我于余国为说是事，汝皆当作佛。"[①]

如前已说，断尽烦恼至少是依观人空而证，如果惑尽即涅槃，蕴实不尽灭的话，那么此时于阿罗汉而言，所缘有二：一以空性为所缘之定，此时所关注者主要是无为法，若在此定中，其感觉中是能所俱亡的，似只存无为之境；一是从空性中出来，以世俗法为所缘，当然也包括名言施设中的空，如为他人讲我空时，此时所关注者主要是有为法，其感觉中是有五蕴之身心活动的。如果是前者的话，此时的空性就是无为的涅槃之所依。此时的阿罗汉又多会入于以空性为所缘之定中，而暂时不能自拔。《般若经》中学而不证之思想可间接说明这一点。如《摩诃般若波罗蜜经》卷 18《60 不证品》：

譬如有翼之鸟飞腾虚空而不堕坠，虽在空中亦不住空。[②]

这段经文是说明菩萨之修行不应如声闻般先证声闻所说涅槃，故而要"知空亦空"而不住空，因为住空则会住涅槃。进一步可参《大智度论》

① （姚秦）鸠摩罗什译：《摩诃般若波罗蜜经》，《大正藏》第 25 册，No. 1509，第 714 页上。（姚秦）鸠摩罗什译：《妙法莲华经》卷 3《7 化城喻品》："我灭度后，复有弟子不闻是经，不知不觉菩萨所行，自于所得功德生灭度想，当入涅槃。我于余国作佛，更有异名。是人虽生灭度之想入于涅槃，而于彼土求佛智慧，得闻是经，唯以佛乘而得灭度，更无余乘，除诸如来方便说法。"（《大正藏》第 9 册，No. 262，第 25 页下）

② （姚秦）鸠摩罗什译：《摩诃般若波罗蜜经》，《大正藏》第 8 册，No. 223，第 350 页中。

卷76《60学空不证品》：

“如佛所说，菩萨不应空法作证；今入空中，云何不作证？”

佛答：以深入故能不作证。具足者即是深入。譬如执菅草，捉缓则伤手，若急捉则无伤；菩萨亦如是，深入空故，知空亦空，涅槃亦空，故无所证。

复次，菩萨未入空时，作是思惟：“我应遍观诸法空，不应不具足知而取证。”是故不专心摄念入禅、系在空缘中。所以者何？若专心系在空缘中，则心柔软，不能从空自出。[①]

除此之外，可能非早期流行之《楞伽阿跋多罗宝经》卷2《一切佛语心品》云：

味着三昧乐，安住无漏界。无有究竟趣，亦复不退还，
得诸三昧身，乃至劫不觉。譬如昏醉人，酒消然后觉，
彼觉法亦然，得佛无上身。[②]

这里的“安住无漏界”，就是住于空性定当中，其义如《楞伽阿跋多罗宝经注解》卷2所说：

二乘离分段生死之苦，得真空涅槃之乐，于中味着而无进趣，然亦不退作凡夫。此三昧身堕无为坑，乃至经劫不觉。譬如世人醉酒昏乱，都无觉知，至于酒消而后乃觉。此喻二乘根转心，回觉法无我究竟正智，故云“得佛无上身”也。[③]

---

① 龙树造，（姚秦）鸠摩罗什译：《大智度论》，《大正藏》第25册，No. 1509，第594页上。
② （宋）求那跋多罗译，《楞伽阿跋多罗宝经》，《大正藏》第16册，No. 670，第497页下。
③ （明）宗泐、如玘注：《楞伽阿跋多罗宝经注解》，《大正藏》第39册，No. 1789，第385页下。

据此，通常大乘都会说声闻之灭是灰身灭智。这意味着即使此状态不作身智非有之解，亦是身智不起广大利生作用，如同非有之态。

如果对佛而言，由于佛于因地以空观断除烦恼障与所知障，故能时时刻刻等观二谛，此时假约观空性而言安立无余涅槃，假约观缘起而言安立有余涅槃，这是后代中观师的宗规。此时对佛而言，无论有余涅槃还是无余涅槃，都只是从某个角度而言的，都是彻底地远离了诸苦。所以并不存在声闻有余涅槃之难。而且声闻的无余涅槃也并没有断除所有的苦，因为根本不能断除诸蕴，断除诸蕴只是一种想象。对此二种涅槃的安立，可参看非早期流行的《合部金光明经》卷 1《3 三身分别品（一）》：

> 善男子！菩萨摩诃萨一切如来有三种身，菩萨摩诃萨皆应当知。何者为三？一者、化身，二者、应身，三者、法身，如是三身摄受阿耨多罗三藐三菩提。……
>
> 善男子！依此二身，一切诸佛说有余涅槃；依法身者，说无余涅槃。何以故？一切余究竟尽故。
>
> ……依三身故，说无住涅槃。[①]

这里所说的安立于早期中观学及彼时中观学所关注之经典中的大乘涅槃观尚未明确提出，但是其基本意思已经有了。

① （梁）真谛译：《合部金光明经》，《大正藏》第 16 册，No. 664，第 362 页下—363 页中。《金光明最胜王经》卷 2《3 分别三身品（二）》："善男子！一切如来有三种身。云何为三？一者、化身，二者、应身，三者、法身。……善男子！依此二身，一切诸佛说有余涅槃；依此法身，说无余涅槃。何以故？一切余法究竟尽故；依此三身，一切诸佛说无住处涅槃。为二身故，不住涅槃，离于法身，无有别佛。何故二身不住涅槃？二身假名不实，念念生灭，不定住故，数数出现，以不定故；法身不尔，是故二身不住涅槃，法身不二，是故不住涅槃，故依三身说无住涅槃。"（《大正藏》第 16 册，No. 665，第 408 页中—409 页上）

结　语

印度早期中观学对涅槃思想的解读，本质上并不复杂，只是彻底地贯彻了一切法自性空的原则，这就解决了《阿含经》中所遗留下来的困惑，反倒显得大道至简了。其总体逻辑是：由于一切法自性空故，作为择灭的涅槃亦空无自性。既然涅槃空无自性，那么涅槃之灭也不是绝对的断灭，只是某个观察角度的一种经验，而另外一个角度，必然有相应的存在。在这种二谛的解读范式中，得出《大智度论》所引《法华经》中所说的结论也是必然的。就此而言，逻辑并不复杂，结论即蕴含在前提之中，中观学相关文本的价值就是将其揭示出来。反之由于《阿含经》没有明确标明一切法空，在其重视个人解脱的前提下，出现人空法有，以及生死之外的涅槃（类似于汉传佛教所说的析空与但空）的解读，也就显得顺理成章了。虽然《阿含经》也说不应堕入断见，应离十四无记，但在这个问题的解读上，多少还是含糊的。

涅槃是佛教行者所求的果，对果的理解的不同也会导致对应的实践之道的施设不同，这也造成了大小乘实践路径的不同。大乘更加重视六度四摄的菩萨行，以及学空而不证声闻涅槃的中道行。

说一切有部瑜伽师观五蕴禅法的特色

赵 文

南开大学副教授

摘要： 早期说一切有部瑜伽师的观五蕴，既有分别观五蕴之自相，也有观五蕴的共相无常、苦、空、无我（或扩展为八种行相）。毗婆沙师认为，观五蕴之共相可引发说空、无愿两种三昧，并能够达到入正性离生。然而，来自罽宾的《达摩多罗禅经》与在克孜尔佛教石窟寺出土的梵语禅经基于《杂阿含经》中五种“虚妄欺诳”之相的比喻，发展出了新的观法：以色、受、想、行、识分别对应于聚沫、水泡、阳炎、芭蕉、幻。同时，梵语禅经的观五蕴沿袭了印度说一切有部传统中观五蕴共相的方法，以观八种行相为重点，并加入了许多具象化的观想内容。

关键词： 五蕴；说一切有部；瑜伽师；梵语禅经

蕴（skandha）的本义为“聚合体”。五蕴是佛典之中最为常见的法的分类，用于解析“人”的构成要素，包括了色（rūpa，物质）、受（vedanā，感受）、想（saṃjñā，知觉表相）、行（saṃskāra，意志）、识（vijñāna，意识）。在五蕴之中，只有色蕴与物质有关，剩下四种则涉及精神，并被统称为“名”（nāma），因此复合词“名色”（nāmarūpa）指的是“精神和物质”。然而无论如何分类，在此五蕴聚集之中都找不到自我（ātman），只是由于无明（avidyā），我们的心才习惯性地将此五种聚集体与“我”的错误观念联系起来。而这正是导致有情众生在痛苦和轮回

（saṃsāra）之中不断存在的主要原因。

在印度说一切有部阿毗达磨论师及瑜伽师相关的文献当中，有关于观五蕴的禅法之记载，另外在克孜尔佛教石窟寺出土的梵语禅经[①]中观蕴（Skandhaparīkṣa）章节的许多内容可以与这些记载关联起来，而一些细节内容也与《达摩多罗禅经》等汉译禅经颇为相近。[②]

一 早期瑜伽师文献与阿毗达磨中的观五蕴

观五蕴（Skandhaparīkṣa）是印度早期瑜伽师修行的禅法之一，有时与不净观和安那般那念相配合而使用。后汉安世高译出僧伽罗叉的《道地经》，便是以观五蕴的修行为主要内容，其中主体部分为分别观五蕴之相，而印顺法师所称的“共相观”，即观五蕴无常、苦、空、无我，在该文本之中也有提及：在分别观五蕴之相（《知五蕴慧章》《随应相具章》《五蕴分别现止章》）以后，观五蕴所构成的身体的病痛、形成和老死（《五种成败章》），然后又配合不净观的修行（《神足行章》）。在不净观的修行之中可体会身体的无常、苦、空、无我——《道地经》中相关的段落如下：

譬如行者见髑髅熟谛视，若如开目见、闭目亦见亦尔无有异，是

① 1906 年德国第三次吐鲁番探险队在库车（Kučā）的克孜尔（Qïzil）佛教石窟寺建筑群的小房间里发现了几份极为残缺的桦皮写本，梵语禅经由此首次面世。迪特尔·施林洛夫（Dieter Schlingloff）承担了整理这些手稿的艰巨任务，最终于 1964 年出版了一个配合德文翻译的梵文校订本。该校订本以上述桦皮写本和另外三张纸质残片为基础，其中两张也来自克孜尔，第三张来自喀喇沙尔（Qarašähr，古称焉耆）的舒尔楚克（Šorčuq），即锡克沁的地面寺院遗址——所有这些残片现在都编入了《吐鲁番民族学梵语写本》（Sanskrithandschriften aus den Turfanfunden，SHT）目录之中。施林洛夫暂时将其命名为《佛教瑜伽（教科）书》（Das buddhistische Yogalehrbuch），部分原因是文本内曾提及了一部“瑜伽论”（Yogaśāstra）。

② 山部能宜已指出这部文献与汉译禅经的相似之处。（参考：Nobuyoshi Yamabe，*The Sūtra on the Ocean-Like Samādhi of the Visualization of the Buddha*：*The Interfusion of the Chinese and Indian Cultures in Central Asia as Reflected in a Fifth Century Apocryphal Sūtra*，PhD diss.，Yale University，1999. 山部能宜：《禅观与石窟》，《宗教研究》2012 年第 1 期）因而，本文将《佛教瑜伽书》称为“梵语禅经”。

> 应止。若分别观头骨异、颔骨异、齿骨异、颈骨异、臂手胁胭膝足骨，如是观如是见骨连，从四因缘致有。何等为四？食、礼、行、合骨，见非常、苦、空、非身，从不净生无所有，是应观。要听，止观相不分别，是为止；分别是为观止意。①

修行者在心中复制骷髅的形象，其清晰度和准确度可达到睁眼和闭眼时图像完全一致，于是便完成了图像的摄取。然后观骷髅的各个部分支解、散乱。进而思维各个骨节由于四种因缘而连在一起，即：食、礼、行、合骨（在《修行道地经》中译为：饮食、爱欲、睡眠、罪福之所缘生）。从此而引发无常、苦、空、无我的观察。②由此可见，《道地经》中观五蕴修行是与不净观相配合的观想，修行者前往墓地摄取尸体的形象，又观自己的身体与尸身一致，并且反复进行这样的修行，才能够体会无常、苦、空、无我之理。③《道地经》被认为是僧伽罗叉《修行道地经》的节译，当然也有可能是较早期的版本。在由竺法护翻译的《修行道地经》当中还出现了直接观五蕴的空、无常、无我等，即印顺法师所提到的共相观之禅法。④

在禅修类文献中，最早的观五蕴还出现于后汉译出的《安般守意经》

---

① 《道地经》，《大正藏》第 15 册，No.607，第 235 页下。

② 《修行道地经》中平行文本为："其修行者，观人身骸在前在后等而无异，开目闭目观之同等，是谓为寂；寻便思惟，头颈异处手足各别，骨节支解各散一处，是谓为观。此骨锁身因四事长，饮食、爱欲、睡眠、罪福之所缘生，皆归无常、苦、空、非身，不净朽积，悉无所有，是谓为观。取要言之，见而不察是谓为寂，分别其无是谓为观。"（《修行道地经》，《大正藏》第 15 册，No. 606，第 212 页上）

③ "令行时、止时、坐独坐时，多众中共坐时、病疲时、有力时，连随常念敷意因缘在前住，令敷因缘念，如是非常、若空、非身、不净、无所有，令如本因缘敷意行，念无有异。"《修行道地经》中平行文本为："其修行者，设忘此观复往重视，还就本坐作无常观，出入进止未曾舍怀，夙夜不懈一月一秋，复过是数专精不废，经行、坐起、寝觉、住止，若独若众常不离心，疾病强健当以着志，不但以此无常、苦、空、非身为定也。所观如谛不从虚妄。"（《修行道地经》，《大正藏》第 15 册，No. 606，第 212 页上）

④ 所以《瑜伽师地论》净行所缘外，别说蕴、处、界、缘起、处非处——五种善巧所缘，仍保有罽宾旧传——自相、共相观的意义。在当时，禅学已从二甘露门、三度门，进展为五门。（印顺：《说一切有部为主的论书与论师之研究》，中华书局 2009 年版，第 531 页）

之中。在一个段落里，观五蕴被与安般念的“数息、相随、止、观、还、净”的步骤联系起来：

何以故数息？不欲随五阴故。何以故相随？欲知五阴故。何以故止？欲观五阴故。何以故观阴？欲知身本故。何以故知身本？欲弃苦故。何以故为还？厌生死故。何以故为净？分别五阴不受故。①

《安般守意经》当中提出，数息的目标就在于不随逐五蕴，能够止观双运，观察五蕴的本质，从而厌离生死，“分别五阴不受”。不过，《安般守意经》并未展开观五蕴的具体内容。相应地，在毗婆沙师阿毗达磨《阿毗昙毗婆沙论》当中，观五蕴也与“数息、相随、止、观、还（转）、净”之中的“观”联系起来，这可以见于以下段落：

（1）先数入息。所以者何？生时息入，死时息出。如是观者，是名随顺生死观法，是以先观入出，乃至广说。（2）随者观息至咽时，心亦随至。至心至脐乃至脚指，心亦随至。（3）止者，息入时住在咽，心亦止观。如是至心至脐乃至住脚指心亦止观。复有说者，止者观风在身中住，如观明珠中綖。（4）观者不但观风，以风大故等观四大不作差别。观此四大能生何物？知生造色。次观造色者为谁作依？谁有所作？知为心心数法。以是事故观五阴。（5）转者，转此入息观起身念处，次起受、心、法念处，次起暖、顶、忍、世第一法。（6）净者，谓苦法忍是也。②

该段落将“数息”后的“随”解释为心跟随息之所至；“止”为息，即风大之所止住；“观”则从观风大到观四大，再到所造色乃至于全部的

① 《佛说大安般守意经》,《大正藏》第 15 册，No. 602，第 164 页中。
② 《阿毗昙毗婆沙论》,《大正藏》第 28 册，No. 1546，第 105 页下。

五蕴；“转”为四念处，接着引发暖、定、忍、世第一法；“净”为苦法忍，即已经“见道”而进入预流向。显然在这个段落当中，观五蕴并非入门的观法，而是在数息的基础上层层递进，从观风扩展到观四大，又从观四大种扩展到所造色，接着再从色蕴扩展到五蕴。值得注意的是，这恰恰是梵语禅经第二至第四章的顺序：从安那般那念章，到界的修习章，再到观五蕴章。尽管如此，梵语禅经还是相对独立地处理几个章节的内容，并没有显示出层层递进的关系。玄奘的译本中相应段落对观五蕴的步骤有更为详细的讲解，在此我们不展开讨论。①

那么，阿毗达磨文献当中观五蕴的具体内容是什么呢？应是重在观五蕴的共相，即无常、苦、空、无我、寂灭，如《阿毗达磨大毗婆沙论》中提道：“大德说曰：随观无常者，观五取蕴无常。随观断者，观五取蕴空、无我。随观离者，观五取蕴苦。随观灭者，观五取蕴不转寂灭。”②也在该论中，无常、苦、空、无我的作意又与入正性离生、达到“见道”前的三三昧有关：③

> 云何作意入正性离生？答或无常、或苦、或空、或无我。由此则止三三摩地及唯无相。能入正性离生者意，此中无常、苦作意，与无愿三摩地相应，空、无我作意，与空三摩地相应。④

观五蕴无常、苦，可进入三三昧之中的无愿三昧，观五蕴空、无我则可进入空三昧，而这两种三昧正是入正性离生的关键。《阿毗达磨大毗婆沙论》接着解释到，这是由于无常行相可对我慢，苦行相可对懈怠，由此可破除

---

① 《阿毗达磨大毗婆沙论》,《大正藏》第 27 册，No. 1545，第 135 页上。

② 《阿毗达磨大毗婆沙论》,《大正藏》第 27 册，No. 1545，第 136 页下。

③ 《大智度论》当中的解释有些不同：“诸三昧”者，三三昧：空、无作、无相。有人言：“观五阴无我、无我所，是名为空；住是空三昧，不为后世故起三毒，是名无作；缘离十相故：五尘、男女、生、住、灭故，是名无相。”舍诸相名无相定。彼观境界相而舍有情相，谓以空定观色等法。舍有情想，于中都无女男等故。

④ 《阿毗达磨大毗婆沙论》,《大正藏》第 27 册，No. 1545，第 927 页下。

爱行；无我行相可对我见，空行相可对我所见，由此可破除见行。爱行者需要依无愿三昧，见行者依空三昧。[①] 由此也可佐证，《阿毗达磨大毗婆沙论》中观五蕴在配合数息观的时候，并非入门的观法，而是侧重于“共相观”，并且是以引发正性离生为目的的修行。在前文所述安那般那念的修行中，在观五阴之后便进入“转”，即“转此入息观起身念处，次起受、心、法念处，次起暖、顶、忍、世第一法”。在说一切有部的解脱道体系中，正是在所谓的“世第一法”之后，修行者可迅速进入正性离生（“若心心所法为等无间入正性离生，是谓世第一法”[②]）。

在《阿毗达磨大毗婆沙论》中提到，空、无相、无愿这三种三昧又称为三解脱门，是进入正性离生的关键：

> 此三三摩地，亦名三解脱门。问：三摩地与解脱门有何差别？答：三摩地通有漏无漏，解脱门唯无漏。问：何故解脱门唯无漏耶？答：有漏有缚为解脱门不应理故。……如世第一法无间，苦法智忍现在前时，得空三摩地名入正性离生。苦现观无间，集现观现在前时，得无愿三摩地，亦名入正性离生。集现观无间，灭现观现在前时，得无相三摩地，亦名入正性离生。[③]

可是，既然三解脱门对应有三种三昧，为何前面只提到两种三昧入正性离生呢？事实上，毗婆沙师认为，无相三昧是可以被纳入空三昧之中的：“解脱者，是相续解脱，此定观无我、我所相，故名无相，而实是空。以

① “问：何故唯此行相入正性离生非余耶？答：入正性离生者有二种：一爱行，二见行。爱行者依无愿入，见行者依空入。菩萨虽是爱行而能依空入正性离生。爱行者复有二种：谓我慢增，懈怠增。我慢增者，以无常行相入。懈怠增者，以苦行相入。见行者亦有二种：谓我见增，我所见增。我见增者，以无我行相入。我所见增者，以空行相入。是故唯作此四行相。问：此四行相与何位法相应？有说，与世第一法相应，以说入正性离生故。有说，与苦法智忍相应。”（《阿毗达磨大毗婆沙论》，《大正藏》第 27 册，No. 1545，第 927 页下）

② 《阿毗达磨大毗婆沙论》，《大正藏》第 27 册，No. 1545，第 7 页中。

③ 《阿毗达磨大毗婆沙论》，《大正藏》第 27 册，No. 1545，第 540 页上。

彼苾刍专修此定，能初证入正性离生，于最后时尽诸漏故。”[①]

与阿毗达磨的记载相一致，在有部瑜伽师相关文献《修行道地经》当中也讨论了观五蕴与三解脱门之间的关系：

> 三界不见我，所睹皆为空，安能复求生？一切不退还。设心常思念，无想、无愿、空，如在战斗中，降伏除怨贼。观五阴本无，依倚在人身，过去及当来，现在亦如是。积聚勤苦身，一切悉败坏，明者观五阴，如水之泡沫。若得无想愿，睹三界皆空，致三脱安隐，悉度众苦恼。[②]

观五蕴本无，就像水中之泡沫那样，三界之中本没有“我”的存在，一切皆空，于是可以达到三解脱门空、无相、无愿。这里虽然提到所观为空，但正如《大智度论》解释“不以空分别色”时说道：“空即是般若波罗蜜，不以空智慧破色令空，亦不以破色因缘故有空，空即是色、色即是空故。”[③]说一切有部禅法是“以空智慧破色令空”，空仅仅是禅观之中所观的共相，而大乘经典当中则强调色的本质就是空。

二　汉译禅经当中的观五蕴

前面我们提到《修行道地经》中对观五蕴自相有丰富的讨论，不过梵语禅经中的观五蕴自相还是与《达摩多罗禅经》的关系更为紧密（见后文）。相对而言，其他汉译禅经之中的“观五蕴”则延续了说一切有部阿毗达磨当中“共相观”的内容特征，缺少《达摩多罗禅经》或梵语禅经观五蕴自相的丰富内容。

---

① 《阿毗达磨大毗婆沙论》,《大正藏》第 27 册，No. 1545，第 541 页下。
② 《修行道地经》,《大正藏》第 15 册，No. 606，第 211 页中。
③ 《大智度论》,《大正藏》第 25 册，No. 1509，第 450 页下。

首先我们知道，《坐禅三昧经》包含了声闻禅和菩萨禅两个部分，其中声闻以五门进入：多淫欲人通过不净法门对治，多瞋恚人通过慈心法门对治，多愚痴人通过观因缘法门对治，多思觉人通过念入出息法门对治，多等分人通过念佛法门对治。在五门禅之后，是四念处的阶段，之后通过思维四圣谛引发暖、顶、忍、世第一法，而其中观五蕴出现在对忍的解释之中：

> 复次，勤精进一心入涅槃道中，更了了观五阴、四谛十六行。……云何名忍？观五阴无常、苦、空、无我，心忍不退，是名忍……是人多增进，一心极厌世界行，欲了了四谛相，作证趣涅槃，如是一心中，是名世间第一法。一时住四行：无常、苦、空、无我，观一谛，苦法忍共缘故。何以故？观欲界五受阴，无常、苦、空、无我，是中心忍入慧，亦是相应心心数法，是名苦法忍。身业、口业及心不相应诸行，现在未来世一切无漏法初门，是名苦法忍。①

《坐禅三昧经》中论述观五蕴无常、苦、空、无我，可以引发之后见道位的苦法忍，也是一切无漏法的开始。观五蕴无常、苦、空、无我，在汉译禅经中多次出现，并且其语境都与此处所引段落相似，这显示了阿毗达磨中的定义与有部瑜伽师观五蕴修行传统的紧密联系。前面分析说一切有部阿毗达磨相关段落时我们提到，观五蕴是数、随、止、观、转（还）、净当中，从“观”向“转”发展的重要环节，因为观五蕴无常对应着“转”身念处之后的观身无常。在《坐禅三昧经》中，也出现了配合安那般那念的观五蕴法门：

> 念息出入，譬如守门人门边住，观人入出……入息时五阴生灭

① 《坐禅三昧经》，《大正藏》第15册，No. 614，第280页上。

> 异，出息时五阴生灭异，如是心乱便除却，一心思惟令观增长，是名为观法。舍风门住，离粗观法，离粗观法，知息无常，此名转观。观五阴无常，亦念入息出息生灭无常。见初头息无所从来，次观后息亦无迹处，因缘合故有，因缘散故无，是名转观法。①

这里提到的“转观”也是围绕无常观进行的，修行者在观察气之无常变化这样的“粗观法”之外，还观五蕴的生灭无常，思维因缘聚散的道理。由此可见，《坐禅三昧经》中的观五蕴是与有部阿毗达磨当中的记载非常接近的。

另外，《禅秘要法经》当中也出现了观五蕴，其中的观色蕴又展开为观四大假和合而有所造色，因而色蕴为空；以及观受想行识性相亦空：

> 复当更教谛观五阴。观于色阴。此色阴者依地大有，地大不定从无明生，无明因缘妄见名色。观此色相虚伪不真亦无生处，假因缘现。因缘性空，色阴亦然。受想行识性相皆空，中无坚实。观此五阴，实无因缘亦无受有。②

这里提到的“因缘性空”显然有大乘思想的影响，令我们不禁联想起《般若心经》当中的“观自在菩萨，行深般若波罗蜜多时，照见五蕴皆空，度一切苦厄……”不过，这几部汉译禅经虽容纳了大乘佛教的思想，然而其修行的主要方法仍然是参照说一切有部瑜伽师之禅法的。

由此，我们可总结出说一切有部瑜伽师观五蕴的一些基本特征：

（1）观五蕴是早期瑜伽师较为流行的观法之一，往往配合不净观或者安那般那念的修行；

（2）有部阿毗达磨的观五蕴侧重于观无常、苦、空、无我之共相，这也影响到汉译禅经的内容；

① 《坐禅三昧经》，《大正藏》第 15 册，No. 614，第 275 页中。
② 《禅秘要法经》，《大正藏》第 15 册，No. 613，第 266 页下。

（3）观五蕴的目标是引发三三昧（有部毗婆沙师说空、无愿两种三昧），之后证入正性离生。

这些特征出现较早，都被汉译禅经以及梵语禅经继承下来。不过以《达摩多罗禅经》和梵语禅经为代表，围绕观五蕴自相，还发展出丰富的观想内容。

三 梵语禅经观五蕴之主导色的经典来源

在梵语禅经当中，观五蕴自相是由五蕴各自的主导色来体现的。比如，色的主导色是聚沫，受是水泡，想是阳炎，行是芭蕉，识是幻。这些主导色的选择，应当与《杂阿含经》第265经有关。经中偈颂提道：

> 观色如聚沫，受如水上泡，
> 想如春时焰，诸行如芭蕉，
> 诸识法如幻，日种姓尊说。[①]

《杂阿含经》265经虽然没有梵语的平行文本保留下来，但这个偈颂在月称的注释当中有引用：

> phenapiṇḍopamaṃ rūpaṃ vedanā budbudopamā,
> marīcisadṛśī saṃjñā saṃskārāḥ kadalīnibhāḥ,
> māyopamaṃ ca vijñāna muktam ādityabandhunā.[②]

另外，《相应部尼迦耶》中的《聚沫经》（Pheṇapiṇḍūpamasutta）是与《杂

① 《杂阿含经》，《大正藏》第2册，No. 99，第69页上。

② Vaidya, P. L., *Madhyamakaśāstra of Nāgārjuna, with the Commentary: Prasannapadā by Candrakīrti*, Darbhaga（Buddhist Sanskrit Texts，10），1960，p.41.

阿含经》265 经对应的，该偈颂如下：

> pheṇapiṇḍūpamaṃ rūpaṃ，vedanā bubbuḷūpamā；
> marīcikūpamā saññā，saṅkhārā kadalūpamā；
> māyūpamañca viññāṇaṃ，dīpitādiccabandhunā.[①]

值得注意的是，《杂阿含经》265 经中对观五蕴分别有论述，以色蕴为例：

> 尔时，世尊告诸比丘：譬如恒河大水暴起，随流聚沫，明目士夫谛观分别；谛观分别时，无所有、无牢、无实、无有坚固。所以者何？彼聚沫中无坚实故。如是诸所有色，若过去、若未来、若现在，若内、若外，若粗、若细，若好、若丑，若远、若近。比丘！谛观思惟分别，无所有、无牢、无实、无有坚固，如病、如痈、如刺、如杀，无常、苦、空、非我。所以者何？色无坚实故。[②]

在经中色如聚沫只是作为比喻而出现，而梵语禅经当中却将聚沫形象化了。另外，在这个段落中，出现了“如病、如痈、如刺、如杀”，这和梵语禅经后文中提到的五蕴因疾病、痈病、箭刺、灾祸而伤害（也是形象化的观想）正相对应。不过后者上下文中提到“八种行相”，应与阿毗达磨当中的记载更直接相关（见下文）。

四　梵语禅经观五蕴的结构

梵语禅经之中的观五蕴是以对治我见为目标而进行的，可以分为如下三个步骤：（1）准备阶段；（2）观五蕴之胜解；（3）观五蕴共相。其中的

① SN 22.95，10. Pheṇapiṇḍūpamasutta.

② 《杂阿含经》,《大正藏》第 2 册，No. 99，第 68 页下。

第（2）部分与《达摩多罗禅经》内容较为接近。

1. 准备阶段

五蕴观察的准备阶段分为外部准备和内部准备两个部分，其中的外部准备提到大地遍满成堆的谷物，应与界修习章中观想谷仓的内容有关；内部准备则应当指观身体内出现五蕴的主导色。接着，文本分别介绍了五蕴的准备：

（1）色蕴：大地遍满楼阁，泡沫聚（phenapiṇḍa）出现。

（2）受蕴：大地上覆盖着微小的不洁之物，然后水泡（udakabud-buda）出现。

（3）想蕴：大地覆盖着 karantha，之后有阳炎（marīci）出现。

（4）行蕴：他看到大地上遍满药草，犹如芭蕉叶（kadalīpatra），叶叶分离。

（5）识蕴：……（幻象？）产生。

显然这部分观想的目标是由自身的五蕴扩展到遍满大地的五蕴，当然五蕴都是由主导色来代表的。该阶段也是前面提到的内外部准备的合成，因为在前期准备中已观想了自身的五蕴与承载着有情和非有情之物的大地。

2. 观蕴之胜解（skandhaparīkṣādhimukti）

在这个部分里，梵语禅经中开始出现五蕴之流的观想，而在《达摩多罗禅经》中五蕴观想主体部分的开头，也提到了“阴（蕴）流”，因此二者的观想是密切相关的。若我们仔细对比，二者仅有一些细节上的差别。首先，梵语禅经中的蕴流基本上是从自身扩张到遍满三界，之后再观想净化后的五蕴之流：

（1）自己的身体由五蕴之相集成（文本中的 -cita 相当于 -maya），分别流出五蕴之流。

（2）五蕴之流遍满三界 / 大地。

（3）净化后的五蕴之流（天空色、水色、金色、虚空色、？色的佛陀之流）。

这里的净化是将色蕴的聚沫的颜色转化为天空色，将受蕴的水泡的颜色转化为水色，将想蕴的阳炎转化为金色，将行蕴的芭蕉转化为虚空色等，并观想对应颜色的佛陀之流。如以较为完整的受蕴的观想为例：

b）vedanāskandhaparīkṣādhimuktiḥ. svam āśrayam udakabudbu）d（a）c（i）tā（ṃ）paśyati kāyika + + + + + + + + + + + + + + + evaṃ sarvasatvānāṃ tato vāmād aṃsād budbudapravāho niḥ（sṛtaḥ）（traidhātukaṃ spharitvā tiṣṭhati.）+ + + budbudā udakava）rṇā duḥkhāyāṃ jvalitā + + + + + + + + + + sukhāyāṃ（bu）dbudeṣu strīmukhāni dṛśyaṃte. rāgasyādhipatirūpam. jvalite + pradeśe t（at）r（aiva nirudhyate. tataḥ）+ + + + + + +（nī）lābhānāṃ budbudacitānāṃ buddhānāṃ pravāho nirgacchati. traidhā（tukaṃ spharitvā tiṣṭhati. tatraiva ca nirudhyate.

b）观受蕴之胜解：观见自己的身体覆盖着水泡。身体……是一切众生的。然后，从左肩涌出一股泡沫之流（budbudapravāha），遍满三界，安住。……泡沫呈现水的颜色。痛苦中，炽燃……安乐中，看见水泡里有女子的面容。这是贪（rāga）的主导色（adhipatirūpa）。炽燃之中……在这里消失。然后……涌出青色的、覆盖泡沫的佛陀之流。它遍覆三界，安住。以同样方式消失。

《达摩多罗禅经》中相应的部分只不过在次第上略有差异，是先观净化的五蕴之相，然而才将它们扩展至十方世界：

（1）在水流中见五蕴虚妄相

《达摩多罗禅经》中观想五蕴也是与借鉴自《杂阿含经》的五种“虚妄欺诳”之相有关：

> 复次，修行者于明净境界观察阴流从一处出，分为二分。如是观已，还合为一。一一流中，复见五相；相各别异，布列境界；布列境界已，还合为一。色如聚沫，受如水泡，观想如炎，行如芭蕉，观识如幻，是五虚妄欺诳之相。①

与“阴流从一处出，分为二分”的说法相对应，在梵语禅经中常常出现水流被分为二分——向上与向下（adhaś cordhvaṃ ca gatvā）的观想（如悲无量、喜无量、舍无量章均可见到）。之后水流合并，其中又显现五蕴之相。

（2）净化的五蕴观想：无垢相 / 净相

随着观想的深入，五种相逐渐净化，并且充满修行者的身体：

> 修行如是观已，其身安隐，柔软快乐。复观流所起处，无垢相现，如水净泡，渐渐增长，充满其身。修行心不放逸，专念受持；持已，净相增广，周遍覆身，如明净泡，离诸过恶。更胜妙智生，乃坏是相；是相既坏，彼流流下，远注无量，如净颇梨，极知境界；极知境界已，从彼摄还，成曼荼罗。②

如水泡转化为水净泡等，充满修行者的身体，乃至于流注到无量的远方。当然这里的净化并未像梵语禅经那样出现佛陀的形象，而仅仅是色彩上的净化。

① 《达摩多罗禅经》,《大正藏》第 15 册，No. 618，第 320 页下。
② 《达摩多罗禅经》,《大正藏》第 15 册，No. 618，第 320 页下。

（3）流至十方无量世界

于是，修行者将五蕴之流扩充到十方世界，由此达成无量的五种相：

> 更有异相，充满本处，然后流至十方无量世界，至十方已，各住自相。尔时修行明见无量色种，犹如山水漂积聚沫；一切受相，如大雨渧泡；种种诸想，如春时焰；行如芭蕉，无有坚实；观六识种，犹如幻化。如是种种虚妄，但欺诳愚夫，是名修行观阴自相。①

以上内容在《达摩多罗禅经》当中被称为“观蕴自相”，显然梵语禅经当中的“观蕴之胜解”（skandhaparīkṣādhimukti）也属于五蕴的自相观。之后的观想自身功德相、五蕴炽然相则是梵语禅经当中没有的：

> 观阴自相已，复以智慧，自照其身，专念观察。观察时，见周匝炽然，相起身处，其内有种种杂华、净妙、珍宝，周匝绕身；又自见身种种杂宝、诸功德相，微妙庄严。修行见是诸相已，慧眼开广，自顾其身，周遍观察；观察已，复外观阴相，盛火炽然，即生厌心，勇猛精进，欲度生死无边苦海。修行于五阴炽然相厌离已，离欲相、解脱相、涅槃相、一切功德相，次第起现。②

梵语禅经中只有观受蕴的时候提到“苦受的主导色是炽燃（的水泡？）”。不过《达摩多罗禅经》中观想五蕴炽然相的目标是产生厌离心，而在梵语禅经的观界章里面提到“对于被此等景象震惊的瑜伽行者来说，厌离的显示便是燃烧”，显然与《达摩多罗禅经》中“厌离”之象征是一致的。由此厌离相，继而次第生起斋欲相、解脱相、涅槃相、一切功德相。

不过在梵语禅经当中，则因伤害五蕴的种种行相和无常、苦、空、无

① 《达摩多罗禅经》,《大正藏》第 15 册，No. 618，第 321 页上。

② 《达摩多罗禅经》,《大正藏》第 15 册，No. 618，第 321 页上。

我之共相的观察，逐渐进入正性离生、得果、离欲、漏尽，这显然是继承了上节中我们讨论的阿毗达磨和其他汉译禅经中观五蕴之共相的记载。

3. 观五蕴共相

在《杂阿含经》当中有如下文句：“多闻圣弟子于此五受阴，观察如病、如痈、如刺、如杀，无常、苦、空、非我、非我所。”① 这对应着梵语禅经中五蕴因八种行相（aṣṭabhir ākāraiḥ）而被伤害的说法：

+ + + + + + + + + + + + + + + （ta）trāṣṭabhir ākāraiḥ parāmṛśati.（1）tatra rogataḥ parāmṛśa（n.）+ +（2）（ga）ṇḍataḥ parāmṛśan sravata + + +（paś）y（ati.）（3）ś（a）lyataḥ parāmṛśan. rūpaskandhaṃ jarādibhiḥ śalyair viddhaṃ（paśyati.）（4）aghataḥ parāmṛśan. rūpaskandhaṃ）+ + + + + + + + + + + upahanyamānaṃ paśyati sūnāsikāṣṭha iva cchidyamānaṃ. arūpinaḥ skandhāṃ parasparopaghātair upahanya（mānāṃ paśyati.）（YL p. 103）（5）（anityataḥ parāmṛśan.）+ + + + + + + + + + + + + +.（6）duḥkhataḥ parāmṛśan. jvalitān ayaspiṇḍasaṃnibhāṃ paśyati.（7）śūnyataḥ parāmṛśan + + + + + + + + + + + + + + +（8）（anātmataḥ parāmṛśan.）+ + + + + svataṃtrāṃś ca paśyati.

……在那里，通过八种行相伤害。

（1）在那里，通过疾病而伤害……

（2）通过痈病而伤害：观见流动（sravata）……

（3）通过箭刺而伤害：见色蕴由于衰老等，被箭刺穿。

（4）通过灾祸而伤害：见色蕴……毁灭，如同被放在砧板（sūnāsikāṣṭha）上切割；见非色的诸蕴也由各自的损恼（parasparopaghātair）而毁灭。

① 《杂阿含经》,《大正藏》第2册，No.99，第31页下。

（5）因无常而伤害……

（6）因苦而伤害：观见它们像镕铁球一样炙燃。

（7）因空而伤害……

（8）因无我而伤害：观见它们……且独立。

梵语禅经此段落中前四个是与色蕴有关的，同时见非色的诸蕴也被各自的损恼（parasparopaghāta）所伤害，接着又提到观五蕴因（5）无常、（6）苦、（7）空、（8）无我而被伤害。尽管内容不完整，梵语禅经中显然沿用了《杂阿含经》中的术语，却将观想内容具象化了。另外阿毗达磨中论述瑜伽师思维五蕴苦时也提道：

> 复次，（1）取蕴如病，性不调适。（2）取蕴如痈，性能逼恼。（3）取蕴如箭，性能损害。（4）取蕴如刀，性能伤切。（5）取蕴如毒，性能杀害。（6）取蕴如火，性能焚烧。（7）取蕴如怨，性不饶益。（8）取蕴如边城恒，为种种业烦恼贼之所侵扰。[①]

梵语禅经中观察五蕴的无常、苦、空、无我，其中仅有“因苦而伤害”的观想是完整的：观见五蕴像熔铁球一样炙燃。之后，观想中出现了庄严的景象：一切所知消失，修行者覆盖着珍珠，进入装饰珍珠的阁楼之中（代表安乐）。修行者观见大地上诸佛如莲花布列，安住；诸佛的脐部有日轮出现等。之后梵语禅经中出现了“入正性离生、得果、离欲、漏尽、乐住所见法”（niyāmāvakrāṃti-phalaprāpti-vairāgya-asravakṣaya-dṛṣṭadharmasukhavihara）。显然，这里的观五蕴无常、苦、空、无我也是与入正性离生（niyāmāvakrāṃti）相关的。《坐禅三昧经》中论述观五蕴无常、苦、空、无我，是在介绍忍的语境中探讨的。之后经过世第一法（世间道的最

① 《阿毗达毗大毗婆沙论》，《大正藏》第 27 册，No. 1545，第 407 页上。

高点），马上进入正性离生，而先前观五蕴苦便可以引发见道后的苦法忍，也是一切无漏法的开始。因而梵语禅经中的这一部分，保留了从阿毗达磨继承而来的对观五蕴共相的理解。

结　语

通过上述分析，我们可以看到说一切有部瑜伽师在观五蕴的禅法中一些共性的因素。早期说一切有部瑜伽师的观五蕴既分别观五蕴之相，也观五蕴的共相无常、苦、空、无我。在毗婆沙师的文献当中，观五蕴之共相还可引发说空、无愿两种三昧，并以入正性离生为目标。梵语禅经之中对印度瑜伽师的修行方法有所继承，因而也强调了观五蕴共相；一些汉译禅经中的内容则受到大乘思想之影响，观五蕴缘起性空。不过，《达摩多罗禅经》基于《杂阿含经》中的五种“虚妄欺诳”之相的比喻，发展出新的观法，相关部分与梵语禅经有颇多相似之处。由此可见，中亚背景的梵语禅经的观五蕴既沿袭了印度说一切有部传统中观五蕴共相的方法（以观八种行相为重点），也在分别观五蕴自相方面与来自罽宾的《达摩多罗禅经》有相近的来源，并加入了许多具象化的观想内容。特别是梵语禅经当中“主导色”观念的引入，使得中亚瑜伽师的禅修观想更为丰富和系统化。

真谛译《金光明经·三身分别品》佛身论再考 *

李子捷

西北大学副教授

摘要： 真谛三藏所译《金光明经》中含有《三身分别品》，这是现存最早含有该品的经典。笔者认为该品是在《金光明经》文本的发展扩增过程中，受《究竟一乘宝性论》的影响而产生的内容。《金光明经》的佛身说的基本构造与《宝性论》的佛身说非常接近，但其中也反映出《宝性论》的梵文本与汉译本的差异所导致的相关问题。而《金光明经·三身分别品》的佛身说，笔者认为受汉译《宝性论》的影响更大。

关键词：《金光明经·三身分别品》;《究竟一乘宝性论》；佛身；真谛

序　　论

《金光明经》（*Suvarṇaprabhāsottamasūtra*）成立于印度，现存一种梵文本、三种汉译本和三种藏译本。在这些版本当中，包含有《三身分别品》的有以下四种译本。

①真谛译《合部金光明经》(《大正藏》No.664）

* 本文为 2023 年度国家社科基金一般项目“5 至 9 世纪东亚佛教‘真如’与‘种姓’思想研究”（23BZJ017）的中期成果。

②义净译《金光明最胜王经》(《大正藏》No.665)

③ *ḥPhags pa gSer ḥod dam pa mchog tu rnam par rgyal baḥi mdo sdeḥi rgyal po theg pa chen poḥi mdo* Leḥu 3：Sku gsum rnam par ḥbyed pa（北京版 No.174）

④ *ḥPhags pa gSer ḥod dam pa mod sdeḥi dbań poḥi rgyal po shes bya ba theg pa chen poḥi mdo* Leḥu 3：sku gsum par dbyed pa（北京版 No.175）

这就是说，现存梵文本中并未包含《三身分别品》。在上述四种译本中，真谛三藏（499—569）翻译的《金光明经》是现存最早的包含《三身分别品》的译本。根据高崎直道的研究，在《金光明经》文本的增补发展过程中，很有可能存在受到《究竟一乘宝性论》影响而被编入的部分，这反映出了其与不包含《三身分别品》的其他译本之间在版本系统上的区别。[①] 因此，对《金光明经》的研究而言，真谛的汉译本非常重要。[②]

道宣（596—667）在《续高僧传》中，对真谛译《金光明经》的翻译有以下记载：

> 拘那罗陀，陈言亲依。或云波罗末陀，译云真谛。……至天保三年，为侯景请，还在台供养。于斯时也，兵饥相接，法几颓焉。会元帝启祚承圣清夷，乃止于金陵正观寺，与愿禅师等二十余人，翻《金光明经》。[③]

依此记载，真谛 552 年于金陵（今南京）与愿禅师等人一起译出了《金光明经》。这时《宝性论》已经在北朝被译出，真谛及其周围的人应当

① 高崎直道：《如来蔵思想の形成》，东京：春秋社 1975 年版，第 331—332 页。

② 关于真谛翻译《金光明经》的相关史实，参考宇井伯寿《真諦三蔵伝の研究》（载《印度哲学研究第六》，东京：甲子社书房，1930 年版）。

③ （唐）道宣：《续高僧传》，《大正藏》第 50 册，No. 2060，第 429 页下。

知道甚至读过汉译《宝性论》。[①]

在《历代三宝纪》中，有以下关于《金光明经》梵本的记载：

> 周武帝世，西天竺优禅尼国三藏法师拘那罗陀，陈言亲依，又别云真谛。……若依陈纸墨翻写，应得二万余卷。今之所译止是数缚多罗叶书，已得二百余卷。通及梁代减三百卷。是知佛法大海不可思议。其梵本《华严》《涅槃》《金光明》将来。建康已外，多在岭南广州，制旨、王园二寺。冀不思议弘法大士，将来共寻。[②]

尽管《历代三宝纪》所传达的史实长期以来受到不少学者的质疑，在笔者看来，此处的记载值得参考。[③]根据《历代三宝纪》的记载，真谛带来了《华严经》《涅槃经》和《金光明经》等经论的梵本。此处所说的《华严经》梵本，很可能是作为其一部分的《十地经》。至于《涅槃经》，目前并没有真谛译本的明确信息，但如果真谛将《涅槃经》的梵本传来，或许可以从另一个侧面反映出他的学术传统。[④]而《金光明经》的梵本也被真谛带到中国，无疑为我们探讨其汉译本的相关问题提供了背景信息。

综上所述，笔者认为，真谛在了解《宝性论》及其汉译本的基础上，在当时身边中国人的协助下，将《金光明经》梵本翻译为汉文的可能性非常高。因此，本文将在这一前提下，对真谛译《金光明经·三身分别品》的相关问题加以考察。

---

① 关于汉译《宝性论》的译出年代，参考宇井伯寿《宝性論研究》，东京：岩波书店 1959 年版。宇井氏认为《宝性论》在中国于 511 年被译出。

② （隋）费长房：《历代三宝纪》，《大正藏》第 49 册，No. 2034，第 88 页上—中。

③ 关于《历代三宝纪》在中国佛教史上的意义，参见大内文雄《中国仏教における通史の意識—歴代三宝紀と帝王年代録》，《仏教史学研究》第 33 卷第 2 号，1990 年。

④ 近年来，真谛与印度部派佛教正量部之间的关联已被注意到。参见船山徹《真諦三蔵の著作の特徴—中印文化交渉の例として》，《関西大学東西学術研究所紀要》，第 38 卷，2005 年。

一　真谛译《金光明经·三身分别品》的佛身说

高崎氏指出,《金光明经》佛身说的基本构造与《宝性论》的佛身说完全一致。[①]这是高崎氏基于《宝性论》梵本研究得出的结论，笔者表示赞同。然而,《宝性论》的梵文本和汉译本之间存在着不可忽视的差异，这种差异也是后来中国佛教独特性的理论根源之一。[②]在这种背景下，真谛译《金光明经·三身分别品》的佛身说到底处于何种位置，是本文的核心议题。因此，笔者将在意识到《宝性论》梵文本与汉译本之间差异的基础上，对真谛译《金光明经·三身分别品》的佛身说进行再讨论。

关于《金光明经》几种汉译本的翻译过程，有如下记述：

> 而《金光明》见有三本。初在凉世有昙无谶译为四卷，止十八品。其次，周世阇那崛多译为五卷，成二十品。后逮梁世，真谛三藏于建康译《三身分别》《业障灭》《陀罗尼最净地》《依空满愿》等四品，足前出没为二十二品。其序果云，昙无谶法师称《金光明经》篇品阙漏。[③]

据此看来，真谛译《金光明经》应是现存最古老的包含有《三身分别品》的汉译本。北凉昙无谶（385？—433）虽然也翻译过《金光明经》,且有可能知道《三身分别品》的存在，但我们根据现存汉译本难以确认到该品的具体情况，而且根据上述记载，昙无谶曾表示《金光明经》品目不

---

① 高崎直道:《如来藏思想の形成》,东京：春秋社 1975 年版，第 338 页。

② 关于这一问题，参见程恭让《佛典汉译、理解与诠释研究——以善巧方便一系概念思想为中心》卷下（中国社会科学出版社 2017 年版，第十六、十七、十九章）、李子捷:《『究竟一乘宝性論』の真如説の一考察—東アジア仏教における真如理解との関連を中心に—》(《佛教学》第 57 号，2016 年）。

③ （隋）宝贵:《合部金光明经》,《大正藏》第 16 册，No. 664，第 359 页中。

足。因此，作为现存最早的含有《三身分别品》的汉译本，真谛译《金光明经》具有重要意义。

首先来看真谛译《金光明经·三身分别品》佛身论的特点。关于三身，《三身分别品》表示：

> 善男子，菩萨摩诃萨一切如来有三种身，菩萨摩诃萨皆应当知。何者为三？一者化身，二者应身，三者法身。如是三身摄受阿耨多罗三藐三菩提。①

这里将佛菩萨的三身描述为“化身·应身·法身”。在三身说中，以“应身”代替“报身”的译法，是真谛译经的特色。从这一点来看，《金光明经·三身分别品》的佛身说符合真谛译经的用语风格，应出自真谛本人或受其影响的助手之手。

关于上述三身之间的相互关系，《三身分别品》表示：

> 善男子，是第一身依于应身，是故得显。是诸应身依于法身，故得显现。是法身者是真实有，无依处故。善男子，如是三身以有义故而说于常，以有义故说于无常。化身者，恒转法轮，处处如如，方便相续不断故，是故说常。非是本故，具足之用不显现故，故说无常。应身者，从无始生死相续不断，一切诸佛不共之法能摄持故，众生未尽，用亦不尽故，是故说常。非是本故，以具足用不显现故，故说无常。法身者，非是行法，无有异异，是自本故，犹如虚空，是故说常。②

这段解释表明，化身以应身为基础，应身以法身为基础。法身是实

① （隋）宝贵：《合部金光明经》，《大正藏》第 16 册，No. 664，第 362 页下。
② （隋）宝贵：《合部金光明经》，《大正藏》第 16 册，No. 664，第 363 页下。

有，不依赖于其他存在。因此，化身和应身既是常也是无常，但法身则是本来之常。同时，法身还是化身和应身得以存在的基础，从法身而生化身和应身。

关于对法身的解释，需要关注《宝性论》的下述原文。

> sa khalv eṣa tathāgatagarbho dharmakāyāvipralambhas tathatāsaṃbhinnalakṣaṇo niyatagotrasvabhāvaḥ sarvadā ca sarvatra ca niravaśeṣayogena sattvadhātāv iti draṣṭavyaṃ dharmatāṃ pramāṇīkṛtya.（RGV，73，9–11）[①]
>
> 【梵文中译】因此，应当知道，如来藏和法身均不虚妄，如来藏不离法身，且与真如无差别，以确定的种姓为自性，在任何时间任何地方都在众生界没有遗余。应当知道，如来藏以法性为特征或基准。[②]
>
> 此明何义？明如来藏究竟如来法身，不差别真如体相，毕竟定佛性体。于一切时一切众生身中皆无余尽应知。此云何知，依法相知。[③]

《宝性论》梵本在这里简洁地总结了如来藏的三种自性，即法身、真如和如来种姓。汉译本则在此将“种姓”（gotra）译为“佛性”。问题在于，梵本中指出，法身以确定的种姓为自性（niyatagotrasvabhāvaḥ），而汉译本中译为“毕竟定佛性体”。换言之，梵本强调法身的自性（确定的、特定的种姓），而汉译本的表述并不是非常明确，很容被理解为由如来藏和法身而定佛性之体。[④] 比起梵本，汉译《宝性论》有将法身视为生成论主体

① *Ratnagotravibhāga*, ed. by Edward Hamilton Johnston, Patna: The Bihar Research Society, 1950.

② 与高崎氏的翻译有所不同，此处参考了松本史朗的理解。松本史朗：《仏教思想論·下》，东京：大藏出版社 2013 年版，第 88 页。

③ （北魏）勒那摩提译：《究竟一乘宝性论》，《大正藏》第 31 册，No. 1611，第 839 页中。

④ 关于《宝性论》梵文本中 gotra（种姓）一词的原意，可参考 David Seyfort Ruegg, “The Meanings of the Term Gotra and the Textual History of the *Ratnagotravibhāga*”, *Bulletin of School of Oriental and African Studies*, 39–2, 1976, pp. 341–63。

的倾向，而这一点则与上述真谛译《金光明经》的法身说更接近。但就强调法身与真如之间的关联这一点而言，无论是《宝性论》的梵本还是汉译本，都与《三身分别品》有着相同的叙述。

不仅是强调法身，真谛译《三身分别品》对法身与真如的关系，有以下解释：

> 复次，善男子，是法身者，烦恼障清净故，能现应身。业障清净故，能现化身。智障清净故，能现法身。譬如依空出电，依电出光。如是依于法身，故出应身。依于应身，故出化身。是故，性极清净摄受法身，智慧清净摄受应身，三昧清净摄受化身。是三清净是法如如，是不异如如，一味如如，解脱如如，究竟如如。是故诸佛体一，不异。①

这表明，应身的基础是法身，化身的基础是应身。三身的清净是法如如，也就是究竟如如。诸佛之体是唯一的法身，没有差异。真如是法身的清净状态，是其根本。这就将真如与作为应化二身基础的法身的本质联系在了一起。

那么，《金光明经·三身分别品》中的以真如为自性且具有生成论倾向的法身说，在该经被译出之前的汉译经论中是否有先例呢？针对这一问题，我们应当关注汉译《宝性论》中的下述内容。

> dvividho buddhānāṃ dharmakāyo ’nugantavyaḥ/suviśuddhśca dharmadhātor avikalpajñānagocaraviṣayaḥ/sa ca tathāgatānāṃ pratyātmam adhigamadharmam adhikṛtya veditavyaḥ/tatprāptihetuś ca suviśuddhadharmadhātuniṣyando yathāvaineyikaparasattveṣu vijñaptiprabhavaḥ/sa ca

① （隋）宝贵：《合部金光明经》，《大正藏》第 16 册，No. 664，第 364 页下。

deśanādharmam adhikṛtya veditavyaḥ/（RGV，70，5–7）

【梵文中译】应当知道，诸佛的法身大略有两种。第一种是持种依止（清净法界），是无垢识。由此能持诸法种子，使之不散坏。一切有情平等共成，是一切种子诸法的所依。第二种是别依止，这是无分别智发挥作用的领域，由此能作一切有情诸利乐事。所以法身依此说名安住。在这当中，第一种是诸佛自性身，依止无垢无分别的清净法界。第二种是诸佛受用身，依止无分别所得智，是清净法界（无分别智）之所现。

此偈明何义？诸佛如来有二种法身。何等为二？一者寂静法界身，以无分别智境界故，如是诸佛如来法身唯自内身法界能证应知，偈言清净真法界故。二者为得彼因，谓彼寂静法界说法，依可化众生说，彼说法应知，以依真如法身有彼说法，名为习气，偈言及依彼习气故。①

法身可以分为两种，第一种是清净法界，其属于无分别智的境界。关于这一点，《宝性论》的梵本和汉译本的表述是一致的。然而，关于法身的第二种解释，梵本与汉译本的差异就很明显了。梵本表示，第二种是获得或达到该清净法界的因，是依止无分别所得智之后，清净法界的显现，即与清净法界同质（suviśuddhadharmadhātuniṣyando）。汉译本则表示："谓彼寂静法界说法，依可化众生说，彼说法应知，以依真如法身有彼说法，名为习气。"尤其需要注意的是，梵本只是说清净法界或无分别智之所现，而汉译本在此基础上直接表示真如法身可以说法。② 换言之，《宝性论》的梵本所见的二种法身，在现存汉译本中被表述为真如法身的说法。

① （北魏）勒那摩提译：《究竟一乘宝性论》，《大正藏》第 31 册，No. 1611，第 838 页中。

② 关于东亚佛教中"法身说法"的问题，可参考大久保良峻《台密教学の研究》（京都：法藏馆 2004 年版）第六章《日本天台における法身説法思想》。根据大久保氏的研究，日本密教的"法身说法"思想与菩提流支译《入楞伽经》中的"法佛说法"有关。笔者在此基础上认为，不仅是《入楞伽经》，汉译《宝性论》中也可以找到"法身说法·真如说法"的素材。

更为重要的是，现存梵本在这一段内容中并没有出现“tathatā”（真如）一词，但汉译《宝性论》则明确主张“真如法身”的说法。也就是说，以真如为自性的法身通过说法这一过程得以变化或缘起，如同有为法那样产生因果，也被称为习气。很明显，这已经超越了梵本的表述范围。按照汉译《宝性论》这种解释，真如与法身密切相关，并且可以像有为法那样参与缘起或因果。即便翻译者本身并未明确强调这种倾向，但这样的译文很容易使只阅读汉文的读者产生上述理解。笔者认为，真谛译《金光明经·三身分别品》所主张的与真如等同的法身可以生成应身与化身的法身说，受到了汉译《宝性论》这种真如法身说法理论的影响。

对上述分析，我们可以用列表的方式进行对比。

真谛译《金光明经·三身分别品》	*Ratnagotravibhāga*	勒那摩提译《究竟一乘宝性论》
是第一身依于应身，是故得显。是诸应身依于法身，故得显现。是法身者是真实有，无依处故。 是法身者，烦恼障清净故，能现应身。业障清净故，能现化身。智障清净故，能现法身。譬如依空出电，依电出光。如是依于法身，故出应身。依于应身，故出化身。是故，性极清净摄受法身，智慧清净摄受应身，三昧清净摄受化身。是三清净是法如如，是不异如如。	dvividho buddhānāṃ dharmakāyo 'nugantavyaḥ | suviśuddhśca dharmadhātor avikalpajñānagocaraviṣayaḥ | sa ca tathāgatānāṃ pratyātmam adhigamadharmam adhikṛtya veditavyaḥ | tatprāptihetuś ca suviśuddhadharmadhātuniṣyando yathāvaineyikaparasattveṣu vijñaptiprabhavaḥ | sa ca deśanādharmam adhikṛtya veditavyaḥ	诸佛如来有二种法身。何等为二？一者寂静法界身，以无分别智境界故，如是诸佛如来法身唯自内身法界能证应知，偈言清净真法界故。二者为得彼因，谓彼寂静法界说法，依可化众生说，彼说法应知，以依真如法身有彼说法，名为习气，偈言及依彼习气故。

此外，关于一切众生的觉悟，《三身分别品》有以下表述：

善男子，若有善男子、善女人于此《金光明经》听闻信解，不堕地狱、饿鬼、畜生、阿修罗道。常生人天，不为下劣。恒得亲近诸佛如来，听受正法，常生诸佛清净国土。……一切众生未种善根，

> 令得种故。已种善根，令增长成熟故。一切世界所有众生皆悉能行六波罗蜜。[①]

这段经文表明，对暂时还没有善根的众生，使其得种。对已经持有善根的众生，使其善根增长并成熟。如此一来，使得一切众生悉皆实践六波罗蜜，听受佛的正法，进而转生诸佛的清净国土。这里非常重要的一点是，就算是没有善根的众生，也可以得种，从而达到一切众生常生诸佛清净国土的结果。汉译《宝性论》也有主张一切众生都具有佛性的相关表述。[②]

因此，其与上述《三身分别品》所提及的一切众生常生诸佛清净国土的主张之间的关联性不应被忽视。

通过本节的分析可知，如同高崎氏所说，至少在佛身论方面，真谛译《金光明经·三身分别品》与《宝性论》有高度一致性。笔者则在此基础上进一步发现，比起《宝性论》的梵本，《三身分别品》与勒那摩提译《宝性论》的关系更为密切。

二　菩提流支所译经论中的“应身”

上一节中讨论了真谛译《金光明经·三身分别品》的佛身论及作为其背景之一的汉译《宝性论》。本节中将对与《宝性论》关系密切的菩提流支（508？—535？）所译经论中的佛身论略作考察。

菩提流支与《宝性论》的汉译者勒那摩提（508？—512？）同时期来华并同在北朝从事译经活动，翻译了不少瑜伽行派和如来藏系经论。当我

① （隋）宝贵：《合部金光明经》,《大正藏》第16册，No. 664，第365页上。

② 汉译《宝性论》表示：“有三种义，是故如来说一切时一切众生有如来藏。何等为三？一者，如来法身遍在一切诸众生身，偈言佛法身遍满故。二者，如来真如无差别，偈言真如无差别故。三者，一切众生皆悉实有真如佛性，偈言皆实有佛性故。”［（北魏）勒那摩提译：《究竟一乘宝性论》,《大正藏》第31册，No. 1611，第828页中］

们讨论真谛译《金光明经》与汉译《宝性论》之间的关联时，也应当考虑到菩提流支所译经论的相关情况。

E.H.Johnston 曾以译语的相似性为由，推测现存汉译《宝性论》中有菩提流支所翻译的部分，但宇井认为该汉译本是勒那摩提在僧朗和觉意的协助下独立译出，只因为二人也协助过菩提流支的译经工作，所以导致一些共通的译语存在。[①] 因此，在本节中，我们通过菩提流支所译其他经论和勒那摩提译《宝性论》所见的佛身论进行对比来进一步考察《三身分别品》的位置。

首先，让我们对被看作菩提流支讲义录的《金刚仙论》的应身说进行考察。[②] 关于三身，《金刚仙论》表示：

> 法身佛非报应二佛，报身佛非法身应身佛，应身佛非法报二佛。此就三种佛别相义边，不得为一也。[③]

显然，《金刚仙论》主张"法身·报身·应身"的三身说，并且指出三身之间各不相同，不可混为一谈。这一点与真谛译《金光明经·三身分别品》所说的"是故诸佛体一不异"完全不同。

其次，如上一节中所述，《三身分别品》主张即便是没有善根的众生也可以得种，进而生于清净佛国土。关于这一问题，《金刚仙论》则有以下解释：

> 若不去不来者，菩萨福德众生不得受用。则菩萨虚发此愿，无所利益。为断此疑故，答明诸佛菩萨真实法身虽无去无来，而应身从感去来

① 宇井伯寿：《宝性論研究》，东京：岩波书店 1959 年版，第 5—16 页。

② 关于《金刚仙论》究竟是翻译还是讲义录的相关问题，可参考竹村牧男、大竹晋《新国訳大蔵経·金剛仙論》（東京：大蔵出版社 2004 年版）的解题部分。根据两氏的研究，《金刚仙论》应是菩提流支的讲义录。

③ （北魏）菩提流支译：《金刚仙论》，《大正藏》第 25 册，No. 1512，第 855 页上。

化物。众生用之益，真实不虚。如此则菩萨善根众生用之，本愿不虚。[①]

这表明，尽管菩萨的法身既不来也不去，但其应身则是遵从法身而动。因为应身的活动所利益，一切众生可以借用菩萨的善根，从而成佛道。《金刚仙论》利用这种解释，巧妙地会通了《三身分别品》的说法。

作为《金刚仙论》中类似的说法，还可见如下表述：

为化诸众生福德者，菩萨所修善根也。应报者，为化众生，现入三界。三业教化，令众生得益。如此则是菩萨福德与众生共受，非谓法身有来去也。[②]

也就是说，菩萨通过修行所得的善根，因为应身和报身的作用，会给众生带来成佛的种子。

再次，根据《金刚仙论》的如下解释，应身和报身也有区别。

应身有去来，法报湛然，无去来等故，云常不动。[③]

这里明确表示，法身和报身是湛然不动的，只有应身可以去来。这里的“报身”就是《三身分别品》中的“化身”，但《三身分别品》并不主张化身是不动的。这又是一个《金刚仙论》与《三身分别品》的明显差异。

最后，关于应身所作之业，同样是菩提流支所译的《弥勒菩萨所问经论》解释如下：

又如受戒人临受戒时身动口说，及受戒时默然而住，身口不动。

① （北魏）菩提流支译：《金刚仙论》，《大正藏》第25册，No. 1512，第866页下。
② （北魏）菩提流支译：《金刚仙论》，《大正藏》第25册，No. 1512，第867页上。
③ （北魏）菩提流支译：《金刚仙论》，《大正藏》第25册，No. 1512，第867页中。

> 师羯磨已，彼人成就无作身业，此亦如是。又如口业事，而口不言，但动头眴目，奋眉举手。如是等相表前事者，亦得成就，不作口业。又应身作业，而身不动，口说种种身业方便。彼事成时，亦得成就，不作身业。[①]

这段内容表示，应身的体是不动的，只是用口来宣说种种方便，通过口业说法来成就种种活动与因果。这种解释方法与汉译《宝性论》所说的“谓彼寂静法界说法，依可化众生说，彼说法应知，以依真如法身有彼说法，名为习气”非常相似。这也意味着，《弥勒菩萨所问经论》所说的应身之业，其实就相当于汉译《宝性论》的“真如说法”。但不可忽视的是，勒那摩提译《宝性论》并非仅限于真如说法，同时还扩展到了法身说法。[②]这就与菩提流支译《弥勒菩萨所问经论》的法身湛然不动、应身仅以口业说法的解释存在明显差异。

菩提流支与《宝性论》的汉译者勒那摩提同时期在北朝翻译了多部瑜伽行派和如来藏系经论，但在一些概念和理论的翻译与解释上，菩提流支与勒那摩提表现出不同的态度。通过本节的考察，我们可以发现，菩提流支主张“法身·报身·应身”的三身说，并且指出三身之间各不相同。菩萨的法身既不来也不去，但其应身则是遵从法身而动。法身和报身湛然不动，只有应身可以去来。而且即便是应身，其体不动，仅通过口业说法来成就种种因果。这些主张与真谛译《金光明经·三身分别品》的佛身说明显不同。笔者据此认为，至少在佛身论和对真如的解释等方面，真谛译《金光明经》从汉译《宝性论》等勒那摩提所译经论受到的影响要大于从菩提流支所译经论受到的影响。

---

① （北魏）菩提流支译：《弥勒菩萨所问经论》，《大正藏》第 26 册，No. 1525，第 250 页上。

② 如上所述，汉译《宝性论》表示：“二者为得彼因，谓彼寂静法界说法，依可化众生说，彼说法应知，以依真如法身有彼说法，名为习气。”（勒那摩提译：《究竟一乘宝性论》，《大正藏》第 31 册，No. 1611，第 838 页中）

三　三身说在中国的展开

佛身论的发展演变史在近代佛教学研究中，是一个重要议题。尤其是关于三身说在印度佛教中的发展，东西方学界积累了不少先行研究。[①]在印度成书的大乘佛教经论中，《大乘庄严经论》和《宝性论》属于明确提出三身说的代表性著作，后者将作为第二身的受用身（报身）视为大悲清净的等流或显现（karuṇā-śuddhi-niṣyanda），在三身说的形成过程中意义重大。Ruben Habito 认为，三身说后来可以分为两种系统，一种是根据《大乘庄严经论》（MSA）而主张以报身为中心的佛身论，另一种是根据《宝性论》（RGV）而主张以法身为中心的佛身论。[②]因为《宝性论》对如来法身的重视，该系统的佛身论形成了以包摄三身的如来法身作为自性身的理论，其他的二身只是如来法身的大悲等流。显然，这种解释与真谛译《金光明经·三身分别品》的佛身论属于同一系统。

菩提流支与勒那摩提同时期来华并在北朝从事译经活动，而三身说的佛身论也是在这个时期在中国佛教中展开的，并很快取代了之前流行的二身说。在印度佛教中，佛身论，尤其是三身说，是伴随着瑜伽行派的理论发展而诞生并成熟的。菩提流支和勒那摩提的译经工作，首次将印度瑜伽行派的三身说完整地介绍到了中国。但如上所述，此二人所译经论中的佛身论并不相同。

菩提流支来自北印度，在5—6世纪初，瑜伽行派在此地区发展，受

① L. de laVallée Poussin, "The Three Bodies of a Buddha," *Journal of the Royal Asiatic Society*, 1906, pp. 943–77; N. Dutt, "The Doctrine of Kāya," *Aspects of Mahāyāna Buddhism*, London, 1930, pp. 96–128; Akanuma Chizen, "The Triple Body of the Buddha," *Eastern Buddhist*, vol.2, 1922, pp. 1–29; Nagao Gajin, "On the Theory of Buddha-Body," *Eastern Buddhist*, New Series, 1975, pp. 26–53; Ruben Habito（ルーベン・アビト）:《仏身論の展開—三身説の成立をめぐって》,《宗教研究》, 第52卷第2号, 1978年, 第1—21页。

② Ruben Habito（ルーベン・アビト）:《仏身論の展開—三身説の成立をめぐって》,《宗教研究》, 第52卷第2号, 1978年, 第12页。

世亲的思想影响较深。与此相对，《宝性论》的汉译者勒那摩提则来自南印度，该地区是如来藏思想的发源地，如来藏思想的起源和发展都与南印度有着密切关联。关于“真如”一词，两位译者的翻译有所不同。菩提流支在部分汉译中将“tathatā”译为“真如”，而勒那摩提则在译出“如来藏”时使用了“真如”一词。这种差异反映了二者对瑜伽行派与如来藏学说的偏好，并影响了中国佛教思想中的相关讨论。[①] 佛身思想本来就与瑜伽行派及如来藏思想深度绑定，因此，在 6 世纪的中国佛教思想史上，佛身论的展开与继承菩提流支和勒那摩提翻译和解释的地论师关系密切。

距菩提流支和勒那摩提的译经活动几十年后，真谛从印度来华，更为系统地译介了更多的瑜伽行派经论。一般认为，真谛又一次向中国佛教介绍了新的三身说，但也不排除仅仅是因为真谛翻译时所用的译语不同的可能性。[②] 真谛以“法身・应身・化身”的佛身论代替了菩提流支译经中的“法身・报身・化身”的佛身说译语。本文所讨论的《金光明经・三身分别品》的佛身说也符合真谛译经的这一风格。

值得注意的是，菩提流支和勒那摩提译经活动之后，直到真谛来华译经前夕，这几十年间，几乎没有正统的印度瑜伽行派经论在中国被译出，反而是一些如来藏系经论被汉译。[③] 而且，从汉译《宝性论》可看出，勒那摩提所译经论中对佛身的解释和菩提流支的佛身说并不相同，而真谛译《金光明经・三身分别品》的佛身论明显与前者更接近。因此，当真谛及其中国助手们翻译《三身分别品》时，汉译《宝性论》等勒那摩提所译经论的佛身说很可能产生了重要影响。

如果这样的推测成立，那么我们就应当重视《宝性论》对于南北朝至

① 关于菩提流支与勒那摩提在教理思想方面的立场差异，参见 Robert Michael Gimello，*Chih-Yen*（智儼，602–668）*and the Foundations of Hua-Yen*（華嚴）*Buddhism*，Ph.D. Dissertation，Columbia University，1976，pp. 292–97。

② 关于南北朝至隋代的佛身论，参见長谷川岳史《隋代仏教における三身解釈の諸相》，《龍谷大学論集》第 471 号，2008 年。

③ Charles A. Muller：《煩悩と認識を画定する—唯識と如来蔵の二障説の起源》，收入《シリーズ大乗仏教 8・如来蔵と仏性》，东京：春秋社 2014 年版。

隋代中国佛教佛身论的意义，并意识到《宝性论》等勒那摩提所译经论与真谛译经之间的一条纽带。

小 结

如同本文最初所指出的那样，真谛三藏翻译的《金光明经》中包含有《三身分别品》，这是该经现存所有译本中含有该品的最早译本。在《金光明经》文本发展增补的过程中，很可能受到了《宝性论》的影响，并导致形成了某些后来增补插入的部分。《金光明经·三身分别品》的佛身说的基本构造与《宝性论》的佛身说非常接近，但《宝性论》自身也存在着梵本与汉译本之间不可忽视的差异，其中反映出某些中国佛教的理论特点。因此，本文在高崎氏研究的基础上，进一步比较真谛译《三身分别品》的佛身说和真如说与《宝性论》的梵本和汉译本之间的异同，发现《三身分别品》与汉译《宝性论》的关系更为密切。这说明真谛本人或当时其身边的中国协助者在了解汉译《宝性论》的基础上，将《金光明经》梵本翻译为汉文的可能性非常高，而这与《三身分别品》的形成可能有关。

此外，菩提流支与《宝性论》的汉译者勒那摩提同时期在北朝从事译经活动，但在一些概念和理论的翻译与解释上，两人表现出不同的态度。至少在佛身说和真如说等方面，真谛译《三身分别品》从汉译《宝性论》等勒那摩提所译经论受到的影响要大于从菩提流支所译经论受到的影响。

东亚因明的现量学说 *

汤铭钧

复旦大学副教授

摘要： 东亚因明传统所传的现量学说，并不完全等同于陈那的理论，而是体现了对陈那理论的反思与发展。这种反思与发展很可能来自玄奘所师事的印度传统。总的来看，东亚因明传统（1）为陈那“现量除分别”的定义增设了“无迷乱”的要求；（2）将现量分为根现量、意现量、自证现量和瑜伽师现量四种，而非陈那的三种；（3）为陈那“现现别转”的词源学赋予了更强的解释力，使该词源学适用于所有四种现量；（4）基于“现现别转”的词源学为“现量除分别”的定义提供辩护。对陈那现量学说的反思也体现在汉译论典中。这些反思为因明传统所继承。在这方面，（5）《成唯识论》赋予了陈那的三分说以解脱论的意蕴；（6）并增设了第四分“证自证分”，确保自证分的存在能有直接的认知证据；（7）《佛地经论》尝试会通佛经所说的自相和共相与陈那所说的自相和共相，主张妙观察智所证的无常性等共相也是陈那所说的自相。在印度方面，月称对佛教知识论特别是自证学说的批评，似乎与因明所传承的印度学说，曾处于类似的思想环境中。只是一方成为反对者（月称），一方成为继承者（因明）。两者间存在思想上的潜在对话关系。

关键词： 现量；自证；陈那；因明；知识论

* 拙稿最初在“多语视角下的佛教文献、历史与思想”学术工作坊（上海大学，2024 年 9 月 14—15 日）上报告的时候，承王若曦老师（扬州大学哲学系）惠予点评指正，谨此致谢！

东亚因明学者对现量（pratyakṣa，知觉）的阐述很有可能是基于对陈那（Dignāga，约480—540）理论的某种反思。正如船山彻（Funayama Tōru）指出的那样，汉文的"现量"一词既可以视为梵语 *pratyakṣaṃ pramāṇam（知觉–有效认知的手段）的对应，也可以视为梵语 pratyakṣa（知觉）的对应，这一现象见证了印度佛教哲学概念汉文化（sinification）的过程。[①] 尽管如此，我们仍能在"汉文化"的外表下，辨认出那些与印度有关或者与印度的对应思想构成潜在对话关系的理论要素。这些要素经常内嵌在汉文化的独特语境中。[②]

一　现量的分类

"除分别"（kalpanāpoḍha，脱离概念构造）是陈那对现量的经典定义。[③] 因明传统和法称（Dharmakīrti，约550—660）开启的传统相同，[④] 都为陈那的这一定义新增了一项条件，即"无错误"（无迷乱，abhrānta）。在汉文中首先暗示这一增设条件的，是玄奘（602—664）将《入正理论》（*Nyāyapraveśaka*）现量定义的引导文字 yaj jñānam… tat（"它是这样一种认识……"）翻译为"若有正智"（"它是这样一种

① Toru Funayama, "Chinese Translations of *Pratyakṣa*," in Chen-kuo Lin & Michael Radich, eds., *A Distant Mirror: Articulating Indic Ideas in Sixth and Seventh Century Chinese Buddhism*, Hamburg: Hamburg University Press, 2014, pp. 33–61.

② 迄今为止对陈那现量理论及其汉文传统最丰赡的考察，见释仁宥《陈那现量理论及其汉传诠释》，台北：法鼓文化2015年版。

③ 《正理门论》第15颂a，见［印］陈那《因明正理门论本》，《大正藏》第32册，No. 1628，第3页中；《集量论》第一品第3颂c，见 Ernst Steinkellner, ed., *Dignāga's Pramāṇasamuccaya, Chapter 1, A Hypothetical Reconstruction of the Sanskrit Text with the Help of the Two Tibetan Translations on the Basis of the Hitherto Known Sanskrit Fragments and the Linguistic Materials Gained from Jinendrabuddhi's Ṭīkā*, Online publication (2005): www.oeaw.ac.at/ias/Mat/dignaga_PS_1.pdf。

④ 《正理滴论》1.4，见 Paṇḍita Dalsukhbhai Malvania, ed., *Paṇḍita Durveka Miśra's Dharmottarapradīpa: Being a Sub-commentary on Dharmottara's Nyāyabinduṭīkā, a Commentary on Dharmakīrti's Nyāyabindu*, Patna: Kashiprasad Jayaswal Research Institute, 1955。

正确的认识……”）。[①] 慧沼（650—714）对《入正理论》本句的注释正是将这里的“正智”解释为意在排除错误的认识（邪智）只要脱离概念构造——就比如患有眼翳（timira）的人的视觉——仍可以算作现量的可能性。[②] 慧沼和善珠（Zenju，723—797）还分别从《阿毗达磨集论》（*Abhidharmasamuccaya*）和《瑜伽师地论》（*Yogācārabhūmi*）“因明处”为这一增设条件配齐了文献依据。[③]

因明传统将现量分为四种，即（1）“五识”（根现量），（2）“同缘意识”（与对应的根现量共享同一个对象的意现量），（3）“自证”（自身觉知）和（4）“定心”（瑜伽师现量）。因明学者认为上述四重分类的典据是《正理门论》（*Nyāyamukha*）中的对应段落。[④] 然而，《正理门论》的该段文字很可能与《集量论》（*Pramāṇasamuccaya*）的对应文字相同，均宣称了现量的三重分类，即根现量、意现量和瑜伽师现量。[⑤]

在现量的四重分类方面，我们再度看到因明与法称之间的相似性。[⑥] 对事物的证知（arthasaṃvitti）和对自身的证知（svasaṃvitti）在陈那的分类中构成意现量（mānasapratyakṣa）名下的两个子类，而

① 《入正理论》4，见 Musashi Tachikawa，“A Sixth-century Manual of Indian Logic. A Translation of the *Nyāyapraveśa*，” *Journal of Indian Philosophy*，Vol. 1，March 1971，p. 128；汉译见［印］商羯罗主撰，（唐）玄奘译：《因明入正理论》，《大正藏》第 32 册，No. 1630，第 12 页中。

② （唐）窥基：《因明入正理论疏》卷三，《大正藏》第 44 册，No. 1840，第 139 页上。按：这一部分出自慧沼的续补。拙稿下引的该书内容，虽文献题名为窥基，实皆属于慧沼续补的文字。

③ ［印］无著：《大乘阿毗达磨集论》卷七，《大正藏》第 31 册，No. 1605，第 693 页下；见（唐）窥基《因明入正理论疏》卷三，《大正藏》第 44 册，No. 1840，第 139 页上。［印］弥勒：《瑜伽师地论》卷十五，《大正藏》第 30 册，No. 1579，第 357 页上—下；见［日］善珠《因明论疏明灯抄》卷六末，《大正藏》第 68 册，No. 2270，第 419 页下—420 页中。

④ ［印］陈那：《因明正理门论本》，《大正藏》第 32 册，No. 1628，第 3 页中。文轨的解释见［日］藏俊《因明大疏抄》卷三十九，《大正藏》第 68 册，No. 2271，第 761 页上。慧沼的解释见（唐）窥基《因明入正理论疏》卷三，《大正藏》第 44 册，No. 1840，第 139 页中。

⑤ 《集量论》第一品第 5–6 颂及其注释，见 Ernst Steinkellner，ed.，*Dignāga's Pramāṇasamuccaya, Chapter 1*；参见 Eli Franco，“Did Dignāga Accept Four Types of Perception?” *Journal of Indian Philosophy*，Vol. 21，September 1993，pp. 295–299.

⑥ 《正理滴论》1.7–11，见 Paṇḍita Dalsukhbhai Malvania，ed.，*Paṇḍita Durveka Miśra's Dharmottarapradīpa*。

在因明和法称那里，则作为两种单独的现量，被抬升到与根现量和瑜伽师现量的同一层次，与之构成四种互不相同的现量。其中，唯有陈那分类中的对事物的证知仍沿袭了“意现量”的名称，而对自身的证知则脱离了对意识（mānovijñāna）的从属关系，成为属于“一切心心所”的自身觉知。①

但与法称不同的是，因明学者将他们分类下的意现量——即陈那分类中对事物的证知——解释为与对应的根现量同时发生并且认识同一个对象。②法称则是将其分类中的意现量界定为位于对应的根现量的后一刹那，并且认识该根现量的对象的后一刹那的那样一种属于意的认识。③

二 “现现”

特别值得注意的是因明传统围绕陈那对 pratyakṣa 一词的词源学解释展开的一系列讨论。陈那主张：知觉认知应当根据感官（akṣa）来命名，因为感官构成了对应种类的感知觉（根现量）的“不共缘”（asādhāraṇahetu，专属的原因）。因此，我们用 praty-akṣa（字面义：针对 – 感官）来命名知觉认知。陈那本人对 pratyakṣa 的词源学解释如下：

梵文：akṣam akṣaṃ prati vartata iti pratyakṣam.

① ［日］善珠：《因明论疏明灯抄》卷六末，《大正藏》第 68 册，No. 2270，第 421 页中。

② （唐）窥基：《成唯识论述记》卷五，《大正藏》第 43 册，No. 1830，第 419 页下—420 页下；参见 Junjie Chu，“The Thesis of Mental Awareness Accompanying Sensory Awareness Attributed to Sthiramati by Xuanzang and His Interpreters，” *Wiener Zeitschrift für die Kunde Südasiens*，Vol. 58，2019–2021，pp. 111–154。

③ 《正理滴论》1.9，见 Paṇḍita Dalsukhbhai Malvania，ed.，*Paṇḍita Durveka Miśra's Dharmottarapradīpa*。参见 Masaaki Hattori，*Dignāga*，*On Perception*，*Being the Pratyakṣapariccheda of Dignāga's Pramāṇasamuccaya from the Sanskrit Fragments and the Tibetan Versions*，Cambridge MA：Harvard University Press，1968，p. 93，n. 1.46。

今译：［它］针对（prati-）逐个感官出现，因而称为 pratyakṣa（现量）。[①]

根据《集量论》第一品第 4 颂 ab 及其注释的语境可以推知：陈那对 pratyakṣa 的词源学解释应该是为了澄清他的现量定义的被定义项（definiendum），即澄清在他看来应被定义为"除分别"的那样一种认识的名称问题。[②] 陈那的词源学解释既然是对他的现量定义的被定义项的澄清，便对该现量定义本身不构成一种辩护。

在汉文中，这一知觉认知意义上的 pratyakṣa 被翻译为"现量"。陈那上述词源学解释的对应汉译如下：

汉译：现现别转，故名现量。[③]

汉译的今译：［它］针对逐个使［对象］显现的［认知要素］出现，因而称为"显现－度量"（现量，manifest-measurement）。

正如船山彻指出的那样，汉文这里的"现""既可以代表 akṣa（感官）也可以代表 pratyakṣa（现量）"[④]。笔者对上述汉译的今译基于文轨（约 615—675）《因明入正理论疏》（庄严疏）对该句的注释。[⑤] 仔细揣

① ［印］陈那：《因明正理门论本》，《大正藏》第 32 册，No.1628，第 3 页中；《集量论》第一品第 4 颂 ab 及其注释，见 Ernst Steinkellner，ed.，*Dignāga's Pramāṇasamuccaya*，*Chapter 1*，参见 Masaaki Hattori，*Dignāga*，*On Perception*，pp. 25–26。参见《入正理论》4，见 Musashi Tachikawa，"A Sixth-century Manual of Indian Logic. A Translation of the *Nyāyapraveśa*，" p. 128。

② Ernst Steinkellner，Helmut Krasser，Horst Lasic，eds.，*Jinendrabuddhi's Viśālāmalavatī Pramāṇasamuccayaṭīkā*，*Chapter 1*，Part 1：Critical Edition，Beijing-Vienna：China Tibetology Publishing House & Austrian Academy of Sciences Press，2005，pp. 39，11–14.

③ ［印］陈那：《因明正理门论本》，《大正藏》第 32 册，No.1628，第 3 页中；参见［印］商羯罗主撰，（唐）玄奘译《因明入正理论》，《大正藏》第 32 册，No. 1630，第 12 页中。

④ Toru Funayama，"Chinese Translations of *Pratyakṣa*，" p. 50："the word *xian* can be used for either *akṣa or pratyakṣa*［…］"

⑤ ［日］善珠：《因明论疏明灯抄》卷六末，《大正藏》第 68 册，No. 2270，第 422 页中（文轨第一解）和第 422 页上（文轨第二解）。

摩文轨给出的两种解释的语境，可以看到在文轨语境中的“现”不应理解为梵文 akṣa（感官）一词的简单对应，而应在一个远较梵文的 akṣa 一词所能容许的含义来得更为广泛的意义上理解为“使［对象］显现的［认知要素］”。这一更广的含义可以视为基于“现”（显现）这个汉字的致使用法。

我们进一步看到：（1）在文轨的第一种解释里，这样一种使对象显现的认知要素（现）被指认为五种感觉官能（五根）。知觉认知正是这样一种基于五种感觉官能（现）的有效认知的手段（量），即基于“现”的“量”。按照这种解释，“现量”一词就应分析为依主释（限定复合词，即 tatpuruṣa）。文轨评论到，这第一种解释仅能解释“现量”一词何以适用于根现量，而不能解释该词何以适用于意现量、自证现量和瑜伽师现量，因为后三种现量并非基于感觉官能。（2）在文轨的第二种解释里，这样一种使对象显现的认知要素（现）被指认为五种感官认知（五识）。知觉认知正是这样一种本身就是感官认知（现）的有效认知的手段（量），即作为“现”的“量”。按照这种解释，“现量”一词就应分析为持业释（同位复合词，即 karmadhāraya）。文轨评论到，倘若沿着第二种解释的思路，将“现”的含义由五种感官认知扩展为任何一种使对象显现的认知（识），那么陈那的 pratyakṣa 词源学分析就能解释该词何以适用于所有四种现量。因为，正像五种感官认知使它们各自的感官对象显现故而可以称为“现”，意现量、自证现量和瑜伽师现量也都是这样一种能使它们各自的对象显现的认知，因而完全可以基于相同的理由称为“现”。

在印度，后来的佛教知识论学者（如法上［Dharmottara］，约 740—800）便承认：只要解释的重心仍落在现量对感觉官能的依赖关系上（正如陈那的词源学解释），对 pratyakṣa 的词源学解释就无法说明为什么 pratyakṣa 这个名称可以适用于所有四种现量。于是，后来的知识论学者就区分了 pratyakṣa 一词的“词源学根据”（vyutpattinimitta）和

"应用的根据"（pravṛttinimitta）。他们主张：该词应用于所有四种现量的"应用的根据"在于每一种现量皆具备"使［对象］显现的性质"（sākṣātkāritva）。[①]

如上文轨的第二种解释所示，中国的因明学者不是通过诉诸知觉认知的本质属性，而是通过赋予陈那的 pratyakṣa 词源学解释以更大的解释力，从而解答了 pratyakṣa 一词何以适用于所有四种现量的问题。毫无疑问，运用汉文的"现"（显现）来翻译梵文的 akṣa（感官），已为陈那词源学的汉文版本开辟了一个梵文所没有的全新语境，从而为文轨的解释铺就了道路。文轨的解释构成了因明传统对陈那的 pratyakṣa 词源学解释的所有后续阐发的共同基础。后来的阐发更与汉文的独特语境发生了愈转愈深的联系。[②]

三 "别转"与"不共缘"

在因明学者看来，陈那对 pratyakṣa 的词源学解释已经蕴含了他所主张的"现量除分别"定义。一方面，因明学者认为，陈那词源学解释中的"别转"（prati vartate，针对……出现）是从感官知觉的种类与感官对象的种类之间一一对应关系的角度，刻画了现量作为直接认识的特质所在。[③]就是说，视知觉以视觉官能为基础，仅仅知觉到视觉对象，诸如此类。[④]

---

① *Nyāyabinduṭīkā* 38，1–39，4，in Paṇḍita Dalsukhbhai Malvania，ed.，*Paṇḍita Durveka Miśra's Dharmottarapradīpa.* Cf. Masaaki Hattori，*Dignāga*，*On Perception*，p. 76，n. 1.11；Yuichi Kajiyama，*An Introduction to Buddhist Philosophy*：*An Annotated Translation of the Tarkabhāṣā of Mokṣākaragupta*，Wien：Arbeitskreis für tibetische und buddhistische Studien Universität Wien，1998，pp. 29–30.

② 净眼（7 世纪）《因明入正理论后疏》的解释见沈剑英《敦煌因明文献研究》，上海古籍出版社 2008 年版，第 281—282 页。慧沼的解释见（唐）窥基《因明入正理论疏》卷三，《大正藏》第 44 册，No. 1840，第 139 页下。

③ 这里，仍是以根现量（感官知觉）为典型，围绕根现量来讨论现量的本质。

④ ［日］善珠：《因明论疏明灯抄》卷六末，《大正藏》第 68 册，No. 2270，第 422 页上引用的文轨和文备二说。文轨和文备都是玄奘的第一代弟子。

慧沼将现量的这一特质概括为“离贯通缘”（避免跨越不同种类的感官对象来把握）。[①] 根据善珠的解释，正是现量的“离贯通缘”特质，使得在现量中没有概念构造（分别）的位置，因为概念构造把握的是跨越不同种类的感官对象、在不同种类的感官对象之上的共相（sāmānyalakṣaṇa，事物的共通特征）。这样一来，对某个青色之物的现量认识，便仅仅认识到青而不形成“青”的观念。[②]

另一方面，关于上述陈那词源学解释中的“不共缘”一词，因明学者除了“专属的（不共）原因（缘）”这一符合陈那本人理解的解释以外，还给出了另外两种解释。按照其中的第一种解释，“不共缘”的意思是不同种类的感官认知不（不）共同（共）把握（缘）相同种类的感官对象——它们仅仅把握各自对应种类的感官对象。按照其中的第二种解释，“不共缘”的意思是感官认知不（不）把握（缘）共相（共）。[③] 慧沼采用了这里的第一种解释。这就导致慧沼在解释陈那《正理门论》中的 pratyakṣa 词源学解释的时候，最终将“别转”和“不共缘”二词的含义合二为一，认为二词都意在凸显每一种感官知觉都仅仅知觉它们自己种类的感官对象这一事实。差别只在于“别转”侧重主观的方面,“不共缘”侧重客观的方面。[④] 事实上，将陈那的 pratyakṣa 词源学解释为现量定义的一种辩护，这一解释路径一直延续到当代学界。[⑤] 然而，如上所述，陈那的 pratyakṣa 词源学在他本人著作的语境中仅构成对他的现量定义的被定义项的澄清，对他主张的现量定义不构成一种辩护。

在印度，月称（Candrakīrti，6—7 世纪）通过对陈那 pratyakṣa 词源

① （唐）窥基：《因明入正理论疏》卷三，《大正藏》第 44 册，No. 1840，第 139 页下。

② ［日］善珠：《因明论疏明灯抄》卷六末，《大正藏》第 68 册，No. 2270，第 422 页上；参见《集量论》第一品第 4 颂 ab 的注释，见 Ernst Steinkellner，ed.，*Dignāga's Pramāṇasamuccaya，Chapter 1*。

③ ［日］善珠：《因明论疏明灯抄》卷六末，《大正藏》第 68 册，No. 2270，第 422 页上所引圆测（Wŏnch'ŭk，613—696，西明）总结的三种解释。

④ （唐）窥基：《因明入正理论疏》卷三，《大正藏》第 44 册，No. 1840，第 139 页下。

⑤ 吕澂：《因明入正理论讲解》，中华书局 2007 年版，第 254—255 页。

学的不懈批判，试图推翻陈那的“现量除分别”定义。[①] 如果不是在印度就已先行存在某种从陈那的 pratyakṣa 词源学来导出他的现量定义的解释传统而且这种解释已影响到当时对陈那本人学说的理解，月称抓住这一点来批判陈那的现量定义就会成为无的放矢。因此，我们不能排除关于陈那 pratyakṣa 词源学的某种印度解释传统，为月称和因明传统（经由玄奘的传译）共同知晓。因明传统将这种解释带入汉文学界。月称则抓住这一解释来批判陈那的现量定义。[②]

四 心识结构

关于陈那现量学说的反思亦见于玄奘翻译的《成唯识论》（659 年译）和《佛地经论》（*Buddhabhūmyupadeśa*，649 年译）。在《成唯识论》中，陈那对心识结构的分析被概括为心识的“三分”理论。三分分别为心识内的二种显现，即自身的显现（svābhāsa）和对象的显现（viṣayābhāsa），以及作为心识的内在功能的自身觉知（svasaṃvedana，自证）。这三个部分在《成唯识论》中分别称为“见分”“相分”和“自

① Anne MacDonald，*In Clear Words*：*The Prasannapadā*，*Chapter One*，Vienna：Verlag der Österreichischen Akademie der Wissenschaften，2015，Vol. I，pp. 266,1–275,1；Vol. II，pp. 264–288.

② 汤铭钧：《月称对陈那“现量离分别”定义的批判：〈净明句论〉（PsP 1，§§108–123）译注初探》，《唯识研究》（第十辑），宗教文化出版社 2023 年版，第 392 页注 2。总的来看，月称在《净明句论》第一品中对以陈那为代表的佛教知识论的批判（见 PsP 1，§§89–123）可分为二部分。在第一部分（§§89–107），月称着重批评了佛教知识论将认知对象化归到唯有自相与共相二种的做法——这一点恰恰是陈那知识论的起点。月称《净明句论》中的自证批判也位于这一部分（§96）。在第二部分（§§108–118），月称通过反驳对 pratyakṣa 一词的“现现别转”的词源学解释来反驳陈那所首先提出的“现量除分别”定义。详见 Anne MacDonald，*In Clear Words*：*The Prasannapadā*，*Chapter One*，2 Vols.，Vienna：Verlag der Österreichischen Akademie der Wissenschaften，2015。亦见笔者上揭文以及汤铭钧《月称对陈那自相与共相的二分式化归的批判——〈净明句论〉（PsP 1，§§83–107）译注初探》，《唯识研究》（第十一辑），中西书局 2024 年版，第 328—362 页。

证分”。[①]

在《成唯识论》中，护法（Dharmapāla，530—561）为陈那所阐述的识内的二种显现注入了解脱论的意蕴。根据护法，实我的观念和实法的观念分别是心识的见分和相分向外投射的结果。[②] 见分和相分作为心识内部的二分，体现了“依他起性”，在相对的意义上存在。实我和实法则不存在，它们体现了“遍计所执性”，仅仅是虚构的产物。[③]

不仅如此，护法在陈那心识分析的基础上增添了第四分“证自证分”，即心识中觉知（证）自身觉知（自证）的那一部分（分）。正如心识的自证是现量，对自证的证知也同样是现量。从《成唯识论》的思想脉络来看，引入第四分的目的似乎是要为自证的存在提供直接的认知证据。[④]

护法的证自证分理论，似乎可以视为与月称对陈那自证学说的批判之间构成潜在的对话关系。在《入中论》（*Madhyamakāvātara*）中，月称主张：我们无从确认一个认识的自证与对该认识的回忆之间的因果关系，因为处在因果关系一端的自证欠缺直接的认知证据，即不能为现量所通达。因此，通过回忆的存在来反推作为它的必要条件的自证的存在就不合法。[⑤]

---

① （唐）玄奘译：《成唯识论》卷二，《大正藏》第 31 册，No. 1585，第 10 页中；参见《集量论》第一品第 9—12 颂及其注释，见 Ernst Steinkellner，ed.，*Dignāga's Pramāṇasamuccaya*, *Chapter 1*；Birgit Kellner，“Self-Awareness（*svasaṃvedana*）in Dignāga's *Pramāṇasamuccaya* and-*vṛtti*：A Close Reading,” *Journal of Indian Philosophy*，Vol. 38，September 2010，pp. 203-231。

② （唐）玄奘译：《成唯识论》卷七，《大正藏》第 31 册，No. 1585，第 38 页下。

③ （唐）窥基：《成唯识论述记》卷七，《大正藏》第 43 册，No. 1830，第 487 页上。

④ （唐）玄奘译：《成唯识论》卷二，《大正藏》第 31 册，No. 1585，第 10 页中。

⑤ 《入中论》第六品第 73 颂及其注释，第 73 颂作：“通过它自己的对它的直接经验是不成立的。如果［自证］由于在之后的时间的回忆而成立，［那么，］为将不成立的［自证］予以成立而被宣称的这一［同样］不成立的［回忆］并非能成立者。”（tenaiva tasyānubhavo na siddhaḥ siddhaḥ smṛter uttarakālataś cet | asiddhasiddhyartham asiddham etan nirucyamānaṃ na hi sādhanāya ||）见 Xuezhu Li，“*Madhyamakāvatāra-kārikā* Chapter 6,” *Journal of Indian Philosophy*，Vol. 43，May 2014，p. 13；汤铭钧：《月称对陈那自相与共相的二分式化归的批判——〈净明句论〉（PsP 1，§§83-107）译注初探》，《唯识研究》（第十一辑），第 355 页。

护法对陈那理论的上述二处修正，成为东亚瑜伽行学派（法相宗）的权威观点。

五　自相与共相

在《佛地经论》中，有一段关于佛教知识论的自相（svalakṣaṇa）和共相概念的讨论。[①] 这段讨论围绕的问题是：既然按照佛教知识论（特别是陈那的版本），对共相的认识并非直接知觉（现量），佛经何以还能断言如来的净智以直接知觉的方式把握了诸法的共相（如无常性）？《佛地经论》提供了三种解答。唯有第三种被认为可以接受，因为它在佛教知识论的自相和共相，与佛经的自相和共相之间作出了细致的区分。[②]

这第三种解答是说：在佛经中，自相指任何一个存在物（entity），而共相指该存在物的各种属性。在佛教知识论中，自相指一个存在物所固有的任何一种属性，这也包括该存在物的自身存在；简言之，自相即该存在物的本质。佛教知识论的共相则是指任一通过概念构造（分别）被理解的事物。

佛经中断言为如来所直接把握的共相（如无常性），根据这第三种解答就符合佛教知识论的自相标准，因为这样一种共相（如无常性）存在于每个存在物中，是它们各自的固有属性。唯有无常性的概念才相当于佛教知识论所说的共相，作为一个概念的无常性能被应用于诸多存在物，但不属于它们中的任何一个。[③] 这样一种对佛教知识论的自相和共相的理解为

① （唐）玄奘译：《佛地经论》卷六，《大正藏》第 26 册，No. 1530，第 318 页上—中；参见 Chen-kuo Lin，"*Svalakṣaṇa*（Particular）and *Sāmānyalakṣaṇa*（Universal）in Abhidharma and Chinese Yogācāra Buddhism，" in Bart Dessein & Weijen Teng，eds.，*Text*，*History*，*and Philosophy*：*Abhidharma across Buddhist Scholastic Traditions*，Leiden：Brill，2016，pp. 377–380。

② ［日］善珠：《因明论疏明灯抄》卷六本，《大正藏》第 68 册，No. 2270，第 414 页下—415 页上。

③ （唐）慧沼：《大乘法苑义林章补阙》卷八，《卍新纂续藏》第 55 册，No. 882，第 163 页上。

窥基（632—682）及其后学所继承。[①]

此外，在《佛地经论》中还有一段关于陈那的心识三分理论以及护法的四分理论的阐述。[②] 这段阐述与上述《成唯识论》中的阐述类似，只是语境有所不同。

① （唐）窥基:《成唯识论述记》卷十,《大正藏》第43册，No. 1830，第584页上—下;（唐）窥基:《因明入正理论疏》卷三,《大正藏》第44册，No. 1840，第138页上;（唐）慧沼:《因明入正理论续疏》,《卍新纂续藏》第53册，No. 852，第791页中—下。

② （唐）玄奘译:《佛地经论》卷三,《大正藏》第26册，No. 1530，第303页上—下；参见 Dan Lusthaus，“A Pre-Dharmakīrti Indian Discussion of Dignāga Preserved in Chinese Translation: The Buddhabhūmy-upadeśa,” *Journal of the Centre for Buddhist Studies*，*Sri Lanka*，Vol. 6，2008，pp.1–65。

云南景谷傣族佛迹文献《帕召抵混》研究*

黄　凯

陕西省社会科学院助理研究员

摘要：《帕召抵混》是流传在云南省景谷县傣族聚居区的一部以佛足迹崇拜为主要内容的佛教文献。该书介绍了佛陀在景谷地区云游过程中，接受布施，为村寨赐名，留下佛足迹、头发、舍利，以及降妖斗法的种种神奇事迹。书中故事生动有趣，富有想象力，通过口耳相传的方式在傣族社会中广泛流传，不仅丰富了傣族的宗教文化，也成为傣族民间文学的重要素材，对传播佛教文化和道德观念起到了重要作用。以《帕召抵混》为支撑，景谷地区产生了大量佛足迹风物，并发展出朝圣佛足迹的民俗活动，形成了体系完整、内容丰富、极具生命力的中国南传佛教佛足迹崇拜文化。

关键词：佛足迹；南传佛教；《帕召抵混》；《佛祖巡游记》

一　引言

景谷傣族彝族自治县（以下简称景谷县）位于云南省西南部，处于傣文化圈与汉文化圈的交接位置。佛迹文献是指以佛足迹崇拜为主要

* 本文系国家社科基金青年项目“文明交往视域下的汉译《阿含经》接受史研究”（24CZJ015）的阶段性成果。

内容的佛教文献。在佛像出现之前，佛足、圣树、法轮、佛塔等图样常被用来象征佛陀。现有实物资料显示，公元前 2 世纪左右，象征佛陀的佛足迹图像开始出现。佛足迹崇拜是以佛陀崇拜为核心，以佛陀足迹为对象，以经典、石刻、图像及其他延伸内容为承载的一种佛教崇拜。佛足迹崇拜是早期佛教佛陀崇拜的一种重要形态，反映了那个时代佛教徒与佛陀之间的关系模式，体现了早期佛教的佛陀观与宗教实践方式。①

佛足迹崇拜是国际学术界持续关注的话题之一。日本学者金井嘉佐太郎、丹羽基二、坂诘秀一等人较早关注这一议题，在 20 世纪后半叶发表了一系列研究成果。② 此后，国际学界对这一议题的关注持续不断，近年来不断有研究成果发表。③ 国内学者则以李静杰、韩伟、焦建辉、祁姿好、霍巍、黄凯等人对这一问题关注较多。④ 但以往学者们的研究，基本上都

① 黄凯、刘世超：《〈大唐西域记〉中的佛足迹石崇拜》，《五台山研究》2018 年第 1 期。

② 相关研究有：金井嘉佐太郎：《仏足跡の研究—その生成・東漸と顕現》，東京：中山書房 1971 年版；坂詰秀一：《中國の仏足石》，《立正史學》1982 年第 52 號；坂詰秀一：《仏足跡信仰の流伝》，《考古學》1983 年第 2 號；坂詰秀一：《仏足跡禮拜様態考》，《立正大學大學院紀要》1985 年第 1 号；丹羽基二：《図說世界の仏足石—仏足石から見た仏教》，東京：名著出版 1992 年版。

③ 相关研究有：Kongkaew J.，“The Buddhist Art in the Buddha’s Footprint”，*Interdisciplinary Research Review*，Vol.11，No.4，2016；Tonginjan M.J.，*A Critical Study of Buddhist Principles from the Buddha’s Footprints*，Mahachulalongkornrajavidyalaya University，2017；Tonginjan M.J.，“An Analytical Study of Buddhist Principles from the Buddha’s Footprints”，*Mahachula Academic Journal*，Vol.6，No.1，2019；Elverskog J.，*The Buddha’s Footprint*：*An Environmental History of Asia*，University of Pennsylvania Press，2020；Buddanang A.，Hongsuwan P.，“Buddha’s Footprint in Folk Narratives in the Northeastern Region of Thailand：Imagination，Belief，and the Cultural Roles”，*International Journal of Religion*，Vol.5，No.9，2024.

④ 相关成果有：李静杰：《佛足迹图像的传播与信仰（上）——以印度与中国为中心》，《故宫博物院院刊》2011 年第 4 期；李静杰：《佛足迹图像的传播与信仰（下）——以印度与中国为中心》，《故宫博物院院刊》2011 年第 5 期；韩伟：《陕西的佛足造像》，《考古与文物》1980 年第 2 期；焦建辉：《龙门东山擂鼓台佛足迹图像碑及相关问题》，《中原文物》2014 年第 5 期；黄凯、刘世超：《〈大唐西域记〉中的佛足迹石崇拜》，《五台山研究》2018 年第 1 期；霍巍：《王玄策与唐代佛教美术中的“佛足迹图”》，《世界宗教研究》2020 年第 2 期；黄凯：《东晋南北朝汉地佛足迹信仰的传入》，《中国佛学》2021 年第 1 期；祁姿好：《佛足迹寻踪：佛教美术样式的跨文化传播》，上海古籍出版社 2022 年版。

是围绕东亚汉传佛教和东南亚南传佛教的佛足迹遗存展开，鲜少涉及中国南传佛教和藏传佛教中的佛足迹情况。尤其是对中国云南地区独具特色的佛足迹崇拜现象及相关文献的研究还非常薄弱，以笔者所见，仅张振伟、高景、慕璐①对这一议题有过关注。

实际上，相比于其他国家、地区的佛足迹崇拜，中国云南傣族聚居区的佛足迹崇拜有专门的文献支撑，有大量的佛足迹风物传说，有至今仍然每年都在开展的朝圣佛足迹的民俗活动，是体系更完整、内容更丰富、更具生命力的一种佛足迹崇拜文化，也更有必要对其展开更为专业、深入的研究。因此，本文拟在前贤研究的基础上，通过深入考察云南傣族佛足迹崇拜的重要文献《帕召抵混》，对中国南传佛教佛足迹崇拜问题进行一些基础性探索。

二　云南佛迹文献的情况

云南西双版纳、德宏等南传佛教流行地区，流传着一些傣文文献，内容记述了佛陀在傣族聚居区云游时留下佛足迹的事迹。这些佛迹文献以老傣文②书写，以抄本的形式在各个佛寺内流传。在传抄的过程中，故事内容被不断增益删改，以至于各个抄本的内容详略不一。

（一）云南佛迹文献的两个系统

云南傣族佛迹文献有两个文本系统。其一，流传于西双版纳地区的文

① 张振伟、高景：《景谷“佛迹”与傣族朝圣行为研究》，《湖北民族学院学报》（哲学社会科学版）2012 年第 6 期；慕璐：《景谷傣族佛迹文献〈帕召抵混〉考述及其流存研究》，云南民族大学硕士学位论文，2018 年。

② 云南省傣族聚居区所使用的傣语分西双版纳方言（简称“西傣”）和德宏方言（简称“德傣”），西双版纳、澜沧、普洱、墨江、江城等地为西双版纳方言区，德宏、耿马、双江、沧源、镇康、景谷、景东等地为德宏方言区。中华人民共和国成立初期，对傣文进行了改革，之后政府、教育领域和社会都改为应用新傣文，而佛寺使用的经本大多还是用老傣文书写。参见屈永仙《傣族创世史诗〈巴塔麻嘎捧尚罗〉：诗学特征与诗性智慧》，《广西民族师范学院学报》2022 年第 3 期。

本。这一文本系统后经整理和汉译，汉译本名为《佛祖巡游记》，先后编入《中国贝叶经全集》（全100册）[①]和《贝叶文库》（全100册）[②]。

其二，为景谷县流传的文本。这一文本系统后经景谷县民宗局整理和汉译，定名为《帕召抵混》。“帕召抵混”为音译名，“帕召”在傣语中通常指“佛主、佛爷”的意思，“抵混”在傣语中意为走来走去，合起来为佛祖巡游的意思。景谷佛迹文献汉译本取音译名而非意译名，主要是为了和西双版纳佛迹文献的名称相区别。

（二）两种佛迹文献的异同

比较西双版纳和景谷的两种佛迹文献可以发现，其内容大同小异。

两者的差异首先表现在记载的佛迹数量上。景谷县民宗局译本《帕召抵混》，全书共提到佛迹94处，其中脚印48处，手印2处，兼有手足印二者或更多的有2处，其他如依靠痕迹、坐痕等有42处。提到佛祖施舍头发有28处，佛塔10处，佛寺8处。而西双版纳出版的《佛祖巡游记》中，提到佛迹56处，其中脚印52处，手印3处，二者兼有1处。佛陀留下头发12处，佛塔14处，佛寺9处。

其次，《帕召抵混》的傣文原文中，有相应的佛迹印迹图画记载，但《佛祖巡游记》没有。在《帕召抵混》中，最后代替佛祖继续讲故事的动物是白乌鸦，而在《佛祖巡游记》中，代替佛祖讲述故事的是小白兔。

二者在一些主要的故事情节上内容基本相同。西双版纳的《佛祖巡游记》中，共记载了114个佛陀故事，内容与《帕召抵混》相似，都是有关佛陀巡游、游走于各地受赕留脚印并为村寨起名，佛陀留下头发、舍利，佛陀降妖斗法，佛陀预言后事等，故事行文大致相同，但略有出入。

二者对于村寨或者佛迹名称的翻译不同，这可能是因为二者流行地区

---

① 刀正明译：《佛祖巡游记》，载《中国贝叶经全集》编辑委员会编《中国贝叶经全集》（第1卷），云南人民出版社2003年版。

② 西双版纳民族研究所译：《佛祖巡游记》，载西双版纳傣族自治州人民政府编《贝叶文库》，云南民族出版社2010年版。

的傣语属于不同支系，发音不同，所以造成汉译的不同。尽管二者提到的地名不同，但却有相类似的佛迹存在。比如三位佛祖一起留下的脚印、龟形石、白布留佛迹、龙王求佛迹、鸟王赕双目、佛祖留 8 根头发以及左手骨和右手骨等相似的故事情节。

值得注意的是，作为佛迹文献的主要内容，佛足迹崇拜在西双版纳地区并不盛行，目前发现的佛足迹遗迹只有 3 处。而景谷地区的佛足迹崇拜则相当兴盛，目前官方宣布已经发现佛足迹遗迹 26 处[①]，民间统计的数据则达三十余处。景谷地区如此庞大的佛足迹遗迹群，反映了佛足迹崇拜在当地的流行，也体现了《帕召抵混》这一佛迹文献的生命力和影响力。这也是本文选择景谷《帕召抵混》而非西双版纳《佛祖巡游记》作为研究对象的原因。

（三）《帕召抵混》的文献情况

《帕召抵混》并没有明确的作者，虽然流传有较多的老傣文抄本，但多数也并没有抄录者的信息，抄本的来源也并不很清晰明确。《帕召抵混》的傣文抄本主要收藏在景谷各个佛寺中，用于佛事朗诵。

《帕召抵混》的傣文抄本一般有两种。一种为贝叶经，和西双版纳贝叶经类似，可能是这一文献较早的抄写本。另一种为绵纸经，线装，纸质多为绵纸，当地僧人称其为抄经纸，长度在 25cm 左右，宽度在 10cm 左右，这一类抄本更为多见。

据《帕召抵混》汉译本书后所收录的普洱学院薛敬梅教授文章[②]介绍，2008 年起，景谷县佛教界几位长老，陆续在当地南传佛教中心勐卧（景谷

① 分别为：勐乃仙人洞、吊钟坡佛迹、香盐佛迹、芒旭佛迹、芒朵佛迹、大寨佛迹、铜厂佛迹、训岗佛迹、芒现佛迹、勐良佛迹、芒乃佛迹、永海佛迹、富勐佛迹、迁岗佛迹、昔峨佛迹洞、雷光佛迹寺佛迹、小仙人教佛迹（费竜）、富龙大山佛迹（芒翁佛迹）、南谷仙人洞（曼落溶洞）、芒岛佛迹、遮放佛迹、芒卡佛迹、芒岗佛迹、勐堆佛迹、石寨佛迹。

② 薛敬梅：《神圣空间与信仰的寄托——景谷佛迹文化及翻译的思考》，《帕召抵混》，景谷傣族彝族自治县民族宗教事务局 2017 年印本，第 161 页。

县城所在的威远镇）、勐嘎（景谷县永平镇）和勐堆（云南省临沧市镇康县勐堆乡）寻得具有代表性的《帕召抵混》的抄本，经过文本甄选和内容对比，去伪存真，确定了《帕召抵混》汉译的底本。2016年，景谷县民宗局组织僧侣、傣族宗教文化人士、地方学者成立了汉译编辑小组。① 翻译工作分翻译记录、文字整理和论证审稿三个阶段进行，由景谷县民宗局刀景龙局长和景谷县少数民族文化研究所张永清所长负责组织，由周继元和张扬宽两位傣族文化长老对傣文文本进行了严谨地逐句对比翻译，由薛敬梅和景谷县傣族作家蔡小兵对汉文译文进行记录和润色。这个汉译本于2017年9月作为内部出版物印刷流行。

三 《帕召抵混》的主要内容

《帕召抵混》主要介绍了佛陀（帕召）的诞生、修行以及他在景谷地区云游过程中的种种神奇事迹。这些传说不仅丰富了傣族的宗教文化，也成为傣族民间文学的重要素材。此外，《帕召抵混》中还包含了许多与佛教相关的传说故事，如神灵的故事、寺庙的由来等。这些传说故事生动有趣，富有想象力，通过口耳相传的方式在傣族社会中广泛流传，对传播佛教文化和道德观念起到了重要作用。

《帕召抵混》共记载了与佛陀有关的故事159个，根据不同故事之间的差异，可以将其分为四类。

第一，佛陀赐名村寨，接受布施，留下佛迹。这一类故事的结构大致相似，一般都是介绍佛陀来到一个地方，受到当地人民的欢迎和崇敬，接受民众的食物及各种财物的供养和布施，民众向佛祖讨取头发及脚印并建立佛寺，佛陀对这个地方进行命名。比如第一个佛迹“巴达勐众”

① 具体分工为：张永清担任主编，刀景龙、薛静梅担任副主编，何晓春、李雪慧、吉建国、陈兴、李育佷、金艳、徐荣、胡维茜担任编委。由周继元和张扬宽担任翻译，薛静梅、蔡小兵、刀景龙负责整理。由刀发祥、周继武、刀学清、周志安、云跃清、陶学勇、金正祥、刀应国审稿。封面傣文由周继元书写，图片由摄影师张雷提供，装帧设计由张永清负责。

的来历：

> 百姓们欢喜的不得了，心里想着将来会有好日子了，接着又恳求佛祖传授更多的佛法经典，佛祖心里欢喜却并不言语，阿楠达于是下去传送了三天佛法，百姓们不停地赕酸甜可口的美味，佛祖和众生坐在一起，并为大家赐福，呈现出热闹祥和的美好场景。三天后即将启程出发，阿楠达跪拜在佛祖面前，请求佛祖为百姓们留下印记存念，以满足百姓能亲近佛祖常常来朝拜的心愿。佛祖起身跨步，百姓们哗然而动，用鲜花抛洒欢庆，佛祖在深山石头上留下了足印，意在为人间任何神鬼留下祭拜的印迹，佛祖言："你们这里就叫勐众吧，因为你们来赕的让人是那么多。"从此以后，这里更加的山清水秀，此处留下的第一个足印，称为：巴达勐众。①

上引内容中，"阿楠达"为巴利语"Ānanda"的音译，即指佛陀的弟子中被誉为多闻第一的"阿难陀"，北传佛典多汉译为"阿难"。

"赕"是南传上座部佛教的专用名词，是巴利语"dāna"的音译，是布施、施舍、供奉的意思。布施是大乘佛教的六度之一，信仰佛教的傣族信徒们基于奉献、捐献的本意，将其延伸发展，功德、支持、赞助、祭典等都属于赕的范畴。②在傣族文化中，赕是一种重要的信仰形式，是信仰佛教的信徒们向庙宇捐献财物，以求佛消灾赐福。

"巴达"为巴利语"pada"的音译，是足、足迹的意思。"巴达勐众"即"勐众佛迹"的意思。

---

① 《帕召抵混》，第 140 页。

② 赕的名目繁多，有赕佛寺、赕塔、赕经书、赕"玛哈邦"（傣语，为来生祈福）、赕"沙拉甩"（傣语，抽签）、赕"帕杆厅"（傣语，僧侣们御寒的袈裟）、赕"林曼"（傣语，村寨神灵祭典）、赕"林勐（傣语，祭祖）、赕"鲁教"（傣语，指当日剃度出家的孩子）、赕"沙腊"（傣语，路边过路人休息的凉亭）、赕"帕芭"（傣语，佛祖的脚印），赕（建）桥、赕（修）路等。参见李孟薇《傣族"赕"文化的核心价值观及其当代启示》，《边疆经济与文化》2014 年第 9 期。

这类故事是《帕召抵混》中记载的主要内容，多达104个，虽然每个地方因为自身的自然条件，赕的东西不同，但大多以水果和食物为主，有的会赕金银珠宝以及盐巴和帕。值得注意的是，这类故事为傣族居住区的许多地名的来源构建了佛教依据，认为这些山、水、寨、勐的名称都与佛陀有直接关系，云南傣族聚居区的许多勐名、寨名、地名均来源于此书。

第二，佛陀留下头发、舍利。这类故事和第一类一样，情节大多类似，大抵介绍佛陀云游到某地，发现这个地方山清水秀、人杰地灵，心生欢喜，便留下自己的头发，或者寄语弟子将来把自己的舍利安放在此处。比如“达崴竜”的来历：

> 佛祖一行走了很久，爬到一座大山上坐下休息。弟子们撑开伞为他遮阴，并围坐在他的周围。阿楠达他们看到这里山清水秀，请求佛祖留下一处纪念，佛祖思量后从头上取下头发交给弟子，头发依然保存在竹筒里，拿到附近的溶洞放置。……做完这些并觉得满意后，阿楠达们回到佛祖身边，佛祖询问为何去了如此长的时间，知晓后很是欣慰，嘱咐弟子们：“我现在犹如人六十岁的年纪，等到我八十岁涅槃的时候，你们要记得把我的肩膀和肩胛骨拿来一同放在此处。将来这里相当兴旺发达的时候，守护的低洼腊会把我的舍利移出安放在山上供人们朝拜。”佛祖一行在此地一共呆了十五天，因此，这个地方叫做达崴竜。[①]

类似的故事，一共有46个，而这些存放头发或者骨头的地方，后来都建立起了佛寺或者佛塔，供后世信众朝拜祈福。且存放头发的器皿都是竹盒子，而放置的地方都是溶洞，这和景谷当地的地理环境和民风民俗高度契合。

---

① 《帕召抵混》，第155页。

第三，佛陀降妖斗法的故事。此类故事所占篇幅不大，只有 9 个故事。其中又可以分为：与人斗、与动物斗、与鬼怪斗三种。

（1）与人斗。此类故事在《帕召抵混》中有 3 则。佛陀云游，虽然每到一处大多会受到民众的赕和朝拜，但偶尔也会遇到一些不讲理、拦路抢劫的坏人，或者疯疯癫癫的和尚，佛陀便要和他们斗一斗，继而降伏他们，引导他们皈依佛门，踏上正途。如“勐贺桥”收伏山贼：

> 佛祖一行到了一个叫做勐贺桥的地方，这是一个地势险峻的交通要道，所以很多的山贼在这里等候抢劫，许多的行人和商人都不敢走，滞留在桥这边儿的山上。这天，佛祖远远看到山贼，只见他们背着挂包和装水的葫芦，特别嚣张，见到佛祖也敢跳出来拦截，于是佛祖施法让他们肚子疼痛无比，不能动弹。佛祖问：“你们为何在此为非作歹、抢劫路人？”山贼们意识到这个人的非凡，仿佛大梦初醒般跪拜佛祖，回答说：“以前我们自以为最厉害，没有人能管得住我们，所以才敢来拦路抢劫，现在我们决心痛改前非，一心向佛，广积善缘，并让更多的人来拜佛行善。”然后，安排两人跑回去叫家人们准备好赕的物品来拜佛祖，酸甜可口的各种饭食和金银宝物都全部拿出来赕。阿楠达拜佛祖，请佛祖为曾经的山贼们留下佛迹，让他们得以从此痛改前非，行善积德。佛祖很是欣慰，抬起脚就在路边的石头上踩下一脚，说：“我留下佛迹，你还必须教化教化他们，让他们和三界的各种生灵们都能听闻佛法，要让所有众生都知道，假如作恶多端，要下地狱接受可怕的惩罚。要让他们害怕而有所畏惧，不敢再作恶，从此能真心向善。”①

关于佛陀收伏山贼的故事在佛教本缘部的经典中也有许多记载，一些

① 《帕召抵混》，第 142 页。

著名的高僧如玄奘等的传记中也有类似的事迹，这些都可以视为佛教在传播过程中在不同地域遇到的困难的反映。在这一则故事中，佛陀通过施法让山贼肚痛而降服山贼，并留下佛足迹作为教化，这些行为则体现了云南南传佛教的特殊面貌。

（2）与动物斗。此类故事在《帕召抵混》中有3处。佛陀云游到某处，发现有为非作歹的龙和鳄鱼，都会出面斗法，加以驯服，从而维护一方平安，赐福人类。如“巴达竜锅”的故事记载：

> 佛祖挥指一弹，龙被镇住了，动弹不得、口张不得、眼眨不得，此时龙才幡然醒悟，……龙于是幻化人形，双手合十高高举起来跪拜佛祖，请求佛祖给予教化指导，从此皈依佛门，说：“之前怪自己眼拙，没能看出是佛祖您来到，过去我在这里称王称霸横行霸道惯了，以后愿意追随佛祖，再也不敢作恶，希望天天守在佛祖身边修习佛法，能有一个好的归宿。”龙想要让它的更多的弟子也能听闻佛法，就恳求佛祖多留几日。[①]

关于佛陀降服动物，特别是降龙的故事，在汉译佛典中也多有记载，可以视为印度佛教的一项信仰传统。云南傣族聚居区往往多水，因此在傣族先民所信仰的原始宗教中龙和鳄鱼的崇拜和相关故事较多，傣族一般将其称为“竜”，和龙谐音。因此，《帕召抵混》中的佛陀降龙故事，可以视为在佛教传统中佛陀降服动物故事的基础上，结合云南傣族原始信仰的一种在地化处理。

（3）与鬼怪斗。此类故事在《帕召抵混》中有3处，多以霸占一方为非作歹的妖魔鬼怪为主角，在与佛陀相遇和斗争后，最后失败，皈依佛门。如：

① 《帕召抵混》，第143页。

佛祖言毕，继续爬山，来到一个名叫洛哈固腊的大山头，这里是属于一个饿唠剽的，它专门在此藏着等着吃过路人，它双眼饿唠唠的候着。……这天看到佛祖，饿唠剽自然巴不得能吃佛祖，佛祖大声呵斥："你要吃我不成？"饿唠剽毫不客气的回答："我就是要吃你，哈哈，就是要吃你！"边说边张牙舞爪气势汹汹地扑上来，佛祖伸出手让它咬，佛祖的手顿时变成莲花，此时饿唠剽见到佛祖全身金光闪闪，大吃一惊，……随即跪拜佛祖，佛祖告诫它："你在此地专门吃人，涂炭生灵，你的好处一片米糠大都没有，将来你终将被打入地狱，如若知错能改，来世就不用再做饿唠剽。"佛祖说完为其诵经度化，念经完毕，……佛祖于是教他五戒、八戒，它决心痛改前非，从此皈依佛门，此心念有后，饿唠剽的獠牙飞落，魔爪脱落，身上的棕色长毛也悉数脱落，从此化为一个周正帅气的小伙子，欢天喜地地忙向佛祖跪拜："从来没有想到，我竟能遇到佛祖，今天有幸得到佛祖的教化，让我脱离魔鬼道。"他把自己的山头赕给佛祖，径自离去，让佛祖休息。①

如果说，中古时期汉传佛教的高僧传记中，大量僧人们降服山神的故事，反映了佛教在中国汉地传播过程中与地方原始崇拜的冲突和斗争，那么《帕召抵混》中这一类佛陀降服鬼怪的故事，也可以视为佛教在云南傣族聚居区传播时对傣族原始崇拜的一种斗争和征服。

第四，佛陀留下预言。这一类故事是佛陀在某地预言，将来这个地方会出现什么人，发生什么事。如预言未来佛弥勒降世：

今天我果大麻来到这里也同样为了弘扬佛法，等我将来涅槃后，你们要继续传承教化万物。弟子们要记住别忘了，五千佛年后的将来

① 《帕召抵混》，第 153 页。

> 会有一尊佛祖，就是我的五弟密代雅时代，那时整个人间会很太平，有一条江河环绕穿过很多勐，不管是哪个坝子，人丁都很兴旺，房屋建得宫丽堂皇、很漂亮，人们不用做买卖、挑挑抬抬、纺线织布，不用太辛苦也有吃的用的，一切应有尽有，人们的寿命很长，老来脸上连皱纹都没有，眼不花耳不聋，无疼痛灾难之忧，人人脸上的气色犹如刚盛开的莲花般美丽。那时密代雅来到这个地方，你们要记住我说的话。①

"果大麻"为巴利语"gotama"的音译，汉译佛典常音译为乔达摩、瞿昙，是释迦族的姓。"密代雅"为巴利语"Metteyya"的音译，即未来佛弥勒。这段内容是南传佛教经典中为数不多反映弥勒信仰的内容，将之与南传尼柯耶和汉译阿含部经典中有关弥勒信仰的内容进行对比研究，对于研究印度早期佛教、南传佛教的弥勒信仰都会有重要的参考价值。

《帕召抵混》中更多的还是佛陀对于傣族村寨、族群的预言，如：

> 佛祖接着告诉弟子们："以喃晃（江）为界，上上下下的人往来都很多，今后的人们都会跑到这里，将来这块宝地会人丁兴旺，有很多人居住在此，而其他地方会慢慢衰败。景卖周围居住的人们他们将分散出走陆续逃往这里，人多得如同飞蚂蚁一样，弟子们记住今天我说的话。"这个地方就叫巴达贺派勐嘎（贺派：水坝头）。②

和大多数民族一样，傣族缺少严谨可靠的历史记载，民族发源和变迁的信息大多以神话故事的形式，保留在口头传唱的史诗文学中。《帕召抵混》中这一类佛陀预言的故事，与傣族神话传说一样，都是考察傣族历史的重要参考资料。

① 《帕召抵混》，第146页。
② 《帕召抵混》，第150页。

四 《帕召抵混》的特色与影响

（一）《帕召抵混》的文学特色

在语言风格上,《帕召抵混》主要采用了优美的诗歌形式和生动的口语表达。《帕召抵混》采用了傣族传统的诗歌形式，语言优美，韵律和谐。它运用了丰富的修辞手法，如比喻、拟人、夸张等，增强了语言的表现力和感染力。例如，在描述佛陀的神圣形象时，使用了大量的比喻和夸张手法，使佛陀的形象更加高大和神秘。同时,《帕召抵混》中还运用了生动的口语表达，它采用了傣族民间的日常用语和俗语，使内容更加通俗易懂，更贴近傣族人民的生活。

在叙事手法上,《帕召抵混》主要采用了线性叙事与倒叙插叙相结合，以及多角度叙事。它以佛陀的经历为主要线索，按照时间顺序进行叙述，同时又穿插了一些回忆和传说故事，使整个叙事更加丰富和生动。例如，在讲述佛陀的修行过程中，会插入一些他前世的故事，增加了故事的神秘感和吸引力。同时,《帕召抵混》还采用了多角度叙事的手法，从不同人物的视角来讲述故事。例如，在一些传说故事中，既有神灵的视角，也有凡人的视角，通过不同视角的切换，使故事更加立体和全面。

在人物形象塑造上,《帕召抵混》主要塑造了佛陀的形象。佛陀是《帕召抵混》中最重要的人物形象，他被塑造为一位智慧、慈悲、神圣的佛祖。文献通过对他的言行、神态以及他所展现的神奇力量的描述，使佛陀的形象深入人心。他不仅是傣族人民信仰的对象，也是傣族文化中的精神象征。除了佛陀，文献中还塑造了许多其他人物形象，如佛陀的弟子、僧侣、信徒、神灵等。这些人物形象各具特点，有的善良勇敢，有的贪婪自私，通过对他们的刻画，展现了傣族社会的众生相，同时也传达了佛教的道德观念。

（二）《帕召抵混》的社会影响

《帕召抵混》对傣族社会的宗教信仰、文化传承、社会凝聚力和经济生活等多方面均产生了深远影响。

第一，在宗教信仰方面，《帕召抵混》的流传强化了佛教信仰与传承，规范了宗教行为与礼仪。《帕召抵混》记载了佛陀在景谷地区云游传法时留下的手印、脚印等印迹故事，生动展现了佛教教义和佛陀事迹，使傣族民众对佛教的信仰更加坚定。它作为重要的佛教文献，在宗教仪式中被僧人念诵，承担着经文唱诵功能，有助于佛教信仰的代代传承。同时，该书包含佛教的教规戒律、修行方法等内容，有利于引导信众在日常生活中遵循佛教教义，为傣族信徒提供了具体的宗教行为准则和礼仪规范。

第二，在文化传承方面，《帕召抵混》保留了较丰富的民族历史记忆和丰富的文学艺术素材。《帕召抵混》堪称“傣族史书”，记载了两千多年前的传说故事，勾勒出早期傣族先民们生产生活的面貌，像开挖盐井获取食盐等生存智慧，以及当地的历史变迁、地名由来等内容，这些都成为傣族珍贵的历史记忆，可以帮助傣族了解本民族的起源和发展历程。同时，该书包含的神话传说、佛祖故事等为傣族的文学创作提供了丰富素材，激发了傣族民间文学、诗歌、绘画、舞蹈等艺术形式的发展。例如一些以佛教故事为蓝本创作的文学作品，以及在舞蹈、绘画中出现的佛教元素等，都体现了《帕召抵混》对傣族艺术创作的影响。

第三，在社会凝聚力方面，《帕召抵混》对于增强民族认同，有重要的意义。《帕召抵混》是傣族文化的重要象征之一，共同的宗教信仰和对这部文献的尊崇，使傣族民众在心理上产生强烈的民族认同感和归属感，将不同地区、不同阶层的傣族人民紧密联系在一起，强化了民族凝聚力。

第四，在经济生活方面，《帕召抵混》对于推动旅游发展和手工业生产都有积极的作用。以《帕召抵混》为支撑，景谷县发现了丰富的佛足迹遗存，吸引了东南亚各国的众多游客前来参观、朝拜。围绕佛迹文化开展的旅游活动，如佛迹寺参观、佛教仪式体验等，为当地带来了可观的旅游收入，也促进了相关传统手工艺制品产业的发展，对傣族地区的经济起到了推动作用。

五　结语

综上所述，本文主要梳理了云南景谷傣族佛迹文献《帕召抵混》的文本流传、翻译情况，分析了该书的主要内容、文学特色和社会影响。《帕召抵混》记述了佛陀成道后，在傣族聚居区云游的故事。书中故事生动有趣，富有想象力，通过口耳相传的方式在傣族社会中广泛流传，不仅丰富了傣族的宗教文化，也成为傣族民间文学的重要素材，对传播佛教文化和道德观念起到了重要作用。

值得注意的是，以《帕召抵混》为支撑，景谷产生了大量佛足迹风物传说，并且有不断新增的趋势。围绕这些佛足迹风物点，当地民众每年在傣历新年后进行朝圣佛足迹的民俗活动，形成了体系完整、内容丰富、极具生命力的中国南传佛教佛足迹崇拜文化，这一点还有待学界更进一步的研究。

南传上座部关于“轮回主体”问题的立论

——以《摄阿毗达磨义论》与《清净道论》为中心

纪　荧

复旦大学博士生

摘要：笔者在另一篇文章中以《论事》（*Kathāvatthu*）为中心，探讨了南传上座部关于“轮回主体”问题的破论。其批驳立场建构在对究竟法的分析上，认为所谓“轮回主体”（补特伽罗）只是作为究竟名色法聚合影像而被认知的无自性概念法。上座部之所以有此知见，主要与其轮回思想发展至阿毗达磨注疏时期所建构的心识理论密切相关。在此阶段，上座部突破尼柯耶中直观经验性的思维模式，精密分析了涉及轮回的心识及心路过程，以此为思想路径，建构了以三轮转为理论基底的因果相续轮回机制。通过心识的刹那生灭性，上座部解释了三轮转过程中业力的延续性问题，以无常性消解了轮回的主体性。而作为转动三轮转的无明，则使得无我与轮回具有了逻辑上的一致性。上座部对“轮回主体”的观察，消解与建构并存，具有极强的辩证意味。其既未破坏此世与他世间的轮转相续，也未造成与佛教无我论之龃龉。

关键词：“轮回主体”；心识；心路过程；“三轮转”；因果相续

引　言

“轮回”作为佛教核心思想，影响了佛教教义与修持体系的建构。而轮回中是否有“主体”？这一问题在佛教思想演进过程中既深受外部诘难，又常有内部分歧。在早期佛教的“十二因缘论”中，“识”在一定程度上起到了“轮回主体”的作用，但相关文献论述并不充分。后来在部派佛教时期，一些部派提出“补特伽罗”（puggala）等各种变相“我”。至大乘佛教时期，“如来藏”（tathāgatagarbha）、“阿赖耶识”（ālaya-vijñāna）等概念的提出，为轮回中生命自体的统一性提供了一定支持。“轮回主体”问题研究，对佛教思想研究具有重要意义。关于部派佛教“轮回主体”问题的研究，我国一向以说一切有部论典为主要依据，从其入手，固然可以了解到某些部派关于“轮回主体”问题的思想立场，但仅限于此则无法窥察部派佛教有关“轮回主体”辩难之全貌。在传世文献中，南传巴利语系论典也有对“轮回主体”问题的分析，表明了南传上座部（以下简称上座部）对“轮回主体”问题的致思路径，考察其中论述，可为部派佛教“轮回主体”问题研究提供一个新的视角。

关于上座部“轮回主体”问题研究，国内学者[①]着墨不多，大多间或涉及此议题且主要聚焦在“有分心”这个概念上。国外学者对上座部“轮回主体”问题的研究，除在梳理部派佛教轮回观时有所涉及外，大多集中在两个方面。一是[②]分析“有分心”在轮回中的作用，但相比国内而

① 汤用彤：《佛教上座部九心轮略释》，《学衡》1924 年第 26 期；金克木：《说“有分识”》，载《现代佛教学术丛刊（二十六）——唯识思想论集》，台北：大乘文化出版社 1978 年版；黄俊威：《南传上座部“有分识”思想之探讨——以九心轮问题为中心》，《圆光佛学学报》1993 年创刊号；陈兵：《〈阿含经〉及部派佛学的深层心识说》，《西南民族大学学报》（人文社科版）2006 年第 7 期。

② Collins Steven, *Selfless Persons: Imagery and Thought in Theravada Buddhism*，Cambridge University Press，1982. Gethin，Rupert，“Bhavaṅga and Rebirth According to the Abhidhamma，” *The Buddhist Forum*，Vol. 3，1994. Colonel Adam L.B., *The Effects of Momentariness on Karma and Rebirth in Theravāda Buddhism*，Institute of Media Studies（IMS），2017.

言，其更注重对“有分心”所执行的心理作用作深层分析，倾向于从个体精神意识与心灵深层结构入手，对“有分心”进行跨文化的哲学与心理学诠释。二是[①]聚焦上座部轮回思想涉及的“缘起”“业”“识”等关键概念，通过阐明二者的相关性来解析上座部轮回学说的特点。就以上研究来看，关于上座部“轮回主体”问题研究虽已取得一定成果，但仍有未尽之义与深化空间。首先，未能充分利用巴利注疏就上座部关于“轮回主体”问题的立场进行界定，缺乏对论证前提的详细辨析。其次，研究大多局限在对“有分心”概念的探讨，缺乏对上座部整体轮回机制的深入考察，影响了对上座部“轮回主体”问题的综合认识。基于前人成果，本研究将针对南传上座部“轮回主体”问题做进一步的开拓工作。主要通过《清净道论》《摄阿毗达磨义论》两部论书，考察上座部以心识理论为基础的轮回机制，阐明上座部轮回学说的思想特色。在此基础上，细致探究上座部心识理论中轮回之死亡与结生过程，分析上座部调和轮回说与无我论的思想路径。

一　上座部轮回思想的内在逻辑

上座部阿毗达磨思想体系以对究竟法的认知为基础，其将究竟法分为四种，心（citta）、心所（cetasika）、色（rūpa）、涅槃（nibbāna）。上座部轮回思想正是基于对究竟法的分析。在另一篇文章[②]中，笔者探讨了上座部关于“轮回主体”问题的破论，研究发现，上座部认为所谓“轮回主体”（补特伽罗）只是作为究竟名色法聚合影像而被认知的无自性概念法。之所以有此知见，主要与其轮回思想发展至阿毗达磨注疏时期所建构的心

① 水野弘元:《パーリ仏教を中心とした仏教の心識論》，東京ピタカ 1964 年版；藤田正浩:《有分心と自性清淨心》,《東洋の思想と宗教》1988 年第 5 期；名和隆乾:《パーリ圣典における轮廻と viññ ā ṇa の研究：轮廻主体の问题を中心に》,《印度学佛教学研究》2016 年；志智昭良:《南伝上座部における縁起说と轮廻の関系性》,《龙谷大学佛教学研究室年报》2021 年第 25 期。

② 《南传上座部关于“轮回主体”问题的破论——以〈论事〉“补特伽罗论”为中心》，待刊。

识理论密切相关。在此阶段，上座部突破尼柯耶中直观经验性的思维方式，深入分析了涉及轮回的心识及心路过程，以精密的心识理论为其轮回思想的内在逻辑。

（一）心识活动的基本要因

觉音尊者在《法集论注》里解释心（citta）为："Ārammaṇaṃ cintetī'ti cittaṃ，vijānātī'ti attho."[①]（识知所缘的是心，如此识别之意。）上座部对心的判断，是从心识知目标的特性来说的，作为究竟法之一的心是上座部心识理论的认知主体。对于任何一种具有自性的究竟法，上座部古论师惯用四支鉴别法进行区分。四支鉴别法是从四个角度来分析每一究竟法，分别是：相（lakkhaṇa）[②]，特相之意；味（rasa）[③]，作用之意。现起（paccupaṭṭhāna）[④]，结果之意；足处（padaṭṭhāna）[⑤]，近因之意（究竟法所依之缘，其立足之处）。心（citta）作为究竟法也可用四支鉴别法分析："vijānanalakkhaṇaṃ cittaṃ，pubbaṅgamarasaṃ，sandahanapaccupaṭṭhānaṃ，nāmarūpapadaṭṭhānaṃ."[⑥]（心以识知为相，以先导为味，以相续为现起，以名色为足处。）一般来说，区分纷杂事相的界限便是事相本身的特质，心亦如此，其独特之处是纯粹地识知目标。先导意指心为诸心所之先导，心

① Bhadantācariya Buddhaghosa.（5 A.D）. *Dhammasaṅgaṇi-aṭṭhakathā*，*Aṭṭhasālinī*（DhsA.）.CSCD . p.106.

② Bhadantācariya Buddhaghosa.（5 A.D）.*Dhammasaṅgaṇi-aṭṭhakathā*，*Aṭṭhasālinī*（*DhsA.*）. "lakkhaṇādīsu hi tesaṃ tesaṃ dhammānaṃ sabhāvo vā sāmaññaṃ vā lakkhaṇaṃ nāma."（相因诸法的自性或共性而有相之名。）CSCD. p.105.

③ Bhadantācariya Buddhaghosa.（5 A.D）.*Dhammasaṅgaṇi-aṭṭhakathā*，*Aṭṭhasālinī*（*DhsA.*）. "kiccaṃ vā sampatti vā raso nāma."（作用或达到的成就名为味。）CSCD. p.105.

④ Bhadantācariya Buddhaghosa.（5 A.D）.*Dhammasaṅgaṇi-aṭṭhakathā*，*Aṭṭhasālinī*（*DhsA.*）. "upaṭṭhānākāro vā phalaṃ vā paccupaṭṭhānaṃ nāma."（表现形式或结果名为现起。）CSCD. p.105.

⑤ Bhadantācariya Buddhaghosa.（5 A.D）.*Dhammasaṅgaṇi-aṭṭhakathā*，*Aṭṭhasālinī*（*DhsA.*）. "āsannakāraṇaṃ padaṭṭhānaṃ nāma."（最近之因名为足处。）CSCD . p.105.

⑥ Bhadantācariya Buddhaghosa.（5 A.D）.*Dhammasaṅgaṇi-aṭṭhakathā*，*Aṭṭhasālinī*（*DhsA.*）CSCD .p.156.

与心所同时生灭，心所协助心全面地识知目标。相续是指心表现为次序生起的过程，即下文探讨的心路过程。在佛教缘起观的逻辑下，任何事物产生发展都有其因缘，心所依之缘便是名法与色法。上座部进一步从不同角度对心进行分类，将其区分为八十九种[①]，这八十九种心整体被视为一种究竟法。

在此基础上，上座部又分析了从属于心的成分，即心所（cetasika），心所被分类为五十二种[②]。有别于八十九心共具同一特相（识知目标），五十二心所各具不同特相。各自有别的五十二心所与心聚合生起，因特相不同而与心呈不同的相应关系，它们协助心去识知目标，从而转起了种种认识活动。《摄阿毗达磨义论》第二章 cetasikaparicchedo（心所之义）开篇有一首描述心与心所关系的偈颂：“ekuppādanirodhā ca ekālambaṇavatthukā. cetoyuttā dvipaññāsa dhaʍʍā cetasikā matā.”[③]（同时生起与灭去，同一所缘与依处。）每一组名聚（心与心所的聚合）的转起都必须同时符合这四个原则，即时空上的同生、共灭、识知同一目标、依同一色法而生（依处是

① 见附录表“八十九心与一百二十一心分类表”，转引自明法比丘《摄阿毗达磨义论表解》，法雨道场 2007 年版，第 3 页。

② 五十二心所分为三大类，分别是美心所（sobhanacetasika）、不善心所（akusalacetasika）、通一切心所（aññasamānacetasika）。这三种心所之性由同一组名聚中心的特性而决定。将特性进一步细化，通一切心所又可分为七遍一切（sabbacittasādhāraṇa）（触、受、想、思、一境性、名命根、作意）与六杂（pakiṇṇaka）（寻、伺、胜解、精进、喜、欲）心所。不善心所被分为四遍一切不善心（痴、无惭、无愧、掉举）、三贪根（贪、邪见、我慢）、四嗔根（嗔、嫉、悭、恶作）、一痴根（疑）、二有行（昏沉、睡眠）心所。美心所被分为十九遍一切美心（sobhanasādhāraṇa）（信、念、惭、愧、无贪、无嗔、中舍，心与心所轻安、轻快、柔软、适业、练达、正直）、三离（virati）（正语、正业、正命）、二无量（appamaññ ā ）（悲、喜）、一慧根（paññindriya）心所。

遍一切是说无论心善与不善，这些心所必然伴随每一个心而生起，是心识知目标最基本的要素。杂是指心所依据情况不定地出现于某种心。贪、嗔、痴与慧根心所，是指与同一组名聚中心所属的潜在之因相应。前文提到上座部将心的生起方式分为有行与无行，昏沉与睡眠心所因会导致心的沉重与懈怠而属于被动无力的有行，而非主动活跃的无行。美心所中的三离心所是指刻意地远离身、语、意的恶行，二无量是从对待有情态度而言的，指四梵住中的悲与喜。

③ Bhadanta Anuruddha.（12A.D.）*Abhidhammatthasaṅgaha*・Cetasikaparicchedo・Sampayogalakkhaṇaṃ.CSCD. p.8.

支持心与心所生起的色法）。四个原则的共同基础是心所与心的不可分离性，心所从属于心，当心生起时，心所必然匹配并伴随心生起，协助心识知目标，这是名法运作的基础。

（二）心识活动的运行机制

八十九种心与五十二心所，主要从心识单位性纬度来分析，但这种分析缺乏对认知过程的整体性考察。上座部论师意识到了这一点，于是进一步从功能性角度对心识活动的组成部分进行了细致探究。上座部强调心具有十四种作用，并以十四作用（作用 kicca，词根为√ kar，做，kicca 可译为作用、职责、义务等，kicca 主要是强调心在认知过程中的功能性）为认识活动的运行基础，从动态角度分析了一期生命中由种种心识活动路线而构成的认知过程，即心路过程（vīthicitta）。笔者参考了《摄阿毗达磨义论》及 12 世纪末的经典古疏《阿毗达磨义广释》（*Abhidhammatthavibhāvinīṭīkā*）中对十四作用的分析，总结如下。

（1）结生（paṭisandhi）：《阿毗达磨义广释》中对结生有着清晰的定义："bhavato bhavassa paṭisandhānaṃ paṭisandhikiccaṃ."①（过去的生命变成生命的重新结合是结生作用。）强调心在前世与此世间的连接作用，强调其存在一种时空上的接续性。值得注意的是，心在一期生命中只执行一次结生作用，即一世之始，这也是一期生命里心执行的第一个作用。（2）有分（bhavaṅga）："avicchedappavattihetubhāvena bhavassa aṅgabhāvo bhavaṅgakiccaṃ."②（使生命之根流转而不中断的生命成分是有分作用。）这里提到了有分的两个特征，一是作为生命的构成要素，二是令生命相续而不中断。有分不是指心具有某些物质属性，而是在表明有分心是生命存在的要因。相异于结生与死亡连接两世，有分心连接此世的心路过程，

① Ācariya Sumaṅgalasāmi（善吉祥智者，12A.D.）. *Abhidhammatthavibhāvinīṭīkā*（*Vībhv*，阿毗达磨义广释》.CSCD. p.125.

② Ācariya Sumaṅgalasāmi（善吉祥智者，12A.D.）. *Abhidhammatthavibhāvinīṭīkā*（*Vībhv*，阿毗达磨义广释》.CSCD. p.125.

使其存续而不中断。（3）转向（āvajjana）：在所缘撞击根门时，心舍弃前一个所缘而朝向新的所缘，即是转向作用。（4）看（dassana）、（5）听（savana）、（6）嗅（ghāyana）、（7）尝（sāyana）、（8）触（phassa），是指心去识知撞击眼、耳、鼻、舌、身根的色、声、香、味、触所缘。（9）领受（sampaṭicchana）、（10）推度（santīraṇa）、（11）确定（votthapana）是指目标撞击根门后，随五识之后而有次序地生起对呈现于五门目标的领纳、审查、确认作用，是逐步深入的认识活动。（12）速行（javana）：“ekakkhattuṃ vā javamānassa viya pavatti javanakiccaṃ.”①（速行作用就像跑的发生与转起。）《阿毗达磨义广释》将速行比作动词跑，突出它在识知目标时的迅速性。速行是继续对刚确定过的目标作出反应，它有两个相反作用，一是破除不善，二是招致不善。可以看出，它是心最具道德属性的作用。（13）彼所缘（tadārammaṇa）：“taṃtaṃjavanaggahitārammaṇassa ārammaṇakaraṇaṃ tadārammaṇakiccaṃ.”②（缘取这个或那个速行的目标是彼所缘作用。）彼所缘缘取速行缘取过的所缘，进一步延续、体味速行的目标。（14）死亡（cuti）：“nibbattabhavato parigaḷhanaṃ cutikiccaṃ.”③（从已存在下沉为不存在是死亡作用。）与结生相对，这是一期生命中心的最后一个作用，结束生命存在。

上座部心识理论强调的十四种作用，是在动态视角下对个体认识活动进行的静态分析，体现了认知过程的逐步深化与层级递进。值得注意的是，虽然是静态分析，但并不是孤立与形而上的。十四作用虽各有特质，但其前后是相互关联的，上座部心识论强调的不是孤立如点的心识刹那，而是由点构成如线的心路过程，是认知活动上的接续性。

当目标撞击根门时，识知该目标的心依其执行的作用有次序、单独地顺位生起。依此心之定法（cittaniyāma）转起了一系列心识活动路线，由

① Ācariya Sumaṅgalasāmi.（12A.D.）. *Abhidhammatthavibhāvinīṭīkā*（*Vibhv*）.CSCD. p.125.

② Ācariya Sumaṅgalasāmi.（12A.D.）. *Abhidhammatthavibhāvinīṭīkā*（*Vibhv*）.CSCD. p.125.

③ Ācariya Sumaṅgalasāmi.（12A.D.）. *Abhidhammatthavibhāvinīṭīkā*（*Vibhv*）.CSCD. p.125.

种种心识活动路线而构成的认知过程，即是心路过程（vīthicitta）。心路过程以十四作用为运行基础而实现，因每一组名聚都遵循缘取同一目标的原则，所以同一根门里的心都识知同一目标，但呈现于根门的目标有强度差异，所以当心识知不同目标时所执行的作用会有不同，并不是十四种作用全部生起。心路过程中最基本的单位是心识刹那（cittakkhaṇa）[①]，是每一心存在的、极其短暂的时间长度，刹那灭去的前一心为迅速生起的后一心提供因缘条件。由于每一心识刹那只有一心存在，十四作用中的看、听、嗅、尝、触依目标情况（色、声、香、味、触）仅生起其中一种，因此心路过程里心生起的顺位就被分为十个阶段：结生—有分—转向—五识之一—领受—推度—确定—速行—彼所缘—死亡。上座部也依目标不同的呈现方式而将心路分为两类，一类是呈现于六根门的活跃六门心路，一类是执行死亡、结生与有分作用的不活跃离心路。

六根门活跃心路分为五门与意门心路。五门心路（pañcadvāravīthi）通过不同根门发生，但都依同一顺位而转起。五门心路里的心并不执行结生、有分、死亡作用，当目标呈现于五门后，心依顺位而次序地生起转向—五识之一—领受—推度—确定—速行—彼所缘作用。又因所缘强度不同，如极大所缘、大所缘、微细所缘、极微细所缘，导致心执行的作用分别结束于彼所缘、速行、确定、无（没有五门心路生起，心只执行离心路的有分作用）。意门心路（manodvāravīthi）不依靠五根门，只在意门生起。依界分为欲界微细心路过程（parittavīthi），以及色界、无色界与出世间安止（入定）速行心路过程（appanājavanavīthi）。这里主要分析欲界微细心路过程，它包含两类：一是随五门心路后生起的意门心路，二是独立生起的意门心路。这是因为目标有时在五根门呈现后还会继续呈现在意门，有时不经过五根门（如依据经验而推测）而直接在意门呈现。同五门心路一样，由于目标强度的差异，意门心路里心所执行的作用分别结束于彼所缘

① Cittakkhaṇa：心识刹那（心识生 uppāda、住 ṭhiti、灭 bhaṅga 的时间），非常短暂，在弹指间，即有数百亿个心识刹那（SA.12.61./II 99.），见明法尊者增订《巴汉词典》。

（极大）、速行（大）、转向（微细）、无（极微细）。在意门心路里，心只执行转向、速行、彼所缘作用，五识、领受、推度与确定作用只在五门心路里生起，因为它们是对五所缘的识知。

离心路主要以心执行结生、有分、死亡作用而实现，结生与死亡分别为一期生命中执行生与死，且只出现一个心识刹那的第一个与最后一个作用。有分心则不同，它不只出现一次，有分心连接此世不同心路令其存续而不中断。一期生命中的有分心与心路交互生起，但上座部不认为有分心是常住不灭的，有分心本身也是持续生灭的。结生、有分、死亡三者虽执行作用不同，但都缘取同一个目标，一期生命中，三者皆识知前一世临死心路过程（生命最后一个心路过程）的目标，并不识知此世任何一个新目标，因此基于这三者的便是不活跃的离心路过程。

由上观之，基于心识活动的基本要因与运行机制，当强度不同的目标在五门或意门中呈现时，本性各异的五十二心所必协助心识知所缘，伴随不同特性心所的心依所执行的作用有次序、单独地顺位生起，从而在一期生命转起了以十四作用为运行基础的种种心路过程。一期生命从结生至死亡，再从死亡至新的结生，不断生灭的有分心与心路过程在此间交互生起，种种名聚组合也在这轮转流动间相续运作。

二　上座部对“轮回主体”的消解路径

轮回涉及此世之死与他世之生，前述提及上座部阿毗达磨将生死归结为心识本具的功能性作用，认为心识可执行一期生命的“初生”与“末死”，称其为心识十四作用之“结生”与“死亡”作用。不仅如此，上座部还将心识分类为八十九种，同时强调心识不能独立生起，必依所缘情况与具有辅助性质的俱应心所共同生起。因此，绝不能仅从涉及轮回之结生、死亡乃至有分作用的离路心去分析上座部轮回思想，还要分析三者相应心所为何。基于上座部阿毗达磨中心识活动的运行机制，其心识理论强调的不是孤立如点的心识刹那，而是由点构成如线的心路过程。轮回不仅涉及执行轮回作用的结生、有分、死亡三种离路心，还涉及三者所连接的转世心路过程。因此，完整分析上座部对“轮回主体”的消解路径，还须对其心识理论中轮回之死亡与结生过程作细致探究。

（一）轮回之死亡与结生

上座部阿毗达磨中涉及轮回之离路心（vithimutta），主要指在心路过程之外，不依任何根门而独立生起之心。上文提到，结生心（paṭisandhicitta）作为一期生命的第一个心识，有连接前世今生的作用。死亡心（cuticitta）作为生命最后一个心识，代表了生命终结。而有分心（bhavaṅgacitta）相异于结生与死亡连接两世，其连接此世心路过程，使其存续而不中断。虽三者名称相异，但也仅是因为执行作用有别。从根本上来说，三者被视为同一种心，即都属于缘取前一世临死心路过程所缘的果报心（vipakacitta）。上座部阿毗达磨将心分类为八十九种，那执行轮回作用的离路心是哪些？其俱应心所又为何呢？

首先，《摄阿毗达磨义论》提到离路心共有十九种：“tattha dve upekkhāsahagatasantīraṇāni ceva aṭṭha mahāvipākāni ca nava rūpārūpavipākāni ceti ekūnavīsati cittāni paṭisandhibhavaṅgacutikiccāni nāma.”①（在那里有二舍俱推度心、八大果报心、九色界与无色界果报心，共有十九个名为结生、有分、死亡的心。）据附录表格可知，十九心具体为“欲界十八无因心”之“不善果报舍俱推度心”（akusalavvipakam upekkhāsahagatam santīranacittāni）与“善果舍俱报推度心”（kusalavvipakam upekkhāsahagatam santīranacittāni），以及“八欲界有因大果报心”（kāmāvacaravipākacittāni）、“五色界果报心”（rūpāvacaravipākacittāni）、“四无色界果报心”（arūpāvacaravipākacittāni）。

其次，据心与心所俱应原则，此十九心绝不会孤立生起，必有相应心

① Bhadanta Anuruddha（12 A.D.）. *Abhidhammatthasaṅgaha*・Kiccasaṅgaho. CSCD. p.17.

所同时生起以辅助其识知所缘。其中，十九离路心一方面全部俱应“七遍一切心心所”（因这七个心所遍及任何心而名遍一切），另一方面会因具体离路心不同而相应其他心所。第二方面具体情况如下（参阅附录八十九心名目表）：（1）“两个无因舍俱推度心”还与六杂心所之“寻”“伺”“胜解”心所俱应生起①（无因心软弱无力，不具备欲与精进心所，又因其与舍受俱行，所以不能有与悦受俱应的喜心所生起）。（2）“欲界八有因果报心”除全部与“十九遍一切美心心所”（因此八心是欲界善心的果报心，所以与同特性的美心所相应生起）俱应外，其中“四悦惧智相应（智不相应）有行（无行）心”，还俱应全部六杂心所，其中“两个悦惧智相应心”还与“慧心所”俱应。而“四舍惧智相应（智不相应）有行（无行）心”，与除“喜心所”外的杂心所俱应（与舍俱行则无喜），同样其中“两个舍惧智相应心”还与“慧心所”俱应。（3）“五色界果报心”同样也全部与“十九遍一切美心心所”俱应，此外，因五心各层禅支不同而与六杂心所呈不同俱应情况。初禅色界果报心与“六杂心所”相应，二禅色界果报心减少“寻”，三禅色界果报心减少“寻、伺”，四禅与五禅色界果报心减少“寻、伺、喜”。同时，“五色界果报心”还与“慧心所”俱应（色界与无色界心，全部拥有无痴的智慧）②。（4）“四无色界果报心”除与“十九遍一切美心心所”与“慧心所”俱应外，也因其禅支情况而与“六杂心所”之“欲、胜解、精进心所”俱应。

以上十九离路心，与其俱应心所共同执行有情的结生与死亡作用，且

---

① Bhadanta Anuruddha（12 A.D.）. *Abhidhammatthasaṅgaha* · *Ahetukacittasaṅgahanayo*：“Dvipañcaviññāṇe pakiṇṇakavajjitā teyeva saṅgayhantīti.” CSCD. p.17.

② Bhadanta Anuruddha（12 A.D.）. *Abhidhammatthasaṅgaha* · *Mahaggatacittasaṅgahanayo*：“mahaggatesu pana tīsu paṭhamajjhānikacittesu tāva aññasamānā terasa cetasikā，viratittayavajjitā dvāvīsati sobhanacetasikā ceti pañcatiṃsa dhammā saṅgahaṃ gacchanti，karuṇāmuditā panettha paccekameva yojetabbā，tathā dutiyajjhānikacittesu vitakkavajjā，tatiyajjhānikacittesu vitakkavicāravajjā，catutthajjhānikacittesu vitakkavicārapītivajjā，pañcamajjhānikacittesu pana pannarasasu appamaññāyo na labbhantīti sabbathāpi sattavīsatimahaggatacittesu pañcakajjhānavasena pañcadhāva saṅgaho hotīti.” CSCD. p.12.

只有这十九种心可以。但轮回不仅涉及在心路过程之外的结生、有分、死亡三种离路心，还涉及三者所连接的转世心路过程，主要是前世最后一个心路过程与此世第一个心路过程。

在执行死亡作用的离路死心生起前，前世最后一个心路过程之临死心路过程（maranasannavithi）生起。其分为两种情况，一是五门死亡心路过程，二是意门死亡心路过程。不管哪种心路过程，基于阿毗达磨中将心视为具有识知所缘特相的究竟法，两种心路过程都以识知临死心路过程所缘为运作基础。针对前世临死心路过程之所缘，阿毗达磨注疏将其分为三种，分别是：业（kamma）、业相（kammanimitta）、趣相（gatinimitta）[①]。于此，临死心路缘取三者之一，在目标呈现于五门或意门后，心依顺位次序地转起了完整的临死心路过程。特别要提及的是，对于心十四作用中最具造业及道德属性的速行作用来说，相异于在平时心路过程里生起七次，其在临死心路过程里因力量不足，只生起五次[②]，仅作为连接过去所造业之桥梁。

具体对于五门临死心路来讲，基于上座部阿毗达磨中心识活动的运行机制，不同所缘撞击五门，会导致心依所缘强度差异而生起个别作用。因此，五门临死心路主要有两种情况。第一种，在极大临死所缘呈现于五门之后，次序地生起五门转向心—领受心—推度心—确定心—速行心（五次）—彼所缘心（两次）。第二种，在大临死所缘呈现于五门之后，次序地生起五门转向心—领受心—推度心—确定心—速行心（五次）。意门临死心路也是如此。不过上节已提到，在意门心路里，心只执行转向、速

① Bhadanta Anuruddha（12 A.D.）. *Abhidhammatthasaṅgaha · Cutipaṭisandhikkamo.* 业："yathārahaṃ abhimukhībhūtaṃ bhavantare paṭisandhijanakaṃ kammaṃ."（依据情况呈现再次结生之业。）业相："taṃkammakaraṇakāle rūpādikam upaladdhapubbam upakaraṇabhūtañ ca kammanimittaṃ."（呈现曾造业时所识知的色相或使用的工具。）趣相："anantaram uppajjamānabhave upalabhitabbam upabhogabhūtañ ca gatinimittaṃ."（呈现下一世结生之地的影像。）CSCD. p.37.

② Bhadanta Anuruddha（12 A.D）*Abhidhammatthasaṅgaha · Cutipaṭisandhikkamo:* "maraṇāsannavīthiyaṃ panettha mandappavattāni pañceva javanāni pāṭikaṅkhitabbāni."（临死心路过程中有五个迟钝的速行心连续生起。）CSCD. p.37.

行、彼所缘作用，因此，意门两种临死心路情况为：意门转向心—速行心（五次）—彼所缘心（两次），或意门转向心—速行心（五次）。

在执行结生作用的离路结生心生起之后，有分心生起，之后此世第一个心路过程之结生心路过程（patisandhivithi）生起。但不同于前世临死心路过程或有五门，或有意门两种情况，此世继结生心后生起的第一个心路只能是意门心路过程[①]，其情况为：意门转向心—速行心（七次）—彼所缘心（两次）。因其缘取此世新的诸蕴为所缘，所以对目标作出反应的速行心，已不像前世临死心路作为业之桥梁那样薄弱被动，而是已经具有造业力量，故此速行心生起七次。

综前所述，轮回之死亡与结生过程大致如下图。

当前世最后一个心路之临死心路灭去后，执行死亡作用的离路死亡心立即生起。而当其灭去后，执行连接前世与此世结生作用的离路结生心立即生起。作为不依靠任何根门而生、并非心路过程的离路心，其识知所缘不同于此世心路过程，而是以前世临死心路过程所缘为所缘。[②]也就是说，此世结生、有分、死亡三种离路心的识知所缘，与前一世最后一个心路过程的识知所缘完全相同。作为前世果报的此世结生心，在识知前世临死心路三所缘之一后灭去，之后同为果报心的有分心生起，连接此世结生心与第一个心路过程，其缘取此世新的诸蕴为所缘，开始识知新的目标。再之后，离路有分心继续生起，连接此世心路过程，维持一期生命的名法相续

① *Visuddhimagga-mahāṭīkā* · *Taṇhāpaccayāupādānapadavitthārakathāvaṇṇanā*：“pakatiaṇuādīnaṃ sassataggāhapubbaṅgamo，sarīrassa ucchedaggāhapubbaṅgamo ca tesaṃ gāhānaṃ sāmibhūto koci sassato，ucchijjamāno vā attā atthīti attaggāho kadāci hotīti “yebhuyyenā” ti vuttaṃ. svāyaṃ attaggāho atthato khandhārammaṇo eva daṭṭhabbo. yebhuyyena paṭhamaṃ attavādupādānantiādināva sambandho. yadipi bhavarāgajavanavīthi paṭhamaṃ pavattati gahitapaṭisandhikassa bhavanikantiyā pavattitabbattā，so pana bhavarāgo taṇhādaḷhattaṃ na hotīti maññamāno na kāmupādānassa paṭhamuppattimāha.” CSCD. p.329.

② Bhadanta Anuruddha（12 A.D.）. *Abhidhammatthasaṅgaha* · *Ālambaṇasaṅgaho*：“dvāravimuttānañca paṭisandhibhavaṅgacutisaṅkhātānaṃ chabbidhampi yathāsambhavaṃ yebhuyyena bhavantare chadvāraggahitaṃ paccuppannamatītaṃ paññattibhūtaṃ vā kamma kammanimitta gatinimitta sammataṃ ārammaṇaṃ hoti.”（离门之结生、有分、死亡心也有六种所缘。根据情况，一般为前世已被六门识知的所缘……所缘为业、业相、趣相。）CSCD. p.20.

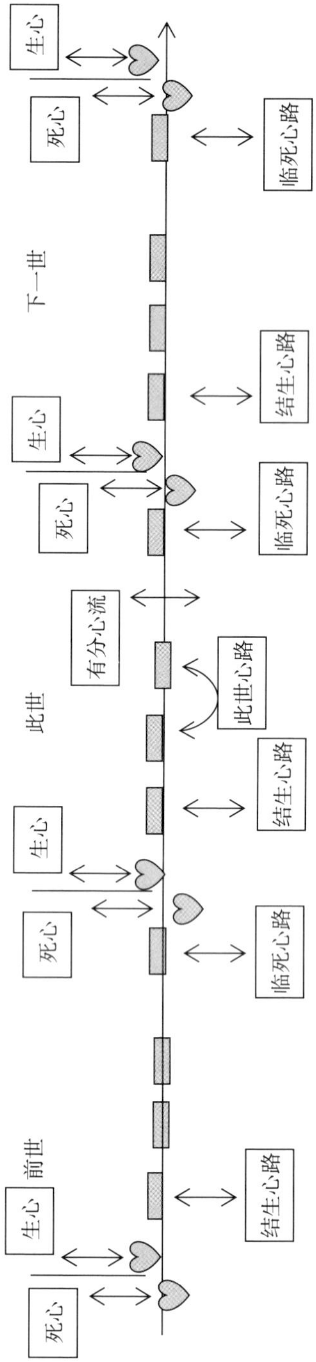
死心
生心
前世
结生心路
临死心路
死心
生心
结生心路
此世心路
此世
有分心流
临死心路
死心
生心
结生心路
下一世
临死心路
死心
生心

不断。从结生至死亡，再从死亡至新的结生，不断生灭的有分心与心路过程在此间交互生起，种种名聚组合也在此世与他世轮转间相续运作。

可以看到，由此世之死，再到他世之生，结生、死亡心执行生死作用，有分心使名法相续不断，但也不能视离路心为轮回主体。一是因为，离路心并非现前六根对六境产生的心识，而是此世心路过程之外的果报心，由前世临终之业维持。既然离路心具有受果的性质，则其本身并不具有引生未来任何果报的潜在因。一旦此期生命耗尽，离路心也立即终结，下一世离路心虽再次生起，但已识知新的所缘。[①]二是因为，上座部认为每一心只存在一个心识刹那（cittakkhaṇa），离路心亦是如此。心识刹那是一心从生至死的存在时间，同一心识刹那只有一心存在，绝无两心并存。一心生起执行刹那作用即灭去，并为迅速生起的后一心提供因缘条件，如此，心识刹那生灭、相续不断，轮回间，并无恒常主体存在。

《清净道论·说随念业处品》在论及死随念时，提到“刹那死”（khaṇikamaraṇa）的概念，意即“诸行的刹那灭”[②]。行在《清净道论》中被解释为“世间善与不善的思”[③]。上座部阿毗达磨将“思”归类为“七遍一切心心所”之一，且思心所不能单独生起，必辅助心识知目标。因

---

① Bhadanta Anuruddha（12 A.D.）. *Abhidhammatthasaṅgaha · Cutipaṭisandhikkamo*：“iccevaṃ gahitapaṭisandhikānaṃ pana paṭisandhinirodhānantarato pabhuti tam evārammaṇam ārabbha tad eva cittaṃ yāva cuticittuppādā asati vīthicittuppāde bhavassa aṅgabhāvena bhavaṅgasantatisaṅkhātaṃ mānasaṃ abbocchinnaṃ nadīsoto viya pavattati.Pariyosāne ca cavanavasena cuticittaṃ hutvā nirujjhati. tato parañca paṭisandhādayo rathacakkamiva yathākkamaṃ eva parivattantā pavattanti.”（对于如此投生者，在结生心灭尽之后，即刻就会生起识知同一所缘的同一种心，有如河流般不断地流下去。只要没有心路过程生起，它就会流至死亡为止。有分心是生命存在的主要因素。在生命终结时，它成为死亡心，灭尽后则完全终止。此后，结生心与其他心有如车轮一般继续次第转起。）CSCD. p.38.

觉音：《清净道论·说蕴品》：“当结生识（在怀孕时）息灭之时，即刻随着那（十九异熟识中的）任何一种业的异熟的结生识，并于那（结生识的）同样的所缘，起了（与结生识）类似的有分识（潜意识）。如是连续同样的再再生起无数的有分识（生命流），如河流相似。”叶均译，高雄：正觉学会 2000 年版，第 462 页。

② 觉音：《清净道论·说随念业处品》，第 231 页。

③ 觉音：《清净道论·说慧地品》，第 527 页。

此，具体而言，行指的是世间善与不善心及其俱应心所。基于“刹那死”的理论，《清净道论》关于死随念修习法有一条为“以刹那短促行相而念死”，这条记述同样见于汉译论书《解脱道论》中。[①]“以刹那短促”是说：

> 有情的刹那寿命，是依第一义极短的只起一心之间而已。犹如车轮转动之时，只以一辋的部分转动，停止时亦只一辋部分停止，如是有情的寿命只是一心刹那，那心消灭之时，即名有情灭。即所谓：过去心刹那（的有情）已生存，非现在生存，非未来生存。未来心刹那（的有情）非已生存，非现在生存，是未来生存。现在心刹那（的有情）非已生存，是现在生存，非未来生存。[②]

这段对有情寿命的记述，阐明了以心识刹那作为理解有情生命长度的标准，上座部将有情轮回的问题置于心识这个第一义（究竟法）下讨论，彰显了有情不过是刹那心识存续的事实。心识刹那地生灭，所谓的有情也不停地死亡、结生，轮回就是死生相续的过程。其之所以成立，恰是因为没有主体，若有一主体在持续轮回，那就无所谓生死了。刹那生灭的心识如点一般，尽管点相续成线，但每一点都不相同，其间并没有一个永恒不变的有情或主体存在。

（二）因果相续的轮回机制

执行轮回作用的十九离路心，全部属于被动受业的果报心。既然是果报心，则必有因使之作为果报而生起，那引生离路心及其俱应心所之因具体为何呢？

---

① 优波底沙：《解脱道论》卷 7：“先师所说修念死。如凶恶人逐、以无因缘、以本取、以身多属、以寿命无力故、以久远分别、以无相故、以刹那故。”《大正藏》第 32 册，No. 1648，第 432 页上。

② 觉音：《清净道论·说随念业处品》，第 242 页。

上座部阿毗达磨称之为“业因”。《增支部尼柯耶·六集》称“业”（kamma）为“思”（cetanā）的造作。[①] 虽然早期尼柯耶中也强调业在轮回中的重要性，但这种强调远不及后期阿毗达磨时期，上座部在阿毗达磨时期进一步从心识理论分析了引生离路心之业因。《摄阿毗达磨义论》记载，欲界十二不善心都能转起有情投生至欲界恶趣。[②]“八欲界善心”可以转起有情投生至欲界善趣[③]，同样“五色界善心”“四无色界善心”可以转起有情投生至色界与无色界[④]。进一步，*Abs* 提到，十九离路心作为结生心能转起“四种结生”[⑤]（paṭisandhicatukkaṃ），使有情投生至与其结生心相符的生存地。“不善果报舍俱推度心”转起欲界恶趣结生（apāyapaṭisandhi）、“善果舍俱报推度心”与“八欲界有因大果报心”转起欲界善趣结生（kāmasugatipaṭisandhi）、“五色界果报心”与“四无色界果报心”分别转起色界结生（rūpāvacarapaṭisandhi）与无色界结生（arūpāvacarapaṭisandhi），于此共有轮回三界之四种结生。兹总结如下：

	引生离路心之业因（29 心）	离路心（19 心）	离路心俱应心所	结生地
一	欲界十二不善心	不善果报舍俱推度心	七遍一切心、六杂之寻、伺、胜解心所	欲界恶趣结生

① *AṅguttaraNikāya · Nibbedhikasuttaṃ*（*An6.63*）：“cetanāhaṃ，bhikkhave，kammaṃ vadāmi. cetayitvā kammaṃ karoti kāyena vācāya manasā.”（诸比丘，我说思既是业。因思而造作身、语、意之业。）CSCD. p.363.

② Bhadanta Anuruddha（12 A.D.）. *Abhidhammatthasaṅgaha · Kammacatukkaṃ*：“ākusalakammam uddhaccarahitaṃ apāyabhūmiyaṃ paṭisandhiṃ janeti.”（除掉举外的不善业可以产生恶趣地结生。）CSCD. p.35.

③ Bhadanta Anuruddha（12 A.D.）. *Abhidhammatthasaṅgaha · Kammacatukkaṃ*：“kāmāvacara-kusalampi kāmasugatiyameva paṭisandhiṃ janeti（欲界善业可以产生欲界善趣结生。）CSCD. p.35.

④ Bhadanta Anuruddha（12 A.D.）. *Abhidhammatthasaṅgaha · Kammacatukkaṃ*：“arūpāvacara-kusalañca yathākkamaṃ bhāvetvā āruppesu uppajjantīti.”（无色界善业可以产生一系列无色界结生。）CSCD. p.35.

⑤ Bhadanta Anuruddha（12 A.D.）. *Abhidhammatthasaṅgaha · Paṭisandhicatukkaṃ*：“Apāyapaṭisandhi kāmasugatipaṭisandhi rūpāvacarapaṭisandhi arūpāvacarapaṭisandhi ceti catubbidhā paṭisandhi nāma……idam ettha paṭisandhicatukkaṃ.” CSCD. pp.31–33.

续表

	引生离路心之业因（29 心）	离路心（19 心）	离路心俱应心所	结生地
二	八欲界善心	善果报舍俱报推度心	七遍一切心、六杂之寻、伺、胜解心所	欲界善趣结生
二	八欲界善心	八欲界有因大果报心	七遍一切心、十九遍一切美心、慧（四智相应心有）、六杂心所（依悦或舍俱而定）	欲界善趣结生
三	五色界善心	五色界果报心	七遍一切心、十九遍一切美心、慧、六杂心所（依禅支情况而定）	色界结生
四	四无色界善心	四无色界果报心	七遍一切心、十九遍一切美心、慧、六杂之欲、胜解、精进心所	无色界结生

可以看到，离路心作为过去世造作业之果报心，在俱应心所的辅助下，依其业因性质，各自转起了与有情此世离路心性质相符的结生地。而这种业因，主要是指过去世的善与不善心。进一步，上座部继承了早期尼柯耶中“十二缘起”的转世理论，将轮回解释为缘起相续的“三种轮转”（tīṇivaṭṭāni）：“Avijjātaṇhupādānā ca kilesavaṭṭaṃ（无明、爱、取为烦恼轮转），kammabhavasaṅkhāto bhavekadeso saṅkhārā ca kammavaṭṭaṃ（业有、行属于业轮转），upapattibhavasaṅkhāto bhavekadeso avasesā ca vipākavaṭṭanti（生有、与其他残余支为果报轮转）.”①

第一轮转为烦恼轮转（kilesavaṭṭanti），它是无明（avijjā）、爱（tanha）、取（upādana）不善心所的循环。其中，无明属于痴（moha）心所、爱与取都是贪（lobha）心所。第二轮转为业轮转（kammavaṭṭanti），它是行（saṅkhārā）和业有（kammabhava）的循环。行与业有主要是指造业之心及心所，属于上文提及之引生离路心之业因，即二十九种善与不善心及其俱应心所。特别指出，业有指所造之业，对应尼柯耶中十二缘起

① Bhadanta Anuruddha（12 A.D.）. *Abhidhammatthasaṅgaha · Paticcasamuppādanaya.* CSCD. p.53.

之有。第三轮转为果报轮转（vipākavaṭṭanti），它是生有（upapattibhava）、识（viññāṇā）、名色（namarupa）、六处（salayatana）、触（phassa）、受（vedana）的循环[①]。此处，识指八十九心中的三十二个果报心。名色之名为识俱应心所。名色之色为业生色法。六处之首五处，为眼耳鼻舌身五净色，意处也为三十二果报心。触为三十二果报心俱应的触心所。受属于三十二果报心之受法。以上综合起来则为生有，生有指业果，对应尼柯耶指十二缘起之生。而生有中止则为死亡，所以，十二缘起之生与死，所指不过是识、名色、六处、触、受的聚合与止息。[②]

由上可知，早期尼柯耶中解释转世轮回的十二缘起理论，在阿毗达磨时期，被视为由“两因轮转”和“一果报轮转”所组成的三种轮转。顺序缘起的十二支被分为五因（无明、爱、取、行、有）与五果（识、名色、六处、触、受）。与无明、爱、取相应的心与心所构成了烦恼轮转，烦恼轮转引生有情造作种种善与不善业，从而转动了业轮转，业行产生了业成熟的潜力。之后，当业因成熟时会有业果产生，从而业轮转引生了果报轮转。若还有无明存在，则还会对此果报产生爱取，从而在此世引生另一个烦恼轮转。具体来说，前世五因引生此世五果，若无明还在，则还会在此世产生新的五因，从而与前世五因一起引生来世五果。如此相续，直至无明被圣道之慧断除，则轮转止息。

“三轮转”理论，体现了上座部将无明视为轮回存在之基的立场，其认为，轮回过程的统一性在于无明。值得注意的是，这种统一性不等同于同一性。轮回存在是因为无明转动了三种轮转，无明是轮转之要，只要无明存在，轮回就会持续。这种持续并不以一个具有同一性的具象或抽象实体来承载，无明也只是不善心及心所的聚合，这种名聚属于因缘

① 觉音：《清净道论·说慧地品》：“其次有三轮转，辗转不息，此缘起支中，行与有为业轮转。无明、渴爱、取为烦恼轮转。识、名色、六处、触、受为异熟轮转。这有轮以此等三种轮转为三轮转。因为直至烦恼轮转未断，则无间断之缘，故为不息，再再回转，故为辗转。”第595页。

② 详见觉音《清净道论·说慧地品·各缘起支的解释》，第530—589页。

所生法。无明为因，具有转动轮回的潜力，虽然是一种潜力，但更是一种因为缘才能成熟的果，所以无明既是因，也是果。但往往由于无明在轮回中为因为果的贯穿性，导致有情认为有作者、有受者，上座部认为这是不真实、不究竟的。其在《清净道论》中明确否定轮回有作者与受者：

> 这有轮是由于无明等因而转起行等之故，所以与无明等以外的所谓“梵天、大梵天、最胜者、创造者”的如是遍计为轮回的作者的梵天等是毫无关系的，或与所谓“我的我是说者、是受者”的如是遍计我是苦乐的受者是毫无关系的。如是当知“没有作者和受者”。[①]

上座部认为，轮回是一个不断生成、变化的过程，在此间，每一世的因果都不相同，虽然保持着连续性，但并没有一个永恒的“我”或主体存在。只有作为因果的不同究竟名法、色法聚合在轮转相续。轮回的实相，仅是无明作为因转起的一系列因果相续，轮回也以无明的断尽为终止标志，其间既无实在主体，也无观念主体。

三　结语

尼柯耶在否认有“轮回主体”的前提下，常使用类比论证来为轮回过程的统一性提供可理解的运思基础，有关轮回的认知也在经验世界中被构建。上座部在继承尼柯耶中缘起等思想的基础上，于阿毗达磨注疏时期更新了自身对“轮回主体”问题的解释路径。其以心识理论为内在逻辑，精密分析了涉及轮回的心识及心路过程，阐明了轮回是由与无明相应的心及心所转起的三种轮转，是动态性的因果相续。虽然上座部肯定轮回的连续

① 觉音：《清净道论 · 说慧地品》，第 91 页。

性，但这种连续性并非基于一个恒常主体，而是统一于无明之因，无明也只是不善心及心所的聚合，属于因缘所生法，转动三轮转的无明则使得“无我”与“轮回”具有了逻辑上的一致性。

上座部认为，轮回并不以一个具有同一性的具象或抽象实体来承载，所谓的“轮回主体”，不过是刹那生灭的究竟法，是名色相续流。其将“轮回主体”还原为究竟名色法，否认了施设概念指称对象的实在性，意即“轮回主体”仅具有名言意义，并无真实性。不断生灭的心识刹那，虽如点般看似相续成线，但由于每一点的相异性，在转世轮回中并不存在一个具有同一性的物质或观念主体，轮回只是在此世与他世轮转间，作为因果的不同究竟名色聚合的相续运作。

通过心识的刹那生灭性，上座部解释了三轮转过程中业力的延续性问题，以无常性消解了轮回的主体性。这种基于理性主义而非尼柯耶中经验主义的刹那轮回思想，既避免了将“行为者”与“经验者”同一的永恒论，也避免了将“行为者”与“经验者”视为毫无关系的断灭论。上座部对“轮回主体”问题的观察，消解与建构并存，具有极强的辩证意味。其既未破坏此世与他世间的轮转相续，也未造成与佛教无我论之龃龉。

“轮回主体”作为部派佛教的核心议题之一，不仅在上座部文献中有所记录，在其他部派佛教文献中也有论及。不同部派经论对其描述虽有“补特伽罗”（puggala）、“一味蕴”（eka-rasa-skandha）、“穷生死蕴”等不同，但都体现出部派佛教对“轮回主体”这一问题的思考。降至大乘佛教时期，不同思想语境围绕“轮回主体”提出“如来藏”（tathāgatagarbha）、“阿赖耶识”（ālaya-vijñāna）等概念，虽各有倚重，但显然都是为轮回的前后统一性寻求一个载体。本文对上座部“轮回主体”问题的研究，从佛教思想发展史来看，无疑具有寻根探源之义，但同时也表明今后仍有许多问题有待拓展深入。

附录表：八十九心与一百二十一心分类表[1]

<table>
<tr><td rowspan="25">五十四欲界心</td><td rowspan="12">十二不善心</td><td rowspan="8">贪根</td><td>悦俱·邪见相应无行</td></tr>
<tr><td>悦俱·邪见相应有行</td></tr>
<tr><td>悦俱·邪见不相应无行</td></tr>
<tr><td>悦俱·邪见不相应有行</td></tr>
<tr><td>舍俱·邪见相应无行</td></tr>
<tr><td>舍俱·邪见相应有行</td></tr>
<tr><td>舍俱·邪见不相应无行</td></tr>
<tr><td>舍俱·邪见不相应有行</td></tr>
<tr><td rowspan="2">嗔根</td><td>忧俱[1]·瞋恚相应无行</td></tr>
<tr><td>忧俱·瞋恚相应有行</td></tr>
<tr><td rowspan="2">痴根[2]</td><td>舍俱·疑相应</td></tr>
<tr><td>舍俱·掉举相应</td></tr>
<tr><td rowspan="13">十八无因心</td><td rowspan="7">七无因不善果报心</td><td>眼识（舍俱）</td></tr>
<tr><td>耳识（舍俱）</td></tr>
<tr><td>鼻识（舍俱）</td></tr>
<tr><td>舌识（舍俱）</td></tr>
<tr><td>身识（苦）</td></tr>
<tr><td>舍俱领受（意界）</td></tr>
<tr><td>舍俱推度（意识界）</td></tr>
<tr><td rowspan="6">八无因善果报心</td><td>眼识（舍俱）</td></tr>
<tr><td>耳识（舍俱）</td></tr>
<tr><td>鼻识（舍俱）</td></tr>
<tr><td>舌识（舍俱）</td></tr>
<tr><td>身识（乐）</td></tr>
<tr><td>舍俱领受（意界）</td></tr>
</table>

① 八十九心与一百二十一心分类表，转引自明法比丘《摄阿毗达磨义论表解》，法雨道场 2007 年版，第 3 页。

续表

五十四欲界心	十八无因心	八无因善果报心	舍俱推度（意识界）
			悦俱推度（意识界）
		三无因唯作心	五门转向（意界）
			意门转向（意识界）
			阿罗汉生笑心（意识界）
	八有因大善心	悦俱·智相应无行	
		悦俱·智相应有行	
		悦俱·智不相应无行	
		悦俱·智不相应有行	
		舍俱·智相应无行	
		舍俱·智相应有行	
		舍俱·智不相应无行	
		舍俱·智不相应有行	
	八有因大果报心	悦俱·智相应无行	
		悦俱·智相应有行	
		悦俱·智不相应无行	
		悦俱·智不相应有行	
		舍俱·智相应无行	
		舍俱·智相应有行	
		舍俱·智不相应无行	
		舍俱·智不相应有行	
	八有因大唯作心	悦俱·智相应无行	
		悦俱·智相应有行	
		悦俱·智不相应无行	
		悦俱·智不相应有行	
		舍俱·智相应无行	
		舍俱·智相应有行	
		舍俱·智不相应无行	
		舍俱·智不相应有行	

续表

十五色界心	五善心	初禅寻・伺・喜・乐・一境性
		第二禅伺・喜・乐・一境性
		第三禅喜・乐・一境性
		第四禅乐・一境性
		第五禅舍・一境性
	五果报心	初禅寻・伺・喜・乐一境性
		第二禅伺・喜・乐・一境性
		第三禅喜・乐・一境性
		第四禅乐・一境性
		第五禅舍・一境性
	五唯作心	初禅寻・伺・喜・乐・一境性
		第二禅伺・喜・乐・一境性
		第三禅喜・乐・一境性
		第四禅乐・一境性
		第五禅舍・一境性
十二无色界心	四善心	空无边处
		识无边处
		无所有处
		非想非非想处
	四果报心	空无边处
		识无边处
		无所有处
		非想非非想处
	四唯作心	空无边处
		识无边处
		无所有处
		非想非非想处

续表

<table>
<tr><td rowspan="8">八出世间心</td><td rowspan="4">四道心</td><td>须陀洹道心</td></tr>
<tr><td>斯陀含道心</td></tr>
<tr><td>阿那含道心</td></tr>
<tr><td>阿罗汉道心</td></tr>
<tr><td rowspan="4">四果心</td><td>须陀洹果心</td></tr>
<tr><td>斯陀含果心</td></tr>
<tr><td>阿那含果心</td></tr>
<tr><td>阿罗汉果心</td></tr>
<tr><td colspan="3">一百二十一心：八出世间心若依五色界禅分类，则为四十出世间心（每一道心和果心都各有五禅支，五禅乘以八出世间心等于四十出世间心），依此计算，心也可被分为一百二十一种。</td></tr>
</table>

①忧：上座部将受分为三种或五种：三种是指苦、乐、舍受。在此苦、乐受各包含身与心之受，于心而言，心之苦受为忧，心之乐受为悦。嗔恚心所只与忧受俱行，因为嗔会令心体验目标为不可喜所缘，生起苦受。

②痴：上座部论师认为痴根心由于缺少警觉性与敏锐力，且不需要刻意怂恿而自然地在有情心中生起，因此两种痴根心无有行无行之别。

从梵藏汉对勘视角探讨《金光明经·四天王品》的佛教护国思想

毕光美

苏州农业职业技术学院讲师

摘要：《金光明经》是集中反映佛教护国思想的一部重要大乘经典，同时也是推动四天王信仰广泛传播的佛典基石，在文化交流史和佛教发展史上均有重要地位。研究此经对于深化佛教思想认识和促进佛教文化交流，具有很高的学术价值与现实意义。本文以《四天王品》为中心，从梵藏汉文本对勘的视角出发，对四天王的护国理念及其包含的佛教护国思想进行了深入分析和探讨，发现此经的护国思想以及其中庞大的神灵体系所代表的护国义涵是在保持一贯性的基础上不断深化的，同时《金光明经·四天王品》的形成背景及其蕴含的护国思想，也体现出很强的灵活性和适应性。

关键词：《金光明经》；《四天王品》；梵藏汉对勘；护国思想；

引　　言

佛教自产生以来就面临着如何处理自身与世俗政治之间关系的问题，佛教护国思想可以说是处理政教关系问题的一种积极回应。在诸多包含护国思想的大乘经典中，《金光明经》是一部在佛教发展史上有着重要地位，也是极具代表性的护国经典，其中的“护国思想”作为此经的一个核心主题，既是推动四天王信仰流行的内在动力，也是促使《金光明经》历来被统治阶级重视、被世人广泛流传的关键因素。

目前学界关于佛教护国思想的研究成果很多，其中不乏对《金光明经》护国思想的研究，如赵永刚的《佛教护国思想研究——以〈金光明经〉为中心》①和南华大学释知参的《〈金光明经〉护法神及护国思想研究》②，这两篇学位论文较为全面地阐述了《金光明经》的护国思想；在另外两篇学位论文《护国三经及佛教护国思想研究》③和《〈金光明经〉研究》④中，有部分章节也讨论了此经的护国思想；还有部分对《金光明经》文本和信仰的研究也涉及护国思想的讨论，如崔红芬的《浅析西夏〈金光明最胜王经〉信仰》⑤和谢飞的《论诸天信仰及其护国义涵》⑥等文章。此外，较有参考价值的还有2010年国内学界和教界在北京联合召开的“佛教护国思想与实践”研讨会论文集，该文集对佛教护国思想与实践等重大问题进行了较为深入的探讨。学者们一致认为，中国可借鉴佛教政治观、和平观和道德伦理观，为转型期的现代社会提供可资参考的治国方略和治心安邦良策。⑦在论文集收录的28篇论文中，有《〈金光明经〉护国思想与宋代的护国实践》《佛教的护国利民思想及其现实意义》⑧等多篇论文涉及《金光明经》护国思想的研究。综上可以看到，目前学者们对《金光明经》佛教护国思想的研究已经作出了很多贡献，但现有的大部分成果还是倾向于对整部经典进行宏观研究，而从微观视角讨论佛教

① 赵永刚:《佛教护国思想研究——以〈金光明经〉为中心》，陕西师范大学，2011年硕士学位论文。
② 释知参:《〈金光明经〉护法神及护国思想研究》，南华大学，2022年硕士学位论文。
③ 毛宁:《护国三经及佛教护国思想研究》，江西师范大学，2019年硕士学位论文。
④ 倪丽华:《〈金光明经〉研究》，上海师范大学，2020年硕士学位论文。
⑤ 崔红芬:《浅析西夏〈金光明最胜王经〉信仰》，《敦煌研究》2008年第2期。
⑥ 谢飞:《论诸天信仰及其护国义涵》，《五台山研究》2017年第4期。
⑦ 参见桑吉扎西《“佛教护国思想与实践”研讨会在北京召开》，《法音》2010年第11期。
⑧ 参见魏道儒主编《佛教护国思想与实践》，社会科学文献出版社2012年版。

护国思想的成果相对较少。基于上述研究现状以及前人的研究基础，本文不揣浅陋尝试从梵藏汉对勘的视角，以其中的《四天王品》为例，对《金光明经》的佛教护国思想做一探讨，以期助益于学界继续探索宗教与政治的关系、思考佛教在当代社会环境下生存和进一步发展的可能性等问题。

本文的研究主要以下列文献为基础和参考：1. 梵文本主要参考两种，一为德国学者 Johannes Nobel 校勘的 *Suvarnabhāsottamasūtra.Das Goldglanz-Sūtra*；二是日本学者南条文雄、泉芳璟所校勘出版的 *The Suvarnaprabhāsa Sūtra:a Mahayana Text Called"The Golden Splendour"*。2. 藏文文献主要参考三个文本，分别是藏文大藏经收录的失译本 འཕགས་པ་གསེར་འོད་དམ་པ་མདོ་སྡེའི་དབང་པོའི་རྒྱལ་པོ་ཞེས་བྱ་བ་ཐེག་པ་ཆེན་པོའི་མདོ།，五卷二十一品；胜友等人所译的 འཕགས་པ་གསེར་འོད་དམ་པ་མདོ་སྡེའི་དབང་པོའི་རྒྱལ་པོ་ཞེས་བྱ་བ་ཐེག་པ་ཆེན་པོའི་མདོ།，十卷二十九品；以及才让多杰、朝鲁蒙格日乐校勘出版的《〈金光明经最胜王经〉汉藏合璧》（གསེར་འོད་དམ་པ་མདོ་སྡེའི་དབང་པོའི་རྒྱལ་པོ།）。3. 汉语文献主要以《大正藏》收录的三个汉译本（北凉昙无谶译《金光明经》，四卷十九品；隋沙门宝贵合《合部金光明经》，八卷二十四品；唐代义净译《金光明最胜王经》，十卷三十一品）及相关注疏为基础，同时参考赵永刚、释知参等人的学位论文，以及魏道儒、程恭让、萨仁高娃等学者的相关研究。

一 《金光明经》的梵藏汉文本以及《四天王品》概况

《金光明经》的文本和译本较多，目前流传的有梵、藏、汉、英、满、蒙、西夏、回鹘、于阗等多种语言和少数民族文字本，这些文本的卷次、品目以及内容结构各有差异，本文中仅对研究所涉及的梵、汉、藏三种文本进行介绍。

在介绍三种文本之前有必要先说明《金光明经》的成立年代，以便于我们更好地考察这部经典所包含的佛教思想的历时性[①]和连贯性问题。关于此经的成立时间，目前有两种比较流行的观点：一种认为成立于贵霜王朝后期，该学说以英国学者渥德尔和新加坡国立大学的古正美教授为代表[②]；另一种观点认为此经应当成立于笈多王朝时期，这种说法主要以中国的印顺导师和日本学者平川彰为代表[③]。以上两种观点在时间上虽有差异，但大致都把《金光明经》列为印度中期大乘佛教的经典，这也是目前学界的基本共识。

《金光明经》在尼泊尔被视为九部大乘经典之一，此经最原始的梵本也是在尼泊尔发现的。据周敏慧考证：梵文本最初由印度学者 Sarat Chandra Das 于 1893 年首次刊行，但此次仅刊出一部分；1931 年日本学者泉芳璟继承南条文雄遗志将全文刊行出来，命名为 The *Suvarnaprabhāsa Sūtra:a Mahayana Text Called"The Golden Splendour"*；1937 年，德国学者 Johannes Nobel 又采用英、法及苏联所藏的各种梵语写卷勘定出梵文本 *Suvarnabhāsottamasūtra.Das Goldglanz-Sūtra*。[④]

藏文本《金光明经》目前传有三个版本：一为失译本 འཕགས་པ་གསེར་འོད་དམ་པ་མདོ་སྡེའི་དབང་པོའི་རྒྱལ་པོ་ཞེས་བྱ་བ་ཐེག་པ་ཆེན་པོའི་མདོ།[⑤]，共五卷二十一品；二为印度译师胜友等人所译 འཕགས་པ་གསེར་འོད་དམ་པ་མདོ་སྡེའི་དབང་པོའི་རྒྱལ་པོ་ཞེས་བྱ་བ་ཐེག་པ་ཆེན་པོའི་མདོ།[⑥]，共十卷二十九品；三为

① 程恭让：“同任何其他大乘经典一样，《金光明经》的文本发展具有历时性建构的性质。”程恭让：《从历时性建构视角理解〈金光明经〉的善巧方便概念思想》，《世界宗教研究》2019 年第 2 期。

② 英国学者渥德尔在《印度佛教史》一书的第 364 页写道：“在 2 世纪时期，王朝内部混乱动荡，佛教也产生了相应的改变，产生了许多新的佛教经典，而这些经典中包括了《金光明经》。”[英]渥德尔：《印度佛教史》，王世安译，商务印书馆 1995 年版。古正美教授也指出：“大乘涅槃系学者在转轮王护法信仰之际，也制作了如《金光明经》这种转轮王用来护国的经典。而这个时候正是贵霜王朝崛起的时代。”古正美：《贵霜佛教政治传统与大乘佛教》，允晨文化实业股份有限公司 1993 年版，第 539 页。

③ 印顺：“《金光明经》是为笈多王朝梵文复兴时代的作品。”印顺：《佛法概论》，中华书局 2010 年版，第 24 页。平川彰在其作品《印度佛教史》中也持相同观点。[日]平川彰：《印度佛教史》，庄昆木译，北京联合出版公司 2018 年版。

④ 周敏慧：《〈金光明经〉文学特质之研究》，（台湾）政治大学，2003 年硕士学位论文。

⑤ 德格甘珠尔·十万怛特罗部，d557 号，པ 函 90–1–1a1—90–1–62a7 页。

⑥ 德格甘珠尔·十万怛特罗部，d556 号，པ 函 89–1–151b1–89–1–273b2 页。

8—9 世纪吐蕃最有影响力的翻译家和佛教学者管·法成，依唐代义净所译汉文本重新翻译的藏文本 གསེར་འོད་དམ་པ་མདོ་སྡེའི་དབང་པོའི་རྒྱལ་པོ།①，近年来由才让多杰、朝鲁蒙格日乐校勘出版的《〈金光明经最胜王经〉汉藏合璧》②一书，即是参照此译本所整理。陈寅恪也曾在《忏悔灭罪金光明经冥报传跋》中指出："西藏文则有三本，其一为法成重译之中文义净本。"③萨仁高娃进一步指出："这里（陈寅恪）所指的三本应该是《金光明经》长、中、短三类，长《金光明经》是指译自汉文义净本的版本；中《金光明经》是指十卷二十九品本，为译自梵文本，只见于藏、蒙文版本中；短《金光明经》则是五卷二十一品本，也只见于藏、蒙文《大藏经》，不见于汉文中。"④在南条文雄、泉芳璟校释的《梵文金光明最胜王经》的前言中，同样提到藏文本有三个，第一个是失译本，也是与梵文原本最吻合的版本；第二个是胜友等人翻译的版本，作者猜测此本或许跟义净用的是同一个梵文底本；第三个是根据义净的汉译本翻译出的藏文本。⑤通过以上考证，我们基本可以确定目前流传的藏文本确有三种，其中失译五卷本和胜友等人所译十卷本均是从梵文本直接译出，法成的译本则是转译自义净的汉译本。

汉文本方面，根据《大唐内典录》和《开元释教录》的记载，共有五个译本：一是北凉年间昙无谶所译《金光明经》四卷本，十九品（下文简称谶本）；二是梁承圣元年真谛所译《金光明帝王经》七卷，二十二品；三是北周武帝时，耶舍崛多所译《金光明更广寿量大辩陀罗尼经》五卷本；

① 此经名参考才让多杰、朝鲁蒙格日乐整理校勘的《〈金光明经最胜王经〉汉藏合璧》一书，笔者在藏文大藏经中暂未见到此译本，尽管周敏慧曾在其硕士学位论文中提到德国学者 J.Nobel 曾于 1958 年刊出此译本，但作者并未列出文献来源，笔者多番尝试查证无果。因此关于此译本的卷次品目不详，但根据翻译底本义净本推测，可能为十卷三十一品。

② 才让多杰、朝鲁蒙格日乐：《〈金光明最胜王经〉汉藏合璧》，西藏人民出版社 2019 年版。

③ 陈寅恪：《金明馆丛稿二编》（陈寅恪文集之三），上海古籍出版社 1980 年版，第 257 页。

④ 萨仁高娃：《〈金光明经〉版本流变》，《文津流觞》2006 年第 17 期。

⑤ 南条文雄、泉芳璟校订：《梵文金光明最胜王经》，东方佛教协会发行，1931 年版。Introduction，xi-xii 记载：As to the Tibetan translations there are three:1.By an unknown translator; this agrees best with our Sanskrit text.2.By Jinamitra，śīlendrabodhi and Yeśede; this does not agree so well with the Sanskrit text，but probably its original text was the same as the one used by I-tsing.3.By Chos-grub; this was rendered from the Chinese translation of I-tsing.

四是隋代宝贵在谶本的基础上综合各家译本合成的《合部金光明经》八卷，二十四品（下文简称合本）；五为唐代义净所译《金光明最胜王经》十卷，三十一品（下文简称净本）。其中二、三译本今已不存，一、四、五均收录在《大正藏》第16册。值得一提的是，目前所流传的各类少数民族语言文字本《金光明经》除了译自梵文原本外，大部分以汉译本为翻译底本。

以上分别介绍了本研究相关的梵藏汉三种文本情况，下面将简要概述本文研究对象《四天王品》的主要内容及其在不同文本中的情况。《四天王品》是《金光明经》中极其重要的一品经文，它既是四天王信仰流传的重要文献来源，也是使《金光明经》能位列“佛教护国三经”(《金光明经》《仁王般若经》《妙法莲华经》) 的重要原因之一。本品经文讲述了四天王因供养读诵宣说《金光明经》而服甘露法味、增益身力、威德勇猛，进而能镇护国家，消除一切国土衰耗、怨贼侵扰、饥馑疾疫等种种灾难，能灭除一切众生无量无边百千烦恼，护卫国土人民得到一切安乐。该品经文在北凉昙无谶本《金光明经》和隋代宝贵本《合部金光明经》中，占比均为一品，在唐代义净本《金光明最胜王经》中，占比增至两品，分别为《四天王观察人天品》和《四天王护国品》。而藏文本中也同样呈现出内容增加的趋势，笔者在前文已说明三个藏文本分别是以梵文和唐代汉译本为底本译出，因此可以明显看到梵文本同样也存在多个版本，或同一底本内容不断增加和丰富的过程。但无论是由于大乘佛教在发展过程中受密教影响而使该经后来增加了大量陀罗尼元素，抑或是为争取统治者的支持以达到流通需要，才更加突出“护国”思想，究其内涵来看，《四天王品》中包含的佛教护国思想是一贯的。接下来我们将结合梵藏汉文本来进一步考察本品经文中的护国理念和思想意涵。

二 梵藏汉文本中《金光明经·四天王品》的护国理念

《金光明经》被奉为“佛教护国三经”之一，其重要的原因就在于经中包含大量佛教护国思想，唐代僧人慧沼大师在《金光明最胜王经疏》中判说此经为“护王国之坚城，作降魔之剑甲，由此十方刹土顶戴流行”①，便是将其视作护国降魔的坚城剑甲。其中，《四天王品》便是此经护国思想的核心体现，下文将从梵藏汉对勘的视角依次分析其间蕴含的佛教护国思想。

（一）四天王护国的原因

结合《四天王品》的论述可知四天王护国的原因主要有两个，一是被称为诸经之王的《金光明经》是一部“为诸佛世尊所护念、常为诸天所恭敬、能令天王心生欢喜”的佛教经典，因此供养护持此经能使四天王从中受益，而最直接的利益就是经中反复提到的“增益身力，心进勇锐，具诸威德”，此经开篇就有一处用例。

【梵文】

Imamasya bhadanta bhagavan suvarṇaprabhāsottamasūtrendrarājasya vistareṇa parṣadi saṁprakāśyamānasyāsmākaṁ catūrṇāṁ mahārājānāṁ sabalaparivārāṇām| etena ca dharmaśravaṇena dharmāmṛtarasena ca divyātmabhāvamahātejasā vivardhayiṣyanti || asmākaṁ kāyeṣu vīryaṁ ca balaṁ sthāma ca saṁjanitaṁ bhaviṣyanti|

试译：世尊！如果在大众中广为宣说这部《金光明最胜王经》的话，我们四大天王及其眷属的力量就会增加，听闻此甘露法味，这些天神的身体将会散发威光，我们的身体也将变得精进勇猛，生出种种威德。

【藏文】

བཙུན་པ་བཅོམ་ལྡན་འདས་གསེར་འོད་དམ་པ་མདོ་སྡེའི་དབང་པོའི་རྒྱལ་པོ་འདི་འཁོར་གྱི་ནང་དུ་རྒྱ་ཆེར་ཡང་དག་པར་རབ་ཏུ་བཤད་ན།ཆོས་མཉན་པ་ཆོས་བདུད་རྩིའི་ཁུ་བ་འདིས་བདག་ཅག་རྒྱལ་པོ་ཆེན་པོ་དཔུང་དང་གཡོག་ཏུ་བཅས་པ་བཞིའི་ལྷའི་ལུས་འདི་གཟི་བྱིན་ཆེན་པོས་རྣམ་པར་འཕེལ་བར་འགྱུར་རོ། །བདག་ཅག་གི་ལུས་ལ་བརྩོན་པ་དང་། སྟོབས་དང་མཐུ་ཡང་བསྐྱེད་པར་འགྱུར། གཟི་བརྗིད་དང་། དཔལ་དང་། ཕུན་སུམ་ཚོགས་པ་ཡང་བདག་ཅག་གི་ལུས་ལ་འཇུག་པར་འགྱུར་ཏེ།

① （唐）慧沼：《金光明最胜王经疏》，CBETA 2024，T39，No.1788，第 177 页下。

试译：世尊！若在大众广泛宣说诸经之王《金光明经》的话，闻此无上甘露法味，我等四大王众及诸眷属的身体就会充满威光，变得精进（勇猛），体力和威力也随之增加，威严和福德也一应俱全。

【汉文】

【谶本】世尊！是金光明微妙经典，若在大众广宣说时，我等四王及余眷属，闻此甘露无上法味，增益身力，心进勇锐，具诸威德。①

【合本】世尊！是金光明微妙经典，若在大众广宣说时，我等四王及余眷属，闻此甘露无上法味增益身力，心进勇锐，具诸威德。②

【净本】世尊！是《金光明最胜王经》能为如是安稳利乐饶益我等，惟愿世尊于大众中广为宣说。我等四王并诸眷属，闻此甘露无上法味，气力充实，增益威光，精进勇猛，神通倍胜。③

通过上述三种文本对勘可以看出，此段经文在内容上与梵文原本只存在些许差异。例如上述译本中有的说的是《金光明经》，有的是《金光明最胜王经》，并且唐代的汉译本明显有内容扩充的迹象，尤其是文中提到的“倍胜”，在梵文原本中并未见到此表达。因此我们可以推测，除了不同译师的翻译风格有差异之外，梵文原本应当也存在多个版本或经历了不断扩充的过程。关于供养护持、读诵此经能使四天王获益的用例，文中随处可见，此处不再一一罗列。

上文提出四天王护国的原因有二，第一个原因是护持《金光明经》能使四天王受益，而第二个原因就是源于四天王本身的慈悲心。在三个汉文本中均可看到世尊赞叹护世四天王：“汝等今日长夜利益于诸众生，行大悲心施与众生一切乐具，能遮诸恶，勤与诸善。”④可以看出四天王日夜利益众生、勤与诸善、遮止诸恶的动机和原因就是其具有大悲心。在梵文原本和藏文本中同样可以看到这段描述。

① （北凉）昙无谶译：《金光明经》，CBETA 2024，T16，no.663，第 340 页下—341 页上。
② （隋）宝贵合：《合部金光明经》，CBETA 2024，T16，No.664，第 382 页上。
③ （唐）义净译：《金光明最胜王经》，CBETA 2024，T39，No.1788，第 287 页上。
④ （北凉）昙无谶译：《金光明经》，CBETA 2024，T16，No.663，第 341 页中。

【梵文】

yathāpi pūrvadīrgharātraṁ sarvasattvānāṁ hitacittāḥ sukhamaitrīcittāḥ sarvasattvahitasukhādhyāśayapratipannāḥ sarvāhitapratiṣedhikāḥ sarvasattvānāṁ sarvahitopasaṁhārābhiyuktāḥ |

试译：又如先前长夜利益诸众生，（通过）修行饶益心、大慈悲心施与一切众生利益安乐，为一切众生遮止诸恶、勤与诸善。

【藏文】

འདི་ལྟ་སྟེ། ཁྱོད་ནི་ཡུན་རིང་པོར་སེམས་ཅན་ཐམས་ཅད་ལ་ཕན་པའི་སེམས་དང་ལྡན་པ། བདེ་བ་དང་བྱམས་པའི་སེམས་དང་ལྡན་པ། སེམས་ཅན་ཐམས་ཅད་ལ་ཕན་པ་དང་། བདེ་བར་བྱ་བའི་ལྷག་པའི་བསམ་པ་ལ་ཞུགས་པ་མི་ཕན་པ་ཐམས་ཅད་འགོག་པ། སེམས་ཅན་ཐམས་ཅད་ལ་བདེ་བ་ཐམས་ཅད་ཉེ་བར་བསྒྲུབ་པར་བརྩོན་པ་ཡིན་ཏེ།

试译：你们（四天王）有长远利益一切众生的心，具备使众生安乐的慈悲心，甚至利乐众生的工作已经超过了自己的果位修行，以是因缘，令你等与一切众生能精进修行、证得胜报。

（二）四天王护国的内容

佛教中的“护国”一般是个广义的概念，并不单指保护某个国家，还包括保护生活在“国家”这一空间里的一切众生及其赖以生存的国土。正如吕建福在《密教考论》一书中对“护国”的定义：“所谓护国，有两层含义，一是拥护国土之义，指佛教神灵护卫世俗国家及其人民，这是佛经上通常使用的护国概念。一是护持国家之义，指佛教徒通过修功德等佛事活动来为国家及其帝王祈福消灾。护持的所谓国家，以封建帝王的最高利益——江山社稷为代表，也包括帝王个人及其皇室家族的福寿安康。”①而在《金光明经·四天王品》中，四天王护国包含了三个方面的内容：护土、护王、护人，其中以“护人”为中心，进而引申出护土和护国（王）的内容。

护王，在古代的封建集权国家中，国王有着至高无上的权利，其重要

① 吕建福：《密教考论》，宗教文化出版社 2008 年版，第 276 页。

性不言而喻。在一定程度上来说，“护王”的同时也是在“护国”，而“护国”同样也需要“护王”，二者相辅相成。以下可以分别看几处用例：

1.【谶本】世尊！如诸国王所有土境，是持经者若至其国，是王应当往是人所，听受如是微妙经典，闻已欢喜，复当护念恭敬是人。世尊！我等四王，复当勤心拥护是王及国人民，为除衰患令得安稳。①

【合本】世尊！如诸国王所有土境，是持经者若至其国，是王应当往是人所听受如是微妙经典。闻已欢喜，复当护念恭敬是人。世尊！我等四王复当勤心拥护是王及国人民，为除衰患，令得安稳。②

【净本】世尊！若诸人王于其国内，有持是经苾刍法师至彼国时，当知此经亦至其国。世尊！时彼国王应往法师处，听其所说，闻已欢喜，于彼法师恭敬供养，深心拥护，令无忧恼，演说此经利益一切。世尊！以是经故，我等四王皆共一心护是人王及国人民，令离灾患，常得安稳。③

2.【藏文】བཙུན་པ་བཅོམ་ལྡན་འདས་བདག་ཅག་གིས་ཡུལ་དེ་ཡལ་བར་བོར་ན། ཡུལ་ན་གནས་པའི་ལྷའི་ཚོགས་ཐམས་ཅད་ཀྱིས་ཀྱང་། ཡུལ་དེ་ཡལ་བར་འདོར་བར་འགྱུར་རོ། །བཙུན་པ་བཅོམ་ལྡན་འདས་ལྷ་རྣམས་ཀྱིས་ཡུལ་དེ་ཡལ་བར་བོར་ན། ཡུལ་དེར་ཡུལ་རྣམ་པར་འཇིག་པ་སྣ་ཚོགས་འབྱུང་བར་འགྱུར། རྒྱལ་པོའི་འཁྲུག་པ་མི་བཟད་པ་དག་འབྱུང་བར་འགྱུར། ཡུལ་གང་ན་གནས་པའི་སེམས་ཅན་ཐམས་ཅད་ཀྱང་འཐབ་པ་སྐྱེ་བ་དང་། མཚང་འདྲུ་བ་སྐྱེ་བ་དང་། རྩོད་པ་སྐྱེ་བར་འགྱུར། དངོགས་པ་དང་འགྱེད་པར་འགྱུར་བ་དང་། གཟའ་དང་ནད་རྣམ་པ་སྣ་ཚོགས་ཡུལ་དུ་འབྱུང་བར་འགྱུར་རོ། །ཕྱོགས་ཐ་དད་པ་ནས་སྐར་མདའ་ལྷུང་བར་འགྱུར།གཟའ་དང་རྒྱུ་སྐར་རྣམས་ཀྱང་ཕན་ཚུན་མི་མཐུན་པར་གདའ་བར་འགྱུར།དགུང་ཟླ་འཆར་བ་ན་ཉི་མ་ལྷ་བུར་གདའ་བར་འགྱུར། ཟླ་བའི་གཟའ་དང་། ཉི་མའི་གཟའ་འབྱུང་བར་འགྱུར། ཉི་མ་དང་ཟླ་བ་ནམ་མཁའ་ལ་གནས་པ་ཡང་རྟག་པར་རྒྱུན་དུ་སྒྲ་གཅན་གྱི་གནོད་པ་དང་ལྡན་པར་འགྱུར། དུས་དུས་སུ་ནམ་མཁའ་ལ་འཇའི་ཁ་དོག་ལྷ་བུ་འཁྱིལ་བར་འགྱུར།ས་ཡང་གཡོ་བར་འགྱུར། ས་ལ་གནས་པའི་ཁྲོན་པ་ཡང་སྒྲ་འབྱིན་པ་གྲག་པར་འགྱུར། ཡུལ་དུ་རླུང་དྲག་པོ་ལྡང་བར་འགྱུར། ཆར་པ་དྲག་པོ་འབབ་པར་འགྱུར། ཡུལ་དུ་མུ་གེའི་ཡ་ང་བ་འབྱུང་བར་འགྱུར། ཕ་རོལ་གྱི་དམག་ཚོགས་ཀྱིས་ཡུལ་འཇོམས་པར་འགྱུར།ཡུལ་དེ་ཕུང་བར་འགྱུར་སེམས་ཅན་དེ་དག་ཀྱང་ཉོན་མོངས་པ་མང་བར་འགྱུར། ཡུལ་དེ་ཉམས་མི་དགའ་བར་འགྱུར་རོ། །བཙུན་པ་བཅོམ་ལྡན་འདས་བདག་ཅག་རྒྱལ་པོ་ཆེན་པོ་བཞི་དཔུང་དང་གཡོག་དུ་བཅས་པ་དང་། གནོད་སྦྱིན་འབུམ་ཕྲག་དུ་མ་དང་ཡུལ་ན་གནས་པའི་ལྷ་དང་ཀླུ་རྣམས་ཀྱིས་ཡུལ་དེ་ཡལ་བར་བོར་ན། ཡུལ་དེར་འདི་ལྟ་བུའི་གནོད་པ་རྣམ་པ་སྣ་ཚོགས་བརྒྱ་དང་། གནོད་པ་སྟོང་འབྱུང་བར་འགྱུར་རོ།།

试译：世尊！非但我等舍弃那片国土，其余守护国土的诸神也全都舍

① （北凉）昙无谶译：《金光明经》，CBETA 2024，T16，No.663，第 341 页上。
② （隋）宝贵合：《合部金光明经》，CBETA 2024，T16，No.664，第 382 页中。
③ （唐）义净译：《金光明最胜王经》，CBETA 2024，T16，No.665，第 427 页中。

离。世尊！诸神不护的地方，将暴发种种战乱灾祸，众生变得凶残，争执不断、互相馋陷，恶星和疾疫流行，星流崩落、星宿异常，虹表不祥，大地震动、井内发声，恶风生起、恶雨降落，饥荒可怖，仇敌侵掠，国土衰亡、众生苦恼，其地无有喜乐之地。世尊！我等四天王及眷属、无量药叉等众，并天龙等诸护土旧神悉皆离去时，生如是等百千无量灾祸恶事。

【汉文】

【谶本】我等诸王及诸鬼神既舍离已，其国当有种种灾异，一切人民失其善心，唯有系缚瞋恚斗诤，互相破坏多诸疾疫，彗星现怪流星崩落，五星诸宿违失常度，两日并现日月薄蚀，白黑恶虹数数出现，大地震动发大声音，暴风恶雨无日不有，谷米勇贵饥馑冻饿，多有他方怨贼侵掠其国，人民多受苦恼，其地无有可爱乐处。世尊！我等四王及诸无量百千鬼神，并守国土诸旧善神，远离去时生如是等无量恶事。[1]

【合本】我等诸天及诸鬼神既舍离已，其国当有种种灾异，一切人民失其善心，唯有系缚瞋恚斗诤，互相破坏多诸疾疫，彗星现怪流星崩落，五星诸宿违失常度，两日并现日月薄蚀，白黑恶虹数数出现，大地震动发大声音，恶风恶雨无日不有，谷米勇贵饥馑冻饿，多有他方怨贼侵掠，其国人民多受苦恼，其地无有可爱乐处。世尊！我等四王及诸无量百千鬼神并守国土诸旧善神远离去时，生如是等无量恶事。[2]

【净本】我等四王并诸眷属及药叉等，见如斯事，舍其国土，无拥护心。非但我等舍弃是王，亦有无量守护国土诸大善神悉皆舍去。既舍离已，其国当有种种灾祸，丧失国位，一切人众皆无善心，惟有系缚杀害瞋诤，互相谗陷拄及无辜，疾疫流行，彗星数出，两日并现博蚀无恒，黑白二虹表不祥相，星流地动，井内发声，暴雨恶风不依时节，常遭饥馑，苗实不成，多有他方怨贼侵掠，国内人民受诸苦恼，土地无有可乐之处。世尊！我等四王及无量百千天神，并护国土诸旧善神远离去时，生如是等无

① （北凉）昙无谶译：《金光明经》，CBETA 2024，T16，No.663，第 343 页中。
② （隋）宝贵合：《合部金光明经》，CBETA 2024，T16，No.664，第 384 页下。

量百千灾怪恶事。[①]

以上分别选取了“护王”的两个用例，一个是诸国王若听受并在其国境中流布、宣说《金光明经》，四天王即动心拥护国王及人民，令其国土衰耗、怨敌侵境、饥馑疾疫等种种艰难悉皆灭尽，保护国王、人民和国土均得安稳。另一个例子是国王若对《金光明经》心生舍离，并且不愿意供养受持、读诵此经的四部众的话，其后果将是四天王与无量鬼神以及原本守护国王的诸善神全部远离，随后将出现种种恶事、灾祸不断。通过以上两个例子，我们可以直观地看出“国王或人王”与国土和人民是相互依存的，国王受持供养佛教经典、宣扬佛法，既能得到诸天神灵的护持、巩固自身的统治，又能为国中子民和国境带来吉祥安宁，反之则带来种种祸事，且殃及百姓和国土。

“护土”即守护国土，使国土免受灾难和侵扰，护土也是构成四天王护国的重要内容之一。结合本品经文的内容，可以知道四天王护土的主要方式是清除国土上的饥馑、疾疫、怨贼、衰恼等诸苦。我们在三个汉译本中都能看到“若此国土有诸衰耗、怨贼侵境、饥馑疾疫种种艰难，若有比丘受持是经，我等四王当共劝请，令是比丘以我力故，疾往彼所国邑郡县，广宣流布是金光明微妙经典，令如是等种种百千衰耗之事悉皆灭尽”[②]的说法。当国土受到侵扰、有怨敌侵境的时候，如果国王听受了《金光明经》，四天王及其眷属和无量无边的百千鬼神，将隐身护助，令怨敌“于其境界起诸衰恼灾异疾病……起诸怖惧种种留难”[③]，以此达到退敌的目的。然而，值得关注的是面对怨敌侵境时的护国方式，世尊首先肯定和赞叹了四天王的善举和功德，随后提出了自己的看法：

四王当知，此阎浮提八万四千城邑聚落、八万四千诸人王等，各

① （唐）义净译：《金光明最胜王经》，CBETA 2024，T16，No.665，第 430 页上。

② （北凉）昙无谶译：《金光明经》，CBETA 2024，T16，No.663，第 341 页上。

③ （北凉）昙无谶译：《金光明经》，CBETA 2024，T16，No.663，第 341 页下。

> 于其国娱乐快乐，各各于国而得自在；于自所有钱财珍宝，各各自足不相侵夺；如其宿世所修集业随业受报，不生恶心贪求他国；各各自生利益之心，生于慈心、安乐之心、不诤讼心、不破坏心、无系缚心、无楚挞心，各于其土自生爱乐，上下和睦犹如水乳，心想爱念增诸善根。以是因缘故，此阎浮提安稳丰乐，人民炽盛大地沃壤，阴阳调和时不越序，日月星宿不失常度，风雨随时无诸灾横，人民丰实自足于财，心无贪吝亦无嫉妒，等行十善，其人寿终多生天上，天宫充满增益天众。[①]

从上述这段经文可以看出，佛陀所提倡的“护土”不仅要土地丰饶，还要国泰民安。无论是护国、护土还是护人，都不是只护某一个国家，或者是通过伤害他国而达到保护本国的目的。佛陀所倡导的是阎浮提中八万四千城邑聚落、八万四千诸人王等能够“和平共处、共同构建和谐社会”的护国理念，这与大乘佛教“无缘大慈，同体大悲”的菩萨道精神是高度一致的。

《四天王品》中的“护人”主要是指保护民众。人民群众是国王统治的对象和构成国家统治的重要基础。因此，四天王护国的主要对象还应包括人民。在本品经文中有多处较为典型的用例，例如几个文本中共同出现的“若四部众有能受持读诵此经，汝等亦应勤心守护，为除衰恼施与安乐”[②]，此处是佛陀对四天王守护四部众的告诫。又如“是诸人王，若能至心听受是经，则为已能供养于我……以是因缘，是诸人王应得拥护，及后妃婇女宫中眷属诸王子等亦应得护，衰恼消灭快乐炽盛……是诸国土所有人民，悉受种种五欲之乐，一切恶事悉皆消灭”[③]。

在第二个用例中，我们可以看到佛陀告诫四天王要守护的对象包括

① （北京）昙无谶译：《金光明经》，CBETA 2024，T16，No.663，第 341 页下。
② （北京）昙无谶译：《金光明经》，CBETA 2024，T16，No.663，第 341 页中。
③ （北京）昙无谶译：《金光明经》，CBETA 2024，T16，No.663，第 342 页上。

“人王、后妃婇女、宫中眷属、诸王子、所有人民”，可以说包含了不同身份的所有人。但守护他们均有一个前提，就是要受持读诵、听受供养《金光明经》，更进一步地说是要拥护佛法、供养和尊重僧人，方能得到四天王及诸神护佑。

（三）四天王护国的方式和途径

以上探讨了四天王护国的原因和内容，下文继续讨论四天王护国的形式和途径。结合《四天王品》的内容，可以发现四天王护国的主要方式是“要隐蔽其形，于无形中守护”。在经文中有四处不同的场合提到此护国方法，第一处是保护《金光明经》所流布的国土城邑郡县村落等地方时，四天王及无量鬼神，常当“隐形随其妙典所流布处，而作拥护令无留难”；第二处是当国家被怨敌侵扰时，四天王及眷属等众，当“隐蔽其形，为作护助”；第三处是若有人王在宫殿手持香炉、供养经典时，四天王见种种香烟云盖，要“隐蔽不现其身”，至王所宫殿讲法之处听法护王；第四处是无量百千万亿的诸天鬼神，去宣讲《金光明经》的地方闻法、服甘露法味时，要“隐蔽不现其身”。

综上可以看出，经中出现的几处用例，基本涵盖了“护土”“护王”“护人”的内容，也就是说四天王及诸天鬼神无论在什么场合发挥护国功能，都要隐形守护。从信仰的角度来看，这种护国方式无疑增加了宗教的神秘感和人们对神灵的敬畏心。

四天王护国的方式是“隐形守护”，那么他们又是以什么样的途径来实现呢？

首先，最明显、直接的途径就是通过诸天护国。《金光明经》这部经典中展现了一个庞大的神灵系统，在《四天王品》中他们与四大天王共同参与护国利民的事务。其次，是以天眼护国。如经中所说“以净天眼过于人眼，常观拥护此阎浮提”①。而在唐本《金光明最胜王经》中，还特意将

① （北凉）昙无谶译：《金光明经》，CBETA 2024，T16，No.663，第 341 页上。

《四天王品》分为《四天王观察人天品》和《四天王护国品》，有意识地突出了观察人天的重要性。最后一种途径是以法护国，四天王通过宣说与修行正法来保护世间。我们可以从梵藏汉三种文本分别探讨。

【梵文】

vayaṁ bhagavaṁścatvāro mahārājā dhārmikāśca dharmavādinaśca dharmarājā dharmeṇa vayaṁ bhadanta bhagavan devan **āgayakṣagandharvāsuragaruḍanaram** ahoragāṇāṁ rāja tvaṁ **kārayiṣyāmaḥ | te vayaṁ bhagavan，catvāro mahārājāḥ sārdhamaṣṭā** viṁśatiyakṣasenāpatibhiranekaiśca yakṣaśatasahasraiḥ satatasamitaṁ sarve jambudvīpaṁ divyena viśuddhenātikrāntamānuṣyakeṇa vyavalokayiṣyāma ārakṣayiṣyāmaḥ paripācayiṣyāmaḥ |

试译：世尊！我等四王能说正法、修正法，以法化世。世尊！我们四王与天、龙、药叉、阿修罗、揭路荼、乾达婆、紧捺罗、摩睺罗伽等诸王，以法化世，遮拦恶魔、吸人精气者、无慈悲心者。世尊！我等四大天王与二十八部药叉首领，与无量百千药叉，常以净天眼观察人世间，共同拥护此瞻部洲。世尊！因此，我等四天王被称为护世者。

【藏文】

བཙུན་པ་བཅོམ་ལྡན་འདས་བདག་ཅག་རྒྱལ་པོ་ཆེན་པོ་བཞི་ནི་ཆོས་དང་ལྡན་པ།ཆོས་སྨྲ་བ་ཆོས་ཀྱི་རྒྱལ་པོ་ལགས་ཏེ།བཙུན་པ་བཅོམ་ལྡན་འདས་བདག་ཅག་ནི་ཆོས་ཀྱིས། ལྷ་དང་། ཀླུ་དང་། གནོད་སྦྱིན་དང་། ལྷ་མ་ཡིན་དང་།ནམ་མཁའ་ལྡིང་དང་། དྲི་ཟ་དང་། མི་འམ་ཅི་དང་། ལྟོ་འཕྱེ་ཆེན་པོ་རྣམས་ཀྱི་རྒྱལ་པོ་བགྱིའོ། །འབྱུང་པོའི་ཚོགས་མི་བཟད་པ། སྙིང་རྗེ་མ་མཆིས་པ།གཞན་གྱི་གཟི་བྱིན་འཕྲོག་པ་རྣམས་བཟློག་པར་བགྱིའོ། །བཙུན་པ་བཅོམ་ལྡན་འདས་བདག་ཅག་རྒྱལ་པོ་ཆེན་པོ་བཞི། གནོད་སྦྱིན་གྱི་སྡེ་དཔོན་ཆེན་པོ་ཉི་ཤུ་རྩ་བརྒྱད་དང་། གནོད་སྦྱིན་འབུམ་འཕྲག་དུ་མ་དང་ལྷན་ཅིག་ཏུ་རྟག་པར་རྒྱུན་དུ་ལྷའི་མིག་རྣམ་པར་དག་པ། མིའི་ལས་འདས་པས་འཛམ་བུའི་གླིང་ཐམས་ཅད་ལ་བལྟ་བར་བགྱི། བསྲུང་བར་བགྱི། ཡོངས་སུ་བསྐྱང་བར་བགྱི་སྟེ།བཙུན་པ་བཅོམ་ལྡན་འདས་དེའི་སླད་དུ། བདག་ཅག་རྒྱལ་པོ་ཆེན་པོ་བཞི། འཇིག་རྟེན་སྐྱོང་ཞེས་མིང་དུ་ཆགས་སོ།

试译：世尊！我等四王能说正法、修正法，以法化世。世尊！我们四王与天、龙、药叉、阿修罗、揭路荼、乾达婆、紧捺罗、摩睺罗伽等诸王，以法化世，遮拦恶魔、吸人精气者、无慈悲心者。世尊！我等四大天王与二十八部药叉首领，与无量百千药叉，常以净天眼观察人世间，共同拥护此瞻部洲。世尊！因此，我等四天王被称为护世者。

【汉文】

【谶本】世尊！我等四王，能说正法修行正法，为世法王以法治世。世尊！我等四王及天、龙、鬼神、乾达婆、阿修罗、迦楼罗、紧那罗、摩睺罗伽，以法治世，遮诸恶鬼啖精气者。世尊！我等四王二十八部诸鬼神等，及无量百千鬼神，以净天眼过于人眼，常观拥护此阎浮提。世尊！是故我等名护世王。①

【合本】世尊！我等四王能说正法、修行正法，为世法王以法治世。世尊！我等四王及天、龙、鬼神、乾达婆、阿修罗、迦楼罗、紧那罗、摩睺罗伽以法治世，遮诸恶鬼、啖精气者。世尊！我等四王、二十八部诸鬼神等，及无量百千鬼神，以净天眼过于人眼，常观拥护此阎浮提。世尊！是故我等名护世王。②

【净本】世尊！我等四王修行正法，常说正法，以法化世，我等令彼天、龙、药叉、健达婆、阿苏罗、揭路荼、俱槃荼、紧那罗、莫呼罗伽及诸人王，常以正法而化于世，遮去诸恶，所有鬼神吸人精气无慈悲者，悉令远去。世尊！我等四王与二十八部药叉大将，并无量百千药叉，以净天眼过于世人，观察拥护此赡部洲。世尊！以此因缘，我等诸王，名护世者。③

结合上述这段对勘的文本，可以看到四天王被称为护世王的重要原因就是他们常常修行正法、以法化世，并与无量诸天鬼神等众以净天眼观察世人，共同保护世间。

三 《金光明经·四天王品》的护国思想分析

通过上文对四天王护国的原因、内容、方式和途径的分析和论述，我们可以发现《四天王品》中包含的护国思想，有三个明显的特征：一

① （北凉）昙无谶译：《金光明经》，CBETA 2024，T16，No.663，第 341 页上。
② （隋）宝贵合：《合部金光明经》，CBETA 2024，T16，No.664，第 382 页上。
③ （唐）义净译：《金光明最胜王经》，CBETA 2024，T16，No.665，第 427 页上。

是此经宣扬的护国思想受益面和护持对象极广，可以利益一切拥护佛法的众生。我们从护国的内容可以看出，四天王及诸天鬼神保护的不仅是人间的国土和人，从时间上说还包含了过去世、现世和未来世的众生，从空间上看则涵盖了阎浮提中的八万四千城邑聚落；再看受益对象既包含天龙八部、诸天鬼神，还包含人间的国王、民众、四部众等。由此，我们看到《金光明经·四天王品》宣扬的护国思想是平等无差别和利益一切众生的思想。二是本品经文中的护国思想突出和强调了国王的地位及其发挥的作用。此经后面的《正论品》《善集品》就是专门讨论王论思想的品目，具体可以参看程恭让的《〈金光明经·王论品〉佛教政治思想略论》[①]一文。这一特点表明此经宣扬护国思想的目的之一就是要获得统治者的支持，正如东晋道安大师所言"不依国主则法事难立"，但本品经文也明确表达了"四天王护国护王的前提是国王要爱国利民，要以正法治世，反之则诸天不护、灾祸不断"的立场。由此我们可以认为《四天王品》中的护国思想在一定程度上与《金光明经》所宣扬的王论思想，二者本质上是相辅相成的关系。三是从实践方面来说，此经获益的途径极为便捷，尽管《金光明经》的流传衍生出了金光明法会、忏仪、放生等佛事活动，但本品经文提倡的是只要听闻、宣说、流布、受持、供养等任一方法即可速得四天王及诸天守护，这种"速得守护、易得福报"的理念很大程度上加强了《金光明经》的传播和四天王信仰的流行。

从梵藏汉文本对勘的视角进行考察，我们可以看出《金光明经》作为中期大乘佛教的一部重要经典，其所蕴含的护国思想以及经中十分庞大的神灵体系所代表的护国义涵是一贯的，甚至在此基础上有不断深化的趋势。《金光明经》从梵文原本到汉译本、藏译本的翻译甚至再译的过程中，内容明显呈现出不断丰富和扩展的趋势，本文重点考察的《四天王品》同

① 程恭让：《〈金光明经·王论品〉佛教政治思想略论》，《戒幢佛学》第 6 卷，宗教文化出版社 2023 年版，第 136—150 页。

样也存在此现象。在较早的底本中《四天王品》仅有一品经文，而义净翻译所用的底本变成了两品，分别是《四天王观察人天品》和《四天王护国品》，可以看到其中单列了一品经文以突出四天王观察人天的作用，并且后面的译本在标题中直接表明了四天王护国的职能。通过对比梵藏汉三种文本，可以明显看到佛教的护国思想在这部经典被翻译和流传过程中的连续性和延展性。

最后还需要注意的是，《金光明经·四天王品》包含的佛教护国思想除了具有以上重要特征之外，同时还是四天王神格从天神演变为护法神的重要经典依据和思想来源。我们知道《金光明经》是推动四天王信仰流行的佛教经典之一，在印度最早的神灵信仰体系中，四天王是作为天神甚至是独立神祇存在的，在早期的阿含类经典，如《大楼炭经》《七佛经》中，四天王的身份主要是拥护佛陀和说法菩萨的天神。然而在不同的经典和佛教文献中，四天王的职能和角色也在不断变化，甚至演变出了财神、战神、门神等多种神格。而在本品经文中，无论是梵文原本还是汉、藏译本，四天王的主要职能都是护国、护土、护人，如经中所述“以此因缘，我等诸王名护世者”[①]，由此可以确定四天王在此经中的神格已完全变成了护世法王。进一步来看，四大天王从天神“降格”为人世间护法神的这一过程，实质上反映了佛教从上层阶级逐渐走向民间的传播进程，同时也是佛教在传播过程中为适应不同文化背景、满足不同阶级需求所作的一种积极调适，本质上是佛教思想与不同文化之间交流互动融合的结果。

综上我们可以看到，佛教在从印度到中亚到中国及从中国回流中亚、印度这种双向互动的传播过程中，其整体思想也愈来愈丰富，愈来愈具有灵活性及适应性。[②]《金光明经·四天王品》的形成背景及其代表的护国思

① （唐）义净译：《金光明最胜王经》，CBETA 2023，T16，No.665，第 427 页上。

② 参考程恭让《〈金光明经·王论品〉佛教政治思想略论》，《戒幢佛学》第 6 卷，第 136—150 页。

想，同样体现出了很强的灵活性和适应性特征，无论是此经佛教护国思想的不断延续和深化，还是四天王信仰伴随经典的流行而演变，将其放在佛教发展史和交流史的宏观视野中考察，都是具有学术意义和现实意义的重要课题，值得我们继续深入发掘和研究。

基于“方便论”视角对《维摩经·佛道品》梵汉对勘的再思考

于　腾

上海大学硕士生

摘要：《维摩经》作为初期大乘佛教重要经典，其所开示的“不二法门”等，皆是殊胜的大乘佛法智慧。其中，对《入不二法门品》起直接铺垫的《佛道品》中所蕴含的“般若与方便”“入世与出世”等义理，不仅丰富了大乘佛教的智慧学体系，更为人间佛教的精神内核提供了重要的思想宝库，而不同译者的翻译实践亦是对中华文化理解与佛教概念阐释之间有机交汇与融合的一次尝试。《维摩经·佛道品》所揭橥的“文与质之间”“般若与方便之间”“修行与共度之间”的关系，从本质上而言是“善巧方便”这一内在动力在佛教中国化的具体实践中的不同表现形式。基于“方便论”的角度对《佛道品》的相关问题进行提纲挈领的理解，亦是对“中国化”与“佛教化”的思想张力的准确把握。

关键词：《维摩经·佛道品》；善巧方便；方便论；梵汉对勘

《维摩经》是初期大乘佛教一部极具系统性与哲学义理学智慧的经典。该经典不仅深刻影响了诸如禅宗等众多中国佛教宗派的思想，更为现代人间佛教提供了重要的思想资源。近年来，对《维摩经》的各类研究一直是学术界关注的热点，尤其涉及梵汉对勘角度对“善巧方便”一系概念的阐释与解读取得了丰硕的成果，[①]而基于梵汉对勘而产生的支谦、鸠摩罗什与玄奘之间翻译风格的比较研究及“文质之辩”也引起了广泛的关注，[②]此外，针对《维摩经》及相关注疏中具体问题的诠释研究更是取得了丰硕的成果[③]。

作为对《入不二法门品》起最直接铺垫作用的《佛道品》，其讨论的中心问题为“大乘菩萨行者应当如何对待有情世界生命趣向之问题”，以及“应当如何理解如来的种类或种性之问题”。针对颂文与长行散文的意思不尽贴合等问题，程恭让教授认为颂文部分可能早于维摩经成立的时间，而由于其中所蕴含的种种方便教化对于以上提及的两个问题具有启发作用而纳入之。[④]由此可见，《佛道品》不仅仅是《维摩经》义理阐发的重要一品，其颂文亦是早期大乘时期印度哲学智慧的代表之作，更是对善巧方便一系概念直截了当的阐释。

① 参见程恭让《〈维摩诘经〉之〈方便品〉与人间佛教思想》，《玄奘佛学研究》2012 年第 2 期；程恭让、韩成才《从僧肇的〈维摩经〉诠释看其对善巧方便概念及思想的理解》，《中国哲学史》2015 年第 4 期；程恭让、李彬《〈维摩经〉善巧方便概念及其相关思想研究》，《世界宗教研究》2015 年第 6 期；程恭让《佛典汉译、理解与诠释研究——以善巧方便一系概念思想为中心》，中国社会科学出版社 2017 年版，第 348—400 页；程恭让、常凯《佛教中国化的“内在机制”问题——关于大乘佛教善巧方便思想的再思考》，《西南民族大学学报》（人文社科版）2019 年第 11 期；程恭让、张芳芳《〈维摩经〉对于般若、方便辨证融合义理原则系统及深度的论说》，《世界宗教文化》2023 年第 4 期。

② 参见常红星《对支谦译经特色的再反思——以〈维摩经〉为中心》，《世界宗教文化》2016 年第 6 期；程恭让《从支谦〈佛说维摩诘经〉汉译看早期佛典汉译对于儒道思想价值的文化调适》，华东师范大学文明互鉴讲座，2022 年 9 月。

③ 参见杨曾文《鸠摩罗什的“诸法实相”论——据僧肇〈注维摩诘经〉的罗什译语》，《世界宗教研究》1994 年第 2 期；程恭让《〈入不二法门品〉梵本新译及其相关问题的研究》，《哲学研究》2006 年第 2 期；程恭让《太虚、圣严、星云：现当代汉传佛教三导师的〈维摩经〉诠释》，佛光大学佛教研究中心开幕研讨会“汉传佛教研究的过去、现在、未来”，2013 年 4 月；程恭让、冀志刚《鸠摩罗什〈维摩经〉“净土”译语考辨》，《中国哲学史》2014 年第 2 期；程恭让《〈维摩经〉佛国思想的内容及其特色》，载洪修平主编《佛教文化研究》（第二辑），江苏人民出版社 2015 年版，第 182—205 页；龚隽《身体、疾病与治疗：以中古〈维摩经·问疾品〉疏为例》，《河北学刊》2016 年第 2 期；龚隽《中国中古〈维摩经〉诠释史略论》，《华东师范大学学报》（哲学社会科学版）2016 年第 6 期；周志诚、尹邦志《竺道生早年的顿悟思想——以〈注维摩诘经〉为主》，《宗教学研究》2024 年第 2 期。

④ 程恭让：《华梵之间》，中国社会科学出版社 2007 年版，第 276—298 页。

近现代欧阳竟无先生、赵朴初先生、方立天教授等前辈在涉及佛教中国化的重要命题时，自觉或不自觉地都引入了大乘佛教善巧方便一系概念的传统。程恭让教授指出善巧方便乃至“方便论”长久以来一直都是佛教中国化的内在机制。进言之，“方便论”的视角与内容主要为：早期佛教时，佛陀教法的重要原则之一就是“当机说法”。回溯大乘佛教义理思想，其中甚至将此教法原则上升为“善巧方便”的义理原则，大乘经与大乘论思想史对此问题进行了更加深入与系统的反思。通过对经典的释经学与思想史的解读，可以证成大乘佛教义理思想的核心原则是般若智慧与善巧方便的不二融合。经由这一义理思想原则，重审与发掘中印佛教思想义理的一贯性，才可以恢复历史上般若与方便两种智德之间的平衡，才能纠正因轻视方便而产生的中国佛教教理建构与时代的脱节，才能契理契机地调整自身的思想与学说，开展真正度脱众生的菩萨实践所必需的智慧。[①] 同样，从义理学角度出发，此内在机制与大乘佛教思想发展史相始终，故现代人间佛教的持续健康开展存在哲学与思想史层面的合理性与一贯性，而大乘义理学的理解与大乘思想在社会的落实之间存在着一定的张力，如何正确处理般若与方便之间辩证融合的关系，则是当代大乘佛教不断重视人间利生及加深佛教中国化道路需要真正措意之所在。但是，古往今来，尤其是近现代以来，对于大乘佛教义理学的讨论都忽视乃至贬低善巧方便。中国佛教善巧方便智的长久缺位，且与般若智慧的辩证关系被迫失衡，使中国佛教义理学的真正价值被长期埋没。但可喜的是，尚有一批高僧大德、前辈时贤直接关注或间接触及此问题，使得“方便论”这一佛法方法论在佛学研究中的价值取向不断得到重视。

故本文拟通过梵汉对勘的方式对文本进行阐释，在佛教化与中国化的张力之间就相关问题进行再思考，以陈鄙见。囿于学力，不当之处，尚祈前辈与时贤不吝指正。

① 程恭让：《星云大师人间佛教思想研究》，高雄：佛光文化 2015 年版，第 766 页。

一　文与质之间：基于长行散文的文本翻译与儒道思想文化的互动调适

“文质之争”是中国佛经翻译史上长期论辩的焦点。何为“文”？而又何为“质”？“文”“质”关系最早见于我国先秦重要经典《论语·雍也》，其中提道：“质胜文则野，文胜质则史。文质彬彬，然后君子。”[①]从孔子的原意来看，“质”指的是内在的品德与涵养，“文”指的是外在的文采与文明。随着“文”与“质”的广泛运用，其也相应地延伸出其他的涵义，“文”更多地代表遣词造句、辞藻华丽等文章的外在形式，而“质”更多地代表主旨要义、辨而不华等文章的实质内容。由此，中国佛教经典翻译分成了文质两派，“质派”主张“义理明晰，文字允正，辨而不华，质而不野，要求以质直求真，以朴拙作为译文的美学标准”，“文派”则认为翻译应当“辞旨文雅”，行文要“清丽欣畅”，以径达义旨为原则。[②]

就《维摩经》的翻译而言，支谦为“文派”的代表，鸠摩罗什“质而偏于文”，而玄奘“圆满调和”。对支谦的翻译，道安大师提出了自己的看法，其提道：“叉罗支越，斫凿之巧者也，巧则巧矣，惧窍成而混沌终矣。”[③]僧叡认为：“恭明前译颇丽其辞迷其旨，是使宏标乖于谬文，至味淡于华艳，虽复研寻弥稔，而幽旨莫启。”[④]僧肇撰写《维摩诘经序》时，认为支谦的翻译“理滞于文，常恐玄宗堕于译人”[⑤]。而鸠摩罗什尖锐地指出过往“弘宣法教”的弊端，认为“夫弘宣法教，宜令文义圆

① （宋）朱熹：《四书章句集注》，中华书局 1983 年版，第 89 页。
② 刘宓庆：《新编当代翻译理论》，中国对外翻译出版公司 2005 年版，第 218 页。
③ （梁）僧祐：《出三藏记集》，《大正藏》第 55 册，No.2145，第 52 页下。
④ （梁）僧祐：《出三藏记集》，《大正藏》第 55 册，No.2145，第 58 页上。
⑤ （后秦）僧肇：《注维摩诘经》，《大正藏》第 38 册，No.1775，第 327 页中。

通。贫道虽诵其文，未善其理”[①]。由此可见，罗什强调了“质”在佛法弘扬流布过程中的殊胜地位。但罗什也偏向文藻，认为：“但改梵为秦，失其藻蔚。虽得大意，殊隔文体。有似嚼饭与人，非徒失味，乃令呕秽也。”[②]因此，罗什在翻译《法华经》时，认为竺法护的译文“此语与西域义同，但在言过质”[③]。鉴于此，僧肇在《注维摩经序》中称赞罗什的译本“陶冶精求务存圣意，其文约而诣、其旨婉而彰，微远之言于兹显然矣”[④]。

而玄奘开创了中国译经史上的新格局，梁启超先生认为：“若玄奘者，则意译、直译，圆满调和，斯道之极轨也。”[⑤]当然，“文质之争”并不能简单地与直译和意译画等号，但梁启超先生的这一评价也足以从侧面说明玄奘大师翻译技巧与风格的调适性。玄奘曾提出的“五不翻”原则，其中的诸多方法也正是下文所涉及文本需要探讨的内容，兹摘录于下：

> 一、秘密故，如陀罗尼；二、含多义故，如薄伽梵具六义；三、此无故，如阎浮树，中夏实无此木；四顺古故，如阿耨菩提非不可翻，而摩腾以来常存梵音；五生善故，如般若尊重，智慧轻浅。而七迷之作，乃谓释迦牟尼，此名能仁，能仁之义位卑周孔。阿耨菩提，名正遍知，此土老子之教先有，无上正真之道无以为异。菩提萨埵，名大道心众生，其名下劣。皆掩而不翻。[⑥]

通过对三位译者翻译风格的简单梳理，以下将从文本翻译的角度爬梳三位译者的用语及其与儒道文化之间的调适。

---

① （梁）慧皎：《高僧传》，《大正藏》第 50 册，No.2059，第 334 页上—中。
② （梁）慧皎：《高僧传》，《大正藏》第 50 册，No.2059，第 332 页中。
③ （梁）慧皎：《高僧传》，《大正藏》第 50 册，No.2059，第 364 页中。
④ （后秦）僧肇：《注维摩诘经》，《大正藏》第 38 册，No.1775，第 327 页中。
⑤ 《梁启超佛学文选》，武汉大学出版社 2011 年版，第 166 页。
⑥ （宋）法云：《翻译名义集》，《大正藏》第 54 册，No.2131，第 105 页上。

例一

【梵本】[1]yamalokagatiṃ ca gacchati，sarvapuṇyajñānasaṃbhāropāttaś ca bhavati.

【支谦】[2]求入饿鬼道，一切以福随次合会。

【罗什】[3]至于饿鬼，而具足功德。

【玄奘】[4]虽复行于阿素洛趣，而离一切傲慢、憍逸；虽复行于琰魔王趣，而集广大福、慧资粮。

【试译】当行走于狱世间之趣向，彼获得了所有的善行、智慧（作为）必需品。

此句的翻译，对于善行与智慧二词，三位译者分别采用了“福”“功德”“福慧”。显然，支谦此处的翻译将“智慧”一词脱漏；罗什将善行与智慧理解为“功德”，采用了意译的处理方式；而玄奘大师对此句的翻译无疑是三者中最为精准的。不过支谦与玄奘都选择了“福”这一概念来进行翻译与诠释，而“福”可以被看作最能代表中华文化精神特质的概念之一。儒家经典《尚书·洪范》中认为有五福“一曰寿，二曰富，三曰康宁，四曰攸好德，五曰考终命”[5]，即福代表着长寿、富有、平安健康、品德高尚以及老有所依，这是中国哲学朴素的人生观与幸福观的有机结合。道家经典《老子》中有“祸兮福之所倚，福兮祸之所伏”[6]，老子将福作为早期自然朴素辩证法的“一极”，与象征负面的“祸”共同加以论证，故与福相关的譬喻和论证则又成为中国古代哲学的重要例子。支谦与玄奘借用“福”这一概念，不仅顺承中国民众的思想脉络，更加表明了《维摩

① *Vimalakīrtinirdeśa*，*A sanskrit Edition Based upon the Manuscript Newly Found at the Potala Palace*，Tokyo：Taisho University Press，2006，pp. 62–74. 下同。

② （吴）支谦译：《佛说维摩诘经》，《大正藏》第 14 册，No.474，第 529 页中—530 页下。下同。

③ （姚秦）鸠摩罗什译：《维摩诘所说经》，《大正藏》第 14 册，No.475，第 548 页下—550 页中。下同。

④ （唐）玄奘译：《说无垢称经》，《大正藏》第 14 册，No. 476，第 575 页上—577 页上。下同。

⑤ 王世舜、王翠叶译注：《尚书》，中华书局 2012 年版，第 157 页。

⑥ （魏）王弼注，楼宇烈校释：《老子道德经注校释》，中华书局 2008 年版，第 151 页。

经》此处的翻译综合考虑了中华文化的精神内涵。

例二

【梵本】doṣagatiṃ ca gacchati，apratihataś ca bhavati sarvasatveṣu.

【支谦】在怒害处，为现仁意，不害众生。

【罗什】示行瞋恚，于诸众生无有恚阂。

【玄奘】虽复示行瞋恚行趣，而于一切有情境界离诸瞋恚，无损害心。

【试译】当行走于憎忿之趣向，彼对于一切众生都无所危害。

此句的翻译，罗什与玄奘的翻译完整准确地表达了原文的含义，二者风格各有特色。支谦则展现出其“文派”的特质，将“无所危害”意译处理为“现仁意”。“仁”被视为儒家思想最为核心的概念，意为爱人。《左传·定公四年》中提道：“《诗》曰：‘柔亦不茹，刚亦不吐。不侮矜寡，不畏强御’，唯仁者能之。”[①] 此处旗帜鲜明地点明所谓“仁”就是不欺弱小，不畏强暴。《颜氏家训·归心》中更直接地提出“仁者，不杀之禁也”[②]，教导后代要爱万物而切不可杀生。由此而言，支谦此处的意译在表达经文原意的同时，精准地选择了中国哲学基因中的“仁”作为译词，这种选择不仅不落牵强附会的窠臼，更便于具有中国传统哲学意识的读者理解经文深意。

例三

【梵本】śrāvakagatiṃ ca gacchati，aśrutadharmaśrāvayitā ca bhavati satvānām.

【支谦】在弟子道，所未闻法令人得闻。

【罗什】示入声闻，而为众生说未闻法。

【玄奘】虽复示行声闻行趣，而为有情说未闻法。

【试译】当行走于声闻之趣向，彼使众生听闻闻所未闻之法。

此句的翻译，罗什与玄奘所译的“声闻”是声闻乘的简称。声闻乘指的是闻佛声教而得悟道之人，与缘觉乘、菩萨乘共同组成了佛法三乘。支谦在此处处理为“弟子”，在推崇“重孝尊礼”“尊师重教”的中国社会，

① 杨伯峻编著：《春秋左传注》（修订本），中华书局 1981 年版，第 1546—1547 页。

② 檀作文译注：《颜氏家训》，中华书局 2011 年版，第 212 页。

儒家《论语·学而》中对弟子的规范与概念有着较为明确的规定："弟子入则孝，出则弟，谨而信，泛爱众，而亲仁。行有余力，则以学文。"[①]为弟为子要孝敬父母，兄友弟恭，时时谨慎守信，博爱大众，见贤思齐，这些都是学习的根本与基本前置条件，在满足之后，若学有余力，则应努力学习六艺与学问。这似乎与梵文原文所表达的意思存在些许出入。但如果将弟子的概念进一步扩大，推及"受教之徒"，那么声闻亦可称为弟子。支谦这种处理方法，是佛教经典传入早期民众对佛教经典与概念不甚了解之时所采取的"权宜之计"，意欲借用中国哲学的常用概念使佛教经典易于理解，这似乎无可厚非。罗什与玄奘时佛教文化在中国已然相对广泛地传播，罗什与玄奘及时以"声闻"一词加以替换，可从侧面说明佛教文化在中国传播程度的逐步加深。

例四

【梵本】na śakyaṃ kulaputra asaṃskṛtadarśinā niyāmāvakrāntisthitenānuttarāyāṃ samyakṣaṃbodhau cittam utpādayitum|kleśāgārasaṃskṛtasthitenādṛṣṭisatyena śakyam anuttarāyāṃ samyakṣaṃbodhau cittam utpādayitum.

【支谦】夫虚无、无数，不能出现住发无上正真道意，在尘劳事、未见谛者，乃能发斯大道意耳。

【罗什】若见无为，入正位者，不能复发阿耨多罗三藐三菩提。（阙译）

【玄奘】非见无为、已入正性离生位者能发无上正等觉心，要住有为烦恼诸行、未见谛者能发无上正等觉心。

【试译】善男子啊！观见无为，安住于悟入正性离生者，无法生起至高的、正确的、平等的觉悟之心。安住于烦恼巢穴的有为，不见真实者，无法生起至高的、正确的、平等的觉悟之心。

例五

【梵本】pṛthagjanā hi buddhaguṇāñ śrutvā triratnavaṃśānupacchedāyānut-

① （宋）朱熹：《四书章句集注》，第 49 页。

tarāyāṃ samyakṣaṃbodhau cittamutpādayanti | śrāvakāḥ punar yāvajjīvam api buddhadharmabalavaiśāradyāni śrutvānuttarāyāṃ samyakṣaṃbodhau na śaktāś cittam utpādayitum.

【支谦】凡夫闻佛法，能起大道，不断三宝；使夫弟子终身闻佛法、力、无所畏，非复有意起大道也。

【罗什】凡夫闻佛法，能起无上道心，不断三宝，正使声闻终身闻佛法、力、无畏等，永不能发无上道意。

【玄奘】异生闻佛、法、僧功德，为三宝种终无断绝，能发无上正等觉心，渐能成办一切佛法。声闻、缘觉，假使终身闻说如来力、无畏等乃至所有不共佛法一切功德，终不能发正等觉心。

【试译】事实上，愚夫们听闻了佛陀的诸多功德，为了不断除三宝的种性，生起至高的、正确的、平等的觉悟之心。然而，即使声闻们听闻佛法、力量、无畏直至寿尽，却也无法发起至高的、正确的、平等的觉悟之心。

例四与例五由于共同涉及“至高的、正确的、平等的觉悟之心”的翻译，故归于一处进行讨论。在例四中，支谦译为“无上正真道意”“大道”，鸠摩罗什译为“阿耨多罗三藐三菩提”，玄奘译为“无上正等觉心”。这一概念是佛教极为核心的概念，其指出觉悟含有三个最基本的特征，即“至高性”“正确性”与“平等性（或圆满性）”。支谦所翻译的“无上正真”可以基本满足这一大乘佛教义理学的最高与核心概念，但以“道”字作为“觉悟之心”的译法，则是支谦与其他两位译者最为不同之处。“道”在先秦哲学乃至整个中国哲学中是一个具有高度哲理性的概念，代表了中华民族认识万事万物变化运动的统领性哲学概念。老子《道德经》中提道：“有物混成，先天地生，寂兮寥兮，独立不改，周行而不殆，可以为天下母。吾不知其名，字之曰道。”[①]也就说，道具有崇高

① （魏）王弼注，楼宇烈校释：《老子道德经注校释》，第62—63页。

性，不依外力，循环运行，为万物之本源，这似乎与“觉悟之心”的修饰成分存在一定程度的交汇。鸠摩罗什所译的“阿耨多罗三藐三菩提”，则是采用了音译的方式，这一点倒是满足玄奘“五不翻”之“生善故”，但这种翻译在保留梵文“原汁原味”的同时，似乎在一定程度上不利于民众的理解。而玄奘所译的“无上正等觉”则在精准翻译的同时照顾到汉语词汇的使用，以相对“信达雅”的方式将其呈现于经文中。在例五中，支谦将此概念译为“大道”，鸠摩罗什译为“无上道心”，玄奘译为“无上正等觉心”。罗什此处的翻译不知是否也受到道家哲学的影响，借鉴“道”的概念以便利民众的体悟。总之，三位此句的翻译都是较为准确的，不过玄奘大师在此句中增添了“缘觉”一词，对比梵本与其他两位的译文并无该词，不知玄奘大师此处是自行填补，抑或是采用了其他梵本，此问题或可深入探讨。

综上，通过对以上例证的考察，无论是从佛典汉译、理解与诠释的角度观照佛教中国化，抑或是基于佛教中国化的角度审视佛典汉译、理解与诠释，几位翻译家的翻译实践都包含了两个向度——翻译佛教义理与调适儒道文化——的努力。而这样的翻译策略，也恰恰是中印佛教文化交流中善巧方便精神的一种高度凝练，从本质上考量，这种汉译工作也正是善巧方便在佛典汉译与文化调适中一次生动的实践案例。

二　般若与方便之间：基于前部分颂文梵汉对勘对出入世同一的诠释

《维摩经》在正式引入颂文之前，有“尔时会中有菩萨，名普现色身，问维摩诘言：‘居士！父母妻子、亲戚眷属、吏民知识，悉为是谁？奴婢僮仆、象马车乘，皆何所在？’”[①] 的发文。僧肇在《注维摩诘经》中解释

① （姚秦）鸠摩罗什译：《维摩诘所说经》，《大正藏》第 14 册，No.475，第 549 页中。

道：“净名权道无方隐显难测，外现同世家属，内以法为家属。恐惑者见形不及其道，故生斯问也。”[①]僧肇的这种诠释实际上区分了维摩诘居士的“内在生活”与“外在生活”，即维摩诘既有世俗的一面，拥有世俗家庭生活中的一切，更应注意的是，维摩诘作为一位以人间居士身份存在的菩萨，又以超脱的出世间精神为生活的殊胜性。由此，此段颂文实则蕴含了有关出世与入世关系的哲学义理。

例六

【梵本】prajñāpāramitā mātā bodhisatvāna māriṣa |

pitā copāyakauśalyaṃ yato jāyanti nāyakāḥ ||

bhāryā dharmaratis teṣāṃ maitri karuṇā ca duhitarau |

satyadharmāv ubhau putrau gṛhaṃ śūnyārthacintanā||

sarvakleśās tathā śiṣyā yatheṣṭavaśavartinaḥ |

bodhyaṅgāś caiva mitrāṇi bodhiṃ budhyanti yair varām ||

sahāyāś cānubaddhā hi ṣaḍ imāḥ pāramitāḥ sadā |

stryāgāraḥ saṃgrahas teṣāṃ dharmāḥ saṃgītivāditam ||

【罗什】智度菩萨母，父为权方便；菩萨由是生，得佛一切见。乐法以为妻，悲、慈为男女；奉谛以降调，居则思空义。学知一切尘，其生随所欲；上道为亲友，觉意而不着。我徒勇而果，群从度无极；四恩当女事，乐以歌道德。

【试译】贤者们啊！般若波罗蜜多是菩萨们的母亲，而善巧方便是父亲，导师们因此产生。热衷佛法是他们的内人，慈爱与悲悯是两个女儿，而真理与正法是两个儿子，思忖空义是居所。一切烦恼正如诸多弟子，随其欲而自在转，而诸多助菩提法如同诸友，觉悟最妙的菩提。事实上，此处的六种波罗蜜多是永远追随的助手，而摄事是女官，她们的法是歌颂与演奏。

---

① （后秦）僧肇：《注维摩诘经》，《大正藏》第38册，No.1775，第393页上。

例七

【梵本】udyānaṃ dhāraṇī teṣāṃ bodhyaṅgakusumaiś citam |
phalaṃ vimuktijñānaṃ ca vṛkṣā dharmadhanaṃ mahat ||
vimokṣāḥ puṣkiriṇyaś ca samādhijālapūritāḥ |
viśuddhipadmasaṃchannā yatra snāyanti nirmalāḥ ||
abhijñā vāhanaṃ teṣāṃ mahāyānam anuttamam |
sārathir bodhicittaṃ tu sanmārgo’ṣṭāṅgikaḥ śivaḥ ||
bhūṣanā lakṣaṇāny eṣām aśītiś cānuvyañjanāḥ |
hrīrapatrāpyavastrās te kalyāṇādhyāśayāḥ śubhāḥ ||
saddharmadhanavantas te prayogo dharmadeśanā |
pratipattir mahālābhaḥ pariṇāmaś ca bodhaye ||
śayanaṃ caturo dhyānāḥ śuddhājīvena saṃstṛtāḥ |
prajñā vibodhanaṃ teṣāṃ nityaṃ śrutasamāhitā ||
amṛtaṃ bhojanaṃ teṣāṃ vimuktirasapānakam |
viśuddhāśayatā snānaṃ śīlaṃ gandhānulepanam||
kleśaśatruvinirghātāc chūrās te hy aparājitāḥ |
dharṣenti caturo mārān bodhimaṇḍadhvajāśritāḥ||

【罗什】总持之园苑，无漏法林树；觉意净妙华，解脱智慧果。八解之浴池，定水湛然满；布以七净华，浴此无垢人。象马五通驰，大乘以为车；调御以一心，游于八正路。相具以严容，众好饰其姿；惭、愧之上服，深心为华鬘。富有七财宝，教授以滋息；如所说修行，回向为大利。四禅为床座，从于净命生。多闻增智慧，以为自觉音。甘露法之食，解脱味为浆；净心以澡浴，戒品为涂香。摧灭烦恼贼，勇健无能逾；降伏四种魔，胜幡建道场。

【试译】总持咒（陀罗尼）是他们的园林，装点诸多助菩提法之花，而解脱智是果实，伟大的法宝是诸树木。解脱是池沼，充满入定（三摩地）之水，并且清净莲华敷布，清净无垢者在那里沐浴。神通是他们至高大乘的承载工具，而觉悟之心是驾驶者，自在的八支则是正道。诸多威容与八十随好是他们的装饰品，而惭愧与愧疚是衣服，妙善高贵之心是光辉清净的。正法之富者，宣说正法是其运用之手段，而修行是巨大的利益，并回向觉悟。以净化生活的方式铺排的四禅定是床榻，而恒常地因听闻而平等引起的般若是觉醒。解脱津味的浆饮是他们永生的食物，而清净的乐善是沐浴，戒律是香料与香膏。因摧伏烦恼怨敌，他们是无能征服的勇士，而依赖觉悟道场中的旗帜，他们击败了四种摩罗。

颂文开篇“智度菩萨母，方便以为父”，反映了《维摩经》中般若智慧与善巧方便之间不一不二、不即不离，平衡开发、辩证彰显①的逻辑关系。正如般若是诸佛菩萨法身慧命最重要的产生根源一样，善巧方便同样是一切诸佛菩萨法身慧命最重要的产生根源。②这种根源问题的对应关系在先秦哲学中亦有体现。老子《道德经》中提道：“道生之，德畜之，物形之，势成之。是以万物莫不尊道而贵德。道之尊，德之贵，夫莫之命而常自然。”③老子此处强调了道是天地万物的本源，是万物产生与发展的自然法则，而德是遵循道的行为准则。道生万物，德育万物，这两者的辩证统一构成了万物生长发展的基础。《周易》中提道：“乾，天也，故称乎父；坤，地也，故称乎母；震一索而得男，故谓之长男；巽一索而得女，故谓之长女；坎再索而得男，故谓之中男；离再索而得女，故谓之中女；艮三索而得男，故谓之少男；兑三索而得女，故谓之少女。”④此八卦中，乾、坤既代表天地，也代表父母，而震、巽、坎、离、艮、兑则为由乾、坤所衍生的子女。这既是儒家家庭伦理道德的体现，更是儒家对自然、天地等概念认识的突出表现。此处对于“乾”与“坤”、“道”与“德”的阐述正是儒家与道家对哲学根源问题

① 程恭让：《佛典汉译、理解与诠释研究——以善巧方便一系概念思想为中心》，第 3 页。

② 程恭让、李彬：《〈维摩经〉善巧方便概念及其相关思想研究》，《世界宗教研究》2015 年第 6 期。

③ （魏）王弼注，楼宇烈校释：《老子道德经注校释》，第 136—137 页。

④ 杨天才、张善文译注：《周易》，中华书局 2011 年版，第 657—658 页。

的回应。

对于般若与方便的关系，程恭让教授借鉴康德哲学的立场，认为佛教义理学所讲的般若智慧可理解为佛法哲学意义上的“纯粹理论理性”，佛教义理学所讲的善巧方便可理解为佛法哲学意义上的“纯粹实践理性”，[①]由此，般若与方便的辩证关系从本质上而言，就是佛法理论理性与佛法实践理性的辩证融合关系，乃是佛学理论与实践的同一性的问题。儒家经典《礼记·大学》中有“大学之道在明明德，在亲民，在止于至善”[②]，即儒家要求弟子要弘扬高尚的品德和理论知识，要学习并应用于日常之中，以达到最完美的至善境界。明代王阳明更是系统阐释了“知行合一”的辩证关系：“知之真切笃实处即是行，行之明觉精察处即是知。知行工夫本不可离”[③]，即在王阳明看来，掌握事物的道理和理论与在现实中运用是密不可分的整体，不可分割。综上，颂文第一句“智度菩萨母，方便以为父”所蕴含的哲学与义理学逻辑同样也是中华文化与中国哲学史上极为重要的命题。

例六、例七两段颂文实则不仅为我们展现了维摩诘作为在家居士的物质生活图景，更突出了其与法常伴的精神生活，他将般若、方便、法喜、慈悲、善心诚实、三十七道品、六度、解脱味、三十二相、八十种好、惭愧、深心、毕竟空寂、总持、八解脱、四禅定、五通、大乘、八正道、大众、尘劳、四摄法、歌咏法言、修行、七圣财、教育、回向、发心、一心和多闻[④]都有机地借由世俗的家庭生活而融入精神世界。圣严法师在开示《维摩经》时曾提道：

---

① 程恭让：《星云大师对佛法实践理性的特殊贡献——从般若、方便融和的佛法义理学视角》，《法音》2023 年第 8 期。

② 王文锦译解：《礼记译解》，中华书局 2016 年版，第 805 页。

③（明）王阳明著，于自力、孔薇、杨骅骁注译：《传习录》，中州古籍出版社 2008 年版，第 161 页。

④《星云大师全集·星云讲经 1》，新星出版社 2019 年版，第 398—410 页。

大乘的菩萨是成佛的根本，如果要成佛，必须修两种法门：第一要入世修福报，第二要超脱修智慧。修福报就是慈悲心，对众生关怀、救济、援助和化导，这一些叫做福行，换言之，修福报就是利益众生。修智慧就是断烦恼，同时也用断烦恼的智慧去协助他人离苦得乐。用智慧来指导自己断除烦恼，也用智慧来指导自己修行福报，成佛之后的佛，是福慧两种功德都已具足圆满的人。想要提升人的品质，必须修福修慧，有智慧才有能力健全自己的人格，修福的最大功德是使大家都有智慧来健全每一个人的人格，这也就是建设人间净土的着力点。这也就是我们法鼓山的理念，这也是修行佛法的两轮和双轨。福慧并重，如鸟两翼，缺其一便不能飞；两翼强弱不一，就飞不平衡，当然也飞不远了。①

圣严法师对《维摩经》的理解无疑是极为深刻的，值得注意的是，法师所强调的“福慧并重”，入世修福报，修福报即利益众生；超脱修智慧，修智慧即断烦恼，助人离苦得乐，这与我们所分析的“以实践为纬的方便”与“以理论为经的般若”是极为相似的。而如“两轮”“双轨”“鸟两翼”的譬喻，则与“方便父”“般若母”琴瑟和鸣、不可分离的辩证关系是一致的。甚至极为巧合的是，“鸟之双翼”的比喻同样也被广泛用于大乘佛教早期经典中，用以描述般若与方便的关系，如《佛母宝德藏般若伽陀》：

【梵本】②pakṣisya yojanaśataṃ mahatātmabhāvo pañcāśatā pi abalobhay-akṣīṇapakṣo | praṇidhīn anantavipulāṃ sada sevya loke anupāya prajñavikalā pari śrāvakatve. || yadyāpi pañca ima paramita jinānāṃ bahukalpakoṭiniyutāṃ samudānayeyyā | praṇidhīn anantavipulāṃ sada sevya loke anupāya prajñavikalā

① 圣严法师：《法鼓全集第七辑·维摩经六讲》第三版，台北：法鼓文化 2020 年版，第 41 页。

② *Prajñāpāramitā-ratna-guṇa-saṃcaya-gāthā*，*mahāyānasūtrasaṃgraha*（*part 1*），*Buddhist Sanskrit Texts-No.17*，The Mithila Institute of Postgraduate Studies and Research in Sanskrit Learning，Darbhanga，edited by P. L. Vaidya，1961，p. 372.

pari śrāvakatve.

【法贤】[①]如鸟能飞百由旬，折翅翼故飞无半，忉利天及阎浮人，忘失般若故自坠。虽修前五波罗蜜，经多俱胝那由劫，复以广大愿资持，离方便堕声闻位。

【试译】即使是一只有着巨大身体的鸟，飞行一百由旬，由于双翼无力、受损却仍不惧危险，飞行了五百由旬；若这只巨鸟从三十三天界坠至此国土，将陨其身。虽然这些最胜者的五种波罗蜜多需要许多亿劫难才能修集，无尽的弘愿应常在世间修行，但缺乏方便与般若则入声闻位。

值得注意的是，由于种种原因，现存的梵本文本与法贤所译可能不尽相同。但值得肯定的是，法贤的翻译确确实实存在鸟之双翼的譬喻，且显著地提到了般若与方便共同作用才能使得贤者在无尽的劫难中不至于落入声闻位。而其后的《八千颂般若》中也存在这一含义的譬喻：

> 世尊！是鸟至阎浮提，身必伤损，若死，若近死苦。何以故？世尊！法应尔。其身既大，翅为成就故。
>
> 舍利弗！菩萨亦如是。虽于恒河沙劫，布施、持戒、忍辱、精进、禅定，发大心大愿，受无量事，欲得阿耨多罗三藐三菩提，而不为般若波罗蜜、方便所护故，则堕声闻、辟支佛地。[②]

可见这与《佛母宝德藏般若伽陀》第 16 章巨鸟双翼的譬喻说及法说完全一致。[③]

基于此，我们可以大胆断言：圣严法师对于《维摩经》的理解同样是基于深刻揭示善巧方便与般若智慧两者之间不一不二、不即不离，平衡开

① （宋）法贤译：《佛说佛母宝德藏般若波罗蜜经》，《大正藏》第 8 册，No.229，第 680 页中。
② （姚秦）鸠摩罗什译：《小品般若波罗蜜经》，《大正藏》第 8 册，No.227，第 653 页上。
③ 程恭让：《佛典汉译、理解与诠释研究——以善巧方便一系概念思想为中心》，第 49 页。

发、辩证彰显的重要思想理念，法师也同样把握了《维摩经》出世即入世这一宏大理想所开展的佛教思想史的优秀成果与崭新动向，初步回答了以方便为纬、以般若为经交织构成大乘佛教义理学的重要议题，而《佛道品》前部分颂文正是大乘佛教出世即入世最生动的写照。

三　修行与共度之间：基于后部分颂文梵汉对勘对社会角色的构建

程恭让教授在诠释《维摩经·菩萨品》时，指出高频词 gocaraḥ 在中文古典翻译中译作“行”，那么“菩萨行”若按汉语语境理解即“菩萨的行为”之意。然而 gocaraḥ 的梵文本义指的是“一个人的活动范围”，即“每个人在社会中承担的角色”，由此引入了《维摩经》有关社会角色构建的议题。[①] 通过对《佛道品》后部分颂文的解读，我们认为其亦是《维摩经》构建社会角色理论的重要例证，颂文强调了大乘佛教如何在修行与共度的张力之间进行抉择，以及如何以实际行动践行大乘佛教居士之行。

例八

【梵本】saṃcintyajāti darśenti ajātāś ca asaṃbhavāḥ |

dṛśyante sarvakṣetreṣu raśmirājavad udgatāḥ ||

buddhakoṭyo hi pūjitvā sarvapūjāhi nāyakān |

na caivātmani buddhe vā jātu kurvanti niśrayam ||

buddhakṣetrāṇi śodhenti satvānāṃ caritaṃ yathā |

ākāśakṣetrānuprāptā na satve satvasaṃjñinaḥ ||

sarvasatvāna ye rūpā rutaghoṣāś ca īritāḥ |

ekakṣanena darśenti bodhisatvā viśāradāḥ ||

mārakarma ca budhyante mārāṇāṃ cānuvartakāḥ |

upāyapāramiprāptāḥ sarvāṃ darśenti te kriyām ||

① 程恭让：《维摩诘经·第八讲》，苏州市佛教居士林讲座，2024 年 6 月。

te jīrṇavyādhitā bhonti mṛtam ātmānu darśayī |

satvānāṃ paripākāya māyādharmavihāriṇaḥ ||

kalpoddāhaṃ ca darśenti uddahya tāṃ vasundharām |

nityasaṃjñīna satvānām anityam iti darśayī||

satvakoṭīsahasrebhir ekarāṣṭre nimantritāḥ |

sarveṣāṃ gṛhi bhuñjanti sarvān nāmenti bodhaye ||

【罗什】虽知无起灭，示彼故有生；悉现诸国土，如日无不见。供养于十方，无量亿如来；诸佛及已身，无有分别想。虽知诸佛国，及与众生空；而常修净土，教化于群生。诸有众生类，形声及威仪；无畏力菩萨，一时能尽现。觉知众魔事，而示随其行；以善方便智，随意皆能现。或示老病死，成就诸群生；了知如幻化，通达无有碍。或现劫尽烧，天地皆洞然；众人有常想，照令知无常。无数亿众生，俱来请菩萨；一时到其舍，化令向佛道。

【试译】无生非有的他们示现思考后诞生，在诸世间的国土中被观见，如日光一般显现。事实上，在用所有的供养敬拜无数佛与导师后，他们不再依附自已或者佛陀。如众生之所践行，他们清净佛国土，获得虚空领域，于众生无有众生之意识。一切众生发动他们的色相和音声，无畏的菩萨们刹那间示现。他们觉知摩罗之事，并随着摩罗行动，他们具足方便波罗蜜多，示现一切的功用。他们衰老染疫，示现自身夭亡，意欲调伏众生，他们于幻法中安住。他们示现劫火焚烧大地，给"恒常"观念的众生示现"无常"。他们被无数众生奉请至一个国都，他们在所有的家庭中饮食，使所有的众生都致力觉悟。

从此段起，颂文主要讲述了菩萨的事业，菩萨供养诸佛而修福，但不陷入诸佛与已身分别而修慧，福慧双修。菩萨以种种善巧方便下度众生并降伏众魔，通过示现生老病死、示现大三劫之火灾，使得众生知晓无常，进而引导众生走向解脱、证得菩提。值得一提的是，菩萨在此处接引度化所用的善巧方便，原文中表达为 upāyapāramiprāptāḥ，因为韵文音节的缘故，pārami 后省略了 tā，意为具足方便波罗蜜多。这说明在《维摩经》初期流行或该经初期结集的时代，将原始佛教既有的方便概念提升为波罗蜜多的重要思想动向，在此时业已宣告完成。① 可见，佛菩萨圣者的善巧方便波罗蜜多是修行以及共度中不可缺少且至关重要的实践智慧，更是一项具有特殊意义的菩萨品德，借由之，在菩萨的共度实践中，其可根据众生的实际采用具体的方法达成彼此间有效的互动。

例九

【梵本】ye kecin mantravidyā vā śilpasthānā bahūvidhāḥ |
sarvatra pāramiprāptāḥ sarvasatvasukhāvahāḥ ||
yāvanto loki pāṣaṇḍāḥ sarvatra pravrajanti te |
nānādṛṣṭigataprāptān satvān hi parimocayi ||
candrā bhavanti sūryā vā śakrabrahmaprajeśvarāḥ |
bhavanti āpas tejaś ca pṛthivī mārutas tathā||
rogāntarakalpeṣu bhaiṣajyaṃ bhonti uttamam |
yehi satvā vimucyanti sukhī bhonti anāmayāḥ ||
durbhikṣāntarakalpeṣu bhavanti pānabhojanam |
kṣudhāpipāsām apanetvān dharmaṃ deśenti prāṇinām ||
śastra-antarakalpeṣu maitryādhyāyī bhavanti te |
avyāpāde niyojenti satvakoṭīśatān bahūn ||
mahāsaṃgrāmamadhye ca samapakṣā bhavanti te |
saṃdhisāmagri rocenti bodhisatvā mahābalāḥ ||
ye cāpi nirayāḥ kecid buddhakṣetreṣv acintiyāḥ |
saṃcintya tatra gacchanti satvānāṃ hitakāraṇāt ||
yāvantyo gatayaḥ kāścit tiryagyonau prakāśitāḥ |
sarvatra dharmaṃ deśenti tena ucyanti nāyakāḥ||

---

① 程恭让、李彬：《〈维摩经〉善巧方便概念及其相关思想研究》，《世界宗教研究》2015 年第 6 期。

kāmabhogāṃ pi darśenti dhyānaṃ darśenti dhyāyinām |

vihastaṃ māraṃ kurvanti avatāraṃ na denti te ||

【罗什】经书禁咒术，工巧诸伎艺；尽现行此事，饶益诸群生。世间众道法，悉于中出家；因以解人惑，而不堕邪见。或作日月天，梵王世界主；或时作地水，或复作风火。劫中有疾疫，现作诸药草；若有服之者，除病消众毒。劫中有饥馑，现身作饮食；先救彼饥渴，却以法语人。劫中有刀兵，为之起慈心；化彼诸众生，令住无诤地。若有大战阵，立之以等力；菩萨现威势，降伏使和安。一切国土中，诸有地狱处；辄往到于彼，勉济其苦恼。一切国土中，畜生相食啖；皆现生于彼，为之作利益。示受于五欲，亦复现行禅；令魔心愦乱，不能得其便。

【试译】任谁拥有咒语、学术或者各种各样的工巧技能，他们就于一切处中获得究竟，饶益一切众生。只要在世间有众多道法，他们就于一切处中出家修行，事实上，他们涉入并救赎了获得种种异见的众生。他们成为月神、日神或者帝释天、梵天、世界之主，同样，他们成为水、火、地和风。他们在疾疫劫难中成为最佳的良药，那些众生因此获得解脱，喜乐且健康。他们在饥馑劫难中成为饮品与食物，消除饥渴，教导众生法。他们在刀兵劫难中成为研习友情者，将许许多多无数的众生安置于无恚之中。他们在巨大的战争中成为中立的一派，拥有伟大力量的菩萨们喜爱和合。若是在佛国土中，还有一些不可思议的地狱，为了利益众生，他们思考后前往那里。众多趣向在畜生道中示现，他们于一切处教导法，因此被称为导师。他们示现欲望之满足，也示现沉思者之入定，他们能令摩罗困惑，而不予之了达。

此段主要讲述了菩萨在人道与三恶道之中的修行与度化。菩萨精通咒语、学术以及各种技能来接触各行各业的众生，并积极了解其他道法，利用佛法解决其他道法修行者的疑惑。菩萨因众生的种种需要而不断变化种种化身，并积极帮助众生化解三小劫，引导众生开悟发心。同样，菩萨亦来到地狱道、畜生道与饿鬼道中引导众生的善根，使其解脱苦难。

例十

【梵本】

agnimadhye yathā padmam adbhutaṃ pi vidarśayet |
evaṃ kāmāṃś ca dhyānaṃ ca adbhutaṃ te vidarśayi ||
saṃcintya gaṇikā bhonti puṃsām ākarṣaṇāya te |
rāgāṅkuśena lobhetvā buddhajñāne sthapenti te ||
grāmikāś ca sadā bhonti sārthavāhāḥ purohitāḥ |
agrāmātyo' tha cāmātyāḥ satvānāṃ hitakāraṇāt ||
daridrāṇāṃ ca satvānāṃ nidhānaṃ bhonti akṣayam |
yeṣāṃ dānāni datvā hi bodhicittaṃ janenti te ||
mānastabdheṣu satveṣu mahānagnā bhavanti te |
sarvamānasamudghātāṃ bodhiṃ prārthenti uttamām||
bhayārditānāṃ satvānāṃ saṃtiṣṭhante' grataḥ sadā |
abhayaṃ teṣu datvā ca paripācenti bodhaye ||
pañcābhijñā hi bhūtvā te ṛṣayo brahmacāriṇaḥ |
śīle satvān niyojenti kṣāntisauratyasaṃyame ||
upasthānagurūn satvān saṃpaśyeha vināyakāḥ |
ceṭā bhavanti dāsā vā śiṣyatvam upayānti ca ||

【罗什】火中生莲华，是可谓稀有；在欲而行禅，稀有亦如是。或现作淫女，引诸好色者；先以欲钩牵，后令入佛道。或为邑中主，或作商人导；国师及大臣，以佑利众生。诸有贫穷者，现作无尽藏；因以劝导之，令发菩提心。我心憍慢者，为现大力士；消伏诸贡高，令住无上道。其有恐惧众，居前而慰安；先施以无畏，后令发道心。或现离淫欲，为五通仙人；开导诸群生，令住戒忍慈。见须供事者，现为作僮仆；既悦可其意，乃发以道心。

【试译】如同示现烈火中奇妙的莲花，同样地，他们示现了欲望和奇妙的入定。他们思考之后成为风尘女以开引男人，用欲望之钩诱惑，将他们安置于佛智之中。他们常常成为城邑主、商团首领、主祭、辅相及大臣，以饶益众生。他们成为穷苦众生无尽的宝藏，事实上，他们所给予的布施而使其（众生）生起了觉悟之心。他们在傲慢的众生中成为大力士，希求使之破除一切傲慢，追求至高的菩提。他们常常站立在生忧怖心的众生之前，给予他们无畏，以使其在觉悟中成熟。事实上，成为拥有五种神通者之后，这些仙人们是梵行者，在戒律、忍辱、安乐和自制中接引众生。看到众生是需赡侍者，导师们就在这里，成为僮仆或奴仆，或行弟子事。

此段讲述了菩萨面对不同的情况，化身不同的角色与社会身份来修行与引导众生。菩萨能够在欲中行禅，面对“好色者”，菩萨顺着爱欲化身风尘女，以满足众生的物欲作为接引众生学佛的方便；或者化身城邑主、商团首领、众臣等来饶益有情；当遇到“贫穷者”，则示现无尽的宝藏来劝导其发心；面对傲慢者，则成为大力士破其傲慢；遇到忧怖者，菩萨则给予他们无畏之心等等。无论处于什么样的角色定位，菩萨都能运用自己的佛智尽到应尽的义务，方便度化众生。这些譬喻都生动地体现了菩萨圣者对社会角色的认知，即居何处、度何人都要结合众生的实际，并承担相应的社会责任。儒家经典《礼记·中庸》中提到儒家的社会角色理论：“君子素其位而行，不愿乎其外。素富贵行乎富贵，素贫贱行乎贫贱，素夷狄行乎夷狄，素患难行乎患难，君子无入而不自得焉。在上位，不陵下；在下位，不援上。正己而不求于人，则无怨。上不怨天，下不尤人。”[①]《礼记·大学》中也提道：“为人君止于仁，为人臣止于敬，为人子止于孝，为人父止于慈，与国人交止于信。”[②]儒家这种“素位而行”与“止”，正是圣贤的“生而知之”“安而行之”，与佛菩萨的社会角色伦理意识在本质上如出一辙。可见，社会角色伦理是佛教与儒家思想中共同的价值追求。此外，佛菩萨圣者们在救度众生时并不把个体人

① 王文锦译解：《礼记译解》，第 698 页。
② 王文锦译解：《礼记译解》，第 808 页。

生与生命群体截然对立，也不把个体自度与群体共度截然对立，协调菩萨自身修行与共度的动态平衡，主张在以个体作为重心的救度实践与以众生共同体作为重心的救度实践二者之间维持一定且必要的张力。[①]

例十一

【梵本】

yena yenaiva cāṅgena satvā dharmaratā bhave |

darśenti hi kriyāḥ sarvā mahopāyasuśikṣitāḥ ||

teṣām anantaśikṣā hi anantaś cāpi gocaraḥ |

anantajñānasaṃpannā anantaprāṇimocakāḥ ||

na teṣāṃ kalpakoṭībhiḥ kalpakoṭīśatais tathā |

bhāṣadbhiḥ sarvabuddhais tu guṇāntaḥ suvaco bhavet ||

bodhiṃ na prārthayet ko'gryāṃ śrutvā dharmān imān budhaḥ |

anyatra hīnasatvebhyo yeṣāṃ prajñā na vidyate ||

【罗什】随彼之所须，得入于佛道；以善方便力，皆能给足之。如是道无量，所行无有涯；智慧无边际，度脱无数众。假令一切佛，于无量亿劫；赞叹其功德，犹尚不能尽。谁闻如是法，不发菩提心；除彼不肖人，痴冥无智者。

【试译】通过各种方式，众生成为热爱法者，事实上，他们善巧地修学了方便，以至于能示现所有的行为。事实上，他们拥有无尽的教导，并且活动领域也无边无际，他们通晓无尽的智慧，度脱无尽的众生。经历数亿劫、百亿劫，正在演说的诸佛也无法传达其无边无际的德行。听闻此法后，哪位智者不希求至高的觉悟呢？只有那些般若不存的卑劣众生除外。

此段为总结部分。颂文再次总结了以上的种种方式方法与接引劝导都是佛菩萨们的善巧方便。此处的梵文文本为 mahopāya，即伟大的方便。菩萨们的教导和活动是无边无际的，菩萨们的智慧也是无尽的。正是菩萨兼

① 程恭让：《星云大师人间佛教思想研究》，第 629 页。

具善巧方便与般若智慧才能有效地度脱无数的众生。颂文的最后，《佛道品》劝众生发心，希求众生在听闻此法后可以早日证得菩提。

综上，后部分颂文可以理解为，菩萨在修行与共度中如何使用善巧方便来阐释大乘佛教的社会角色伦理，承担相应的社会责任。同时我们也应注意到，作为将善巧方便升格为波罗蜜多的又一部大乘经典，《维摩经》在本品颂文里不遗余力地展示佛菩萨具足善巧方便后如何采用不同的方法、策略与形式，借助并结合众生的语言、角色等方便有效沟通众生，引导其发心觉悟阿耨多罗三藐三菩提。可以说这部分颂文是一部杰出的诠释善巧方便导向的大乘佛法修行与共度实践的代表作；也可以说明，以社会角色伦理的线索审视《维摩经》的视角存在极高的合理性。

结　　语

《维摩经·佛道品》无论是从汉译上，抑或是从义理阐释上，都存在着积极与儒道文化进行调适与互动的精神。三位译者积极尝试用儒家、道家等中国传统哲学与思维对经文某些概念加以解释，以减少信持的阻力，这种交流互动性成为中国佛教经典翻译与佛教中国化的普遍共识。[①] 不过，所谓佛教中国化绝非仅是佛教适应中国社会文化这一方面，还应涉及佛教对中国社会文化的补充与发展。显然，大乘佛教经典提供了众多佛教的专有概念，不仅丰富了中国哲学史，更为中华优秀传统文化思想史开辟了佛教思想史这一重要的分支。此外，《佛道品》中所开示的入世与出世如何统一、居士如何修行、菩萨如何平衡修行与共度等问题，也同样是儒家、道家等中国传统哲学与思想界所长期共同探讨与关注的问题。基于此，《佛

① 笔者曾试着就中外佛教文化的交流互动性进行过相关浅论，参见于腾、程恭让《从圆仁入唐求法巡礼经历看大运河与海路之连接》，《人间佛教学报·艺文》2024 年第 2 期；于腾《杖锡泛海：唐代海上丝绸之路南线高僧交往特征谫论》，《绵阳师范学院学报》2024 年第 6 期；于腾《优昙钵花：人间佛教视域下义净律学思想之殇折与因革》，载程恭让主编《新声巧语：人间佛教学术论文集（一）》，中国社会科学出版社 2024 年版，第 230—254 页。

道品》为佛教思想与中国哲学思想之间搭建了一座桥梁，为我们窥探中国与印度哲学的会通性与内部逻辑的某些一致性提供了一条新的路径。因此，在中国文化及社会环境中佛教的“思想”活动，必然表现出两种思想的向度，一是“佛教化”的思想向度，一是“中国化”的思想向度，前者是要回归到佛教的固有精神或真实面目，后者则是要尽量应对中国的文化习性及社会遭遇。[①]我们更须关注的是，《佛道品》乃至整部《维摩经》中都蕴含着佛教中国化的内在机制——善巧方便。也正是依赖于善巧方便这一思想主线，使得本品乃至本经的诸多譬喻和隐语的真正含义得以充分展现。当然，正如颂文所讲的“智度菩萨母，方便以为父”，善巧方便与般若智慧不可须臾相离，只有两者不一不二、不即不离、平衡开发、辩证彰显，才能真正呈现出大乘佛教义理学思想智慧的本质。

① 程恭让:《在“佛教化”与“中国化”的思想张力之间——关于中国佛教思想史的一种理解方式》,《中国哲学史》2000年第3期。

对早期佛教禅修标准模型的再思考
——以“禅那”为中心

释慧净

苏州戒幢佛学研究所法师

摘要：禅那是早期佛教修行的主轴与核心。但在当前南传上座部流行的标准禅修模型中，禅那的作用被认为在促进解脱目标方面是有限的，同时这种实践方法也被视为佛教与非佛教传统共有的修行手段，因此它被当代众多冥想修习者置于禅修实践体系中较为边缘的地位。然而，这一观点与早期佛教经典中对禅修体系的描述并不一致，特别是禅那在整个佛教解脱道中的核心地位被严重误解。这种误解主要源于一种历史性的倒错，即把佛陀之后的非佛教宗教团体对于禅那的重新诠释等同于佛陀的原初发现。这使我们忽视了禅那及其修行体系在印度发展的曲折历程，以及宗教团体间复杂的相互影响。这种误解产生的结果便是，我们以为禅那只是关乎一种特殊的专注技巧，而且有时它并不重要。同时，观智的证得或者观禅（毗婆舍那）取代“禅那”成为整个佛法禅修实践的中心。

关键词：早期佛教；禅那；观智；解脱道；毗婆舍那

一 当前上座部佛教禅修实践的标准模型

阅读关于佛教禅修的书籍时，往往会产生一种印象，即佛陀所教导的以及他自己的禅修实践都是无可争议且没有不确定性的。这种看法在大多数关于佛教的通俗作品、现代禅修大师的教义著作，以及部分学术讨论中均有体现。甚至有些人会认为，只要按照某个当代的传承修行即可，无需耗费大量时间深入研究其理论背景，因为那样的探究可能被视为一种“入海算沙徒增困扰”的行为。然而，情况远非如此：我们现在已知的禅修理念真的毫无争议吗？一旦我们对禅修的正确方法产生误解，那么即使再勤奋地修行，也只会南辕北辙而已，愈加背离解脱的目标。

按照南传上座部佛教[①]流行的通常观点，早期佛教禅修实践的标准模型被区分为两种主要的方法：奢摩他（samatha）和毗婆舍那（vipassanā）。前者也被称为定的修习（samādhi bhāvanā）或止禅，后者也被称为智慧的修习（paññā bhāvanā）或观禅。同时这两种方法也被认为有着修习顺序上的不同，通常从止禅开始以观禅结束。奢摩他修习的目的与毗婆舍那截然不同。奢摩他的目标是培养一种平静、专注的心，因此在修习时需要全神贯注地投入或者沉浸于某种单一的对象[②]以便取得预期的效果。通过这种练习，人们会达到一种被称为禅那（Jhāna）或者安止定的深度禅定状态。

---

① 虽然当代的南传上座部佛教不足以代表整个印度早期佛教传统，只是众多部派佛教之一，但是它可以被视为早期佛教的活化石，一方面南传佛教的确相当程度上继承了更早期佛教的生活习惯与理想，更重要的是还有相当多的佛教徒依然在研究与实践来自古代的禅修方式。随着南传的正念（内观）禅修在缅甸、泰国、斯里兰卡等地区广泛开展，由马哈希、帕奥、葛印卡、隆波田、隆波帕默等禅师领导，创建了众多国际禅修中心，吸引了全球禅修者追随佛陀的教导。这一运动受到了全球研究者的高度关注，不但引起了全球佛教圈的“内观禅浪潮”，现在已经扩大到其他世俗层面，比如脑神经科学和心理疗法等领域，并最终形成当下方兴未艾的“正念运动”。所以本文主要以南传上座部佛教为主要考察对象来讨论早期佛教中的禅修体系。

② 在5世纪觉音尊者的《清净道论》里，一共有四十种这样的禅修对象，或者说有四十种培养定力的方法。它们分别是：十遍、十不净、十随念、四无量、四无色、一差别和一想。

在传统上，这种深度禅定状态被分为九层（samāpatti）：四种禅那（四种色界禅）、四种无色界禅（这前八种一般合称为“四禅八定”）和灭尽定。从初禅到最后的灭尽定，其中每个后续阶段的沉浸程度都比前一阶段更强，定力也依次越来越深。如果要进行毗婆舍那的修习，只需要当禅修者达到了某种安止定，从禅那中出定就可以再进行观禅修习。之所以要进行这种禅修转换，那是因为单独的安止定对于最终的解脱是不够的。在标准模型中，禅那的效果仅能暂时压制烦恼，当从定中出来，一切不善心将逐渐恢复如初。所以解脱的任务将由毗婆舍那承担。在观禅中，禅修对象不再是某个单一对象，因为需要广泛的觉知以充分理解诸法的本质。而觉知的范围一般都由一组固定公式来描述，即身体、感受、心的状态和法，简而言之，关注发生在心与身上的各种生理与精神现象。毗婆舍那的修习方法通常是通过在四念处的范围内，观照诸法的无常、苦与无我之本质，从而逐步培养观智，最终证得涅槃。因此我们可以说，在标准模型中，毗婆舍那对于涅槃的目标所起到的作用比奢摩他更为重要。

经典中有五种障碍（nīvarana）会阻碍禅那生起：欲贪（kāmacchanda）、瞋恚（byāpāda）、昏沉与睡眠（thīna-middha）、掉悔（udhacca-kukucca）以及疑惑（vicikicchā）。在止禅中，与初禅相关的前一个阶段有一个被称为近行定（upacāra samādhi）的状态。此时的定力比初禅弱，但足以克服这五种障碍。从实践角度来看，证得禅那的难度通常高于近行定。因此，一种被认为能够更快速进入毗婆舍那的方法是在达到近行定的状态后，停止止禅的修习，转而开始修习观禅，借助所获得的定力来深入洞察现象的本质。

泰国森林派著名代表阿姜查（Achaan Chaa）鼓励这种修习方法。他曾被问道：“修行是否有必要做到浑然忘我？”大师回答：“不必要。应该培养少许的禅定和专注，然后拿它来观察自己，毋需特别造作。”[①]

① ［美］杰克·康菲尔德：《当代南传佛教大师》，新雨编译群，圆明出版社 1997 年版，第 33 页。

然而，似乎即使是近行定也不是发展智慧的绝对必要条件。这是因为还有一种更好的方法，它不需要从止禅中退出再修习观禅。这便是利用一种被称为“刹那定”（khanika samādhi）的定力来作为毗婆舍那的基础。它之所以有这样的称呼，是因为此种定来源于觉知各类身心现象变化的瞬间，而非奢摩他中的固定目标。换言之，观禅修习本身被认为能发展出足够的定力，五盖可以暂时被克服。阿姜李·达摩达罗（Ajaan Lee Dhammadaro）因此认为：“第三种专注就是八正道中的正定，或完美禅定。这种专注系依据刹那相续的内观来发展的。只有无间断的正念专注，才能摧毁烦恼。这种专注并非将心固定于一个不动的对象，而是借着注意身体的感觉、感受、心念和心的对象变化来达成。当无间断的专注适当地在内在身心建立时，再生的轮回即被破坏了。透过这种专注，我们发展能看清五蕴（色、受、想、行、识）的能力，这五蕴构成了我们一般所说的‘男人’和‘女人’。”①

根据近代缅甸禅修大师马哈希尊者（Mahasi Sayadaw）的说法，刹那定完全足以帮助我们进行毗婆舍那的修习。他更详细地阐明了刹那定与近行定的关系以及它是如何起作用的：“这种定和真正的‘近行定’一样，能够镇伏五盖，所以藉由所谓‘sadisūpacāra’的类喻方式，称它为‘近行定’。就毗婆舍那修行的场合而言，此种定应被称为‘刹那定’。这也就是，为何我常称它为‘观刹那定’（vipassanākhanikasamādhi）的原因。在《清净道论》中，‘刹那定’被称为‘刹那定的心一境性’（khaṇika-cittekaggatā），《大疏钞》将它定义作：‘仅住刹那的定。’在觉照的刹那所引生的定，被称为‘刹那定’，此乃禅修者观照之时才能持续的定。若无此定，便不能修得毗婆舍那。所以，我们必须令此定的力量强大到足以引生观智。就未得禅那而纯粹修习毗婆舍那的禅修者而言，此‘刹那定’将一路引导他，直到他证得道、果。‘毗婆舍那’的修行，并不专注在单一

① ［美］杰克·康菲尔德：《当代南传佛教大师》，第 154 页。

的所缘，而是需要观照当下生起的种种所缘。无论现象如何变化，心仍能时时刻刻专注在这些所缘上。”[①]

所以这是一种绕过禅那而直接进行观禅的禅修模式，这一类行者因此也被称为纯观行者（suddhavipassanā-yānika），以区别于以禅那作为毗婆舍那修行前提的止乘者（samatha-yānika）。这种方法也是标准模型的一种版本，因为它们都接受了止禅与观禅的二分法，禅那是修持止禅的结果，以及以某种程度的定力为观禅基础的观念。因此标准模型通常由三个部分组成：（1）有关观禅的预备训练，主要以禅那为其结果；（2）**观禅，观智是其导向的目标**；（3）解脱成就。在这里，观禅或者观智被认为是早期佛教修行的主轴与核心。

通过上述对标准模型的讨论，在当代的南传上座部佛教教义中，作为奢摩他结果的禅那通常被认为是次要的，其在实现解脱的路径上所发挥的作用远不及毗婆舍那所产生的智慧。有时它甚至使得禅修者产生额外的危险。阿姜李·达摩达罗就认为：“固定专注另有一种危险，因为它不会增长智能，它会对喜乐执着，甚或滥用专注力量，因此实际上增加了烦恼。”[②] 阿姜查甚至觉得它会使得修行者产生执着和依恋，因为修行人受到禅那的诱惑“迷上浑然忘我，玩这种游戏是很过瘾的”[③]，因而不再想要在解脱道上更进一步。

通过早期佛教经典的展示，我们可以很明显地观察到，佛陀在其修行生涯中曾广泛接触并学习了当时不同宗教众多导师所传授的各种修行法门。在这一过程中，佛陀最终发现了一条独特的解脱之道，并对其时代的沙门和婆罗门的修行理论及实践方法提出了批评。在这种背景下，止禅只是被视为一种通用的修行方法，与非佛教的宗教团体所共享，特别是禅那这一概念，其根源可追溯至古代印度的冥想传统，而非佛陀本人的独

① ［缅］马哈希尊者：《毗婆舍那讲记》，温宗堃译，南山放生寺 2007 年版，第 163 页。
② ［美］杰克·康菲尔德：《当代南传佛教大师》，第 154 页。
③ ［美］杰克·康菲尔德：《当代南传佛教大师》，第 33 页。

创。同时，学术界对于佛教修行体系中哪些元素是佛教所特有的创新，哪些又是借鉴或吸收自其他非佛教传统，表现出了浓厚的兴趣，但多数依然遵循传统说法。例如，罗侯罗（Walpola Rahula）在评价禅那时说："经中有许多方法，修之可达到最高的神秘境界如无所有处、非想非非想处等。这些境界，根据佛说，都是心造心生的、是缘成的（有为法）。它们与实相、真理、涅槃无关。这一种的修习，在佛世以前已经有了。因此，它不是纯粹佛教的，但是佛教也并未将它从佛教的修习方法中剔除。"① 同样，阿玛迪奥·索莱－勒里斯（Solé-Leris Amadeo）也指出，相比于止禅，观禅才是佛教真正的创新，他认为止禅"本质上并非不同于其他冥想传统中使用的技巧……这些是乔达摩太子在放弃皇宫后转向的技巧（当然不包括灭尽定的获得）。他试过这些方法，发现它们无法带来他所寻求的最终觉悟……这就是为什么他离开了与他一起修行的两位瑜伽教师，独自开辟道路。他努力的结果是观禅，正如我之前所说，这是独特的佛教冥想"②。

根据上述讨论，我们可以得出结论，禅那在当代南传上座部禅修的标准模型内不仅被认为在实现解脱目标上的作用有限，而且其实践方法亦被视作源于非佛教传统的修行手段。

二　禅那在早期佛教解脱道上所扮演的重要角色

然而，如果一个持有标准模型观念的人转向早期佛教中的经文，他会惊奇地发现似乎有关禅那的修习在这些古老经典中占据了核心地位。例如保罗·格里菲斯（Paul Griffiths）认为："描述四种色界禅那的传统单元是四部尼柯耶中最常见的冥想段落之一。在阅读这部分文献时，我们注意到这一传统单元出现了 86 次单独的实例，还有许多其他情况下简单提到四

① ［斯里兰卡］罗侯罗：《佛陀的启示》，顾法严译，财团法人台北市慧炬出版社 1972 年版，第 85 页。

② Solé-Leris Amadeo, *Tranquillity and Insight: An Introduction to the Oldest Form of Buddhist Meditation*, Sri Lanka: Buddhist Publication Society, 1999, p.75.

种禅那，而没有通常的完整描述与之相关的实践和意识状态。”[①] 同时，在标准模型中处于核心地位的观禅一词在尼柯耶中出现得相当少，“并且几乎总是与‘止禅’（samatha）一词成对出现。而且，‘止禅’这个词几乎从未与禅那联系在一起描述”[②]。

与标准模型相反，在早期佛教经典中，禅那作为禅修实践的核心组成部分，不但被频繁提及并且被赋予了高度评价。在《增支部》中，可以找到一整组简短的经文，这些经文描述了每一个禅那的成就[③]，分别为：（1）直接可见的法（AN 9.46）；（2）直接可见的涅槃（AN 9.47）；（3）涅槃（AN 9.48）；（4）般涅槃（AN 9.49）；（5）已确实涅槃的（AN 9.50）；（6）此世涅槃（AN 9.51）；（7）安稳（AN 9.52）；（8）已得安稳（AN 9.53）；（9）无死（AN 9.54）；（10）已达到无死（AN 9.55）；（11）无畏（AN 9.56）；（12）已达到无畏（AN 9.57）；（13）寂静（AN 9.58）；（14）渐次寂静（AN 9.59）；（15）灭（AN 9.60）；（16）渐次灭（AN 9.61）。《杂阿含经》中的一些偈颂也极力称赞禅那所产生的成就，例如通过禅那的修行才能摆脱魔的束缚[④]（SA 2275），修习禅那可以常常获得喜乐[⑤]（SA 1303），以及禅那的修行者可以断灭所有的烦恼[⑥]（SA 1311）等等。还有一些经文认为禅那与涅槃的成就密切相关。例如在《相应部》中“禅那相应”包含以下陈述：“诸比丘！譬如恒河趣向于东、倾向于东、临入于东。诸比丘！如是，比丘修习四静虑、多修四静虑者，则趣向涅槃、倾向涅槃、临入于涅槃。”[⑦]（SN 53.1）这段话似乎暗示，如果一个人达到了四禅，他的涅槃成就将是确定与不可阻挡的。

从以上的经文可以看出，禅那在经典中备受推崇，但更为重要的是，

① Paul Griffiths，“Buddhist Jhana: A Form-Critical Study”，*Religion* 13（1983），pp.55–68.

② Grzegorz Polak，*Reexamining Jhana*，Wydawnictwo UMCS，Lublin 2011，p.25.

③ Aṅguttaranikāya，The Pali Text Society，reprinted 1976–1979，IV 453–456.

④ 《别译杂阿含经》卷 14，CBETA 2024.R3，T02，No. 100，第 469 页。

⑤ 《杂阿含经》卷 49，CBETA 2024.R3，T02，No. 99，第 358 页。

⑥ 《杂阿含经》卷 49，CBETA 2024.R3，T02，No. 99，第 360 页。

⑦ 《相应部经典》，CBETA 2024.R3，N18，No. 6，第 158 页。

它在佛教的解脱道中发挥了至关重要的作用。这些禅那被高度一致地整合到各类修行方案中，呈现为核心要素。我们可以看到，在涉及禅修次第的经典中，四种禅那始终作为主导因素而出现。在这些经典中，佛陀在教导禅那之前，会先教导一系列基础前行训练，并与接下来的更为深入的修习一同构成一套完整的禅修体系。因此，整体的修行框架一般都由三个部分组成：（1）有关禅那的预备训练，例如具足戒行、守护根门、于食知量等等；（2）**禅修的正行，以四种禅那为核心**；（3）三明或六通成就，即宿命明、天眼明和漏尽明（三明）或在此基础上加上神足通、天耳通、他心通（六通）。

例如在 Sāmaññaphalasutta（DN 2）中，佛陀向阿阇世王介绍修行次第：一位善信之人出家成为比丘之后，先须具足戒行、守护根门、具念正知、少欲知足这四种素质，其后远离、独处，舍弃五盖，顺次培养初禅、第二禅、第三禅、第四禅，然后获得种种神通与三明，最终证悟阿罗汉果，即此生可体验到的最高沙门果。[①] 又如在 Mahāassapurasutta（MN 39）中，修行次第也呈现出类似结构。佛陀在经中教导比丘们应如何次第修学才能真正符合沙门的名称与身份，这样的出家才会有结果不会白费，同时也能为布施者带来大利益：从具足惭愧开始，到身行清净、语行清净、意行清净、活命清净，守护根门、饮食知量、实行警寤、具足念与正知，舍弃五盖，次第成就初禅、第二禅、第三禅、第四禅，然后转向于宿命明、天眼明和漏尽明，成就阿罗汉果。[②]

以上并非精心挑选出来的案例。在早期经典中，提及禅那的经典以《中部尼柯耶》（或《中阿含经》）为最多。[③] 以这部尼柯耶为例，有二十部经文在描述了四种禅那之后，紧接着提及三明或六通的内容。按照释

① Dīghanikāya，PTS，1.47–1.86.

② Majjhimanikāya，PTS，1.272–1.280.

③ 释洞恒：《佛教禅法之研究：依据巴利〈尼卡雅〉及汉译〈阿含经〉》，台北：秀威咨询科技股份有限公司 2014 年版，第 28 页。

洞恒的观察，这一组经文因涉及对象的不同可以分为三类。[①] 第一类是有关佛陀成道的觉悟历程，共有五篇。这类经文讲述了佛陀所回忆的自己的证悟历程。虽然这些经文的前半部分各有差别，比如 Bhayabheravasutta（MN 4）讲述的是如果身心不清净而在偏僻的树林里居住会招来恐惧和惊慌[②]，而 Dvedhāvitakkasutta（MN 9）描述的则是两类不同的觉造成的不同影响[③]，但是故事的高潮都是菩萨精进禅修最终证得了四种禅那，然后以此为基础证得了宿命明、天眼明与漏尽明。第二类是有关佛陀对弟子们的教导，共有八篇。这一类经文讲述了佛陀对于比丘们有关修行的完整次第指导，虽然每一个开示的侧重点有所不同，但是也都引导弟子要具足戒行、守护根门、少欲知足等等，然后通达四种禅那，最后成就三明。经文的结尾也常常伴随着解脱知见的固定句型，以表现佛陀的解脱之教是自证自明的，而非需要他人的印证与认可。第三类是有关佛陀对不同外道的各类提问的回应，共有七篇。这一类经文讲述了佛陀为非佛弟子的游方者与婆罗门解答各类问题。这些问答常常包含佛陀折服外道的善巧，而与第二类有别。例如在 Mahāvacchasutta（MN 73）中，婆蹉只是问佛陀关于善与不善的区别，但佛陀把讨论主题引导到：如果凭借这些善法来断除渴爱，那么就可以因漏尽而取得最高的果位，同时所有佛陀的弟子，无论何种身份都可以因修习此法而梵行圆满。[④] 同样，这些经文的共同主题是因四种禅那而获得究竟解脱。此外，另有五部经只提及了四种禅那而没有说明其解脱成就，但这些经典都说明了佛陀重视禅那的原因与理由。从这些有关禅修次第的例子中，我们立即可以看出，这与我们在上文中所描述的当代南传上座部的标准模型相当不同：禅那并非无关紧要，禅那才是修行的主轴与核心。佛陀所说的究竟解脱只是四种禅那所导向的结果，而与种种观智没有直接的关系。

① 释洞恒：《佛教禅法之研究：依据巴利〈尼卡雅〉及汉译〈阿含经〉》，第 32—45 页。

② Majjhimanikāya，PTS，1.17–1.24.

③ Majjhimanikāya，PTS，1.47–1.55.

④ Majjhimanikāya，PTS，1.490–1.497.

佛陀的教义常以劝诫修习禅那结束，例如有描述了根修习的方法的Indriyabhāvanāsutta（MN 152）[①]；有分析了业与业灭的Kammanirodhasutta（SN 35.146）[②]；以及有描述了人命无常的Arakasutta（AN 7.74）[③]等等。这些经文并非都是专门指导禅修的，但在结尾处，所有这些经文都包含以下劝诫：

【巴利本】"Etāni，ānanda，rukkhamūlāni，etāni suññāgārāni. Jhāyathānanda，mā pamādattha; mā pacchā vippaṭisārino ahuvattha. Ayaṁ vo amhākaṁ anusāsanī" ti.

【新译】阿难，这些是树下，这些是空房。阿难，修习禅那吧，不要放逸。不要日后后悔。这是我们对你们的教诲。

值得注意的是，jhāyatha一词常常被广泛地中译为"禅修吧"或者英译为meditate或contemplate，但更为精确的翻译应为"修习禅那吧"，因为该词是名词"禅那"（jhāna）的动词形式jhāyati的祈使法，用于表达恳请或希望等语气。这一翻译不仅忠实于原始语境，也更加准确地反映了佛教修行中对禅那实践的高度重视。此类表达通常出现在几乎固定的句式中，其中除ānanda（阿难）一词有时在不同经文中被替换为单数呼格的bhikkhu（比丘）或复数呼格的bhikkhave（诸比丘）外，其他词语保持不变。这种程序化句式的大量反复使用，可能具有双重意图：一方面反映出在佛弟子的集体记忆中，佛陀经常在教导的结尾处以此方式劝勉弟子们精进禅修；另一方面，这也反映出经文编纂者的有意安排，以突出禅那在佛教解脱道中的核心地位。此外，jhāyatha的使用也许还可以被视为佛教禅修传统中一种重要的修行指令，也就是把jhāyatha看作动词形式jhāyati的命令法。

---

① Majjhimanikāya，PTS，3.298–3.302.

② Saṁyuttanikāya，PTS，iv 8.

③ Aṅguttaranikāya，PTS，4.137–4.139.

因此这就不是简单地表达佛陀对修行者的期待，而是更具体地指示修行者应当实践。此时它可以被翻译为“你要修习禅那！”，从而进一步强化了禅那在实际修行中的重要性。通过这种表达方式，佛陀不仅仅是在简单地鼓励禅修，而是在强调禅那作为达到解脱和最终涅槃的重要途径。

综上所述，在早期经典里关于禅那的“图景当然与传统上对禅那作用的普遍看法以及现代禅修大师们的看法相冲突。我们似乎遇到了一种引人入胜的差异，即在佛教解脱论中关于禅那的性质和作用的根本性分歧。正如我们已经指出的那样，禅那在佛教的解脱体系中占据最重要的位置。这意味着我们这里讨论的不是一些次要问题；实际上，我们遇到的是关于佛教基础的争议”[①]。

三　四禅体系是一项佛陀的独特发现吗？

在当前流行的标准模型中，禅那的作用被认为在促进解脱目标方面是有限的，这种实践方法被视为佛教与非佛教传统共有的修行手段，因此它被当代众多冥想修习者置于禅修实践体系中较为边缘的位置。然而，上文已经充分说明这一观点与早期佛教经典中对禅修体系的描述并不一致，尤其是严重误解了禅那在整个佛教解脱道中的核心地位。这种误解主要源于一种历史性的倒错，即将佛陀之后的非佛教宗教团体对于禅那的重新诠释界定为佛陀的原初发现。这使我们忽视了禅那及其修行体系在印度发展的曲折历程，以及宗教团体间复杂的相互影响。本小节从讨论佛陀禅那的原创性特质开始，然后试图分析这种历史性倒错的历程与影响，最后指出这种倒错根源于后世佛教徒对于无色定的创造性肯定。

1. 早期经典中禅那体系的特质

本节无意对四种禅那体系做全面的梳理和说明，而试图在与当代流行的禅那观念的对比中，通过“进入禅那的修行方法”与“禅那中的心理状

---

① Grzegorz Polak，*Reexamining Jhana*，Wydawnictwo UMCS，Lublin，2011，p.29.

态”两个方面来阐述早期经典中佛陀所宣说的禅那特质。

（1）进入禅那的修行方法

未经训练的心智通常处于散乱状态，注意力易在多种感官对象之间游移不定。在当代对禅那的流行诠释中，其修行过程常被比喻为类似手电筒聚焦的机制。当光线集中至极小的范围，例如如针尖般的精细点时，禅那的境界便得以实现。换言之，修行者必须将注意力从广泛的范围逐步收缩至一个越来越小的焦点，直至注意力被稳固地建立起来，从而实现禅那的境界。这一过程可以被视为一种认知聚焦的深化，其中心智的注意力从广泛的感知范围逐步收缩，直至达到对特定对象的深度专注。比如帕奥尊者（Pa-Auk Sayadaw）如此指导修习禅定：“开始修行时，先以舒适的姿势坐着，然后尝试觉知经由鼻孔而进出身体的气息（呼吸时的鼻息）。你应能在鼻子的正下方（人中），或鼻孔出口处周围的某一点感觉到气息的进出。不要跟随气息进入体内或出到体外，因为如此你将无法成就禅定。只应在气息扫过及接触上嘴唇上方或鼻孔出口处周围最明显的一点觉知气息，你将能培育及成就禅定。”[①] 因为唯有通过将注意力集中至极致的训练，禅修者才能培养出高度的定力。这种定力类似于具有穿透力的激光，能够深入洞察身心的微观层面。在这一层面上，行者得以观察到身心现象的本质，即它们仅仅是由一系列迅速生灭的微观现象所构成的集合。

但是佛陀在早期经典中从未宣说过这种达至禅那的方法。相反，我们从佛陀自己觉悟的回忆，例如 Mahāsaccakasutta（MN 36）中发现，佛陀是以另外一种方法获得禅那的：

【巴利本】“Na kho panāhaṁ imāya kaṭukāya dukkarakārikāya adhigacchāmi uttari manussadhammā alamariyañāṇadassanavisesaṁ. Siyā nu kho añño maggo bodhāyā” ti? Tassa mayhaṁ，aggivessana，etadahosi:

① Pa-Auk Sayadaw，*Knowing and Seeing*（Revised Edition），Independently published，2019，p.9.

"abhijānāmi kho panāhaṁ pitu sakkassa kammante sītāya jambucchāyāya nisinno vivicceva kāmehi vivicca akusalehi dhammehi savitakkaṁ savicāraṁ vivekajaṁ pītisukhaṁ paṭhamaṁ jhānaṁ upasampajja viharitā. Siyā nu kho eso maggo bodhāyā" ti? Tassa mayhaṁ，aggivessana，satānusāri viññāṇaṁ ahosi: "eseva maggo bodhāyā" ti. [①]

【新译】"我通过这种严酷的苦行和艰难的修行，无法证得超越普通人类的特殊智能和见解。难道还有其他通往觉悟的道路吗？"于是，阿奇舍那，这个念头出现在我心中："我确实记得，在我父亲处理释迦族的事务时，坐在凉爽的阎浮树荫下，远离感官欲乐，远离不善法，带着思维和反思，体验由远离所生的喜乐，进入了第一禅那。难道这就是通往觉悟的道路吗？"于是，阿奇舍那，我的心随顺了这个念头："这确实就是通往觉悟的道路。"

经文中这的一段记载描述了佛陀开悟的起点，甚至可以说这是佛陀灵性道路上的一个巨大转折点。佛陀先是跟着两位老师学习冥想，最后成就了"无所有处"与"非想非非想处"的境界，他发现这种高度专注的神秘状态并未使自己达到彻底解脱的境界。之后又经过三年的自我折磨，他最终发现这样的修行非但不能解脱，反而只能使得自己处于濒死边缘而已。事情的转折发生在佛陀突然回忆起幼年时一次进入初禅的特殊体验。笔者相信每一位读到此处的读者都会认为这一段叙述显得相当奇特。如果标准模型是正确的，那么菩萨在证得更高阶的无色定之前，必然已经掌握了禅那。按照这种逻辑推断，菩萨在达到非想非非想处定时，理应已经历了所有四种禅那。因此，他本不必回忆遥远幼年时的冥想经验，只需参考他两位老师的教导以及自己近期的修行体验即可。更何况，按照标准模型，非想非非想处定比初禅的定力更为深厚，如果需要定力来开启智慧，没有什

① Majjhimanikāya，PTS，1.238–1.251.

么比前者更合适了。因此，唯一合理的结论是，在该经的编撰者看来，所谓的禅那与无色定之间存在本质上的差异，它们完全是两种不同的修行境界。此外，经典中并未提及佛陀（或他的老师）通过四种禅那达到了两个更高的“无色定”，这也表明禅那与无色定之间可能存在某种紧张关系。我们将在后文中对这一紧张关系进行详细讨论。

从这一记述中可以看出，与当代流行的观点不同，佛陀并非以专注于单一对象的方式进入初禅。关键之处在于“vivicceva kāmehi vivicca akusalehi dhammehi”（远离感官欲乐，远离不善法）。这句话表面上似乎较为抽象，缺乏明确的禅修技巧，给人一种泛泛而谈的印象。然而，它也可以被理解为证得禅那而需克服禅修障碍的简略说明，特别是五盖（五种障碍）。其中，“感官欲乐”（kāmehi）可被视为“贪欲盖”，而“不善法”（akusalehi dhammehi）则涵盖了其他四种“盖”。通过舍弃这五盖，禅修者得以超越障碍，进入初禅的状态。但我们之所以认为经文中所描述的这种进入禅那的方式毫无技术性，主要是我们以为禅定只是一种有关注意力的训练！当不再以这种方式来看待禅那，不再人为地分裂一些本该在一起互相支撑的主题时，我们会发现早期佛经里经常提到的四圣谛、禅那、四念住、无常、非我等等概念，它们并非独立运作，而是各自用来应对和处理某一小块佛法领域的问题，比如，禅那主要与止禅有关，目的是开发出极度的专注力；而为了获得智慧，主要应该修习四念住等等。实际上，它们以不同的方式共同阐明了佛陀解脱之道的核心，这一核心可以通过“vivicceva kāmehi vivicca akusalehi dhammehi”来概括，即“virāga”（离欲）。离欲的纲领就是四圣谛，它想传达的根本信息便是欲贪是痛苦的根本，而欲贪的瓦解就是自由与解脱。那么四念住与离欲的关系是什么？《杂阿含经》卷 1：“当观色无常。如是观者，则为正观。正观者，则生厌离；厌离者，喜贪尽；喜贪尽者，说心解脱。”[①]此处观五蕴（色、受、想、

① 《杂阿含经》卷 1，CBETA 2024.R2，T02，No. 99，第 1 页。

行、识）的无常、苦、空、非我，便是四念住的观法，也被称为正观。如此修习后，对五蕴生起厌离、离欲，因欲贪断而究竟解脱。而整个《杂阿含经》中的“五阴六处因缘分”都是在从各个角度、不同侧面来阐述修习四念住以离欲的道理。因此我们可以看到，四念住才是真正达至禅那的方法。Dantabhūmisutta（MA 125）特别指出，通过觉知行住坐卧与语默动静（身念处的一种）“把念保持安放在要系念的地方”就可证得初禅，然后进一步通过如实观察身受心法并不产生与它们有关联的思维，“平息了思维和反思，内心安住一境”而进入二禅，逐步随着四念住的深入获得全部四种禅那，最终证得涅槃。[①] 换言之，这部经认为禅那是跟随四念住的修习而来，而不是通过某种全神贯注的禅修技巧而来，同时它也清楚地表明人们无需从各个禅那中脱离出来以便实现禅那的进阶，相反，人们实际上是在禅那中观察现象的。

（2）禅那中的心理状态

泰国森林派比丘阿姜布拉姆（Ajahn Brahm）总结了有关禅那中心理状态的流行观点：“此外，你应该知道，在任何禅那中，体验身体（例如身体的痛苦）、听到外界的声音或产生任何思想，甚至是‘好的’思想都是不可能的”。[②] 帕奥尊者也支持类似的观点：“在安止定的阶段，禅支已经完全茁壮，好像身强力壮的成人，能够整天挺直站立一般。禅修者也是一样，能够以安般似相为对象，停留在安止定中很长的时间，不会落入有分。在此阶段，不间断的完全专注能持续一、二、三小时或更久。此时听不见任何声音，心只会专注于似相，不会趋向其他对象。”[③] 因此，在当代广为流传的有关禅那中的体验，它被描述成一种感官停止且心智活动严重受限的状态。

---

① Majjhimanikāya，PTS，3.129–3.137.

② Ajahn Brahm，*Mindfulness*，*Bliss*，*and Beyond*，Boston:Wisdom Publications，2006，pp.24–25.

③ Pa-Auk Sayadaw，*Knowing and Seeing*（Revised Edition），Independently published，2019，p.43.

经典中对禅那体验的描述与当代流行的观点相差甚远。我们看到 Mahātaṇhāsaṅkhayasutta（MN 38）中有如下片段[①]：

【巴利本】“catutthaṁ jhānaṁ upasampajja viharati. So cakkhunā rūpaṁ disvā piyarūpe rūpe na sārajjati，appiyarūpe rūpe na byāpajjati，upaṭṭhitakāyasati ca viharati appamāṇacetaso. Tañca cetovimuttiṁ paññāvimuttiṁ yathābhūtaṁ pajānāti yatthassa te pāpakā akusalā dhammā aparisesā nirujjhanti. Sotena saddaṁ sutvā···pe···ghānena gandhaṁ ghāyitvā···pe···jivhāya rasaṁ sāyitvā···pe···kāyena phoṭṭhabbaṁ phusitvā···pe···”

【新译】他进入第四禅，安住其中。当他用眼睛看到一个景象时，如果是可爱的，他不会渴望它；如果是不可爱的，他也不会厌恶它。他安住于身心的觉知中，心怀无量。他真正理解心灵的解脱和智慧的解脱，知道那些恶劣的不善法已经彻底消失……当他用耳朵听到一个声音时……当他用鼻子闻到一种气味时……当他用舌头尝到一种味道时……当他用身体感受到一种触觉时……

这段经文非常清楚地表明，第四禅的体验被清晰地描绘为一种特殊的心理状态，其中修行者的感官功能并未被抑制或停止。相反，感官在这一状态下以一种不受贪爱或厌恶影响的方式顺畅运作，从而使得修行者对现实的经验感知更为清晰和敏锐。进一步，当修行者在这一禅那状态下放下了对感官感受的执着和偏爱，对感受的贪爱（即对愉悦感受的依恋）将逐渐消退。这种对感受的超然态度最终引导修行者熄灭一切痛苦的根源，达至涅槃的境界。

对于一种流行的禅修观点，即认为禅修者专注于自我设定的禅修对象而对其他事物一无所知，佛陀在 Indriyabhāvanāsutta（MN 152）中曾

① Majjhimanikāya，PTS，1.257–1.271.

以讽刺的方式予以批评。[1] 在这部经文中，佛陀与郁多楼交谈，郁多楼告诉他婆罗门帕罗西维耶教导的禅修实践，据说这种实践可以促进六根的发展：

【巴利本】“deseti，uttara，pārāsiviyo brāhmaṇo sāvakānaṁ indriyabhāvanan” ti? …

“Idha，bho gotama，cakkhunā rūpaṁ na passati，sotena saddaṁ na suṇāti—evaṁ kho，bho gotama，deseti pārāsiviyo brāhmaṇo sāvakānaṁ indriyabhāvanan” ti.

“Evaṁ sante kho，uttara，andho bhāvitindriyo bhavissati，badhiro bhāvitindriyo bhavissati; yathā pārāsiviyassa brāhmaṇassa vacanaṁ. Andho hi，uttara，cakkhunā rūpaṁ na passati，badhiro sotena saddaṁ na suṇātī” ti.

Evaṁ vutte，uttaro māṇavo pārāsiviyantevāsī tuṇhībhūto maṅkubhūto pattakkhandho adhomukho pajjhāyanto appaṭibhāno nisīdi.

【新译】乔达摩尊者：“郁多楼，婆罗门帕罗西维耶是如何向他的弟子们教授感官培养的？……

郁多楼：“乔达摩尊者，是这样的：不用眼睛看见色相，不用耳朵听见声音——婆罗门帕罗西维耶就这样教授他的弟子们感官的培养。”

乔达摩尊者：“如果是这样的话，郁多楼，那么盲人将会成为感官培养的高手，聋子也会成为感官培养的高手；就像婆罗门帕罗西维耶所说的那样。然而，郁多楼，盲人确实看不见色相，聋人确实听不见声音。”

听到这些话后，作为帕罗西维耶的学生，年轻的婆罗门郁多楼变

① Majjhimanikāya，PTS，3.298–3.302.

得沉默无言，羞愧难当，低着头、垂着肩，陷入沉思，没有再回应。”

在该经文的后续部分，详细阐释了正确修习根门（Indriya）的方法。佛陀提出，比丘在通过六根（眼、耳、鼻、舌、身、意）接触六境（色、声、香、味、触、法）之后，即便心中产生了各种不同性质的感受，也应保持不被这些感受所动摇的心态，维持一种平等舍心（Upekkha）。这种心态是一种超越个人偏好和反应的中立状态，它体现了对感受的非执着和对现实经验的清晰认知。经文整体上强调了早期佛教徒对于禅修实践的看法，即拒绝那些导致感官功能停止或抑制的修行方法。相反，在早期经文里提倡在保持感官功能正常运作的同时，通过修习正念（Sati）和正知（Sammāpaṭipatti）来实现对感受的觉知和超越。通过正确的六根修习，修行者能够在日常生活中实现对感受正确理解，进而达到对苦的超越和心灵的自由。

我们对禅那的这种错误见解，可能源于对禅那构成要素——一境性（ekaggatā）的误解。它在《智慧之光》中被定义为“对似相的一心专注”①。

在禅修者的心中，心灵因高度集中，除了似相之外再无他物，因而可以说这是一种与脱离感官经验相关联的状态。然而，在 Sālasutta（SN 47.4）中存在这样一段特别的叙述，阐明了一境性对于观察和理解经验的重要性②：

【巴利本】Etha tumhe，āvuso，kāye kāyānupassino viharatha ātāpino sampajānā ekodibhūtā vippasannacittā samāhitā ekaggacittā，kāyassa yathābhūtaṁ ñāṇāya···vedanāsu vedanānupassino viharatha···citte cittānupassino viharatha···dhammesu dhammānupassino viharatha···

【新译】来吧，贤友们，你们应当在身体中观身，勤奋、正

① ［缅甸］帕奥禅师：《智慧之光》，园慈译，社会科学文献出版社 2017 年版，第 31 页。

② Saṁyuttanikāya，PTS，5.145.

知、心专注于一处（ekodibhūtā）、心清净、已入定的、心一境的（ekaggacittā），为了如实知见身体……你们应当在感受中观感受……你们应当在心上观心……你们应当在法上观法……

这段经文提出了一个有趣的观点：在修习四念住时，要真正理解经验的本质，仅仅依靠完全觉知和精勤是不够的。经文强调，心必须具备“一境性”（ekaggatā）和清净的品质，并达到“心专注于一处”（ekodibhūta）的状态。这种描述挑战了传统上将“一境性”视为高度专注于单一对象的静态心态的观点。相反，经文中的“一境性”似乎是在描述一种动态而开放的心态，这种心态允许禅修者在观察现象时，避免被喜好、厌恶、欲望或主观解释所蒙蔽，从而能够清晰地觉知经验的本质。所以凯伦·阿尔贝尔（Keren Arbel）这样重新解释该术语：“定和心一境表示与经验的紧密和亲密接触。当心理解释和普通认知的波动停止时，这种接触就会发生。我们可以说，当思维、解释和意图仍然存在于心中时，人们无法完全亲密地与经验在一起。这是因为普通感官体验的每一刻都受到基于先前记忆的评论和解释习惯的影响。”①

我们甚至可以在 Dutiyavibhaṅgasutta（SN 48.10）中看到心一境性、禅定与离欲之间的相互关联②：

【巴利本】Katamañca，bhikkhave，samādhindriyaṁ? Idha，bhikkhave，ariyasāvako vossaggārammaṇaṁ karitvā labhati samādhiṁ，labhati cittassa ekaggataṁ.

【新译】比丘们，什么是定根？这里，比丘们，圣弟子在完成了舍弃执着作为修行的目标后，获得定，获得心的一境性。

---

① Keren Arbel，*Early Buddhist Meditation*，New York: Routledge，2017，p.97.

② Saṁyuttanikāya，PTS，5.198–5.199.

理解这段经文的关键在于 vossaggārammaṇaṁ。它是由 vossagga（舍弃）与 ārammaṇa（所缘）组成的复合词。关于它的理解可以分为两种。[①]一种解释认为，这是指在禅定中抛弃一切所缘境。这意味着在修习禅定的过程中，修行者不再执着于所观察的对象，而是超越这些对象，达到更高的内心状态。另一种解释是“以放弃执着为所缘或目标”。在此理解中，它被视为一种修行的方式，即通过放弃对感官享乐和其他事物的执着而获得定与心的一境性。第二种解释更合理，其理由是，该词后面紧接的 karitvā 在巴利语语法上属于连续体，这种用法通常表示在主要动作之前发生的次要动作。同时，ārammaṇaṁ 以 ṁ 结尾构成了语法上的对格，虽然这种格一般表示及物动词的对象，但也可以用来表示行动的目标。因此“vossaggārammaṇaṁ karitvā”意味着在获得定与心的一境性之前所做的精神准备或心理状态，而不是一种可以凭借的禅定修习技巧。虽然在一些经典里面似乎提到一种通过三三昧在第四禅逐渐抛弃一切所缘境而证得现法涅槃的修法，但是在早期经文中定根常常被描述为全部四种禅那，而非专指某一种特殊状态。从这段经文中，我们可以看到禅定与心一境性正是由于远离与喜贪尽成就的。

因此，格热戈尔兹·波拉克（Grzegorz Polak）正确地总结道：“看来，在早期佛教中，依赖任何感知或注意的对象来达到入定被视为错误的禅修方式。这当然与我们从正统来源中了解的禅修实践直接冲突。”[②]

2. 禅那观念的历史性倒错及其影响

在探讨禅那究竟是佛陀的独特发现，还是源于当时印度广泛传播的集体修行方式之前，首先需要解决的问题是：禅那这一修行概念究竟是如何起源的。从现有的印度传世文献来看，四部吠陀是印度最古老的文献集。《梨俱吠陀》（Rgveda）是于公元前 1500—前 1000 年左右形成的，它主要

① 不同的佛典译本提供了多元的视角以接近原始文本，然而每种译本都有其局限性，无法达到完美，因此在许多细节上都可以商榷与讨论。例如，庄春江将此翻译为“作弃舍所缘后”，采用的是第一种理解。而萧式球的翻译是“放下攀援”，可以视为一种新的理解。

② Grzegorz Polak，*Reexamining Jhana*，Wydawnictwo UMCS，Lublin，2011，p.58.

收集了对于诸神的赞歌与祭祀祈祷文。其他三部大约为公元前 1000 年—750 年左右被创作出来，其中《裟摩吠陀》（Samaveda）大部分是为《梨俱吠陀》的赞歌配上曲调的歌曲集，《夜柔吠陀》（Yajurveda）是祭词的集成，而《阿闼婆吠陀》（Atharvaveda）则是各种巫术与咒语的集成。同时这一时期也出现了解释四部吠陀并阐释其祭祀仪式的梵书（Brahmana）。总的来说，早期吠陀最主要的宗教实践是由祭司执行规定的祭祀仪式。崇拜者一边吟诵着祈祷文，一边向神灵献上供品，通过这种交换与取悦，以期待神灵赐予他所期望的祝福。在这种狂热的祭祀中，祭司也许有着强烈神秘力量的体验，感受到光怪陆离的视觉形象。在早期吠陀时代，如果说冥想意味着通过某些行为获得某种神秘力量，那么除了祭司或者 rsi（先知）所代表的主流冥想者外，吠陀还描绘了 munis（狂喜者）、brahmacarins（宗教学生）和 yatis（苦行者）这三类冥想者。他们展示了与通过祭祀、崇拜神灵的先知不同的冥想方式和类型，开始发展出一种类似后期的瑜伽技术的技能和力量。[①]但总的来说，早期吠陀只呈现了冥想实践的雏形。munis、brahmacarins 和 yatis 虽然作为冥想者被提及，但都是以非常零星和边缘的方式。“因此，在早期吠陀文本中找不到后来成为瑜伽修行和世界观焦点的主题。”[②] 更重要的是，我们在其中也找不到关于佛教兴起后有关禅那的线索。

吠陀之后是奥义书时代。奥义书的梵文是 Upaniṣad，指的是“近坐”，而被认为是师生对坐所传的“秘密教义”。它也被称为吠檀多（Vendāntā），即“吠陀的终极或末尾”。主要的奥义书大约出现在公元前 750—公元 200 年左右。由于作为一种不断被创作的文献，迄至 16 世纪依然有新的奥义书出现。目前实际上留存下来的奥义书有两百多种，其中被公认最权威的有十三种。虽然学者们对于每一种奥义书具体出现的时间有所分歧，但是

---

① Edward F. Crangle，*The Origin and Development of Early Indian Contemplative Practice*. Wiesbaden: Harrassowitz Verlag，1994，p.62.

② Keren Arbel，*Early Buddhist Meditation*，New York: Routledge，2017，p.28.

大体上它们可以划分为三个阶段[①]：

（1）早期作品。它们出现在佛陀之前，约前6—前5世纪。

①《大森林奥义书》（Bṛhadāraṇyaka）；②《歌者奥义书》（Chāndogya）；③《他氏奥义书》（Aitareya）；④《憍尸多基奥义书》（Kauṣītaki）；⑤《鹧鸪氏奥义书》（Taittirīya）；⑥《由谁奥义书》（Kena）；⑦《依莎奥义书》（Isha）。

（2）中期作品。它们大体上出现在佛陀之后，大约为公元前350年—前200年。

①《石氏奥义书》（Kaṭha）；②《秃顶奥义书》（Muṇḍaka）；③《疑问奥义书》（Prahna）；④《白骡奥义书》（Śvetāśvatara）。

（3）后期作品。它们的出现时间大约在前200—200年。

①《弥勒奥义书》（Maitrāyaṇīya）；②《蛙氏奥义书》（Māṇḍūkya）。

首先，我们来考察一下佛陀之前或与佛陀同时期的最古老奥义书中对禅那的记载与阐述。爱德华·克兰格（Edward Crangle）对《奥义书》中代表禅修实践的词汇的频率与理论含义进行了详细的研究，他发现，在上述第一组《奥义书》中源自词根dhyai（如“禅那/dhyāna”）的术语总共只出现了26次，但源自“upa + ās”（如“upāsanā”）的术语总共出现了252次。[②]这项研究表明，源自“upa + ās”的术语在最古老的《奥义书》中代表了关键的冥想实践，而“禅那”则扮演了次要角色。这些源自词根dhyai的术语出现得不多，意思较为含糊。有时被翻译为“思（想）”，例如《大森林奥义书》（Brh.4.3.7）在描述灵魂的各种状态时使用了这个词语[③]；有

① ［日］中村元：《印度思想史》，岩波书店1960年版，第23—24页。这种划分大体上与阿瑟·麦克唐纳（Arthur Macdonell）的一致，但是关于《由谁奥义书》和《依莎奥义书》的年代顺序有所分歧。麦克唐纳认为《由谁奥义书》与佛陀大致一个时代，而《依莎奥义书》则更晚出现。但是这种分歧并不对我们后面的评估造成影响。参见Arthur Macdonell，*A History of Sanskrit Literature*，2nd Indian edition. Delhi: Motilal Banarsidass，1971，p.194。

② Edward F. Crangle，*The Origin and Development of Early Indian Contemplative Practice*，Wiesbaden: Harrassowitz Verlag，1994，p.71.

③ 黄宝生译：《奥义书》，商务印书馆2010年版，第79页。

时又具有“思考”之意，例如在《憍尸多基奥义书》（Kaus.3.6）中，它是一种意识可以获得的内容结果①；它在被译成“沉思（冥想）”时，并非意指我们后世对任何特定禅修方式的理解，在《歌者奥义书》（Ch.7.6.1）中只是非常泛泛地表达比智慧（cittāt）重要的意思。② 而这种精神修炼具体所指是什么，又如何进行修习，我们完全不得而知。也就是说，在奥义书的早期时代，禅那还没有成为一种标准化和系统性的禅修实践方案。因此我们可以得出这样的结论：佛陀在设想自己的禅修体系时，只是借用了奥义书中相关的词汇，而没有使用奥义书中所传达的精神探索的相关技术性方法。

但是在佛陀时代之后或者佛教兴起之后，在中晚期《奥义书》中情况变得有所不同。首先，源自词根 dhyai 的术语开始逐渐变多而且指向一类具体冥想技术。例如《秃顶奥义书》（Mund2.2.6）通过关于战车轮子辐条的隐喻来指导禅修者将自我冥想（dhyāyatha）为“Om”。③ 在这一过程中，感官和心智从外部的游荡中撤回，注意力集中在自身的中心。在《白骡奥义书》（Svet1.3，10，11）中，禅瑜伽（dhyāna/abhidhyāna）使禅修者直接领悟梵或者与梵完全合一。④ 在《慈氏奥义书》（Mait4.5–6）中，禅修者被鼓励冥想（abhidhyayanti/nabhidhyayet）流行的吠陀神祇，如梵天、楼陀罗和毗湿奴等，将其视为梵的形式或象征，最终实现对梵的直接领悟。⑤其次，奥义书中开始详细描述冥想技术，这些技术与早期佛教经典中所批评的禅修方法相契合。最早关于此类禅修技术的描述，能在《石氏奥义书》（KU）中找到。在 KU3.3 – 6 里，感官被比喻成马，智慧被比作车夫，自我则被比作车主。按照书中说法，一个有智慧的人应当能够驾驭感官和心灵。⑥。

① 黄宝生译：《奥义书》，第 352 页。
② 黄宝生译：《奥义书》，第 205 页。
③ 黄宝生译：《奥义书》，第 301 页。
④ 黄宝生译：《奥义书》，第 311、314 页。
⑤ 黄宝生译：《奥义书》，第 367 页。
⑥ 黄宝生译：《奥义书》，第 270 页。

而在 KU6.10 – 11 中，瑜伽被视作一种约束心灵与五种感官知觉的技术，通过运用这一技术，能使感官知觉停止活动，进而让人达到最高境界。[①]。瑜伽术在《弥勒奥义书》（MU）中成为通向解脱的核心实践。在 MU6.18 中，瑜伽术被描述为六重：调息、制感、沉思、专注、思辨和入定。冥想者可以依靠这种瑜伽术而与被称为"唯一者、无限者至高不灭者"的梵合一。[②] 这显然是指禅修过程中，通过停止感官对于外界的感受活动，致使心灵最终整个地被一种统一的自我或梵的状态所取代。这些瑜伽技巧非常接近于 Indriyabhāvanāsutta（MN 152）里所记载的婆罗门帕罗西维耶所宣扬的禅修实践（详见上一节）。这种瑜伽术之所以被婆罗门教视为解脱的核心，是因为"这可能意味着，通过冥想达到的心灵和感官的非活动状态，其中没有波动、没有多样性、没有变化，可能被解释为对现实终极本质的认识——无属性的梵（nirguṇa brahman），即没有任何属性的梵。奥义书一直认为对梵的知识是一种解脱体验。如果瑜伽能够导致这种知识，那么这意味着它可以被视为一种独特的解脱之道。通过这种方式，瑜伽成为婆罗门解脱学说的一个组成部分"[③]。

最后，我们在《弥勒奥义书》（Mait）中发现了佛教对于奥义书影响。例如，Mait7.8 提到有些人"显然是盗贼，没有资格进入天国"，因为他们"用虚假的例证和因明，宣扬否定自我的学说，世上的人们受到迷惑，不知吠陀和俗学有别"[④]。鉴于这些被指责的人对于非我学说的强调以及不把吠陀视为权威，这里似乎指的是佛教徒。另外他们似乎身穿"袈裟"，其生命的目标仅仅是"享受欲乐而已"。[⑤] 佛教徒在当时的古印度享有享乐主义者的名声。在佛教早期佛典 Pāsādikasutta（DN 29）里也提到了这一点：

---

① 黄宝生译：《奥义书》，第 279 页。

② 黄宝生译：《奥义书》，第 377 页。

③ Grzegorz Polak，*Reexamining Jhana*，Wydawnictwo UMCS，Lublin，2011，p.62.

④ 黄宝生译：《奥义书》，第 392 页。

⑤ 黄宝生译：《奥义书》，第 393 页。

“sukhallikānuyogamanuyuttā samaṇā sakyaputtiyā viharantī’ ti”[①]，即沙门释迦子们沉溺于享乐之中。贾亚蒂莱克（K. N. Jayatilleke）指出，《弥勒奥义书》中的这种说法很可能是针对佛教徒的，展现了中晚期奥义书对于佛教教义的认识。[②]

那么禅那的最初来源会不会是耆那教呢？布隆克霍斯特（Bronkhorst）对该问题做过系统性研究。[③]他认为在耆那教文本中，“禅那”（dhyāna）通常只是指“思考”或“思索”，例如在耆那教文献中，存在一组四种性质有别的禅那：痛苦禅那、愤怒禅那、虔诚禅那以及纯净禅那。前三种完全与通常意义上的冥想无关，而只有第四种似乎涉及禅修。此外，在可能是最古老的耆那教文本《阿耶拉木伽经》（Ācārāṅga Sūtra）中，仅有少数几处提到“禅那”（jhāṇa）及其衍生词，并且它们都出现在关于大雄生活的一般陈述中，它们意思模糊，不成体系。

如果以上的考察大体上是准确的，那么就产生了一个有趣的现象，即为什么突然之间在佛陀之后的中晚期奥义书中有关禅那的概念逐渐增多，同时冥想修行获得了明确而详细的技术性细节？我们认为这很可能与佛教在公元前的印度具有巨大的影响力有关。“这可以解释为什么‘禅那’这一在早期佛教文本中占据重要地位的术语在其他瑜伽体系中变得突出……非佛教传统中缺乏早期四禅模型存在的证据，突然在后来的瑜伽文本中（以各种适应形式）成为中心，是由于佛教禅修理论的影响。”[④]

从佛陀入灭到阿育王成为佛教拥护者之间，佛教的具体发展细节我们不得而知，但是我们可以合理地假设，“当阿育王成为佛教传播者（前269—232）时，佛教社区似乎已经达到了相当规模并且具有一定的影响力。确实，很难想象一个皇帝会选择一个未知且无影响力的宗教传统作为

① Dīghanikāya，PTS，3.117–3.141.

② K.N. Jayatilleke，*Early Buddhist Theory of Knowledge*，New York: Routledge，1963，pp.66–68.

③ Johannes Bronkhorst，*The Two Traditions of Meditation in Ancient India*，Delhi: Motilal Banarsidass Publishers，1993，pp.14–16.

④ Keren Arbel，*Early Buddhist Meditation*，New York: Routledge，2017，p.34.

自己的信仰，并向人民传播”[①]。一般认为阿育王选择支持佛教是出于对战争的忏悔之心，而随佛法师对于阿育王信奉佛教的动机提出了自己的独特见解。他认为，阿育王支持佛教的核心目的在于对佛教僧团的控制，甚至不惜动用国家权力和御用僧侣“运用异道说法混杂、变造佛教”[②]，即通过引入非佛教元素和变造教义的方式来统一佛教各宗派思想以达到对佛教的全面掌控。这种策略最终引发了其他僧团的强烈反对，导致了佛教历史上的重大分裂。从这一视角出发，可以认为，佛教只有在其影响力发展到足以引起世俗权力关注和重视的程度时，才会成为王权关注的焦点。当然这种观点挑战了传统上对阿育王作为佛教护法者形象的单一理解，但是也提供了一个更为复杂和多维的视角来审视佛教与政治权力之间的关系。

尽管对阿育王信奉佛教的动机存在不同的解释和观点，但不可否认的是，在阿育王的统治时期，佛教经历了显著且迅速的发展。这一时期，佛教不仅在印度本土获得了空前的扩张，例如，他在位期间，共建造了八万四千座佛塔。[③] 在他即位第 17 年，在华氏城由帝须长老举行第三次佛教结集，使佛教成为印度全国性的宗教。[④] 而且他还向周边国家派出许多传教团，通过这种外交和传教活动，“这批传播佛教的人的足迹不仅遍及广袤帝国境内，而且远达西亚、东欧和北非地区”[⑤]，“佛教迅速成为印度和锡兰的主要宗教，并最终蔓延到缅甸、暹罗、柬埔寨、印度群岛、中国、朝鲜、日本以及亚洲其他国家”[⑥]。周贵华指出：“阿育王在佛教史上的地位极为崇高。在阿育王之前，佛教仅是一个地区性宗教，主要流行于恒河

① Keren Arbel，*Early Buddhist Meditation*，New York: Routledge，2017，p.35.

② 随佛禅师：《阿育王时代变造佛教之史探》，复旦大学出版社 2021 年版，第 62 页。

③ John S. Strong，“Images of Aśoka: Some Indian and Sri Lankan Legends and their Development”，In Anuradha Seneviratna（ed.），*King Aśoka and Buddhism: Historical and Literary Studies*，Buddhist Publication Society，1994，pp.170–172.

④ Stephen C. Berkwitz，*South Asian Buddhism: A Survey*，New York：Routledge，2012，p. 44.

⑤ ［英］文森特・亚瑟・史密斯：《阿育王：一部孔雀王国史》，高迎慧译，华文出版社 2015 年版，第 31 页。

⑥ ［英］文森特・亚瑟・史密斯：《阿育王：一部孔雀王国史》，第 35 页。

流域，而通过阿育王的扶持与弘扬，佛教成为全印度的宗教，且进一步开始成为世界性宗教。因此，阿育王时代乃印度佛教开展的转折时代。也因此，阿育王被当时以及后世尊为‘正法阿育’（Dharma-asoka）。”[①] 在佛教历史上的这一时期，随着佛教声誉的显著提升，可以合理推断，佛教的核心思想及其冥想体系中的核心组成部分——四种禅那——得到了广泛的认可和传播。这种传播的广泛性，促使非佛教的宗教团体针对这一独特的修行体系进行了必要的适应性行动。这些宗教团体为了应对佛教的影响力，很可能采取了一种策略，即在自己的宗教文本和教义中借鉴和使用其最具特色的概念。这也就部分解释了为什么在佛陀之后的中晚期奥义书中有关禅那的概念开始逐渐增多，同时其中冥想修行的观念获得了明确而详细的技术性细节。然而，这些宗教团体在这一过程中，并非简单地复制佛教的禅那体系，而是对其进行了重新诠释和改造，使之与自己的宗教教义和信仰体系相融合。“在不断发展的佛教传统教义中，‘禅那’这一术语的核心地位与重要性，促使它在其他冥想传统中反复出现；也就是说，与之竞争的传统需要应对佛教带来的挑战。它们通过使用佛教语言来做到这一点，同时对其加以调整，以适应自身各种概念和冥想体系（就如同佛陀所做的那样）。”[②] 例如，在上述后期奥义书中，显而易见的是，禅那的观念同“与梵合一”的目标直接联系了在一起，而完全失去了佛陀禅那体系的特质，成为一种瑜伽修习术。

与《罗摩衍那》（Rāmāyaṇa）齐名的印度著名史诗《摩诃婆罗多》（Mahābhāratam）的一个片段（Mbh12.188）显示了佛教对于其他宗教的影响。该史诗中提到了“四重禅那瑜伽（dhyānayoga）”[③] 的概念，其中第一个禅那（Dhyāna）被描述为一种具有喜悦（sukha）的状态，同时存在着寻（vicāra）、伺（vitarka）和分辨（viveka）等要素，并且可以导向涅槃。

① 周贵华：《世界佛教通史（第 1 卷）印度佛教》，中国社会科学出版社 2015 年版，第 274 页。

② Keren Arbel，*Early Buddhist Meditation*，New York: Routledge，2017，p.37.

③ ［印］毗耶娑：《摩诃婆罗多》，黄宝生主持，金克木、赵国华、席必庄等译，中国社会科学出版社 2005 年版，第 4013 页。

所有这些看起来似乎与佛教中对初禅的描述相同，因为这些要素也同样出现在初禅的禅支当中，这不能简单视为一种巧合。然而，正如布隆克霍斯特指出的，尽管该文本提到了“四重禅那瑜伽”，但只描述了第一个禅那，而其他三种禅那却被诡异地忽略了而且文本中描述的冥想者如同木头般坐着，以一种非常典型的瑜伽术的方式抑制感官与心来达到平静。这使得布隆克霍斯特认为，这里的“四禅”只是一个被笨拙地融入印度史诗中的外来元素。①《摩诃婆罗多》的最早部分可能是在前7世纪到前5世纪之间编纂的②，较晚部分的编纂一直持续到3世纪③，在这跨度长达数百年的编纂历程中，从时间维度来看，它存在受到佛教影响的可能性。因此这个片段可以被视为佛陀禅那观念渗透进瑜伽术的痕迹，因为一方面它带有佛陀禅那的表面特征，另一方面其修习的方式却是典型瑜伽式的。

但是随着时间的推移，古代佛教徒们似乎逐渐遗忘了禅那的原初含义，原始的禅那实践消失了。这也许是因为当时的佛教徒过于专注于发展理论上的哲学思想，同时随着佛教教义的发展和文本的不断注释，理论探讨的地位愈发重要，从而忽视了实践层面的修行；抑或，由于社会环境和宗教文化的变化，佛教徒对解脱的追求逐渐偏重于形式化的修行和仪轨，导致原始禅那实践被边缘化。此外，外来的影响，包括对非佛教传统的吸收与融合，也可能使禅那的实践方式变得更加复杂和多样化，从而使得最初的禅那修行逐渐失传。因此，后来的一些佛教徒可能对仅在理论上发现洞见或者形式化的修行并不满意，想要找回更多的冥想实践，而他们此时唯一知晓的精神修炼方式可能只剩下广泛流传的瑜伽类型的了。“他们也不再能接触到古老的禅那冥想，但他们知道这样一种冥想状态（最初由非佛教徒实践）：这种状态以所有表象的消失为高潮，并

---

① Johannes Bronkhorst, *The Two Traditions of Meditation in Ancient India*, Delhi: Motilal Banarsidass Publishers, 1993, p.45.

② Robert P. Goldman, *The Rāmāyaṇa of Vālmīki: An Epic of Ancient India*, Vol. I, Bālakānda. Princeton University, 1984, pp. 20–22.

③ Brockington, J. L., *The Sanskrit Epics*, Brill, 1998, p.379.

且对身体的痛苦无动于衷。他们通过将这些状态添加到一个系统中，发现了一种使这些状态变得可访问的方法，这个系统与四禅阶段的旧系统并不完全相。”[①]无论如何，古印度的佛教徒逐渐接受了非佛教宗教团体对这一概念的重新诠释。这种变化可能在佛教徒背诵和结集经文的过程中逐渐发生，新颖的理解可能在无意识中被融入了原有的经典。其结果是，经文中或许呈现出两种不同的禅那观念：一种大致保留了佛陀原初的教义，另一种则反映了后期的发展与创新。因此，不仅可以在经文中观察到对禅那的显著重视（如前文所述），还能够在较晚出现的经文中找到支持这一推测的证据。这里最好的例子莫过于尼柯耶 Brahmajālasutta（DA 1）中的两类片段。[②]

Brahmajālasutta 的主旨是对于非佛教哲学观点的批判性分析，它详细地讨论了十八种关于过去的以及四十四种关于未来的错误观念。该经文的批判性分析不仅针对特定的哲学命题，而且反映了佛教对当时印度宗教和哲学思潮中各种外道思想的系统性反思。这部经典之所以被认为成书较晚，并非仅基于其篇幅之长或者有如阿毗达摩式的阐述，而是依据其独特的结尾部分。该经文的结尾描述了佛陀讲法完毕后，听众的喜悦反应以及随之而来的宇宙震动现象：“世尊如是言已，欢喜之诸比丘，信受世尊之所说，说此授记经时，千世界震动。”这一描述在佛教早期经典中较为罕见，但这样的表达让我们立即想到了数部大乘经典的某些段落或者篇章的结尾，试举几例，例如《奋迅王问经》卷 2：“如来说此法门之时，会中一万六千菩萨一切得忍，复有一万二千众生发菩提心。三千大千世界震动。”[③]《无量义经》卷 1：“佛说是已，于是三千大千世界六种震动，自然空中雨种种花。”[④]《大宝积经》卷 102：“说此法时，是众会中八万四千天

---

① Tilmann Vetter, *The Ideas and Meditative Practices of Early Buddhism*, Leiden:E. J. Brill, 1988, p.63.

② Dīghanikāya, PTS, 1.1–1.46.

③ 《奋迅王问经》卷 2，CBETA 2023.Q4，T13，No. 421，第 948 页。

④ 《无量义经》卷 1，CBETA 2023.Q4，T09，No. 276，第 386 页。

人皆发阿耨多罗三藐三菩提心，三千世界六种震动。”①《集一切福德三昧经》卷2：“善男子！净名王如来说是法已，放大光明遍照世界，震动大地。”② 因而 Brahmajālasutta 里这一结尾很可能表现了佛教文献在文学表现和宗教情感表达上的后期发展特征。

经文中相关的第一类片段包含一个多次重复的程序化句式：“ātappamanvāya padhānamanvāya anuyogamanvāya appamādamanvāya sammāmanasikāramanvāya tathārūpaṁ cetosamādhiṁ phusati，yathāsamāhite citte saññuppādaṁ anussarati”，其意为“通过努力、精进、修习、警觉和正念，达成那种相应的心的定境，就如同心安住于专注时所体验的那样”。在此片段中，与禅那相关的关键词汇是“cetosamādhiṁ”和“yathāsamāhite”，它们都是由“samādhi”（禅定或三摩地）所衍生的复合词，而“三摩地”在早期佛教经典中通常是指四种禅那。在本经的平行文本《佛说梵网六十二见经》或者《长阿含·梵动经》中，该词都被译为“三昧定意”“定意三昧”或者“三昧正受”。这些程序化句式所描述的一般都是一些非佛教徒的沙门婆罗门因为基于禅定所带来的特殊能力而得出被佛陀批评的六十二种错误见解之一。经文中相关的第二类片段是关于“现生涅槃论”的，描述的是四种禅那与现生涅槃的关系。这些外道认为，只要证得四种禅那中的任意一种，就可以在现生取得究竟的涅槃。这部经典认为，禅那并非由佛陀独创，也并非佛教徒独有，而是一种与非佛教徒共享的禅修实践方法。然而，仔细阅读文本后会发现，绝大多数被批评的观念都与某种禅修体验相关，或者被认为是禅定能力的结果。这与前文所述的禅那在经典中受到大量赞美的情况形成鲜明对比。在前文中，禅那被视为解脱的关键，只有外道的禅修方法受到了佛陀的负面评价。因此，与其说这里表达了对禅定的指责，如无著比丘所言：“这凸显一个事实，就是《梵网经》里所描述的各种立场，未必是强调理论胜于修习的结果，反而经常呈

① 《大宝积经》卷102，CBETA 2023.Q4，T11，No. 310，第575页。

② 《集一切福德三昧经》卷2，CBETA 2023.Q4，T12，No. 382，第996页。

现出是由于误诠禅修体验所致”[1]，不如说是在 Brahmajālasutta 被创作的时代，在当时佛教徒心目中，有关禅那的观念与非佛教宗教团体的冥想已经几乎没有区别，这才导致了禅那受到批评。另外我们在尼柯耶《小部》中的《无碍解道》也发现禅修技术瑜伽化的例子，例如“比丘或于鼻头或于颜面令近住念而坐不作意入出息之来去”[2]，很明显这是一种类似晚期奥义书中才有的冥想方法，即通过全神贯注于一小点而入禅定。考虑这些经典的晚出性，唯一合理的解释便是由于出现的时间较晚，其中已经吸收了非佛教宗教团体对于禅那的重新诠释。

3. 从禅那到瑜伽：外来无色定的影响

从上面的分析中可以观察到，随着时间的推移，佛教徒对佛陀最初提出的禅那理论的理解逐渐模糊，转而采纳了非佛教宗教团体对禅那概念的重新诠释。这一转变过程的具体机制及其背后的动因尚待深入探讨，但无论佛陀之后的佛教徒们何时接受了非佛教宗教团体对于禅那的重新诠释，一个关键的时间节点可能是佛教徒重新评估四种禅那与四种无色定（arūpa samāpattis）之间的关系或者将两者联系在一起之时。因为人们普遍认为四种禅那与四种无色定有着某种共同性，它们在性质上是相似的。例如《清净道论》的作者觉音尊者就认为无色定应被称为无色禅那：“出世间禅及第二、第四无色禅（āruppajjhānāni），由于自性法的殊胜修习得证于安止。即因为依清净修习的次第故得证出世间安止，由于所缘的超越修习故得证无色安止。”[3] 它们之间唯一的区别在于集中和专注的强度。四无色定被视为从初禅开始的禅定修习的后续阶段，而四种禅那则被认为是通向“无色定”时必须经历的成就。禅那和无色定被认为是奢摩他（安止定）的一部分，这是一种通过单一集中于一个禅修对象来最大程度地增加心灵平静的禅修技术。因此，禅那与无色定的这种联系，可能标志着佛教徒对禅那理

① 无著比丘：《“六十二见”的比较研究》，《福严佛学研究》2010 年第 5 期。
② 《无碍解道》卷 2，CBETA 2023.Q4，N43，No. 19，第 236 页。
③ ［印］觉音尊者：《清净道论》，叶均译，贵州大学出版社 2017 年版，第 239 页。

论的理解和实践发生了根本性的变化。

我们首先探讨 Poṭṭhapādasutta（DA 9）中关于无色定的描述方式[①]：

【巴利本】“Puna caparaṁ，bhikkhave，sāriputto sabbaso rūpasaññānaṁ samatikkamā paṭighasaññānaṁ atthaṅgamā nānattasaññānaṁ amanasikārā ‘ananto ākāso’ ti ākāsānañcāyatanaṁ upasampajja viharati”

【新译】再者，比丘们，舍利弗超越了所有形色的感知，结束了感官反应与对多样性的感知，心进入并停留在“无限空间（空无边）”的状态中。”

在经文的叙述中，虽然对“空无边处”（ākāsānañcāyatana）的描述相对简略，但已足以揭示证得无色定时所涉及的深层心理转变。该段摘自《长部》第九经，其平行文本《长阿含经·布吒婆楼经》对于这一段的翻译是：“舍一切色想，灭恚，不念异想，入空处。”然而，该译文在理解上存在一定的困难。首先，samatikkamā 被翻译为“舍”，实际上更准确的译法应为“超越”，因为这一概念体现了“无色界”胜过“色界”的传统观念。其次，paṭighasaññānaṁ 被译为“恚”，尽管 paṭigha 确实指厌恶、反感与愤怒，是 vyāpāda（瞋恚）的同义词，但在此处，paṭigha 与 saññā 连用，表达的是感官反应的知觉过程，即个体对感官刺激的心理反应与认知过程。在“空无边处定”中，对这种知觉的超越意味着禅修者不再对外界产生任何反应。最后，nānattasaññānaṁ 被理解为“异想”，这种翻译有可能让人产生某种误解，因为实际上 nānatta 与 ekatta（单一）相对，强调的是感官印象的多样性，这进一步加强了 paṭighasaññānaṁ atthaṅgamā 所意图表达的感官反应停止的状态。

《大集法门经》提供了该段经文的另一个古代译本：“谓若苾刍，离

① Dīghanikāya，PTS，1.178–1.203.

一切色，无对无碍，而无作意，观无边空，此观行相，名空无边处定。”相比之下，这个译本在理解上更为流畅，但仍存在一定的问题。例如，paṭighasaññānaṁ atthaṅgamā 被翻译为“无对无碍”。paṭigha 由前缀 paṭi 与词根 gha 组成，其中 paṭi 表示“朝向”“回归”或“反对”，而 gha 作为 hanati 的词根表示“击打”。字面上，paṭigha 可以理解为“撞击”，因此传统上将其译为“对碍”是可以理解的。然而，当其与表示认知过程的 saññā 连用时，实际上表达的是感官对外界刺激的反应。此外，nānattasaññānaṁ amanasikārā 被翻译为“无作意”，却似乎遗漏了关键的 nānattasaññānaṁ，导致读者未能准确把握“空无边处”所要表达的禅修者进入一种普通感官体验隔绝状态的意义。

这种超越色界的禅定可被视为一种高度集中的心灵状态，其中修行者的意识焦点从多样化的感官对象转移到单一、不变的意识对象上。这种状态要求修行者将心灵固定于一个非物质的、抽象的意识对象，如无限空间或无限意识等概念，从而实现与感官体验的隔离。凯伦・阿尔贝尔对比了禅那与无色定的性质后，总结说：“四禅的公式化描述指向每种禅那体验的觉知质量和感受基调（vedanā）；此外，这种描述没有涉及具体的心灵内容或对象。相比之下，无色定的公式化描述则呈现出具体的心理内容和感知对象。这一点显而易见，因为每一种‘无色定’都以其感知领域命名……无色定据说是基于感知的统一，这意味着心灵固定在单一不变的意识对象上，同时与感官体验隔绝。因此，与四禅的过程相反，无色定所表达的过程是修行者与外部刺激分离，并构建一种具有特定抽象内容的体验。”①

关于无色定与禅那在现象学性质上存在差异的观点，得到了对无色定起源历史研究的支持。在探讨四种无色定的来源时，首先值得注意的是早期佛教经典中所记载的佛陀对其证悟历程的回忆，其中提及了无色定的修

① Keren Arbel，*Early Buddhist Meditation*，New York: Routledge，2017，p.175.

习经历。佛陀跟着外道阿罗罗・迦罗摩（Āḷāra Kālāma）亲证了无所有处定，而在外道优陀迦・罗摩子（Uddaka Rāmaputta）的启发下获得了非想非非想处定。显而易见，这两种无色定可以被认为来源于非佛教的其他宗教传统。虽然学术界对于这两种无色定所属的宗教团体有不同的看法，但普遍认同无色定与四禅在性质上存在差异，并非由佛教所独有或特有的修行状态。这种观点是基于对佛教历史文献的分析，以及对当时印度宗教文化环境中修行实践的考察而得出的。例如，布隆克霍斯特认为无色定具有与耆那教冥想相似的特征。①他观察到，这种禅修所呈现的心理状态与他所称的"主流冥想"非常一致，即一种意在停止心理活动的过程。亚历山大・温恩（Alexander Wynne）不同意布隆克霍斯特的观点，他将无色定与"遍禅"和"元素禅修"联系起来。他认为无色定是从早期婆罗门教借来的，是一种通过内在集中逆转宇宙创造过程的冥想形式。②

但是当我们开始探究四种无色定中前两种的来源时，问题变得有趣起来：在这一系列关于佛陀悟道经历的经文中，四种无色定中的前两种没有一次被提及。换言之，没有明确记载表明佛陀从其他人那里学到了前两种无色定。Āneñjasappāyasutta（MN 106）展示了一个包含无所有处定与非想非非想处定的集合，但是该集合缺乏空无边处定与识无边处定，取而代之的是一个较为模糊的不动定（āneñja）。③这可能表明在该经形成的时代，前两种无色定还没有被视为属于四无色定的集合。如果真是如此，它们是如何最终进入这个集合的呢？格热戈尔兹・波拉克仔细研究了这一过程，他认为："它们有可能是从十遍处中提取的。最后两个无色定在描述菩萨修行之路的经文中已经被描述为'处'。尽管十遍处中没有一个被特别标注为'处'，但整个集合被描述为'十遍处'。这可能促成了将最后两个遍

① Johannes Bronkhorst, *The Two Traditions of Meditation in Ancient India*, Delhi: Motilal Banarsidass Publishers, 1993, p.62.

② Alexander Wynne, *The Origin of Buddhist Meditation*, London and New York: Routledge, 2007, pp.26–37.

③ Majjhimanikāya, PTS, 2.262–2.266.

处作为无所有处和非想非非想处的前置阶段插入的过程。”① 十遍处（dasa kasiṇāyatanāni）的列表被包含在不少经文当中，但一般来说都包含以下十种：地遍、水遍、火遍、风遍、青遍、黄遍、赤遍、白遍、虚空遍、识遍。在无色定的集合逐渐形成的过程中，最终加上了十遍处中的虚空遍与识遍，从而成为我们现在熟知的样子。此时，虚空遍与识遍被古印度佛教徒构造成了一种与无所有处定与非想非非想处定相似的观念，最终一同构成了一整套关于无色定的修行体系。更有趣的地方在于，无色定观念的这种发展并非与四种禅那同步进行。是否有这种可能，无色定的列表可以单独出现而不被纳入与四种禅那相关的集合之中？甚至在早期经典形成的某个阶段，四种禅那与无色定都可以独立存在，直到某个时候，它们才被安立在同一个序列之中？

这种禅那与无色定相互独立发展在佛教教义中最明显地体现在各种通向解脱道路的集合之中，在这些集合中都缺少了四种无色定的身影。通过修习三十七道品，我们可以逐步趋向解脱，因此它被称为“菩提分法”或“三十七菩提分”，其中包括四念住、四正勤、四神足、五根、五力、七觉支和八正道支。例如最为人熟悉的八正道，其中正定被具体定义为四种禅那而不包括无色定。在五根和五力的框架中，再一次仅有禅那作为定根（力）的关键要素而位于其中。尽管在七觉支的体系中，禅那似乎并未直接出现，“但深入分析显示，七觉支中的多数要素与四禅的描述有着直接的对应关系”②。很明显，在这一系列有关修行实践的集合中，任何一种无色定都未被列入其中。

尽管无色定常常出现在不同经文的四种禅那之后，但无色定的观念也出现在几个完全没有四种禅那的集合之中。这些集合大致可以分为两组，一组拥有全部四种无色定，另一组中的数量则不是完整的。例如，完整组有：（1）八解脱（Aṭṭha vimokkhā）：有色观诸色（Rūpī rūpāni passati）、

① Grzegorz Polak，*Reexamining Jhana*，Wydawnictwo UMCS，Lublin，2011，p.145.

② Grzegorz Polak，*Reexamining Jhana*，Wydawnictwo UMCS，Lublin，2011，p.25.

内无色想观诸外色（Ajjhattaṁ arūpasaññī bahiddhā rūpāni passati）、胜解就是清净者（Subhanteva adhimutto hoti）这三种解脱，再加上四种无色定以及灭尽定（如Saṅgītisutta DN 33）①；（2）九众生住（sattāvāsā）：五种众生住所和四种无色界（如 Sattāvāsasutta AN 9.24）②。其中值得注意的是无色界的次序显然与通常认为的不同。这很可能是此时无色界观念还处于形成和发展过程中的标志；（3）Cūḷasuññatasutta（MN 121）中的八种想：第一个为林野想（araññasaññaṁ），第二个为地想（pathavīsaññaṁ），第三到七为四种无色想，最后一个为依无相定的想（animittaṁ cetosamādhiṁ）；③（4）七界：光界（ābhādhātu）、净界（subhadhātu）、四种无色界、想受灭界（如 Sattadhātusutta SN 14.11）。④再例如，非完整组有：（1）七识住（Satta viññāṇaṭṭhiti）：四种识住、空无边处住、识无边处住、无所有住（如 Dasuttarasutta DN 34）。⑤与八解脱的集合相比，显然缺少了最后两个阶段；（2）Āneñjasappāyasutta（MN 106）：不动摇、无所有处、非想非非想处。⑥此外，布隆克霍斯特还在他的文章《法与阿毗达磨》中指出，四无色界没有出现在最早的阿毗达磨列表中，这些列表只包含四禅。这些列表似乎比各个佛教学派的阿毗达磨藏还要古老。⑦

从以上这些描述中可以看出，四无色定可以通过一个不涉及四种禅那的修行过程独立获得，并且四种禅那与四无色定之间并未被视为存在任何直接关联。在早期佛典中，对四禅的描述几乎都使用了相同的程序化段落形式，这凸显出它们在解脱智慧过程中所扮演的重要角色。相较之下，四无色定则常常作为一个独立的集合出现，这些集合的形式多样，且对于解

① Dīghanikāya，PTS，3.207–3.271.

② Aṅguttaranikāya，PTS，iv 401.

③ Majjhimanikāya，PTS，3.104–3.109.

④ Saṁyuttanikāya，PTS，2.150–2.151.

⑤ Dīghanikāya，PTS，3.272–3.293.

⑥ Dīghanikāya，PTS，2.262–2.266.

⑦ Johannes Bronkhorst，"Dharma and Abhidharma"，*Bulletin of the School of Oriental and African Studies*，Vol. 48，No. 2，1985，pp.305–320.

脱的作用往往模糊不清，甚至在某些情况下完全未被提及。进一步使问题复杂化的是，四无色定在不同集合中出现时，它们所呈现的前后次序有时不太相同，而且并非总是以完整的形式呈现。这种现象似乎暗示着，四无色定在试图融入四禅体系的过程中自身也经历了一个漫长且复杂的演化过程，可能形成了多个不同阶段的中间产物。另一方面，这也可能反映出佛教内部对于四无色定的定位和解读并不统一，进一步导致了其在修行实践中的多样化表达。事实上，上述将这四种状态及其后续状态同四禅融合的尝试显然并不令人满意。因为“这四种状态与四禅之间的差异太大，无法如此轻松地融合。难怪这种融合在佛教经典的大部分中没有被接受。另一种选择是，如果不丢弃其中一个群体，就将它们一个接一个地排列。在九次第定（anupūrvavihāra / anupubbavihāra）中，我们找到了以下顺序：首先是四禅，然后是无边空间处、无边识处、无所有处、非想非非想处，最后是想受灭（saññāvedayitanirodha）”[①]，这也充分说明了融合的困难以及不同排列方式的出现，正是由于两者难以协调统一。

如上所述，无色定与禅那之间存在显著的异质性，它们各自具有独立的发展体系，原本不应被结合为一个连贯的禅修系统。然而，这种异质性与分离性并未阻止后世经文编辑者尝试将无色定纳入四禅体系之中。事实上，原有经文结构和呈现方式可能并不足以阻止新元素的插入，例如在四种禅那的集合之后再添加上四种无色定是一件很容易的事情。“许多这样的插入可能是出于好意，或者是由于记忆中的错误。一旦包含九个阶段而不是四个阶段的伪造经文开始流传，伪造其他原始经文就变得更容易和自然。如果记忆者甚至知道一部包含九个阶段的经文，那么每当他背诵只有四禅的经文时，他不得不怀疑自己是否应该在第四禅结束，是否应该添加他从其他经文中已经知道的五个附加状态。通过将五个连续状态添加到四禅，他可能觉得自己实际上是在纠正自己的错误记忆，或者是早期记忆者

① Johannes Bronkhorst，*The Two Traditions of Meditation in Ancient India*，Delhi: Motilal Banarsidass Publishers，1993，p.65.

的错误。”[①] 因此，我们难以确定某些经文是以其原始形式流传至今，还是经过后世编辑的结果。所幸的是，Mahāparinibbānasutta（DN 16）中的某个片段让我们看到了这种经文编辑的痕迹[②]：

【巴利本】Atha kho bhagavā paṭhamaṁ jhānaṁ samāpajji，paṭhamajjhānā vuṭṭhahitvā dutiyaṁ jhānaṁ samāpajji，dutiyajjhānā vuṭṭhahitvā tatiyaṁ jhānaṁ samāpajji，tatiyajjhānā vuṭṭhahitvā catutthaṁ jhānaṁ samāpajji，catutthajjhānā vuṭṭhahitvā ākāsānañcāyatanaṁ samāpajji，ākāsānañcāyatanasamāpattiyā vuṭṭhahitvā viññāṇañcāyatanaṁ samāpajji，viññāṇañcāyatanasamāpattiyā vuṭṭhahitvā ākiñcaññāyatanaṁ samāpajji，ākiñcaññāyatanasamāpattiyā vuṭṭhahitvā nevasaññānāsaññāyatanaṁ samāpajji，nevasaññānāsaññāyatanasamāpattiyā vuṭṭhahitvā saññāvedayitanirodhaṁ samāpajji. Atha kho āyasmā ānando āyasmantaṁ anuruddhaṁ etadavoca: “parinibbuto，bhante anuruddha，bhagavā” ti. “Nāvuso ānanda，bhagavā parinibbuto，saññāvedayitanirodhaṁ samāpanno” ti. Atha kho bhagavā saññāvedayitanirodhasamāpattiyā vuṭṭhahitvā nevasaññānāsaññāyatanaṁ samāpajji，nevasaññānāsaññāyatanasamāpattiyā vuṭṭhahitvā ākiñcaññāyatanaṁ samāpajji，ākiñcaññāyatanasamāpattiyā vuṭṭhahitvā viññāṇañcāyatanaṁ samāpajji，viññāṇañcāyatanasamāpattiyā vuṭṭhahitvā ākāsānañcāyatanaṁ samāpajji，ākāsānañcāyatanasamāpattiyā vuṭṭhahitvā catutthaṁ jhānaṁ samāpajji，catutthajjhānā vuṭṭhahitvā tatiyaṁ jhānaṁ samāpajji，tatiyajjhānā vuṭṭhahitvā dutiyaṁ jhānaṁ samāpajji，dutiyajjhānā vuṭṭhahitvā paṭhamaṁ jhānaṁ samāpajji，paṭhamajjhānā vuṭṭhahitvā dutiyaṁ jhānaṁ samāpajji，dutiyajjhānā vuṭṭhahitvā tatiyaṁ jhānaṁ samāpajji，tatiyajjhānā vuṭṭhahitvā catutthaṁ jhānaṁ samāpajji，

① Grzegorz Polak，*Reexamining Jhana*，Wydawnictwo UMCS，Lublin，2011，p.105.

② Dīghanikāya，PTS，2.72–2.168.

catutthajjhānā vuṭṭhahitvā samanantarā bhagavā parinibbāyi.

【新译】然后，世尊进入了初禅。离开初禅后，他进入了第二禅、第三禅、第四禅。然后，他离开第四禅进入了空无边处、识无边处、无所有处和非想非非想处，最后达到了灭尽定。然后，阿难尊者对阿那律尊者说："尊者，世尊已经圆寂了。""不，贤友阿难，世尊还没有圆寂，他达到了灭尽定。"然后，世尊离开了灭尽定，进入了非想非非想处。从那里他进入了无所有处、识无边处、空无边处。从空无边处他进入了四禅，从那里到第三禅、第二禅和初禅。离开初禅后，他进入了第二禅、第三禅和第四禅。离开第四禅后，世尊最终圆寂了。

《游行经》："于是，世尊即入初禅定，从初禅起……从有想无想定起，入灭想定。是时，阿难问阿那律：'世尊已般涅槃耶？'阿那律言：'未也，阿难！世尊今者在灭想定。我昔亲从佛闻，从四禅起，乃般涅槃。'于时，世尊从灭想定起，入有想无想定……入第一禅……从四禅起，佛般涅槃。"①

许多学者已经注意到对佛陀圆寂前禅修进程的描述中所呈现的异样特征。② 在早期佛教中，四种禅那被视为一个完整的集合，而无色界定尚未被纳入其中。然而，随着佛教的发展，原本被视为可凭此证入涅槃的第四禅那不再具有独特性，现在它仅仅是前三禅与无色定之间的一个中间阶段。与此同时，灭尽定取代了第四禅那，成为新的禅定巅峰。受到时代影响的经文编撰者可能认为，佛陀在涅槃前仅仅达到第四禅那是不够圆满的，并且与当时流行的教义相悖，因此决定在描述中添加四无色定和灭尽定的内容。"虔诚的编撰者一定发现佛陀在圆寂前只达到了第四禅的中间

① 《长阿含经》卷 4，CBETA 2024.R2，T01，No. 1，第 26 页。

② Tilmann Vetter，*The Ideas and Meditative Practices of Early Buddhism*，Leiden:E. J. Brill，1988，p.68.

状态，这一点非常不便。出于善意，他决定添加对四无色界和受想灭尽定的描述，以纠正早期编者的‘明显错误’。”[①]从巴利版本来看，经文的编辑者为了解决这一问题，创造性地引入了“超禅”的禅修技巧，即完整的禅修过程必须能够从低阶状态进入高阶状态，再从高阶状态回归低阶状态，最后再返回最高阶段。这就解释了佛陀涅槃前禅修进程的后半段：他并未在灭尽定状态中涅槃，而是从灭尽定逐渐退回初禅，最终在第四禅中圆寂。同时，正是因为这一段经文有着新元素的插入，这种“超禅”技巧的使用因不想大幅度修改原有经文而显得较为笨拙，因为更合乎逻辑的做法应是在“超禅”的最后，佛陀重新回到了“灭尽定”后再圆寂，而非现在的第四禅。

然而，将该段与平行文本《长阿含·游行经》中的相应部分进行对比时，会发现两者在文字表述、内容结构等方面几乎呈现出高度的一致性。基于此，无著比丘推断禅那与无色定之间的相互关系并不存在特别成问题之处，他认为：“在这些经文中，一系列资料都认同，佛陀以顺逆两种顺序，依次经历了四禅定和四无色定。”[②]然而，这是一个非常好的例子，用以说明一个重要的经文阐释方法论，即即便各类经文的平行文本在内容上达成一致，也不能确凿地证明该经文的原始性。这些后期对经文的改动很可能发生在各部派佛教独自发展出各自的三藏与教义体系之前。如果我们仔细审视经文，《游行经》增加了“我昔亲从佛闻，从四禅起，乃般涅槃”一句，这大概是该经的编辑者意识到了单纯插入无色定内容所引发的不协调性，以此强调尽管叙述中展现了佛陀高超的禅修能力（超禅），但佛陀于最终阶段仍须在第四禅中停留以入灭。这一增补使得插入内容较巴利本显得更为合理。然而，正是这一新增进一步削弱了该经的可信度，因为它暗示了文本的晚出性。通过简单比较两部经文在描述佛陀圆寂后内容的

① Grzegorz Polak，*Reexamining Jhana*，Wydawnictwo UMCS，Lublin，2011，p.126.

② Bhikkhu Anālayo，“A Brief History of Buddhist Absorption”，*Mindfulness*，11（3），2020，pp.571–586.

不同之处，例如《游行经》新增添了十四首关于各方怀念世尊的偈颂以及“足色异常”的小插曲等细节，可以看出该经的确较 Mahāparinibbānasutta 更晚成型，所以它才能弥补 Mahāparinibbānasutta 的不足之处。唐代若那跋陀罗所译的《大般涅槃经后分》更以戏剧性的方式夸张地演绎了这一段情节，佛陀在圆寂前居然“超禅”了整整三遍！在这个过程中，阿难因为不知道发生了什么，每一次佛陀改变禅定状态时，就问阿泥楼逗发生了什么，最后居然反反复复问了二十七次！结果“尔时，一切大众皆悉慌乱，都不觉知如来涅槃、为未涅槃？”[①]这也提醒我们，佛教文献中关于佛陀生平的系列文本最初更多是作为被用作教化目的圣徒传记而被编撰出来的，而非这些事件的可靠历史记录。[②]

因此，四种无色定与四种禅那的整合过程，标志着古印度佛教共同体最终接受了外道思想对佛教禅修观念的巨大影响。

结　　论

禅那是早期佛教修行的主轴与核心。但在当前南传上座部流行的标准禅修模型中，禅那的作用被认为在促进解脱目标方面是有限的，同时这种实践方法被视为佛教与非佛教传统共有的修行手段，因此它被当代众多冥想修习者置于禅修实践体系中较为边缘的地位。然而，这一观点与早期佛教经典中对禅修体系的描述并不一致，特别是禅那在整个佛教解脱道中的核心地位被严重误解。这种误解主要源于一种历史性的倒错，即把佛陀之后的非佛教宗教团体对于禅那的重新诠释等同于佛陀的原初发现。这使我们忽视了禅那及其修行体系在印度发展的曲折历程，以及宗教团体间复杂的相互影响。这种**误解**产生的结果便是，人们开始认为唯有将注意力从广

---

① 《大般涅槃经后分》卷 1，CBETA 2024.R2，T12，No. 377，第 904 页。

② Oskar von Hinüber，“Hoary Past and Hazy Memory. On the History of Early Buddhist Texts”，*Journal of the International Association of Buddhist Studies*，Volume 29，Number 2: 2006（2008），pp.198–206.

泛的范围收缩至一个焦点的技术性方法才是止禅的标准修习方法，并且在禅那的状态中，修行者的感官通常是与外界隔绝的。**自此，我们以为禅那只是关乎一种特殊的专注技巧，而且有时它并不重要。同时，观智的证得或者观禅（毗婆舍那）取代“禅那”成为整个佛法禅修实践的中心。**

总体而言，这一发展与相互影响过程可以概括为四个阶段：第一，奥义书的编撰者最早使用了“禅那”一词，但其含义模糊，相较其他禅修实践性技术处于边缘地位；第二，佛陀借用了这一源自婆罗门经典的术语发展出了一套系统的原创性修行体系；第三，随着佛教影响力的逐步扩大，非佛教宗教团体开始借用“禅那”这一概念来表达他们自己的修行理念与冥想技术。随着越来越多的非佛教体系对于禅那系统的挪用，最终它成为了一种瑜伽类型的禅修系统；第四，随着时间的推移，佛教徒逐渐淡忘了禅那的原初含义，将禅那与源于非佛陀体系的无色定结合为一个连续的禅修序列，视它们具有相同的现象学性质，而认为禅那是一种通过完全沉浸于禅修对象并与感官体验隔绝的瑜伽类型的禅修技术而获得的，因此逐渐接受了非佛教宗教团体对这一概念的重新诠释和实践方式。通过这样一种方式，古印度佛教徒最终完成了修行范式的转移。这也成为了当代南传上座部佛教社区理解禅那或者禅定修行的主要方式。

因此，以上分析表明，“四种禅那”的修行体系的确为佛教所独有，虽然禅那这一术语源自印度更广泛冥想实践的共同背景，但佛陀对其进行了重新定义和深化，确立了其在佛教修行中的核心地位，使之成为修行道路中与解脱实现最为关键的部分。

一行禅师禅法的经典依据与多面观

慧　度

杭州佛学院法师

摘要：越南著名的一行禅师（1926—2022）以“正念之父”的殊荣广为西方社会所熟知，禅师十五岁出家于越南中部的顺化慈孝寺，接受了传统禅寺的基本训练，十九岁就读“报国寺佛学堂”。1971 年出版了《正念的奇迹》。1982 年创建的法国“梅村”，现已成为欧洲地区最大的佛教寺院，有常住僧众二百余人。禅师的著作推动了正念禅修在欧美社会的广泛实践与不同情境下的应用，是“东风西渐”的杰出典范。

禅师的英文著作始于 1971 年《禅之心要》（*Zen Keys*），截至 2016 年，禅师共出版近 133 本英文著作，时间跨度四十余年，本文择选禅师 25 本核心英文著作及相关论文，力图呈现禅师整个禅法的全貌特征，探明禅法的理论依据，着重厘清正念禅修转化烦恼何以可能。

关键词：正念；一行禅师；原始佛教；转念

一　一行禅师禅法的多面观

1. 一行禅师指导禅修所具备的自身条件

因地理位置接壤，越南佛教是汉传佛教影响所化的区域，在东南亚黄袍遍满崇尚南传佛教的格局下，越南佛教有着与众不同的特征。越南南部的湄公河三角洲与柬埔寨相邻，此一区域的佛教主体是南传佛教，主体民族是与柬埔寨相同的高棉族；除了南部湄公河三角洲之外的区域则主要流传汉传佛教，越南南、北传佛教的信众比例大概是二比八。[①] 基于这一条件，禅师可以接触巴利三藏、汉传大藏经，这就为禅师融合两大佛教传统的禅法提供了佛教经典的基础与实际修持的观瞻、体验，禅师熟稔汉文、巴利文三藏，可阅读这两种语言的佛经，乃至翻译这两种语言的佛经为越南文、英文，有深厚的佛法理论修养。

禅师十五岁经父母同意，自投于越南中部顺化省的慈孝寺[②]，1945 年禅师十九岁，被师父真禅法师送至“报国寺佛学堂”，自此开始了正式的佛教教理学习。青年时代禅师即狮子奋迅，热切投身于越南佛教的革新运动（Engaged Buddhisim），参与越战中非暴力的反战运动，战争结束南北越统一后流亡法国。也就是说，禅师从十九岁至五十岁之间，主要的经历是参与越南的非暴力反战运动，在战争中服务民众、倡导和平，同时坚持阅读、禅修。1976 年禅师被拒绝回到统一后的越南，被迫流亡法国，顺应这一因缘，他开始在法国的越南难民中间初步指导禅修，当时禅师已经从事了三十多年的佛法理论学习与禅修实践，丰富的社会活动经历、坚实的禅修实践为禅师指导信众和出版禅修著作奠定了基础。依禅师自己的话来说，他的书应当被视为禅修引导的手册而非心灵读物，读者不应在他清新的语言中迷失。

2. 融合南北，依经不依论

禅师从十九岁在“报国寺佛学堂”即开始系统学习汉传佛教般若、天台、华严、唯识等传统典籍，他的佛教思想立足点就在大乘佛教，更具体地说则是汉传佛教大乘典籍的核心思想。他引用原始佛教的经典而非论典作为正念禅修的依据，将其视为正念禅修的佛法源流，绕开了复杂的大毗

① ［越南］释寿乐：《越南佛教文化——在多样中统一》，《法音》2017 第 1 期。

② 慈孝寺（Chùa Từ Hiếu）是越南中部顺化的一座属于临济禅派的丛林寺院。当一行禅师进入寺院之前，慈孝寺已经有了二十位比丘在那里修行。参见 Thích Nhất Hạnh，*Tình Người*，巴黎：贝叶出版社 1973 年版，第 7 页。

婆沙、阿毗达磨等论典的名相分析，把原始经典归摄在大乘体系之下。概略而言即依经不依论，将正念禅修视为通向大乘般若、华严的阶梯，使内容相对简洁、直接。

3. 三种核心观法

禅师融合南、北传的具体内容是原始佛教止的训练与转化烦恼的方法，融合的大乘观法则是般若观、华严宗的“相即相入观”。这三种观法既可以合又可以分，遍及禅师的全部英文著作。禅师的禅法即由此三种观法组成：正念禅修、般若观、“相即相入观”，具体到每一本书则有详略、侧重点的不同，而主题始终未变。五十岁以正念禅修闻名时，禅师已具备了成熟的佛教理论与修持思想，后续他的教导一以贯之，主题思想甚至引导的语言风格都并未有大的改变。

禅师的正念禅修（Mindfulness Meditation）采用启发式的教学引导方式，其著作除了少数几本佛法义理书籍如《禅之心要》（*Zen Keys*）[①]、《观照的奇迹》[②]、《心经解释》（*The Heart of Understanding Commentaries on the Prajnaparamita Heart Sutra*）[③]等之外全是面向大众的读物。禅师长于文字般若，简单的呼吸、行走、饮食、洗碗等均被禅师描画作清晰的正念对象，目的在于启发学修者将正念应用于日常生活的各种情境，比如欣赏一朵花，与朋友倾心交谈，漫步于庭院，做手工，冲咖啡等，任何一个对象都可以令心专注从而使学修者安于当下。这种启发式的引导将学修者引入了广阔而灵活的空间，使他们可以自由驰骋于任何六识的对境上，它是启发、绍介而非圈囿、禁锢，它借助日常生活不同情境下的对象，可以逐渐发展出“坚实的定力”，配合上座的禅修，在座上直观而不介入内心的负面情绪或者所遇到的问题，以此转化不良情绪，减轻压力、抑郁、失望、抱怨等烦恼乃至恢复良好的心态，这就是正念禅修的基本思路，简而言之

① Thích Nhất Hạnh，*Zen Keys*，New York：Random House，1971.

② ［法］一行禅师：《观照的奇迹》，周和君译，台北：橡树林文化 2004 年版。

③ Thích Nhất Hạnh，*The Heart of Understanding Commentaries on the Prajnaparamita Heart Sutra*，Berkeley：Parallax Press，1988.

即日常生活训练“止”，座上则培养“观”慧。

在依正念转化烦恼的基础上，禅师把观的内容引向大乘的核心思想——般若空观与华严“相即”的思想。在介绍这两种思想时，禅师没有广泛地引经据典，并没有依据佛经典籍的原文作阐述与发挥，而是只援用了核心词汇，如“empty”表“空”，“interbeing”表“相即”，借助譬喻解释般若与相即的含义。如：

> When Avalokita says that our sheet of paper is empty，he means it is empty of a separate，independent existence. It cannot just be by itself.①
>
> 当观世音菩萨说我们的纸是空的时，他的意思是它没有一个独立的、单独的存在。它不能仅仅凭借自己而存在。

为了表述“相即”的概念，禅师使用了一个新的合成词“interbeing”：

> “Interbeing” is a word that is not in the dictionary yet，but if we combine the prefix “inter-” with the verb “to be，” we have a new verb，inter-be.②
>
> “相即”是一个还不在字典里的单词，但是如果我们把前缀“inter-”和动词“to be”结合起来，我们就有了一个新的动词，“相即”。
>
> The fact is that this sheet of paper is made up only of “non-paper” elements. And if we return these non-paper elements to their sources，then there can be no paper at all. Without non-paper elements，like mind，logger，sunshine and so on，there will be no paper. As thin as this sheet of

① Thích Nhất Hạnh，*The Heart of Understanding Commentaries on the Prajnaparamita Heart Sutra*，Berkeley：Parallax Press，1988，p.23.

② Thich Nhat Hanh，*Peace is Every Step*，Berkeley：Parallax Press，1990，p.110.

> paper is，it contains everything in the universe in it.
>
> 事实是，这张纸只由“非纸”元素组成。如果我们追溯这些非纸张元素的来源，那么就根本没有纸张。没有非纸元素，比如思想、伐木工、阳光等等，就不会有纸张。尽管这张纸很薄，但它包含了宇宙中所有的东西于其中。

上述的引文中，“包含了宇宙中所有的东西”就是禅师的“相即”（in-terbe）所要表达的，也即一即一切的含义。正念、般若、相即，这三种思想遍布于禅师所有的著作。就般若与华严思想而言，禅师并非依于经论借大乘的经典作传统讲经注疏式的叙述，而是直取心要。1976 年禅师被统一的越南政府拒绝回国，被迫流亡法国，他结束了多年来的社会运动转向了禅修指导，时年禅师五十岁，且已经有了三十多年学习佛法经典、禅修、非暴力社会运动的丰富经历，其思想已趋于成熟，他的英文著作几乎全部贯穿了正念、般若空观和相即的思想，只是有轻重、详略的取舍，核心思想则始终如一。

4. 三观合一

禅师禅法的主要核心包括了上述三种思想，但这三种思想可以在一个对象中完成，即三观可以合一。举例来说，橘子即是正念的对象，如观橘子的形象，享用橘子的味道等，橘子可以是正念训练所专注的对境；在此基础上，橘子又可以成为“空”观的对象，橘子并非单独存在，因此没有一个独立的非依因缘而能生成的对象，从橘子的非独立性可以来认识空；再观“一即一切”的缘起观，则知橘子的因缘来源于土壤、阳光、云朵、种子等，而这些因缘又可以再追溯它们各自的因、缘，如此就会与一切因缘法有关联性，空并非无有一切，而是包含一切，由此通过对因缘法的观照可将“空”与“相即”关联起来，而观照的当下即是“正念”。①

① Thich Nhat Hanh，*Peace is Every Step*，Berkeley：Parallax Press，1990，p.35.

总结来说，禅师的禅法是一而三、三而一的，通过正念的训练转化烦恼，恢复心灵的平静、喜乐，再认识般若空观而超越生死，认识到生死是相对性的安立，最后认识诸法的真相是一即一切，一切即一，恢复本具的佛性。

禅师的所有著作几乎贯穿了上述三种观法，禅师强调要将他的著作作为禅修的手册来读，而非当作放松身心的心灵读物。禅师的整个禅修方式就是围绕上述三种核心思想从不同的角度作论述，这些精彩的譬喻，震动、启发人心的文字，来源于禅师长期观修的实践，他的著作是禅观实践后直接流露的法语。

5. 绕过业果轮回和广大的菩萨道

纵观禅师的整个禅修体系与著作，尽管他的立足点在于大乘，但他避开了作为佛法基础的业果轮回思想，也避开了大乘广大的菩萨修行之道，乃至净土思想（pure land），而取用可以为佛教徒、非佛教徒等一切人都可以共享的正念禅修作为切入的角度。在实际的观修内容上直接援用大乘核心的般若与相即思想，且在介绍引导这两个大乘思想时有着一脉相承的相对固定的切入角度与表述方式。

这背后最初的动机是禅师意识到“话头禅”不足以解决日常的烦恼与困苦，正念禅修则可以帮助我们坚定地回到当下直面痛苦与烦恼。[①] 禅师之绕开佛教业果轮回和广大的菩萨道，并不是毫不提及它们，而是在少数的文句中会提到如何具体实践菩萨道，但业果轮回思想的细则则没有展开叙述。仅从禅师公开的出版物不足以了解禅师绕开这两大思想是出于何种理解。此外禅师一直立足于以僧团作为教导的核心[②]，在僧团的养成与教育中是否有更为完整的佛教教理的训练，借此可以窥探禅师背后的完整佛教理念，则有待于进一步的研究。

① ［法］一行禅师：《与生命相约》，明洁、明尧译，台北：橡树林出版社 2002 年版，第 6 页。
② 梅村官网，https://plumvillage.org/zh-hant/。

二　禅师正念禅修中的止修与观修及内在原理

1. 正念禅修的止与观

一行禅师正念禅观的经典依据来源于巴利三藏，大约有十二部到十五部篇幅不长的经文在禅师的著作中有所引用，部分经典也被收录于“梅村”的课诵集中，其中与正念禅修止与观联系密切的主要有三部经：《安那般那念经》（*ānāpānasatisutta*）①、《四念处经》（*satipatthāna sutta*）②、《善于独处经》（又名《一夜贤者经》，*bhaddekarattasutra*）③。

禅师所谓的《安那般那念经》即巴利经 *ānāpānasatisutta*，禅师也称为《观呼吸经》，此经在汉译经藏中称为《入出息念经》，或是《出入息念》《安般念》等。《安那般那念经》主要教导行者以四念处为基础、以观呼吸为核心，开展出十六个步骤的观法。这是与呼吸观有直接关联的引导，呼吸可以帮助行者很好地回到当下，是调节情绪、提起专注的正念的重要方法。

《四念处经》的主要内容是教导行者正念观照自己的身、受、心、法，以了知身心世界的本质是无常、苦、无我，由此得到解脱。

《善于独处经》的主要内容是教导行者全然地活在当下，不追忆过去，也不期待未来，如此就可以脱离过去、未来与诸烦恼的束缚，对当下保持觉知、保持正念，对当下的身心世界所生起或灭去的诸法，都要清楚觉知，这是通向真相，解脱束缚的善妙的独处法。

《安那般那念经》《四念处经》是对“止”修的引导，启发行者观照呼吸，观照行走，观照身、受、心、法，与自身相结合，采用适当的方式，灵活地培养正念的力量。《善于独处经》则为观修的依据，安住当下可以发现真相、解脱束缚。正念禅修转化烦恼的内在原理，一行禅师没有作广

① PTS，*ānāpānasatisutta*（MN118）.

② PTS，*satipatthāna sutta*（M.10 and D.22）.

③ PTS，*bhaddekarattasutra*（M.131）.

泛的叙述分析，而是以《善于独处经》等经文的内涵解释正念禅修转化烦恼何以成为可能，以佛语作为立论的基础，再以禅修实践为其佐证。禅师以自身修持的经验和教导他人转化烦恼的实例来佐证经文的引导意义，其著作中提供了不少禅师自己和他人转化的实例，随着正念禅修被广泛应用于不同情境之中，它的作用也一再被佐证。

2. 正念禅修转化烦恼的唯识宗解读

因禅师所引用以佐证正念转化烦恼的内在原理的经文相对简略，审慎思考之后，为了解释清楚正念禅修转化烦恼的细节，提供更多的理解途径，笔者尝试以唯识宗的视角来具体而微地解析正念禅修转化烦恼何以成为可能。

前文已经叙述过，正念禅修的基本原理是日常中修止，座上修观。禅师广泛叙述了正念呼吸、正念行禅、正念洗碗等不同生活情境中缘不同的对象所作的“止”的训练，以期培养定力。定属于别境心所，烦恼的减轻乃至转变实际与“别境心所”有着密切的关联性。别境心所计有五种：欲、胜解、念、定、慧。《成唯识论》卷 5：

> 次别境者，谓欲至慧所缘境事情，多分不同。……云何胜解？于决定境印持为性，不可引转为业，谓邪正等教理证力于所取境审决印持，由此异缘不能引转。故犹豫境胜解全无，非审决心亦无胜解。……云何为定？于所观境令心专注不散为性，智依为业，谓观德失俱非境中，由定令心专注不散，依斯便有抉择智生。……云何为慧？于所观境简择为性，断疑为业，谓观得失俱非境中，由慧推求得决定故。①

“次别境者，谓欲至慧所缘境事情，多分不同。”“别境”的意思是以别别对象为境，每一个都有自己别别不同的对境。这五种心所有分别不同

① （唐）玄奘：《成唯识论》卷 5，CEBTA 2022，T31，No.1585，第 549 页下。

的对象，并非周遍于一切对境的，由此称为“别境”。

“云何为定？于所观境令心专注不散为性，智依为业，谓观德失俱非境中，由定令心专注不散，依斯便有抉择智生。”其中“定”心所专注于所缘，正念禅修的日常训练，正是培养定心所专注于所缘的力量，而定心所是慧心所的“所依”，慧心所依靠定心所才能发挥抉择的作用，产生出决定的认识。

“云何为慧？于所观境简择为性，断疑为业，谓观得失俱非境中，由慧推求得决定故。”慧心所的功用是于犹豫境断除疑惑，定力越强，慧心所断除疑惑的能力越强。

别境心所的另一个特性是它非善非恶，既不是善心所也不是恶心所，但是可以通于善、恶。别境心所可以与善或者恶心所同时俱起，善心所与恶心所则不能同时俱起。而通于善、恶的关键是在于胜解心所，胜解心所是于决定境无有疑惑，它的对象是已经确定的对境。例如对某人产生了他是坏人、恶人的坚固想法，专注于恶人是定心所，对他是恶人无有疑惑是胜解心所，判定为损害的自性，由此导向了根本烦恼中的嗔心所，产生嗔恨心、怨憎心。

禅师正念禅修的基本原理是依靠在禅座之外培养定力，而上座修时直观自己的心。以上述为例，在打坐禅修时直接观照嗔恨心，而嗔恨与嗔恨的对境是不可分割的，在持续的观照中，认定某人为所害的对象的“胜解”，就会逐渐发生转变，最终观念会被转化，不再视对方为恶人，而每个人转变后所出现的新的“胜解”观念是不同的。曾经认为坚固不可破死死抓住的观念，在持续的正念观照下发生了转变，禅师的著作中举了不少转变观念的实例。例如一位来到梅村的禅修者与父亲关系不睦，视父亲为可恶的敌人，认为从父亲那里得来的一直是否定、嘲讽的意见，他深深为怨恨父亲的观念所困扰。[①] 在持续了几天行禅、坐禅交替的禅修之后，他

① Thich Nhat Hanh，*The Miracle of Mindfulness*：*An Introduction to the Practice of Meditation*，Berkeley：Beacon Press，1975.

之前认定的父亲为所害被自己的“胜解”逐步瓦解，直至发生了彻底的转变，不再视父亲为敌人，而是转变为认定父亲也在痛苦之中，看到父亲在嘲讽、否定、不满的当下就是受苦的可堪怜悯的对象。当认定父亲是需要悲悯的对境时，他便生起了愧对父亲的愧心所，原先的嗔恨也转为无嗔心所。

总结上述的事例分析可知，正念禅修通过日常训练培养“定”力，再通过上座修，转化烦恼，发挥“慧”心所的力量，将导向恶心所的胜解，转为导向善心所的胜解，由此转变烦恼转恶为善。导向恶心所的胜解之所以能发生转变就是因它是具有欺骗性的，不符合事实的真相。以上述嗔恨心为例，当认定父亲具有损害自己的特性，就意识不到对方在生起烦恼时也在受苦。慧心所的持续观照，会逐渐减弱导向恶心胜解的力量，它的颠倒、不符合真相的事实就会被认定出来，当认清了它的颠倒、不符合真相时，就有了一分转变。而一个对象的颠倒性是多方面的，可以从很多的角度来认识，例如同理心、业果、空性等，由此呈现出禅修结果所转化的认识的丰富性。修习者持有不同的胜解，转化烦恼就会引向不同的方向。

三　核心观法的外衍

禅师在表述正念禅修、般若空观、相即观时，都有其独特的表述方式，不仅在理论上借助实例作清晰的解读，也将观法应用到需要面对的现实问题中。在此有必要加以叙述，同时也标明难点所在。

1. 般若观以超越生死

In the West，people are very afraid of nothingness. When they hear about emptiness，people are also very afraid，but emptiness just means the extinction of ideas. Emptiness is not the opposite of existence. It is not nothingness or annihilation. The idea of existence has to be removed and so does the idea of nonexistence. Emptiness is a tool to help us.

在西方，人们非常害怕空虚。当他们听到空虚时，人们也非常害怕，但空虚只是意味着思想的消失。空虚并不是存在的对立面。它不是虚无或毁灭。存在的概念必须被删除，而不存在的概念也必须被删除。空虚是一种帮助我们的工具。

If you have a notion about nirvana，that notion should be removed. Nirvana is empty of all notions，including the notion of nirvana. If you are caught in the notion of nirvana，you have not touched nirvana yet. This deep insight and discovery of the Buddha took him beyond fear，beyond anxiety and suffering and beyond birth and death. ①

如果你对涅槃有一个概念，那么这个概念就应该被删除。涅槃中没有所有的概念，包括涅槃的概念。如果你陷入了涅槃的概念中，你就还没有接触到涅槃。佛陀深刻的洞察力和发现使他超越了恐惧，超越了焦虑和痛苦，超越了出生和死亡。

禅师不仅仅从理论上介绍了般若和“相即”两种大乘思想，又引出这两种观法的作用，如般若观可超越生死。以上述两段引文为例，面对死亡的恐惧、死后的虚无，禅师介绍了般若空的思想、涅槃的实相。生死是相对的，乃至上下、左右、来去等相对的概念都是虚妄的，认识到相对观念的虚妄，依他而存在，般若的实相就超越了生死，摆脱了相对概念的束缚。禅师在正念禅修的基础上，又引导如何面对死亡，他没有教导苦、集、灭、道四谛等佛教观念和修行的顺次等次第因缘，而是脱离了整个佛教的观念，在正念转化烦恼的基础上，直接以般若观面对死亡。

① Thich Nhat Hanh，*No Death*，*No Fear*：*Comforting Wisdom for Life*，London：Penguin Putnam，2003，pp.19, 20.

2. “相即观”与和平运动

禅师一直致力于和平运动，并以三种观法和“非暴力”来反对任何形式的战争。1974 年北越统一了越南，前南越统治区内的民众开始大量乘船逃亡，越南难民受到大海风暴和海盗的残酷迫害，大约有一半的难民葬身大海，一半逃离到了东南亚。禅师记述了在越南民众逃离期间，他收到一封来信，里面讲述一位只有 12 岁的女孩被海盗强暴后跳海自杀了。禅师据此发表了个人看法。

> When you first learn of something like that, you get angry at the pirate. You naturally take the side of the girl. As you look more deeply you will see it differently. If you take the side of the little girl, then it is easy. You only have to take a gun and shoot the pirate. But we cannot do that. In my meditation I saw that if I had been born in the village of the pirate and raised in the same conditions as he was, there is a great likelihood that I would become a pirate. I saw that many babies are born along the Gulf of Siam, hundreds every day, and if we educators, social workers, politicians, and others do not do something about the situation, in twenty-five years a number of them will become sea pirates. That is certain. If you or I were born today in those fishing villages, we may become sea pirates in twenty-five years. If you take a gun and shoot the pirate, you shoot all of us, because all of us are to some extent responsible for this state of affairs.[①]
>
> 当你第一次知道这样的事情时，你会对海盗很生气。你很自然地会站在这个女孩的一边。当你更深入地看它时，你就会以不同的方式看待它。如果你站在小女孩这一边，那就很容易了。你只需要拿着枪

① Thich Nhat Hanh, *Peace is Every Step*, Berkeley: Blackstone, 1990, p.142.

向海盗开枪。但我们不能这样做。在我的沉思中，我看到，如果我出生在海盗村，在和他同样的条件下长大，我很有可能也会成为一名海盗。我看到许多婴儿在暹罗湾出生，每天有数百个，如果我们的教育工作者、社会工作者、政治家和其他人不对这种情况采取行动，25 年后他们中的一些人将成为海盗，这是肯定的。如果你或我今天出生在那些渔村，我们可能会在 25 年后成为海盗。如果你拿着枪射击海盗，你就射杀了我们所有人，因为我们所有人在某种程度上都要对这种情况负责。

禅师在这里从“相即观”的角度出发，认为既然每个人都与婴儿成为海盗有关联，那么如果因愤怒射杀了海盗，就是射杀了所有人。造成婴儿成为海盗这个结果，每个人都有份，因此射杀海盗，就是射杀了所有的因缘，每个人“某种程度上都要负责”。禅师没有作细致和广泛的解读，一行禅师在探讨非暴力运动的论文中，也对此提出了疑惑，进而认为暴力不足以解决战争冲突、推进和平。①

禅师的著作多达百本以上，都并非广泛引用经典原文，而是从自己的实际修持与理解来写作，可见禅师驾驭语言、善用实例的能力。禅师的三种观法在著作中被广泛地与现实问题相结合，如环保运动、关系和谐、心灵创伤、儿童教育、和平运动等。本文分析了一行禅师“正念禅修”的经典依据与原理，而禅师在“正念禅修”实际的应用中积累了大量数据，我们未来有必要将二者连接起来，以探讨实例与佛法依据之间的关系，丰富具体的因缘法中多样案例的解读。

---

① Polinska，Wioleta，“Christian-Buddhist Dialogue on Loving the Enemy”，*Buddhist-Christian Studies*，Vol. 27，2007，pp. 89-107.

多语佛学交流研究

文明互鉴 文化交流 和合盛世 义净长安

——唐三藏义净大师与长安佛教

释宽严

陕西省佛教协会副会长，法门寺佛学院院长，法门寺住持

摘要：义净三藏是海上丝绸之路的先驱者、四大佛经翻译家之一、中外文明交流的杰出使者。义净三藏的著作为今人了解中国与海上丝绸之路沿线国家的历史提供了最直接的证据，对于增进中华文明与海上丝绸之路国家间文明交流互鉴作出了杰出贡献。长安作为义净三藏的法脉缘起之地、求学之地、成就之地和埋骨之地，对他影响重大。加强对义净三藏的研究，对于系统推进我国宗教中国化，提高宗教事务法治化水平，铸牢中华民族共同体意识，有着重要的时代意义。

关键词：义净三藏；长安佛教；文明互鉴；佛教中国化

义净三藏（635—713），中国佛教高僧，四大翻译家之一。唐齐州历城（今山东济南历城区）人，俗姓张，字文明。十四岁剃度出家，二十岁受具足戒。唐咸亨三年（672）由海道前往印度求法，经室利佛逝（今苏门答腊巴邻旁，Palembang）至印度，历时二十多年，游历三十余国，在印度巡礼鹫峰、鸡足山、鹿野苑、祇洹精舍等佛教圣迹后，前往那烂陀寺，学习大小乘佛教。后又至室利佛逝游学七年。学习圆满后，于武周证圣元年（695）携带梵本经、律、论约四百部、金刚座佛像一躯和舍利三百粒至洛

阳，武则天亲迎入城，敕住佛授记寺，赐“三藏”之号。此后，义净三藏正式开始翻译佛经，主持译事。先后译出《金光明最胜王经》等经、律、论共 61 部，239 卷。在从印度归途中，写成《南海寄归内法传》（4 卷）和《大唐西域求法高僧传》（2 卷）。这两部著作记载了海上丝绸之路沿线国家的地貌人情、风物时事，扩大了国人了解域外文明的窗口，推进了中外文化的交流，并为研究古代海上丝绸之路提供了重要史料。

义净三藏一生可以分为三个阶段，即少年求学、西行求法和归国译经。这三个阶段中，长安文化和长安佛教都对他产生了不同程度的影响。

一　义净三藏与长安

1. 法脉长安

义净三藏的法脉源自长安僧人竺僧朗。义净三藏出家的土窟寺是神通寺的下院，依止的两位师父善遇法师和慧智禅师都是神通寺的僧人。

神通寺的开创者竺僧朗，乃京兆长安人。《高僧传》记载：“竺僧朗，京兆人也。少事佛图澄，后游方问道，长还关中。常蔬食布衣，志耽人外。”[①] 前秦皇始元年（351），僧朗移居泰山，在山西北金舆谷创建兰若居住。僧朗在这里传法行道，声名渐著，各地学人闻风而至，“内外屋宇数十余间，闻风而造者百有余人，朗孜孜训诱，劳不告倦”。随着僧朗在泰山一带影响力的增强，前秦天王苻坚、后秦天王姚兴、北魏明元帝拓跋珪、东晋孝武帝司马曜、后燕皇帝慕容垂、南燕王慕容德等统治者争相礼敬，致赠厚礼。苻坚沙汰僧尼时，特下诏僧朗所在地不在搜简之列，“（苻）坚后沙汰众僧，乃别诏曰：朗法师戒德冰霜，学徒清秀，昆仑一山（僧朗所在地），不在搜例”[②]。南燕王慕容德将三个县的租税供养给僧朗，并帮助他扩建寺舍。由于僧朗的德望，人们将这座宏大的佛寺称为“朗公寺”。在

① （梁）慧皎：《高僧传》卷五《僧朗传》，汤用彤校注，中华书局 1992 年版，第 190 页。
② （梁）慧皎：《高僧传》卷五《僧朗传》，第 190 页。

众多统治者的特别关照下，朗公寺在此后的数百年中一直得以平稳发展，没有受到太大的冲击，“寺立以来，四百余载，……天下崇焉……三度废教无敢撤，塔寺基构如其本焉”[①]。开皇三年（583），隋文帝杨坚因“通征屡感”故曰“神通”，便将朗公寺更名为“神通道场”。隋亡唐兴，神通寺臻于鼎盛，下院众多，义净大师出家剃度的土窟寺就是其中之一。

义净三藏生活的时代距离僧朗已有二百余年，他虽未亲受祖师僧朗的教诲，仍非常感念祖师的创寺之功，认为培养他成才的善遇和慧智两位师父系“继踵先圣朗禅师之后”[②]。僧朗开创的神通寺乃至齐州一带的佛教事业一直滋养着义净，成为他日后克服困难的强大动力。

2. 求学长安

正式剃度后，义净三藏开始系统地学习佛教文化知识，在此期间（649—671）他直接或间接地受到了长安僧人的影响。

长安作为唐王朝的都城，是当时世界文明的中心，聚集了来自全世界的人才，其中包括来自各国的僧人和学者。655年，义净三藏受具足戒，成为一名比丘，开始正式研习律典。法砺和道宣两位律师的律学著作成为他获取律仪知识的重要来源，“于是五稔之间，精求律典。砺律师之文疏，颇议幽深；宣律师之钞述，窃谈中旨”[③]。五年律典研习已毕，义净三藏开始参学长安之旅。此时，玄奘大师万里西行，在那烂陀寺学习唯识一系的思想学说，回国以后将多数唯识经论典籍翻译了出来。玄奘大师及其弟子还为唯识论典作注撰疏，唯识经论的学习蔚然成风，京城高僧都以学习唯识论典为荣。故在长安的四年中，义净三藏系统学习了唯识一系的经论，“负笈西京，方阅想于《俱舍》《唯识》”[④]。

初唐时期，《四分律》在长安的研习日趋盛行，形成了不同的派别。相部宗虽始于相州日光寺，但法砺律师去世后，他的弟子大多离开相州来

① （唐）道宣：《集神州三宝感通录》卷中，《大正藏》第52册，第414页上。
② （唐）义净原著，王邦维校注：《南海寄归内法传校注》卷四，中华书局1995年版，第234页
③ （唐）义净原著，王邦维校注：《南海寄归内法传校注》卷四，第238页。
④ （唐）义净原著，王邦维校注：《南海寄归内法传校注》卷四，第238页。

到长安继续弘传；长安又是南山律的大本营；此后不久，怀素提出新见，又开演出东塔宗。道宣律师曾入玄奘译场，任缀文之职。玄奘大师在译场对唯识经论的翻译和对唯识学说的阐发推动了道宣对南山律学的完善。道宣解决戒律的大小乘会通问题，一改前代律师依《成实论》以戒体为非色非心的“不相应行法”的论旨；而依唯识宗的义旨，依第八阿赖耶识中的种子即“发动思”的种子为戒体，认为戒体为心法。[①] 长安四年对上述律学的参学，奠定了义净禅师日后在印度学习和归国后以翻译弘传根本说一切有部律典为志业的基础。

3. 长安法侣

从 3 世纪中期到 8 世纪末，数百年来中印高僧以长安为起点或终点西去东来，积极开放的长安文化和长安佛教孕育了长安僧人向外学习交流的氛围。西行求法的高僧大多和长安僧团有直接或间接的师承法脉关系。他们或者本就是自幼生长在长安，或者曾在长安求学。从长安出发的两位高僧成为义净三藏心中的楷模：法显大师“创辟荒途”，玄奘大师“中开王路”，两位先辈的壮举极大地激励了他，使其在 17 岁就立下了西行求法的理想，“年始一十有七，思游五印之都”[②]。

朱士行（203—282）首开中土僧人西行求法之风。曹魏甘露五年（260）朱士行从长安出发，穿越流沙至西域，在于阗国抄写九十多万字的梵本《大品般若经》送回内地。朱士行的行动，开阔了中国人的眼界，启发了后世不断到西方取经的求法活动。对义净产生过重要影响的法显大师壮年时曾游学长安，和秦地僧团的师友保持了多年的密切联系。[③] 他历经万难泛海东归在青州登岸后，就因“远离诸师久，欲趣长安”[④]。

义净三藏西行始发站首选也是长安，670 年，他在准备出发之前再一

① 王亚荣：《道宣评传》，宗教文化出版社 2016 年版，第 99 页。

② （唐）圆照：《贞元释教录》卷十三《义净遗书》，《大正藏》第 55 册，第 870 页中。

③ 王亚荣：《论法显与秦地佛教之关系》，《长安佛教史论集》，宗教文化出版社 2004 年版，第 29—48 页。

④ （东晋）法显：《高僧法显传》，《大正藏》第 51 册，第 866 页中。

次来到长安，寻找西行的机会，虽然没有实现从长安出发的心愿，但在长安找到了几位也欲西行的同道，共同结志西游。当他准备出发的时候，因为经由新疆的丝绸之路发生战乱，行走不易，僧人和商旅多改走吐蕃道或海路，他书中提到的多位西行僧人都是因为这个缘故而南下泛海。

《大唐西域求法高僧传》收录的60位求法僧，玄照、师子惠和玄会三位法师是关中人。其中玄照是太华仙掌（今陕西华阴县）人，师子惠和玄会都是京兆（今陕西西安）人。60人中，以长安作为西行出发站的有17人。有的求法僧，虽然并没有以长安为始发站，但其修学和长安有密切联系。如大乘灯禅师，本是爱州（今越南清化）人，青年时代在长安参学多年，后又"于慈恩寺三藏法师玄奘处进受具戒，居京数载，颇览经书"[①]。大乘灯禅师与义净三藏后来在耽摩立底相遇，在一起巡礼西天过程中，大乘灯对长安佛教和长安僧团念念不忘，对义净三藏也照顾有加。

由于长安文化和长安佛教的历史地位，来自新罗、康国和高昌等地的僧人也多到长安学习并将长安作为西行始发站。《求法高僧传》收录西行印度求法的新罗僧人有7位，他们在出发之前，都有在长安参学的经历。有5位先至长安学习，贞观年间出发的多采用陆路，经河西走廊、翻越葱岭的北道（阿难耶跋摩、慧业、玄恪）至印度；高宗时期出发的往往走吐蕃泥婆罗道中道（玄太、慧轮）；另外两位新罗籍无名僧人，虽然最终取道海路，但在此之前亦先在长安学习多年。

4. 长安译经

武周证圣元年（695），义净三藏带着贞固、道宏等弟子从室利佛逝乘船抵达广州回到祖国的怀抱。证圣元年五月，义净三藏一行抵达东都，武则天亲自到洛阳上东门外迎接，并赐予"三藏"之号。

义净三藏的译经活动可分为三个阶段。第一阶段从天竺那烂陀寺开始。在此期间，他尝试翻译了《根本说一切有部毗奈耶颂》《一百五十赞

① （唐）义净著，王邦维校注：《大唐西域求法高僧传校注》卷上，中华书局2020年版，第88页。

佛颂》，后在耽摩立底停留时试译了《龙树菩萨戏戒王颂》。第二阶段是回国后至久视元年（700）自主译场之前，主要是整理原来的译著，并参加实叉难陀主持的《华严经》的翻译。第三阶段，从武周久视元年（700）自设译场，自任译主开始，直至唐睿宗景云二年（711），前后 11 年。其间译经的地点，有东都延福坊大福先寺、大内佛光殿，西京延康坊西明寺和开化坊大荐福寺等。西明寺和大荐福寺是义净三藏译场最主要的两个驻锡地，所译佛经数量最大，也最有代表性。

大足元年（701）三月至长安四年（704），在西京长安延康坊西明寺，共译出 9 部 85 卷。主要有：

《金光明最胜王经》10 卷

《根本说一切有部毗奈耶》50 卷

《根本说一切有部尼陀那目得迦》10 卷

《根本说一切有部百一羯摩》10 卷

中宗景龙元年（707）秋至睿宗景云二年（711），在西京长安大荐福寺翻经院，共译出 31 部 106 卷。主要有：

《浴像功德经》1 卷，第二译，与宝思惟所译同本，又名《浴佛功德经》

《数珠功德经》1 卷，第二译，与宝思惟所译同本

《观自在菩萨如意心陀罗尼咒经》1 卷，与实叉难陀、宝思惟所出同本

《佛顶尊胜陀罗尼经》1 卷，第五译，与杜行顗、日照、佛陀波利等所出同本

《拔除罪障咒王经》1 卷

《成唯识宝生论》5 卷，即《二十唯识颂释论》

《观所缘论释》1 卷

《五蕴皆空经》1 卷，是《杂阿含经》第二卷的异译

《三转法轮经》1 卷，是《杂阿含经》第十五卷的异译

《譬喻经》1 卷

《疗痔病经》1 卷

《根本说一切有部比丘尼毗奈耶》20 卷

《根本说一切有部毗奈耶杂事》40 卷

《根本说一切有部戒经》1 卷

《根本说一切有部比丘尼戒经》1 卷

《根本说一切有部毗奈耶颂》5 卷。义净在印度求学时于那烂陀译出初稿，此时方删正奏行

《根本说一切有部毗奈耶杂事颂》1 卷

《根本说一切有部毗奈耶尼陀那目得迦摄颂》1 卷

《称赞如来功德神咒经》1 卷，与隋译《十二佛神咒经》同本

《佛为海龙王说法印经》1 卷

《能断金刚般若波罗蜜多经论颂》1 卷

《能断金刚般若波罗蜜多经论释》3 卷

《因明正理门论》1 卷，第一译，与玄奘所出同本

《观总相论颂》1 卷

《止观门论颂》1 卷

《略教戒经》1 卷

《一百五十赞佛颂》1 卷。初稿为义净在印度求学时于那烂陀寺译出，此时方删正奏行

《集量论》4 卷

《法华论》5 卷

西明寺和大荐福寺都是唐代长安名寺，立寺因缘皆因皇室而起，特别是大荐福寺，既是中宗李显龙潜旧宅，又是武则天为高宗李治追福所建，

在武周、中宗和睿宗三朝地位尊崇。在此期间，义净三藏译场的助译僧义纮作为小雁塔建设工程的负责人，全面负责了建塔事务。

义净三藏回国后历经武则天、唐中宗和唐睿宗三朝，他们都对义净三藏的译经非常重视。武则天不仅赐予“三藏”尊号，更是在义净三藏独立主持译场翻译完成第一部佛经《入定不定印经》时亲自撰写《三藏圣教序》，标于经首以兹表扬。中宗李显回銮长安后在大荐福寺为义净三藏专设“翻经院”；复请翻译《药师琉璃光如来本愿经》，并亲临译场，自任“笔受”，记下译经口授汉文经文；后又仿效乃祖乃父，撰写《大唐龙兴三藏圣教序》，令置于《金光明最胜王经》经首。

唐代 13 座译场中，义净三藏的译场规格最高，国际性最强。除了译主义净三藏之外，译场助译人员来自 7 个国家和地区。外护方面，译场监护者为亲王（虢王李邕），左右丞相韦巨源和苏颋担任监译，次文润色则有卢藏用、李峤、韦嗣立等二十余人，均为朝廷重臣、饱学之士。可以说，义净三藏译场得到了朝廷的高度重视，聚集了全世界最优秀的义学僧人和学者，创造了中国佛经翻译史的记录。

义净三藏所译佛典中，以根本说一切有部的戒律最为重要。义净三藏早岁留心律仪，亲教师慧智带领他习律持律，并对其严格要求；受具足戒以后，他又五夏学戒，悉心阅读了当时流行的四分律师法砺、道宣的著作。义净三藏在长安参学时，正值道宣作为上座驻锡西明寺，他很可能曾到西明寺听过讲席。“南山三大部”撰成后，道宣一系的南山宗一时风行。与此同时，法砺的弟子也来到长安，发展了研习《四分律》的西塔宗；曾从道宣和道成（法砺律师的弟子）学习的怀素则开演出了东塔宗。长安僧团对于《四分律》研习的热情，对于奉师命研习持律的青年比丘义净三藏来说，无疑是巨大的激励。他到达印度后，非常注意观察印度僧人的日常行事、寺院的管理规制和佛事仪轨，一丝不苟地将之记录下来，撰成《南海寄归内法传》一书。自任译主后，佛教戒律的翻译自然地成为他最关注的部分，所翻的戒律类典籍现存 11 部 159 卷，除了《根本萨婆多部律摄》（20卷）外，其余10部律典均系在长安所译。

5. 遗骨长安

《根有律》翻译完毕，义净三藏夙愿已了，此时他早已年过古稀，无力继续工作。唐睿宗太极元年（712），义净三藏78岁，门人崇勖奉旨为他画像呈送给皇帝，睿宗亲为制作4首《赞》，高度赞扬了义净三藏一生的伟大功绩。

其一：

猗欤释种，降迹阎浮。三明备证，六度圆修。
离空离有，无作无求。至德孤秀，嘉名罕俦。

其二：

载涉山川，屡移寒暑。迹远尘累，情忘出处。
济苦慈航，除昏智炬。梵典爰集，门人攸叙。

其三：

高步寰中，独游方外。遍睹灵塔，亲观法会。
足践布金，躬瞻献盖。缅鉴澄什，寔为居最。

其四：

以斯上士，弘兹妙业。拯俗不疲，破魔宁怯。
遗扬震旦，光敷像法。勒美丹青，传芳永劫。[①]

① 《贞元释教录》卷十三，《大正藏》第55册，第870页上。

八月二日，皇太子李隆基即位，改元先天。此年年末，义净三藏病重不起。先天二年（713）正月六日，太上皇李旦遣使者来到大荐福寺探望三藏的病情，至十七日夜，义净三藏自觉辞世之日已到，索纸笔留《遗书》一纸，对自己早年求法和回国后的译经生涯进行了回顾，告诫弟子继承遗志，严持戒律，尽力荷护佛教。义净三藏去世后，李旦下诏丧事由朝廷办理，经费由国家负责，并将葬地定在延兴门东陈张村阁院，追赠“鸿胪卿”官职，赐物一百五十段。二月七日，长安僧俗四众数万人陈布威仪、卤簿、供养香花等，为尊敬的义净三藏送葬。为了表示殊荣，朝廷遣中使吊问，并给羽葆鼓吹一部，加武贲班剑八十人，为义净三藏在延兴门东的平原上举行了隆重的安葬仪典。五月三日，中书令萧至忠宣旨，为褒扬并纪念义净三藏的功绩，特度七人为僧。十五日，灵塔建成，银青光禄大夫卢璨撰写塔铭并序。乾元元年（758）八月十二日，为纪念义净三藏，唐肃宗特敕令于义净三藏灵塔处建金光明寺。

二　义净三藏的历史成就

义净三藏西行求法，圆满归来，学业冲博，精通梵学。回国后任国立译场译主，兢兢业业工作十多年，人品和学问都得到各界推许，所译典籍不但数量多，而且质量上乘，代表了当时的最高水平。在佛经汉译的历史上，就翻译水平、翻译成就和社会认可度而言，能和他相比拟者唯有前代的鸠摩罗什、真谛、玄奘和后代的不空。不仅如此，义净三藏终生学律，持律，求律，译律，传律，所翻的《根有律》得到了历史的认可。义净之后，律藏经典的翻译基本结束，汉传佛教戒定慧三学的经典基础也已基本完备和定型。

义净三藏的高尚德行和卓越贡献受到历代赞叹。赞宁将义净三藏作为《宋高僧传》入传的第一位“高僧”，并认为他的成就足以和玄奘大师并列：

东僧往西学尽梵书，解尽佛意，始可称善传译者。宋齐已还，不无去彼回者，若入境观风必闻其声者，奘师、净师为得其实。此二师者两全通达，其犹见玺文知是天子之书，可信也。《周礼》象胥氏通夷狄之言，净之才智，可谓释门之象胥也欤！[①]

义净三藏还是中国佛教史上获得皇帝敕封“三藏”称号仅有的两位汉僧之一（另一位是玄奘大师）。“三藏”指的是达到“人天师”的境地，并且“内为戒定慧，外为经律论”[②]，持守圆满，信解无碍，译经传法堪为宗师者。

义净三藏是中外文化交流的杰出使者，是习近平总书记所说的“中国人学习域外文化的坚韧精神”的杰出代表。古代中外文化的交流，有多种形式，其中宗教文化的交流在一段时间里占有重要的地位。义净三藏泛舶西行，将印度佛教经典和制度介绍回国，为佛教中国化作出了重要贡献。在中国佛教史上，中国僧人西行求法，如果从三国魏时的朱士行算起，到北宋为止，跨越近千年，人数逾千，但是其中真正能够到达印度本土，又学有成就，回国后传译经典、著书立说者寥若晨星。以此作为标准，能够举出名字的大概只有法显大师、玄奘大师和义净三藏等人。义净三藏一生致力于律学的研究和推广：他冒死西行，是想用印度的正统典范，重点是戒律方面的规定和僧伽内部的制度，来纠正当时中国佛教的偏误，矫治时弊；他所著的《南海寄归内法传》，详细记载了印度佛教的僧伽制度和戒律规定；回国后翻译的经典又以律藏为主，传授学徒，以持律为主；他还在少林寺重结戒坛，并撰写了一篇《戒坛铭》，为后世僧人整饬宗风、持律精进留下了宝贵的财富。

义净三藏的著作是研究东南亚和南亚国家历史的重要参考资料。《大

① （宋）赞宁：《宋高僧传》卷一《义净传》，范祥雍点校，中华书局 1987 年版，第 3 页。

② （宋）赞宁：《宋高僧传》卷二《善无畏传》，第 18 页。

唐西域求法高僧传》和《南海寄归内法传》两部著作，对东南亚和南亚地区佛教、民俗、地理、历史、探险、交通、医药、对外文化交流等方面的研究，具有很重要的参考价值。《大唐西域求法高僧传》记录了 682 年末罗瑜国被室利佛逝国吞并这一东南亚史上的重大历史事件。义净三藏对马来西亚吉打州（羯荼）的记载更成为马来西亚人民追寻本国历史最重要的证据，吉打州考古博物馆建馆史上写着："没有义净的记录，就没有古吉打王国的历史。"这句话高度肯定了义净三藏对于马来西亚文明的重要性。1987 年，印度著名历史学家阿里教授在写给季羡林先生的信中说："如果没有法显、玄奘和义净的著作，重建印度史是完全不可能的。"义净三藏的著作之于世界的重要性由此可见一斑。

三　义净三藏事迹的当代价值

2014 年 3 月，习近平主席在巴黎联合国教科文组织总部发表重要演讲时指出，"佛教产生于古代印度，但传入中国后，经过长期演化，佛教同中国儒家文化和道家文化融合发展，最终形成了具有中国特色的佛教文化，给中国人的宗教信仰、哲学观念、文学艺术、礼仪习俗等留下了深刻影响"；"中国人根据中华文化发展了佛教思想，形成了独特的佛教理论，而且使佛教从中国传播到了日本、韩国、东南亚等地"。[①]

印度佛教在中国的传播史是一部不断中国化的历史，陕西则是佛教中国化的重要区域。发源于古印度的佛教文化沿丝绸之路一路东行，来到了中国，经过华梵僧俗数百年的努力，佛教文化成为中华优秀传统文化的重要组成部分，发展出了具有自主品格的"中国佛教"。中国佛教的形成和发展，离不开陕西，离不开长安的贡献，陕西因此被称为佛教的"第二故乡"。

义净三藏法脉源自长安，长安又是义净三藏的求学之地、成就之地和

① 《习近平外交演讲集》第一卷，中央文献出版社 2022 年版，第 100 页。

埋骨之地，义净三藏取得的伟大成就离不开长安文化和长安佛教的滋养。长安是中西文明交流互鉴的中心，长安佛教是中华优秀文明和印度古老文明交流互鉴的硕果。义净三藏是中西文明交流互鉴的见证人，是海上丝绸之路的先驱者。以义净三藏为代表的中国僧人的西行与东归，加强了中国和海外国家的联系和了解，铸就了中外文化交流史上的一座丰碑。义净三藏的经历和业绩是中国佛教鼎盛时期的重要组成部分，是中华民族精神的体现，是中华文明连续性、包容性、和平性的具体表现，也是中华文明屹立于世界潮头的象征。

结　语

长安文化的开放包容滋养了义净三藏，义净三藏归国后在长安翻译佛经，译述立说，传道授业，进一步回馈丰富了长安文化的内涵。长安是中国佛教最早翻译研习广律的地方，义净三藏“遍翻三藏，偏攻律部”，他翻译的根本说一切有部戒律完备了中国佛教的戒律典籍。翻译之余，他还向学徒们讲授，“译缀之暇，曲授学徒。凡所行事，皆尚其急，滤漉涤秽，特异常伦；学侣传行，遍于京洛”①。他教授学徒日常重要律仪，要求弟子严守规矩，树立新范，备受赞叹。他还设坛传戒以实践并传播有部律，力图实现“羯磨法在，圣教不沦”之目的。义净三藏的律学理论和实践，对于当前中国佛教界加强道风建设，从严治教，系统推进宗教中国化，提高宗教事务法治化水平，有着重要的借鉴和指导作用。

义净三藏作为“中国人学习域外文化的坚韧精神”的代表之一，他的事迹和成就体现了中华民族坚韧不拔、追求真理的伟大精神。义净三藏对东南亚国家的文字记录极大地提升了如马来西亚等国家和地区华人的自豪感和自尊心，对于促进海外华人的中华文化认同具有重要意义。义净三藏

① （宋）赞宁:《宋高僧传》卷一《义净传》，第3页。

游学海外途中，始终对祖国充满眷恋和关切，念兹在兹，这种爱国爱教的精神是千百年来中国佛教徒的楷模。在以中国式现代化推进中华民族伟大复兴的新征程中，深入开展对义净三藏的研究，继承和弘扬义净三藏的爱国爱教精神，对于系统推进我国宗教中国化，铸牢中华民族共同体意识，有着重要的时代意义。

元代慧印法师弘法活动考*

崔红芬

上海师范大学教授

摘要：慧印（1271—1337）是元代高僧，以皇庆二年（1313）为界，其修学和弘传佛法经历了元代十余位皇帝统治时期。1313 年以前慧印在河洛一带游历学法，尤其随释源宗主行育（？—1293）修学华严奥旨，与西夏遗民僧慧觉皆为行育的华严传人，在元代形成了善柔（1197—1269）—行育（？—1293）—慧觉（？—1313）、慧印等华严法脉传承。1313 年之后慧印在五台山、大都住寺弘法二十余年，先住大万圣佑国寺（南山寺），弘传华严，其间修学藏传佛教时轮密法，被皇帝授意统领五台诸寺；再住大都大承天护圣寺，建寺安僧，有“教门之事，可面奏”之特权。慧印以学以行的实践行动促进了元代不同地域僧人交往和华严的弘传，推动了五台山文殊信仰的兴盛以及汉藏佛教文化的融合发展，密切了佛教与皇室的关系。对慧印的考证也弥补了传世文献记载的缺憾。

关键词：慧印；印公碑；大万圣佑国寺；大承天护圣寺；行育

元朝皇帝推崇佛教，前朝不同政权的僧人继续在元进行弘法活动，

① 本文为 2019 年国家社科基金重大招标项目“西夏文文献中遗存唐译经整理与综合研究”（19ZDA240）的阶段性成果。

其中有金朝遗僧善柔、行育，也有来自西夏故地的慧觉，及关陕僧人慧印，他们在元初弘扬华严，兼修密法，形成了善柔（1197—1269）—行育（？—1293）—慧觉（？—1313）、慧印（1271—1337）等师承关系。善柔俗姓董，奉圣州人，金末正式剃度出家，弘法活动在金末和蒙元初期，他先研究华严经典，后来又修习律学和密宗，是一位显密兼修的高僧，被赐号“弘教通理大师”。[①]金朝遗僧龙川行育大师，随善柔修学华严和密法，其弘法行迹遍及大都、洛阳、陇右、奉圣州、长安、扬州等地，对推动元代华严宗传承和佛经流布起了积极作用。[②]慧觉，凉州人，俗姓杨，是位显密兼通的高僧，主要活动在蒙元时期，在贺兰山慈恩寺出家，修行密法，后慕龙川大师之名望，到洛阳白马寺从龙川大师研习华严义理，深得龙川大师赏识。世祖时他协助龙川重修白马寺，随龙川去大都校经，被授以“宗密圆融大师”之号，为西北与中原佛教文化交流起了积极的促进作用，也推动了显密佛教的融合发展。[③]我们发现慧印与慧觉都曾师从行育大师，行育圆寂之后，慧觉、慧印先后在不同寺院弘法。

一　慧印其人及其师承

（一）慧印与印吉祥

“印公碑”全称“故荣禄大夫、大司徒、大承天护圣寺住持、前五台山大万圣佑国寺住持、宝云、普门宗主、广慧妙辩、树宗弘教大师印公碑铭”，由元代华严高僧法洪[④]撰写碑文。“印公碑”现存于五台山南山寺，

---

① 崔红芬：《金朝遗僧善柔考略——以“奉圣州法云寺柔和尚塔铭”为中心》，载刘宁主编《辽金史论集》（第13辑），中国社会科学出版社2013年版，第254—269页。

② 崔红芬、文志勇：《金朝遗僧龙川大师考略》，载贾淑荣、韩世明主编《辽金史论集》（第17辑），中国社会科学出版社2019年版，第226—248页。

③ 崔红芬：《僧人“慧觉”考略——兼谈西夏的华严信仰》，《世界宗教研究》2010年第4期。

④ 释源宗主法洪为元荣禄大夫、大司徒、寿安山大昭孝弘圣寺住持，曾为元代多位华严高僧撰写墓志铭、塔记和碑铭。

因年代久远，碑文的一些字迹已漫漶不清。温玉成[①]、高明和[②]、杯茗[③]、肖雨[④]等对“印公碑”都有部分录文或引用，而对印公为何人却未作考证。元代还有一位僧人印吉祥，他集《清凉国师妙觉塔记》，其拓片收在《中国历代石刻拓本汇编》（第48册）之中。[⑤]印公与印吉祥的名号中都有一个“印”字，二者又皆为元代僧人，那他们是否同一人？

我们先看“印公碑”之印公，“印公碑”记载：“张氏，陕西下□人，父光，母魏氏。公年八岁，从乡先生张君读孔氏书。依北禅永昌寺真慧大师为僧，从草堂忠公、久道常公、月岩称公学佛氏法……至元三年丁丑五月二十三日癸亥殁，年六十七。门弟子二百余人，智安、了资、道佑、法贤、法量等首焉。”《清凉山志》卷3《弘教大师传》也载：“元弘教，讳慧印，关西张氏子，少攻儒典，长业佛书……至元三年，寿六十七，示寂。火之，收舍利，建塔藏焉。”[⑥]印公，陕西人，俗姓张，讳慧印，八岁开始学习儒家典籍，之后依北禅永昌寺真慧师出家，又随多座寺院的不同法师学习佛法，至元三年圆寂，寿67岁。那至元三年是指哪一年呢？

元代有忽必烈前至元（1264—1294）和元顺帝后至元（1335—1340）之说。考虑到“印公碑”后文所记印公主要在“大德年（1297—1307）”“皇庆年（1312—1313）”“延祐年（1314—1320）”“至治年（1321—1323）”“泰定年（1324—1328）”“天历年（1328—1329）”从事弘法活动等，据此可判定，印公卒于后至元三年（1337），由世寿67岁，则他生于前至元八年（1271）。印公慧印修学佛法和弘法经历了元世祖、成宗、武宗、仁宗、

① 温玉成：《五台山与蒙元时代的佛教》，《五台山研究》1987年第5期；《五台山佛教札记》，《五台山研究》1991年第3期。

② 高明和：《南山寺印公碑并非元碑》，《五台山研究》1995年第3期。

③ 杯茗：《南山寺碑文》，《五台山研究》1997年第4期。

④ 肖雨：《南山寺佛教史略》，《五台山研究》1997年第4期。

⑤ 崔红芬：《元代重修〈清凉国师妙觉塔记〉考略》，2017年华严专宗国际学术研讨会论文集，第345—368页。

⑥ （明）释镇澄纂：《清凉山志》卷3，白化文、张智主编：《中国佛寺史志汇刊》（第9册），广陵书社2011年版，第135页。

英宗、泰定帝、天顺帝、文宗、明宗、宁宗和顺帝等十余位皇帝，可以说慧印弘法活动从一个侧面反映了元代佛教发展的缩影。

我们继续分析《清凉国师妙觉塔记》，塔记由“宣赐京兆府长春禅庵长讲沙门印吉祥集，京兆延安凤翔三路僧尼都提领释彧 吉祥书丹……至元九年岁次壬申九月日宣赐扶宗弘教大师上谷大法云寺传戒长讲沙门行吉祥建，宣授陕西五路释教都提领圆融湛寂弘教大师弘迁，宣授陕西等路释教僧统本寺住持雄辩大师释信满同建……”

《清凉国师妙觉塔记》是由印吉祥集，至元九年宣赐扶宗弘教大师上谷大法云寺传戒长讲沙门行吉祥等建。行吉祥即行育，也就是龙川大师。[①] 行育任释源宗主后，前往长安礼清凉国师塔，见祖师塔无存，即征得帝师巴思八认可和资助，重建清凉国师妙觉塔，塔成，印吉祥撰写塔记。结合我们曾对行育的考证，可确定《清凉国师妙觉塔记》所记至元九年，即1272 年。[②]

至元九年（1272）印吉祥撰写祖师塔记时，已是宣赐京兆府长春禅庵长讲沙门，与行育等参与了清凉国师妙觉塔的重建。前至元九年（1272）印公慧印才二岁。

故此，从印公慧印生卒年（1271—1337）看，可确定印公（慧印）和印吉祥并非同一人。

另外，从名号构成看，印公和印吉祥亦不是同一人。元代存在汉僧名号中的一个字加“吉祥”的习惯。《至元法宝勘同总录》释克己序文记载十余位带“吉祥”的僧人，如顺德府开元寺佛日光教大师讲论沙门庆吉祥、平滦路水岩寺传法辅教大师讲论沙门恩吉祥、大宝集寺传法潮音妙辩大师讲经沙门海吉祥、真定府兴化寺传法通玄大师讲经沙门温吉祥、宣授

① 崔红芬、文志勇：《金朝遗僧龙川大师考略》，载贾淑荣、韩世明主编《辽金史论集》（第 17 辑），第 226—248 页。

② 崔红芬、文志勇：《金朝遗僧龙川大师考略》，载贾淑荣、韩世明主编《辽金史论集》（第 17 辑），第 238 页。

江淮释教都总摄扶宗弘教大师释行吉祥等。[①]

宣授江淮释教都总摄扶宗弘教大师释行吉祥，也就是倡导重建清凉国师妙觉塔的“行吉祥”，讳行育。“行吉祥”是由“行育”第一个字“行”加“吉祥”[②]构成，而撰写《清凉国师妙觉塔记》的印吉祥应是第一个字为“印”加“吉祥”，印吉祥名号应是“印X”，但第二个字已无法考证。同样，“行吉祥”还称“育公”，“印公碑”载行吉祥为“白马寺大慧国师育公”，“育公”则是“行育”第二个字“育”加“公”，这与“印公碑”所记印公，名慧印，由第二字“印”加“公”表示尊敬是一致的。由僧人名字的第二个字加“公”符合汉地对高僧的尊称。故从名号构成看，也再次证明印公“慧印”与“印吉祥”非同一人。

从住寺和师号看，印公和印吉祥也不是同一人，印吉祥为“宣赐京兆府长春禅庵长讲沙门”，而印公则为“荣禄大夫、大司徒、大承天护圣寺住持、前五台山大万圣佑国寺住持、宝云、普门宗主、广慧妙辩、树宗弘教大师”，可确定印公和印吉祥亦非同一人。

总之，印公与印吉祥的弘法活动虽都在元代，但印吉祥的生活年代要早于印公慧印。因缺乏史料，对印吉祥依然无考。而印公慧印的弘法活动则始于仁宗皇庆年间，我们利用史料对印公弘法活动及其与元代华严高僧的师承关系进行考证，以弥补史料记载的缺失。

（二）印公之华严师承

皇庆二年（1313）之前，印公主要在河洛一带游历学法，在此过程中，他接触了金朝遗僧行育、西夏遗民僧慧觉，以及在河洛一带弘扬华严、唯识和律宗等的多位高僧。这与龙川行育大师在河洛弘法的时间是一致的。

① 参见《昭和法宝总目录》（第二卷），“至元法宝勘同总目录”卷第一，大正一切经刊行会印刷所昭和四年（1929）版，第179页。

② 崔红芬、文志勇：《金朝遗僧龙川大师考略》，载贾淑荣、韩世明主编《辽金史论集》（第17辑），第226—248页。

印公先在关陕寺院出家初学佛法，之后过黄河往河东普救寺[①]随月公修学《圆觉了义》，河东南北两路在金代佛教兴盛，寺院众多。“印公碑”有“由关陕逾河而东，从普救寺月公学《圆觉了义》”之记载。之后印公自河东至河洛，拜访多位名师，开始学习《华严》《唯识》《四分律》《华严大疏》等。对此“印公碑”有较详细的记载：

> 又逾河而南，从白马寺大慧国师育公学《华严》圆极之教。又从许州栖岩益公、洛阳意公学《唯识》等论。鄢陵[②]之会，从五峰信公受比刍戒，时湍阳缘公为羯摩，益公为教授，定公、究公、庆公等为七证，皆一时望也。二十有三，鄢陵再会，资受具足戒。二十有四，从灵峰灿公之劝，嗣法于栖岩益公[③]。因葛氏设百师会，升座说法，众会咸称第一，遂知名于世。又从律师秀公受《四分律》。二十有五，从论师心崖和尚学《因明》等论。归（？）德[④]之会，僧录颍公为坛主，缘公为羯摩，益公为教授，五峰信公为和尚，重资大戒。二十有八，从大通寺验公学《华严大疏》。

印公在河东、河南随多位法师学习佛法，先后修学了《华严》《唯识》，讲学《四分律》《华严疏》等。《清凉山志》之“弘教大师传”也有类似记载：

> 元弘教，讳慧印……又逾河而南，从白马寺大慧国师，学《华

① 普救寺始建于唐武则天时期，原名永清院。

② 鄢陵在元代属于汴梁路所领十七县之一，鄢陵，中。荥泽，下。旧隶郑州，至元二年（1265）来属。

③ 《补续高僧传》对栖岩益公有载，栖岩益公（1233—1315），俗姓刘，郑州人，龆龀之龄出家，19 岁正式成为僧人，15、16 岁时在京城宝集寺学习佛法，后又学《华严》《唯识》，并精于戒律，后在许州大洪济寺讲《唯识》40 多年。

④ 其他学者录为“景德”，作为地名无考。笔者辨析字迹或为归德，归德隶汴梁路，至元八年（1271），令归德自为一府，割亳、徐、邳、宿四州隶之。

严》圆极之教。复从栖岩益公，学《唯识》等论。二十二岁，从五峰信公，受苾刍大戒于鄜陵。二十四，以灵峰灿公之劝，嗣法于栖岩。是岁，葛氏设百僧会，请印充第一座说法，遂知名于世。又从律师秀公，讲《四分律》。二十五，从心崖和公，学《因明》等论。二十八，从大通验公讲《华严疏》。[①]

“印公碑”有“公为人明敏好学，年二十余，已有盛名于时”的记载，《补续高僧传·慧印传》也有“二十年间，游戏教海，无不叩之门，无不穷之理”[②]。及至元成宗大德四年（1300）左右，印公厌倦了各处奔波讲经的生活，遂隐居山林继续安心修习，《清凉山志》载印公“三十，厌游，尽屏所学，居太行之阿，修一相三昧。七年，方得根尘虚静”。

印公从河东到河南后，他最先依白马寺大慧国师育公学习华严奥旨。至元七年（1270）洛阳龙门的行育通过登坛演法取胜，成为白马寺的第一任释源宗主，并主持白马寺的复建等，至元三十年行育圆寂。

那印公随行育修学华严，应在至元三十年（1293）行育圆寂之前，结合慧印八岁（1278）学习儒教经典，之后在家乡寺院出家、过河东学习《圆觉了义》，怎么也得三四年的时间，再考虑二十二岁（1292）印公从五峰信公，受比丘大戒，二十三岁（1293）受具足戒，二十四岁（1294）从灵峰灿公之劝，嗣法栖岩益公等记载，可确定，印公十余岁至二十三岁之前，随行育修学华严。

大慧国师育公就是洛阳白马寺释源宗主行育、行吉祥。行育得度于宝应秀，受业于永安柔。《奉圣州法云寺柔和尚塔铭》载：“自是日与所度弟子定慧、和纯、顺遇等七人，嗣法弟子扶宗弘教大师行育等二十余人讲演秘乘，敷析本统，昭揭天下，俾有知觉皆造佛地，历四十年弗懈

① （明）释镇澄纂：《清凉山志》卷3，第135—136页。
② （明）明河撰：《补续高僧传》卷4，《卍新续藏》第77册，No. 1524，第390页中。

益勤。”[①] 善柔的嗣法弟子扶宗弘教大师行育即龙川行育。行育乃金朝遗僧，显密兼修，在元代继续弘法，有“宣授扶宗弘教大师释源宗主、江淮诸路都总摄、鸿胪卿赠司空护法大师”之号。行育弘法活动主要集中在忽必烈时期，他参与了蒙哥、忽必烈主持的蒙元佛道论战[②]；至元七年（1270）出任释源第一代宗主以来，主持重建白马寺、重修华严四祖舍利塔等；至元十四年以后又负责江淮诸路佛教事务，参与《普宁藏》刊印等；至元二十二年至二十四年又在大都参与编订《至元法宝勘同总录》等[③]。其活动范围涉及燕京（大都）、洛阳、陇右、奉圣州、长安、江淮等，推动了不同地区显密佛法的交流。

至元三十年（1293）行育去世时，印公仅有二十三岁。印公慧印随行育修学华严时，与行育的另一弟子西夏遗民僧“释源宗主宗密圆融大师”慧觉[④] 成为同门师兄弟，后来慧觉、印公慧印分别在洛阳、五台山、大都等地弘扬华严和密法。这样就形成了善柔—行育—慧觉、慧印等元代华严法脉师承。

印公一系华严高僧或为金朝遗僧，如善柔、行育；或为西夏遗民僧，如慧觉。他们弘扬华严，兼弘密法，将不同地域的华严、密法融合发展，这为印公在五台山修学藏传佛教的时轮密法奠定了基础。

---

① 《雪楼集》卷 21《碑铭》之《奉圣州法云寺柔和尚塔铭》，文渊阁四库全书本影印本。载李修生主编《全元文》卷 543，江苏古籍出版社 1999 年版，第 508—509 页。（明）明河撰：《补续高僧传》卷 4《善柔传》，《卍新续藏》第 77 册，No. 1524，第 329 页下。

② 为了调和解决彼此间的矛盾，先后出现三次佛道论战，即宪宗五年（1255）、八年（1258）、至元十七（1280）或十八年（1281）。

③ 崔红芬、文志勇：《金朝遗僧龙川大师考略》，载贾淑荣、韩世明主编《辽金史论集》（第 17 辑），第 226—248 页。

④ 笔者曾利用《故释源宗主宗密圆融大师塔铭》等对华严僧人、第三代释源宗主慧觉（？—1313）进行过详细考证。慧觉，凉州人，俗姓杨，为西夏高官的后代，生活在西夏晚期到元皇庆年间，也是元代显密兼通的高僧。在蒙古国时慧觉出家为僧，修道于贺兰山云岩慈恩寺，主修密法和禅观，为西夏遗民重刻西夏文《金光明最胜王经》作序等。后慕行育大师美名，来到洛阳，师龙川行育改习华严，成为元代显密高僧，赐“释源宗主宗密圆融大师”，参见崔红芬《僧人“慧觉”考略——兼谈西夏的华严信仰》，《世界宗教研究》2010 年第 4 期。

二　印公五台住寺与密法修学

五台山是文殊道场，重视五台山佛教，处理好汉藏佛教的关系对于民族团结和朝政、社会的稳定有重要意义。元代诸帝护佑五台山佛教发展，修建新寺，修葺旧寺，大兴佛事，选派德高望重的僧人担任五台山重要寺院的住持。

（一）住持大万圣佑国寺住持

元武宗（1308—1311 年在位）去世，武宗弟仁宗即位（1312—1320 年在位），改年号皇庆。仁宗天性慈孝，聪明恭俭，通达儒术，妙悟释典，能够“明心见性，佛教为深；修身治国，儒道为切”①。皇庆二年（1313），仁宗“册立皇后弘吉剌氏，诏天下。丙辰，以皇后受册宝卷……”②为庆贺新皇帝登基和册封皇后，朝廷延请僧众到大都讲经说法，佛学知识渊博的印公也在迎请之列。《清凉山志》有印公“承诏至京，于安国寺讲经，王公缁素，罔不服化”③的内容。“印公碑”也载：“皇庆初，承太后旨至京师，于安国寺讲《华严义疏》，又以诏于弘法寺雠校诸经、钞疏。二年，于上都海宝寺讲《华严玄谈》及《甘露疏》，及还，于启明堂讲《圆觉》《弥勒上生》二经。其年冬，奉圣旨及太后命，遣殊祥院使执礼和台送至五台山大万圣佑国寺（南山寺），为长讲法主，赐以袈裟，衣服有差。”

至于印公在弘法寺所校诸经为何，史料没有记载。李富华曾考证仁宗至文宗（1328—1332 年在位）年间，元官方曾新修过一部官版大藏，1986 年在北京智化寺佛像腹中清理出 3 卷元藏，其中《大金色孔雀王咒经》的书牌有“□育黎八力八达刊印三乘圣教经律论三十三大藏，上报列圣在天

① （明）宋濂等撰：《元史》卷 26《仁宗本纪》（三），中华书局 1976 年标点本，第 594 页。
② （明）宋濂等撰：《元史》卷 24《仁宗本纪》（一），第 555、558 页。
③ （明）释镇澄纂：《清凉山志》卷 3，第 135—136 页。

之灵，仰追释梵，垂裕后昆，次愿宝祚延长，慈闱康乐，眇躬是保，兆民永赖，一切有情咸臻善果。大元延祐丙辰三月日”。这是元仁宗爱育黎八力八达主持刻造的，暂且称其为“元延祐本大藏经”。[①] 印公在弘法寺校勘佛经应与《金藏》补雕有一定联系，时间也基本吻合。

为了庆贺仁宗登基，皇庆初年（1312）印公奉诏至京师，在大都安国寺讲《华严义疏》，并参与弘法寺诸经疏校勘，第二年印公慧印又到上都海宝寺讲《华严玄谈》《甘露疏》等，从上都回到大都，又在启明堂讲《圆觉》《弥勒上生》。因印公在大都、上都讲经校经等的出色表现，被朝廷看中，任其为五台山大万圣佑国寺长讲法主，开启了慧印在五台山的弘法和修学藏传时轮密法的活动。

皇庆二年（1313）冬，印公为大万圣佑国寺长讲法主，延祐元年（1314）印公被皇室改任为大万圣佑国寺住持。“印公碑”与《佛祖历代通载》对印公出任大万圣佑国寺住持的记载有一定差异。

大万圣佑国寺即南山寺，始建于世祖忽必烈时，尼泊尔阿尼哥等参与了寺院的修建，忽必烈时未建成，元成宗继世祖之后，继续修建寺院。《佛祖历代通载》载：“世祖尝以五台绝境欲为佛寺，而未果也。成宗以继志之孝，作而成之，赐名‘大万圣佑国寺’。以为名山大寺，非海内之望，不能尸之。诏求其人于帝师迦罗斯巴。”[②]

元贞二年（1296）佛寺建成，成宗赐名大万圣佑国寺，并诏帝师推荐住寺的人选。迦罗斯巴[③] 推荐华严高僧释源第二代宗主真觉兼任大万圣佑国寺住持，成宗认可，即铸金印，署为真觉国师，总释源宗兼佑国住持事。

真觉（1241—1302），讳文才，字仲华，陇西杨氏，与“松堂老人”齐名，至元三十年（1293）真觉大师继行育之后任第二代释源宗主，他完全有

① 李富华、何梅：《汉文佛教大藏经研究》，宗教文化出版社 2003 年版，第 106、107 页。
② （元）念常集：《佛祖历代通载》卷 22，《大正藏》第 49 册，No. 2036，第 725 页中。
③ 《佛祖历代通载》记帝师为“迦罗斯巴”，《元史》为“合剌思八斡节而”，《元史 · 释老志》为“乞剌斯八斡节儿”。

资格担任大万圣佑国寺住持。真觉以释源宗主兼任大万圣佑国寺有六七年的时间，在洛阳白马寺和大万圣佑国寺弘扬华严。大德六年（1302），真觉从五台山至洛阳，途经真定生病，后圆寂于白马寺，朝廷追封“郜国公”。

真觉殁后，洛阳白马寺和五台山大万圣佑国寺二寺住持空缺，我们考证，行育弟子慧觉出任白马寺第三代释源宗主。[①] 而幻堂（1271—1322）则成为大万圣佑国寺住持。

据《佛祖历代通载》记载，真觉的弟子幻堂接任大万圣佑国寺住持。幻堂，讳宝严，字士威，号幻堂，俗姓康，荣禄大夫、司徒，其“昆弟六人，公其季也。少以迈往之气不乐处俗，与其弟金剃染，从佛求出世之道……后嗣真觉国师，传贤首宗教，以师承既高见解益明……而致及真觉以诏居大白马寺，公与金从至洛汭。及居大万圣佑国寺，又从至台山。真觉殁，诏以公继其位，后公以太后诏居大普安寺[②]，诏以金继公居佑国寺。公于至治二年七月某日殁，年五十有一，诏复以金居普安寺”[③]。

《佛祖历代通载》所记幻堂和其弟金住持大万圣佑国寺、大普安寺的接续看似合理，实际比较模糊，与“印公碑”记“延祐元年，诏殊祥院使伯颜帖木儿御旨，住持此寺，讲说秘奥，为国延厘”的记载相矛盾。

若依《印公碑》记，延祐元年（1314）印公已接任大万圣佑国寺住持，说明幻堂不再担任大万圣佑国寺的住持。那幻堂住持大万圣佑国寺时间应在大德六年（1302）至皇庆二年（1313）。延祐元年普安寺大致落成，太后诏幻堂住普安寺。

① 崔红芬：《僧人“慧觉”考略——兼谈西夏的华严信仰》，《世界宗教研究》2010 年第 4 期。

② 元武宗崇信佛教，在五台山大建佛寺和进行佛事活动，其中就包括普安寺。延祐初年普安寺建成，诏幻堂住普安寺。陈高华《元代新建佛寺略论》（《中华文史论丛》2015 年第 1 辑，第 35 页）认为，普安寺在五台山，至元顺帝元统二年（1334）普安寺与大万圣佑国寺合为一个寺院。

③ （元）念常集：《佛祖历代通载》卷 22，《大正藏》第 49 册，No. 2036，第 734 页上。

普安寺是武宗、仁宗母亲答已所建。武宗、仁宗崇信佛教，武宗和太后在五台山大建佛寺，为了加快建寺的进度，朝廷不惜耗费大量钱财和动用军队：至大元年（1308）“发军千五百人修五台山佛寺”，同年十一月“以军五千人供造寺工役”；“癸未，皇太后造寺五台山，摘军六千五百人供其役”；三年朝廷再次增派军卒和工匠营建五台山。及至普安寺建成，诏幻堂住普安寺。幻堂住普安寺的时间应在延祐元年（1314）至至治二年（1322），大约九年时间。

故延祐元年（1314）是印公接任大万圣佑国寺住持，而非金法师。印公任大万圣佑国寺一直持续到天历二年（1329），同年，印公再奉诏进大都住大承天护圣寺，朝廷才诏幻堂弟金住大万圣佑国寺。“印公碑”的记载正好补充了史料记载的缺憾，也明晰了大万圣佑国寺住持的承续等。

（二）修时轮六支密法

凉州会谈之后的蒙哥七年（1257），巴思八至五台山朝山，礼文殊菩萨，他留下了《文殊菩萨名号赞》《文殊菩萨坚固法轮赞》等赞文，从此藏传佛教传入五台山。后经胆巴（或功嘉葛剌思、金刚上师）等多位藏僧住山建寺和弘法，藏传佛教在五台山逐渐兴盛起来，五台山成为汉藏佛教的名山，也成为汉、藏、蒙文化的融汇地。

印公住持大万圣佑国寺之时，五台山藏传佛教已十分兴盛，因此印公有更多机会接触到朝山礼佛的藏传高僧，并随多位藏传佛教帝师、上师等修学密法。“印公碑”载：“六年夏，受秘密之法于帝师。又从上士[①]僧吉学六支秘要。”仁宗延祐六年（1319）夏[②]，帝师到五台山礼佛，印公随帝师受密法，《元史》记载了延祐二年二月，“诏以公哥罗古罗思监藏班藏卜为帝师，赐玉印，仍诏天下”[③]。印公受密法的帝师应是公哥罗古罗思监藏

① 上士，指藏传佛教的上师。

② 《弘法大师传》也有印公在“至治元年（1321），从帝师受秘密之诀”的记载。印公随帝师受密法的时间记载有一定差异，但受密法之事实应是存在的。

③ （明）宋濂等撰：《元史》卷 25《仁宗本纪》（二），第 568 页。

班藏卜[①]。

仁宗时期，印公先随僧吉等学六支秘要。岁丙寅年，即泰定三年（1326）又从上士管加受时轮六支秘要之法。泰定帝即位后对于藏传佛教更加崇信，他受佛戒于帝师，三年二月，建殊祥寺于五台山，赐田三百顷，[②]这与乙丑年即泰定二年帝师至五台山，施衣帽、钞币、白金五十两等记载基本吻合。仁宗、泰定帝与藏传佛教僧人频繁来往于五台山，为印公随藏族僧人学习时轮密法提供了条件。

元英宗即位后，推行以儒治国，同时发展佛教，他改革朝政，颁布了一系列改革举措，如裁减冗员，打击权贵的不法行为，为此触及了部分保守贵族的利益，至治三年（1323），英宗在从上都返回大都途中被保守派贵族刺杀。英宗在位仅三年，他的去世使其改革和刊印藏经的举措也被迫中止。

英宗至治元年（1321）印公去大都大永福寺校勘佛经，至治二年校经活动结束。校经结束后，元英宗游历五台山诸寺庙，印公全程陪同，充当顾问。"印公碑"载："英宗皇帝幸台山，从上历诸寺，所至承顾问，访以至道。至南台上，以阴云晦翳，不睹光瑞。命公于文殊像前，致上之诚祈焉。俄顷，睹庆云流彩，身光焕景。文殊之像，依稀如在明镜之中，诏公记于石。又谕旨：凡此山之寺，皆统于公，赐币万五千缗，文殊像一，七宝、数珠、束帛有加。"《弘教大师传》也载："（至治）二年，英宗幸台山，师陪驾，游至南台，帝命师祈嘉应。师即禅定，帝见白光若水，弥满空际，大士影像，渺然现中。帝庆信无量，赐币及玉文殊像、七宝念珠。"[③]

至治二年（1322）英宗幸台山，观礼圣迹，瞻仰圣容，恰遇阴云晦翳，对不能目睹文殊菩萨光瑞深表遗憾。印公在文殊像前祷告，最终英宗

① 史料对公哥罗古罗思监藏班藏卜卒年记载不一，《元史》记其卒于至治三年（1323），而《萨迦世系史》《红史》等所记为阴火兔年（1327），这两种观点相差五年时间，陈庆英先生赞同后者。

② （明）宋濂等撰：《元史》卷29《泰定帝本纪》（一），第648、660页。

③ （明）明河撰：《补续高僧传》卷4，《卍新续藏》第77册，No. 1524，第390页中。

得见文殊影像。英宗欣喜，敕令修葺王子寺，新建普门寺，还厚赐印公，令其统领五台山寺院。

至治三年（1323），英宗敕天下诸司命僧诵经十万部，令各地重要寺院进行佛事祈福，五台万圣佑国寺也承担法事任务。《元史》载："夏四月壬戌朔，敕天下诸司命僧诵经十万部……敕京师万安、庆寿、圣安、普庆四寺，扬子江金山寺、五台万圣佑国寺，作水陆佛事七昼夜。"①故"印公碑"记："三年夏，上遣宗室益不花太子奉御旨至五台，设华严会，赐公手诏，代上行香，加赐御酒，其为眷遇如此。"

至治三年（1323）夏天，英宗派太子亲临五台山，设华严会，而皇帝此时应在上都。作为大万圣佑国寺住持、五台山寺院统领印公自然主持了水陆和华严法会，为社稷、民众祈福禳灾。但大规模的法事活动没能保佑皇帝平安，英宗在从上都返回大都的途中被杀。

印公在五台山大万圣佑国寺弘法长达十余年，皇庆二年（1313）为长讲法主，延祐元年（1314）至天历二年（1329）住持寺院，形成了真觉（1296—1302）—幻堂（1302—1313）—印公慧印（1314—1329）—金（1329—？）等住持寺院的谱系。印公弘传华严，推崇文殊信仰，修学藏传佛教时轮金刚的圆满次第密法，统领五台住寺。印公住寺弘法密切了与朝廷的关系，促进了五台山佛教文化的兴盛，也推动了汉藏佛法的交流融合。

三　印公大都校经弘法

仁宗时印公奉诏在大都、上都讲经，在弘法寺校勘诸经，因表现出色，被朝廷任为五台山大万圣佑国寺长讲法主、住持，开启了慧印在五台山的弘法历程。英宗登基之后，印公再次奉诏入大都在大永福寺校勘藏经，为其日后在大都住寺弘法奠定了基础。

① （明）宋濂等撰：《元史》卷 28《英宗本纪》（二），第 630 页。

（一）大永福寺校经

“印公碑”对印公在大永福寺校经的记载非常简单，仅有“以诏乘驿至京师，与诸德于大永福寺雠校藏经”的内容。我们只知印公曾在大永福寺校经，借助其他僧人的传记了解，印公此次校经与英宗准备刻印铜板藏经有关。《法祯传》载：“英宗（1321—1323年在位）即位，将以《大藏经》治铜为板，而文多舛误，征选天下名僧六十员雠较。师与湛堂、西谷三人为总督，重勘诸师所较，仍新为目录，旌赏特加。”①

英宗时校勘藏经，准备治铜为板，但有感于藏经错误较多，征选天下精通佛学的六十位高僧来大都进行校勘，这是印公第二次到大都校勘的背景。

《法祯传》没有提及此次校经的地点，而《性澄传》则载：“至治辛酉（1321）驿召入京，问道于明仁殿，被旨居清塔寺校正大藏，驾幸文殊阁，引见问劳，赐《无量寿佛》等经各若干卷。”②至治辛酉年诸位高僧从各地被诏入大都，住清塔寺从事藏经校正工作。

清塔寺，即青塔寺，也就是“印公碑”所载大永福寺。（光绪）《顺天府志》卷16有“青塔寺者即胜国时敕建大永福寺也”③。延祐元年（1314）敕建大永福寺；五年置大永福寺总管府，秩三品，十一月又敕令大永福寺殿堂，安奉顺宗皇帝的御容；到英宗至治元年（1321）二月“大永福寺成，赐金五百两、银二千五百两、钞五十万贯、币帛万匹”④。

大永福寺建成，皇帝诏高僧大德校经，并在明仁殿召见来京的高僧。印公奉诏从五台山来至大都，与法祯、性澄等共同参与永福寺校经工作。因为英宗早逝，治铜为板的工作被迫停止。但印公等在大永福寺校勘藏经，再次得到皇室的赏识，为皇室任命印公到大都住持寺院提供了条件。

---

① （明）明河撰：《补续高僧传》卷1，《卍新续藏》第77册，No. 1524，第372页上。
② （明）如惺撰：《明高僧传》卷1，《大正藏》第50册，No. 2062，902页下。
③ （光绪）《顺天府志》卷16，续修四库全书本，第544页。
④ （明）宋濂等撰：《元史》卷27《英宗本纪》（一），第610页。

（二）住大承天护圣寺

南坡之变后，泰定帝即位，不久又发生了天历之变，朝政动荡，权臣与皇室间矛盾也比较尖锐，但佛教发展依然兴盛。天历元年（1328）文宗即位，文宗是武宗的次子，其母为唐兀氏文献章昭圣皇后。文宗和其母都信奉佛教，希望佛祖保佑其皇位，也希望自己平安。天历二年，文宗诏遣太禧院[①]官传旨，令印公乘驿至京师，修建并住持大承天护圣寺，授荣禄大夫、大司徒，银印一品，加赐金帛。上幸承天御仁寿殿，给印公“而今而后，或有教门之事，汝可面奏”的特权。

文宗时印公奉旨从五台山到大都，负责修建并住持大承天护圣寺，开始了大都弘法利生的活动。大承天护圣寺属于官修皇家寺院，《元史》记载，文宗天历二年（1329）“五月，乙丑，以储庆司所贮金三十铤、银百铤建大承天护圣寺”，“八月，甲寅，置隆祥总管府，秩正三品，总建大承天护圣寺工役”，“九月乙卯朔，作佛事于大明殿、兴圣、隆福诸宫。市故宋太后全氏田为大承天护圣寺永业”，“冬十月己丑，立大承天护圣寺营缮提点所，秩正五品……罢大承天护圣寺工役”，“十一月乙卯，以立皇后，诏天下……戊午，皇后以银五万两，助建大承天护圣寺”[②]。至顺元年（1330）夏四月“壬辰，以所籍张珪诸子田四百顷，赐大承天护圣寺为永业”，“壬寅，赐大承天护圣寺为永业”[③]。

大承天护圣寺是文宗为了纪念太皇太后答己所建，其修建得到皇室资金和人力的大力支持，修建的速度也是比较快的。作为大都的皇家寺院，自然会选地位显赫的高僧担任住持。

印公在大都住寺已进入其弘法的晚期，他建寺安僧，弘传佛法，还将朝廷赏赐的财、物用于五台山普门寺和大都宝云寺的修建。“印公碑”载：“公以其道见知于上，所得赐与之物，于台山创寺曰普门，大都创寺曰宝

① 《元史》载：“太禧院，天历元年（1328），罢会福、殊祥二院而立之，秩正二品。天历二年（1329），改太禧院为太禧宗礼院，秩从一品，掌神御殿，朔望岁时、讳忌日辰礼享礼典。”

② （明）宋濂等撰：《元史》卷 33《文宗本纪》（二），第 734、740、774 页。

③ （明）宋濂等撰：《元史》卷 33《文宗本纪》（二），第 744、756 页。

云。”元代晚期，各种矛盾激化，作为一代高僧，积极弘传佛法，修建寺院为朝廷、百姓祈福。

综上，印公为元代著名的显密高僧，其修学弘法活动是元代显密佛教和多元文化发展融合的一个缩影，也反映了元初华严的传承和发展。印公皇庆二年（1313）至文宗天历二年（1329）为五台山大万圣佑国寺长讲法主、住持，统领五台诸寺，延续了大万圣佑国寺华严法脉，会通了汉藏佛法；文宗天历二年（1329）至后至元三年（1337）印公住持修建大都大承天护圣寺，有“教门之事，汝可面奏”的特权。印公以学以行促进了元代不同地域僧人交往、华严与密法弘传，以及藏经的传播，推动了五台山文殊信仰的兴盛与汉藏佛教文化的融合发展，也密切了汉藏佛教与皇室的关系。故“印公碑”对其有“经莫大于《华严》，论莫奥于《唯识》，律莫详于大《四分》……公之于佛，以学以行，可谓博文绚礼者”的赞誉。

五台山南山寺存“印公碑”照片　作者自摄

释迦也失与汉藏佛教交流

杨　浩

北京大学人工智能研究院副研究员

摘要： 本文以明朝时期格鲁派僧人释迦也失为中心，梳理了当时格鲁派与内地在佛教文化方面的交流。明朝建立后对西藏采取“广行招谕”政策，通过册封藏传佛教领袖实现中央对地方僧俗事务的管理，如封授“三大法王”“五王”及众多高僧名号等。汉文记载缺失，但在藏文史料中明确记载，明成祖确遣使召宗喀巴，宗喀巴因忙于创宗事业婉辞，但派弟子释迦也失两次入朝。释迦也失出生于蔡贡塘官宦之家，跟随宗喀巴学习显密教法，成为格鲁派创立者之一。他两次受邀入朝，第一次入京被封为“西天佛子大国师”，并进行了法事活动，后多次朝贡，还修建了色拉寺，并在五台山从事法事活动、修建寺院；第二次入京被封为“大慈法王”，主持智光和尚荼毗法会，最终圆寂于北京大慈恩寺。此外，释迦也失在西北地区也有深远影响，其弟子在多地建寺。可以说释迦也失对格鲁派在内地传播的卓越贡献以及他在汉藏文化交流中的重要地位，在明朝三大法王中有独特之处。

关键词： 释迦也失；宗喀巴；大慈法王；大慈恩寺；五台山

一 导言

元朝政权退出历史舞台，萨迦教派地方政权也随之走向衰落，但是其与元朝廷建立的西藏地方与中央的隶属关系，却成为后世西藏地方归属中央政权的政治遗产。同时，萨迦僧俗政教首领与元王室的亲密关系，也为后来的西藏政教领袖树立了典范。这一历史事实使得后世的西藏地方政教领袖们在与中央政权的关系中，都效仿萨迦政教领袖，通过寻求中央政治力量的支持，以增强自身声望和地位。

1368 年，朱元璋在南京即皇帝位，建立明朝，随后明军大举北伐，攻取了元大都，元顺帝北逃上都。明王朝取代了元朝中央政权的统治地位，引发了对继承元朝在西藏及其他藏区经略和管辖问题的关注。明太祖通过“广行招谕”政策，即招抚藏传佛教高僧来朝，巧妙地利用了元朝在西藏近百年的扎实统治来为自己服务。与此同时，明太祖派员入藏招抚，其中许允德等人贡献卓越[①]，成功招抚了元吐蕃宣慰使何锁南普等一大批吐蕃首领，使得元宗室和镇西武靖王卜纳剌归降。

洪武年间，朱元璋还派遣汉地高僧克新（生卒年不详，字仲铭，江西番阳人）、宗泐（1318—1391，字季潭，浙江临海人）和智光（1348—1435，字无隐，山东武定州人）招谕藏族僧俗头领，要求他们考察藏区并绘制地图。克新于洪武三年（1370）出使西藏。宗泐在洪武十年奉旨出使西域，行程广泛涵盖西藏阿里地区及印度。除了招抚吐蕃部落外，他还搜求佛教遗书。他在西域活动五年，历经艰难险阻，最终于洪武十四年回朝复命。

出使西藏的使者中，最为著名的是智光。明朝建立后，智光率弟子

① “洪武初，太祖惩唐世吐蕃之乱，思制御之。惟因其俗尚，用僧徒化导为善，乃遣使广行招谕。又遣陕西行省员外郎许允德使其地，令举元故官赴京授职。”（清）张廷玉等撰：《明史》卷三百三十一，中华书局 1974 年版，第 8572 页。

前往南京朝觐太祖，并以其兼通梵汉之才，被命驻锡钟山寺翻译班智达所携经典。他的翻译得到太祖的嘉赏，随后受命出使西域。智光三次出使西域，两次在洪武朝，一次在永乐朝。智光于洪武十七年（1384），到达尼八剌国（属今尼泊尔），宣传佛法，受到当地人的敬仰。第二次出使时间缺失，但他多次奉命前往乌思藏等地与政教首领交往。他于宣德十年（1435）初封为“西天佛子大国师”，并在随后的天顺四年（1460）被追封为“大通法王”，是汉族高僧中唯一被封为法王的例子。[①]

明太祖对西藏的招谕政策取得成功，各部僧俗首领前来朝觐，接受封号、官秩、印诰，实现了整个藏区的行政建制。明朝自洪武四年（1371）开始，对归顺的藏族各部僧俗首领进行封授官职，标志着广大藏区正式纳入新建立的大明王朝统治。何锁南普等人率先来朝归附，被封为河州卫指挥同知等职，河州卫成为明朝在藏区设置行政军事机构的开端。

喃加巴藏卜作为乌思藏地方僧俗大众的代表，于洪武五年（1372）亲自来到南京觐见明太祖。他的归附成为一个标志性事件，使得明朝对整个藏族地区的经略产生实质性变化。明朝对喃加巴藏卜及其随行的地方首领进行封授，设立了乌斯藏卫指挥使司和朵甘卫指挥使司等行政机构，进一步巩固了对藏区的统治。喃加巴藏卜被封为“炽盛佛宝国师”，标志着元代的帝帅制度正式废止。

明代时期，对西藏及其他藏区和全国佛教事务的管理模式在元代的基础上发生了变化。明太祖朱元璋建立了善世院作为第一个僧官机构，但后来废除，由僧录司和僧纲取而代之。洪武中期，明太祖设立了僧录司和道录司，以及各级僧纲，形成了独特的僧官管理体系。这一体系涵盖了天下僧道的管理，包括释教、阐教、讲经和觉义等职务，分别在京外设立相应的司衙门。

同时，对西藏及其他藏区的管理体系也逐渐完善。洪武年间，明太祖

① 邓锐龄：《明西天佛子大国师智光事迹考》，《中国藏学》1994 年第 3 期。

设立了西宁僧纲司，之后在甘、青、川等藏区陆续设立了各级僧纲司机构。在西藏地区，明代也设立了相应的僧纲司机构，以加强对西藏宗教事务的管理。这些机构的设立旨在妥善管理藏传佛教僧伽组织和寺院等事务，贯彻“广行招谕”的政策。

明朝采取了招抚手段，通过朝贡与赏赐制度，即封号、印诰以及丰厚的物品赏赐，延请各藏区僧俗首领来朝。这一制度在明太祖洪武年间开始实施，以“不劳师旅”为原则，对归顺者有一定要求，包括遵守朝廷法度、维护地方安宁等。这种做法取得了事半功倍的效果，使得各地僧俗首领纷纷入贡朝廷。朝贡使团除了政治方面的影响外，还在经济方面产生了重要作用。入贡者可以得到朝廷回赐的丰厚物品，包括茶叶、瓷器、绸缎等，以及金、银、纸钞等贵重物品。这不仅是一种政治荣宠，还涉及茶马互市的经济活动，加强了内地与藏区的经济文化互动交流。

明初，为了处理来自边疆、藩属和外国的使节以及朝贡的往来文书，设立了隶属于翰林院的“四夷馆”。其职责包括教习官生翻译其他文字，并长期参与民族、外交事务的实际沟通。在“四夷馆”内，根据民族、地域及所译文字的不同，设有十馆，其中“西番馆”负责翻译藏汉文书。在“西番馆”中，译字官生的职责包括翻译、教习以及参与修史等工作。特别是一些藏传佛教僧人在翻译事务中发挥了重要作用，受到朝廷的表彰和加封。明代“四夷馆”在译事的实际训练中逐渐完备制度，学制为九年，分为主科翻译杂字和次科诰敕、来文。该馆在翻译藏汉文书的实践中取得了显著成就，其留存的《西番译语》成为研究古藏语、明人翻译习惯以及与西藏政教关系等方面的珍贵语料。

基于藏族地方的特殊社会政治格局、历史文化传统，明朝汲取元代治理西藏的经验，通过册封藏传佛教主要教派领袖为王、大法王，维持其权势地位，实现中央统辖下的管理或参与管理地方僧俗事务。

明朝采取一视同仁、不偏不倚的态度对待藏传佛教各教派，摒弃了元朝支持一派、压制其他的做法。尤其在永乐皇帝即位后，实施更为大刀阔斧的治藏政策，通过优礼和封赏藏传佛教高僧，封授“三大法王”等重要地方政教领袖，达到维护统治、平息内乱的目的。

除了封授“三大法王”外，明朝还封授了五位地方政教首领为“阐化王”“辅教王”“阐教王”“护教王”和“赞善王”，合称为“五王”。[①] 这些王不同于宗教领袖，而是在明朝中央政府监督管理下统治藏区的行政首领。尤其是阐化王地位最高，代表帕木竹巴政权统治前、后藏主要地区。但明朝并未授予阐化王兼管其他四王的权力。此外，封授王号的依据还涉及地方政治和宗教情况的差异。明朝通过这种封授形式赋予了王们在地方政教事务中的权力，同时也对王位承嗣、修贡等方面有相应的规定和要求。在朝贡关系方面，明朝与五王保持着良好的关系，对其进行赏赐和照顾，维护了封王与中央王朝的贡赐关系。

除了三大法王和五教王之外，明朝封授众多藏族僧人为大国师、国师及禅师等僧职和名号。洪武年间，明太祖不仅在朝廷设置僧录司管理全国佛教事务，还封授了藏族僧人为国师、禅师等高级名号。特别是洪武六年（1373），明太祖敕封了摄帝师喃加巴藏卜为“炽盛佛宝国师”，开创了封授藏传佛教高僧的先例。永乐年间，明成祖延续并发展了封授藏传佛教高僧的政策。他不仅继续封授三大法王和五教王，还封授了大国师、灌顶国师等高级名号。这一时期，封号逐渐增多，明成祖在对待藏传佛教僧人时更为灵活，注重维护统治权威。他的继任者也在此基础上延续了这一政策，将各种封号与行政品级相对应，为藏传佛教高僧提供了明确的待遇。此外，还封授了一些非藏族人。

尤其是在封授“三大法王”方面，明成祖多次派遣内地僧人前往西藏，延请噶玛噶举五世活佛得银协巴到京受封“大宝法王”，表现了对藏传佛教高僧的极度优遇。明成祖还封授了“大乘法王”贡嘎扎西，使其成为萨迦派代表人物，取得了对萨迦大殿的控制，并解决了萨迦派与帕木竹

① “三大法王”和“五王”传见《明史》卷三百三十一。

巴派之间长期的争端。

格鲁派作为在明代兴起的藏传佛教宗派，其创始人宗喀巴与内地的关系尤其值得关注。在明成祖时期，格鲁派创始人宗喀巴大师在西藏进行宗教改革，建立了格鲁派。饶有意味的是，根据历史记载，宗喀巴大师作为格鲁派的开宗祖师，明朝曾邀请他入京朝觐。宗喀巴谢绝了邀请，没有前往内地，而是派遣弟子释迦也失（byams chen chos rje shakya ye shes，1354—1435）前往，拉开了格鲁派在内地传播与影响的序幕，释迦也失也成为明代格鲁派与内地佛教交流的重要人物，受到史学家们的关注。

释迦也失作为宗喀巴的重要弟子之一，身世显赫，拥有一定的影响力和实力，资助宗喀巴创立教派。释迦也失在永乐十二年（1414）首次入京，被封为西天佛子大国师，进行了一系列的朝见和佛事活动，受到成祖的赏识。然而，在一开始他并没有获得法王封号。随着多次受邀入朝，释迦也失于宣德九年（1434）获得了“大慈法王”的封号，成为格鲁派的代表领袖。

释迦也失作为宗喀巴大师的弟子，两次代表宗喀巴入朝，受到了明朝多位皇帝的封授，成功建立了格鲁派与明朝中央的隶属关系，为西藏与内地之间的政治和文化交流奠定了基础。他作为格鲁派最早来到内地的高僧，积极教化，于南京、北京、五台山、青海、甘肃等地留下足迹，为格鲁派在西藏以外地区的传播作出了卓越的贡献。

释迦也失的入朝和朝贡活动促使明朝对格鲁派的政策更加重视，为格鲁派在明代的发展提供了支持。他在北京主持佛事活动，参与寺院修建等，为藏传佛教在内地的传播和汉藏文化的交流作出了重要贡献。

二　相关史料

关于释迦也失的史料，主要是他的相关传记。在藏文文献中，主要有《红史》《贤者喜宴》《新红史》《西藏王臣记》等。汉文史料中，释迦也失的传记见载于《明史》卷三百三十一《西域传三》中。

还有一部从藏文文献翻译成蒙古文的《蒙古佛教史》（又译《霍尔佛教史》）。该书作者为固始噶居巴·洛桑泽培，洛桑泽培出生于内蒙古卓索图盟，生平事迹不详。该书成书于藏历第十四饶迥土兔年（1819），该书写作笔法与其他藏文史籍大同小异，也是以一定篇幅叙述印度王统、吐蕃王统、蒙古王统及元、明、清各朝王统，但其核心内容是叙述佛教在蒙古地方的传播。因为最早把格鲁派教法传至内地的是大慈法王释迦也失，因而书中对大慈法王有专节叙述。《蒙古佛教史》由于记载了大量的蒙藏之间文化相互影响的史实，对研究蒙藏关系史具有重要参考价值。西方学术界在百余年前就已关注该书，先后有德文译本和日文译本传世。陈庆英和乌力吉两位先生的汉文译本于 1990 年由天津古籍出版社出版。

近年来新发现一部名为《大慈法王传》的抄本文献。[①] 拉巴平措对这一抄本进行了翻译和考证，改题为《大慈法王传汇编》。[②] 据研究，《大慈法王传》是一部内容丰富的手抄本，虽然部分页面字迹模糊，或有字行脱落或被刮掉，但总体来说非常清晰。该书涵盖了至少八种与释迦也失相关的传记或记载：第一篇《如意呈祥的太阳》；第二篇《大慈法王释迦也失传略》；第三篇《昆·顿巴传》；第四篇《黄琉璃·色拉大乘洲志》；第五篇《色拉哲蚌寺志》；第六篇《道次第说上师传承传·大慈法王传》；第七篇《宗教源流·心中的庄严》；第八篇《噶当宗教源流》。其中第一个传记约占了总篇幅的一半。书中详细记录了释迦也失两次赴内地的情形以及皇帝的历次诏书，引用了 17 道圣旨。陈楠曾利用此抄本写作了《明代大慈法王研究》一书。[③]

---

① Byams chen chos rje'i rnam thar，mdzad pa po mi gsal，TBRC，ID：W25577。

② 参见拉巴平措《大慈法王释迦也失》，中国藏学出版社 2012 年版，第 93—174 页。

③ 关于释迦也失的传记，陈楠还提及了《色拉教法史》，该书全称为《诸多渊博智者所居拉萨三大古寺之一色拉大乘丛林教法史明晰宝鉴》，于 1991 在德国哥廷根（Gottingen）出版发行，英文与德文译名分别为：History of the Monastic University—se-ra-theg-chen-gling；Geschichtt-eder Kloster Universitat Se-ra-theg-chen-gling，作者为旅德藏人恰木巴·图布丹宗泽，书中叙述色拉寺从 1418 年创建至 1959 年的教法传承的历史。大慈法王是色拉寺的创建者，书中有专门章节叙述大慈法王释迦也失的生平事迹。

三 研究现状

对于释迦也失这样一位色拉寺的创建者、被明廷封为“大慈法王”、在历史上颇有影响的格鲁派僧人，藏地史料中不乏记载，在近代藏史学界也受到不少关注。

民国时期，于道泉《译注明成祖遣使召宗喀巴纪事·宗喀巴复明成祖书》[①]发现了《至尊宗喀巴大师传》中明成祖遣使召宗喀巴一段文字，以及宗喀巴回复明成祖的信札内容，并将之翻译为汉文，揭开了格鲁派宗师宗喀巴与明成祖之间的一段往事。韩儒林《〈明史〉乌斯藏大宝法王考》[②]在讨论噶玛噶举大宝法王时也提及大慈法王。

20世纪80年代，周润年《大慈法王释迦也失生平简述》[③]从家庭出身及出家求学、第一次赴南京受封为大国师、创建色拉寺、第二次赴北京受封为大慈法王四个方面勾勒了释迦也失的生平，肯定了释迦也失为发展西藏地方同明朝中央的关系，为促进汉藏经济、文化交流作出的历史功绩。藏学研究中心邓锐龄先生将日本佐藤长的《明代西藏八大法王考》[④]译成汉文，向国内学界介绍。该文对明成祖所封的西藏三大法王和五大教王的史实做了比较全面系统的介绍和研究。

陈庆英《论明朝对藏传佛教的管理》[⑤]将明朝对藏传佛教的宗教首领

① 于道泉：《译注明成祖遣使召宗喀巴纪事·宗喀巴复明成祖书》，载《蔡元培先生祝寿文集》，北平，1935年。明成祖遣使召宗喀巴事，以及宗喀巴给明成祖回信的藏文，全文收录在周加巷所著《至尊宗喀巴大师传》，郭和卿译，青海民族出版社1988年版，第249—251页。

② 韩儒林：《〈明史〉乌斯藏大宝法王考》，《真理杂志》1944年第1卷第3期；亦见韩儒林《穹庐集——元史及西北民族史研究》，上海人民出版社1982年版，第416—425页。

③ 周润年：《大慈法王释迦也失生平简述》，《西藏民族学院学报》（哲学社会科学版）1986年第2期。

④ ［日］佐藤长：《明代西藏八大教王考（上）》，邓锐龄译，《西藏民族学院学报》（哲学社会科学版）1987年第3期；［日］佐藤长：《明代西藏八大教王考（中）》，邓锐龄译，《西藏民族学院学报》（哲学社会科学版）1987年第4期；［日］佐藤长：《明代西藏八大教王考（下）》，邓锐龄译，《西藏民族学院学报》（哲学社会科学版）1988年第4期。

⑤ 陈庆英：《论明朝对藏传佛教的管理》，《中国藏学》2000年第3期。

人士的封授作为明朝对藏传佛教进行管理的重要措施，其中对永乐年间封噶玛噶举派黑帽系活佛为大宝法王、封萨迦派首领为大乘法王、封格鲁派高僧释迦也失为西天佛子（宣德年间加封为大慈法王）加封的过程进行了考证。

藏文《大慈法王传》抄本被发现之后，学者们注意到其中所引的众多诏书，并对其展开了丰富的研究。陈楠利用《大慈法王传》抄本的资料，写作了《明代大慈法王研究》一书[①]，并发表了众多有关论文[②]。色拉格西阿旺达扎的《色拉寺与大慈法王》[③]一书利用了《大慈法王传》抄本的资料，用藏文撰写了有关生平事迹。拉巴平措不仅对这些现存的藏文本进行了翻译和考证，还利用这些材料进行了新的研究。[④]

在对大慈法王释迦也失的研究中，有一个困惑学者的问题，即大慈法王释迦也失 1414 年首次到内地朝见永乐皇帝的地点，是在南京还是在北京？安海燕《大慈法王释迦也失两次进京相关史事新证》[⑤]一文利用近年来公布的藏文手抄本《大慈法王传·如意呈祥的太阳》对释迦也失生平中几个关键时间点进行了考证：（1）对于学界一般认为的释迦也失第一次入朝进行于南京的观点，该文认为释迦也失入朝时，明朝虽然没有正式迁都，但政治中心已经北移，故其首次来京的驻锡地是元代旧寺海印寺所在地北京而非南京。同时，该寺也与释迦也失宣德年间入京驻锡的大慈恩寺为同一座寺院。（2）将《大慈法王传·如意呈祥的太阳》中的皇帝诏书和《明实录》中的相关记载结合，可以证明释迦也失第二次进京是在宣德二年（1427）应明宣宗的邀请，其最终抵达北京是在宣德四年底。（3）释

① 陈楠：《明代大慈法王研究》，中央民族大学出版社 2005 年版。

② 陈楠：《大慈法王释迦益西与蔡巴噶举关系详考》，《西藏研究》2003 年第 4 期；陈楠：《大慈法王与明朝廷封授关系研究》，《中国藏学》2003 年第 1 期；陈楠：《明成祖朱棣与大慈法王释迦也失》，《故宫学刊》2005 年第 1 期；陈楠：《明代大慈法王释迦也失在北京活动考述》，《中央民族大学学报》（哲学社会科学版）2004 年第 4 期。

③ 色拉格西阿旺达扎：《色拉寺与大慈法王》（藏文），民族出版社 2006 年版。

④ 即拉巴平措《大慈法王释迦也失》一书。

⑤ 安海燕：《大慈法王释迦也失两次进京相关史事新证》，《民族研究》2018 年第 6 期。

迦也失于宣德十年圆寂于北京大慈恩寺，并非如一些史料所载圆寂于返藏途中。

陈立华、陈庆英《1414年大慈法王奉命进京朝见及永乐皇帝的安排》[①]一文对首次进京是北京还是南京相关问题进行了综述，认为释迦也失1414年第一次进京应为北京，并分析了朱棣所作相关安排的历史背景，并由此进一步延展出明朝中央政府对刚刚兴起的格鲁派的支持态度。

四　明成祖遣使召宗喀巴

明朝建国初期，汲取历史经验，摒弃元朝支持一派同时压制其他教派的政策，采取一视同仁的态度。在永乐皇帝时期，明成祖通过治藏政策，采取大刀阔斧的做法，优礼和封赏藏传佛教高僧。明成祖多次派遣内地僧人和中官前往藏地，延请各派有影响的高僧来京受封，形成了“多封众建”的治藏政策。封授的过程中，明成祖对噶玛巴大宝法王采取超乎寻常的优宠礼遇，包括在南京主持规模宏大的法事、传授灌顶等。继封授噶玛巴为大宝法王后，明成祖还封授萨迦派贡嘎扎西（《明史》做“昆泽思巴”，1349—1425）为大乘法王。

然而，关于明朝对格鲁派僧人的封授，在汉文史料中找不到明确的记载。虽然在《明史》中释迦也失有专门的传记，但是并没有提及释迦也失属于哪一个教派，也没有提及释迦也失是宗喀巴的弟子。学者最后通过藏文史料的研究，确认释迦也失是宗喀巴的大弟子，曾两次受到明朝廷的封授。明成祖十二年（1414），明朝使者邀请宗喀巴赴京觐见，由于宗喀巴婉辞，释迦也失则作为宗喀巴的代表两次前往京城，最终得到朝廷的封号。

尽管宗喀巴在西藏历史上地位至高无上，被称为“第二佛陀”，但在汉文资料中关于他的记载相对较少。20世纪上半叶，于道泉只在清代文献

① 陈立华、陈庆英：《1414年大慈法王奉命进京朝见及永乐皇帝的安排》，《西藏大学学报》（社会科学版）2021年第4期。

《外藩蒙古回部王公表传》和《国朝抚绥西藏记》等中找到有关记载。最终，于道泉在批阅《察哈尔喇嘛全书》时发现其中的《宗喀巴传》，确认明成祖曾遣使召宗喀巴，弥补了《明史》中记载的缺失。格鲁派当时乃是一个新兴教派，虽然后来在藏传佛教史上成长为影响最大的教派，但在当时还处在草创阶段，然而其宗师宗喀巴就曾蒙受明成祖的邀请，不得不让人惊叹于汉藏文化的密切关系。

当时尽管格鲁派是新兴教派，但由于其严守戒律、注重显密并重学修兼行的教义，赢得了西藏广大僧俗信徒的支持。一些地方势力的首领也纷纷提供经济资助，使格鲁派得以迅速建立甘丹寺、哲蚌寺和色拉寺三大寺庙为主要教派基地，为其未来发展奠定了坚实基础。同时，宗喀巴进行的宗教改革是在阿底峡和仲敦巴建立的噶当派的基础上进行的。格鲁派建立后，噶当派的僧侣和信徒纷纷改宗归依，因此，格鲁派建立后不久就成为藏传佛教中影响最大的教派。由于格鲁派的创建大致发生在明洪武末年和永乐年间，因此明成祖召请宗喀巴及格鲁派高僧的事件晚于对噶玛巴的召请。

于道泉根据相关的藏文文献《察哈尔喇嘛全书》的记载，翻译了其中的《明成祖遣使召宗喀巴纪事》与《宗喀巴复明成祖书》，以及一封宗喀巴写给“巩大人”的书信。

《明成祖遣使召宗喀巴纪事》提道：“大师就说到朝廷去有许多障碍，例如路程很远，他的身体不能耐［路途的劳顿］。即使能去，于佛法和众生也没有多大的利益，所以没有去的必要。”其中讲到，宗喀巴认为，前往朝廷的路程非常遥远，而且充满了各种障碍。他的健康状况也不是很好，身体无法承受长途旅行的劳累。当时格鲁派处在草创期，有很多事情要宗喀巴亲自操劳，如果宗喀巴离开，可能对格鲁派的发展很不利。他当时的工作对佛教和众生有更大的利益。因此，他觉得没有必要离开西藏前往朝廷。《明成祖遣使召宗喀巴纪事》中还提到，尽管宗喀巴没有亲自前往朝廷，但他通过写信给成祖和回赠礼物，表达他对明朝皇帝的尊敬和感谢。

《宗喀巴复明成祖书》是宗喀巴回复明成祖永乐六年（1408）邀请的一封信函。在这封信中，宗喀巴表达了对成祖的感激之情，并详细列出了成祖所赐的礼物清单。其中包括各种绸缎、法衣、水晶念珠、金刚杵等佛教法器，以及手巾、茶、檀香木等日常生活用品。在信中，宗喀巴表示因身体不适无法前往朝觐，但仍以真诚的语言表达了对成祖的敬意。他回赠了三尊佛像和三颗舍利子，以示对成祖的感激和祝福。这份信函展现了明成祖对藏传佛教的崇敬，以及朝廷对宗喀巴的重视和礼遇。

于道泉分析认为，明成祖遣使召请宗喀巴虽然在汉文史料中缺载，但却是真实的："余尝根据汉藏两方面记载推求其故。盖洪武永乐间，虽以怀柔荒服之故，对番僧推崇备至。惟此种政策，颇为一部分臣民所不喜，而当时皇帝对番僧降心相从之事，亦不愿尽为国人所知。今对宗喀巴数次征召，均被拒绝，犹复遣使求其弟子，如为一般臣民所知，殊非保持皇帝尊严之道。史臣为尊者讳，故略而不书。果如此，则明代史籍不载宗喀巴事，非无因也。"[①]于道泉认为，明代时期存在对于宗喀巴一事的保密态度。这种保密可能是因为当时的皇帝不希望广泛传播对番僧的推崇和尊重，以避免引起一部分臣民的不满。因此，明成祖在多次征召宗喀巴并被拒绝后，依然坚持通过使者来请其弟子，但这些细节并未被记录在明代史籍中。这种保密可能是为了维护皇帝的尊严和政策的稳定，以避免引起内部和外部的不稳定因素。然而，尽管明代史籍未载明成祖遣使召宗喀巴的事情，但并不意味着这件事情就不存在。事实上，这种保密和未记录可能正是史官为了尊重皇帝意愿而故意略过的。

那封写给"巩大人"的书信，学者认为，"巩大人"应当是《明实录》永乐八年（1410）九月壬辰所记载"遣内官关僧赍书及白金、彩币，往西

① 于道泉：《译注明成祖遣使召宗喀巴纪事及宗喀巴复成祖书》，文载《庆祝蔡元培先生六十五岁论文集》，1935 年。转引自王尧编著《平凡而伟大的学者——于道泉》一书，河北教育出版社 2001 年版，第 262 页。

土征尚师昆泽思巴”中“关僧”，因此被命名为《宗喀巴与关大人书》。[①]宗喀巴在其中回应永乐年间出使乌思藏地区的内官关僧，引导他坚信佛法、积善业、解脱轮回。这封信的内容也表明宗喀巴确实与汉地的使者有过接触。

由此，学者指出，宗喀巴谢绝明成祖的邀请，主要是为了集中精力于创建教派的事务。永乐七年（1409），宗喀巴在拉萨大昭寺主持了为期 15 天的大祈愿法会，这场盛况空前的法会标志着格鲁派的正式形成。与此同时，乌思藏许多地方的政教实力集团，以帕木竹巴为首的阐化王扎巴坚赞，也成为格鲁派的重要资助者。[②]在格鲁派创立的紧要关头，宗喀巴一旦离开藏地，极有可能使其创宗的事业遭到重大挫折。

五　释迦也失在汉地的活动

根据藏文文献记载，释迦也失于藏历第六饶迥阳木马年（1354）在拉萨附近蔡贡塘（又称蔡公堂）的一个官宦之家出生。蔡贡塘是噶举派重要支系蔡巴噶举派的发源地。蔡贡塘在历史上是一个政教结合的地方势力中心，其地位在明代尤为显赫。蔡巴噶举派的教法世系在《青史》和《红史》中有详细记载。蔡巴噶举派的政治地位在蔡巴领主的统治下逐渐壮大，直至 14 世纪中叶，蔡巴政权已经成为地方上颇具实力的集团之一。然而，随着内部矛盾和外部压力的增加，尤其是与帕木竹巴等地方政教集团的冲突，蔡巴噶举派的影响逐渐减弱。蔡巴教派先是并入噶当派，然后改并入格鲁派。[③]

在明代，格鲁派与蔡巴万户以及蔡公堂寺有着密切的联系，尤其是宗喀巴大师在蔡公堂寺学习传法九年（1381—1388）的经历，为格鲁派的兴

① 陈楠:《明代大慈法王研究》，第 116 页。
② 陈楠:《明代大慈法王研究》，第 119 页。
③ 陈楠:《明代大慈法王研究》，第 43—51 页。

起提供了重要机遇。在西藏，出家为僧并不等同于脱离社会，僧侣仍然可以在政治、行政等方面发挥重要作用。随着历史的变迁，高级僧侣逐渐成为社会上备受尊崇的人物，他们的成长历程通常起源于贵族家庭，而成为僧侣需要经历严格的教育和仪轨。释迦也失在成长过程中展现了非凡的聪颖和学识，其出家后长期专注于佛教修行，通过广泛的学习和实践，达到了深刻的领悟和造诣。释迦也失在游历各地、拜谒高僧大德的过程中积累了丰富的学识和修行经验，成为一位学修俱佳的青年僧人。①

释迦也失约十二岁时开始学习佛法，后跟随宗喀巴大师学习显密教法。在宗喀巴于 1381 年重返蔡贡塘寺后，释迦也失成为宗喀巴的近侍弟子之一，跟其学经受戒。尽管确切日期未明，但约在 1384 年前后，释迦也失成为宗喀巴的弟子之一，并被认为在密乘方面具有深厚的修行经验。作为宗喀巴的早期弟子之一，释迦也失参与了宗喀巴的教育活动，包括密法的学习与实践。他在师从宗喀巴的同时，积极践行菩提心的理念，努力普度众生。在宗喀巴的指导下，释迦也失学习了密乘的生起次第和圆满次第，并选择了修习密集金刚密法。他的修行强调菩提心的实践，包括无我、慈悲和利益他人的实践。在宗喀巴的指导下，释迦也失在密乘修行上取得了显著的进展，体现了他对佛法的深刻理解和实践。宗喀巴的活动主要集中在与弟子及帕竹政权的关系上，他通过举办法会、强调戒律的重要性以及积极参与地方纠纷的调解，逐渐树立了自己在西藏佛教中的领导地位。最终，通过拉萨大祈愿法会的举办和甘丹寺的建立，宗喀巴奠定了格鲁派的基础，标志着西藏佛教一个新阶段的开始。释迦也失作为宗喀巴的近侍和重要弟子之一，参与了这一历史性事件，为西藏佛教的发展作出了重要贡献，同时也成为格鲁派教派的创立者之一。②

随着明代多次实施治藏政策，格鲁派的实力逐渐增强。1407 年明成祖开始陆续册封西藏各大教派的宗教首领时，格鲁派的崛起就引起了朝廷的

① 陈楠:《明代大慈法王研究》，第 52—56 页。
② 陈楠:《明代大慈法王研究》，第 69—91 页。

重视。于是，宗喀巴于 1408 年、1414 年两次被邀请入京。由于宗喀巴第一次因主办拉萨著名的祈愿大法会，第二次因身体不适而未能成行，这一重任便落到了他得力弟子释迦也失身上。①

1. 第一次入京

明永乐十二年（1414），释迦也失受邀入朝，尽管《明实录》中仅有短短一句的记载②，但藏文材料中有多种相似的记载。根据《蒙古佛教史》记载，宗喀巴不愿意应对朝廷的召唤，使臣再三请求，“宗喀巴大师虽不能前往，也应派一名与大师无别的弟子前去”③。在众多弟子中，宗喀巴选择了释迦也失。

在释迦也失此次入朝的过程中，太监侯显被派去迎接，并携带皇帝的诏书和大量礼物。释迦也失一行在成都与朝廷派遣的使者相会，得知了皇帝的赞誉和奖励。随后在五台山显通寺暂住，等待皇帝批准。

在京城，他被封为“妙觉圆通慧慈普应辅国显教灌顶弘善西天佛子大国师”。居留期间，释迦也失举办了与格鲁派密宗特色相符的法事活动。虽然汉文文献对其具体内容记载较少，但也包括明成祖曾为他设坛城修供，举行密宗法事，包括“四续部”、密集、胜乐、时轮、大威德等法事。这些法事中，释迦也失展现了格鲁派密宗的特色，如坛城思想及相应的仪式，使得密宗在明成祖朝廷和社会中得到了传播和认可。他的活动也为后来明代藏传佛教的发展奠定了基础。释迦也失在完成宗教活动后离开京城，前往五台山。

2. 多次朝贡

永乐十三年（1415）起，释迦也失积极遣使入贡。在永乐十五年，释迦也失遣使入朝贡马，向明朝皇帝献上礼物。第一次朝贡发生在释迦也失受封为西天佛子大国师后不久，可能是在他离开北京返回乌思藏的途中。第二次朝贡则是在永乐十七年，明成祖特地派遣使者回赐礼物给释迦也失

---

① 拉巴平措、陈庆英总主编：《西藏通史 · 明代卷》，中国藏学出版社 2016 年版，第 57 页。

② “释迦也失于永乐十二年十二月来朝”，见《明实录》。

③ 固始噶居巴 · 洛桑泽培：《蒙古佛教史》，陈庆英、乌力吉译，天津古籍出版社 1990 年版，第 62 页。

等人，以表彰他们的诚意和效忠。随后的朝贡也都得到了朝廷的高度重视。[①] 这些朝贡活动体现了明朝对乌思藏地区僧俗首领的封赏和关注，同时也显示了释迦也失在朝廷眼中的重要地位和影响力。

3. 修建色拉寺

据藏传佛教历史文献如《宗喀巴传》《大慈法王传》《黄琉璃》《卫藏道场圣迹志》及《四大寺目录》等记载，在释迦也失返回藏地后，首先向宗喀巴大师献上永乐皇帝赐予的珍宝，并祈愿其健康长寿。释迦也失在宗喀巴大师身边学习了许多胜乐金刚法，同时受到了宗喀巴对其智慧的赞扬。在释迦也失东赴内地的几年中，宗喀巴为创建格鲁教派及寺院建设奔忙。在得到帕竹地方集团支持后，宗喀巴顺利地召开了拉萨大祈愿法会，并建成了甘丹、哲蚌两大道场。在宗喀巴的倡议下，释迦也失决定在色拉却顶修建一座密宗道场。释迦也失迎请宗喀巴至色拉却顶，表示愿意亲自侍奉师尊，并建立一座有特色的密宗道场。根据宗喀巴的指示，释迦也失主持了色拉寺的奠基仪式，其资金主要来自永乐皇帝的赏赐和帕竹地方集团的捐助。宗喀巴圆寂后，释迦也失全力投入色拉寺的建设。

色拉寺是格鲁派的重要道场，其建立历经数年，在释迦也失的主持下得以顺利完成。色拉寺的建筑格局与拉萨的其他大寺相呼应，主要建筑包括措钦大殿等，内供有许多珍贵文物和佛像，其中最具价值的是明成祖钦赐的《藏文大藏经·甘珠尔》108 函。明宣宗还特为大慈法王释迦也失制作了封印印文和封号的彩色绰丝卷轴唐卡画像，展现了色拉寺在历史上的重要地位。

释迦也失耗时约两年建成色拉寺，并担任其首任堪布。他积极参与并主持格鲁派的宗教活动，如为宗喀巴举行大规模的超荐法会。完成色拉寺的建设后，他再次受明朝廷邀请准备第二次前往内地朝觐。尽管藏文史料中关于他离开色拉寺的时间有所争议，但大多数资料表明他是在 1421 年

① 关于释迦也失遣使朝贡，参见陈楠《明代大慈法王研究》，第 152—157 页。

离开的。尽管成祖去世，他仍坚持前往内地，表现出对格鲁派与中央朝廷的关系以及弘法事业的执着。[①]

4. 与五台山的关系

五台山在汉地佛教中被称为文殊化宇的清凉山，与文殊信仰紧密相关。文殊菩萨在佛教中地位特殊，被密宗尤为崇拜。五台山被认为是文殊菩萨化现之所，寺庙中塑有文殊圣像，草木土石都与文殊菩萨有关。

释迦也失多次来到五台山，驻锡于大显通寺，对五台山的佛教影响深远。释迦也失在五台山居留期间，从事各种各样的法事活动。他致力于五台山藏传佛教的发展，其中重要的工作之一是修建寺院。通过与朝廷和明成祖的密切关系，释迦也失获得了资金支持，修建了六座寺院，包括大显通寺、大宝塔院寺、大圆照寺和大文殊寺等。释迦也失为来自各地的信众、地方官员、蒙古王公等传授灌顶法，同时为僧人传授近事、沙弥、比丘、禁食等戒律，引领他们修习佛法。[②]

释迦也失在五台山期间，明成祖写给释迦也失的信函表达了对其的怀念之情，同时赐赠了礼物，体现了成祖对藏传佛教的支持。释迦也失在五台山的影响，使得藏传佛教在该地区逐渐形成规模，格鲁派的发展也日益兴盛。

5. 第二次入京

根据《清凉山志》和宣宗皇帝写给释迦也失的信函，可知明朝宣宗皇帝于宣德二年（1427）夏，致信释迦也失，表达对佛教的崇信和对释迦也失的景仰之情。信中提到历代君主都崇信佛教，宣宗皇帝表示自己将继承太宗皇帝的政策，隆重礼遇藏传佛教高僧，特遣使者赍书礼请释迦也失前来，以传扬佛教教义，以应天命，维护边疆地区的安定团结。

宣宗皇帝的信函表达出他对佛教的坚定信仰和对维系边疆地区安定的决心。释迦也失被认为是继续永乐朝治藏政策的合适人选，因为他与永乐

① 关于释迦也失修建色拉寺，请参考陈楠《明代大慈法王研究》，第 127—140 页。
② 陈楠：《明代大慈法王研究》，第 170—181 页。

皇帝有密切联系，且在五台山及甘、青地区有重大影响。因此，宣宗皇帝决定迎请释迦也失来北京。

释迦也失抵达北京后，寓居在皇宫北面（今什刹海西北）的海印寺，即宣德初年所重建的著名大慈恩寺的前身。在宣德九年（1434）六月，宣宗皇帝派遣成国公朱勇和礼部尚书胡濙，举行隆重的封号仪式，封释迦也失为“万行妙明真如上胜清净般若弘照普应辅国显教至善大慈法王西天正觉如来自在大圆通佛”，简称“大慈法王”，并颁赐了“至善大慈法王之印”的印章。现存于罗布林卡的大慈法王缂丝唐卡中，清晰展现了1434年他获封为大慈法王后的形象，唐卡两侧还分别镶嵌了明宣宗赐予的藏汉文封号。[①]

释迦也失来到京城后成为在京藏僧的领袖人物，在北京从事宗教活动时，除了日常修持外，更多地参与了朝廷和各大寺院举办的法事活动。其中，主要涉及两件大事：一是协助修建北京法海寺，二是主持西天佛子大国师智光的荼毗法会。[②]

法海寺的创建始于明正统四年（1439），竣工于正统八年。在创建过程中，汉藏两族僧俗官员共同集资，留下了镌刻有汉藏助缘人士姓名的碑刻，具有汉藏合璧的特点。该寺内壁画绘有明代早期汉藏佛教艺术精华，表现出高超的艺术技巧，具有极高的历史和艺术价值。此外，法海寺还保留有一口铸于正统十二年的大钟，铭刻有多种经咒，为研究经咒提供了珍贵实物。

释迦也失主持的智光和尚荼毗法会发生在宣德十年（1435）六月，是他受封为大慈法王一年后的重要事件。智光和尚是当时京城著名的藏传佛教高僧，在明成祖时期就已开始与明朝进行交流，他的贡献受到了多位皇帝的赏识和信赖，最终被封为西天佛子，并在政治和宗教上发挥了重要作用。

---

① 拉巴平措：《大慈法王释迦也失》，第67—71页。

② 陈楠：《明代大慈法王研究》，第187—189页。

学者根据《大慈法王传》等记载考证，认为在智光和尚圆寂不久，释迦也失也于宣德十年（1435）十月二十四日圆寂，此后英宗颁发悼词。圆寂地点是北京的大慈恩寺，班丹扎释是荼毗仪式的主持者。[①]

6. 在西北地区的影响

释迦也失在甘肃、青海及宁夏一带产生了深远的影响，通过建立寺院、讲经传法，他的教化活动在当地产生了积极的社会效应。根据《安多政教史》《河州志》《循化厅志》等方志记载，释迦也失在两次入朝过程中，经过甘、青地区，随处教化，广结佛缘。他在讲经传法的过程中建立了许多寺院，产生了深远的影响。

释迦也失圆寂后，他的弟子曲杰索南喜饶等在青海卓莫喀建造了一座塔寺，即“卓莫喀胜法解脱州寺”（宏化寺）。此后，明朝皇帝下旨在河州建寺，赐名鸿化。虽然在建寺过程中曾遇到一些阻力，但最终在正统七年（1442）完成了建寺的任务。

在河州城内有一座名为“大慈寺”的寺院，保存有释迦也失的遗物。释迦也失在宁夏须弥山石窟附近的活动，学者曾做过详细记录，发现了明前期格鲁派在该地区传播的证据。[②]在须弥山一带，有法泉禅寺等寺院，其中释迦也失的弟子释迦班丹在法泉禅寺发誓重新建造教化道场，成为一个宏伟的藏传佛教寺院。[③]

六　结语

释迦也失是格鲁派的重要历史人物，作为格鲁派祖师宗喀巴的亲定代表，他在内地传播格鲁派教法、建造庙宇方面有着卓越的贡献。两次奉命赴京的经历展现了他对宗喀巴大师和中央政府的忠诚，特别是第一

① 关于大慈法王的圆寂时间与地点学界有争议，此处采用安海燕的考证结论。参见安海燕《大慈法王释迦也失两次进京相关史事新证》，《民族研究》2018 年第 6 期。

② 谢继胜：《宁夏固原须弥山圆光寺及相关番僧考》，《普门学报》2003 年第 18 期。

③ 释迦也失在西北地区的影响，详参陈楠《明代大慈法王研究》，第 195—201 页。

次赴京，他成功举办法会，得到了皇帝的高度赞扬，被授予“西天佛子大国师”封号。释迦也失在内地传播格鲁派教法的过程中，不仅在五台山修建庙宇、讲经说法，还在多地创建寺院，推动了格鲁派在内地的影响。他的忠心耿耿和努力使得格鲁派在朝廷中备受钦崇。释迦也失的努力为格鲁派在内地的传播和影响打下了坚实的基础，展现了他卓越的贡献和高尚品质。①

在明朝三大法王中，与其他两大法王相比，大慈法王释迦也失显得格外独特。虽然他代表其师入朝时并非本教派的最高领袖，故在宣德九年（1434）才被封为法王，且在其圆寂后未有弟子继承其封号，但他对汉藏文化交流所作的贡献却毫不逊色。加上他两次进京在途中传法的时间，他在汉地停留长达九年，这使得他在中原地区的影响，与其他两位法王相比，有过之而无不及。释迦也失首次将格鲁派的教法引入汉地，与智光、班丹扎释等领导的僧团共同构建了永乐至宣德年间北京佛教的基本格局，他们的弟子和再传弟子在明中期的北京仍然活跃。②特别值得一提的是，释迦也失将明朝赏赐给宗喀巴以及他自己的赏赐品、礼品带回藏地，与释迦也失弟子的一些赏赐品一起至今保存完好，成为汉藏文化交流的象征。③

① 拉巴平措：《大慈法王释迦也失》，第 57—66 页。

② 安海燕：《大慈法王释迦也失两次进京相关史事新证》，《民族研究》2018 年第 6 期。

③ 拉巴平措：《大慈法王释迦也失》，第 76—91 页。

佛教神圣传记的“史源”

——以二世哲布尊丹巴传记文本为中心

杨奇霖

上海大学副教授

摘要：在清朝中前期与喀尔喀蒙古关系的演变中，二世哲布尊丹巴灵童（呼毕勒罕）选定一事具有重要影响。对此经过记述最详者是佚名《哲布尊丹巴传》（1859）。书中诸多细节与19世纪以来出现的多种哲布尊丹巴传记存在文本联系。一世哲布尊丹巴托梦雍正帝、西藏喇嘛认证呼毕勒罕等情节，最早见于纳吉旺布所作藏文“圣传”《善缘信者之车》（1839）和《白莲美鬘》（约1848—1851）中；而二世哲布尊丹巴的出生时间和地点、雍正帝的相关谕旨，则应参考了《温都尔格根源流及彼时满洲皇帝谕旨等重要事项汇写册》（1833）、《圣上源流》（1853）等官方“史传”。事实上，各类传记所言喀尔喀各部的竞争、西藏喇嘛的认证、清朝皇帝的梦境、赏赐驿站等要素，还可从清代档案中找到源头。

关键词：神圣传记；二世哲布尊丹巴；蒙古佛教；雍正帝；喀尔喀

一　问题的提出

神圣传记（Sacred biography）/ 圣徒传（hagiography）是宗教文献中的一个重要类型，通过对信徒生平与奇迹的记述，建立了一种兼具神圣性和典范性的宗教形象。这一“学术概念”虽来自天主教及其研究，但此“文本现象”却存在于众多宗教传统中。特别是中国佛教，拥有大量的传记文本。[①]近代史学建立以来，受理性主义、实证主义影响，圣传文本中那些“奇异”“光怪”的记载曾被认为对于历史研究毫无意义；然而随着现代史学反思，开始有学者注意到所谓“虚构”背后的历史信息——包括但不限于：信仰价值、话语表达、叙事策略。这些研究视角为我们重新讨论中国佛教神圣传记提供了新的思路。此外，传统文献学（如版本目录学）与新的批评理论（如互文性理论）也可以产生新的结合与反应。如传统史学强调“史源”，而 Barbara Herrnstein 也曾指出，叙事文本并非孤立的。[②]各版本之间往往存在联系，而思想与历史便蕴含其间。本文选取的个案是二世哲布尊丹巴呼图克图传记。

哲布尊丹巴呼图克图（ǰibzundamba qutuγtu）是清代喀尔喀蒙古藏传佛教的最高宗教领袖，该世系始于喀尔喀土谢图汗衮布多尔济（gümbü dorǰi）之子札那巴咋尔（ǰanabazar，1635—1723），蒙古各部多称其为温都尔格根（öndür gegen）或博克多格根（boγda/boγdo gegen），意为“至高光明”与“至圣光明”。札那巴咋尔五岁时坐床、受戒，法名罗桑丹贝坚赞（blo bzang bstan pa’i rgyal mtshan），后入藏从五世达赖喇嘛处获得哲布尊丹巴（亦作泽卜尊丹巴、折卜尊丹巴等）之号，即藏语“圣贤尊者”（rje btsun dam pa）之音译，是为一世哲布尊丹巴。[③]自康熙初年开始，喀尔喀左右翼之间的内讧愈演愈烈，支持右翼扎萨克图汗部的卫拉特蒙古准噶尔部噶尔丹趁机东扩，于康熙二十七年（1688）攻入土谢图汗部腹地，焚毁哲布尊

① Kōichi Shinohara，“Two Sources of Chinese Buddhist Biographies：Stupa Inscriptions and Miracle Stories，” in *Monks and Magicians：Religious Biographies in Asia*，edited by Phyllis Granoff and Kōichi Shinohara，Oakville，Ontario：Mosaic Press，1988，pp.119-228.

② Smith，Barbara Herrnstein，“Narrative Versions，Narrative Theories，” *Critical Inquiry* 7.1，1980，pp.213-36.

③ dzaya pandita blo bzang’phrin las，“Rje btsun dam pa blo bzang bstan pa’i rgyal mtshan dpal bzang po’i’khrungs rabs bco lnga’i rnam thar”，in Lokesh Chandra，*Life and Works of Jebtsundampa I*，Śata-Piṭaka Series，vol. 294，New Delhi：Sharada Rani，1982，pp. 435-440.

丹巴的寺庙——额尔德尼召。军事上走投无路的左翼各部在哲布尊丹巴率领下归附清朝。一方面，哲布尊丹巴亟须清军的保护以抗衡卫拉特蒙古，巩固自己在喀尔喀的宗教地位与权威；另一方面，清廷也需要利用哲布尊丹巴来制约或消解当时尚未完全掌控的西藏达赖喇嘛教权在蒙古地区的巨大影响。[①]康熙三十年，清朝与喀尔喀各部在多伦诺尔进行会盟，喀尔喀正式并入清帝国版图。不久之后，康熙帝“封泽卜尊丹巴胡图克图为大喇嘛，于喀尔喀地方立为库伦，广演黄教”[②]。

雍正元年（1723）正月，前来吊唁康熙帝的一世哲布尊丹巴在北京圆寂。按照藏传佛教活佛转世制度，接下来的大事便是寻找老喇嘛的转世灵童（呼毕勒罕）。然而围绕着灵童人选，却引发了喀尔喀蒙古内部之间的明争暗斗。对于这段纷争，学界已有关注。无论是早期波兹德涅耶夫《蒙古及蒙古人》的搜罗，还是妙舟《蒙藏佛教史》的转述，抑或后来学者的研究，主要依据的都是佚名所著蒙古文《哲布尊丹巴传》中的记载。[③]值得注意的是，作为记录历辈哲布尊丹巴事迹的传记，《哲布尊丹巴传》并非成于一人或一时，而是具有“续纂”属性和“层累”的特点。从 19 世纪中叶开始，还有多部哲布尊丹巴呼图克图的蒙、藏文传记陆续写定。相较于汉文史料，多语种文献是否能为我们提供这位蒙古佛教领袖更加丰富的个人信息？诸文本间又是否存在联系？这是本文首先要讨论的问题。传记文献以外，清代满文档案中也留下二世哲布尊丹巴的身影。这些档案材料（及其背后所呈现的历史）是否与神圣传记文本存在联系？这是本文要

① 杨奇霖：《佛法与王法：佛教在清帝国身份认同中的作用——以康熙朝喀尔喀蒙古一世哲布尊丹巴为中心》，载释妙江等主编《身份认同及群体建构——第四届五台山信仰国际学术研讨会论文集》，台北：新文丰出版公司 2019 年版，第 216—256 页。

② 清理藩院编，赵云田点校：《乾隆朝内府抄本〈理藩院则例〉》，中国藏学出版社 2006 年版，第 118 页。

③ 李毓澍：《外蒙政教制度考》，台北：“中研院”近代史研究所 1962 年版，第 377—396 页。赵相璧：《简论第二世哲布尊丹巴呼图克图》，载中国社会科学院中国边疆史地研究中心编《清代蒙古高僧传译辑》，全国图书馆文献缩微复制中心 1990 年版，第 372—383 页。Baboo，*čing ulus kiged ǰibzundamba qutuɣtu*，民族出版社 2019 年版，第 63—73 页。

解决的第二个问题。

需要说明的是，本文对佛教传记的研究是初步的，只局限在文本表面，即通过语文学、文献学的方式，对佛教圣传进行研究。至于其背后所呈现出的清朝与喀尔喀蒙古之间的政教互动，将另文探讨。文中非汉文文本的拉丁字母转写方案，满文依穆麟德转写，蒙古文采鲍培式转写，藏文用威利转写。

二　哲布尊丹巴传记文本的梳理

道光十三年（1833），理藩院咨文驻库伦办事大臣衙门，言及“新编哲布尊丹巴呼图克图共二十世代之传记及源流”[①]，所指应即当年写成的【Y1】《温都尔格根源流及彼时满洲皇帝谕旨等重要事项汇写册》（öndür gegen-ü uγ eke kiged tere üy-e-yin manju-yin qaγad-un ǰarliγ tusiyal metü-yin čiqula kereg ǰüyil-i čuγlaraγulun bičigsen debter），这是笔者目前所见记载二世哲布尊丹巴信息且具有明确写定年代的非汉文史料中最早的一部。该文献具有官方史书及备忘录的性质，主要收录皇帝的谕旨及政府机构间的往来文书，对哲布尊丹巴生平的记述较为简略，如记载二世哲布尊丹巴的出生只云：“十七世名罗布桑丹彬多密，雍正二年在喀尔喀之地敦多布多尔济家里转世。”（arban doluduγar türül ün ner-e lobsangdambidongmi. nayiraltu töb ün qoyaduγar on，qalq-a-yin γaǰar tur dondubdorǰi yin ger tür qubilγan γarba.）[②]根据《额尔德尼召史》（erdeni ǰuu-yin teüke），擅长作画的额尔德尼召法台多尔济阿齐图绰尔济（dorǰi ačitu čorǰi）曾按照一世格根的意愿（taγalal），为其创造出此前在印度、西藏转生的十五代世系，加上转生于蒙古的这一辈，共十六代。（enedkeg tübed-tü qubilaǰu yabuγsan arban

① 乌云毕力格、散·楚仑编：《蒙古国藏第一世哲布尊丹巴呼图克图蒙古文传记汇集》，内蒙古科学技术出版社 2020 年版，第 181、217 页。

② 乌云毕力格、散·楚仑编：《蒙古国藏第一世哲布尊丹巴呼图克图蒙古文传记汇集》，第 189 页。

ǰirɣuɣan düri-nü nirwa-ni öberün bey-e-ber bötögeǰü.）①这与达赖、班禅等格鲁派活佛谱系一样，都将源流追溯至释迦牟尼时代的印度，以此建构其神圣性。②因此，二世哲布尊丹巴在传记中多被称作第十七世。

与之近似的记载还有道光二十一年（1841）年编成的蒙古史书【Y2】《宝贝念珠》（erdeni-yin erike kemekü teüke bolai），③其中补充了其生母的名字："哲布尊丹巴呼图克图十七世名罗布桑丹彬多密，雍正二年在喀尔喀之地额驸王敦多布多尔济家中，从夫人察罕达拉巴雅尔图那里转世。"（ǰibzundamba qutuɣtu-yin arban doluduɣar türül ün ner-e lobsangdambidongmi nayiraltu töb ün qoyaduɣar on köke luu ǰil qalq-a-yin ɣaǰar ulus un efü wang dondubdorǰi yin ger tür qatun čaɣan dar-a bayartu ača qubilɣan ɣarbai.）④

几乎在噶尔丹（ɣaldan）编订《宝贝念珠》的同时，后来获封库伦堪布诺门罕（khu re'i mkhan po no min han）的喀尔喀蒙古僧人纳吉旺布（ngag gi dbang po，即 ngag dbang ye shes thub bstan，1807?/1815—1889/1897）⑤于道光十九年（1839）完成了一世哲布尊丹巴的藏文传记【Y3】《善缘信者之车》（bzang dad pa'i shing rta）。该书除收入纳吉旺布文集的藏文刻本外，德国蒙古学家坎普菲（Hans Rainer Kämpfe）还曾影印刊布其蒙古文抄本"sayin qubitan-u süsüg-ün terge"。在一世格根于北京圆寂之后，该传记紧接着说道：

manzusiri eǰen qaɣan-u sonur tur öčibesü sedkil yekede čileǰü. ǰarliɣ

① Čendin-a sudulun（Публикация Цендиной），emkidkebe.，*erdeni ǰuu-yin teüke*，内蒙古教育出版社 2017 年版，第 70—73 页。

② 释妙舟：《蒙藏佛教史》，广陵书社 2009 年版，第 119—121、147—148、180—186 页。

③ 胡斯冷：《戈拉登〈宝贝念珠〉史源与史料价值研究》，内蒙古大学硕士论文，2014 年。

④ Галдан，*Эрдэнийн Эрих Хэмээх Түүх Болой*（Улаанбаатар：Соёмбо Принтинг，2006），p. 668.

⑤ BDRC P259，Buddhist Digital Resource Center（https://donate.tbrc.org/#!rid=P259）. Agata Bareja-Starzyńska，"The Mongolian Incarnation of Jo nang pa Tāranātha Kun dga' snying po：Öndör Gegeen Zanabazar Bio bzang bstan pa'i rgyal mtshan（1635–1723）：A Case Study of the Tibeto-Mongolian Relationship，" *The Tibet Journal*，34/35（2010）.

eče minu ǰegüdün-tü kögsin qutuγ-tu mutur-iyar tayaγ tur sitügseger wang don grub rdo rǰe yin ger tü odugsan i ǰegüdülbei. qubilγan tende ögede bolugsan mön bolultai. gebeču töbed tür elči ǰaruǰu qubilγan i erikü keregtei kemen ǰarliγ bolǰu.①

文殊师利大皇帝听闻［活佛圆寂］十分悲伤，下旨云：我梦到老呼图克图拄着拐杖进入王顿珠多吉（敦多布多尔济）之家，其呼毕勒罕或转生于此。但须派遣使者前往西藏寻找呼毕勒罕。

雍正帝下旨遣使西藏寻求验证呼毕勒罕的记载正与《雍正朝起居注册》及后来各类政书中"奉使西域，赍回班臣、达赖喇嘛之文"云云相呼应。②更加值得注意的，是这一旨在凸显活佛神圣性的"圣徒传记"（hagiography）中首次出现了皇帝梦到老呼图克图转生于敦多布多尔济之家的情节。有学者指出，该传记主要参考了罗布桑普棱列（blo bzang'phrin las）于18世纪初为其师所作传记，③但由于后者记事止于1702年，因此，对于1722年一世格根进京及其圆寂之后的情形，纳吉旺布应另有所本。

大约在1848—1851年之间，④纳吉旺布又汇集前六世哲布尊丹巴简略生平，完成【Y4】《白莲美鬘》（pad dkar phreng mdzes）。笔者所据即其库伦版文集中的藏文印本，该文本在述及二世哲布尊丹巴的部分虽漫漶不清，但依然可以辨认出如下信息：

① ngag gi dbang po（Ngag dbang ye shes thub bstan），"tügemel-ün eǰen mandal-un itegel rǰe bčun dam ba blo bzang bstan bai rgyal mčan-u čadig sayin qubitan-u süsüg-ün terge kemegdeküi orosiba. ff. 60r," in Kämpfe. Hans Rainer，Sayin qubitan-u süsüg-ün terge：Biographie des 1. rJe bcun dam pa-Qutuqtu Öndür gegen（1635–1723），verfasst vor Ṅag gi dbaṅ po 1839，2，Folge，*Zentralasiatische Studien* 15（1981）.

② 中国第一历史档案馆编：《雍正朝起居注册》，中华书局1993年版，第1588页。清理藩院编：《乾隆朝内府抄本〈理藩院则例〉》，第119页。

③ Okada Hidehiro，"Five Tibeto-mongolian Sources on the rje btsun dam pa qutuγtus of urga,"《国立政治大学边政研究所年报》16（1985）。

④ Okada Hidehiro，"Five Tibeto-mongolian Sources on the rje btsun dam pa qutuγtus of urga,"《国立政治大学边政研究所年报》16（1985）。

…Skyabs［mgon］sku ‘phreng gnyis…khal kha g.yon ru han …nye char’u kwe mur zhes grags par yab e phu wang tshe dbang don grub rdo rje dang，gong ma nA’i ral thu rgyal po’i mnal lam dang，lha blama’i lung bstan mthun pas ngos’dzin mdzad.①

……怙主二世……最近于喀尔喀左翼汗部……额驸王策旺顿珠多吉（敦多布多尔济）［家中转生］，在雍正皇帝的梦中与喇嘛的预言相一致。

这部六位哲布尊丹巴的合传虽然极其简短，却提供了不少独特的信息：一是将额驸的名字记为“策旺顿珠多吉”；二是增加了雍正帝梦中所见与西藏喇嘛的预言 / 神谕相符合的表述。

咸丰三年（1853），喀尔喀蒙古奏请将七世哲布尊丹巴呼毕勒罕从西藏迎回库伦。② 与此同时，管理属众喇嘛的额尔德尼商卓特巴（erdeni šangǰudba）衙门也完成新的历代哲布尊丹巴传记——【Y5】《敕封喀尔喀四部供养隆教安生哲布尊丹巴呼图克图源流及其诸功绩与众恩典法令逐条缮写之册》（ǰarliγ-iyar qalq-a-yin dörben ayimaγ tur bügüdeger takiγdaγsan šasin-i manduγulqu amitan-i ǰirγaγuluγči ǰibzundamba qutuγtu-yin uγ eki ba，eldeb γabiy-a ǰidkül olan jüil-ün kesig-i ǰüil daraγalan bičigsen čese）。在二世哲布尊丹巴部分，除基本信息外，对灵童选定之经过及相关谕旨的记载更为丰富：

① ngag gi dbang po（Ngag dbang ye shes thub bstan），“skyabs mgon rje btsun dam pa rim po che’i sku phreng rim byon rnams kyi rnam thar mdo tsam du bkod pa pad dkar phreng mdos.” in R. Byambaa，*The Collected Biographies of Jebzundampa Khutugtus of Khalkha*. Mongol bilig series for studying tibetan language works written by mongols（Ulaanbaatar：R. Byambaa，2006），vol.5，pp. 736.

② 咸丰三年四月十一日德勒克多尔济奏折，中国第一历史档案馆藏军机处满文录副档，档号：03-0206-4363-046。

ǰibzundamba blama yin qubilɣan i surbulǰilan ereɣülüre dalai blama bangčin（banči n）erdeni ner-tü tusqai ǰarliɣ baɣulɣaǰu. basa dotu ɣ adu örtege šangnaǰu. küriyen-ü mongɣol elči-ner-ün qamtu ǰurɣan-u bošoɣ nige-yi ɣarɣaǰu baraɣun ǰoo yin ɣaǰar-a ilegegsen. qoyina ǰibzundamba blama-yin qubilɣan-i surbulǰilan olugsan ǰerge yabudal-i ailadqaɣsan tur baɣulɣaɣsan ǰarliɣ-un dotor-a ebügen ǰibuzundamba blama ireǰü bi dörbedüger efü-yin ger-tür qubilba kemen ailadqaɣsan-i ǰegüdülegsen bülüge. qarin namayi ǰige köbegün-iyen ǰabsiɣtaɣulqu-yin tula blama bolɣaba kemekü-yi bolǰoǰu bolqu ügei. minü ǰegüdün-tür ebügen qutuaɣtu bey-e-ber ireǰü nadur ayiladqaɣsan bükün basači lama čoyiǰon dörbedüger efü yin köbgeünü iǰaɣur öngdör（öndür）kemen ǰiɣaɣsan anu neyilelčegsen-ü tulada. efü-yin köbgeün-i siregen-dür saɣulɣaɣtun kemegsen-i kičiyenggüilen daɣaǰu qalqačud bügüdeger ǰalaǰu takiɣsan.[①]

［世宗皇帝］特命达赖喇嘛、班禅额尔德尼寻访哲布尊丹巴喇嘛之呼毕勒罕，并赏赐驿站，还派遣理藩院拨什库一员与库伦蒙古使者一同前往西藏。后上奏已寻得哲布尊丹巴喇嘛呼毕勒罕等情时，圣旨：［朕］梦见老哲布尊丹巴喇嘛前来奏称其已转生四额驸家中。将来或有人称朕趁机约定朕之外甥为喇嘛者亦未可料。老呼图克图亲来托梦所奏，与全体喇嘛吹忠所做四额驸之子家世高贵之指令相符。于是，众喀尔喀恭请额驸之子坐床，敬谨供奉。

这部又名《圣上源流》（degereki-yin uɣ eki orosibai）的文献，明显具有商卓特巴向清朝行政机构专门呈报哲布尊丹巴呼图克图传记的官方史书性质。该文本不仅增加了赏赐沿途驿站以便喀尔喀蒙古遣使西藏确认呼毕勒罕人选的记载，而且在所引谕旨中，雍正帝还强调最终选定额

① 乌云毕力格、散·楚仑编：《蒙古国藏第一世哲布尊丹巴呼图克图蒙古文传记汇集》，第304—306页。

驸敦多布多尔济之子为呼毕勒罕并非要趁机给蒙古姻亲谋取私利。相反，其合法性来自一世哲布尊丹巴在皇帝梦境中的“遗嘱 / 预言”和西藏喇嘛的“神谕 / 认证”。至此，遗嘱、神谕和梦境同时出现在关于二世哲布尊丹巴灵童选定的叙事中。

对这三个核心元素进一步增饰丰富的，就是前文提到的最常被人征引的佚名所著【Y6】《哲布尊丹巴传》。该传记有多种抄本，后经蒙古学家鲍登转写译注，成为蒙古学界十分基础而重要的文献。[①] 关于二世哲布尊丹巴的灵童，传记写道：

> （一世哲布尊丹巴在北京）弥留之际，随其同来的喀尔喀两个王为首的同伴问道：“将转世到何方？”……（一世哲布尊丹巴）说：“要留心猴年或鸡年生的女子。”公主闻讯，将此告与额驸达尔罕亲王。达尔罕亲王奏报世祖皇帝（应是世宗——引按）后，从驿站返回家乡，娶和托辉特部塔布囊台什猴年生的女儿为哈敦。……把四个幼童的名字记下来奔赴西藏，奏报众博格达及法主，以确定谁为真正的转世灵童。众博格达及法主降旨：“达尔罕亲王额驸之子世族高贵。”喀尔喀使者赴藏之际，雍正皇帝梦中见哲布尊丹巴呼图克图一世求见，告之曰：“我已转世，那第四位幼童，额驸妾之子既是。”尔后，雍正皇帝颁旨：“朕梦中见到老呼图克图，告朕其投胎为额驸之长子，那幼童当为呼图克图。与西方众博格达及法主所说的四额驸之子世族高贵相符，理当由其坐床。”[②]

冈田英弘据鲍登本《哲布尊丹巴传》书末“今咸丰帝在位九年”云

① Charles R. Bawden, *The Jebtsundamba Khutukhtus of Urga*: *Text*, *Translation and Notes* Wiesbaden: O. Harrassowitz, 1961.

② 无名氏著，申晓亭、成崇德译注：《哲布尊丹巴传》，载中国社会科学院中国边疆史地研究中心编《清代蒙古高僧传译辑》，第 235—236 页。

云，推测该书成于1859年。[①]二木博史则对鲍登所用是否为原本提出疑问，特别是作为底本的抄本“U”与达什巴德拉哈（Дашбадрах）据以整理的《额尔德尼召及温都尔格根传》（Erdeni ǰuu ba öndür gegen-ü namtar orosibai）之间存在同源关系，而后者关于三世哲布尊丹巴圆寂之前的内容则被认为或成立于18世纪中后期。[②]那么，该传记很可能也出现在四世哲布尊丹巴时代。正如二木氏对《哲布尊丹巴传》不同抄本进行比较研究之后所指出的，自一世哲布尊丹巴部分以降，叙事风格逐渐转为资料汇集，特别是从第四世哲布尊丹巴传记开始，不断扩充而又来源各异的材料使得诸抄本间互有详略，且差异逐渐增大。[③]事实上，《哲布尊丹巴传》中关于二世哲布尊丹巴的部分，也经历了陆续编纂的过程。

在此文本中，西藏喇嘛和吹忠给出的认证或神谕是“达尔罕（darqan）亲王额驸之子世族高贵”，虽然不似理藩院据喀尔喀蒙古使者“赍回班臣、达赖喇嘛之文”而奏请“应将额驸敦多卜多尔济之子准为泽卜尊丹巴胡图克图之胡毕尔汗”那般言之凿凿，[④]但“达尔罕亲王额驸”所指应即敦多布多尔济；再结合雍正帝对其梦境的描述及解释来看，《哲布尊丹巴传》与《圣上源流》的记载近乎一致，明显存在同源关系。传记还说：“额驸达尔罕亲王梦中见其念珠的大珠及拇指上节化为金刚菩萨，其妻查干达拉梦中见温都尔格根步入其庭院，后入室内。”[⑤]这与前引纳吉旺布《善缘信者之车》中对雍正帝梦境的记载十分接近，只是做梦者从雍正帝移植到敦多布多尔济夫妇身上。

① Okada Hidehiro，“Five Tibeto-mongolian Sources on the rje btsun dam pa qutuγtus of urga,”《国立政治大学边政研究所年报》16（1985），第232页。

② Дашбадрах，“Өндөр гэгээний намтар оршвой,” Шагдарын Бира，*Шагдарсүрэнгийн Сонинбаяр*，*Доржготовын Дашбадрах*，*Өндөр Гэгээний намтрууд оршивой*，Улаанбаатар：ШУА-ийн Эрдэм Компани，1995，pp. 1–2.

③ 二木博史：《モンゴル語版『ジェブツンダンバ・ホトクト伝』について》，《東京外国語大学論集》82（2011），第3、9—12页。

④ 清理藩院编：《乾隆朝内府抄本〈理藩院则例〉》，第119页。

⑤ 无名氏著，申晓亭、成崇德译注：《哲布尊丹巴传》，载中国社会科学院中国边疆史地研究中心编《清代蒙古高僧传译辑》，第236页。

《哲布尊丹巴传》相较于此前文本最大的不同是对“预言 / 遗嘱”元素的扩充——格根临终之际，曾预言将转生于猴年或鸡年出生的女子腹中。一方面我们可以将之看作老呼图克图对自己转世的提前安排，也即遗嘱，以此建构哲布尊丹巴世系的神圣性与合法性；另一方面，此消息又引出额驸、公主与雍正帝的提前布局，并返回蒙古迎娶猴年出生女子，似乎透露出有人为竞争操作的痕迹。

抄写于同治九年（1870）的【Y7】《第一世博格达哲布尊丹巴喇嘛名号及初建扎仓祈愿佛教永驻》（boɣda ǰibzundamba lama-yin angqan törül-ün ner-e orosiba. oron dačang angqan bayiɣuluɣsan buyan-iyar burqan-u saǰin öni egüride orosiqu boltuɣai）虽以一世哲布尊丹巴事迹为主体，但对此后历辈转世亦有记载，应是自 18 世纪中叶开始陆续编纂而成。相对于其他版本的《哲布尊丹巴传》，该文献不仅受佛教传说影响较少，而且具有编年史书的性质。特别是关于库伦各扎仓的建立，往往记录确切之年代或其他细节信息。[①] 这一特征也表现在二世哲布尊丹巴的传记中：

> arban doluduɣar türül ün ner-e ǰibǰunlobsangdambidongmi nayiraltu töb ün qoyaduɣar on köke ɣal luu ǰil qalq-a-yin qan aɣula yin oyir-a ügemür kemekü ɣaǰar-a ulus un efü wang čewan［g］dongdobdorči yin ger tür eke qatun čaɣan dar_a bayartu ača qaburun dumdatu sara-yin Sine-yin nigen tü qubilɣan ɣaraču mengdülegsen bui.[②]
>
> 十七世名哲布尊罗布桑丹彬多密，雍正二年甲辰（木龙）在喀尔喀汗山附近的乌格木尔之地额驸王策旺敦多布多尔济家中，二月初一日，从其母后察罕达拉巴雅尔图那里转生。

① Н.Хатанбаатар，*Монголын Их хүрээ хийд：аймаг ба дацан*，https://www.academia.edu/30971383/Ik_Khuree_khiid_aimag_ba_datsan_docx?auto=download.

② 乌云毕力格、散·楚仑编：《蒙古国藏第一世哲布尊丹巴呼图克图蒙古文传记汇集》，第 45 页。

这一相对简略的记述并未涉及二世灵童选定之经过，但对其出生地点在汗山附近的乌格木尔的记载则更为具体，所记出生时间（雍正二年二月初一日）亦与《哲布尊丹巴传》相同。特别值得注意的，是该传记将四额驸的名字载为“策旺敦多布多尔济”，与纳吉旺布《白莲美鬘》一致。而且，关于一世哲布尊丹巴圆寂后雍正帝谕旨及赏赐之物的记载也与《善缘信者之车》十分接近，[①]表明《第一世博格达哲布尊丹巴喇嘛名号》与纳吉旺布所著传记之间存在同源或沿袭关系。

如果我们将上述传记文本关于二世灵童的书写进行“叙事要素”拆解，并将其进行归类，可以得到表 1：

表 1　　　　各传记文本叙事要素对照

Y6/《蒙古及蒙古人》	Y1-Y5/Y7
	名字：lobsangdambidongmi（Y1/2/7）
生于 1724	生于 1724（Y1/2/7）
父亲：额驸 = 达尔罕亲王 母亲：Čaγan Dara	父亲：额驸 = 达尔罕亲王 母亲：Čaγan Dara（Y2/7）
老呼图克图的遗嘱 = 老呼图克图（的神灵）走入敦多布多尔济家	（老）呼图克图（的神灵）走入敦多布多尔济家（Y3/5）
西藏喇嘛的意见	西藏喇嘛的意见（Y4/5）
雍正帝的梦	雍正帝的梦（Y3/4/5）
四个候选人的名单	
雍正皇帝下旨“……欲使额驸之子为灵童”。	准喀尔喀人举行坐床仪式（Y5）
驿站	驿站（Y5）
喀尔喀内部的纷争（《蒙古及蒙古人》）	
喀尔喀王公都打算运作自己的孩子成为灵童（《蒙古及蒙古人》）	

① 乌云毕力格、散·楚仑编：《蒙古国藏第一世哲布尊丹巴呼图克图蒙古文传记汇集》，第 42—43 页。

根据撰述的立场和性质，上述七种文献可以被分为两类：一类是具备官方色彩的“史传”（Y1、Y2、Y5、Y7），主要由哲布尊丹巴商卓特巴衙门等机构向清廷呈报备案，除记录历辈哲布尊丹巴源流及生平外，还存录清廷册封赏赐的印敕、谕旨、咨文等官方往来文书；一类是带有宗教情感的“圣传”（Y3、Y4、Y6），由蒙藏喇嘛完成，更多关注历代哲布尊丹巴在宗教层面的言教和神迹，因充满神话色彩，情节也更为生动丰富。除了文献本身的续纂属性外，各文本间关于二世哲布尊丹巴个人信息及其选定过程的记载也存在一定的因袭和借鉴。在 19 世纪下半叶出现的传记中，一世哲布尊丹巴托梦雍正帝、西藏喇嘛认证转世灵童人选等情节，应受到纳吉旺布所作藏文传记《善缘信者之车》和《白莲美鬘》（或者与之同源的更早传记文本）的影响；而在此之前的《温都尔格根源流及彼时满洲皇帝谕旨等重要事项汇写册》《宝贝念珠》等官私“史传”中对二世哲布尊丹巴生平的记载相对简略，对其呼毕勒罕身份认定的经过着墨不多；相应地，有关二世哲布尊丹巴具体的出生地点、雍正帝赏赐沿途驿站之谕旨，则较先出现于《圣上源流》《第一世博格达哲布尊丹巴喇嘛名号》一类官方文献里。

从总体上看，愈晚出的文本各种细节也愈丰富，尤以存在多种抄本的佚名《哲布尊丹巴传》和波兹德涅耶夫《蒙古及蒙古人》当中的记载为集大成之代表。这些情节曲折丰富的传记尽管在细节上有出入，但都包含有“（一世格根的）遗嘱”“（西藏喇嘛的）神谕”“（雍正皇帝的）梦境”这三个核心要素。具体来说：一是老活佛曾在临终前或通过身后托梦的方式对自己的转世作出预言，并且有喀尔喀贵族参与其中或提前知晓而早作准备；二是按照当时格鲁派活佛转世制度，前往西藏请护法神对候选灵童作出认定，此过程中同样存在喀尔喀各势力间的明争暗斗和互不相让；三是雍正帝依据自己的梦境对二世哲布尊丹巴人选作出最终裁定。

三　相关档案文献的考察

传记文本中围绕二世哲布尊丹巴灵童选定被踵事增华的情节，相当程度上是为了构建活佛转世的神圣性与合法性；草原上的种种传闻自然也有好事者不断添枝加叶。然而，传记及传言中关于喀尔喀蒙古各部贵族间的竞争、西藏喇嘛的认证、雍正帝据梦境而作出的最终裁定等内容，实则都存在历史依据，并且可从两份清代满文档案中找到更早的来源。

第一份是雍正四年六月二十七日喀尔喀副将军、额驸策凌（ts'ering）奏折：

> 喀尔喀哲布尊丹巴呼图克图之妹达锡吹木丕尔托音遣人来臣处报称：“我年纪已老，即在旦夕。请尔等会议，经具奏圣主，求驿遣人往西土，将呼图克图降生于何处何地之事，给达赖喇嘛、班禅、拉穆吹忠等看视，使我老人死前闻之喜悦。”等语。臣语之言：“现既遣使送呼图克图之布彦，又何必另遣使臣。”等语。其后，达锡吹木丕尔托音遣王丹津多尔济来报臣曰：“现土谢图汗旺扎尔多尔济生一子，王额驸敦多布多尔济在此之房婢生一子，贝勒车木楚克那木扎尔之子生一子，达锡吹木丕尔托音之奶母之子车登生一子。据来报伊等生俱奇特。各已斋戒敬养。伊等皆为大者，今若不及早认定，则送呼图克图之布彦时，伊等之人皆去，恐有变故，是以赶紧派人赴西土看视。其送布彦之人等，欲今岁暂停。将此密告额驸。”等语。是以我等与我喀尔喀汗等商议：“呼图克图乃我等供奉之喇嘛，若不访认真呼毕勒罕，致起争斗，则不可矣。是故我喀尔喀汗旺扎尔多尔济等以为此事，请派人往西土。”等因赍奏。将其中之缘由，臣乘便密奏以闻。①

① 中国第一历史档案馆译编：《雍正朝满文朱批奏折全译》，黄山书社 1998 年版，第 1364 页。

根据蒙古习俗，贵族妇女“素有参与部族事务的资格和权力，也受到族众的尊重与奉随”，这一传统在蒙古被纳入清朝盟旗制度后依然发挥作用，并“集中于决策族权爵位之承袭”。[①] 档案中提到的“达锡吹木丕尔托音”，即前引《起居注册》中与喀尔喀王一同遣使西藏的“达锡”。作为一世哲布尊丹巴和老土谢图汗察珲多尔济（čaqun dorǰi）之妹，达锡吹木丕尔托音本就地位尊贵，特别是在爵位承袭或活佛转世前后的空档期，更扮演重要角色。因此由她出面致书驻防阿尔泰的副将军策凌，请其与喀尔喀其他王公商议并奏报雍正帝后派遣使者经由驿站入藏，请西藏众法主确认转世灵童人选。按惯例，喀尔喀蒙古僧俗每年要往西藏向达赖、班禅等赍送修福之贡献（布彦），故而策凌最初认为没有必要专门另派使者，打算待今年以哲布尊丹巴名义入藏熬茶时一并处理。得知策凌态度之后，达锡吹木丕尔托音又派郡王丹津多尔济前来催促。丹津多尔济是察珲多尔济之弟西第什哩的次子，雍正元年晋封多罗郡王；雍正二年任副将军，与策凌、博贝分兵驻守阿尔泰；雍正四年偕土谢图汗旺扎勒多尔济请助给屯田兵粮。或因丹津多尔济彼时身在土谢图汗部，遂被姑母达锡吹木丕尔托音派去向策凌再次阐明利害：现有四名呼毕勒罕候选人，每位灵童又都代表着一股政治势力，如果四方都以哲布尊丹巴名义派人入藏，显然会引发变乱。于是决定今年暂停送布彦一次，同时须尽快专程赴藏确认呼毕勒罕人选。意识到事态紧迫的策凌旋即与喀尔喀汗王商议，由土谢图汗旺扎尔多尔济领衔奏请遣使入藏。

从雍正元年一世哲布尊丹巴圆寂到雍正五年清廷下旨册封呼毕勒罕，其间相距五年，《蒙古及蒙古人》和《蒙藏佛教史》认为前往西藏的使团至少在雍正三年便已回到喀尔喀，而直至雍正五年才正式册封，是因为小哲布尊丹巴“那时不过一周岁半，因此皇帝的决定自然不能立即执行”[②]，

① 参看贾宁《清代文献所见之蒙古妇女地位》，《近代中国妇女史研究》2017 年第 30 卷。

② ［俄］阿·马·波兹德涅耶夫：《蒙古及蒙古人》，刘汉明等译，内蒙古人民出版社 1989 年版，第 553 页。

但从上引奏折来看，喀尔喀对呼毕勒罕人选的寻觅和争论在雍正四年时仍未结束，且有愈演愈烈之势。策凌在奏折中向皇帝汇报喀尔喀现有四名呼毕勒罕候选人，须派人入藏请喇嘛认定。这表明佚名所著《哲布尊丹巴传》中所言“把四个幼童的名字记下来奔赴西藏，奏报众博格达及法主，以确定谁为真正的转世灵童”云云并非空穴来风。[①] 而且，前述鲍登和札奇斯钦皆曾寓目的《哲布尊丹巴传》另一抄本同样将角逐呼毕勒罕的势力记为四方，[②] 很可能也源于历史事实。

策凌的密折还提供了十分关键的信息——当时所寻找到的四位灵童候选人分别是：土谢图汗旺扎尔多尔济之子、亲王额驸敦多布多尔济之子、贝勒车木楚克那木扎尔之孙、达锡吹木丕尔托音奶母之孙。这份被送往西藏的名单中并没有出现如《蒙古及蒙古人》所载草原传闻中提及的车臣汗部或赛音诺颜部的人选。[③] 相反，四个候选人全部来自土谢图汗部，甚至局限在土谢图汗家族之内。旺扎尔多尔济是察珲多尔济之孙，多尔济额尔德尼阿海之子，康、雍之际为土谢图汗；敦多布多尔济除是清廷额驸外，还是察珲多尔济长孙，康熙朝曾短暂承袭土谢图汗号；车木楚克那木扎尔则是察珲多尔济从子；达锡吹木丕尔托音是察珲多尔济之妹，其奶母自然也来自土谢图汗部。[④] 甚至就连间接参与此事的丹津多尔济和策凌等人也同属土谢图汗部。如此来看，一世哲布尊丹巴临终时的所谓预言或遗嘱确实可被视为一种“内定”——令哲布尊丹巴继续转生于土谢图汗家族之中，以此巩固其在喀尔喀蒙古中的地位。此举势必引起其他汗部的不满，也为后世渲染各势力间的竞争激烈埋下伏笔。

奏折中另一与传记有所关联的信息是喀尔喀使者入藏须借助清朝的驿

① 无名氏著，申晓亭、成崇德译注：《哲布尊丹巴传》，载中国社会科学院中国边疆史地研究中心编《清代蒙古高僧传译辑》，第 236 页。

② Charles R. Bawden，*The Jebtsundamba Khutukhtus of Urga*：*Text*，*Translation and Notes* Wiesbaden：O. Harrassowitz，1961，p. 68.

③ ［俄］阿·马·波兹德涅耶夫：《蒙古及蒙古人》，第 551 页。

④ 齐光：《大清帝国时期蒙古的政治与社会：以阿拉善和硕特部研究为中心》，复旦大学出版社 2013 年版，第 350 页。

站和驿道系统，故达锡吹木丕尔托音要向清朝皇帝“求驿”。虽然现存档案未见雍正帝关于此事的直接批复，但《圣上源流》等“史传”中皆保存了皇帝“赏赐驿站”（dotuγadu örtege šangnaǰu）的谕旨。而《哲布尊丹巴传》等“圣传”则记载额驸敦多布多尔济听闻格根遗嘱并向皇帝奏报后，奉旨“立即从驿站返回家乡”（örtege-ber darui nutuγ-tu bučaǰu）。[①] 传记文本专门言及驿站和谕旨这一细节，很可能即来源于当时的官方档案。对交通资源的掌控，表明清廷在介入蒙藏关系时处于一定的优势和主导地位。雍正帝于朱批中说：“闻尔等之力亦稍不足”（donjici suweni hūsun inu majige eleburakū sembi）[②]，也透露出一种“自信”心态；这种主导性在此事的后续发展中表现得更为明显和直截。

第二份是雍正五年十二月二十五日策凌奏折，略云：

> 于去岁，臣我得悉达锡吹木丕尔托音、哲布尊丹巴呼图克图之呼毕勒罕在三、四处，日后发生争执亦难预料，谨奏圣主往西地派使寻找等情，经臣谨具奏闻。本年，为呼图克图呼毕勒罕赴西地往寻之使臣、额驸敦多布多尔济之弟贡扎布多尔济等返回，携回喇嘛吹忠之文内称：“额驸敦多布多尔济之子即是。”等语前来。闻得，此次前去之使臣等抵达前，土伯特之人曾传扬：“哲布尊丹巴呼图克图之呼毕勒罕降生在四额驸家中。”等语。对此因我喀尔喀众扎萨克等不服，虽传唤当面开阅西域带回之文，但仅来土谢图汗、车臣汗几名扎萨克，其余扎萨克等并未前来。……今新转生之呼毕勒罕，众人生疑，且各存立己子为呼毕勒罕之心，则我喀尔喀等难办，且使圣主之耳根发热。依臣愚见，此事扩大之前，或将现所指新呼毕勒罕当即坐呼图克图之床；或查明真伪等情，若降旨令赴京城之王

① Charles R. Bawden，*The Jebtsundamba Khutukhtus of Urga*：*Text*，*Translation and Notes* Wiesbaden：O. Harrassowitz，1961.p. 20.

② 雍正四年六月二十七日策凌奏折，中国第一历史档案馆藏宫中满文朱批奏折，档号：04-02-002-000133-0004。

> 丹津多尔济等，呼图克图属众等不致散去，经法不致混乱，且我喀尔喀等永享圣主之恩。[①]

根据策凌奏折，虽然蒙古使者带回了西藏众法主明确认定额驸敦多布多尔济之子为呼毕勒罕的文书，但是该结论未能得到全体喀尔喀的信服。一方面是由于候选名单已经存在排他性，使土谢图汗部以外的各部从一开始就失去了竞争的机会；另一方面则因为所派使臣即为额驸之弟贡扎布多尔济，而且在他抵达前，西藏就已开始传扬哲布尊丹巴将转世四额驸家中，难以摆脱暗中运作之嫌。因此，当喀尔喀召开部族会议试图通过展阅西藏认证文书来消弭质疑时，只有土谢图汗和车臣汗部的几名扎萨克前来，其余各部贵族直接以缺席表达不满，甚至存在另立新活佛的想法。这一矛盾便为此后传记和传说中喀尔喀各部围绕灵童人选明争暗斗情节的出现提供了创作空间。而且，在传闻中参与竞争的车臣汗、赛音诺颜亲王等角色的出现，似乎也有历史的痕迹。除在传记里时常出场的车臣汗继续在档案中被提及外，这两份密折的具奏人策凌在雍正九年因军功晋封亲王，并授“喀尔喀大扎萨克”，统领从土谢图汗部被划分出的赛音诺颜部。[②]那么，《蒙古及蒙古人》所载“三音诺颜的达亲王”的历史原型或许正是这位真正的赛音诺颜和硕亲王。不同的是，策凌在此事中非但没有参与喀尔喀的内部争斗，而是以清朝“副将军”和“额驸”的身份向皇帝密奏并出谋划策。

雍正五年六七月间，策凌与四格、图理琛等赴布尔河与俄罗斯使节勘定疆界并签订《布连斯奇界约》，因此，他在奏折中说在蒙古使者返回时，自己“因在卡伦，未能与我喀尔喀汗、王、众扎萨克等会面，未闻尔等有何言谈”[③]。而当他从属下处听闻转世灵童的真伪正在造成喀尔喀各

① 中国第一历史档案馆译编：《雍正朝满文朱批奏折全译》，第1552页。

② 包文汉、奇·朝克图整理：《蒙古回部王公表传》，内蒙古大学出版社1998年版，第482页。

③ 雍正五年十二月二十五日策凌奏折，中国第一历史档案馆藏宫中满文朱批奏折，档号：04-02-002-000143-0015。

部间的分歧时，担心如果新的哲布尊丹巴活佛迟迟未能坐床很可能导致属众的混乱。于是在喀尔喀蒙古已派出丹津多尔济入京汇报的同时，策凌又密奏皇帝建议其早作决断，确认呼毕勒罕身份。由此，皇帝的态度和最终裁定变得至关重要。清廷在哲布尊丹巴转世中的作用，已不止于赏赐驿站遣使入藏，也不仅限于最后形式上给予册封，而是扮演了“终审者”的角色。

结合前引《起居注册》中理藩院于雍正五年十一月十八日“遵旨议奏”的时间和表述，在策凌奏折发出前的一个多月，雍正帝已经从来京的丹津多尔济（或其他管道）处获悉了西藏认证文书的内容，甚至对喀尔喀各部间的纷争亦有了解，因此才会令理藩院议后具奏。理藩院建议“应如所请，将额驸敦多卜多尔济之子封为泽卜尊丹巴胡图克图胡毕尔汗”[①]，即认可西藏喇嘛的意见，接受哲布尊丹巴继续转生在土谢图汗部。雍正帝在“召入王大臣等”商议时虽表示“应封于库伦地方以掌黄教”，但仍要求“议政王大臣、九卿会同详议”再奏。[②]表明具体方案尚待商定，雍正帝还须与议政王大臣等进行沟通。《起居注册》这条记载并非正式册封谕旨，也未明言承认敦多布多尔济之子即是哲布尊丹巴呼毕勒罕。然而从清廷已经开始讨论册封细节来看，显然皇帝同意了理藩院的建议，又或者理藩院议奏的方案本就是皇帝意志的体现。雍正帝收到策凌奏折后，朱批道：“尔此奏送抵前，已降旨定夺。朕之所梦（mini tolgikan bade）：必由王丹津多尔济来告。大奇（ambula ferguwecuke）！”[③]这表明，在雍正五年十一二月间，雍正帝经过与其他决策参与者商议，对二世哲布尊丹巴呼毕勒罕人选与册封事宜作出了最终裁定。

更加值得注意的是，雍正帝朱批提到曾在梦中预见该消息必定由丹津多尔济前来奏报，并感慨此事奇妙。雍正帝是否还梦到了一世哲布尊丹巴

① 中国第一历史档案馆编：《雍正朝起居注册》，第 1588 页。

② 中国第一历史档案馆编：《雍正朝起居注册》，第 1589—1590 页。

③ 雍正五年十二月二十五日策凌奏折，中国第一历史档案馆藏宫中满文朱批奏折，档号：04-02-002-000143-0015。

的嘱托，甚至他是否真的有此一梦，已难探求。然而可以肯定的是，作为哲布尊丹巴转世叙事的重要元素，皇帝的“梦”在当时的官方档案里明确出现。此后各传记中关于皇帝梦境同西藏神谕“相符合”的情节，也与档案中雍正帝所梦果真应验的记载存在密切关联。

现在，如果我们尝试将档案中的内容与表一进行对应，可以得到表 2：

表 2　　各传记文本叙事要素与档案内容对照

Y6/《蒙古及蒙古人》	Y1-Y5/Y7	档案
	名字：lobsangdambidongmi（Y1/2/7）	
生于 1724	生于 1724（Y1/2/7）	
父亲：额驸 = 达尔罕亲王 母亲：Čaγan Dara	父亲：额驸 = 达尔罕亲王 母亲：Čaγan Dara（Y2/7）	王额驸敦多布多尔济
老呼图克图的遗嘱 = 老呼图克图（的神灵）走入敦多布多尔济家	（老）呼图克图（的神灵）走入敦多布多尔济家（Y3/5）	
西藏喇嘛的意见	西藏喇嘛的意见（Y4/5）	蒙古使者带回西藏喇嘛意见：额驸敦多布多尔济之子即是（灵童）
雍正帝的梦	雍正帝的梦（Y3/4/5）	朕之所梦
四个候选人		土谢图汗旺扎尔多尔济之子、亲王额驸敦多布多尔济之子、贝勒车木楚克那木扎尔之孙、达锡吹木丕尔托音奶母之孙
雍正皇帝下旨“……欲使额驸之子为灵童”。	准喀尔喀人举行坐床仪式（Y5）	额驸之子为呼毕勒罕
驿站	驿站（Y5）	驿站
喀尔喀内部的纷争（《蒙古及蒙古人》）		众人生疑
喀尔喀王公都打算运作自己的孩子成为灵童（《蒙古及蒙古人》）		各存立己子为呼毕勒罕之心

这说明，陆续写定于 19 世纪中后期的二世哲布尊丹巴传记，除了彼此借鉴和因袭外，还保留了 18 世纪初历史现场的痕迹。经由传记流传，文本背后潜藏的清廷与喀尔喀的权力关系也逐渐进入蒙古人的文化记忆或身份认同之中。对喀尔喀蒙古来说，清廷的册封为这场纷争一锤定音。波兹德涅耶夫记述哲布尊丹巴的某传记抄本称：“后来达尔罕亲王常常提起这件事，他说有人指责他千方百计要使幼子当呼毕勒罕，其目的就是想使长子沾光。现在皇上做了这样一个梦，他的罪名才洗清了。”[①] 在此叙事中，雍正帝的梦境将喀尔喀呼毕勒罕的合法性与大清皇帝的权威联系起来，清廷对蒙古佛教的影响与干预大有超越西藏的意味。

四　结语

通过对二世哲布尊丹巴呼图克图呼毕勒罕相关传记文本和档案的梳理，我们可以粗略得出以下结论：

第一，自从罗卜藏普棱列于 18 世纪初为一世哲布尊丹巴写作传记以来，以此为蓝本，至 19 世纪中叶，诸多关于历辈哲布尊丹巴呼图克图的“合传”陆续诞生。根据撰述立场和目的，这些传记可大致被分为两类。一类是具备官方色彩的“史传”，除记录历辈哲布尊丹巴源流及生平外，还存录有关清廷的印敕、谕旨、咨文等官方往来文书，并由哲布尊丹巴商卓特巴衙门等机构向中央政府呈报备案。另一类是带有宗教情感的“圣传”，由蒙藏喇嘛完成，多关注历代哲布尊丹巴在宗教层面的言教和神迹，因充满神话色彩，情节也更为生动丰富。大部分传记并非一人或一时所作，而是具有“续纂”和“层累”性质。这些传记多以抄本形式流传，版本众多，各文本间既有内容详略的差异，也存在因袭借鉴之联系。其中围绕二世哲布尊丹巴呼毕勒罕人选及其认定经过的记载，便体现了传记文本之间的演变痕迹。一世哲布尊丹巴托梦雍正帝、西藏喇

① ［俄］阿·马·波兹德涅耶夫：《蒙古及蒙古人》，第 553 页。

嘛预言转世灵童人选等情节，应受到纳吉旺布所作藏文传记《善缘信者之车》和《白莲美鬘》的影响；而二世哲布尊丹巴具体的出生时间和地点、雍正帝赏赐沿途驿站之谕旨，则较先出现于《圣上源流》和《第一世博格达哲布尊丹巴喇嘛名号》一类官方文献中。大体上，愈晚出的传记，细节愈丰富，尤以咸丰九年佚名《哲布尊丹巴传》为集大成之代表，而波兹德涅耶夫《蒙古及蒙古人》所载则是对此类传记和蒙古当地传说的进一步汇集。

第二，各传记文本围绕二世哲布尊丹巴呼毕勒罕选定一事而不断增饰的情节，并非完全来自坊间对于政治秘闻的想象或出于宗教情感的圣传式书写。相反，传记及传说中涉及的诸多故事元素或细节内容，都可以从今存清代档案中找到更早的来源。喀尔喀副将军策凌在其分别写于雍正四年和五年的奏折中称：喀尔喀希望能借用清朝的驿道，派遣使者携带写有四名灵童候选人的名单前往西藏，请众喇嘛护法神确认哲布尊丹巴呼毕勒罕。然而在得到西藏喇嘛预言敦多布多尔济之子为哲布尊丹巴转世的结果时，喀尔喀众扎萨克却质疑其真实性，并有各自另立呼毕勒罕的打算，于是亲清朝的喀尔喀贵族请求清廷定夺。在这些档案中不难发现各类传记文本中喀尔喀蒙古各部间的竞争、四名灵童候选人、皇帝赏赐驿站、西藏喇嘛的神谕等要素。而雍正帝在朱批中提到了自己的梦境，虽然未必是指老格根托梦，但显然与后来传记中皇帝据梦境作出最终裁定这一情节存在联系。此外，奏折还提到在喀尔喀使者到达西藏前，藏人已在传扬活佛将转生于四额驸家中，似乎也对应着传记中一世哲布尊丹巴的遗嘱安排。档案与圣传之间的紧密联系表明清朝对喀尔喀的影响已进入文化和历史的书写层面。

第三，哲布尊丹巴传记与清代档案文献之间的关联，不仅有助于我们梳理传记文本的来源和演变，也反映出在二世哲布尊丹巴人选角力背后是清朝和喀尔喀蒙古之间的政教互动。雍正帝认定额驸敦多布多尔济之子作为转世灵童，便支持了西藏众法主所作的认定结果，表明他尚无意挑战西藏在活佛转世上的宗教权威；同时，面对喀尔喀内部的质疑之声，雍正帝也没有打破由土谢图汗部所主导的既定人选框架，从车臣汗部或扎萨克图汗部中另寻呼毕勒罕，而是对哲布尊丹巴继续转生于土谢图汗部的事实进行背书。雍正帝在二世哲布尊丹巴呼毕勒罕选定过程中“终审者”的身份表明在喀尔喀蒙古归附三十余年后，清廷早已介入并足以左右其政务；而借助呼图克图转世之机，更将此影响拓展至宗教领域。

贤首法藏对大小空有的融摄

韩焕忠

苏州大学教授

摘要：《金师子章》前五门是以法藏为代表的华严宗祖师对印度传来中土的佛教经典，包括小乘和大乘、空宗（中观派）和有宗（瑜伽行派）的融会、贯通和摄持。法藏对世界万事万物生成变化所作的阐释，便是“明缘起第一”；对林林总总世界万相的本质所作出的说明，便是“辨色空第二”；为了更好地阐明缘起与性空之间的圆融相即关系，于是紧接着就有了“约三性第三”；世界万物，林林总总，形形色色，其形相皆虚幻不实，但众生愚痴，以为真实，为了破此遍计所执，遂有“显无相第四”；形相既不可遍计以成执，而对于本质或真性，亦不可起生灭增减之想，故而有“说无生”。

关键词：法藏；《金师子章》；融摄

正如日僧高辨所说：“章家所立十门中，前五门且约三乘教立。”[①]华严宗以《华严经》为一乘教，以《华严经》之外的一切佛教经典为三乘教，高辨此论，意谓《金师子章》前五门，即明缘起第一、辨色空第二、约三性第三、显无相第四、说无生第五，是以法藏为代表的华严宗祖师对印度传来中土的佛教经典，包括小乘和大乘、空宗（中观派）和有宗（瑜伽行

① ［日］高辨：《金师子章光显钞》，转引自（唐）法藏著，方立天校释《华严金师子章校释》，中华书局1983年版，第2页。

派）的融会、贯通和摄受。

一　明缘起

在无尽的时空中存在着林林总总的万事万物，这是怎么形成的呢？各种宗教和哲学都有自己的解说，如有的说是神造的，有的说来自水，有的说来自火，有的说来自气的变化，而佛教则以缘起论对此作出了自家的解说。

法藏以金狮子为例，阐明世界万事万物的生成变化。他说："明缘起第一：谓金无自性，随工巧匠缘，遂有师子相起。起但是缘，故名缘起。"意谓金狮子的形成，是因为金接受了工匠的精巧加工。由此可知，工匠的精巧加工，是金狮子得以形成的"缘"；若果没有工匠的精巧加工，那么也就没有了金狮子的生起。因此之故，法藏将金狮子的形成称为"缘起"。缘，具有二义：一者为动词，意谓攀缘、凭借，如眼根攀援色境而成眼识，耳根攀缘声境而成耳识，乃至意根攀缘意境而成意识等，均为攀缘义；如因缘、次第缘、缘缘、增上缘等，都是凭借义。二者为名词，即不同事物之间因攀缘、凭借所形成的某种关联。具体到《金师子·明缘起第一》的"缘"，显然是一名词，表示金狮子是凭借着工匠对金的精巧加工所形成的这种关联才得以出现于世的。

五台承迁在《华严经金师子章注》中对此门解释说："第一明缘起者，谓万法无体，假缘成立；若无因缘，法即不生。故经云：'诸法从缘起。无缘即不起。'谓以金无自性，喻真理不变也。随巧匠之缘，遂有师子相起，喻真理随缘成诸事法也。起但是缘，故名缘起，结真理不动，动即事也。金喻一真之性，师子喻缘起事法。理本无生，随诸缘法，成差别相。相起繁兴，理即无生。故清凉云：'理随事变，则一多缘起之无边。'"[①] 承迁引经据典总述佛教缘起论的原理之后，认为在法藏金狮子的譬喻中，金

① （宋）承迁：《华严经金师子章注》，《大正藏》第 45 册，第 668 页上—中。

表示永恒不变的真理，金狮子表示随缘而成的差别事法，并引用清凉澄观的说法作为证明。很显然，承迁的这番解释具有浓厚的《大乘起信论》“真如不变而随缘”的意味，大体上可以归入“真如缘起论”的行列。

晋水净源在《金师子章云间类解》中对此门解释说：“‘谓金无自性，随工巧匠缘’，金喻真如，不守自性；匠况生灭，随顺妄缘。‘遂有师子相起’，喻真妄和合，成阿赖耶识。此识有二义：一者觉义，为净缘起；二者不觉义，作染缘起。‘起但是缘，故名缘起’，经云：‘诸法从缘起，无缘即不起。’即理事无碍门，同一缘起也。上句示缘，中句辨起，下句总结。然释此初章，非独摭《起信》申义，亦乃采下文为准。”[①]净源在这里联系法藏的原文，对法藏所说每一句话中的能喻（喻体）和所喻（本体）都作出了明确的解释，不仅将金狮子相的生起看作对真如和妄想和合而成的阿赖耶识的譬喻，而且还将其视为对《华严法界观门》中“理事无碍门”的体现，虽然仍然可以属于真如缘起论的范畴，但明显已经具有阿赖耶缘起的某些内涵了。

在方立天先生看来，“明缘起”就是法藏以金狮子为例，对世界万有的形成所作的一种解释。他在《华严金师子章校释》中说：“这一段的意思是，阐明世界上的一切事物都是由各种条件和合而生起的道理。由于金体没有保持自性，随着工匠精巧制造这个‘缘’，遂制造出金狮子的形相。可见，金狮子的形相是靠‘缘’生起的，所以叫做‘缘起’。”[②]我们知道，方立天先生非常重视佛教的缘起论。他认为：“缘起论是佛教理论的基石和核心。……也是佛教区别于其他流派的基本思想特征，……佛教大小乘各派……的思想分化、理论分歧，都是出自对缘起的看法的不同。”[③]小乘佛教有业感缘起论，大乘佛教有中道缘起论、阿赖耶识缘起论、如来藏缘起论等，各种佛教经论和学说在追溯缘何而起上虽然可能千差万别，但在

① （宋）净源：《金师子章云间类解》，《大正藏》第45册，第663页下。

② （唐）法藏著，方立天校释：《华严金师子章校释》，第6页。

③ 方立天：《佛教哲学》，中国人民大学出版社2012年版，第151页。

缘起而有世界万物的认识上却比较一致，相互间并没有太大的差异。

综合古今诸家的著述和诠释，我们对《金师子章·明缘起第一》可以形成如下的理解：由于（铸成金狮子的）金自身不能坚守自己的本性，故而可以随顺工匠的精巧加工呈现出金狮子的形象来。由此可以看出，在从金变成金狮子的过程中，工匠对金的精巧加工发挥了至关重要的关键性作用，因此工匠的精巧加工就是成就金狮子所必需的缘。为了凸显工匠精巧加工的作用，佛教将金狮子的形成称为“缘起”。

二 辨色空

如果说，《金师子·明缘起第一》是对林林总总的世界万相，即佛教所谓假相的形成给予的一种解释的话，那么，《金师子·辨色空第二》便是对这林林总总世界万相的本质所作出的一种说明。法藏在此处以金狮子为例，阐明了世界万物虽然林林总总，但在本性上是空的。他说：“辨色空第二：谓师子相虚，唯是真金。师子不有，金体不无，故名色空。又复空无自相，约色以明，不碍幻有，名为色空。”就是说，万有皆空，而空借助万有得以呈现，故而空不碍有，有不碍空，空有圆融，两不相妨；就以呈现在人们面前的这座金狮子为例，这座金狮子其实并不是真实的狮子，其本质不过是一些真正的金子而已；从另一个方面也可以说，金借助于狮子的形象，使自己得以展现在世界上，金（本质之空）和狮子（现象之有）在这里实现了非常完美的融合。

五台承迁在《华严经金师子章注》中对此门的解释突显了大乘佛教悲智双运的特色。他说：“第二辨色空者，色者悲也，空者智也。观色即空成大智，而不住生死；观空即色成大悲，而不滞涅槃。能辩之智，焕然明了。‘谓以师子相虚’，喻色空也。‘唯是真金’，喻性实也。‘师子不有’，喻缘起幻色，不是实有；‘金体不无’，喻真空常存，‘故云色空’。‘又复空无自性，约色以明，不碍幻存，故名色空’，真空无形，假色相以明；法本亡言，就言诠而显道。故清凉云：‘虽空空绝迹，而义天星像璨然。’”[①]承迁在此门中看到了大乘佛教悲智双运的思想根源，故而其诠释体现出了大乘佛教不滞生死、不欣涅槃的特色。他认为，色，既包括那些在生老病死中轮回不已的六道众生，也包括那些在成住坏空中循环往复的无情事物，林林总总，形形色色，熙来攘往，纷繁复杂。大乘菩萨悯其愚顽沉沦，故而兴发慈悲；照见诸法空相，故而生起智慧。因为有观察思维色即是空的智慧，故而能不流转于生死之中；因为有悲悯众生的慈悲，所以也不会耽滞于涅槃之境。对于这个道理，如果用金狮子为例加以说明的话，狮子形相的虚假不实，就是对色即是空的说明；狮子整体只是真金，就是对金狮子本性的阐释；金狮子在此并不意味着真有一头狮子，表示诸法只是幻想的假相，而非真实的存在；制造金狮子所用的金会永恒地存在下去，这表示代表金狮子本质的真空具有永恒性。另外，代表诸法本质的真空是没有具体形象的，必须假借具体的事物才能展现出来，正如佛法之道本来就不是语言可以表达的，但必须借助于语言才能对其加以表述一样。所以就像清凉澄观所说的那样，在思想的天空中，看起来空无一物，实际上却有满天的义理之星在闪烁着。通过这一番诠说，承迁在凸显大乘佛教慈悲精神的同时，也为《金师子章·辨色空第二》这一门中的每一句话都给出了自己的解释。

晋水净源《金师子章云间类解》中对此门的解释则是重在阐发原文的思想。他说：“‘谓师子相虚，唯是真金’，幻色之相既虚，真空之性唯实。‘师子不有，金体不无’，色相从缘而非有，拣凡夫实色也。空性不变而非无，拣外道断空也。‘故名色空’，色蕴既尔，诸法例然。《大品》云：‘诸法若不空，即无道无果。’上句双标色空，次句双释，下句双结。‘又复空无自相，约色以明’，空是真空，不碍于色，则观空万行沸腾也。‘不碍幻有，名为色空’，色是幻色，不碍于空，则涉有一道清净也。总而辨之，

① （宋）承迁：《华严经金师子章注》，《大正藏》第45册，第668页中。

先约性相不变随缘以拣断实，后约不住生死涅槃以明悲智。”[①] 也就是说，在净源看来，《金师子章·辨色空第二》既阐明了狮子形相的虚幻性，又指出了真空之性的真实性。狮子的形相是缘起法，这样可以破除凡夫对狮子形相真实存在的执着；而制造狮子所用的金是真实存在的，并非虚无，这样则能破除外道将真实之空执着为断灭空。不仅色法是这样，而且声、香、味、触、法等无不如此，这就意味着一切事物的本质都是空的，是具有普遍性的真理。但本质之空的真实性并不妨碍色法假相的缘起，由此可以见到世界万物的林林总总、形形色色；虽然世界万有纷繁复杂，但也不妨碍其本质之空。总而言之，净源认为法藏此处首先以真空的不变随缘破除了外道和凡夫对断灭空和色相实在的执着，然后又从超越生死和涅槃的角度阐明了大乘佛教的慈悲和智慧，由此体现出他所具有的坚定的大乘佛教立场。

方立天先生在《华严金狮子章校释》中总释此门之意云：“这一段法藏是从两个方面辨明色空的含义：一是金狮子的形相是缘起而有，是虚幻的，只有制造金狮子的金，即作为金狮子的实体才是实有的。由于金狮子的形相是‘非有’，说明事物现象是空的。‘色’不是实有的，叫做‘色空’；二是空无自身的真实本性，只有通过物质现象的空来体现，色空并不妨碍虚幻的有，并不是说没有虚幻的有。也就是说，虽为色空，但不是断空，不是离开事物另有空，不是绝对的‘空’，叫做‘色空’。要之，所谓相虚幻有，就是色空。”[②] 换言之，诸法形相的虚幻性与其本质之空的真实性圆融一致，互不妨碍。

如果参考杜顺《华严法界观门》中的“真空观”的话，我们便会对法藏《金师子章·辨色空第二》的实践品格形成更加深刻的理解：“谓师子相虚，唯是真金”，就是会色归空观；“又复空无自相，约色以明，不碍幻有”，就是明空即色观；“师子不有，金体不无，故名色空”，就是空色无

① （宋）净源：《金师子章云间类解》，《大正藏》第 45 册，第 663 页下—664 页上。

② （唐）法藏著，方立天校释：《华严金师子章校释》，第 12 页。

碍观；色空空色，不相妨碍，自然就是“泯绝无寄观”了。从这种不同文本的相互对配诠释中，我们可以体会出《金师子章》作为大乘佛教经典所具有的强烈的修行实践品格。

三 约三性

《金师子章·明缘起第一》重在阐明世界万事万物的形成和存续，《金师子章·辨色空第二》重在揭示林林总总、形形色色的世界万有本质为空的真性，缘起性空，性空缘起，堪称佛教思想的基石，佛法理论的总纲。如是上根利智，于此便可悟入中道，但如何能让芸芸众生、普罗大众对现象假有与本质真空形成圆融的理解和体会呢？

为了更好地阐明缘起与性空之间的圆融相即关系，法藏于此引入了瑜伽行派的理论，于是紧接着就有了《金师子章·约三性第三》一门。他说：“约三性第三：师子情有，名为遍计。师子似有，名曰依他。金性不变，故号圆成。”约，即依据或运用；三性，唯识宗把人们认识到的宇宙万法的性质分为遍计所执性、依他起性、圆成实性。“约三性”就是以金狮子为例，对三性学说进行概括和阐发。凡夫执着金狮子形相的真实存在，是为遍计，即遍计所执性。实则金狮子的形相是依工匠对金的精巧加工而形成的，无论是做成金狮子的金，还是制造金狮子的工匠之精巧，相对于金狮子而言，都是他者，金狮子的形相就是依赖它们二者之缘才得以形成的，是为依他起，也就是唯识宗所谓的依他起性。而那些真正具有智慧的人们，则可以深入了解金狮子形相的本质就是真金，是为圆成，也就是唯识宗所说的圆成实性。唯识宗人在解释三性学说的时候，有时候会用夜间误以绳为蛇为例：夜间昏暗，忽然看到前面有一条蛇，吓了一跳；对着那蛇看了一会，发觉它并不动弹，等走近一看，才发觉并不是蛇，而是一条绳子；拿起绳子来仔细研究，最终搞清楚了这不过是一条麻做成的绳子而已。唯识宗人对此解释说，误以绳为蛇，是遍计所执性；知为绳而误，是依他起性；见绳是麻制，为圆成实性。法藏以金狮子为例对唯识宗三性学说所作的阐说和诠释，体现了华严宗对印度佛教瑜伽行派（即大乘有宗）的融摄和会通。

上文是笔者对法藏原文的解释，下面我们可以参考一下五台承迁对法藏原文的注释。承迁说："第三约三性者，迷心所执，计有相生以为实者，谓之偏计性也。不了缘生，依他性也。依他无性，即是圆成。随举一法，三性具矣。'谓以师子情有，名为遍计'，谓一切众生，无始已来，烦恼业习，痴迷不了，周遍计度，心外有法，颠倒取舍，随情起惑，自缠自缚，枉受轮回。'师子似有，名为依他'，谓一切众生，依真起妄，似有之法，妄执依他，内外不实，故论云：'依他起自性，分别缘所生。''金性不变，故号圆成'，圆而不减，成而不增，师子虽则相殊，金且不随殊变。释曰：法与自心为缘，心法方起，今了缘无体，依心方现，无自体性，是为依他，无自生性。由二义现前，乃为圆成胜义性也。经云：'从无住本，立一切法。'"[①] 承迁先是集中谈了一下自己对三性的理解：自心痴迷，执着于外在形相的真实，为遍计所执性；外在形相实为缘生之法，为依他起性；既然是依他而起，自身并无真实之性，是为圆成实性。承迁接着依据法藏原文以金狮子为例谈了一下三性论的引申义：执着金狮子的形相为实有，为遍计所执性，这也是众生认识颠倒、起惑造业、流浪生死、轮回不已、实可悲悯的根本原因；被众生颠倒妄想执为实有的金狮子形相，实则是依众缘和合而有的产物，为依他起性；充分认识到在制造金狮子的过程中，作为本质的金既无增加，也没有减少，依然还是原来的金，是为圆成实性。承迁此释，特别是对众生执着外在形相以为真实的遍计所执性的解释，充满了大乘佛教的悲悯之情，具有唤起众生破除迷致、循依他起性而证得圆成实性的意味。

参考过五台承迁注疏后，我们再来看看晋水净源对法藏原文的理

① （宋）承迁：《华严经金师子章注》，《大正藏》第 45 册，第 668 页中—下。

解。净源说："'师子情有，名为遍计'，谓妄情于我及一切法，周遍计度，一一执为实有，如痴孩镜中见人面像，执为有命质碍肉骨等，故云情有也。'师子似有，名曰依他'，此所执法，依他众缘相应而起，都无自性，唯是虚相，如镜中影，故云似有也。'金性不变。故号圆成'，本觉真心，始觉显现，圆满成就，真实常住，如镜之明，故云不变。有本作不改，亦通。上文依空宗申义，盖蹑前起后也；此章引性宗消文，亦以喻释喻也。若依教义，章明三性，各有二义：遍计所执性有二义，一情有，二理无；依他起性有二义，一似有，二无性；圆成实性有二义：一不变，二随缘。今文各显初一，皆隐第二，仰推祖意，单复抗行，义有在焉。"①净源认为，遍计所执性就是迷情计较、执着外在形相以为真实之有，依他起性就是迷情执着以为实有的诸法实是依赖于众缘和合才得以形成的产物，而圆成实性则是本觉真心在始觉中的圆满展现，这一点可以说是净源的创造性解释。净源还特别指出了遍计所执性具有情有、理无二义，依他起性具有似有、无性二义，圆成实性具有不变、随缘二义，法藏此处只是阐明了三性中的第一个义项，而将第二个义项隐含其中，未予明说，他认为这是很有道理的。

而方立天先生对于法藏的这段原文是这样解释的："这一段是按照三性说来讲金狮子。意思是，对于金狮子存在迷情之见，把实际上没有实体的金狮子执著为实有，叫做遍计所执性；金狮子不是实有，不是真有。但是，由于因缘和合而起，金狮子的表相还是有的，这种有是似有，叫做依他起性；金狮子虽然是似有，但是造成金狮子的金的本性是不变不改的、是圆满成就真实的，叫做圆成实性。这是以金狮子为例，说明把世界万物看为客观存在是错误的，万物是依各种条件而起的、没有自性的形相——似有，只有万物的本体是恒常不变、圆满真实的。"②方先生的这段话在阐明法藏原文思想主旨的同时，又充分照顾到了原文理解的准确性，是运用

① （宋）净源：《金师子章云间类解》，《大正藏》第45册，第664页上。
② （唐）法藏著，方立天校释：《华严金师子章校释》，第22页。

现代语言，对法藏《金师子章·约三性第三》作出的一种“无过无不及”的诠释。

法藏《金师子章》中首明缘起，次辨色空，三约三性，这种顺序的安排表面看是行文的逻辑顺序使然，实则也暗合了印度佛教发展演变的历史顺序。在印度部派佛教中，对中国佛教影响最大的，就是兴起于古印度西北部的说一切有部，多以缘起说诸法实有，然后相继兴起的是主张诸法性空的大乘中观派和主张无境唯识的瑜伽行派。法藏所明之缘起可以说是对印度大小乘佛法共性的概括，其所辨之色空则是对大乘空宗即中观派思想的总结，而其所约之三性显然是对瑜伽行派思想理论的运用和说明。因此我们说，法藏以金狮子为例对印度佛教思想所作的这一论述，具有逻辑和历史高度统一的特性。

四　显无相

世界万物，林林总总，形形色色，呈现在众生面前的各种形相，实际上都是虚幻不实的缘起之法，但众生愚痴，以为真实，为了破此遍计所执，于是遂有法藏《金师子章·显无相第四》一门的设立。法藏指金狮子为例云：“谓以金收师子尽，金外更无师子相可得，故名无相。”显，即彰显、展现。无相，指作为诸法真性或者真理因缘示现，并无真实恒定的形相。收，即包含、涵括。在法藏看来，（铸成金狮子的）金涵括了整个金狮子的形相，或者说整个金狮子的形相全部都包含在铸成金狮子的金中，因此金狮子形相的实质是金，在铸成金狮子形相的那块金体之外，再没有真实的狮子的形相存在。

五台承迁在《华严经金师子章注》中说：“第四显无相者，不了诸法而无相，迷心为有者，生死也。观察即虚，相即无相，出世法也。‘谓以金收师子尽’，喻理夺事。‘金外更无师子可得’，喻缘起事法，当体本虚。‘故名无相’，释曰：离真理外，无片事可得故，如水夺波，波无不尽故，此则水存以坏波令尽，故经云：‘所见不可见，所闻不可闻，了知诸世间，是名为无相。’”[1]在承迁看来，法藏之所以要设立“显无相”这一门，就是因为有些众生不明白各种各样的事物并无真实不变的形相，痴迷妄想，以为自己所感触到的就是真实的，由此起惑造业，流浪生死。如能观察到各种形相的虚幻不实，所感触到的那些形相并非真相，自然也就可以出离烦恼世间，解脱生死轮回。他认为，法藏“谓以金收师子尽”，是以理夺事，即为了彰显无相的真理，大力破除众生对形相的执着；法藏谓“金外更无师子相可得”，是说各种各样的事物都是缘起之法，当体就是虚幻不实的。承迁还引申发挥，以水喻真理，以波喻形相，以除水无波是故波相虚无的譬喻，说明在真理或者本质之外，一切形相均非真实的道理。

晋水净源在《金师子章云间类解》中说：“晋水谓‘以金收师子尽’，既揽真金而成师子，遂令师子诸相皆尽。‘金外更无师子相可得’，真金，理也；师子，事也。亦同终南云：‘以离真理外，无片事可得’。‘故名无相’，《名号品》云：‘达无相法，住于佛住。’《无量义经》云：‘其一法者，所谓无相。’然《名号品》约果，《无量义》约理，理果虽殊，无相一也。”[2]与乃师五台承迁相比，净源特别凸显了以金表理，以狮子形相表事，这样金与狮子的关系也就成了对理事关系的譬喻。在净源看来，法藏此处显然是重在凸显真理的无相性，意在引导众生去看那肉眼看不到的真实，听那肉耳听不到的本体。我们说，净源的这种理解，当然是非常符合法藏原文之意的，但也许是为了照顾到华严宗自家亦有理事无碍、理事圆融的胜义，故而未对理事之间的矛盾和对立过于强调。

方立天先生《华严金师子章校释》云：“这一段的意思是说明没有狮子相。金狮子由金体生起，金体能够收容摄入狮子的一切相，所以金体以外并没有金狮子相。也就是说，世界上的一切事物都是本体的体现，一切事物都最终为本体所摄入收尽，归结为本体，所以本体以外的一切现象都

① （宋）承迁：《华严经金师子章注》，《大正藏》第45册，第668页下。
② （宋）净源：《金师子章云间类解》，《大正藏》第45册，第664页上。

是虚幻不实的，叫做无相。另外，法藏在《华严义海百门·缘生会寂门第一》说：‘观无相者，如一小尘圆小之相，是自心变起，假立无实。今取不得，则知尘相虚无，从心所生，了无自性，名为无相。’这里讲事物的形相，是众生自心的产物，事物是无自性的，无相的。”[①] 方先生复引法藏《华严义海百门》证成此处所显无相之义，并予以通俗的解说，从而使法藏因众生心中妄想而有各种形相的思想得以显豁出来，可以帮助我们更好地理解法藏所说真理、本质或者本体无相的道理。

破除众生对外在形相的执着，是印度佛教中大乘和小乘、空宗（中观派）和有宗（瑜伽行派），即中国佛教判教中通常所说的三乘教，共同的致思取向。因此我们认为，法藏此处的“显无相”，具有融通、收摄佛教大小空有的意味。

五　说无生

众生对于缘起之法外在的形相既不可遍计以成执，而对于缘起之法的本质或真性，即前文所说的“色空”或“圆成实性”，亦不可起生灭增减之想，故而《金师子章》于“显无相”之后，复有“说无生”一门的设立。法藏云：“说无生第五：谓正见师子生时，但是金生，金外更无一物。师子虽有生灭，金体本无增减，故曰无生。”说，即讲说、阐释。无生，谓诸法的本性或真理，非是造作之法，并不从无到有，亦不从有之无，故称无生。生灭，自无而有谓之生，自有而无谓之灭，一切有为法，皆是因缘和合而有，故而无不是生灭之法。增减，添加谓之增，剥损谓之减。在法藏看来，人们虽然看到金狮子被铸造出来，但实际上，这不过是铸造金狮子的金被铸造而已，在那块金之外其实并没有产生任何新的东西。金狮子的形象可以从无到有地被生产出来，也可以从有到无地被磨灭销蚀掉，但金本身并不会因之而有所增加或减损。由此可见，这只被塑造得惟妙惟

① （唐）法藏著，方立天校释：《华严金师子章校释》，第 24—25 页。

肖的金狮子其实只是金的表现或存在形式而已，而金本身并没有因为金狮子的形相而有生灭增减的变化。法藏在这里想表达的，是佛教真理的普遍性和永恒性。

五台承迁《华严经金师子章注》云："第五说无生者，法本无生，从缘有故，既无自体，'谓以正见师子生时，但是金生'，真理随缘，成诸事法。'金外更无一物'，离真理之外，无别事相，染净之法，因缘有故，体性本虚，无生生也。'师子虽有生灭，金体本无增减'，无生之理，本无生灭，缘起集成，生本无生，故曰无生。释曰：今由缘生非生，方得名生；了生死性，乃是无生。论云：'因不自生，缘生故；缘不自生，因生故。'然生与无生，互成互夺，夺则无生，成乃缘生。由即成即夺，是故生时无生，如是了者，名达无生。"[①] 佛教所说的法，既包括现象，也包含真理或本性。从现象来看，诸法无非缘起之物，有生有灭；从实质来看，永恒不变的真理或本性虽然随缘而成或染或净的各种事物，但其本身既无生灭，也无增减，是没有任何变化的。承迁意识到，佛教所说的现象的缘生和本性的无生是一对矛盾，他强调的是从缘生中通达、了解无生的真理或本性。

晋水净源："'谓正见师子生时，但是金生'，上句妄法随缘，下句真性不变。偈云：'如金作指环，展转无差别。''金外更无一物'，离不变之性，无随缘之相。《问明品》云：'未曾有一法，得入于法性。''师子虽有生灭，金体本无增减'，成事似生而金性不增，则起唯法起也；体空似灭而金性不减，则灭唯法灭也，故曰无生。《大经》云：'蕴性不可灭，是故说无生。'又云：'空故不可灭，此是无生义。'疏云：'无生为佛法体，诸经论中皆诠无生之理。'《楞伽》说一切法不生，《中论》不生为论宗体。"[②] 起唯法起，灭唯法灭，起灭都是缘生的现象，而诸法的本性或者真理，却没有任何的改变，此即佛教的无生之旨。净源此解，意在引导众生，看破

① （宋）承迁：《华严经金师子章注》，《大正藏》第 45 册，第 668 页下—669 页上。
② （宋）净源：《金师子章云间类解》，《大正藏》第 45 册，第 664 页中。

纷繁复杂、生灭不已的现象，领悟到事物的不生不灭、不增不减的真理或本性，进而从无边的烦恼苦海中解脱出来。

方立天先生《华严金师子章校释》云："这一段意思是说，金狮子有生，但是金狮子是由金体生而起的，金体以外并不存在包括金狮子在内的一切东西。金狮子有生灭，但是金体是无增减的，是无生的。这也就是说，事物的有生，是'成乃缘生'（承迁注），'成事似生'（净源解），并且由于生起事物的本体是无生的，'此无变现性，即无生甚深理，即师子真性也。'（高辨释）所以，狮子是有生又是无生。"①

印度大乘佛教的中观派与瑜伽行派虽然在论述上取径不同，但都主张诸法无生。因此这一门意在阐明相对于纷繁复杂、纷纭变化的现象世界而言，佛教的真理或者说诸法的本性具有永恒不变的特性，其所体现的是法藏对印度大乘佛教空有二宗的融通和摄受。

通过以上的分疏，我们可以看出，"明缘起第一"具有明显的以大乘义理融合小乘思想的意味，"辨色空第二"和"约三性第三"是对印度大乘佛教空有二宗思想和义理的融会和贯通，而"显无相第四"和"说无生第五"则是对印度佛教空有二宗旨趣的彰显。我们认为，法藏的努力是无法消除印度佛教大乘和小乘、空宗与有宗的根本矛盾的，但从总体上看，这五门是对印度佛教思想的精炼总结和高度概括，法藏在这五门之后才说自宗胜义，即论五教、勒十玄、括六相，这表明华严宗的义理创造是以充分消化和吸收印度佛教的思想成果作为前提的。

① （唐）法藏著，方立天校释：《华严金师子章校释》，第 28—29 页。

从会通到发微

——从方法论视角论晋水净源对华严原人思想的传承

德　安

苏州戒幢佛学研究所研究部主任

摘要： 关于人之本质的论述，关涉佛教界核心的解脱成佛问题的一环，同时也是公共文化领域的一个议题。借由这一问题的展开，隋唐华严家在思想集成、建构基础上展示出基于针对公共议题进行主动论述的问题意识和方法论自觉。本文以《华严原人论》及晋水净源的注释为中心，从方法论演进的角度探讨晋水大师对圭峰宗密原人思想及方法论的传承，透过思想资料的运用、宗外思想的态度以及自身方法论的建立与运用三个维度分析这一传承的特点。

关键词： 华严宗方法论；《原人论》；权实双行法；晋水净源；圭峰宗密

从方法论的角度去考察佛教的解经活动，是保障其健康传承的重要一环。从历史上看，译经的过程从质朴到文义兼美的甄熟之境，乃是经历了一个较为漫长的历史阶段。同样，义理的解读，乃至于学派和宗派的构建，也经历了长期的过程。无论是译经、解经还是学派的构建，都构成了佛教中国化的主要基石，而对于方法论从不自觉到自觉的过程，是贯穿其中的一条线索。经过隋唐佛教义理学问和修证体系的鼎盛时期，融合的趋势和下沉民间所伴随的通俗化、大众化、民间化的形态逐步占据时代主流。融合的转变也要靠理论的前瞻，而通俗化的下沉民间也反映了高妙义理与复杂修行手段的一种自我调适。这一趋势下，关于方法论的自觉显得更为复杂和微妙。近代以来，佛教突破过分强调神异、独处和非理性因素，面对一波波的科技浪潮和近现代文明，佛教的时代化课题又摆上日程，而此中方法论的自觉，也显得尤为重要。

另外，悉达多太子示现成佛，就预示着人类要从人间成佛的现实。也就是说，如何将有限的、不足的人生转化为圆满的、无限的佛的境界，可以说是佛教演进过程中的一条主线。而从人类文明的场域来看，人性论的考察，也是哲学和思想领域的热点话题，从“理想国”到“我思故我在”的追问，从“修齐治平”到“兼爱”的论争，东西方关于人的成长及其作为人类这个种族意义上的人际、人与自然、人与社会之间的关系思考，构成了千百年来持续讨论的话题。而鼎盛如隋唐的时代，中原佛教界主动发声提出的《原人论》思想，不但提供了关于人性及其向最高境界转化的方案，而且还蕴含了基于佛教缘起精神的新的拓展，从而将最高境界与现实结合在了当下时空。作为佛教及世俗社会关注议题的结合点，“原人”的讨论，实际上具有了公共知识的意义，因而能为更多人进行讨论和进一步书写。实际上，对于《原人论》，近世日人有大量的注疏，时代从元禄年间到明治维新前后，可以说是跨越了两个时代。而中国注疏中，除裴休的序作为《原人论》的第一个评价文章外，现存最早的应是北宋晋水净源的《原人论发微录》了。从社会文化角度看，随着两宋社会的转型，佛教也得到恢复，特别是禅门日益兴盛，在这个历史背景中，净源恢复华严宗派的努力就显得尤为可贵。而对于《原人论》的注疏，也体现了这一时代下，传承华严宗思想与唐代相比不同的样态。本文从方法论的角度评价《原人论》与《发微录》对“人”之本原的论述特点，并探讨围绕宗密《原人论》及其后继注释者净源在解经方法上的传承性。

一　关于《原人论》方法论的逻辑基点

《华严原人论》是宗密的重要著作之一，其所采取的评破会通方法，实际上也有其经典来源。在《华严经》以及宗密之前华严宗祖师的解经中，即有“权实双行”的方法及其具体运用，后者即评破会通结构的来源。

“权实双行”语出汉译《华严经》，且不止一次。一处是《离世间品》中“十种不共法”的第五“不由他教权实双行不共法”[①]，一处是同品“十种佛业”的第十门[②]。表1总结了这两部分原文关于“权实双行”的论述。从表1可以看出，“权实双行”是以“（虽）A而B”的格式来论述的，其中的“A”是“实”的部分，而“B”则是“权”，因此，这个格式即具体化为“（虽）‘实’而‘权’”。从这个规律性的短句来看，“权”与“实”关系的重心最终是落在了“权”上，这隐含着在体悟“理体”（或曰“空性”）的基础上，尚须回到“权巧方便”的“事相”上。另外，也可以认为即便证得“空性”，亦不可偏废而忽略“事相”。这一理解与澄观所整理出的四法界中“理事无碍法界”有着相似的结构，且被认为是通向“事事无碍法界”的中间环节[③]，关于这一点法藏在《华严发菩提心章》中也将“理事圆融义”视为一种方法，与“色空章十门止观”一起构成了沟通法界三观的桥梁[④]。在这个意义上，“权实双行”似乎不但具有空有沟通凡圣的能力，同时可能也是一座沟通“空性”“事相”以及“空有不二”的桥梁。类似的结构还可见于十住乃至十地等诸位阶的描述中。如《初发心功德品》[⑤]、十行

① 《大方广佛华严经》卷五十六，《大正藏》第10册，第296—297页。
② 《大方广佛华严经》卷五十八，《大正藏》第10册，第308页中。
③ （唐）澄观：《大方广佛华严经随疏演义钞》卷一，《大正藏》第36册，第8页上—中。
④ 详细论述见释德安《华严发菩提心思想研究》，新北：花木兰文化2021年版，第136—156页。
⑤ 《大方广佛华严经》卷十七，《大正藏》第10册，第92页下、93页中。

中第七难得行[①]、十回向[②]、十地中第七地[③]、《十定品》[④]、善财南询的弥勒菩萨善知识[⑤]等。可见，这一方法是通于普通人直至即将成佛的全部修行阶段的。

表 1　　《华严经·离世间品》中关于"权实双行"的论述

《大方广佛华严经》卷五十六	《大方广佛华严经》卷五十八
《大正藏》第 10 册，第 296—297 页	《大正藏》第 10 册，第 308 页中
住于涅槃而示现生死 知无众生而勤行教化 究竟寂灭而现起烦恼 住一坚密智慧法身而普现无量诸众生身 常入深禅定而示受欲乐 常远离三界而不舍众生 常乐法乐而现有采女歌咏嬉戏 虽以众相好庄严其身而示受丑陋贫贱之形 常积集众善无诸过恶而现生地狱、畜生、饿鬼 虽已到于佛智彼岸而亦不舍菩萨智身	菩萨摩诃萨了达自身及以众生本来寂灭不惊不怖而勤修福智无有厌足 虽知一切法无有造作而亦不舍诸法自相 虽于诸境界永离贪欲而常乐瞻奉诸佛色身 虽知不由他悟入于法而种种方便求一切智 虽知诸国土皆如虚空而常乐庄严一切佛刹 虽恒观察无人无我而教化众生无有疲厌 虽于法界本来不动而以神通智力现众变化 虽已成就一切智智而修菩萨行无有休息 虽知诸法不可言说而转净法轮令众心喜 虽能示现诸佛神力而不厌舍菩萨之身 虽现入于大般涅槃而一切处示现受生……

在对"权实双行"的具体运用上，法藏—澄观的"圆融与渐次无碍"的精神实际上也是此例。在法藏处，"圆融门"和"次第行布门"的建立，实际上主要着眼于修行位阶的描述。[⑥]另外，尽管他也提到了这两门"此二无碍"，但更为充分地将这四个字展开则要在澄观处了。[⑦]就此二门的运用来看，澄观也突破了法藏仅侧重在修行位阶上的局限，将这一方法拓展

① 《大方广佛华严经》卷二十，《大正藏》第 10 册，第 106 页下。

② 如，《大方广佛华严经》卷二十三，《大正藏》第 10 册，第 126 页下。另据统计，十回向中有关权实双行法的描述至少有 7 处。

③ 《大方广佛华严经》卷三十七，《大正藏》第 10 册，第 196 页上—中、197 页下。

④ 《大方广佛华严经》卷四十二、四十三，《大正藏》第 10 册，第 223 页中、225、228 页中—下。

⑤ 《大方广佛华严经》卷七十七，《大正藏》第 10 册，第 423—424 页。

⑥ （唐）法藏：《华严经探玄记》卷一，《大正藏》第 35 册，第 108 页下。

⑦ （唐）澄观：《大方广佛华严经疏》卷一，《大正藏》第 35 册，第 504 页中。

为与“六相”相仿的地位，也就是可以处理“理”与“事”的关系，后者则是华严宗在“解—行”二元融合基础上提出的更为高阶的范畴。这实际上为宗密拓展“权实双行”在解行意义上的普适性打好了基础。“权实双行”方法还在宗密解读其他经典中[①]，以及与华严教学颇有渊源者中得到重视与运用。[②]

在解经活动中，“权实双行”体现为总体把握与个别疏解的相互资持。前者以“宗趣”为枢纽，并通过“教起因缘”“藏教所摄”“义理分齐”“教所被机”“传译感通”等，对此经在全部佛教之中的地位、正当机的对象、主要义理概述、翻译、版本等问题予以展示，这些信息往往是公共性的、知识性的、普遍性的，从学习此经、听经闻法角度看是“实”的部分；而对经典某一部分内容的解释，往往是具体的、个性化的，有侧重知识的，也有侧重修行体验（证）的，这些具体的经文解释，在义理上是用以支撑和延伸经典之宗旨的，因而从这个角度看更属于“权”的部分。另外，从听经闻法的角度看，进一步就玄义所述部分而言，“宗趣”是其中“实”的部分，其他往往是“权”。因此，无论是对讲学者而言还是对学习者而言，“权”和“实”都具有同等重要地位。

“权实双行”方法在具体运用上，又可以展现为基于判教归类的范畴分析、信解行相应、举一类推、会通评破等方法，进一步能从“权实双行”引申出二元通和的一般规律。《原人论》对这一方法的运用，即采取了“评破诸家—会通本末”的路径。

二　从思想资料的运用看传承

从《发微录》中所征引的文献来源来看，除其主要的资料来源《圆觉经大疏释义钞》外，其他的资料也是来源丰富，涵盖内、外学，其中外学

---

① （唐）宗密：《圆觉经大疏》卷一，《卍续藏》第 9 册，第 341 页下。
② （五代）延寿：《万善同归集》卷十七，《大正藏》第 48 册，第 992 页上。

中不但有重要的儒道经典，而且还包括不少史实类和传记类资料。

从外学看，其所引的类别主要是儒道二家的基本典籍及其注释，其种类与数量是最多的，包括 15 种著作、39 笔（表 2）；此外，史籍类有 4 种、6 笔，小学类 4 种、4 笔，文选、论集和个人著作等共 11 种、16 笔。因此，外学引用的资料共 34 种、65 笔。这些资料中，《尚书》《周易》《道德经》《庄子》《礼记》《左传》《隋书 · 经籍志》《三国志》《尔雅》《说文》《文心雕龙》《白虎通义》《论衡》《盐铁论》等都是跨越时空时至今日仍作为名著（篇）而流传。而在《发微录》所引外学资料中，《周易》居首（9 笔），甚至与《华严经》本经的笔数相同；《道德经》（7 笔）与《尚书》（5 笔）则次之，后两者一是道家思想的根本典籍，另一则是记载上古中国社会文化与政治的元典。从这些引用频次上，也可以反映出净源对吸收外学思想精华的重视。此外，《晋书》《怨魂志》《孝经》等的引用，大多是对因果轮回的记载，为我们保存了用以分析历史上人们对佛教信仰的主流社会心理的资料。

表 2　《华严原人论发微录》中所引外学资料统计

分类	篇名	笔数	篇名	笔数
儒道经典及其注解	尚书	5	虚列子	1
	周易	9	礼记	2
	道德经	7	孝经	3
	庄子	2	论语马融注	1
	文子[①]	1	孝经玄宗注	2
	左传	1	道经王弼注	1
	河图	1	唐玄宗注道德经	2
	易纬	1		
史籍	隋书 · 经籍志	1	晋书	3
	十六国春秋	1	三国志	1

续表

分类	篇名	笔数	篇名	笔数
小学	小雅	1	仓颉篇	1
	释名	1	说文	1
集部 子部等	白虎通义	3	论衡	1
	盐铁论	1	物理论	1
	文选	1	天文志	1
	文心雕龙	1	儆诫录	2
	孔子家语	1	颜之推怨魂志	3
	太平广记	1		

①即《通玄真经》。

从分类上看，外学典籍中还是以思想类为主（约40笔），历史类主要是从个人传记角度说明轮回和因果等问题。实际上，通过对外学元典的引用能够起到加强观点可信性的作用，也就是在破斥迷执时对有关外家观点进行“发微”，进而便于增加对宗密破斥的合理性和针对性的理解。例如，在解释宗密对道家自然生成气化学说的论述时，净源就引用了老子《道德经》的原文[①]，引述其中自然（大道）生成天、地、人三才的内容，以强化读者对《原人论》中“道法自然生于元气，元气生天地，天地生万物”[②]的进一步了解。在解释“欻生”说[③]时，则分别引用了《庄子》《文子》来说明，并引用《仓颉篇》来给出关于“婴”和“孩”的权威定义。[④]此外，其中还包括通过史传类资料的引用来证明三世因果或者前后世的存在等。例如，在解释宗密说“世有鉴达前生追忆往事”[⑤]时，

① （宋）净源：《华严原人论发微录》卷一，《卍续藏》第58册，第721页下。
② （唐）宗密：《原人论》卷一，《大正藏》第45册，第708页上。
③ （唐）宗密：《原人论》卷一，《大正藏》第45册，第708页中。
④ （宋）净源：《华严原人论发微录》卷一，《卍续藏》第58册，第723页上。
⑤ （唐）宗密：《原人论》卷一，《大正藏》第45册，第708页中。

分别引用了《晋书》和《梁高僧传》的记载[①]。值得指出的是，尽管在今人看来，似乎这些神异记载的实证性较弱，但在历史上这些作品反映的正是人们基于简单朴素且直观的因果报应思想来作为道德约束的前置因素，从而维系着传统社会秩序和人际规范。另外，因为其作为历史上人们笃信不已的内容而存在，进而影响了佛教乃至全部社会文化的传承，因此在这个意义上，其在历史上的影响也是后人须从此分析其价值与得失者。此外，从信仰的角度去看，这些神异在华严教学或者佛教来看并不存在问题，有困难的反而是相似相续的轮回现象或者华严重重无尽境界的显现。因此，即便是在现在，分析运用这些资料在历史上的得失及其用意，并在今世采取更为普适性的做法达到类似的目的，亦是今人借鉴历史经验的意义所在。

表 3 中列出了对《发微录》中所引内学资料进行统计所得出之篇章名称、分类及所引频次等信息。从所引的类别来看，华严类的典籍及华严教学的有关著述共 37 笔，此外还有宗密大师对华严部类外的佛典如《金刚经》《盂兰盆经》的注释，如果也计入华严类，则共有 40 笔。其他如来藏系统的经典和论典共 22 笔，其中《大乘起信论》引用了 15 笔，甚至超过了华严类的《华严经》（9 笔）和《禅源诸诠集都序》（12 笔）。以上三部征引频次为前三位，在表格中以加粗和波浪下划线标识之。此外，还引用了 13 种其他的佛典资料，共计 21 笔，其中以法相基础的《俱舍论》和《成唯识论》占比最多（各 4 笔），而反映大乘般若思想的《大智度论》和瑜伽行派的根本论典《瑜伽师地论》也各有两笔；从思想体系计，般若类凡 4 笔，瑜伽行派 7 笔，其他大乘经典 5 笔，小乘经论 5 笔。除了经论注疏外，内典引用中还有 5 笔是华严教学外的中土著述，既有义理思想为主的《肇论》（2 笔）、《永嘉禅宗集》（1 笔），还有史传类的《梁高僧传》（1 笔），以及慧远大师的《报应论》（1 笔），后两部是引证高僧著作来说明三

① （宋）净源：《华严原人论发微录》卷一，《卍续藏》第 58 册，第 723 页中下。

世因果等为事实的资料。

表3　《华严原人论发微录》中所引内学资料[①]

分类	篇名	笔数	篇名	笔数
华严经与宗派教学	华严经	**9**	别行录[①]	1
	圆觉经	2	禅源诸诠集都序	**12**
	十地经论	2	心要法门	2
	华严经疏	2	注华严法界观门序	1
	道场仪	5	法集序	1
宗密其他著作	金刚般若经疏论纂要	1	兰盆疏	2
其他如来藏典籍	涅槃经	2	楞严经	1
	净名经疏	1	宝性论	1
	净名经	1	大乘起信论	**15**
	无上依经	1		
其他佛教经论	阿含经	1	大智度论	2
	仁王经	1	瑜伽师地论	2
	普曜经	1	成唯识论	4
	正法念经	1	俱舍论	4
	波利提谓经	1	唯识二十论	1
	宝积经	1	新记	1
	心经	1		
中土其他著述	永嘉禅宗集	1	梁高僧传	1
	肇论	2	远公报应论	1

①疑为《中华传心地禅门师资承袭图》。

从以上的分布来看，华严类与华严外的资料基本相当（40：48），如果排除非义理的部分，则比例为39：46，这与净源继承宗密“博考内外”[②]方法论的主观意识是一致的。而进一步从其所引材料所出现的位置来看，

① 除《圆觉经大疏释义钞》。

② 此处“博考内外”的“内外”是以华严教学为视角的。

主要分布于序文以及“斥迷执”“斥偏浅”等部分，这是因为在破斥相关观点时，采取以彼之矛破彼之盾的方法最为有效，也最为对方所信服。而在“直显真源”的部分（20 笔），除华严教学及《起信论》外的内容，其引用也只有如来藏系经论《无上依经》和《宝性论》各 1 笔以及《大智度论》1 笔。表明在确立自宗立场的这一部分，主要的论据是在华严教学和《起信论》，二者成为其基本立场的核心。在“会通本末”一章中，因为其是对真性教之外的佛教和外学所进行的会通，所以其中所引包括内外典籍，但因是略说故其数量不如前三部分。

从对《发微录》所引文献来源的初步分析可见，所引文献种类数量丰富，所引内外学的比例较为均衡（48：65）。特别是在所引频次较高的作品中，无论是《华严经》《圆觉经》《起信论》这样的华严教学重要经典，以及《禅源诸诠集都序》这样宗密本人的其他重要作品，还是外学中关涉华严教学建构的作品（如从澄观、李通玄等以来就常常引用之《周易》《道德经》），又或者是代表中华文脉的元典《尚书》《礼记》《河图》等，抑或是在当时时节因缘下可以验证轮回与三世因果现象真实不虚的经、史、子、集四类文献，都反映了净源对《原人论》的注释中注重“博考内外”以“发微”的态度。而就《原人论》来看，《原人论》本身对儒家、道家代表性思想以及印度佛学都有不少融摄，[①]这些内容或许也是净源“博考内外”以“发微”的促进因素。

三　对宗外思想的态度

宗密对宗外思想的态度，简言之即“取其精华，补其不足”，也就是首先逐一评破其对“权设”教法理解的局限性，在此基础上进行华严圆教

① Peter N. Gregory，*Inquiry Into the Origin of Humanity*：*An Annotated Translation of Tsung-mi's Yuan Jen Lun*，University of Hawaii Press，1995；（唐）宗密著，石峻、董群校释：《华严原人论校释》，中华书局 2018 年版；圣严：《华严心诠》，宗教文化出版社 2006 年版。

意义上的再诠释。《原人论》正文所采取的先评破、后会通的方式，正是这种思路的集中体现。

具体来说，宗密首先要将诸家对“人之本原”的学说加以分析，指出各自得失，此即“评破”的部分。在这一环节中，一方面提供了宗密视角中儒释道三家主流思想关于“人之本原”问题的各种说法，为后续站在华严宗圆融无碍的立场会通诸说提供了思想来源的准备。宗密通过斥迷执、斥偏浅两章分别说明儒道和佛教内部一些思想对“人之本原”问题的理解属于“权说”，进而破斥执此为实的一类人。宗密指出了儒道二家的大道本原说、非因缘化生说、元气欻生说等关于“人之本原”学说的局限性。他所用的方式就是从佛教缘起法则的角度，通过归谬法说明上述诸说的逻辑矛盾或者现实矛盾。在说明佛教内部诸说的局限性时，宗密实际上采用了佛教的判教方法。[①] 在评述人天因果教、小乘教、大乘显相教、大乘破相教的理论不足时，分别采用了后一种说法胜过前一种说法的方式。另一方面，在评破诸说的同时，根据后者胜前的说法，还暗示诸家说法在内在逻辑上具有一种连续的关系，后者的内容往往是前者所未充分展开的，也就是说，后者较前者更具有广泛性、普遍性，更为究竟。这一逐步扩展的方式在某种程度上也为其破斥后会通本末埋下伏笔。在说明前人诸说的最后，宗密指出这些说法中的最高者，即“大乘破相教”在教化方面的不足，这表现在其对佛陀本怀以隐晦（即“遮诠”）而非直接的方式加以说明。[②] 这一点将在该论“直显真源”部分进行直接解答，后者即宗密开头所说的数十年来“学无常师”后得到的结论。

《原人论》在会通诸说时，将前述所一一评破者都纳入了自身的理论框架，将之视为华严“原人说”的进一步展开。在会通部分的开头，宗密就说在会通本末的情况下“乃至儒道亦是”，前面逐个评破主要是因为

① 亦名教相判摄，是对于佛教思想义理和文献典籍，按照一定标准进行前后、深浅判断，从而提出一整套理解佛教思想体系的学术方法。这被认为是中国化佛教宗派形成的重要标志。见方立天《中国佛教哲学要义》，中国人民大学出版社 2002 年版，第 48 页。

② （唐）宗密：《原人论》卷一，《大正藏》第 45 册，第 709—710 页。

“未了”的缘故。[①]就具体会通而言，宗密从前面所归结的“人之本原”在于“本觉真心”，说明从“真心”显露到如何遮蔽最终呈现凡夫形态的过程。宗密指出，众生对自身具备真心之现状处于“迷睡不自觉知”的状态，这种“真心”被隐藏和覆盖的状态被称为“如来藏”，后者便是生灭心的所依，[②]这种说法实际上也是继承了《大乘起信论》的思想。在凡夫的状态，实际上正是依据这种“如来藏”而出现有生灭心。以上的说法即是宗密在此论判教中所说的“第五一乘显性教”的内容。从这一教相的观点出发，凡圣的差异在于对自身状态认知[③]上的正误，而错误的认知导致了佛性不能显发，进而将圆满而无限的佛性退缩成颇有缺憾和有限狭隘的、犹如“胎藏”一般的状态。

晋水净源在《原人论》“评破会通”方法论的基础上，实际上运用了“发微”的方法，其在《发微录》的序言中即彰显其意旨：

> （源）畴昔尝读《圆觉疏钞》之广者，而其间“穷万法推一心”章，惟灼实开决疑滞，布在钞文、明犹指掌。于是不揣搗昧，录《广钞》之要辞，发斯《论》之微旨。庶乎吾祖，深文奥义，未坠于地，而请者之心亦无鈌然。既录论主《钞》辞，以发微旨，故号之曰《发微录》焉。[④]

净源曾读过《圆觉经疏钞》的广本，在读到《钞》中“穷万法推一心”时，就已对往昔以来的疑惑得到了解答，认为此钞文的内容明白易懂，有观经文深意“犹如（观）指掌”一般。实际上，序文开宗明义描述自身的方法论，在宗密《原人论》中即见端倪：

① （唐）宗密：《原人论》卷一，《大正藏》第 45 册，第 710 页中。
② （唐）宗密：《原人论》卷一，《大正藏》第 45 册，第 710 页中。
③ 按：这一认知并不是第六意识或者八识层面的，而是借用这一词说明对自身状态的现量体认。
④ （宋）净源：《华严原人论发微录》卷一，《卍续藏》第 58 册，第 718 页下。

> 余今还依内外教理推穷万法，初从浅至深，于习权教者，斥滞令通而极其本；后依了教，显示展转生起之义，会偏令圆而至于末。[①]

宗密的“推穷万法”被净源化为“发微”这一种具体方法，而宗密“斥滞令通”和“会偏令圆”则成为净源“发微”中“微”的内容。如果说宗密是博考内外、评破会通的话，那么净源对《原人论》的进一步解读，就是推穷万法以发微，也就是基于宗密所使用的材料，将宗外思想视为对宗密原人思想的一种补充和解读。

净源对《禅源诸诠集都序》和《大乘起信论》的重视不可忽略，前者是宗密禅学的重要文本，其中对禅与教的关系及其判释提供了重要的禅学和教学的理解框架；后者则是从法藏以来都比较重视，而在澄观—宗密后更加强调其作用的论典。

表 4　《华严原人论发微录》与《禅源诸诠集都序》的教相对照

<table>
<tr><th colspan="3">《禅源诸诠集都序》</th><th rowspan="2">《华严原人论发微录》</th></tr>
<tr><th colspan="2">教三种</th><th>禅三宗</th></tr>
<tr><td colspan="2">无对应</td><td>无对应</td><td>儒道</td></tr>
<tr><td rowspan="3">密意依性说相教</td><td>人天因果教（此文略）</td><td>无对应</td><td>人天教（此文广）</td></tr>
<tr><td>断惑灭苦乐教</td><td>无对应</td><td>小乘教</td></tr>
<tr><td>将识破境教</td><td>息妄修心宗</td><td>大乘法相教</td></tr>
<tr><td colspan="2">密意破相显性教</td><td>泯绝无寄宗</td><td>大乘破相教</td></tr>
<tr><td colspan="2">显示真心即性教</td><td>直显心性宗</td><td>一乘显性教</td></tr>
</table>

以《发微录》和《都序》中的教相判释为例（表 4），《发微录》注意到《原人论》对人天教的阐述较《都序》为广，且其中还有儒道二家思想，这也是《都序》中所无。这意味着，《原人论》对外学更加重视。《都序》中的“教三种”“禅三宗”，以及“第一密意依性说相教”所开出的

① （唐）宗密：《原人论》卷一，《大正藏》第 45 册，第 708 页上。

“人天因果”“断惑灭苦乐”和“将识破境”三教，都可以作为净源解读《原人论》五教的对照，他分别将人天、小、大乘法相教对应到这三教。而在“禅三宗”方面，则至“大乘法相教”方有“息妄修心宗”与之对应。净源注意到两部作品之间存在的联系与区别，正表明了其对宗密绝大多数著作的熟悉，从而可以从整体的视角去理解《原人论》，这实际上十分重要。实际上，就是当代作者也有对此方法的重视[①]，说明了跨越文化、时空等条件下，这种以作者全部著作作为思想背景进而充分解读具体文本的思路具有的一定普适性。

另外，净源继承发挥宗密对《起信论》的运用，以其中“一心二门”“觉”与“不觉”等思想，丰富了“发微”的内容。除了这三类材料外，佛教内部的义理学、历史学文献也被引用，说明了华严教学视角“博考内外”的两重性，即华严教学之“内外”以及佛教之“内外”。实际上这也是对《原人论》中将儒道教、人天—小—大乘教、圆教进行某种意义上的三分结构的发挥。对于外学资料，净源引用了神异色彩较重的内容，这在历史上是重要的现实，而且从无尽缘起的角度看，其可能性也不应完全排除；同时，外学的基础典籍也被引用，以更为可信地分析儒道的观点。也就是说，丰富的材料种类从内容来源上体现出了“博考内外”这种“发微”方法论。

四　对自身方法论的建立及运用

宗密“原人思想”以真心为立论的基石，在诠释过程中并不停留于在评破诸家说法基础上成立自家说法，而是进一步将所评破之诸家说法都安排纳入自家说法的麾下，从而形成了圆融无碍同时坚守立场的诠释特色。宗密在此处的诠释特色兼具三个方面的统一，即人间性与彼岸性、世俗性

① Peter N. Gregory，*Inquiry Into the Origin of Humanity*：*An Annotated Translation of Tsung-mi's Yuan jen lun*，University of Hawaii Press，1995，p. i.

和神圣性的统一，理论与实践的统一以及究竟与善巧方便的统一。

人间性（世俗性）与彼岸性（神圣性）的统一，就要求宗密的理论最终能通过“降阶”回到对日常生活的叙述上，从而保障实现契理又契机的要求。这意味着，就叙述来说，其关于人间性的思想资源仍要采取人天乘和外学的内容。宗密的做法是将当时代表性的思想予以说明、梳理和评价，并指出停留于斯在学理上会出现困难。而净源“发微”方法在此中得以顺利运用。净源通过补充丰富的材料，从而达到对《原人论》进行进一步解释的目的，实际上这也就是对“发微”方法最直观的践行。在《发微录》自序中即可看到净源对宗密其他著作的重视，其中对《圆觉经》注释的重视尤甚。而如上所述，通过文本的发掘和对照，本文也提出其对《禅源诸诠集都序》和《起信论》的重视也不可忽略。《禅源诸诠集都序》是考察宗密禅学思想的重要文本，其中对禅教关系及其判释提供了重要的理解框架。《起信论》则是从法藏以来都比较重视的如来藏论典，在从澄观到宗密之后更加强调其作用。

关于理论与实践的统一，实际上这才能为佛教提供源源不断的再创造动力。宗密此处是抓住了“真心”的返源及其退化的过程来阐述的，是与《禅源诸诠集都序》互为表里的。净源通过“一乘”这一华严关键议题的“发微”，实际上将这个表里沟通起来，同时结合了《起信论》的运用。[1]在协调一乘见与凡情认知之间的差异时，宗密采取的是“权实双行”的方法，而净源对相关内容也予以充实。在内容上，净源通过对儒释道三家关涉“人之本原”核心思想的梳理和对比，围绕《原人论》的“一心”说，从“本”与“末”的关系、权实设教的关系以及教相深浅三个维度，[2]对儒道及佛教内诸思想进行评价，最终以“一心”为“本”“实”“深”。而在这三个维度的各两方的关系上，则以非排他的方式，将之视为有机整体的部分来处理，实际上体现的就是对宗密在此论中所采用“权实双行”思

① （宋）净源：《华严原人论发微录》卷一，《卍续藏》第58册，第733页上。
② （宋）净源：《华严原人论发微录》卷一，《卍续藏》第58册，第721页上。

想的运用。一乘的修行即开显“人之本原”，是要通过“返本还源”的方式发挥“真心”的“寂知不二”特性，这是以《禅源诸诠集都序》为代表的宗密禅法的基本理路。关于这个“人之本原”或者“源”，净源是借由《禅源诸诠集都序》中“灵明清净一法界心”和《起信论》“法（即众生心）”关于这一问题的阐述来补充的。[①]对比法藏将《起信论》判释为终教，而圆教的次第行布门中可以寄位终教的方式来表诠，似乎此处更强调了《起信论》“一心二门”思想与圆教所安立的“自性清净圆明体”[②]的相似性，而法藏对此“一体”所开之“二用”则是“海印森罗常住用”与“法界圆明自在用”，这与“真如”“生灭”二门并不完全相同。这说明在宗密之后，《起信论》中的真心思想已经更多占据了诠释圆教一乘思想的地位，而其后学净源也基本继承了这一思路。[③]

最后，究竟与善巧方便的统一，则是宗密“人”的诠释学的根本方法。考察宗密的诠释是否具有普遍意义，能否代表中国化佛教的人性思想，是其诠释是否具有方法论意义的关键。而净源在其中通过“推穷万法”的方法对《原人论》核心思想进行“发微”，这可视作“发微”方法的终极版运用，由此进一步强化了宗密人学思想的普遍意义。宗密运用会通方法使当时主要社会思想融合并纳入华严教学的视角。净源的“发微”方法可以从两个面向去理解其贡献：一是对中国传统经学方法的重视和运用，这是其顺应中华文脉传承的一面，亦即佛教在历史上主动进行的中国化努力。宗密的会通本末，实际上就是对中国传统学术“述而不作”的一种拓展性运用，一方面按照自身的（“判教”）标准进行选取材料，另一方面对其进行评价议论，由此间接性地展开自身的理论。而净源则进一步以“发微”方法来继承宗密的解释学方法，“发微”是对传统义疏体例的进一

① （宋）净源：《华严原人论发微录》卷一，《卍续藏》第 58 册，第 734 页下。

② （唐）法藏：《修华严奥旨妄尽还源观》卷一，《大正藏》第 45 册，第 637 页上。

③ 不过，在进一步的传承过程中自然也有混淆圆教与终教之虞，从而使法藏集大成时的华严教学风貌有所缺失，当然是选取智俨—法藏、澄观—宗密、李通玄还是集合诸家之说为标准进而对此进行判断、取舍，则是另外的问题了。

步回归，特别是以对词汇理解的形式融入自身的诠释，充分运用内外之学并进一步予以“博考”，从而以“推求”的方法对内外之“万法”加以充实，形成了对《原人论》的系统性解读。二是净源立足佛教和华严宗对内外学加以“推穷”，这实际上发挥了《起信论》至《原人论》以来“一开二”的形式和结构，以华严宗的视角对内外的思想赋予了“本末”“权实”“深浅”等评价，并在此基础上以多对的“二元通和”来融通，这实际上也是对《华严经》中所见之“权实双行法”的扩展性运用，后者从法藏、澄观、宗密一直到永明延寿都得到重视。也就是说，这一方法从经典而来，进一步扩展为方法论，增强了经典和其他文本的解释能力。

余　论

方法论的更新有赖于具体的内容，也依赖于诠释的过程。西人会从本体论的意义上，华人学者则从自我诠释循环等角度对诠释学及其本体论进行思考。从佛教不谈及本体论的视角来看，解释学本身的形而上学也不是没有思考的场域和立足之地的；相反，作为基于缘起法的佛教诠释学，特别是基于无尽缘起的华严诠释学，其针对诠释的相对性逻辑起点、诠释方法、主要思想资料、诠释过程等，都应赋以无尽缘起的精神底色。特别是，应善用《华严经》及华严家的思想资料，从重视和传承华严教学的“源”与“流”以及分析考察“流”的经验得失与方法论，并以“正反合”融通的方式而非单纯的否定方式将前人资料予以吸收和会通整合。而在这些方法的不断传承中，净源祖师在距离《原人论》成书不太久的时代就给了我们一个很好的示范。

南岳慧思的禅学思想

夏德美

中国社会科学院世界宗教研究所研究员

摘要： 慧思禅法是南北朝后期禅法中重要的流派之一，主要体现在《诸法无诤三昧门》和《法华安乐行义》中。《诸法无诤三昧门》既体现了对传统小乘禅法的继承，也体现了大乘佛教影响下，融汇定学、慧学的倾向，为智顗定慧双修禅学体系的建立提供了方向，但慧思禅法在某种程度上还带有北方禅法偏重定门的特点，还没有完全实现真正意义上的定慧平等。《法华安乐行义》提倡的法华安乐行是以专心念诵《法华经》为基本方法的顿悟禅法。这一禅法凸显了《法华经》的殊胜地位，为智顗一心三观禅法的最终确立指明了方向，也为天台宗以《法华经》为宗经奠定了基础。慧思的禅学思想既继承了北方禅学的特色，又受到南方佛学的影响；既有次第禅法，又有圆顿禅法；既强调定慧双修，又以定发慧，具有从南北朝向隋唐佛学过渡的特点。

关键词： 慧思；禅学；次第；圆顿

禅学是佛教三学之一，在佛教思想和修行体系中占据重要地位。佛教禅法几乎与佛经翻译同步传入汉地，并且是大小乘禅法齐头并进传播。在东汉末年安世高和支娄迦谶的翻译作品中，有关禅法的典籍就占有很大比重。安世高所译的《安般守意经》《大十二门经》《小十二门经》《大道地经》《五十校计经》《禅行法想经》等，都是小乘禅定经典；支娄迦谶所译的《般舟三昧经》《首楞严经》等，则是介绍大乘禅定学说的经典。这两大系统禅法代有传人，始终没有断绝。尤其是安般守意禅法，流传更广，影响更大。

东晋后期，鸠摩罗什到达长安，开启了佛经翻译的新时代。晋末宋初，禅经翻译和禅法传习出现了第一个高潮。鸠摩罗什翻译了《众家禅要》《十二因缘》《禅法要解》三部禅学经典，他对各家小乘禅法进行汇总，并以般若实相解释大乘禅法，对于大乘禅法流行起过促进作用。由于鸠摩罗什主要弘扬大乘中观般若学，在禅法方面没有明确师承，所译禅经又大多是抄撰众家禅要而来，难于直接用于专门实践过程，修习者不多，其影响也不是太大。

这一时期，影响最大的禅法是佛陀跋陀罗传承的说一切有部禅学。佛陀跋陀罗先到长安，又至庐山，后达建业，翻译出《观佛三昧经》《禅经修行方便》等禅经，得到慧远、慧观等人推崇。慧远撰《庐山出修行方便禅经统序》，慧观作《修行地不净观序》，分别对这一禅法进行总结和评价。这一系禅法对刘宋禅学的持续兴盛影响重大。此时翻译禅经的还有昙摩蜜多、畺良耶舍、沮渠京生等，分别形成不同的禅法传承。

5世纪末，北方禅学逐渐兴起，出现了佛陀禅师、僧稠、僧实等重要的禅师。被尊为禅宗初祖的菩提达摩北上，开启了后世禅宗的传法谱系。南北朝末年，以慧思为代表的北方禅师南下，融汇定学与慧学，主张禅慧双修，为隋唐宗派佛教的出现奠定了基础。

一 慧思生平、著述

慧思，俗姓李，武津（今河南省上蔡县东）人，《续高僧传》卷一七有传。慧思15岁出家，20岁受具足戒，后严守戒律，每天读诵《法华经》。又因阅读《妙胜定经》，开始修习禅观。后游行于兖州（今安徽亳州）、信州（今河南淮阳一带），跟随慧文、僧监、僧最等禅师学习禅法和大乘义理，“研练逾久，前观转增，名行远闻，四方钦德，学徒日盛”[①]。因遭恶比丘毒害，决意南下。北齐文宣帝天保四年（553），慧思到达郢州（今河南信阳），应刺史之请讲摩诃衍义。又遭诸恶论师毒害，次年至南光州（今河南光山），适逢西魏攻灭萧梁，前路阻隔，于是栖居光州大苏山授禅讲法，从者如云。陈文帝天嘉元年（560），智顗投在慧思门下，开始学习法华三昧等。陈临海王光大元年（567），智顗奉慧思之命至陈都金陵弘扬佛法，开始了创立天台宗的历程。第二年，慧思带领大众离开大苏山，南下衡岳，栖息十载，直到生命结束。这期间，慧思曾被陈主邀请，前往金陵弘法。据僧传记载，慧思曾与摄山三论学者慧布讨论佛教义理，并与慧命禅师友善。

慧思著作保存下来的有《南岳思大师立誓愿文》一卷、《诸法无诤三昧法门》二卷、《大乘止观法门》四卷、《法华安乐行义》一卷、《随自意三昧》一卷。此外，还有《四十二字门》二卷、《释论玄门》一卷、《次第禅要》一卷、《三智观门》一卷，但都已经佚失。其中，《南岳思大师立誓愿文》《大乘止观法门》是否为慧思作品，学术界一直存在不同看法。以下将根据《诸法无诤三昧门》和《法华安乐行义》分析慧思的禅法思想。

二 《诸法无诤三昧法门》与定慧关系

道宣在《续高僧传·慧思传》中总结了慧思禅法的内容、特点及在佛教史上的影响：“自江东佛法，弘重义门，至于禅法，盖蔑如也。而思慨斯南服，定慧双开，昼谈理义，夜便思择，故所发言，无非致远，便验因定发慧，此旨不虚，南北禅宗，罕不承绪。”[②]慧思禅法提倡因定发慧、定慧双开。在定与慧的关系方面，定是根本，没有定，无所谓慧。这样一

① （唐）道宣撰，郭绍林点校：《续高僧传》卷17《释慧思传》，中华书局2014年版，第619页。
② （唐）道宣撰，郭绍林点校：《续高僧传》卷17《释慧思传》，第622页。

来，明显纠正了南方重义理、轻禅定的倾向，使南北方禅学者都以此为标准。

《诸法无净三昧法门》中，禅定是最核心的法门，文章一开始就强调禅定的重要性：

> 夫欲学一切佛法，先持净戒，勤禅定，得一切佛法诸三昧门，百八三昧，五百陀罗尼，及诸解脱，大慈大悲，一切种智，五眼，六神通，三明，八解脱，十力，四无畏，十八不共法，三十二相，八十种好，六波罗蜜，三十七品，四弘大誓愿，四无量心，如意神通，四摄法，如是无量佛法功德，一切皆从禅生。①

一切佛法，无论是小乘佛法中的六神通、三明、八正道、三十七道品，还是大乘佛法中的六度、四弘誓、四摄法都从禅定这一根本法门流出。总结起来，要真正掌握一切佛法，达到成功解脱，首先要严谨持戒，在此基础上，勤奋坐禅习定。最终的解脱，归根结底离不开禅定。

在般若与禅定关系方面，慧思主张"由定发慧"基础上的定慧双修。般若学流行后，佛教界特别重视般若智慧的作用，尤其是重义理的南方佛教界，更把般若作为获得解脱的根本。慧思也非常重视般若，他多次讲解《摩诃般若波罗蜜经》，并发愿印造金字《摩诃般若波罗蜜经》，但他更重视禅定，将禅定作为般若的根本，这与般若经"般若波罗蜜于诸学中，最尊、第一，微妙无上"的思想是不一致的。慧思引用多种经论重点说明般若智慧从禅定生：

> 如《禅定论》中说：三乘一切智慧皆从禅生。《般若论》中，亦有此语。般若从禅生，汝无所知。……复次，《般若波罗蜜光明释论》

① （隋）慧思：《诸法无诤三昧门》卷一，CBETA 2022，T46，No.1923，第 627 页下。

> 中说，……如来一切智慧，及大光明，大神通力，皆在禅定中得，佛今欲说摩诃般若大智慧法，先入禅定，现大神通，放大光明，遍照一切十方众生……复次，如《胜定经》中所说，若复有人，不须禅定，身不证法，散心读诵十二部经，卷卷侧满，十方世界皆暗诵通利，复大精进，恒河沙劫，讲说是经，不如一念思惟入定……复次，《毗婆沙》中说：若有比丘，不肯坐禅，身不证法，散心读诵，讲说文字，辨说为能，不知诈言知，不解诈言解，不自觉知，高心轻慢坐禅之人，如是论师，死入地狱，吞热铁丸，出为飞鸟，猪羊畜兽，鸡狗野干，狐狼等身。①

也就是说般若从禅生，一切佛智慧从禅定中获得，只诵经说法，研究义理，不修禅定，会得恶报，成为畜生，永远不能解脱。在慧思看来，定慧虽须双修，但二者的地位并不相同，只有在禅定中亲身体证的智慧才是真正的智慧，因此必须由定发慧，因为禅定乃是智慧的根本。②

慧思在《诸法无诤三昧法门》中重点论述的禅定内容是四念处禅法，只不过在传统四念处基础上，结合了大乘义理：

> 观身不净时，先观息入出生灭不可得；次观心心相。若先观色，粗利难解，沉重难轻。若先观心，微细难见，心空无体，托缘妄念，无有实主。气息处中，轻空易解。先观入息从何方来，都无所从，亦无生处，入至何处，都无归趣，不见灭相，无有处所。入息既无，复观出息从何处生。审谛观察，都无生处；至何处灭，不见去相，亦无灭处。既无入出，复观中间相貌何似。如是观时，如空微风，都无相貌。息无自体，生灭由心。妄念息即动，无念即无生。即观此心住在

① （隋）慧思：《诸法无诤三昧门》卷一，CBETA 2022，T46，No.1923，第 629 页上—中。

② 参见张风雷《天台先驱慧思佛学思想初探——关于早期天台宗思想的几个问题》，《世界宗教研究》2001 年第 2 期。

何处。复观身内，都不见心。复观身外，亦无心相。复观中间，无有相貌。复作是念，心息既无。我今此身从何生？如是观时，都无生处，但从贪爱虚妄念起。复观贪爱妄念之心，毕竟空寂，无生无灭，即知此身化生不实，头等六分，色如空影，如虚薄云。入息气，出息气，如空微风。如是观时，影云微风，皆悉空寂，无断无常，无生无灭，无相无貌，无名无字。既无生死，亦无涅槃，一相无相。一切众生亦复如是。是名总观，诸法实相。[①]

观身不净时，要先观息出入，次观心无所得，再观身无所有，最后证悟无生无灭、无断无常、无名无相的诸法实相。这样，作为四念处之一的“观身不净”与大乘无念无相的基本教义就结合到了一起。

总之，《诸法无诤三昧门》所呈现的慧思禅法既体现了对传统小乘禅法的继承，也体现了大乘佛教影响下，融汇定学、慧学的倾向。定慧双修是天台宗禅法的重要特征，其成熟形态应该由智顗最终完成，慧思开始提倡定慧双修，为智顗进一步的理论阐释提供了方向，但慧思禅法在某种程度上还带有北方禅法偏重定门的特点，还没有完全实现真正意义上的定慧平等。

三 《法华安乐行义》与法华三昧

慧思非常重视《法华经》，把《摩诃般若波罗蜜经》看作次第义，把《法华经》看作圆顿义。据《续高僧传·慧思传》，慧思曾令智顗代讲《摩诃般若波罗蜜经》，讲到“一心具万行”处，智顗有疑惑。慧思解释道：“汝向所疑，此乃《大品》次第意耳，未是《法华》圆顿旨也。吾昔夏中苦节思此，后夜一念顿发诸法。吾既身证，不劳致疑。”[②] 在《法华安乐行

① （隋）慧思：《诸法无诤三昧门》卷一，CBETA 2022，T46，No.1923，第 633 页上一中。

② （唐）道宣撰，郭绍林点校：《续高僧传》卷 17《释慧思传》，第 625 页。

义》中，慧思系统论述了法华安乐行（即法华三昧）的内容、特点，重点强调法华三昧是顿悟法门：

> 《法华经》者，大乘顿觉，无师自悟，疾成佛道，一切世间难信法门。凡是一切新学菩萨，欲求大乘，超过一切诸菩萨，疾成佛道，须持戒、忍辱、精进、勤修禅定，专心勤学法华三昧，观一切众生皆如佛想，合掌礼拜，如敬世尊，亦观一切众生皆如大菩萨善知识想。①

《法华经》是大乘顿觉疾成佛道的法门，好像莲花一样，一花具众果，适合利根菩萨学习：

> 莲华者，是借喻语，譬如世间水陆之华，各有狂华，虚诳不实，实者甚少，若是莲华，即不如此，一切莲华皆无狂华，有华即有实。余华结实，显露易知。莲华结实，隐显难见。狂华者，喻诸外道。余华结果显露易知者，即是二乘，亦是钝根菩萨次第道行，优劣差别，断烦恼集，亦名显露易知。法华菩萨即不如此，不作次第行，亦不断烦恼。若证《法华经》，毕竟成佛道；若修法华行，不行二乘路。②

通过学习《法华经》，修法华三昧就可以不作次第行，不行二乘路，直接达到一乘境界。法华三昧是安乐行，不同于二乘行者的次第禅定，而是舍弃一切方便的顿悟法门：

> 一切二乘诸声闻人阴界入中能对治观，不净观法能断贪淫，慈心观法能断瞋恚，因缘观法能断愚痴。别名字说名为四念处，是四念有三十七种差别名字，名为道品……安乐行中，观则不如此，正直舍方

① （隋）慧思：《法华安乐行》，CBETA 2022，T46，No.1926，第 697 页下。

② （隋）慧思：《法华安乐行》，CBETA 2022，T46，No.1926，第 698 页中—下。

便，但说无上道。[①]

四念处等小乘禅法都是强调修行次第的，法华安乐行则不需要这些次第，可以一时具足诸佛境界。

法华安乐行可以分为两种，即无相行和有相行。所谓无相行：

即是安乐行，一切诸法中，心相寂灭，毕竟不生，故名为无相行也。常在一切深妙禅定，行住坐卧，饮食语言，一切威仪，心常定故，诸余禅定三界次第，从欲界地、未到地、初禅地、二禅地、三禅地、四禅地、空处地、识处、无所有处地、非有想非无想处地，如是次第，有十一种地差别不同。有法、无法二道为别，是《阿毗昙杂心》圣行，安乐行中深妙禅定即不如此。何以故？不依止欲界，不住色无色。行如是禅定，是菩萨遍行。毕竟无心想，故名无想行。[②]

无相安乐行就是“一切法中，心相寂灭，毕竟不生”，行住坐卧，一切时处，常在深妙禅定中，这种禅定不同于二乘次第禅定，是一种不需要经过欲界、色界、无色界各种不断提升的禅定境界。

无相行需要以有相行为基础。所谓有相行，就是修习法华三昧的具体方法：

此是《普贤劝发品》中，诵《法华经》散心精进，知是等人不修禅定，不入三昧，若坐，若立，若行，一心专念《法华》文字，精进不卧，如救头然，是名文字有相行。[③]

① （隋）慧思：《法华安乐行》，CBETA 2022，T46，No.1926，第 701 页上—中。
② （隋）慧思：《法华安乐行》，CBETA 2022，T46，No.1926，第 700 页上。
③ （隋）慧思：《法华安乐行》，CBETA 2022，T46，No.1926，第 700 页上—中。

专心念诵《法华经》，时时不断，长期坚持，不顾身命。通过有相行就可以达到以下境界：

> 即见普贤金刚色身乘六牙象王住其人前，以金刚杵拟行者眼，障道罪灭，眼根清净，得见释迦，及见七佛，复见十方三世诸佛，至心忏悔，在诸佛前五体投地，起合掌立，得三种陀罗尼门：一者总持陀罗尼，肉眼、天眼菩萨道慧。二者百千万亿旋陀罗尼，具足菩萨道种慧，法眼清净。三者法音方便陀罗尼，具足菩萨一切种慧，佛眼清净。是时即得具足一切三世佛法，或一生修行得具足，或二生得，极大迟者三生即得。①

修行有成就者就可以见到普贤菩萨，见到三世诸佛；通过在佛前忏悔，就可以得到三种陀罗尼，最终具足一切佛法，成就佛道。

综上所述，法华安乐行是以专心念诵《法华经》为基本方法的顿悟禅法。慧思突出了顿悟禅法的特点，凸显了《法华经》的殊胜地位，为智顗一心三观禅法的最终确立指明了方向，也为天台宗以《法华经》为宗经奠定了基础。

总之，慧思的禅学思想既继承了北方禅学的特色，又受到南方佛学的影响；既有次第禅法，又有圆顿禅法；既强调定慧双修，又以定发慧，具有从南北朝向隋唐佛学过渡的特点。

---

①（隋）慧思：《法华安乐行》，CBETA 2022，T46，No.1926，第 700 页中。

从《四教义》看天台教学思想之构建*

悟　灯

浙江工商大学讲师

摘要：《四教义》是从《维摩经文疏》中剥离出来单独流通的著作。在此著作中，天台智顗通过“四教、四谛、四门、四悉檀、四弘誓愿”等概念，把印度佛教的思想概念系统化，统一化，构建成中国佛教学体系。本文试图通过对《四教义》的解读，了解天台智顗如何通过这些思想概念构建天台学的修学、实践、证道的思想体系，如何将源自印度佛教学的思想概念系统化、统一化地构建为中国佛教学、天台学的思想体系。

关键词：天台智顗；四教；四门；四谛；四悉檀；四弘誓愿

一　四教之成立

藏通别圆四教是天台教学的核心，亦是佛教中国化具体的演变。

在天台智顗之前，已经有人提出五时教、四时教的说法。[①]关于判教，天台智顗在《法华玄义》中总结的前人判教就有十家，即所谓南三北七之

* 本文为教育部人文社会科学研究项目“日藏智者大师著述整理与研究”（22YJE730001）之阶段性成果。

① 《妙法莲华经玄义》卷第十上，《大正藏》第33册，第801页上。

说[1]，然而，关于藏通别圆四教之设立，仅提及梁宝亮[2]、光宅法云[3]、净影寺慧远[4]等人，且他们并未形成系统学说。直至天台智顗，才创建了中国佛教判教的思想体系。

首先，天台智顗对“教”的定义如下：

> 此四通言教者，教以诠理化物为义。大圣于四不可说，用四悉檀赴缘而有四说，说能诠理化转物心，故言教也。[5]

天台智顗指出“教”是为了度化众生而诠释佛法之教义。原本世尊之教法是不可说的，是无法用语言来表达的，但是为了度化众生，使众生能够悟入佛之知见，世尊不得不进行说教，即通过四悉檀之方法来表达佛法之微妙；又根据众生的根机利钝不同，设立了藏、通、别、圆四教之教法。

此四教的设立乃是依据《涅槃经》的“四不可说”之义。世尊通过“四悉檀”而说藏、通、别、圆四教之教法，都是为了度化众生之方便。天台智顗举出：

> 立四教名义者，如《大涅槃经》明四不可说，有因缘故亦可得说。四种之说，以此化前缘，即是四教意。又《涅槃经》云：四种转四谛法轮，即是四教意。又《法华经》明三草二木，禀泽不同，譬方便说，即三教也。一地所生，一雨所润，譬说最实事，即圆教也。如此等四说法，随机化物，即四教义。四说即是四教之异名也。[6]

---

① 《妙法莲华经玄义》卷第十上，《大正藏》第 33 册，第 801 页上。
② 宝亮：《大般涅槃经集解》卷第三十五，《大正藏》第 37 册，第 493 页上。
③ 光宅法云：《妙法莲华经义记》卷第六，《大正藏》第 33 册，第 639 页中。
④ 慧远：《无量寿经义疏》下卷，《涅槃义记》卷第五，《大乘起信论义疏》上之上，《大乘义章》卷第二十。
⑤ 智顗：《四教义》卷第一，《大正藏》第 46 册，第 721 页上。
⑥ 智顗：《四教义》卷第一，《大正藏》第 46 册，第 723 页下。

也就是说，依据《涅槃经》的“四不可说，有因缘故亦可得说”之义立藏通别圆之四教。又引用《法华经》的三草二木与一地所生一雨所润之喻，说明藏通别圆之四教义。这是以《涅槃经》《法华经》作为经证，说明四教之确立。

根据众生的根机有利钝不同，因此教法就分为藏通别圆之四教。四教的具体内容，天台智顗在《四教义》中有详细的说明。

1. 关于藏教

关于藏教，天台智顗在《四教义》中说：

> 此教明因缘生灭四圣谛理，正教小乘，傍化菩萨。所言三藏教者，一修多罗藏，二毗尼藏，三阿毗昙藏。[①]

这里的藏教，是指三藏教，即修多罗藏为《四阿含》，毗尼藏为《八十诵律》，阿毗昙藏为《阿毗昙论》，主要是为了教导度化小乘人，而旁化菩萨人。所诠释的教理即因缘生灭之四圣谛理。

天台智顗把四阿含定为“定藏”，认为四阿含都是说明修行的方法；把毗尼定为“戒藏”，认为是因事制定戒律，以防止身和口之恶法；把阿毗昙定为“慧藏”，认为是分别无漏智慧之法。如此之三藏教都属于小乘，天台智顗并指出此是为“小乘三藏学者”而设立，在《法华经》中就存在这样的说法，如《法华经》中说“贪着小乘三藏学者”[②]。

2. 关于通教

天台智顗在《四教义》中将“通”解释为：“通者同也，三乘同禀，故名为通。”[③]即通是共同之义，声闻、缘觉、菩萨三乘人都是通过学习无生四谛之理，才明白因缘即空。天台智顗认为通教是世尊为了教化菩萨而

① 智顗:《四教义》卷第一,《大正藏》第46册，第721页上。
② 《妙法莲华经》卷第五,《大正藏》第9册，第37页中。
③ 智顗:《四教义》卷第一,《大正藏》第46册，第721页下。

设立之教，旁通声闻、缘觉之人，是大乘教法之初门。因此，天台智顗引用《般若经》云：

> 故《大品经》云：欲学声闻乘者，当学般若。欲学缘觉乘者，当学般若。欲学菩萨乘者，当学般若。三乘同禀此教，见第一义，故云通教也。[①]

在《般若经》中，世尊设教：声闻乘人学习般若，缘觉乘人也学般若，菩萨乘人亦是学习般若。三乘之人通通都是学习般若，所以定为通教。

天台智顗并以"教、理、智、断、行、位、因、果"之八通解释通教。声闻、缘觉、菩萨之三乘人同禀因缘即空之教，同见偏真之理，同得巧度一切智，同断三界内之烦恼，同修见思无漏之行，同入干慧地至辟支佛地之位，同种九无碍因，同证有余、无余涅槃。

3. 关于别教

关于别教，天台智顗解释：

> 别者不共之名也。此教不共二乘人说，故名别教。此教正明因缘假名，无量四圣谛理，的化菩萨，不涉二乘。[②]

别教所说的教法是为菩萨所说，与为声闻、缘觉之二乘人所说的教法不同，是不与二乘"共"的教法，是单独为菩萨乘根机之人所说的教法，即无量四谛，正明因缘是假名，正化菩萨之人，不涉及声闻、缘觉之二乘人。天台智顗同样以"教、理、智、断、行、位、因、果"之八别解释别教之义。佛说恒沙佛法，单独为别教之人讲说菩萨法，不通声闻、缘觉

① 智顗：《四教义》卷第一，《大正藏》第 46 册，第 722 页上。
② 智顗：《四教义》卷第一，《大正藏》第 46 册，第 722 页上。

人。藏识中有恒沙俗谛之理，别教之人证的是道种智，是智别；断的是界外的见思惑与无明惑，经历尘沙劫修行六波罗蜜，自行化他，于三十心伏住无明烦恼入贤位，于十地发真正智慧断无明烦恼为入圣位，以无碍金刚之因证得解脱涅槃之四德。以上八别，别于声闻缘觉二乘之人。

4. 关于圆教

天台智顗解释圆是圆满不偏之义，圆教是教化最上乘利根之人之教，明了不思议因缘、二谛中道之理，事与理俱足，不偏不别，所以称为“圆教”。天台智顗列举《华严》《大品般若》《法华》《涅槃》等大乘经典证明世尊设立圆教之意图。如《华严经》云：

显现自在力，说圆满经，无量诸众生，悉授菩提记。①

智顗又以“教、理、智、断、行、位、因、果”之八圆来说明圆教义。正说中道，中道即一切法，证得一切种智，不断而断无明烦恼。大乘之圆因，涅槃之圆果，因果俱足无缺，为一行一切行。从初一地具足诸地功德，双照二谛，自然流入萨婆若海，妙觉不思议涅槃三德之果不纵不横。所以名为圆教。

二　四教与四谛之关系

藏通别圆四教所诠释之理即四谛。四教是能诠，四谛之理是所诠。世尊在《华严》《阿含》《方等》《般若》《法华》《涅槃》等众经典中都讲了四谛之法，那么就有小乘教法四谛与大乘教法四谛之问题。天台智顗将世尊在众经典中所说的四谛法，归纳为生灭四谛、无生四谛、无量四谛、无作四谛之四种四谛。

天台智顗创立四种四谛，是否有经典的依据呢？天台智顗指明说：

① 《大方广佛华严经》卷第五十五，《大正藏》第9册，第750页上。

> 散说诸经论趣缘，处处有此文义，但不聚在一处耳。[①]

世尊在诸经论中分别讲说此四种四谛之文，但是并没有在一部经典中通讲此四种四谛。例如，世尊在《涅槃经》中讲了声闻缘觉与菩萨之四谛：

> 善男子！以是义故，诸凡夫人有苦无谛，声闻缘觉有苦有苦谛而无真实，诸菩萨等解苦无苦，是故无苦而有真实。诸凡夫人有集无谛，声闻缘觉有集有集谛，诸菩萨等解集无集，是故无集而有真谛。声闻缘觉有灭非真，菩萨摩诃萨有灭有真谛。声闻缘觉有道非真，菩萨摩诃萨有道有真谛。[②]

天台智顗又引《胜鬘经》说明有大乘与小乘之四谛：

> 何等为说二圣谛义？谓说作圣谛义、说无作圣谛义。说作圣谛义者，是说有量四圣谛。何以故？……说无作圣谛义者，说无量四圣谛义。……如来说四圣谛。如是四无作圣谛义，唯如来、应、等正觉事究竟，非阿罗汉、辟支佛事究竟。[③]

世尊在《胜鬘经》中也讲说了有作、无作、有量、无量之四种四谛，名称略有不同，意义也稍有不同，即大乘四谛与小乘四谛之区别。因此，智顗所言之四种四谛在众多经典中都可以找到依据。

1. 三藏教所诠生灭四谛之理

天台智顗指出生灭四谛之理，即《涅槃经》中所讲的“生生”之

① 智顗：《四教义》卷第二，《大正藏》第 46 册，第 725 页下。
② 《大般涅槃经·圣行品第七之三》，《大正藏》第 12 册，第 441 页上。
③ 《胜鬘狮子吼一乘大方便方广经·法身章第八》，《大正藏》第 12 册，第 221 页中。

义。[1]“生生”即能生于所生之法，谓根尘相对，是为能生，由此根尘相对之时，一念心起，分别好恶，是为所生，即心法也。能和所兼说，故名生生。此是藏教所诠释的实有生灭之法，法虽生灭，理本无言，故云不可说也。此“生生”之法为不可说，但是《涅槃经》又说有因缘时还是可以说示，那就是用四悉檀善巧方便宣示。随顺众生的情辨，用世界、对治、为人之三种悉檀宣说生灭四谛之理。随顺众生的智辨，用第一义悉檀宣说生灭四谛之理。如果没有随顺众生的情和智之机缘则不可说也，如果众生开发了情和智之机根，则可以方便赴机，善巧地宣说生灭四谛之理。

三藏教所诠的是生灭四谛之理，即为生生不可说之教法，因为有了四悉檀之因缘，才有机缘得以宣说。因此，《法华经》云：

> 诸法寂灭相，不可以言宣。以方便力故，为五比丘说。是名转法轮，便有涅槃音，及以阿罗汉。[2]

诸法是寂灭之相，无法用语言来宣说，但是为了度化五比丘，世尊还是运用方便智慧力，为五比丘宣示诸法寂灭之相，这就是转法轮，五比丘因此证得阿罗汉果。这是世尊对三藏教声闻乘人讲说生灭四谛之理。如《法华经》中又说：

> 昔于波罗奈，转四谛法轮。分别说诸法，五众之生灭。[3]

世尊讲说的生灭四谛之法，乃是世尊成道后在鹿野苑最初为了度化五比丘所讲说的苦集灭道之四谛法。天台智顗指出世尊在《胜鬘经》中所讲

① 《大般涅槃经》卷第二十一，《大正藏》第 12 册，第 490 页中。
② 《妙法莲华经·方便品第二》，《大正藏》第 9 册，第 10 页上。
③ 《妙法莲华经·譬喻品》，《大正藏》第 9 册，第 12 页上。

的“有作四圣谛”[①]之法与此相同，在《涅槃经》中所讲的“声闻有苦有苦谛，有集有集谛，有灭有灭谛，有道有道谛也”[②]，也是相同的教法。如此可以清楚地知道，世尊始从鹿野苑终至鹤林时对藏教声闻人一直都是宣讲的生灭四谛之理。

2. 通教所诠无生四谛之理

天台智顗指出无生四谛之理，即《大涅槃经》中所说的“生不生”[③]之义。生即前文所言根尘相对所生之法，不生即了此所生之法当体即空。既达所生之法本空，因此名为“生不生”。《涅槃经》中说：有因缘时就可以宣说。天台智顗以四悉檀之因缘，随顺众生之情辨，用世界、为人、对治之三悉檀说无生四谛；随顺众生之智辨，用第一义悉檀说无生四谛。以方便赴机，善巧而说声闻、缘觉、菩萨三乘之教法。

智顗首先以《思益经》为例说明：

> 如《思益经》云：知苦无生，名苦圣谛。知集无和合相，名集圣谛。以不二相观，名道圣谛。法本不生今即无灭，是名灭圣谛。[④]

此中天台智顗虽只明确说是引用《思益经》，其实是分别引用了《思益经》和《维摩诘经》的文句进行阐释。[⑤]天台智顗进一步解释说明：此处与前面世尊对藏教声闻人所说的苦集灭道四法的名字和事相虽然是相同的，但是意义是不同的。前面所宣说的是以生灭之法为真理，此处所说的是以不生不灭真空之法为真理，故也叫四真谛。它是对应《涅槃经》中的如下说法所说的：

---

① 《胜鬘狮子吼一乘大方便方广经·法身章第八》，《大正藏》第 12 册，第 221 页中。

② 《大般涅槃经》卷第十三，《大正藏》第 12 册，第 441 页上。

③ 《大般涅槃经》卷第二十一，《大正藏》第 12 册，第 490 页中。

④ 智顗：《四教义》卷二，《大正藏》第 46 册，第 726 页上。

⑤ 《思益经》：圣谛者，知苦无生是名苦圣谛，知集无和合是名集圣谛，于毕竟灭法中，知无生无灭是名灭圣谛，于一切法平等，以不二法得道是名道圣谛。（《大正藏》第 15 册，第 39 页上）《维摩诘经》：生灭为二，法本不生，今则无灭。（《大正藏》第 14 册，第 550 页下）

> 菩萨解苦无苦，是故无苦而有真谛。解集无集，是故无集而有真谛。有灭有真，有道有真，故名四真谛也。[①]

从藏教声闻人的角度看苦集灭道一切法是生灭之法，从通教菩萨的角度看苦集灭道一切法是不生灭之法。正对应《胜鬘经》中所说的有量四谛之理[②]，三乘人同观苦集灭道，得第一义谛，证入有余涅槃与无余涅槃。

3. 别教所诠无量四谛之理

天台智顗指出无量四谛是别教所诠之理，也就是《涅槃经》中所说的“不生生”之义。不生即真空之理，生即从空出假而起度生之用。此是说别教之人，于十住位中，修习空观，了法无生，而称为“不生”；而又不住于空，于十行位中修习假观，起十界度生之用，因此又称为“生”。虽然说“不生生”不可说，但是《涅槃经》中又说有因缘也是可以说的。那就是以四悉檀因缘而为别教菩萨人说示之。天台智顗以随顺众生之情辨，用世界、为人、对治三悉檀，善巧方便而说无量四谛；随顺众生之智辨，用第一义悉檀而说示之。

天台智顗引用《涅槃经》之文证明：

> 如《大涅槃经》说：知诸阴苦，名为苦谛。分别诸阴有无量相，悉是诸苦，是名无量苦谛。无量集灭道。[③]

---

① 《四教义》卷第二,《大正藏》第 46 册，第 726 页上。《大般涅槃经》卷第十三：善男子，以是义故，诸凡夫人有苦无谛，声闻缘觉有苦有苦谛而无真实。诸菩萨等解苦无苦，是故无苦而有真谛。诸凡夫人有集无谛，声闻缘觉有集有集谛，诸菩萨等解集无集，是故无集而有真谛。声闻缘觉有灭非真，菩萨摩诃萨有灭有真谛。声闻缘觉有道非真，菩萨摩诃萨有道有真谛。(《大正藏》第 12 册，第 441 页上）

② 《胜鬘狮子吼一乘大方便方广经·法身章第八》,《大正藏》第 12 册，第 221 页中。

③ 智顗:《四教义》卷第二,《大正藏》第 46 册，第 726 页上。《大般涅槃经》卷第十三：善男子，知四圣谛。有二种智：一者中，二者上。中者声闻缘觉智，上者诸佛菩萨智。善男子！知诸阴苦，名为中智。分别诸阴有无量相，悉是诸苦，非诸声闻缘觉所知，是名上智。(《大正藏》第 12 册，第 442 页中）

以上是《大涅槃经·圣行品》中之文，世尊告诉大迦叶有两种智慧，一种称为中智，一种称为上智。中智是声闻人的智慧；上智是诸佛菩萨的智慧，非声闻人能够知道。知道五阴、十二入、十八界是苦，那是声闻人的智慧。但是能够分别阴入界有无量相，又能够悉知是苦，那就是诸佛菩萨的智慧，声闻人是无法了知的。此无量四谛是独属于别教之教法。别教人听闻无量四谛即可证入十住、十行、十回向，登初地。

4. 圆教所诠无作四谛之理

天台智顗指出无作四谛即《涅槃经》中所讲的“不生不生”之义，谓理本不生，事即理故，事亦不生，是名不生不生。不生不生本为不可说之法，但《涅槃经》云有因缘的话还是可以说示的。因此天台智顗以四悉檀因缘而为说之。随顺众生之情辨而用世界、为人、对治三悉檀说无作四谛，随顺众生之智辨而用第一义悉檀说无作四谛。此乃是为了别教菩萨人而说之，利根大士听闻，即能开佛之智见，见佛性之理，住大涅槃。

在《大涅槃经》中以一实谛而分别四谛，即无作四实谛。天台智顗对无作四谛诠释说四实不作四，所以名为无作。观四谛而证得实，所以名之为四实谛。天台智顗引《大涅槃经》中所说：

> 所言苦者为无常相，是可断相，是为实谛，如来之性。非苦非无常，非可断相，是故为实，虚空、佛性亦复如是。[①]

以上，天台智顗只引用了苦谛为例而作解释。无作之集、灭、道三谛亦是如此。此之四谛，其实即一实谛，是为圆教人所诠释之理。同样，世尊在《胜鬘经》中也讲说了无作四谛。[②]

---

① 智顗：《四教义》卷第二，《大正藏》第 46 册，第 726 页中。

② 《胜鬘狮子吼一乘大方便方广经·法身章第八》，《大正藏》第 12 册，第 221 页下。

三　四教与四门、四悉檀

天台智顗解释说：门的意思是能够使行人通向真性实相之理的涅槃城之门。天台智顗指出佛法四门，都是因四悉檀而起。因此，为藏、通、别、圆四教之人，设立四门使其迅速地悟入真性实相之理，证入涅槃城。

> 寻真性实相之理，幽微妙绝，一切世间，莫不能契。但以大圣明鉴通理之门，乃于无言之理赴缘，以教为门，是以禀教之徒，因门契理。……门能通为义，佛教所诠正因缘四句法，通行人至真性实相之理，故名为门。①

真性实相之理，精妙绝伦，深奥精微，无法用言语表达。但是世尊为了使众生能够悟入，运用善巧方便四悉檀之因缘，而设立以教为门，让众生能够抵达涅槃城。那么佛教所诠释的即正因缘法与四句法（生灭、无生、无量、无作），使众生通过学习此四法，而领悟真性实相之理，最终证入涅槃。因此，世尊通过四悉檀之因缘，针对四教人之根机深浅，而各自设立四门，诠释此四句法，使众生悟入佛之知见。

1. 三藏教与四门、四悉檀

三藏教为生生不可说之教法，因为有了四悉檀之因缘，才有机会得以宣说。以四悉檀之因缘，对应众生的根机，分别以世界、各各为人、对治、第一义悉檀而起有门、空门、亦有亦空门、非有非空门。

天台智顗对三藏教所设立的四门，首先是依据《阿毗昙论》而建立有门，其次依据《成实论》设立空门，再次依据《昆勒论》设立亦有亦空门，最后非有非空门的设立不知所依经论为何。

① 智顗：《四教义》卷第三，《大正藏》第46册，第729页上。

2. 通教与四门、四悉檀

天台智顗认为，通教为生不生不可说之教法，但是由于众生的四种根缘不同，因此用四悉檀之机缘，才得以起四门。此乃是依据《大智度论》一切实、一切不实、一切亦实亦不实、一切非实非不实之四句法而设立通教之四门。

3. 别教与四门、四悉檀

别教为不生生不可说之教法，以四悉檀之因缘，才得以赴缘，起教说四门。天台智顗对别教之四门，先是依据《中论》四句偈：

> 因缘所生法，我说即是空。亦名为假名，亦名中道义。①

另外，天台智顗也主张依据《大涅槃经》之乳有酪性、乳无酪性、乳中亦有酪性亦无酪性、乳中非有酪性非无酪性之四句②，而设立别教之有门、空门、亦有亦空、非有非空之四门。

4. 圆教与四门、四悉檀

圆教为不生不生不可说之教法，以四悉檀之因缘，起圆教而说四门。然而，天台智顗自创七义而设立了圆教的四门。

> 一若明一切法即真性实相，佛性涅槃不可复灭，而明四门者，即是圆教四门也。
>
> 二若初心即开佛知见，圆照而辨四门者，即圆教四门也。
>
> 三若明不思议不断烦恼，圆入涅槃而辨四门者，即是圆教四门也。
>
> 四若明圆行而辨四门者，即是圆教四门也。
>
> 五若明圆位而辨四门者，即是圆教四门也。

① 《中论・观颠倒品第二十三》：众因缘生法，我说即是无。亦为是假名，亦是中道义。(《大正藏》第 30 册，第 33 页中）《维摩经玄疏》卷第二：因缘所生法，我说即是空。亦名为假名，亦名中道义。(《大正藏》第 38 页，第 525 页上）

② 《大般涅槃经》卷第三十五，《大正藏》第 12 册，第 572 页下。

六若明圆体而辨四门者，即圆教四门也。

七若明圆用而辨四门者，即是圆教四门也。[①]

以此七义阐述圆教四门，是天台智顗之独创。

关于四教创立四门，天台智顗总结说：三藏教四门与通教四门，都是证入偏真之理，但是由于各自都是通过四门而证入偏真第一义谛，证得的有余和无余之两种涅槃是一样的。真理虽然只有一个，但是证入真理的路径是不同之门。因此，天台智顗打了一个譬喻：州城有四个城门，太守（省长）只有一人，城门虽然有四个，可以从四个城门而入，但是大家所看到的太守（省长）只有一个人。三藏教的四门，就如同三藏教人是从州城的四个偏门而入城。通教之人，则是从州城的四个正门而入城。三藏教人与通教之人，只是从州城的偏门与正门进入州城之不同路径，但是入城之后所见的场景（偏真第一义谛）都是一样的。所证得的涅槃也是一样的（有余涅槃与无余涅槃）。

别教与圆教之四门，都是同入中道实相真性之理，所见的实相佛性，证得的常乐涅槃是一样的。所见的真理虽然是相同的，但是所见真理的途径之门是不同的。犹如京城有四个门，门虽然有四个之不同，而入京城之后，所见的国君是同一个人。别教之人也是从四个城门而入城，但是从京城的四个偏门而入城。圆教之人入城，则从京城的四个正门而入城。虽然别教之人与圆教之人同样都是进入了京城，但是入城的门是有偏门与正门之不同，但最终所见的场景（真性解脱实相之理）是一样的。

四　四教与四谛、四弘誓愿

天台智顗设立了四教人具体实践菩提道的办法，即实践慈悲四弘誓愿，并且分别把慈悲四弘誓愿对应于四谛法。

① 智顗：《四教义》卷第三，《大正藏》第46册，第730页上。

1. 三藏教与四谛、慈悲四弘誓愿

天台智顗在解释三藏教明菩萨位时，指出三乘菩提都称名为道，但是只有菩萨独受大名的缘由，是菩萨在修习四谛法时，生起了慈悲之四弘誓愿，上求佛道，下化众生，由于此心广大，所以单独被称为摩诃萨埵之名。[①] 论其实践，三乘皆是以发菩提心为先。那这菩提心就是慈悲四弘誓愿。那么三藏教的慈悲四弘誓愿都是修习生灭四谛而起，这也是大乘与小乘的差别。

首先，大慈心与大悲心。天台智顗认为，大慈心是想给予爱和见之两类众生的道与灭之乐，大悲心即拔掉爱和见之两类众生的苦与集的痛苦。

其次，四弘誓愿。天台智顗依据《法华经》中的“未度者令度，未解者令解，未安者令安，未涅槃者令得涅槃”[②]之文界定四弘誓愿，成为菩提道具体的实践办法，并分别对应于四谛法。一未度者令度对应苦谛，二未解者令解对应集谛，三未安者令安对应道谛，四未涅槃者令得涅槃对应灭谛。一切众生如果修习生灭四谛，而生起慈悲四弘誓愿，就是菩萨初发菩提心，智慧远胜一切天魔外道，由于有慈悲誓愿之功德，因此胜一切声闻缘觉二乘之人。

2. 通教与四谛、慈悲四弘誓愿

天台智顗依据《大品般若经》说明通教三乘之菩萨根机之人，通过四弘誓愿实践菩萨道。体悟十二因缘即空之理，生起大悲心，发四弘誓愿，断除界内烦恼，证得一切种智，名之为佛，化三乘众生证入无余涅槃，是为大乘。但是，通教三乘之菩萨人，因了悟无生四谛之理，生起慈悲誓愿，名为摩诃萨。所以《大般若经》中说：阿那般那即菩萨摩诃衍，不净观即菩萨摩诃衍，四念处是菩萨摩诃衍。[③]

菩萨深信因缘即空，而于无生四谛降伏其心，生起四弘誓愿，虽然知道众生犹如虚空，而发心度一切众生。所以，《金刚般若经》中说：“菩萨

---

① 智顗:《四教义》卷第七,《大正藏》第 46 册，第 744 页上。
② 《妙法莲华经》卷第三,《大正藏》第 9 册，第 19 页中。
③ 智顗:《四教义》卷第八,《大正藏》第 46 册，第 749 页上。

应如是降伏其心，所谓灭度无量无边众生，实无众生得灭度者。”[①]

3. 别教与四谛、四弘誓愿

别教之人闻《大涅槃》《方等》经典，因信解心发大悲誓愿。信心开发，即发菩提心。欲行菩萨道，发菩提心者，即慈悲怜悯一切众生，于无量四圣谛，慈与众生无量道灭之乐，悲救众生无量苦集之苦，而生起无量四弘誓愿。未度无量苦谛者令度，未解无量集谛者令解，未安无量道谛者令安，未得无量灭谛者令得大涅槃常乐我净，是为别教菩萨因于信解初发菩萨心也。[②]

别教菩萨观无量生灭四谛，调心异于二乘。观无量无生灭四谛，断界内烦恼异于二乘。观如来藏无量四谛之理，虽非即无作。若证无作四谛，尔时无作亦名无量。世间出世间因果法相，数量无边与虚空等亦名无量。缘无量四谛发菩提心，即四种四谛也。

4. 圆教与四谛、四弘誓愿

圆教之人发菩提心即无缘慈悲、无作四弘誓愿也。无缘大慈，观生死即涅槃，烦恼即菩提，与众生同此灭道之乐也。无缘大悲，观涅槃即生死，菩提即烦恼，欲拔众生此之虚妄苦集也。无作四弘誓愿者，知涅槃即生死，未度苦谛令度苦谛也；知菩提即烦恼，未解集谛令解集谛也；知烦恼即菩提，未安道谛令安道谛也；知生死即涅槃，未得涅槃令得涅槃也。菩萨如是慈悲誓愿，无缘无念而覆一切众生，犹如大云不加功用，如磁石吸铁是名真正菩提心也。

结　　语

天台智顗将整个佛教分为藏、通、别、圆之四教，把精妙绝伦、深奥精微的真性实相的生生、生不生、不生生、不生不生之四不可说之理，通

① 《金刚般若波罗蜜经》,《大正藏》第 8 册，第 749 页上。
② 智顗:《四教义》卷第九,《大正藏》第 46 册，第 753 页中。

过世界、各各为人、对治、第一义四悉檀之因缘，用善巧方便之语言对众生诠释。又把佛法的八万四千法门系统地归纳为生灭、无生、无量、无作四种四谛，使众生通过慈悲四弘誓愿实践此四种四谛之法。又把众生修学实践的路径设立为有、空、非有非空、亦有亦空之四门，众生通过此四门而证入涅槃。

天台智顗以独创的方法诠释经典，诠释世尊通过四悉檀的方法宣示的甚深难解的佛法四种四谛之理，又将众生的根机浅深利钝分成四教，使四教之人修习四种四谛之理，使众生悟入佛之知见，众生通过四弘誓愿实践所悟之理，再通过四门到达涅槃之城。

天台智顗如此完美地构建了天台的修学、实践、证道的思想体系。

论池田大作的天台思想与生命关怀

谷　龙

上海大学博士后

摘要：池田大作对于天台思想的理解根植于其对生命与时代的深切观照。在人类世界面对诸多深层危机的现代世界，如何恢复天台思想的根本精神，将其用于应对现实世界的种种症候，以重新恢复生命的尊严，是池田大作天台观的基本出发点。本文主要探讨池田大作的天台思想与其生命关联的深切连接，检视池田大作从智者大师的三次开悟，揭示天台思想的原初生命经验。同时就池田大作对“三谛”与“一念三千”的思考，探讨其在生命哲学的指引下，对天台核心观念的理解进路。

关键词：池田大作；天台；生命；三谛；一念三千

作为日莲佛法的信仰者，池田大作的佛学理解与天台思想具有天然的亲缘性。日莲本人曾入住比叡山修行多年，精通天台大部。其后在其被政治流放的过程中，确立《法华经》为佛法最高信仰。天台思想是日莲理解《法华经》的主要依凭，在其著述中随处可见智者大师的教学。池田大作继承了日莲佛法的精髓，以《法华经》作为终极信仰。而作为《法华经》之诠释的集大成者，天台智者大师的思想对池田大作的精神与人生实践的影响，是显著而深刻的。池田大作对天台思想给予了极高的评价，一方面他认为天台教学是佛教义理的最高成就，如他说：“天台这样建立起来的理论体系，在近三千年的佛法史上始终保持着最高的水平。”[①]另一方面，他将天台思想视作应对现代性危机的良方，如他说：“它会给现在正面临崩溃危机的西欧近代文明体系带来一种新的觉醒。”[②]不过，池田大作并非传统的宗门中人，其所经营的创价学会，是日本佛教应对现代性冲击的反映。因此，池田大作对天台思想的接受与理解，并未停留在传统宗门的注疏之中，而是经过了一番现代洗炼，以在人类社会进入普遍交往，但又充斥各种深重危机的现代世界，让天台佛法获得新的表达话语与存在形式。

一　池田大作天台观的基础

1. 以生命为核心的佛法理解

对于生命的基本存在境域的观照，是池田大作理解一切佛法的根本。池田大作继承了创价学会第二任会长户田城圣的生命哲学。户田因反抗日本军国主义的扩张战争而身陷牢狱，在狱中体证到《法华经》的甚深理境，觉悟到“佛即生命”。他说：“佛就是生命，存在于自身之中，也是遍布于大宇宙的大生命。”[③]生命这一观念，由此具有了神圣性与普遍性，从人自身到整个宇宙，都是生命的存在形式。池田大作在此基础上，进一步开显大乘佛法的生命观。他说：“所谓佛，是指能悟得己身生命真实的人，亦指能悟得所有人的生命真实，此悟得就是佛的智慧、《法华经》的智慧。”也就是说，所谓成佛，即是对自身生命真实境域的如实体悟。此境域是人所共通的。《法华经》的智慧所揭示的正是此生命的实相。由人的生命实相推展至整个宇宙的存在，则整个宇宙亦根植于此生命实相之中。

池田大作以“空”来说明生命的实相。他说：“佛法却认为生命是超越有、无概念的状态，即蕴含‘有’的可能性的‘无’的状态，这就是所

① ［日］池田大作：《我的天台观》，卞立强译，四川人民出版社 1999 年版，第 2 页。

② ［日］池田大作：《我的天台观》，第 2 页。

③ ［日］池田大作、季羡林、蒋忠新：《畅谈东方智慧——季羡林、池田大作、蒋忠新对谈录》，卞立强译，人民日报出版社 2010 年版，第 122 页。

谓的‘空’。佛教将这种‘空’的状态当作蕴含在宇宙中的实在来把握。”也就是说，宇宙与生命的本质，是“空”。这种“空”，不是纯粹的虚无或断灭，而是包含了一切“有”，超越“有”与“无”，因而本身不可被定义，不可纳入限定性的范畴之中。因此这种“空”具足充分的可能性，在因缘具足的情况下，能够孕育出新的生命可能。如他说：“包括地球在内的宇宙本身原本就是具有生命性的存在，并且蕴含着处在‘空’的状态下的生命。可以说一旦具备了作为‘有’而能够显现出来的条件，宇宙的每个角落都会蕴含着产生生命个体的可能性。”①

以生命的实际境域阐述佛法，是现代世界中的佛教智者，在应对现代性的冲击与危机时所作出的思想回应。这种反思与西方思想自叔本华、尼采以来，尤其是克尔凯郭尔、海德格尔等存在论者对西方的哲学与科学传统的批判相呼应。现代科学与技术的结合所释放的巨大生产力重塑了人类社会的基本生存方式。现代人从一出生就被抛入轮船、火车、飞机、电报、电话与互联网所建构的普遍交往的世界之中。其背后是精密的数理体系在各个领域的充分应用。而数理体系的根本，则是西方哲学由来已久的理性主义传统，从柏拉图、亚里士多德，到中世纪的教父神学家，再到近代的笛卡尔、莱布尼茨、康德，在黑格尔的绝对精神体系中达到极致形态。理性主义所追求的是概念系统的精确关联与演绎，从而消解人类认知的模糊性，使得人能够准确把握世界的本质与运作规律。其结果是使得人对自身与世界的存在的认识，脱离于实存经验，而诉诸超越性的实体或理则，如柏拉图的理念，中世纪的超验上帝观念，笛卡尔的自我与实体，黑格尔的绝对精神等。人因此变成一堆干枯的概念，抽掉了其活生生的实存。这一传统随着科学技术在全球范围内的急速扩张而得到空前的彰显。由此引发的是人自身的生存意义的危机，并引发西方哲人对科学及其背后的理性主义的反思。康德的反思侧重于对理性自身限度的批判，即人的理

① ［日］池田大作、［英］汤因比：《选择生命：汤因比与池田大作对谈录》，冯峰、隽雪艳、孙彬译，商务印书馆 2017 年版，第 377 页。

性只能认识现象界，而无法认识超验层面，如物自身、灵魂、上帝与自由意志等，为人的超越性的精神形式，特别是宗教保留了地盘。而尼采则一方面舍弃了理性主义传统，另一方面连康德的超验层面也抛弃了。他将视野投向于古希腊前苏格拉底时期的哲学与悲剧，提倡痴狂与迷幻的酒神精神，呼唤强盛的生命意志与健壮的肉体，以抵抗基督教道德和科学所造成的精神与肉体的双重羸弱。而海德格尔则在胡塞尔“纯粹现象学”之精神的启发下，对存在的基本境域发问，通过对此在的“基础存在论”的分析，开显出存在的原发之域，从而揭示出自柏拉图以来被理性主义所遗忘的存在之维，以此克服现代性背后的形而上学传统的症候，为人类的实存揭示出新的开端。

西方哲学家的反思，旨在重新恢复人的尊严。当人生存于精密数理化了的现代社会，在科学与理性主义传统观念的重压之下，人作为活生生的实存已经被抽离，人被还原为一堆有机物与无机物的偶然组合，或者机器大生产中的劳动力与螺丝钉，或者国家主义下的被纳入社会动员序列中的原子化个体，或者被定义为抽象的理念，人的尊严无从谈起。随着现代性在全球的扩张，东亚国家被迫卷入工业化与全球化浪潮，现代性的症候也就一同被移植到东亚社会，并引发了一系列的危机与反思。京都学派与现代新儒家是哲学层面的反思，而创价学会与人间佛教运动则是宗教层面的回应。相较于传统宗门哲学，东亚思想的现代回应有更强的时代性格，即从佛教或儒家的传统出发，重新审视现代性之中的人的存在方式，重构生命的尊严与意义。这种反省，与现代西方思想对现代性的批判相一致，并且在发问方式与表述方式上受到后者的启发。

佛教是日本的主要精神传统之一。自飞鸟时期日本从中国、朝鲜半岛引入佛教以来，佛教对日本社会的各个方面都产生了深刻影响，重塑了日本文化的基本格局与气质。在近代随着西方文明与日本社会的接触，外部的压力引发了日本内部权力格局的变动，政权从武士阶层掌权的幕府重回天皇手中，日本开启“明治维新”，学习西方的器物、制度与生活方式，并一改江户时期的“锁国”政策，奉行对外扩张的战略，给中国、朝鲜半岛与东南亚各民族造成深重灾难。统治者的穷兵黩武加剧了平民阶层的困苦，西方的器物、科技、宗教逐渐侵蚀日本的传统生活方式，传统的价值在两者的夹击之下迅速衰落。疯狂的侵略战争终止于广岛、长崎的原子弹爆炸，数千万东亚各民族与数百万日本人的死于战火。可以说，日本的现代化遭遇，是现代性症候的剧烈爆发。面对战败后的一片废墟与残破的心灵，浸润于传统日本佛教的有识之士，不得不对众生的现实境域有所反映。以牧口常三、户田城圣与池田大作为代表的《法华经》信仰者，正是在这一背景下，回应生命与时代的诉求。这种回应，无法脱开西方现代的生命哲学与存在论哲学对现代性的批判。两者的调适与共振，反映在户田城圣与池田大作的佛法诠释中，即被表述为“佛即生命”，力求通过佛法的智慧，揭示出生命本有的神圣性与超越性，从而在现代性多重挤压之下，恢复生命的尊严，治愈现代性的种种症候。

2. 对天台传统宗门的批判

如前文所言，现代性是人类历史经验中的一种特殊性形态，表现为高度精密的数理体系支配下的复杂分工与协作，在生活方式、生产方式与伦理观念乃至人的自我表达方面的高度同质性，使人的实存差异逐渐被拉平。可以说，现代性是当下人类生存境域的基本设定。当人被抛入其自身的生存境域时，就已经处于现代性之中，与现代性所建构的经济、政治、文化、器物等各种元素打交道。这也就决定了人的基本生活方式、认知模式与话语表达，都不可能脱离现代性的强力影响。因此，尽管东西方的哲学家一直试图超克现代性的限制，但不得不处于现代性之中，而采用现代性的话语进行发问与说理。例如尼采与海德格尔通过对现代性的深刻分析，揭示出现代性背后的形而上学根源，即柏拉图以来的理念与现象、主体与客体、灵魂与肉体的二元论以及犹太一神教的超验人格神，但其超克形而上学的根源的方式，不论是建立“强力意志”与“永恒轮回”，还是基于此在的“基础生存论”分析，揭示出作为存在意义的时间之维，依旧带有形而上学色彩。同样，深度卷入现代性浪潮并严重失控而导致灾难性后果的日本，当其佛教界面向现代性而反思时，也无法脱离现代性的基本境域。以池田大作为代表的日本佛教思想家，需要直面现代人类基本的生存经验，将传统佛法转化为现代日常语言，以此渗入普罗大众的生活世界，重新收拾战后日本残败的人心。

因此，池田大作对天台思想的现状提出严肃的批判。他说：

> 问题是在于佛教界本身的懒惰和封闭性。特别是在天台宗系统内，例如对其教义的弘扬，只停留于所谓宗内的“教学”上，基本上没有用与一般人的生活密切结合的形式，广泛地简明易懂地来开展。[①]

由此可见，天台宗门对于天台思想的阐发，仅限于宗门内部，与社会严重脱节，更谈不上以通俗易懂的方式与普罗大众的日常生活建立关联。这就使得天台学成了与现代人的实际生活经验无关的存在。现代人无法在天台思想中获得佛法智慧的启发，天台思想也因为与现代人实际生活经验脱节而丧失生命力。池田大作说：“脱离社会、禁闭在象牙之塔中，确实不可能建立真正生动活泼的、开辟时代的学问。不论是多么高超的哲理，如果不能提示扎根于人们现实生活的、具体的变革的理论和实践，那就等于是无。”[②] 同时，由于被禁锢在封闭的宗门或象牙塔之中，原本就深奥难懂的天台学，其话语系统越发与民众的日常语言疏离，在理论阐释上越发繁琐破碎。池田大作说：“从时代上来说，当时还不是像现在这样的民主社会，必须要考虑到僧侣这一知识阶层和平民阶层之间还有着很大的距离。加上本来就是很难懂的哲理，又被后来的天台的学问僧把教义弄得愈来愈细、愈来愈烦琐，一提起天台教义，叫人感到就是难懂的代名词。”[③]

① ［日］池田大作：《我的天台观》，第 5 页。
② ［日］池田大作：《我的天台观》，第 7 页。
③ ［日］池田大作：《我的天台观》，第 7 页。

正确的做法是将天台思想从宗门与象牙塔里释放出来，直接面向现代人的基本生存境域，重新理解智者大师判释一切教相的原初经验，将现代观念作为善巧方便，重塑天台的表达方式。如他说：“佛法都应当吸取该时代的因素，并作为生动活泼的救世之法来加以实践。”①智者大师建构天台教学的初心，是深入探究世尊出世本怀，深刻体会《法华经》的基本精神，以此判释一切东流佛法。就世尊之本怀来说，其所彻悟的中道实相之境，超越于一切限定的时间与地理，但又根植于一切众生的基本生存经验之中，朗现于一切时代，一切国土。池田大作说：“时代渴求释尊思想的真髓，释尊思想也感受到时代，采取适应时代的形式而出现。这是释尊所发现的关于人类、宇宙的普遍性的思想，被装进了新的语言的容器。真理的思想有着永恒的生命力，会为适应时代而复活过来。”②

二 《法华经》与智者大师生命的相互引动

在《我的天台观》中，池田大作对智者思想的考察，并不是如传统宗门那样，直接从“五时八教”“三谛”“三观”等核心观念入手，而是重点考察了智者大师的三次开悟经验，以此揭示智者大师体证《法华经》之圆教的精神历程。这三次开悟经验，是智者大师生命基本存在方式的转变，具有源初性的奠基作用。天台思想的一切组织建构，皆导源于此。

1. 大贤山的“胜相现前”

智者大师出身世家，但家道中落，青年时期就双亲辞世。因感慨世间丧乱，人生无常，于是舍身出家，于湘州惠果寺剃度，受戒。其后又前往衡州大贤山修学。出家以后，智者大师精进研读各类佛典经论，受到良好

① ［日］池田大作：《我的天台观》，第 7 页。
② ［日］池田大作、季羡林、蒋忠新：《畅谈东方智慧——季羡林、池田大作、蒋忠新对谈录》，第 87 页。

的佛学启蒙。进入大贤山后，智者大师体证到特殊的宗教经验。根据《隋天台智者大师别传》记载：

> 后诣大贤山，诵《法华经》《无量义经》《普贤观经》，历涉二旬，三部究竟，进修方等忏，心净行勤，胜相现前。见道场广博，妙饰庄严，而诸经像纵横纷杂。身在高座，足蹑绳床，口诵《法华》，手正经像。是后心神融净爽利，常日逮受具足，律藏精通，先世萠动而常乐，禅悦怏怏。①

由此可见，智者大师在大贤山所契入的宗教经验，与《法华经》具有直接的关联。他在口诵《法华经》的过程中，整理杂乱的经书与佛像，其后心有所悟，达到“融净爽利”“禅悦怏怏”的境地。池田大作认为，这一宗教经验的书写，并不是简单的记录，而是预示了智者大师的深层精神取向。他说：

> 天台注目于《法华经》，从根本上来说，应当说是由于智顗的“佛法观”。不管你对经典作了多少反复的钻研，如果把佛法理解为是宣说“空寂”“无”的世界，那恐怕就不会把《法华经》看作是佛法的真髓。愿意把佛法理解为现实的人性变革和社会变革的源泉，才会注目于《法华经》。在我看，正是立足于这一观点之上，通过同一切经论的搏斗，然后才归结到《法华经》上。②

智者大师在出家求学的数年间，经过苦心研读各类佛教经论，业已对大乘的基本内涵形成初步的理解，并且在精神归趣上倾向于《法华经》。也就是说，智者大师对佛法的原初理解，并不是归结于“空寂”“无”，而

① （隋）灌顶：《隋天台智者大师别传》，《大正藏》第 50 册，No.2050，第 191 页上。
② ［日］池田大作：《我的天台观》，第 77 页。

是将其看作推动人性变革与社会变革的驱动力，以应对他所处时代的人类危机。尽管在智者求学的早期阶段，这种理解尚且处于模糊的、不稳定的阶段，但已经预示了智者大师后来的精神进路，是以《法华》为圆教，并作为判释一切经论的起点。池田大作说："说天台一边口诵《法华经》，一边清理经像，大概是指他这时已经获得了某种信心，认为只要以《法华经》为根本，就可以作出明快的教判。"①"这次'胜相'则意味着当时他已经模糊地获得了以《法华经》为中心进行教判的设想。"②这种原初的启发具有关键性的指引作用。智者年轻的生命与古老的《法华经》建立了深层连接，生命的实存与文本相互引动，智者的生命因此融入了《法华经》的精神，在其实存的边缘处引发生命的跃动，而《法华经》也因智者生命的渗入而开展出更多的可能性。

2. 大苏开悟

智者在湘、衡等地修学数年，学问日益增长，发现"江东无足可问"，听闻大苏山有慧思大师，问学与禅法高超，"名高嵩岭，行深伊洛，十年常诵，七载方等，九旬常坐，一时圆证"③。于是入大苏山，拜入慧思门下。在大苏山期间，智者精进不减，以诵《法华经》等大乘经为主业。数年之后，在诵经期间，契入胜妙境地。《别传》云：

> 诵至《药王品》："诸佛同赞，是真精进，是名真法供养。"到此一句，身心豁然，寂而入定，持因静发。照了《法华》，若高辉之临幽谷；达诸法相，似长风之游太虚。④

也就是说，智者在诵至《药王品》时，心性有所发动，体证到"身心豁然"的绝妙之域。其后"照了《法华》"，通达《法华经》的经文义理。

① ［日］池田大作：《我的天台观》，第78页。
② ［日］池田大作：《我的天台观》，第78页。
③ （隋）灌顶：《隋天台智者大师别传》，《大正藏》第50册，No.2050，第191页上。
④ （隋）灌顶：《隋天台智者大师别传》，《大正藏》第50册，No.2050，第191页上。

很明显，这次“大苏开悟”，比起大贤山的“胜相现前”，智者对《法华经》的深切体悟，又跃进了一大步。那么，该如何理解这次“大苏开悟”呢？池田大作说：

> 我想这时候在读诵经文的自我与经文之间已经不存在隔阂和对立。甚至没有在读诵经文的意识，也没有要钻研其真髓的那种高昂的意识。有的恐怕只是已与经文合为一体的自己生命的跃动。可以说是生命已融化进经文的每一个词句，经文在向生命倾诉——这样一种两者完全融合的时间在静静地流过。①

如果说大贤山的“胜相现前”，是《法华经》与智者生命的初次相遇与引动，那么这次“大苏开悟”，则是更进一步的宗教文本与生命实存的交涉，所产生的殊胜的宗教体验则是一种当下的引发，《法华经》与智者生命全然交融，无二无别。此时，《法华经》不再是一个被阅读、被念诵的对象，其内在的生命力经过智者之生命的牵引，而从对象化的文本中释放出来，进入智者生命的活生生的实存之域。而智者的生命也因为《法华经》佛乘智慧的渗入而得到更深层次的开启。此时，人与经，经与人，相互激荡，引发出一个更本源、更具当下生成力的实相之域。池田大作说：“就在这样的一刹那间，好像遭到了电击似地，豁然开悟了。一旦开悟，智慧就会像泉水一般滚滚地涌出。以前封闭的世界，现在全都可以看到了。经文字字句句的深意，都可以清清楚楚地理解了。一定像是手中高擎光辉，连《法华经》最深奥的地方，都可以一目了然地看得一清二楚了。”② 这种与《法华经》深切连接的当下经验，对于智者尊奉《法华经》为最高佛法智慧具有决定性的影响。

在获得这种殊胜经验之后，智者与慧思大师连日交谈佛理，智者“问

① ［日］池田大作：《我的天台观》，第 124 页。
② ［日］池田大作：《我的天台观》，第 124 页。

一知十，何能为喻，观慧无碍，禅门不壅”[①]。自此学问与禅定功夫大涨。慧思大师对其有高度评价，说：“非尔弗证，非我莫识。所入定者，法华三昧前方便也。所发持者，初旋陀罗尼也。纵令文字之师，千群万众，寻汝之辩，不可穷矣。于说法人中，最为第一。”[②]慧思大师指出智者所入之定境，乃“法华三昧前方便”，就是“空三昧”，对应于后来智者所立“三观”的“从假入空观”，是“三观”的初阶。但已经进入了《法华经》所开示的中道实相之境的初级序列。池田大作说：“大苏开悟可能确实是法华三昧的前阶梯。但同时恐怕还应当说，这是与终极悟达直接相联系的阶段。也就是说，还应当认为：以后如果能在这一基础上进一步深入思索，不断地修行，就会自然地到达可以进入终极的悟境的阶段。”[③]

3. 华顶峰体证“一实谛”

智者大师的第三次开悟，发生在其入天台山华顶峰修头陀行期间。关于智者入天台山的动机，学界历来认为主要有两个原因。一是智者在金陵传播慧思的禅法以及《法华经》《大智度论》等大乘经论，但得法者日益减少，使其对自身的修行功力与佛法造诣产生怀疑；二是北方周武帝大规模灭佛，大量北方僧人南逃，金陵佛教界大震，这一厄难对智者本人产生强烈刺激。在这两个因素的双重作用下，智者决定离开金陵，前往天台山，对当时的佛法与时代进行彻底的反省，恢复纯正的佛法，以应对佛教和时代的危机。智者入天台山后，便独自在华顶峰行头陀行，并获得最终开悟。对于这段经历，《别传》云：

先师舍众，独往头陀。忽于后夜大风拔木，雷震动山，魑魅千群，一形百状。或头戴龙虺，或口出星火，形如黑云，声如霹雳，倏忽转变，不可称计。图画所写，降魔变等，盖少小耳，可畏之相，复过于

① （隋）灌顶：《隋天台智者大师别传》，《大正藏》第 50 册，No.2050，第 1912 页上。
② （隋）灌顶：《隋天台智者大师别传》，《大正藏》第 50 册，No.2050，第 192 页上。
③ ［日］池田大作：《我的天台观》，第 126 页。

是。而能安心，湛然空寂。逼迫之境，自然散失。又作父母师僧之形，乍枕乍抱，悲咽流涕。但深念实相，体达本无，忧苦之相，寻复消灭，强软二缘所不能动。明星出时，神僧现曰："制敌胜怨，乃可为勇。能过斯难，无如汝者。"既安慰已，复为说法。说法之辞，可以意得，不可以文载。当于语下，随句明了。披云饮泉，水日非喻。即便问曰："大圣是何法门，当云何学？云何弘宣？"答："此名一实谛，学之以般若，宣之以大悲，从今已后，若自兼人，吾皆影响。"①

这一段宗教文本的叙事风格，与众多大乘经和僧传一样，借助了魔幻的手法，通过异相、妖魔、神僧等元素，凸显出智者开悟的超胜性。池田大作说：

这是真正的勇猛和精进的实践修行。在刚才引用《别传》的记述中，模仿释尊在菩提树下降魔成道的形式也好，神僧的出现和说法也好，都带有很多神秘的因素。但从结论上来说，那是说当时天台智顗在自己生命中真正体悟了法华圆顿的中道实相的法理。②

也就是说，在池田大作看来，智者大师在华顶峰的开悟，是对《法华经》所蕴涵的中道实相之理的透彻体证。智者生命质地的转换在这一刻得以完成。他自身与《法华经》融为一体，他的生命也就是《法华经》之内在生命在人间的呈现。经过这次开悟，智者所体证的，是佛陀在菩提树下，在灵鹫山，在舍卫城所处的实相之境。它是遍在的，超越一切时空之维，既能展现于南亚次大陆，也能被处于华顶峰的智者大师所全然朗彻。它是一切法的实相，是佛的本真生命，也是智者大师自身的生命。而那些在开悟过程中出现的天气异相、魑魅魍魉等，皆是在探究佛陀与自身生命

① （隋）灌顶：《隋天台智者大师别传》，《大正藏》第 50 册，No.2050，第 1923 页上。
② ［日］池田大作：《我的天台观》，第 204 页。

实相过程中的障碍，需要以通透无碍的观照智慧消融之，了达其实相之态，揭示这些烦恼障碍与自身生命的深层关联，从而不通过暴力遮破而恢复生命的本真境域。而神僧的出现，并不是一个对象性的、实体的神僧出现在面前，而是生命自身的跃动与朗现。池田大作说："内外魔的出现和使魔降伏，是说打败了魔，看到了佛的生命。也可以说是在自己内心里清楚看到的宇宙生命的佛界，从生命深层迸发出来，从而得到了确证吧。说出现了一位神僧，那也不是实际在脑子里出现的，可以看作是借用神僧出现的形式，来表现生命内在的悟境。"①

值得注意的是《别传》中神僧对智者大师所说之法是"可以意得，不可以文载"。也就是说，在当时智者的证境中，离一切文字相，是在开显自身生命本真之实存与一切法之存在性相的纯粹关联，不论是自身生命，还是一切法的存在，皆显示于"一实谛"的圆顿境域之中，因而摆脱了一切有漏的、尚处于对象性范畴中的语言。《法华经》所示的"一佛乘""诸法实相""如来本地"在这一刻得到如实体证。因此，彼时虽然尚不具备智者生命晚期所建构的天台义学组织规模，但圆教中道实相的原初经验，已经得到活生生的开显。华顶峰的开悟，是智者建立天台教观的活的源泉。

对于上述的三次开悟体验，池田大作总结道：

> 在第一阶段，他确信了只要以《法华经》为根本，就可以开示佛法的一切。由此而打开了寻求南岳这位以《法华经》为根本的实践之师的道路。第二阶段是在南岳的指导下，进行法华三昧的修行，内感佛的生命的存在，获得了其理论根据。就是说，这时他是确实获得了种子。这里的种子的意思是，开示这个种子，确实可以发芽，得到果实。我觉得在南都建康八年的教化活动，就是获得这一确证的试验。现在的第三次证悟，是最后也是最大的结论。我认为这次

① ［日］池田大作：《我的天台观》，第204页。

> 悟达可以说是作为内证的种子已确实得到果实。所以说是三谛圆融的中道实相的证悟。在此以后的讲说三大部，应该说是在这一内证的果实的基础上、一种具体化了的教相与观心的说法。①

由此可见，在池田大作看来，智者之生命经历大贤山、大苏山以及华顶峰的三次开悟而达至圆熟。在大贤山的“胜相现前”，其内在生命受到《法华经》的牵引、感召，而对自身的精神轨迹有一模糊的把握。第二次在慧思门下的“大苏开悟”，这是真实进入了《法华经》的思想世界，经典的文本与智者生命相互引动，其生命由此得到真实的转化与开启。用池田大作的话说，就是唤醒了“内证的种子”。而第三次在华顶峰体证“一实谛”，则是智者在前两次开悟的基础上，其本真的生命得以全然朗现，与一切法的中道实相之域发生深切的连接，觉知到自、他乃至一切法，无非中道实相之体，无非《法华经》所示的“一佛乘”与“如来本地”，其“内证的种子”在这一刻成熟结果，佛的真实生命真实地临在于智者的生命之中。其后“三大部”的开演，天台教相的建构，都是在这一圆熟生命体证基础之上，融摄东流一切佛典与时代机缘的系统化表达。

三　三谛思想的生命诠释

三谛思想是智者天台学的核心观念之一，在天台的义理组织中具有重要的作用。三谛分别是真谛（空）、俗谛（假）与中道第一义谛（中），是智者批判性地综合了南北朝所流行的各种二谛论，结合《中论》《仁王经》《璎珞经》等经论，在《法华经》之基本精神的摄持之下，而建构的思想模式，以之摄一切佛法。三谛思想是池田大作阐释佛法与社会，并付诸社会实践的重要思想依据。

① ［日］池田大作：《我的天台观》，第 205 页。

1. 对三谛的基本释义

所谓“谛”,《维摩经玄疏》云:“谛名审实,审实之法,即是不二。”① 由此可知,“谛”是对诸法的如实描述与揭示。池田大作认为:“所谓‘三谛’的‘谛’,就是‘清楚’或‘明确’的意思。”② 首先,俗谛,也就是有谛、世谛、假谛,其基本定义是:“世间众生妄情所见,名之为有。如彼情见,审实不虚,名之为谛,故言有谛,亦名俗谛,亦名世谛。”③ 也就是说,俗谛指的是众生在无明烦恼的驱动下所经验到的身心和世界,是因缘作用下的如幻显现,如山河大地,虫鱼鸟兽,人类社会的各种组织与器具,乃至十法界的一切缘起显现等。从众生的视角来看,这些法以假名的形式存在,尽管如幻如露,但并非虚无断灭,因此可以称之为“谛”。池田大作主要从宇宙万物的运动变化来理解俗谛。他说:“所谓‘假谛’,就是通过人们的感觉而知觉到的事物的外化影像。不管是我们的肉体也好,还是宇宙的流转也好,宇宙万物连一瞬间都没有停留。即便是我们的身体,也在不断地重复着新陈代谢,并不是被固定的静态,而是在动态地运转着。这种状态作为一种映像而被人们所知觉。但是,对于被我们所知觉的状态本身,我们只能将其称为‘假的存在’。”④ 正因为宇宙万物都恒时处于运动变化之中,因此其呈现出来的相,就不是“被固定的静态”。当其在流变过程中被我们的感官所捕捉,也就只能属于“假的存在”。

其次,真谛的基本含义是:“三乘出世之人所见真空,无名无相,故名为无。审实不虚,目之为谛,故言无谛,亦名真谛,亦名第一义谛。”⑤ 可见真谛是二乘与菩萨对空性的体证。空性是缘起法的本性,三乘观诸法之缘起,觉知一切法无非因缘而生,因此无自性,故为空性。当然,虽然三乘同见空性,但对空性的理解深度有重大差别。池田大作认为:“与

---

① (隋)智顗:《维摩经玄疏》卷三,《大正藏》第38册,No.1777,第535页上。
② [日]泄田大作、[英]汤因比:《选择生命:汤因比与池田大作对谈录》,第426页。
③ (隋)智顗:《四教义》卷二,《大正藏》第46册,No.1929,第727页上。
④ [日]池田大作、[英]汤因比:《选择生命:汤因比与池田大作对谈录》,第426页。
⑤ [日]池田大作、[英]汤因比:《选择生命:汤因比与池田大作对谈录》,第426页。

‘假谛’相对，‘空谛’则指的是一切现象的特质。”[①] 此处的特质，并不是实体性的本质，而是描述性的存在方式，即缘起性空。

最后，对于中道第一义谛，智者说：“中道第一义谛者，遮二边故说名中道。言遮二边者，遮凡夫爱见有边，遮二乘所见无名无相空边……诸佛菩萨之所证见，审实不虚，谓之为谛，故言中道第一义谛，亦名一实谛也。”[②] 也就是说，中道第一义谛是菩萨所见的实相之法，即遮破凡俗所执着的实有，亦遮破二乘所证得的空性。遮凡夫之有，是破生死；遮二乘之空，是破涅槃。由此双遮双遣，而入中道，揭示诸法实相，不可破不可改，故为中道第一义谛。对此，池田大作说：“‘中谛’则指的是包含上述‘假谛’与‘空谛’的本质的‘实在’。这是使宇宙万物的外在形态显现并决定其特征与特性的作为生命本源的‘实在’。即使外在形态有所改变，但是它却是贯穿在其内在的恒久不变的。然而，即便是‘中谛’，也是显现在‘假谛’与‘空谛’之中的，如果离开这些的话，则不会有作为‘实在’的‘中谛’的存在。”[③]

三谛思想与天台判教结合，则呈现出多重意义，也就是所谓的“五种三谛”。其中，法华圆教所具足的三谛，是“圆三谛”或“一心三谛”，其特点是三谛平等不二，圆顿相即，任一谛皆具足其他二谛。如智者说：“即一而三，即三而一。一空一切空，一假一切假，一中一切中。”[④]“圆三谛者，非但中道具足佛法，真、俗亦然。三谛圆融，一三、三一。”[⑤] 也就是说，空并非孤立之空，而是具足假、中而为空；假并非纯粹有名无实的假名之法，而是具足空、中而为假；中亦非超越之佛性，而是具足空、假而为中道。空、假、中构成了“即一而三，即三而一”的圆顿结构，相互纠缠、回转、不离、不异。

---

① ［日］池田大作、［英］汤因比：《选择生命：汤因比与池田大作对谈录》，第 426 页。
② （隋）智顗：《四教义》卷二，《大正藏》第 46 册，No.1929，第 727 页。
③ （隋）智顗：《四教义》卷二，《大正藏》第 46 册，No.1929，第 727 页上。
④ （隋）智顗：《四教义》卷二，《大正藏》第 46 册，No.1929，第 727 页上。
⑤ （隋）智顗：《四教义》卷二，《大正藏》第 46 册，No.1929，第 727 页上。

2. 三谛与生死

如前文所述，池田大作理解天台思想的起点，是对生命实相的观照。那么很自然，池田大作必然将三谛思想引入对生命之原初境域的阐释。生与死构成了有限生命的存在限度。这种限度虽是既定的，但不是绝对不可突破的边界。生命本身的实相之域，超越生与死，不落入时空的范畴之中。他说：

> 我也认为“实在自身”中既没有时间也没有空间。而且我也坚信，这一实在确实并未远离由时间、空间所限定的这个现象世界。大乘佛教倡导“生死不二”，就是说生与死这种表现在时间、空间层次上的现象实际上是作为超越时空的“实在”的生命所表现出来的两种不同形式。每个生命体呈现出来的都是生命显现化的状态；而死则是其生命进行“蛰伏”的状态。而这种“蛰伏”并不意味着化为乌有。①

也就是说，在大乘佛教看来，“生死不二”。生命虽然有着生与死的不同形式，但其内在本性并未发生断裂，而是具有同一性，超越于线性时间与现实空间，但“并未远离由时间、空间所限定的这个现象世界”。生可视作生命的显现化，而死则是生命的“蛰伏”，但不是断灭。实际上，不论根据原始佛教还是大乘佛教，生命的生与死，皆是业缘的开展。生命在无明的驱动下，起心动念，造作种种业，在外缘的作用下，产生“名色”“六入”，进而生成“爱”“取”等动向，进而产生“有”，从而“生”，进而“老死”。尽管有不同的分支，但惑（无明）与业的作用贯穿始终。即使生命死亡后，惑与业也不会消失，而是继续驱动生命在死后的运动，产生新的轮回。在未了达生命实相之前，这种生与死辗转相继的轮回链条不会终止。原始佛教的做法，是修行“远离法”，观察“空”“无相”“无

① ［日］池田大作、［英］汤因比：《选择生命：汤因比与池田大作对谈录》，第 391 页。

所有”，断除对自我的执念，从而舍弃生死而入涅槃。初期大乘的做法，则是通过抉择一切法的空性，了知到生死的本质皆是空的，涅槃也是不可得的，从而既不住生死，亦不落涅槃，体证生命真实的空性智慧。中后期的大乘，随着涅槃学的兴起，空性逐渐被如来藏—佛性所取代，后者成为连接生与死、生死与涅槃的生命实相。

对于生命的生死现象，池田大作引入三谛思想，他说：

> 刚才我提到的“空”这一概念，虽然我们看不见摸不着，但是其存在却是不可改变的事实，这是不能简单归属到有或无的任何一方的概念。①

死亡相对于生前的活动，是一种隐没的状态。人无法了知死后的存在状态与方式。但这并不等于说死后不存在。池田大作在此处用“空”来说明死后的“蛰伏”。空不等于无，同样，死亡也不等于生命的永久断灭。它不同于“有”，但也不能归于“无”，而是离于“有”“无”。其实，从缘因的角度看，生是因缘的聚合，前世的业力、父母的交配、怀孕期间的营养、外界安全的生存环境等，这些因缘共同促成了生的现象。而死则是因缘的散灭。如饥饿导致营养匮乏，外界生存环境的污染，战争的肆虐或遭受致命犯罪，都可能导致死亡。因此死亡也是因缘的作用。在这一点上，死亡是空性的，生的现象，同样也是空性的。池田大作用空性说明死亡，表明因缘并非因为死亡的发生而中断，而是以某种形式延续下去。

同时，对于生的现象，池田大作用“假谛”来说明之。他说：

> 与此相对，对于在现实中呈现出各种形态的各种事物的形态，我们给其命名为“假”。作为身心统一体的“生”，实际上就是“假”的

① ［日］池田大作、［英］汤因比：《选择生命：汤因比与池田大作对谈录》，第 391 页。

形态，并且其中蕴含着“空”的要素。死后的生命虽然作为“空”的实在而存在，但是其中也蕴含着“假”的倾向性与方向性。[①]

人的出生、成长发育、工作、家庭生活、友谊交际、疾病、衰落等一系列生存活动，都是在具体的因缘境域中开展的，并非实体的存有，因此可称之为“假”。由于其受因缘的支配，因此“蕴含着‘空’的要素”。同样，死亡是在因缘的作用下，本质是空性的，但“蕴含着‘假’的倾向性与方向性”。生与死，相互含具，纠缠，交涉。空与假不相舍离，彼此渗入。这种生与死、空与假的交互性、同一性与深切关联，池田大作用中道来描述。他说：

对于这种贯穿“空”与“假”的生命本质我们将其称为“中”。虽然它在外部时而呈现出显现、时而呈现出蛰伏的样态，但却是无限延续的生命本质。[②]

中道具有统合空、假的作用，本身离于限定的空、假二边。实际上在圆教三谛中，不止中道具有融具其他二谛的性格，空、假同样具有通彻的遍摄性，其自身的完整理解，融具了其他二谛。这就说明，无论生命呈现出生或死，抑或是获得出世间的觉证，生命的本质都保持同一性，贯穿于十法界，是“无限延续的”。这实际上是池田大作生命观与宇宙观的合一。在池田大作看来，宇宙本身就是一大生命体，具有无限、无碍地展开的可能性，任何一法皆与宇宙生命深切关联。故而个体生命本身就具足宇宙生命之全体，而宇宙生命也遍入任一个体生命之中。宇宙与个体，在生命的意义上，从来不是孤立的存在，而是相互塑造，遍入，融具。如他说：“如果用现代的哲学用语来表达的话，在最具根本性这个意义上，这种无

① ［日］池田大作、［英］汤因比：《选择生命：汤因比与池田大作对谈录》，第391页。
② ［日］池田大作、［英］汤因比：《选择生命：汤因比与池田大作对谈录》，第391页。

限延续的生命本质与‘自我’这一概念有着相通之处。而且，在佛法中，这一‘空’的概念与‘假’‘中’等是圆融一体的概念，佛法提倡将这些概念作为一个整体来进行统一理解和把握。”[①]

四　一念三千与生命的存在之维

“一念三千”是智者天台思想的圆熟形态。在池田大作的天台观中，“一念三千”具有重要的地位。日莲大师曾将“一念三千”作为其观心法门的基础，并进行了创造性的阐释，开“一念三千”为理、事二门，以“事一念三千”为《法华经》的终极密义，收摄于“南无妙法莲华经”的唱诵之中。[②]作为日莲佛法的追随者，池田大作极为重视“一念三千”，将其作为自身阐释生命与世界、人与自然、人类共生的基础观念。

1. 对“一念三千”的总体理解

“一念三千”文出《摩诃止观》第七“正修止观”中的“观阴入界”，在“观阴入界”中，由于一切阴、入、界从心生，故应观“识阴”，也就是众生的“一念心”。从“一念心”开“不思议界”。《摩诃止观》云：

> 夫一心具十法界，一法界又具十法界、百法界，一界具三十种世间，百法界即具三千种世间。此三千在一念心，若无心而已，介尔有心即具三千。[③]

池田大作认为，“一念三千”所揭示的，一方面是心的实相，另一方面是众生之存在方式与世界的总体关联。在天台体系中，心法、众生法与佛法，是平等不二的。心法当体具足三千法，也就意味着众生法与佛法皆

① ［日］池田大作、［英］汤因比：《选择生命：汤因比与池田大作对谈录》，第 391 页。
② ［日］池田大作、季羡林、蒋忠新：《畅谈东方智慧——季羡林、池田大作、蒋忠新对谈录》，第 115 页。
③ （隋）智顗：《摩诃止观》卷五下，《大正藏》第 46 册，No.1911，第 54 页上。

一一具足三千法。因此，“一念三千”尽管属于“观心”，但其实质则是对法的基本实相境域的开显。智者大师并未如般若学、龙树学那样，将众生的一念“识阴心”，抉择为空；也未如摄论师、地论师那样，将心分解为“九识”；亦未如涅槃师那样，将心抉择为超验的佛性。而是着眼于“阴识心”的基本存在方式。一切法界皆从因缘而生，而因缘的基本开展形式，是十二因缘，其以无明为基本生发点。无明构成了众生心的基本状态，即迷于中道实相处。十二因缘从无明而起，生成众生的生根与外境世界。根据众生的烦恼、智慧与福德的差异，而开十法界。在原始佛教那里，十二因缘的开展而生成身心世界，是在时间中完成的。而天台的一念之下的十二因缘，是圆教中道实相之下的“无作十二因缘”，并不展开于时间之中，而是对一念与十二因缘的纯粹连接形式的说明。这种纯粹连接形式，并不存在于经验层面，而是实相意义上的，也就是说，它是先在的，不论具体的众生之实存与否，这种先在纯粹形式并不会发生变动。用智者的话说，就是“法性自尔，非作所成”[①]。从无明而起的十二因缘，具体开展为何种法界，区别在于心的状态。六道众生，二乘，菩萨，佛，具有不同的心境。而这些心境实质上都属于众生心的不同层次，取决于众生的智慧。地狱众生之心，被各种恶浊业力与烦恼所缠缚，因此呈现为地狱心，随顺十二因缘而构造地狱界；诸佛之心，由于全然朗现了心之实相，进而通达诸法之性相，因而开展为佛界。因此，十法界的开展，皆内在于众生心的可能性。因此智者说“一念具十法界”。这就使得众生的实存境域及其生命的可能性开展建立了深层连接。如池田大作说：“这种法理在人的‘一瞬间的心’、即‘一念’的作用中，看到了会产生世界的无限可能性。”[②]一个处于地狱界的众生，尽管承受地狱界的无限苦难，但其生命可能性并未因地狱界的实存而终止，而是只要其心存在，他就当下具足十法界的可

① （隋）智顗：《摩诃止观》卷五下，《大正藏》第46册，No.1911，第54页上。

② ［日］池田大作、［印］洛克什·钱德拉：《畅谈东方哲学——池田大作与钱德拉对谈录》，日本创价学会译，四川人民出版社2011年版，第195—196页。

能性，就能够转变自身的实存。每一法界的众生，皆具足开展十法界的可能性，因而“十界互具”，成“百法界”。同时，对于任一法界，皆由五阴（五蕴）构成个体，个体集聚则构成众生界，众生的生存需要安住于相应的国土。此为“三种世间”。每一世间又具有相、性、体、力、作、因、缘、果、报、本末究竟这“十种如是”。这“十种如是”是每一种世间的十种存在范畴。因此，任一法界，皆具足“三十种世间”。“百法界”则具足“三千种世间”，皆是众生之“一念”的开展可能性，因而有“一念三千”的极谈。[①]

生命的实存与可能性，经验与实相，有限与无限，沉沦与超越，皆收摄于一念心之中。众生的生命，不再被限定于具相的存有，而是与整体法界的因缘和性相产生深切的连接，并且具有无限的开展可能性。这是天台智者对大乘心性论与实相论的终极开显。它不同于西方形而上学传统的理念、实体，也不同于中世纪的超越上帝观念，亦不同于近代哲学中的先验自我或绝对精神，而是从多维度、多层次开显生命存在的广度与深度。池田大作说：“一念三千是阐明我们的‘瞬间生命’中具有‘宇宙森罗万象’的法理，也是将‘生命宇宙’的真理予以哲学体系化的法理。为了让人们觉知这项‘真理’，天台大师整理出‘止观’的修行，撰写《摩诃止观》。目的是让平凡人也能开启与佛一样伟大的境界。天台大师就是希望所有人都能体会这件事，而深入探究生命的奥秘的。”[②]

2.“一念三千”对于现实生命的意义

池田大作将天台学视作解决时代危机的法门，因此其对“一念三千”的理解，渗入了对现实生命实存境域的观照。“一念三千”不是干燥而孤悬的理论，而是能够作用于现实人生，启发根本智慧。因此，他对构成“一念三千”的基本观念，如“十界互具”“十如是”“三种世间”都做了

① ［日］池田大作、［印］洛克什·钱德拉：《畅谈东方哲学——池田大作与钱德拉对谈录》，日本创价学会译，四川人民出版社 2011 年版，第 195—196 页。

② ［日］池田大作、［印］洛克什·钱德拉：《畅谈东方哲学——池田大作与钱德拉对谈录》，第 195—196 页。

契合现实生命诉求的阐释。

首先，池田大作说："十界是一切生命本来就具备的境界，每一瞬间都会随着环境变化而显现某种境界。即使现在这个瞬间显现了某种境界，由于生命内在也潜伏着其他境界，所以生命会视情况随时可能转变为其他境界。这就是所谓的'十界又各具十界'。"[①]由此可见，十法界指的就是人生的十种不同的存在方式与境界，内在于生命的每一瞬间的体验之中。他还说，"地狱"是指被苦恼缠身的境界；"畜生"是依本能行动的境界；"修罗"是被自私自利支配的境界；"人"是指平稳的境界；菩萨是指为救济他人愿意奉献自己的境界；而"佛"不但指菩萨生命的源泉，也指悟得宇宙终极真理的境界。[②]因此，生命总是充满了多种可能性，"不管面临如何苦恼的境界，或再怎么困难的情况，都怀有迈向幸福的希望"[③]。

其次，对于"十如是"，池田大作说："前'三如是'是指生命的本体，后'七如是'则指生命所具备的作用、力量。生命会显现各种作用，会有十种不同的生命境界出现。'十如是'是为了如实看出十界的不同而有的观点。这也是为了凝视自身的现实处境和佛界理想，试图无限提升自我境界的出发点。"[④]由此可见，"十法界"构成了生命纵向的维度，而"十如是"则是生命横向的存在范畴，是对生命实存方式与相状的说明。在"十如是"中，相、性、体指的是生命的本体；而力、作、因、缘、果、报、本末究竟则是生命的作用与力量。

最后，对于"三种世间"，池田大作说："从佛法的定义来看，人对自身的关系中所产生的多样性叫作'五阴世间'；人对他人或者人对社会的

---

① ［日］池田大作、［印］洛克什·钱德拉：《畅谈东方哲学——池田大作与钱德拉对谈录》，第198—199页。

② ［日］池田大作、［印］洛克什·钱德拉：《畅谈东方哲学——池田大作与钱德拉对谈录》，第198—199页。

③ ［日］池田大作、［印］洛克什·钱德拉：《畅谈东方哲学——池田大作与钱德拉对谈录》，第198—199页。

④ ［日］池田大作、［印］洛克什·钱德拉：《畅谈东方哲学——池田大作与钱德拉对谈录》，第201—202页。

关系上所产生出来的叫作‘众生世间’；人与自然环境之间的关系中所产生出来的叫作‘国土世间’。”[①] 可见，在池田大作看来，“三种世间”所描述的即是人的存在的三个基本维度，即“五阴世间”所相应的个体维度、“众生世间”所相应的群体维度，以及“国土世间”所相应的外在环境维度。个体、群体与环境，正是人之生存所要处理的基本关系。面向个体维度，则有灵魂与肉体的张力，需要直面自身的生存、死亡与各种人生苦乐而激发的生存感受与智慧；面向群体维度，则需要基于公义的政治以及公正的司法，建立道德、社会分工与协作；面向环境维度，则需要了知人与环境的相互作用，建立“依正不二”的观念。因此，由于人的基本存在总是处于这三个基本关系维度之中，它们就成为塑造人的存在方式的基本因缘。因此“坚持求善、扬善的勇气很重要。同时也要珍惜能相互鼓励的同志这种善缘。

> 所以，为了扩大“善的联结”，我与博士[②]您以及许多贤人、智者对话，加深彼此之间的友谊，这也是为了使民众这一最强大的势力在行动时变得更加坚强和贤明。[③]

通过对“十法界”“十如是”与“三种世间”的考察，池田大作进一步明确了人的精神纵深，存在范畴与基本关系维度共同构成一个深切关联的法界整体境域。人存在于其中，并将其全然内在于生命经验之中。人的起心动念，一言一行，都与这个法界整体境域产生深刻的联动。因此，在应对当下人类危机之时，人应该意识到自身的存在对于世界的整体意义，自身生命的变革将深刻塑造世界的相状，因此“我们每一个人都要从自身

---

① ［日］池田大作、［印］洛克什·钱德拉：《畅谈东方哲学——池田大作与钱德拉对谈录》，第 201—202 页。

② 指钱德拉博士。

③ ［日］池田大作、［印］洛克什·钱德拉：《畅谈东方哲学——池田大作与钱德拉对谈录》，第 201—202 页。

生命内部来进行变革”[①]。

五　结语

池田大作对天台思想的理解，总是围绕着生命的实存境域以及生命经验的深层转化而展开。智者大师的三次开悟，是其原初生命经验与《法华经》的内在生命相互引动，构成了天台思想的生发起点。在其生命晚期而达至圆熟的中道实相论与判教体系，则是智者从各个维度对这一原初经验的揭示。不论是“三谛”还是“一念三千”，所诠释的皆是生命与自身、群体、环境乃至法界之整体所建立的先在性的连接形式。生命并非孤立的个体或先验的自我，其基本存在境域与宇宙生命之整体发生关联。故而在池田大作的理解中，天台思想对《法华经》之精神的终极开显及其教观的建立与开展，皆旨在让众生朗彻其自身的内在生命所本具的深刻与开阔，以对治自身生命与时代的深层危机。

① ［日］池田大作、［印］洛克什·钱德拉：《畅谈东方哲学——池田大作与钱德拉对谈录》，第201—202页。

义净的“讹译”论

常红星

山东师范大学副教授

摘要：义净的“讹译”论主要表现为：在音译方面，义净以正统的梵文佛典为根据，通过新旧译对比指出一些前人旧译存在“言略音讹”的缺点。他认为这种“讹译”导致中土佛教徒不能完整、准确地诵读出佛典语词的音节和读音，严重影响到了他们的宗教功果。在意译方面，义净指出一些旧译存在“错译”“义翻”等缺点。他认为这些“讹译”导致中土佛教徒无法理解被译语词的“本义”，进而影响他们难以正确理解佛典原义。通过考察义净的“讹译”论可以反过来管窥他的翻译思想：整体上强调严格忠实于梵文佛典，音译方面强调音节的完整和读音的准确，意译方面强调对被译语词“本义”的正确表达。

关键词：义净；“讹译”；音译；意译

唐僧义净是我国佛教史上四大译经师之一，他为我国佛典汉译事业作出了卓著贡献。通过考察义净相关文献，可以看到一个有趣的现象：对于一些前人已经翻译了的梵（胡）文语词，义净在做出新译的同时，还会对旧译给出“讹”“讹也”“误也”等否定性评价。关于这一现象，季羡林先生就曾有过关注。他在《〈罗摩衍那〉译音问题和译文文体问题》一文中指出：“后来的译者往往严厉批评过去的译者，说他们的译音这个是‘讹也’，那个也是‘讹也’。”[①]季先生所谓“后来的译者”，就包括义净。“讹”的语义比较明确，就是“错误”的意思。义净评价前人旧译为“讹”，意思是说前人的翻译是错的。此外对另外一些旧译，义净虽然没有明确作出“讹”“误”的评价，但是可以明显看出他对旧译的不满或者说不以为然。这主要表现为两点：首先是认为前人译错了，其次是认为前人的翻译不够尽善尽美。从较为宽泛的意义上说，这些内容也可以看作义净所认为的“讹译”。义净之所以敢于指出旧译是“讹”，也就意味着他对于什么是“正确”的翻译有着明确的认知。而这一认知本身，即义净翻译思想的重要内容。本文的写作目的，是首先对义净的“讹译”论展开系统考察，然后在此基础上对其翻译思想做出尝试性讨论。

一　音译类“讹译”

翻译的基本形式有二，一是音译，一是意译。关于义净“讹译”论的探讨，也可以从这两种基本形式着手依次展开。首先来看义净眼中的音译类“讹译”。

（一）音译类“讹译”一览

通过对义净文献的不完全统计，义净所认为的音译类“讹译”主要可见表1。

表1　义净眼中的音译类“讹译”

序号	旧译	义净评价	义净新译	出处
1	僧跋	讹也	三钵罗佉哆	《南海寄归内法传》卷一

① 季羡林：《〈罗摩衍那〉译音问题和译文文体问题》，见罗新璋、陈应年编《翻译论集》（修订本），商务印书馆2021年版，第910页。

续表

序号	旧译	义净评价	义净新译	出处
2	布萨	讹略也	褒洒陀	《南海寄归内法传》卷二;《根本说一切有部百一羯磨》卷三
3	沙弥	言略而音讹	室罗末尼罗	《南海寄归内法传》卷三
4	和尚	西方泛唤博士皆名乌社，斯非典语。若依梵本经律之文，咸云邬波驮耶，译为亲教师。北方诸国皆唤和社，致令传译习彼讹音	邬波驮耶	《南海寄归内法传》卷三
5	阿阇梨	讹也	阿遮利耶	《南海寄归内法传》卷三
6	和南	但为采语不真，唤和南矣。不能移旧，且道和南，的取正音，应云畔睇	畔睇或畔惮南	《南海寄归内法传》卷三
7	毗伽罗	音讹也	毗何羯喇拏	《南海寄归内法传》卷四
8	支提	讹矣	制底	《南海寄归内法传》卷三
9	塔	讹矣	窣睹波	《南海寄归内法传》卷三
10	围陀	讹也	薜陀	《南海寄归内法传》卷四
11	周利盘特迦	讹也	朱荼半托迦	《根本说一切有部毗奈耶》卷三十一
12	尸陀	讹也	深摩舍那处钵	《根本说一切有部毗奈耶》卷三十六
13	树提伽	讹也	聚底色迦	《根本说一切有部目得迦》卷七
14	由旬	讹略	瑜膳那	《根本说一切有部百一羯磨》卷三
15	奢耶尼	全检梵本，全无此名	蒲膳尼	《根本说一切有部百一羯磨》卷三
16	庵摩勒	讹也	庵摩洛迦	《根本说一切有部百一羯磨》卷八

续表

序号	旧译	义净评价	义净新译	出处
17	呵梨勒	讹	呵梨得枳	《根本说一切有部百一羯磨》卷八
18	鞞酰勒	讹也	毗鞞得迦	《根本说一切有部百一羯磨》卷八
19	商那和修	讹	奢搦迦	《根本说一切有部毘奈耶杂事》卷四十

（二）旧译讹在何处？

根据表1可见，被认定为“讹译”的大部分前人旧译，义净多会简单作出“讹”或“讹也”的评价。至于这些旧译为什么“讹”，义净并没有给出自己的理由。不过即便如此，我们仍然能从他对个别旧译的评价中寻找到线索。

如对旧译“布萨”，义净的评价是“讹略也”。“略”是简略，即比起被译语词，旧译显得过于简略了。再从义净做出的新译“褒洒陀”来看，新译中的“褒洒”对应了旧译中的“布萨”，且新译较旧译还多出了一个“陀”字的音节。另如对旧译“由旬”，义净的评价同样是“讹略”，他的新译是“瑜膳那”。新译中的“瑜膳”在音节上对应了“由旬”，且新译较旧译多出了一个“那”字的音节。由此可以看出，义净之所以认为“布萨”“由旬”是“讹译”，重要原因就是这两个音译缺少了被译语词的某个重要音节。此外，义净对旧译“沙弥”的评价同样含有一个“略”字，只不过这一次的表述更为具体——“言略”。所谓“言”，即通常所说的“五言”“七言”，表达的是“字”的意思。所谓“言略”就是旧译的字数过于简略，从而导致旧译和被译语词之间在音节上无法形成严格的对应。如旧译“沙弥”，义净的新译是“室罗末尼罗”。从新旧译的比较可以看出，新译的字数远超旧译。相应而言，新译显然更为全面地呈现出了梵文语词的音节。综上所述可知，义净认为前人旧译之所以“讹”，其中一个重要原因就是旧译未能完整呈现出被译语词的所有音节。

而被译语词的音节之所未能完整呈现，根本原因是由于前人旧译的字数过于简略造成的。

除了音节问题以外，义净认为一些音译类的旧译未能正确标注出被译语词的正确发音，这同样是他将此类旧译认定为“讹译”的重要原因。同样是关于旧译“沙弥”，义净的评价还有“音讹”二字。所谓“音讹”，即是发音错误。换言之，义净认为旧译“沙弥”没有正确标注被译语词的发音，而他的新译“室罗末尼罗”则可以做到。同样被评价“音讹”的旧译还有“毗伽罗”，义净的新译是“毗何羯喇拏”。从新旧译比较可以看出，二者除了字数（音节）不同以外，发音也确有不同。此外需要指出的是，新旧译之间字数（音节）的不同，必然会导致发音的不同，这一点毋庸置疑。在此基础上，即便新旧译的音节能够严格对应起来，只要用字不同，同样会导致发音的不同。如表 1 中旧译“支提”，义净的新译是“制底”。从字数（音节）上看二者没有区别，但是义净认为旧译之所以讹，根本原因就在于被译语词的读音应该是“制底”(zhìdǐ)，而不是“支提”(zhītí)。[①] 另外如旧译“围陀”，义净的新译是“薜陀”。从字数（音节）上看二者同样没有太大区别，然而义净却坚持认为前者是“讹译”后者是“正译”。究其原因，显然是他认为“围”（wéi）字的读音不能正确标注被译语词的正确发音，而“薜”（bì）字的读音则能够正确标注被译语词的读音。换言之，义净是将能否正确标注被译语词的发音作为翻译正确与否的重要标准。若有旧译违背了这一标准，就会被他视为“讹译”。

由此再回过头来看表 1 中的内容，可知表格中大部分音译类旧译之所以被义净视为“讹译”，其原因都不出“言略”和“音讹”两点。不过也有例外。如旧译“和尚”，义净新译为“邬波驮耶”。义净之所以认为“和尚”是“讹译”，原因与字节多寡、发音正误无关，而是直接翻译错了对象。义净指出，“和尚”是对“和社”的音译，而“和社”并不是严格的

① 笔者用现代拼音标注“制底”和“支提”的发音，并非认为这几个字在唐代的发音就是如此，而是意在呈现出这两个译词在读音上的微妙差异。

梵文语词（斯非典语），而是在梵文语词基础上逐渐演变出的俗语。如果严格按照梵文语词来翻译，该词应该被音译为“邬波驮耶”。

（三）义净为什么反对“言略音讹”？

通过前面的讨论可以基本确定，义净之所以认为一些旧的音译是讹译，原因就在于这些旧译存在“言略音讹”的缺点。接下来的问题是：义净为什么认为“言略音讹”的翻译是讹译？

关于这一问题，季羡林先生认为古代译经师之所以“在译音方面是非常慎重的”，原因“也许是出于对宗教功果的考虑”。在谈到义净时，季先生同样认为义净所谓之旧译是讹译的现象，“如果从宗教功果方面考虑，我们并不觉得奇怪”。[①] 所谓宗教功果，即是通过宗教实践所获得之宗教回报。从这一角度来看义净的观点，可知他之所以如此坚持反对前人旧译“言略音讹”，乃是因为他认为这样的旧译会导致中土佛教徒不能完整、正确地读诵出被译语词，从而无法通过诵经活动获得佛教信仰所许诺的福田果报。笔者非常认同季先生的观点，并在此基础上，拟对此问题作进一步讨论。首先一个问题是：义净评判前人旧译“言略音讹”的标准是什么？

这一问题其实不难回答。义净在批评旧译的同时自己又作了新译，新译其实就是他评判前人旧译的标准。换言之，在确立了自己的新译是正确标准之后，很自然就能对不符合自己标准的旧译做出“讹译”的评价。接下来的问题是：义净既然是以自己的新译作为评判旧译的标准，那么他作出新译的根据何在？

这个问题同样比较容易回答——义净的新译是在古印度梵文文本佛典基础上做出的。相比较而言，义净认为旧译之所以“言略音讹”，其中一个重要原因就是译者依据的佛典文本并不是严格意义上的梵文文本。如在对旧译“和尚”的讨论中，义净即认为“和尚”这一旧译所依据的“乃是

① 季羡林：《〈罗摩衍那〉译音问题和译文文体问题》，见罗新璋、陈应年编《翻译论集》（修订本），第 910 页。

西方时俗语，非是典语”[1]。所谓“典语”，即是正统的、经典的梵文语言，而“时俗语”则是和梵文相对的非正统的民间俗语。典语和俗语之间的主要区别，就表现为读音（音节音调）的不一致。在佛教初传中国之时，佛典很多是从西域诸国传入国内的。而西域的佛典文本，在语言上较之印度梵文文本已经有了很大区别。到了隋唐时期，随着中印文化交流的持续深入，正式的梵文文本佛典开始大量直接传入中国。基于淳朴的宗教情感，中土佛教徒自然更为崇尚直接源自佛陀故地的梵文语言。这一点对于义净同样如此。他之所以敢于以自己的新译为标准评判旧译，就在于他的新译乃是以梵文文本为根据。而梵文文本对佛教徒而言，先天地具有无可置疑的合法性。

综上所述，从宗教功果的角度来看，佛教徒要想通过读诵经文获得善果，就必须选择最接近正统的汉译佛典。什么样的佛典才最接近正统呢？自然是直接翻译自正统梵文文本的佛典。而义净所译的佛典，就是直接译自印度的梵文文本。因此可以说，义净之所以频繁指出前人旧译之错讹，在很大程度上也是在强调自身译本的合法性、正统性，甚至是神圣性。

二　意译类“讹译”

关于意译类的前人旧译，义净很少直接作出“讹”“误”的评价。但从他重新作出新译，以及对旧译所作的相关评价来看，他显然对旧译并不满意甚至并不认同。因此，笔者将此类旧译也权且归入了义净眼中的“讹译”范围。

（一）意译类“讹译”一览

通过对义净文献的不完全统计，义净所认为的意译类“讹译”主要可见表 2。

① （唐）义净译：《根本说一切有部百一羯磨》，《大正藏》第 24 册，No.1453，第 456 页上。

表 2　　意译类“讹译”

序号	旧译	义净评价	义净新译	出处
1	杨柳	西国柳树全稀，译者辄传斯号	齿木	《南海寄归内法传》卷一
2	五正	准义翻也	五啖食	《南海寄归内法传》卷一
3	胡跪	五天皆尔，何独道胡	长跪	《南海寄归内法传》卷一
4	等供食遍	不是正翻	随受随食，无劳待遍	《南海寄归内法传》卷一
5	自恣	是义翻也	随意	《南海寄归内法传》卷二
6	三衣十物	盖是译者之意离为二处，不依梵本，别道三衣、析开十物	十三种衣	《南海寄归内法传》卷二
7	息慈	意准而无据	求寂	《南海寄归内法传》卷三
8	具足戒	言其泛意	近圆戒	《南海寄归内法传》卷三
9	世俗谛	义不尽	覆俗谛	《南海寄归内法传》卷四
10	寺	不是正翻	住处	《大唐西域求法高僧传》卷上
11	弟子	非	所教	《大唐西域求法高僧传》卷上
12	杂	旧云杂者，取义也	相应	《根本说一切有部毗奈耶杂事》卷四十
13	郁头蓝	此误也	水獭	《根本说一切有部毗奈耶破僧事》卷四
14	律仪	乃当义译，云是律法仪式	护	《根本说一切有部百一羯磨》卷二
15	自然	旧云自然者非	不作法界	《根本说一切有部百一羯磨》卷三
16	阿梨树枝	既不善本音复不识其事，故致久迷。然问西方无阿梨树也	迦兰香蓿头	《佛说大孔雀咒王经》卷上
17	如理作意	非正翻也	寂因作意	《六门教授习定论》

（二）旧译讹在何处？

根据表 2 内容可知，义净之所以对上述意译类的旧译不以为然，主要原因有二：首先一个原因是“错译”，第二个原因是“义翻”。

1. 旧译中的“错译”

所谓“错译”就是错误的翻译，其实就是“讹译”，只是由于义净没有对这些旧译直接做出“讹”的评价，故权称为“错译”，并以此和表 1 中的“讹译”有所区别。

（1）错译之“借译”

前人的“错译”可以进一步划分为两种，**第一种是“借译”**。所谓“借译”，是由于被译语词所指代的对象为本土所无，为了便于理解，只好借用本土所有的事物来代替被译语词对象。如表 2 中旧译“杨柳”，义净的新译是“齿木”。齿木是印度大陆特有的一种木材，当地人主要用它来清洁牙齿。这种木材在中土并不存在。前人译者在翻译时由于找不到与之相对应的中国木材，就只好借用“杨柳”来指代“齿木”。在义净看来，杨柳和齿木并不是同一种木材，中国几乎看不到齿木，印度几乎看不到杨柳，二者不可张冠李戴。此外从功效上看，咀嚼齿木可以使人口气清新、牙齿清洁，长期使用可以保持口腔卫生；而咀嚼杨柳枝非但没有上述功效，甚至可能反过来导致疾病。[①] 因此如果坚持使用杨柳来借译齿木，不仅会导致翻译的错位，引发理解上的误会，甚至还有可能导致身心疾病的发生。另如表 2 中“自然”的旧译，义净的新译是“不作法界”。“不作法界”和“作法界”是佛教戒律中的一对术语。所谓“界”，简单来说就是空间区域。义净在《根本说一切有部百一羯磨》中指出，僧人的宗教活动特别是戒律活动必须在确定的区域内进行才算有效。居住在村庄中的比丘僧，他们举行戒律活动时应该依据村庄现有的围墙栅栏等划定区域。这种区域被称为“不作法界”。生活在旷野中的比丘僧人，由于缺少围墙栅

① （唐）义净著，王邦维校注：《南海寄归内法传校注》，中华书局 2020 年版，第 57—58 页。

栏等可以划定区域的标记，故而需要僧人按照一定的长度单位确定好相应的区域，相关活动必须在划定的区域内举行。在旷野中划定的区域被称为“作法界”。在早期律典翻译中，前人将“不作法界”翻译成了“自然界”。究其原因应该是中土语言体系中没有和“不作法界”相对应的语词概念，故不得不借用了“自然界”这一本土概念作为“不作法界”的翻译。现在看来，前人用“自然”来对应“不作法”，可能是将“不作法”理解成了“无为”。这种翻译确实存在很大问题。“自然”在中国本土文化中是一个非常重要的概念，它的基本语义是“非人为”。用“自然”借译“不作法”虽然可以彰显“不作法界”中的“无为”意涵，但忽视了村庄围墙栅栏这些可以划定区域的标记几乎都是人为的产物。故从这一点来看，“自然”的旧译甚至起到了相反的理解效果。

（2）错译之“非正翻”

从表 2 中义净的一些评价可以看到，他虽然没有直接说出旧译是讹译，但指出旧译“不是正翻”“非正翻”。所谓“正翻”，即“正确的翻译”。反过来“不是正翻”“非正翻”即“不是正确的翻译”，也就是错误的翻译。如旧译“等供食遍”，义净的新译是“随受随食，无劳待遍”。新旧译所指的是印度僧人在接受信徒斋供时的用餐活动。义净根据自己亲身观察指出，在斋供活动中供斋的信徒要向僧人依次提供大量不同的食物。每提供一种食物后，僧人都可以即时享用，不用等到所有食物都提供出来以后再一起食用。而国内律典对这一活动的翻译和解释则是“等供食遍”，也就是说僧人在所有食物都提供完备之前要耐心等待，只有待它们全部被提供出来之后才可以一并食用。在义净看来这显然是错误的翻译。而由于错译的影响，中土僧人往往会采用错误的方式食用供斋。从宗教功果角度来看，这种错误自然是难以接受的。另如旧译“如理作意”，义净的评价是“非正翻”，他的新译是“寂因作意”。所谓“作意”，一般而言是指“令心警觉的精神作用”（《中华佛教百科全书》）。根据义净所译《六门教授习定论》中世亲菩萨的释文来看，这两个新旧译概念所指的是某种“作意”能够成为“寂灭”亦即“涅槃”之因，故而义净将其译为“寂因作意”。[1]按照义净的译文，旧译“如理作意”显然无法完全表达出原文中“寂灭之因”的语义。

除了上述委婉指出“非正翻”的旧译外，义净还指出了一些在他看来很明显的错译。如旧译“三衣十物”，义净的新译是“十三种衣”。义净根据自己的观察指出，旧译所谓“三衣十物”，指的就是僧人可以穿的十三种衣物。而前人却翻译成了“三衣”和“十物”，这样的翻译就将“十物”脱离出了“衣物”的范围，从而造成了不必要的误解。如旧译“寺”所对应的被译语词正确的翻译是“住处”；如旧译“郁头蓝”，义净的新译是动物“水獭”；旧译“阿梨树枝”，义净的新译是“迦兰香藕头”。义净之所以做出新译，究其原因就在于他认为这些旧译全是错误的翻译。

2. 旧译中的“义翻”

表 2 中义净对一些意译类旧译大量做出了“准义翻”“是义翻”“取义”“乃当义译”等评价。对于此类旧译，可以称之为义净眼中的“义翻”。在义净看来，“义翻”类旧译不能算是错误的翻译，但是从翻译质量或者说是从翻译效果上看却不够尽善尽美。

第一，如旧译“五正”，义净的评价是“准义翻也”，他的新译是“五啖食”。所谓“五啖食”，是指不用牙齿咀嚼仅靠含啖就能食用的五种食物，它们分别是“一饭、二麦豆饭、三麨、四肉、五饼”；与“五啖食”对应的是“五嚼食”，顾名思义是需要使用牙齿咀嚼才能食用的五种食物，它们分别是“一根、二茎、三叶、四花、五果”。[2]根据律典一般说法，“五啖食”是“足食”,“五嚼食”是“非足食”。“足食”可理解为是“饱足”“足够”之食，食用过此类食物之后不可再食用“五嚼食”，否则便是犯戒。而“非足食”则不受“足食”规则的限制，食用了“五嚼食”后，还可以继续食用“五啖食”。许是鉴于两类食物的上述区别，前人译者于是将

① （唐）义净译：《六门教授习定论》，《大正藏》第 31 册，No.1607，第 776 页上。
② （唐）义净：《南海寄归内法传校注》，第 75 页。

“五啖食”译为了“五正食”，以此彰显“五啖食”是“足食”之义；将“五嚼食”译为了“五杂正食”，以此彰显“五嚼食”是“非足食”之义。旧译虽然表达出了该被译语词的“引申义”（五啖食是足食，足食是“正”食），但没有表达出被译语词的“本义”（五啖食）。这显然是不够完美的。

第二，旧译“自恣”，义净的评价是“是义翻也”，他的新译是“随意”。如果仅从汉语字面意思来看，新旧译似乎没有太大区别，“自恣”的旧译极有可能是在“随意”本义基础上的引申。然而义净却明确指出，“随意”这一术语指代的是僧尼夏日安居结束当天的一项重要宗教活动，即“随他于三事之中任意举发说罪除愆之义”，意思是随他人之意检举揭发自己在“见、闻、疑”方面所犯下的过错。可见所谓“随意”，指的是“随他人之意”。而“自恣”的旧译，极有可能会让人误会是“随自己之意”。且从字义来看，“恣”有“放纵”之意，并不符合于“三事”之中随他人之意的本义。

第三，旧译“杂阿含经”中的“杂”，义净的评价是“旧云杂者，取义也”（取义即义翻），他的新译是“相应”。义净在《根本说一切有部毗奈耶杂事》中指出，《杂阿含经》之所以名“杂阿含经”，从根本上说是因为“经与伽他相应”。“伽他”是佛经的重要内容之一，意指经中不重复的颂文。所谓“经与伽他相应”，即该经中的经文与伽他颂文在内容上相一致。因此“杂阿含经”这一经名就其本义而言应该是“相应阿含经”。义净本人即称此经为“相应阿笈摩”（“阿笈摩”是对旧译“阿含”的新音译）。[①] 旧译的“杂”字之所以被义净认为是“义翻”，盖是和旧译经名的其他说法有关。据《五分律》中记载：“此是长经，今集为一部，名长阿含；此是不长、不短，今集为一部，名为中阿含；此是杂说，为比丘、比丘尼、优婆塞、优婆夷、天子、天女说，今集为一部，名杂阿含。”[②] 这段律文在《四分律》《摩诃僧祇律》中也有类似说法。总体而言，律文认为

① （唐）义净译：《根本说一切有部毗奈耶杂事》，《大正藏》第 24 册，No.1451，第 407 页中。

② （南朝宋）佛陀什、竺道生译：《弥沙塞部和醯五分律》，《大正藏》第 22 册，No.1421，第 191 页上。

《长阿含经》和《中阿含经》的经名是根据经文的篇幅大小而来，篇幅较长者集为《长阿含经》，篇幅中等者集为《中阿含经》。《杂阿含经》的得名则是和该经的主题有关。由于该经是为“比丘、比丘尼、优婆塞、优婆夷、天子、天女”等不同人群所说，由于听众身份属性的不同导致说经主题和内容也各不相同，故而相对于其他《阿含》，该经在主题和内容上呈现出“杂说”的特点。《杂阿含经》也就因此得名。照这一说法，旧译的“杂”字乃是立足于该经经文形式、主题、内容的特点而“附加”上去的。虽然这种“义翻”不能算是错译，但在义净看来毕竟未能表达出梵文经名中所蕴藏之“相应”的本义。

第四，旧译“律仪”，义净的新译是“律仪护”。他的解释是：“此言护者，梵云三跋罗，译为拥护。由受归戒护，使不落三涂。旧云律仪，乃当义译，云是律法仪式。若但云护，恐学者未详，故两俱存。《明了论》已译为护，即是戒体无表色也。”[①] 此处义净讨论的是对音译为“三跋罗”的梵文语词的意译。义净认为，这个语词的本义就是“保护”“拥护”，意即在家信徒得受三皈五戒之后就能够获得戒律的保护从而“不落三涂”。旧译将这一语词义翻为“律仪”，仅仅是把该词理解成了一种“律法仪式”，忽略了其中蕴含的“保护”本义。不过需要指出的是，如果细品的话，“律仪”二字中还含有“律法之威仪”的语义，这也极有可能是前人将其译为“律仪”的原因。如果作这种理解，则不难感受到其中间接表达的“保护”之义。但即便这样理解，也不可否认旧译对被译语词蕴含的“保护”本义所作的严重弱化。

从上述关于义翻的讨论可以看出，所谓“义翻”可以理解为虽然没有译出被译语词的“本义”，但译出了和该语词相关的“引申义”或无关的“附加义”。从这一观点出发，可以发现表 2 中一些旧译，虽然义净没有明确做出“义翻”的评价，但本质上同样是“义翻”。**（1）如旧译“胡跪”，**

① （唐）义净译：《根本说一切有部百一羯磨》，《大正藏》第 24 册，No.1453，第 455 页下—456 页上。

义净的新译是“长跪”。从他的评价“五天皆尔，何独道胡”来看，他认为被译语词指代的跪姿普遍存在于西域（胡地）、印度（五天）等广大区域。而旧译将这一语词译为“胡跪”，也就将这一跪姿仅仅局限在了“胡地”，因此并不符合事实。不过需要说明的是，隋唐之前的译者并没有对“胡地”和“五天”做出严格的区分，在他们看来印度和西域都可以统称为“胡地”。因此前人译者将“长跪”义翻为“胡跪”（即外国人的跪姿），总体上也是可以理解的。**（2）“沙弥”的意译旧译是“息慈”，义净的评价是“意准而无据”，他的新译是“求寂”**。在义净看来，被译语词的本义就是“欲求趣涅槃圆寂之处”，[①] 故而应该译为“求寂”。而旧译“息慈”，依据《四分律删繁补阙行事钞》的说法是：“息世染之情，以慈济群生也。又云初入佛法多存俗情，故须息恶行慈也。”[②] 依照这一说法，可知前人译者主要考虑初剃度为僧的沙弥首先应该做的是“息世染之情，以慈济群生”或者“息恶行慈”，故而将之译为“息慈”。这种义翻从“首先应该如何做”的角度道出了沙弥僧的身份职责，故而义净评价为“意准”。但归根结底，“息慈”的旧译和“求寂”的本义全不相干，故而只能看作“无据”之义翻。**（3）旧译“具足戒”，义净的评价是“言其泛意”，认为这一翻译仅仅表达了被译语词的表面词义，他的新译是“近圆戒”**。新旧译所指的都是比丘或者比丘尼所应受持的戒律。义净将这一戒律的梵文语词音译为“邬波三钵那”，其中“邬波是近，三钵那是圆，谓涅槃也”，故而义净将其新译为“近圆戒”，以表达其所蕴含的“亲近涅槃”之本义。[③]而“具足戒”的旧译，表达的是较之沙弥戒、沙弥尼戒，僧尼只有受持了比丘戒和比丘尼戒，他们的戒品才算圆满具足。旧译虽然有其合理之处，但同样完全掩盖了其中“亲近涅槃”的本义。**（4）旧译“世俗谛”，义净的评价是“义不尽”，他给出的新译是“覆俗谛”**。义净的解释是：“意道俗事覆

① （唐）义净：《南海寄归内法传校注》，第 154 页。

② （唐）道宣：《四分律删繁补阙行事钞》，《大正藏》第 40 册，No.1804，第 148 页中。

③ （唐）义净：《南海寄归内法传校注》，第 158 页。

他真理。色本非瓶，妄为瓶解；声无歌曲，漫作歌心。又复识相生时体无分别，无明所蔽妄起众形，不了自心谓境居外，蛇绳并谬、正智斯沦，由此盖真名为覆俗矣。此据覆即是俗，名为覆俗。或可但云真谛覆谛。”[①] 新旧译所指的是佛教二谛之中与“真谛”相对的“俗谛”。俗谛的概念含有多重语义，其中最基本的语义是表世俗的、不究竟的道理。另外一个重要语义是“障覆”，即如果认识不到俗谛的本质是因缘生起空无自性，就会被它所遮蔽覆盖，从而难以认识到第一义谛之真谛。义净认为，“世俗谛”的旧译，只能表达出上述第一重语义，而无法表达出第二层含义即“障覆之义”，因此是“义不尽”的翻译。

（三）义净为什么反对意译类“讹译”？

义净虽然是我国最重要的译经师之一，但他的理想却是希望中土佛教徒能够“总习梵文”，直接阅读梵文佛典，最终“无劳翻译之重”。[②] 虽然这一理想很难实现，但由此可以看出他对翻译工作的基本态度：好的翻译必须忠实于梵文原典，必须为读者正确理解佛典原义服务。义净之所以反对意译类的“讹译”，原因正在于此。上述意译类“讹译”中的“错译”，无论“借译”还是“非正翻”，译者都错误地理解了被译语词的本义，进而在错误理解的基础上做出了和本义相差甚远的错误翻译。此种错误翻译只会导致读者更进一步地错误理解佛典原义。因此，义净对此类“错译”的反对是非常容易理解的。关于“义翻”类的“讹译”，义净对它们的态度较为和缓，但从根本上论仍然是持反对态度。从前面的讨论中已经可以了解，义翻的特点有二：首先是未能翻译出被译语词的“本义”，这意味着“义翻”未能忠实于梵文原典；其次是翻译出的是和本义相关的“引申义”或者是和本义无关的“附加义”，这意味着读者只能从“引申义”“附加义”等非本义的角度来理解梵文佛典。在很大程度上这种“非本义”的

① （唐）义净：《南海寄归内法传校注》，第 232 页。
② （唐）义净：《南海寄归内法传校注》，第 232 页。

翻译同样会导致读者对佛典原义的误解。因此虽然义净对“义翻”式的翻译在态度上较为宽容，但归根结底仍然是反对的。

三　二译合用类“讹译”

在音译和意译之外，还有一些旧译呈现出音译和意译两种形式合用的特点。这一特点具体表现为：一个旧译词语由两种翻译形式构成，其中一部分用字是对被译语词的音译，另一部分用字是对被译语词的意译。此类旧译同样不为义净所认同，我们可以将其权称为二译合用类“讹译”。

（一）二译合用类“讹译”一览

据不完全统计，义净认为的二译合用类“讹译”有四，具体情况见表3。

表3　二译合用类“讹译”

序号	旧译	义净评价	义净音译	义净意译	出处
1	檀越	梵云陀那钵底，译为施主。陀那是施，钵底是主。而云檀越者，本非正译，略去那字取上陀音转名为檀，更加越字。意道由行檀舍，自可越渡贫穷。妙释虽然，终乖正本	陀那钵底	施主	《南海寄归内法传》卷一
2	忏悔	梵云痾钵底钵喇底提舍那。痾钵底者，罪过也。钵喇底提舍那，即对他说也。……旧云忏悔，非关说罪。何者？忏摩乃是西音，自当忍义。悔乃东夏之字，追悔为目。悔之与忍迥不相干。若的依梵本，诸除罪时应云至心说罪。以斯详察，翻忏摩为追悔，似罕由来	痾钵底钵喇底提舍那	说罪	《南海寄归内法传》卷二

续表

序号	旧译	义净评价	义净音译	义净意译	出处
3	维那	授事者，梵云羯磨陀那。陀那是授，羯磨是事。意道以众杂事指授于人。旧云维那者，非也。维是唐语，意道纲维。那是梵音，略去羯磨陀字	羯磨陀那	授事	《南海寄归内法传》卷四
4	龙树	那伽是龙是象，曷树那义翻为猛，……先云龙树者，讹也	那伽曷树那	龙猛	《龙树菩萨劝诫王颂》

（二）旧译讹在何处？

表 3 中“檀越”旧译，义净的音译是“陀那钵底”。义净指出，“陀那是施，钵底是主”，二者合起来可意译为“施主”。义净认为，旧译中的“檀”字显然是“陀那”二字“略去那字取上陀音转名为檀”，即“檀”是对“陀”的另一种音译；旧译中的“越”字是对被译语词本义的引申——“意道由行檀舍，自可越渡贫穷”。旧译中的音译略去了被译语词中“那钵底”，且“檀”字的发音又和“陀”字不同，这种音译是典型的“言略音讹”式翻译。旧译中意译显然是对被译语词的“义翻”，虽然表达出了该词的引申义，却未能译出其本义，故同样是不合格的翻译。这也就难怪义净对这一旧译做出了“妙释虽然，终乖正本”的否定性评价。

旧译“忏悔”，义净的音译是“痾钵底钵喇底提舍那”。义净指出，“痾钵底者，罪过也。钵喇底提舍那，即对他说也”，合起来可以意译为“说罪”。义净认为，旧译中的“忏”字，其实是对“忏摩”的略译。“忏摩”的本义是祈求容忍、宽恕之义，多用来向他人表示歉意。“悔”字是“追悔”，可以理解为是对“说罪”的义翻。在义净看来，“忏摩”的语义中并不含有“追悔”之义，因此旧译中“忏”字的出现完全没有根据。至于用“悔”字来义翻“说罪”，道理上似乎能说得过去，但毕竟没有表达出被译语词的原义，因此同样是不合格的翻译。

旧译“维那”，义净的音译是“羯磨陀那”，意译“授事”。义净指出，旧译中的“那”字是音译“羯磨陀那”四字“略去羯磨陀字”，可谓是典型的“言略”式音译。新旧译的被译语词的本义是“以众杂事指授于人”，故义净将其意译为“授事”。“维”字的字义是“维护纲纪”（纲维），可以理解为是对“授事”的义翻。由此可知，旧译中的音译犯了“言略”的错误，意译则犯了“义翻”的错误，因此义净对这一旧译做出“非也”的评价也是可以理解的。

旧译“龙树”，义净的音译是“那伽曷树那”。他指出，“那伽是龙是象，曷树那义翻为猛”，故意译为“龙猛”。旧译中的“龙”字，显然是对“那伽”的意译，这显然是正确的。旧译中的“树”字，则是对“曷树那”的略译，犯了“言略”的错误。因此之故，义净同样认为是“讹也”之译。

综上所述可知，义净之所以反对表 3 中的二译合用类“讹译”，首先是因为其中的音译部分往往出现“言略音讹”式的错误；其次是因为其中的意译部分往往是对被译语词的“义翻”。根据前面的讨论已知，在义净看来这两种翻译方式都是不能接受的。旧译中出现任何一种此类翻译，义净都会对其作出否定性评价，更遑论一个旧译词同时出现两种错误。从表 3 也可以看出，为了避免发生这种合用类“讹译”，义净采取的是“釜底抽薪”式的做法：对于被译语词只做严格的音译和精准的意译，完全杜绝合用的翻译，如此即可实现避免上述“讹译”之目的。故从这一点来看，义净本人其实对这种合用类翻译本身是不认可的。

四　结语

通过考察义净的“讹译”论，我们可以反过来对他的翻译思想作出一定程度的管窥。首先，翻译必须以正统的梵文佛典为依据。义净作为中国最重要的译经师之一，他翻译的佛典都是立足于梵文佛典。就本文所讨论的范围来看，他所做的新译，无论音译还是意译，全都是依据梵文佛典；

他之所以能够对诸多前人旧译作出不同程度的否定性评价，同样是因为相应的梵文佛典及其新译为他提供了重要的评判标准。换言之，梵文佛典及其新译构成了整个义净“讹译”论的讨论基石。由此也可以看出，翻译必须忠实于梵文佛典乃是义净翻译思想体系不容置疑的思想基础。其次，关于被译语词的音译，要想忠实于梵文佛典，就必须做到梵汉之间在音节上的严格对应，同时汉译语词还要尽可能准确标注出被译语词的读音。在义净看来，任何不能满足这两点的音译都是“讹译”。最后，关于被译语词的意译，要想忠实于梵文佛典，就必须正确表达出被译语词在经文语境中的“本义”，唯其如此才是正确的翻译。义净之所以对先前译经师的意译多有批评，就在于在他看来前人的翻译要么是错译，要么仅仅译出了“引申义”或“附加义”，全都未能译出被译语词的“本义”，本质上都是对梵文佛典的不忠。

正是基于这样的翻译理念，义净的翻译作品往往带有较强的个人特色。如果拿义净和前人同经异译的汉译佛典比较即可看出，义净的音译语词往往有着更多的音节以及更为细致的读音，他所作的意译也更加忠实于梵文语词的本义。阅读义净的翻译作品，确实能够帮助读者更加准确地了解梵文语词的发音和本义，这一点是毋庸置疑的。不过需要说明的是，很多前人旧译虽然被义净视为“讹译”，但已经在中国佛教范围内使用了数百年之久。虽然从字面意思上看起来是“讹译”，但是中国佛教徒通过讲经、注经早已了解了被译语词的本义。此时义净再刻意强调那些早已被中国佛教徒耳熟能详的旧译为讹译，反而又造成了中国佛教徒在理解、诵读佛经上的困难。从历史上来看，虽然义净的新译确实更为忠实于梵文佛典，但他的翻译作品却并没有在中国佛教信众中间广泛流布。造成此种结果的原因之一，很可能和他过分强调忠实梵文佛典有关。

情理贯通

——竺道生的语言观与解经思想析论

盛　宁

上海大学副教授

摘要：“理”与“情”在竺道生的思想建构与解经实践中具有奠基性的作用。借由对言、理、情三者关系的探讨，竺道生提出了以显理为本、方便之教和言之超越为特色的语言观。其中，显理为本为竺道生语言观的根本立场，方便之教是对语言之用反思的具体指向，言之超越代表对语言的辩证态度。落实于解经则体现为通经至理、缘情入理与舍而不舍的基本取向。以语言观与解经实践为依托，竺道生揭櫫并发挥了情理贯通的思想主张，并通过将之运用于契理契机原则的阐发以及佛教思想与中国本土文化融合而具有重要方法论意义。

关键词：竺道生；语言；解经；理情

竺道生是晋宋之际著名高僧，其以“理”为体所创构之“理体”思想，将彼时流行之《法华经》《维摩诘经》《大般涅槃经》等核心义涵融为一，可谓肇后世宋儒“天理”思想之端绪。不仅如此，从中国的经典诠释传统来看，竺道生亦为当中不可忽视的重要人物，其所撰之《法华经疏》作为现存最早的义疏类文本对后世中国经典的诠解影响深远。竺道生之所以对中国传统思想有上述开创性的贡献正源于其对“理”与“情”的独特把握。缘此，关于竺道生的研究，除了学界普遍聚焦于其具体佛学思想的阐发外，其关于“理”与“情”的探讨亦值得考察，因为这将有助于从更为一般的思想阐发与建构的层面透视其思想内蕴之原则与方法论之于中国传统思想发展的意义。

反观竺道生对“理”与“情”的思索可见，其并未将之寄托于玄远的思辨，而是通过对语言的探讨及与之相关涉之解经实践予以切实显发。从现存竺道生传记及其注疏可知，他对语言的看法主要围绕教化众生这一主题展开，具体呈现为显理为本、方便之教与言之超越三个面向，落实于解经实践，则拓展出通经至理、缘情入理与舍而不舍的新路向。

一　显理为本与通经至理

显理为本是竺道生语言观的根本宗旨，这一主张最集中地体现在《法华经疏》中，作为其晚年的思想总结，全篇随处可见对“理”的肯定和推崇。关于“理”的内涵，竺道生认为既包括佛理，亦包括一般常理，二者之中以佛理为主要内涵。当然，因佛理包摄内容众多，竺道生又进一步提出“一极之理”的概念，以之为佛理之综摄，涵括法性、第一义空、佛性、一乘、涅槃诸义。

竺道生认为，佛陀一代时教，根本在使众生开示悟入佛之知见，见理成佛，而“理中无三，唯妙一而已”[①]，故在理与言的关系上，竺道生主张：语言存在之意义和作用即在本此一极之理而表呈之，所谓“言虽万殊，而意在表一”[②]。进言之，判断语言是否合宜的根本标准即看是否能够与理相协，若能“言当理惬”，便无虚伪而臻于妙境。如此，进一步的问题便是如何当理？竺道生主张有两方面，即“如”与“是”。所谓“如”，即“言

① （刘宋）竺道生撰：《法华经疏》，藏经书院编：《新编卍续藏经》（以下简称《卍续藏经》）第150册，台北：新文丰出版公司1994年版，第807页。

② （刘宋）竺道生撰：《法华经疏》，《卍续藏经》第150册，第805页。

理相顺”，而“是”即“无非之称”，前者要求言谓与意谓相配合，尽可能实现所言即所是，后者则要求所言之理符合存在之本相。佛经每以“如是我闻”开头，即已表明言理关系之于佛经真之价值确立以开启众生发心修行的重要性。

无论是“言理相顺”，抑或“无非之称”，在言与理的关系中，竺道生无疑都将“理”置于根本地位，所谓“显理为本”，其义正在于此。作为竺道生对语言功能的基本判断，当将“显理为本”落实为对佛经的注解时即表达为通经至理的取向，并具体展开为文义疏通、经旨彰明与归宗于理三个面向，三者层层转进，以归宗于理为根本。

首先，在文义疏通方面，竺道生尤重对经文词句的解释，一字一句在其看来皆非虚言，而是理解经文的依托。对此，可见其对《维摩诘经》“法同法性，入诸法故”[①]的解释：

> “法性”者，法之本分也。夫缘有者，是假有也。假有者，则非性有也。有既非性，此乃是其本分矣。然则法与法性，理一而名异，故言“同”也。性宜同，故以同言之也。诸法皆异，而法入之，则一统众矣。统众以一，所以同法性者也。[②]

竺道生以“法性”为此句理解之关钥，基于对“法性”内涵的辨明，使“法”与“法性”何以同以及“入诸法”之实旨清楚呈现。

其次，在经旨彰明方面，主要体现为竺道生对经文内在逻辑贯通与言外之意的关注而能发人所未发。其中，关于经文逻辑的贯通，可见于其对“法顺空，随无相，应无作”的解释，竺道生认为三者依众生修行次序逐层推进，以“法顺空”为起点，以“应无作”为归宗，由观空而证空，构

① （后秦）僧肇述，王儒童校补：《注维摩诘经校补》，中华书局2022年版，第178页。
② （后秦）僧肇述，王儒童校补：《注维摩诘经校补》，第178页。

成体证至理的自然过程。[①]

至于言外之意，大量集中于其《法华经疏》中。鉴于《法华经》以开权显实、开迹显本、会三归一为核心，且全经充满种种譬喻，若仅解释经文字义反而可能造成对经文本旨的破裂，故竺道生在解经时特别强调言为方便，要能“庶得迹外，勿滞于事”[②]。实则，竺道生本以“得意忘象”“入理言息”为理解佛理的根本方法，故在《法华经》的解释上并不好尚渊宗广博，而是主张以显发经义、开明一乘之教为首要，并尤着力从言教的角度揭橥经文撰写者的意图。此可见于其对《法华经·法师品》“其有读诵《法华经》者，当知是人以佛庄严而自庄严，则为如来肩所荷担”的解释：

> 法是佛师，常尊法，以受法而担义，实担法，非担人也。而言迹在人亦尔，以敦学也。[③]

竺道生认为，如来所担实为法而非人，只因人尊佛法，故为如来所担，经文之所以如此说是为激励信众精进修学。

最后，在归宗于理的层面，由竺道生的三部经疏可见其所论始终以“理”为统摄，换言之，解理为其解经之预设，并由此影响到其对经文的解释，即不仅在内容的理解上，“理”成为勾连经义的根本线索，同时在解经的方法上，因“理”之一极性而呈现为解经时强烈的统合文义、崇尚简要的取向。如他将《维摩诘经》“一切众生心相无垢，亦复如是”解释为：

> 众生心相无垢，理不得异，但见与不见为殊耳。[④]

① （后秦）僧肇述，王儒童校补：《注维摩诘经校补》，第 181 页。
② （刘宋）竺道生撰：《法华经疏》，《卍续藏经》第 150 册，第 830 页。
③ （刘宋）竺道生撰：《法华经疏》，《卍续藏经》第 150 册，第 823 页。
④ （后秦）僧肇述，王儒童校补：《注维摩诘经校补》，第 244 页。

显然，竺道生将理解重点放在前半句，认为众生心相无垢乃因基于理而有的平等清净，“垢”之有无不在心相而在见理与否，缘此，“理”成为竺道生解释“众生心相无垢”的根由。与之相较，收入同注的僧肇注则将之解释为“群生心相，如心解（脱）相”[①]，即此“心相无垢”乃因“心解脱相”得成，与前文“如优波离以心相得解脱时，宁有垢否？我言：‘否也’”[②]正相对应。从经文前后承继上说，僧肇的解释更顺承经文之脉络，不过，竺道生直接申明“众生心相无垢，理不得异”，将“心相无垢”作为前提虽有跳脱之嫌，然联系后文“唯。优波离。妄想是垢，无妄想是净”[③]来看，并未别造经旨，而是从此经之根本义——“无垢”角度予以疏解，并对以垢净区分众生心相予以批判，可谓直契本原之说。

上述所论竺道生对佛经的诠解之原则与方法，无论是文义疏通，还是经旨彰明，从根本上还在于显理，故归宗于理乃竺道生解经之核心。这种以“理”为综摄的取向，尤其是对“一极之理”开显的强调与其将“穷理尽性”作为解经之根本指向有关。换言之，竺道生对经文义理阐发的关切并非为满足对知识的好尚，而是为证道开悟，而后者即其所谓“穷理尽性”。[④]以此为前提，竺道生大大拓展了语言的作用，即不仅仅以语言来解义、表义，亦直接将其与证悟相贯通，视之为成就佛境的重要凭借，所谓“大圣示有分流之疏，显以参差之教，始于道树，终于泥洹”[⑤]。

需要注意的是，尽管竺道生在语言作为诠理证道之工具上持“得意忘言”的立场，但并未因此将语言视作可有可无的存在，相反，基于显理为

① （后秦）僧肇述，王儒童校补：《注维摩诘经校补》，第 244 页。

② （后秦）僧肇述，王儒童校补：《注维摩诘经校补》，第 243 页。

③ （后秦）僧肇述，王儒童校补：《注维摩诘经校补》，第 244 页。

④ “穷理尽性”本源于《周易》中对圣人境界的描绘，佛教在道生时期将之借用为对佛陀境界的表述，道生亦沿用此义，现存经注所见主要有两处：一是，《注维摩诘性》的“穷理尽性，势归兼济”［参见（后秦）僧肇述，王儒童校补《注维摩诘经校补》，第 380 页］；二是《法华经疏》的“穷理尽性，谓无量义定”［参见（刘宋）竺道生撰《法华经疏》，《卍续藏经》第 150 册，第 803 页］。

⑤ （刘宋）竺道生撰：《法华经疏》，《卍续藏经》第 150 册，第 800 页。

本的主张，竺道生极重视语言的运用，并将之落实为通经至理的具体实践。而通经至理本为证道，其关切始终指向众生，故在对语言的看法上，除了探讨言与理的关系，竺道生亦将之与众生相联系，通过对方便之教的发挥展开对二者关系的论述。

二　方便之教与缘情入理

竺道生对语言的理解，涉及用的层面，除了以“理”贞定之外，亦从教化众生的角度，特别发挥其作为善巧方便之义，并具体展开为契理契机两个层面的论述。①

首先，针对方便，竺道生提出有两种类型：一为方便，一为异方便：

> 理本无言，假言而言，谓之方便。又推二乘以助化，谓之异方便。②

此句是对“更以异方便，助显第一义”③的解释，其中，“方便”和“异方便”是对举来说，各有二义。第一义之“方便”主要指借言诠以表实理，而“异方便”是借助二乘以助显第一义。换言之，“方便”是正观佛理之显发，即实相之方便，而“异方便”则对修行阶次而言。竺道生提出的第二义则将“方便”与“异方便”皆关联到言说上，其中，“方便”乃佛陀四十九年所说佛法，“异方便”则是《法华经》。两者相较，《法华经》按照经文本旨无疑具有超越之地位，缘此，“异方便”之“异”不仅仅是

① 关于善巧方便，一般理解是指随顺机宜而施设的巧妙智用，其关键一者在机宜，包括根机和时机，一者在智用，即智慧之用。另外，善巧方便还包含“契理”的意思。以《法华经》为例，作为全经的核心，善巧方便亦与如何说理相关，并具体拓展为会三归一，开权显实，开迹显本。另外，关于佛教“善巧方便”的研究可参见程恭让《佛典汉译、理解与诠释研究——以善巧方便一系概念思想为中心》，中国社会科学出版社 2017 年版。

② 参见（刘宋）竺道生撰《法华经疏》，《卍续藏经》第 150 册，第 808 页。

③ （姚秦）鸠摩罗什译：《妙法莲华经》，高楠顺次郎、渡边海旭、小野玄妙等监修：《大正新修大藏经》（以下简称《大正藏》）第 9 册，台北：新文丰出版公司 1983 年版，第 8 页。

差别，更含殊胜之义。关于“方便”和“异方便”的理解，竺道生似兼取二义，并将言说作为方便之主要依托而特予发挥。

竺道生认为，言说作为方便首重在明理，尤其是一极之理，可由言诠表，所谓“一乘既深，假之以显”[①]，佛陀开一代时教，意在说法以引导众生开悟。而众生若要证悟亦当从闻法开始,“欲反迷之解，必须闻法”[②]。如此，言和理在竺道生处被认为具有本质性关联，反过来也就要求言之成立当以契理为依归，“言理冥当”在竺道生看来乃言之作为言的要件，若言理不符，便成虚言，此不仅于弘道无益，更不利众生修行。

具体到言理相契的关系，从理可展开为不同层面来看，竺道生认为按照不同区分可呈现为教法上的差异，对此，竺道生以“四种法轮”概括之。“四种法轮”是竺道生在《法华经疏》开篇对佛陀教法的分判，他认为，佛陀说法本是“理无异趣”[③]，皆为显发一极之理，但因众生机感不同，故开为“四种法轮”，即所谓“善净法轮”“方便法轮”“真实法轮”“无余法轮”，由此贯通始教与终教，合会为一代时教：

> 凡说四种法轮：一者善净法轮，谓始说一善，乃至四空，令去三涂之秽，故谓之净；二者方便法轮，谓以无漏道品，得二涅槃，谓之方便；三者真实法轮，谓破三之伪，成一之美，谓之真实；四者无余法轮，斯则会归之谈，乃说常住妙旨，谓无余也。[④]

尽管四种法轮是佛陀依众生根机所作的不同开示，但也正因如此，其所显之理各有偏向，而依托四种法轮所论之理而成立的言教便按照不同依据、方法和目标而有不同的架构，展开为阶次前后相承的修行之道。结合竺道生对理的理解，四种法轮无疑以一极之理为根本，此为理之体，而此

① （刘宋）竺道生撰：《法华经疏》,《卍续藏经》第 150 册，第 808 页。
② （刘宋）竺道生撰：《法华经疏》,《卍续藏经》第 150 册，第 804 页。
③ （刘宋）竺道生撰：《法华经疏》,《卍续藏经》第 150 册，第 801 页。
④ （刘宋）竺道生撰：《法华经疏》,《卍续藏经》第 150 册，第 800 页。

理体又可展开为不同层面，即四种法轮，皆为对一极之理的表呈，乃属用的层面。依理之体，即一极之理来说，言理相契在竺道生看来并非呈现为多样化的契合关系，而是只有相契与否，而无相契程度的分异，竺道生以顿悟为修行宗旨即有见于此。然而，若依理之用来论，竺道生认为不同教法可以共存，皆为一极之理的不同展开，乃契入一极之理的方便，而言语之妙用亦于兹显豁："当又须更明三乘之异，谓之种种，以三表一，谓之巧说，万辞同当，更无异味。"[①] 基于此，竺道生认为佛教是具有教法上的开放性的，正所谓"理说既招，有教无类，莫不同来"[②]。

除了依理来区分言，与之相关，按照对理的理解不同，即有不同的言说者，其所言亦可区分为不同阶次，有凡夫之言，有圣者之言。圣者当中，以佛陀之言最为当理，故最具真确性。此真确性不仅源于佛陀对一极之理的体证，亦同其教法皆以导归众生为目的，故在对理的表呈上并不执定，而是依托理与受教对象之间的关系适时调整有关，此即涉及言说作为方便的第二重意思——契机，竺道生对言教作为善巧方便的发挥尤侧重此一面向。

在竺道生看来，既然以众生为怀，设教皆为与之相应以使之契入佛理，应机就成为佛陀教说之总原则。对此原则的落实，关键在对众生根机的观照，而达成此观照，首先当明了众生根机为何。对此，竺道生主要聚焦于众生之情，并主张契机的核心正在于对"情"的理解，如谓：

> 据众生现惑，致都佛泥洹，法欲灭尽，自应须护，故有劝言，以笃其情耳。[③]
>
> 终不喑哑，法花之报，岂政耳耶乎？但就人情所乐，故言得乘宝辇，口气不臭，无诸可恶耳。[④]

---

① （刘宋）竺道生撰：《法华经疏》,《卍续藏经》第 150 册，第 806 页。
② （刘宋）竺道生撰：《法华经疏》,《卍续藏经》第 150 册，第 818—819 页。
③ （刘宋）竺道生撰：《法华经疏》,《卍续藏经》第 150 册，第 826 页。
④ （刘宋）竺道生撰：《法华经疏》,《卍续藏经》第 150 册，第 829 页。

两句皆出自《法华经疏》，其中，前者提出为使娑婆世界众生自护此经，佛陀特别予以付嘱，以坚定其护法之情，后者则就人情所乐，以“乘宝辇”“口气不臭”“无诸可恶”来彰明信奉《法华经》之功德以发其信心。竺道生认为，佛理甚深，本不可轻易宣说[①]，唯有契合众生之机，兴发其信教护教之情，方能使之发大心，修大行。在此基础上，竺道生特别注意到语言作为佛陀宣教的主要方式，其对情感的表达之于众生渴仰佛法之念兴发的重要性，并借由注经予以特别申发：

> 既明不净，罪在众生；则为净之旨，居然属佛，故云：“我此土净”。而舍利弗据秽致疑，为不见也。言“而”者，伤嗟之也。[②]

此句是对《维摩诘经》“舍利弗。我此土净，而汝不见”[③]的注释，对比僧肇之“向因此土生疑，故即此土明净”[④]，道生的解释要细致得多，不仅对佛陀何以如此说的道理予以揭示而将此句情境化，从而打通古今，为阅经者或听法者构筑一当下现成的说法空间，佛陀的教法便不再局于一时一地，而是向所有时空的众生敞开；更为重要的是，将“而”字解释为显发佛陀嗟叹之情，自然带来以情生情，触发阅经者或听法者心灵之效验。语言作为方便之教，在竺道生看来，非仅以表义，其内蕴之情似更易发挥教化之功。

关于人之情，除了上述所论之情感向度，按照中国传统的区分至少还包括情理、本性、实情、思想、情欲、兴致等诸义，其中，在情感之外，情理、本性、实情等面向尤为道生所重，并将之与具体的解经实践相结合。

就情理层面言，主要指人情与道理，竺道生对这方面的发挥主要体

① （刘宋）竺道生撰：《法华经疏》，《卍续藏经》第 150 册，第 826 页。
② （后秦）僧肇述，王儒童校补：《注维摩诘经校补》，第 104 页。
③ （后秦）僧肇述，王儒童校补：《注维摩诘经校补》，第 104 页。
④ （后秦）僧肇述，王儒童校补：《注维摩诘经校补》，第 104 页。

现为解经与本土礼俗的结合。在解释《维摩诘经》“法喜以为妻”[①]时，竺道生提出之所以将“法喜”比作妻子，在于“妻以守节为欣，失节则忧，喜于法者，此之谓也”[②]，言下之意，喜于法和妻子对贞洁的珍视相类。对比僧肇对此句的解释可知，[③]竺道生更侧重从伦理纲常的角度进行诠解，其与僧肇在此处理解上的分异并不代表其反对僧肇的观点，而正见其特重经文疏解所面向的物件，借由伦理纲常的引入，以助于受本土文化熏陶之阅经者与听法者体味菩萨喜法乃出于情之自然与理之必然。

就本性层面言，竺道生则主要将之与佛性加以关联。针对“于我无我而不二是为无我义”[④]，竺道生的解释是“理既不从我为空，岂有我能制之哉！则无我矣。无我本无生死中我，非不有佛性我也”[⑤]，所谓“无我”乃就空理之超绝性以及生死之我来说，若从真我的角度来说，应当说有我，即佛性，为众生真实之本性。

由上所见，竺道生对情的关切是多面向的，其之重“情”一方面受到佛教以“情”为救度众生的动力并得以与众生相感的影响，此情非一般情感，而是以慈悲为核心的神圣的宗教情感，其本质乃为利他之精神；另一方面，魏晋玄学对人情本然的强调亦对其有所启发，如谓：“谓仁义为善，则损身以殉之，此于性命，还自不仁也。身不仁，其如人何！故任其性命乃能及人，及人而不累于己，彼我同于自得，斯可谓善矣。”[⑥]当然，如果从内涵来说，魏晋玄学所论人情之本然因立场不同，或者偏向道家的性之自然，或者偏向儒家的仁义，与竺道生论人情之本然时更多聚焦众生心灵状态与佛性并不完全对应，但人情本然的观点在玄学中的流行恰好体现彼

① （后秦）僧肇述，王儒童校补：《注维摩诘经校补》，第 509 页。
② （后秦）僧肇述，王儒童校补：《注维摩诘经校补》，第 509 页。
③ （后秦）僧肇述，王儒童校补：《注维摩诘经校补》，第 509 页。
④ （后秦）僧肇述，王儒童校补：《注维摩诘经校补》，第 231 页。
⑤ （后秦）僧肇述，王儒童校补：《注维摩诘经校补》，第 232 页。
⑥ （晋）郭象注，（唐）成玄英疏：《庄子注疏》，中华书局 2014 年版，第 180 页。

时对个体存在之实际的尊重，而此特为竺道生所推崇，被认为是联结佛陀与众生的开端。再者，就竺道生本人特质来说，他尤以对情理之通达见长，《高僧传》评价其为鸠摩罗什诸弟子中之第一流的“通情”者①，故在注解经典时，与同时期的僧肇等相比，竺道生尤关注对说法情境，特别是当中情感互动的还原。②更为重要的是，竺道生对情的关注同时也受到中国本土思想中以“实情”论“情”的影响。“实情”就字面义主要指真实的心情、实际的情形。在竺道生处，虽未见其直接发挥“实情”的意思，但从前述所论其解经时对“情”之情感、情理、本性等面向的发挥可见，“实情”虽不指向解经时的具体内容，但确是竺道生对语言作为佛教弘法之重要方式体现于解经时的一项重要的原则性要求。基于“实情”来解经势必需要对情与理之实际作一统观，本身即含蕴对契理契机作为说法与解经实践的根本原则的整合。

实则，竺道生发挥言作为方便之教时强调对众生之情的观照，主张由情生情，借由情之相感唤起众生发心修行，其导向还在于“理”，若无助于“理”之悟入，甚或与悟理相悖之情，竺道生认为当遣除之。由此，“情”在竺道生处始终是扮演证悟之导引的角色，所谓“随情所立”根本在于“缘情入理”。到此，契机和契理借由情—理之联结获得统摄，对二者关系的处理活化为竺道生对佛陀言教之独特的理解。

此种对情—理观待而来的对契理与契机的统合落实为具体的弘法实践

① 关于《高僧传》对道生“通情”的肯定，可见“通情则生、融上首，精难则严、观第一”，参见（梁）释慧皎撰，汤用彤校注《高僧传》，中华书局1992年版，第264页。

② 此可见于竺道生对《维摩诘经》“释尊大慈，宁不垂愍”［参见（后秦）僧肇述，王儒童校补《注维摩诘经校补》，第157页］的注解，较之僧肇将此句理解为“释尊大慈，必见垂问，因以弘道，所济良多，此现疾之本意也”［参见（后秦）僧肇述，王儒童校补：《注维摩诘经校补》，第158页］，着重于“现疾”之意，竺道生的解释为“以阂疾不豫妙听，良可哀也。此之可哀，理应近者，是哀之为事宜遣慰问，而佛大慈普念，今也无使，宁不愍之耶？此盖因常情以期使耳，岂曰存己，乃远以通物也”［参见（后秦）僧肇述，王儒童校补：《注维摩诘经校补》，第158页］，将解释的重点放在对佛陀行为因由的理解上，其疑问之发显然出于对阅经者或听法者可能有的疑惑的观照而来，强调佛陀之遣使本为通达物情人心设此方便，由此开显佛陀之慈悲以振发阅经者或听法者之笃信之情。

时，即申发为竺道生对言教价值的肯定，以及对如何说法的反思。在竺道生看来，言教的存在不仅必要，且当依不同情况施以不同教法，随时调整形式与内容，同时，在弘法时应循序展开，所谓“兴言立语，必有其渐”[①]，“夫圣人设教，言必有渐，悟亦有谐”[②]。

需要注意的是，尽管竺道生对言教作为说法之方便多有发挥，然因言语本身的情境性、对机性和指向性决定其只能是入“理”之方而非“理”本身，故竺道生强调须警惕语言对理之遮蔽与斫丧，在言语的使用上，当持超越之辩证立场。

三　言之超越与舍而不舍

竺道生所论言之超越主要有两个层面，其一为基于对语言之相、用的综合理解而开显的无执于言的态度，即舍的层面；其二亦由对语言之体的洞彻而直契实相，并具体转进为对语言之用的不舍，其实质乃基于实相而对语言之用拓展后对无执于言的更高层次的翻转。

就舍的层面，竺道生认为，从用的角度说，言似可达成对理的诠表，但此诠表存在有限性，故仅能作为超言绝相之理的显发，而理为超越性存在，其圆满性本非偏言所能呈现，所谓“夫至象无形，至音无声，希微绝朕思之境，岂有形言者哉”[③]。不仅如此，语言存在的合理性首先依托于其功用的发挥，而后者的实现同时带来语言存在性的完成和消解，故不能将之视作恒存的对象，执为实有。基于此，竺道生提出在借助语言这一工具时，当同时对之保持警惕，因言若运用不当，将造成对理的斫丧，所谓“逐语取相而昧其理也”[④]。

竺道生此论实为玄学得意忘象、得象忘言与佛教般若学无相离言说

① （刘宋）竺道生撰：《法华经疏》，《卍续藏经》第 150 册，第 801 页。
② （刘宋）竺道生撰：《法华经疏》，《卍续藏经》第 150 册，第 807 页。
③ （刘宋）竺道生撰：《法华经疏》，《卍续藏经》第 150 册，第 800 页。
④ （后秦）僧肇述，王儒童校补：《注维摩诘经校补》，第 683 页。

的合会。按《高僧传》，竺道生所处时代，佛教的发展曾一度纠缠于名言法相之中，其一大表现即为长期以“格义”之法译解佛经。尽管对“格义”的理解较之传统“以经中事数，拟配外书”[①]有所更新，[②]然不可否认的是，“格义”确有强作解的问题，否则道安法师也不会发出“格义迂而乖本”[③]之叹。对于这一情形，处于玄佛交融思潮中的竺道生亦曾感慨：“夫象以尽意，得意则忘象。言以诠理，入理则言息。自经典东流，译人重阻，多守滞文，鲜见圆义。若忘筌取鱼，始可与言道矣。”[④]其中，言意之辨、筌蹄之论乃竺道生裁取《周易》《庄子》及《论语》涉及言和理之关系的用例以说明至少在中国自身传统中，关于言和理，前人早已论明，言之用在表理，是筌而非鱼，若因言见理，则当忘言，否则滞着经文，反成颠倒。

类似的意思在佛教内部也有论说，且更为细密深刻，尤其般若学，其不仅注意到言理之间的相符性，亦主张此相符性存在限度，乃至有大量相悖的情况，具体表现为言对理的遮蔽，如谓“法相者，五众、十二入、十八界等诸法。肉眼观故有，以慧眼观则无，是故法亦虚诳妄语，应舍离法相”[⑤]。同时，佛教认为，语言本身作为有为法，与作为第一义空之真如实相并不能完全对应，因后者乃无形无相之超绝存在，绝言语，省思虑。可以说，竺道生对经典解释尤其是注经时的通脱态度与其受玄学和佛教影响而对言理之间张力的透视紧密关联，其具体解经时看似随意发挥正是基于理非言所能系缚之立场，进言之，竺道生并不以经文字面义为拘执，而是秉持通达的原则对隐含疑难随意点化。

竺道生对言的超越态度同时也引导出其对语言实际使用的辩证立场。

① （梁）释慧皎撰，汤用彤校注：《高僧传》，第152页。

② 相关看法可参见张雪松《对“格义”的再认识——以三教关系为视角的考察》，《中国哲学史》2012年第3期。

③ （梁）释僧佑撰，苏晋仁、萧錬子点校：《出三藏记集》，中华书局1995年版，第311页。

④ （梁）释慧皎撰，汤用彤校注：《高僧传》，第256页。

⑤ 龙树菩萨造，（后秦）鸠摩罗什译：《大智度论》，《大正藏》第25册，第495页。

在日常沟通中，竺道生认为可以充分发挥语言的表义、通理、生情之用，这是佛教圣者能够对人说法宣教的基础，但同时这种宣说最后需要通过对第一义谛的观照而予以破斥，转向说无可说的心证境界，缘此，在证悟成佛方面，道生尤其强调对理之顿悟。竺道生认为，言虽可表理，[①]但并不能借之真正实现与理之冥合，相反，体理之法在任理得悟，并由此悟而实现向本有佛性的复归，从而得本称性，证悟成佛。此中关键在于任理，空理之得证，空慧之显发皆赖于此。对此“任理”，竺道生的解释是“无佛可见”[②]，亦“无法可闻”[③]，换言之，于外无相可见，于内不作意，无分别。结合佛教认为语言和意识有内在统一性的看法，此无分别不仅是意识层面的，表现在语言上，即成静默，如此方能从语言的束缚中摆脱出来而得见无言之理。关于这方面，竺道生对“维摩诘默然无言”的解释中曾有专门说明：

> 是以维摩默然无言，以表言之不实。言若果实，岂可默哉？[④]

竺道生认为，维摩诘之所以默然无言正表明语言本身亦是戏论。结合经文以不二法门为菩萨证入玄境之根本法门而至最后以维摩静默为不二之义的圆现可知，由对言之执着的破除乃可直接到达对无形无相之究竟真实——理的体证。而一旦彻悟，言亦成佛性全然开显的一种方便，到此，言在觉证者口中无一不合于理，无一不合于性，无一不真，无一不实，而成觉悟众生之重要法门。

当然，对语言的取法，竺道生同时还注意到不舍的层面，这是其言之

① 竺道生提出：“未见理时，必须言津，既见乎理，何用言为？其犹筌蹄，以求鱼兔。鱼兔既获，筌蹄何施用？若一闻经，顿至一生补处或无生法忍，理固无然。本苟无解，言何加乎？”参见（刘宋）竺道生撰《法华经疏》，《卍续藏经》第 150 册，第 826 页。

② （后秦）僧肇述，王儒童校补：《注维摩诘经校补》，第 207 页。

③ （后秦）僧肇述，王儒童校补：《注维摩诘经校补》，第 207 页。

④ （后秦）僧肇述，王儒童校补：《注维摩诘经校补》，第 553 页。

超越的第二义。此“不舍”并非字面所指的不舍离，而是基于语言作为诸法之一亦以真如为其体，由对语言的观待可直入佛地，在这个层面，言、理的区隔因真如实相而打通，对言之取舍由作为自他主客隐显相待之教法而化为“理”本身。关于语言之“不舍”的取向，在竺道生的经注中主要是以下两条：

> 舍利弗向言“解脱无所言说”故默者，是谓言说异于解脱。既明无异，故诫之焉。无不是解脱相故也。①
>
> 文殊虽明无可说，而未明说为无说也。②

竺道生认为，从体的层面，言说与解脱皆依空理而成，故二者无异，因此并不能执定“无所言说”之默然为解脱。实则，说与无说乃不一不异之关系，无说若由相上论，亦为说，乃无言之言，而说由体上论，亦为无说，乃言而无言。

依上所述，语言在竺道生看来并非无用，但另一方面，若过分执着于此，反而为语言所束缚，而不见言外之义，言外之理，甚至执言废理，故竺道生提出当见言之空，以破除对言之执。同时，需要警惕的是，此无执亦不可翻过成为执的对象。由对言语之态度的层层转进，得以共成竺道生基于“理体”前提下的游于言的清通态度。这种“游”于竺道生而言，不仅仅是一种与言相处之道，更是能够切近涅槃之现实修行之道。

四　两种统合：竺道生语言观与解经实践的方法论意义

由以上分析可见，情与理是竺道生建构语言观的核心所在，而基于

① （后秦）僧肇述，王儒童校补：《注维摩诘经校补》，第 471—472 页。
② （后秦）僧肇述，王儒童校补：《注维摩诘经校补》，第 553 页。

语言观所展开的解经实践同样贯穿了对情与理的根本观照，并具体呈现为通经至理、缘情入理与舍而不舍的特点。在竺道生看来，其所论之情不仅仅关涉人之存在的感性面向，即情感状态，同时还包括情理、本性等更为内在的层面，正是在这一层面，竺道生将之与理相贯通。竺道生主张，通常理解的情所指向的人之存在的经验面向，与理所指向的人之存在的超越面向，可借由情理内涵及其关系的重新分疏予以融合。由其解经可见，基于情理贯通，竺道生展开了对佛教契理与契机的有机统合，主张佛教谈玄说妙的同时，始终不离众生，佛之知见不仅仅是实相之理的证悟，亦当见之于对众生之情的根本关切，前者契理，后者契机，二者兼摄方为佛陀本怀。

竺道生基于情理贯通所作的第二重同时也是更为根本的统合在于佛教与中国本土文化的融合。佛教如何转变他者文化的身份，真正融入中国本土文化是彼时出家人共同面对的问题。以语言观建构与解经实践为视角，可以看到，竺道生在处理佛教中国化问题上的特出之处，即不再仅仅停留于以华夷之辨为代表的文化价值的高下之争，而是选择以情与理这对两个文化建构中共同依赖的基础性概念来探寻二者融合的可能性。其中，在情的方面，竺道生在发挥情在理解佛经、阐发佛理中的重要性同时，通过借助情在中华本土文化中所包摄之“实情”义，而涵容本土文化、政治、礼俗之实际，并将之与佛教中随缘方便的思想结合，以展开对佛教思想的本土化理解与拣择。在理的方面，则吸纳佛教根本义理为“理”之核心，同时继承中国传统对“一”“极”等价值的推崇，而创造性地将“理”作形上学的超拔以使之成为涵栝佛教诸义理的归宗。

通过为情与理这对概念注入佛教与本土文化的内涵与特质，在佛教中国化的问题上，竺道生得以发挥了重要的推动作用。其贡献不仅在于以往所论之具体佛学思想的发明上，更重要的是提供了情理贯通这一文化融合的新的方法，像后世天台宗智者大师在解释自己所立“藏通别圆”判教观时，解释其之能够“无文立名作义以通经教”在于“随情所立，助扬佛化”[1]，正可与道生情理贯通的取向遥相呼应。不仅如此，若从竺道生自身思想创发而推动佛教中国化来说，正在于其所提出的那些“新异”之论本为其对情、理关系体证而来的自得之理境，故能融汇佛理与本土文化为一炉，而不背二者之根本精神。

① （隋）智顗撰:《四教义》,《大正藏》第46册，第723页。

安贝德卡尔的社会变革理论

——佛教与马克思主义的批判性交涉

孙建生

中央民族大学哲学与宗教学学院科研助理

摘要：本文探讨了安贝德卡尔对马克思主义的批判性吸收，以及他对佛教哲学予以现代性重构来补足马克思主义。安贝德卡尔的思想在印度社会制度的现代化转型过程中发挥了关键性作用，他的思想融合了杜威的实用主义、马克思主义和佛教哲学，旨在解决种姓制度下的社会不平等。安贝德卡尔批判性地吸收了马克思主义的社会经济结构理论，但对其暴力革命与无产阶级专政持质疑立场，指出马克思主义理论在处理印度社会独特的种姓问题上存在局限性。为此，安贝德卡尔提出以佛教为基础的替代方案，主张通过道德教化替代暴力手段，以实现社会民主化与政治平等。他的佛教解释不仅是对传统宗教的现代化解读，更是重构印度社会新秩序的理论尝试。

关键词：安贝德卡尔；马克思主义；平等

一　引言

比姆拉奥·拉姆吉·安贝德卡尔（Bhimrao Ramji Ambedkar，1891—1956），大陆学界一般译为“安培德卡尔”或“安倍德卡尔”，台湾学界一般译为“安贝卡”。本文译作“安贝德卡尔”。巴巴萨赫布（Babasaheb）是对他的尊称，意为“受尊敬的父亲”。他是现代印度社会政治转型的关键人物。

安贝德卡尔本人的著作收录于由马哈拉施特拉邦（Maharashtra）政府编著的《安贝德卡尔博士：著作和演讲》（*Dr. Babasaheb Ambedkar: Writings and Speeches*），共 17 卷。[①] 其中第 1、3、7、11 卷集中讨论了印度的种姓制度、佛教思想与马克思主义，是理解其宗教观和社会批判思想的关键材料（详见附录）。目前大陆学界的主要成果有刘海玲的《安倍德卡尔思想研究》，毛世昌主编的《印度贱民领袖、宪法之父与佛教改革家——安培德卡尔》，以及尚会鹏的论文《“贱民”运动的领袖安培德卡尔——生平及其主要思想》等。台湾学界的主要成果有游祥洲的《论安贝卡主义、印度人权革命与佛教复兴》，以及觉亚法师的《安贝卡与其新佛教运动之研究》，以及刘宜霖对僧护 *Dr. Ambedkar and Buddhism* 一书的翻译《安贝卡博士与印度佛教复兴运动》（2021）等。其中，作为安贝德卡尔思想的最新研究成果，刘海玲副教授在专著中详细地叙述了安贝德卡尔思想的历史背景和发展脉络，并提供了翔实丰富的国外研究资料线索。目前学界对于安贝德卡尔的研究主要关注点在于：第一，安贝德卡尔对印度种姓（Caste）制度的批判；第二，安贝德卡尔的政治改革思想；第三，安贝德卡尔的新佛教思想与宗教观。

1891 年 4 月 14 日，安贝德卡尔出生于印度中央邦的穆赫（Mhow），安贝德卡尔的家族都属于马哈尔种姓（Mahar），这是马哈拉施特拉邦最大的不可接触种姓，其职责包括为葬礼准备木材，搬运牛尸，清洗水井，远距离送信，为地方女神看守轿子等。传统印度社会的种姓（Varna）制度将人分为四个等级，即婆罗门、刹帝利、吠舍和首陀罗（Shudra，工匠和

① 文集的电子版可在“印度农村人民档案馆”（People’s Archive of Rural India）网站上开放性获取，网址是 https://ruralindiaonline.org/en/。另外，安贝德卡尔的大事记可参见毛世昌主编《印度贱民领袖、宪法之父与佛教改革家——安培德卡尔》，中国社会科学出版社 2013 年版，第 33 页。

奴隶），四种姓之外还有“贱民阶层”，即不可接触者，又被称作“无种姓者”（Avarna）。在 1950 年印度宪法废除贱民制度之前，“贱民”被分为三大类：不可接触者（Untouchables）、不可接近者（Unapproachables）和不可见者（Unseeables），他们占据印度人口的 20%。[①] 另外，与“不可接触者”相同的表述还有达利特（Dalita，英文“Dalit”）以及表列种姓（Scheduled Castes；或译为“在册种姓”）。

19 世纪 50 年代，东印度公司已经基本完成了对印度主要区域的征服。1858 年到 1947 年间，英国在印度次大陆建立了殖民统治区英属印度（British India），“英国人统治期间，他们利用印度传统的种姓制度服务于自己的利益，而在此过程中，却无意识地打开了曾经对低等种姓关闭的教育和职业通道”[②]。安贝德卡尔的父母家族都有英属印度军队的背景，并且他的父母都信仰具有理性主义和人文主义色彩的迦比尔教派（Kabir）。他的父亲拉姆吉·萨克帕尔对孩子的教育格外重视，而母亲的宗教信仰则浸润了安贝德卡尔的成长。社会风气与家庭教育的开明，使其早早具备了理性精神与反思意识。1913 年 7 月安贝德卡尔受资助赴美哥伦比亚大学深造，1917 年获哲学博士学位。留学期间，杜威“民主政治与教育”的实用主义主张深刻地影响了安贝德卡尔的思想发展。

我们该如何定位安贝德卡尔及其思想呢？在笔者看来，他是旧时代的反抗者与新时代的缔造者，他是 20 世纪印度的历史性的“时代精神”。安贝德卡尔的思想体系涵盖“民族、政治、宗教、哲学”四个维度，反映出他对社会改革的整体性思考。一方面，他借由资本主义政治体制对印度传统社会中的“种姓”制度展开强烈批判；另一方面他通过复兴印度的佛教

---

① 根据 2011 年印度人口普查。在册种姓（达利特）社区存在于印度各地，占该国人口的 16.6%。北方邦 21%、西孟加拉邦 11%、比哈尔邦 8%，在旁遮普邦占比最多，约为 32%。而米佐拉姆邦最低，大约为零。截至 2022 年在印度的 14 亿总人口中，达利特阶层的人口达到 2.3 亿人。参见维基百科达利特词条“人口”。

② 刘海玲：《安倍德卡尔思想研究》，中国社会科学出版社 2020 年版，第 16 页。详细介绍见该书第 14—37 页。

思想，为“贱民”群体寻找新的制度和精神出路。“民族、政治、宗教、哲学”以整体性的关联集中揭示了他的思想主张。民族问题（即种姓问题）是其核心，社会政治改革（以“自由民主博爱”为基石）是其主张，哲学理念（包括杜威实用主义与马克思主义）是其理论依据，而宗教则以佛教为依托，成为应对民族问题的重要方法。相较于马克思主义致力于的“人的解放”，安贝德卡尔的关注点更集中于“不可接触者的解放”。

二　安贝德卡尔在政治领域对马克思主义的吸收

在政治领域，安贝德卡尔一方面批判了印度共产党等党派对马克思主义的机械套用，另一方面积极吸收了马克思主义的剥削理论等内容。这主要体现在他于 1938 年和 1956 年发表的两篇重要文本中。这两篇文本不仅展现了他对马克思主义的思考，还揭示了他尝试将佛教作为社会变革的替代路径。

第一份文本，是 1938 年 2 月 12 日和 13 日，安贝德卡尔在马哈拉施特拉邦纳西克曼马德区举行的 GIP（大印度半岛，Great Indian Peninsula）铁路贫困阶级工人大会上的演讲。47 岁的安贝德卡尔以独立劳动党（Independent Labour Party）主席的身份发表了讲话，批评印度共产党在工人阶级团结问题上的虚伪态度。该文本收录于安贝德卡尔文集的第 17 卷第 3 部分第 44 篇，题为“工会必须涉足政治以保护其利益”（Trade Unions Must Enter Politics to Protect Their Interests）。这篇文章同时被收录于巴格万·达斯（Bhagwan Das）于 2020 年编辑出版的《国家的利益：B. R. 安贝德卡尔演讲精选》（*A Stake in the Nation*：*Selected Speeches of B. R. Ambedkar*），编者将其题目修改为“资本主义、劳工与婆罗门主义”（Capitalism，Labour and Brahminism，以下简称《劳工与婆罗门主义》）。第二份文本，是发表于 1956 年的《佛陀还是卡尔·马克思》（Buddha or Karl Marx），它收录于文集第 3 卷第 18 篇，其中详细阐述了安贝德卡尔对马克思主义与佛教的比较分析。作为其晚期作品，65 岁的安贝德卡尔在此文中主张，“佛教为社会的民主和社会主义格局铺平了道路”，以此作为对马克思主义的补充。另外，有一篇同名的“Buddha or Karl Marx”收录于第 17 卷第 3 部分第 159 篇。

在领导独立劳动党期间，安贝德卡尔面临的核心问题是阶级与种姓的矛盾。因此，他对马克思主义的吸收与对印度共产党等的批判主要体现在两个维度：（1）实践层面，安贝德卡尔批评印度共产党在实践中机械套用马克思主义，特别是对暴力革命、罢工运动及苏联式独裁倾向的批判。同时，他也反思了经济矛盾与秩序矛盾之间的关系。（2）理论层面，他吸收并改造了马克思的“剥削”理论，分析了资本主义经济剥削的本质。同时，他批评了马克思主义对宗教的误解，认为其忽视了宗教在印度社会中的重要作用。

在《劳工与婆罗门主义》中，安贝德卡尔明确指出，资产阶级和婆罗门主义是印度工人阶级的主要敌人。婆罗门主义并非特指某一特定阶层，而是指通过种姓制度剥夺公民社会权利与经济权利的思想和制度。在现代工业社会中，资本主义进一步放大了婆罗门主义对社会的控制。他举了不可接触者被排除在织布部门之外的例子，因为这项工作涉及用唾液处理纱线，而其他种姓认为这会“污染”工作环境。“被压迫阶级在孟买和艾哈迈达巴德的棉纺厂都被排除在织布部门之外。他们只能在纺纱部门工作，而纺纱部门是薪酬最低的部门。他们被排除在织布部门之外的原因，是他们是不可接触者，而正因为这一点，种姓制下的印度教工人拒绝与他们一起工作。”[①]

在政治领域，安贝德卡尔将批判的矛头指向了国大党社会主义者（the Congress Socialist）和印度共产党罗伊派（the Royists）。罗伊派认为摧毁帝国主义是首要任务，因此反对建立新的工人政党；而国大党社

---

① Ambedker, “Trade Unions Must Enter Politics to Protect Their Interests”, *Dr. Babasaheb Ambedkar*：*Writings and Speeches*（Vol. 17）,Govt. of Maharashtra，1987–2003, p.178.

会主义者则主张工人组织必须在国大党内进行。然而，安贝德卡尔指出，即使英国人撤离印度，工人阶级依然面临内在的阶级问题，而婆罗门主义是其中的关键。他批评这两派未能认识到婆罗门主义对工人组织的破坏性，并机械地将社会矛盾归因于资产阶级与工人阶级的对立。真正重要的是，使印度的工人阶级能够觉醒自己的阶级意识和阶级利益，除了表面和外在的帝国主义集团的矛盾之外，更重要的、更根深蒂固的、隐藏在工人阶级内部侵蚀着工人阶级的实际利益的是婆罗门主义。国大党和罗伊派的工人领袖对这个问题的沉默，一方面是因为没有看到婆罗门主义与工人组织之间的内在联系；另一方面是因为他们没有认识到婆罗门主义对工人组织的破坏性作用，并且他们教条地理解和运用了马克思主义，认为当前印度社会的症结在于资产阶级与工人阶级之间的矛盾。安贝德卡尔表示，所谓的“工人阶级团结”不过是掩盖了工人内部的分裂。工人阶级中某些群体享有特权，而其他群体，尤其是“贱民”工人则被排除在外。在根本的分歧和对立中产生的分裂主要源于工人中的一部分对另一部分——尤其是被压迫阶级工人——主张特权。因此，他指出：“印度社会的主要矛盾是种姓的、宗教的矛盾。”[①]无论是国大党还是共产党，都未能提出一种能够提升“贱民”身份的政治与社会民主主义。这表明，“印度的独立、共产主义革命甚至教育，都无法改变贱民的处境。关键在于改变社会对个人的认知”[②]。

安贝德卡尔进一步反驳了将种姓制度视为“劳动分工”的观点。他强调，种姓制度本质上是对劳动者的分割，而非单纯的劳动分工。这种制度不仅在社会中形成了不可改变的等级体系，还阻碍了社会的共同体建设。他批评印度教创造了阶级，并将其固化为永久性教条。不可接触性不仅是一种经济剥削形式，还是一种不受限制的剥削机制，其根源在于印度教文

① 毛世昌主编：《印度贱民领袖、宪法之父与佛教改革家——安培德卡尔》，第125页。

② Julian Kirby, *Ambedkar and the Indian Communists*: *The Absence of Conciliation*, Master's Thesis, University of Manitoba & University of Winnipeg，2009，p.94.

化的种姓制度。在他看来，文明社会确实需要劳动分工，但在任何文明社会中，劳动分工都不应伴随着这种不自然的劳动者分隔。种姓制度不仅是劳动者的分工，其实质是等级制度，在分工中劳动者以不平等的身份被分为高低等级。印度教不仅创造了阶级，而且它还将这种阶级区分变成了不可改变的教条。它在社会中给出了“官方的分级”“固定”和“永久性”的原则，这些原则基于“分级不平等”。但是，形成一个社会需要的是个体的参与和共同活动，以便激发他人的情感。然而，种姓制度阻碍了共同活动，从而阻止了印度教徒形成一个具有统一生活和自我意识的社会。作为一种经济制度，不可接触制不仅是“一种彻底的经济剥削制度”，还是“一种不受控制的经济剥削制度”，根源在于种姓制度允许“没有义务的剥削”。因此，社会经济剥削的根源在于印度教种姓制度的阶级性，安贝德卡尔从马克思主义中看到了社会主义正是要致力于消灭阶级，这无疑提供了社会变革的思想动力。解决这些问题的首要步骤，在于劳动阶级——包括工人阶级与低种姓者——共同进入政治领域争取自己的权利，推动平等自由社会的重建。

面对印度共产党和国大党未能或不愿挑战高种姓对低种姓压迫的现状，安贝德卡尔旨在从四个主要方面——“自尊、民主、平等和教育”来促进社会改革。他首先发展了自尊和民主这两个方面。安贝德卡认为共和制和议会民主制度能够在社会中促进平等意识，因此，从一开始政治民主就是他政治和社会意识形态中最不可动摇的方面。1940 年代末，他提出了民主的四个基本前提：（1）个人是自身的目的；（2）个人拥有一些不可剥夺的权利，这些权利必须由宪法来保障；（3）个人不得因获得特权而被要求放弃任何宪法权利；（4）国家不得将治理他人的权力委托给私人。他的民主原则挑战了种姓制度的权力关系，特别是通过将个人提升于集体之上，提倡个人权利高于集体权利，代表了政治思潮中的一个重大变化。自尊是他在面对受歧视的个人经历中发展起来的有意识的政治举动，旨在定义自己而不是被他人定义。安贝德卡尔主张，由于所有人都是平等的，没有任何个人和群体有权履行某一世袭的社会职能，种姓不应决定一个人是去处理尸体还是领导国家。此外，安贝德卡尔认识到，政治平等不等于社会平等。以他自己为例，尽管安贝德卡尔在经济和教育上取得了成功，但他的种姓身份依然使其受到社会歧视。这促使他将社会主义理念引入社会改革运动，提出了国家所有制与土地再分配的经济模型，对经济组织的看法从传统的自由经济学转向了国家所有制和土地再分配的模型。政治民主仍然是安贝德卡尔运动的核心，但他明白，尽管理论上他们拥有平等权利，但实际上他们行使或享受的权利必然是不平等的。他意识到，“民主的形式框架本身没有价值，如果没有社会民主，它将不合适”。最后，是他对教育权利的重视。教育使得上述权利能够被行使，同时赋予个人捍卫其社会和政治权利的能力。在安贝德卡尔的著作、演讲中，他都强调达利特人需要用教育、知识和权力来武装自己，这是对所有印度人乃至整个世界的教训。按照安贝德卡尔的设想，“不可接触者”将拥有平等的权利和机会，从而削弱了高种姓印度教徒的政治主导地位。可以说，他的世俗政治纲领的核心是“平等原则”，包括“政治平等、社会平等、教育平等、身份平等”，并试图通过政治改革来推进印度社会的平等进程。

三　安贝德卡尔在宗教领域对马克思主义的分析和补足

安贝德卡尔对印度历史的深入分析，使他能够从本土视角回应政治左翼和印度身份的婆罗门化问题。他对佛教的解读在本质上与婆罗门民族主义和印度共产党存在明显对立，他认识到宗教在印度政治身份中具有主导作用。安贝德卡尔平等主义的佛教解释，反映了他的自由主义理想，其目标在于：一是为国大党主导的民族主义运动和印度左翼提供一个替代选择；二是通过解除贱民社区的文化负担，促进新的身份认同的建立。

安贝德卡尔并非在所有情况下都与马克思主义理论对立。他对马克思主义的接受，是为了识别工人阶级与不可接触者之间可能存在的共同利益。因此，在 20 世纪三四十年代，他积极参与与印度左翼的政治和哲学互动。然而，他在应用马克思主义时保持了高度谨慎。尽管承认马克思主义是理解社会经济结构的有力分析工具，但他对其忽视社会非物质根源的局限性等持批判态度。这些因素促使他寻求一种更适用于印度社会的替代性变革手段。安贝德卡尔在分析中区分了共产主义者的实践主张与马克思主义的理论主张，并分别提出批评。在实践层面，他批评了共产主义者的两项主张：（1）暴力革命。他依据杜威的实用主义观点，反对"目的证明手段正当性"的论调。他认为，将摧毁私有财产视为唯一目标，会在实践中导致以暴力手段牺牲其他重要目标，如生命的价值。（2）苏联的无产阶级专政。安贝德卡尔批评其非民主性，但同时对苏联革命的某些成就予以一定程度的承认。在理论层面，安贝德卡尔认为马克思主义在全球范围内保留了四项重要遗产：（1）哲学的功能是重建世界，而非仅仅解释世界的起源。（2）阶级之间的利益冲突是社会结构中的基本事实。（3）私有财产的本质在于其通过剥削为一个阶级带来权力，同时为另一阶级带来痛苦。（4）废除私有财产对于消除社会痛苦是必要的。[①]

根据安贝德卡尔的说法，马克思主义关于穷人受剥削的概念可以在佛教的苦概念中找到对应之处，并且佛陀和马克思都认为私有财产带来了"一部分阶级的权力和另一部分阶级的痛苦"。一方面，他在一定程度上认同和保留了马克思主义的剥削理论，但是通过佛教的"苦"（Dukkha）的概念予以重构。安贝德卡尔认为，佛陀的八正道（Ashtanga Marga）的教义承认了阶级冲突的存在，并且认为阶级冲突是痛苦的根源。同时，佛陀的主张是通过道德教化来劝导，用德性教育来发展一个平等社会。另一方面，安贝德卡尔对马克思主义的宗教看法提出了一种新的解释：一是共产

---

① B. R. Ambedkar, "Buddha or Karl Marx", *Dr Babasaheb Ambedkar*: *Writings and Speeches*（Vol. 3）, Govt. of Maharashtra, 1987–2003, p.444.

党人对宗教的态度实际上是对基督教使人变得超世俗的指控；二是“宗教是人民的鸦片”针对的也是基督教《圣经》中的“登山宝训”。“登山宝训”承诺贫穷和弱者将升往天堂，使得贫困和软弱被升华为一种美德。但这两项对于基督教的指责对于佛教都不成立，相反，在1956年5月，他发表的一次题为“我为什么喜欢佛教以及它在当前环境中的实用性”的演讲中，安贝德卡尔阐述了“佛教是对马克思及其共产主义的完整回答”。因为，俄国式的共产主义旨在通过暴力革命实现目标，而佛教共产主义则信奉“无血革命”。

然而，安贝德卡尔对马克思主义的理解存在偏差，这当然与印度共产党对马克思主义理论的僵化解释有关。奥姆维特分析说，印度共产主义的僵化解释只看到了“只有阶级剥削被视为具有物质基础，并作为生产关系的一部分；而种姓及其他所有‘非阶级’类型的压迫……则主要被视为社会宗教性的，属于意识领域而非物质生活范畴”①。更重要的是，佛教的“苦”与马克思主义的“剥削”二者之间的概念相似性过于表面化。佛教的“苦”是一般性的，相应地人类救赎之路也是普遍且无法缓解的，更不用说彻底消除特定社会时代的人类痛苦。并且佛教的“苦”没有专注于“阶级”，或者说“一阶级对另一阶级的统治带来的痛苦”，因此无法构成对抗外部压迫者的理论依据。“苦”不是生产者与剥削其劳动的剥削者之间的矛盾的总称。相反，马克思主义中的“剥削”指的是“在生产和分配货物的社会中，那些生产模式提供了超出生存需求的剩余的情况”。换句话说，资本家通过占有工人创造的剩余价值来获得利润，这种对剩余价值的占有是“剥削”（Ausbeutung）的本质。②因此，马克思主义者认为必须通过革命手段推翻产生这种剥削的系统，而不是通过呼吁被剥削者内心的

① Omvedt，Gail，“Undoing the Bondage：Dr. Ambedkar’s Theory of Dalit Liberation”，in K. C Yadav，ed.，*From Periphery to Centre Stage*：*Ambedkar*，*Ambedkarism and Dalit Future*，New Delhi：Manohar，2000，p.118.

② 参见《马克思恩格斯文集》第五卷，《资本论》第一卷第三篇“绝对剩余价值”，人民出版社2009年版，第207页。

道德智慧来消除内心的污秽。

总体来说，安贝德卡尔对共产主义的抵触包含三个因素：第一，他相信通过宪法手段和改革来实现他的目标，而反对革命性的共产主义方法；第二，他不愿意接受印度工人阶级作为一个“同质”阶级，认为他们不能引导社会的根本重建，因为印度社会是在种姓上划分阶级并实行种姓歧视的；第三，他认为马克思主义无法解决源于社会污名而非经济不平等的问题，因此他提出了一种马克思主义的替代方案——应用佛教，来批判印度社会或在印度发展社会和政治平等的运动。

安贝德卡尔的应用佛教（也称“新佛教”）方案有以下两点优越性。一是在殖民印度，婆罗门主义与资本主义的双重意识形态塑造了印度社会的基本结构，在此背景下，佛教成为一个可行的宗教意识形态选项，为低种姓的不可接触者提供了一条摆脱内在污名的途径，是超越社会等级制度的可行表达。二是佛教传统中的根本性的“平等”原则。“平等是佛教的主要特征。佛陀的宗教给予所有人思想自由和自我发展的自由……佛教在印度的兴起具有与法国大革命一样的重要意义。”[①]佛教传统中确实有安贝德卡尔最看重的“种姓平等”因素。在《贤愚经》卷六的“尼提度缘品”中，就讲述了佛陀度化舍卫城中的“贱民”担粪人尼提出家的故事。根据经典记载：“尼提答言：‘如来尊重，金轮王种，翼从弟子悉是贵人，我下贱弊恶之极，云何同彼而得出家？’世尊告曰：‘我法清妙，犹如净水，悉能洗除一切垢秽，亦如大火能烧诸物，大小好恶皆能焚之。我法亦尔，弘广无边，贫富贵贱，男之与女，有能修者，皆尽诸欲。’”[②]这体现了佛教对于印度社会种姓制度的批判，佛法中的平等是“贫贱男女，种姓高低”等一切皆泯除的彻底的平等，当下的不平等状态可以通过对法的皈依而得

① B. R. Ambedkar，“Buddhism Paved Way for Democracy and Socialistic Pattern of Society”，*Dr Babasaheb Ambedkar*：*Writings and Speeches*（Vol. 17），Govt. of Maharashtra，1987–2003，p.407.

② （元魏）慧觉等译：《贤愚经》卷六，“尼提度缘品第三十”，CBETA 2024，T04，No. 0202，第 397 页下。

到消除，这就为顽固的种姓阶级提供了解决方案。

宗教意义的“法”被安贝德卡尔引入世俗层面，并加以“自由、平等、博爱”原则的重新解释。这一佛教分析反映了安贝德卡尔试图以佛教观念挑战印度政治意识形态中婆罗门民族主义的主导地位。在《佛陀还是卡尔·马克思》中，安贝德卡尔明确表示：“佛陀和卡尔·马克思之间的相似点和差异在于手段，目标对两者来说是相同的。”显然，目标就是要实现新的社会制度，而手段上的差异则体现了他对佛教的倾向性。面对世俗层面中的种姓压迫和阶级痛苦，他诉诸佛教中的“八正道”和“十波罗蜜”等教义的力量来开展和推进教化意义的社会变革。在1950年代，安贝德卡尔在接受BBC采访时承认，目前印度的自由民主制度将会崩溃，他认为的替代方案是某种形式的共产主义，即“佛教共产主义”。

四　结语

本文探讨了安贝德卡尔对马克思主义的吸收与对印度共产党等党派的批判，并且考察了他如何通过佛教来回应印度社会的种姓压迫和不平等问题。安贝德卡尔并未盲目地接受马克思主义，而是通过批判性的思考，提出了一种适合印度特殊社会背景的替代方案——应用佛教或新佛教。佛教在安贝德卡尔的社会政治运动中不仅是一种宗教信仰，更是一个能够推动社会进步和实现平等的工具。通过将佛教的理念现代化，他不仅成功地挑战了婆罗门民族主义的主导地位，也为印度低种姓群体提供了新的身份认同与社会进步的可能性。安贝德卡尔的贡献在于他不仅重视个人的精神解放，还深刻地理解到政治和社会改革的重要性。他的思想和行动为深入探究宗教与政治的关系问题以及如何实现社会正义提供了宝贵的思想资源。

附录：《安贝德卡尔博士：著作与演讲》（DR. BABASAHEB AMBEDKAR：WRITINGS AND SPEECHES）目录及中译[①]

Vol. 1

Part 1・On Caste

・Castes in India

・Annihilation of Caste

Part 2・On Linguistic States

Part 3・On Hero and Hero-Worship

Part 4・On Constitutional Reforms

Part 5・On Economic Problems

Vol. 2

Part 1・Dr. Ambedkar in the Bombay Legislature

Part 2・Dr. Ambedkar with the Simon Commission

Part 3・Dr. Ambedkar at the Round Table Conferences

Vol. 3

Part 1・Philosophy of Hinduism

Part 2・India and the Pre-Requisites of Communism

Part 3・Revolution and Counter-Revolution

Part 4・Buddha or Karl Marx

Part 5・Schemes of Books

---

① 本目录根据《安贝德卡尔博士：著作与演讲》第 17 卷第一册之已出版目录以及全集各卷的主要部分进行整理，参见第 17 卷第 485 页。其中个别重要的文章给出了详细目录。

Vol. 4

Riddles in Hinduism

Part 1 · Religious

Part 2 · Social

Part 3 · Political

Vol. 5

Book 1 · Untouchables or the Children of India's Ghetto

Book 2–4 · Essays on Untouchables and Untouchability Social-Political-Religious

Vol. 6

Book 1 · Administration and Finance of the East India Company

Book 2 · The Evolution of Provincial Finance in British India

Book 3 · The Problem of the Rupee

Book 4 · Miscellaneous Essays

Vol. 7

Book 1 · Who were the Shudras ?

Book 2 · The Untouchables

Vol. 8

Pakistan or the Partition of India

Vol. 9

Book 1 · What Congress and Gandhi Have Done to the Untouchables?

Book 2 · Mr. Gandhi and the Emancipation of the Untouchables

Vol. 10

Dr. Ambedkar as Member of the Governor-General’s Executive Council (1942–46)

Vol. 11

The Buddha and His Dhamma

Book 1・Siddharth Gautama—How a Bodhisatta became the Buddha

Book 2・Campaign of Conversion

Book 3・What the Buddha Taught

Book 4・Religion and Dhamma

Book 5・The Sangh

Book 6・He and His Contemporaries

Book 7・The Wanderer’s Last Journey

Book 8・The Man who was Siddharth Gautama

Epilogue

・Supplement

・Pali and Other Sources of the Buddha & His Dhamma with an Index

Vol. 12

Part 1・Ancient Indian Commerce

Part 2・The Untouchables and the Pax Britannica

Part 3・Lectures on the English Constitution

Part 4・The Notes on Acts and Laws

Part 5・Waiting for a Visa

Part 6・Other Miscellaneous Essays

Vol. 13

The Principal Architect of the Constitution of India

Vol. 14

Dr. Ambedkar and the Hindu Code Bill

Part 1・General Discussion on the Draft（17th November 1947 to 14th December 1950）

Part 2・Clause by Clause Discussion（5th February 1951 to 25th September 1951）

Vol. 15

Dr. Ambedkar as Free India's First Law Minister and Member of Opposition in Indian Parliament（1947 to 1956）

Vol. 16

Grammar and Dictionary of the Pali Language by Dr. B. R. Ambedkar

Book 1・Pali English Dictionary

Book 2・Pali Dictionary

Book 3・Pali Grammar

Book 4・Bouddha Pooja Patha

Vol. 17

Dr. B. R. Ambedkar and his Egalitarian Revolution

Part 1・Struggle for Human Rights

Part 2・Socio-Political, Religious Activities

Part 3・Speeches

《巴巴萨赫布·安贝德卡博士：著作与演讲》已出版卷次目录

第 1 卷

第一部分：论种姓制度

·《印度的种姓制度》

·《种姓制度的毁灭》

第二部分：论语言州

第三部分：论英雄与英雄崇拜

第四部分：论宪政改革

第五部分：论经济问题

第 2 卷

第一部分：安贝德卡尔博士在孟买立法机构

第二部分：安贝德卡尔博士与西蒙委员会

第三部分：安贝德卡尔博士在圆桌会议

第 3 卷

第一部分：《印度教的哲学》

第二部分：《印度与共产主义的前提》

第三部分：《革命与反革命》

第四部分：《佛陀还是卡尔·马克思》

第五部分：《书籍计划》

第 4 卷

《印度教的谜团》

第一部分：宗教的

第二部分：社会的

第三部分：政治的

第5卷

第一册：《不可接触者或印度贫民区的孩子们》

第二至四册：关于不可接触者与种姓制度的论文："社会—政治—宗教"

第6卷

第一册：《东印度公司的行政与财政》

第二册：《英属印度的省级财政演变》

第三册：《卢比问题》

第四册：《杂文》

第7卷

第一册：《谁是首陀罗？》

第二册：《不可接触者》

第8卷

《巴基斯坦或印度的分裂》

第9卷

第一册：《国大党和甘地对不可接触者的影响》

第二册：《甘地与不可接触者的解放》

第10卷

安贝德卡博士作为总督府执行委员会成员（1942—1946）

第 11 卷
《佛陀及其法》
第一册:《悉达多·乔达摩——一位菩萨如何成就佛陀》
第二册:《转化运动》
第三册:《佛陀的教导》
第四册:《宗教与佛法》
第五册:《僧团》
第六册:《他与他的同时代人》
第七册:《流浪者的最后旅程》
第八册:《曾经是悉达多·乔达摩的人》
尾声

第 11 卷补编
《佛陀及其法的巴利文与其他来源》(附索引)

第 12 卷
第一部分:《古代印度的商业》
第二部分:《贱民与不列颠帝国的和平》
第三部分:《英国宪法讲座》
第四部分:《法律与法规笔记》
第五部分:《等待签证》
第六部分:《杂文》

第 13 卷
安贝德卡尔博士：印度宪法的主要设计者

第 14 卷

安贝德卡博士与印度教法典法案

第一部分:《草案的一般讨论》(1947年11月17日至1950年12月14日)

第二部分:《逐条讨论》(1951 年 2 月 5 日至 1951 年 9 月 25 日)

第 15 卷

安贝德卡博士作为自由印度首任法律部长及印度议会反对派成员(1947—1956)

第 16 卷

安贝德卡博士的《巴利语法与词典》

第一册:《巴英词典》

第二册:《巴利语词典》

第三册:《巴利语法》

第四册:《佛教礼拜仪轨》

第 17 卷

安贝德卡博士与他的平等主义革命

第一部分:人权斗争

第二部分:社会—政治、宗教活动

第三部分:演讲

道安法师的“宅心本无”思想诠释

常　慧

杭州佛学院法师

摘　要：魏晋时期盛行老庄玄学，印度般若思想刚传入汉地须依附玄学才能立足生根，这是佛法能被汉人接受的重要阶段。道安法师以守正创新的方法，用“本无”来诠释般若思想，契合了魏晋玄学“贵无崇有”的学说。《名僧传抄》论述“本无宗”说：“如来兴世，以本无弘教，故方等深经皆备明五阴本无，本无之论由来尚矣。”又说：“无在元化之先，空为众形之始，故谓本无。”明确地说“无”与“空”就是事物的本体，宇宙的本源。道安用“以无为本”阐扬般若学是受魏晋玄学思潮的影响，使佛学在一定程度上被玄学化；同时，道安也企图使佛学摆脱对玄学的依附，尝试建立般若思想体系。支遁主张“明诸佛之始，尽群灵之本无”，他认为“本无”是自心“逍遥”，和“至人”境界是相同的。道安与支遁为了佛教能够适应在中土的传播，对般若性空思想要义进行了适合中土信众理解的阐释，为佛法扎根汉地作出了巨大贡献。

关键词：道安；支遁；本无；般若

一　宅心本无是以慧为本

道安（312—385）是东晋时期杰出的佛教领袖，东晋孝武帝太元四年

（379），苻坚请道安住长安五重寺翻译经论，竺佛念、道整、法和等也参加了翻译工作，当时，道安与昙摩难提共译《中阿含经》，僧伽提婆翻译《阿毗昙八犍度论》，鸠摩罗跋提翻译《毗昙心论》等，道安还对前人译文不准确之处进行了考正或劝令重译，这是道安准确理解般若的重要阶段，也是促使禅数和般若空观融合发展的关键时期。

魏晋佛教初传时借用玄学诠释佛经中的名词，如安世高的《安般守意经》用“气”来概括“四大”，用“无为”来表示“涅槃”义。支谶在《道行般若经》中用“本无”与“自然”来理解般若性空思想，这是由于般若性空的理论与老庄玄学有无思想颇为相似。道安强调的“宅心本无”说，是以智慧探讨心的本体论，他认为直接用真心契入“本无”之境，可熄灭心中异想。强调修行应该专注于内在的本质，而不必担心外在的枝节的问题，而“本无”也非实有，也不能执着。据《中观论疏·同异门》载：“无在万化之前，空为众形之始。夫人之所滞，滞在未有。若宅心本无，则异想便息。”[①]道安的“本无”思想在一定程度上受到了玄学家“反本”思想的影响，魏晋玄学家王弼（226—249）提出“以无为本”的理念，这是以“无为”指导人生“反本”的原则。胡中才认为：“王弼对老子的思想进行了充分的发挥和改造，他不认为‘道’是宇宙的根本，认为‘无’是宇宙的根本。”[②]据《名僧传抄》记载：“无在元化之先，空为众形之始，故称本无。非谓虚豁之中，能生万有也。夫人之所滞，滞在末有，苟宅心本无，则斯累豁矣。夫崇本可以息末者，盖此之谓也。”[③]昙济所引道安的“本无”思想与吉藏、慧达颇为一致。东晋流行贵无崇有的玄学思潮，由于道安的思想受道家“无为”与玄学“本无”的影响，故以本无来解释般若性空，他说：“无所着也，泊然不动，湛尔玄齐，无为也，无不为也。”[④]“无所着”

① （隋）吉藏：《中观论疏·同异门》卷 2，《大正藏》第 42 册，No.1824，第 29 页。

② 胡中才：《道安研究》，宗教文化出版社 2011 年版，第 198 页。

③ （梁）宝唱：《名僧传抄·昙济传》，《卍新纂大日本续藏经》第 77 册，No.1523，第 354 页。

④ （东晋）道安：《合放光光赞随略解序》，《出三藏记集》卷 7，《大正藏》第 55 册，No.2145，第 48 页。

是回归心的本然状态。印度般若学主张“一切法本性空寂”之理，道安以“本无”说明了万事万物本性空寂的道理。胡中才认为，道安在襄阳领导般若学研究时，以王弼的“贵无”为指导思想，以“三玄”解释般若学说，创立了自己的“本无宗”。[①]道安的“宅心本无”是以悠然无寄之心契入真如实相，达到佛教的最高境界；也只有“宅心本无”才能清除种种妄念杂想，使人心不滞于有无，此即“若宅心本无，则异想便息”[②]。道安综合了自汉魏以来佛学的两大系统，把禅学和般若学二者融贯起来，强调般若是一切修行之根本，禅修唯有般若指导才能契入空性，禅修必须与般若相结合。对此，唐代元康评价说：“性空者，诸法实相也。见法实相故，为正观，若其异者，便为邪观。安法师（道安）作性空论，什法师（罗什）作实相论，皆究尽玄宗。”[③]道安虽然远承安世高的小乘禅学，但他认为禅学是“般若”的具体运用，这是将禅数与般若学加以糅合理解，以为通过禅法的修炼才能达到解脱。他将禅法归结为：“安般寄息以成守，四禅寓骸以成定。……执寂以御有，策本以动末。”[④]强调一切活动都要以定为本，而定必须依赖于“慧”的练心来消除自心的迷惑，道安认为：“以慧探本，知从痴爱，分别末流，了之为惑，练心攘慝，狂病瘳矣。”[⑤]道安的般若宗旨是“以慧探本”的禅观，修行过程需要依于般若，他说：“般若波罗蜜者，成无上正真道之根也。”这是用大乘禅观来改造烦琐的禅数之学，是由禅学转向般若为主的“本无”之境。平息心中异想，道安称之为“据真如，游法性”的状态。可见，他的般若思想始终是以“慧心”来发挥禅观，并契合本然状态的真如实相。因此，道安的禅法明显以“本无”为要旨，其禅修的最终目的是要体证本无，体认那不变之法性，证得涅槃境界。魏晋时期把大乘义学与禅观结合起来

① 胡中才：《道安研究》，第 199 页。

② （隋）吉藏：《中观论疏》卷 2，《大正藏》第 42 册，No.1824，第 29 页。

③ （唐）元康：《肇论疏》卷 1，《大正藏》第 45 册，No.1859，第 162 页。

④ （梁）僧祐：《安般注序》，《出三藏记集》卷 6，《大正藏》第 55 册，No.2145，第 43 页。

⑤ （梁）僧祐：《十二门序》，《出三藏记集》卷 6，《大正藏》第 55 册，No.2145，第 45 页。

理解者，首推道安大师。他对禅观的看法，已经充分注意到了“慧解”的重要性。[①]

慧远（334—416），博识玄览，他听道安讲《放光般若经》豁然有悟，对于道安所倡弘的般若学独有领会，深得道安赏识。晋哀帝兴宁三年（365），慧远随道安南游樊沔（今湖北襄樊市），曾代道安讲般若实相之义，在场听者弥增疑惑，慧远乃引《庄子》义来发挥般若思想，使迷惑者豁然明了，道安特许慧远讲法时可以不废俗书。道安说，佛法在中土将因慧远而得到更好的弘传。慧远发挥了道安的“本无”说，他循着“宅心本无”的思维途径有所发挥，提出“反本求宗”及“神不灭论”论题，建构了以《法性论》为核心的心性论。慧远对法性的领悟创造了佛法精要，认为自心觉悟“至极则无变”的空性即解脱。其所造《法性论》曾受到罗什的赞叹,《高僧传》卷6载：

> 中土未有泥洹常住之说，但言寿命长远而已。远乃叹曰：“佛是至极，至极则无变；无变之理，岂有穷耶！”因著《法性论》曰：“至极以不变为性，得性以体极为宗。”罗什见论而叹曰：“边国人未有经，便暗与理合，岂不妙哉！”[②]

道安和慧远倡导以大乘般若学贯通禅学，道安的“宅心本无”并非有心可“宅”，而是回归“本无”；慧远的“反本求宗”“冥神绝境”更加强调法性实有、心神不灭的解脱圣境，进一步把禅法引向般若学的“至极以不变为性，得性以体极为宗”。这是高僧慧远不依附权势的表现，说明他把人生悟得很透，摆脱了世间名缰利锁。

① 洪修平:《禅宗思想的形成与发展》，江苏古籍出版社2000年版，第27页。

② （梁）慧皎:《高僧传·慧远传》卷6,《大正藏》第50册，No.2059，第360页。

二　僧叡对“本无”的称赞

僧叡曾跟随道安研习般若，后又在罗什门下参与翻译工作，深受罗什器重，对般若思想有着较为全面的认知。僧叡在《大品经序》中总结了道安所理解的般若思想：“功托有无，度名所以立；照本静末，慧目以之生。”僧叡是把般若的作用寄托于“有无”和“慧”的功用上，因为“慧”能照见“本”，进而使“末”寂静。这是沿用“本无”概念，以“本末”“有无”来理解世界结构。僧叡认为，“本无”即“自性空”（“自性”为“本”，“空”为“无”），他并非片面地将“本无”视为绝对的无，而是“本末”结合构成“性”，依托“有无”成就“一切法本性空寂”，这是将“照本静末”与“功托有无”统一起来，这便是“本无”即“性空”的理念，也是僧叡所理解的般若性空的本质。僧叡评价道安对般若的理解时说：“安和上凿荒涂以开辙，标玄旨于性空，以炉冶之功验之，唯性空之宗，最得其实。”[①] 称赞道安对般若性空的理解契合罗什所译的般若思想。唐朝元康在《肇论疏》中提道：“今言唯安（道安）什（罗什）二法师，所作轨仪，圣默之宗祖也。”[②] 道安虽处于般若弘传初期，但对般若性空的理解已符合罗什所传的大乘空宗思想。隋朝慧远在《大般涅槃经义记》中记载：“观法但从缘生，无有本性，名性空寂。……莫谓如来唯修诸法本性空者，如来彰己更有大乘不空之德。”[③] 这是从诸法本性清净的角度彰显诸法空寂之道。在东晋时期对般若性空的理解契合罗什所传要旨，实属不易。道安认为诸法性空之理在于阐释“一切诸法本性空寂，故云本无”[④]。他指出要善用“本无”来领悟“性空”宗旨，并得出唯有性空之宗旨这一最为翔实的结论。吉藏（549—623）曾赞赏说：“标玄旨于性空，以炉冶

---

① （隋）吉藏：《中观论疏·同异门》卷 2，《大正藏》第 42 册，No.1824，第 29 页。

② （唐）元康：《肇论疏》卷 1，《大正藏》第 45 册，No.1859，第 162 页。

③ （隋）慧远：《大般涅槃经义记》卷 2，《大正藏》第 37 册，No.1764，第 652 页。

④ （隋）吉藏：《中观论疏·同异门》卷 2，《大正藏》第 42 册，No.1824，第 29 页。

之功验之，最为详实。详此意安公（道安）明本无者，此与方等经论什（罗什）肇（僧肇）山门义无异也。”[①] 对此，吕澂认为：“众生之病，病在于诸法有种种自性差别执着，故佛以‘诸法本性空寂’之药，将众生所执一举而空之，则众生无病，自然健行矣。”[②] 道安是将一切法本性空寂为依据，为中土正确理解般若性空学奠定了标准。吉藏在《中观论疏》中说：“人之所滞，滞在末有，若宅心本无，则异想便息。”[③] 这句话更为清晰地解释了道安的“本无宗”，是把心专注于“本无”，以使妄想杂念平息。僧叡认为道安“本无宗”的出发点和归宿是“以不住为始，以无得为终，假号照其真，应行显其明”[④]。“本无”的宗旨，并非否定内心的憎爱、妄念分别的心识活动，而恰恰是“摄心”来守本真心。这既是摆脱一切法假名的束缚，又能借助名言来领悟一切法。通过各种修行行为彰显智慧，运用般若智慧来观照心源，就能消除情欲烦恼，让内心本具的觉性得以显现，进而凭借这种觉悟之心成就佛道。恰恰是在见诸境时，念念不住而心不乱，即可进入禅定状态。道安在《道行经序》中说：“千行万定，莫不以成。”这体现的是菩萨的真慧。因此，道安认为禅数与般若学相通，并将小乘禅数和大乘般若禅观融合在一起进行实践，体现了东晋时期是般若学说融合发展的关键时期。

三　即色义与本无的关系

魏晋时期佛教学者大多精通老庄玄学，因此讲解佛教时多引用老庄学说以阐明深奥义理。支遁（314—366）是致力将般若与老庄玄学融合弘扬的大家，他认为一切法以“本性空寂”为根本，把老庄玄学当作理解佛教的阶梯。支遁主张即色本空，他所提到的“空”指“至极”之境，

① （隋）吉藏:《中观论疏》卷 2,《大正藏》第 42 册，No.1824，第 25 页。
② 吕澂:《经论讲要》卷 20,《吕澂佛学著作集》第 8 册，No.7，第 632 页。
③ （隋）吉藏:《中观论疏》卷 2,《大正藏》第 42 册，No.1824，第 29 页。
④ （梁）僧祐:《大品经序》,《出三藏记集》卷 8,《大正藏》第 55 册，No.2145，第 53 页。

以“无”为本体。支遁对“即色义”有专门的阐述，著有《释即色本无义》，其中的“本无义”实际上就是性空的意思。遗憾的是，支遁关于即色义的论述大多已佚失，仅在元康《肇论疏》中还留存着少部分相关内容，表述因缘所生的色法，无有自性就是空。非色灭而空，色的本体就是空。而《经》云：“色即是，非色灭空，谓色性即是空，非谓灭色然后始空也。”[①]“即色义”的本质是不否定假色的存在。在支遁看来，缘来则生，缘去则灭，他以缘起性空思想解释世间法，而这正是佛教的根本理论。汤用彤在《汉魏两晋南北朝佛教史》中说：“魏晋之世，义学僧人谈《般若》者，亦莫不多言色空。”值得注意的是，支遁对于即色空的理解融入了玄学思想。他所提出的“本无”，实际上是对般若思想的一种注解，他又通过即色的观点来论证“本无”宗旨。支遁在《大小品对比要钞序》中说：

> 夫《般若波罗蜜》者，众妙之渊府，群智之玄宗，神王之所由，如来之照功。……明诸佛之始，尽群灵之本无。登十住之妙阶，趣无生之径路。何者耶？赖其至无，故能为用。[②]

支遁所说的“明诸佛之始，尽群灵之本无”，依旧以“无”来论证本体的功用，最终回归群灵的“本无”之上。而他之所以特别强调“即色”，是因为他主张仅让诸法归空，不使心神归空，这实际上是由于支遁秉持“存神”的观点。支遁说：“若存无以求寂，希智以忘心，智不足以尽无，寂不足以冥神。”这里所说的“神”是微妙之心的别名。又说：“神悟迟速，莫不缘分。分暗则功重，言积而后悟。质明则神朗，触理则玄畅。”由此提出心神原本是不动的，应自适其得。就如同牟子说：“有道

① （唐）元康：《肇论疏》卷 1,《大正藏》第 45 册，No.1859，第 172 页。
② （东晋）支遁：《大小品对比要抄序》,《出三藏记集》卷 8,《大正藏》第 55 册，No.2145，第 55 页。

虽死，神归福堂。为恶既死，神当其殃。”[1] 支遁所推崇的理想人格是“至人”，他说的“至人”就是“圣人”之意。据《释文纪》卷 7 说：“夫至人也，览通群妙，凝神玄冥。灵虚响应，感通无方。建同德以接化，设玄教以悟神。”[2] 这是以冥寂之心来表明精神明朗，凭借“神本不动之体”来阐释心性本寂静之体。《世说新语 · 文学篇》中也提到“祛练神明，则圣人可致”。意思是修炼去除烦恼，神明便可达到登峰造极，就能够成为圣人。支遁的《逍遥游》注释同样是在表达至人之心，认为唯有“至人”才能够实现“逍遥”。“逍遥”代表着一种精神境界，只有摆脱虚无主义束缚，才能领悟更高层次的境界。对此，道安曾经对“存神”的观点有所怀疑，只是缺乏理论依据。罗什所译《中论》《百论》中有破神之文。[3] 这些内容对识“神”的义理进行了深入阐释。僧叡在《毗摩罗诘堤经义疏序》中，对道安的辩悟能力赞叹不已：

> 此土先出诸经，于识神性空，明言处少。存神之文，其处甚多。《中》《百》二论文未及此，又无通鉴，谁与正之？先匠（指道安）所以辍章遐慨，思决言于弥勒者，良在此也。[4]

在罗什之前，仍存在“神存形灭”的说法。到了罗什时期，随着“缘起性空”学说的广泛宣说，般若思想才变得清晰了。魏晋时期，学者们对般若性空的理解存在一些偏差。道安针对禅法与般若展开了深入研究，最终，他成功地将禅法和“本无”的理念融入般若性空之中，从而让修行者在修习禅法时，秉持实现解脱的坚定信心。

---

① （东汉）牟子：《牟子理惑 · 正诬论》,《弘明集》卷 1,《大正藏》第 52 册，No.2102，第 3 页。

② （明）梅鼎祚：《释文纪》卷 7,《大藏经补编》第 33 册，No.192，第 101 页。

③ 汤用彤：《汉魏两晋南北朝佛教史》，商务印书馆 2017 年版，第 254 页。

④ （姚秦）僧叡：《毗摩罗诘堤经义疏序》,《出三藏记集》卷 8,《大正藏》第 55 册，No.2145，第 59 页。

四　僧肇对“本无”的评价

僧肇（384—414）对罗什《中论》的般若性空学说领悟颇深，深入诠释了罗什的般若学，因而获得了“秦人解空第一人”的美誉。吉藏曾赞叹僧肇说：“著《不真空》等四论，著《注净名》及诸经论序，什叹曰：秦人解空第一者，僧肇其人也。若肇公名肇，可谓玄宗之始。”[①] 后世推尊僧肇为三论宗中道思想实际创始人。

魏晋之前，玄学家不与佛教徒交往，甚至误解佛教。当时佛教有意与玄学结合，因为若不如此，佛教理论难以引起士大夫的关注。[②] 对此，道安在《鼻奈耶经序》中感叹说：“斯邦人庄老教行，与方等经兼忘相似，故因风易行也。”[③] 魏晋时代，学者们对般若性空的理解并不准确。僧肇为了纠正学者对早期般若理解的偏见，撰写了《不真空论》。当时，对于“本无”的理解存在一种观点，将其称作“有无”，意思是“有”不存在，“无”也不存在，这属于“贵无贱有”思想。僧肇认为，这种观点不符合罗什所传的般若思想，于是在《不真空论》中对“本无”的这一理解进行了破斥。不过，僧肇所破斥的“本无”学说，是针对那些执着于一切法都空无的说法作出的毫不留情的批评。吉藏在《中观论疏》中指出，僧肇所破的是“本无异宗”，而非道安的“本无宗”。据吉藏《中观论疏》记载，“本无”学说分为两宗，一是道安的“本无宗”，一是琛法师的“本无”。吉藏在《中观论疏》中说僧肇所破者乃是琛法师的“本无异宗”，而非道安的“本无宗”。吉藏说：“（竺法琛）琛法师云：本无者未有色法，先有于无，故从无出有，即无在有先，有在无后，故称本无。此释为肇公《不真空论》之所破，亦经论之所未明也。”[④] 由此推断，世间万法虽然在现象

① （隋）吉藏：《百论疏》卷 1《大正藏》第 42 册，No.1824，第 232 页。
② 任继愈主编：《中国佛教史》，中国社会科学出版社 1985 年版，第 7 页。
③ （东晋）道安：《鼻奈耶经序》，《大正藏》第 24 册，No.1464，第 851 页。
④ （隋）吉藏：《中观论疏》卷 2，《大正藏》第 42 册，No.1824，第 29 页。

上呈现为“有”之相，但其本性恒常为空，因此被称作“性空”。这种恒常为空的本性就是“法性”，而“法性”的真实状态就是“实相”，也被称为“本无”。“本无”是由因缘和合而生的实相，它超越了一切名言概念的分别。正因为如此，我们既不能说它是“有”，也不能说它是“无”。僧肇的《不真空论》依据《放光般若经》中“诸法假号不真”这一说法，确立了“不真空”义理。

在当时，佛教学者对般若性空的解释各不相同，众说纷纭。对此，僧肇总结说：“有无殊论，纷然交竞。”①僧肇归纳说“心无”、“即色”（此“即色”吉藏说是关中即色说，非支遁之说）、“本无”（竺法琛法师的本无异宗）三家，并且加以破斥，然后陈述他的不真空义。僧肇认为万法都依因缘生，即是不真，也即是空。既不是真生，即是假有。虽森罗万象都已经呈现，也不能说是无。故说非有非无，所以称为不真即空。但森罗万象虽非真实，而由真体起用，即用即体，所以说“立处即真”，从即动即静来论证体用一如的道理。

五　结语

道安作为东晋时期的杰出佛教家，他对印度佛教般若思想兼收并蓄，深入融合了禅学和般若这两个思想体系，创立“本无”思想学说。道安的“宅心本无”是指将心安住在无有自性的空寂本源之上，消除执着之心，达到豁然开朗的境地。道安在《道地经序》及《安般注序》中提到，禅修的目的在于契入“本无”，“本无”即“无为”，通过“无为”来“开物成务”。所谓“开物”就是让天下人都能达到兼忘自我的境界；“成务”则是无论面对任何事都能顺遂自如。其“本无”学说，可看作中国本土文化与外来文化首次碰撞产生的结果。道安的“宅心本无”思想有着深厚的理论基础，它开启了佛教中国化进程，并产生了深远影响。道安借助传统思想为

① （后秦）僧肇：《注维摩诘经》卷 5，《大正藏》第 38 册，No.1775，第 372 页。

佛教在中土传播提供了可能，推动了大小乘禅法与中国固有思想的融合。道安强调了禅修对于领悟义理和开显智慧的重要性，突出了般若禅观宗旨的关键作用。可见，他以般若学来改造和发挥禅数之学，认为须将禅定与般若相结合，以禅定为基础，以般若为智慧，才能达到真正的解脱。僧叡在《关中出禅经序》中赞叹道："禅法者，向道之初门，泥洹之津径。"这无疑是对道安"本无"之说的高度颂扬。

盛唐时期的儒佛交涉

——以唐玄宗为中心

韩国茹

中国社会科学出版社副编审

摘　要：盛唐是儒释道三教交涉会通的重要时期，且独具特色。唐玄宗在政治实践和生命实践中三教并用，在理论上三教并建，分别御注了《孝经》《道德经》《金刚经》。本文着重关注唐玄宗在政治实践、生命实践和理论上对于儒学与佛教的应用和创建，从制礼作乐、提升孔子及其弟子的地位、御注《孝经》三个方面分析了其儒学思想和实践，从与佛教的关系、与僧人的交游、御注《金刚经》三个方面分析了其佛教思想和实践，认为其三教合一更加倾向于功能上的合一，相较于宋明时期，理论层面的会通还比较浅显。

关键词：儒佛交涉；唐玄宗；《御注孝经》；《御注金刚经》；三教论衡

儒释道三教是中国传统文化的主干，三教交涉会通是中国文化的主要特征，也一直是中国哲学史、中国思想史等领域的重要议题。自佛教传入中国以来，随着佛教中国化历程的不断深入，中国化佛教的逐渐成熟与深入中国社会，儒学与道教（包括道家）的不断发展，中国传统社会的不断转型，三教之间的关系也形成了各种不同的类型，其交涉的议题也在传承中发展变化，形成了不同的三教关系理论。本文以唐玄宗为中心，聚焦盛唐时期的儒佛关系，探讨唐宋转型前后儒佛关系的特点，揭示此一时期儒佛关系与宋以后尤其是明末三教合一潮流中儒佛关系之不同，以为现代儒佛会通以及现代中国文化建设提供一个借鉴。

一　导言

开元二十二年（734）八月初五乃是唐玄宗（685—762，712—756 年在位）的五十岁生日，是为千秋节。是日，玄宗燕享群臣，并命诸学士、僧、道讲论三教同异，张九龄也参与此会，并在会后上《贺论三教状》，玄宗对此贺状留有御批，我们谨依《张九龄集》摘录如下：

> 伏奉今日墨制，召诸学士及僧道，讲论三教同异。臣闻，好尚之论，事蹶于万方；至极之宗，理归于一贯。非夫上圣，孰探要旨？伏惟陛下，道契无为，思该玄妙，考六经之同异，筌三教之幽赜。将以降照群疑，敷化率土，屏浮词于玉殿，缉精义于金门。一变儒风，再扬道要，凡百士庶，罔不知归。臣等幸侍轩墀，亲承庭训，忭跃之极，实倍常情！望宣付史馆。谨奉状陈贺以闻。谨奏。

玄宗在其后御批：

> 顷因节日，会以万方，略举三教，未暇尽理。复兹一集，未之精义，不许游词，用伏其心，以惩习俗。况会三归一，初分顿渐，理皆共贯，使自求之。卿等论道庙堂，化原何远，事关风教，任付史官。[①]

唐玄宗五十岁诞辰集会辩论三教同异这一形式，并不是他的创造，而是一个可以溯源到北魏时期的传统，正如陈寅恪先生所言：“南北朝时，

① （唐）张九龄撰，熊飞校注：《张九龄集校注》，中华书局 2008 年版，第 789 页。

即有儒释道三教之目。至李唐之世，遂成固定之制度。如国家有庆典，则召三教之学士，讲论于殿庭，是其一例。”[①]三教论衡在唐代最早的记录是唐高祖武德七年（624）二月，时高祖“幸国子学，亲临释奠。引道士、沙门有学业者，与博士杂相驳难，久之乃罢”[②]。不管是唐高祖在释奠时的三教论衡，还是唐玄宗在千秋节时的三教论衡，都带有辩异同、诠幽赜、缉精义、解群疑、惩习俗等的意图，如上所引，张九龄在贺状中明确讲到“屏浮词”，玄宗的御批中也明确说“不许游词”，[③]此时三教论衡还带有一定的学术意味以及教化意图[④]，与后来程式化的、娱乐性的三教论衡有一定

① 陈寅恪：《冯友兰中国哲学史下册审查报告》，《陈寅恪史学论文选集》，上海古籍出版社 1992 年版，第 510 页。

② （后晋）刘昫等撰：《旧唐书》卷二十四《礼仪志四》，中华书局 1975 年版，第 916 页。

③ 唐高祖李渊在武德七年释奠之后下诏说明了他举办三教论衡的目的乃是“敦本息末，崇尚儒宗”：“自古为政，莫不以学，则仁义礼智信五者具备，故能为利博深。朕今欲敦本息末，崇尚儒宗，开后生之耳目，行先王之典训。而三教虽异，善归一揆。岂有沙门事佛，灵宇相望，朝贤宗儒，辟雍顿废？公王以下，宁得不惭！朕今亲观览，仍征集四方胄子，冀日就月将，并得成业。礼让既行，风教渐改，使期门介士，比屋可封，横经庠序，皆遵雅俗。诸公王子弟，并皆率先，自相劝励。”[（宋）王钦若等编纂，周勋初等校订：《册府元龟》卷第五十《帝王部五十》，凤凰出版社 2006 年版，第 529—530 页] 由此可以看出，唐初佛教发展繁荣，而儒学的发展却不尽人意，唐高祖从政治治理的角度出发，认为儒释道三教虽然都有导人向善的功能，但是儒学对于风俗的改善、国家的治理等将能带来更加直接且博深的利益，故而他提倡崇尚儒宗，建立国子监，并希望王公的弟子们要率先学习儒家经典。故而，他这次主导的三教论衡具有政治和学术的双重目的，后来娱乐化的三教论衡与其不可同日而语。

④ 玄宗对于国子学中的讲座沦为俳优之场有着清醒的认知和深刻的警惕，在他即位初年，曾经发布一道诏令即《将行释奠礼令》，其中说：“夫谈讲之务，贵于名理，所以解疑辩惑，凿瞽开聋，使听者闻所未听，视者见所未见。爰自近代，此道渐微。问礼言诗，惟以篇章为主；浮词广说，多以嘲谑为能。遂使讲座作俳优之场，学堂成调弄之室。啬夫利口，可以骧首先鸣；太元俊才，自当俯首垂翅。舍兹确实，竞彼浮华，取悦无知，见嗤有识。假令曹张重出，马郑再生，终亦藏锋匿锐，闭关却扫者矣。寡人今既亲行齿胄，躬诣讲筵，思闻启沃之谈，庶叶温文之德。其侍讲等，有问难释疑，不得别构虚言，用相凌忽。如有违者，所司量事纠弹。”[（清）董诰等编：《全唐文》卷二十《元宗皇帝一》，中华书局 1983 年版，第 234 页] 天宝元年（742）七月，他又下诏说：“古之教人，盖有彝训，必在勤学，使知其方。故每月释菜之时，常开讲座，用以发明圣旨，启迪生徒。待问者应而不穷，怀疑者质而无惑，弘益之致，不其然欤？或有风流，矜于小辨，初虽论难，终杂诙谐，出言不经，积习成蔽。自今以后除问难经典之外，不得辄请。宜令本司长官严加禁止，仍委御史纠察。”[（宋）王钦若等编纂：《册府元龟》卷第五十《帝王部五十》，第 533 页] 这一方面可以说明玄宗对于讲学中出现的娱乐化倾向的警惕，另一方面也说明，唐代三教世俗化程度进一步加深，甚至影响到了普通人的日常生活。这一点我们另文研究。

的差异。[①]

唐玄宗统治时期，在国家治理上继承了初唐以来以儒家制度治国的传统，国家的组织架构、选拔人才的标准、治理的理念等等均与汉代以来尊儒政策一脉相承。在个人情感、信仰上，则继承了初唐以来的尊道政策，而且其对于道教的尊信在其生命的历程中呈现上升与深化的趋势。对于佛教，因为面临着武则天和中宗时代佞佛带来的“十分天下之财而佛有七八”[②]的状况，他自始至终都采取了一种二元的政策，即一方面在理论上认为佛教亦可调服人心、改善风俗，有益国家治理，因此在一定程度上接受佛教；而另一方面，因为现实中的佛教确实存在僧尼素质不一，且时有不守戒律情况的发生，加之佛教经济在一定程度上确实对国家经济构成一定的威胁，因而玄宗在其整个统治的过程中对于佛教在现实中的发展都保持着一定的警惕，并时常加以限制。

唐玄宗虽然并不是第一个遍注（或讲）儒释道三教经典的皇帝，可是唐朝以前的御注经典都没有流传下来，因此唐玄宗成为可以依靠传世的御注经典研究其三教关系思想的最早的皇帝。唐玄宗的特殊身份及其开创的开元盛世，使其对于三教关系的考量必然存在政治这一面向，而与儒释道代表人物关于同一论题的理论建构存在一定的差异，有可能会在政治与学术、政治与宗教、学术与宗教等多个面向上有一定的创见，值得我们加以借鉴。下文我们仅以唐玄宗对于儒家和佛教的理论思考和实践来管窥盛唐时期所流行的儒佛关系。

① 关于三教论衡的研究还可参考：刘泽亮：《三教论衡与佛教中国化》，《武当学刊》（哲学社会科学版）1995 年第 12 期；庆振轩、车安宁：《由学术而政治 由政治而戏曲——“三教论衡”简论》，《内蒙古大学学报》（人文社会科学版）2003 年第 4 期；武玉秀：《隋唐五代之际的宫廷“三教论衡”探析》，《世界宗教研究》2013 年第 3 期；刘林魁：《唐五代帝王诞节三教论衡考述——以白居易〈三教论衡〉为核心》，《佛学研究》2014 年总第 23 期；刘林魁：《〈慧琳音义〉所见〈利涉论衡〉〈道氤定三教论衡〉考》，《宗教学研究》2015 年第 2 期；普慧、易斌：《“三教论衡”摭谈》，《世界宗教文化》2020 年第 6 期等。

② （后晋）刘昫等撰：《旧唐书》卷一百一《辛替否列传》，第 3158 页。

二　唐玄宗的儒学著作及实践

唐玄宗统治时期尤其是在开元年间，他表现出了一位卓越的政治家的素质，特别是在与政治实践相关的各个方面，他都遵循了汉代以及初唐时期高祖太宗的尊儒传统，具体主要表现在制礼作乐、提升孔子及其弟子的地位、御注《孝经》等方面。

1. 制礼作乐

唐玄宗即位时，大唐王朝的政治制度经历了自武则天以来的巨大改变，与太宗时期制定的《贞观礼》、高宗时期制定的《显庆礼》有着很大的区别，玄宗为了论证自身即位的合法性以及实现治国理政的目标，依照儒家传统进行了一系列礼乐改革活动，如开元十六年（728）制成《开元大衍历》[①]，二十年《开元新礼》成书[②]，二十六年完成《唐六典》[③]，二十九年定《大唐乐》，至此玄宗时期的礼乐制度已甄成熟。下面我们从太庙祭祀、其他国家祭祀以及国忌与私人丧葬祭祀三点说明。

首先，太庙祭祀。太庙祭祀具有两方面的功能，其一是确立本朝的统

---

① 关于制定《大衍历》的详细研究，可以参看郭津嵩《僧一行改历与唐玄宗制礼》，《中研院历史语言研究所集刊》第九十三本，第二分，2022 年。该文认为，僧一行改历是唐玄宗自开元十年（722）起渐次展开的礼乐运动的组成部分。

② 《旧唐书》对于《开元礼》的成书原因和过程有一比较详细的记载：“开元十年，诏国子司业韦縚为礼仪使，专掌五礼。十四年，通事舍人王嵒上疏，请改撰《礼记》，削去旧文，而以今事编之。诏付集贤院学士详议。右丞相张说奏曰：‘《礼记》汉朝所编，遂为历代不刊之典。今去圣久远，恐难改易。今之五礼仪注，贞观、显庆两度所修，前后颇有不同，其中或未折衷。望与学士等更讨论古今，删改行用。’制从之。……说卒后，萧嵩代为集贤院学士，始奏起居舍人王仲丘撰成一百五十卷，名曰《大唐开元礼》。二十年九月，颁所司行用焉。”关于《开元新礼》制作的缘起，可以参看吴丽娱《营造盛世：〈大唐开元礼〉的撰作缘起》，《中国史研究》2005 年第 3 期；《开元新礼》其他方面的研究，也可参看吴丽娱的相关系列研究，以及金鑫《礼典的编纂与唐代文学精神》，《国际儒学（中英文）》2024 年第 2 期等。

③ 《新唐书》卷五十八《艺文志二》中记载：“开元十年，起居舍人陆坚被诏集贤院修‘六典’，玄宗手写六条，曰理典、教典、礼典、政典、刑典、事典。张说知院，委徐坚，经岁无规制，乃名毋煚、余钦、咸廙业、孙季良、韦述参撰。始以令式象《周礼》六官为制。萧嵩知院，加刘郑兰、萧晟、卢若虚。张九龄知院，加陆善经。李林甫代九龄，加苑咸。二十六年书成。”[（宋）欧阳修、宋祁撰：《新唐书》，中华书局 1975 年版，第 1477 页]

治谱系，建构皇位传承的合法性；其二是表达后人对于祖先的追思孝顺之情，是当时非常重要的政治事务。玄宗对于太庙的祭祀也是非常重视的，他说："朕闻理莫大于孝，所以通神明；事莫大于祀，所以谒宗庙。"[①]

玄宗因为非嫡非长，在太子之时，就曾经因此屡被政敌诟病，因而这也成为他的一大心病。即位之初，他在太庙祭祀改革方面主要做了两件事，以确立他继承的合法性与正统性。一是于开元四年（716）睿宗驾崩之际，把中宗神主迁出太庙，以维持"天子七庙"的传统。此事虽然在士林中引起了争议，玄宗也对这些争议非常了解，但是他当时仍然坚持己见。只是在六年后，也就是开元十年，在其统治地位稳固以后，玄宗才又下了一道诏令《增置太庙九室诏》，通过增加庙室的方式把中宗神主重新请回了太庙。二是，睿宗庙室除了睿宗和肃明刘皇后以外，还有昭成窦皇后（即玄宗生母），形成了终唐一代，唯一的一帝二后的格局。窦皇后生前只是睿宗德妃，玄宗即位后才追封其为睿宗皇后。[②]通过这两方面的操作，玄宗确立了他的合法性和正统性。

这两点充分显示了在对于传统礼制的继承中，玄宗又有乘时设教、因事制礼的创新性。他说："朕闻王者乘时以设教，因事以制礼。沿革以从宜为本，取舍以适会为先。故损益之道有殊，质文之用甚异。……朕以为立爱自亲，始教人睦；立敬自长，始教人顺。是知政以道存，礼从时变。特因宜以创制，岂法古而限今？"[③]爱亲敬长以及孝道的儒家道德观念和精神理念在太庙祭祀中是没有变化的，而唐玄宗的调整可以说是在这种道德观念和精神理念的指导下，结合其政治需要后做出的。

其次，其他国家祭祀。在儒家的礼制系统中，除了祖先祭祀以外，还有一些属于国家正统的祭祀，包括天地祭祀、郊社之礼、五岳四渎祭祀、

---

① 唐玄宗：《亲谒太庙推恩制》，载（清）董诰等编《全唐文》卷二十二《元宗三》，第 253 页。

② 更详细的研究可以参看史正玉《礼从时变：唐玄宗开元年间的先祖祭祀与正统塑造》，《中华文史论丛》2022 年总第 148 期；朱溢：《唐至北宋时期太庙祭祀中私家因素的成长》，《台大历史学报》第 46 期，2010 年 10 月。

③ 唐玄宗：《增置太庙九室诏》，载（清）董诰等编《全唐文》卷二十八《元宗九》，第 324 页。

名山大川祭祀等。在《旧唐书·礼仪志》中，把此类祭祀分成大中小三个等级[①]，“昊天上帝、五方帝、皇地祇、神州及宗庙为大祀，社稷、日月星辰、先代帝王、岳镇海渎、帝社、先蚕、释奠为中祀，司中、司命、风伯、雨师、诸星、山林川泽之属为小祀”[②]。对于国家祭祀系统中的每一种祭祀，玄宗都非常重视，大祀如前所述宗庙祭祀，又如开元二十六年（738）玄宗下诏：“自今已后，每年立春之日，朕当帅公卿亲迎春于东郊，其后夏及秋，常以孟月朔于正殿读时令。礼官即修撰仪注，既为常式，乃是常礼，务从省便，无使劳烦也。”[③]关于中祀小祀，他也经常下诏令百官祭祀，如《遣官祭五岳四渎风伯雨师诏》《令诸州祭名山大川诏》《遣使分祀岳渎诏》等等。

值得注意的是，因为唐玄宗对于道教的尊信日益增强，道家和道教的教主老子以及一些道教的神灵也被列入这些国家祭祀之中。早在武德三年（620），唐高祖李渊就追封老子为其始祖，并于武德七年冬亲谒终南山老子庙；乾封元年（666）二月，唐高宗幸亳州老君庙，追封老子为“太上玄元皇帝”。玄宗一朝，对于老子的尊奉更是无以复加，屡次加封老子尊号，在两京及各州县建老子庙（后一度改为宫），设置崇玄学，选生徒学习《老子》《庄子》《列子》《文子》等道家道教典籍，还每年准明经例考试。玄宗还屡次亲祀老子。这几乎可以说是仿照儒家的教化体制另外建构了一套具有国家性质的道家的教化体制，深深影响着玄宗一朝的政治体制。这固然表现了道家道教对于唐玄宗的影响之深，也在另一方面表现出道家与道教思想对于儒家政治体制的渗透。

道教神灵进入国家祭祀系统者如九宫贵神。天宝三载（744），因术士苏嘉庆进言，特建九宫贵神坛，十二月，“甲寅，亲祀九宫鬼神于东郊，

---

① 关于吉礼祭祀等级的形成及早期变化，可参考朱溢《唐至北宋时期的大祀、中祀和小祀》，《清华学报》第三十九卷第二期，2009 年 6 月。

② （后晋）刘昫等撰：《旧唐书》卷二十一《礼仪志一》，第 819 页。

③ 唐玄宗：《迎春郊制》，载（清）董诰等编《全唐文》卷二十四《元宗五》，第 275 页。

礼毕，大赦天下”[①]。九宫贵神坛乃是按照九个方位而设九宫，其神东南为招摇，正东为轩辕，东北为太阴，正南为天一，中央为天符，正北为太一，西南为摄提，正西为咸池，西北为青龙，带有明显的道教意味，“司水旱，功佐上帝，德庇下人”。玄宗不仅亲祀，且其祭祀规格仅次于昊天上帝，还在上清宫太庙之上，可见他对这一祭祀的重视程度。这也是九宫贵神首次进入国家祀典，后来亦常有皇帝亲祀者。

最后，国忌与私人丧葬祭祀。根据现有材料还很难证明佛教对于整个唐朝（除武周时期）政治建构如礼乐制作方面的巨大影响，[②]但是佛教仍然对国忌和私人领域的丧葬祭祀礼仪有所影响，尤其是对后者的改变已经非常深刻。关于前者，修于开元十年（722）至二十六年的《唐六典》[③]是一部官修的玄宗时期的行政法典，其中记载：“凡国忌日，两京定大观、寺各二散斋，诸道士、女道士及僧、尼，皆集于斋所，京文武五品以上与清官七品已上皆集，行香以退。若外州，亦各定一观、一寺以散斋，州、县官行香。应设斋者，盖八十有一州焉。”[④]国忌日各大寺观散斋主要是为唐朝历代皇帝、皇后追福，是有政府官员参加的具有官方性质的宗教活动。虽然唐代诸帝多倾向于扶植道教，但是国忌日的祈福活动却明显是佛道并重的。

关于后者，我们举一例说明佛教与儒学在礼仪方面的互相交涉。玄宗朝著名的宰相姚崇，在其执政之初，上了十条政治主张，其中一条就明确主张反对佛教。开元二年（714），姚崇奏曰：“佛不在外，求之于心。佛图澄最贤，无益于全赵；罗什多艺，不救于亡秦。何充、苻融，皆遭败

① （后晋）刘昫等撰：《旧唐书》卷九《玄宗本纪下》，第 218 页。

② 这一点主要是因为唐朝皇家丧礼在显庆年间李义甫、许敬宗定《显庆礼》时，以臣子不得预言凶事取消了相关规定，这一点在玄宗时期的《开元礼》中也被贯彻了下来，相关研究详见吴丽娱《推陈出新：关于〈崇丰二陵集礼〉的创作》，《台湾师大历史学报》第 43 期，2010 年 6 月。

③ 此依据张弓的考证，见张弓《〈唐六典〉的编撰刊行和其他》，《史学月刊》1983 年第 3 期。

④ （唐）李林甫等撰，陈仲夫点校：《唐六典·尚书礼部卷第四》，中华书局 1992 年版，第 127 页。

灭；齐襄、梁武，未免灾殃。但发心慈悲，行事利益，使苍生安乐，即是佛身。何用妄度奸人，令坏正法？”[①]从引文中可见，姚崇虽然主张隐括僧徒，限制佛教发展，但是显然他对于佛教的理解还是达到了一定的水平。诸如“佛不在外，求之于心”以及“但发心慈悲，行事利益，使苍生安乐，即是佛身”在一定程度上与当时正处于发展期的禅宗教义有一定的相近之处。他还说：“佛者觉也，在乎方寸，假有万像之广，不出五蕴之中，但平等慈悲，行善不行恶，则佛道备矣。”[②]显示了他以觉悟之心理解佛，以道德实践规范自己的行为而不注重外在功德，对佛教有一定的同情理解而又保持一定距离的态度。

姚崇对佛教有一定了解，且他长期居住在寺庙之中，还曾经造像为其母亲祈福，但整体来说，他可能在内心并不真心信仰佛教，在生死观上，他主张生死乃人间常事，古来不免，且“死者无知，自同粪土”，假如有知，真神或真魂也并不在灵柩之中，无须厚葬，无须超度。整体而言，这符合孔孟以来儒家的生死观，而与佛教道教的生死观有一定的差距。因此，姚崇在诫子孙的遗令中明确说：

> 吾亡后必不得为此蔽法（指抄经造像、设斋施物、度人造寺等）。若未能全依正道，须顺俗情，从初七至终七，任设七僧斋。若随斋须布施，宜以吾缘身衣物充，不得辄用余财，为无益之枉事，亦不得妄出私物，徇追福之虚谈。[③]

从上述引文可以看出，唐朝葬礼和祭礼中已经渗透进了丰富的佛教元素，其中抄经造像、设斋施物更是成为一种风俗，以至于姚崇虽然首选单纯依照儒家礼仪被安葬和祭祀，但他明白他的子孙因为顾及流俗，可能根

① （后晋）刘昫等撰：《旧唐书》卷九十六《姚崇列传》，第 3023 页。
② （后晋）刘昫等撰：《旧唐书》卷九十六《姚崇列传》，第 3028 页。
③ （后晋）刘昫等撰：《旧唐书》卷九十六《姚崇列传》，第 3028—3029 页。

本无法做到，故特意嘱咐，如果不得已而必须加入一些佛教因素，也要尽量只选择最简单的七僧斋以及随宜布施一点自己的衣物即可，且不要妄想以此而得到福佑。

姚崇的例子可以说是唐朝儒佛交涉的一个很好的例证，是唐玄宗时期国家整个礼法系统中的一个组成部分。

2. 提升孔子及其弟子的地位

唐玄宗对于孔子的尊崇主要表现在两个方面。其一，唐玄宗首次追谥孔子为王。在玄宗之前，孔子的封号依次有：鲁哀公诔文中称“尼父”；汉平帝元始元年（公元元年）追封公爵，称“褒成宣尼公”；北魏孝文帝太和十六年（492）改“文圣尼父”；北周静帝大象二年（580）恢复公爵之封，号“邹国公”；隋文帝开皇元年（581）尊“先师尼父”；唐太宗贞观二年（628）尊“先圣”，十一年改“宣父”；唐高宗乾封元年（666）称“太师”；武则天天授元年（690）恢复公爵，称“隆道公”。我们可以看到，玄宗之前对于孔子的追封有两个序列，一个类似于荣誉称号，以“尼父”和“先圣”为代表；另一个则是政治序列中的公爵，基本都是封为公，如“褒成宣尼公”“邹国公”“隆道公”等。就是在这后一个序列中，唐玄宗把孔子的地位又提高一级，封为王，从而得以与周公并列，并在宋元时期被继承了下来。那么，玄宗封孔子为王的理由是什么呢？开元二十七年（739），他在诏令中说：

> 宏我王化，在乎儒术。能发挥此道，启迪含灵，则圣人以来，未有如夫子者也。所谓自天攸纵，将圣多能，德配天地，身揭日月。故能立天下之大本，成天下之大经，美政教，移风俗，君君臣臣，父父子子。人至于今受其赐。不其猗欤！……年祀寖远，光灵益彰。虽代有褒称，而未为崇峻，不副于实。人其谓何？朕以薄德，祗膺宝命，思阐文明，广被华夏。时则异于今古，情每重于师资。既行其教，合旌厥德。爰申盛礼，载表徽猷。夫子既称先圣，可追谥为文宣王。宜

令三公持节册命。[1]

在这篇诏令中，玄宗明确指出，孔子所定下的儒家之道，所正之君臣父子之名，乃是弘扬王道、美善风俗的重要方式，孔子因此而可以称圣，可配日月天地。但是历来帝王对于孔子的追封没有如实表彰孔子所做的贡献。玄宗认为，我们既然遵循孔子之道修身治国，那么就应当配当地表扬他的功德，应该用隆重的礼仪表彰他的美善之道，因此应该给孔子封王。

其二，在孔子封王的基础上，重新调整孔子座位的方向。唐高祖武德二年（619）命有司于国子学立周公、孔子庙各一所。我们不能明确知道高祖所建周公、孔子庙的规制，但是贞观二年（628），房玄龄等奏曰："武德中，诏释奠于太学，以周公为先圣，孔子配享。臣以为周公、尼父俱称圣人，庠序置奠，本缘夫子，故晋、宋、梁、陈及隋大业故事，皆以孔子为先圣，颜回为先师，历代所行，古今通允。伏请停祭周公，升孔子为先圣，以颜回配。"[2]诏可。可知，此时虽然庙有两所，但孔子乃以先师的身份配祀先圣周公，孔子作为文化象征的独立地位并没有体现出来。直至贞观二年，孔子才一度被提升为"先圣"，与周公并列。但是，贞观年间的这一改动于高宗永徽年间又被推翻。到了显庆二年（657），长孙无忌等又上奏，认为周公制礼作乐，功比帝王，应以王者祀之，今在学宫以先生祀则有贬其功的意味；而孔子则有拯救斯文、祖述尧舜、宪章文武、弘教六经的功劳，以先师称之，亦不相称。故应该以周公配享武王，仍以先圣祭孔子。[3]至此，孔子的独立地位在名号上得以确立，但是，在庙宇规制上的独立地位仍然没有确立。

从玄宗的调整来看，唐初以来，很可能因为孔子的地位低于周公，对其祭祀乃附属性质的配祀，故周公南面而坐，而孔子则是东面西坐。在贞

① 唐玄宗：《追谥孔子十哲并升曾子四科诏》，载（清）董诰等编《全唐文》卷三十一《元宗十二》，第 347 页。

② （元）马端临撰：《文献通考》卷四十三《学校考四》，中华书局 2011 年版，第 1256 页。

③ （元）马端临撰：《文献通考》卷四十三《学校考四》，第 1257 页。

观和显庆的两次改革中，也只是强调了孔子的价值，特别是在显庆改革中，似乎有把周公祭祀排除出释奠礼的趋势，但是此时的孔庙中，孔子仍然是西坐而非南面而坐。玄宗既然把孔子的政治地位提升至与周公并列，座位的朝向也应该随之而改。在同一篇诏令中，他说："昔缘周公南面，夫子西坐。今位既有殊，坐岂依旧？宜补其坠典，永作成式。自今已后，两京国子监，夫子皆南面坐，十哲等东西列侍。天下诸州亦准此。"① 这也成为后世孔庙的规制。

除了提升孔子本人的政治地位，创制孔庙规制以外，玄宗对于孔子弟子也多有褒崇，孔子的一些弟子开始以一个集体——"四科十哲"的形象走入孔庙。在玄宗之前，孔庙的配祀并不固定，单纯从唐朝来讲，高祖时只提到建孔庙，至于配祀是谁并没有讲。太宗贞观二年（628）以颜子配祀孔子；四年诏州县皆立孔庙；二十一年，则诏左丘明、卜子夏、公羊高等二十二人配祀。② 高宗总章元年（668），皇太子赠颜回太子少师、曾参太子少保，配享孔庙。也就是说，在玄宗之前，配祀孔庙者多为经传的注释者，因为世学其书，世受其教，故应褒崇之。这一点，在二十二人配祀的诏书中有明确说明："并用其书，垂于国胄。既行其道，理合崇褒。自今有事于太学，可并配享尼父庙堂。"③ 可见此时的标准基本是依照传世文献的有无而定的。但是这一局面在开元时期有所改变。

开元八年（720），国子司业李元瓘上奏，认为左丘明等二十二人犹沾从祀，而颜子等十哲不仅是立像，且不预享祀，他认为这是不合适的。建议以颜子为代表的十哲可改为坐像，配祀孔子，二十二贤则改为图形于壁；而曾参虽不在十哲之列，但是他道业有值得嘉奖之处，可与二十二贤

① 唐玄宗：《追谥孔子十哲并升曾子四科诏》，载（清）董诰等编《全唐文》卷三十一《元宗十二》，第 348 页。

② 贞观二十一年，诏曰："左丘明、卜子夏、公羊高、穀梁赤、伏胜、高堂生、戴圣、毛苌、孔安国、刘向、郑众、杜子春、马融、卢植、郑玄、服虔、何休、王肃、王弼、杜预、范甯、贾逵总二十二座，春秋二仲，行释奠礼。"（《旧唐书》）

③ （宋）王钦若等编纂：《册府元龟》卷第五十《帝王部五十》，第 530 页。

并列。玄宗采纳了李元瓘的部分建议，改为十哲与曾子以坐像配祀孔子；七十子与二十二贤则图影于壁。玄宗还亲自为颜子作赞，并命当朝文士为闵损以下各人作赞。玄宗颜子赞曰："杏坛槐市，儒述三千。回也亚圣，某也称贤。四科之首，百行之先。秀而不实，得无恸焉。"[①]开元二十七年，玄宗除了追谥孔子为文宣王外，还为十哲封侯，为曾参、颛孙师等六十七人封伯。

为了进一步提升孔子的地位，开元二十八年（740）二月二十日，国子祭酒刘瑗奏："准故事，释奠之日，群官道俗，皆合赴监观礼。依故事，著之常式。"制可。[②]在开元年间，观礼的人员，一开始只有"文武七品已上清官"，至此而扩大到群官，以及道俗。我们其实并不特别明白刘瑗这里的"故事"是指什么，但按照其群官道俗的涵盖面来讲，有可能是指武德年间，唐高祖李渊亲自释奠时，使百官学士与僧道辩难的故事。如罗香林就认为："盖唐代之三教讲论，其原意本在使三教互为观摩，商榷意旨，而勿为私自攻击，故常于国子学释奠后为之，或于帝王诞辰为之，或于其他节日为之，义至善也。"[③]

3. 御注《孝经》

据《隋书·经籍志》记载，梁武帝曾撰《孝经义疏》十八卷，梁简文帝亦曾撰《孝经义疏》五卷。[④]可惜并没有流传下来。现在流传下来的最早的，也是影响最大的御注《孝经》为唐玄宗所撰。唐玄宗曾经两次御注《孝经》，第一次完成于开元十年（722），重注于天宝二年（743），天宝三载诏家藏一本，四载刻石立于学宫，即著名的石台孝经。玄宗所注《孝经》在当时即广为流传，玄宗曾经诏令天下家藏一本《孝经》，州县长官也要在学校中讲授，因此迅速传至敦煌等偏远地区，对当地的教化起到一

① 唐玄宗：《颜子赞》，载（清）董诰等编《全唐文》卷四十一《元宗二十二》，第450页。

② （宋）王溥撰：《唐会要》卷三十五《释奠》，中华书局1960年版，第642页。

③ 罗香林：《唐代三教讲论考》，转引自周玟观《王教视域下"三教论议"之类型分析：从"龙朔论议"谈起》，《彰化师大国文学志》第二十期，2010年6月。

④ （唐）魏徵等撰：《隋书》卷三十二《经籍志一》，中华书局1973年版，第934页。

定的积极作用。后来更是被收录于《十三经注疏》中，成为其中唯一为皇帝直接作注的经典，在唐以后的知识界和社会上都影响广泛。皮锡瑞曾经说："明皇注出，郑注遂散佚不全。"[①]皮锡瑞对于玄宗所注经多有批评，但是他对其在历史上的影响的评价确实非常准确。在玄宗御注之前，流行于唐朝社会的《孝经》有两种，一为郑玄所注今文，二为孔安国所传古文。但玄宗御注颁行后，郑注、孔传遂不复行于世，且逐渐散佚。

关于玄宗御注《孝经》的过程、原因、特点及其传播、在中国哲学史和思想史上的意义等，学界已经有很多的成果[②]，此不赘述。我们只补充一点：玄宗前后两次御注《孝经》，虽然注释内容的变化已不易考辨，但是初注和重注的原因有异，体现了玄宗思想发展的变化过程。因此，在谈论玄宗注经时，不可把二者混作一团。初注时为玄宗初年，《孝经》今古文并存，多家注疏并用，其间章句解释与义理的差异在儒家学士之间引发了一场大讨论。《全唐文》中除了《孝经注序》还收录五篇玄宗所颁《孝经》相关诏令，其中前三篇全部出自开元七年（719），充分说明了上述情况的严峻性，我们抄录如下：

令诸儒质定《孝经》《尚书》古文诏

《孝经》《尚书》有古文本孔郑注，其中指趣，颇多踳驳，精义妙理，若无所归。作业用心，复何所适？宜令诸儒并访后进达解者，质定奏闻。

---

① （清）皮锡瑞撰，吴仰湘点校：《孝经郑注疏》，中华书局 2016 年版，"序"第 2 页。

② 可以参见：朱海：《唐玄宗〈御注孝经〉发微》，《魏晋南北朝隋唐史资料》2002 年；朱海：《唐玄宗御注〈孝经〉考》，《魏晋南北朝隋唐史资料》2003 年；陈壁生：《明皇改经与〈孝经〉学的转折》，《中国哲学史》2012 年第 2 期；陈壁生：《从"政治"到"伦理"——明皇注经与〈孝经〉学的转折》，《学术月刊》2013 年第 9 期；庄兵：《"玄宗改经说"新辩》，《东华汉学》第 28 期，2018 年 12 月；庄兵：《〈御注孝经〉的成立及其背景——以日本见存〈王羲之草书孝经〉为线索》，《清华学报》第 45 卷第 2 期，2015 年 6 月；王庆卫：《敦煌写本 P.3816〈御注孝经赞并进表〉再考》，《国学学刊》2021 年第 3 期；等等。

令《孝经》参用诸儒 解《易经》兼帖子夏《易传》诏

《孝经》者，德教所先。自顷以来，独宗郑氏。孔氏遗旨，今则无闻。又子夏《易传》，近无习者。辅嗣注《老子》，亦甚甄明。诸家所传，互有得失；独据一说，能无短长？其令儒官，详定所长，令明经者习读。若将理等，亦可兼行。其作《易》者，兼帖子夏《易传》，共为一部。亦详其可否奏闻。

令《孝经》并行孔郑 帖《易》停子夏传诏

朕以全经道丧，大义久乖，淳感之性浸微，流遁之原未息。是用旁求废简，远及缺文，欲使发挥异说，同归善道。永惟一致之用，以开百行之端。间者诸儒所传，颇乖通义。敦孔学者，冀郑门之息灭；尚今文者，制古传为诬伪。岂朝廷并列书府，以光儒术之心乎？况孔郑大宗，固多殊趣；诸生会议，曾无所申。而推求小疵，其细已甚。聚讼之讹，人无则焉。其何郑二家，可令仍旧行用；王孔所注，传习者希，宜存继绝之典，颇加奖饰。子夏传逸篇既广，前令帖《易》者停。[①]

按照《唐会要》，上述三篇诏令分别颁布于开元七年（719）三月一日、三月六日和五月五日。其间很多大臣上书参与讨论。可见，在玄宗亲注《孝经》之前，关于《孝经》今古文以及各种传注的争论非常之多，玄宗自己的意见也屡有变化。在无法达成共识的情况下，玄宗令诸儒进各种版本的注疏，并咨询他们的意见（可能与当时的讲读有关[②]），最终撰成御注《孝经》，并于开元十年颁行天下及国子学。

由此，我们可以得出结论，玄宗初注《孝经》是与开元初年质定诸经

① （清）董诰等编：《全唐文》卷二十八《元宗九》，第 316 页。

② 开元三年冬十月甲寅，制曰：“朕听政之暇，常览史籍，事关理道，实所留心，中有阙疑，时须质问。宜选耆儒博学一人，每日入内试读。”（后晋）刘昫等撰：《旧唐书》卷八《玄宗本纪上》，第 175 页。

以及随后的改革礼乐相结合的，既是其政治蓝图建构中的一环，也是其早期以儒为主的文化思想状态的一种反映。这一点可以在开元二年（714）的一道敕令中得到证明：

> 敕：夫孝者，天之经，地之义，人之行。故自天子下至庶人，资于敬爱，以事父母。所谓冠五孝之表，称百行之先。如或不由，其何以训？如闻道士女冠僧尼等，有不拜父母之礼。朕用思之，茫然罔识。且道释之教，盖惩恶而劝善，父子之仪，岂缘情而易制？安有同人代而离怙恃哉？哀哀父母，生我劳瘁。故六亲有不和之戒，十号有报恩之旨。此又穷源本而启宗极也。今若为子而忘其生，傲亲而徇于末，日背礼而强名于教，伤于教则不可行。行教而不废于礼，合于礼则无不遂。二亲之与二教，复何异焉？自今已后，道士女冠僧尼等，并令拜父母。丧纪变除，亦依约月数。庶能正此颓弊，用明典则。罔亏爱敬之风，自叶金仙之意。开元二年闰三月三日[①]

可以说这一诏令中令道士女冠僧尼拜父母的依据完全来源于《孝经》，其中规定十分严格，不仅要拜父母，而且父母的丧纪变除，也要按照儒家礼制进行，充分显示了玄宗此一时期以儒学之礼制规范道教与佛教的思想倾向。

但是重注《孝经》时，玄宗的政治生活以及思想世界都已经发生了很大的变化。开元二十年（732），[②]玄宗注《道德经》；二十三年，注《金刚经》，其道佛思想愈加成熟。在此背景之下，玄宗为什么要重注《孝经》呢？《全唐文》中有两篇诏令提供了一些线索：

① （宋）宋敏求编：《唐大诏令集》卷第一百十三，中华书局 2008 年版，第 588 页。

② 玄宗注《道德经》的时间有开元二十、二十一和二十三年三种说法，我们依据河北易县“御注道德经幢”上的时间定为开元二十年。

颁重注《孝经》诏

化人成俗，率繇于德本；移忠教敬，实在于《孝经》。朕思畅微言，以理天下，先为注释，寻亦颁行。犹恐至赜难明，群疑未尽。近更探讨，因而笔削，兼为叙述，以究源流。将发明于大顺，庶开悟于来学。宜付所司，颁示中外。

颁示《道德经注》《孝经疏》诏

道为理本，孝实天经。将阐教以化人，必深究于微旨。朕钦承圣训，覃思元宗。顷改《道德经》“载”字为“哉”，仍隶属上句。及乎议定，众以为然。遂错综真诠，因成注解。又《孝经》旧疏，虽粗发明幽晦，探赜无遗，犹未能备。今敷畅以广阙文，且妙本逾元，微言久绝，或怡然独得，或参以诸家。庶宏圣哲之规，用叶君亲之义。仍令集贤院具写，送付所司，颁示中外。①

上述诏书分别颁布于天宝二年（743）和五载。从引文中我们可以得到以下线索：第一，初注《孝经》颁行以后，关于《孝经》的争议并没有消失，此即“群疑未尽”。这一点我们可以在史实中得到证明。第二，玄宗认为《孝经》中还有一些微言大义需要再发明。第三，此时，御注《道德经》《金刚经》在社会上都引起了巨大的反响，传播广泛，再度注释颁行《孝经》可能是此时玄宗三教政策的重大举措之一。

就第三点，我们再稍微展开。在《御注道德经序》中，玄宗讲：“公卿臣庶，道释二门，有能启予类于卜商，针疾同于左氏；渴于纳善，朕所虚怀；苟副斯言，必加厚赏。”②在《御注金刚经序》中又说：“昔岁，述《孝经》以为百行之首，故深覃要旨，冀阐微言，不唯先王至德，实谓君子务本。近又赞《道德》，伏知圣祖，垂教著经，□□□□□□□□□□

① （清）董诰等编：《全唐文》卷三十二《元宗十三》，第354、360页。

② 郭芹纳主编：《唐玄宗御注三经》，陕西新华出版传媒集团、三秦出版社2017年版，第53页。

禀训。况道家使人精神专一，动合无为。凡有以理天下，之二经故不可阙也。”[①]也就是说，无论是在注《道德经》时，还是在注《金刚经》时，玄宗的一个重要目的都是治国，即具有鲜明的政治面向。在这个过程中，他必然会从三教的高度重新审视早年的《孝经》注，自然会有新的心得，此即上述引文中的“怡然自得”。这一点在敦煌文献 P.2721《皇帝感·新集孝经十八章》中也被揭示了出来：“新歌旧曲遍州乡，未闻典籍入歌场。新合孝经皇帝感，聊谈圣德奉贤良。开元天宝亲自注，词中句句有龙光。白鹤青鸾相间错，连珠贯玉合成章。历代已来无此帝，三教内外总宣扬。先注《孝经》教天下，又注《老子》及《金刚》。”[②]此文提到开元、天宝两次御注《孝经》，明确从三教并举和道德教化的角度诠释玄宗的注经行为，表示这在当时已经成为一种共识。故在御注《道德经》与《金刚经》并使其流播天下之后，玄宗要重新注释《孝经》，一方面阐发自己的“怡然独得”，揭示其微言；另一方面则使其与上述二经一起广为传播，共同起到教化的作用。

综上，不管是根据政治实践调整儒家礼乐传统的制礼作乐，还是提升孔子及其弟子的政治地位，抑或是两次御注《孝经》，都不仅表明玄宗对于儒家传统的继承和接受，而且表明其政治实践中尤其是早期政治实践中浓厚的儒家面向。另外，我们也可以看到，在玄宗朝的政治、文化和社会实践中，儒家的礼乐制度其实吸纳了一定的佛道元素，比如国家祭祀体系中道家元素的增加，贵族阶层以及民间丧葬仪式中佛教元素的渗透等；但是，在对于儒家思想和孔子等的理解中，玄宗还是保留着一定的分界，并没有以道释儒或以佛释儒的倾向，反而在某一时期，还试图以儒家之思想规范佛道信徒之行为，如令其致拜父母等。

① 郭芹纳主编：《唐玄宗御注三经》，第 175 页。

② 转引自王庆卫《敦煌写本 P.3816〈御注孝经赞并进表〉再考》，《国学学刊》2021 年第 3 期。

三　唐玄宗的佛学著作及实践

开元七年（719），玄宗下过一个诏令，令道士女冠和僧尼要三年一造簿籍，由祠部、鸿胪寺和各州县分别留存。因此，关于玄宗时期的佛道教发展状况，给我们留下了一个比较准确可靠的统计数据。《唐六典》记载：

> 凡天下观总一千六百八十七所，一千一百三十七所道士，五百五十所女道士。……凡天下寺总五千三百五十八所，三千二百四十五所僧，二千一百一十三所尼。[①]

从中可以看出，虽然唐朝统治者大多采取扶植道教的政策，开元初年，玄宗还在一定程度上抑制了佛教的发展，佛教寺院及僧徒数量仍然是道教的三倍多，且整体上比唐初增长了一倍。作为一代帝王，如何对待其统治区域内影响最大（从寺庙数量、出家人数量以及经济基础等客观方面来讲）的宗教——佛教，是一个关系其个人信仰、国家治理等的重大问题。下文我们将从玄宗与佛教关系、交游僧人以及御注《金刚经》三个方面进行阐述。

1. 玄宗与佛教关系

我们先整理历史上记载的玄宗与佛教关系大事记，见表 1。

表 1　玄宗与佛教关系大事记

时间	事件简介	出处
开元元年	敕以寝殿材建安国寺弥勒佛殿。	《佛祖统纪》卷四十
开元二年正月七日	紫微令姚崇上言请检责天下僧尼，以伪滥还俗者二万余人。	《旧唐书·玄宗本纪上》
开元二年二月十九日	禁创造寺观诏：天下寺观，屋宇先成。自今已后，更不得创造。若有破坏，事须条理，任经所繇，陈牒检验，然后听许。	《全唐文·元宗七》

① （唐）李林甫等撰：《唐六典·尚书礼部卷第四》，第 125 页。

续表

时间	事件简介	出处
开元二年闰二月	令道士女冠、僧尼致拜父母。	《旧唐书・玄宗本纪上》
开元二年七月	禁百官与僧道往还制：如闻百官家多以僧尼道士等为门徒往还，妻子等无所避忌。或诡托禅观，妄陈祸福，事涉左道，深斁大猷。自今已后，百官家不得辄容僧尼道士等，至家缘吉凶。要须设斋，皆于州县陈牒寺观，然后依数听去。仍令御史金吾明加捉搦。	《全唐文・元宗二》
开元二年七月	禁坊市铸佛写经诏：佛教者，在于清净，存乎利益。今两京城内，寺宇相望。凡欲归依，足申礼敬。下人浅近，不悟精微，睹菜希金，逐焰思水，浸以流荡，颇成蠹弊。如闻坊巷之内，开铺写经，公然铸佛。口食酒肉，手漫膻腥。尊敬之道既亏，慢狎之心斯起。百姓等或缘求福，因致饥寒。言念愚蒙，深用嗟悼。殊不知佛非在外,法本居心,近取诸身,道则不远。溺于积习，实藉申明。自今已后，禁坊市等不得辄更铸佛写经为业，须瞻仰尊容者，任就寺拜礼；须经典读诵者，勒于寺取读。如经本少,僧为写供。诸州寺观并准此。	《全唐文・元宗七》
开元三年十一月十七日	禁断妖讹等敕：释氏汲引，本归正法；仁王护持，先去邪道。失其宗旨，乃般若之罪人；成其诡怪，岂涅槃之信士？不存惩革，遂废津梁；眷彼愚蒙，相陷坑穽。比有白衣长发，假托弥勒下生，因为妖讹，广集徒侣，称解禅观，妄说灾祥。或别作小经，诈云佛说；或辄畜弟子,号为和尚。多不婚娶,眩惑闾阎。触类实繁，蠹政为甚。刺史县令，职在亲人；拙于抚驭,是生奸宄。自今以后,宜严加捉搦。仍令按察使采访，如州县不能觉察，所由长官，并量状贬降。	《全唐文・苏颋五》
开元四年	西天善无畏三藏来。帝说，饰内道场居之，尊为教主。	《佛祖统纪》卷四十
开元五年	诏一行入京，置于光太殿。	《旧唐书・一行列传》
开元七年	凡道士、女道士、僧、尼之簿籍亦三年一造。其籍一本送祠部，一本送鸿胪，一本留于州、县。	《唐六典・尚书礼部》

续表

时间	事件简介	出处
开元七年	西天三藏金刚智来，敕居慈恩寺。 长安罔极寺沙门慧日游西天还，进佛真容梵夹。诏内殿说法，赐号慈愍三藏。	《佛祖统纪》卷四十
开元七年左右	流僧人怀照敕：怀照讹言，信无凭据，量其情状，终合微惩。宜遣播州安置，到彼勿许东西。冯待徵等事，已经恩赦，特从释放。	《全唐文·元宗十五》
开元八年	北天竺不空三藏至京师，上召见，礼为药王菩萨。	《佛祖统纪》卷四十
开元九年四月二十六日	禁士女施钱佛寺诏[①]：内典幽微，惟宗一相；大乘妙理，宁启二门？闻化度寺及福先寺三陛（阶）僧创无尽藏，每年正月四日，天下士女施钱，名为护法，称济贫弱，多肆奸欺。事非真正，即宜禁断。其藏钱付御史台、京兆河南府勾会知数，明为文簿，待后处分。	《全唐文·元宗九》
开元九年六月十一日	分散化度寺无尽藏财物诏：化度寺无尽藏财物、田宅、六畜，并宜散施京城观寺，先用修理破坏尊像堂殿桥梁，有余入常住，不得分与私房。从贫观寺给。仍令御史张樽与礼部侍郎崔据、京兆尹孟温礼取元奏数，拣京城大德戒行灼然者共检校，量事均融，处置讫奏闻。诸州长官及按察司所察钱物，以委州使准此共勾当，散配处分讫申所司。	《全唐文·元宗九》
开元九年	太史频奏日蚀不效，诏沙门一行改造新历。至十三年造成。	《旧唐书·天文志十五》
开元十年二月十九日	禁僧道掩匿诏：释道二门，施其戒律；缁黄法服，众亦崇尚。苟有逾滥，是无宪章。如闻道士僧尼，多有虚挂名籍，或权隶他寺，或侍养私门，托以为词，避其所管，互相掩匿，共称奸诈，甚非清净之意也。自今已后，更不得于州县权隶，侍养师主父母，此色者并宜括还本寺观。	《全唐文·元宗九》
开元十一年五月	禁僧道不守戒律诏：缁黄二法，殊途一致，道存仁济，业尚清虚。迩闻道僧，不守戒律。或公讼私竞，或饮酒食肉，非处行宿，出入市廛，罔避嫌疑，莫遵本教，有一尘累，深坏法门。宜令州县官严加捉搦禁止。	《全唐文·元宗十》

续表

时间	事件简介	出处
开元十三年六月二日	诏有司试天下僧尼年六十已下者，限落者退还俗，不得以坐禅对策仪。试诸寺三阶院，通入大院，不得有异。	《册府元龟·帝王部六十》
开元十五年	开元十五年有敕，天下村坊佛堂，小者并拆除，功德移入侧近佛寺，堂大者，皆令闭封。天下不信之徒，并望风毁拆，虽大屋大像，亦残毁之。	（唐）牛肃撰《纪闻·李虚》
开元十七年八月	括检僧尼诏：僧尼数多，逾滥不少，先经磨勘，欲令真伪区分，仍虑犹有非伪。都遣括检闻奏，凭此造籍，以为准绳。如闻所由，条例非惬，致奸妄转更滋生，因即举推，罪者便众。宜依开元十六年旧籍为之，更不须写造。自今已后，纲维大德，侍养推隶，不得辄于外取。	《全唐文·元宗十一》
开元十八年	诏天下寺观，建天长节祝寿道场。 西京崇福寺沙门智昇进《开元释教录》，赐入藏。	《佛祖统纪》卷四十
开元十八年	于花萼楼对御定二教优劣，氤雄论奋发，河倾海注。	《宋高僧传》卷第五
开元十九年四月五日	禁僧徒敛财诏：释迦设教，出自外方，汉主中年，渐于东土。说兹因果，广树筌蹄；事涉虚元，渺同河汉。故三皇作乂，五帝乘时，未闻方便之门，自有雍熙之化。朕念彼流俗，深迷至理，尽躯命以求缘，皆资财而作福，未来之胜因莫效，见在之家业已空。事等系风，犹无所悔。愚人寡识，屡陷刑科。今日僧徒，此风尤甚，因缘讲说，眩惑州闾，溪壑无厌，唯财是敛。津梁自坏，其教安施？无益于人，有蠹于俗。或出入州县，假托威权；或巡历乡村，恣行教化。因其聚会，便有宿宵，左道不常，异端斯起。自今已后，僧尼除讲律之外，一切禁断。六时礼忏，须依律仪；午后不行，宜守俗制。如犯者，先断还俗，仍依法科罪，所在州县，不能捉搦，并官吏辄与往还，各量事科贬。	《全唐文·元宗十一》

续表

时间	事件简介	出处
开元十九年七月	不许私度僧尼即住兰若敕：夫释氏之教，义归真寂，爰置僧徒，以奉其法。而趋末忘本，去实摭华；假托方便之门，以为利养之府。徒蠲赋役，积有奸讹。至使浮俗奔驰，左道穿凿；言念净域，浸成道奸。非所以叶和至理，弘振王猷。宜有澄清，以正风俗。朕先知此弊，故预塞其源，不度人来。向二十载，访闻在外有三十已下小道尼，宜令所司及府县括责处分。又惟彼释道，同归凝寂，各有寺观，自合住持。或寓迹悠闲，或潜行闾里，陷于非僻，又足伤嗟。如闻远就山林，别为兰若，兼亦聚众，公然往来，或妄托生缘，辄有俗家居止，即宜一切禁断。	《唐大诏令集·政事》
开元二十年	都城僧等奏曰："伏请以每岁八月，于卫国、天宫等寺，转经行道，至九月罢。为陛下修福，在京于云化、兴善等寺，岁以为常。"许之。	《册府元龟·帝王部五十一》
开元二十一·年七月	令僧尼无拜父母诏：道教、释教，其来一体，都妄彼我，不自贵高。近者道士女冠，称臣子之礼。僧尼企踵，勤诚请之仪。以为佛初灭度，付嘱国王，猥当负荷，愿在宣布。盖欲崇其教而先于朕者也。自今已后，僧尼一依道士女冠例，无拜其父母。宜增修戒行，无违僧律，兴行至道，俾在于此。②	《全唐文·元宗十一》
开元二十二年八月初五千秋节	令诸学士、道、僧共论三教异同。	《张九龄集》
开元二十三年六月三日	都释门威仪僧思有表请（御注《金刚经》），至九月十五日经出，合城具法仪，于通洛门奉迎。	《唐玄宗御注三经》
开元二十三年九月	答张九龄等贺御注《金刚经》手诏：僧徒固请，欲以兴教。心有所得，辄复疏之。今请颁行，仍虑未惬。③	《全唐文·元宗十一》
开元二十三年九月	不坏之法，真常之性，实在此经。众为难说，且用稽合同异，疏决源流。朕位在国王，远有传法，竟依群请，以道元元。与夫《孝经》、《道经》，三教无缺，岂兹秘藏，能有探详。所贺知。	《张九龄集》卷十五

续表

时间	事件简介	出处
开元二十三年	圣上万枢之暇注《金刚经》，至二十三年著述功毕，释门请立般若经台，二十七年其功终竟，僧等建百座道场。七月上陈墨制，依许八月十日安国寺开经，九日暮开西明齐集，十日迎赴安国道场，讲。	《贞元新定释教目录》卷十四
开元二十六年正月丁酉	制曰："道释二门，皆为圣教，义归弘济，理在尊崇。其天下官寺大小各度一十七人，检择灼然有经业戒行，为乡闾所推，仍先取年高者。"	《册府元龟·帝王部五十一》
开元二十六年六月一日	①天授元年十月二十九日，两京及天下诸州，各置大云寺一所。至开元二十六年六月一日，并改为开元寺。 ②开元二十六年六月一日，敕每州各以郭下定形胜观、寺，改以"开元"为额。[④]	《唐会要·寺》 《唐会要·杂记》
开元二十七年二月	制："天下观寺，每于斋日，宜转读经典，惩恶劝善，以阐文教。"	《册府元龟·帝王部五十一》
开元二十七年	敕天下僧道，遇国忌就龙兴寺行道散斋，千秋节祝寿就开元寺。	《佛祖统纪》卷四十
开元二十九年二月三日	法门寺宝函：开元二十九年盝顶石函：汉白玉质，高 18.2cm，长 25.7cm，宽 18.7cm，长方体，由盝顶盖与函体组成，函盖刻："开元廿九年岁在辛巳二月癸丑朔三日乙卯建立。"函内原贮开元通宝铜钱及佛幡。	《法门寺考古发掘报告》
天宝元年	西域康居大石五国，入寇安西，帝召不空三藏入内，持诵《仁王护国密语》。上亲秉香炉。	《佛祖统纪》卷四十
天宝二年	敕罗浮山佛经所在，是华首菩萨住处，可特立延祥寺华首台明月戒坛。 沙门楚金赐千福寺多宝塔额，赐缣缗以助役。	《佛祖统纪》卷四十
天宝三载四月	敕两京、天下州郡取官物铸金铜天尊及佛各一躯，送开元观、开元寺。	《旧唐书·玄宗本纪下》
天宝三载	召司空山本净禅师，问禅宗要旨，敕住白莲寺。	《佛祖统纪》卷四十
天宝五载	师子国遣使来朝，献贝叶大般若经璎珞白氎。敕不空三藏居鸿胪寺，入内为帝行灌顶法。	《佛祖统纪》卷四十

续表

时间	事件简介	出处
天宝六载	敕天下僧尼属两街功德使。始令祠部给牒用绫素。 敕天下寺院择真行童子，每郡度三人。	《佛祖统纪》卷四十
天宝十载	帝以先帝忌日，命女工绣释迦牟尼佛像，亲题绣额，稽首祈福。	《册府元龟·帝王部五十一》
天宝十四载	上以北方禀气刚毅，列刹多习骑射，诏沙门辩才，为临坛教授用加训导。	《佛祖统纪》卷四十

①《唐大诏令集》名“禁断无尽藏诏”。

②《册府元龟·帝王部六十》依宋本改“无拜其父母”为“兼拜其父母”，《唐大诏令集》通《册府元龟》，疑是。

③《张九龄集》为：“此经宗旨，先离诸相，解说者众，证以真空。僧徒固请，欲以弘教，心有所得，者复疏之，今请颁行，虑无所答。”（第 737 页）

④ 关于两种说法的详细分辨，可以参考聂顺新《唐玄宗开元官寺敕令的执行及其意义》，《华东师范大学学报》（哲学社会科学版）2019 年第 1 期；《开元寺兴致传说演变研究——兼论唐代佛教官寺地位的转移及其在后世的影响》，《敦煌研究》2012 年第 5 期等。

从表 1 可以看出，分析玄宗与佛教的关系时我们必须就玄宗的不同身份来区分不同面向、不同层次，而不可混为一谈。具体可以从两方面来探讨：其一，作为政治家，玄宗对于佛教采取抑制与利用并举的策略；其二，作为个体，玄宗对于佛教有一定程度的信仰。

作为政治家，玄宗积极管理佛教，主要表现为抑制与利用并重。表 1 清楚明白地展示了玄宗抑制佛教发展的各种政策，除了命专门机构管理以及三年一造册以外，还包括以下几点。第一，沙汰僧徒，如开元二年（714）、十三年、十七年、十九年七月。理由：僧尼伪滥、考试不合格、“趋末忘本、去实摭华”等，即僧尼素质不高。因此，他还在开元十一年专门下达诏书，令僧道严守戒律，专心修行。第二，禁三阶教，如开元九年四月、九年六月、十三年等。理由：三阶教无尽藏占有大量财物，影响深远，且形成了士女施钱的惯例，在一定程度上引起了统治者的忌惮。第三，禁止创造寺观并毁村坊佛堂，如开元二年二月十九日、十五年。理由：限制佛教的快速发展。第四，禁妖讹，如开元三年、七年（《流僧人怀照敕》）等。理由：怀照与开元时期的词人冯待徵在蒲州地区，曾经共为妖妄，如怀照曾建石碑，上刻："我母梦日入怀而生，因明怀照。"①玄宗时期对于左道、异端的管理比较严格，曾多次下发严禁左道诏书，这两则应该放在这种背景下考虑。第五，禁止敛财。禁止敛财可以说在玄宗的佛教政策中是比较突出的，如开元十九年。则天中宗时期佛教发展繁荣，造像写经以追福的活动在社会上成为一时的风尚。玄宗认为，这带来了两方面的弊端，一则僧徒"溪壑无厌、唯财是敛"，从而毁坏了佛教的形象；二则信徒竭财以供，影响生活。是以他多次下诏抑制佛教发展，基本都与此有关。第六，禁止百官与僧道往来，如开元二年七月。

玄宗对于佛教的管理并不是一味地抑制，还包括有限度、有节制地宣传利用。如开元十八年（730）建天长节祝寿道场，二十三年御注《金刚经》并颁行天下，二十六年正月丁酉度道士僧尼，天宝元年（742）康居等国入寇安西时建道场等，都表现出了玄宗认为佛教可奖励风化、有助王道。在这里我们着重讲一点，来凸显唐玄宗有节制地宣传利用佛教。法门寺考古中发现的开元二十九年宝函有着重要的象征意义，在有唐一代，流行着一个传说，在法门寺供奉的佛指舍利，三十年一开，开则岁谷稔而兵戈息。所以唐代很多皇帝都有迎佛骨的传统。考古发现中的开元二十九年宝函说明唐玄宗有可能遵循了这个传统。只是不像其他六次，历史上已经没有明确记载。

另外，表 1 中还有两件事我们需要注意，（1）开元二年（714）与开元二十一年令道士女冠僧尼致拜父母，以及（2）开元九年以后诏僧一行修历均与儒家礼制有一定关系，前文已经提及，此不赘述。

我们还需要特别提及一点，作为政治家的唐玄宗在管理佛教的时候，很多时候并不是只针对佛教，而是佛道均管的，如开元二年（714）禁创

① 见（宋）王钦若等编纂《册府元龟》卷第九百二十二《总录部一百七十二》，第 10693 页。

寺观、二年致拜父母、二年禁与百官往还、七年僧道造籍、十年禁僧道掩匿、十一年禁僧道不守戒律、二十一年拜父母、二十六年度人及敕寺观、二十七年转读经典，以及天宝三载（744）赐真身像等都是佛道并举的，表现出玄宗宗教政策的完整性、一致性和系统性，也表明玄宗在一定意义上对于宗教信仰与宗教在现实中的发展的分界有着清晰的认知。当然，我们也不能否定，整体而言，玄宗对于佛教的限制更多、更严格。

作为个体，从信仰和生命体验而言，玄宗对于佛教是有一定的理论素养和信仰实践的。我们先来看玄宗对于佛教的理解。在玄宗看来，佛法主张不坏之法，真常之性，本自清净，且佛非在外，法本居心，这一点与当时正在兴起的禅宗是有相合之处的。因此僧徒修行应该严守戒律，业尚清虚，而不要过多与世俗界接触，更不能以利益交接世人，尤其是不可妄作妖言，妄说灾祥，不守戒律，甚至不尊重世法。佛法得到正确的弘扬，僧徒能够如律修行，则可以仁济百姓，护持国家，弘振王猷。其次，玄宗请不空灌顶、请不空持诵《仁王护国密语》、东巡请僧人同行等行为应该不只是对于佛教的利用，也在一定程度上表达了其个人的虔诚信仰。这一点还表现在玄宗与僧人的郊游上，详见下文。因此，佛教不仅是其治国理政中重要的文化资源，更是其生命世界以及精神世界中一个重要的组成部分。

2. 玄宗交游僧人略考

玄宗在内心对于佛法是有一定的认可度的，故他常与僧人交游，如请注《金刚经》的释门威仪思有、为御注《金刚经》作疏的道氤、陪驾东都的良秀和法修、开元三大士、僧一行等。下面我们以表格的形式对有史可考的玄宗交游僧人事迹予以简略介绍。

表 2　　玄宗交游僧人略考一览表

姓名	与玄宗交游事迹略考	文献出处
神秀	玄宗在藩时，曾拜谒神秀，并布施一笛。	《神僧传》卷七

续表

姓名	与玄宗交游事迹略考	文献出处
善无畏	开元四年，玄宗发使迎请至京师，置内道场，尊为教主；五年，进《虚空藏求闻持法》；十年，使求雨有应；十二年，随驾东都，与僧一行译《大毗卢遮那经》，并承旨删缀词理；二十三年，示寂，赠鸿胪卿，诏鸿胪丞李现具威仪，宾律师护丧事，全身塔于龙门西山广化寺。	《宋高僧传·译经篇第一·善无畏传》;《佛祖统纪》卷四十;《大日经义释演密钞》卷一;《释氏通鉴》卷九
一行	开元五年，奉诏入京，置含光殿，玄宗访以安国抚人之道，及出世法要；九年，诏一行改造新历，至十三年造成；十一年，制黄道仪成，玄宗为之作铭；十二年，随驾东都；十五年，九月，于华严寺疾笃，玄宗诏京城名德至大道场为之祈福，十月八日随驾幸新丰圆寂，玄宗为之辍朝三日，并亲制塔铭，丧事官供，谥“大慧禅师”，敕令东宫以下京官九品以上并送至铜人原蓝田设斋；十六年，驾幸温汤，道由一行塔所，玄宗为驻跸徘徊，令品官诣塔，赐帛五十疋，令莳塔前松栢。	《旧唐书·一行列传》;《旧唐书·天文志》;《宋高僧传·义解篇第二·一行传》;《佛祖统纪》卷四十;《释氏通鉴》卷九
金刚智	开元七年，敕居慈恩寺，寻徙荐福寺；八年随驾洛阳，应诏祈雨有应;二十年，示寂，赐灌顶国师。	《宋高僧传·译经篇第一·金刚智传》;《佛祖统纪》卷四十;《释氏通鉴》卷九
慧日	开元七年，西游回国，诏内殿说法。	《佛祖统纪》卷四十
不空	开元八年，玄宗礼不空为药王菩萨；二十九年至天宝初，奉命赉国书出使狮子国；天宝元年，因康居五国入寇，玄宗请不空入内持诵《仁王护国密语》；天宝五载，不空入内为玄宗行灌顶法，赐号“智藏国师”；六载，有旨令与方士罗思远验优劣，思远钦服。	《宋高僧传·译经篇第一·不空传》;《佛祖统纪》卷四十;《释氏通鉴》卷九
义福	开元十一年，从驾东都；二十年卒，赐号“大智禅师”。	《旧唐书·义福传》
菩提流志	开元十二年，随驾入洛，敕安置长寿寺；十五年，示寂，葬日特给卤簿羽仪，赐试鸿胪卿，谥开元一切遍知三藏。	《释氏通鉴》卷九
良秀	曾与道氤、法修随驾东都。	《宋高僧传·义解篇第二·道氤传》

续表

姓名	与玄宗交游事迹略考	文献出处
法修	曾与道氤、良秀随驾东都。	《宋高僧传·义解篇第二·道氤传》
道氤	开元十二年左右，与僧一行随驾东都；十六年，曾受命主持一行禅师的斋供仪式，并作吊文表白，题曰“大唐开元十六年七月三十日敕为大惠禅师建碑于塔所设斋赞愿文”①，玄宗亲自参与；十八年，玄宗于花萼楼定佛道二教优劣，道氤与道士尹谦对辩四十往返，雄辩胜出，后其论编为《佛道论衡》，一名《对御论衡》，赐入藏，流行于当时；二十三年，玄宗注经期间向其请教，注经后命其作疏；其后，道氤于青龙、西明、崇福三寺多次讲论《御注金刚经宣演》，听者甚多；二十八年，示寂，玄宗读其遗表恻怛，降诏伤悼，遣中使将绢五十匹吊赠宣口敕。	《宋高僧传·义解篇第二·道氤传》；《释氏通鉴》卷九
普寂	开元十三年，敕普寂于都城居止；二十七年，普寄圆寂于都城兴唐寺，赐号“大照禅师”。	《旧唐书·普寂列传》
无相	开元十六年，至中国，玄宗诏见，置禅定寺。	《锦江禅灯》卷十六
智昇	开元十八年，上《开元释教录》，被赐入藏。	《佛祖统纪》卷四十
思有	开元二十三年，时任都释门威仪思有请注《金刚经》。	《张九龄集》；《唐玄宗御注三经》
神（胜）光	开元二十六年，神光时任左街僧录，与玄宗有问答。②	《释氏通鉴》卷九；《大唐玄宗皇帝问胜光法师而造开元寺》
楚金	天宝二年，玄宗亲书多宝塔额，赐缣缗。	《佛祖统纪》卷四十
本净	天宝三载，被诏入京，上元节与玄宗有问答。	《指月录》卷六
辩才	天宝十四载，诏辩才临坛教授训导北方之人。	《佛祖统纪》卷四十

① 关于此愿文价值的研究，可参看王招国（定源）《敦煌遗书所见道氤〈设斋赞愿文〉及其研究价值》，《华东师范大学学报》（哲学社会科学版）2016年第1期。

② 可参见马德《从一件敦煌遗书看唐玄宗与佛教的关系》，《敦煌学辑刊》1982年。《释氏通鉴》中记为神光，纪年为开元二年。笔者认可马德的意见。

表2我们主要考察了有史料明确记载的与玄宗交游的僧人，除此之外，玄宗的生活圈子中还包含一些僧人，如为善无畏监护丧事的定宾律

师等。从表 2 中我们可以看出三点：第一，玄宗一生中一直在与佛教僧人打交道，所交游的僧人涉及当时佛教几大宗派，诸如：僧一行、善无畏、金刚智、不空（密教），道氤（律宗、唯识），神秀、普寂、义福（禅宗北宗，后二人乃神秀弟子），本净（禅宗南宗，慧能弟子）等；第二，他经常诏见僧人为其讲法，或与方士、道人论二教优劣，或阐明佛理。这都为他后来御注《金刚经》打下了一定的理论基础。第三，玄宗对于佛教确有一定的信仰，如从不空受灌顶，请善无畏、一行、金刚智等祈雨等。

我们下面着重讲一下本净之事，因为其中涉及一定的儒佛交涉。天宝三载（744），因中使杨光庭建议，玄宗诏慧能弟子司空山本净禅师，禅师十二月十三日至京师，被敕住白莲寺。第二年正月十五日诏两街名僧硕学，于内道场与本净禅师阐扬佛理。我们可以发现，日期选择的是道家和佛教的上元日；参加法会的是僧人和硕学（儒学学士），有可能也有道士；地点是内道场。皇帝也参与其中，从参与者远禅师的话中可以证明这一点，“今对圣上，校量宗旨，应须直问直答，不假繁词”。这有可能是一场三教论衡，最起码也是儒佛论衡。但是在本净的传记中更多地记录了僧人之间对于佛法的切磋，参与讨论的有远禅师、志明禅师、真禅师、法空禅师、安禅师、达性禅师，问题涉及身心与道的关系、佛与心的关系、佛与道的关系、真妄关系等。最后记载了一段近臣（即前言硕学）与本净禅师的问答：

> 又有近臣，问曰：“此身从何而来？百年之后复归何处？”师曰：“如人梦时从何而来？睡觉时从何而去？”曰：“梦时不可言无，既觉不可言有。虽有有无，来往无所。”师曰：“贫道此身，亦如其梦。”又有偈曰：
>
> 视生如在梦，梦里实是闹；忽觉万事休，还同睡时悟。
>
> 智者会悟梦，迷人信梦闹；会梦如两般，一悟无别悟。

富贵与贫贱，更亦无别路。[①]

从对话中可以看出，此时的儒佛对话还是比较浅近的，延续了南北朝以来儒佛对话的核心议题之一。

3. 御注《金刚经》

《金刚经》是大乘空宗的经典，流传下来的汉译本有6种，三论、天台、华严、唯识、禅宗等各有注疏，对于中国佛教的发展影响很大。唐玄宗乃依据罗什所译作注。目前对于《御注金刚经》的整理及研究成果较多[②]，兹不赘述，我们仅从其产生和颁行的过程中与本文相关的几点进行阐发。

关于《御注金刚经》的产生与颁行，有三处与《御注孝经》《御注道德经》不同的地方。首先，主动注经与被动注经的区别。房山石经文后题记记载："右经，开（元）二十三年、乙亥之岁六月三日，都释门威仪僧思有表请，至九月十五日经出，合城具法仪，于通洛门奉迎。其日表贺，便请颁示天下，写本入藏，宣付史官。"[③]玄宗自己在《序》中也说："今之此注，则顺乎来请。"[④]据此可知，与御注《孝经》《道德经》时不同，释门威仪思有请玄宗注经，是御注产生的直接原因。

关于思有，在各种文献中，仅存其与《御注金刚经》相关事迹，其他无载。关于思有的僧职，目前有两个说法，一个就是上述房山石经中的"都释门威仪"，这一僧职在藏经中可以找到出处；另一个则是《全唐

① （宋）道原纂：《景德传灯录》卷五，《大正藏》第51册，第243页下。另据《祖堂集》，近臣乃"孙体虚"。

② 关于《御注金刚经》的整理，可以参见（唐）李隆基撰，［日］衣川贤次整理《御注金刚般若经》，载方广錩主编《藏外佛教文献》第二编总第十辑，中国人民大学出版社2008年版，第39—107页。关于其研究则可参见徐新源《唐玄宗注〈金刚经〉与唐朝三教合一政策的形成》，《唐都学刊》2021年第2期；金延林、金宗学《房山石径本〈御注金刚经〉探微》，《世界宗教文化》2023年第6期等。

③ 郭芹纳主编：《唐玄宗御注三经》，第242页。

④ 郭芹纳主编：《唐玄宗御注三经》，第175页。

文》《册府元龟》《张九龄集》中的“检校（简较）释门威仪”，藏经中则没有这种说法。经查藏经，开元年间，有记载的“（都）释门威仪”除思有外，还有两人，一为“都释门威仪智俨”，出现于释温古所作的《毗卢遮那成佛神变加持经义释序》[①]，其中叙述，开元十五年（727），僧一行圆寂后，其与其师善无畏共同翻译释义《大日经》的事业还没有完成，此时，“都释门威仪智俨法师”，曾与一行禅师同受业于善无畏，娴熟梵语，遂继承了一行禅师的事业，继续与善无畏共同完成了《大日经义释》。辽代觉苑所作的《大日经义释演密钞》中解释“都释门威仪”为：“威仪者，释门主者之称，如今都僧录也，即今道门犹存此职。”[②]此乃以都僧录等同于都释门威仪。另一位是“释门威仪定宾律师”，出现在李华为善无畏所作的行状——《玄宗朝翻经三藏善无畏赠鸿胪卿行状》中，其中记述，开元二十三年，善无畏圆寂后，“鸿胪丞李岘与释门威仪定宾律师监护丧事，以八月八日葬于龙门西山”[③]。同为李华所撰之《大唐东都大圣善寺故中天竺国善无畏三藏和尚碑铭并序》中记载为“遣鸿胪寺丞李岘、威仪僧定宾律师监护葬于龙门西山”[④]。值得注意的是，在《宋高僧传·善无畏传》中称：“遣鸿胪丞李现具威仪，宾律师护丧事。”[⑤]此处，具威仪应该是指丧葬仪式中的鼓吹等仪仗。因为李华乃善无畏的在家弟子，且其《行状》写于善无畏圆寂后不久，更加可信。《宋高僧传》中可能是误读所致。由此可知，思有乃是玄宗时期的僧官，经常与玄宗相过从，故而对于玄宗三教平衡共用的政策比较熟悉，在玄宗《御注道德经》颁行天下后不久，即上表请注《金刚经》，一则迎合了玄宗的心理和政策，一则为佛教的发展求得更大的空间。

---

① 见陈尚君辑校《全唐文补编》，中华书局 2005 年版，第 373 页；以及《续藏经》第 23 册，第 265 页上。

② （辽）觉苑撰：《大日经义释演密钞》，《续藏经》第 23 册，第 534 页中。

③ （唐）李华：《玄宗朝翻经三藏善无畏赠鸿胪卿行状》，载陈尚君辑校《全唐文补编》，第 555 页；以及《大正藏》第 50 册，第 290 页中。

④ 《大正藏》第 50 册，第 291 页下。

⑤ （宋）赞宁等撰：《宋高僧传·善无畏传》，《大正藏》第 50 册，第 716 页上。

其次，完成过程顺利与否不同。以《御注孝经》为例，玄宗前后两次注经，注经时世人对于《孝经》的各种理解纷然杂陈，甚至不同版本《孝经》的一些文字也并不统一，玄宗在注经中对于文字进行了改定，对于文字的理解进行了统一。这种改定和统一虽有一定的质疑，但因其被收入《十三经注疏》而广为流传，且被广泛认可。玄宗对于《孝经》的理解是完整与统一的，且是不带任何疑问的。但是在注《金刚经》的过程中，玄宗遇到了疑难，虽经请教道氤，但其疑难其实并没有得到解决，其对于经文的怀疑在后来的佛教高僧大德中也并没有得到认可。正如衣川贤次所言："与正统的佛教徒所著注疏不同，李隆基在这部《御注金刚经》中，对经文不仅有解释，而且有质疑，反映了李隆基本人对《金刚经》的学习与理解。"[①]

玄宗于开元二十三年（735）六月三日开始注经，至九月十五日完成，此时，与玄宗过往比较密切的高僧很多已经谢世，如菩提流志与僧一行卒于开元十五年，义福与金刚智卒于开元二十年；而善无畏时年九十九，不久于开元二十三年十月七日示寂；不空时年刚过而立之年。道氤时年68岁，且其《御注金刚经宣演》"精博深微，穷法体相，诸师莫能忘其藩垣"，故从年龄学问等各方面来说正是玄宗请益最好的对象。

玄宗向道氤请教的经文是"能净业障分第十六"的第一段："复次，须菩提，若善男子、善女人，受持读诵此经，若为人轻贱，是人先世罪业，应堕恶道，以今世人轻贱故，先世罪业则为消灭，当得阿耨多罗三藐三菩提。"玄宗的疑问并没有因为道氤而解惑，而被忠实地记录在此段的注文中，我们先录于此：

> 以此敦劝持经之人尔。夫业若先定，应堕恶道，即是钝根。闻必惊怖，安能信奉而读诵此经耶？若后五百岁，闻是章句，能生信心

① （唐）李隆基撰，［日］衣川贤次整理：《御注金刚般若经》，载方广锠主编《藏外佛教文献》第二编总第十辑，第39页。

者，此人已于千万佛所，种诸善根，复若为人轻贱乎？况此经，佛为大乘最上乘者说，皆真实不诳，不应苟劝愚人，崇信而发菩提。取相之言，将如来别有深意乎？为译经之人失其旨也。[①]

玄宗根据《金刚经》“正信希有分第六”所言“如来灭后，后五百岁，有持戒修福者，于此章句，能生信心，以此为实。当知是人，不于一佛二佛三四五佛而种善根，以于无量千万佛所种诸善根”，以及“持经功德分第十五”所言“如来为发大乘者说，为发最上乘者说”，认为能信奉《金刚经》者，必是善根已种、信心已生、大乘已发的最上乘之人，而如来说《金刚经》的对象也正是这些人。因先作之业而应堕恶道之人，乃是钝根之人，其于《金刚经》必不能生信解，亦必不能信奉，流通此经之人亦不应以其为宣教对象。而这里出现的这段经文，因与前文抵牾，故乃译经之人即鸠摩罗什的失误。玄宗于此展示的似乎是中国传统文化中性三品说的思想，似乎钝根之人（或下品之人）不可闻听上乘之法（不可移易其性）。此一疑问显示了玄宗对于佛教还处于一个逻辑的、理性的理解的阶段，也显示了玄宗对于佛教理解的不足之处。

道氤当时对于玄宗的疑问没有正面回答，而是比较取巧，他说：“佛力经力，十圣三贤，亦不可测。陛下曩于般若会中闻熏不一，更沈注想，自发现行。”[②] 道氤首先讲佛的意旨确实深不可测，而每个人于般若会上所得也肯定不一致，玄宗只要按照自己的所得如实记叙即可。《宋高僧传·道氤传》中随后讲，玄宗豁然开悟，下笔不休，终无滞碍。后来，道氤在其《御注金刚经宣演》中解释此段时，引用了《涅槃经》中的如下文字：“未入我法名决定业，若入我法则不决定。”又举阿阇世王之例说明之。表明道氤其实明白玄宗疑问的实质所在，他之所以让玄宗保留其疑问，乃是为

① 郭芹纳主编：《唐玄宗御注三经》，第 214 页；亦见（唐）李隆基撰，［日］衣川贤次整理《御注金刚般若经》，载方广锠主编《藏外佛教文献》第二编总第十辑，第 80—81 页。

② （宋）赞宁等撰：《宋高僧传·道氤传》，《大正藏》第 50 册，第 735 页上。

了表佛意深微。

最后，颁示过程曲折不同。《御注金刚经》完成以后，其颁示天下的过程也颇多曲折。此一过程徐新源《唐玄宗注〈金刚经〉与唐朝三教合一政策的形成》一文论述颇详，读者可参看。正如徐新源所讲："《御注金刚经》本就不是一部无人请求就不颁行的著作，它和国家政策息息相关，是继御注《孝经》《道德经》之后'三教合一'的最后一环。"[①]也就是说，在《御注孝经》《御注道德经》之后，《御注金刚经》乃是玄宗宗教政策以及生命世界、精神世界的最后一块拼图，不管有无思有的请注，张九龄以及思有的请颁，该注可能都会创作并颁行。但与《御注道德经》张九龄一请即颁示天下相比，《御注金刚经》在完稿到颁示天下之间确实经历了颇多的曲折，除了徐新源所说的"符合'群臣力劝，皇帝谦虚'的模式"，以及"'竟依群请'不过是玄宗自导自演的戏"，笔者这里想要补充的是，可能与前述玄宗注经并不如《孝经》《道德经》顺利，故其颁示于天下人面前的信心也不足有关。

综上，我们从宗教政策、宗教信仰、交游以及理论研究几个方面综述了玄宗与佛教之关系，可以看出玄宗对于佛教有一定的理解，也有一定的信仰，佛教在其生命世界与精神世界中占据了一定的位置，僧人在其日常生活中也占有一定的比重，这一点贯穿了其生命的始终；在其治理国家时，则既有对于现实中佛教的不良发展或过度（以国家治理为标准）发展进行压制，也有意识地在政治实践中采纳了佛教的资源，这一点则因为佛教本身的现实情况、国家治理的需要等而表现出阶段性的特征。

四　结语

玄宗时期无论是对于中国传统社会，还是对于中国传统思想来说，都是一个关键的转型期。唐玄宗御注三经，对于儒道佛都有一定的理论创

① 徐新源：《唐玄宗注〈金刚经〉与唐朝三教合一政策的形成》，《唐都学刊》2021 年第 2 期。

建，但是三教在其政治活动及生命体验中的重要性并不是平等的。在其政治建构中，显然是以儒家的礼乐制度和移孝为忠精神为主，道家和佛教的一些制度为补充；而在其生命体验中，则显然以道家为主，他对于儒家和佛教的信仰都是有一定限度的。

玄宗时期，进行了多次的三教论衡，有据可查的包括三次，分别是开元十八（730）年花萼楼定二教优劣、开元二十二年千秋节三教论同异以及天宝四载（745）内道场阐明佛理，从内容上来看，这三次论衡具有鲜明的学术特征，与后期娱乐性的三教论衡有着明显的区别。这表明玄宗对于三教互相交涉和会通有着明确的自我意识，其主持或参加的三教论衡并不只具有政治面向（宏振王猷、弘奖风教），也包含了鲜明的学术面向。但是，相较于宋明时期儒佛交涉会通而言，玄宗所倡导的“三教合一”更加是一种功能上的合一，其理论会通还处于比较浅显的阶段。

论僧伽罗刹的《修行道地经》

——汉传藏经中最古老、最完整的说一切有部声闻禅经

蒋永超

上海大学道安佛学研究中心荣誉研究员

摘要：近三十年来，南传佛教禅法在华人世界快速流行，如何处理南北传禅法之相遇与融通，已成为汉传佛教需要面对的问题。历史上，汉传佛教的禅法主要以大乘禅为主，但在天台与禅宗兴起之前，汉魏（三国）两晋南北朝实际上曾盛行过声闻禅。汉传声闻禅经译本约有二十种，其中，竺法护所翻译的《修行道地经》比较重要，因为它是时间最古老、文本最完整、作者最明确的声闻禅著作。《修行道地经》是印度西北部说一切有部的譬喻师僧伽罗刹所著的禅经，比南传佛教的《清净道论》都要早，在历史、文献与思想上具有重要意义。本文通过对《修行道地经》的作者、结构与内容的研究，阐述了该经的历史影响及其现代价值，就是想对南北传禅法相遇与融通做些回应。

关键词：说一切有部；僧伽罗刹；《修行道地经》；声闻禅；止观

汉语禅经有大乘和声闻乘（小乘）之别，而翻译声闻禅经者，东汉末安世高是第一人；至西晋竺法护时，有进一步推进；到鸠摩罗什（kumārajīva）时，声闻禅经的翻译有所转变，即声闻禅经已开始融入大乘禅的内容。此后，佛陀跋陀罗（Buddhabhadra，觉贤）、沮渠京声、昙摩密多（Dharmamitra）等人亦相继翻译声闻禅经。汉传藏经中所保留的声闻禅

经共计二十种左右。

竺法护出生于敦煌，精通西域胡语（包括梵文），其所翻译的经典以大乘经典为主，同时也翻译声闻乘经典，他所译的《修行道地经》就是例证。《修行道地经》是印度西北部地区说一切有部譬喻师僧伽罗刹的禅法著作，其重要性堪比南传佛教的《清净道论》。《修行道地经》在中国先后被安世高、支曜、竺法护与鸠摩罗什等人多次翻译，对汉魏两晋南北朝时期的中国佛教的禅修方式产生过较大的影响。就其突出特点而言，《修行道地经》是汉译声闻禅经中时代最古老、文本最完整、作者最明确、内容最系统的。

时至今日，研究大小乘禅经，行持大小乘禅法，愈来愈为汉传佛教僧俗研究者所关注。由此，《修行道地经》在历史、文献与思想上之重要性不言而喻。

本文以《修行道地经》为研学对象，包含五个讨论重点：（1）《修行道地经》的作者僧伽罗刹的生平；（2）竺法护翻译《修行道地经》；（3）《修行道地经》的结构与内容；（4）《修行道地经》对中国早期佛教禅修的影响及其价值；（5）简论《修行道地经》的现实意义。

一 《修行道地经》的作者

（一）僧伽罗刹其人

《修行道地经》的作者是僧伽罗刹（Saṅgharakṣa），又音译为“僧伽罗叉”，意为众护。在汉语藏经文献中，僧伽罗刹的生平资料最早出现在《修行道地经》与《僧伽罗刹所集经》的两篇序言中，后者更为重要一些。《开元释教录》说《僧伽罗刹所集经》译过两次，现存的是第一译，由“苻秦罽宾[1]

① 罽宾，被人倒翻为“Kāśmīra（迦湿弥罗）”或“Kabul（卡波尔）”都不太对，中文中的罽宾是个很宽泛的概念，不同时代有不同的所指，大致包括今天印度西北部，诸如卡什米尔地区、巴基斯坦东北部与阿富汗东部（大夏）等地区。罽宾可能没有对应的梵文原词，这个词是古代中国人的叫法。

三藏僧伽跋澄等译”。[①]僧伽跋澄（Saṃghabhūti，众现）是印度西北罽宾国僧人[②]，关于他翻译《僧伽罗刹所集经》的情况，其序云：

> 建元二十年，罽宾沙门僧伽跋澄赍此经本来诣长安，武威太守赵文业请令出焉。佛念为译，慧嵩笔受，正值慕容作难于近郊，然译出不襄。余与法和对检定之，十一月三十日乃了也。[③]

法和是道安法师同学，曾与道安法师一起师事佛图澄（232—348），依“余与法和对检定之”，“余”大概率是道安本人，故《僧伽罗刹所集经》的序言很可能是道安写的，换言之，这篇记载僧伽罗刹生平的传记是道安根据僧伽跋澄提供的资料亲自编辑写定的。

僧伽罗刹的传记出现在这篇序中并非偶然：一者《僧伽罗刹所集经》的作者是僧伽罗刹，译者僧伽跋澄必然会向参与翻译的人介绍这部经的作者；其二，僧伽跋澄是印度人，他对僧伽罗刹的生平一定是有所耳闻与了解的；其三，作为翻译的主持人与参与者，道安与法和对僧伽罗刹这位有部大师一定很感兴趣，必定会向僧伽跋澄详细地询问。

在《僧伽罗刹所集经卷上并序》中，道安如是说：

> 僧伽罗刹者，须赖国人也。佛去世后七百年生此国，出家学道，游教诸邦，至揵陀越土，甄陀罽腻王师焉。[④]

① 《僧伽罗刹所集经》卷 1，《大正藏》第 4 册，No. 194，第 115 页中。

② （梁）慧皎《高僧传》卷 1：“僧伽跋澄，此云众现，罽宾人。毅然有渊懿之量，历寻名师，备习三藏，博览众典，特善数经，暗诵《阿毗昙毗婆沙》，贯其妙旨。常浪志游方，观风弘化。苻坚建元十七年，来入关中。”（《大正藏》第 50 册，No. 2059，第 328 页上—中）

③ （唐）智昇《开元释教录》卷 3：“《僧伽罗刹所集经》三卷，或云《僧伽罗刹集》，初出或五卷，建元二十年出十一月三十日讫，佛念传译，慧嵩笔受，见僧佑录，于长安石羊寺出，亦云佛护传译。”（《大正藏》第 55 册，No. 2154，第 510 页下）

④ 《僧伽罗刹所集经》卷 1，《大正藏》第 4 册，No. 194，第 115 页中。

僧伽罗刹者出生在须赖国（安世高《道地经》中作“须赖拏国”），[①]这个“须赖国”就是《大唐西域记》中所说的苏剌侘国（Surāṣṭra），该国位于今孟买卡西瓦半岛（Kathiawar Peninsula）南部苏剌多州（Sorath）。至于说僧伽罗刹是“佛去世后七百年”的人，多少有点晚，因为安世高 148 年左右到洛阳，并在永康元年（167）译出《道地经》。[②]由此推算，若说僧伽罗刹活动于 2 世纪（佛灭后七百年），那几乎与安世高同一个世纪，时间上确实很晚了。[③]

“至揵陀越土，甄陀罽腻王师焉”也为我们提供了一个时间坐标。揵陀越，即犍陀罗（Gandhāra），意为“香风国”，大致对应于今天的巴基斯坦之白沙瓦（Peshawar）及其毗连的阿富汗东部一带。甄陀[④]罽腻王即 Caṇḍana-Kaniṣka，中文多译为“迦腻色迦王”，他系贵霜王朝（Kusāna）之第三世王。[⑤]

> 依《三国志》卷三《魏书》（三）所载，太和三年（479）十二月，大月氏王波调（Vāsudeva，迦腻色迦王之孙）曾遣使向魏奉献。若依此推算，则迦腻色迦王之年代应在公元二世纪中叶。[⑥]

迦腻色迦王于 2 世纪中叶曾师事僧伽罗刹，如果属实，则有两种可能：一

---

① 《道地经》：“天竺须赖拏国三藏僧伽罗刹、汉言众护造、后汉安息国三藏安世高译。”（《大正藏》第 15 册，No. 607，第 230 页下）

② （隋）费长房《历代三宝纪》卷 4：“《修行地道经》七卷，或六卷，初出汉永康元年译，支敏度制序。见宝唱录及别录，或云《顺道行经》。”（《大正藏》第 49 册，No. 2034，第 50 页上）

③ 印顺《原始佛教圣典之集成》卷 8：“称偈颂集为‘优陀那’，虽不知始于什么时候，但僧伽罗刹（Saṃgharakṣa）（约公元 1 世纪人）的《修行地道》——禅观偈集，是称为‘优陀那’的（作品于公元 160 年顷译出）。”（Y35，no. 33，p. 544a3–5）

④ 甄陀，又音译为旃檀、真檀，系 Caṇḍana 的音译，似意指犍陀罗（gandhara）或旃陀罗（candra 月）。

⑤ 迦腻色伽的在位年代在学术界众说纷纭，从公元前 58 年至公元 248 年，各种主张不下十种。根据考古研究最可信者有二：131 年和 143 年。

⑥ 见《中华佛教百科全书》“迦腻色迦力”词条。原文见《三国志》卷三《魏书》（三）：“癸卯，大月氏王波调遣使奉献，以调为亲魏大月氏王。”

是僧伽罗刹年龄要大于迦腻色迦王；二是僧伽罗刹写《修行道地经》的时间比较早，至少不晚于2世纪上半叶。如果这样的推理成立，则僧伽罗刹很可能是出生在1世纪下半叶，而终于2世纪中叶前后。[①]

在《僧伽罗刹所集经》的序中，还有描述僧伽罗刹圆寂时的情形，貌似神话，但是可从中了解这位佛教人物：

> 传其将终，“我若立根得力大士诚不虚者，立斯树下，手援其叶而弃此身，使那罗延力（Nārāyaṇabala）大象之势，无能移余如毛发也。正使就耶维（kṣapita，荼毗，火化）者，当不燋此叶”。言然之后便即立终。罽腻王自临而不能动，遂以巨絙象挽未始能摇，即就耶维，炎叶不伤。寻升兜术（Tuṣita，兜率天），与弥勒大士高谈彼宫，将补佛处（Ekajāti pratibaddha）贤劫（Bhadrakalpa）第八。[②]

僧伽罗刹在圆寂之前，对人说：“我站立着，如大力士脚下生根，绝不虚浮，我站在这树下，手攀树叶而抛弃这肉身，即使力量大如那罗延力，像大象一样有力量，也没有办法移动我一根毛发。当把我火化时，这些树叶也不会烧焦。”说完之后，就站立着圆寂了。迦腻色迦王亲临现场，也不能移动僧伽罗刹的身体，于是牵来大象用巨大绳索使劲拖，仍无法动摇，于是就地火化，但僧伽罗刹所攀的树叶却烧不着。不久，僧伽罗刹的身体飞升入兜率天，并与弥勒菩萨在宫里高谈佛法。僧伽罗刹将在贤劫中成为第八尊佛。

这个故事确实超乎常人之经验与想象，不过，在佛教的脉络中，凡是

---

① 印顺《初期大乘佛教之起源与开展》卷6：“僧伽罗叉是大禅师，《修行地道经》颂的作者。传说僧伽罗叉是贤劫第八佛——柔仁佛。马鸣与僧伽罗叉，约为公元1、2世纪间人。”（Y37，no. 35，p. 375a5–7）。“关于其出生年代，〈僧伽罗刹所集经序〉说是佛灭七百年。若其所撰《大地道经》，即系后汉安世高所译出（160年左右）之《大地道经》，则其出生年代当在公元二世纪以前。”见《中华佛教百科全书》“僧伽罗刹”词条。

② 《僧伽罗刹所集经》卷1，《大正藏》第4册，No. 194，第115页中—下。

真正之大德，其德行纯净，禅功深妙，必有常人难以理解之奇迹。至于弥勒菩萨在兜率天中与僧伽罗刹对谈，这种神话式的描述古来有之，如印度无著菩萨上兜率天向弥勒菩萨求请佛法等。

（二）僧伽罗刹的师友

僧伽罗刹生处何时？从他的师承关系中可知一二。印顺法师在《佛教史地考论》中提到一部偈颂体的经，名为《佛使比丘迦旃延说法没尽偈百二十章》[①]，内容是讲“法灭尽”的问题，经中涉及僧伽罗刹的师承关系，原文云：

> 沙门解罗刹，闻是法教戒。前稽首作礼，耆年迦旃子。惟吾身战栗，毛竖心为寒。失志不知法，不复识方面。今我闻此言，心生大恐惧。将来世见此，安能心不碎。尊者迦旃子，兴此悲哀已。则为诸弟子，说正法未尽。[②]

引文中出现两个人物，一为迦旃子，二为解罗刹。印顺法师认为，迦旃子就是迦旃延尼子（kātyāyanīputra，迦多衍尼子），解罗刹就是僧伽罗刹，前者是师父，后者是弟子。不过，这在时间上有很大的误差，迦旃延尼子是《发智论》的作者，吉藏《三论玄义》中说他生活在佛灭后二百五年至三百年左右。[③]至于僧伽罗刹，《僧伽罗刹所集经》序中记载，他“佛去世后七百年生”于须赖国，二人的时间完全对不上。在《出三藏记集》中印度法师佛陀跋陀罗（Buddhabhadra）提供了一个排序：“迦旃延菩萨第

① 《迦丁比丘说当来变经》是《佛使比丘迦旃延说法没尽偈》的异译本（散文体），但这篇文献没有提到“僧伽罗刹”。

② 《佛使比丘迦旃延说法没尽偈百二十章》，《大正藏》第 49 册，No. 2029，第 12 页中。

③ （唐）吉藏《三论玄义》：“优婆掘多付富楼那，富楼那付寐者柯，寐者柯付迦旃延尼子。从迦叶至寐者柯二百年已来无异部，至三百年初，迦旃延尼子去世，便分成两部，一上座弟子部，二萨婆多部。”（《大正藏》第 45 册，No. 1852，第 9 页中）

五”，“众护（僧伽罗刹）第二十六”，他们二人之间相差了二十个人左右，时间跨度也达三百年之多。[①]

把“解罗刹”视为“僧伽罗刹”，很大程度上是印顺法师根据《迦旃延说法没尽偈》这份材料所推定，他自己未必确定[②]，因为印顺法师在《性空学探源》卷 3 中说：“佛灭三百年间，东方迦湿弥罗有迦旃延尼子造《发智论》。”[③]既然迦旃延尼子是佛灭三百年后的人物，那么，他比僧伽罗刹就要早几百年，他们不可能是师徒关系。还有一种可能就是，《佛使比丘迦旃延说法没尽偈》这部文献本身就有问题，不是“历史”记录，仅仅是传说而已。假如我们要确证他们是师徒关系，还需要找到更准确的证据。

除了师承关系之外，确定僧伽罗刹与哪些人属于同一时代是最为关键的。对此，印顺法师与吕澂都有讨论。

吕澂说：“迦王时代，不但出现了马鸣这样的学者，而且众护（僧伽罗刹）、世友（Vasumitra）等大家，都被说成是这时期的人物。众护还被说成是迦王（Kaniṣka）的王师。”[④]

又：“瑜伽师的存在，从《大毗婆沙论》就可以看得出来，像有部的世友、僧伽罗刹（众护）就是属于这一系统的。”[⑤]

又：“据现代人考证，法救（Dharmatrāta）、世友与贵霜王朝的迦腻色迦王同时，尽管迦王的年代还不能最后确定，一般认为不会早于公元二世纪。”[⑥]

---

① （梁）僧祐《出三藏记集》卷 12《萨婆多部记目录序第六》中，“迦旃延罗汉第七”“僧伽罗叉菩萨第二十九”。(《大正藏》第 55 册，No. 2145，第 88 页下）二人同样是相差二十余人，若说他们是师徒关系，实在太过勉强。

② 印顺：《性空学探源》卷 3：“佛灭三百年间，东方迦湿弥罗有迦旃延尼子造《发智论》。”（Y11，no. 11，p. 100a12–13）这句话证明印顺法师认为迦旃延尼子是佛灭三百年的人。

③ 印顺：《性空学探源》卷 3（Y11，no. 11，p. 100a12–13）。

④ 吕澂：《印度佛学源流略讲》卷 4（LC01，no. 1，p. 57a7–8）。

⑤ 吕澂：《印度佛学源流略讲》卷 7（LC01，no. 1，pp. 303a11–304a1）。

⑥ 吕澂：《中国佛学源流略讲》卷 3（LC02，no. 2，p. 34a2–4）。

根据以上吕澂的考证，他认为僧伽罗刹、世友、法救与迦腻色迦王都是同时代的人，都生活在2世纪，而且他们都有可能参与了《大毗婆沙论》的编辑。

印顺法师则说："论到禅法的传承说：'尊者婆须蜜（Vasumitra）、尊者僧伽罗叉。'婆须蜜即世友。《出三藏记集》所载一切有部的祖师迦旃延的继承者，即是世友。世友与僧伽罗叉，大抵是同时的。"①

又："如众护、马鸣、鸠摩罗陀、僧伽斯那……这一系的禅者，第一要推僧伽罗叉（众护），传说是迦旃延尼子弟子，与世友（持经譬喻师，本是有部系的，不反对阿毗达磨，不过能保持以经简论的态度，不同情过分的名相推求）同时。他的名著《修行道地经》，梵语'榆迦遮复弥'，即是瑜伽行地。"②

又："到公元二世纪，大月氏的迦腻色迦王（Kaniṣka）而达到极盛。说一切有部的论师中，如世友、妙音（Ghoṣa），在阿毗达磨论师中，属于犍陀罗及以西的'西方师'。"③

又："僧伽罗刹（Saṃgharakṣa）是大禅师，传说为迦腻色迦王师。"④

印顺法师认为，僧伽罗刹与世友均生活在迦腻色迦王的时代，而且很可能都是迦旃延尼子的弟子。吕澂与印顺法师的观点差不多，认为僧伽罗刹与世友是迦腻色迦王时代的人，但吕澂没有说世友与僧伽罗刹是迦旃延尼子的弟子。另外，值得注意的是，印顺法师还提及另外一位"世友"，是公元前1世纪的人。⑤"依山田龙城《大乘佛教成立论序说》所载，在印度佛教史上，共有十四位名为'世友'的人。"⑥与僧伽罗刹同时的世友，

① 印顺：《佛教史地考论》卷12（Y22，no. 22，p. 293a6–8）。

② 印顺：《以佛法研究佛法》卷6（Y16，no. 16，pp. 206a10–207a2）。

③ 印顺：《初期大乘佛教之起源与开展》卷7（Y37，no. 35，p. 435a1–3）。

④ 印顺：《印度佛教思想史》卷6（Y34，no. 32，p. 206a4）。

⑤ 印顺《以佛法研究佛法》卷7："如《品类论》作者——西方摩罗的世友（前一世纪）。"（Y16，no. 16，pp. 226a13–227a1）印顺《佛教史地考论》卷4："现存的最古文记，是《阿育王传》、世友的《十八部论》，都编纂于公元前一世纪。"（Y22，no. 22，p. 194a3–4）。

⑥ 见《中华佛教百科全书》"世友"词条。

很大可能是《尊婆须蜜菩萨所集论》和《异部宗轮论》的作者，也就是《萨婆多部记目录》中提到的世友。

（三）僧伽罗刹的禅法谱系

尽管僧伽罗刹的生卒与事迹都不太清楚，但他作为说一切有部的譬喻师大德是确定的。他对一切有部的禅法进行了整理，写出了《修行道地经》。这部禅经此后一直影响着印度西北部、中亚和西域（今中国新疆）地区的声闻禅法。对僧伽罗刹这个禅修大师来说，他禅修功夫深湛，不仅为当时佛教徒所敬仰，后来的禅修者也多以他为楷模。他在印度西北地区一切有部的禅法传承中拥有崇高的地位是无可置疑的。

作为禅法的整理者、佛法的传承者，僧伽罗刹在说一切有部的传承谱系中居于什么地位呢？印顺法师在《中国禅宗史》卷 6 中对此做了十分详细的讨论：

> 说到传法的统系，经律旧有各种不同的传承。与禅宗传法统系相关的，有三：一、佛陀跋陀罗——觉贤三藏，来中国传禅，在庐山译出《达摩多罗禅经》（约四一一译出），慧观作序（见《出三藏记集》卷九）。《禅经》（及经序）叙述禅法的传承，说到大迦叶，阿难，末田地，舍那婆斯，优波崛（五师），婆须蜜，僧伽罗叉，达摩多罗，不若蜜多罗。二、后魏吉迦夜等（约四七二顷）传出的《付法藏传》六卷，也是从大迦叶等五师起，到师子尊者止，共二十四人。三、梁僧祐（五一八卒）撰《出三藏记集》（卷十二），有〈萨婆多部记目录〉，中有两种大同小异的传说。1.“旧记”所传：从大迦叶到达磨多罗（后五师，都是〈禅经序〉所说的），共五十三世。2.〈长安城内齐公寺萨婆多部佛陀跋陀罗师宗相承略传〉，从阿难第一起，到僧伽佛澄，共五十四世。比“旧记”所说，在达摩多罗后，又增出四人。僧祐是律师，所以看作律的传承，其实与佛陀跋陀罗所传有关，是参照

> 《付法藏因缘传》而补充集成的。这三种（四说）法统谱系，为后代禅者的主要依据。①

上述引文中，印顺法师所提及的第一种禅法谱系出自《达摩多罗禅经》，原话如下：

> 佛灭度后，尊者大迦叶、尊者阿难、尊者末田地（Madhyāntika）、尊者舍那婆斯（Sāṇakavāsa/Śāṇakavāsin）、尊者优波崛（Upagupta）、尊者婆须蜜（Vasumitra）、尊者僧伽罗叉（Śaṁgharakṣa）、尊者达摩多罗（Dharmatrāta），乃至尊者不若蜜多罗（Puṇyamitra），诸持法者，以此慧灯，次第传授，我今如其所闻而说是义。②

《达摩多罗禅经》是411年在庐山慧远的协助下翻译成中文的，佛陀跋陀罗不仅是该禅经的翻译者，也是该禅法的传承者。禅经开始部分除了礼敬颂之外，还有一段长行散文：一是说明禅经的内容，如修二甘露门等；二是说明禅法的传承谱系。其中，"如其所闻"显然是说该"谱系"是禅经作者（达摩多罗 Dharmatrāta 与佛大先 Buddhasena）从上辈禅师那儿听来的。这个谱系相对原始而简明，大致勾勒了印度西北地区有部禅法的传承序列。

---

① 印顺:《中国禅宗史》卷 6（Y40，no. 38，p. 252a3-13）。

② 《达摩多罗禅经》卷 1，《大正藏》第 15 册，No. 618，第 301 页下。此外，吉藏在《三论玄义》中提及印度西北部佛教在佛灭后三百年中有关"三藏"传承的人物序列表："佛灭度后，迦叶以三藏付三师，以修多罗付阿难，以毘昙付富楼那（Pūrṇa），以律付优婆离（Upāli）。阿难去世，以修多罗付末田地（Madhyāntika），末田地付舍那婆斯（Śāṇakavāsa/Śāṇavāsa），舍那婆斯付优婆掘多（Upagupta），优婆掘多付富楼那（Pūrṇa），富楼那付寐者柯（Mecaka），寐者柯付迦旃延尼子（Kātyāyanīputra）。从迦叶至寐者柯二百年已来无异部，至三百年初，迦旃延尼子去世，便分成两部，一上座弟子部，二萨婆多部。"（《大正藏》第 45 册，No. 1852，第 9 页中）引文中三藏传承表中出现两个富楼那，不知何如？不过，提出迦旃延尼子（Kātyāyanīputra）在 3 世纪初去世，有部自公元前 2 世纪独立成一部派，确有重大意义。

至于后魏吉迦夜（Kiṅkara）所翻的《付法藏传》（472）中列出了二十八位禅法传承者，其中不少人与一切有部相关，但是没有“僧伽罗刹”的名字，而且现代研究者认为，该传是中印资料的汇编本，传承出处难以考证。

第三种是僧祐（445—518）所撰的《出三藏记集·萨婆多部记目录序》中所列出的两份谱系：一为五十三人，二为五十四人，其中不少人是一切有部的人物，但其中有些人似乎与大乘有关。那僧祐为何要辑录这两个谱系？据他说：

> 饮泉者敬其源，宁可服膺玄训，而不记列其人哉？……遂搜访古今撰萨婆多记，其先传同异，则并录以广闻后贤……摠其新旧九十余人，使英声与至教永被，懋实共日月惟新。[①]

故僧祐的目的是“并录”这些大德的名号，让后人通过这些名号了解说一切有部大德的“德业”，特别是要明白“法”之传承与来处，当然这其中也包括了“禅法”的传承法脉。

萨婆多部（Sarvāstivāda），就是说一切有部；目录，就是人物名录。在第一份名录中，“僧伽罗叉菩萨第二十九”；在第二份名录中，“众护第二十六”。僧伽罗叉就是僧伽罗刹，这两份名录都出现了“僧伽罗刹”，可见其重要。第一份名录是僧祐自己编的，还是传自他人，僧祐并没有说明。第二份名录全称《长安城内齐公寺萨婆多部佛大跋陀罗师宗相承略传》，[②] 明确说是印度僧人佛陀跋陀罗所说的“萨婆多部”的“师宗相承略传”，并在“长安城内齐公寺”内宣布，随后传开的。

佛陀跋陀罗是受后秦僧人智严（350—427）的邀请，于晋义熙四年

① （梁）僧祐《出三藏记集》卷 12：“萨婆多部记目录序第六。”（《大正藏》第 55 册，No. 2145，第 88 页下）

② （梁）僧祐：《出三藏记集》卷 12，《大正藏》第 55 册，No. 2145，第 89 页下。

（408）在青岛登陆，后进入长安，住在长安的宫寺（一称齐公寺）。义熙七年因与罗什弟子不和，南下庐山依慧远法师。佛陀跋陀罗在长安宫寺先整理出一切有部的“师宗相承”目录，到庐山后又翻译了《达摩多罗禅经》，提出了一份简单的禅法传承人目录。上述两份禅法传承人目录一繁一简，简者以“禅法”为主，繁者以“法”为主，但彼此有内在的联系。

不过，有个问题还需要注意，就是觉贤所列的目录，其中每个人物的“位置”是否有讲究？换言之，他们之间有无时间顺序，有无师徒关系？抑或是说，仅仅因为他们是大德，与一切有部有关系，历史影响大，就把他们放在了一起？这两个名录很重要，很值得研究，但又不得不承认，这些人物在时间顺序、师承关系上是不清楚的。

僧伽罗刹，有时也音译为“僧伽罗叉”，在汉语藏经中所提及的“僧伽罗叉”，在历史上有两个人：第一位是《修行道地经》的作者；第二位是东晋时从印度来中国的翻译家。

第二位僧伽罗叉，《中阿含经》卷 60《后出中阿含经记》有载：

> 时晋国大长者，尚书令卫将军、东亭侯优婆塞王元琳[①]，常护持正法以为己任……为出经故，造立精舍，延请有道释慧持等义学沙门四十余人……又豫请经师僧伽罗叉，长供数年……于扬州丹阳郡建康县界，在其精舍，更出此《中阿含》，请罽宾沙门僧伽罗叉令诵胡本，请僧伽提和（作者案：即僧伽提婆）转胡为晋，豫州沙门道慈笔受……

可见，此一僧伽罗叉是印度人，与东晋王珣（349—400）同一时代，

① 王珣（349—400）字符琳，小字法护，东晋琅邪临沂人，书法家王导之孙，王洽之子，王羲之从侄，车骑将军。《出三藏记集》多称王元琳，《梁高僧传》多称王珣，其实均是同一个人。《开元释教录》卷 3：“准高僧传、僧佑录、长房录等，并云王珣，中含经序乃云王元琳，元琳多是珣之字也。”（《大正藏》第 55 册，No. 2154，第 505 页上）。

他到中国后，曾在“扬州丹阳郡建康县”参与了《中阿含》的翻译。此前，道安在长安时翻译过《中阿含》，这次是再次翻译。所以，这位僧伽罗叉与《修行道地经》的作者僧伽罗刹全无关系。

（四）综述僧伽罗刹其人

尽管笔者已搜罗很多藏经资料，也转述了近现代人的研究，但是为了对本文主人公有较清晰的把握，仍需做一番综述，以期从材料上了解本文的核心人物——僧伽罗刹。

首先，僧伽罗刹的传记资料最早出现在两篇序言中：一是竺法护译本《修行道地经》的序（大约是竺法护编撰的）；二是道安为《僧伽罗刹所集经》所写的序，此序更为重要一些。

其次，安世高所译的《道地经》经首冠有：“天竺须赖拏国三藏僧伽罗刹，汉言众护造，后汉安息国三藏安世高译。”这句话证明，安世高所译的《道地经》确为僧伽罗刹所著，而且证实这部经的出世时间不得晚于2世纪中叶之前。安世高于148年来华，至171年一直在翻译佛典，故他翻译《道地经》不会晚于171年。况且一部印度的经典在传入中国之前，必然先在印度或中亚流传一段时间，这至少需要五十年左右，最快也需要三十年。故《修行道地经》的出世时间大概是在1世纪末至2世纪上半叶的早期。

其三，《达摩多罗禅经》经首小序提到的僧伽罗刹（原文作“僧伽罗刹叉”）是放在婆须蜜（Vasumitra，世友）之后。此外，僧祐《出三藏记集》卷12中列出两份“师承人物目录”，均录有僧伽罗刹其人。

其四，僧伽罗刹是《修行道地经》与《僧伽罗刹所集经》的作者，前为声闻禅经，后为佛陀传记，前者由竺法护翻译，后者由道安主持翻译。道安熟悉竺法护的《修行道地经》译本及其序言，对僧伽罗刹的生平资料也有更多的了解与掌握，所以道安提供的僧伽罗刹的资料更为完备。

以上资料均源自印度原始文献，或是依据印度来华人物的转述，由中国法师与居士记录。因此，可以确证僧伽罗刹是个真实的历史人物。此外，印顺法师与吕澂的研究证明他大致是一二世纪的人，与迦腻色迦王、世友同时，并有可能参与了《大毗婆沙论》的编辑。

二　竺法护与《修行道地经》的翻译

（一）竺法护其人

竺法护的传记见于《出三藏记集》与《高僧传》，《高僧传》说他世寿七十八。[①]现代学者推测，他的生卒年月约为 239 年至 316 年。[②]西晋将立之时，即晋武帝司马炎泰始元年（265），竺法护进入汉地，这年他二十七岁左右，至愍帝司马邺建兴年间（316）离世，他在中原从事佛教翻译和弘法活动，前后达四十年余。

法护，梵文 Dharmarakṣa，音译昙摩罗刹，梁慧皎《高僧传》作“竺昙摩罗刹”。他的祖先是月支人，世居敦煌。法护“年八岁出家，事外国沙门竺高座为师”[③]。竺高座是印度人，当他进入西域传播佛教时，西域佛教已经有所普及（学术界一般认为佛教传入西域是在 1 世纪前后）。敦煌地处东西要冲之地，夷夏混居，有利于中外佛教徒的积聚与扩散。魏晋之际，战乱频繁，可能是法护出家的原因。法护少年时就能“诵经日万言，过目则能”[④]，而且“笃志好学，万里寻师”[⑤]，以求深入学习佛法。法护师从竺高座，所学当以梵文为主，他还随师父游学西域，师从不同的老师，学习梵文以外的胡语。法护早年的佛教教育应该是在西域完成的。[⑥]

① （梁）慧皎《高僧传》卷 1《竺昙摩罗刹》：“及晋惠西奔，关中扰乱，百姓流移，护与门徒避地东下。至渑池，遘疾而卒，春秋七十有八。”（《大正藏》第 50 册，No. 2059，第 326 页下）。

② https://authority.dila.edu.tw/person/search.php?aid=A002482（佛学规范数据库 2024/9/7）。关于法护的生卒年月，也有推定为 229 年至 306 年。

③ （梁）慧皎：《高僧传》卷 1《竺昙摩罗刹》，《大正藏》第 50 册，No. 2059，第 326 页下。

④ （梁）慧皎：《高僧传》卷 1《竺昙摩罗刹》，《大正藏》第 50 册，No. 2059，第 326 页下。

⑤ （梁）慧皎：《高僧传》卷 1《竺昙摩罗刹》，《大正藏》第 50 册，No. 2059，第 326 页下。

⑥ 他的传记资料中没有提及他青少年时去过印度与汉地中原。

《出三藏记集》有这样的描述，不免引人疑窦：

> 是时晋武帝之世，寺庙图像虽崇京邑，而方等深经蕴在西域，护乃慨然发愤志弘大道，遂随师至西域，游历诸国，外国异言三十有六，书亦如之。①

这句话在逻辑上是颠倒的，晋武帝司马炎建立西晋时（266），法护已二十七八岁了，不可能这时候才跟随他老师竺高座游历西域诸国，学习佛教语言与佛学知识。合理的推测是他二十七八岁之前就在西域学习语言与佛学，当西晋即将建立时，他看到了（很可能是听说了）汉地中原佛教“寺庙图像虽崇京邑，而方等深经蕴在西域”的这种内在空虚、虚有其表的状况，故“慨然发愤志弘大道，遂随师（笔者案：此时他师父是否活着，法护是否同他师父从汉地再回到西域，都有很大的疑问）至西域，游历诸国”。所以，此时他去西域不再是简单地为了学习佛教语言，而是“大赍胡本，还归中夏，自炖煌至长安，沿路传译，写以晋文”②。法护的翻译与弘法活动，由是展开。

作为生在中西要冲之地——敦煌的法护来说，他熟悉中土、西域与印度的宗教、语言和文化，所以他不断往返于东西之间，一方面在西域等地搜集梵胡佛典，一方面在中原召集助手并积聚资财，以从事佛教翻译。当时很多民间汉族精英拥戴法护，这说明敦煌与中原的关系密切，特别是敦煌在迅速佛化与汉化，并急速成为梵汉佛教、经济与文化双向交流的地方，那些来往于中原与西域的汉胡人士不惜时间与资财积极拥趸法护这样的佛教大师。

法护在四十年中的翻经生涯中，“唯以弘通为业，终身译写，劳不告

① （梁）僧祐:《出三藏记集》卷 13（《大正藏》第 55 册，No. 2145，第 97 页下）。
② （梁）僧祐:《出三藏记集》卷 13（《大正藏》第 55 册，No. 2145，第 97 页下—98 页上）。

惓”[①]。僧祐在《出三藏记集》中借道安之语评价法护翻经的成就：“经法所以广流中华者，护之力也。”[②]法护被当时人尊称为“月支菩萨”[③]，说明他学问广大，倾向大乘，富有人格魅力，为僧俗所敬仰。

法护译经团队有个重要的特点，就是任何经典的翻译，都会记录起始与结束时间，标注翻经的地方与参与的人，为我们研究法护的翻译活动提供了真实的第一手资料。他所翻经典的内容与类型，大小兼备，尤以大乘为主，如《法华》《般若》《大集》《宝积》《华严》，以及《本生》与《阿含》等。

综上所言，就翻译的历史意义来说，竺法护是罗什之前，翻译经典最多、成就最大的佛教翻译大师。他是中国佛教翻译史上第一阶段的完善者和终结者，也是第二阶段的奠基者与开启者。他的翻译与弘法活动，主导了一个时代之佛教，为罗什走向中国佛教翻译史上第一个高峰，进入圆熟境界，奠定了文献与方法上的基础。此外，他所翻译的《修行道地经》不仅为我们保留了说一切有部中时间最早、文本最完整的非常重要的禅经，而且为中国佛教早期禅法理论与实践的研究，以及当代南北传声闻禅法的比较性研究提供了非常重要的文献材料。

（二）竺法护翻译《修行道地经》

虽然竺法护以翻译大乘经典为主，但他也翻小乘阿含与声闻禅经。他所翻的声闻禅经现存三部，即《法观经》《身观经》与《修行道地经》。[④]前两部经皆以观身不净为主要内容，可能取材于阿含经。其中《身观经》开始于“闻如是”，结尾于“比丘闻经，跪拜受”，有明显的经的形式，但从内容上讲应为佛灭后大德们所撰写的禅经。

① （梁）僧祐：《出三藏记集》卷 13，《大正藏》第 55 册，No. 2145，第 98 页上。
② （梁）僧祐：《出三藏记集》卷 13，《大正藏》第 55 册，No. 2145，第 98 页上。
③ （梁）僧祐：《出三藏记集》卷 8，《大正藏》第 55 册，No. 2145，第 56 页下。
④ 竺法护翻了很多单篇的“阿含经”，其中有的可视为禅经，但我们此处所说的声闻禅经是“非佛说”“非阿含类”经典，是佛灭后，由后世大德独立撰写的相关禅法理论与实践的文本。

《修行道地经》是法护所翻译禅经中最重要的禅经，该经出现于一二世纪的印度西北部，是一切有部譬喻师的作品，作者是僧伽罗刹。有关这部禅经在印度产生与流传情况，印顺法师说：

> 公元二三世纪间独立成部时，名经部譬喻师……如众护、马鸣、鸠摩罗陀、僧伽斯那……这一系的禅者，第一要推僧伽罗叉（众护）……与世友（持经譬喻师，本是有部系的，不反对阿毗达磨，不过能保持以经简论的态度，不同情过分的名相推求）同时。他的名著《修行道地经》，梵语“榆迦遮复弥”（Yogācārabhūmi），即是瑜伽行地。[①]

又：

> 僧伽罗刹的禅集与著作，在罽宾、安息一流行得非常悠久，虽然阿毗达摩论师——毗婆沙没有说到他，但僧伽罗刹是说一切有部中、初期的大瑜伽师。[②]

自僧伽罗刹写出《修行道地经》之后，就受到修禅者的注意，现存的汉语文献证明，在印度西北部、中亚、西域和汉地，但凡学宗小乘解脱道者，无不重视这部禅经，因为这些地区都有这部经的“身影”。它多次被汉译，说明这部经非常重要，流传的地域极广大。

历史上，东汉的安世高与支曜及后秦的鸠摩罗什都非常重视此经，都曾翻译过此经。安世高的译本名为《道地经》，一卷本，现存世；支曜的译本名为《小道地经》，也是一卷本，现存世，但它们篇幅皆短小，俱非全本。道安曾仔细搜寻与研究过东汉以来安世高等人所译的小乘禅经，其

① 印顺：《以佛法研究佛法》卷 6（Y16，no. 16，pp. 206a9–207a2）。
② 印顺：《说一切有部为主的论书与论师之研究》卷 8（Y36，no. 34，p. 395a7–9）。

中可能也包括法护译的《修行道地经》。道安意识到这些禅经很重要，分别为之作注写序，给予介绍与评价。

关于《修行道地经》的翻译情况，有一篇《修行道地经翻译记》的文献，详细记载了《修行道地经》如何被带到中国，如何被翻译出来，文云：

> 罽宾文士竺侯征若性纯厚，乐道归尊，好学不倦，真为上儒也。赍此经本，来至敦煌。是时月支菩萨沙门法护，德素智博，所览若渊，志化末进，诲人以真，究天竺语，又畅晋言，于此相值，共演之。其笔受者，菩萨弟子沙门法乘、月氏法宝、贤者李应、荣承、索乌子、剡迟、时通武、支晋、支晋宝三十余人，咸共劝助，以太康五年二月二十三日始讫。正书写者，荣携业、侯无英也。其经上下二十七品，分为六卷，向六万言。于是众贤，各各布置。①

与此相应的记载，出现在《出三藏记集》卷 2："《修行经》七卷（二十七品，旧录云《修行道地经》，太康五年二月二十三日出）。"②

侯征若③是印度西北部一个在家读书人，他皈命世尊，乐求佛道，"好学不倦"，犹如中国的儒士。《修行道地经》就是由他负至敦煌的，当他在敦煌遇到法护后，就把这部经赠予法护，希望他能翻译出来。法护不只通达"天竺语"，而且通晓"晋言"。当他"相值"这部《修行道地经》时，十分欣喜，随即与众弟子和助手"共演之"。待大家熟悉该经之后，就开始正式翻译，竺法护口诵梵文，旋翻成汉语，汉族僧法乘与月氏僧法宝作笔受，录为汉语本。食物供给与经济赞助由李应、荣承等多位贤者（在家

① 见《全上古三代秦汉三国六朝文》中《全晋文》卷一百六十六。
② （梁）僧祐：《出三藏记集》卷 2，《大正藏》第 55 册，No. 2145，第 7 页中。
③ 吕澂说及"侯征若"，用的是"竺侯征"，姓名用字不同。参见《中国佛学源流略讲》卷 4："他译的《修行地道经》，原本也是罽宾（迦湿弥罗）的竺侯征若带来的。"（LC02，no. 2，p. 56a1）

居士）承担。“太康五年（284）二月二十三日”，这部经终于翻译完成。经由荣携业与侯无英正书抄写，这部经得以流通。参与这次翻译的共有三十多人，有的来自印度，有的是当地月氏人，有的是汉族人，中外东西，济济一堂，各地佛教徒共襄盛举。

《修行道地经》的翻译，侯征若居功第一。古代交通不便，何况是带着一件大部头的贝叶经（贝叶经体积大又笨重）翻越葱岭，其危险程度可以想见，没有虔诚信仰、献身精神，实难做到。关于侯征若这个人，汉语藏经中几乎没有记录，很是遗憾！历史上汉传佛教翻译事业的推进很大程度上依赖这样的人，他们或是来自印度，或是来自中亚与西域，或是来自东南亚，或是中国人，为了纯粹的信仰，为了人类所追求的“善”与“真”，他们愿意付出时间、金钱、体力，甚至生命。

法护翻译此经，纯属偶然，但又是必然，是“世”“时”“人”三缘相契之结果。所谓“时”，是指3世纪时中国与西域（包括中亚）的商贸与文化的交流非常频繁；所谓“世”，是指当时西北印度的佛教正处于兴盛时期，东方的西晋对佛教也处于“好奇试探”与“迅速吸收”的阶段；所谓“人”，主要是指西来的在家移民与出家僧侣，他们在本国已信仰佛教，知道佛教对人的意义，于是本能地积极推进佛教在汉地的传播。

法护偏重大乘经典的翻译，那么，他是如何看待《修行道地经》及其作者的呢？在法护译的《修行道地经》中，冠有一篇序，很像法护的口吻，其文云：

> 造立《修行道地经》者，天竺沙门，厥名众护，出于中国圣兴之域，幼学大业洪要之典，通尽法藏十二部经，三达之智靡不贯博，钩玄致妙能体深奥，以大慈悲弘益众生，助明大光照悟盲冥，叙尊甘露荡荡之训，权现真人，其实菩萨也！愍念后贤庶几道者，傥有力劣不能自前，故总众经之大较，建易进之径路，分别五阴成败所趣，变起

几微生死之苦，劝迷励惑，故作斯经。虽文约而义丰，采喻远近，防制奸心，但以三昧禅数为务，解空归无，众想为宗，真可谓离患之至寂，无为之道哉！[①]

这篇文字极为典雅，大概是竺法护口述（侯征若或参与了翻译，对此经作者加以介绍），并由汉族弟子与翻译助手笔录润色而成。文中“中国”自非华夏之“中国”，而是指印度中原。法护这样说，可能是他不知道“须赖国”之所在，而误以为是印度中原。

作为有部大德，法护称赞僧伽罗刹奄贯“十二部经”，有“三达之智”，实属自然。至于称他为“菩萨”，可能是法护的钦仰情感所致，也可能是源自印度西北部的有部所具有的某些独特现象——印顺法师曾说有部中不少大德被称为菩萨，可能是一切有部已受到大乘的影响。不过，笔者认为，这更多是一种习惯称呼而已，后来中国人面对这一现象多少会朝大乘方向上理解，可能有扩大化嫌疑。僧伽罗刹撰辑此禅经，主要是“劝迷励惑”，他担心后学“力劣”，不能独立学禅、修禅，所以，总汇诸经禅法之精要，建构修禅的简易之道，通过分别“五蕴”之有无，以知禅修之成败。序末强调，此经援引各式譬喻，以防偷堕之奸心，禅修者但以“三昧”（定）为常务，以至“解空归无”，入于“离患之至寂”，达于最终之“无为”。这是对此经功用与目的的描述，也是对顶戴此经、积极修禅之人的一种鼓励与期待。

法护以“空无”解“五蕴无我”，以“无为”明“无学罗汉”，内容范围于声闻禅之内，未见掺和大乘禅元素，不过，文字带有道家气味，实受“魏晋玄学”气习之影响。[②]

在这篇序中，有关僧伽罗刹个人的信息实在不多，大多为赞美之辞，唯所言僧伽罗刹著《修行道地经》的目的及这部经在实践中之意义，给后

① 《修行道地经》卷 1，《大正藏》第 15 册，No. 606，第 181 页下。

② 后来道安与慧远也是如此，魏晋流行玄学，时代之使然。

人提供了该经出世的背景。侯征若背负此经来华，也是出于这种救人救世的宗教上的“热情与悲愿”吧！

三 《修行道地经》的结构与内容

（一）《修行道地经》的结构

就结构而言，除了南方系的《解脱道论》，作为北传系（汉语藏经）中说一切有部的禅法，《修行道地经》是所有汉语声闻禅经中时间最早、文本最长、体系最完整的。这部声闻禅经共有七卷三十品，不过“后三品”有疑问，《中华佛教百科全书》“修行道地经”词条上说：

> 后三品为古本所无，其中所述，为声闻、缘觉、菩萨之三乘道，而主张菩萨道为真正之佛道。所引用之化城、火宅三车之二喻，为《法华经》之譬喻。可知后三品乃据《法华经》而来。[①]

印顺法师对此分析说：

> 《修行道地经》卷七，是〈弟子三品修行品第二十八〉。依《出三藏记集》（卷二），竺法护所译的《修行经》七卷，二十七品；《三品修行经》一卷，“安公云：近人合大修行经”。可见这本是不同的，但合而为一，已经太久了！前六卷是《修行道地经》，第七卷是《三品修行经》。虽译者都称之为经，其实《修行道地经》是论书中的“观行论”；《三品修行经》是分别三乘修行的论典，最好是恢复为原来的二部。[②]

① 见《中华佛教百科全书》“修行地道经”词条。

② 印顺：《华雨集（三）》卷 7（Y27，no. 27，p. 270a7–12）。

对于这个问题，印顺法师在《说一切有部为主的论书与论师之研究》卷 8 中给予了更为详细的分析。他首先援引《出三藏记集》卷 2 的记载：“《三品修行经》一卷，安公云：‘近人合大修行经。’”[①] 然后继续论证《三品修行经》全名是《弟子三品修行品》，内容分为弟子、缘觉、菩萨三品，“本不是《修行道地经》”的内容，因为合编后，才成为七卷三十品，并强调想要“研究僧伽罗叉的《修行道地经》，先应将后三品除去”，以免受到非原著内容的影响。[②]

因此，现在所见的《修行道地经》是两部书，前六卷一至二十七品，是《修行道地经》原本，内容是属于说一切有部譬喻师的声闻禅经。第七卷二十八至三十品是《三品修行经》，在西晋时被人附在《修行道地经》之后，内容是讲三乘之修行法，属于大乘经典。

或许有人会问，为什么当时有人要在《修行道地经》的后面附上《三品修行经》呢？笔者个人认为，这是因为大小乘经典传入中国之后，在内容上彼此是存在明显差异的，不少汉地佛教徒对此会感到奇怪，甚而疑惑，于是试图去弥合大小乘经典的差异。故而，在这部声闻禅经的后面加上大乘的内容，以作为补充，形成平衡的关系。讲究综合，信仰佛说，这是魏晋时期中国佛徒对待印度（包括西域）大小乘经典的一般态度。

《修行道地经》在东汉末就传入中国，先后被安世高、支曜、竺法护与罗什等人所翻译。前两者都是选译本，不完整，唯法护的是全本。为了清晰起见，下面以图表格式对比安世高与法护的译本：

表 1　竺法护的《修行道地经》与安世高的《道地经》之比较

卷数	法护译本	安世高译本	内容概括
卷一	原经序		此序法护所写，论僧伽罗刹著本禅经之目的

① （梁）僧祐：《出三藏记集》卷 2，《大正藏》第 55 册，No. 2145，第 9 页上。

② 印顺：《说一切有部为主的论书与论师之研究》卷 8（Y36，no. 34，p. 401a9–13）。

续表

卷数	法护译本	安世高译本	内容概括
卷一	集散品第一	散种章第一	（一）五蕴生命：三毒为本，成五蕴，致轮回，不知苦无常无我。欲解脱，当修不净，破身见，去我执。
	五阴本品第二	知五阴慧章第二	
	五阴相品第三	随应相具章第三	
	分别五阴品第四	五阴分别现止章第四	
	五阴成败品第五	五种成败章第五	
卷二	慈品第六		（二）戒行基础：慈不虐己害人，祥和无怖。戒淫怒痴慢，信，精进，智慧，朴直。心不颠倒，身依食，故不净。伏诸根，离六尘，能忍死，无报复心。
	除恐怖品第七		
	分别相品第八		
卷三	劝意品第九		
	离颠倒品第十		
	晓了食品第十一		
	伏胜诸根品第十二		
	忍辱品第十三		
	弃加恶品第十四		
	天眼见终始品第十五		（三）定与神通：入深定，出神通。天人之际，天眼与天耳，悉能通之。知往世，见人心，自他无碍。晓地狱苦，悦世尊法。空五蕴身心，行游三界。
	天耳品第十六		
	念往世品第十七		
	知人心念品第十八		
	地狱品第十九		
卷四	劝悦品第二十		（三）定与神通：入深定，出神通。天人之际，天眼与天耳，悉能通之。知往世，见人心，自他无碍。晓地狱苦，悦世尊法。空五蕴身心，行游三界。
	行空品第二十一		
卷五	神足品第二十二	神足行章第六	
	数息品第二十三		（四）解脱道：修数息（数十），六妙法，十六特胜，至暖顶忍等。观五蕴不净，苦空无常。见五蕴生灭，至灭尽定，断诸结使。超三界，诸漏永尽。无取舍，截苦根，入泥洹。
卷六	观品第二十四	五十五观章第七	
	学地品第二十五		
	无学地品第二十六		
	无学品第二十七		

续表

卷数	法护译本	安世高译本	内容概括
卷七	弟子三品修行品第二十八		（五）菩萨道： 知罗汉与缘觉，皆非究竟，应发菩提心，行六度万行，以济众生。
	缘觉品第二十九		
	菩萨品第三十		

（二）《修行道地经》的内容概览

整部《修行道地经》，前六卷共二十七品，讲述有部声闻禅修法，开始于五蕴之苦，以及无常无我之阐述，然后依次是身心戒行（道德）之成立；定与神通之关系；由有学进入无学，实修解脱道，证罗汉道。最后一卷，共三品，讲述声闻、缘觉与菩萨三乘之修法。

1）集散品第一，统摄《修行道地经》全部禅法之精义，主要从“无行”“可行”与“修行”三个主题进行讨论，前两者重在讲戒律，后者重在讲止观（定慧）。“无行”就是违背戒律，身心充满“贪嗔痴慢疑”；“可行”就是对治“贪嗔痴慢疑”，以求合乎戒律之善行。修行分为凡夫、有学与无学三个阶段，其中，有学就是勤修寂（止）观，以趣沙门四果，无学就是修行之终极——阿罗汉果。

2）从第二品至第五品，讲观察与分别五阴。五阴本品第二，观察“色痛（受）想行识”五阴是身心之根本。五阴相品第三，理解五阴所表现之相状。分别五阴品第四，分别五阴各自功能与特点：眼见之生欣喜是色蕴；爱乐可意是痛（受）阴；最初之识是想阴；生起“欲取”之意是行阴；分别是识阴。五阴是如此“一时俱行，造若干行”。从五阴中退出，亦作如是观。五阴成败品第五,五阴成败是指“生老病死”之事实。人出生时喜乐，老时愁苦，病时不安。人一生随五阴而做善恶等事，死之后，不免流于轮回。

3）慈品第六和除恐怖品第七，讲修慈心以免于伤害，念“佛法僧”以免于恐惧。慈品第六，以“十方众生”为对象，不分远近亲疏恩仇，皆能生起慈心，其目的一是降伏嗔恚，具足四无量心；二是避免为虫蛇、鬼怪所害。除恐怖品第七，恐惧是禅修之大碍，念佛之形像与功德，念法之十二因缘等，念僧之戒行与解空，可免于恐惧，有益于禅修。此两种修法为正修做铺垫，有前方便之意味。

4）分别相[①]品第八和劝意品第九，先分别人适合禅修之根性，后劝勉禅修者坚定其心志，以努力修禅。分别相品第八，判别众生根器，予以相应之修法。情欲盛者，修不净；嗔怒多者，修慈心；愚痴多者，观十二因缘；想念多者，修出入息。人可细分为十九类：一曰贪淫、二曰嗔恚、三曰愚痴、四曰淫怒、五曰淫痴、六曰痴恚、七曰淫怒愚痴、八曰口清意淫、九曰言柔心刚、十曰口慧心痴、十一者言美而怀三毒、十二者言粗心和、十三者恶口心刚、十四者言粗心痴、十五者口粗而怀三毒、十六者口痴心淫、十七者口痴怀怒、十八者心口俱痴、十九者口痴心怀三毒。如此诸类人等，各有对治之法。劝意品第九，修禅之人要自正其心，坚定其意，如手擎钵使油不散溢，方能克服诸等困难。“有信、精进、质直、智慧，其心坚强，亦能吹山而使动摇，何况而除淫、怒、痴也。”[②]“故修行者欲成道德”，当如是调御其心，专在行地上努力。辨其根性，劝发信心，亦是正修前之方便。

5）从离颠倒品第十至弃加恶品第十四，皆是讲修禅之前方便。离颠倒品第十，修禅者苦于法微妙难解，随生懈怠，应当知苦之根本，勇断诸习，以期进入灭尽之道。晓了食品第十一,百味食物入于腹中，无有少异，其消化过程，无非滋养身体而已，故身体与食物皆非清净，皆非所依，故不能贪食与贪身。伏胜诸根品第十二，禅修者收摄五根，不着于色声香味细滑之欲，昼夜精勤，勿令放逸。忍辱品第十三，行者若遭辱骂，或得赞誉，当思维其性空无，适起即灭。弃加恶品第十四，修禅者“坐于寂定”，为人刀杖瓦石加身，当观“名色皆空”，“悉无所有”，其中无受者，无嗔

① 分别相：指分别人适合修哪种禅法的心性特质，如嗔性人当修慈心禅。相，即相状与特质。

② 《修行道地经》卷 3《劝意品》,《大正藏》第 15 册，No. 606，第 198 页中。

者。以上五品，论内外不利于禅修之因缘，亦属于前方便。

6）从天眼见终始品第十五至知人心念品第十八，讲修定所得之神通。天眼见终始品第十五，修成天眼通后，不只“悉见诸方三恶之处”，且能“睹三千界”中众生生死之所趣，如人立山顶，直见周遭之一切。天耳品第十六，修成天耳通后，地狱、恶鬼与畜生三恶道之声，天上人间之声，无远弗届，无所不闻，无所不明。念往世品第十七，修成宿命通后，过去无数生死中，所有“受身、名姓、好恶、寿命长短、饮食、被服，皆悉识之”[①]。知人心念品第十八，修成他心通后，不管是“人及非人”，他们“是非善恶”之心理，皆能彻底明白。此四者对应佛教神通论之“三明”。

7）地狱品第十九和劝悦品第二十，主要是警诫与勉励修禅者。地狱品第十九，轮回之苦，莫过于地域，种种痛苦逼恼，非人所想见，故欲免地域苦，当勤修禅法。劝悦品第二十，行者已逮得人身，脱离八难，[②]皈命正师，得居闲处，“乘于寂（止）观，入八道行”，如是“安隐，服解脱味”，“不久为法王子”，修禅者当自我勉励，生起欣悦。修禅凡由静心至净心，自能免于地狱之苦。

8）行空品第二十一和神足品第二十二，论六界无我与神足通。行空品第二十一，四大五阴（色痛想行识），皆非我所，故六界（地水火风空神）身无我，三界皆空，如是观行入于空。神足品第二十二，观恶露（不净）、守出入息，寂（止）观互运。心正不动乱，是为寂（止）；审查所作，以见本无之质，是为观。止观成，则得神足通。

9）数息品第二十三和观品第二十四，正说数息（Ānāpānasmṛti 出入息）与观（Vipaśyanā）之修法。数息品第二十三，数息修法，以一至十为方法，以数息、相随、止观、还净为次第（天台演为“六妙门”）。具体过程，则修十六特胜：“数息长则知，息短亦知，息动身则知，息和释即知，遭喜悦则知，遇安则知，心所趣即知，心柔顺则知，心所觉即知，心欢喜

① 《修行道地经》卷 3《念往世品》,《大正藏》第 15 册，No. 606，第 201 页上。

② 八难：地狱、饿鬼、畜生、北俱卢洲、无想天、盲聋喑哑、世智辩聪、佛前佛后。

则知，心伏即知，心解脱即知，见无常则知，若无欲则知，观寂然即知，见道趣即知。”[①]终论三十七道品与断烦恼、得解脱之因果。观品第二十四，所谓观，即观察身心之五阴。修行者至闲居独，坐于树下，观察五阴（色痛想行识）以见其真实——苦空无常非身。身心即是“本无”，则身心之“五十五事，无可贪者，亦无处所”[②]。修行者以此四事（苦空无常非我）观身心之无常，“修行者如是，已逮道谛，见一切形皆犹毒蛇，以是之故，得至于观”[③]。此两章是本部禅经修法之核心，即“止观”是也。数息以修止得定为方法，观以直见身心真实为目的。

10）从学地品第二十五至无学品第二十七，论有学至于无学之修行与境界。学地品第二十五，行者入于“道迹”，明白五欲无常，但仍为六尘所困扰，故修恶露（不净）观，以去色欲之贪、嗔痴之羁绊，灭五阴，断五结，得不还果。无学地品第二十六，禅者已“无所乐，不贪三界，超色、无色，断一切结”[④]，正念知，见寂灭，具足（信精进念定慧）五根力，梵行已成，不受后有。无学品第二十七，修禅者入于“有余泥洹”，心专一，不放逸，于“诸色声香味细滑”，离于取着，故“不复受身”，穷尽所有苦根，唯待“无余泥洹”。

11）从弟子三品修行品第二十八至菩萨品第三十，本非《修行道地经》所原有之内容，据印顺法师等研究，此三品实是取自《修行三品经》，主要论声闻、缘觉与菩萨之修法。行者虽至泥洹，证罗汉道，然犹嫌不究竟，故发心为菩萨道，得无生法忍之深慧，还入世间修六度，度化众生。行者若贪念佛陀尊号、三十二相、八十种好，便堕入缘觉道。菩萨当为众生开示一切空，一切如化，五蕴如幻之道理。不畏生死，周旋三界，度化一切众生。

① 《修行道地经》卷5，《大正藏》第15册，No. 606，第216页上。

② 《修行道地经》卷6《观品》：“何谓五十五事？是身如聚沫不可手捉……”，《大正藏》第15册，No. 606，第219页上。

③ 《修行道地经》卷6《观品》，《大正藏》第15册，No. 606，第220页下。

④ 《修行道地经》卷6《无学地品》，《大正藏》第15册，No. 606，第223页上。

从以上品目来看，首先，《修行道地经》大致是以“戒定慧”三学为其框架，这与南传系的《解脱道论》《清净道论》十分相似，这可能是早期声闻乘禅经在结构与内容上的一般特点。[①]其次，笔者们注意到《修行道地经》与一切有部的早期《阿毗达磨》存在内在的关系，例如《法蕴足论》的品目与《修行道地经》的品目有很多相似之处，《法蕴足论》中有“神足品”“念住品”“修定品”等，这与《修行道地经》的品名与内容极为近似。与此相应，一切有部中期和后期的《阿毗达磨》则与《修行道地经》的品目大不相同，这说明《修行道地经》与一切有部早期阿毗达磨的关系更为密切。

四 《修行道地经》的历史影响及其价值

（一）《修行道地经》在罗什之前的影响

《修行道地经》在印度佛教的影响到底如何，由于资料限制，已很难了解，现在只是爬梳一些材料，试图追溯这部经在印度佛教的传播情况。

作为上座部的分支，说一切有部历来重视禅法，但说一切有部的汉语资料没有提到僧伽罗刹与《修行道地经》。[②]尽管如此，我们还是有找到了一些译自印度或中亚（也可能是西域）的经典曾经提到《修行道地经》，如法护翻译的《佛说胞胎经》中就提及“《修行道地》”。[③]《修行道地》就是指法护译的《修行道地经》，因为《佛说胞胎经》出现的段落也同样出现在法护译的《修行道地经》中，见下表所示：

① 对于南北传两个系统的声闻禅经的关系，以及它们彼此的不同，现在僧学二界还缺乏深入细致的研究——这是值得开拓的领域。

② 关于僧伽罗刹其人，本文开始部分已讨论，请参看。

③ 《佛说胞胎经》：“佛告阿难：‘如是勤苦，谁当乐处父母胚胎？儿生未久，揣饭养身，身即生八万种虫，周遍绕动食儿身体。发本虫名曰舌舐，依于发根食其发。虫名在《修行道地》中，一名舌舐，二名重舐，三种在头上，名曰坚固伤损毁害。’”（《大正藏》第 11 册，No. 317，第 889 页下）。

表 2　《佛说胞胎经》与《修行道地经》相似内容一览表

《佛说胞胎经》(《大正藏》第 11 册，No. 317，第 889 页下）	《修行道地经》卷 1（《大正藏》第 15 册，No. 606，第 188 页上—中）
儿生未久，揣饭养身，身即生八万种虫，周遍绕动食儿身体。发本虫名曰舌舐，依于发根食其发。虫名在《修行道地》中，一名舌舐，二名重舐。	儿已长大揣哺养身，适得谷气其体实时，生八十种虫。两种在发根：一名舌舐，二名重舐。

以上两个文本有相似字词，彼此有关联。《佛说胞胎经》成书的时间肯定比《修行道地经》要晚，故能选载《修行道地经》中的内容。这部《佛说胞胎经》显然不是佛说的，因为佛说的经不可能提及七百年后的《修行道地经》，但是该经内容（母本）却是来自佛说的经，因为佛说的阿含经中出现过有关母亲怀孕后“胞胎”成长过程的描述。虽然这部经非佛说，但是它提到《修行道地经》，则说明《修行道地经》自一二世纪以来，就为印度、中亚与西域佛教徒所熟悉。

“修行道地”四字也出现在《达摩多罗禅经》中，此经的译者是 4—5 世纪的佛陀跋陀罗（359—429）。他本是尼泊尔释迦族人，但在印度西北部（罽宾）出家，学兼大小，以修禅为业。后受东晋僧人智严（350—427）的邀请来华，先入长安会罗什，后南下依慧远（334—416），并在庐山译出《达摩多罗禅经》。①

《达摩多罗禅经》由慧远作序，序中说该禅经有大小（顿渐）乘两部分，但今唯剩小乘声闻（渐）禅部分。关于《达摩多罗禅经》的原始名称，经首云：“庾伽遮罗浮迷（Yogacāryabhūmi），译言修行道地。”②“修行道地”这种称谓是当时大小乘佛教徒对“禅法”的另外一种统称（如后来的《瑜伽师地论》），并不一定指涉本文所讨论的《修行道地经》，但是我们要注意的是，佛陀跋陀罗到中国后，他在长安向中国僧人转述印度西北

① 在时间上觉贤（佛陀跋陀罗）比罗什晚来中国，但他所译的《达摩多罗禅经》却比罗什来华时间要早得多——因为这部禅经是佛陀跋陀罗师父的作品，故此处要先讨论觉贤《达摩多罗禅经》与《修行道地经》的关联。

② 《达摩多罗禅经》卷 1，《大正藏》第 15 册，No. 618，第 301 页中。

部佛教与禅法的师承关系时，明确提及《修行道地经》的作者僧伽罗刹，这无疑说明他了解僧伽罗刹，对《修行道地经》也很熟悉。

就现在的《达摩多罗禅经》的内容来看，很大篇幅是在讨论出入息（数息观），也含有“界观”（在罗什译的禅经中，界观被替换成“念佛观”），这与《修行道地经》声闻禅的内容结构是一致的。因此，我们可以大胆揣测，《修行道地经》与《达摩多罗禅经》在禅法内容上存在前后的继承关系。

《修行道地经》在中国先后被安世高、支曜、法护与罗什翻译过，在汉魏两晋时期，这部禅经对当时的佛教人物、禅法修持以及佛教发展产生了很大影响。

安世高[①]是安息（Parthia）[②]人，是中国佛教史上的第一位重要的大翻译家，对中国汉传佛教具有开创与奠基之功。他的翻译以“禅数”为主，所谓禅，是指禅经；所谓数，就是阿毗达磨。根据安世高所译的经典，明确显示他是出自西北印度的说一切有部，他不仅是一切有部的阿毗达磨专家，也是一切有部的禅师。安世高译的禅经有很多类型，[③]但主要有两种：一是《道地经》，二是《安般守意经》。《道地经》就是《修行道地经》，是安世高的节译本。[④]《安般守意经》不同于阿含经，也不似阿毗达磨型禅经，很可能是安世高自己汇编的禅经。

那么，《道地经》与《安般守意经》在内容上有什么特点呢？吕澂

① 安世高，原名帕塔马西里斯（Parthamasiris），是帕提亚帝国皇帝帕科鲁二世之子、亚美尼亚国王，佛教学者，佛经汉译第一人，东汉时期翻译家、医学家。

② 杨衒之撰，周祖谟校：《洛阳伽蓝记校释》卷 4：“《魏书》卷一百二云：‘安息国在葱岭西，都蔚搜城。北与康居，西与波斯相接，在大月氏西。北去代二万一千五百里。身毒，即印度之古译名也。’”

③ 吕澂《中国佛学源流略讲》卷 14：安世高“译籍的范围始终不出声闻乘，而又有目的地从大部阿含经中选译一些经典。就现存本看，出于《杂阿含》的五种（上文所列名目中二 ~ 六），出于《中阿含》的六种（上目七 ~ 十二），出于《长阿含》的一种（上目十三），出于《增一阿含》的一种（上目十四），这些都是和止观法门有联系的”（LC02，no. 2，p. 436a9–12）。

④ （梁）僧祐《出三藏记集》卷 5：“昔安世高抄出修行为《大道地经》，良以广译为难，故省文略说。及支谦出经亦有字抄。”（《大正藏》第 55 册，No. 2145，第 37 页下）。

认为：

> 安世高是依禅师僧伽罗刹的传承，用四念住贯穿五门（即五停心）而修习。他从罗刹大本《修行道地经》抄译三十七章，着重在身念住，破除人我执。念息一门另译大小《安般经》，其中说十六特胜也和四念住相联系。所以从这些上见到世高所传禅法是如何地符合上座部佛教系统（特别是化地一派）用念住统摄道支的精神。①

安世高是2世纪的人，与僧伽罗刹在世的时间相距较近，两人都是一切有部的弟子，所以安世高的禅法继承僧伽罗刹的系统，是没有疑问的事。另外，《道地经》与《安般守意经》各有侧重，前者重在“身念住”，后者重在“数息与四念住”，但两者共同构建成安世高禅法的系统、规模与特点。

关于安世高禅法在东汉与三国时期的传播情况，三国时康僧会（？—280）在《安般守意经序》中有清晰的描述：

> 宿祚未没，会见南阳韩林、颍川皮业、会稽陈慧。此三贤者，信道笃密，执德弘正；烝烝进进，志道不倦。余从之请问，规同矩合，义无乖异。陈慧注义，余助斟酌。②

南阳与颍川在今天的河南，会稽是今天的绍兴。韩林与皮业大概是北方人，估计是东汉末因战乱到南方（笔者案：安世高也曾在东汉末南下，其弟子有无随其南下是一个疑问），故可以与陈慧、康僧会在南方（有可能是绍兴）相遇，相互授受、研习安世高所译的禅经。

安世高的禅法是以僧伽罗刹的《道地经》为根本框架的，但是韩林、

① 吕澂：《中国佛学源流略讲》卷14（LC02，no. 2，p. 437a6–9）。

② 《佛说大安般守意经》卷1，《大正藏》第15册，No. 602，第163页下。

皮业、陈慧以及康僧会主要是依据《安般守意经》修禅的。或许，他们觉得《安般守意经》更为实用，更容易操作。康僧会在《安般守意经》序中没有提到《道地经》，盖见他们并不重视《道地经》，也可能是因为安世高本《道地经》不完整，译文欠佳。另外，安世高的两代弟子们可能不太清楚《道地经》作为全本（二十七品）的内容结构，即使有所了解，也很可能不清楚《道地经》与说一切有部毗昙的实质关系，对他们来，他们只需要一种禅修手册，而不是完整的复杂的关于禅修的理论系统。

此外，由于安世高的禅法表面上十分类似道家修炼术中的“食气”“导气”与“守一”，因此，当时的中国佛教徒尽管对佛教产生虔诚的信仰，但他们对安世高所传授的修持方式的理解掺合了道家的意识，他们以为数息就是“炼气”，故选择《安般守意经》以实践他们所理解的佛教修炼之目标，他们不在乎禅法理论的渊源与背景。

与安世高的弟子们不同，东晋时的道安法师不仅重视《安般守意经》，也很重视《道地经》，他在濩泽为安世高多部禅经（包括《道地经》）作注写序时，就多少意识到“禅经”与“毗昙”存在某种内在的联系，道安在《阴持入经序》中就表达了这种认知。他在长安主持译经时，特别重视《阿含》与《毗昙》，这说明道安对“禅经”与“阿含”“毗昙”的关系有了进一步的认识。[①]

道安法师是河北常山扶柳（今河北衡水市冀州区小寨乡扶柳村）人，生于 312 年，卒于 385 年，大部分时间生活在东晋时代。[②]

西晋灭亡时，道安 5 岁。他 12 岁出家，24 岁至邺都（今河北邯郸市临漳县）见佛图澄，从此依之学佛。道安 37 岁时，佛图澄圆寂，后赵石

① 慧远在庐山重视毗昙与禅经的翻译，也是受到其师的影响。相比于康僧会为《安般守意经》写序的时代，道安与慧远对“禅经”有了更深入的认识。

② 汤用彤把道安一生分为四个阶段：一、河北求学时（323—348）；二、河北教学时（349—365）；三、襄樊教学时（366—377）；四、关中译经时（378—385）。见《汉魏两晋南北朝佛教史》，北京大学出版社 2011 年版，第 107—129 页。

氏统治阶层也陷入内斗，相互残杀。因时局不稳，道安自是四处流浪，兼及教育弟子。道安 49 岁时，“道安率众由邺都避难到王屋山女休山（即濩泽，今山西阳城西南）”[①]。道安 53 岁时，率众离开山西，进入陆浑（今河南省洛阳市嵩县陆浑镇）。61 岁时到襄樊，67 岁时被苻坚掠去长安，74 岁时圆寂于长安。

道安法师的佛学思想包含“般若”与“禅法”两部分。他研究与实践禅法的时间是在 360 年到 364 年之间，也就是他避难濩泽的时期。[②]他在濩泽期间与同学道友共同研究安世高译的数种禅经，并为之作注写序，现在注本皆已散佚，唯序言保留在梁代僧祐（445—518）编撰的《出三藏记集》中，包括：《安般注序》《阴持入经序》《人本欲生经序》《了本生死经序》《十二门经序》《大十二门经序》《道地经序》。

有关道安在濩泽研究禅经的具体情况，经序中多有记载，如《出三藏记集》卷 6《阴持入经序》云：

> 安来近积罪，生逢百罹，戎狄孔棘，世之圣导。潜遁晋山，孤居离众，幽处穷壑，窃览篇目，浅识独见，滞而不达，夙宵抱疑，咨諏靡质。会太阳比丘竺法济，并州道人支昙讲，陟岨冒寇，重尔远集。此二学士，高朗博通，诲而不倦者也。遂与析槃畅碍，造兹注解。

又，《出三藏记集》卷 10《道地经序》云：

> 予生不辰，值皇纲纽绝，猃狁猾夏，山左荡没。避难濩泽，师殒友折，周爰咨谋，顾靡所询。时雁门沙门支昙讲，邺都沙门竺僧辅，此二仁者，聪明有融，信而好古，冒崄远至，得与酬酢。寻章察句，

① 方广锠：《道安评传》附录“道安年谱”，昆仑出版社 2004 年版，第 283 页。

② “佛图澄死于 348 年……石虎死于 349 年，同年石遵杀石世自立。同年石遵被石鉴所杀。……冉闵之乱发生在 350 年……冉闵被前燕执杀于 352 年。”在这样背景下，道安只能带僧团避难于太行山中。方广锠：《道安评传》，第 60—61 页。

造此训传，希权与进者，暂可微寤。

348 年佛图澄离世，次年石虎死，后赵政权陷入内乱外患之中。故道安说“戎狄”与“猃狁”（少数民族）扰乱中原，导致汉人政权“皇纲纽绝”，“山左（或指太行山）荡没”。此时师父已不在世，同学道友也在战乱中或散或亡，道安只能带领僧团“潜遁晋山”，“避难濩泽”。道安时代所见经典，无非般若与禅数，且译文大多生涩，难以理解，故觉得“滞而不达”，无人咨询。恰好有竺法济、支昙讲与竺僧辅涉险来集，与道安共同研读安世高禅经，并由道安主笔，为诸禅经作注写序。[①]

单就《道地经序》而言，它反映了道安法师对《道地经》有哪些关键性的认识与理解呢？试论如下：

第一，作者与译者：道安法师在《出三藏记集》卷 10《道地经序》中说：

至如来善逝而大训绝，五百无著，迁而灵教乖。于是有三藏沙门，厥名众护，仰惟诸行，布在群籍，俯愍发进，不能悉洽。

于是僧伽罗刹出自怜悯后进之学禅者，故依诸种经论编写出《道地经》。道安在此序中说，僧伽罗刹生于佛灭“五百”年后，但道安在长安主持翻《僧伽罗刹所集经》时，在其序中却说，僧伽罗刹是“佛去世后七百年生”，[②]时差两百年，实在矛盾。故笔者推测，前篇写于濩泽，依于传说，后序写于长安，有印度人可质询，故改写为“七百年”。至

① 道安何以在濩泽潜心研究禅经，原因不明，但是有两点是清晰的：一者他认为禅法是达成学佛修行目的之重要通道；二者他师父佛图澄精通禅法，有很高的道行，据说有神通。前者显示他好乐禅法，后者说明他仰慕神通。此外，道安时代所能看到的佛典，无非两大系统，一为般若，二为安世高禅经，这是道安无法选择的现实。

② 《僧伽罗刹所集经》卷 1：“僧伽罗刹者，须赖国人也。佛去世后七百年生此国。”（《大正藏》第 4 册，No. 194，第 115 页中）

于《道地经》的译者安世高，道安说他是安息王子，让位于人，“改容修道，越境流化，爰适此邦”[①]，在翻译《道地经》时“折护所集者七章，译为汉文”[②]。

第二，道安是采用哪个译本？他在写《道地经序》时，道安对该禅经作者僧伽罗刹，“安世高译本”与“法护译本”似乎都有所了解，不过，他在濩泽时是否看到了安世高、支曜以及法护的所有译本呢？方广锠教授认为，道安是在襄樊时才看到的法护本《修行道地经》。但这样说就有矛盾了，因为在《道地经序》（濩泽时作）中，道安早已指出《道地经》全本是二十七章，安本七章是选本。这说明他早知道有个全本。[③]不过，奇怪的是《道地经序》的内容显示，道安法师更多是基于安世高本《道地经》。最明显的例子就是，他提到的“神足章”一词只出现在安本《道地经》中，法护本《修行道地经》用的是“神足品”一词。所以，道安是在什么时候看到法护的全本就成为一个悬案。

第三，关于《道地经》的结构：道安说僧伽罗刹“祖述众经，撰要约行，目其次序，以为一部二十七章”[④]，明确说《道地经》是二十七章。这条资料最早，也最权威。后来僧祐在《出三藏纪集·安世高传》中说，“外国三藏众护撰述经要为二十七章”[⑤]，盖僧祐是依道安之说。至于安世高的译本，道安则说安世高“折护所集者七章，译为汉文”[⑥]。“折护”，即截取众护的全本之意；“所集者七章”，指安世高所集（译）是七章，也就是

① （梁）僧祐:《出三藏记集》卷 10《地道经序》,《大正藏》第 55 册，No. 2145，第 69 页中。

② （梁）僧祐:《出三藏记集》卷 10《地道经序》,《大正藏》第 55 册，No. 2145，第 69 页中。

③ （梁）僧祐《出三藏记集》卷 10《地道经序第一》：“有三藏沙门，厥名众护，仰惟诸行布在群籍，俯愍发进不能悉洽，祖述众经，撰要约行，目其次序，以为一部二十七章。”（《大正藏》第 55 册，No. 2145，第 69 页中）；《出三藏记集》卷 10《地道经序第一》：“有开士世高者，安息王元子也，禅国高让，纳万乘位，克明畯德，改容修道，越境流化，爰适此邦。其所传训，渊微优邃，又折护所集者七章，译为汉文。”（《大正藏》第 55 册，No. 2145，第 69 页中）

④ （梁）僧祐:《出三藏记集》卷 10《道地经序》,《大正藏》第 55 册，No. 2145，第 69 页中。

⑤ （梁）僧祐:《出三藏记集》卷 13《安世高传》,《大正藏》第 55 册，No. 2145，第 95 页上。

⑥ （梁）僧祐:《出三藏记集》卷 10《地道经序》,《大正藏》第 55 册，No. 2145，第 69 页中。

说，道安知道安世高《道地经》是选本，非全本。

依上第二与第三条所论，仍有两个悬案：一是《道地经序》是在何地何时写的？二是道安在何地何时看到法护译本的？道安在濩泽写的《道地经序》，在襄樊看到法护的全译本——这只是推测，在证据上没有完全落实。

第四，《道地经》的禅法：首先，道安法师解释“道地”二字，他认为道地是成阿罗汉、成仙的修持基础与范围（道安拟之为“玄堂”与“奥室”），犹如“无本之城”“无为之墙”，功行不深者，难以跨越。因道地“微门妙闼”，故很少人能“窥其庭”。道安又云：道地若器，深广似海，“酌之而不竭”；道地为像，“含弘静泊，绵绵若存，寂寥无言”。所以，道地“恍惚无行，求矣，漭乎其难测”。此处道安欲论“道地”二字，实则唯论“道”而已。继而申论“地”，地能“苞润施毓（予），稼穑以成”，金银玉石，无所不载。因此道安认为，圣人以“道地”因花而成实，睹末而达本，此“不言之教”，可以“式成定谛”，达到解脱。[①]

道安对“道地”的理解包含太多道家式的想象，多少是把老庄之“道”的意涵涂抹在“道地”二字上。其中把“地”（bhūmi）更是物化为大地，很富有个人色彩，不合梵文原义。

其次，在《道地经序》中，道安法师多次提及“止观”，他认为践行道地，就是修习止观的过程，他对“止观”进行了定义：“夫绝爱原，灭荣冀，息驰骋，莫先于止。”止就是止息贪爱之根源，熄灭荣华之希望，心不再驰骋于内外。“了痴惑，达九道，见身幻，莫首于观。”观就是明白愚痴与疑惑，达到“九次第定”的顶点（灭尽定），直见身（生命）如梦幻，无有我在。道安这样定义“止观”，基本符合声闻禅的原始意涵。

道安进一步阐释“止观”：他认为“止”不仅可以“达五根，登无漏”，还可以“扬美化，易顽俗”。五根是信、精进、念、定、慧；无漏即

① 以上全部引文皆出自《出三藏记集》卷 10《道地经序》。

是阿罗汉。不过“扬美化，易顽俗”多少有儒家之色彩。道安法师还提及《道地经》中的“五十五观”[①]，他认为四非常（无常、苦、空、无我）可以度脱三结（有身见结，戒禁取结，疑结），这是道安法师对“观”的理解，合乎《道地经》的原意。

综上所述，《道地经序》反映了道安法师对《道地经》两方面的认知：

首先是道安对《道地经》多种译本有所了解，有所辨别，今天存世的文献证明道安法师的理解与判断是正确的（只有僧伽罗刹出生年代有五百年与七百年之矛盾）；其次是道安对《道地经》禅法内容与功用的认知可谓正确与误读并存——道安所处时代，禅经译本多质直生涩，不太准确，不太流畅，中印师徒的禅法传承也不太系统严明，这导致道安对禅经的理解存在困难，实践禅法也有不少盲区，于是乎他不得不用“玄学”知识进行比拟附会，以个人化的猜想加以补充。

当然，道安法师有“强学解惑”之毅力与精神，他到长安后，非常重视“阿含”与“毗昙”的翻译，他的目的就是想弄清修行（特别是禅法）在“大小乘经论”中的位置（笔者案：道安法师对大小乘的关系不是很清楚，这影响到了他对声闻禅经及其修法的理解。进言之，道安法师对大小乘进行综合，似乎是在“不得已”的环境下进行的，这也是佛教中国化的一个起始点）。道安的这一理想到罗什与他弟子慧远时代才有所实现，但也存在一些问题。[②]

（二）《修行道地经》的价值

在今天看来，僧伽罗刹所著的《修行道地经》有什么价值呢？

从法护的翻译特点上说，竺法护看到了安世高译本的“僵直不通”，支谦译本“任意转译”的失误，为了弥合“梵胡与汉”之间的差异，就必

① 《道地经·五十五观章》：“道地经五十五观章第七。”（《大正藏》第 15 册，No. 607，第 236 页上）

② 罗什所译禅经多有汇编的痕迹；觉贤所译的《达摩多罗禅经》，由于是偈颂体，文字高度压缩，叙述隐微，不容易理解。有部声闻禅经与“阿含”“毗昙”的关系在当时仍未完全理清。

须让中文尽可能传达梵胡文的本义。[①] 对法护来说，保留梵胡本原意是最重要的，同时又希望照顾读者，让译文有可读性，[②] 于是“严谨又拘束、尴尬又踌躇”的翻译风格就在《修行道地经》中出现了。当我们读《修行道地经》时，十分清晰地感受到语句是如此“生硬与唐突”，甚至“断裂与颠倒”，严重的硬伤是《修行道地经》译文的实情。这也是它在历史上不能传开、不被人重视的原因，但是在今天其文献价值、南北传禅法对比的价值，还是非常重要的。

从文本的完整性来说，法护译的《修行道地经》非常完整，没有人为的删节，至少现在还无法证明它是删本。[③] 相比之下，安世高、支曜和罗什翻译的《修行道地经》都是节选本，都不完整。完整文本是了解文本原始形态和内容的前提。中国汉译的声闻禅经近二十种，但文本完整无缺，没有被改编的，《修行道地经》算是其中少数之一，这显示出法护本《修行道地经》在文献与义理研究上的价值，值得重视。安世高与支曜出节选本，大概是由于当时翻译条件不成熟，全文翻译过于困难；而罗什不出完整本，很可能是其大乘的立场与观点影响了他对待有部声闻禅经的态度，这反映了当时中亚与西域声闻禅向大乘禅转化与融合的倾向。法护为我们留下一部如此完整的一切有部的声闻禅经，实属幸事。

从《修行道地经》时间上的原始性来说，《修行道地经》是西北印度重经“譬喻师”（Dṛṣṭāntika）的作品，产生于一二世纪之间。南传《解脱道论》产生于三四世纪，《清净道论》产生于 5 世纪，都比《修行道地经》要晚。如果把《修行道地经》放在汉传、南传与藏传的“禅经与禅法”的历史大背景下，《修行道地经》是有史可考的最早、最原始性的具有历史

① 竺法护的译文总体上倾向直译，文风生涩质朴，有些文句较难理解，但相比于安世高已精审易懂了。

② 东晋罗什在翻译上无疑是接受了法护的经验教训，改为以“意译”为主。到了唐代，玄奘似乎又回到了法护的翻译风格上来，以直译为主，但比起法护的翻译，更能够做到意义上的精确、清晰与易晓。

③ 不过，《修行地道经》每品长短不一，是个奇怪的现象，是否与删节有关，这是个问题。

可靠性的声闻禅经。《修行道地经》的禅法不仅继承与总结了阿含中的声闻禅法，而且依据一切有部阿毗达磨的见解重构了阿含中的声闻禅法，所以从中可以溯源阿含经的禅法，也可以看到有部阿毗达磨论者与譬喻师对早期“佛说禅法”的独特理解与时代适用。

从《修行道地经》与阿毗达磨的关系来说，阿毗达磨的产生，一是对四阿含（南传五部）法数及其相关理论的阐释与整理；二是部派佛教对“佛说的戒与经”的争论导致阿毗达磨不断演化。公元前 3 世纪说一切有部已经存世[①]，后来又有“重经”与“重论”的对立，他们之间的论战直接引发一切有部弟子（包括譬喻师）对“佛说禅法”的疑问与争论。譬喻师（后为经部）与阿毗达磨正统派（即大毗婆沙派）的争论导致禅师们急切需要重新解释阿含中的“佛说禅法”，从而才能正确引导修禅者有意识地更加理性、更加次第地行持禅法。《修行道地经》反映了说一切有部（包括譬喻师）对禅法的理解与建构。在此意义上讲，要理解这部禅经，就不得不注意说一切有部的阿毗达磨与禅经写作的关系。

从内容结构的特点上说，这部《修行道地经》共有二十七品，结构上前后连贯、内容系统、次第清晰、叙述具逻辑性。一、讲五蕴过患，旨在理解生命的本质；二、讲如何守护纯净的戒行，培养作为修禅基础的三善根（无贪嗔痴）；三、讲修定与神通的关系，进入有学道的修行；四、讲解脱道，阐述如何修持数息观、六妙法、十六特胜以至“暖顶忍”等禅修的过程。[②] 最后三品题为竺法护所译，然非《修行道地经》所原有，此问题上文已讨论。《修行道地经》是声闻禅经，与南传《清净道论》有很多相似之处，但也不尽相同，它有自己的部派与阿毗达磨背景，反映了北传系一切有部禅法的特点。

从禅修的实践意义上说，《修行道地经》是一部极具理论性与实践性

---

① 说一切有部大约建立于 3 世纪阿育王统治时期。

② 吕澂《印度佛学源流略讲》卷 4：“众护（僧伽罗刹）的《修行地道经》，它是以观察五蕴的阿毗达磨说为禅定的基本内容。”（LC01，no. 1，p. 98a10–11）

的声闻禅手册。这部禅经在一二世纪出世后，印度西北部禅师多依之禅修。从东汉末到南北朝，中国十分流行声闻禅。东晋道安法师曾系统研习声闻禅，并为之作注作序，他对《道地经》的“止观”有较深入的体会。慧远继承其师的学风，在庐山支持佛陀跋陀罗翻译《达摩多罗禅经》与传授禅法。罗什到长安数日，慧观祈请罗什翻译禅经，其中《坐禅三昧经》就包含了《道地经》的内容。①《达摩多罗禅经》中提及僧伽罗刹，其禅法很可能有参考《修行道地经》。佛陀跋陀罗禅在晋宋时的流行，间接证明由《修行道地经》所开创的北系声闻禅法具有很大影响力。翻译、研究与实践声闻禅法，这种现象持续到天台与禅宗的成立。天台宗保留了声闻禅法，如《童蒙止观》与《释禅波罗蜜次第法门》，修天台禅也自然会实践“声闻禅法”。

结　论

本文的主要目的是想探讨《修行道地经》的内容特点与现代价值，经过对作者僧伽罗刹、译者竺法护的考察，以及对这部禅经的结构与内容进行分析，已经初步达成这一目的。

在结论部分，笔者希望通过研究《修行道地经》，引出一个新课题，即研究汉语藏经中声闻禅经的现实意义。

中国汉语藏经中保留着二十部左右长短不一的声闻禅经，这些禅经大多与印度西北部的说一切有部有关系。大约自 4 世纪开始，这些禅经又与大乘佛教的修行（念佛观）相交涉，走向融合。这些声闻禅经中的

① （梁）僧祐《出三藏记集》卷 9《关中出禅经序》：“究摩罗法师，以辛丑之年十二月二十日，自姑臧至常安。予即以其月二十六日，从受禅法，既蒙启授。乃知学有成准，法有成条……寻蒙抄撰众家禅要，得此三卷。初四十三偈，是究摩罗罗陀法师所造。后二十偈，是马鸣菩萨之所造也。其中五门，是婆须蜜、僧伽罗叉、沤波崛、僧伽斯那、勒比丘、马鸣、罗陀禅要之中，抄集之所出也。六觉中偈，是马鸣菩萨修习之，以释六觉也。初观淫恚痴相及其三门，皆僧伽罗叉之所撰也。”（《大正藏》第 55 册，No. 2145，第 65 页上—中）罗什来长安比佛陀跋陀罗早，他选译《修行道地经》，这说明罗什早就知道僧伽罗刹。

禅法在东汉末、三国、魏晋南北朝都有流行，尽管时或与大乘思想有关联，但作为声闻禅的特点在修持上仍旧有重要的历史影响。自天台与禅宗兴起以后，这些禅经的影响力就消融在汉传佛教不断演进的历史洪流中了。

近现代以来，很早就有人注意这批声闻禅经，特别是20世纪80年代以来，英语与日语学界有不少人研究这批禅经，不少禅经还被翻译成英文。晚清以来，南北传佛教再次相遇，对彼此都有触动，但汉传佛教整体上是不太重视声闻乘经典的，凡论“禅”多以天台禅宗为主。外国学者则不然，他们研究汉语声闻禅经一般具有“印度佛教”语言、文献与思想的意识，他们想弄清汉语声闻禅经与西北印度、中亚以及西域等地区佛教的关系，解析这些禅经与部派佛教、与大乘佛教的复杂渊源。西方学者在研究这些禅经时对西北印度、中亚与西域的地理与宗教、语言与族群、政经与社会、信仰与精神十分重视，这是他们研究这些禅经的底层逻辑与方法论，这些学术范式是值得我们注意。

外国学者对中国汉传声闻禅经的研究，无疑刺激到汉传系统中的僧俗研究者，不少具有海外留学经历的人开始专注于这个领域。近二三十年中，台湾不少擅长“梵巴英日藏”等语言的僧俗学者，已经勇力开拓钻研，在此领域已有广泛与深入的研究，贡献卓越。大陆在这方面已经在尽力追赶，研究实力与成效还在成长中。如果从汉传声闻禅研究、南北传禅法对比研究、汉传佛教的现代性转型、汉传佛教复兴、国际佛教学术交流这些领域着眼，对汉传声闻禅经进行系统性的校勘与研究是非常具有学术价值与实践价值的。

笔者认为，研究汉传的声闻禅经，有几个问题值得注意：一，这些禅经与说一切有部的关系是怎样的，特别是与阿含、有部毗昙的关系。二，这些禅经在印度西北部、中亚与西域是如何演变的，以及与大乘经论的交涉。三，这些禅经与南传上座部禅经和阿毗达磨有何联系，它们之间有哪些相同与差异，谁的禅经系统与修法更完整、更清晰。四，这些禅经在翻译中出现过哪些问题，如译文不佳、删节本、罗什汇编禅经等。五，这些禅经在中国佛教史上，特别是汉魏南北朝时的命运如何，大小乘禅法的竞争与融合是如何演变成后来中国佛教（尤其是天台宗）的修行观念与修行方式的。六，现在如何校勘与整理这些禅经，进而复活汉传声闻禅法的系统，使之更容易明白，更容易修持，更具有现代特点，等等。

《西夏译经图》新探

张重艳

河北省社会科学院研究员

摘要:《西夏译经图》版画构图可以溯源至普宁藏、碛砂藏等元代卷首扉画佛说法图，还可以溯源至皇家礼佛石窟的布局。《西夏译经图》是元代雕版，不存在西夏旧版。此版画的目的在于作者想以图证史，致敬、缅怀西夏的译经盛事。礼僧为佛是此版画的创作思想。与中原皇帝一样，西夏皇帝的佛教身份有菩萨、法王、佛等，转轮圣王与佛是供养与被供养的关系，此版画中西夏皇帝的佛教身份是转轮王。从佛说法图中佛陀座位的角度进行解读，版画中的动物是狮子。元明时期版画中花朵图案的佛衣、僧衣较为流行，其起源于佛经的散花仪式。

关键词:《西夏译经图》；构图溯源；礼僧为佛；西夏皇室；散花

国家图书馆藏西夏文佛经《现在贤劫千佛名经》的卷首有版画一幅，学界定名为《西夏译经图》，是佛教版画中的经典作品，因其西夏译经的史实题材在历代版画中具有唯一性和独特性，受到学术界的强烈关注，研究成果也较为丰硕。史金波的《〈西夏译经图〉解》[①]，对图中的西夏文榜题进行了译释，破解了 9 名译经僧和皇帝、太后的姓名、身份，认为此版画描绘的是西夏惠宗秉常时期的译经场景，并分析了版画在研

① 史金波:《〈西夏译经图〉解》,《文献》1979 年第 1 期。

究西夏文和佛经翻译方面的学术价值。此后国内学者有关此版画的论述都是在史先生解图基础上进行的扩展性研究，如王波的《从赎经到译经图——西夏佛教版画语言的建构》[1]、陈永耘的《一幅珍贵的版画：〈西夏译经图〉》[2]、曾发茂和于光建的《〈西夏译经图〉版画的艺术特征分析》[3]，这些文章从版画艺术特征方面对《西夏译经图》进行了分析。段岩、彭

图 1 《西夏译经图》[4]

① 王波：《从赎经到译经图——西夏佛教版画语言的建构》，《民族艺林》1990 年第 2 期。
② 陈永耘：《一幅珍贵的版画：〈西夏译经图〉》，《东方博物》2010 年第 2 期。
③ 曾发茂、于光建：《〈西夏译经图〉版画的艺术特征分析》，《美术大观》2020 年第 1 期。
④ 翁连溪、李洪波主编：《中国佛教版画全集》第 4 卷，中国书店 2014 年版，第 247 页。

向前的《〈西夏译场图〉人物分工考》[①]结合《宋会要辑稿》《佛祖统纪》的译场记载，对图中9位高僧的译经分工进行了分析，并分析了版画的艺术特征。2003年，俄罗斯西夏学专家克平的《西夏版画中的吐蕃和印度法师肖像》[②]提出了与国内学者不一样的见解，把《西夏译经图》定名为《夏译佛经竣工图》，认为图中的皇帝和太后分别是乾顺和其母梁太后，译经僧赵法光是吐蕃法师咱米，北却慧月应是印度法师不动金刚，鲁布智云应是不动金刚的吐蕃弟子勒布。克平的这些见解，国内学者并未吸收。以上这些研究成果，使得我们明晰了此版画基本的图像学和历史学信息，但还有一些问题尚未解决。笔者尝试从《西夏译经图》的构图溯源、创作年代、创作思想以及版画中的西夏皇室、动物、花朵元素六个方面入手对此版画进行继续探究。

一 《西夏译经图》构图溯源

《西夏译经图》采用三角构图法创作而成，且是等腰三角形构图。国师白智光是全图的中心和焦点，形象高大，有头光。8名高僧分坐译桌两侧，有头光。国师和高僧的手部动作，类似于佛的手印。高僧身后各有一名头戴西夏镂金冠的官员站立，应为辅助译经人员，无头光。秉常及其母梁太后位于画面下端，在供桌两侧端坐，手持花朵和香炉做供养状，有头光。从布局上来看，画面最上方有龟背纹帷幔，对画面起到框式结构的作用，帷幔上有钱币纹的球形饰带，应为香球。帷幔前方还有梅花花头纹样的幔帐。译桌均为帷幔桌。秉常和梁太后中间摆有帷幔供案，帷幔供案是重要的佛事家具，是宗教仪式的重要特征。供案上摆有花、海螺、香、水、果五种供品。在帷幔桌和帷幔

① 段岩、彭向前：《〈西夏译场图〉人物分工考》，《宁夏社会科学》2015年第4期。

② 后有中文翻译版本：K.Б. 克平著，彭向前译：《西夏版画中的吐蕃和印度法师肖像》，《西夏研究》2011年第3期。

供案形成的四方形立体空间里，摆放有另一帷幔桌，上面摆有五种经卷。

《西夏译经图》的构图渊源，可以从两方面入手进行探究，一是采用中心构图法的佛说法图，二是皇家石窟中的帝后礼佛窟。

（一）《西夏译经图》与佛说法图

想要对《西夏译经图》进行溯源，首先要从与此佛经版画时代相近的版画入手。综观历代的佛经卷首版画，佛说法图所占比例最多。笔者把西夏文大藏经中与《西夏译经图》构图相似的佛经版画摘录如下（图 2—图 5）：

图 2　元至元十四年至二十七年（1277—1290）普宁藏《大集譬喻经》卷首扉画[①]

① 翁连溪、李洪波主编：《中国佛教版画全集》第 4 卷，第 38 页。

图 3　元大德十一年（1307）刻本西夏文大藏经《说一切有部阿毗达磨顺正理论》卷五、《悲华经》卷九、《经律异相》卷十五卷首的佛说法图版画[①]

图 4　碛砂藏元大德年间（1297—1307）刻本版画[②]

① 翁连溪、李洪波主编:《中国佛教版画全集》第 4 卷，第 74、77、79 页。

② 碛砂藏中多次出现的版画，翁连溪、李洪波主编:《中国佛教版画全集》第 4 卷，第 86 页。

图 5　碛砂藏《法苑珠林》卷 26 扉画[①]

不难发现，《西夏译经图》与图 2 至图 5 元代版画中佛说法图的构图方式基本相同。佛说法图是历代石窟壁画和佛经版画的经典主题。《敦煌学大辞典》的“说法图”词条有：“壁画题材之一类。各时期壁画均有此题材。内容是以佛说法为主体，左右有胁侍菩萨、弟子、天龙八部护法围绕听法，背景通常只有简单的宝盖和树木，间或有莲花水池。从画面上无法判断是什么佛，在什么时间、地点、针对什么对象的说法相，故笼统地称这类壁画题材为说法图。有明确名称、内容、对象的说法图不在此例。”[②]根据说法人物的不同，佛说法图有释迦牟尼佛说法、阿弥陀佛说法、弥勒佛说法、毗卢遮那佛说法等。佛说法图的特点是佛为中心人物，坐像或立像，结手印说法，四周围绕着听法众，如菩萨、天王、力士、弟子等等。佛说法图是佛经说法场景以图像形式的再现。佛经一开始均是佛说法场景，如《佛说阿弥陀经》开头即为：“一时，佛在舍卫国，祇树给孤独园。与大比丘僧，千二百五十人俱，皆是大阿罗汉，众所知识。”[③]《地藏菩

① 翁连溪、李洪波主编：《中国佛教版画全集》第 4 卷，第 87 页。

② 季羡林主编：《敦煌学大辞典》，上海辞书出版社 1998 年版，第 94 页。

③ （东晋）鸠摩罗什译：《佛说阿弥陀经》，《大正藏》第 12 册，No. 364，第 346 页中。

萨本愿经》的说法场景则更为宏大：“如是我闻。一时佛在忉利天，为母说法。尔时十方无量世界，不可说不可说一切诸佛，及大菩萨摩诃萨，皆来集会。……尔时释迦牟尼佛，告文殊师利法王子菩萨摩诃萨：汝观是一切诸佛菩萨，及天龙鬼神，此世界、他世界，此国土、他国土，如是今来集会，到忉利天者，汝知数否？文殊师利白佛言：世尊，若以我神力，千劫测度，不能得知。”[①] 因此佛说法图是群像图，需要表现的人物众多，画面一般较满，显得比较拥挤。版画中佛说法图主要采取中心构图法和对角线构图法两种主要构图方式，同时兼用其他构图方法，如 C 型构图法、S 型构图法等来表现众多人物。中心构图法中，佛端坐在画面中心，形象高大，两边菩萨、天人、弟子等分布左右，这种对称的构图方法，画面较为均衡。对角线构图法中，佛端坐在画面右侧，与画面下方的人物一般形成对角，是为对角线构图法。

图 2 至图 5 之说法图有明显的藏式风格和尼泊尔风格，均采用中心构图法，释迦牟尼佛身形高大，手结说法印，端坐在佛座上说法。佛陀两侧菩萨、天人等围绕听法。画面下方佛座左右两侧分别为供养菩萨和供养天人，供养菩萨和供养天人之间大都有五供养。《西夏译经图》中，白智光如同佛陀一样端坐在画面中央，左手结说法印，右手结触地印。8 名高僧和 8 名助译人员与佛说法时左右两侧的听众相似。皇帝拿着供养花朵，太后拿着长柄香炉，是典型的供养人形象。与佛说法图一样，《西夏译经图》人物的地位尊卑通过人物的身长来表现。白智光形象高大，辅助译经人员、皇帝太后形象较小，侍从形象最小。把《西夏译经图》与上述版画进行对比，不难发现，国师白智光类似于佛陀，高僧和助译人员类似于听法众，皇帝太后类似于供养天人和供养菩萨，五供养与普宁藏、碛砂藏版画中五供养的种类和顺序如出一辙。《西夏译经图》与以上这些佛说法图的基本样式与人物组合相仿，是普宁藏、碛砂藏等元代佛经卷首扉画佛说法

① （唐）实叉难陀译：《地藏菩萨本愿经》，《大正藏》第 13 册，No. 412，第 777 页下。

图构图方式的套用。从这点上来看，《西夏译经图》为元代作品，这一点笔者下文将会详述。

（二）《西夏译经图》与帝后礼佛窟

再来看版画中皇帝和太后的形象。皇帝、太后身后均有仪仗，皇帝仪仗在画面右下方，秉常皇帝身后侍从三人，侍从手持金瓜、供品等；皇太后身后侍从三人，侍从手持团扇和供品。

在石窟寺雕塑和壁画中，出现有数量众多的供养人形象。皇室作为最大的功德主，地位尊贵，是特殊的供养人。皇室礼佛仪仗规模宏大，有大量的侍从、官员跟随，学术界称为帝后礼佛图。《洛阳伽蓝记》卷三记载了当时佛像受皇帝供养散花迎接的盛况："时世好崇福，四月七日京师诸像皆来此寺，尚书祠部曹录像凡有一千余躯。至八日，以次入宣阳门，向阊阖宫前受皇帝散花。于时金花映日，宝盖浮云，幡幢若林，香烟似雾，梵乐法音，聒动天地。百戏腾骧，所在骈比。名僧德众，负锡为群，信徒法侣，持花成薮。车骑填咽，繁衍相倾。时有西域胡沙门见此，唱言佛国。"①石窟寺中比较典型的帝后礼佛图主要有北魏洛阳龙门石窟宾阳中洞帝后礼佛图（见图 6—图 7）和巩县石窟帝后礼佛图（见图 9）。

龙门石窟宾阳中洞中，正壁（西壁）有坐佛五尊，帝后礼佛图浮雕位于东壁入口的第三层，采用男女分立的表现形式。皇帝仪仗浮雕位于北壁东端，画面人物是孝文帝和太子以及十二位侍从组成的礼佛仪仗队，孝文帝双手摊开，两面均有人扶持，皇太后仪仗浮雕位于南壁东端，画面人物是文昭皇太后、幽皇后、宣武皇后以及十九位侍从组成的礼佛仪仗队。

① （北魏）杨衒之著，周振甫释译：《洛阳伽蓝记校释今译》，北京联合出版公司 2019 年版，第 114 页。

图 6　宾阳中洞孝文帝礼佛图线描图[①]

图 7　宾阳中洞文昭皇太后礼佛图线描图[②]

巩县石窟有帝后礼佛图浮雕十五幅，第一窟的正壁是一佛二弟子二菩萨的雕像，帝后礼佛图浮雕位于南壁，南壁东侧的皇帝礼佛图，从上而下共有三列，第一列的皇帝礼佛图中皇帝右手执莲花，左手执香，八

① 阎文儒、常青:《龙门石窟研究》，书目文献出版社 1995 年版，图 24。
② 阎文儒、常青:《龙门石窟研究》，图 25。

个侍从跟随。后有随行的大臣，也均有侍从跟随。南壁西侧的皇后礼佛图从上而下也有三列，也均是皇后和侍从、随行嫔妃和侍从的礼佛模式。

从佛像与帝后礼佛图浮雕的空间位置综合来看，佛位于石窟正壁，帝后作为供养人位于石窟入口处，《西夏译经图》在构图上与石窟寺中皇家礼佛空间格局是极其相似的。

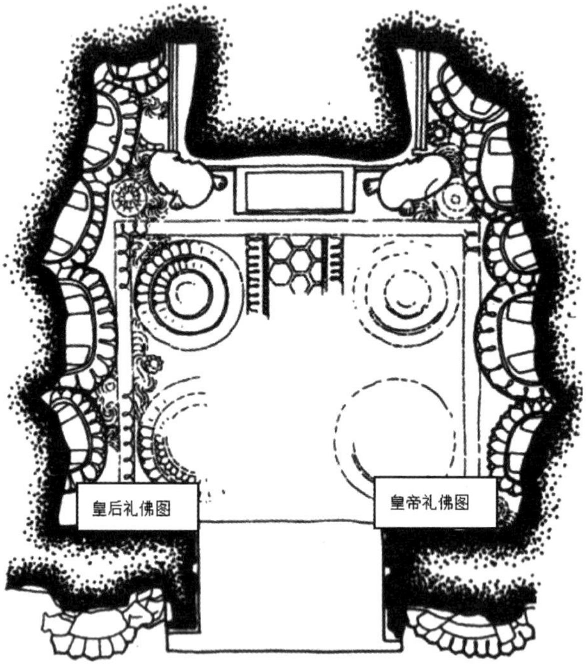

图 8　宾阳中洞平面图[①]

① 阎文儒、常青：《龙门石窟研究》，图 19。图中文字是编者加入。

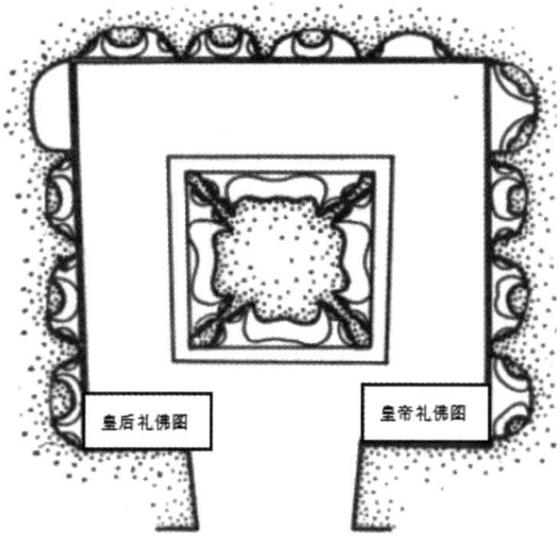

图 9　巩县石窟一号窟断面和平面图[①]

二　创作年代

关于元刊西夏文大藏经中的版画，大多数学者认为："多数雕版是'结合胜弱修整'出来的，是西夏佛经原来的版式，只有极少一部分是'校有译无'的新版。因此版画作品绝大部分应是西夏时期创作

① 河南省文物研究所编：《中国石窟·巩县石窟寺》，文物出版社 1989 年版，第 238 页。图中文字是编者加入。

的。”[①]得出此结论的主要依据是西夏文《过去庄严劫千佛名经》的发愿文（1312），发愿文记载了杭州刊刻河西大藏经的缘起和过程：

> 岁中夏国风帝新起兴礼式德，**戊寅年中，国师白法信及后禀德岁臣智光等，先后三十二人为头，令依番译。**民安元年，五十三岁，国中先后大小三乘半满教及传中不有者，作成三百六十二帙，八百二十部，三千五百七十九卷。后奉护城帝敕，与南北经重校，令国土盛。慧提照世，法雨普润天下。大夏为池，诸藏潮毁全无。皇元界朝，中界寂澄，上师结合胜弱，修整一藏旧经。至元七年，化身一行国师，广生佛事，具令校有译无，过如意宝，印制三藏新经。后我世祖皇帝，恩德满贯天下，令各国通。高道胜比万古，四海平安。八方由旬时经，深信三宝。因欲重举法幢，法师慧宝，深穷禅法密律，志多长意，上圣欲愿满故，令经院？西壁小狗铁等报，以不可解德音，发出圣敕，江南杭州实板当做已为，以主僧事西壁土情行敕，知觉和尚慧中为始先遣。龙象师中选有多行者，以取旧经先后二十余人。至元三十年，万寿寺中刻印。应用千种、施财万品数超过。成宗帝朝，大德六年夏始告完毕。[②]

一些学者据此认为，虽然《西夏译经图》是元代刊本，但是为西夏所刊版画，“《现在贤劫千佛名经》二册，经为元刊，但经背裱糊杂用西夏文他经，卷首画译经之图，应为西夏所刻版画”[③]。“元代修整西夏文佛经旧经一藏，重新雕印，施于宁夏、永昌等路。此为元代根据西夏旧经新雕的，版画当在西夏时创作，元代重刻。”[④]不难发现，发

① 陈育宁、汤晓芳：《元代刻印西夏文佛经版画及艺术特征》，《宁夏社会科学》2009 年第 3 期。
② 史金波：《西夏佛教史略》，宁夏人民出版社 1988 年版，第 321 页。
③ 王伯敏主编：《中国美术通史》第四卷，山东教育出版社 1996 年版，第 357 页。
④ 陈育宁、汤晓芳：《西夏艺术史》，生活 · 读书 · 新知三联书店 2010 年版，第 272 页。

愿文最明显的特征是明确了西夏文大藏经的真正翻译者并非西夏皇室。无独有偶，国家图书馆所藏西夏文《金光明最胜王经》雕刊于蒙古定宗贵由二年（1247），其流传序有“奉白高大夏国明盛皇帝、母梁氏皇太后敕，渡解三藏安全国师沙门白智光，译汉为番”[①]。流传序披露了国师白智光是西夏文《金光明最胜王经》的真正译者。《西夏译经图》的意图之一在于明确西夏文佛经的真正翻译者，明显是元代雕刻的。

我们来看西夏统治者是如何抹杀佛经的真正翻译者的，迄今发现的西夏文佛经，经常冠以“御译”“御校勘”字样，前面冠以皇帝和皇太后的尊号，秉常（1067—1086年在位）、乾顺（1086—1139年在位）、仁孝（1139—1193年在位）时期都曾经译经，这些皇帝的尊号出现在当时所译的佛经中。秉常皇帝的尊号有三个，分别是“德成国主福盛民正大明皇帝嵬名”“德成国主扬烧？民正大明皇帝嵬名”“功德国主增福正民大明皇帝嵬名”[②]，梁太后的尊号也有三个，分别是“天生全能禄番圣祐正国皇太后梁氏”“天生全能禄番式法正国皇太后梁氏”“天生全能禄番国法正式皇太后梁氏”[③]。而真正译经者的名字不得而知。《西夏译经图》出现在《现在贤劫千佛名经》的卷首，说明秉常时期很大可能翻译过此部佛经。既然皇帝不想让译经者的名字出现在佛经中，那说明这幅版画不是西夏时期的作品。

再来看国图藏《现在贤劫千佛名经》的其他信息，此经上卷有一个折页（见图10），是用来裱糊佛经的，学术界命名为《帝后礼佛图》，认为图中人物系西夏皇帝和皇后。但仔细观察可以发现，此残片在皇帝、皇后、高僧的人物布局、形象、姿势方面与国图藏普宁藏《不空绢索陀罗尼经》卷首扉画（见图11）说法图左侧十分相似，普宁藏《不空绢索陀罗尼经》的创作年代是至元十四年至二十七年（1277—1290），佛祖左侧上方是

① 史金波：《西夏文〈金光明最胜王经〉序跋考》，收入《史金波文集》，上海辞书出版社2005年版，第332—346页。

② ［俄］叶·伊·克恰诺夫编著：《俄藏黑水城西夏文佛经文献叙录》，崔红芬、文志勇译，甘肃文化出版社2021年版，第11页。

③ ［俄］叶·伊·克恰诺夫编著：《俄藏黑水城西夏文佛经文献叙录》，第11页。

皇后、女官、侍女、文人处士夫妇，下方是皇帝、皇子、三从官。总统永福大师即杨琏真迦于画面左下方端坐。这些人物的目光都是朝向佛陀方向，与佛陀身边听法的菩萨、弟子、天龙八部的表情完全不同，好像是后来强行挤进画面中的，较为拥挤。《现在贤劫千佛名经》上卷折页只有皇帝、皇后、侍从、女官、高僧，人物的排列较为自然不拥挤，性质应是佛说法图左侧的一部分，年代应该比《不空绢索陀罗尼经》卷首扉画晚，或者是同时期的作品。理论上来讲，一般都是用较为常见的纸张裱糊前代的佛经，《现在贤劫千佛名经》折页是元代作品，《西夏译经图》虽然产生比此作品较早，但也不会太早。

图 10　国图藏《现在贤劫千佛名经》折页[①]

① 翁连溪、李洪波主编：《中国佛教版画全集》第 4 卷，第 254 页。

图 11　国图藏普宁藏《不空绢索陀罗尼经》说法图[①]

根据前文,《西夏译经图》的构图可以溯源至元代刻印的西夏文大藏经、普宁藏、碛砂藏的卷首扉画，具有明显的藏传佛教和尼泊尔风格。《西夏译经图》明显是在吸收了元刊西夏文大藏经、普宁藏、碛砂藏卷首扉画的版式基础上进行的创新性作品。综合以上种种因素，笔者认为《西夏译经图》为元代的作品，不存在西夏旧版。元代河西遗民在雕刻西夏文大藏经的时候，通过此幅版画明确西夏文佛经的真正译者，以图证史，致敬、缅怀西夏佛经的翻译高僧。

① 翁连溪、李洪波主编:《中国佛教版画全集》第 4 卷，第 39 页。

三　创作思想

《西夏译经图》版画中，白智光是西夏国师，也是回鹘高僧。[①]图中 8 名高僧分别是北却慧月、赵法光、嵬名广愿、昊法明、曹广智、田善尊、西玉智圆、鲁布智云，承担着助译的重要工作。国师白智光、参与翻译的 8 名高僧、皇帝和太后均有圆形头光，头光均为单圈。8 名高僧形象比皇帝、皇太后高大。头光，又称圆光、项光，头光是神性的表达。根据佛经的描述，佛有三十二相，八十种好，第二十二种相是“如来身光面各一寻，是二十二”[②]。第二十一种好是“如来身有周匝圆光，于行等时恒自照曜，是二十一”[③]。头光是佛的重要标志，普通人没有头光，自佛教传入中国开始，佛的标志性特征就是有头光，“初，帝梦见金人丈大，项有日月光，以问群臣，或曰：西方有神，其名曰佛，其形丈大，陛下所梦得无是乎”[④]。对比壁画和雕塑中的头光纹样，佛经卷首扉画中的头光纹样仅为光圈。在译场特定的环境下，宗教权威明显位于统治者权威之上。礼高僧为佛是此版画传递的中心思想。

礼僧为佛主要是针对统治者对高僧的态度而言。《梵网经》有佛子为白衣说法的制度性规定：“若佛子，常行教化起大悲心，入檀越贵人家一切众中，不得立为白衣说法。应白衣众前，高座上坐，法师比丘不得地立为四众说法。**若说法时，法师高座香花供养，四众听者下坐，如孝顺父母敬顺师教，**如事火婆罗门，其说法者若不如法，犯轻垢罪。”[⑤]中国古代高僧受到统治者礼遇的描述，不外乎高僧高坐、受众

---

① 史金波：《西夏佛教史略》，第 78—79 页。
② （唐）玄奘译：《大般若波罗蜜多经》卷 470，《大正藏》第 7 册，No. 220，第 960 页下。
③ （唐）玄奘译：《大般若波罗蜜多经》卷 470，《大正藏》第 7 册，No. 220，第 377 页中。
④ （南朝宋）范晔撰，（唐）李贤等注：《后汉书》卷 42，中华书局 1965 年版，第 1429 页。
⑤ （东晋）鸠摩罗什译：《梵网经》，《大正藏》第 24 册，No. 1484，第 1009 页中。

供养、被事以师礼、为君王授戒这四点。如后秦高僧鸠摩罗什“广诵大乘经论，洞其秘奥，龟兹王为造金**师子座**，以大秦锦褥铺之，令什升而说法”①。“西域诸国，咸伏什神俊。每年讲说，诸王皆**长跪座侧**，令什践而登焉。其见重如此。什既道流西域，名被东国。”②姚兴“待（什）以**国师**之礼，甚见优宠”③。开凿大同石窟的北魏高僧昙曜，“和平初，师贤卒。昙曜代之，更名沙门统。初昙曜以复佛法之明年，自中山被命赴京，值帝出，见于路，御马前衔曜衣，时以为马识善人。帝后奉以师礼”④。在皇室成员的受戒仪式上，“隋文帝诏延法师升御座，拜跪受戒”⑤。

唐德宗曾召华严宗四祖清凉澄观国师（738—839）入内殿讲经。“德宗贞元十五年四月帝诞节，敕有司备仪辇，迎教授和尚澄观入内殿，阐扬《华严》宗旨。观升高座曰：‘大哉真界万法资始，包空有而绝相，入言词而无迹，妙有不有，真空不空。我佛得之，妙践真觉，廓净尘习，寂寥于万化之域，动用于一空之中。融身刹以相含，流声光而遐烛。我皇得之，灵鉴虚极，保合大和，圣文掩于百王，淳风扇于万国，敷玄化以觉梦，垂天真以性情。是知华严教旨寂廓冲邃，不可得而思议矣。失其旨也，徒修因于旷劫。得其门也，等诸佛于一朝。’帝顾谓群臣曰：‘朕之师，言雅而简，辞典而富，能以圣法清凉朕心，仍以清凉赐为国师之号。’”⑥宋刻本《注清凉心要》卷首扉画（见图 12）即唐德宗听清凉国师讲经情景的再现。版画画有人物 4 身，右侧清凉国师澄观端坐说法，侍者在右侧立，唐顺宗在左侧坐，大臣侧立。清凉国师和侍者均有头光，顺宗和大臣没有头光。清凉国师和唐顺宗在人物形象上等

① （南朝梁）慧皎：《高僧传》卷 2，《大正藏》第 50 册，No. 2059，第 331 页上。
② （南朝梁）慧皎：《高僧传》卷 2，《大正藏》第 50 册，No. 2059，第 331 页中。
③ （南朝梁）慧皎：《高僧传》卷 2，《大正藏》第 50 册，No. 2059，第 332 页上。
④ （北齐）魏收：《魏书》卷 114，中华书局 1974 年版，第 3037 页。
⑤ （宋）志磐撰：《佛祖统纪》，《大正藏》第 49 册，No. 2035，第 451 页下。
⑥ （元）觉岸：《释氏稽古略》，《大正藏》第 49 册，No.2037，第 837 页中。

高，清凉国师和顺宗身后均有云纹围绕。唐顺宗视清凉国师为佛的理念很明显了。

图 12　宋刻本《注清凉心要》卷首扉画[①]

高僧崇拜由来已久，除了上述帝王对高僧的礼遇，民间也对高僧格外敬仰，敦煌就有很多高僧故事画，如康僧会、佛图澄、安世高、刘萨诃、玄奘、僧伽、宝志、万回等。这些高僧有的被认为是观音、佛的化身。西夏有一批高僧画像，这些高僧均端坐，大多结手印，一般都有头光，接受信众的供养。密宗中的师即为佛的理念，可能也是西夏和元朝礼高僧为佛的主要原因之一。

① 翁连溪、李洪波主编：《中国佛教版画全集》第 2 卷，第 269 页。

图 13　文殊山石窟万佛洞西夏上师像①

图 14　榆林窟第 29 窟南壁东侧西夏鲜卑国师像②

图 15　莫高窟第 464 窟西夏上师像③

图 16　宁夏拜寺口双塔西塔出土唐卡《上师图》④

① 陈育宁、汤晓芳:《西夏艺术史》，第 79 页。

② 陈育宁、汤晓芳:《西夏艺术史》，第 79 页。

③ 陈育宁、汤晓芳:《西夏艺术史》，第 79 页。

④ 陈育宁、汤晓芳:《西夏艺术史》，第 79 页。

四 版画中的西夏皇室

以往学者研究中国佛说法图都有一个误区，认为图中以皇帝皇后大臣形象出现的，就是现实中的皇帝皇后大臣。佛说法图是对佛经中说法场面的描述，国王大臣是佛陀说法的重要听众，佛经中的国王大臣都是印度本土人物，如《法句譬喻经》有："昔佛在舍卫国祇树精舍，为诸天人国王大臣四辈弟子说无上大法。"[①]《药师琉璃光七佛本愿功德经》有："一时薄伽梵，游化诸国，至广严城，住乐音树下，与大比丘众八千人俱，菩萨摩诃萨三万六千，及诸国王、大臣、婆罗门、居士、天龙八部、人非人等，无量大众恭敬围绕而为说法。"[②] 西夏乾祐二十年（1189）刻本汉文《金刚般若波罗蜜经》卷首佛说法图（见图 17）中，听法的有天人众、比丘众、八金刚、十大弟子、善男子善女人、须菩提、婆罗门众、祁陀太子、金卫国王、长者等人。佛说法图中的帝释天、大梵天、天人、供养天人等，他们的形象往往塑造成帝王形象，容易和真实的帝王混淆。也有一些说法图，将现实中的皇帝、皇后形象加入听佛说法的队伍中，这些说法图大都有榜题，帝后也具有很强的标识性，如身边有仪仗、侍从、婢女，借以标识身份，如前文中提及的国家图书馆藏普宁藏《不空绢索陀罗尼经》卷首扉画说法图（见图 11），左侧端坐的僧人中，有一榜题"总统永福大师"，图中的皇帝、皇后身后有侍从、女官跟随，帝后自然是现实中的皇室人物。这就提出了一个问题，版画中的帝后形象到底是佛经中的人物还是现实中的人物？说法图中人物有榜题的，自然一目了然，对于没有榜题的，要结合具体情况进行分析。

西夏刻本汉文《金刚般若波罗蜜经》卷首扉画（见图 17）佛说法图中，诸大菩萨立着听法，十方诸佛于左上方祥云中端坐听法，国王大臣和

① （西晋）法炬、法立译：《法句譬喻经》，《大正藏》第 4 册，No.211，第 607 页上。
② （唐）义净译：《药师琉璃光七佛本愿功德经》，《大正藏》第 14 册，No.451，第 409 页上。

声闻弟子跪在佛前听法，国王大臣共四人，三人戴通天冠，一人戴西夏特有的镂冠，国王大臣均有头光。全经中也没有国王大臣、十方诸佛等听法的记录，似乎版画中国王大臣是现实世界中的真实人物。这涉及一个佛经印刷的问题，佛经卷首版画的刊刻和装帧是经坊负责，李际宁的《国家图书馆新收〈大宝积经〉卷五十四版本研究》[①]认为大藏经的雕刻、印刷和流通制度涉及寺院、经坊、请印者的关系。寺院负责刊经和经版管理，经坊负责印刷装帧、装配扉画和韦驮像，请印者请印佛经时，可以向寺院提出经版使用要求，并向寺院和经坊缴纳经费。这样就会出现一个问题，同一版画可能会装配到多部佛经中，如上文提到的碛砂藏中多次出现的版画（见图 4），也会导致每部佛经的卷首版画，并不与本部佛经的内容完全贴合。笔者认为图中国王大臣是佛经绘画中国化的表现形式，国王大臣并不是西夏皇帝和大臣。

图 17　西夏刻本汉文《金刚般若波罗蜜经》卷首扉画[②]

《西夏译经图》中，人物有榜题，秉常皇帝和梁皇太后自然是真实人物，目前尚未发现石窟壁画以及其他艺术形式中西夏帝后作为供养人形

① 李际宁：《国家图书馆新收〈大宝积经〉卷五十四版本研究》，《文献》2002 年第 2 期。

② 翁连溪、李洪波主编：《中国佛教版画全集》第 3 卷，第 78 页。

象出现。[①]西夏帝后作为供养人形象出现，仅有元刊《西夏译经图》一例。通过上面的构图溯源知道，秉常皇帝和太后是仿照版画中供养天人和供养菩萨的角色来描绘的。皇帝太后有头光，起源于中古时期帝即为佛的理念。

在佛教语境中，中原王朝皇帝的佛教身份主要有佛和转轮王两种。北魏高僧法果开创性地提出皇帝是当今如来的理念，“初，法果每言，太祖明叡好道，即是当今如来，沙门宜应尽礼，遂常致拜。谓人曰：‘能鸿道者人主也，我非拜天子，乃是礼佛耳。’”[②]皇帝是佛的理念逐渐流行开来。文成帝兴安元年（452）曾“诏有司为石像，令如帝身”[③]。“兴光元年（454）秋，敕有司于五级大寺内，为太祖已下五帝，铸释迦立像五，各长一丈六尺，都用赤金二十五万斤。”[④]后又任命高僧昙曜开凿大同石窟，“昙曜白帝，于京城西武州塞，凿山石壁，开窟五所，镌建佛像各一。高者七十尺，次六十尺，雕饰奇伟，冠于一世”[⑤]。五窟内的主尊佛像对应着道武帝、明元帝、太武帝、景穆帝、文成帝五位皇帝。武则天登基前，曾让法明造作《大云经》四卷，证明自己是弥勒佛化身下凡。转轮王又称转轮圣王，按照佛教教义，以王的身份宣传佛教教义并以此治国，称为转轮王。转轮王的标志是其降生时有七宝出现，“世间有转轮王，时自然生七宝，有四德。何等为七？一者金轮宝，二者白象宝，三者绀色马宝，四者明月珠宝，五者玉女宝，六者藏圣臣宝，七者导道圣臣宝”[⑥]。后世崇佛的帝王大都以转轮王自居。如梁武帝和武则天执政期间，都曾标明自己的转轮王身份。无

① 敦煌莫高窟第 409 窟中的皇帝形象，有部分学者认为其是西夏皇帝供养像。杨富学的《莫高窟第 409 窟的营建时代与民族属性——兼评西夏说与西州回鹘说》（《美术大观》2022 年第 2 期）对此进行了澄清，认为第 409 窟是沙州回鹘营建的洞窟。

② （北齐）魏收撰：《魏书》卷 114，第 3031 页。

③ （北齐）魏收撰：《魏书》卷 114，第 3036 页。

④ （北齐）魏收撰：《魏书》卷 114，第 3036 页。

⑤ （北齐）魏收撰：《魏书》卷 114，第 3037 页。

⑥ （西晋）法立、法炬译：《大楼炭经》，《大正藏》第 1 册，No.23，第 281 页上。佛经中对于转轮王七宝的翻译不尽相同，《佛说转轮王七宝经》七宝为：“轮宝、象宝、马宝、主藏臣宝、主兵臣宝、摩尼宝、女宝。”

论皇帝是佛还是转轮王，皇帝有了神性，就不但是世俗世界的统治者，更是跻身于佛国的上层。

与中原皇帝的佛教身份相似，西夏皇帝的佛教身份有菩萨、佛、法王等。如西夏皇帝被赞美成“人类的皇帝、菩萨和佛陀，上帝的儿子”[①]。李仁孝的碑文《敕建黑河桥碑记》，充分表达了西夏皇帝对自身的定位，笔者把碑文迻录如下：

1. 敕镇夷郡境内黑水河上下所有隐现一切水土之主、山神、水神、龙神、树神、土

2. 地诸神等，咸听朕命：昔 贤觉圣光菩萨哀愍此河年年暴涨，飘荡人畜，故发

3. 大慈悲兴建此桥。普令一切往返有情咸免徒涉之患，皆沾安济之福。斯诚立

4. 国便民之大端也。朕昔已曾亲临此桥，嘉美 贤觉兴造之功，仍罄虔恳，躬

5. 祭汝诸神等，自是之后，水患顿息。固知诸神冥歆朕意，阴加拥佑之所致也。今朕

6. 载启神虔，幸冀汝等诸多灵神，廓慈悲之心，恢济渡之德，密运威灵，

7. 庶几水患永息，桥道久长。令此方诸方有情，俱蒙利益，佑我邦家，则岂惟上契十

8. 方诸圣之心，抑亦可副朕之弘愿也。诸神鉴之，毋替朕命。[②]

此碑文性质为敕文，文中“咸听朕命”一语，出自《尚书·大禹

① ［俄］萨玛秀克著，马宝妮译：《西夏绘画中供养人的含意与功能》，载景永时编《西夏语言与绘画研究论集》，宁夏人民出版社 2008 年版，第 176 页。

② 录文采用孙继民等《考古发现西夏汉文非佛教文献整理与研究》一书中的录文（社会科学文献出版社 2014 年版，第 185 页）。

谟》："禹乃会群后，誓于师曰：济济有众，咸听朕命。"[①]西夏皇帝标明自己的身份在诸神之上，告诫他们不要违反朕的命令，这在唐宋时期的敕文中是绝无仅有的词汇。西夏皇帝对自己身份的定位，来源于佛经中的理念。大量的佛经开头都是在写佛陀说法，各方神灵集会听法，如《地藏菩萨本愿经》有："复有他方国土及娑婆世界，海神、江神、河神、树神、山神、地神、川泽神、苗稼神、昼神、夜神、空神、天神、饮食神、草木神，如是等神皆来集会。"[②]西夏皇帝自比佛陀，认为自己即是佛陀。

宁夏贺兰县拜寺口双塔中的西塔修建于西夏仁孝皇帝（1140—1193 年在位）晚期，是一座转轮王塔，共有 13 层，塔第 12 层有 8 龛，8 龛分别有男供养人坐像和转轮王七宝：藏臣宝、象宝、兵宝、女宝、宝珠、马宝、轮宝。[③]"在第十二层东龛内的男像左侧上方影塑三个西夏文字，汉译为'任□□'，'任'为西夏族姓，……'任□□'应该是龛中男像的姓名，此人被塑于塔上，绝非一般平民百姓，有可能是寺院的主持或地位更高的人。"[④]陈玮认为此男像不是西夏皇帝，而是篡权未成功的任得敬给自己塑造的转轮王像，其目的是宣告自己是转轮王并借此取代夏仁宗的帝位。[⑤]不论西塔中男像是谁，有象征转轮王的七宝，说明西夏是有把统治者称为转轮王的传统的。元代八思巴帝师称西夏皇帝为法王，"广兴佛教：梵天竺国、迦湿弥罗国、勒国、龟兹、捏巴辣国、震旦国、大理国、西夏国等，诸法王众，各于本国兴隆教法"[⑥]。法王在一定程度上是转轮王的代称，"转轮圣王，以十善道化四天下，悉令受持离十恶业，行十善道具足成就，

① 陈戍国校注：《尚书》，岳麓书社 2019 年版，第 17 页。
② （唐）实叉难陀译：《地藏菩萨本愿经》，《大正藏》第 13 册，No. 412，第 778 页上。
③ 杜斗城的《西夏的转轮王塔——宁夏拜寺口西塔之建造背景》认为此男供养人为转轮王形象，《河西佛教史》，中国社会科学出版社 2009 年版，第 568 页。
④ 宁夏回族自治区文物管理委员会办公室：《西夏佛塔》，文物出版社 1995 年版，第 90 页。
⑤ 陈玮《西夏佛王传统研究》（《中央民族大学学报》2016 年第 4 期）认为西塔里面的转轮王像并不是西夏皇帝，而是篡权未成功的任得敬。
⑥ 王启龙：《彰所知论补订》，《西北民族研究》2002 年第 3 期。

名为法王"[1]。"如转轮王供养于佛，等无差别。"[2]转轮圣王与佛是供养和被供养的关系，秉常皇帝手持花朵供养，因此《西夏译经图》中秉常皇帝的身份是转轮王。

五　版画中的动物

《西夏译经图》中，帷幔供案前有两只动物围绕一个钱币纹球状物在玩耍，球状物类似于帷幔上的香球。学术界认为是两只狗，笔者认为从构图溯源佛陀座位的角度切入，可以理解为两只狮子。

佛陀的法座主要有莲花座、须弥座、方墩座、狮子座。狮子座起源于西亚王座，后传入印度和中国。狮子象征神权和王权，佛陀、菩萨、高僧、国王都可以坐狮子座。狮子是佛尊贵身份的象征之一，"佛为人中狮子，凡所坐若床若地，皆名师子座"[3]。民间对于僧人坐狮子也较为宽容，宋代的东京九月重阳节，"诸禅寺各有斋会，惟开宝寺、仁王寺有狮子会。诸僧皆坐狮子上作法事、讲说，游人最盛"[4]。佛教造像中的狮子大都镶嵌在佛座上，如北齐白石静藏造释迦佛坐像（见图 18）和白石张波造弥勒佛立像（见图 19），这两组造像的共同特征是台座上两只狮子凸起，围绕着两名力士托举的博山香炉。也有一些佛教造像中狮子与台座分离，如敦煌 275 窟的交脚弥勒像（见图 20）、西安董钦造鎏金阿弥陀佛像（见图 21），狮子不再依附于台座，成为单独的造型。

① 北魏菩提流支译：《大萨遮尼干子所说经》，《大正藏》第 9 册，No. 272，第 330 页中。
② （东晋）昙无谶译：《悲华经》，《大正藏》第 3 册，No. n157，第 175 页下。
③ （东晋）鸠摩罗什译：《大智度论》，《大正藏》第 25 册，No.1509，第 111 页中。
④ （宋）孟元老撰：《东京梦华录》，中国书店 2019 年版，第 96 页。

图 18　北齐天统二年白石静藏造释迦佛坐像[①]

图 19　隋开皇五年白石张波造弥勒佛立像[②]

① 胡国强：《你应该知道的 200 件曲阳造像》，紫禁城出版社 2009 年版，第 69 页。
② 胡国强：《你应该知道的 200 件曲阳造像》，第 127 页。

图 20　北京敦煌 275 窟交脚弥勒像①

图 21　隋代董钦造鎏金阿弥陀佛像②

佛经卷首扉画说法图中，佛陀的座位以莲座和须弥座居多，狮子座出现得较少。由于版画不受创作原材料的限制，狮子跳出台座，独立呈现在画面中，如唐代咸通九年（868）成都王玠施刊本卷首扉画佛说法图（见图 22）；北宋端拱元年（988），江苏江阴县孙四娘子墓出土的《金光明经》第二变相版画（见图 23）；西夏刻本《金刚般若波罗蜜经》卷首扉画（见图 24）；西夏天庆年间写本《佛说宝雨经》卷十卷首扉画佛说法图（见图 25），狮子形态各异，或站立、或蹲伏，作听法状。也有狮子直接画在台座上，如元大德六年（1302）国家图书馆藏木活字本西夏文大藏经《大方广佛华严经》卷 31 卷首扉画（见图 26），以及元大德十一年（1307）刻本西夏文大藏经《悲华经》卷九、《经律异相》卷十五、《说一切有部阿毗达磨顺正理论》卷五卷首的佛说法图（见图 27），狮子与座位融为一体，与

① 陈凌、莫阳：《丝绸之路与古代东西方世界的物质文化交流》，三秦出版社 2015 年版，第 181 页。

② 陕西省文物局编：《千年帝都 文武盛地：西安博物院》，西安地图出版社 2020 年版，第 150 页。

雕塑中的狮子座相似。

图 22　唐代咸通九年（868）成都王玠施刊本卷首扉画佛说法图[①]

图 23　北宋端拱元年（988），江苏江阴县孙四娘子墓出土的《金光明经》第二变相版画[②]

图 24　西夏刻本《金刚般若波罗蜜经》卷首扉画[③]

① 翁连溪、李洪波主编：《中国佛教版画全集》第 1 卷，第 15 页。

② 翁连溪、李洪波主编：《中国佛教版画全集》第 2 卷，第 17 页。

③ 翁连溪、李洪波主编：《中国佛教版画全集》第 3 卷，第 75 页。

图25　西夏天庆年间写本《佛说宝雨经》卷十卷首扉画佛说法图[①]

图 26　元大德六年（1302）国家图书馆藏木活字本西夏文大藏经《大方广佛华严经》卷 31 卷首扉画[②]

图 27　大德十一年（1307）刻本西夏文大藏经《悲华经》卷九、《经律异相》卷十五、《说一切有部阿毗达磨顺正理论》卷五卷首的佛说法图[③]

① 翁连溪、李洪波主编：《中国佛教版画全集》第 3 卷，第 192 页。

② 翁连溪、李洪波主编：《中国佛教版画全集》第 4 卷，第 62 页。

③ 翁连溪、李洪波主编：《中国佛教版画全集》第 4 卷，第 77、79、74 页。

再来看绘画中的狗，俄藏黑水城出土有两幅画——《官员和侍从》（见图 28）和《西夏帝王像》（见图 29），画面中狗的前方都有一堆财宝，狗是作为财富的守护者出现的。西夏的狗是典型的细狗形象，身材细长，均为单只出现。

造像和版画中的狮子，有的身材圆润，有的身体细长，形态差别巨大。身体细长的狮子和狗很容易混淆。虽然两幅画中狗与帝王一同入画，但是狮子可以作为权威和地位的象征，狗只是看家守财的象征。两只动物围绕香球玩耍，与北齐白石静藏造释迦佛坐像和白石张波造弥勒佛立像中，狮子与博山炉组合的意境相似，因此两只动物应为狮子。

图 28　俄藏黑水城出土《官员和侍从》①

图 29　俄藏黑水城出土《西夏帝王像》②

① 陈育宁、汤晓芳：《西夏艺术史》，第 273 页。
② 陈育宁、汤晓芳：《西夏艺术史》，第 274 页。

六　花朵元素

国师白智光身上花衣的纹样，与其上方帷幔的纹样相同，均是梅花花头。佛教对僧人的服制有严格的规定，僧人的法服，又称为袈裟，梵文kasaya，意译为坏色、不正色。宋代元照所撰《佛制比丘六物图》对法服的颜色是否如法做过讨论：

> 《律》云：上色染衣，不得服。当坏作袈裟色（此云不正色染）亦名坏色，即戒本中三种染坏，皆如法也。一者青色（僧祇，谓铜青也。今时尼众青褐，颇得相近）；二者黑色（谓缁泥涅者，今时禅众深黪竝深苍褐，皆同黑色）；三木兰色（谓西蜀木兰，皮可染作赤黑色，古晋高僧多服此衣。今时海黄染绢微有相涉。北地浅黄，是非法）。然此三色名滥体别，须离俗中五方正色（谓青黄赤白黑）及五间色（谓绯红紫绿碧，或云磂黄）。此等皆非道相，佛并制断。[①]

青色、黑色、木兰色，是戒律中认为如法的颜色，戒律中法服的颜色是世俗人轻贱不喜的颜色。佛教版画大都是黑白色，不大涉及袈裟颜色的问题。但是佛教袈裟绘画中存在纹样的问题。元照所作《四分律行事钞资持记》关注到了僧人衣服的花纹问题："今时禅众，多作纳衫，而非法服。裁剪缯彩，刺缀花纹，号山水纳，价直数千，更乃各斗新奇，全乖节俭，经年制造，虚废时功，法逐时讹，道随事丧，是则妄称上行滥预头陀，有识之流，幸宜极诫。"[②]僧人衣服上刺绣显然并不合僧制。

① （宋）元照：《佛制比丘六物图》，《大正藏》第45册，No.1900，第898页中。
② （宋）元照：《四分律行事钞资持记》，《大正藏》第40册，No.1805，第191页上。

既然《西夏译经图》是模仿佛说法图而来，我们不妨从佛说法图中探寻这些花朵的渊源。《维摩诘所说经》有一段天女散花的典故：

> 时维摩诘室有一天女，见诸大人闻所说法，便现其身，即以天华散诸菩萨、大弟子上，华至诸菩萨即皆堕落，至大弟子，便着不堕。一切弟子神力去华，不能令去。尔时，天女问舍利弗："何故去华？"答曰："此华不如法，是以去之。"天曰："勿谓此华为不如法，所以者何？是华无所分别，仁者自生分别想耳！若于佛法出家有所分别，为不如法。若无所分别，是则如法。观诸菩萨华不著者，已断一切分别想故。譬如人畏时，非人得其便，如是弟子畏生死故，色、声、香、味、触得其便也。已离畏者，一切五欲无能为也！结习未尽华着身耳，结习尽者华不着也。"[①]

典故不是讲穿衣形制的问题，但其中关于花朵粘在弟子衣服上的问题，反映了时人都认为花朵衣服不符合僧制。时人认为花不如法，花就是花，没有是否如法的说法，觉得花不合戒律，完全就是自身修行不到位。在佛教造像和绘画中，菩萨通常是佩戴璎珞，衣饰纹样华丽繁复，花朵衣服经常出现。佛和僧人服装较为简单，僧人穿花衣并不少见，如1972年甘肃省武威市张义乡小西沟岘西夏修行洞出土的《菩萨与护法》（见图31），袈裟上有忍冬纹的图案。[②]白智光的梅花花头僧祇支，在唐代就曾出现。元明时期佛经版画中，这种藏式风格的梅花花头纹样的僧祇支和袈裟十分流行。

① （东晋）鸠摩罗什译：《维摩诘所说经》，《大正藏》第12册，No.475，第1097页上。
② 西夏博物馆编：《西夏艺术》，宁夏人民出版社2003年版，第49页。

图 30　唐代莫高窟 199 窟西龛①

图 31　1972 年甘肃省武威市张义乡小西沟岘西夏修行洞出土《菩萨与护法》②

图 32　莫高窟第 263 窟弟子像（西夏重修）③

图 33　元刻本元官藏《大方广佛华严经》卷 65 卷首扉画④

① 敦煌研究院主编：《敦煌石窟艺术全集·服饰画卷》23，同济大学出版社 2016 年版，第 143 页。

② 汤晓芳主编，西夏博物馆编：《西夏艺术图集》，宁夏人民出版社 2003 年版，第 49 页。

③ 汤晓芳主编，西夏博物馆编：《西夏艺术图集》，第 55 页。

④ 翁连溪、李洪波主编：《中国佛教版画全集》第 4 卷，第 156 页。

图 34　国家图书馆藏元大德六年（1302）木活字本西夏文大藏经《大方广佛华严经》卷 31 卷首扉画[①]

图 35　国图藏明代版画《诸佛菩萨妙相名号经咒》之《释迦牟尼说法图》（一）[②]

图 36　国图藏明代版画《诸佛菩萨妙相名号经咒》之《释迦牟尼说法图》（二）[③]

① 翁连溪、李洪波主编：《中国佛教版画全集》第 4 卷，第 62 页。
② 国家图书馆主编：《诸佛菩萨妙相名号经咒》，中国藏学出版社 2011 年版，第 126 页。
③ 国家图书馆主编：《诸佛菩萨妙相名号经咒》，第 127 页。

图 37　国图藏明代版画《诸佛菩萨妙相名号经咒》之《水月观音像》[①]

佛经版画较少出现大面积的空白现象，一般都用山水、草木、云纹之类填补空隙，还能起到分割版面的作用。袈裟上的图案，有一定的填补画面空隙的作用。但这并不是佛衣、僧衣上花朵产生的根本原因，根本原因在于散花是对佛的最高供养，“华散佛上是供养佛宝”[②]。“以众妙花遍散三千供养佛宝。”[③]在佛经中，佛说法完毕后，听法众会由衷的赞叹，散花供养佛。如《仁王护国般若波罗蜜多经》有：

① 国家图书馆主编：《诸佛菩萨妙相名号经咒》，第 200 页。

② （东晋）鸠摩罗什译：《大智度论》，《大正藏》25 册，No. 1509，第 451 页下。

③ 《维摩经疏》，《大正藏》85 册，No.2772，第 413 页上。

> 尔时十六国王及诸大众，闻佛说此般若波罗蜜多甚深句义，欢喜踊跃，散百万亿众宝莲花，于虚空中成宝花座。十方诸佛无量大众，共坐此座，说般若波罗蜜多。是诸大众持十千金莲华，散释迦牟尼佛上，合成花轮盖诸大众。复散八万四千芬陀利花，于虚空中成白云台。台中光明王佛与十方诸佛、无量大众，演说般若波罗蜜多。是诸大众，持曼陀罗花，散释迦牟尼佛及诸众会。复散曼殊沙花，于虚空中变作金刚宝城，城中师子奋迅王佛，共十方诸佛、大菩萨众，演说胜义般若波罗蜜多。复散无量天诸妙花，于虚空中成宝云盖，遍覆三千大千世界，是花盖中雨恒河沙花，从空而下。①

听法众散花花朵的种类有宝莲花、芬陀利花、曼陀罗花、曼殊沙花等等，在中国佛经版画中，梅花花头是一种历史悠久的纹样，大都为五瓣，寓意为福禄寿喜财，是为“梅花五福”。用梅花供养佛，是佛教中国化在佛经卷首版画上的具体体现之一。

综上所述，《西夏译经图》在构图上可以溯源至元刻西夏文大藏经的版画和皇家礼佛石窟的形制，为元代新刻，并不是在西夏旧版的基础上加工而成，礼僧为佛是此版画传递的中心思想，西夏帝后在版画中是供养人角色，皇帝的佛教身份有菩萨、转轮王、法王、佛陀等等。版画中的动物为狮子，白智光的梅花花头纹样僧祇支在唐代即已经出现，元明时期版画中梅花纹样袈裟较为流行，白智光身上和帷幔上的花朵纹样，根源在于佛说法完毕后的散花仪式。

① （唐）不空译：《仁王护国般若波罗蜜多经》，《大正藏》8 册，No.246，第 840 页下。

异域回音

——日僧鹈饲彻定对在华传教士辟佛文献的回应

常　凯

河北工程大学讲师

摘要：晚清时期在华新教传教士艾约瑟之《释教正谬》以基督教神学为中心对佛教思想进行了评判。当时中国僧界并未对其进行直接回应，但日僧鹈饲彻定针对该书进行了系统的驳斥与辨护。其用中文书写且以中国佛教传统护教思想及明末清初中国佛教辟耶思想为依凭进行辨护，可视作明末清初中国佛教护教思想的延续。此一个案不仅是晚清少有的佛耶直接对话的案例，并且打通了中日佛耶对话的壁垒，是晚清东方佛教对西方基督教直接回应的重要个案。

关键词：艾约瑟；鹈饲彻定；《释教正谬》；佛耶对话

晚清僧才凋敝，国内居士界虽然在处境关怀下对基督教呈现出不同的态度，但国内僧界并未对基督教进行正面的回应。此时期的中日佛耶对话出现了交集，日本僧界对在华传教士辟佛著作做出了直接回应。这种来自异域的护教之音并非偶然性事件，而是中日佛教历史渊源、相似处境等背景因素的交织呈现，其中尤为重要的是中国佛教护教思想对幕末、明治时期的日本佛教排耶思想产生的重要影响。日僧鹈饲彻定又以来自中国的护教思想对在华传教士的辟佛文献进行了反驳，成为来自异域的护教回音。

一 晚清基督宗教汉语神学文献对佛教的批评

基督宗教自明末清初天主教入华以来就有文字传教的传统。明末清初利玛窦等传教士采取了合儒辟佛的适应性传教策略，因而当时的汉语神学文献中出现了大量的辟佛内容。其时基督宗教入华正值佛教短暂复兴期，而天主教通过借助西学、附会儒家、文字传教等方式，日渐打开传教局面，佛耶之间产生了几次直接的交锋，存留的相关文献也较为丰富。

晚清基督宗教再次入华后，继续进行文字事工，除了再版明末清初的辨教护教文献外，天主教和新教新著汉语神学文献中亦出现了批判佛教的内容。此时期天主教的辟佛主力为本土天主教徒。如黄伯禄、李问渔等。另外，晚清天主教传教士的辨教护教文献中较少涉及佛教，但是康福民的《正邪略意》等文献中也略见对佛教的批判。

与天主教不同，新教辟佛文献主要来自传教士。英国伦敦会传教士艾约瑟（Joseph Edkins，1823—1905）之《释教正谬》与《续释教正谬》二作均以基督宗教（新教）思想为本位对佛教进行了驳斥。《释教正谬》是1857年由艾约瑟撰写、三眼居士翻译、上海墨海书馆出版的新教辟佛护教文献，书中认为佛经为虚空之学，为假托臆说，佛教二乘互相矛盾皆不可信，并且辟斥轮回等教义之妄，将佛教与新教进行对比分析以辩护基督宗教。随后日本鹈饲彻定之《释教正谬初破》《释教正谬再破》各一卷、南溪之《释教正谬噱斥》二卷、南条神兴之《释教正谬辨驳》对该书进行了辩驳。后艾约瑟又接其前书《释教正谬》作《续释教正谬》于1859年由上海墨海书馆印刷，主要破斥观音之说虚妄、佛经所言之世界无实据，对瑜伽密咒、涅槃净土、地狱果报等都一一进行了驳斥。

此外，美国浸理会传教士哋凡（Thomas T. Devan，？—1846）之《劝世崇真文》、慕维廉（Williammuirhead，1822—1900）之《真理寻绎》与韦廉臣（Alexander Williamson，1829—1890）之《古教汇参》诸作皆涉及

对佛教的批判内容。不过相对天主教而言，此时期的新教辟佛文献并未对儒家思想多做引用，主要体现了基督教神学本位的驳斥。

尽管晚清天主教和新教都延续了明末清初天主教对佛教的批评传统，但是此时期新教传教士对佛教的批评相对天主教而言更为温和，而且在以基督教神学为本位的批评上也有对佛教有较为客观的研究，出现了在排他论对话基础上的比较神学研究转向。艾约瑟之《释教正谬》虽然也以基督教神学为本位对佛教进行了批评，但书中对佛教亦有较为客观的肯定，对佛教并非全然驳斥。

二　神学前见：艾约瑟《释教正谬》对佛教的批评

艾约瑟对佛教的批判囿于其神学前见，围绕基督教人性论、拯救论等神学内容同佛教思想一一比附，并对其中与基督教神学不相符合的部分进行了批判。从人性论来看，基督教认为人类受到了罪的影响，这是堕落的结果。佛教内同人性论较为相似的是心性论，它解释了佛教解脱的基础。原始佛教对心性的染净并未有明确说明。到了部派时期，大众部持心性本净说而说一切有部则坚持心性不净说。大乘佛教继承并发展部派时期的心性论，其中如来藏思想继承了心性本净之说。艾约瑟受到了罪的前见的影响，对佛教的思想进行评判，如在“论沙门”一章中艾约瑟认为心是诸恶之源，而惟上帝施法可治心。[①] 其于“论宗门”一章中亦提及心为恶与耶稣代赎相关内容[②]，艾约瑟据此来驳斥佛教的“以性本为善、心本为智，不假他求”[③] 的提法。基督教与佛教对于人性观的不同立场也成为双方不同“拯救”方式的基础。

拯救神学是艾约瑟批判佛教思想的核心论据之一。基督教与佛教关于

① 参见［英］艾约瑟《释教正谬》，三眼居士译，香港：英华书院 1861 年版，第 18 页。
② 参见［英］艾约瑟《续释教正谬》，上海：墨海书馆印 1859 年版，第 21a 页。
③ 参见［英］艾约瑟《续释教正谬》，第 19b 页。

“拯救”的目的和方式都不相同，因而这也成为双方争议的焦点，但是此时期的佛耶双方都还未出现足够的他者意识，各自都以自身教义为标准对对方的思想进行量度。

就拯救（解脱）的方式而言，基督教强调以上帝为中心的外力拯救，而佛教主要依靠自力。拯救如何实现是基督教拯救神学的一个中心问题，艾约瑟在该书中表达了对拯救的看法，即拯救是同耶稣联系在一起的，拯救完全依赖于神恩。艾约瑟在“论沙门”一章中提到智慧不能救人而唯有上帝之权可救人的说法。[①] 其据基督教神学认为上帝操诸赏罚大权，无论出家还是在家之人皆有重罪，有罪之人不能救有罪之人，其惟仰赖耶稣救赎。[②] 艾约瑟还于“论功德”一章中谓上帝遣耶稣降世代人赎罪，以耶稣功德为门徒功德，并就此驳斥佛教将念经持斋作为功德的说法。[③]

基督教神学对于恩典和善功的讨论比较丰富，艾约瑟在此主要根据耶稣代赎、世人因信称义的神学来否定佛教的功德标准及拯救方式。尽管代赎的提法在西方已受到诸多批判，但艾约瑟在《释教正谬》中仍以代赎为拯救的重要环节，并于书中明确提及耶稣代赎一事。[④] 艾约瑟认为功德仰赖耶稣分享，并且认为世人以恩得救而非由诸己，既不仅判定佛教所谓之功德无效，而且认为拯救完全仰赖于上帝的恩典。

从拯救（解脱）的目的来看，基督教追求天堂享永福，佛教修行的最高目的是涅槃（Nirvāna）。佛教的涅槃说经历了一个发展的过程。原始佛教的涅槃描述的是一种断除爱欲与贪嗔痴的境界。部派佛教时期将涅槃分为有余涅槃和无余涅槃二种。大乘佛教反对小乘佛教“灰身灭智”“捐形绝虑”之涅槃观。其中中观学派发展了实相涅槃，从而反对脱离世间的涅槃说。瑜伽行派的经典《瑜伽师地论》中区分了无余涅槃与有余涅槃，《成

① 参见［英］艾约瑟《释教正谬》，第 14b—15a 页。
② 参见［日］鹈饲彻定《释教正谬初破上》，缘山藏版 1868 年版，第 18b 页。
③ 参见［英］艾约瑟《释教正谬》，第 25 页。
④ 参见［英］艾约瑟《续释教正谬》，第 21a 页。

唯识论》中提出了自性涅槃、有余依涅槃、无余依涅槃以及无住涅槃四种涅槃名义，其以“转识成智”来代替解脱以达到一种涅槃境界。禅宗的涅槃思想则集中体现为“明心见性”“见性成佛”。涅槃说是唐宋以来儒家对佛教的批评主题，其中朱熹视佛教为虚无寂灭之教，误解了佛教的涅槃说，后来儒家以及天主教乃至新教都延续了此一见解。

艾约瑟亦延续了涅槃说的批判主题，但是更多体现出基督教神学前见。其于“论涅槃”中对比了佛教与基督教的拯救，认为：“如来以寂灭为乐，以度人至无生之地为功德。耶稣以生命为乐，救人至不灭之处为功德。”[①] 通过对比的方式来彰显耶稣之道的优越与佛教所谓寂灭的荒唐。其又论佛教关于涅槃之说互相龃龉，认为涅槃并非佛教之了义，故而佛教并无彼岸，不如基督教有天堂作彼岸优越。[②]

近代西学知识也是艾约瑟驳斥佛教思想的补充论据。“论世界”“论地狱”“论无常”三章以近代西方地理知识来驳斥佛教的宇宙观与无常思想。“论世界”中说：“惟我泰西人于舆国之学，辩之甚精……其各国商人周行天下，从未有见须弥山、大铁围山，此乃天竺国人自创臆说。”[③]“论地狱”谓：“按世界舟行所至，已极辽远，并无此等地狱，亦无有夜叉猛兽如彼所云也。”[④] 此二章是以近代西方大航海后的地理知识为依据作为驳斥佛教世界观的补充论证，此种论证亦见于晚清时期的其他辟佛著作之中[⑤]，非为艾氏之首创。从西学新知的角度来辟斥佛教于明末清初就已屡见，艾约瑟在《释教正谬》与《续释教正谬》中亦贯彻了这一思路。

虽然艾约瑟基于神学前见对佛教进行了批评，但是其对佛教的一些内容也有正面看法，认为佛教与基督教在对救主的敬拜上有着“结构上的”

---

① 参见［英］艾约瑟《续释教正谬》，第 24a 页。
② 参见［英］艾约瑟《续释教正谬》，第 25b 页。
③ 参见［英］艾约瑟《续释教正谬》，第 4b 页。
④ 参见［英］艾约瑟《续释教正谬》，第 13b 页。
⑤ 如李杕（问渔）之《理窟》等亦以近代的西学知识来驳斥佛教的宇宙观。

相似之处。[①] 他在《中国佛教》（*Chinese Buddhism*）中讨论了对佛教与基督教的看法，其中对佛教肯定道："至于佛教的影响，它可以说在某些方面是好的。他始终如一地证明了世界与本性的虚空，以及灵魂的纯净远胜于尘世的壮丽。"[②] 当然艾约瑟对佛教的肯定亦是基于其基督教神学前见，并随后指出佛教偶像崇拜的害处，认为佛教以佛菩萨崇拜取代上帝的崇拜是一种严重的恶。[③]

总体而言，艾约瑟仍在基督教神学的前见中审视佛教思想，因而对佛教思想中不符合基督教神学的部分进行一一驳斥。就宗教对话模式而言，艾约瑟的佛耶对话属于排他论模式。比较神学家认为我们要真正地逾越到其他宗教之中，既委身于自己的宗教传统又向其他宗教传统开放。[④] 艾约瑟的佛耶对话显然缺乏他者意识，更未能够对他者开放。

三　却自东来：日僧鹈饲彻定对《释教正谬》的回应

日本于 1854 年《美日条约》签订后被强制开放，因而 19 世纪五六十年代的日本佛教在民族主义和护教的双重目标下，寓辩护佛教于反基督教中，对基督教教义和《圣经》进行了破斥。日本佛教徒借用中国辟耶著作来批评其国内的基督教，中国的基督教文献也在日本进行传播。[⑤]《释教正谬》大致于 1861—1865 年间开始在日本传播，引起了日本佛教界的强烈反应。[⑥] 鹈饲彻定等人著书对艾约瑟的批判一一进行了回应。

---

① 赖品超：《宗教都是殊途同归？》，香港：道风书社 2020 年版，第 179 页。

② Joseph Edkins，*Chinese Buddhism*：*A Volume of Sketches*，*Historical*，*Descriptive and Critical*，London：Kegan Paul Trench Trubner Co.，1893，p.396.

③ Joseph Edkins，*Chinese Buddhism*：*A Volume of Sketches*，*Historical*，*Descriptive and Critical*，London：Kegan Paul Trench Trubner Co.，1893，p.396.

④ 参见王志成《解释理解与宗教对话》，宗教文化出版社 2007 年版，第 51 页。

⑤ 参见 Notto R. Thelle，*Buddhism and Christianity in Japan*：*From Conflict to Dialogue*，*1854–1899*，Honolulu：University of Hawaii Press，1987，p.33。

⑥ 参见［日］海老澤有道『「釋教正謬」とその反響』，『史苑』，1940 年第 13 期。

（一）回应何以东来？

从历史上来看，中日佛教有着深刻的渊源。中国佛教曾对日本佛教的产生和发展有过重要的影响，而日本佛教亦对晚清民国中国佛教的复兴起到了一定作用。晚清杨文会居士同日本佛教学者南条文雄进行交流，并通过同日本佛教学者的交流寻回失落的佛教经典进行刊刻，推动了中国佛教的复兴。民国时期日本密宗回传中国，对近代中国密宗的复兴起到积极作用。近代日本佛教复兴的经验也为中国佛教复兴运动提供了经验借鉴。

中日佛教在晚清亦有相同的境遇及关切。首先，双方都面对国门洞开带来的民族主义关切与基督教迅速发展带来的护教任务。日本基督教宣教始于1549年（日本天文十八年），此次宣教进程因丰臣秀吉1587年颁布的“禁教令”暂止。基督教也于明万历年间第三次入华宣教，并逐渐形成了合儒辟佛的宣教策略，后因清廷禁教而转入低潮。1865年基督教逐渐恢复在日宣教活动，并于1873年解除禁教令，自此基督教在日迅速发展，因此也给日本的佛教带来一定的压力。中国清代对基督教的禁教政策也因鸦片战争后的一系列不平等条约逐渐放开并解除，并在西方条约保护下迅速发展，给国内的佛教带来一定的挑战。

其次是推动佛教世界化的关怀。萨义德（Edward W. Said，1935—2003）提出的东方主义叙事在西方文明扩张的背景下将东西文明进行对立，贬低了东方文化。[①]19世纪末西方学者将巴利佛教和印度佛教视为纯粹佛教（true Buddhism），而把藏传佛教、汉传佛教全部视为堕落佛教（corrupt Buddhism）。[②]在此背景下，日本佛教学者铃木大拙等人将大乘佛教扩展成东方佛教概念传至西方，激起西方的讨论。中国晚清时期的杨文会居士亦带有世界眼光，其振兴佛教的目的并非仅是中国佛教的复兴，而是同时要推动佛教的世界化。杨文会在振兴佛教过程中同日本佛教界进行互动，并同锡兰的达摩波罗互相往来，其协助传教士李提摩太翻译《起信

① 参见萨义德《东方学》，王宇根译，生活·读书·新知三联书店2003年版。

② 引用自李四龙《欧美佛教学术史》，北京大学出版社2009年版，第7页。

论》亦是希望借此推动佛教在欧洲的发展。

幕末、明治时期日本佛教覆刻了中国明末清初的辟耶书籍，并且日本当时的排耶思想深受中国辟耶思想的影响。[①] 与此同时，晚清基督教的辟佛书籍亦在日出版，引起了日本佛教界的强烈反应。鹈饲彻定即是其中一个代表人物，他回应《释教正谬》的汉语排耶书《释教正谬初破并再破》中即体现了援用中国佛教护教思想的特点。

鹈饲彻定（鹈饲又作鹈养，为彻定的俗姓）是日本净土真宗的僧人，也是日本幕末、明治时期排耶的代表人物。[②] 其著作主要有《释教正谬初破并再破》《续兴学篇》《笑耶论》《佛法不可斥论》等，此外他还覆刻了明末清初中国的辟耶书籍，如钟始声（蕅益智旭）《辟邪集》、杨光先《辟邪论》等，并为平井金三的辟耶书籍《新约全书弹驳》作序。1868 年鹈饲彻定出版了《释教正谬初破》、1869 年又出版《释教正谬再破》回应艾约瑟的《释教正谬》。1873 年《释教正谬初破》与《释教正谬再破》合并再版（缘山藏版），分为三卷，并由游日华人金嘉穗作序[③]、涪陵居士作跋。

彻定于《初破》卷中将艾约瑟《释教正谬》与《续释教正谬》对佛教的批判附于书中，并且针对其主题与论点一一驳斥与辩护，后于《再破》中又针对艾约瑟书中之二十个批判主题进行补充驳斥。彻定辟斥基督教的理由大致可归为两类：其一是民族主义；其二是佛教中心的护教。他在对《释教正谬》进行驳斥时更多地表现了对中国佛教辟耶护教思想的引用。

（二）却自东来？彻定回应中的中国护教思想回音

虽然晚清时期中国僧界并未出现对基督教辟佛文献的直接回应，但是

---

① 日本学者西村玲在『近世仏教論』（京都：法藏館，2018 年）讨论了明末排耶论与不杀生思想对日本佛教的影响，认为："在中国佛教中形而上的基督教批判，在日本佛教中成为宗教性的实践。"坂口满宏在「幕末維新期の排耶論」（『キリスト教社会問題研究』1989 年第 37 号）中讨论了日本幕末维新时期的排耶思想对中国排耶思想的援用以及脱离的历史变迁。

② 日本学者芹川博通、三浦周等学者对鹈饲彻定排耶思想进行了研究。

③ 关于鹈饲彻定和金嘉穗的交往研究可参见町泉寿郎「養鸕徹定と金嘉穂の明治四年、長崎における筆談記録」，『日本汉文学研究』2009 年总第 4 号。

幕末、明治时期的日本佛教排耶思想深受中国影响，其中鹈饲彻定回应艾约瑟的汉语排耶文献《释教正谬初破并再破》中有明显体现。

鹈饲彻定对艾约瑟的辟佛思想来源进行了分析，认为艾约瑟之书“自首至尾一一剽窃自唐宋儒生之糟粕”[①]，并于书中对艾约瑟之二十个批判主题进行逐章辩驳，将艾氏的批判对应于二十二条唐宋儒家批判佛教的传统论点。如彻定认为“论经典”章借用自魏崔浩的“佛经用老庄之虚假附益之意”[②]、唐傅奕的“老庄之教与胡法无异故不翻译”之说以及宋儒之“佛说万理俱空、吾儒万理俱实之所也”之说。[③]鹈饲彻定对艾约瑟的论点一一进行了辩驳，并于每条驳斥论点后附艾约瑟借用了唐宋儒生的何种观点。

唐宋佛教对日本佛教产生了很大影响，日本儒学、神道教对佛教的辩排亦对傅奕、朱熹等唐宋反佛思想有所借鉴，[④]因此唐宋时期的排佛之论在日本佛教中具有重要意义。鹈饲彻定对唐宋反佛思想比较熟悉，在回应《释教正谬》与《续释教正谬》中分析了其中的唐宋反佛观点。鹈饲彻定认为唐代傅奕的排佛思想对艾约瑟的影响比较大，于《释教正谬初破并再破》中列出四点艾约瑟对傅奕排佛观点的剽窃：其一剽窃傅奕老庄之教于胡法无异故不翻译之说；其二附会唐傅奕云佛者无君无父之说；其三附会唐傅奕云生时布施死后无报之意；其四附会傅奕云佛事黠儿、观音戏技之意。

此四条对佛教的辩难并非独见于傅奕之论，唐道士李仲卿亦于《十异九迷论》中提出相似的驳斥。释法琳作《辩正论》对《十异九迷论》一一回应，其中提到李仲卿谓佛教第七迷为：“夫华夷语韵不同，然佛经称释迦牟尼者此是胡语……而存释迦之戒号所言阿耨多罗三藐三菩提者……此

① ［日］鹈饲彻定：《释教正谬初破上·自叙》，第 4b 页。

② 参见［日］鹈饲彻定《释教正谬初破上》，第 4b 页。

③ 参见［日］鹈饲彻定《释教正谬初破上》，第 5a 页。

④ 如日本林罗山的排佛思想。参见张施《唐代排佛论对林罗山神道思想中排佛思想的影响》，《重庆师范大学学报》（哲学社会科学版）2015 年第 6 期。

土先有无上正真之道老庄之教胡法无以为异，故不翻译。”[①] 此即对应鹈饲彻定所谓剽窃傅奕老庄之教与胡法无异故不翻译之说，并且艾约瑟对佛教经典的驳斥也多与李仲卿所言相类，或谓艾氏对佛经的辩难借鉴了李仲卿之排佛论则更为恰当。

彻定认为艾约瑟对佛教的辩排是剽窃唐宋儒生的糟粕，他在对佛教的辩护中也体现了对中国佛教界护教思想的承续。唐法琳作《十喻九箴》对李仲卿的《十异九迷论》进行了回应。其中针对“老庄之教与胡法无异故不翻译”之说，法琳用释迦号诸多含义不能翻译以及道家窃取佛教的菩提之号二点来进行辩护。[②] 此种辩护即为鹈饲彻定所借鉴，鹈饲彻定谓：“印度语如汉语多义，各国语皆是多含非一义所能尽也，今邪徒谬解阿耨多罗三藐三菩提为上帝之性，所谓痴人说梦之谓欤。”[③] 除此之外其余辩护部分也对中国佛教护教思想有所承借。

鹈饲彻定对佛教的辩护还体现了中国明末清初辟耶书籍的影响。19 世纪 50 年代日本被强制开放，在日本开国的前二十年里日本佛教对基督教的排斥情绪比较强烈。此一时期的日本佛教不仅著书反对基督教，且引入了中国明末清初时期的辟耶作品，对基督教的《圣经》文本、教义进行了集中驳斥。[④] 鹈饲彻定是此时期排耶的重要代表，1861 年鹈饲彻定翻刻了明末清初重要辟耶文献《辟邪集》，其回应《释教正谬》的文献《释教正谬初破并再破》中亦多处体现了明末清初佛教辟耶护教文献的影响。

鹈饲彻定在《释教正谬初破并再破》中两次直接提及晚明的许大受。许大受是佛教辟耶护教文献《佐辟》的作者，同众多传教士并儒家天主

① （唐）释道宣：《广弘明集》卷 13，《大正藏》第 52 册，第 184 页上。

② （唐）释道宣：《广弘明集》卷 13，《大正藏》第 52 册，第 184 页上—中。

③ 参见［日］鹈饲彻定《释教正谬初破上》，第 5a 页。

④ 参见 Notto R. Thelle，*Buddhism and Christianity in Japan*：*From Conflict to Dialogue*，*1854–1899*，Honolulu：University of Hawaii Press，1987，pp.26–27。

教徒皆有往来。[①]《佐辟》后收录于《辟邪集》之中，明末高僧蕅益智旭亦曾于《辟邪集》中对《佐辟》赞赏有加。许大受虽是从三教合一的角度对天主教进行了驳斥，但是《佐辟》中仍可见以佛教思想来批判天主教之教义的内容，如其在第二辟中批判天主教执着于“我见”。鹈饲彻定在《释教正谬初破并再破》的“论十恶”“论诸天”中曾提及许大受。“论十恶”中引证“许大受曰，释典心地戒品全是以孝顺心为五戒万行之大根源，其舍亲出家，虽割爱，盖为尘中不能学道，学道正以报亲，是门庭虽异而本孝之心与儒无异也”[②]，对艾约瑟攻击佛教不孝进行驳斥。又，“论诸天”中谓：“汉土有许大受《圣朝佐辟》，我土有向井玄松《乾坤辨说》，俱驳西洋天学之非。”[③]彻定以此回应艾约瑟对佛教宇宙观的批判。

除引用许大受与其《佐辟》外，鹈饲彻定护教思想也受到中国明末清初的其他辟耶文献尤其是佛教辟耶护教文献的影响。鹈饲彻定在破艾约瑟对佛教之轮回教义的驳斥时曾引儒家经典以征前世记忆之说并非虚无，此种论证可见于明末高僧云栖袾宏于《天说》中对轮回的辩护，袾宏曾以儒书之有关转世托生的记载来驳斥天主教对佛教认为存在前世记忆的驳诘，其后之护教文献在辩护轮回之说时对袾宏之论证多有引鉴。此外，鹈饲彻定在回应《释教正谬》对“空”的批判时对释如纯的辟耶思想有所借鉴，其谓：“有空之意，邪徒不能解……然耳食土谓无为绝无所有之断无，谓空为毫无所存之顽空。”[④]释如纯在《天学初辟》中回应天主教对佛老之空无的批判时道：“盖耳食之徒，承虚接响，谓无为绝无所有之断无，谓空为毫无所存之顽空，不明其旨，妄加诋訾，如人未到宝山，疑皆瓦砾。”[⑤]对比可见鹈饲彻定对“空”的回应与释如纯基本相同，应是对此文有所参考。

---

① ［法］梅谦立：《超越宗教排他性——晚明天主教及许大受的反应》，《现代哲学》2018 年第 1 期。

② 参见［日］鹈饲彻定《释教正谬初破上》，第 22b 页。

③ 参见［日］鹈饲彻定《释教正谬初破中》，第 13a 页。

④ 参见［日］鹈饲彻定《释教正谬初破上》，第 5a 页。

⑤ （明）释如纯：《天学初辟》，载夏瑰琦编《圣朝破邪集》，香港：建道神学院 1996 年版，第 398 页。

综而言之，鹈饲彻定的《释教正谬初破并再破》对艾约瑟的《释教正谬》与《续释教正谬》进行了逐章驳斥，并且将艾约瑟的论点与唐宋儒家之排佛思想进行了对应。其在辩护艾约瑟对佛教的驳斥之时体现了中国佛教护教思想的影响，其一是承袭了唐宋时期中国佛教在面对儒家的排佛诘难时的辩护思想，其二是借鉴了明末清初的辟耶著作中对佛教的辩护思想。《释教正谬初破并再破》基本上延续了明末清初中国佛教的辩护特点，即以释儒思想为中心对佛教进行辩护，并未有太大突破，仍算是明末清初护教文献的延续。

结　语

晚清时期基督宗教延续了明末清初的辟佛传统对佛教进行了批评，但是此时新教的汉语神学文献中对佛教的批评相对天主教而言较为温和。艾约瑟的《释教正谬》对佛教的批评主要是以基督教神学为中心，从基督教的人性论、拯救论等出发，对佛教的思想进行了审视与评价。《释教正谬》虽然仍体现出基督教神学本位的批评，但是亦有较为客观的评价，并非全然的批评。晚清华僧并未对《释教正谬》进行直接、系统的回应，但该书传到日本后，日僧鹈饲彻定以唐宋中国佛教护教思想、明末清初佛教辟耶护教思想以及儒家思想为依凭对《释教正谬》的批评内容进行了逐章驳斥，可以看作明末清初中国佛教辟耶护教思想的延续。

晚清这一佛耶对话个案的进步之处在于，晚清新教对佛教的批评从全然的驳斥已经开始有所转变，出现了对佛教较为客观的评价。虽然对话的另一方并非华僧，但是对话的双方都以中文撰写，对佛教进行了批评或辩护。基督教一方承袭了明末清初天主教的辟佛思想，佛教一方则延续了明末清初佛教的辟耶护教思想，实际上发生于晚清的这一对话个案仍算是明末清初佛耶对话的延续。此时的辩护之音发自日僧，打破了中日护教的壁垒，是东方佛教对西方基督教思想直接回应的重要个案。